D1697760

Tscheulin/Helmig · Branchenspezifisches Marketing

Dieter K. Tscheulin/Bernd Helmig (Hrsg.)

Branchenspezifisches Marketing

Grundlagen – Besonderheiten – Gemeinsamkeiten

Prof. Dr. Dieter K. Tscheulin ist Ordinarius für Betriebswirtschaftslehre an der Universität Freiburg.

Dr. Bernd Helmig ist Habilitand am Lehrstuhl von Prof. Dr. Dieter K. Tscheulin.

Die Deutsche Bibliothek – CIP-Einheitsaufnahme
Ein Titeldatensatz für diese Publikation ist bei
Der Deutschen Bibliothek erhältlich.

1. Auflage Februar 2001

Alle Rechte vorbehalten

© Springer Fachmedien Wiesbaden 2001
Ursprünglich erschienen bei Betriebswirtschaftlicher Verlag Dr. Th. Gabler GmbH, Wiesbaden 2001

Lektorat: Barbara Roscher / Renate Schilling

Das Werk einschließlich aller seiner Teile ist urheberrechtlich geschützt. Jede Verwertung außerhalb der engen Grenzen des Urheberrechtsgesetzes ist ohne Zustimmung des Verlages unzulässig und strafbar. Das gilt insbesondere für Vervielfältigungen, Übersetzungen, Mikroverfilmungen und die Einspeicherung und Verarbeitung in elektronischen Systemen.

www.gabler.de

Höchste inhaltliche und technische Qualität unserer Produkte ist unser Ziel. Bei der Produktion und Verbreitung unserer Bücher wollen wir die Umwelt schonen. Dieses Buch ist deshalb auf säurefreiem und chlorfrei gebleichtem Papier gedruckt. Die Einschweißfolie besteht aus Polyäthylen und damit aus organischen Grundstoffen, die weder bei der Herstellung noch bei der Verbrennung Schadstoffe freisetzen.

Die Wiedergabe von Gebrauchsnamen, Handelsnamen, Warenbezeichnungen usw. in diesem Werk berechtigt auch ohne besondere Kennzeichnung nicht zu der Annahme, dass solche Namen im Sinne der Warenzeichen- und Markenschutz-Gesetzgebung als frei zu betrachten wären und daher von jedermann benutzt werden dürften.

Konzeption und Layout des Umschlags: Ulrike Weigel, www.CorporateDesignGroup.de

ISBN 978-3-663-09440-1 ISBN 978-3-663-09439-5 (eBook)
DOI 10.1007/978-3-663-09439-5

Vorwort

In der Unternehmenspraxis nahezu über alle Branchen hinweg scheint sich mittlerweile die Erkenntnis durchgesetzt zu haben, daß Marketing als Ausrichtung aller unternehmerischen Aktivitäten auf die Absatzseite hin nicht nur ein notwendiges, sondern ein inzwischen unverzichtbares Instrument zur Behauptung auf den immer kompetitiver werdenden Märkten geworden ist.

Dabei repräsentiert Marketing zwar eine betriebliche Funktion (mitunter auch eine Führungsphilosophie), die in jedem Betrieb in relativ ähnlicher Form durchgeführt bzw. betrieben werden muß. Doch obwohl sich die Herausgeber als *Vertreter einer funktionalen Marketingsichtweise* sehen, muß dennoch beachtet werden, daß es institutionen- bzw. branchenspezifische Besonderheiten (z. B. rechtliche Restriktionen, marktliche Besonderheiten, wettbewerbliche Spezifika, ethische Bedenken; Kundenspezifika) gibt, die relevante Auswirkungen auf das Marketing eines Anbieters besitzen.

Mit dem vorliegenden Buch zielen die Herausgeber darauf ab aufzuzeigen, welche Besonderheiten es in verschiedenen Branchen bei Anwendung des Marketing-Instrumentariums zu beachten gilt. Hierzu bietet sich eine Unterteilung des Werkes in sechs Teile an: Zunächst werden im ersten Teil des Buches Grundidee und Anliegen eines branchenspezifischen Marketing erläutert. Hier erfolgt in einem Einzelbeitrag eine kurze allgemeine Diskussion der vermeintlichen „Gegenpole" *funktionen- versus branchenorientierte Sichtweise* des Marketing. Anschließend werden hier Beispiele für rechtliche und ethische Besonderheiten sowie für die Bedeutung des Einflusses von Kundenspezifika und von wettbewerblichen Besonderheiten in ausgewählten Branchen präsentiert.

Im zweiten Teil des Buches stehen die Besonderheiten des Marketing in profitorientierten Dienstleistungsbranchen im Mittelpunkt. Hierzu gehören neben den „klassischen" und wohl etablierten Dienstleistungsbereichen, wie beispielsweise *Banken* und *Versicherungen*, auch solche Sektoren, die gerade erst in der jüngeren Vergangenheit durch rechtliche Liberalisierungen (z. B. *Telekommunikation*sbranche, *Elektrizitätsversorgung*sbereich) oder durch das zunehmende Medieninteresse (z. B. *Sport*) auf verstärktes (Marketing-) Interesse stoßen. Daneben werden die branchenspezifischen Marketing-Besonderheiten von *Rechtsanwälten, Unternehmensberatern, Werbeagenturen* und *Tourismus*unternehmen behandelt.

Der dritte Teil des Buches beschäftigt sich konsequenterweise mit den Besonderheiten des Marketing in nicht profitorientierten Dienstleistungsbereichen. So finden hier die „Branchen" *Werkstätten für Behinderte, Politik, Kultur, Städte, Kirchen* und *Verbände* Berücksichtigung. Auch wenn es in einzelnen der darüber hinaus vorgestellten Branchen zum Teil auch (meist) privatwirtschaftliche, profitorientierte Anbieter (z. B. bei *Univer-*

sitäten, in der *Altenhilfe*, bei *Krankenhäusern*) gibt, so wurde mit deren Subsumierung unter den Gliederungspunkt „Non-Profit" der Tatsache Rechnung getragen, daß doch der wohl überwiegende Teil der Wettbewerber innerhalb der jeweiligen Branche keine Gewinnerzielungsabsichten verfolgt.

Im vierten Teil des Buches stehen die marketingspezifischen Besonderheiten des Handels im Vordergrund. Dabei werden der *Großhandel* sowie der *Lebensmitteleinzelhandel* einer gesonderten Betrachtung unterzogen. Ergänzt wird dieser Teil durch die Behandlung des Marketing von *Shopping-Centern*.

Teil fünf des Buches widmet sich den Besonderheiten des Marketing in produzierenden Branchen. Hierzu gehören zum einen die *Industriegüter-, Bau-, Automobil-* und die *Pharmaindustrie*. Daneben wird aber auch das Marketing in der *Kreislaufwirtschaft, für Frequently Purchased Consumer Goods* im allgemeinen, für *Nahrungs- und Genußmittel* im besonderen sowie das Marketing für *Innovationen* diskutiert.

Der sechste und letzte Teil des Buches schließlich behandelt medienspezifische Besonderheiten. Nicht zuletzt aufgrund der in der jüngeren Vergangenheit rapide angestiegenen Relevanz der mit den Medien verbundenen (auch und vor allem marketingspezifischen) Möglichkeiten, Chancen und Risiken haben sich die Herausgeber dazu entschlossen, einen solchen Teil einzufügen, auch wenn dies gliederungssystematisch nicht ganz sauber erscheint. Aber beispielsweise aufgrund der Tatsache, daß das *Internet* und die *interaktiven Medien* sowohl neue marketingtechnische Möglichkeiten bieten („Marketing *mit* interaktiven Medien"), als auch als eigenständige Medien mit anderen Medien konkurrieren (z. B. dem *Fernsehen*) und infolgedessen selbst Marketing benötigen („Marketing *für* interaktive Medien"), haben die Herausgeber auch zu diesen Themen Beiträge integriert. Daneben werden in diesem Teil des Buches aber auch die Möglichkeiten des Einsatzes von eher „ausgefallenen", vielleicht als noch nicht ganz so klassisch und als noch nicht ganz so weit verbreitet anzusehenden Marketing-Instrumenten, wie dem *Eventmarketing* oder dem *Marketing mit Kundenkarten und Kundenclubs*, aufgezeigt.

Das Buch wendet sich gleichermaßen an Wissenschaftler, Studierende, Praktiker sowie Unternehmensberater und soll ein kompaktes Nachschlagewerk darstellen, mit Hilfe dessen sich die angesprochenen Zielgruppen einen Überblick darüber verschaffen können, was bei branchenspezifischen Marketingaktivitäten zu beachten ist. Darüber hinaus soll ein knapper aber dennoch kompetenter Einblick in die wichtigsten „Hausnummern" der besprochenen Branchen (im Sinne von Beschäftigungsvolumen, volkswirtschaftlicher Bedeutung etc.) zur Verfügung gestellt werden.

Unser Dank gilt vor allem den Autoren der Beiträge für ihre Bereitschaft, ihr Wissen und ihre Erfahrung in dieses Buchprojekt einzubringen. Dies umso mehr, als es für einen Wissenschaftler in der Regel als weniger ehrenvoll angesehen wird, einen Beitrag in einem Herausgeberband zu veröffentlichen, als seine wertvolle Arbeitszeit für das Verfassen eines Artikels für eine wissenschaftliche Fachzeitschrift zu verwenden. Darüber hinaus gilt unser herzlicher Dank Frau Monika Claus, die die mühevolle redaktionelle und formatierungstechnische Bearbeitung der einzelnen Manuskripte übernommen hat. Ohne ihren unermüdlichen und nahezu pausenlosen Einsatz für dieses Buchprojekt hätte sich das Erscheinen zweifelsohne um ein Vielfaches verzögert. Für die gute Zusammenarbeit bedanken wir uns bei Barbara Roscher und Renate Schilling vom Gabler-Verlag sowie Herrn Marcus Mennemeier von der Firma Fromm MediaDesign.

Dieter K. Tscheulin   Bernd Helmig

Inhaltsverzeichnis

Vorwort 5

Autorenverzeichnis 13

Teil I: Grundidee und Anliegen eines branchenspezifischen Marketing

Dieter K. Tscheulin und *Bernd Helmig*
Gibt es ein branchenspezifisches Marketing? – Zur Bedeutung einer branchenorientierten Sichtweise des Marketing in Wissenschaft, Lehre und Praxis 19

Teil II: Marketing in Dienstleistungs-Branchen (Profit)

Torsten J. Gerpott
Marketing in der Telekommunikationsbranche 37

Andreas Herrmann, Ralf Jasny und *Ingrid Vollmer*
Marketing für Banken – Das Kundenzufriedenheitskonzept, ein Ansatz für Unternehmen des Bankensektors 63

Richard Kühn und *Roger Fasnacht*
Marketing für Versicherungen – Herausforderungen und Entwicklungstendenzen, gezeigt am Beispiel des schweizerischen Versicherungsmarktes 79

Michael Laker
Marketing für Elektrizitätsversorgungsunternehmen 99

Anton Meyer und *Kerstin Oppermann*
Marketing für Rechtsanwälte – Mandantenorientierung als Erfolgsfaktor 121

Thorsten Posselt und *Bettina Türk*
Marketing für Werbeagenturen 147

Christian Schade
Matching: Kernproblem des Marketing für Unternehmensberatung 167

Karlheinz Wöhler
Tourismusmarketing 187

Herbert Woratschek und *Klaus Beier*
Sportmarketing 203

Teil III: Marketing in Dienstleistungs-Branchen (Non-Profit)

Ulli Arnold
Marketing für Werkstätten für Behinderte 239

Friedhelm Bliemel und *Georg Fassott*
Marketing für Universitäten 265

Peter Eichhorn und *Axel Schuhen*
Marketing in der Altenhilfe 287

Hermann Freter
Polit-Marketing 313

Bernd Günter
Kulturmarketing 331

Andrea Gröppel-Klein und *Dorothea Baun*
Stadtimage und Stadtidentifikation – eine empirische Studie auf der Basis einstellungstheoretischer Erkenntnisse 351

Dieter K. Tscheulin und *Martin Dietrich*
Kirchenmarketing 373

Dieter K. Tscheulin und *Bernd Helmig*
Krankenhausmarketing 401

Burkhard von Velsen-Zerweck
Verbandsmarketing – Grundlagen, Besonderheiten und Handlungsfelder 429

Inhaltsverzeichnis 11

Teil IV: Handels-Marketing

Lothar Müller-Hagedorn
Großhandelsmarketing 465

Hans Pechtl
Marketing im Lebensmitteleinzelhandel 497

Peter Weinberg und *Simone Besemer*
Marketing von Shopping-Centern 515

Teil V: Marketing in produzierenden Branchen

Manfred Bruhn und *Anja Zimmermann*
Marketing in der Bauindustrie 547

Andreas Herrmann, Martin Wricke und *Frank Huber*
Automobilmarketing 569

Christian Homburg und *Janna Schneider*
Industriegütermarketing 587

Manfred Kirchgeorg
Marketing in der Kreislaufwirtschaft 615

Manfred Krafft
Pharma-Marketing 635

Henrik Sattler
Marketing für Frequently Purchased Consumer Goods 661

Günter Silberer
Marketing für Nahrungs- und Genußmittel 683

Ursula Weisenfeld
Marketing für Innovationen 705

Teil VI: Medienspezifische Besonderheiten des Marketing

Sönke Albers und *Michel Clement*
Marketing für Interaktive Medien 725

Erich Bauer
Die Erforschung der Absatzmärkte von TV-Sendern 749

Stephan A. Butscher
Marketing mit Kundenkarten und Kundenclubs 775

Claudia Fantapié Altobelli
Internet-Marketing 793

Günter Silberer
Marketing mit interaktiven Medien 815

Cornelia Zanger
Eventmarketing 831

Autorenverzeichnis

Albers, Sönke, Prof. Dr., Institut für betriebswirtschaftliche Innovationsforschung, Lehrstuhl für Innovation, Neue Medien und Marketing, Christian-Albrechts-Universität zu Kiel.

Arnold, Ulli, Prof. Dr. Dr. habil., Lehrstuhl Investitionsgütermarketing und Beschaffungsmanagement, Universität Stuttgart.

Bauer, Erich, Prof. Dr., Lehrstuhl für Absatzwirtschaft, Universität Bremen.

Baun, Dorothea, Dipl.-Kffr., Lehrstuhl für Allgemeine Betriebswirtschaftslehre, insbesondere Internationales Marketing, Europa-Universität Viadrina, Frankfurt (Oder).

Beier, Klaus, Dr., Lehrstuhl für Dienstleistungsmanagement (Betriebswirtschaftslehre VIII) und Lehrstuhl Sportwissenschaft II, Universität Bayreuth.

Besemer, Simone, Dipl.-Kom., Institut für Konsum- und Verhaltensforschung (IKV), Universität des Saarlandes.

Bliemel, Friedhelm, Prof. Dr., Lehrstuhl für Marketing, Universität Kaiserslautern.

Bruhn, Manfred, Prof. Dr., Lehrstuhl für Marketing und Unternehmensführung, Universität Basel.

Butscher, Stephan A., Dipl.-Kfm., Director bei Simon ♦ Kucher & Partners Strategy & Marketing Consultants, Bonn.

Clement, Michel, Dr., Consultant mediaTechnologies, Bertelsmann mediaSystems, Gütersloh.

Dietrich, Martin, Dipl.-Volksw., Lehrstuhl für Betriebswirtschaftslehre mit Schwerpunkt Management im Gesundheitswesen, Albert-Ludwigs-Universität Freiburg.

Eichhorn, Peter, Prof. Dr. Dr. h. c., Lehrstuhl für Allgemeine Betriebswirtschaftslehre, Public & Nonprofit Management, Universität Mannheim.

Fantapié Altobelli, Claudia, Prof. Dr., Institut für Marketing, Universität der Bundeswehr, Hamburg.

Fasnacht, Roger, Dr., Geschäftsleitender Partner, input Unternehmens- und Marketingberatungs AG, Hinterkappelen/Bern.

Fassott, Georg, Dr., Lehrstuhl für Marketing, Universität Kaiserslautern.

Freter, Hermann, Prof. Dr., Lehrstuhl für Marketing, Universität Siegen.

Gerpott, Torsten J., Prof. Dr., Lehrstuhl für Planung und Organisation, Schwerpunkt Telekommunikationswirtschaft, Gerhard-Mercator-Universität Duisburg.

Gröppel-Klein, Andrea, Prof. Dr., Lehrstuhl für Allgemeine Betriebswirtschaftslehre, insbesondere Internationales Marketing, Europa-Universität Viadrina, Frankfurt (Oder).

Günter, Bernd, Prof. Dr., Lehrstuhl für BWL, insb. Marketing, Universität Düsseldorf.

Helmig, Bernd, Dr., Lehrstuhl für Betriebswirtschaftslehre mit Schwerpunkt Management im Gesundheitswesen, Albert-Ludwigs-Universität Freiburg.

Herrmann, Andreas, Prof. Dr., Lehrstuhl für Marketing, Universität Mainz.

Homburg, Christian, Prof. Dr., Lehrstuhl für Allgemeine Betriebswirtschaftslehre und Marketing I, Direktor des Instituts für Marktorientierte Unternehmensführung (IMU), Universität Mannheim.

Huber, Frank, Dr., Lehrstuhl für Marketing, Universität Mainz.

Jasny, Ralf, Prof. Dr., International Finance, Fachhochschule Frankfurt a. M.

Kirchgeorg, Manfred, Prof. Dr., Lehrstuhl Marketingmanagement, Handelshochschule Leipzig.

Krafft, Manfred, Prof. Dr., Otto-Beisheim-Stiftungslehrstuhl für Betriebswirtschaftslehre, insbesondere Marketing, Wissenschaftliche Hochschule für Unternehmensführung (WHU), Vallendar

Kühn, Richard, Prof. Dr., Institut für Marketing und Unternehmensführung, Universität Bern.

Laker, Michael, Dr., Senior Partner bei Simon ♦ Kucher & Partners, Bonn, München, Wien, Paris, Cambridge/USA und Geschäftsführer der Gesellschaft in Wien.

Meyer, Anton, Prof. Dr., Institut für Marketing, Ludwig-Maximilians-Universität München.

Müller-Hagedorn, Lothar, Prof. Dr., Seminar für Allgemeine Betriebswirtschaftslehre, Handel und Distribution, Universität zu Köln.

Oppermann, Kerstin, Dipl.-Kfm., Institut für Marketing, Ludwig-Maximilians-Universität München.

Pechtl, Hans, Prof. Dr., Lehrstuhl für Betriebswirtschaftslehre, insbesondere Marketing, Ernst-Moritz-Arndt-Universität Greifswald.

Posselt, Thorsten, Prof. Dr., Lehrstuhl für Betriebswirtschaftslehre, insbesondere Dienstleistungsmanagement, Universität Leipzig.

Sattler, Henrik, Prof. Dr., Institut für Marketing und Handel, Universität Hamburg.

Autorenverzeichnis

Schade, Christian, Prof. Dr., Institut für Entrepreneurship/Innovationsmanagement (aus Stiftungsmitteln der SAP AG), Humboldt-Universität zu Berlin.

Schneider, Janna, Dipl.-Kffr., Lehrstuhl für Allgemeine Betriebswirtschaftslehre und Marketing I, Universität Mannheim.

Schuhen, Axel, Dipl.-Volksw., Lehrstuhl für Allgemeine Betriebswirtschaftslehre, Public & Nonprofit Management, Universität Mannheim.

Silberer, Günter, Prof. Dr., Institut für Marketing und Handel, Georg-August-Universität Göttingen.

Tscheulin, Dieter K., Prof. Dr., Lehrstuhl für Betriebswirtschaftslehre mit Schwerpunkt Management im Gesundheitswesen, Albert-Ludwigs-Universität Freiburg.

Türk, Bettina, Dipl.-Kffr., Lehrstuhl für Betriebswirtschaftslehre, insbesondere Dienstleistungsmanagement, Universität Leipzig.

Velsen-Zerweck, Burkhard von, Prof. Dr., Lehrgebiet Dienstleistungs- und Servicemanagement, Hochschule Magdeburg-Stendal (FH).

Vollmer, Ingrid, Dipl.-Kffr., Lehrstuhl für Marketing, Universität Mainz.

Weinberg, Peter, Prof. Dr., Institut für Konsum- und Verhaltensforschung (IKV), Universität des Saarlandes.

Weisenfeld, Ursula, Prof. Dr., Lehrstuhl für Marketing und Technologiemanagement, Universität Lüneburg.

Wöhler, Karlheinz, Prof. Dr. Institut für Freizeitforschung, Spiel- und Bewegungserziehung (IFSB), Abteilung für Freizeitforschung, Universität Lüneburg.

Woratschek, Herbert, Prof. Dr., Lehrstuhl für Dienstleistungsmanagement (Betriebswirtschaftslehre VIII), Universität Bayreuth.

Wricke, Martin, Lehrstuhl für Marketing, Universität Mainz.

Zanger, Cornelia, Prof. Dr., Lehrstuhl für Marketing und Handelsbetriebslehre, Technische Universität Chemnitz.

Zimmermann, Anja, Dipl.-Kffr., Lehrstuhl für Marketing und Unternehmensführung, Universität Basel.

Teil I

Grundidee und Anliegen eines branchenspezifischen Marketing

Dieter K. Tscheulin und Bernd Helmig

Gibt es ein branchenspezifisches Marketing? Zur Bedeutung einer branchenorientierten Sichtweise des Marketing in Wissenschaft, Lehre und Praxis

1. Funktionen- versus branchenorientierte Sichtweise des Marketing
2. Rechtliche Besonderheiten in ausgewählten Branchen
3. Ethische Besonderheiten in ausgewählten Branchen
4. Die Bedeutung des Einflusses von Kundenspezifika in ausgewählten Branchen
5. Die Bedeutung wettbewerblicher Besonderheiten in ausgewählten Branchen
6. Branchenorientierung in Forschung und Lehre
7. Zusammenfassung
8. Literatur

1. Funktionen- versus branchenorientierte Sichtweise des Marketing

Nach dem allgemeinen heutigen Verständnis in Wissenschaft und Praxis verkörpert Marketing eine im Unternehmen verbreitete Grundhaltung, die eine konsequente Ausrichtung aller unmittelbar und mittelbar den Markt berührenden Entscheidungen an den Erfordernissen und Bedürfnissen der tatsächlichen und potenziellen Nachfrager verlangt (vgl. z. B. Meffert 1998). Dieses Verständnis des Marketing-Begriffs impliziert nach Auffassung der Verfasser eine funktionenorientierte Sichtweise das Marketing. Dies bedeutet, daß Marketing – insbesondere nach dem Kotler'schen Ansatz des „Generic Marketing" (Kotler 1972) – eine betriebliche Funktion neben anderen (wie z. B. Finanzierung, Investition, Beschaffung, Produktion oder Personalwesen etc.) ist, und daher in der einen oder anderen Form in jedem Betrieb bzw. in jeder Organisation (wie z. B. Wirtschaftsunternehmen, Verband, Kirche etc.) vorkommt.

Daneben impliziert dies aber auch, daß das Marketing einen Dominanzanspruch erhebt in dem Sinne, daß sich alle anderen betrieblichen Funktionen der Marketing-Philosophie unterzuordnen haben („Primat des Marketing"), um den Unternehmenserfolg und damit das Überleben des Unternehmens am Markt langfristig sicherzustellen. Akzeptiert man einmal diesen Dominanzanspruch des Marketing, so wird unmittelbar deutlich, daß der unternehmensindividuellen Ausgestaltung des Marketing eine hochrelevante Bedeutung für den Unternehmenserfolg zukommt (vgl. Fritz 1995).

Daß die „Zauberformel Marketing" Erfolg verheißt und zu einer Schaffung zahlreicher Wortkombinationen und zur Schaffung (vermeintlich) neuer Marketingvarianten in Wissenschaft und Praxis geführt hat, wurde bereits vor über 10 Jahren konstatiert (vgl. z. B. Braun/Mayer 1989 oder Stauss/Schulze 1990). Diese mannigfaltigen Varianten des „Bindestrich-Marketing" lassen sich systematisieren hinsichtlich (vgl. Braun/Mayer 1989)

- des geographischen Raums, in dem Marketing betrieben wird (Domestic, Internationales (Auslands-, Export-), Euro-, Global Marketing),
- der zeitlichen Reichweite und unternehmenspolitischen Wirksamkeit des Marketing (operatives, strategisches Marketing),
- der Breite der Marktbearbeitung (Individual-, Massenmarketing),
- der Art der Kontaktaufnahme zu den Abnehmern (Direct-, Tele-, Telefonmarketing),
- der primär betroffenen Unternehmensfunktion (Absatz-, Beschaffungs-, Finanz-, Personalmarketing),
- der Institutionen bzw. Personen, gegenüber denen Marketing betrieben wird (Mega-, Public-Marketing),

- des Selbstverständnisses der Marketingtreibenden (Generic-, Meta-, Societal Marketing),
- des Objekts, für das Marketing betrieben wird (Dienstleistungs-, Investitionsgüter-, Konsumgüter-, Innovations-, Technologie-, Sozio-Marketing),
- der Branche bzw. Institution, für die Marketing betrieben wird (Krankenhaus-, Kultur-, Handels-, Tourismus-, Sport-, Non-Profit-Marketing etc.).

Während heute davon ausgegangen werden kann, daß derzeit – zumindest im Bereich der Wissenschaft – die Funktionenorientierung des Marketing (eingeteilt in Produkt-, Preis-, Kommunikations- und Distributionspolitik) dominiert, herrschte in den siebziger Jahren noch eine sektorale Differenzierung mit Industrie-, Handels-, Dienstleistungs-, Bank- und Versicherungsmarketing vor (Tietz 1993, S. 154). Bereits Anfang der 1980er Jahre jedoch beklagte bereits Chmielewicz (1984, S. 151), daß Wissensbestand und Forschung in der Betriebswirtschaftslehre primär nach Funktionen organisiert sind, sich aber in der Regel auf die Probleme der Industrie beziehen. Die Besonderheiten der anderen Branchen hingegen würden in institutionenbezogenen Lehren analysiert (z. B. Banken, Versicherungen). Darüber hinaus wird von demselben Autor konstatiert, daß diese institutionenbezogene Forschung in den von ihm untersuchten Publikationen nur sehr geringe Bedeutung hat.

Auch wenn man sich einer Funktionenorientierung des Marketing anschließt, steht doch außer Frage, daß bei Anwendung der Methoden der Produkt-, Preis-, Kommunikations- und Distributionspolitik branchenspezifische Besonderheiten zu berücksichtigen sind. Diese Besonderheiten lassen sich u. a. einteilen in

- rechtliche Restriktionen,
- ethische Besonderheiten,
- Besonderheiten bezüglich der jeweiligen Kundenspezifika sowie
- Besonderheiten bezüglich der jeweiligen Spezifika der wettbewerblichen Situation.

Im folgenden soll auf diese Besonderheiten in ausgewählten Branchen eingegangen werden.

2. Rechtliche Besonderheiten in ausgewählten Branchen

Ahlert und Schröder (1996, S. 29) weisen mit Recht darauf hin, daß die im Spannungsfeld zwischen Marketing und Recht zu bewältigenden Aufgabenstellungen heute zu den Schlüsselproblemen des (Marketing-) Management gehören. Wenn beispielsweise ein Hersteller eine Innovation auf den Markt bringen will, so wird er entsprechende Investitionen, unter anderem in den Einsatz neuer Technologien, in die Entwicklung des Produktdesigns und in die Kommunikation des Markennamens, tätigen (vgl. Weisenfeld 2001). Wenn es dieser Hersteller allerdings versäumt, die neuen Produktmerkmale durch gewerbliche Schutzrechte ausreichend abzusichern, so geht er das Risiko legaler Nachahmungen ein. Auf diese Weise können Konkurrenten die fremden Produkteigenschaften imitieren und von deren Vermarktung durch den „Pionier" profitieren, ohne daß der betroffene Innovator eine rechtliche Handhabe dagegen hat.

Durchaus branchenspezifische rechtliche Aspekte gibt es außerdem im Bereich der Preispolitik zu beachten. So kann ein Hersteller zu Preissenkungen gezwungen werden, wenn er seine marktbeherrschende Stellung zu einer mißbräuchlichen Preisfestsetzung ausnutzt. In der Vergangenheit waren hiervon unter anderem Pharmaproduzenten betroffen (vgl. Krafft 2001).

Rechtliche Restriktionen sorgen für Besonderheiten in zahlreichen weiteren Branchen. So ist z. B. im Krankenhausmarketing zu beachten, daß die Möglichkeiten der Kommunikationspolitik durch ein derzeit nach wie vor gültiges weitreichendes Werbeverbot eingeschränkt werden und die Preise für medizinische Leistungen gesetzlich versicherter Patienten (Kunden) durch staatlich fixierte Pauschalen geregelt werden (vgl. Tscheulin/Helmig 2001). Genauso verweisen Meyer und Oppermann (2001) in ihrem Beitrag über Marketing für Rechtsanwälte auf das in dieser Branche geltende Standesrecht, das die Anwendung der vier Marketinginstrumente einschränkt.

Rechtliche Besonderheiten können nicht nur eine Branche als Ganzes, sondern auch einzelne Wettbewerber einer Branche unterschiedlich stark betreffen. Beispielsweise erläutert Gerpott (2001), daß der größte Teil der Regulierungen auf dem Markt für Telekommunikation sich nur auf sogenannte Anbieter mit marktbeherrschender Stellung bezieht. Darüber hinaus können – auch aus Marketingsicht relevante – vielfältige und komplexe rechtliche Probleme auftreten, wenn die Beziehungen zwischen verschiedenen Industriegüteranbietern (vgl. Homburg/Schneider 2001) oder zwischen Industrie und (Groß-) Handel (vgl. Müller-Hagedorn 2001) auf eine umfassende vertragliche Basis gestellt werden sollen (vgl. Ahlert/Schröder 1996, S. 30). Als Beispiele mögen die vertraglichen Vertriebssysteme dienen, die gemeinhin in der Automobilbranche (vgl. Herrmann/Wricke/Huber 2001) oder der Tourismusbranche (vgl. Wöhler 2001) anzutreffen sind.

Rechtliche Aspekte spielen in der jüngeren Vergangenheit vermehrt auch für das Internet eine Rolle, das weg von einem quasi „rechtsfreien Raum" der Vergangenheit immer mehr zu einem auch marketingrechtlichen Restriktionen unterliegenden Medium wird (vgl. Fantapié Altobelli 2001). Gleiches gilt selbstverständlich auch für die Interaktiven Medien (vgl. Albers/Clement 2001; Silberer 2001a) sowie für den Bereich der Fernseh-Werbung als Teil des TV-Marketing (vgl. Bauer 2001). Bei letzterem nämlich werden rechtliche „Verfehlungen" der Werbungtreibenden, z. B. gegen des Gesetz gegen den Unlauteren Wettbewerb (UWG) oder gegen die Gesetzeswerke zur vergleichenden Werbung, besonders schnell augenscheinlich, werden von den Konkurrenten oder von Verbraucherschutzverbänden häufig angezeigt und werden oft genug vom Werberat und/oder Gerichten sanktioniert.

So kommen denn auch Ahlert und Schröder (1996, S. 30) in ihrem umfassenden Werk über die rechtlichen Grundlagen des Marketing zu dem Schluß, daß das Marketing-Instrumentarium der Konsumgüter-Hersteller von dem der Investitionsgüter-Hersteller, von dem des Handels oder von dem anderer Dienstleistungsunternehmen erheblich abweicht und folglich zu anderen Marketing-Rechts-Problemen führen kann.

3. Ethische Besonderheiten in ausgewählten Branchen

Nach herrschender Meinung wird die Beachtung ethischer Aspekte im Bereich des Marketing zunehmend wichtiger, da die Abnehmer von Produkten und Dienstleistungen immer mehr Wert auf moralische – d. h. den herrschenden Wertvorstellungen entsprechende – Marketinghandlungen legen (vgl. Drosten 1995, S. 20; Kay-Enders 1996, S. 1). Kreikebaum (1996) spricht im Vorwort zu seinem Standardlehrbuch zu den Grundlagen der Unternehmensethik sogar davon, daß Ethik „in" sei (vgl. auch Schauenberg 1990).

Ethische Probleme können z. B. bei der Vermarktung von Gesundheitsleistungen (z. B. Krankenhausleistungen, vgl. Tscheulin/Helmig 2001) und Gesundheitsprodukten (z. B. Pharmazeutika, vgl. Krafft 2001) auftreten. So ist es ethisch (ebenso wie auch medizinisch oder ökonomisch) kaum wünschenswert, daß Patienten durch Marketing-Maßnahmen zur Einnahme medizinisch nicht notwendiger Arzneimittel oder zur Durchführung nicht unbedingt notwendiger Operationen (z. B. Schönheitsoperationen) verleitet werden.

Darüber hinaus spielen ethische Überlegungen durchaus eine Rolle im Rahmen des persönlichen Verkaufs im Konsumgüterbereich (vgl. Sattler 2001). So gibt Kay-Enders (1996, S. 40 ff.) einen Überblick darüber, wie unmoralische Handlungen von Verkäufern im Einzelhandelsbereich beim Verkauf von Konsumgütern aussehen können.

Aber auch beim persönlichen Verkauf von Investitions- bzw. Industriegütern (vgl. Homburg/Schneider 2001) spielen ethische Überlegungen eine Rolle. Hier ist die am häufigsten kritisierte Handlung die Bestechung (vgl. Kay-Enders 1996, S. 43). Daneben spielt in dieser Branche aber auch oftmals die persönliche Einstellung gegenüber dem Kunden ein gewichtige Rolle bei der Aushandlung der Preis-, Lieferungs- und Zahlungsbedingungen. Des weiteren wird im persönlichen Gespräch seitens des Verkäufers oftmals mit der Ernsthaftigkeit der Kundenprobleme übertrieben, um größere Bestellungen oder ähnliches zu erreichen. Daneben berichten Dubinsky et al. (1980, S. 14) auch von der (im engeren Sinne von ihnen auch als unmoralisch bezeichneten) Bevorzugung von Kunden, die das eigene Management präferiert und von solchen Kunden, die gleichzeitig gute Lieferanten sind.

Ethische Besonderheiten spielen auch im Kirchenmarketing eine große Rolle, wo eine konsequente Orientierung an den Wünschen des Kunden (hier insbesondere des Kirchenmitglieds) mit Rücksicht auf den durch den Religionsstifter erteilten Auftrag in Frage zu stellen ist (Tscheulin/Dietrich 2001). Genauso verweist Freter (2001) in seinem Beitrag über Politmarketing auf die ideellen Oberziele, die Parteien verfolgen. "Marktziele", gemessen z. B. am erreichten Wählerstimmenanteil, sind dabei lediglich Mittel, um die ideellen Oberziele durchsetzen zu können. Auch Marketinghandlungen in der Kreislaufwirtschaft (vgl. Kirchgeorg 2001) sind durchaus mit ethischen Handlungsmaximen kompatibel.

4. Die Bedeutung des Einflusses von Kundenspezifika in ausgewählten Branchen

Kroeber-Riel/Weinberg (1999, S. 155) fordern, daß die Produktgestaltung sich auf die Antriebskräfte solcher Konsumententypen einstellen sollte, die die umsatzstarken Marktsegmente bilden. Es liegt auf der Hand, daß sich bezüglich der Merkmale dieser Konsumententypen branchenspezifische Unterschiede ergeben. Kundenspezifika offenbaren sich dabei nicht alleine aus Unterscheidungen, z. B. zwischen Einzelkäufern und Käufergruppen oder privaten und gewerblichen Käufern (vgl. Bänsch 1996, S. 9), sondern können sich auch aus Unterschieden hinsichtlich des Kaufmotivs der Konsumenten, seines Involvements oder seiner Entscheidungsfreiheit ergeben.

Die Bedeutung des Einflusses von Kundenspezifika wird weiterhin deutlich, wenn man sich vor Augen führt, daß der Kunde von Nahrungsmittel-Herstellern (vgl. Silberer 2001b) seine Käufe unter anderen Gesichtspunkten tätigt als der Kunde von Kulturgütern bzw. -veranstaltungen (vgl. Günter 2001). Steht im ersten Fall die Befriedigung eines überlebensnotwendigen Bedürfnisses im Vordergrund, wird im zweiten Fall überwiegend ein Freizeitbedürfnis befriedigt. Sind die Kunden zahlreicher Konsumgüterbranchen weitgehend autonom in ihrer Kaufentscheidung, wird die Entscheidungsfreiheit von Kunden von Unternehmensberatungsdienstleistungen in "Turnaround-Situationen" bei der Auswahl einer Beratungsfirma häufig durch Gläubigerbanken eingeschränkt (vgl. Tscheulin/Rost 1998). Weiter verweist Schade (2001) in seinem Beitrag in diesem Zusammenhang auf die Rolle von Geschäftsfreundschaften.

Im Zusammenhang mit Sportdienstleistungen besteht nach Woratschek/Beier (2001) eine ausgeprägte Unsicherheit der Nachfrager hinsichtlich des Leistungsangebots der Sportanbieter. Weiter verweist Arnold (2001) in seinem Beitrag über Marketing für Werkstätten für Behinderte auf Vorurteile vieler potentieller Kunden gegenüber derartigen Einrichtungen. Demgegenüber stehen Convenience Goods, bei denen der

Verbraucher bereits über weitreichende Produkterfahrung verfügt und daher seine Entscheidungen unter relativ großer Sicherheit der Erfüllung seiner Erwartungen trifft.

Im Bereich der Altenhilfe weisen Eichhorn und Schuhen (2001) darauf hin, daß dort eine kundenspezifische Besonderheit in der Ansprache mehrerer Zielgruppen liegt. Denn oftmals entscheiden sich nicht (nur) die älteren Menschen dazu, in eine stationäre Altenhilfeeinrichtung umzusiedeln, sondern vielmehr sind häufig Familienmitglieder die Ansprechpartner und damit die Zielgruppe für Marketingmaßnahmen der Anbieter von Altenhilfeleistungen (vgl. Helmig/Michel 2000, S. 34).

Die von Kroeber-Riel/Weinberg (1999, S. 155) postulierte Konzentration auf umsatzstarke Marktsegmente besitzt eine unterschiedlich große Bedeutung in Abhängigkeit der jeweils betrachteten Branche. So gibt es Branchen, in denen bereits ein kleiner Teil der Kundschaft den größten Teil des Umsatzes ausmacht. Beispiele hierfür sind die Bankbranche (vgl. Herrmann/Jasny/Vollmer 2001) oder die Elektrizitätsversorgung (vgl. Laker 2001). Daneben gibt es jedoch auch Branchen, in welchen alle Zielgruppen die gleiche bzw. annähernd gleiche Bedeutung besitzen. Das Werben um Wählerstimmen im Politmarketing (vgl. Freter 2001) oder der Aufbau eines positiven Image im Stadtmarketing (vgl. Gröppel-Klein/Baun 2001) sind Beispiele hierfür.

5. Die Bedeutung wettbewerblicher Besonderheiten in ausgewählten Branchen

Porter (1992, S. 22 ff.) erläutert in seinem grundlegenden Werk über Wettbewerbsvorteile, daß es oberstes Ziel der Wettbewerbsstrategie ist, die Regeln der jeweiligen Branche zu beherrschen und sie im Idealfall zugunsten des Unternehmens zu verändern. Unabhängig davon, ob eine Branche Produkte oder Dienstleistungen erzeugt, bestimmen sich die Regeln des Wettbewerbs nach den folgenden fünf Wettbewerbskräften: dem Markteintritt neuer Konkurrenten, der Gefahr von Ersatzprodukten, der Rivalität unter den vorhandenen Wettbewerbern, der Verhandlungsstärke der Abnehmer und der Verhandlungsmacht der Lieferanten. Die Stärke dieser fünf "Triebkräfte des Branchenwettbewerbs" ist in jeder Branche unterschiedlich und kann sich mit ihrer Entwicklung verändern.

Die Bedeutung wettbewerblicher Besonderheiten wird außerdem deutlich, wenn man die unterschiedliche Anzahl von Substituten berücksichtigt. So sind die Anbieter von Kulturgütern und Dienstleistungen wie z. B. Museen oder Theater einer Vielzahl von Mittelverwendungsmöglichkeiten zur Freizeitgestaltung ausgesetzt. Günter (2001) verweist in diesem Zusammenhang auch auf den scharfen Wettbewerb in vielen Teilbereichen, etwa in der Theaterszene der Metropolen oder in der Literaturproduktion und -vermarktung. Auf der anderen Seite stehen Branchen wie z. B. Krankenhäuser, die hinsichtlich des Angebots von Routine-OP-Leistungen in der Regel mit nur wenigen lokalen Konkurrenten konfrontiert werden (vgl. Tscheulin/Helmig 2001).

Sattler (2001) verweist bezüglich der wettbewerblichen Situation in seinem Beitrag über "Frequently Purchased Consumer Goods" auf alleine für Deutschland 36.000 Neuprodukte pro Jahr und eine Inflation kommunikativer Maßnahmen. Auch Pechtl (2001) und Weinberg/Besemer (2001) in ihren Beiträgen über das Marketing im Lebensmitteleinzelhandel bzw. von Shopping-Centern beschreiben den hieraus resultierenden immensen Wettbewerbsdruck. Hinsichtlich des Marketing für Universitäten hingegen verweisen Bliemel und Fassott (2001) auf eine erst in jüngerer Zeit einsetzende höhere Wettbewerbsintensität mit einer überschaubaren Anzahl von Anbietern. Standardisierten Produkten wie Convenience Goods stehen auf der anderen Seite sehr individualisierte Produkte wie z. B. Bauleistungen gegenüber, worauf Bruhn/Zimmermann (2001) in ihrem Beitrag über das Marketing in der Baubranche hinweisen.

Zu den Maßnahmen, mit denen dem Wettbewerbsdruck begegnet werden sollte, zählen z. B. die Kundenbindung durch Kundenclubs und Kundenkarten (vgl. Butscher (2001), Maßnahmen des Eventmarketing (vgl. Zanger 2001) oder auch die Gründung von Verbänden (vgl. von Velsen-Zerweck 2001), was wieder zu einer gewissen Minderung des Wettbewerbsdrucks führen kann. Generell ist dabei zu beachten, daß auch die Bedeutung der zuvor genannten Maßnahmen über verschiedene Branchen variiert.

Nach Porter (1992) sind die Machtverhältnisse zwischen Anbietern und Nachfragern von Produkten und Dienstleistungen über verschiedene Branchen unterschiedlich verteilt. Posselt und Türk (2001) diskutieren in diesem Zusammenhang die Verhandlungsmacht der werbungtreibenden Wirtschaft als Kunden von Werbeagenturen. Weiter haben die verschiedenen Ausgestaltungsformen der Marketinginstrumente in Abhängigkeit von der Branche eine unterschiedlich ausgeprägte Bedeutung. So verweisen z. B. Kühn/Fasnacht (2001) auf die besondere Bedeutung positiver und negativer Mund-zu-Mund-Propaganda im Versicherungsmarketing insbesondere bezüglich des Handlings von Schadensfällen.

6. Branchenorientierung in Forschung und Lehre

Die vorstehenden Ausführungen zu ausgewählten Besonderheiten in verschiedenen Branchen haben gezeigt, daß, trotz eines – sowohl in der Wissenschaft als auch in der Praxis wohl allgemein anerkannten und hinsichtlich des „Instrumentebaukastens" einigermaßen einheitlichen – Marketing, zum Teil gravierende Unterschiede bzw. Schwerpunkte in der konkreten, „branchenspezifischen" Ausgestaltung desselben existieren.

Das offensichtliche „Spannungsfeld" zwischen Marketing einerseits als Funktion, andererseits aber auch als spezifisch auszugestaltender Teilbereich einer jeden Institution bzw. Branche, spiegelt sich auch in der akademischen Forschung und Lehre wider (vgl. hierzu bspw. die Diskussion zu funktionellem und institutionellem Dienstleistungsmarketing bei Hilke 1989, S. 8 ff.). Auch wenn in der Wissenschaft heute eine Funktionenorientierung dominiert, was sich in der Benennung der Lehrstühle und der Ausrichtung der Publikationen in wissenschaftlichen Zeitschriften manifestiert, zeigt sich doch eine Tendenz zur Einrichtung institutionenorientierter Lehrstühle.

Haben sich bestimmte branchenorientierte Lehrstühle an einzelnen Universitäten seit vielen Jahren etabliert, z. B. Versicherungsbetriebslehre oder Bankwirtschaft (mit jeweils einer zweistelligen Anzahl an Lehrstühlen), wurden andere Branchen erst im Laufe der letzten Jahre entweder deutlich erweitert, z. B. Gesundheits- bzw. Krankenhausmanagement, oder neu als Lehrstuhlbezeichnung entdeckt, wie z. B. Automobilwirtschaft in Bamberg oder Tourismusmanagement in Lüneburg.

Offensichtlich erkennen die Universitäten in zunehmendem Maße die Werbewirksamkeit des Angebots von Wahlfächern wie Krankenhaus-, Tourismus-, Bankenmanagement oder Automobilwirtschaft etc. und sind hierfür auch bereit, Überschneidungen mit dem Ausbildungsprogramm der funktionenorientierten Lehrstühle in Kauf zu nehmen.

Mit Blick auf die Ausrichtung von in der jüngeren Vergangenheit eingerichteten Instituten läßt sich darüber hinaus zunächst konstatieren, daß eine Differenzierungstendenz zu beobachten ist: Eine Betrachtung der in den Jahren 1999 und 2000 neu eingerichteten, betriebswirtschaftlichen Lehrstühle an deutschsprachigen Universitäten anhand der Stellenausschreibungen des Hochschulverbandes zeigt nämlich, daß eine Tendenz weg von der – in den letzten 25 Jahren wohl als „klassisch" zu bezeichnenden – Funktionenorientierung zu verzeichnen ist. So entstehen in der jüngeren Vergangenheit immer mehr Lehrstühle, die sich mit speziellen Aspekten der Unternehmensführung befassen. An erster Stelle steht hier der Aufgabenbereich „Existenz- bzw. Unternehmensgründung" und „Entrepreneurship". Daneben wird aber auch der immer größeren Bedeutung der neuen Medien und deren Herausforderungen bzw. Chancen und Risiken begegnet, indem verstärkt Lehrstühle für „Medienwirtschaft" und „Electronic Commerce" eingerichtet wurden. Die letzteren beiden Fachgebiete werden dabei in ihrer Ausrichtung häufig bereits in der Ausschreibung mit „Marketing" kombiniert, so daß es als durchaus gerechtfertigt erscheint, auch innerhalb der Funktion Marketing bei der Einrichtung neuer Lehrstühle (wie z. B. „Lehrstuhl für Direkt- und Databasemarketing") von einer Spezialisierungs- bzw. Differenzierungstendenz zu sprechen.

Von der Praxis wird eine derartige Branchenorientierung in positiver Weise aufgenommen, was sich insbesondere in den guten Arbeitsmarktchancen der Absolventen von Fächern wie Krankenhaus- oder Tourismusmanagement dokumentiert. Offensichtlich ist man den Absolventen branchenorientierter Wahlfächer gegenüber eher bereit, einen Vertrauensvorschuß zu geben, als daß man den Absolventen ausschließlich funktionenorientierter Fächer zutraut, sich in die Spezifika der jeweiligen Branche nach Studienabschluß einzuarbeiten.

7. Zusammenfassung

Das Anliegen des vorliegenden Beitrags war es aufzuzeigen, daß Funktionen- und Branchenorientierung innerhalb des Marketing keine Gegenpole darstellen. Vielmehr wurde versucht, anhand von konkreten Beispielen mit einer Vielzahl an Literaturbelegen zu dokumentieren, daß trotz einer weitgehend einheitlichen Marketing-Lehre, die mittlerweile auf festen und wohl allgemein anerkannten „Wissens-Säulen" basiert, bei der konkreten Ausgestaltung des Marketing-Instrumentariums branchenspezifische Besonderheiten bzw. Rahmenbedingungen zu beachten sind.

Weiter wurde gezeigt, daß sich dieses gegenseitige Ergänzen von funktionalen und branchenspezifischen Aspekten auch in der Wissenschaft dahingehend offenbart, als es sowohl funktional, als auch institutional ausgerichtete Lehrstühle an Universitäten im deutschen Sprachraum gibt. Dies erscheint vor dem Hintergrund der hier vorgestellten Überlegungen nicht nur notwendig, sondern auch sinnvoll zu sein. Auch wenn sich in der jüngeren Vergangenheit eine leichte Entwicklung wieder hin zu mehr branchenorientiert ausgerichteten Lehrstühlen abzuzeichnen scheint, so dürfte es auch in Zukunft in der deutschsprachigen Universitätslandschaft eine durchaus wünschenswerte Vielfalt an Lehrstühlen verschiedenartiger Bennenung mit entsprechenden Auswirkungen auf Forschung und Lehre geben.

8. Literatur

Ahlert, D./Schröder, H. (1996): Rechtliche Grundlagen des Marketing, 2. Aufl., Stuttgart.

Albers, S./Clement, M. (2001): Marketing für Interaktive Medien, in: Tscheulin, D. K./Helmig, B. (Hrsg.): Branchenspezifisches Marketing, Grundlagen – Besonderheiten – Gemeinsamkeiten, Wiesbaden, S. 725-747.

Arnold, U. (2001): Marketing für Werkstätten für Behinderte, in: Tscheulin, D. K./Helmig, B. (Hrsg.): Branchenspezifisches Marketing, Grundlagen – Besonderheiten – Gemeinsamkeiten, Wiesbaden, S. 239-264.

Bänsch, A. (1996): Käuferverhalten, 7. Aufl., München, Wien.

Bauer, E. (2001): Die Erforschung der Absatzmärkte von TV-Sendern, in: Tscheulin, D. K./Helmig, B. (Hrsg.): Branchenspezifisches Marketing, Grundlagen – Besonderheiten – Gemeinsamkeiten, Wiesbaden, S. 749-773.

Bliemel, F./Fassott, G. (2001): Marketing für Universitäten, in: Tscheulin, D. K./Helmig, B. (Hrsg.): Branchenspezifisches Marketing, Grundlagen – Besonderheiten – Gemeinsamkeiten, Wiesbaden, S. 265-286.

Braun, I. A./Mayer, R. (1989): Von Absatz- bis Turbo-Marketing, in: Wirtschaftswissenschaftliches Studium, H. 6, Juni, S. 307-311.

Bruhn, M./Zimmermann, A. (2001): Marketing in der Bauindustrie, in: Tscheulin, D. K./Helmig, B. (Hrsg.): Branchenspezifisches Marketing, Grundlagen – Besonderheiten – Gemeinsamkeiten, Wiesbaden, S. 547-567.

Butscher, S. A. (2001): Marketing mit Kundenkarten und Kundenclubs, in: Tscheulin, D. K./Helmig, B. (Hrsg.): Branchenspezifisches Marketing, Grundlagen – Besonderheiten – Gemeinsamkeiten, Wiesbaden, S. 775-791.

Chmielewicz, K. (1984): Forschungsschwerpunkte und Forschungsdefizite in der deutschen Betriebswirtschaftslehre, in: Zeitschrift für betriebswirtschaftliche Forschung, 36. Jg., H. 2, S. 148-157.

Drosten, M. (1995): Soziale Verantwortung als Marketingchance. Mehr als ein Werbegag?, in: Absatzwirtschaft, Nr. 4, S. 20-21.

Dubinsky, A. J./Berkowitz, E. N./Rudelius, W. (1980): Ethical Problems of Field Sales Personnel, in: MSU Business Topics, Band 28 (Sommer), S. 11-16.

Eichhorn, P./Schuhen, A. (2001): Marketing in der Altenhilfe, in: Tscheulin, D. K./Helmig, B. (Hrsg.): Branchenspezifisches Marketing, Grundlagen – Besonderheiten – Gemeinsamkeiten, Wiesbaden, S. 287-312.

Fantapié Altobelli, C. (2001): Internet-Marketing, in: Tscheulin, D. K./Helmig, B. (Hrsg.): Branchenspezifisches Marketing, Grundlagen – Besonderheiten – Gemeinsamkeiten, Wiesbaden, S. 793-814.

Freter, H. (2001): Polit-Marketing, in: Tscheulin, D. K./Helmig, B. (Hrsg.): Branchenspezifisches Marketing, Grundlagen – Besonderheiten – Gemeinsamkeiten, Wiesbaden, S. 313-330.

Fritz, W. (1995): Marketing-Management und Unternehmenserfolg, 2. Aufl., Stuttgart.

Gerpott, T. J. (2001): Marketing in der Telekommunikationsbranche, in: Tscheulin, D. K./Helmig, B. (Hrsg.): Branchenspezifisches Marketing, Grundlagen – Besonderheiten – Gemeinsamkeiten, Wiesbaden, S. 37-61.

Gröppel-Klein, A./Baun, D. (2001): Stadtimage und Stadtidentifikation – eine empirische Studie auf der Basis einstellungstheoretischer Erkenntnisse, in: Tscheulin, D. K./Helmig, B. (Hrsg.): Branchenspezifisches Marketing, Grundlagen – Besonderheiten – Gemeinsamkeiten, Wiesbaden, S. 351-371.

Günter, B. (2001): Kulturmarketing, in: Tscheulin, D. K./Helmig, B. (Hrsg.): Branchenspezifisches Marketing, Grundlagen – Besonderheiten – Gemeinsamkeiten, Wiesbaden, S. 331-349.

Helmig, B./Michel, M. (2000), Determinanten der Wahl hochwertiger Seniorenwohnanlagen – Eine empirische Untersuchung, in: Zeitschrift für öffentliche und gemeinwirtschaftliche Unternehmen, Heft 1, S. 34-46.

Herrmann, A./Jasny, R./Vollmer, I. (2001): Marketing für Banken – Das Kundenzufriedenheitskonzept, ein Ansatz für Unternehmen des Bankensektors, in: Tscheulin, D. K./Helmig, B. (Hrsg.): Branchenspezifisches Marketing, Grundlagen – Besonderheiten – Gemeinsamkeiten, Wiesbaden, S. 63-77.

Herrmann, A./Wricke, M./Huber, F. (2001): Automobilmarketing, in: Tscheulin, D. K./Helmig, B. (Hrsg.): Branchenspezifisches Marketing, Grundlagen – Besonderheiten – Gemeinsamkeiten, Wiesbaden, S. 569-586.

Hilke, W. (1989): Grundprobleme und Entwicklungstendenzen des Dienstleistungs-Marketing, in: Hilke, W. (Hrsg.): Dienstleistungs-Marketing, Wiesbaden, S. 5-44.

Homburg, C./Schneider, J. (2001): Industriegütermarketing, in: Tscheulin, D. K./Helmig, B. (Hrsg.): Branchenspezifisches Marketing, Grundlagen – Besonderheiten – Gemeinsamkeiten, Wiesbaden, S. 587-613.

Kay-Enders, B. (1996): Marketing und Ethik, Wiesbaden.

Kirchgeorg, M. (2001): Marketing in der Kreislaufwirtschaft, in: Tscheulin, D. K./Helmig, B. (Hrsg.): Branchenspezifisches Marketing, Grundlagen – Besonderheiten – Gemeinsamkeiten, Wiesbaden, S. 615-634.

Kotler, P. (1972): A Generic Concept of Marketing, in: Journal of Marketing, Vol. 36 (April), S. 46-54.

Krafft, M. (2001): Pharma-Marketing, in: Tscheulin, D. K./Helmig, B. (Hrsg.): Branchenspezifisches Marketing, Grundlagen – Besonderheiten – Gemeinsamkeiten, Wiesbaden, S. 635-659.

Kreikebaum, H. (1996): Grundlagen der Unternehmensethik, Stuttgart.

Krober-Riel, W./Weinberg, P. (1999): Konsumentenverhalten, 7. Aufl, München.

Kühn, R./Fasnacht, R. (2001): Marketing für Versicherungen – Herausforderungen und Entwicklungstendenzen gezeigt am Beispiel des schweizerischen Versicherungsmarktes, in: Tscheulin, D. K./Helmig, B. (Hrsg.): Branchenspezifisches Marketing, Grundlagen – Besonderheiten – Gemeinsamkeiten, Wiesbaden, S. 79-98.

Laker, M. (2001): Marketing für Elektrizitätsversorgungsunternehmen, in: Tscheulin, D. K./Helmig, B. (Hrsg.): Branchenspezifisches Marketing, Grundlagen – Besonderheiten – Gemeinsamkeiten, Wiesbaden, S. 99-119.

Meffert, H. (1998): Marketing, 8. Aufl., Wiesbaden.

Meyer, A./Oppermann, K. (2001): Marketing für Rechtsanwälte – Mandantenorientierung als Erfolgsfaktor, in: Tscheulin, D. K./Helmig, B. (Hrsg.): Branchenspezifisches Marketing, Grundlagen – Besonderheiten – Gemeinsamkeiten, Wiesbaden, S. 121-145.

Müller-Hagedorn, L. (2001): Großhandelsmarketing, in: Tscheulin, D. K./Helmig, B. (Hrsg.): Branchenspezifisches Marketing, Grundlagen – Besonderheiten – Gemeinsamkeiten, Wiesbaden, S. 465-495.

Pechtl, H. (2001): Marketing im Lebensmitteleinzelhandel, in: Tscheulin, D. K./Helmig, B. (Hrsg.): Branchenspezifisches Marketing, Grundlagen – Besonderheiten – Gemeinsamkeiten, Wiesbaden, S. 497-514.

Porter, M. E. (1992): Wettbewerbsvorteile, 3. Aufl., Frankfurt.

Posselt, T./Türk, B. (2001): Marketing für Werbeagenturen, in: Tscheulin, D. K./Helmig, B. (Hrsg.): Branchenspezifisches Marketing, Grundlagen – Besonderheiten – Gemeinsamkeiten, Wiesbaden, S. 147-166.

Sattler, H. (2001): Marketing für Frequently Purchased Consumer Goods, in: Tscheulin, D. K./Helmig, B. (Hrsg.): Branchenspezifisches Marketing, Grundlagen – Besonderheiten – Gemeinsamkeiten, Wiesbaden, S. 661-681.

Schade, C. (2001): Matching - Kernproblem des Marketing für Unternehmensberatung, in: Tscheulin, D. K./Helmig, B. (Hrsg.): Branchenspezifisches Marketing, Grundlagen – Besonderheiten – Gemeinsamkeiten, Wiesbaden, S. 167-185.

Schauenberg, B. (2001): Zur Notwendigkeit der Verbindung von Ethik und Betriebswirtschaftslehre, in: Schauenberg, B. (Hrsg.): Wirtschaftsethik, Wiesbaden, S. 1-12.

Silberer, G. (2001a): Marketing mit interaktiven Medien, in: Tscheulin, D. K./Helmig, B. (Hrsg.): Branchenspezifisches Marketing, Grundlagen – Besonderheiten – Gemeinsamkeiten, Wiesbaden, S. 815-829.

Silberer, G. (2001b): Marketing für Nahrungs- und Genußmittel, in: Tscheulin, D. K./Helmig, B. (Hrsg.): Branchenspezifisches Marketing, Grundlagen – Besonderheiten – Gemeinsamkeiten, Wiesbaden, S. 683-703.

Stauss, B./Schulze, H. S. (1990): Internes Marketing, in: Marketing ZFP, H. 3, S. 149-158.

Tietz, B. (1993): Die bisherige und zukünftige Paradigmatik des Marketing in Theorie und Praxis. Erster Teil: Zur bisherigen Entwicklung und derzeitigen Situation des Marketing, in: Marketing ZFP, H. 3, S. 149-163.

Tscheulin, D. K./Dietrich, M. (2001): Kirchenmarketing, in: Tscheulin, D. K./Helmig, B. (Hrsg.): Branchenspezifisches Marketing, Grundlagen – Besonderheiten – Gemeinsamkeiten, Wiesbaden, S. 373-400.

Tscheulin, D. K./Helmig, B. (2001): Krankenhausmarketing, in: Tscheulin, D. K./Helmig, B. (Hrsg.): Branchenspezifisches Marketing, Grundlagen – Besonderheiten – Gemeinsamkeiten, Wiesbaden, S. 401-428.

Tscheulin, D. K./Rost, M. (1998): Entscheidungsdeterminanten bei der Auswahl einer Unternehmensberatung in Turnaround-Situationen aus Banken- und Unternehmenssicht, Freiburger Betriebswirtschaftliche Diskussionsbeiträge Nr. 31/98, erscheint demnächst unter dem Titel: Bankers Impact on the Choice of Consulting Companies in Turnaround Situations – Decision Criteria and the Selection of Management Consulting from Bankers' and Entrepreneurs' Point of View, in: Schober, F./Kishida,

T./Arayama, Y. (Hrsg.): Proceedings of the Joint Nagoya/Freiburg Seminar on „Aging Society" (in Japanisch).

Velsen-Zerweck, B. von (2001): Verbandsmarketing, in: Tscheulin, D. K./Helmig, B. (Hrsg.): Branchenspezifisches Marketing, Grundlagen – Besonderheiten – Gemeinsamkeiten, Wiesbaden, S. 429-461.

Weinberg, P./Besemer, S. (2001): Marketing von Shopping-Centern, in: Tscheulin, D. K./Helmig, B. (Hrsg.): Branchenspezifisches Marketing, Grundlagen – Besonderheiten – Gemeinsamkeiten, Wiesbaden, S. 515-544.

Weisenfeld, U. (2001): Marketing für Innovationen, in: Tscheulin, D. K./Helmig, B. (Hrsg.): Branchenspezifisches Marketing, Grundlagen – Besonderheiten – Gemeinsamkeiten, Wiesbaden, S. 705-721.

Wöhler, K. (2001): Tourismusmarketing, in: Tscheulin, D. K./Helmig, B. (Hrsg.): Branchenspezifisches Marketing, Grundlagen – Besonderheiten – Gemeinsamkeiten, Wiesbaden, S. 187-202.

Woratschek, H./Beier, K. (2001): Sportmarketing, in: Tscheulin, D. K./Helmig, B. (Hrsg.): Branchenspezifisches Marketing, Grundlagen – Besonderheiten – Gemeinsamkeiten, Wiesbaden, S. 203-235.

Zanger, C. (2001): Eventmarketing, in: Tscheulin, D. K./Helmig, B. (Hrsg.): Branchenspezifisches Marketing, Grundlagen – Besonderheiten – Gemeinsamkeiten, Wiesbaden, S. 831-853.

Teil II

Marketing in Dienstleistungs-Branchen (Profit)

Torsten J. Gerpott

Marketing in der Telekommunikationsbranche

1. Strukturen der Telekommunikationsbranche
   1.1 Abgrenzung und allgemeine wirtschaftliche Relevanz der Telekommunikationsbranche
   1.2 Strukturierung und branchenspezifische Eigenheiten der Absatzmarketing-Arenen von Telekommunikations-Carriern
   1.3 Nachfragestrukturen auf Telekommunikationsdienstemärkten in Deutschland
   1.4 Anbieterstrukturen auf Telekommunikationsdienstemärkten in Deutschland
2. Marketing von Telekommunikations-Carriern in Deutschland
   2.1 Branchenspezifische rechtliche Restriktionen mit hoher Marketingrelevanz
   2.2 Marketing-Trends auf Telekommunikationsdienstemärkten in Deutschland nach der Wettbewerbsöffnung
      2.2.1 Leistungspolitik
      2.2.2 Preispolitik
      2.2.3 Distributionspolitik
      2.2.4 Kommunikationspolitik
3. Fazit
4. Literatur

1. Strukturen der Telekommunikationsbranche

1.1 Abgrenzung und allgemeine wirtschaftliche Relevanz der Telekommunikationsbranche

Die *Telekommunikationsbranche* umfaßt alle privaten und öffentlichen Unternehmen, die solche Leistungen herstellen und/oder vermarkten, welche einen Transport von Zeichen (Sprache/Ton, schriftlich fixierte Buchstaben oder Zahlen, Stand- oder Bewegtbilder) zwischen mindestens einem Sender (Person oder technische Einrichtung) unter Rückgriff auf nachrichtentechnische Systeme weitgehend unabhängig von der räumlichen Entfernung der Kommunikationspartner möglich machen, also *Telekommunikation (TK)* erlauben. Innerhalb der TK-Branche kann man folgende drei Anbietersegmente unterscheiden, die jeweils unterschiedliche, aber miteinander verzahnte Teilleistungen zur Ermöglichung von TK für einen Endkunden erbringen:

(1) *TK-Ausrüster* wie etwa Siemens, Nokia, Ericsson, Lucent oder Cisco stellen Hard- und Softwarebausteine her, die notwendig sind, um TK-Netze aufzubauen und zu betreiben sowie TK-Dienste zu vermarkten.

(2) *TK-Systembetreiber und -vermarkter* (= *TK-Carrier*) planen und errichten eine Infrastruktur aus vermittlungs- und übertragungstechnischen Einrichtungen und steuern deren Verknüpfung zu integrierten Gesamtsystemen, die als *TK-Netze* bezeichnet werden; sie nutzen diese Netze zum kommerziellen Angebot von Telekommunikation für beliebige Personen oder Unternehmen, d. h. sie *vermarkten TK-Dienste* für die Öffentlichkeit. Im Segment der TK-Systembetreiber und -vermarkter wird (a) nach der Art des eingesetzten TK-Netzes zwischen Festnetz- und (Mobil-) Funknetzbetreibern und (b) nach dem Markteintrittszeitpunkt und der damit korrelierten Größe des Kundenstamms eines TK-Carriers zwischen dem etablierten Anbieter (= Incumbent) und Alternativen Carriern differenziert. Ein *Incumbent* verfügte seit Beginn der Entstehung von TK-Dienstemärkten in einem Land über ein staatlich gewolltes *Monopol* und seine Eigenkapitalanteile lagen vollständig in der Hand des Staates. In nahezu allen Industrienationen wurde das Monopol des jeweiligen Incumbent in den 90er Jahren aufgehoben; häufig wurden auch Eigenkapitalanteile des Incumbent vom Staat an private Investoren veräußert. Incumbent in Deuschland ist die Deutsche Telekom (DT), die mit dem Inkrafttreten des Telekommunikationsgesetzes (TKG) am 01.08.1996 ihr Monopol für das Angebot von Übertragungswegen (= Netzmonopol) verlor und deren Sprachtelefondienstmonopol mit dem 01.01.1998 endete. *Alternative Carrier* sind Unternehmen, die unter Rückgriff auf eigene TK-Festnetze im Wettbewerb zum jeweiligen nationalen Incumbent TK-Festnetzdienste an Dritte vermarkten (vgl. Gerpott (1998), S. 237). Umsatzmä-

ßig bedeutende Alternative Carrier waren in Deutschland Ende 1999 z. B. die Unternehmen Mannesmann Arcor, Mobilcom und VIAG Interkom.

(3) *TK-Dienstehändler*, die man auch ungenau als „Service Provider" oder präziser als „Reseller/Retailer" bezeichnet, vermarkten Leistungsangebote von TK-Carriern oder anderen TK-Dienste(groß)händlern auf eigene Rechnung und in eigenem Namen an Endkunden oder weitere TK-Dienste(einzel)händler, ohne selbst eigene TK-Vermittlungs- *und* -Übertragungseinrichtungen, also TK-Netze, zu betreiben.

Der vorliegende Beitrag beschäftigt sich *nicht* mit dem Marketing von TK-Ausrüstern, da Vermarktungsprozesse dieser Unternehmen nur in geringem Ausmaß branchenspezifische Eigenheiten aufweisen. Vielmehr sind für den Absatz von TK-Ausrüstungsprodukten an Incumbents, Alternative Carrier oder andere Unternehmen allgemeine Erkenntnisse des *Business-to-Business-Marketing* insbesondere für System- und Anlagengeschäfte (vgl. Backhaus (1999), S. 451-667) und für die Vermarktung von TK-Ausrüstung an private Haushalte allgemeine Vorgehensmuster des *Konsumgütermarketing* (vgl. Kroeber-Riel/Weinberg 1996) relevant. Ebenso klammert der Aufsatz das Marketing von reinen TK-Dienstehändlern ohne eigene Netze als „Produktionsmittel" aus, da die allgemeine Handelsbetriebslehre bereits zahlreiche Hinweise für das Marketing dieser Anbietergruppe in TK-Märkten bereitstellt (vgl. Barth 1996). Folglich konzentriert sich der Artikel auf branchenspezifische Besonderheiten des Marketing für Dienste, die von TK-Carriern „produziert" und kommerziell angeboten werden.

Der TK-Carrier-Branche kommt in industrialisierten Staaten eine hohe direkte und indirekte Relevanz für die gesamtwirtschaftliche Entwicklung eines Landes zu. Die *direkte Bedeutung* resultiert aus der Größe und den Wachstumspotentialen des TK-Dienstesektors. So beziffern Marktforschungsstudien das 1998 weltweit mit TK-Diensten erzielte Umsatzvolumen auf etwa 1,2 Billionen DM und prognostizieren jährliche Umsatzwachstumsraten für den Zeitraum bis etwa 2005 von 5–8 % (vgl. EITO (1999), S. 346). Allein in Deutschland belief sich der TK-Dienstumsatz 1999 auf 87,8 Mrd. DM (s. u. *Abbildung 4*). In der deutschen TK-Dienstebranche wurden 1999 mehr als 253.000 Mitarbeiter beschäftigt und 1998 Sachinvestitionen von ca. 15,5 Mrd. DM getätigt (s. RegTP (1999), S. 110 f.). Die *indirekte Relevanz* erklärt sich dadurch, daß die schnelle Verfügbarkeit eines breiten Angebots moderner TK-Dienste zu niedrigen Preisen starke Wirkungen auf die Wettbewerbsfähigkeit von Unternehmen in *nahezu allen* Branchen hat (vgl. Heuermann (1999), S. 122-124). Indizien dafür, daß diese mittelbaren Effekte im Zuge der allgemeinen Informatisierung westlicher Industriegesellschaften in den letzten 20 Jahren des 20. Jahrhunderts deutlich zugenommen haben dürften, sind u. a.

- ein Anstieg des mittleren deflationierten TK-Dienstumsatzes pro Kopf der Bevölkerung in Deutschland um 1,8 % p.a. von 339 Dollar im Jahr 1980 über 397 Dollar im Jahr 1990 auf 460 Dollar im Jahr 1997 (s. OECD (1999), S. 56; Gerpott (1999), S. 59).

- eine Erhöhung des Quotienten aus Umsätzen mit TK-Diensten für die Öffentlichkeit und dem Bruttosozialprodukt Deutschlands von 1,85 % im Jahr 1985 auf 2,09 % im Jahr 1997 (s. OECD (1999), S. 59).

In den restlichen Abschnitten des *Kap. 1* werden die Arenen und Besonderheiten des Absatzmarketings für TK-Dienste sowie die Nachfrage- und Anbieterstrukturen auf TK-Dienstemärkten genauer beschrieben, um eine allgemeine Basis für das Verständnis des Marketing von TK-Carriern zu schaffen. In *Kap.* 2 gehe ich dann auf rechtliche Besonderheiten mit Relevanz für das TK-Dienstemarketing und Erfahrungen beim Einsatz von Marketing-Instrumenten nach der vollständigen Wettbewerbsöffnung der TK-Netz- und -Dienstemärkte in Deutschland primär in den Jahren 1998/99 ein.

1.2 Strukturierung und branchenspezifische Eigenheiten der Absatzmarketing-Arenen von Telekommunikations-Carriern

Versteht man unter *(Absatz-)Marketing* die systematische Ausrichtung der *Leistungen* eines Unternehmens, die extern gegen Entgelt angeboten werden, an den Anforderungen und Problemen seiner potentiellen oder tatsächlichen *Kunden* unter Beachtung der Eigenschaften von Wettbewerberleistungen dergestalt, daß das Unternehmen nachhaltig in die Lage versetzt wird, befriedigende Umsatzerlöse und Gewinne zu erzielen, dann bietet sich die Bezugnahme auf die beiden Kernelemente dieses Marketingbegriffs, *Leistungsangebote* und *Kunden*, an, um Absatzmarketing-Arenen von TK-Carriern zu strukturieren.

Zur *Systematisierung des Leistungsangebotes von TK-Carriern* liegt eine Vielzahl mehr oder minder differenzierter Vorschläge vor (s. etwa Kühnapfel (1995), S. 39-45; Wolf (1995), S. 54-56). Zur Gewinnung eines Grundverständnisses für branchenspezifische Marketingbesonderheiten genügt aber eine grobe Dreiteilung in netznahe Basisdienste, netznahe Mehrwertdienste und anwendungsnahe Mehrwertdienste (s. Gerpott (1998), S. 10 f.). *Netznahe Basisdienste* umfassen den reinen Informationstransport in einem TK-Netz ohne zusätzliche Leistungsmerkmale. Traditionell wichtigster Basisdienst für Festnetz-Carrier ist der einfache (Sprach-)*Telefondienst* i. S. der Bereitstellung von Netzanschlüssen und -verbindungen zur Echtzeit-Sprachvermittlung zwischen zwei Interaktionspartnern. Weitere Basisdienste sind in Festnetzen die Bereitstellung von Verbindungen mit einer definierten Transportkapazitätsobergrenze, die exklusiv für einen Kunden fest zwischen zwei Punkten geschaltet werden (= Festverbindungen, festgeschaltete Übertragungswege, Mietleitungen) und in Mobilfunknetzen der Funktelefondienst, der eine weitgehend standortunabhängige Endgeräteerreichbarkeit ermöglicht. *Netznahe Mehrwertdienste* werden zumeist in direkter Verknüpfung mit einem Basisdienst als Diensteergänzung angeboten; sie erfordern bei einem Kunden keine dienstespezifischen Investitionen, die über die Bezahlung des Dienstes hinausgehen. Entsprechende Dienstebeispiele sind Sprachspeicherdienste („Voice-Box" im Netz) oder Telefonanschlüsse, bei denen der Angerufene und nicht der Anrufer für die Verbindung zahlt („0800-Anschluß"). *Anwendungsnahe Mehrwertdienste* stellen in Ergänzung zu TK-Basisdiensten nutzbare TK-Diensteangebote dar, die auf die spezifische Anwendungssituation bei einem Kunden zugeschnitten werden und von diesem i.d.R. anwendungsbezogene Investitionen in TK-Netztechnik erfordern. Beispiele für diese Dienste sind Datennetzlösungen zur bargeldlosen Abwicklung von Kauftransaktionen, die Einrichtung elektronischer Handelsplattformen im Internet oder Online-Datenbankabrufdienste für bestimmte Unternehmen (z. B. Apotheken).

Jede der drei Leistungsklassen stellt unterschiedliche Anforderungen an das Marketing und fordert spezifische Marktbearbeitungsansätze: Während für etablierte (neue) Basisdienste ein homogener *Massenmarkt* existiert (zu entwickeln ist), sind anwendungsnahe Mehrwertdienste stärker als individualisiertes *Lösungsgeschäft* zu führen, das zumeist umfangreiche technische Analysen der kundenspezifischen Anforderungen an TK-Netze und -Dienste eines Carriers erfordert. Die Marketingkomplexität für TK-Carrier wird darüber hinaus bei allen TK-Diensten noch dadurch erhöht, daß der Absatzprozeß für diese Leistungen generell zwei ganz unterschiedliche Phasen umfaßt: Erstens eine *Kundenakquisitionsphase*, in der einem potentiellen Kunden der Zugang zu einem Dienst (z. B. ISDN-Anschluß) verkauft wird und die ein *einzeltransaktionsorientiertes Verkaufsmarketing* (z. B. Händlerprämien in Abhängigkeit von der Zahl der abgesetzten Anschlüsse) in den Vordergrund rückt. Zweitens eine *Kundennutzungsphase*, in der ein Kunde, der zuvor einen Zugang gekauft hat, darin zu bestärken ist, das Netz eines Carriers bzw. dessen Dienst auch tatsächlich möglichst intensiv und über einen langen Zeitraum für TK einzusetzen und die ein *auf wiederholte Transaktionen/Nutzungen gerichtetes Kundenbeziehungsmarketing* erfordert (vgl. Wolf (1995), S. 14 sowie allgemein Backhaus (1999), S. 287 f., 295 f. u. 305 f.). Diese Besonderheit des TK-Carriergeschäfts erfordert deshalb ein *integriertes Kundenakquisitions- und -bindungsmanagement*, um zu vermeiden, daß mit hohen Kosten Kunden gewonnen werden, welche die Carrier-Dienste dann trotz Netzzugang kaum nutzen.

Ein in diesem Sinne ganzheitliches Marketing wird noch durch zwei weitere Spezifika der TK-Dienstebranche erschwert: *Erstens* sind TK-Dienste nämlich Güter, deren Nutzen für den Kunden und damit deren Nachfrage wesentlich davon beeinflußt wird, wieviele komplementäre Güter bereits in der Vergangenheit abgesetzt wurden und voraussichtlich zukünftig noch verkauft werden, und die man auch als *Netz(effekt)leistungen* bezeichnet (s. Weiber (1992), S. 15-19; Köster (1999), S. 9-26). Beispielsweise steigt der Nutzen eines elektronischen Briefkastens auf einem via Internet zugänglichen Server für den Briefkasteninhaber mit der Zahl der Personen, die ebenfalls per Internet Nachrichten in diesen Briefkasten entsenden bzw. aus ihm zugeschickt erhalten können. Starke Netzeffekte wirken sich auf das Marketing dahingehend aus, daß es unternehmensintern ein Verständnis für die Zeiterfordernisse der Entstehung neuer TK-Dienstemärkte schaffen muß und unternehmensextern durch wettbewerberübergreifende Standardisierungsinitiativen und Kommunikationskampagnen zur Beeinflussung der Erwartungen potentieller Kunden sowie die Senkung der (Preis-)Einstiegsschwellen für potentielle Kunden die

Entstehung innovativer TK-Dienstemärkte gezielt zu unterstützen hat (vgl. Taschner (1998), S. 71-79).

Zweitens ist ein Angebot funktionierender TK-Dienste nur möglich, wenn Komponenten verschiedenster Hersteller (z. B. Mobiltelefon, PC, Vermittlungsknoten) reibungslos zusammenwirken, was natürlich voraussetzt, daß alle Systemelemente von TK-Carriern und/oder deren Kunden am Markt auch gekauft werden können. Das Marketing bei TK-Carriern hat deshalb der rechtzeitigen Marktverfügbarkeit dienstekomplementärer Leistungen und ihrer Komplementarität/Interoperabilität durch enge Kooperation mit den Produzenten solcher Leistungen besondere Aufmerksamkeit zu schenken. Die Beispiele der mangelhaften Verfügbarkeit von digitalen Mobiltelefonen in Deutschland Anfang der 90er Jahre und von digitalen Mobiltelefonen, die einen Internet-Zugang über das „Wireless Application Protocol" ermöglichen, Ende der 90er Jahre illustrieren, daß diese Anforderung an das Carrier-Marketing in der Praxis offenbar bislang nicht hinreichend beachtet wurde.

Beim zweiten Kernelement des Absatzmarketingbegriffs, den *Kunden*, ist es gängige Praxis für Carrier in einer Grobsegmentierung zwischen *Geschäftskunden*, die TK-Dienste als Inputfaktor zur Erstellung ihrer Absatzleistungen verwenden, und *Privatkunden*, die TK-Dienste primär nicht für Erwerbszwecke einsetzen, zu unterscheiden (vgl. für viele Wolf (1995), S. 147-159; Gerpott (1998), S. 54-58 u. (1999), S. 57; Grunwald/ Schwellbach (1999), S. 19; Heuermann (1999), S. 117). Traditionell fragen *Privatkunden* überwiegend netznahe Basis- und Mehrwertdienste (z. B. ISDN-Anschluß) nach, so daß der für diese Carrier-Kundengruppe einschlägige Geschäftstyp als *standardisiertes Dienstleistungsvertragsgeschäft*, ergänzt durch einige Elemente von einzeltransaktionsorientierten Produktgeschäften (z. B. Verkauf einer Telefonnebenstellenanlage oder einer PC-Modemkarte), gekennzeichnet werden kann. Innerhalb des *Geschäftskundensegmentes* ist idealtypisch zu differenzieren zwischen

- zumeist kleineren/mittelgroßen (Produktions-)Unternehmen mit einfachen TK-Anforderungen, die vom Absatzmarketing her i.S. eines *beziehungsorientierten Standardlösungsgeschäftes* mit z. T. branchenbezogenen Lösungsvariationen zu bearbeiten sind.

- oft großen (Informations-/Finanzdienstleistungs-)Unternehmen mit komplexen TK-Anforderungen, die häufig eine technisch aufwendige kundenspezifische TK-Netz- und -Dienstegestaltung in enger Abstimmung mit dem Kunden (= „Customer Integration") erfordern und somit marketingstrategisch i.S. eines *beratungskompetenzgetriebenen Kundenintegrationsgeschäftes* zu betreuen sind.

- anderen Carriern, die TK-(Basis-)Dienste einkaufen, um sie (a) mit eigener Technik gekoppelt mit gegenüber der Vorleistung veränderter Funktionalität abzusetzen (z. B. bundesweiter Sprachtelefondienstanbieter mit regional begrenzten Übertragungswegen und einem Vermittlungsknoten) oder (b) als Großhändler an Endkunden und/oder Einzelhändler „unveredelt" weiterzuverkaufen; bei dieser Kundengruppe muß sich das Absatzmarketing, das vielfach aufgrund des auf einzelne Carrier-Kunden entfallenden großen Nachfragevolumens über *Key-Account-Management*-Strukturen erfolgt, speziell mit der „*Coopetition-Problematik*" auseinandersetzen: D. h., daß für absetzende Carrier diese dritte Nachfragergruppe als Kunden einerseits eine vertrauensvolle, nicht-opportunistisch vom Verkäufer einseitig zu seinen Gunsten gestaltete Zusammenarbeit („*Coo*peration") und andererseits als Wettbewerber („Com*petition*") eine aktive Begrenzung ihrer Markterfolge durch entsprechende Gestaltung von Zulieferleistungen (insbesondere technische Eigenschaften, Preise, Lieferzeiten) erstrebenswert erscheinen lassen.

Aus der Heterogenität möglicher Kundenzielgruppen von TK-Carriern ergibt sich, daß Carrier, die als „Vollsortimenter" sämtliche oder zumindest mehr als die Hälfte der eben genannten vier Nachfragersegmente abdecken wollen, stets ein kundengruppen- und i.d.R. auch ein branchenspezifisch differenziertes Marketing zu realisieren haben. Bei der kundenorientierten Strukturierung der Absatzmarketing-Arenen von TK-Carriern ist ergänzend noch zu berücksichtigen, in welchen *Regionen* ein Carrier Kunden gewinnen und bedienen will (s. Gerpott (1998), S. 244 u. 261 f.; Grunwald/Schwellbach (1999), S. 19). Vereinfachend kann hier zwischen einer *lokal* (= eine Stadt), einer *regional* (= räumlich zusammenhängendes und mehrere Städte umfassendes Gebiet), einer *national* oder einer *international* fokussierten Kundenansprache durch TK-Carrier unterschieden werden. Dabei kommt es vor, daß die räumliche Ausrichtung *eines* Carriers zwischen verschiedenen Leistungsangebotstypen variiert (z. B. *bundesweites* Sprachtelefondienste- und *regionales* Übertragungswegeangebot des Carriers MCI Worldcom in Deutschland).

Kombiniert man die vier von mir im Zuge der Strukturierung von Carrier-Absatzmarketing-Arenen diskutierten Kriterien (1) Leistungstyp, (2) Absatzphase, (3) Kundensegment und (4) regionale Ausdehnung der Kundenansprache, so erhält man 96 verschiedene Marketing-Felder (3 x 2 x 4 x 4) für TK-Carrier. Diese große Zahl von Marketing-Arenen für Carrier impliziert, daß es nur schwer möglich ist, Aussagen zum Marketing in der TK-(Dienste-)Branche zu formulieren, die einerseits für *alle* TK-Carrier gleichermaßen Gültigkeit beanspruchen können und die andererseits noch halbwegs *informationshaltig* sind. Angesichts der Heterogenität der TK-(Dienste-)Branche ist es m. E. zudem geboten, Nachfrage- und Anbieterstrukturen auf TK-Märkten in Deutschland in den folgenden zwei Abschnitten noch etwas detaillierter zu profilieren.

1.3 Nachfragestrukturen auf Telekommunikationsdienstemärkten in Deutschland

Abbildung 1 ist zu entnehmen, daß sich das wertmäßige Nachfragevolumen auf den TK-Dienstemärkten in Deutschland im Jahr 1999 auf 87,8 Mrd. DM belief. Größtes Segment dieses Marktes war die *Festnetztelefonie* mit einem Anteil von 46,1 %, die einerseits durch wettbewerbsbedingte Preisrückgänge vor allem bei Fern- sowie Auslandstelefonverbindungen und andererseits durch eine mengenmäßige Nachfrageerhöhung charakterisiert ist. So gingen nach Angaben des Statistischen Bundesamtes in Deutschland die Preise für Fernverbindungen (Auslandsverbindungen) 1999 um 41,2 % (15,5 %) gegenüber dem Vorjahr zurück (vgl. a. RegTP (1999), S. 27), während die Zahl der von Festnetzanschlüssen in Deutschland abgehenden Verbindungsminuten 1999 um etwa 12 %– 14 % über der Nachfragemenge im Jahr 1998 lag (vgl. a. RegTP (1999), S. 113). Zudem setzte sich auch 1999 bei der Festnetztelefonie (1) die ab 1995 zu beobachtende Substitution von analogen Telefonanschlüssen durch digitale (ISDN-)Anschlüsse mit einem Anstieg der Zahl der ISDN-Kanäle gegenüber dem Vorjahr um 29,5 % auf 48,5 Mio. Ende 1999 (vgl. Gerpott (1999), S. 61 f.; RegTP (1999), S. 112) und (2) der Nachfragezuwachs bei sogenannten „Intelligent Network Diensten" (u. a. 0800-Nummern, Nummern mit besonderen Preisplänen) fort. Insgesamt konnten bei festnetzbasierten Telefonverbindungen die Mengensteigerungen aber den Preisrückgang nicht kompensieren, so daß der Festnetztelefondienstmarkt in Deutschland 1999 wertmäßig um 11,6 % gegenüber dem Vorjahr abnahm (s. *Abbildung 1*).

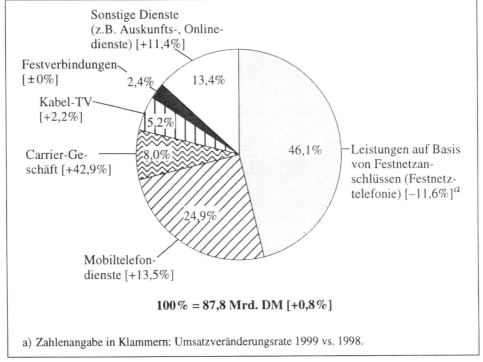

a) Zahlenangabe in Klammern: Umsatzveränderungsrate 1999 vs. 1998.

Abbildung 1: Umsatz verschiedener Segmente des Telekommunikationsdienstemarktes in Deutschland im Jahr 1999
Quelle: In Anlehnung an RegTP (1999), S. 109; Prof. Gerpott Analysen.

Zweitgrößter Nachfragebereich im deutschen TK-Dienstemarkt waren 1999 die *Mobiltelefondienste* (s. *Abbildung 1*). Hier handelt es sich um einen Wachstumsmarkt, in dem die Zahl der digitalen Funktelefonanschlüsse von 7,8 Mio. Ende 1997 um 72 % p. a. auf 23,0 Mio. Ende 1999 anstieg (vgl. u. *Abbildung 2*). Die Umsatzsteigerungen im deutschen Mobilfunkmarkt 1999 von 13,5 % gegenüber dem Vorjahr konnten jedoch mit dem Kundenzahlwachstum aus zwei Gründen nicht Schritt haben: Erstens gingen die Mobilfunkpreise in Deutschland 1999 um 20,5 % gegenüber 1998 zurück. Zweitens sank die Zahl der von einem Mobilfunkanschluß durchschnittlich abgehenden Verbindungsminuten 1999 um ca. 25 % gegenüber dem Jahr davor (vgl. RegTP (1999), S. 27 u. 123). Dieser Mengenrückgang läßt sich damit erklären, daß im Mobilfunk zunehmend (Privat-)Kunden akquiriert werden, die nach dem Kauf eines Mobilfunk*anschlusses Verbindungs*leistungen von Mobilfunk-Carriern in nur geringem Ausmaß nutzen. Damit stellt sich mittelfristig in Deutschland für Mobilfunk-Carrier wesentlich stärker als für Festnetz-Carrier die Aufgabe, in ihrem Marketing innovative Ansätze zur Intensivierung der Netznutzung zu entwickeln. Ein solcher Ansatz könnte etwa in der Formulierung neuer Preispläne bestehen, die vorsehen, daß Preise für Mobilfunkverbindungen von angerufenen Unternehmen getragen werden, wenn die Verbindungen von den Empfängern ex ante als vorteilhaft eingestuft werden (z. B. weil der Anrufer einen Kaufabschluß kommuniziert oder marketingrelevante Daten bereitstellt).

Ein in *Abbildung 1* z. T. unter der Rubrik „Sonstige Dienste" verborgener Nachfrageschwerpunkt mit hoher Marketingrelevanz infolge seiner enormen Diffusionsdynamik betrifft den Zugang zum und den Transport von Daten im *Internet*. So stieg die Zahl der Abonnenten von *Online-Diensten* in Deutschland von 3,75 Mio. Ende 1998 um 39 % auf 5,2 Mio. Ende 1999 (s. RegTP (1999), S. 128; zur Erläuterung der Leistungen von Online-Diensten s. Gerpott/Heil (1998), S. 725-727). Innerhalb von weniger als zwei Jahren verdoppelte sich die Zahl der Internet-Nutzer in Deutschland von etwa 5,5 Mio. Anfang 1998 auf etwa 11 Mio. Ende 1999, so daß zur Jahrtausendwende in Deutschland ca. 22 % der Bevölkerung ab 14 Jahren Internet-Dienste nachfragten. Der enorme Nutzungsanstieg von Internet-Diensten führt dazu, daß (1) auf mittlere Sicht die mengen- und wertmäßigen Absatzpotentiale von *Datendiensten* diejenigen von „klassischen" Sprachtelefondiensten deutlich übersteigen und (2) auch Privatkunden von Carriern mehr Informationstransportkapazität (= „Bandbreite") in TK-(Zugangs-)Netzen fordern werden.

Alles in allem sind die Nachfragestrukturen auf TK-Dienstemärkten durch ein zunehmendes Maß an Heterogenität und Dynamik geprägt. TK-Carrier haben auf der einen Seite ein „*Verdrängungsmarketing*" auf wertmäßig schrumpfenden, reifen Nachfragefeldern (insbesondere Festnetztelefonie) und gleichzeitig auf der anderen Seite ein „*Innovationsmarketing*" auf Wachstumsfeldern zu leisten. Die Bewältigung dieser Anforderung setzt u. a. voraus, daß im Marketing von TK-Carriern

- einer aussagekräftigen *Nachfrage-/Kundensegmentierung* und einer dazu komplementären Leistungsangebotsausrichtung hohe Bedeutung beigemessen wird (vgl. zu

Methoden der TK-Marktsegmentierung Gerpott (1998), S. 300 und die dort genannte Literatur).

- eine Vernachlässigung von stagnierenden Stammgeschäften zugunsten von technologiegetrieben entstehenden neuen Nachfragefeldern (insbesondere im Internet) *vermieden* wird, um eine *stetige Migration* der eigenen Erlösquellen von der schmalbandigen Festnetztelefonie hin zu breitbandigen Multimediadiensten für stationäre und mobile Nutzer nicht zu gefährden.

1.4 Anbieterstrukturen auf Telekommunikationsdienstemärkten in Deutschland

Abgesehen von der dichotomen Unterteilung von TK-Unternehmen nach ihrem historischen Ursprung und ihrer damit korrelierten Marktposition in den Incumbent und Alternative Carrier (s.o. Kap. 1.1) kann eine weitergehende Strukturierung des Wettbewerberfeldes nach den Leistungstypen, zu deren Erstellung ein Carrier Übertragungswege oder TK-Netz betreibt, in (1) Mobilfunkdienst-, (2) Übertragungswege- und (3) Sprachtelefondienstanbieter erfolgen. Voraussetzung für die Vermarktung dieser Leistungstypen durch ein Unternehmen ist gemäß § 6 TKG die Erteilung einer *Lizenz* durch eine TK-sektorspezifische staatliche Instanz, die Regulierungsbehörde für Telekommunikation und Post (RegTP), deren Aufgabe es ist, durch Markteingriffe im Bereich der TK „... den Wettbewerb zu fördern und flächendeckend angemessene und ausreichende Dienstleistungen zu gewährleisten..." (§ 1 TKG). Daher lassen sich Anbieterstrukturen für jeden der drei Leistungstypen u. a. anhand der Zahl der von der RegTP auf Antrag hin für eine Diensteklasse erteilten Lizenzen beschreiben.

Für digitale Netze zum Angebot von *Mobilfunkdiensten* nach dem GSM-Standard (GSM = *G*lobal *S*ystem for *M*obile Communication) wurde die Zahl der Lizenzen in Deutschland aufgrund der Knappheit von Funkfrequenzen auf vier begrenzt. Lizenzinhaber sind die Unternehmen T-Mobil (DT-Tochter), Mannesmann Mobilfunk (MMO), E-Plus und VIAG Interkom, die jeweils 18–24 Monate nach der formalen Lizenzerteilung ab Juli 1992 (T-Mobil, MMO), Mai 1994 (E-Plus) und Oktober 1998 (VIAG Interkom) damit begannen, Mobilfunkdienste zu vermarkten. *Abbildung 2* informiert über die Anteile dieser vier Anbieter an der Gesamtzahl der Mobilfunkanschlüsse/-kunden in Deutschland im Zeitraum von 1993–1999. Die Entwicklung der Marktanteilsverteilung deutet darauf hin, daß die zeitlich gestaffelte Lizenzvergabe an zunächst zwei, dann drei und schließlich vier Mobilfunknetzbetreiber zu enormen *Pioniervorteilen* für die zwei zuerst eintretenden Unternehmen führte. Diese Vorteile konnten von den beiden Folgern trotz erheblicher Marketinganstrengungen bis Ende 1999 nicht ausgeglichen werden.

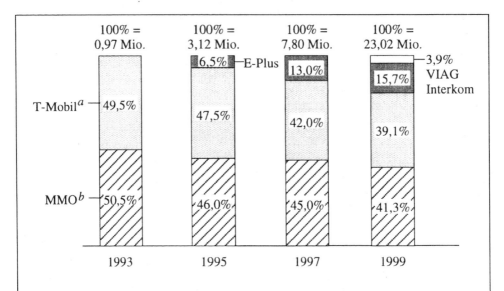

Abbildung 2: Kundenanteilsverteilung der Betreiber digitaler GSM-Mobilfunknetze in Deutschland (jeweils am Jahresende)
Quelle: Unternehmensangaben, Prof. Gerpott Analysen.

Die Angebotssituation bei den Mobilfunknetzbetreibern in Deutschland hat sich dadurch drastisch verändert, daß im August 2000 Lizenzen zum Betrieb einer neuen, dritten Generation von Mobilfunknetzen von der RegTP versteigert wurden. Das Auktionsdesign war dabei so angelegt, daß (1) 4–6 Unternehmen je eine Lizenz zur Errichtung eines bundesweiten Mobilfunknetzes der dritten Generation erhalten und (2) die bisherigen vier Mobilfunknetzbetreiber an der Versteigerung teilnehmen konnten, ihnen vorab aber keine Bevorzugung (z. B. durch Reservierung von Lizenzen) zuteil wird. Es führte im Ergebnis dazu, daß von den vier bisherigen Mobilfunknetzbetreibern und zwei neuen Anbietern eine Lizenz für Mobilfunknetze der dritten Generation ersteigert wurde.

Im Hinblick auf die Wettbewerbsstrukturen bei *Übertragungswege- bzw. Sprachtelefondienstanbietern* in Deutschland ist *Abbildung 3* zu entnehmen, daß nach der vollständigen Wettbewerbsöffnung dieser Teilmärkte am 01.08.1996 bzw. 01.01.1998 die Zahl der Unternehmen, die für mindestens einen der beiden Leistungstypen eine Lizenz erteilt bekommen hatten, von 95 Ende April 1998 um 5,3 % *pro Monat* auf 252 Mitte Dezember 1999 zunahm. Etwa zwei Fünftel der Anbieter hatten sich von der RegTP die Möglichkeit einräumen lassen, in *beiden* Leistungssegmenten aktiv zu werden. Ca. ein (zwei) Fünftel der Carrier beschränkte sich auf das Angebot von Sprachtelefondienst (Übertragungswegen), wobei sich beim Telefondienst die Vermarktung ganz überwiegend auf Fern- und Auslandsverbindungen konzentrierte und fast nie Telefonanschlüsse oder Ortsverbindungen beinhaltete.

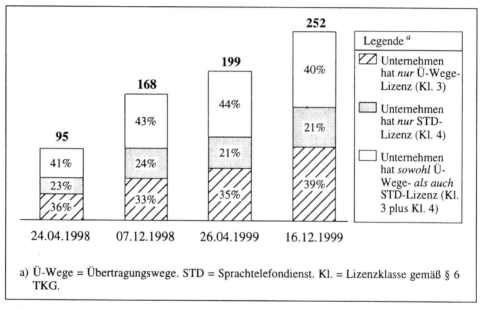

Abbildung 3: Entwicklung der Zahl der Unternehmen mit Lizenzen nach § 6 TKG für das Angebot von Übertragungswegen und/oder Sprachtelefondienst in Deutschland
Quelle: RegTP; Prof. Gerpott Analysen.

Von den 252 Mitte Dezember 1999 lizenzierten Unternehmen waren 23,0 % bundesweit und der Rest nur lokal oder regional aktiv (s. *Abbildung 4*). In der Teilgruppe der bundesweit agierenden Carrier boten zwar 94,8 % deutschlandweit Sprachtelefondienst an, aber nur 22,4 % vermarkteten Übertragungswege ohne regionale Einschränkung in ganz Deutschland (s. *Abbildung 4*, rechter Teil). Die lizenzstatistischen Daten lassen somit insgesamt die Schlußfolgerungen zu, daß in Deutschland

- im Sprachtelefondienstgeschäft Alternative Carrier aufgrund der geringen Anforderungen an Kapital-, Infrastruktur- und Wissensressourcen eher eine bundesweite Vermarktungsstrategie verfolgen als im Übertragungswegegeschäft.

- die Wettbewerbsintensität im Sprachtelefondienstgeschäft höher ist als im Übertragungswegegeschäft.

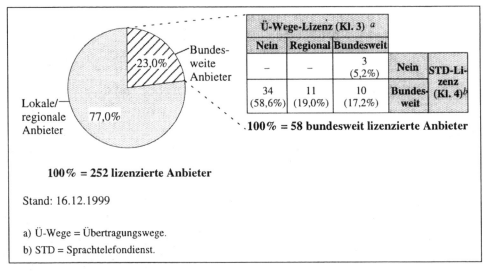

Abbildung 4: Struktur der gemäß $ 6 TKG lizenzierten Telekommunikationsanbieter nach der Lizenzgebietsausdehnung in Deutschland Ende 1999
Quelle: RegTP, Prof. Gerpott Analysen.

Die Haltbarkeit der zweiten Schlußfolgerung kann zudem auch durch die Beobachtung gestützt werden, daß die DT bei der Fern- und Auslandsverbindungstelefonie aus Festnetzen Ende 1999 44 % aller Verbindungsminuten an Alternative Carrier verloren hatte, wohingegen sich bei Übertragungswegen/Festverbindungen der wertmäßige Marktanteil aller DT-Wettbewerber auf weniger als 20 % belief (vgl. RegTP (1999), S. 116 u. 118). Gemessen am abgesetzten Verbindungsminutenvolumen in Festnetzen waren Ende 1999 die Unternehmen Mannesmann Arcor/o.tel.o., Mobilcom, TelDaFax und VIAG Interkom die stärksten DT-Wettbewerber.

Insgesamt wies somit der deutsche TK-Dienstemarkt Anfang 2000 je nach Angebotssegment unterschiedliche Wettbewerbsstrukturen auf: Im Mobilfunk existierte ein *sehr enges Oligopol* mit eher niedrig ausgeprägter Wettbewerbsintensität, bei Sprachtelefondienst-Carriern ein *sehr weites Oligopol* mit eher hoch ausgeprägter Wettbewerbsintensität und bei Übertragungswegeanbietern ein in ländlichen Regionen bestenfalls *sehr enges* und in Ballungszentren *eher weites Oligopol*. Je nach Angebotsschwerpunkt eines Carriers ist folglich auch dessen Marketing auf die spezifischen Wettbewerbsstrukturen auszurichten: Im *Mobilfunk* besteht wegen der Marktenge eine hohe Reaktionsverbundenheit zwischen den vier GSM-Carriern, so daß in allen Instrumentalbereichen des

Marketing das eigene Verhalten in seinen Auswirkungen auf die drei übrigen Wettbewerber zu durchdenken ist. Beim *Sprachtelefondienst* hingegen ist für Alternative Carrier mehr eine deutschlandweite laufende Beobachtung des durchschnittlichen Wettbewerbsverhaltens und natürlich des Verhaltens des Incumbents erforderlich, wobei hier aufgrund der technisch induzierten Homogenität von Sprachtelefondienstangeboten (vgl. a. Kap. 2.2.1) der Preisbeobachtung von Wettbewerbern herausragende Relevanz zukommt. Bei Übertragungswegeanbietern wiederum hat eine auf spezifische Strecken (z. B. Düsseldorf – Frankfurt/M.) ausgerichtete Wettbewerbsbeobachtung zu erfolgen, die neben Konkurrenzpreisen auch Möglichkeiten zur technisch-funktionalen Differenzierung des eigenen Unternehmens gegenüber Wettbewerbern aufzuklären hat.

2. Marketing von Telekommunikations-Carriern in Deutschland

2.1 Branchenspezifische rechtliche Restriktionen mit hoher Marketingrelevanz

Auf dem TK-Dienstemarkt in Deutschland gelten – wie auch in anderen Ländern – branchenspezifische rechtliche Vorgaben, die überwiegend im TKG von 1996 sowie in mehr als 10 Rechtsverordnungen zur Konkretisierung des TKG zu finden sind und die den Handlungsspielraum für das Marketing von TK-Carriern beeinflussen (s. zu einem Überblick Gerpott (1998), S. 65-94). Diese Vorgaben, die man als (staatliche) *Regulierung*(en) bezeichnet und die vom Gesetzgeber als notwendiges Mittel zur Unterstützung der Entstehung eines funktionsfähigen, sich selbst tragenden Wettbewerbs auf ehemals monopolistisch strukturierten TK-Netz- und -Dienstemärkten (s.o. Kap. 1.1) begründet werden, betreffen *nicht* alle TK-Unternehmen gleichermaßen. Vielmehr bezieht sich der größte Teil der Regulierung nur auf sogenannte *Anbieter mit marktbeherrschender Stellung*, zu denen in der Praxis auf nahezu allen TK-Teilmärkten bislang nur der Incumbent DT gerechnet wird, und nur ein deutlich kleinerer Teil auf alle lizenzierten TK-Carrier, so daß die Regulierungsintensität etwa *symmetrisch* zur Marktmacht von Anbietern ausgeprägt ist.

Teilweise werden in der Literatur *sämtliche* sektorspezifischen Regulierungen des Angebotsverhaltens von TK-Unternehmen (z. B. Notwendigkeit der Erteilung einer staatlichen Lizenz vor einer Aufnahme der Vermarktung von TK-Diensten für die Öffentlichkeit) als Instrumente zum „Verbraucherschutz" vor technisch und/oder ökonomisch unzulänglichen Leistungen interpretiert (s. etwa Bauer 1996) und ihnen damit implizit *durchweg* hohe Relevanz für das Marketing von TK-Carriern zugeschrieben. Diesem Vorgehen wird hier *nicht* gefolgt, da tatsächlich nur ein kleiner Teil der sektorspezifischen Regulierungsvorgaben sich direkt und erheblich auf die Einsatzmöglichkeiten von Marketing-Mix-Instrumenten beim Incumbent und bei Alternativen Carriern auswirkt. M. E. sind hier vier Regulierungsfelder mit hoher direkter Bedeutung für das Marketing von Carriern hervorzuheben:

- Marktbeherrschende Anbieter werden dazu verpflichtet, ihre Preise für bestimmte Sprachtelefondienst- und Übertragungswegeangebote *vor* Inkrafttreten der RegTP zur Genehmigung vorzulegen (s. §§ 24–31 TKG). Dabei hat die Behörde innerhalb von 10 Wochen über Genehmigungsanträge zu entscheiden. Sie muß Anträge ablehnen, wenn die Preise sich nicht an den „Kosten der effizienten Leistungsbereitstellung" eines TK-Dienstes orientieren. Für bestimmte Leistungen darf die RegTP selbst Preisobergrenzen vorgeben, die von marktbeherrschenden Anbietern nicht überschritten werden dürfen. Beispielsweise gab die Behörde im Dezember 1999 der DT vor, daß deren Preise für die Weiterleitung von Sprachtelefonverbindungen anderer Carrier, deren Netz mit der Infrastruktur der DT zusammengeschaltet ist, im Zeitraum vom 01.01.2000 bis 31.01.2001 je nach Weiterleitungsentfernung und -tageszeit höchstens zwischen 1,08 und 4,47 Pfennig betragen dürfen. Durch den Genehmigungsvorbehalt, die lange Genehmigungsfrist und die Möglichkeit staatlicher Preisvorgaben verlieren marktbeherrschende Anbieter, d. h. bislang die DT, wesentlich an *preispolitischer Flexibilität* (vgl. Gerpott (1998), S. 70). Umgekehrt gewinnen nicht-marktbeherrschende Alternative Carrier inhaltlichen und zeitlichen Spielraum, um ihre eigenen Endkundenpreise bei anstehenden DT-*Endkunden*entgeltanpassungen zu überprüfen und gegebenenfalls zu ändern. Staatlich vorgegebene Preise für Leistungen marktbeherrschender Anbieter, die von anderen Carriern als *Vorleistungen* für deren Angebote eingekauft werden, sind zwar einerseits vertretbar, um Wettbewerb auf TK-Netz- und -Dienstemärkten überhaupt entstehen zu lassen, aber andererseits problematisch, da sie ein Überleben ineffizienter Anbieter begünstigen und den Wettbewerbserfolg von Regulierungsentscheidungen abhängig werden lassen können.

- Ein marktbeherrschender TK-Carrier wird durch § 35 TKG dazu verpflichtet „… anderen Nutzern Zugang zu seinem Telekommunikationsnetz oder zu Teilen desselben zu ermöglichen." Damit besteht für den Incumbent eine *Kontrahierungspflicht* sowohl gegenüber Endkunden als auch gegenüber anderen Carriern, die seine Leistungen als Vorprodukte für eigene Angebote nutzen wollen. Diese Pflicht hat erhebliche Implikationen für die Leistungspolitik Alternativer Carrier, die jeweils abzuwägen haben, inwieweit es sinnvoll ist, bestimmte Leistungen vom Incumbent einzukaufen oder sie selbst zu „produzieren".

- Anbieter von TK-Diensten für die Öffentlichkeit haben gegenüber ihren Kunden branchenspezifische Pflichten und Rechte, die in der *Telekommunikations-Kundenschutzverordnung* (TKV) von 1997 konkretisiert werden. Beispielsweise werden sämtliche Anbieter öffentlicher TK-Dienste durch die TKV dazu verpflichtet, ihre

Leistungen in einer Weise zu gestalten, daß ihren Kunden ein Leistungsweiterverkauf (= Reselling; vgl. o. Kap. 1.1) möglich ist. Kunden haben gemäß § 14 TKV das Recht von Anbietern öffentlicher Sprachtelefondienste unentgeltlich einen Einzelverbindungsnachweis zu erhalten oder gemäß § 18 TKV die Möglichkeit, ihren monatlichen Rechnungsbetrag bei einem Carrier durch Vorgabe eines Maximalwertes zu begrenzen. Insgesamt kann die TKV dazu beitragen, unethische Vermarktungspraktiken von Carriern zu Lasten der Kunden zu reduzieren und Kunden Vertrauen in die Redlichkeit der Vermarktungsansätze Alternativer Carrier zu vermitteln.

- Die Nutzungsmöglichkeiten von Kundendaten, die ein gemäß TKG lizenzierter TK-Dienstanbieter im Rahmen seiner Vertragsbeziehung mit den Kunden gewinnt, zur informatorischen Fundierung von Marketing-Maßnahmen des eigenen Unternehmens oder anderer Carrier werden durch die *Telekommunikationsdienstunternehmen-Datenschutzverordnung* (TDSV) von 1996 eng begrenzt: Gemäß § 4, Abs. 2 TDSV darf ein Carrier *Bestandsdaten* seiner Kunden nur nutzen, „… soweit dies zur Beratung der Kunden, zur Werbung und zur Marktforschung für eigene Zwecke und zur bedarfsgerechten Gestaltung seiner TK-Dienstleistungen erforderlich ist und der Kunde nicht widersprochen hat." Die Auswertung kundenbezogener *Verbindungsdaten* über Abrechnungszwecke hinaus ist gemäß § 5, Abs. 3 TDSV lediglich „im Einzelfall mit Einwilligung des Anrufenden auch zur bedarfsgerechten Gestaltung von TK-Dienstleistungen" unter der Voraussetzung möglich, daß „die Daten des Angerufenen unverzüglich anonymisiert" werden. Damit werden technisch möglichen Auswertungen der Verbindungs- und Bestandsdaten von Carriern zur Gewinnung einer Informationsgrundlage, die sich insbesondere zur Individualisierung der Leistungs-, Preis- und Kommunikationspolitik von Carriern eignen könnte, rechtlich enge Grenzen gesetzt. Die TDSV von 1996 soll bis Ende 2000 novelliert werden, wobei sich die neue TDSV materiell bezüglich der hier angesprochenen TK-Datenverwertungsmöglichkeiten für Marketing-Zwecke kaum von der bisherigen Verordnung unterscheiden dürfte.

2.2 Marketing-Trends auf Telekommunikationsdienstemärkten in Deutschland nach der Wettbewerbsöffnung

Im folgenden werden Veränderungen bei der Gestaltung der vier klassischen Instrumentalbereiche des Marketing durch Carrier bei Festnetzdiensten nach der vollständigen Marktliberalisierung in Deutschland Anfang 1998 in ihren Grundzügen skizziert. Der weitgehende Verzicht auf normative Aussagen zu „optimalen" Marketingpraktiken von Carriern zugunsten einer bloßen Deskription typischer Marketingakzente erfolgt bewußt, da es bislang an wissenschaftlich tragfähigen empirischen Untersuchungen und theoretischen Analysen speziell für die TK-Branche mangelt, aus denen entsprechende Empfehlungen für die Marketing-Praxis abgeleitet werden können.

2.2.1 Leistungspolitik

Gegenstand der *Leistungspolitik* ist die Detaillierung der TK-Dienstemerkmale auf den Angebotsfeldern, zu deren Bearbeitung ein TK-Carrier sich grundsätzlich entschieden hat. Idealtypischerweise sollen TK-Leistungen so gestaltet werden, daß aktuelle und potentielle Kunden sie von ihrer Funktionalität her als gut geeignet zur Lösung bestimmter Informationsgewinnungs-, -übertragungs-, -speicherungs- und -wiederabruf-probleme wahrnehmen. Dabei hat die Eignungsbeurteilung durch Kunden sowohl eine absolute Dimension (Ist die Leistung überhaupt zur Problemlösung geeignet?) als auch eine relative Dimension (Ist die Leistung besser als Wettbewerberangebote zur Problemlösung geeignet?). Bei der Umsetzung des theoretischen Leistungsgestaltungsoberziels der Bereitstellung überlegener Lösungen für Kundenprobleme ergibt sich im TK-Dienstemarkt die Schwierigkeit, daß einer Leistungsdifferenzierung im Privatkundenmarkt und im Markt der Geschäftskunden ohne komplexe TK-Anforderungen durch technische Standards zur Sicherung der Interoperabilität der Netze verschiedener Carrier und infolge des Rückgriffs der Anbieter auf ähnlich leistungsfähige oder gar identische TK-Ausrüster zum Bezug von TK-Netztechnik enge Grenzen gesetzt sind. Wird dennoch der Versuch einer Leistungsdifferenzierung durch Angebotsvariationen/-innovationen gemacht, so wird eine Kundenakquisition bzw. Leistungsdiffusion im Markt häufig dadurch erschwert, daß neue TK-Dienste nicht kompatibel zu den bisherigen TK-Investitionen potentieller Kunden sind. So ist z. B. die Nutzung der TK-Diensteinnovation „mobiler Internetzugang" nur möglich, wenn sich Diensteinteressenten auch dazu bereit finden, ihr bisheriges Mobilfunkendgerät komplett abzuschreiben und ein neues Endgerät zu kaufen. Angesichts der sehr beschränkten Möglichkeiten von Carriern zur Differenzierung durch Leistungsinnovationen haben viele Anbieter in Deutschland den Versuch unternommen, bei der Leistungspolitik Wettbewerbsvorteile zu erringen, indem sie einen „Mehrwert" für Kunden schaffen durch (vgl. a. Gerpott (1998), S. 249 f. u. (1999), 72; Wolf (1995), S. 28)

- Bereitstellung von segmentspezifisch modifizierten *zusätzlichen Dienstleistungen* („Services"), die für den Kunden den Nutzen der eigentlichen TK-Dienste erhöhen (z. B. nach Kostenstellen differenzierte TK-Diensteabrechnungen für Geschäftskunden).

- Variation netz- oder dienstebezogener *Qualitätsmerkmale* (z. B. Ausfallwahrscheinlichkeit) einer Kunden prinzipiell bereits bekannten Leistung (z. B. Festverbindung).

- Bündelung von mehreren TK-Diensten oder von TK-Diensten und anderen Dienst-/Sachleistungen (z. B. Vernetzung von Unternehmensstandorten durch Verbindungen auf Basis von Internet-Protokollen gekoppelt mit einer Bereitstellung von TK-Ausrüstungselementen wie Routern).

Durch systematische Kommunikation solcher Leistungsvariationen und ihrer (vermuteten) Vorteile für Kunden wird vielfach von Carriern versucht, den Eindruck eines Maßzuschnittes („Customization") von TK-Diensten zu vermitteln, die Vergleichbarkeit der eigenen Dienste mit Wettbewerberangeboten zu reduzieren und akquirierte Kunden an das eigene Unternehmen zu binden.

2.2.2 Preispolitik

Gegenstand der *Preispolitik* ist die marktorientierte erstmalige Festlegung und laufende Anpassung der in Geldeinheiten bemessenen Gegenleistungen und Gegenleistungszeitpunkte von Kunden eines Unternehmens für die Bereitstellung von vereinbarten Leistungen durch das Unternehmen. Auf Wettbewerbsmärkten hat die Preispolitik für TK-Dienste eine enorme Relevanz für den Anbietererfolg, da

- zahlreiche Studien konsistent zeigen, daß erwartete Preisvorteile bzw. Kostensenkungen für Privat- und Geschäftskunden der wichtigste Grund sind, um einen Carrier-Wechsel zu planen oder zu vollziehen (s. Gerpott (1998), S. 289; Backhaus et al. (1998), S. 66).

- sich Preise für TK-Dienste anders als Entgelte für viele Gebrauchsgüter (z. B. Kühlschrank) aus einer relativ großen Zahl von miteinander weitgehend frei kombinierbaren Elementen zusammensetzen, so daß selbst bei standardisierten TK-Diensten die Entwicklung von Preisplänen vergleichsweise komplex ist.

Eine systematische Preispolitik für TK-Dienste erfordert die *abgestimmte* Festlegung *sämtlicher* Preisbausteine der Kern- *und* Nebenleistungen (z. B. telefonische Beantwortung von Kundenanfragen, Veröffentlichung von Rufnummernverzeichnissen). Bei den Preisbausteinen für den *Kernbereich* eines TK-Dienstes ist es üblich, zwischen einmalig und periodisch wiederkehrend erhobenen Elementen zu unterscheiden. *Einmalige Preiselemente* werden überwiegend im Zusammenhang mit dem erstmaligen Anschluß oder der Beendigung des Anschlusses von Kunden an ein TK-Netz eingesetzt. Carrier bezeichnen Varianten dieses Entgelttyps oft als Einrichtungs-, Aktivierungs- oder Installationspreise. Einmalige Preise für die Netzzugangseinrichtung bestimmen vor allem bei Privatkunden z.gr.T. die Höhe der Barrieren für die Akquisition neuer Kunden. Deaktivierungspreise sollen zur Aufrechterhaltung bestehender Kundenbeziehungen beitragen.

Periodisch wiederkehrend erhobene Preiselemente von TK-Diensten gliedern sich in nutzungsintensitätsunabhängige und -abhängige Komponenten. Regelmäßig geforderte nutzungsintensitätsunabhängige Preise lassen sich als Gegenleistung des Kunden für die laufende Aufrechterhaltung der Netzzugangsmöglichkeit interpretieren. Bekannte Beispiele sind pro Monat oder Jahr abgerechnete „Grundpreise" für einen Telefon- oder

Rundfunkkabelnetzanschluß oder für eine Festverbindung. Periodisch wiederkehrende Grundpreise werden von Carriern (1) nach technischen Merkmalen des Netzzugangs (zumeist Bandbreite), (2) nach der räumlichen Lage des Netzzugangs (z. B. inner- vs. außerhalb von Ballungszentren), (3) nach der Zahl der nachgefragten Netzanschlüsse und (4) nach der Vertragsdauer variiert.

Nutzungsintensitätsabhängige Preiselemente für TK-Dienste unterscheiden sich hinsichtlich des Bezugskriteriums, das zur Messung der Dienstenutzungsstärken und -varianten sowie zur Verknüpfung von Nutzungsintensitätsgraden und Preisen herangezogen wird. Die für TK-Verbindungen gebräuchlichsten Bezugskriterien bei einer nutzungsvariablen Preisbildung, die alternativ oder kombinativ verwendet werden, sind:

(1) die Zeitdauer einer Verbindung, gemessen in mehr oder minder langen Zeittakten.

(2) die zeitliche Lage einer Verbindung innerhalb eines Tages, einer Woche oder eines Jahres.

(3) die Entfernung einer Verbindung.

(4) die während der Verbindung von einem Carrier bereitgestellte Bandbreite.

(5) die während der Verbindung von dem Kunden in Anspruch genommene Bandbreite.

Eine branchenspezifische Besonderheit der Preispolitik für TK-Dienste liegt darin begründet, daß Preispläne sich nicht nur an Zielen von Marketingstrategien, sondern auch an ihrer technischen Abbildbarkeit in *Abrechnungssystemen für TK-Netze* (= „Billing Systems") zu orientieren haben. So lassen sich etwa personalisierte Rabattpläne von einem Telefonanschluß, der durch mehrere Personen genutzt wird, aufgrund der mit ihnen verbundenen hohen Leistungsanforderungen an Billing Systeme derzeit kaum realisieren.

In Deutschland war nach der Marktliberalisierung 1998 der Preis zunächst *der* zentrale Marketing-Parameter für Alternative Carrier zur Erzielung von Markterfolgen. Dabei war aber *nicht* nur ein simples Unterbieten der DT-Preise unter Beibehaltung bisheriger Preisstrukturen festzustellen. Vielmehr wurden oft neue Preisstrukturen/-elemente und mehrere nach personen-, nachfragemengen-, zeitpunktbezogenen u. a. Kriterien gebildete Preispläne für den gleichen Dienst (= *Preisdifferenzierung*) realisiert. Zur Begründung von Preisdifferenzierungen stehen TK-Carriern Preise von Wettbewerbern und Primärerhebungen von Kundenpräferenzen für unterschiedliche TK-Dienste(preis)varianten als Anhaltspunkte zur Verfügung. Hingegen ist eine *kostenorientierte* Preisbestimmung für TK-Dienste typischerweise schwer möglich, da eine streng verursachungsgerechte Kostenzuordnung auf verschiedene TK-Dienste infolge der „Verbundproduktion" vieler Dienste mittels *eines* Netzes nahezu ausgeschlossen ist.

Mit zunehmender Zeitdauer seit der Öffnung des deutschen TK-Marktes war zwar ein Rückgang der Zahl der Bezugskriterien und ihrer Ausprägungsstufen bei nutzungsvariablen Preisplänen zu beobachten. D. h.: Carrier bemühten sich um eine leichtere Verständlichkeit ihrer Preispläne für die Kunden. Insgesamt nahm aber durch die Vielfalt der

Anbieter und ihrer individuellen Preispläne die Preistransparenz auf dem deutschen TK-Markt von Anfang 1998 bis Anfang 2000 deutlich ab bzw., positiver formuliert, die Preistransparenz erreichte ein Niveau, das etwa dem von anderen Wettbewerbsmärkten (z. B. Unterhaltungselektronikgeräte) entspricht.

2.2.3 Distributionspolitik

Die Vermarktung von TK-Diensten beinhaltet hauptsächlich den Absatz von Leistungsversprechen und -inanspruchnahmerechten und *keine* Bereitstellung von physischen Gütern. Folglich ist die *Distributionslogistik* i.S. des Transportmanagements für physische Güter vom Hersteller zum Kunden für TK-Carrier von nachrangiger Bedeutung. Hingegen hat der zweite allgemein zur Distributionspolitik gerechnete Bereich, die Auswahl, Gewinnung und Steuerung von *Vertriebskanälen* für Alternative Carrier und den Incumbent hohe praktische Relevanz. Neue Anbieter stehen nämlich nach der Marktöffnung vor der Aufgabe *rasch* Absatzkanäle aufzubauen, die ihre Leistungen für Zielkunden leicht verfügbar machen, um Umsätze zur Amortisation hoher, weitgehend kundenzahlunabhängiger Geschäftsaufbauinvestitionen zu erzielen bzw. „freie Produktionskapazitäten" auszulasten. Incumbents haben dagegen vor der Marktöffnung zumeist nur wenige Absatzkanäle in nicht effizienter Weise genutzt und müssen deshalb ihre Vertriebskanäle bei gleichzeitiger Senkung von Kundenakquisitions- und -bindungskosten erweitern.

Um TK-Dienste für zahlreiche Privatkunden, kleinere und mittlere Unternehmen verfügbar zu machen, ist es für TK-Carrier erforderlich, in ihre Distributionspolitik verstärkt *mehrstufige Fremdvertriebskanäle* (z. B. filialisierte Einzelhändler) zu integrieren, über die standardisierte TK-Dienste mit geringer Erklärungsbedüftigkeit abgesetzt werden. Für komplexe, kundennahe Mehrwertdienste sind im Distributionskonzept hingegen *ein- oder mehrstufige Eigenvertriebsformen* wie etwa eine eigene Außendienstorganisation vorzusehen.

Alles in allem fand im deutschen TK-Markt in der zweiten Hälfte der 90er Jahre eine „Vertriebskanalpluralisierung" statt (vgl. *Abbildung 5* u. Gerpott (1998), S. 313-325). Neben traditionelle stationäre Eigenvertriebskanäle (s. Nr. 1a und 1c in *Abbildung 5*) traten (1) neue selbst betriebene Distanzvertriebsvarianten (s. Nr. 1b in *Abbildung 5*), (2) Fremdvertriebsformen über Händler, deren Hauptgeschäft primär bzw. nicht primär in der Vermarktung von TK-Diensten besteht (s. Nr. 2a, 3a–3c bzw. 2b und 3d in *Abbildung 5*) und (3) ein Quasi-Fremdvertrieb, indem TK-Basisdienste zunächst an andere lizenzierte Carrier verkauft werden, die diese dann gemeinsam mit selbst erstellten Leistungen unter ihrem eigenen Namen unter Nutzung weiterer Vertriebskanäle veräußern (s. Nr. 4 in *Abbildung 5*).

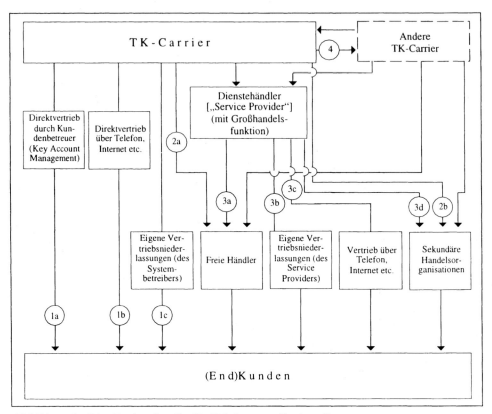

Abbildung 5: Distributionskanäle für Telekommunikationsdienste
Quelle: In enger Anlehnung an Gerpott (1998), S. 314.

2.2.4 Kommunikationspolitik

Aufgabe der *Kommunikationspolitik* ist es, darauf hinzuwirken, daß Leistungspotentiale eines Unternehmens von potentiellen und aktuellen Leistungsnachfragern in absatzfördernder Weise wahrgenommen werden. Eine Folge der Zunahme der Anbieterzahl bzw. der Wettbewerbsintensivierung auf den TK-Dienstemärkten in Deutschland war eine erhebliche Ausweitung der Marktkommunikationsanstrengungen von TK-Unternehmen (vgl. a. Gerpott (1999), S. 73; Wilfert (1999), S. 219). Während die TK-Branche in Deutschland bis 1997 durchweg nie zu den fünf Branchen mit den höchsten (absoluten) Werbeaufwendungen gehörte, nahm sie nach Statistiken der A.C. Nielsen Werbeforschung im Jahr 1998 mit einem absoluten Werbeaufwand von 1,56 DM Mrd. (= 1,8 % des Umsatzes der Branche in dieser Periode) Rang vier (hinter den Branchen „Auto-Markt", „Massenmedien" und „Handelsorganisationen") unter den Branchen mit den höchsten absoluten Aufwendungen für Werbung ein. Im Jahr 1999 steigerte die TK-Branche ihren Werbeaufwand nochmals um ca. 30 % gegenüber dem Vorjahr auf 2,03 Mrd. DM (= 2,3 % des Branchenumsatzes in diesem Zeitraum). Sie erreichte damit im Hinblick auf die absolute Werbeaufwandshöhe Rang drei aller Branchen in Deutschland. Zu den 10 in Deutschland am stärksten beworbenen Produkten gehörten im Jahr 1999 drei TK-Diensteangebote, nämlich die Fest-/Mobilfunknetzangebote der Unternehmen DT/T-Mobil, E-Plus und Mannesmann Arcor/MMO.

Ein erheblicher Teil der beschriebenen Ressourceneinsatzsteigerungen für die Kommunikationspolitik von TK-Carriern läßt sich dadurch erklären, daß die Mehrheit aller Anbieter insbesondere in Teilmärkten für standardisierte, netznahe TK-Dienste auf die Schaffung einer eigenständigen unternehmens- und z. T. dienstekategorienbezogenen *Markenidentität* hinarbeitete. D. h., daß Anbieter mit gleichbleibender Qualität bereitgestellte TK-Dienste systematisch durch Namen, Symbole/Zeichen, Design, Bilder, Töne oder eine Kombination dieser Markierungsmittel kennzeichneten. Damit wurde das Ziel verfolgt, die eigenen TK-Dienste/-Netze weitgehend unabhängig vom Grad ihrer „objektiv-technischen" Einzigartigkeit deutlich von denen der Konkurrenz unterscheidbar zu machen und mit einem Qualitätsversprechen (z. B. kein „Besetztzeichen", transparente Abrechnung) zu verbinden. Durch die Verbesserung der Wahrnehmbarkeit und die Reduktion der Qualitätsunsicherheit eigener Leistungen sollte wiederum TK-Dienstenutzern das Auffinden der eigenen Angebote erleichtert und die Nutzerbereitschaft zum (Wieder-) Kauf von Leistungen eines Carriers erhöht werden.

Schlüsselvoraussetzung für den Erfolg von Marken ist, daß Carrier die in ihrer Werbung generell und bei einem Vertragsabschluß kundenindividuell versprochene TK-Dienstequalität auch dauerhaft in einer von Kunden wahrgenommenen Weise tatsächlich erbringen, damit Kundenenttäuschungen vermieden werden und Kundenvertrauen zu einem Carrier aufgebaut wird. Dieser kritische Erfolgsfaktor wurde in Deutschland von vielen Alternativen Carriern in den ersten zwei Jahren nach der vollständigen Marktöffnung im Januar 1998 infolge eigener Managementfehler, von Problemen bei der Bereitstellung von Vorleistungen durch die DT und von Kommunikationsbotschaften des Wettbewerbers DT, die eine Bildung von Vertrauen zu Alternativen Carriern bei TK-Dienstenachfragern erschwerten, *nicht* erfüllt. Daher konnten bis Anfang 2000 zwar etliche Alternative Carrier wie etwa o.tel.o einen hohen Bekanntheitsgrad bei TK-Nutzern erreichen, aber den eigenen Markenwert kaum durch Bildung von „Vertrauenskapital" nachhaltig positiv beeinflussen (vgl. a. Wilfert (1999), S. 219-222).

Neben einer Ausweitung von Werbe- und Markenbildungsaktivitäten wurden in der zweiten Hälfte der 90er Jahre von der DT und Alternativen Carriern auch häufiger Maßnahmen zur kurzfristigen Absatzstimulierung von TK-Diensten, also *Verkaufsförderungsprogramme*, realisiert. Die wohl stärksten Wirkungen gingen dabei von den Programmen der DT zur Absatzerhöhung digitaler (ISDN-)Festnetzanschlüsse durch Zahlung von Kundenakquisitionsprämien an Handelspartner und von Endgerätesubventionen an Neukunden sowie von der von allen Mobilfunk-Carriern vorgenommenen Subventionierung von Funktelefonen zur Absatzerhöhung von GSM-Mobilfunkanschlüssen aus.

3. Fazit

Der vorliegende Beitrag hat gezeigt, daß die TK-Branche auf der Nachfrage- und Anbieterseite so heterogen ist, daß es *den* typischen Marketingansatz für TK-Unternehmen *nicht* gibt. Stattdessen ist anhand der vier Kriterien Leistungstyp, Absatzphase, Kundensegment und regionale Ausdehnung der Kundenansprache zunächst die Marktarena innerhalb der TK-Branche zu bestimmen, in der ein Carrier agieren will oder agiert. Dann sind für die relevanten Marktarenen Überlegungen zur zweckmäßigen Ausgestaltung der vier klassischen Instrumentalbereiche des Marketing anzustellen, die durchweg auch bei TK-Anbietern in branchenbezogen konkretisierter Weise zum Einsatz kommen können und sollen. Branchenbezogene Besonderheiten für das Marketing ergeben sich durch den Netzleistungscharakter vieler TK-Dienste vor allem in der Leistungs- und Preispolitik. Hier haben (1) die Erarbeitung von branchenweit akzeptierten Netz-/Dienstestandards, (2) die Verfügbarkeitssicherung von komplementären Endgeräten/Hardwareelementen, die zur TK-Dienstenutzung erforderlich sind, und (3) eine marktöffnende und kundenbindende Preisgestaltung einen im Vergleich zu anderen Branchen überdurchschnittlichen Stellenwert im Marketing.

Insgesamt zeichnet sich aber die TK-Branche eher *nicht* in erster Linie dadurch aus, daß sie völlig andere Marktingkonzepte einsetzt. Viel stärker tritt sie dadurch hervor, daß sie Leistungen bereitstellt, die in *allen* Branchen fundamental veränderte Möglichkeiten für das Marketing etwa durch weltweite Online-Marktforschung, -Produktinformation, -Kundenakquisition und -Leistungsdistribution eröffnet.

4. Literatur

Backhaus, K. (1999): Industriegütermarketing, 6. Aufl. München.

Backhaus, K./Stadie, E./Voeth, M. (1998): Die Preiswahrnehmung von Privatkunden im Telekommunikationsmarkt – Ergebnisse einer empirischen Analyse, in: Backhaus, K./Stadie, E./Voeth, M. (Hrsg.): Was bringt der Wettbewerb im Telekommunikationsmarkt?, Münster, S. 65-87.

Barth, K. (1996): Betriebswirtschaftslehre des Handels, 3. Aufl., Wiesbaden.

Bauer, B. (1996): Verbraucherschutz und Wettbewerb in der Telekommunikation, Berlin.

EITO (1999): European Information Technology Observatory 99, Frankfurt.

Gerpott, T. J. (1998): Wettbewerbsstrategien im Telekommunikationsmarkt, 3. Aufl., Stuttgart.

Gerpott, T. J. (1999): Strukturwandel des deutschen Telekommunikationsmarktes, in: Fink, D./Wilfert, A. (Hrsg.): Handbuch Telekommunikation und Wirtschaft, München, S. 49-75.

Gerpott, T. J./Heil, B. (1998): Wettbewerbssituationsanalyse von Online-Diensteanbietern, in: Schmalenbachs Zeitschrift für betriebswirtschaftliche Forschung, 50. Jg., S. 725-746.

Grunwald, R./Schwellbach, U. (1999): Strategien und Organisationsgestaltung in der Telekommunikationsbranche, Wiesbaden.

Heuermann, A. (1999): Zunehmende Nutzung von Telekommunikationsdiensten – Ursache oder Folge wirtschaftlichen Wachstums?, in: Fink, D./Wilfert, A. (Hrsg.): Handbuch Telekommunikation und Wirtschaft, München, S. 101-126.

Köster, D. (1999): Wettbewerb in Netzproduktmärkten, Wiesbaden.

Kroeber-Riel, W./Weinberg, P. (1996): Konsumentenverhalten, 6. Aufl., München.

Kühnapfel, J. B. (1995): Telekommunikations-Marketing, Wiesbaden.

OECD (1999): Communications Outlook, Paris.

RegTP (1999): Tätigkeitsbericht 1998/1999 der Regulierungsbehörde für Telekommunikation und Post, Bonn: RegTP (hektographiertes Manuskript XVI + 218 S.).

Taschner, A. (1998): Interaktive Medien als Systemgut, in: Albers, S./Clement, M./Peters, K. (Hrsg.): Marketing mit Interaktiven Medien, Frankfurt: IMK, S. 65-80.

Weiber, R. (1992): Diffusion von Telekommunikation, Wiesbaden.

Wilfert, A. (1999): Der deutsche Telekommunikationsmarkt nach der Liberalisierung – eine Zwischenbilanz, in: Fink, D./Wilfert, A. (Hrsg.): Handbuch Telekommunikation und Wirtschaft, München, S. 203-226.

Wolf, T. (1995): Marketing-Konzeption für Telekommunikationssysteme, Wiesbaden.

Andreas Herrmann, Ralf Jasny und Ingrid Vollmer

Marketing für Banken
Das Kundenzufriedenheitskonzept, ein Ansatz für Unternehmen des Bankensektors

1. Die Kundenorientierung als strategische Option von Finanzdienstleistern
2. Relevanz der Kundenzufriedenheit für den Unternehmenserfolg von Unternehmen des Finanzdienstleistungssektors
3. Grundzüge des Kundenzufriedenheitskonzeptes
4. Zufriedenheit der Kunden von Finanzdienstleistungsunternehmen - Ergebnisse einer empirischen Untersuchung
5. Marketingpolitische Implikationen
6. Literatur

1. Die Kundenorientierung als strategische Option von Finanzdienstleistern

Seit langem ist die Bedeutung einer kundenorientierten Gestaltung von Gütern und Dienstleistungen als zentraler Faktor für den Erfolg eines Unternehmens im Wettbewerb unbestritten. Auf umkämpften Käufermärkten mit kritischen und anspruchsvollen Nachfragern gibt es für eine konsequente Kundenorientierung keine Alternative. Insbesondere aufgrund kürzerer Produktlebenszyklen und harter Konkurrenz erscheint die uneingeschränkte Ausrichtung der marketingpolitischen Aktivitäten auf den tatsächlichen und den potentiellen Nachfrager unerläßlich. Doch erst in jüngster Zeit wird die Orientierung an den Bedürfnissen der Kunden nicht mehr nur als Aufgabe einer funktionalen Einheit aufgefaßt, sondern als zentrale unternehmerische Herausforderung verstanden. Diesem Perspektivenwechsel ging die Erfahrung in vielen Branchen voraus, daß eine von den Wünschen und Vorstellungen der Nachfrager losgelöste Gestaltung eines Erzeugnisses dramatische Konsequenzen für Absatz, Umsatz und Gewinn haben kann. Alle betrieblichen Prozesse haben sich diesem Ziel unterzuordnen. In einem kundenorientierten Unternehmen ist damit der Gewinn lediglich der Maßstab für den Erfolg – nicht mehr das (alleinige) unternehmerische Ziel, um den Erfolg langfristig zu sichern.

Auch der Markt für Finanzdienstleistungen unterliegt diesem Perspektivenwechsel, der einerseits durch Markttrends erzwungen, andererseits durch die Veränderung der Rahmenbedingungen, unter denen Bankdienstleistungen erstellt werden, möglich gemacht werden kann. Während andere Branchen sich schon seit Jahrzehnten dem Thema Kundenorientierung aktiv widmen, konnte sich im Bankenmarkt erst während der letzten beiden Dekaden durch die Aufhebung staatlicher Reglementierungen (z. B. Wegfall der staatlichen Zinsbindung, Aufhebung der Bedarfsprüfung bei Zweigstellengründungen) das Thema Kundenorientierung frei entfalten.

Beschleunigt wurde der Zwang zu einer kundenorientierten Gestaltung von Bankdienstleistungen durch die öffentlichen Krisen, wie z. B. Schneider, Steuerahndungen, die zu einer Entmystifizierung der Branche insgesamt geführt haben und Banken damit als gleichberechtigte Geschäftspartner erscheinen lassen. Neue technologische Entwicklungen, wie das Electronic Banking und das Internet, mit denen die Kunden die Möglichkeit haben, von einem beliebigen PC per Mausklick Bankgeschäfte zu erledigen, revolutionieren die Zugänglichkeit von Bankdienstleistungen und verringern damit Wechselbarrieren.

Eine weitere Herausforderung für Banken ist das Eindringen bankfremder Wettbewerber in den Markt. Non- und Near-Banks, insbesondere Versicherungsunternehmen, Handelsbetriebe und Automobilhersteller, diversifizieren ihre Leistungen und versuchen, ihren Kunden Komplettlösungen anzubieten. Fällige Lebensversicherungen können direkt bei der Versicherungsgesellschaft angelegt, Autos und Möbel unmittelbar beim Verkäufer über günstige Ratenkredite finanziert werden. Gleichzeitig versuchen diese Non-Banks ihre Refinanzierung durch Tagesgeldangebote, kostenlose Kontoführung und bonifizierte Sparverträge günstig und vor allem bankenunabhängig sicherzustellen. Durch eine Quersubventionierung ihrer Leistungen sind sie daher oftmals in der Lage, für den Kunden günstigere Konditionen als die Banken anzubieten.

Im Hinblick auf diese Trends ist es nicht verwunderlich, daß die Loyalität der Kunden aufgrund sinkender Wechselbarrieren abnimmt und die Ansprüche in Anbetracht der vielfältigen Offerten steigen und dadurch die Wechselbarrieren sinken. Bankkunden haben es daher immer leichter, das Kreditinstitut zu wechseln oder gleichzeitig neben ihrem Hauptkonto mehrere Nebenkontenverbindungen bei anderen Finanzdienstleistern zu unterhalten. Der Kunde der Gegenwart wird daher häufig auch als „smart shopper" bezeichnet, als ein kritischer Verbraucher, der die Angebote verschiedener Banken vergleicht, um das für ihn günstigste Angebot auszuwählen.

Ein Umbruch im deutschen Bankensystem ist die Folge. Abnehmende Erträge, steigende Kosten, sowie Fortschritte in der Computer- und Informationstechnologie erfordern eine Umorientierung, von der vor allem das Privatkundengeschäft betroffen ist. Die Banken haben auf die neuartigen Kundenanforderungen bereits mit der Schaffung innovativer Leistungs- und Kommunikationsangebote reagiert. Kundenorientierung ist jedoch nur mit technologischen Innovationen allein nicht gestaltbar. In der Diskussion um den Erhalt bzw. die Steigerung der Kundenloyalität und damit langfristig des Unternehmenserfolges aufgrund dieser Entwicklungen erfahren die Dienstleistungsqualität und die Kundenzufriedenheit eine große Aufmerksamkeit.

2. Relevanz der Kundenzufriedenheit für den Unternehmenserfolg von Unternehmen des Finanzdienstleistungssektors

In der Diskussion um den Erhalt bzw. die Steigerung der Kundenzufriedenheit ist die Verbesserung der Leistung der zentrale Erfolgsfaktor. So belegen zahlreiche Studien, daß eine Verbesserung der Zwecktauglichkeit (Qualität) der Leistung die Zufriedenheit der Kunden erhöht. Da die Kundenzufriedenheit wiederum als die entscheidende Determinante des zukünftigen Unternehmenserfolges propagiert wird, liegt die Relevanz eines zwecktauglichen Angebots für die Existenzsicherung auch für Unternehmen im Finanzdienstleistungssektor auf der Hand. Die Einsicht in diese Kausalität veranlaßte zahlreiche Unternehmen in unterschiedlichen Branchen, unter dem Schlagwort "total quality management" verstärkt Aktionen zur Steigerung der Zwecktauglichkeit (Qualität) ihrer Leistungen zu ergreifen.

Eine Reihe von Veröffentlichungen dokumentieren die Existenz einer positiven Korrelation zwischen der Zwecktauglichkeit der Leistung, der Kundenzufriedenheit und dem Unternehmenserfolg. Beispielsweise gelangen Buzzell, Chang, Gale und Phillips auf der Basis einer Analyse von PIMS-Daten zu dem Ergebnis, daß eine Qualitätsverbesserung der angebotenen Leistung bei den meisten Unternehmen mit einer Steigerung der Rentabilität einhergeht. Zu einer ähnlichen Aussage gelangt Herrmann, der die Assoziation zwischen den interessierenden Größen bei 112 Unternehmen aus sechs Branchen empirisch überprüft. Die Begründung für den positiven Zusammenhang zwischen der Zwecktauglichkeit der Leistung, der Kundenzufriedenheit und dem Unternehmenserfolg beruht auf der Argumentation, daß zufriedene Kunden einer einmal genutzten Leistung treu bleiben und auf diese Weise zur dauerhaften Umsatzsicherung des Anbieters beitragen. Nur eine konsequente Ausrichtung des unternehmerischen Handelns an den Wünschen und Vorstellungen der tatsächlichen und potentiellen Kunden sichert somit das Überleben des Anbieters.

Kundenzufriedenheit darf dabei nicht nur verstanden werden als „es allen Kunden recht machen". Vielmehr erfordert das Kundenzufriedenheitskonzept eine Fokussierung der Bemühungen um mehr Kundenzufriedenheit auf strategisch wichtige Kundengruppen. Jeder Anbieter sieht sich einer Vielzahl von Kundenwünschen gegenüber, die er vor dem Hintergrund begrenzter Ressourcen nicht alle gleichzeitig befriedigen kann. Umsomehr müssen Überlegungen angestellt werden, welche Leistungen für welche Kunden mit welcher Priorität und Intensität verbessert werden sollen. Das Konzept der Kundenzufriedenheit beinhaltet damit nicht nur die Frage wie Kunden besser bedient werden können, sondern es muß im Rahmen eines Kundenzufriedenheitsmanagements auch in der Unternehmensstrategie eingebettet sein. Hierzu stellt die Kundenzufriedenheitsforschung als ein Teilbereich des modernen Marketing einen geeigneten konzeptionellen und methodischen Rahmen bereit.

3. Grundzüge des Kundenzufriedenheitskonzeptes

Eine marktorientierte Führungskonzeption von Unternehmen des Finanzdienstleistungssektors stellt die Wünsche der Kunden in den Mittelpunkt aller unternehmerischen Überlegungen. Dieser Denkhaltung zufolge bildet die Befriedigung der Kundenbedürfnisse die Basis für den Unternehmenserfolg. Sofern die Kundenzufriedenheit das fundamentale Ziel des Handelns repräsentiert, erscheint es naheliegend, die Intensität der Bedürfnisbefriedigung zum Beurteilungskriterium der marketingpolitischen Aktivitäten zu erheben.

Den Kern dieses Konzeptes verkörpert das Konstrukt Zufriedenheit, dem gerade in der neueren Marketingliteratur eine zentrale Bedeutung zukommt. Aus der Fülle der vorliegenden Definitionsansätze eignet sich für die Zwecke dieser Abhandlung die Begriffsbestimmung von Anderson: „... consumer satisfaction is generally construed to be a postconsumption evaluation dependent on perceived quality or value, expectations, and confirmation/disconfirmation - the degree (if any) of discrepancy between actual and expected quality ...".

Auf Individualebene ergibt sich dieser Definition zufolge das Zufriedenheitsurteil eines Kunden aus einem komplexen Informationsverarbeitungsprozeß, in dessen Mittelpunkt die aus einem Soll-Ist-Vergleich resultierende Bewertung einer Kauf- bzw. Konsumsituation steht. Den Maßstab zur Beurteilung der wahrgenommenen Produktqualität (Ist-Wert) liefern Erwartungen (Soll-Wert), die aus eigenen oder von anderen gemachten Erfahrungen stammen. Die gewonnenen Erfahrungen mit der Dienstleistung bewirken eine ständige Veränderung der für das Zufriedenheitsurteil relevanten Erwartungen. Auf aggregierter Ebene kommt hinzu, daß unterschiedliche Kunden bzw. Kundengruppen mit verschiedenartigen Erwartungen auch unterschiedliche Anspruchsniveaus an die zu erbringende Leistung haben. Obwohl objektiv gesehen, eine bestimmte Leistung mit einem bestimmten Qualitätsniveau erbracht wurde, können zwei Kunden mit unterschiedlichem Anspruchsniveau nach Inanspruchnahme dieser Leistung unterschiedlich zufrieden sein. Demzufolge hängt die von einem Kunden empfundene Zufriedenheit mit der erbrachten Leistung in erster Linie von der wahrgenommenen Qualität ab.

Die Qualitätswahrnehmung selbst geht unmittelbar mit dem Erbringen einer Dienstleistung einher und läßt sich als globales Urteil eines Kunden bezüglich der Zwecktauglichkeit der Serviceleistung charakterisieren. Dabei beurteilt der Betroffene jeden für ihn relevanten Leistungsbestandteil im Hinblick auf den beabsichtigten Verwendungszweck, um anschließend die so gewonnenen Teilurteile mittels einer Entscheidungsregel zu einem Qualitätsurteil zu verknüpfen. Die Erwartung des Kunden repräsentiert ein bestimmtes Qualitätsniveau, das sich dieser von einer Dienstleistung erhofft. Sie dient dem Kunden als Beurteilungsmaßstab, an dem er die Qualität der Finanzdienstleistung mißt. Das Niveau der Erwartung entsteht dabei aus den vorangegangenen Erfahrungen mit den Leistungen des Finanzdienstleisters in der Vergangenheit. Kommt es zu einer Übereinstimmung von Erwartung und tatsächlichem Erleben der Serviceleistung, stellt sich Zufriedenheit ein.

Die Relevanz eines Zufriedenheitsurteils für den Unternehmenserfolg liegt auf der Hand: Wie zahlreiche Untersuchungen verdeutlichen, weisen zufriedene Kunden eine größere Loyalität gegenüber dem Unternehmen auf als unzufriedene Kunden. Die damit verbundene Bereitschaft, die Serviceleistung wieder in Anspruch zu nehmen, sichert somit eine dauerhafte Umsatzbasis und die loyalen Kunden verkörpern somit einen bedeutsamen immateriellen Wert.

Ein weiteres Argument, das ins Feld geführt werden kann, bildet die mit einer hohen Zufriedenheit einhergehende Reduzierung der Preiselastizität der Kunden. Zufriedene Kunden zeigen eine höhere Bereitschaft, mehr für eine Leistung zu bezahlen und wandern dementsprechend bei einer Preiserhöhung nicht sofort zu alternativen Unternehmen ab. Diese niedrigere Preissensibilität eröffnet dem betreffenden Anbieter eine Fülle preispolitischer Aktionsmöglichkeiten und reduziert gleichzeitig die Abwerbungschancen der Konkurrenten. Darüber hinaus erhöht die Kundenzufriedenheit auch das "cross selling"-Potential eines Unternehmens, da zufriedene Kunden eher geneigt sind, weitere Zusatzleistungen zu nutzen, wie bspw. Versicherungsleistungen. Schließlich entsteht ein weiterer positiver Effekt auf den Unternehmenserfolg durch die verstärkte Neigung zufriedener Kunden, die Vorteile der Leistung (und möglicherweise die Nachteile der Alternativen) anderen (potentiellen) Kunden zu vermitteln. Diese Mund-zu-Mund-Werbung zeichnet sich durch ein hohes Maß an Glaubwürdigkeit aus und erleichtert dadurch die Akquisition von neuen Kunden. Zusätzlich trägt die damit verbundene Reputation des Unternehmens dazu bei, neue Dienste am Markt zu plazieren.

Die Tauglichkeit des Kundenzufriedenheitskonzeptes für die Planung und Kontrolle der marketingpolitischen Maßnahmen hängt entscheidend von dessen Operationalisierung ab. Der Terminus Kundenzufriedenheit repräsentiert ein hypothetisches Konstrukt, das heißt ein komplexes theoretisches Phänomen, das sich einer direkten Quantifizierung respektive Messung verschließt. Ein solches Konstrukt erhält seinen empirischen Bezug erst durch eine Unterteilung in Dimensionen, die sich über beobachtbare, einer direkten Messung zugängliche Indikatoren erfassen lassen. Die Bestimmung geeigneter Indikatoren hängt davon ab, welches Erhebungsverfahren zum Einsatz kommt.

In der Unternehmenspraxis finden objektive Verfahren am häufigsten Anwendung. Hierbei handelt es sich um beobachtbare Größen, die nicht auf der Einschätzung von Auskunftspersonen beruhen. Beispielsweise verwenden Marktforscher Absatz-, Umsatz- und Marktanteilsveränderungsraten sowie die Kundentreuerate als Grundlage für die Messung der Zufriedenheit. Ferner werden die Äußerungen und Beschwerden von Kunden gegenüber den Serviceleistungen von Kreditinstituten und alternativen Finanzdienstleistern erfaßt, ausgewertet und zur Einschätzung der Entwicklung der Kundenzufriedenheit herangezogen. Alle diese Kenngrößen vermitteln erste Hinweise auf das Vorliegen von Leistungsmängeln und damit auf mögliche Ursachen der Unzufriedenheit.

Trotz der weiten Verbreitung dieser Erhebungsverfahren bleibt das Problem der mangelnden Validität objektiver Kriterien. Die latente, sich nicht sofort als Verhalten äußernde Unzufriedenheit wird nicht erfaßt. Insofern erscheint es ratsam, die Zufriedenheit auf der Basis subjektiver Urteile zu erheben. Dieser Vorgehensweise liegt die Idee zugrunde, daß sich die Bedürfnisadäquanz einer Finanzdienstleistung nur subjektiv, das heißt auf der Grundlage von Kundenbefragungen ermitteln läßt. Methodisch gesehen wird zwischen merkmalgestützten und ereignisorientierten Erhebungsverfahren unterschieden. Die merkmalgestützten Ansätze zeichnen sich dadurch aus, daß mehrere Indikatoren des Konstrukts Zufriedenheit dazu dienen, Rückschlüsse auf den Grad der Bedürfnisbefriedigung zu ziehen. Eine Variante stellt die Messung des Ausmaßes der Zufriedenheit mittels mehrdimensionaler Skalen dar. Ereignisorientierte Methoden weisen die Besonderheit auf, daß der Kunde zur umfassenden Erläuterung der Probleme und Mängel der in Anspruch genommenen Dienstleistung aufgefordert wird. Diese Befragungstechnik erlaubt es dem Anbieter, Informationen über die konkreten Ursachen der Unzufriedenheit zu gewinnen, die beim Einsatz standardisierter Fragen systembedingt nicht zu erfassen sind.

4. Zufriedenheit der Kunden von Finanzdienstleistungsunternehmen – Ergebnisse einer empirischen Untersuchung

Eine im Frühjahr 1998 durchgeführte empirische Untersuchung zielt darauf ab, die Zufriedenheit von 316 Kunden einer Frankfurter Großbank zu erfassen und auf der Basis der Ergebnisse marketingpolitische Handlungsoptionen abzuleiten. In Anlehnung an andere empirische Untersuchungen dieser Art läßt sich der theoretische Begriff Zufriedenheit in zwei Komponenten unterteilen. Eine kognitive Komponente bringt die wahrgenommene Qualität der Leistungen zum Ausdruck, während die affektive Komponente Auskunft über ihre Wichtigkeit gibt. Diese erhebungstechnische Konzeption verlangt eine sorgfältige Auswahl der relevanten Dimensionen. Aus diesem Grund diente eine Pilotstudie dazu, die besonders wichtigen Leistungsdimensionen zu identifizieren. Hierzu gehören im einzelnen: Öffnungszeiten, Lage der Filialen, das Erscheinungsbild, die Möglichkeit zu Tele-Banking bzw. Home-Banking, eine Bankkarte, die Kundenberatung, die Informationsversorgung, die Gebühren für den Zahlungsverkehr, die Gebühren für die Geldanlage bzw. die Aufnahme von Krediten und die Atmosphäre in der Bank.

Der Ausgangspunkt der Studie bestand darin, die globale Zufriedenheit der Probanden mit den Leistungsdimensionen des betrachteten Unternehmens auf einer Dreier-Skala (unzufrieden, weder/noch, zufrieden) zu erheben. Das in Tabelle 1, Spalte 1 dargestellte Resultat dieser Befragung läßt sich mit den in Spalte 2 abgebildeten Urteilen von 258 Auskunftspersonen über die Zufriedenheit mit den Leistungen anderer Finanzinstitute in der gleichen Stadt vergleichen. Während durchschnittlich 29 % der Befragten die Leistung der Wettbewerber mit "zufrieden" bewerten, lautet der entsprechende Wert für die betrachtete Bank nur 25 %. Der Anteil der unzufriedenen Kunden beträgt bei der betrachteten Bank 20 %, wohingegen bei den Konkurrenten im Durchschnitt 23 % der Kunden die Leistungen bemängeln. Zur Spezifikation dieser Analyse erscheint eine genaue Betrachtung der einzelnen Leistungsdimensionen des interessierenden Anbieters unerläßlich.

Urteilsdimension	(1) Betrachtete Großbank (Basis: 316 Befragte)	(2) Konkurrierende Banken in der gleichen Stadt (Basis: 258 Befragte)
Zufrieden	25 %	29 %
weder/noch	55 %	48 %
unzufrieden	20 %	23 %

Tabelle 1: Allgemeine Zufriedenheit mit den Leistungen von Banken

Zunächst interessiert die Wichtigkeit aller vorgegebenen Dimensionen für die Probanden. Zur Datenerhebung dient eine Skala, die aus den Antwortmöglichkeiten sehr wichtig, wichtig und weniger wichtig besteht. Abbildung 1 zeigt, daß die Gebühren für den Zahlungsverkehr, die Atmosphäre, die Öffnungszeiten, die Gebühren für die Geldanlage bzw. die Kreditaufnahme und die Lage der Finanzinstitute zu den wichtigsten Leistungsdimensionen gehören. Weiterhin richtet sich das Interesse auf die Zufriedenheit der Kunden mit den einzelnen Dimensionen. Hierbei wurden die Auskunftspersonen aufgefordert, jedes Kriterium auf einer Skala (zufrieden, weder/noch, unzufrieden) zu beurteilen. Aus Abbildung 2 geht hervor, daß vor allem das Erscheinungsbild, die Bankkarte und die Lage der Unternehmen den Anforderungen der Kunden entsprechen.

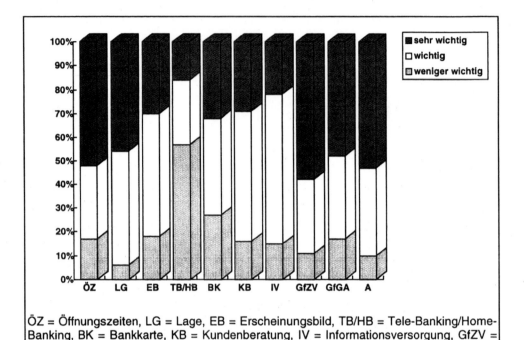

Abbildung 1: Wichtigkeit der einzelnen Leistungsdimensionen

Im Anschluß an die Erläuterung der globalen Urteile über die Serviceleistungen der Frankfurter Großbank besteht das Anliegen darin, bestimmte Kundentypen zu identifizieren. Eine Offenlegung solcher Kundensegmente erlaubt die Gestaltung typspezifischer Marketingaktivitäten. Auf diese Weise gelingt es, die Leistungen eines Finanzdienstleistungsunternehmen auf die Anforderungen der verschiedenen Kundengruppen auszurichten und so die Attraktivität des Angebots zu steigern. Hierzu wurden die Auskunftspersonen gebeten, die Wichtigkeit der einzelnen Leistungsdimensionen mit Hilfe von Rangkennziffern anzugeben. Mittels einer Clusteranalyse lassen sich die befragten Personen aufgrund der zwischen ihnen bestehenden Proximität in Segmente bzw. Cluster aufteilen. Solche Cluster entstehen dadurch, daß die einer Gruppierung zugeordneten Kunden einander im Hinblick auf die Wichtigkeitsurteile möglichst ähnlich und die verschiedenen Cluster einander möglichst unähnlich sind.

Marketing für Banken

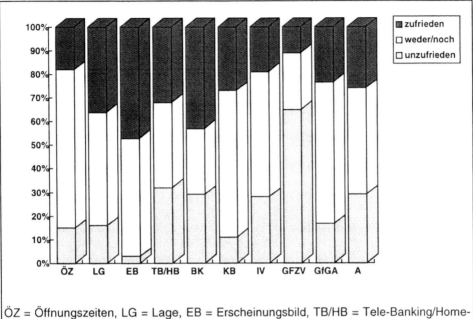

ÖZ = Öffnungszeiten, LG = Lage, EB = Erscheinungsbild, TB/HB = Tele-Banking/Home-Banking, BK = Bankkarte, KB = Kundenberatung, IV = Informationsversorgung, GfZV = Gebühren für Zahlungsverkehr, GfGA = Gebühren für Geldanlage und Kredite, A = Atmosphäre in der Bank.

Abbildung 2: Zufriedenheit mit den einzelnen Leistungsdimensionen

Eine Analyse dieser Art auf der Basis der Wichtigkeitsurteile der Probanden führt zur Wahl der 3-Gruppen-Lösung. Mittels der Clustermittelwerte bei den einzelnen Variablen läßt sich für jede Gruppe die in Tabelle 2 abgebildete Rangfolge der Wichtigkeit der Leistungsdimensionen errechnen. Die einzelnen Gruppen lassen sich folgendermaßen kennzeichnen:

Gruppe 1: (40,2 %)

Personen dieses Clusters legen großen Wert darauf, daß ihnen das Finanzinstitut eine Bankkarte zur Verfügung stellt. Der Möglichkeit zu Tele-Banking / Home-Banking und den Gebühren für die Geldanlage und Kreditaufnahme sowie für den Zahlungsverkehr kommen ebenfalls eine zentrale Bedeutung zu. Interessant erscheint bei diesem Kundentyp die geringe Wichtigkeit der Kundenberatung und der Atmosphäre.

Leistungsdimension	Rangfolge der Wichtigkeit in		
	Gruppe 1	Gruppe 2	Gruppe 3
Öffnungszeiten	3	5	7
Lage	4	2	8
Erscheinungsbild	7	8	10
Tele-Banking / Home-Banking	8	7	5
Bankkarte	9	4	3
Kundenberatung	1	7	2
Informationsversorgung	6	10	4
Gebühren für Zahlungsverkehr	5	3	1
Gebühren für Geldanlage und Kredite	10	1	9
Atmosphäre in der Bank	2	9	6

Tabelle 2: Rangfolge der Wichtigkeit der Serviceleistungen

Gruppe 2: (27,3 %)

Die in dieser Gruppe zusammengefaßten Kunden zeichnen sich dadurch aus, daß sie vor allem auf die Atmosphäre und die Informationsversorgung achten. Dagegen spielen Aspekte wie anfallende Gebühren für den Zahlungsverkehr, die Geldanlage und -aufnahme sowie die Lage des Finanzdienstleistungsunternehmens nahezu keine Rolle.

Gruppe 3: (32,5 %)

Für die Individuen dieser Gruppe besitzen die Lage, die Öffnungszeiten und das Erscheinungsbild eine große Relevanz. Eine Bankkarte, die Informationsversorgung und die Möglichkeit zu Tele-Banking / Home-Banking sind eher von untergeordneter Bedeutung.

Eine sich anschließende Diskriminanzanalyse dient dazu, die Menge der Auskunftspersonen durch eine Linearkombination der Serviceleistungen (Variablen) optimal zu trennen, um dadurch Gruppenunterschiede zu erklären. Das Verfahren liefert Hinweise darüber, welchen Beitrag die einzelnen Variablen zur Unterscheidung der Cluster leisten. Hierfür dient eine Varianzanalyse, die im Kern aus einem Hypothesentestverfahren besteht. Diese Methode vergleicht die drei Gruppen im Hinblick auf die Ausprägungsmittelwerte der Leistungsdimensionen. Ein F-Test überprüft, ob die Abweichungen zwischen den Gruppen auf einen systematischen Effekt zurückzuführen sind oder lediglich von

Zufallsschwankungen herrühren. Die Nullhypothese behauptet, daß die mittleren Diskriminanzwerte der Gruppen nicht voneinander abweichen, während die Gegenhypothese die statistische Signifikanz der Gruppenunterschiede postuliert. Bei einer Irrtumswahrscheinlichkeit von 5 % übersteigen die empirischen F-Werte aller Variablen (die Öffnungszeiten, die Lage, das Erscheinungsbild, die Möglichkeit zu Tele-Banking / Home-Banking, eine Bankkarte, die Kundenberatung, die Informationsversorgung, die Gebühren für den Zahlungsverkehr, die Gebühren für die Geldanlage bzw. die Geldaufnahme und die Atmosphäre in der Bank) die entsprechenden Tabellenwerte. Offenbar eignet sich jede Leistungsdimensionen dazu, die drei Gruppen voneinander zu trennen.

Ein weiterer Analyseschritt bestand darin, die Versuchspersonen zu bitten, die Zufriedenheit mit den einzelnen Leistungsdimensionen auf einer Fünfer-Skala anzugeben. Für die drei zuvor identifizierten Cluster lassen sich die in Tabelle 3 abgebildeten Rangfolgen ermitteln. Ein Vergleich der in Tabellen 2 und 3 wiedergegebenen Werte zeigt, daß der von der jeweiligen Gruppe als sehr zufriedenstellend eingestufte Service nicht zwingend auch der wichtigste ist. Dieser Sachverhalt läßt sich mittels einer Rangkorrelation spezifizieren. Dieses Verfahren bringt zum Ausdruck, welche Stärke der Zusammenhang zwischen der Rangfolge der Wichtigkeit und der Rangfolge der Zufriedenheit in jeder Gruppe aufweist und in welche Richtung (gleichgerichtet oder entgegengerichtet) der Zusammenhang verläuft.

Hierbei ergab sich für die erste Gruppe der Wert -0,078, für die zweite Gruppe -0,1558 und für das Cluster 3 die Zahl 0,2727. Aus den Werten geht hervor, daß die Kunden in Gruppe 3 im wesentlichen mit den für sie wichtigen Leistungsdimensionen auch zufrieden sind. Demgegenüber gilt für die in Gruppe 1 und in Gruppe 2 zusammengefaßten Kunden, daß sie mit den als wichtig erachteten Serviceleistungen unzufrieden sind.

Leistungsdimension	Rangfolge der Zufriedenheit in		
	Gruppe 1	Gruppe 2	Gruppe 3
Öffnungszeiten	2	7	6
Lage	3	4	8
Erscheinungsbild	1	8	3
Tele-Banking / Home-Banking	6	10	1
Bankkarte	4	3	5
Kundenberatung	7	2	10
Informationsversorgung	5	5	4
Gebühren für Zahlungsverkehr	8	9	7
Gebühren für Geldanlage und Kredite	9	6	2
Atmosphäre in der Bank	10	1	9

Tabelle 3: Rangfolge der Zufriedenheit mit den Leistungsdimensionen

5. Marketingpolitische Implikationen

Das Ergebnis der empirischen Untersuchung läßt deutlich werden, daß ein erheblicher marketingpolitischer Handlungsbedarf besteht, der sich vor allem auf die Gruppen 1 und 2 richten sollte. Die Rangkorrelationskoeffizienten verdeutlichen das Vorhandensein einer Diskrepanz zwischen der Wichtigkeit einzelner Leistungsmerkmale und der tatsächlichen Zufriedenheit. Wie erinnerlich achten die dem Cluster 1 zugeordneten Personen (also 40,2 % aller Befragten) darauf, daß der Finanzdienstleister dem Kunden eine Bankkarte zur Verfügung stellt und die Möglichkeit zu Tele-Banking/Home-Banking bietet. Vor diesem Hintergrund besteht die Aufgabe des Managements darin, zu prüfen ob die Kosten/Ertrags-Relation dieser Kundengruppe die Investition in mehr Kundenzufriedenheit dieser Kundengruppe rechtfertigt. Bei genügend großem Ertragspotential dieser Kundengruppe kann überlegt werden, den Kunden beispielsweise zu vergünstigten Konditionen ein Modem zur Verfügung zu stellen, um somit seine Bankgeschäfte bequem von zu Hause aus per PC erledigen zu können. Eine institutsspezifische Bankkarte könnte mit weiteren Serviceleistungen, wie integriertem Telefonchip oder ein mit der Karte verknüpftes Versicherungsangebot verbunden sein. Des weiteren sollten die Einsatzmöglichkeiten der Bankkarte durch eine Erhöhung der Geldausgabemöglichkeiten ausgeweitet werden. Die Kommunikation dieser Anstrengungen, vor allem in Zeitungen und Broschüren, läßt dann ein Finanzinstitut für diese Kundengruppe wesentlich attraktiver erscheinen.

Dagegen wünschen sich die im Cluster 2 zusammengefaßten Kunden, 27,3 % der Probanden, vor allem eine ansprechende Atmosphäre in der Bank und eine angemessene Informationsversorgung. Insofern kommt der verbalen und nonverbalen Kommunikation nach außen eine entscheidende Bedeutung zu. Einen Beitrag zur Verbesserung des in diesem Bereich bestehenden Defizits könnte eine regelmäßige Kundenzeitschrift sein, die den Kunden zugesandt wird. Ebenfalls eignet sich hier der Einsatz moderner Kommunikationsmittel. So stellt sich das Internet als ein Forum dar, auf dem die Kommunikation zwischen Finanzdienstleistungsunternehmen und Kunden intensiviert werden kann.

Die Kunden der dritten Gruppe, 32,5 % der Befragten, legen besonderen Wert auf die Lage und die Öffnungszeiten der Banken. Hier bietet die Anpassung der Öffnungszeiten an die verlängerten Ladenöffnungszeiten eine Möglichkeit, die Kundenbedürfnisse noch besser zu befriedigen und den Kunden somit langfristig an die Unternehmen zu binden.

Die Ergebnisse der Untersuchung belegen die zunehmende Individualisierung der Bedürfnisse von Kunden. Eine Orientierung der Unternehmens- und Produktpolitik an den Bedürfnissen und Wünschen der Nachfrager ist daher unumgänglich, wenn ein Finanzdienstleister langfristig am Markt erfolgreich agieren möchte.

6. Literatur

Anderson, E. W. (1994): Cross-Category Variation in Customer Satisfaction and Retention, in: Marketing Letters, Vol. 5, S. 19-30.

Backhaus, K./Erichson, B./Plinke, W./Weiber, R. (1994): Multivariate Analysemethoden, Berlin.

Bauer, H. H./Dichtl, E./Herrmann, A. (1996): Automobilforschung, München.

Bauer, H. H./Diller, H. (1995): Wege des Marketing, Berlin.

Buzzell, R. D./Gale, B. T. (1987): The PIMS Prinziples, New York.

Lingenfelder, M./Schneider, W. (1991): Die Kundenzufriedenheit - Bedeutung, Meßkonzept und empirische Befunde, in: Marketing ZFP, S. 109-119.

Nieschlag, R./Dichtl, E./Hörschgen, H. (1994): Marketing, Berlin.

Simon, H./Homburg, C. (1995): Kundenzufriedenheit, Wiesbaden.

Richard Kühn und Roger Fasnacht

Marketing für Versicherungen
Herausforderungen und Entwicklungstendenzen, gezeigt am Beispiel des schweizerischen Versicherungsmarktes

1. Der schweizerische Versicherungsmarkt im Überblick
2. Die wichtigsten Herausforderungen für das Marketing
    2.1 Besonderheiten des Versicherungsmarketing
    2.2 Veränderte Marktverhältnisse
3. Konsequenzen für das Versicherungsmarketing
    3.1 Generelle Konsequenzen
    3.2 Reaktion der Versicherer auf die veränderten Marktverhältnisse
4. Fazit
5. Literatur

1. Der schweizerische Versicherungsmarkt im Überblick

Schweizer Versicherungsunternehmen sind national und international erfolgreich. Sie realisieren ein Prämienvolumen von über Fr. 125 Mrd. pro Jahr, wobei 1998 rund 39 % auf dem Heimmarkt, 41 % in Ländern der EU und 20 % in übrigen Weltregionen – vor allem in den USA – erarbeitet wurden. 61 % der Prämien stammen dabei aus dem Bereich der Lebensversicherung. Vor 20 Jahren war das Prämienvolumen noch sechs Mal kleiner und wurde zu 45 % in der Schweiz erarbeitet. *Die Schweizer Privatassekuranz* beschäftigte Anfang 1999 im Inland rund 40'000 Mitarbeiter und im Ausland mit den Tochtergesellschaften über zwei Mal so viele Arbeitskräfte (Bundesamt für Privatversicherungswesen 1999, S. 5 ff. und Günthardt 1999, S. 21).

Auf dem *schweizerischen Versicherungsmarkt* waren 1998 nicht weniger als 170 Privatversicherer tätig. Dies sind sechs mehr als im Vorjahr. Die Trennung in Lebens- und Nicht-Lebens-Versicherungsgesellschaften ist ausdrücklich im Versicherungsaufsichtsgesetz festgehalten. Sie führte bis auf einige Ausnahmen indessen nur zu einer rechtlichen Trennung; die meisten Versicherer bestehen aus zwei, als unternehmerische Einheit operierenden Firmen (Odermatt 1991, S. 13). Das Bruttoprämienvolumen der Privatassekuranz wuchs im gleichen Zeitraum um fast 9 % auf Fr. 48 Mrd. an, wobei das Prämienwachstum seit einigen Jahren primär bei den Lebensversicherungen zu verzeichnen war, die um 13 % zulegten und inzwischen 73 % des Gesamtvolumens auf sich vereinigen (Bundesamt für Privatversicherungswesen 1999, S. 5 ff.). Abbildung 1 zeigt den schweizerischen Versicherungsmarkt im Überblick.

Die *Schweizer Versicherungsgesellschaften* lassen sich grob in drei Gruppen unterteilen:

- die drei international zu den grossen Anbietern gehörenden Konzerne Swiss Re, Zurich Financial Services Group und die in die Credit Suisse Group integrierte Winterthur. Diese drei Konzerne verfolgen indessen unterschiedliche Strategien. Die Swiss Re konzentriert sich auf das Rückversicherungsgeschäft, während die Zürich und die Winterthur Lebens-, Nicht-Lebens- und spezielle Rückversicherungen sowie Vermögensverwaltung anbieten.

- hauptsächlich oder ausschliesslich im Inland operierende Versicherungsgesellschaften, die im Lebens- und/oder Nicht-Lebensversicherungsbereich primär über klassische Aussendienstorganisationen ein komplettes Sortiment vermarkten. Zu dieser Gruppe gehören beispielsweise die Helvetia, die Mobiliar oder die Basler.

- spezialisierte Anbieter, die sich entweder auf bestimmte Kundensegmente (z. B. Emmentalische Mobiliar: Landwirtschaftsbetriebe) oder auf den Absatz über neuartige Vertriebswege (z. B. Profitline: Telefonverkauf) konzentrieren, wobei es sich bei letzteren oftmals um Tochtergesellschaften der traditionellen, grossen Gesellschaften handelt.

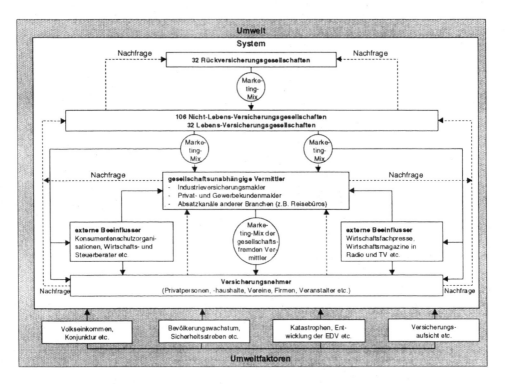

Abbildung 1: Der schweizerische Versicherungsmarkt im Überblick

Der schweizerische Versicherungsmarkt ist durch eine starke Konzentration gekennzeichnet. Tabelle 1 zeigt, dass die drei grössten Lebensversicherer 1998 über einen Marktanteil von knapp 60 % und die drei grössten Nicht-Leben-Gesellschaften über einen solchen von knapp 49 % verfügten.

Über die Bedeutung der verschiedenen *Absatzwege und -kanäle* liegen keine verlässlichen Statistiken vor. Der direkte Absatzweg ist im Privat- und Gewerbekundengeschäft von dominierender Bedeutung. Es wird heute noch zu 80 bis 90 % über den traditionellen Aussendienst der Versicherer realisiert. Man schätzt, dass der Direktvertrieb über Telefon, Mailings und Internet maximal 10 bis 20 % der Neuprämien bzw. Neuanlagen - primär im Privatkundengeschäft – umfasst (Günthardt 1999, S. 21).

Im Bereich des indirekten Absatzes gilt es, zwischen der begrenzten Zahl von Maklern, die im (internationalen) Industriegeschäft tätig sind, und den zahlreichen national im Gewerbe- und Privatkundengeschäft, teilweise in Strukturvertriebs-Systemen operierenden Maklern zu unterscheiden. Letztere erwirtschaften in der Schweizer Erstversicherung etwa 5 bis 10 % des Prämienvolumens. Zählt man auch Treuhänder, Vorsorge- und Steuerberater dazu, beläuft sich die Zahl auf über 1'000 (Aeberli 1998, S. 35). Die Aufsicht über diese wachsende Gruppe wird vor dem Hintergrund des Geldwäschereigesetzes und der angestrebten Qualitätssicherung der Branche verschärft (ebenda). Die im Industriegeschäft tätigen Schweizer Broker sind teilweise mit den grossen internationalen Maklergruppen verbunden und haben auf dem Schweizer Markt im internationalen Industriegeschäft einen Marktanteil von etwa drei Vierteln und im nationalen Industriegeschäft einen solchen von rund einem Viertel (Aeberli 1999, S. 27).

Lebensversicherungen			
Gesellschaft	Prämien in Fr. 1'000.-	Marktanteil in %	Marktanteil in % kumuliert
Winterthur	8'943	25.6	25.6
Rentenanstalt	8'388	24.0	49.6
Zürich	3'511	10.0	59.6
Basler	2'483	7.1	66.7
Patria	1'785	5.1	71.8
UBS SwissLife	1'271	3.6	75.4
Providentia	1'123	3.2	78.6
Vaudoise	1'037	3.0	81.6
Elvia	1'018	2.9	84.5
Genfer	842	2.4	86.9
Übrige	4'557	13.0	100
Total	34'958		

Nicht-Lebensversicherungen			
Gesellschaft	Prämien in Fr. 1'000.-	Marktanteil in %	Marktanteil in % kumuliert
Winterthur	2'846	22.1	22.1
Zürich	1'921	14.9	37.0
Mobiliar	1'489	11.6	48.6
Basler	1'070	8.3	56.9
Elvia	829	6.4	63.3
Helvetia	542	4.2	67.5
National	503	3.9	71.4
Berner	481	3.7	75.1
Vaudoise	446	3.5	78.6
Alpina	319	2.5	81.1
Übrige	2'444	18.9	100
Total	12'890		

Tabelle 1: Prämien und Marktanteile im schweizerischen Versicherungsmarkt (exkl. Rückversicherung)
Quelle: Bundesamt für Privatversicherungswesen 1999, S. 5 und 71.

Externe Beeinflusser gestalten die für den Markt bedeutenden öffentlichen Meinungsströme und haben vor allem auf das Kauf- bzw. das Empfehlungsverhalten der Versicherungsnehmer bzw. der gesellschaftsunabhängigen Vermittler im Privat- und Gewerbekundenbereich einen erheblichen Einfluss.

Die Aufsichtsfunktion des Bundesamts für Privatversicherungswesen (BPV) wurde in den letzten zehn Jahren erheblich reduziert und umfasst heute z. B. im Sachversicherungsbereich lediglich die Kontrolle der Solvenz der Versicherungsgesellschaften.

2. Die wichtigsten Herausforderungen für das Marketing

Neben den grundsätzlichen Besonderheiten des Versicherungsmarketing bildet die Bewältigung der zahlreichen Veränderungen der letzten Jahre im schweizerischen Versicherungsmarkt die zentrale Herausforderung für das Marketing der Versicherer. In Abschnitt 2.1 werden zunächst die Besonderheiten des Versicherungsmarketing und anschliessend unter 2.2 die Veränderungen im Versicherungsmarkt diskutiert.

2.1 Besonderheiten des Versicherungsmarketing

Versicherungsprodukte sind *immaterielle Leistungsbündel*. Kernleistung ist der vertraglich zugesicherte Versicherungsschutz. Eine „Materialisierung" findet erst nachträglich in der Form von Zahlungen oder, vor allem im Nicht-Lebenbereich, oft gar nicht statt - wenn kein Schadenereignis eintritt. Die Nachfrager haben bei der Beurteilung der Angebote entsprechend grössere Schwierigkeiten als bei materiellen Gütern (vgl. u. a. Engelhardt u. a. 1993, S. 418 ff. oder Kleinaltenkamp 1998, S. 35 ff.). Die Glaubwürdigkeit des Leistungsversprechens und damit des Versicherers stellt deshalb einen zentralen Erfolgsfaktor dar (Joho 1996, S. 30). Diese Glaubwürdigkeit wird in erheblichem Ausmass durch materielle, direkt beobachtbare Faktoren (tangibles) bestimmt, die von den Nachfragern sozusagen als Ersatzkriterien zur Beurteilung der Gesellschaften verwendet werden und entsprechend für das Versicherungsmarketing von grosser Bedeutung sind (Meffert/Bruhn 1997, S. 61, Bühler 1999, S. 245 ff.). Zu nennen sind insbesondere das Verhalten im Schadenfall, das erfahrungsgemäss in der Form von positiver oder negativer Mund-zu-Mund-Propaganda oft weiten Kreisen zugetragen wird, und andererseits das wahrnehmbare Leistungspotential der Versicherer, das vor allem auch durch ansprechend gestaltete Policendokumente, geeignete Beratungshilfsmittel, solide und moderne Infrastrukturen sowie ein seriöses und professionelles Auftreten der Mitarbeiter dokumentiert wird (Lehmann 1996, S. 24).

Mit dem Vertragsabschluss und der Prämienzahlung tritt das Leistungsversprechen in Kraft; der Versicherer „produziert" Versicherungsschutz und der Versicherte „konsumiert" ihn. Aber auch bei der Bedarfsermittlung und der Schadenregelung lassen sich Produktion und Verbrauch nicht voneinander trennen. *Versicherungskunden* werden bei der Gestaltung dieser beiden Produktbestandteile in den Leistungserstellungsprozess *integriert*. Diese Integration führt dazu, dass die geografische Kundennähe und persönliche Kundenkontakte bzw. ein mit Sorgfalt geplantes Agentur- oder Niederlassungsnetz sowie die fachliche und soziale Kompetenz der Versicherungsmitarbeiter traditionell wichtige Erfolgsvoraussetzungen darstellen (Kühn/Fasnacht 1995, Kap 2, S. 21 f., Roosdorp 1998, S. 219). Dies gilt heute nach wie vor für einen grossen Teil des Versicherungsgeschäfts, nicht aber für standardisierte, spezifischen Kundensegmenten angebotene und oftmals mit Preisargumenten verkaufte Produkte im Massengeschäft wie z. B. Hausrat- oder Motorfahrzeughaftpflicht-Versicherungen (vgl. die Ausführungen zum veränderten Kaufverhalten in Ziffer 2.2).

Menschen haben als Leistungserbringer und als Leistungsempfänger einen bedeutenden Einfluss auf den Inhalt und die (wahrgenommene) Qualität des Versicherungsangebots. Diese zentrale Rolle von Menschen im Leistungserstellungsprozess führt insbesondere bei beratungsintensiven, nicht vollständig standardisiert angebotenen Leistungen zu Problemen bei der *Sicherung* eines stets hohen *Qualitätsstandards*. Die Qualität und Motivation der Mitarbeiter bzw. die dahinter stehende Auswahl, Ausbildung und Führung der (zahlreichen) Mitarbeiter mit Kundenkontakten sind entscheidend. Internes Marketing wird deshalb zu einem zentralen Erfolgsfaktor (Bruhn 1998, S. 707 ff., Frey 1998a, S. 455). Die Bedürfnisse der Kunden nach individuellen, persönlichen Dienstleistungen müssen dabei mit dem aus dem Kostendruck begründeten Streben der Gesellschaften nach der Vereinheitlichung und Effizienz bestimmter Leistungserstellungprozesse in Einklang gebracht werden (Wieandt 1995, S. 68 ff.).

Die zentrale Bedeutung des persönlichen Kontakts und die Schwierigkeiten der Kunden bei der Beurteilung der Produkte aufgrund deren Immaterialität und teilweisen Komplexität führen weiter zu einer vergleichsweise hohen Kundentreue. Diese veranlasst Versicherungsgesellschaften dazu, besonders grosse Anstrengungen zur Gewinnung neu in den Markt eintretender (junger) Personen zu unternehmen. In die Gestaltung und Kommunikation entsprechender *Einsteigerprodukte* wird entsprechend viel investiert (vgl. z. B. Hauswirth u. a. 1999, S. 46 ff.).

Aus den vorangehenden Ausführungen lässt sich auch ableiten, dass Versicherungsleistungen - insbesondere Beratungsgespräche und Schadenregulierungen - nicht lagerfähig sind. Spezifische Vertragskündigungstermine oder Veränderungen steuerlicher Rahmenbedingungen auf einen bestimmten Termin hin führen ähnlich wie beispielsweise auch Häufungen von Schadenereignissen aufgrund von Witterungseinflüssen zu Nachfrageschwankungen und erheblichen Anforderungen an die *Flexibilität im Kapazitätsbereich*.

Aufgrund des *fehlenden Imitationsschutzes* werden erfolgreiche Versicherungsprodukte bzw. Leistungsinnovationen meist rasch kopiert, so dass eine dauerhafte Differenzierung mit Hilfe von Vorteilen im Bereich der Kernleistung kaum möglich ist (Müller/Nickel 1984, S. 9, Kubli 1988, S. 20 f.). Profiliert wird entsprechend meist das Unternehmen als Ganzes und sein Leistungspotential, wobei sich die Versicherer dabei oft auch temporär vorhandener Vorteile im Bereich der Kern- oder der Zusatzleistungen bedienen (Kühn/Fasnacht 1995, Kap. 2, S. 22).

2.2 Veränderte Marktverhältnisse

Der schweizerische Versicherungsmarkt war in den 90er Jahren durch die in Abbildung 2 im Überblick dargestellten und anschliessend diskutierten wesentlichen Entwicklungen gekennzeichnet. Zu beachten gilt es, dass diese Entwicklungen sich gegenseitig verstärkten und durch ihr Zusammenwirken in der Branche erhebliche Veränderungsprozesse auslösten.

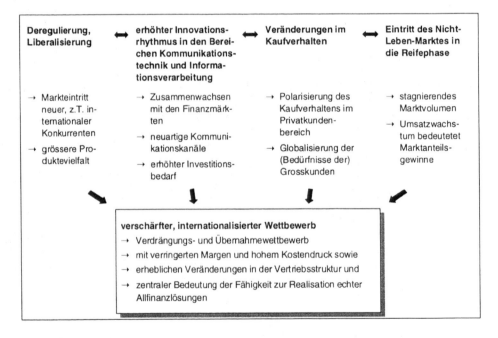

Abbildung 2: Wichtigste Entwicklungen im schweizerischen Versicherungsmarkt

Mit der 1989 eingeleiteten Abschaffung der Branchenkartelle ist die Versicherungswirtschaft in der Schweiz wesentlich dynamischer und konkurrenzintensiver geworden. Die *Deregulierung* erfolgte indessen in kleinen Schritten; so gibt es z. B. im Lebensversicherungsbereich erst seit Ende 1993 und in der Motorfahrzeug-Haftpflichtversicherung erst seit Anfang 1996 marktorientierte Prämien (Günthardt 1999, S. 21). Die Deregulierung führte vor allem auch zu neuen, vielseitigeren und differenzierteren Produkten bzw. Risikoabdeckungsvarianten, die vermehrt mit Anlage- und Finanzierungskonzepten kombiniert sowie gezielt auf Kundensegmente ausgerichtet werden (Frey 1995, S. 56 ff., Lehmann 1996, S. 37 ff. sowie aus grundsätzlicher Sicht Wieandt 1995, S. 59 ff.). Die vergrösserten Spielräume bei der Produkte- und Preisgestaltung verschafften sowohl kleinen Nischenanbietern als auch den grossen Versicherungskonzernen neue Möglichkeiten, sich zu positionieren bzw. sich von der Konkurrenz zu differenzieren. Eine zweite Folge der Deregulierung ist der Markteintritt neuer, ausländischer Gesellschaften (Höhn 1999, S. 50). Dieser erfolgte einerseits durch die Gründung von Tochtergesellschaften in der Schweiz unter dem eigenen Namen und andererseits durch die Übernahme der Kontrolle über schweizerische Gesellschaften. So gehören heute beispielsweise die Berner Versicherung und die Elvia-Gruppe zum deutschen Allianz-Konzern, während Italiens grösster Versicherer Generali die Fortuna, die Schweizer Union und die Familia Leben kontrolliert.

Die Konkurrenzsituation verschärfte sich indessen nicht nur aufgrund der Deregulierung. Das unter dem Begriff *Allfinanz* diskutierte Zusammenwachsen der Versicherung mit den Finanzmärkten führte dazu, dass sich Banken zumindest im Lebensversicherungsbereich immer mehr zu direkten Konkurrenten entwickelten (Wetzel 1996, S. 164 ff., Ennew/Hartley 1996, S. 126 ff.). Es galt zu verhindern, dass der Risikoteil beim Versicherer und der attraktive Sparteil bei den Banken platziert wurde. Im Grosskundenbereich entstanden aus der Verknüpfung von Bank-, Kapitalmarkt-, Erst- und Rückversicherungsprodukten zudem Lösungen, die neue Dimensionen im Risiko-Management eröffnen. Die internationalen Finanzmärkte sind zunehmend bereit, auch Versicherungsrisiken in der Form kapitalmarktgängiger Wertpapiere aufzunehmen. Aber auch die Privatkunden profitieren seit einigen Jahren vom Angebot wirklich umfassender Finanzdienstleistungen. Wer beispielsweise ein Eigenheim erwirbt, kann sich bei den grossen Versicherern und Banken fundiert in Bezug auf die Finanzierung sowie mögliche Auswirkungen auf die Steuer-, Vorsorge- und Vermögensseite beraten lassen, um die gesamte Einkommens- und Vermögenssituation hinsichtlich Rendite, Risiko, Liquidität, Kosten und Steuern zu optimieren, wobei auch ehe-, güter- und erbschaftsrechtliche Probleme behandelt werden.

Der *erhöhte Innovationsrhythmus in der Kommunikationstechnik und Informationsverarbeitung* führt zu einem erheblichen Investitionsbedarf. Innovationen in diesen Bereichen stellen einerseits eine zentrale Voraussetzung für die Realisation von Allfinanzlösungen dar. Andererseits sind sie auch die Grundlage für die Rationalisierung der gesamten Wertschöpfungskette der Versicherungsanbieter, wobei vor allem auch das Marketing bzw. die Gestaltung der Kundenbeziehungen Gegenstand entsprechender Entwicklungen sind. Zu denken ist beispielsweise an die mobile Informatikunterstützung des Aussendienstes oder die Möglichkeiten einer professionellen Auswertung der verfügbaren Kundendaten.

Der schweizerische Versicherungsmarkt ist geprägt durch einen *Strukturwandel im Vertriebsbereich*. Neue Vertriebskanäle gewinnen zulasten des ehemals dominierenden Absatzes über den gesellschaftseigenen Aussendienst kontinuierlich an Bedeutung. Die Verfügbarkeit bzw. Nutzung einer breiten Palette von auf die spezifischen Bedürfnisse der Kunden abgestimmten Distributionkanälen wird von vielen Marktkennern als Erfolgsfaktor bezeichnet. Neben der systematischen Bearbeitung von Maklern und Vermittlern wie Automobilverbänden, Reiseveranstaltern oder Kreditkarteninstituten sind in diesem Zusammenhang vor allem auch der Direktvertrieb über Mailings, Telefon oder Internet zu erwähnen (Risi/Kronenberg 1994, S. 18 ff., Lehmann 1996, S. 39 ff., Aeberli 1998, S. 35).

Das Volumen des schweizerischen Nicht-Lebensversicherungsmarktes *stagnierte* in den 90er Jahren erstmals (Aeberli 1999, S. 27). Umsatzzuwächse lassen sich nur noch über Marktanteilsgewinne auf Kosten der Konkurrenz erzielen, wobei die Gewinnung neuer Kunden bei sinkenden Margen nicht nur schwieriger, sondern aufgrund höherer Kosten pro Abschluss auch kostspieliger wird. In Bezug auf die Pro-Kopf-Jahresprämien weist einzig Japan höhere Werte auf als die Schweiz (5'000 $ im Vergleich zu 4'500 $). Im Lebensversicherungsbereich wird sich das Wachstum indessen fortsetzen (ebenda). Die demografische Entwicklung (weniger aktive Arbeitskräfte im Verhältnis zur steigenden Zahl der Pensionierten) in der Schweiz führt zu absehbaren Problemen oder zumindest zu gewissen Vorbehalten im Bereich der staatlichen Vorsorgesysteme, so dass die private Vorsorge noch mehr an Bedeutung gewinnen dürfte. Diese Entwicklung wird verstärkt durch die Generation der Erben, die in der nächsten Dekade mit einem Potential von über Fr. 300 Mrd. in den Markt für integrierte Anlage- und Vorsorgelösungen drängt.

Vor allem im Privatkundensektor lässt sich neben der erhöhten Bereitschaft zum Anbieterwechsel – wie bereits angedeutet - eine *Polarisierung des Kaufverhaltens* beobachten. Standardisierbare Versicherungen wie z. B. Motorfahrzeug-, Hausrats- oder einfache, steuerbegünstigte Vorsorgeprodukte werden von bestimmten Kundensegmenten vermehrt über alternative Vertriebskanäle, ohne persönliche Beratung gekauft. Diese Kundensegmente informieren sich selbst über die verschiedenen (standardisierten) Angebote, sind geübt im Kauf über Telefon, Mailings oder Internet und erwarten im Vergleich zu den über den traditionellen Aussendienstkanal vertriebenen Produkten klare Preisvorteile. Auf der anderen Seite führte nicht zuletzt auch die mit der Deregulierung einhergehende zunehmende Komplexität bzw. geringere Transparenz auf der Angebotsseite zu einer erhöhten Erklärungsbedürftigkeit vieler Produkte (Hepp 1991, S. 1 ff., Steinhoff 1992, S. 75). Kundensegmente, die sich nicht selbst mit nicht-persönlichen Kommunikationsmitteln über Standardangebote informieren wollen oder können, nutzen nach wie vor den Absatzkanal des traditionellen Aussendienstes der Versicherungsgesellschaften oder lassen sich von Maklern beraten. Daneben existieren Kundenbedürfnisse, die aufgrund ihrer Ansprüche und/oder Komplexität Individuallösungen bedingen. Bei beratungsintensiven, umfassenden Individuallösungen spielt die Preishöhe nicht dieselbe zentrale Rolle wie beim standardisierten Massengeschäft. Zu beachten gilt es indessen aus Marketingsicht, dass ein Kunde unter Umständen seine Motorfahrzeugversicherung standardisiert über Telefon beim billigsten Anbieter abschliesst, seine Lebensversicherung aber im Verlauf mehrerer Beratungsgespräche mit einem hochqualifizierten Allfinanzberater konkretisiert und erwirbt.

Der Abbau internationaler Handelshemmnisse schliesslich führt dazu, dass Firmenkunden zunehmend *global* tätig sind und entsprechend weltweit Finanzdienstleistungsbedürfnisse haben, wobei immer weniger der Schutz gegen Einzelrisiken, sondern umfassende, innovative Lösungsansätze gefragt sind, die den Einsatz von Allfinanzinstrumenten bedingen (Muth 1993, S. 76, Aeberli 1999, S. 27). Multinational tätige Firmen haben beispielsweise unter anderem das Bedürfnis nach weltweiter Koordination der Personalvorsorge. Aber auch auf der Angebotsseite zeichnen sich Globalisierungstendenzen ab. So beschleunigt die Einführung des Euro das Zusammenwachsen der europäischen und damit letztlich wohl auch weltweit aller Finanzdienstleistungsmärkte. In Europa kämpfen insbesondere die deutsche Allianz, die italienische Generali und die französische AXA um die Vormachtstellung, während die Zürich, wie unter Ziffer 3 noch genauer ausgeführt wird, in den USA eine starke Stellung aufgebaut hat (Höhn 1999, S. 50).

3. Konsequenzen für das Versicherungsmarketing

Die dargestellten Veränderungen des schweizerischen Versicherungsmarktes differieren nicht grundsätzlich von den Entwicklungen, die sich in den Versicherungsmärkten anderer europäischer Länder beobachten lassen. Deshalb sollen in Abschnitt 3.1 zunächst die wichtigsten generellen Konsequenzen für das Versicherungsmarketing herausgearbeitet werden. In Abschnitt 3.2 werden sodann die konkreten Reaktionen schweizerischer Versicherer auf die geänderten Marktverhältnisse erläutert.

3.1 Generelle Konsequenzen

Die veränderten Marktverhältnisse, insbesondere der verschärfte, internationalisierte Wettbewerb mit knapperen Margen und hohem Kostendruck, führen zu erhöhten Anforderungen an die strategische Effektivität und die operative Effizienz der Versicherungsgesellschaften (Wieandt 1995, S. 60 ff.).

Im Bereich der *strategischen Effektivität* ist vor allem darüber zu entscheiden, welche Kunden mit welcher Priorität und welchen Leistungen bzw. Leistungsvorteilen über welche Kanäle bearbeitet werden sollen. Selbst die grossen Versicherungsgesellschaften haben erkannt, dass sie nicht in allen Bereichen gleichzeitig erfolgreich operieren können. Es gilt, sich auf Positionen zu konzentrieren, die sich verteidigen lassen. Die vormals verwendete grobe Unterteilung der Kunden in eher rudimentäre Segmente wie z. B.

Privatkunden, gehobene Privatkunden und Geschäftskunden wird abgelöst durch differenziertere Segmentierungen, die vermehrt auch psychografische Kundenmerkmale berücksichtigen (Frey 1995, S. 56 ff., Kühn/Fasnacht 1995, Kap. 3, S. 5 ff.). Die Frage nach den (prioritär) zu bearbeitenden Kundensegmenten wird zudem seit einigen Jahren stark beeinflusst durch die Erkenntnis, dass die Kundenbindung einen zentralen Erfolgsfaktor in den zunehmend umkämpften Dienstleistungsmärkten darstellt (Frey 1998, S. 250). Auf den inzwischen als Klassiker zu bezeichnenden Aufsatz von Reichheld/Sasser (1991), der die Diskussion über die Bedeutung der Kundenbindung auslöste, folgten insbesondere auch Untersuchungen, die den positiven Zusammenhang zwischen Kundenbindung und Unternehmenserfolg für die Versicherungsbranche bestätigten (Abbildung 3).

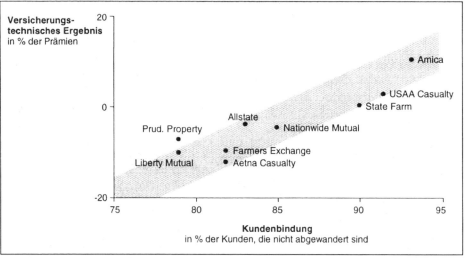

Abbildung 3:   Rentabilität amerikanischer Sachversicherungsunternehmen
Quelle: Venohr/Zinke 1998, S. 155.

Im Bereich der *operativen Effizienz* geht es vor allem um eine konsequente und kostenoptimale Umsetzung der Strategie nach aussen (Marketinginstrumente) und nach innen (Unternehmenskultur, Führungsinstrumente). Dazu gehören insbesondere die optimale Gestaltung der Kundenbeziehungen, aber auch ein erstklassiges Schadenmanagement. Diese Ziele lassen sich oftmals miteinander kombinieren. So kann Kunden ein Zusatznutzen geboten werden, indem der Versicherer die administrativ-organisatorische Abwicklung eines Schadenfalls (z. B. bei einer Automobilwerkstätte oder einem Spital) übernimmt, wobei er beim Dienstleister, der den Schaden behebt, seine Nachfragemacht ausspielt und dadurch Kostenvorteile realisiert (Haller, Jara 1999, S. 28).

Mit solchen Ansätzen und der Verfolgung ehrgeiziger Kostenziele durch die Optimierung der Geschäftsprozesse wird die in jüngster Zeit in der Managementlehre thematisierte Ressourcenorientierung in den Vordergrund gerückt, die gleichberechtigt neben der Marktorientierung ausschlaggebend ist für den Unternehmenserfolg (vgl. z. B. Jenner 1999, S. 233 ff.). Die häufig auch unter dem Begriff der Industrialisierung von Dienstleistungen diskutierte Gestaltung und Optimierung der Wertschöpfungskette, die meist eine Übertragung der Modelle des industriellen Fertigungsprozesses und damit eine Standardisierung der Prozesse sowie verstärkten Informatikeinsatz mit sich bringt, birgt indessen Gefahren in sich (Simon/Butscher 1997, S. 46 ff.). Der damit verbundene Wegfall der menschlichen Interaktion - einer wesentlichen Dimension segment- oder sogar kundenindividueller Leistungserbringung - kann dazu führen, dass bestimmte soziale Dimensionen entfallen, welche die ursprüngliche Versicherungsdienstleistung in bestimmten Problem- und Lebenssituationen bot, und damit letztlich den Nutzen aus der Sicht bestimmter Kundensegmente reduzieren.

Die Notwendigkeit zur Erhaltung der Konkurrenzfähigkeit im Bereich der Kosten führte und führt vor allem auch bei mittelgrossen Versicherungsgesellschaften mit erheblichem Sachversicherungsanteil zu einschneidenden Restrukturierungen (im Lebensversicherungsbereich ist der Kostensatz im Vergleich zu den verdienten Prämien kleiner und zudem ist immer noch ein Marktwachstum zu verzeichnen). Es deutet einiges darauf hin, dass im Versicherungsmarkt die bekannte U-Kurve von Porter (1990, S. 73) Gültigkeit haben wird: Langfristig überleben nur grosse Unternehmen und Nischenanbieter. Mittelgrosse Gesellschaften „fallen zwischen Stuhl und Bank". Sie verfügen nicht über die notwendigen Grössenvorteile, die es im Bereich der immensen Produktentwicklungs-, Informatik- und Marktbearbeitungskosten zu nutzen gilt, wenn man in allen wichtigen Kundensegmenten tätig ist. Sie sind gezwungen, sich entweder an eine grosse Gesellschaft anzulehnen oder sich auf die Bearbeitung spezifischer Teile des Marktes zu konzentrieren. So sind z. B. auf dem Schweizer Markt einige Gesellschaften verschwunden (die Schweiz, die Neuenburger oder die Altstadt) oder lediglich noch Marken bzw. Abteilungen von grösseren Versicherern (z. B. die Genfer oder die Alpina). Andere haben den Besitzer gewechselt, wobei an den Besitzwechseln vor allem auch die grossen europäischen Versicherungsgesellschaften beteiligt waren. Die Allianz kontrolliert die Elvia und die Berner; Generali Schweiz hat die Secura, die Fortuna und die Schweizer Union integriert. Andererseits gelingt es Nischenplayern wie beispielsweise der Emmentalischen Mobiliar (Versicherungen von landwirtschaftlichen Betrieben) oder der Nordstern (Versicherungen von Kunstobjekten), sich aufgrund ihrer Spezialisierung zu behaupten.

3.2 Reaktion der Versicherer auf die veränderten Marktverhältnisse

Die ersten Gehversuche im Bereich der *Allfinanz* mit lockeren Kooperationen zwischen Versicherern und Banken (z. B. Zürich mit Schweiz. Bankverein und Rentenanstalt mit

UBS) zeitigten zu Beginn der 90er Jahre nicht die gewünschten Erfolge. Ähnliches gilt für die Gründung von eigenen Lebensversicherungsgesellschaften durch Banken (z. B. CS Life der Credit Suisse). In der zweiten Hälfte der 90er Jahre war es aber dann soweit: Die Winterthur Versicherung fusionierte mit der Credit Suisse und die Zürich wurde mit dem Kauf der amerikanischen Vermögensverwaltungsgesellschaften Scudder und Kemper sowie der Integration des Dienstleistungsteils der englischen BAT-Industries zu einer weltweit führenden Versicherungs- und Vermögensverwaltungsgesellschaft mit dem neuen Namen Zurich Financial Services Group ausgebaut. Die dritte grosse Lebensversicherungsgesellschaft Rentenanstalt übernahm nach dem Abbruch der engen Kooperation mit der Grossbank UBS unter anderen die auf die Verwaltung von Vermögen wohlhabender Privatkunden spezialisierte Banca del Gottardo und jüngst die Schweizerische Treuhandgesellschaft (STG), die ihren Umsatz je zur Hälfte mit Vermögensverwaltung und Beratung erwirtschaftet. Mit der Übernahme der STG verfolgt die Rentenanstalt die Allfinanzidee konsequent weiter, indem sie sich zusätzliche Beratungskompetenzen in den Bereichen Steuern und Recht beschafft, die traditionellerweise bei Banken und Versicherungen nur teilweise vorhanden sind.

Mit diesen Allfinanzkooperationen wird die Nutzung von Synergien im Bereich der Kosten sowie der Erschliessung neuer, zusätzlicher Erträge und damit eine Erhöhung der Rentabilität angestrebt (Muth 1993, S. 73 ff.). Neben den häufig diskutierten, bis anhin indessen oftmals noch wenig erschlossenen Cross-Selling-Potentialen, die insbesondere auch auf die zunehmend konvergierenden Bedürfnisse und Lösungen in den Bereichen Risikoabsicherung, Vorsorge und Vermögensanlage zurückzuführen sind, lassen sich in diesem Zusammenhang die aufgrund ähnlicher Vertriebs- und technologisch-logistischer Infrastrukturen im Produktionsbereich realisierbaren Synergien erwähnen.

Die veränderten Marktverhältnisse führten nicht nur zu Fusionen und Kooperationen, sondern auch zu *Anpassungen der internen Strukturen* der Versicherungsgesellschaften (Frey 1995, S. 57 und 1998, S. 245 f., Wieandt 1995, S. 68). Die verstärkte Fokussierung auf spezifische Kundengruppen veranlasste zahlreiche Versicherungsgesellschaften dazu, auch das eigene Unternehmen nach Kundensegmenten zu strukturieren: Für die Entwicklung, Gestaltung, Vermarktung und Erbringung der Dienstleistungen sind vermehrt recht autonome Geschäftseinheiten zuständig, die jeweils für ein spezifisches Kundensegment verantwortlich sind. Sie werden unterstützt durch zentrale Support- und Dienstleistungszentren. Da diese Reorganisationen vor dem Hintergrund des steigenden Konkurrenz- und Kostendrucks realisiert wurden, verfolgten die Verantwortlichen gleichzeitig ebenfalls Kostensenkungsziele, die sie vor allem auch mit der Standardisierung von Prozessen und verstärktem Informatikeinsatz erreichten. Diese Reorganisationen führten in etlichen Versicherungsgesellschaften zu Verunsicherung und Härtefällen bei den Mitarbeitern; erstmals wurden in einer Branche, die zuvor von einem stetigen Wachstum profitierte, in grösserem Stil Arbeitsplätze abgebaut.

Vor dem Hintergrund der steigenden Bedeutung alternativer Absatzkanäle war vor allem auch der Aussendienst stark vom Arbeitsplatzabbau betroffen. Die Versicherungsbranche investiert seit Jahren erheblich in den Aufbau neuer Kanäle. Nachdem im Bereich des

Telefonverkaufs erste Ernüchterungserscheinungen zu verzeichnen sind, erfolgen jetzt erhebliche Investitionen in das E-Business. Der Wahl der Vertriebskanäle kommt zweifellos eine zunehmende Erfolgsbedeutung zu. Es gilt, die von den prioritär bearbeiteten Kunden bzw. Kundengruppen bevorzugten Kanäle zu besetzen. Dabei führt die Heterogenität des Nachfrageverhaltens unweigerlich zu einem *Mehrkanalvertrieb* über Telefon, Internet, Mailings, Makler, branchenfremde Absatzkanäle und den traditionellen Aussendienst der Versicherungsgesellschaften, wobei letzterer zwar Marktanteile verlieren wird, im Privat- und Gewerbekundengeschäft aber seine dominierende Position auf absehbare Zeit behaupten dürfte (Günthardt 1999, S. 21).

Die neuen, kostengünstigen Absatzkanäle werden nicht zuletzt auch aufgrund von Rentabilitätsüberlegungen gefördert. Das Massengeschäft in Bereichen wie der Motorfahrzeughaftpflicht- oder der Hausratsversicherung lässt sich nur dann mit einer angemessenen Rentabilität betreiben, wenn standardisierte Produkte über kostengünstige Kanäle vertrieben werden. Die auf der Kundenseite beobachtbare Polarisierung des Kaufverhaltens wird folglich durch die Gestaltung entsprechender, oft preisaggressiv vermarkteter Angebote gefördert. Auf der anderen Seite wird versucht, die persönliche Kundenberatung klar höher zu positionieren, indem der Aussendienst sich noch klarer auf spezifische Kundensegmente spezialisiert, vermehrt Allfinanzkompetenzen aufweist und verbesserte Hilfsmittel zur Entwicklung und Dokumentation bedürfnisgerechter Lösungen verwendet.

Im Vertriebsbereich sind zwei weitere erhebliche Reaktionen der Versicherer auf die veränderten Marktverhältnisse zu beobachten. Die Erkenntnis, dass die Zufriedenstellung und Bindung der bestehenden Kunden einen zentralen Erfolgsfaktor darstellt, führte zu erheblichen Anpassungen des traditionell wichtigen Instruments der Aussendienst-Provisionierung: Wurde früher primär die Akquisition neuer Kunden honoriert, so profitieren die Aussendienstmitarbeiter jetzt vor allem auch von einer langen Verweildauer der Kunden bei der eigenen Gesellschaft und werden entsprechend zu einem aktiven Beziehungsmanagement motiviert. Weiter veranlasst die steigende Bedeutung und Akzeptanz der Makler die Versicherungsgesellschaften vermehrt dazu, diese als separate, wichtige Marketingzielgruppe zu behandeln und mit neuen, eigens dafür geschaffenen Organisationseinheiten zu bearbeiten.

Die Polarisierung des Kaufverhaltens und die resultierende *Zweiteilung des Angebots* in oft preisaggressiv, über kostengünstige Kanäle verkaufte Standardprodukte einerseits und beratungsintensive Individuallösungen andererseits stellt die Versicherer im Bereich der Positionierung vor erhebliche Probleme. Die meisten schweizerischen Versicherungsgesellschaften verfolgen grundsätzlich eine Differenzierungsstrategie, wobei die verwendeten Differenzierungsansätze – insbesondere auch aufgrund der Imitierbarkeit der Kernleistung – zu einem grossen Teil kommunikativ geschaffen werden. Die preisaggressiv, über kostengünstige Kanäle angebotenen Standardprodukte werden von den grossen Versicherern grösstenteils über Tochtergesellschaften (z. B. Swissline oder Profitline) vertrieben, um Imagekonflikte zu vermeiden.

Die Bestrebungen zur Schaffung profilierter Produktemarken (Frey 1995, S. 56 ff.) wurden in den 90er Jahren – wohl auch aus Kostengründen - mehrheitlich abgebrochen. Die Gesellschaften konzentrieren ihre Investitionen wieder verstärkt auf die *Profilierung der Firmenmarken*, wobei vermehrt der umfassende Schutz in allen Lebensbereichen inklusive Vorsorge (Privatkunden) und ein umfassendes Risikomanagement (Firmenkunden) im Vordergrund stehen. Als Beispiel lässt sich die unter dem Begriff Relax kommunizierte Total Care-Strategie der Zürich erwähnen, die nicht nur rein finanzielle Sicherheitsbedürfnisse abdeckt, sondern darüber hinaus Problemlösungen in Ausnahmesituationen bzw. Schadenfällen bietet (Dolmetsch/Hauswirth 1998, S. 244 ff.). Zu denken ist an reale Ersatzleistungen z. B. in Form eines Ersatzwagens nach einem Unfall oder an die Organisation eines Rücktransports bei einer Erkrankung oder einem Unfall im Ausland. Ein positiver Nebeneffekt besteht darin, dass sich durch die frühzeitige Einflussnahme auf den Prozess der Schadenregulierung Kosten senken lassen (Haller, Jara 1999, S. 28). Dieses Beispiel zeigt auch, dass die Privatassekuranz durchaus Wege findet, um das Spannungsfeld zwischen der Zufriedenstellung individueller Kundenbedürfnisse und dem Streben nach kostensparenden, standardisierten, informatikgestützten Abläufen zu bewältigen. Das Beispiel darf indessen nicht darüber hinwegtäuschen, dass es sich dabei lediglich um erste Ansätze handelt und noch zahlreiche Zielkonflikte zu lösen sind.

4. Fazit

Geht man davon aus, dass die Situation im schweizerischen Versicherungsmarkt sich nicht erheblich von derjenigen in anderen westeuropäischen Versicherungsmärkten unterscheidet, lassen sich die Anforderungen an das Versicherungsmarketing in den kommenden Jahren wie folgt zusammenfassen:

Strategisches Marketing

Bei der Marktwahl (Wahl der Produkte- und Ländermärkte) sind klare Prioritäten zu setzen. Dabei geht es einerseits um ein ausgewogenes Marktportfolio und andererseits um eine Konzentration auf Positionen, die sich verteidigen und ausbauen lassen.

Im Bereich der Wettbewerbsstrategie sind zur Erhöhung der Profilierungschancen eindeutige Prioritäten bezüglich der aktiv bearbeiteten Marktsegmente und der geförderten Leistungspakete zu setzen. Dies ist besonders für mittlere und kleinere, schwergewichtig im Inland tätige Gesellschaften wichtig. Für alle Versicherungsunternehmen geht es darum, durch die Präzisierung der angestrebten Servicequalität und der Soll-Dimensionen des Firmenimages eine prägnante strategische Positionierung zu definieren.

Auf der Ebene der Marktbearbeitungsstrategie müssen Konzepte zur Nutzung des Potentials bestehener Kunden im Sinne des Kundenbindungs- bzw. Relationship-Marketing formuliert werden. Ergänzend hierzu braucht es spezielle Pläne zur Neukundengewinnung, insbesondere mit Blick auf die Gruppe der „Markteinsteiger".

Weiter ist eine klare Policy bezüglich der Nutzung der verschiedenen Absatzkanäle, vor allem auch der unabhängigen Vermittler sowie der Direktvertriebskanäle speziell im Bereich des Online-Marketing zu erarbeiten.

Nach aussen gerichtetes operatives Marketing

Besonders wichtig wird die Entwicklung kreativer Leistungspakete, die als Schlüsselprodukte die angestrebte Positionierung glaubhaft machen. Dabei gilt es, individuelle Problemlösungen und preiswerte Standardprodukte sinnvoll zu kombinieren.

Die vom Kunden erlebbare Dienstleistungsqualität ist durch eine bewusste Gestaltung materieller Leistungselemente und der sichtbaren Infrastruktur zu „materialisieren". Mitarbeiter mit Kundenkontakt müssen zu „Botschaftern der Firmenpersönlichkeit" und zu „Kundenbindungsmanagern" werden. Zusatzleistungen sind gezielt segmentspezifisch zur Verstärkung der Profilierung einzusetzen.

Die Werbung muss mit klaren Schwerpunkten als Profilverstärker wirken, wobei insbesondere auch an den gezielten Einsatz neuer Kommunikationsinstrumente zu denken ist.

Die zur Erhaltung der Wettbewerbsfähigkeit immer notwendigen Massnahmen zur Kostensenkung haben sich an den strategischen Schwerpunkten und der angestrebten Profilierung zu orientieren.

Nach innen gerichtetes operatives Marketing

Ein gezieltes internes Marketing zur Sicherstellung der Kundenorientierung und der angestrebten Servicequalität ist unabdingbar; die Verantwortung dafür muss klar geregelt werden.

Das Verkaufsführungssystem (inklusive Provisionen und Ausbildung) ist stärker als bisher an den Anforderungen des Kundenbindungsmarketing zu orientieren.

Zur Sicherung der Marketingeffizienz gilt es, ein marketinggerechtes Rechnungswesen, zweckmässig gestaltete Kundeninformationssysteme und Verkaufsberichtssysteme einzurichten.

Organisationsstruktur und Geschäftsprozesse sind (auch) als Instrumente zur Umsetzung der Marketingstrategie zu interpretieren.

5. Literatur

Aeberli, U. (1999): Konkurrenz statt Kooperation, in: Handelszeitung, Ausgabe Nr. 6, S. 27.

Aeberli, U. (1998): Eine Boombranche im Umbruch, in: Handelszeitung, Ausgabe Nr. 40, S. 34 f.

Bruhn, M. (1998): Internes Marketing als neue Schwerpunktsetzung für das Personalmanagement im Dienstleistungsunternehmen, in: Bruhn, M./Meffert, H. (Hrsg.): Handbuch Dienstleistungsmanagement, Wiesbaden, S. 707-727.

Bühler, C. (1999): Kommunikation als integrativer Bestandteil des Dienstleistungsmarketing, Bern, Stuttgart, Wien.

Bundesamt für Privatversicherungswesen (1999): Die privaten Versicherungseinrichtungen in der Schweiz 1998, Bern.

Dolmetsch, R./Hauswirth, J. (1998): Customer Care bei der Zürich Schweiz, in: Reinekke, S./Sipötz, E./Wiemann, E.-M. (Hrsg.): Total Customer Care, St. Gallen, S. 244-261.

Engelhardt, W. H./Kleinaltenkamp, M./Reckenfeldbäumer, M. (1993): Leistungsbündel als Absatzobjekte, in: Zeitschrift für betriebswirtschaftliche Forschung, Heft 5, S. 395-426.

Ennew, C./Hartley, M. (1996): Financial Advisers and Savings and Investment Products, in: Buttle, F. (Hrsg.): Relationship Marketing, London, S. 118-129.

Frey, H. (1998): Winterthur-Versicherungen: Dynamische Marktsegmentierung, in: Belz, C. (Hrsg.): Akzente im innovativen Marketing, St. Gallen, S. 245-251.

Frey, H. (1998a): Winterthur-Versicherungen: Integriertes Marketing, in: Belz, C. (Hrsg.): Akzente im innovativen Marketing, St. Gallen, S. 451-456.

Frey, H. (1995): Innovative Segmentierung im Versicherungsbereich, in: Thexis, Heft 3, S. 56-59.

Günthardt, W. (1999): Vertriebsoffensive an der Versicherungsfront, in: Neue Zürcher Zeitung, Ausgabe Nr. 139, S. 21.

Haller, M./Jara, M. (1999): Kooperative Leistungsgestaltung im Schadenmanagement, in: Thexis, Heft 3, S. 26-31.

Hauswirth, J./Bossert, D./Spring, U. (1999): Marktleistungspaket „Business Starter" der Zürich Schweiz – Beispiel für ein kooperatives Leistungssystem, in: Thexis, Heft 3, S. 46-53.

Hepp, S. (1991): Strukturwandel und europäische Herausforderung für die Schweizer Lebensversicherer, St. Gallen.

Höhn, J. (1999): Kampf der Giganten, in: Handelszeitung, Ausgabe Nr. 41, S. 50.

Jenner, T. (1999): Marketing und der Resource based view, in: Grünig, R./Pasquier, M. (Hrsg.): Strategisches Management und Marketing, Bern, Stuttgart, Wien, S. 233-254.

Joho, C. (1996): Ein Ansatz zum Kundenbindungsmanagement für Versicherer, Bern, Stuttgart, Wien.

Kleinaltenkamp, M. (1998): Begriffsabgrenzungen und Erscheinungsformen von Dienstleistungen, in: Bruhn, M./Meffert, H. (Hrsg.): Handbuch Dienstleistungsmanagement, Wiesbaden, S. 29-52.

Kubli, U. D. (1988): Aufsicht und unternehmerisches Handeln – Die Versicherungsunternehmung im Spannungsfeld von Aufsicht und Marktentwicklung, St. Gallen.

Kühn, R./Fasnacht, R. (1995): Versicherungsmarketing, Zürich.

Lehmann, A. (1996): Leistungsstrategien im liberalisierten Versicherungsmarkt, in: Thexis, Heft 1, S. 37-42.

Meffert, H./Bruhn, M. (1997): Dienstleistungsmarketing, 2. überarbeitete und erweiterte Auflage, Wiesbaden.

Müller, H./Nickel, H. (1984): Das Marketing von Informationsprodukten am Beispiel von Versicherungen, in: Versicherungsbetriebe, Heft 3, S. 9-12.

Muth, M. (1993): Facing up to the Losses. An Analysis of the European Insurance Industry on the Verge of a Structural Shake Up, in: The McKinsey Quarterly, Heft 2, S. 73-92.

Odermatt, D. (1991): Wettbewerbsorientierte Informationssysteme im schweizerischen Privatversicherungsmarkt, Bern, Stuttgart.

Porter, M. E. (1990): Wettbewerbsstrategie, 6. Aufl. Frankfurt/M.

Reichheld, F. F./Sasser, E. W. (1991): Zero Migration - Dienstleister im Sog der Qualitätsrevolution, in: Harvard Business Manager, H. 4, S. 108-116.

Risi, F./Kronenberg, B. (1994): Versicherungen per Telefon, in: IHA-GfM News, Heft 3, S. 18-20.

Roosdorp, A. (1998): Allianz: Umpositionierung durch Leistungspflege, in: Tomczak, T./Reinecke, S. (Hrsg.): Best Practice in Marketing, St. Gallen, S. 217-225.

Simon, H./Butscher, S. A. (1997): Automatisierung von Dienstleistungen – Gefährlicher Spagat, in: Absatzwirtschaft, Heft 2, S. 46-49.

Steinhoff, H. G. (1992): Kundenstamm-Marketing – Ansätze in der Versicherung, in: Lehmann, A./Ruf, S. (Hrsg.): Kundenpflege mit Strategie – Perspektiven des Kundenstamm-Marketing, St. Gallen, S. 72-79.

Venohr, B./Zinke, C. (1998): Kundenbindung als strategisches Unternehmensziel: Vom Konzept zur Umsetzung, in: Bruhn, M./Homburg, C. (Hrsg.): Handbuch Kundenbindungsmanagement, Wiesbaden, S. 151-169.

Wetzel, P. (1996): The New Strategies for European Insurance, in: The McKinsey Quarterly, Heft 4, S. 160-168.

Wieandt, A. (1995): Die Entwicklung von Industrieversicherungsmärkten durch Innovation, in: Zeitschrift für Betriebswirtschaft, Ergänzungsheft 1, S. 59-76.

Michael Laker

Marketing für Elektrizitätsversorgungsunternehmen

1. Einleitung
2. Marketingrelevante Charakteristika des EVU-Geschäfts und ihre Implikationen
3. Wichtige unternehmensstrategische Rahmenbedingungen
4. Marketing für Haushalts- und Gewerbekunden
    4.1   Marktbearbeitung in der Verteidigungssituation
    4.2   Marktbearbeitung in der Angriffssituation
5. Marketing für Industriekunden
6. Zusammenfassung
7. Literatur

1. Einleitung

Seit April 1998 ist eine der letzten großen Monopolbereiche in Deutschland, die Elektrizitätswirtschaft, liberalisiert worden. Ähnliche Entwicklungen gibt es in anderen Ländern der Europäischen Union, sie unterscheiden sich in der konkreten Liberalisierungsform, dem Zeitrahmen und dem Liberalisierungsgrad.

Für die Kunden in Deutschland bedeutet dies, dass sie ihren Lieferanten frei wählen können. Damit rückt für die Elektrizitätsversorgungsunternehmen (EVU) mit dem Marketing plötzlich eine Disziplin in den Mittelpunkt, die zu Monopolzeiten nur wenig Aufmerksamkeit genoss und unternehmensintern aus ökonomischen Gesichtspunkten auch nicht zu rechtfertigen war.

In diesem Beitrag soll ein Überblick über die wesentlichen Ausgestaltungsformen des Marketing für EVU gegeben werden. Eine detaillierte Darstellung findet sich in Laker (2000).

2. Marketingrelevante Charakteristika des EVU-Geschäfts und ihre Implikationen

Die Ausgestaltung des Marketing für EVU muss den besonderen Charakteristika des Produktes und der Branche Rechnung tragen. Die marketingrelevanten Charakteristika sind im wesentlichen wie folgt:
- Produkthomogenität
  Das Produkt Strom ist ein völlig homogenes Produkt, unabhängig vom jeweiligen Anbieter. Dies bedeutet, dass eine Differenzierung beim Kernprodukt gegenüber Wettbewerbern nicht möglich ist.
- Leitungsbindung
  Die Distribution des Produktes Strom erfolgt immer über Leitungen und lässt keine Alternativen zu. Differenzierungen gegenüber dem Wettbewerb sind bei der physischen Distribution also ebenfalls nicht möglich.
- Nicht-Lagerbarkeit
  Strom ist prinzipiell nicht lagerbar. Dies bedeutet, dass Produktion und Verbrauch des Produktes Strom uno actu erfolgen müssen. Eine Produktion auf Vorrat ist nicht möglich.
- Mittelbare Nutzenstiftung

Das Produkt selbst liefert direkt keinen Kundennutzen. Der Kundennutzen entsteht immer nur in Verbindung mit einem Gerät, einer Anlage, einer Leuchte etc.

Von den klassischen Marketing-Mix-Parametern Produkt, Preis, Distribution und Kommunikation sind zwei Parameter weitgehend determiniert und nicht veränderbar: das Produkt ist immer "Strom", die Distribution ist immer festgelegt.

Die Ausgestaltung des Marketing für EVU muss folglich an anderen Parametern und Ausgestaltungsformen ansetzen. Eine weitere Ebene marketingrelevanter Charakteristika resultiert aus der besonderen Wertschöpfungsstruktur: Erzeugung, Übertragung/Verteilung und Vertrieb/Handel. Der Übertragungs-/Verteilungsbereich bleibt ein Monopolbereich, da ansonsten parallele Netze aufgebaut werden müssten. Im Wettbewerb stehen damit die beiden Wertschöpfungsstufen Erzeugung und Vertrieb/ Handel.

Vor dem Hintergrund der besonderen Produktcharakteristika sowie der Wertschöpfungsstruktur werden im folgenden verschiedene Möglichkeiten des Marketing für EVU aufgezeigt. Dies erfolgt differenziert für private Haushalte/Gewerbekunden (Massengeschäft) einerseits sowie Industriekunden (Individualgeschäft) andererseits. Die konkrete Form eines Marktauftrittes wird jedoch maßgeblich durch die unternehmensstrategischen Rahmenbedingungen bestimmt. Aus diesem Grund werden im folgenden Abschnitt die für das Marketing wichtigen unternehmensstrategischen Rahmenbedingungen dargestellt und die jeweiligen Optionen diskutiert.

3. Wichtige unternehmensstrategische Rahmenbedingungen

Die Ausgestaltung des Marketing muss vor dem Hintergrund der gesamten Unternehmenssituation und der unternehmensstrategischen Zielsetzungen erfolgen. Demzufolge gibt es auch nicht *die* Marketingstrategie schlechthin, sondern eine Vielzahl verschiedener Optionen. Die Ausgangssituationen und Zielsetzungen betreffen vor allem die folgenden Bereiche.

1. Position in der Wertschöpfungskette

   Die Position innerhalb der Wertschöpfungskette wird im wesentlichen durch drei Faktoren bestimmt.

   Erstens wird für die Marketingstrategie relevant, inwieweit das Unternehmen über eigene Erzeugungskapazitäten verfügt. Dies hat beispielsweise Auswirkungen auf die Preisstellung (Niveau und Flexibilität) gegenüber verschiedenen Kundengruppen. Zweitens ist es von entscheidender Bedeutung, inwieweit das Unternehmen heute schon als Netzbetreiber auftritt und somit über einen eigenen Kundenstamm verfügt. Damit stellen sich dem Unternehmen grundsätzlich zwei Strategieoptionen: Verteidigung und Angriff. Der dritte Aspekt betrifft die Frage der Positionierung in der Vertriebs-/Handelsstufe. So sind die Erfolgsfaktoren eines reinen Großhandelsunternehmens, das primär an Termin- und Spotmärkten agiert, völlig andere als bei einem Vertriebsunternehmen gegenüber letztverbrauchenden Endkunden.

Häufig sieht sich ein Unternehmen diesen drei Ebenen gleichzeitig ausgesetzt mit der Konsequenz, dass die Marktbearbeitungsstrategie vor einem Gesamthintergrund ausgestaltet werden muss. Dies ist z. B. einer der Gründe dafür, dass die Energieunternehmen sich derzeit völlig unterschiedlich am Markt positionieren. So ist beispielsweise das amerikanische Energieunternehmen Enron in Deutschland primär auf der Großhandelsstufe präsent, während ein Verbundunternehmen, wie z. B. die RWE, sich in sämtlichen Wertschöpfungsstufen mit zum Teil sehr unterschiedlichen Marktauftritten positioniert.

2. Geschäftsdefinition

Zu Monopolzeiten stellte sich die Frage *"Was ist unser Geschäft?"* überhaupt nicht. Das Geschäft war Strom, zu erzeugen und/oder zu verteilen. Vor dem Hintergrund der Marktöffnung können demgegenüber ganz unterschiedliche Definitionen des eigenen Geschäftes relevant werden. Dazu einige Beispiele: Die Definition des eigenen Geschäftes als Strom*versorgungs*unternehmen im Unterschied zum Energie*dienstleistungs*unternehmen hat massive Auswirkungen nicht zuletzt auf die Marketingstrategie. So ist ein Stromversorgungsunternehmen auf das Produkt Strom mit der Zielsetzung fixiert, den Kunden entsprechend seiner Anforderungen mit Strom zu versorgen. Die Erfolgsfaktoren einer solchen Geschäftsdefinition sind in erster Linie Sicherheit in der Stromversorgung und günstige Preise. Demgegenüber ist eine Positionierung als Energiedienstleistungsunternehmen sehr viel breiter. Hier kommen als weitere Produkte z. B. Gas, Fernwärme, Öl, Dampf in Frage. Darüber hinaus bedeutet die Positionierung als Dienstleistungsunternehmen das Angebot zusätzlicher Services über die Energieträger hinaus. Beispiele können hier sein: Betrieb von Anlagen, Energiemanagement, Finanzierung etc.

Dies sind nur zwei Beispiele unterschiedlicher Geschäftsdefinitionen für ein EVU. Es gibt jedoch zahlreiche weitere Alternativen, die an dieser Stelle jedoch nicht vertieft werden können (z. B. Infrastrukturunternehmen, Energiehandelsunternehmen, Netzbetreiberunternehmen etc.)

3. Verteidigungs- versus Angriffsstrategien

Etablierten Unternehmen stellt sich die Frage, ob und in welchem Ausmaß und letztendlich auch in welcher Form sie außerhalb des bisherigen Gebietsmonopols tätig werden wollen. Dies ist eine unternehmensstrategische Fragestellung, die ganz maßgeblich das Marketingkonzept bestimmt. Die Antwort kann hier durchaus differenziert erfolgen. Beispielsweise kann ein Engagement außerhalb des bisherigen Gebietes im Bereich der Industriekunden anders beantwortet werden als für das Haushaltskundensegment. Derartig differenziert geht in Deutschland beispielsweise die HEW vor, die im Industriekundenbereich bundesweit agieren, sich im Haushaltskundensegment aber auf das angestammte Gebiet beschränken. Andere Unternehmen, wie z. B. das Bayernwerk oder aber auch die RWE Energie, sind dagegen in allen Kundensegmenten auch außerhalb des angestammten Versorgungsgebietes tätig. Wichtigstes Kriterium zur Beantwortung dieser strategischen Fragestellung ist letztendlich eine mittelfristige Kosten- und Erlösgegenüberstellung. Allgemein gültige Antworten gibt es hier nicht.

4. Alleingang versus Kooperationen

Die Versorgungslandschaft in Deutschland ist sehr atomistisch strukturiert. Es gibt viele hundert Unternehmen (die Anzahl reduziert sich faktisch täglich), die als eigenständige Einheiten betrachtet unter Wettbewerbsbedingungen nicht überlebensfähig sind. Demzufolge stellt sich selbst für große Unternehmen, wie z. B. die deutschen Energie-Riesen RWE/VEW und VEBA/Viag die Frage, inwieweit eine künftige eigenständige Positionierung wirtschaftlich realisiert werden kann. Weitere Kooperationen, aber auch Fusionen, sind demzufolge unausweichlich. Auch dieser Aspekt bestimmt maßgeblich die weitere Marketingstrategie und dies in sehr unterschiedlichem Maße.

4. Marketing für Haushalts- und Gewerbekunden

Das Marketing für Haushalts- und Gewerbekunden unterscheidet sich grundlegend von dem für Industriekunden. Im Haushalts- und Gewerbekundenbereich folgt das Marketing eher einem Massenmarktcharakter. Im industriellen Geschäft hat das Marketing eher Individualcharakter.

Da sich die Marktbearbeitung in der Verteidigungssituation (Kundenbindung) maßgeblich von der in der Angriffssituation (Kundengewinnung) unterscheidet, sollen diese beiden Strategietypen in der Folge differenziert dargestellt werden.

4.1 Marktbearbeitung in der Verteidigungssituation

Das Halten des eigenen Kundenstammes unter wirtschaftlich tragfähigen Bedingungen ist das vorrangige Ziel eines jeden etablierten EVU. Auf den ersten Blick scheint diese Aufgabe wenig anspruchsvoll zu sein; sie ist jedoch angesichts der Kampfpreisstrategie der meisten Neuanbieter am Markt gegenüber einer Angriffsstrategie die größere Herausforderung für das Marketing.

Im Mittelpunkt der erfolgreichen Kundenbindung im Privat- und Gewerbekundenbereich muss eine Neupositionierung des eigenen Unternehmens stehen. Die Fortsetzung des in der Vergangenheit gezeigten eher behördenartigen Auftritts bietet den Neuanbietern eine willkommene offene Flanke.

Die Basis der Repositionierung liegt einerseits in der Erfüllung der Kernanforderungen der Kunden und andererseits in der gezielten Differenzierung vom Wettbewerb. Demzufolge sind die Marketing-Mix-Instrumente für die zumeist lokal bzw. regional tätigen Unternehmen wie folgt auszugestalten.

1. Angebot

    Die meisten lokal bzw. regional tätigen Unternehmen bieten nicht nur Strom, sondern daneben auch Gas, Wärme etc. an. Mit anderen Worten, die Kunden erhalten dieses sogenannte Multi Utility-Angebot schon seit längerem aus einer Hand. Für Newcomer dürfte es schwierig werden, den eigenen Kunden ein solches Bündel von Produkten/ Leistungen anzubieten. Das Thema Produktbündelung gekoppelt mit intelligenten Preisnachlässen für solche Angebote kann daher ein wichtiger Wettbewerbsvorteil werden.

    Für Gewerbekunden können darüber hinaus energienahe Dienstleistungen ein Faktor im Rahmen der Wettbewerbsdifferenzierung werden. Beispiele hierfür sind Energieanalysen, Energie-Controlling oder aber das gesamte Energiemanagement. Diese werden insbesondere für energieintensive Branchen, wie z. B. Chemie, kunststoffverarbeitende Industrie, aber auch Bäckereien, relevant.

2. Preis

    EVU in der Verteidigungssituation müssen keinesfalls auf das Preisniveau der angreifenden Unternehmen heruntergehen. Die Preisstrategie und Preistaktik sollten sich vielmehr durch folgende Elemente auszeichnen:

    - Frühzeitige und partielle Preissenkungen
      Selbst in der Verteidigungssituation muss natürlich das monopolistische Preisniveau nach unten hin verlassen werden. Dies sollte zeitlich deutlich vor einem

Angriff durch Dritte erfolgen, da hierdurch Fairness und Verbundenheit zum eigenen Kundenstamm signalisiert werden. Ein Preisniveau von ca. 10 % oberhalb des potenziellen Angreifer-Preisniveaus ist durchaus realistisch.

- Parallel hierzu zielkundenorientierte Preisstrukturen
  Gerade in der ersten Phase des Wettbewerbs ist es nicht ratsam, einfache Preisstrukturen wie die der Angreifer zu offerieren. Vielmehr sollten auf spezifische Zielkundensegmente ausgerichtete Preismodelle entwickelt werden. Hinlänglich bekannte Beispiele sind Single-, Family- oder aber Heavy User-Tarife, in denen sich die einzelnen Zielkunden hinsichtlich ihres Verbrauchsverhaltens wiederfinden können. Dadurch wird einmal die Individualität signalisiert und zum zweiten entflieht das verteidigende Unternehmen der unmittelbaren Vergleichbarkeit mit einem Angreifer.

- Gebrochene Preise
  Während Angreifer unabdingbar darauf angewiesen sind, ihren Preis einfach zu kommunizieren und damit glatte Preisniveaus wählen zu müssen, sollten verteidigende Unternehmen das Mehrpreissystem mit gebrochenen Preisen koppeln. Auch diese Preistaktik dient letztlich dazu, nicht unmittelbar mit den Angreifern vergleichbar zu werden.

- Ex-Post-Best Abrechnung
  Nicht immer wählen die Kunden den für sie ex-post besten Tarif. D. h. es kann durchaus vorkommen, dass für einzelne Kunden a posteriori ein anderer Tarif günstiger gewesen wäre. Auch hier sollten die EVU im Sinne der Fairness gegenüber ihren bisherigen Stammkunden ex-post die Einstufung in den jeweils günstigsten Tarif selbsttätig vornehmen. Dies unterstützt nicht unwesentlich die Gesamtpositionierung des Unternehmens in Fairnessaspekten..

3. Kommunikation

Die professionelle Unternehmensaußendarstellung ist eine der größeren Baustellen der EVU. Für die etablierten Unternehmen ist diese Aufgabe um so schwieriger durchzuführen, da sie mit den historischen Kommunikationsformen brechen müssen. Die Neupositionierung als modernes Energiedienstleistungsunternehmen, Multi Utility-Anbieter, Infrastrukturdienstleister oder ähnliches erfordert eine sehr viel dynamischere und offensivere Herangehensweise. Aufgabe ist es letztlich, das Thema der Kundenbindung kommunikativ glaubhaft zu transportieren. Ohne an dieser Stelle die in der Branche kontrovers diskutierte Markenproblematik aufzuwerfen, sollen die wesentlichen Kommunikationsaspekte herausgestellt werden.

- Regional-/Lokalbezug
  Einer der wesentlichen Vorteile der verteidigenden EVU ist die lokale/regionale Nähe zu ihren Kunden. Dieser Vorteil äußert sich substantiell z. B. in allen Feldern der Störungsbeseitigung und des Verständnisses für die lokalen/ regionalen Probleme/Aufgaben. Dieses sollte inhaltlich klar herausgestellt werden. Als Medien bieten sich die Lokalpresse oder aber auch der regionale Rundfunk an. Der gesamte Außenauftritt kann diesen lokalen bzw. regionalen Bezug zum Gegenstand haben und sich letztendlich in lokalen Tarifmarken niederschlagen. Eindrucksvollstes Beispiel in Deutschland ist hier die GEW in Köln, die ihren gesamten Außenauftritt unter Fair Cologne positioniert und den Tarifmarken jeweils den Appendix Cologne anhängt.

- Permanente Präsenz
  Von entscheidender Bedeutung für die Kundenbindung ist es, nicht nur eine einmalige Kommunikationsoffensive zu starten, sondern permanent in den Köpfen der eigenen Kunden positioniert zu sein. Dazu sollten fast täglich Anzeigen in der Lokalpresse geschaltet werden, permanent redaktionelle Beiträge platziert und durch entsprechende Events regelmäßig unterstützt werden.

- Aktive Kundenansprache
  Für einzelne Kundengruppen reichen undifferenzierte Kommunikationskanäle zur effektiven Kundenbindung nicht aus. Beispielsweise sollten Gewerbekunden gezielt über eigene Kommunikationsmedien angegangen werden. Dies kann z. B. auch durch einen regelmäßigen Newsletter für Gewerbekunden geschehen, in dem aktuelle Frage- und Problemstellungen aufgeworfen und gelöst werden. Hierdurch kann die Individualität der Marktbearbeitung auch sehr viel stärker herausgestellt werden als z. B. in Massenkommunikationskanälen wie Presse oder Radio.

4. Vertrieb

Im Unterschied zur Angriffssituation sollten verteidigende EVU den Vertrieb im Massenkundensegment eher reaktiv ausrichten. Ausnahme sind gefährdete Gewerbekunden, die gerade in der ersten Phase der Marktöffnung über einen persönlichen Vertrieb angegangen werden sollten. Hier bieten sich z. B. flexible Personallösungen an, so dass nicht notwendigerweise neue Mitarbeiter fest angestellt werden müssen.

Im übrigen ist das gesamte Vertriebskonzept darauf auszurichten, dass die Kernanforderungen der Kunden erfüllt werden. Hierzu gehört z. B. ein professionelles Anfragemanagement. Dies bedeutet, dass sämtliche möglichen eingehenden Anfragen (z. B. zum Anbieterwechsel, zu Preisstrukturen, zu technischen Fragen etc.) schnell und kompetent beantwortet werden können. EVU-intern sind dafür die dahinter liegenden Organisationsprozesse zu optimieren. Nur selten bietet sich der Aufbau eines eigenen Call Centers an. Vielmehr muss das heutige Telefonmanagement optimiert werden. Unter vertrieblichen Aspekten ist zudem zu hinterfragen, inwieweit die historisch gewachsenen Beratungsstellen noch dem heutigen Zeitgeist entsprechen.

Vor diesem Hintergrund ist auch kritisch zu prüfen, welche Mitarbeiter intern mit solchen Kundenkontaktaufgaben betreut werden können. Hier müssen eine sorgfältige Selektion und intensive Schulung vorausgehen.

Die Verteidigung des eigenen Kundenstammes stellt letztendlich eine große Herausforderung an das Marketing für ein EVU dar. Diese Herausforderung liegt weniger in der Implementierung von spektakulär Neuem als vielmehr in der Optimierung des Bestehenden.

4.2 Marktbearbeitung in der Angriffssituation

Der Kampf um Privatkunden begann in Deutschland Ende Juli/Anfang August 1999 zunächst als Zweikampf zwischen RWE und Yello Strom, einer Tochtergesellschaft des seinerzeitig viertgrößten Stromanbieters in Deutschland. Mittlerweile kämpfen mehrere Dutzend etablierte und neue Anbieter um die Gewinnung neuer Privatkunden.

Unter technischen Aspekten stellt der Anbieterwechsel kein Problem dar. Die Stromversorgung des Kunden durch einen neuen Anbieter funktioniert - vereinfachend dargestellt - so, indem der neue Anbieter
- Strom entweder selbst produziert oder von einem Erzeuger zukauft,
- diesen Strom - praktisch virtuell - zum Kunden über die vorhandenen Leitungsnetze transportiert
- und für die Nutzung der Leitungsnetze dem Netzbetreiber ein Entgelt entrichtet.

Kein Stromanbieter muss dabei über eigene Erzeugungskapazitäten noch über Leitungsnetze verfügen. Im Prinzip kann sich in Deutschland nahezu jedes Unternehmen im Stromvertrieb betätigen.

Ökonomisch gesehen kommen auf einen Anbieter für die Stromversorgung eines neuen Privatkunden in etwa die folgenden Kosten zu (bezogen auf eine kWh):

- Stromeinkauf   3 Pfennig
- Durchleitung   ca. 11 Pfennig
- Ökosteuer   2,5 Pfennig
- Konzessionsabgabe   ca. 3,5 Pfennig

                    Summe   ca. 20 Pfennig

                    MwSt   3,2 Pfennig

                    insgesamt   23,2 Pfennig

D. h. die mit jeder abgesetzten kWh verbundenen variablen Kosten belaufen sich in etwa auf 23 bis 24 Pfennig.

In diesen Kosten sind Aufwendungen für den Zähler, die Zählerablesung, für das Wechselmanagement, für Marketing und Vertrieb *nicht* enthalten.

Vor diesem Hintergrund können für das Privatkundensegment zwei Aussagen getroffen werden:

1. Unter *technischen* Gesichtspunkten ist ein Anbieterwechsel - und damit die strategische Stoßrichtung Kundengewinnung - problemlos möglich.

2. Unter *ökonomischen* Gesichtspunkten wird der Erfolg der Kundengewinnung maßgeblich von der konkreten Marketingstrategie und hier insbesondere von der Preispositionierung bestimmt.

Dies bedeutet, dass ein Unternehmen in einer selbst gewählten Angriffssituation vor der Ausgestaltung der konkreten Marktbearbeitungsstrategie die folgenden drei strategischen Fragestellungen für sich beantworten muss.

1. Unternehmensziele

    Mit der Zielsetzung der Kundengewinnung im Massenkundengeschäft können unterschiedliche unternehmensstrategische Zielsetzungen verbunden sein. Unternehmen mit eigenen Erzeugungskapazitäten können diese strategische Option z. B. unter dem Gesichtspunkt der Absatzsteigerung sehen, während ein reines Vertriebsunternehmen zumindest mittelfristig zusätzliche Erträge erwirtschaften muss. Allein diese beiden hier exemplarisch dargestellten unterschiedlichen Unternehmenszielsetzungen werden zu völlig anderen Positionierungen am Markt führen: Ein primär auf zusätzliche Absatzmenge fokussiertes Unternehmen wird sehr viel preisaggressiver vorgehen als Unternehmen mit originären Ertragszielsetzungen.

2. Gesamtmarkt- vs. Segmentangriff

Ein bundesweiter und undifferenzierter Angriff im gesamten Privatkundenmarkt ist völlig anders auszugestalten als ein spezifischer Angriff in einem bestimmten Kundensegment (sei es regional bezogen, bezogen auf bestimmte Produkte wie z. B. Ökostrom oder gekoppelt an bestimmte Vertriebskanäle). Ein flächendeckender Angriff erfordert nicht unerhebliche Ressourcen für Kommunikation, Vertrieb und Preispositionierung. Diese Anfangsinvestitionen können nur von finanzstarken Unternehmen geleistet werden. Die unterschiedlichen Auftritte während der ersten Phase der Marktöffnung, auch im Privatkundensegment, zeigen genau diese Zweiteilung: Finanzstarke Verbundunternehmen engagieren sich zumeist flächendeckend, während sich echte Newcomer auf einzelne der genannten Segmente spezialisieren.

3. Positionierung

Die Ausgestaltung der Marketing-Mix-Instrumente wird maßgeblich durch die grundsätzliche Positionierung determiniert. Während beispielsweise das Unternehmen *Yello Strom* primär Andersartigkeit und Erlebnis in den Mittelpunkt rückt, positioniert RWE die Marke *avanza* eher im traditionellen Segment, und das Bayernwerk setzt mit *Aquapower* primär auf die spezifische Erzeugungsart. Derart unterschiedliche Positionierungen haben Einfluss auf z. B. die Preisstellung, den Kommunikationsauftritt als auch auf die Auswahl der jeweiligen Vertriebskanäle.

Auf Basis dieser grundsätzlichen Unternehmensstrategie sind dann das Marktbearbeitungskonzept, aber auch die interne Organisation auszulegen. Die folgende Abbildung zeigt den Prozess der Neukundengewinnung überblicksartig auf.

Erstkontakt	Information	Wechselabsicht Antrag, Vertrag	Externe Abwicklung	Interne Abwicklung	Laufende Betreuung
• Anzeigen	• Call Center	• Internet	• Identifikation	• Beschaffung/ Handel	• Erfassung
• Plakate	• Internet	• Telefon	• Kündigung	• Finanzen	• Rechnung
• TV	• Info-Material	• Brief	• Erfassung Zählerdaten	• Abrechnung	• Zusatzkosten etc.
• Radio	• ...	• Marktpartner	• ...	• ...	• Angebote
• Internet		• ...			• Events
• Promotions					• ...
• Marktpartner					
• ...					

Abbildung 1: Prozess der Kundengewinnung

Im folgenden werden die unterschiedlichen Ausgestaltungsformen der vier Marketing-Mix-Instrumente zur Neukundengewinnung diskutiert.

1. Angebot

   Im Unterschied zur Verteidigungssituation können die Angreifer primär nur das Kernprodukt Strom anbieten. Die Differenzierung gegenüber dem Wettbewerb durch Bündelung verschiedener Leistungen entfällt somit weitestgehend. Auch sind energienahe Dienstleistungen im Privat- und Gewerbekundensegment unter ökonomischen Bedingungen flächendeckend kaum darstellbar. Die von einigen Angreifern angebotenen Zusatzleistungen wie z. B. Internet-Zugänge, Fernsehgeräte o.ä. bieten kaum die Chance einer Differenzierung gegenüber potenziellen Konkurrenten. Solange keine technologischen Innovationen, z. B. auf Basis der Inhouse-Powerline-Technologie, marktfähig sind, haben Angreifer keine Chance der substanziellen Differenzierung gegenüber dem Wettbewerb. So unterscheiden sich die bisherigen Angebote der Angreifer auch lediglich in Vertragsbestandteilen, wie z. B. der Vertragslaufzeit, der Kündigungsfristen etc.

2. Preis

   In der ersten Phase des Wettbewerbs um Privatkunden war der Preis das entscheidende Wettbewerbsinstrument. So lagen die Preise der neuen Anbieter bis zu 30 % unterhalb des Niveaus der verteidigenden Unternehmen. Die Preisstrukturen sind dabei sehr ähnlich: Jedes Unternehmen fordert einen monatlichen Fixbetrag plus einer variablen verbrauchsabhängigen Komponente. Der bekannteste Newcomer, Yello Strom, bietet darüber hinaus auch nur einen Tarif an und wählt glatte Preisniveaus, die sich einfach kommunizieren lassen. Andere Marken, wie z. B. evivo von VEW/RWE oder aber Elektra direkt von PreussenElektra, weisen segmentspezifische mehrteilige Tarife auf. Innovative Preisstrukturen wurden nur vereinzelt implementiert (als Beispiel sei der spezielle Tarif von Elektra direkt genannt, der dadurch gekennzeichnet ist, dass Privathaushalte mit einem Verbrauch unter 1111 kWh pro Jahr täglich 1 DM zu entrichten haben). Die gesamte Preisstrategie der überwiegenden Anzahl der Angreifer ist ausgelegt auf einen reinen Preiskrieg.

   Echte Preisinnovationen dürften wohl erst im Zuge einer Marktberuhigungsphase Einzug halten.

3. Kommunikation

   Mit der Kommunikation haben einige angreifende EVU ein ganz entscheidendes Instrument zur Differenzierung im Wettbewerb für sich entdeckt. Und dies betrifft sowohl die inhaltliche Positionierung, die konkrete Ausgestaltung als auch die Kommunikationsintensität.

Da das bisherige Energieversorgungsgeschäft eher im verborgenen betrieben wurde und die Aufwendungen für kommunikative Maßnahmen hier niedrig gehalten wurden, bot sich den Newcomern eine echte Chance zur nachhaltigen Positionierung. Durch die Schaffung neuer Markennamen (z. B. avanza, Aquapower, Yello Strom etc.), die unterschiedliche Aufladung des jeweiligen Markenkerns (avanza eher traditionell, Aquapower ist Strom aus Wasserkraft, Yello Strom ist erlebnisorientiert, andersartig) und durch die zum Teil gigantischen Aufwendungen für Kommunikationsaktivitäten in nahezu sämtlichen Kanälen versuchen die soeben genannten Unternehmen, eine Differenzierung gegenüber der Konkurrenz über kommunikative Aktivitäten zu realisieren. So hat beispielsweise Yello Strom wenige Monate nach dem Markteintritt einen ungestützten Bekanntheitsgrad von deutlich über 50 % realisiert. Dieses Ergebnis konnte allerdings nur über ein gigantisches Werbevolumen in deutlich dreistelligen Millionen DM-Bereichen erzielt werden. Obwohl Yello Strom eindeutig die meisten Neukunden für sich verbuchen konnte, bleibt angesichts dieser Werbeaufwendungen, der zusätzlichen Vertriebsaufwendungen und der bereits genannten Kostenstrukturen die Frage der Wirtschaftlichkeit unter mittelfristiger Perspektive völlig offen.

Die wichtigsten, für ein angreifendes EVU zu beantwortenden Fragen, sind die folgenden:
- Durch welche Inhalte ist ein Markenkern aufzuladen?
- Insbesondere für etablierte Unternehmen stellt sich die Frage, ob eine Angriff unter der bisherigen Marke oder aber unter einer neu zu schaffenden Marke gestartet wird.
- Soll eine Einzelmarke oder aber eine Markenfamilie am Markt platziert werden?
- Inwieweit sollten es die Marke oder aber auch die Markenfamilie unterschiedliche Preisstrukturen aufgreifen? Über welche Kommunikationskanäle können die Zielsegmente effektiv und effizient erreicht werden?

Die Erfahrungen der ersten Phase im Wettbewerb um Privatkunden zeigen, dass
- über Kommunikationsaktivitäten eine Differenzierung gegenüber dem Wettbewerb realisiert werden kann,
- gigantische Investitionen erforderlich sind, um einen nachhaltigen Bekanntheitsgrad aufzubauen und um eine Prägung in den Köpfen der Privatkunden realisieren zu können,
- nennenswerte Kundengewinne auch dadurch bisher nicht verbucht werden konnten.

Vor dem Hintergrund dieser Erfahrungen sind die Kommunikationsinstrumente eher selektiv, zielgruppenspezifisch und unter Wirtschaftlichkeitsaspekten einzusetzen. Schlussendlich haben die Kommunikationsanstrengungen einige große Verbundunternehmen auch nicht vor dem Preiskrieg bewahren können, der für diese Unternehmen zu einer Reduktion des gesamten Unternehmenswertes auf ca. 70-75 % zur Folge hatte.

4. Vertrieb

Im Unterschied zur Verteidigungssituation muss der Vertrieb auch im Privat- und Gewerbekundensegment offensiv ausgestaltet werden. Der Aufbau eines eigenen Vertriebskanals ist wirtschaftlich in diesem Segment nicht darstellbar. Demzufolge müssen Marktpartner gewonnen werden, die bereits einen direkten Zugang zu dieser Zielgruppe aufweisen. Die Auswahl der jeweiligen Vertriebspartner muss dabei unter den Gesichtspunkten der konkreten Zielgruppenerreichbarkeit, der Unternehmens- bzw. Markenpositionierung und der Steuerbarkeit in dem jeweiligen Vertriebskanal erfolgen. So würde beispielsweise der Vertrieb von Ökostrom über Autohäuser weder zur Positionierung passen noch die Zielgruppe erreichen. Weniger spezifisch ausgerichtete Marken können demzufolge auch in der Wahl der Vertriebspartner undifferenzierter vorgehen. Für diese Unternehmen/Marken kommt es insbesondere darauf an, möglichst schnell einen hohen Penetrationsgrad zu erreichen. Die bisherigen Erfahrungen belegen diese These. So ist es heute beispielsweise möglich Strom an der Tankstelle, im Elektrofachhandel, über Versandhäuser oder in Möbelgeschäften zu kaufen. Dies wäre zu Monopolzeiten undenkbar gewesen.

Im Zuge der deutlich stärkeren Verbreitung des Internet wird gerade dieser Vertriebskanal eine noch größere Bedeutung als heute einnehmen.

Als Fazit bleibt festzuhalten, dass eine Angriffsstrategie im Privat- und kleineren Gewerbekundensegment auf Grund des schnellen und rapiden Preisverfalls wirtschaftlich allenfalls über eine spezifische Segmentstrategie darstellbar ist. Die hohen Kosten für die Neukundengewinnung (diese dürften deutlich über 1000 DM je Kunde liegen) können auf Grund des niedrigen Preisniveaus einerseits und der kaum veränderbaren Kostenstruktur andererseits wahrscheinlich nicht wieder eingespielt werden.

5. Marketing für Industriekunden

Unter Industriekunden sollen hier sämtliche Unternehmen verstanden werden, die gewerblich tätig sind und eine gewisse Mindeststrommenge verbrauchen (ca. 100.000 kWh p.a.). Diese Klassifizierung entspricht der gängigen Einteilung in der Praxis. Demzufolge weist diese Kundengruppe eine sehr große Heterogenität aus. Diese Heterogenität spiegelt sich sowohl im Verbrauch, den Branchen als auch der regionalen Verteilung wider. So verbrauchen beispielsweise große Industriekunden aus den Branchen Aluminium, Chemie oder Nahrungs- und Genussmittel zum Teil deutlich mehr Strom als manche Energieversorger selbst produzieren. Die Branchenheterogenität zeigt sich u. a. darin, dass in dieser Gruppe sowohl die erwähnten produzierenden Branchen, aber auch Unternehmen aus den Bereichen Handel und Dienstleistungen enthalten sind. Die regionale Differenzierung ergibt sich daraus, dass viele Unternehmen an unterschiedlichen Standorten präsent sind und zu Monopolzeiten von unterschiedlichen EVU beliefert wurden.

Aus diesen Überlegungen wird ersichtlich, dass eine weitere Segmentierung des Industriekundensegmentes von ganz zentraler Bedeutung für eine spezifische Marktbearbeitung ist. Im folgenden wird deshalb hierauf näher eingegangen.

Im Unterschied zur Diskussion des Marketing für Haushaltskunden erfolgt hier jedoch keine differenzierte Darstellung für das Marketing in der Angriffs- und Verteidigungssituation. Die Ausgestaltung der Marketing-Mix-Parameter für Industriekunden ist in der Angriffs- und Verteidigungssituation sehr ähnlich. Die Ursachen dafür liegen auf unterschiedlichen Ebenen. So erfolgt die Einkaufsentscheidung sehr viel rationaler als im Haushaltskundenbereich und der Preis hat einen noch höheren Stellenwert. Massenkommunikationsmedien spielen logischerweise kaum eine Rolle und die Vertriebskanäle sind in der Angriffs- und in der Verteidigungssituation identisch.

In der Folge werden die Themenbereiche Segmentierung sowie die vier Marketing-Mix-Instrumente spezifisch für Industriekunden dargestellt und diskutiert.

1. Segmentierung

Die Segmentierung der Industriekunden kann auf sehr unterschiedliche Weise erfolgen. So ist beispielsweise eine Segmentierung unter Pricing-Gesichtspunkten eine andere als unter Vertriebs- oder Dienstleistungsgesichtspunkten. Demzufolge gibt es auch nicht *das* Segmentierungskriterium, sondern es müssen parallel mehrere Kriterien herangezogen werden. An dieser Stelle sollen jedoch nicht alle möglichen Segmentierungskriterien aufgezählt werden, sondern es erfolgt eine Beschränkung auf die in der Praxis relevantesten und am häufigsten eingesetzten Kriterien:

- Verbrauchsmenge
- Zeitliche Verbrauchsstruktur

- Spannungsebene
- Branche
- Regionalstruktur

Jedes dieser Kriterien muss im zweiten Schritt durch eine Abgrenzung hinterlegt werden. Konkret bedeutet dies beispielsweise für das Kriterium Branche die Definition der für jedes EVU relevanten Branchen. Diese Gliederungen sind abhängig von der heutigen Kundenstruktur und von neu anzugehenden Kundenstrukturen. Nach der Definition der Segmentierungskriterien und der Festlegung der Abgrenzungsstrukturen müssen in einem dritten Schritt sämtliche Kunden den so gebildeten a priori-Segmenten zugeordnet werden. Auf dieser Informationsbasis erfolgt eine Priorisierung und die Auswahl der aktiv anzugehenden Kundensegmente. Die Bewertung und Priorisierung der Segmente sollte an Hand der Kriterien Volumen, Wachstum und Rendite erfolgen.

Die Detailausgestaltung des Marketing-Mix ist dann segmentspezifisch vorzunehmen. Hierauf wird im folgenden nicht eingegangen, vielmehr sollen die übergeordneten Facetten des Marketing-Mix für Industriekunden beleuchtet werden.

2. Angebot

Im Unterschied zum Haushaltskundenbereich können zusätzliche Angebote über die reine Stromlieferung hinaus sowohl auf Kundeninteresse stoßen als auch für das EVU attraktiv sein. Im einzelnen unterscheiden wir hier drei Typen von Zusatzangeboten:

1. Bündelangebote
2. Dienstleistungen
3. Komplettangebote

Ein *Bündelangebot* setzt sich aus unterschiedlichen Teilangeboten zusammen. Im allgemeinen sind dies zusätzliche Energieträger und/oder zusätzliche leitungsgebundene Medien. Als Beispiele seien hier genannt die Lieferung von Strom, Gas, Wasser, Dampf, Öl etc. aus einer Hand. In aller Regel sind mit solchen Bündelangeboten Preisabschläge gegenüber der Summe der Einzelpreise verbunden. Die Industriekunden können auf diesem Weg nicht unerhebliche Kostenvorteile realisieren.

Die von den Industriekunden in Anspruch genommenen *Dienstleistungen* von EVU beschränken sich fast immer auf energienahe Dienstleistungen. Beispiele sind Beratungsdienstleistungen oder aber Energiemanagementdienstleistungen. Die Kunden versprechen sich von der Inanspruchnahme dieser Dienstleistungen letztendlich eine Kostenreduktion. So haben Energiemanagementdienstleistungen zum Ziel, zunächst die Energieverbräuche zu erfassen, zu analysieren und schließlich zu optimieren. Für solche Dienstleistungen besteht auch eine Preisbereitschaft bei den Industriekunden, die logischerweise aber geringer ist als die damit verbundene Kostenreduktion.

Der dritte Angebotskomplex umfasst *Komplettangebote*, d. h. das EVU liefert nicht nur den Strom, sondern tritt als eine Art Generalunternehmer auf, der Energieanlagen plant, installiert, betreibt und ggf. auch entsorgt. Beispiele hierfür sind Raumwärme, Prozesswärme, Heizung/Klima/Lüftung oder aber Energieverteilung. Solche Angebote führen zu einer sehr viel stärkeren Verzahnung mit der Wertschöpfungskette des Kunden - und damit zu einer höheren Kundenbindung - als in der Situation eines reinen Stromlieferanten. Neben der Wirkung einer erhöhten Kundenbindung wird gleichzeitig die Wertschöpfung pro Kunde deutlich erhöht und ist damit ein Instrument der Geschäftsexpansion. Aus Kundensicht werden solche Aufträge allerdings nur vergeben, wenn dadurch wiederum Kostenvorteile realisiert werden können.

Zusammenfassend bieten im Industriekundenbereich Dienstleistungen die Möglichkeit der Differenzierung gegenüber dem Wettbewerb. Notwendige Voraussetzungen dafür sind, dass

- es sich um *energienahe* Dienstleistungen handelt,
- eine *Verzahnung mit der Wertschöpfungskette* des Kunden realisiert wird,
- die Kunden im Gesamtergebnis *Kostenvorteile* realisieren können.

In der ersten Phase der Marktöffnung spielten diese Dienstleistungen zunächst nur eine nachgelagerte Rolle. Nach den deutlichen Preissenkungen in den ersten zwei Jahren werden solche Angebote aus den genannten Gründen jedoch stark an Bedeutung gewinnen.

3. Preis

Der Preis ist das *zentrale Marketing-Mix-Instrument* gerade im Industriekundenbereich.

Aus Kundensicht sind unter Pricing-Aspekten in erster Linie die realisierten Gesamtkostenbelastungen relevant. Aus Sicht der EVU ergeben sich damit zwei Dimensionen des Pricing:

(1) Preishöhe

Obwohl sich der Strompreis aus vielen unterschiedlichen Komponenten zusammensetzt, reduzierte sich die Preisdiskussion in den ersten zwei Jahren der Marktöffnung fast ausschließlich auf die Höhe der verbrauchsabhängigen Komponente, d. h. den kWh-Preis. Einzelne Größtkunden haben hier Preise unterhalb der Grenzkosten ausgehandelt. Aufgrund der bestehenden Überkapazitäten fand ein regelrechter Preiskrieg auf der Ebene kWh-Preise statt, der mit Pricing-Intelligenz nur wenig zu tun hatte. Die in anderen liberalisierten Branchen sehr häufig eingesetzten Instrumente zur Preisoptimierung fanden demzufolge bisher keine Anwendung. In diesem Preiskrieg ging es einzig und allein um das Halten und Gewinnen von Absatzmengen. Die Konsequenzen sind, dass erstens das Preisniveau nur sehr schwer nach oben korrigierbar sein dürfte und zweitens damit ein deutlicher Verfall der Unternehmenswerte einhergeht. So sind beispielsweise die Aktienkurse der beiden Hauptkontrahenten RWE und EnBW innerhalb von nur zwei Monaten um ca. 25 % gefallen (Zeitraum: Januar/Februar 2000). Die dritte Konsequenz wird sein, dass Erzeugungskapazitäten vom Markt genommen werden (müssen).

(2) Preisstruktur

Das Strom-Pricing zu Monopolzeiten war primär kostengetrieben und äußerte sich nicht zuletzt darin, dass sämtliche Preiskomponenten (z. B. Verbrauchspreis, Leistungspreis, Messpreis etc.) vor dem Hintergrund der damit jeweils verbundenen Kosten begründet wurden. Logischerweise waren die Preisstrukturen der EVU sehr ähnlich. Kundennutzenorientierte Elemente fanden sich in den Preisstrukturen dagegen nicht wieder.

Die Schlussfolgerungen aus dem rigorosen Preisverfall und den bisher schon differenzierten Preisstrukturen sind wie folgt: Einen Weg aus dem Preistief kann es - wenn überhaupt - nur über Preisdifferenzierungsformen geben. Allerdings müssen die künftigen Formen der Preisdifferenzierung enger an die spezifischen Verbrauchscharakteristika der Kunden angelegt sein. Erste Ansätze sind bereits jetzt am Markt zu beobachten: So werden beispielsweise Preismuster angeboten, die an das Produktpreisniveau der Kundenprodukte gekoppelt sind (dies trifft vor allem für Rohstoffe zu, die wie Aluminium, Messing oder Stahl börsennotiert sind). Weitere Beispiele in diesem Zusammenhang sind Strompreise, die an die Menge des hergestellten Endproduktes gebunden sind, wie z. B. Strompreis je Hektoliter gebrautem Bier, Strompreis je Tonne gewalztem Stahl etc. Neben diesen anwendungsorientierten Preisdifferenzierungen werden in stärkerem Maße zeitbezogene Differenzierungsformen Einzug in die Preisstrukturlandschaft halten. Saisonpreise, z. B. für Unternehmen aus der Landwirtschaft, der Hotellerie oder aber aus dem Bereich Nahrungs- und Genussmittel, spezifische Preise für Unternehmen, die im Schichtdienst arbeiten, sind weitere Beispiele.

Mit der Implementierung der Strombörse in Frankfurt werden darüber hinaus sehr differenzierte risikogesteuerte Preiselemente angeboten werden. Zum jetzigen Zeitpunkt sind die neuen möglichen Preisstrukturen, die sich allein aufgrund der Definition eines Strompreisindexes ergeben werden, noch nicht absehbar. Es ist jedoch offensichtlich, dass fristigkeitsbezogene Preiselemente eine ganz dominante Stellung einnehmen werden. Die heute schon für Größtkunden relevante Dreiteilung des Marktes in Grundlast, Mittellast und Spitzenbedarf wird für einen sehr viel breiteren Kreis von Industriekunden mit der Konsequenz relevant werden, dass das Pricing jeweils eigenen Charakteristiken folgen wird. Im Prinzip werden hier die gleichen Mechanismen greifen, wie auf anderen Warenterminmärkten auch.

Als Zwischenfazit bleibt festzuhalten, dass aufgrund des bisherigen Preisverfalls und der eher kostenorientierten Preisstrukturen neue marktgetriebene Preisdifferenzierungsformen Einzug halten werden. Nach der Marktkonsolidierung wird das Beherrschen der unterschiedlichen Pricing-Instrumentarien daher zu einem Schlüsselerfolgsfaktor für die EVU schlechthin werden. Das Management von großen Mengen bei relativ kleinen Margen wird in diesem Zusammenhang völlig andere Anforderungen an das Pricing stellen.

4. Kommunikation

Die Kommunikation im Industriekundenbereich ist eine völlig andere als im Haushaltskundengeschäft. Dies betrifft sowohl die Inhalte als auch die Ausgestaltung des Media-Mix.

Die *inhaltlich dominanten* Themen in der Kommunikation sind Gesamtkostenbelastungen/-einsparungen, Sicherheit/Verlässlichkeit und Kompetenz beim Energiemanagement in der Zielkundenbranche. Die gesamte Kommunikation ist sehr viel sachlicher und rationaler als im Haushaltskundenbereich zu gestalten.

Genauso unterschiedlich wie die Inhalte ist der *Media-Mix*. Massenkommunikationskanäle spielen hier keine Rolle, entscheidend ist die spezifische Erreichung der jeweiligen Zielgruppe. Konsequenterweise sind dies spezielle Branchenmedien, Medien, die vom Top-Management genutzt werden oder aber die Einschaltung von Multiplikatorinstitutionen wie Verbänden, Interessensinstitutionen etc.

Darüber hinaus spielen sämtliche Aktivitäten der Direktkommunikation eine besondere Rolle.

5. Vertrieb

Der Vertrieb von Strom und angrenzenden Dienstleistungen erfolgt im Industriekundensegment erfolgversprechend nur über den persönlichen Weg. Wie in anderen Branchen verläuft dieses business-to-business Geschäft hauptsächlich über den eigenen Außendienst. Die Einschaltung weiterer Vertriebskanäle hat hier nahezu keine Bedeutung. Einzige Ausnahme ist die Nutzung von Interessenverbänden, um den Zugang zu einzelnen Kunden zu erleichtern. So haben einige Energieversorger in der jüngsten Vergangenheit Rahmenverträge mit solchen Verbänden abgeschlossen, in die das einzelne Unternehmen dann als konkreter Vertragspartner eintreten kann.

Neben den bereits genannten Erfolgsfaktoren Energiekosten, Sicherheit, Kompetenz in der Zielbranche spielt im Industriekundengeschäft der Persönlichkeitsfaktor des Vertriebsmitarbeiters eine besondere Rolle.

6. Zusammenfassung

Die wesentlichen Erkenntnisse der spezifischen Ausrichtung des Marketing für EVU lassen sich zu fünf Punkten zusammenfassen.

1. Das Marketing für EVU weist einige Spezifika auf, die im wesentlichen aus den Charakteristika dieses Non-Products sowie der Branchenstruktur resultieren. Eine unmittelbare Übertragung von Marketingansätzen aus anderen Branchen ist nur bedingt möglich und wenig erfolgreich.

2. Die Marketingstrategie eines EVU wird maßgeblich von der Position in der Wertschöpfungskette, der eigenen Geschäftsdefinition, der regionalen Zielsetzung und dem Grad der eigenen Autarkie bestimmt.

3. Das Marketing für Haushalts- und Gewerbekunden unterscheidet sich grundlegend von dem für Industriekunden. Für jeden dieser Bereiche ist ein spezielles Marketingkonzept zu entwickeln.

4. Angriffsstrategien im Haushaltskundenbereich sind unter den derzeitigen Rahmenbedingungen der Netznutzungskosten ökonomisch nur segmentspezifisch erfolgversprechend. Demzufolge sollte im Haushaltskundenbereich für die etablierten Unternehmen der primäre Fokus auf der Kundenbindung liegen.

5. Im Industriekundenbereich folgt das Marketing den klassischen business-to-business-Regeln. Die Bedeutung des Preises ist hier jedoch noch höher als im Haushaltskundengeschäft, allerdings bieten Dienstleistungen und die Ausgestaltung des Vertriebs Ansatzpunkte zur Differenzierung gegenüber der Konkurrenz.

7. Literatur

Laker, M. (2000): Marketing für Energieversorger - Kunden binden und gewinnen im Wettbewerb

Anton Meyer und Kerstin Oppermann

Marketing für Rechtsanwälte
Mandantenorientierung als Erfolgsfaktor

1. Markt und Marketing für anwaltliche Leistungen
2. Besonderheiten der anwaltlichen Leistung
3. Erfolg durch zufriedene Mandanten
   - 3.1 Zusammenhang von Kundenorientierung, Kundenzufriedenheit und Kundenbindung
   - 3.2 Beitrag von Kundenzufriedenheit und Kundenbindung zur Erfüllung der Unternehmensziele
4. Mandantenorientierung als strategischer Wettbewerbsfaktor der Kanzlei
   - 4.1 Implementierung der Mandantenorientierung
     - 4.1.1 Durchgängigkeit
     - 4.1.2 Einbeziehung interner Kunden
     - 4.1.3 Dauerhaftigkeit
     - 4.1.4 Wechsel des Blickwinkels
   - 4.2 Kontrolle der Kundenorientierung
5. Literatur

1. Markt und Marketing für anwaltliche Leistungen

Die Zahl zugelassener Anwältinnen und Anwälte nimmt von Jahr zu Jahr zu, alleine in Deutschland sind über 98.200 Juristen und Juristinnen[1] mit anwaltlicher Zulassung in über 300 Rechtsgebieten tätig. Gleichzeitig drängen auch mehr und mehr andere freiberufliche und gewerbliche Anbieter in den Markt für Rechtsberatung. Beispiele für solche neue Marktteilnehmer, die Rechtsberatung als Kern- oder Zusatzleistung anbieten sind z. B. Steuerberater, Wirtschaftsprüfer, Unternehmensberater, Verbraucherverbände, aber auch Banken und Versicherungen und seit neuestem auch Fernsehsender.[2] Zugleich bleibt aber die Nachfrage nach rechtsberatender und gerichtsbezogener Tätigkeit relativ konstant.

Diese „Käufermarktsituation" (Konstellation von steigendem Angebot bei stagnierender Nachfrage) zeichnet sich durch eine hohe Nachfragemacht aus:[3] die potentiellen Kunden können aus dem (Über-) Angebot der vielen verschiedenen Anbieter das ihren Bedürfnissen am ehesten entsprechende aussuchen. Mandanten werden anspruchsvoller, kritischer und treten zunehmend auch selbstbewußt auf. Die traditionellen Machtverhältnisse in der Beziehung von Anwalt und Mandant verschieben sich also zugunsten des Mandanten – und damit hat auch für den Stand der Anwälte die Zeit der Kundenorientierung begonnen, denn auch die freien Berufe können sich den Marktgesetzen nicht entziehen. Ohne eine Ausrichtung der unternehmerischen Tätigkeit auf die Bedürfnisse des Marktes ist eine langfristige Sicherung der unternehmerischen Existenz nicht zu gewährleisten: Die Zeiten, zu denen bereits die anwaltliche Zulassung sichere Einkünfte gewährte, sind vorbei.

Bereits 1992 hat das Bundesverfassungsgericht daher festgestellt: „Wer den Beruf des Rechtsanwaltes ergreifen will, muß sich den besonderen Bedingungen des Anwaltsmarktes stellen. Auf diesem besteht eine äußerst angespannte Wettbewerbssituation, die sich durch eine wachsende Zahl von Berufsanfängern, die Niederlassungsfreiheit im Rahmen der Europäischen Gemeinschaft und die rechtsberatende Tätigkeit anderer Berufsgruppen [...] zunehmend verschärft."[4]

Es ist einsichtig, daß sich in der beschriebenen Wettbewerbssituation die anwaltliche Leistung an der Nachfrageseite ausrichten muß. Als Erfolgsfaktor werden Marketing und Kunden- resp. Mandantenorientierung[5] auch für Rechtsanwälte immer wichtiger. Die Anwaltschaft muß Marketing betreiben, ihre Arbeit für die Nachfrager am Markt trans-

---

[1] Mitglieder der Rechtsanwaltskammern zum 1.1.1999.
[2] Vgl. Schiefer/Hocke 1996, S. 13 f.
[3] Vgl. exemplarisch Becker 1998, S. 1.
[4] Bundesverfassungsgericht 1993, S. 120, zitiert nach Koch 1999, S. 5.
[5] Die Begriffe „Kunde" und „Mandant" werden im folgenden zumeist synonym verwendet. Anm. d. Verf.

parent machen und entsprechend kunden- oder mandantenorientiert gestalten um wettbewerbsfähig zu bleiben.

„Die Erkenntnis, daß die Rechtsanwaltschaft nur durch die eigene Beherrschung derartiger Methoden [gemeint sind Methoden des Marketing, Anm. der Verf.] in Verbindung mit dem Angebot hochqualifizierter Beratung eine aktive und gewinnende Rolle am Markt spielen wird, nicht aber, indem sie sich hinter einer Paragraphenmauer aus Furcht vor der viel beschworenen Kommerzialisierung und der Übernahme durch große internationale Anwalts- oder Wirtschaftsprüfungsunternehmen zu verschanzen versucht, gewinnt in den letzten Jahren schrittweise an Boden."[6] Dennoch hat gerade der Anwaltsstand ein eher gespaltenes Verhältnis zum Marketing.

Die Ressentiments vieler Anwälte gegenüber den Möglichkeiten des Marketing und die vielfach noch vorherrschende Angst vor einer „Kommerzialisierung" des Berufsstandes sind tief verwurzelt. Der Text einer berufsrechtlichen Entscheidung aus dem Jahre 1923 verdeutlicht dies:

„Der Inhalt und eigentliche Zweck seiner Tätigkeit [der des Anwalts, Anm. d. Verf.] ist nicht die Erzielung wirtschaftlicher Werte, sondern die von hohem Idealismus getragene Erfüllung seines Berufes. Diese dem Stande vom Gesetz gegebene Sonderstellung legt ihm auch besondere Pflichten auf. Was anderen Ständen gestattet ist, verbietet vielfach die Standesehre dem Anwalte. Dies gilt insbesondere für jede Reklame, reklamehafte Werbung um Praxis, Ankündigung besonderer Fähigkeiten, Kenntnisse, Leistungen, Kundbarmachung des von ihm sonderlich betriebenen Spezialgebietes. Das mag allen Ständen und Berufen gestattet sein, deren Hauptzweck die Erzielung wirtschaftlicher Erfolge ist; einen Stand, der die gezeichnete Bedeutung und Sonderstellung hat wie der Anwaltsstand, würden derartige Handhabungen in der Achtung und Wertschätzung, ja in der Ehre heruntersetzen."[7]

Anwälte wie auch Gesetzgeber, die ihre Vorbehalte gegenüber einem professionellen Marketing heute noch mit der Unvereinbarkeit von Marketing und Standesehre begründen, hegen allerdings erstens ein falsches Verständnis vom Marketing und ignorieren zweitens fundamentale betriebswirtschaftliche Markterfordernisse.

Jeder Anwalt betreibt immer in gewissem Umfang Marketing, alleine indem er mit seinen Klienten kommuniziert, seine Leistungen in bestimmter Art und Weise anbietet, den Kanzleistandorte wählt oder Honorare festlegt.[8] Marketing ist auch nicht gleichzusetzen mit „Reklame" oder „Werbung":

---

[6] Römermann 1997, S. 201.
[7] EGH, Urteil vom 24.2.1923, EGH XVIII, 89, S. 92 f., zitiert nach Meyer/Fiala 1999, S. 833.
[8] Vgl. Meyer/Fiala 1999, S. 833.

Marketing ist in einem modernen Verständnis nichts anderes als markt- oder zielgruppenorientierte Unternehmensführung,[9] und die Einführung eines strategischen und geplanten Marketing in der Anwaltskanzlei bedeutet in der aktuellen Situation nichts weiter, als intuitive Entscheidungen, die ohnehin getroffen werden, durch wohlüberlegte zu ersetzen, was allen Marktbeteiligten, Anwälten wie Mandanten, nur zum Vorteil gereichen kann.

Im folgenden soll nun, ohne dabei detailliert auf die Funktionen und Instrumente des Marketing einzugehen, erläutert werden, welcher Zusammenhang zwischen den kundenorientierten Erbringung der anwaltlichen Leistung und dem Unternehmenserfolg resp. der langfristigen Sicherung der unternehmerischen Existenz herrscht.

2. Besonderheiten der anwaltlichen Leistung

Gemäß den §§ 1 und 3 Abs. 1 BRAO ist der Rechtsanwalt unabhängiges Organ der Rechtspflege und berufener unabhängiger Berater und Vertreter in allen Rechtsangelegenheiten.

Der Vertrag zwischen Anwalt und Mandant ist ein Dienstvertrag zur Leistung von Diensten höherer Art – vereinbart wird im Grunde eine spezielle Dienstleistung, der eine etwas eigentümliche Nutzenstiftung zugrunde liegt. Diese besteht im wesentlichen in der Beseitigung oder Vermeidung einer Beeinträchtigung von Rechtswerten. Die Nutzenstiftung der anwaltlichen Leistung läuft also auf eine Befreiung von aktuellen oder potentiellen Nutzenbeeinträchtigungen anderer Art hinaus.[10] Aufgabe des Anwaltes ist es darüber hinaus, den Mandanten beratend in die Lage zu versetzen, die mit seiner spezifischen Problemstellung in Zusammenhang stehenden juristischen Aspekte zu verstehen.

Erste Besonderheit der anwaltlichen Leistung ist zunächst ihre Immaterialität: die anwaltliche Leistung ist in hohem Maße immateriell und hängt in ihrem Ergebnis zu weiten Teilen sowohl von fachlichem Können (Wissen, Erfahrung) wie auch dem Wollen (Dienstleistungseinstellung und -bereitschaft) des Anwaltes ab.[11] Die meisten Leistungen eines Anwaltes oder einer Kanzlei sind weiterhin individuell professionell, d. h. in ihrem Ergebnis nicht oder nur schwer miteinander vergleichbar; eine Standardisierung der Leistungen ist meist ebenso schwer möglich wie eine Garantie auf Erfolg oder ein bestimmtes vom Mandanten angestrebtes Ergebnis. Abgesehen von der Tatsache, daß die verschiedenen Anwälte einer Kanzlei unterschiedliche Leistungen erbringen werden,

---

[9] Vgl. Meyer 1994.
[10] Vgl. z. B. Hocke 1989, S. 161.
[11] Vgl. Meyer 1988, S. 347.

kann selbst die Leistung eines einzelnen Anwaltes – abhängig etwa von der „Tagesform" – individuellen Schwankungen unterliegen.

Die anwaltliche Leistung zeichnet sich also durch eine hohe Individualität und Immaterialität im Ergebnis der Leistung aus.

Aber nicht nur die letztlich vom Anwalt erbrachte Leistung selbst, sondern auch wesentliche Leistungsbestandteile im Vorfeld der anwaltlichen Leistung (Leistungsfähigkeits- und Bereitschaftskomponenten, z. B. Wissen, Erfahrung und Wollen des Anwalts) sind immateriell. Der Nachfrager ist aufgrund dieser Individualität und Immaterialität, aber auch aufgrund der besonderen Spezialität und Komplexität der Materie nur selten in der Lage, die Qualität der anwaltlichen Leistung ex ante einzuschätzen. Die anwaltliche Leistung ist damit für den (potentiellen) Mandanten sowohl physisch wie auch intellektuell nur schwer faßbar.

Hinzu kommt, daß die Leistung des Anwalts direkt an und in Zusammenarbeit mit dem Mandanten erfolgt – der Mandant ist in den Erstellungsprozeß der anwaltlichen Leistung zumindest passiv, etwa im Sinne einer Versorgung des Anwaltes mit relevanten Informationen, integriert. Die Leistung des Anwaltes wiederum hat oft direkten Einfluß auf zukünftiges Wohlergehen – sei es nun körperlicher, seelischer oder finanzieller Art – des Mandanten.

Mißverständnisse oder auch nur unzureichende Kommunikation zwischen Anwalt und Mandant können zu schwerwiegenden Fehleinschätzungen der rechtlichen Möglichkeiten führen. Weiterhin von Bedeutung für das Ergebnis der anwaltlichen Tätigkeit ist auch die Frage, ob es sich bei dem Mandanten als Auftraggeber um einen Erstkunden oder um einen „gelernten" Kunden handelt, der mit den Besonderheiten der anwaltlichen Tätigkeit bereits vertraut ist, und somit weiß, welche Rolle ihm selbst im Erstellungsprozeß zukommt. Die Leistung des Anwaltes unterliegt darüber hinaus einer nur begrenzten Reversibilität. Fehlerhafte bzw. für den Mandanten unbefriedigende Leistungen können weder umgetauscht, noch rückgängig (keine Rückgabe) gemacht werden; bestenfalls ist eine Nachbesserung möglich.

Aus den vorangegangenen Ausführung ist bereits implizit deutlich geworden, daß das Vertrauen zwischen Anwalt und Mandant eine erhebliche Rolle für die Qualität der Geschäftsbeziehung wie auch für die zustande kommende anwaltliche Leistung hat. Dieses Vertrauen kommt bereits im Vorfeld der eigentlichen Geschäftsbeziehung zum Tragen: der Mandant gewährt dem Anwalt bereits bei der Entscheidung, gerade ihm das Mandat zu übertragen, einen Vertrauensvorschuß. Das subjektive Vertrauen des Mandanten in die Leistungsfähigkeit und Leistungsbereitschaft des Anwaltes tritt hier an Stelle objektiver Beurteilungskriterien, denn eine objektive Beurteilung ist zu diesem Zeitpunkt – wie bereits erwähnt – aufgrund von Immaterialität und Individualität der Leistung nur schwerlich möglich. Aber auch während der Geschäftsbeziehung zwischen Anwalt und Mandant spielt gegenseitiges Vertrauen eine wichtige Rolle. Einerseits muß der Mandant dem Anwalt vertrauen können – schließlich gewährt er dem Anwalt tiefen Einblick in seine Lebensumstände –, auch darauf, daß der Anwalt über das Erfahrene Stillschweigen bewahrt und in derselben Sache auch *nur* den Mandanten vertritt, also keine Interessenkollision eintreten wird. Andererseits muß aber auch der Anwalt auf die Richtigkeit der ihm vom Mandanten übermittelten Informationen vertrauen können.

All diese Besonderheiten der anwaltlichen Leistung führen zu einem – im Vergleich zu Sachgütern – wesentlich höheren wahrgenommenen "Kaufrisiko" und einer hoher Unsicherheit des Kunden bei der Kaufentscheidung mit der Folge eines besonders hohen Informationsinteresses bei Suche, Bewertung und Auswahl eines Anwaltes bzw. einer Kanzlei.

Umgekehrt folgt aus diesen Besonderheiten aber auch, daß die Schwelle für den Wechsel zwischen alternativen Anbietern – Zufriedenheit des Kunden vorausgesetzt – relativ hoch ist. Ein zufriedener Kunde wird in einer Situation neuerlichen Bedarfs nach anwaltlicher Unterstützung mit hoher Wahrscheinlichkeit erneut den Anwalt aufsuchen, mit dem er bereits früher gute Erfahrungen gemacht hat. Die Ausrichtung der gesamten anwaltlichen Leistung und vor allem der Prozeßabläufe in der Kanzlei auf die Wünsche, Bedürfnisse und Erwartungen der Mandanten kann also der Ausgangspunkt für vielversprechende und langfristige Beziehungen zwischen Anwalt und Mandant, die Basis für einen treuen Mandantenstamm sein.

3. Erfolg durch zufriedene Mandanten

3.1 Zusammenhang von Kundenorientierung, Kundenzufriedenheit und Kundenbindung

Kundenzufriedenheit entsteht allgemein als Ergebnis eines individuellen Abgleichprozesses zwischen den Erwartungen des Nachfragers an bestimmte Leistungen und den tatsächlich erhaltenen Leistungen, wie der Kunde sie subjektiv wahrgenommen hat.[12] Der Kunde vergleicht also seine Erfahrungen nach der Nutzung eines Sachgutes oder der Inanspruchnahme einer Dienstleistung (Ist-Größe) mit einem vor der Nutzung oder Inanspruchnahme bereits existierenden Vergleichsstandard (Soll-Größe), der von ihm erwarteten Leistung.[13] Vereinfacht dargestellt, entsteht im Falle der Bestätigung oder der Übererfüllung der gehegten Erwartungen Zufriedenheit. Weicht die Ist-Leistung dagegen negativ von der Soll-Leistung ab, entsteht Unzufriedenheit. Dieser Erklärungsansatz

---

12 Vgl. Meyer/Dornach 1998a, S. 249
13 Vgl. Homburg/Faßnacht 1998, S. 411.

wird in der Literatur auch als „Confirmation/Disconfirmation-Paradigm"[14] bezeichnet (vgl. hierzu auch Abbildung 1).

Sowohl die Erwartungen des Kunden wie auch die Wahrnehmung der Leistung können von einer ganzen Reihe von Faktoren beeinflußt werden. Die Erwartungen des Nachfragers etwa sind abhängig von seinem individuellen Erwartungs- bzw. Anspruchsniveau in seiner ganz speziellen Nachfragesituation. Art der Ansprüche und Anspruchsverhalten des Nachfragers sind dabei nicht zwangsläufig im Zeitablauf beständig. Sie können sich, beispielsweise durch eine Wiederholung der Nachfragesituation („Gelernter Kunde"), Serviceerfahrungen (auch in anderen Branchen), Änderungen in der Lebensphase, dem Familienstand, der Einkommenssituation, des wirtschaftlichen oder des gesellschaftlichen Umfelds, ändern. Auch die Wahrnehmung der Leistung kann durch situative Faktoren (momentane Stimmung, Zeitbudget des Kunden) sowie durch bereits vorliegende Erfahrungen und den Vergleich der aktuellen Leistung mit früher erhaltenen Leistungen desselben oder eines anderen Anbieters beeinflußt werden.

Zwischen der *Kundenorientierung* als grundsätzlicher Ausrichtung eines Anbieters, der *Kundenzufriedenheit* als Ergebnis des oben beschriebenen Abgleichprozesses und der *Kundenbindung* als Ausdruck einerseits bisherigen Kauf- und Weiterempfehlungsverhaltens, andererseits aber auch zukünftigen Wiederkauf-, Zusatzkauf- und Weiterempfehlungs-Absichten (Goodwill) des Kunden gegenüber diesem Anbieter oder dessen Leistungen,[15] kann nun ein kausaler Zusammenhang unterstellt werden.[16]

Dieser Zusammenhang läßt sich auch durch empirische Untersuchungen stützen. So bestätigt z. B. der „Kundenmonitor Deutschland – Qualität und Kundenorientierung", der jährlich die Kundenorientierung in Deutschland untersucht, für 1999 die oben genannte Beziehung erneut.[17]

Als Ursachen für mangelnde Kundenzufriedenheit lassen sich meist verschiedene Faktoren ausmachen: Steigende Erwartungen der Kunden, mangelnde Dienstleistungsfähigkeit und Dienstleistungsbereitschaft von Mitarbeitern im Kundenkontakt sowie das Fehlen kundengerichteter Serviceleistungen.[18]

---

[14] Vgl. etwa Homburg/Giering/Hentschel 1998, S. 84 und die dort zitierte Literatur.
[15] Vgl. Meyer/Oevermann 1995, Sp. 1341.
[16] Vgl. Homburg/Faßnacht 1998, S. 407 f.
[17] Vgl. Meyer/Dornach 1999.
[18] Vgl. Dornach 1998, S. 456.

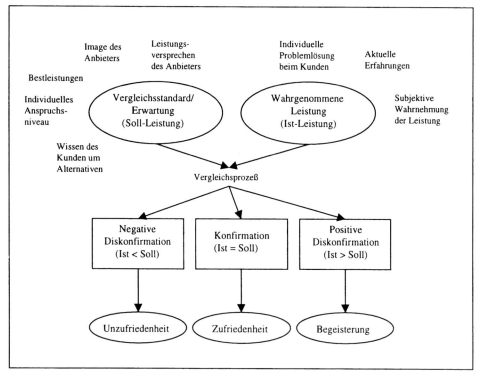

Abbildung 1: Das Confirmation/Disconfirmation-Paradigm[19]

3.2 Beitrag von Kundenzufriedenheit und Kundenbindung zur Erfüllung der Unternehmensziele

Eine erster wichtige Voraussetzung für die Erreichung dauerhafter Kundenzufriedenheit ist die Verinnerlichung der Kundenorientierung, also die Einnahme der Kundenperspektive durch *alle* Mitarbeiter des Unternehmens. Leistungen müssen in allen Wertschöpfungsstufen in *aus Kundensicht* überzeugender Qualität erstellt werden. Bei übereilt eingeführten Qualitätsprogrammen, die zudem oftmals nicht strategisch in das Gesamtkonzept des Unternehmens eingebunden sind, wird dieser Aspekt häufig vernachlässigt. Unternehmerisches Handeln ist nur dann konsequent, wenn es zielgerichtet ist – vor der Implementierung kundengerichteter Maßnahmen muß daher die Festlegung und Opera-

---

[19] In Anlehnung an Meyer/Dornach 1997, S. 21 und Homburg/Giering/Hentschel 1998, S. 85.

tionalisierung der anzustrebenden Unternehmensziele (im Sinne von Richtgrößen, der Formulierung des „wo wollen wir hin?") stehen.[20]

Zum zweiten darf natürlich auch bei einer nachhaltigen Ausrichtung des Unternehmens auf eine hohe Kundenzufriedenheit hin auch die Absicherung auf Produktivitäts-, Kosten- und Ertragsseite nicht vernachlässigt werden.[21] Aus betriebswirtschaftlicher Sicht sind deshalb besonders die Zusammenhänge zwischen Kundenorientierung, Kundenzufriedenheit, ökonomischem Gewinn und damit auch langfristigem Unternehmenserhalt eine genauere Betrachtung wert.

Die zentralen Erkenntnisse einer ganzen Reihe bekannter Studien[22] können knapp zu folgenden Aussagen zusammengefaßt werden:

- Überzeugte Kunden nehmen die Leistungen „ihres" Unternehmens bei Bedarf eher wieder in Anspruch.
- Überzeugte Kunden sind unempfindlicher gegenüber Preiserhöhungen als unzufriedene Kunden.
- Überzeugte Kunden verursachen vergleichsweise geringe Kosten, weil sie sich in Unternehmensabläufe, mit denen sie vertraut sind, vergleichsweise gut integrieren können und wollen.
- Hohe Kundenzufriedenheit hat positive Wirkungen auf das Unternehmensimage.
- Überzeugte Kunden empfehlen „ihr" Unternehmen häufig weiter.

Was bedeutet das nun für die Kanzlei?

Ein Stamm von überzeugten Mandanten, welche die Leistung des Anwaltes oder der Kanzlei – bei Bedarf – wieder in Anspruch nehmen und Anwalt oder Kanzlei auch weiter empfehlen werden, stellt einen ganz wesentlichen Erfolgsfaktor für die Kanzlei dar. Überzeugte Mandanten sind nachweislich eher bereit, auch für Zusatzleistungen des Anwaltes Geld auszugeben, sie sind weniger preissensibel, d. h. sie sind grundsätzlich bereit, auch ein höheres Honorar zu akzeptieren, und sie garantieren der Kanzlei Aktivreferenzen, also positive Weiterempfehlung. Gerade letzterer Punkt ist für die in hohem Maße vertrauensempfindliche anwaltliche Leistung von besonderer Bedeutung.

Daß überzeugte und wiederkehrende Mandanten darüber hinaus weniger Zeit für Betreuung und Verwaltung in Anspruch nehmen, kann neben den anderen bereits genann-

---

[20] Vgl. Becker 1998, S. 11 und S. 14 ff.
[21] Meyer/Ertl 1998, S. 173.
[22] Exemplarisch: Reichheld/Sasser 1991; Fornell 1992; Garvin 1988; Meyer/Dornach 1998b.

ten Vorteilen, den ein überzeugter Mandant für die Kanzlei bietet, nur ein weiterer, angenehmer Nebeneffekt sein.[23]

Das Verständnis der Kausalität dieser Zusammenhänge ist kritisch für den Erfolg der Implementierung von Kundenorientierung: Kundenorientierung ist kein Luxus, den man sich leisten kann, *wenn* die Kanzlei oder Sozietät bereits Gewinn abwirft, sondern Kundenorientierung *führt zu* einer Erhöhung des Gewinns. Dieser Zusammenhang ist jedoch ein langfristiger, d. h. Maßnahmen zur Erhöhung der Kundenorientierung wirken meist verzögert mittel- bis langfristig. Zwar ist eine Steigerung der Kundenzufriedenheit auch durch taktische Maßnahmen kurzfristig relativ schnell zu erreichen, kurzfristige Gewinnerhöhung sind jedoch unrealistisch – der ökonomische Vorteil des Unternehmens ergibt sich schließlich in erster Linie aus der Langfristigkeit der aus der Kundenzufriedenheit entstandenen vertrauensvollen Geschäftsbeziehung.

Selbstverständlich profitieren auch die Kunden von ihrer Loyalität zum Anbieter. Der Nutzen für den Kunden besteht in einer geringeren „Beschaffungsmühe", d. h. geringeren Informationskosten und geringerem Zeitaufwand bei der Planung und Inanspruchnahme der Leistung. Die langfristige und von hohen Transaktionskosten begleitete Suche nach einem kompetenten Anbieter entfällt, der Kunde weiß bereits, welche Art von Leistung und Betreuung er von „seinem" Anwalt oder „seiner" Kanzlei erwarten kann. Das subjektiv empfundene „Kaufrisiko" des Kunden verringert sich, und die Diskrepanz zwischen den Erwartungen des Kunden und der erhaltenen Leistung nimmt ab.

Es dürfte deutlich geworden sein, daß Kundenorientierung hohe Relevanz für den langfristigen Unternehmenserfolg besitzt. Im folgenden soll daher der Frage nachgegangen werden, wie Kundenorientierung tatsächlich zum strategischen Wettbewerbsvorteil einer Kanzlei oder Sozietät ausgebaut werden kann.

4. Mandantenorientierung als strategischer Wettbewerbsfaktor der Kanzlei

Der Aufbau und die Absicherung von Wettbewerbsvorteilen erscheint – gerade in einem Wettbewerbsfeld, das sich, wie einleitend bereits festgestellt, durch eine steigende Zahl von Anbietern bei stagnierender Nachfrage kennzeichnet – als außerordentlich bedeutsam für die langfristige Sicherung der unternehmerischen Existenz. Ein strategischer Wettbewerbsvorteil liegt nach allgemeiner Auffassung dann vor, wenn ein Anbieter eine

---

[23] Vgl. Meyer 1997, S. 431.

dauerhafte Überlegenheit gegenüber der Konkurrenz in einem für den Kunden *wichtigen* und auch *wahrnehmbaren* Leistungsmerkmal aufweisen kann.[24]

Wenn sich also einige Kanzleien oder Sozietäten aus ihrer Sicht überlegen fühlen (z. B. aufgrund besonders großer Erfahrung in einzelnen Fachgebieten, Spezialausbildungen o. ä.) und dies vielleicht auch objektiv sind, so generiert sich aus dieser Tatsache noch kein Wettbewerbsvorteil, denn entscheidend ist, ob der (potentielle) Mandant diese Überlegenheit auch wahrnimmt. Und selbst wenn der Mandant eine Überlegenheit eines Anbieters wahrnehmen kann, so bleibt doch fraglich, ob diese Überlegenheit für die subjektive Bewertung der Leistung des Anbieters durch den Kunden auch wirklich wichtig ist. Die Dauerhaftigkeit als drittes Merkmal stellt die Bedeutung der langfristigen Einmaligkeit der Überlegenheit gegenüber dem Wettbewerb heraus. Selbst ein für den Kunden wahrnehmbares und wichtiges Leistungsmerkmal, das aber leicht nachahmbar ist, kann nur schwerlich als tatsächlicher Wettbewerbsvorteil bezeichnet werden.

Wie kann also nun eine Kunden- oder Mandantenorientierung als Wettbewerbsvorteil erreicht und dauerhaft verteidigt werden? Einseitig ausgerichtete Maßnahmen, kurzfristiges Denken und zu stark unternehmensfokussierte Ansätze sind wesentliche Hemmnisse bei der Erlangung strategischer Wettbewerbsvorteile. Diese Hemmnisse lassen sich jedoch überwinden, wenn man einige grundsätzlichen Prinzipien beachtet.

4.1 Implementierung der Mandantenorientierung

4.1.1 Durchgängigkeit

Kundenorientierung wird oftmals oberflächlich mit „Freundlichkeit im Kundenkontakt" gleichgesetzt. Dieser Faktor ist zweifellos auch für die meisten Unternehmen von hoher Relevanz. Ergebnisse verschiedener Studien zeigen jedoch, daß sich die anwaltliche Leistung aus Kunden- resp. Mandantensicht aus einer Vielzahl einzelner Leistungsmerkmale zusammensetzt; Freundlichkeit ist nur eines davon.[25]

Für das Management des Wettbewerbsfaktors „Kundenorientierung" ist vor allem die integrative Betrachtung der gesamten Wertschöpfungsaktivitäten in der Beziehung zwischen Mandant und Rechtsanwalt nötig. Nachfolgend abgebildete Wertkette kann einen ersten Überblick über wesentliche Wertschöpfungselemente geben.[26]

---

[24] Siehe etwa Meffert 1998, S. 258 oder Simon 1998, S. 5.
[25] Vgl. Meyer/Dornach 1993 und z. B. von Rosenstiel/Neumann 1999, S. 448 ff.
[26] Vgl. Porter 1989, S. 66 f.

Marketing für Rechtsanwälte - Mandantenorientierung als Erfolgsfaktor

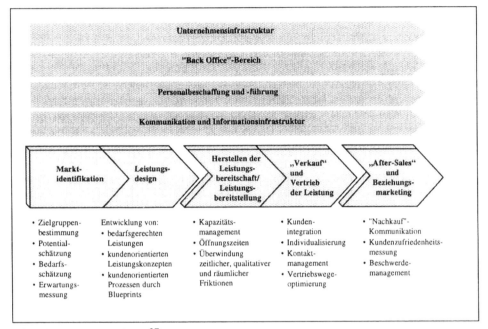

Abbildung 2: Wertkette[27]

Klassische Wertketten lassen sich in primäre und sekundäre Aktivitäten unterteilen. Die primäre Aktivitäten beschäftigen sich mit der Herstellung und Vermarktung der Leistung, sekundäre Aktivitäten haben dagegen die Aufgabe der Sicherung und Unterstützung der primären Aktivitäten. Diese sekundären Aktivitäten stehen also nicht in direktem Bezug zur Leistungserstellung; dennoch tragen sie einen nicht unerheblichen Teil zur Umsetzung von Kundenorientierung bei.

Eine zentrale Rolle kommt dabei vor allem der Unternehmensinfrastruktur, also dem Zusammenspiel von Geschäftsführung, Planung und Organisation, zu.[28] Man darf nicht vergessen, daß auch das sogenannte *back-office* einen wesentlichen Erfolgsbeitrag zur Gesamtzufriedenheit der Mandanten beitragen kann, wenn auch hier Kundenorientierung gelebt wird. Auch ohne direkte Beteiligung an der eigentlichen Erstellung der anwaltlichen Leistung tragen diese organisatorischen Einheiten (also z. B. Sekretariat, Rechtsanwaltsgehilfen o. ä.) aufgrund der ausgeprägten Prozeßdominanz der anwaltlichen Leistung wesentlich zur Zufriedenheit der Mandaten bei, z. B. wenn es gelingt, die Rechnungsstellung ordnungsgemäß und zügig abzuwickeln, elektronische Zugänge zum

---

27 Meyer/Ertl 1998, S. 176, in Anlehnung an Kaplan/Norton 1997, S. 108.
28 Vgl. Fantapié Altobelli/Bouncken 1998.

Unternehmen zu ermöglichen und natürlich auch die anwaltliche Leistung durch schnelle und zuverlässige Informationsversorgung zu unterstützen.

Betrachtet man die Wertkette aus Kundensicht, so wird deutlich, daß die Basis für alle weiteren Tätigkeiten die Identifikation und Erforschung der Bedürfnisse der Mandanten und potentiellen Mandanten sein muß. Ein Beispiel: Die gängige Auffassung von Kundenorientierung gibt vor, daß Kunden (hier: Mandanten) bestimmte Erwartungen an eine Leistung stellen, bei deren Übererfüllung Zufriedenheit und bei deren Untererfüllung Unzufriedenheit entsteht. Die Erforschung der Bedürfnisse und *Erwartungen* der Mandanten stellt somit einen wesentlichen Baustein zur Erreichung von Kundenzufriedenheit und Kundenbindung dar. Selbstverständlich kann und soll, auch unter Ertragsgesichtspunkten, nicht jeder Mandant völlig zufriedengestellt und an den Anbieter gebunden werden. Es bietet sich daher an, in einem vorgelagerten Schritt verschiedene Marktsegmente und Kundengruppen hinsichtlich ihrer (ökonomischen und außer-ökonomischen) Attraktivität zu beurteilen.

Eine möglichst genaue Segmentierung des Marktes, also die Unterteilung der (potentiellen) Zielgruppen in hinsichtlich ihrer Erwartungen möglichst homogene und auch ökonomisch tragfähige Gruppen, ist also ein weiterer wichtiger Schritt in Richtung Erwartungserfüllung. Die so gefundenen Gruppen können mit unterschiedlicher Intensität bearbeitet werden, was zusätzliches Potential für eine kundenorientierte Marktbearbeitung und intensive Ausschöpfung verfügbarer Arbeitskraft bedeutet. Eine undifferenzierte Marktbearbeitung hingegen kann – gerade bei zu einseitiger Konzentration auf Kundenzufriedenheit – sich in einer erheblichen Fehlallokation von personellen, sachlichen und auch finanziellen Ressourcen niederschlagen.

Bei der Entwicklung kundenorientierter Lösungen sollte auf Informationen seitens der Kunden keinesfalls verzichtet werden – eine kundenorientierte Planung von Leistungen umfaßt immer die Berücksichtigung der Leistungspotentiale von Anwalt *und* Kunde. Schließlich beeinflußt der Kunde das Ergebnis der anwaltlichen Leistung zumeist nicht unwesentlich durch seine Bereitschaft, zum einen seine Bedürfnisse und Erwartungen zu offenbaren, und zum anderen auch die zur Erbringung der anwaltlichen Leistung dringend benötigten Informationen zur Verfügung zu stellen.

Trotz der dadurch immensen Bedeutung der konkreten Interaktion zwischen Anwalt und Mandant darf aber nicht vergessen werden, daß auch andere Leistungsbestandteile außerhalb dieses direkten Kontaktes die anwaltliche Leistung bestimmen (z. B. Pünktlichkeit, Zuverlässigkeit, Vertrauen) und entsprechend kundenorientierter Planung bedürfen.

Durchgängigkeit in der Kundenorientierung kann nur erreicht werden, wenn alle Mitarbeiter der Kanzlei hinsichtlich der Zusammenhängen von Kundenorientierung, -zufriedenheit, -bindung und wirtschaftlichem Erfolg in ausreichendem Maße sensibilisiert sind. Damit also in primären wie in sekundären Prozessen kundenorientiert agiert werden kann, ist es unabdingbar, daß Kundenorientierung durch die Geschäftsführung vorgelebt, gefördert und durch geeignete organisatorische Maßnahmen auch unterstützt wird.

4.1.2 Einbeziehung interner Kunden

Bei der Suche nach Gründen für mangelnde Kundenzufriedenheit in verschiedensten Branchen fällt auf, daß diese nicht alleine in der Beziehung zwischen Kunde und Anbieter zu finden sind. Häufig findet die Unzufriedenheit ihren Ursprung in einer mangelnden *internen* Servicequalität beim Anbieter. Der Zusammenhang zwischen interner und externer Kundenorientierung und deren Bedeutung bei der Realisierung strategischer Wettbewerbsvorteile wurde bereits in mehreren Studien auch empirisch belegt.[29]

Mitarbeiter, die mit ihren Arbeitsbedingungen und der internen Servicequalität zufrieden sind, können auch eher ein hohes Serviceniveau gegenüber dem externen Kunden gewährleisten. Weil die Qualität der am Kunden erbrachten Leistung darüber hinaus natürlich in hohem Maße von der Leistungsfähigkeit und der Leistungsbereitschaft der Mitarbeiter abhängt, müssen kundenorientierte Anbieter verstärkt Sorge für die Sicherstellung und Förderung dieser Faktoren tragen.[30] Dies gilt in besonderem Maße für Leistungen die größtenteils im direkten Kundenkontakt erstellt werden, also auch für anwaltliche Dienstleistungen, die ja auch außerhalb der direkten Konsultation eines engen Kontaktes zwischen Mandant und Mitarbeitern bedürfen.[31]

Die folgende Abbildung soll den Zusammenhang zwischen interner und externer Kundenorientierung und deren Bedeutung für den Aufbau strategischer Wettbewerbsvorteile verdeutlichen. Der Zusammenhang zwischen interner und externer Kundenorientierung ist hier nicht nur einseitig wirksam zu verstehen: Hohe externe Kundenzufriedenheit wirkt durchaus auch motivationssteigernd auf die Mitarbeiter und erhöht deren Zufriedenheit und Leistungsbereitschaft – vor allem, wenn die Kunden ihrer Zufriedenheit in Form eines Dankes oder Lobes Ausdruck verleihen, oder wenn an die Kundenzufriedenheit Incentives materieller oder immaterieller Art von Seiten der Geschäftsführung gekoppelt sind.[32]

---

[29] Vgl. etwa Heskett/Sasser/Schlesinger 1997; Neuhaus 1996. Siehe hierzu auch: Meyer/Oppermann 1998 und Bruhn 1999.

[30] Zum Themenbereich des Qualitätsmanagements in der Anwaltskanzlei siehe auch Vorbrugg/Brüning/Eichler 1997 oder Blümel/Diem/Hocke 1998.

[31] Vgl. Bruhn 1999, S. 491.

[32] Vgl. Meyer/Oppermann 1998, S. 1003 ff.

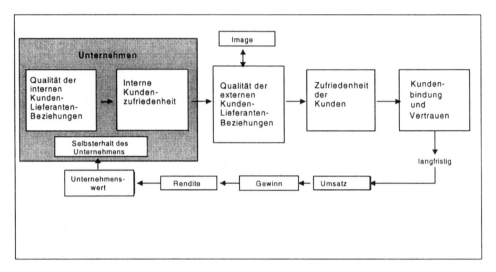

Abbildung 3:   Bedeutung interner Kundenorientierung für den Aufbau strategischer Wettbewerbsvorteile[33]

4.1.3 Dauerhaftigkeit

Kundenorientierung stellt – wie bereits oben erwähnt – kein kurzfristig lösbares Problem dar, sondern ist eine Daueraufgabe. Eine Erhöhung von Kundenorientierung ist dementsprechend nicht durch einzelne Aktionen („Das Jahr des Kunden") oder isolierte Qualitätsverbesserungs- oder Kundenbindungsmaßnahmen zu erreichen. Solche Aktionen beeinflussen nur das Erwartungsniveau der Kunden, nicht jedoch die tatsächlich erbrachte Leistung, was die Diskrepanz zwischen erwarteter und wahrgenommener Leistung aus Sicht des Kunden oft nur noch vergrößert. Besser ist es, sich an der gesamten Kundenbeziehung – vom ersten Kontakt an – zu orientieren. Kundenorientierung bedeutet damit auch, sich in Gedächtnis zu rufen, in welcher Phase des Kundenlebenszyklus der Kunde sich befindet. In einer ersten groben Annäherung läßt sich die Beziehung zwischen Anwalt und Mandant in zwei Phasen einteilen: die Phase der Kundenakquisition und die Phase der Kundenbindung (vgl. Abbildung 4).

---

[33] Abbildung in Anlehnung an: Heskett et al. 1994, S. 166; Neuhaus 1996, S. 60.

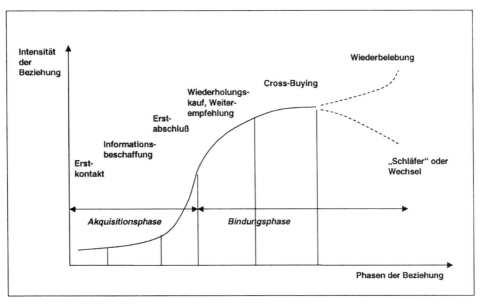

Abbildung 4: Kundenorientierung in allen Phasen der Geschäftsbeziehung[34]

Damit eine Kanzlei neue Mandanten gewinnen kann, müssen die potentiellen Nachfrager der anwaltlichen Leistung zunächst von der Überlegenheit des Angebots erfahren. Aufgrund der Besonderheiten der anwaltlichen Leistung (z. B. Vertrauensempfindlichkeit, Immaterialität, Komplexität) scheint es hier besonders angebracht, die persönliche Weiterempfehlung durch bereits zufriedengestellten Mandanten auch in der *Akquisitionsphase* zu nutzen.[35]

Die Entscheidung für einen Anwalt, eine Kanzlei oder eine Sozietät birgt – zumindest für Privatkunden – hohes Involvement, d. h. die Entscheidung ist von hoher subjektiver Wichtigkeit für den Kunden bei gleichzeitig hohem subjektiv wahrgenommenen Risiko finanzieller, sozialer, psychologischer oder gesundheitlicher Art.[36] Problematisch scheint vor allem die bereits erwähnte nur begrenzte Reversibilität der anwaltlichen Leistung – d. h. die Entscheidung des Kunden für den – im Nachhinein – „falschen" Anwalt kann erhebliche Folgen haben. Entsprechend unterscheidet sich das Informationsverhalten der Kunden im Vorfeld einer solchen Entscheidung stark vom Informationsverhalten bei „normalen", alltäglichen Kaufentscheidungen.

---

[34] Vgl. Meyer/Dornach 1998b, S. 27.
[35] Vgl. hierzu auch Meyer/Fiala 1999.
[36] Vgl. Kroeber-Riel/Weinberg 1996, S. 92; Meffert 1998, S. 107.

Es kann davon ausgegangen werden, daß in derartigen Entscheidungssituationen einer persönlichen Empfehlung von Freunden, Verwandten oder Bekannten mehr Gewicht zugemessen wird, als einer „professionellen" Kommunikation. Die zur Entscheidung benötigten Informationen werden verstärkt aus dem persönlichen Umfeld bezogen. An dieser Stelle soll deshalb nochmals an den bereits aufgezeigten positiven Zusammenhang von Zufriedenheit und Bereitschaft zur Weiterempfehlung erinnert werden. Auch die Reputation eines Anwalts kann helfen, Informationsasymmetrien zwischen Mandant und Unternehmen abzubauen.

In der Phase des Erstabschlusses, also beim erstmaligen geschäftlichen Kontakt zwischen Mandant und Anwalt, sind in erster Linie kundenindividuelle Analysen notwendig. An erster Stelle steht hierbei selbstverständlich die individuelle Problemstellung beim Mandanten mit der Frage nach dem konkreten Ziel der anwaltlichen Leistung. Nur mit der Analyse von Lebenssituation, konkreter Problemstellung und Zielsetzung auf Seiten des Mandanten ist eine individuelle Problemlösung möglich.

Schwerwiegende Defizite in der Kundenorientierung werden aber meist erst in der *Phase der Kundenbindung* deutlich, denn mit zunehmendem zeitlichen Abstand zum letzten Kontakt gewinnt der Beziehungsaufbau zwischen Mandant und Anwalt an Relevanz.

In jeder Branche existiert eine gewisse Anzahl unzufriedener Kunden; daher verdient das Beschwerdemanagement auch im Bereich der freien Berufe ein besonderes Augenmerk.[37] Beschwerden enthalten stets wichtige Informationen darüber, welche Probleme vom Kunden wahrgenommen werden – sie sollten daher als aktive und unverfälschte Verbesserungsvorschläge von Seiten der Kunden aufgefaßt werden, und nicht etwa als persönliche Beleidigung. Beschwerden, so sollte man sich vor Augen halten, beinhalten ein gewaltiges Potential für Verbesserungen und Leistungsinnovationen.[38]

Verbesserungen, die aufgrund von Anregungen der Mandanten vorgenommen wurden, können aktiv kommuniziert werden und verbessern die Beziehungszufriedenheit zusätzlich. So läßt sich etwa nachweisen, daß die Globalzufriedenheit von Beschwerdeführern, die mit der Reaktion auf ihre Beschwerde vollkommen zufrieden waren, höher ist als von solchen Kunden, die überhaupt keine Beschwerde hatten. Erfahrungsgemäß beschwert sich allerdings nur ein geringer Teil der unzufriedenen Kunden; der weit größere Teil unzufriedener Kunden wählt die passive Alternative des schweigenden Wechsels zu einem anderen Anbieter.[39] Um so wichtiger ist es, aus den Anregungen der Kunden zu lernen, die sich tatsächlich beschweren.

Darüber hinaus sind zur Aufdeckung und Vermeidung eines „stillen Wechsels" geeignete Frühindikatoren zu entwickeln, die es ermöglichen, abwanderungsgefährdete Mandanten frühzeitig zu erkennen und – bei ökonomischer Attraktivität des Mandanten und

---

[37] Siehe hierzu auch Stauss 1999.
[38] Vgl. etwa Stauss 1998, S. 216 f.
[39] Vgl. Andreasen 1985, S. 140.

Bekanntheit der Ursache für die Wechselabsicht – durch geeignete Maßnahmen an die eigenen Kanzlei zu binden. Verläßt der Mandant die Kanzlei dennoch, so kann doch wenigstens versucht werden, durch entsprechende Kommunikationsmaßnahmen (etwa mittels eines sog. „letter of regret") ein negatives Weiterempfehlungsverhalten des Mandanten zu vermeiden, und den ausschlaggebenden Grund zum Anbieterwechsel als Ansatzpunkt zur Verbesserung der Servicequalität zu betrachten. Auf diese Weise läßt sich verhindern, daß noch weitere Mandanten aus den gleichen Gründen den Anwalt wechseln.[40]

4.1.4 Wechsel des Blickwinkels

Wie bereits mehrfach angedeutet, bedeutet Kundenorientierung nicht zuletzt, die Perspektive des Mandanten einzunehmen; den Anwalt oder die Kanzlei und die erbrachten Leistungen mit den Augen des Kunden zu sehen. Eine ganz zentrale Frage im Bereich der Kundenorientierung lautet deshalb: wie nehmen Mandanten Qualität wahr?

Die anwaltliche Leistung weist einige Charakteristika eines Kontraktgutes auf, z. B. ist der Anteil sogenannter Sucheigenschaften[41] – also Eigenschaften, die von vornherein eine Qualitätseinschätzung durch den Mandanten erlauben – relativ gering.[42] Ersatzindikatoren wie die Reputation eines Anwaltes oder einer Kanzlei, das Kanzleiumfeld oder ein gut organisierter Kanzleiablauf spielen somit eine große Rolle für die Qualitätswahrnehmung und Erwartungsbildung beim Mandanten.[43] Andererseits ist auch der Anteil an Erfahrungseigenschaften (z. B. Freundlichkeit, Erreichbarkeit) und Vertrauenseigenschaften (Motivation der Mitarbeiter, Wahrung des Stillschweigens) relativ hoch.

Die Entstehung von Zufriedenheit kann nun durch zwei Steuergrößen beeinflußt werden: einerseits durch die Beeinflussung der Erwartungen bereits im Vorfeld der Leistungserbringung, zum anderen aber auch durch die erbrachte Leistung selbst.

Aus Sicht der Anbieter herrschen oft Mißverständnisse darüber, welche Leistungsbestandteile für den Kunden wichtig sind, und welche nicht. Häufig unterstellen Anbieter den Nachfragern eine Präferenz der eher „technischen" Merkmale wie Fachwissen und Kompetenz der Mitarbeiter, Ausstattung oder Erreichbarkeit der Kanzlei. Tatsache ist

---

[40] Vgl. hierzu auch Reichheld/Sasser 1991.
[41] Zur Unterscheidung sog. „search qualities", „experience qualities" und „credence qualities" siehe Nelson 1970 und Darby/Karni 1973.
[42] Zwar sind einige „Qualitätsfaktoren" der anwaltlichen Leistung gesetzlich garantiert (z. B. durch die Verschwiegenheitspflicht, das Verbot der Wahrnehmung widerstreitender Interessen, die Gebührenordnung und die Berufs- und Standespflichten); dies ist jedoch den meisten Mandanten weder bekannt noch bewußt. Vgl. hierzu Winters 1990, S. 96.
[43] Vgl. Meyer 1989, S. 242.

jedoch, daß den Mandanten häufig die Kompetenz (und auch die Vergleichsmöglichkeit) fehlt, eine solche technisch-fachliche Qualität der Kernleistung wirklich zu beurteilen.[44]

Ähnlich wie bei anderen Dienstleistungen auch nutzen die Mandanten häufig sog. „weiche" Merkmale als „Ersatzindikatoren" für die per se schwer zu beurteilende anwaltliche Leistung. Alles Sichtbare, Hörbare, Fühlbare im Umfeld dieser Leistung wird mit zur Beurteilung herangezogen und geht in die Gesamtzufriedenheit der Kunden mit ein. Solche Ersatzsignale können sein:[45]

- Das Verhalten des Anwaltes gegenüber dem Mandanten.
- Eine vertrauensvolle Atmosphäre in der Beratung, Ungestörtheit im Beratungsgespräch.
- Freundliche und verbindliche Kommunikation, Kooperatives und entgegenkommendes Verhalten der Mitarbeiter.
- Ein gut organisiertes Kanzleiablauf.
- Eine verständliche und mandantengerechte mündliche und schriftliche Information.
- Eine ansprechende Gestaltung der Kanzlei – der Kunde soll sich willkommen und gut aufgehoben fühlen.

Anwalt und Mandant (als fachlicher Laie) werden die Leistung eines Anwaltes oder einer Kanzlei dabei nach durchaus unterschiedlichen Maßstäben beurteilen. Es ist nicht ungewöhnlich, daß bei der Beurteilung der Gesamtleistung durch die Kunden die „weichen" und oftmals subjektiven Faktoren, wie in den obigen Beispielen genannt, einen höheren Stellenwert einnehmen, als die „harten", technischen, objektiven Leistungsmerkmale. Abbildung 5 zeigt beispielhaft einige Merkmale der Qualitätswahrnehmung durch den Kunden.

---

[44] Vgl. Meyer 1988, S. 348.
[45] Vgl. ebenda.

Wovon hängt die wahrgenommene Qualität der anwaltlichen Leistung ab?
• Einhalten von Terminzusagen, Verläßlichkeit
• Höflichkeit/Freundlichkeit der Mitarbeiter
• Verständlichkeit der Angebote und der schriftlichen Unterlagen
• Angebot von Alternativen
• Schnelligkeit der Reaktion, Flexibilität
• Glaubwürdigkeit und Vertrauen
• Motivation der Mitarbeiter
• Materielles Umfeld (Atmosphäre)
• Nutzen für den Mandanten und Erfolg
• Preis-Leistungs-Verhältnis
• Individualität der an angebotenen Leistung
• Erreichbarkeit des Anwaltes/der Kanzlei
• Wartezeiten
• Verhalten bei Beschwerden
• Fachkompetenz der Mitarbeiter
• Etc.

Abbildung 5: Ausgewählte Einflußfaktoren auf die Qualitätswahrnehmung des Kunden

4.2 Kontrolle der Kundenorientierung

Es liegt auf der Hand, daß eine abschließende *objektive* Beurteilung der Qualität und der Kundenorientierung der vom Anwalt oder der Kanzlei erbrachten Leistung schwerlich möglich ist, denn die Wahrnehmung und Beurteilung der vom Anwalt erbrachten Leistung erfolgt durch den Mandanten.

Wie diese Beurteilung ausfällt, ist – wie bereits ausgeführt – von verschiedenen Faktoren abhängig: z. B. von den Erwartungen des Mandanten, früheren Erfahrungen des Mandanten mit dieser oder anderen Kanzleien, aber natürlich auch vom konkreten Problemlösungspotential der aktuell zu beurteilenden anwaltlichen Leistung – entsprechend subjektiv ist die Beurteilung gefärbt.

Anzumerken bleibt weiterhin, daß Kunden Qualitätserlebnisse tendenziell episodenhaft und ereignisorientiert verarbeiten. Es sind die besonders positiven oder negativen Ereignisse, die gut im Gedächtnis haften bleiben und das Gesamtbild des Anbieters beim Mandanten entscheidend prägen. Qualitative und offene Fragestellungen bei der Erfassung der Kundenzufriedenheit erlauben daher oft tiefere Einsichten in die Erlebenswelt, als standardisierte Befragungsmethoden. Darüber hinaus ist es unabdingbar, nicht nur die Zufriedenheit der Mandanten mit einzelnen Leistungsmerkmalen zu erfassen, sondern auch die Relevanz der einzelnen Leistungsmerkmale für den Mandanten. Daraus kann eine Handlungsrelevanz-Matrix erstellt werden, aus der nun strategische Ansatzpunkte für das Bemühen um eine Verbesserung der Kundenzufriedenheit ersichtlich werden.

5. Literatur

Andreasen, A. (1985): Consumer Response to Dissatisfaction in Loose Monopolies, in: Journal of Consumer Research, Vol.12, September, S. 135-141.

Becker, J. (1998): Marketing-Konzeption. Grundlagen des strategischen und operativen Marketing-Managements, 6. Aufl., München.

Blümel, P./Diem, F./Hocke, U. (1998): Qualitätsmanagement und Zertifizierung – Leitfaden für Rechtsanwälte, Köln.

Bruhn, M. (1999): Internes Marketing, in: Marketing und Management, Handbuch für Rechtsanwälte, hrsg. von Wolfgang Hartung und Volker Römermann, München, S. 489-506.

Bundesverfassungsgericht (1993): Anwaltsblatt.

Darby, M. R./Karni, E. (1973): Free Competition and the Optimal Amount of Fraud, in: Journal of Law and Economics, Vol. 16, S. 67-88.

Dornach, F. (1998): Rigorose Kundenorientierung als kontinuierlicher Prozeß, in: Handbuch Dienstleistungs-Marketing, hrsg. v. Anton Meyer, Stuttgart, S. 455-465.

Fantapié Altobelli, C./Bouncken, R. B. (1998): Wertkettenanalyse von Dienstleistungs-Anbietern, in: Handbuch Dienstleistungs-Marketing, hrsg. v. Anton Meyer, Stuttgart, S. 282-296.

Fornell, C. (1992): A National Customer Satisfaction Barometer – The Swedish Experience, in: Journal of Marketing Vol. 56, Januar, S. 6-21.

Garvin, D. A. (1988): Managing Quality. The Strategic and Competitive Edge, New York, London.

Heskett, J. L./Jones, T. O./Loveman, G. W./Sasser, E. W./ Schlesinger, L. A. (1994): Putting the Service Profit Chain to Work, in: Harvard Business Review, March/April, S. 164-174.

Heskett, J. L./Sasser, E. W./Schlesinger, L. A. (1997): The Service Profit Chain. How leading Companies Link Profit and Growth to Loyalty, Satisfaction and Value, New York et al.

Hocke, U. (1989): Werbung für anwaltliche Dienstleistungen, Essen.

Homburg, C./Faßnacht, M. (1998): Kundennähe, Kundenzufriedenheit und Kundenbindung bei Dienstleistungsunternehmen, in: Handbuch Dienstleistungsmanagement, hrsg. v. Manfred Bruhn und Heribert Meffert, Wiesbaden, S. 405-428.

Homburg, C./Giering, A./ Hentschel, F. (1998): Der Zusammenhang zwischen Kundenorientierung und Kundenbindung, in: Handbuch Kundenbindungsmanagement, hrsg. v. Manfred Bruhn und Christian Homburg, Wiesbaden, S. 81-112.

Kaplan, R. S./Norton, D. P. (1997): Balanced Score Card, Stuttgart.

Koch, L. (1999): Einleitung, in: Handbuch für Rechtsanwälte, hrsg. von Wolfgang Hartung und Volker Römermann, München, S. 1-18.

Kotler, P./Bliemel, F. (1995): Marketing Management. Analyse, Planung, Konzeption und Steuerung, 8. Aufl., Stuttgart.

Kroeber-Riel, W./Weinberg, P. (1996): Konsumentenverhalten, 6. Auflage, München.

Meffert, H. (1998): Marketing. Grundlagen marktorientierter Unternehmensführung, 8. Auflage, Wiesbaden.

Meyer, A. (1988): Anwaltswerbung und Öffentlichkeitsarbeit in Deutschland – Möglichkeiten und Grenzen im Rahmen des Marketing von Anwälten, in: AnwBl 6, S. 347-351.

Meyer, A. (1989): Freie Berufe und Betriebswirtschaft: Probleme, Lösungsansätze, empirische Erkenntnisse, Augsburg.

Meyer, A. (1997): Qualität anwaltlicher Dienstleistungen – Mandantensicht, Instrumentarien, in: AnwBl 8+9, S. 431-435.

Meyer, A./Dornach, F. (1993): Das Deutsche Kundenbarometer 1993 – Qualität und Zufriedenheit: Eine Studie zur Kundenzufriedenheit in der Bundesrepublik Deutschland, hrsg. v. der Deutschen Marketing-Vereinigung e. V. und Deutsche Bundespost Postdienst, Düsseldorf und Bonn.

Meyer, A. (1994): Abschied vom Marketing-Mix und Ressortdenken?, in: absatzwirtschaft, Heft 9, S. 94-101 und Heft 10, S. 102-106.

Meyer, A./Dornach, F. (1998a): Branchenübergreifendes Benchmarking für Dienstleistungsanbieter aus Kundensicht – Das Beispiel „Das Deutsche Kundenbarometer –

Qualität und Zufriedenheit", in: Handbuch Dienstleistungs-Marketing, hrsg. v. Anton Meyer, Stuttgart, S. 247-262.

Meyer, A./Dornach, F. (1998b): Das Deutsche Kundenbarometer 1998 – Qualität und Zufriedenheit: Jahrbuch der Kundenzufriedenheit in Deutschland 1998, hrsg. v. Deutschen Marketing-Verband und der Deutschen Post AG, München.

Meyer, A./Dornach, F. (1999): Kundenmonitor Deutschland – Qualität und Kundenorientierung: Jahrbuch der Kundenorientierung in Deutschland 1999 (gefördert von Deutsche Post und Deutsche Bahn), München, ServiceBarometer AG.

Meyer, A./Ertl, R. (1998): Kundenorientierung als Wettbewerbsvorteil, in: Handbuch Privatkundengeschäft, hrsg. v. O. Betsch, E. van Hooven und G. Krupp, Frankfurt, S. 171-188.

Meyer, A. /Fiala, B. (1999): Bedeutung und Gestaltungsbereiche der Kommunikationspolitik bei anwaltlichen Dienstleistungen, in: Marketing und Management, Handbuch für Rechtsanwälte, hrsg. von Wolfgang Hartung und Volker Römermann, München, S. 831-852.

Meyer, A./Oevermann, D. (1995): Kundenbindung, in: Handwörterbuch des Marketing, hrsg. v. Bruno Tietz, Richard Köhler und Joachim Zentes, 2. Aufl., Stuttgart, Sp. 1340-1351.

Meyer, A./Oppermann K. (1998): Bedeutung und Gestaltung des Internen Marketing, in: Handbuch Dienstleistungs-Marketing, hrsg. von Anton Meyer, Stuttgart, S. 991-1009.

Meyer, A./Oppermann K. (1999): Mandantenorientierung, in: Marketing und Management, Handbuch für Rechtsanwälte, hrsg. von Wolfgang Hartung und Volker Römermann, München, S. 473-487.

Nelson, P. (1970): Information and Consumer Behaviour, in: Journal of Political Economy, Vol. 78, S. 311-329.

Neuhaus, P. (1996): Interne Kunden-Lieferanten-Beziehungen, Wiesbaden.

Pluta, M. (1998): Marketing für Rechtsanwälte, in: Handbuch Dienstleistungsmarketing, hrsg. von Meyer, A., Stuttgart, S. 1847-1852.

Porter, M. E. (1989): Wettbewerbsvorteile (Competitive Advantage) - Spitzenleistungen erreichen und behaupten, Frankfurt a. M., New York.

Reichheld, F./Sasser, E. W. (1991): Zero-Migration: Dienstleister im Sog der Qualitätsrevolution, in: Harvard Manager 4, S. 108-116.

Römermann, V. (1997): Besondere Berufspflichten in Zusammenhang mit der Werbung, in: Hartung, W./ Holl, T.: Anwaltliche Berufsordung, München, S. 186-360.

Rosenstiel, L. von/Neumann, P. (1999): Psychologische Grundlagen anwaltlicher Dienstleistung, in: Marketing und Management, Handbuch für Rechtsanwälte, hrsg. von Wolfgang Hartung und Volker Römermann, München, S. 439-457.

Schiefer, W./Hocke, U. (1996): Marketing für Rechtsanwälte, 2. Auflage, Bonn.

Simon, H. (1998): Schaffung und Verteidigung von Wettbewerbsvorteilen, in: Wettbewerbsvorteile und Wettbewerbsfähigkeit, hrsg. von Hermann Simon, Stuttgart, S. 1-17.

Stauss, B. (1998): Kundenbindung durch Beschwerdemanagement, in: Handbuch Kundenbindungsmanagement, hrsg. von Manfred Bruhn und Christian Homburg, Wiesbaden, S. 213-235.

Stauss, B. (1999): Beschwerdemanagement, in: Marketing und Management, Handbuch für Rechtsanwälte, hrsg. von Wolfgang Hartung und Volker Römermann, München, S. 1007-1028.

Vorbrugg, G./Brüning, M./Eichler, H. (1997): TQM. Qualitätsmanagement in der Anwaltskanzlei, Bonn.

Winters, K. P. (1990): Der Rechtsanwaltsmarkt: Chancen, Risiken und zukünftige Entwicklungen, Köln.

Thorsten Posselt und Bettina Türk

Marketing für Werbeagenturen

1. Die Werbebranche
2. Die Wettbewerbssituation
    2.1 Grundlagen der Wettbewerbsanalyse nach Porter
    2.2 Rivalität unter den etablierten Networkagenturen
    2.3 Bedrohung durch Newcomeragenturen
    2.4 Bedrohung durch Unternehmensberatungen
    2.5 Verhandlungsmacht der werbungtreibenden Wirtschaft
    2.6 Verhandlungsmacht der Werbungdurchführenden bzw. Werbemittelhersteller
3. Das Marketing von Networkagenturen
    3.1 Der Auswahlprozess der Auftraggeber
    3.2 Das Marketing-Mix
        3.2.1 Die Produktpolitik
        3.2.2 Die Kommunikationspolitik
        3.2.3 Die Preispolitik
    3.3 Der Internetauftritt als Beispiel für die Eigenwerbung deutscher Networkagenturen
4. Literatur

1. Die Werbebranche

Eine zielgerichtete Markt- bzw. Unternehmenskommunikation gehört in einer Zeit starken Wettbewerbs zu den entscheidenden Erfolgsfaktoren eines Unternehmens. Im Rahmen der Kommunikationspolitik gewinnt die Marketingdisziplin „Werbung" insbesondere bei der Positionierung von Produktinnovationen an Relevanz.[1] Ihre Aufgabe besteht in erster Linie darin, die Verbraucher von der Leistungsfähigkeit sowie dem zusätzlichen Nutzen bereits etablierter sowie neuer Produkte zu überzeugen. Für die Realisierung einer effizienten Marktkommunikation wird der Einsatz von Experten notwendig, die in Werbe- bzw. Kommunikationsagenturen tätig sind.

Werbeinvestitionen in Deutschland
nominal/Milliarden DM/gerundet

Investitionen in Werbung	Deutschland Gesamtergebnisse				*Prognose*
	1949	1996	1997	1998	*1999*
Gesamt: Honorare, Werbemittelproduktion, Medien	0,43	54,9 +2,4%	56,6 +3,1%	59,3 +4,8%	*62,3 +5,1%*
davon Einnahmen Werbeträger	0,26	56,6 +2,6%	38,7 +3,7%	41,1 +6,4%	*43,6 +6,1%*

Tabelle 1: Werbeinvestitionen in Deutschland
Quelle: ZAW, Werbung in Deutschland, Bonn 1999, S. 9.

Die oben stehende Tabelle zeigt die langfristige Entwicklung der Werbeausgaben in Deutschland. Für das Jahr 1998 wurden Ausgaben in einer Höhe von circa 60 Milliarden DM getätigt. Diese Summe teilte sich in 18,2 Milliarden DM für Honorare, Gehälter und Werbemittelproduktion (z. B. Herstellung von Plakaten, Anzeigen oder Fernsehspots) einerseits und 41,1 Milliarden DM für die Medien als Gegenleistung des Werbemittel-

---

[1] Vgl. Nickel (1999), S. 18.

transports andererseits auf. Seit mehreren Jahrzehnten beträgt der Anteil der Werbeinvestitionen am BIP (Bruttoinlandsprodukt) rund 1,6 Prozent.[2]

Ein weiterer Hinweis auf die volkswirtschaftliche Relevanz der Werbebranche ist die Anzahl der dort angestellten Arbeitnehmer. Die folgende Übersicht zeigt den Arbeitsmarkt Werbung als einen hochspezialisierten Tätigkeitsbereich mit gegenwärtig 363 000 Beschäftigten.[3] Dies entspricht einem Anteil von rund einem Prozent aller Erwerbstätigen in Deutschland. Ein großer Teil davon (circa 180 000 Arbeitsplätze) ist in den Kernbereichen des Werbegeschäfts tätig, den Werbeagenturen, werbungtreibenden Firmen und Medien. Weitere 183 000 Beschäftigte arbeiten in den Betrieben der Zulieferindustrie, wie z. B. Druckereien oder werbemittelproduzierende Unternehmen.

Beschäftigte in der Werbewirtschaft 1999	
Kernbereiche des Werbegeschäfts	
Werbegestaltung	
Werbefachleute bei Werbeagenturen, Grafikateliers, Schauwerbern, Werbefotografen, Film- und Lichtwerbung	130 000
Auftraggeber von Werbung	
Werbefachleute in Werbeabteilungen der nachfragenden Unternehmen (Hersteller, Dienstleister, Handel)	37 000
Werbemittelverbreitung	
Werbefachleute bei Verlagen, Funkmedien, etc.	13 000
Korrespondierende Bereiche	
Zulieferbetriebe	
Von Aufträgen der Werbewirtschaft abhängige Arbeitsplätze beispielsweise in der Papierwirtschaft und der Druckindustrie	183 000
Gesamt	**363 000**

Tabelle 2: Beschäftigte in der Werbewirtschaft 1999
Quelle: ZAW, Werbung in Deutschland, Bonn 1999, S. 101.

In Deutschland liegen aktuelle Schätzungen vor, welche die Anzahl der existierenden Agenturen auf rund 3 000 beziffern.[4] Die wichtigsten Wettbewerber der Branche sind die sogenannten Networkagenturen. Es handelt sich hierbei um große internationale Werbedienstleister, welche unter dem Stichwort der „ganzheitlich integrierten Kommunikati-

---

[2] Vgl. ZAW (1999), S. 9.
[3] Vgl. ZAW (1999), S. 97.
[4] Es handelt sich hierbei nicht um Zählungen, da der Begriff „Werbeagentur" nicht rechtlich geschützt ist. Vgl. hierzu Bristot (1995), S. 22.

on"⁵ eine breite Palette von Dienstleistungen im Rahmen eines Netzwerks von eigenen selbständigen Spezialagenturen (wie z. B. Direktmarketing- oder Sponsoringagenturen) anbieten. In der Regel nehmen sie die Ausprägung einer sogenannten Full Service-Agentur an, die neben der Entwicklung einer klassischen Werbe- und Kommunikationsstrategie und deren kreativen Umsetzung auch die Mediaplanung bzw. -abwicklung realisiert.⁶ Die sogenannten „Networks" entstanden in den 70er Jahren im Wesentlichen aufgrund einer „follow the customer"- Philosophie, die auf der Idee basiert, dass Werbeagenturen ihre verstärkt international tätigen Kunden begleiten müssen, um deren Bedürfnisse weiterhin auch weltweit befriedigen und damit Synergieeffekte in der Kommunikation realisieren zu können. Die Größe eines Werbedienstleisters kann an den Parametern Umsatz („Billings"⁷) und Rohertrag („Gross Income"⁸) sowie an der Mitarbeiterzahl gemessen werden. Üblicherweise sind die Billings und das Gross-Income die entscheidenden Kriterien für die Einordnung der Agenturen in die Toplisten. Tabelle 3 gibt einen Überblick über die Umsätze der zehn größten Networkagenturen in Deutschland:⁹

Die meisten deutschen Networkagenturen sind seit den 80er Jahren unter dem Dach einer internationalen Holding angesiedelt, deren Funktion sich jedoch auf die finanztechnische Konstruktion beschränkt. Im Markt konkurrieren beispielsweise Agenturgruppen wie BBDO, TBWA und DDB Needham miteinander, obgleich sie alle der Omnicom-Holding zuzurechnen sind. Das Konzept der Mehr-Agentur-Holding soll zusätzlich die Kundenkonfliktproblematik (durch die sogenannte „Konkurrenzausschlussklausel"¹⁰) und die damit verbundene Wachstumsbeschränkung einer einzelnen Werbeagentur vermeiden.¹¹ Über mehrere in Konkurrenz stehende, operativ streng getrennte Tochtergesellschaften können im Allgemeinen Werbebudgets konkurrierender Kunden betreut werden.

---

5   Unter diesem Schlagwort ist die „optimale Abstimmung aller kommunikativen Maßnahmen auf ein einheitliches Marketing sowie die Verzahnung der einzelnen Disziplinen ineinander" zu verstehen. Drosten (1999), S. 95.
6   Vgl. Dahlhoff (1989), S. 517; sowie Dahlhoff (1993).
7   Die Billings (oder auch „equivalent billings") sind die Bruttoumsätze der Agentur. Sie stellen die Summe aller Rechnungen (daher Billings) der Agentur an ihre Kunden dar. Vgl. Bristot (1995), S. 24.
8   Das Gross-Income ist der Nettoumsatz der Agentur (die Billingbestandteile Provisionen, Honorare und sonstige Erlöse, also die Summe aller Gelder, welche die Agentur für ihre eigenen Leistungen von den Kunden erhält. Vgl. Bristot (1995), S. 25.
9   Mit einem Bruttoumsatz, der größer ist als 100 Millionen DM, gehören sie entsprechend der Typologie von Bristot zu den großen Agenturen. Vgl. Bristot (1995), S. 24.
10 Manche Kunden verlangen, dass die mit der Kampagne beschäftigten Mitarbeiter oder sogar die gesamte Agentur nicht für Konkurrenzunternehmen tätig werden dürfen, um die eigene Interna zu schützen. Vgl. Schade (1995), S. 176, der zeigt, dass das gleiche Problem bei Unternehmensberatungen besteht und auf die gleiche Weise gelöst wird.
11 Vgl. Ziegler (1994), S. 123.

Die zehn größten Werbeagenturen in Deutschland (1998)			
Rang	Werbeagentur	Gross-Income in Mio. DM	Billings in Mio. DM
1	BBDO-Gruppe, Düsseldorf	384,1	2 561,7
	Leonhardt & Kern, Stuttgart	14,9	99,1
2	Grey-Gruppe Deutschland, Düsseldorf	201,0	1 340,5
3	Publicis Gruppe Deutschland, Düsseldorf	188,5	1 257,2
	BMZ!FCA, Düsseldorf	53,8	358,5
	Publicis, Frankfurt/Main	80,1	534,2
	Publicis MCD, Erlangen/München	54,7	364,5
4	Young & Rubicam, Frankfurt/Main	136,3	909,0
5	Ogilvy & Mather-Gruppe, Frankfurt/Main	127,6	850,9
	OgilvyOne Worldwide, Frankfurt/Main	34,7	231,3
6	McCann–Erickson, Frankfurt/Main	112,3	749,3
7	Springer & Jacoby, Hamburg	108,7	724,7
8	Scholz & Friends, Hamburg	103,3	689,1
9	J. Walther Thompson, Frankfurt/M.	96,8	660,9
10	Ammirati Puris Lintas, Hamburg	96,1	641,1

Tabelle 3: Die zehn größten Werbeagenturen in Deutschland (1998)
Quelle: In Anlehnung an ZAW, Werbung in Deutschland, Bonn 1999, S. 193.

2. Die Wettbewerbssituation

2.1 Grundlagen der Wettbewerbsanalyse nach Porter

Die Wettbewerbsanalyse nach Porter[12] stellt einen sinnvollen Ausgangspunkt dar, um die Gestaltung der Marktkommunikation und insbesondere des Marketing-Mix für Agenturen zu untersuchen. Die Wettbewerbsanalyse umfasst eine detaillierte Betrachtung aller Wettbewerbskräfte („five forces": Kunden, Lieferanten, Konkurrenten, Ersatzprodukte und potentielle Newcomer), deren Handlungen einen direkten Einfluss auf die Agenturen

---

[12] Vgl. hierzu Porter (1980).

haben. Abbildung 1 stellt die fünf Wettbewerbskräfte in der Werbebranche im Überblick dar:

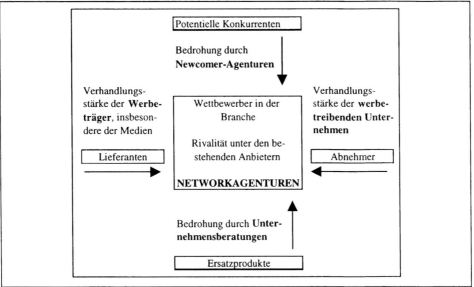

Abbildung 1:   Das Wettbewerbsumfeld der Werbebranche („five forces-framework")
Quelle: Eigene Grafik, basierend auf dem Konzept von Porter: Wettbewerbsstrategie, Frankfurt 1999, S. 34.

In den folgenden Abschnitten werden einige ausgewählte Entwicklungen im Wettbewerbsumfeld der Werbebranche diskutiert. Sie können als Antriebskräfte des Wettbewerbs bezeichnet werden.[13]

2.2 Rivalität unter den etablierten Networkagenturen

Die Konkurrenz im Markt für Agenturleistungen ist infolge einer wachsenden Zahl von Anbietern gestiegen, wobei sich vor allem kleine Agenturen neu am Markt etablieren. Die zunehmende Rivalität ist vor allem durch einen starken Preis- bzw. Kostendruck geprägt. Gleichzeitig ist eine Oligopolisierung im Bereich der internationalen Networkagenturen zu beobachten, in der nach Einschätzung von Branchenexperten am Ende fünf

---

[13] Vgl. Porter (1980), S. 25.

große Konzerne dominieren werden.[14] Die Ursache für die sich häufenden Fusionen sind die Konzentrationsprozesse sowohl auf Kunden- als auch auf Medienseite und die damit verbundenen Bemühungen, auf der Agenturseite ein entsprechendes Gegengewicht zu schaffen und Synergieeffekte in der Zusammenarbeit zu erzielen.[15]

Eine Umfrage des Gesamtverbandes Werbeagenturen (GWA) ergab, dass Agenturen gegenwärtig den ausgeprägten Kostendruck als das größte Problem ansehen.[16] Die Kommunikationsdienstleister befinden sich in einer sogenannten „Sandwichsituation"[17], in der zusätzlich zur ohnehin steigenden Agenturkonkurrenz die Leistungsanforderungen der Kunden wachsen, ohne dass entsprechende Gegenleistungen in Form höherer Honorare durchgesetzt werden können. Folglich verschlechtert sich die Ertragslage der Agenturen, die sich seit einiger Zeit mit einer Rendite von real circa 2 Prozent (bezogen auf die Billings bzw. circa 13 Prozent bezogen auf die Honorare) zufrieden geben müssen. Bei der Gestaltung des Marketing ist also von einer starken Konkurrenzsituation auszugehen.

2.3 Bedrohung durch Newcomeragenturen

Die Bedrohung etablierter Agenturen durch potentielle „Newcomer" ist von den erwarteten Gewinnen abhängig, deren Höhe wesentlich durch die Markteintrittsbarrieren bestimmt wird. Der Eintritt von „Newcomern" in die Branche gestaltet sich aufgrund niedriger Markteintrittsbarrieren grundsätzlich relativ einfach, nicht zuletzt weil die Wechselbereitschaft der Kunden[18] sehr hoch ist. Die etablierten Agenturen müssen daher bemüht sein, die angebotenen Dienstleistungen entsprechend den Kundenanforderungen im Rahmen der Produktpolitik zu verbessern. Der Markteintritt weiterer Agenturen kann dadurch verhindert werden. Dabei sind auch Änderungen der Kundenwünsche zu berücksichtigen.

Im Rahmen des in 1999 erstellten GWA-Agenturmonitors ergab die Befragung, dass 61 Prozent der Befragten das Stichwort „integrierte ganzheitliche Kommunikationsstrategie"[19] als chancenreichstes Aktionsfeld für die Agenturen ansehen. Das Angebot einer allumfassenden Kommunikationslösung für den Kunden sollte demnach das vorrangige Ziel der Networkagenturen sein. Die nähere Betrachtung der deutschen Agenturland-

---

[14] Es handelt sich hierbei um die großen Agentur-Holdings WPP, Omnicom, Interpublic, Dentsu, und Young & Rubicam. Vgl. Kunsemüller (1999), S. 112.
[15] Vgl. Vilmar (1992), S. 40.
[16] Vgl. hierzu GWA Umsatzerhebung 1998/1999.
[17] Vgl. o. V. (1997), S. 373.
[18] Eine Befragung von Werbungtreibenden hinsichtlich des Vorhabens, in den kommenden sechs Monaten die Agentur zu wechseln, ergab, dass rund 20 Prozent zu einem Wechsel bereit sind. Vgl. o. V. (1999a), S. 28.
[19] Vgl. GWA-Agenturmonitor 1999 („Chancen der Agenturen").

schaft führt jedoch zu der Schlussfolgerung, dass in der Vergangenheit zahlreiche neue Agenturtypen gegründet wurden. Die Ursache für diese Entwicklung liegt in der nach Ansicht von Branchenexperten vermutlich häufig mangelhaften Realisierung eines ganzheitlich integrierten Kommunikationskonzepts durch die großen Agenturen, also in der mangelnden Berücksichtigung von Kundenwünschen. Zu ihren Schwächen gehört insbesondere die Tatsache, dass die angestrebte Integration auf oberflächlichem Niveau bleibt und die Verzahnung der einzelnen Disziplinen aufwendig und somit oft ineffizient erfolgt. In der Regel werden zunächst Teilaufgaben des Marketing bearbeitet und dann erst zu einer ganzheitlichen Kommunikationslösung zusammengesetzt.[20] Häufig werden Berater und Kreative bei einer Agentur (oder der Leitagentur und einer Tochteragentur) doppelt aufgestellt und konkurrieren miteinander um die Gunst des Kunden (Ressortegoismus). In diesem Fall wird die Kommunikation bestenfalls integriert (nachträglich zusammengefügt), nicht aber ganzheitlich erfolgen. Daraus entsteht ein Anreiz für potenzielle Konkurrenten, in den Markt einzutreten. Nicht selten handelt es sich bei den Neugründungen auch um ehemalige Mitarbeiter großer Agenturen, die über entsprechende Branchenkenntnisse und entsprechendes Know-how verfügen.

2.4 Bedrohung durch Unternehmensberatungen

Im Sinne einer ganzheitlich integrierten Kommunikationslösung für Unternehmen ist das Dienstleistungsangebot von Unternehmensberatungen als ein mögliches Ersatzprodukt hinsichtlich der Produktpalette von Networkagenturen in Betracht zu ziehen. Als Marketing-Unternehmensberatungen werden Consultingunternehmen mit einem Schwerpunkt in der marketingorientierten Managementberatung bezeichnet.[21] Hierzu zählen sowohl die großen, internationalen Consultants als auch eine Vielzahl kleiner, zum Teil spezialisierter Berater. Die Spezialisierungsrichtung eines Beratungsunternehmens ermöglicht eine Unterscheidung zwischen
- reinen *Marketingspezialisten*, bei denen die Marketingfunktion im Vordergrund steht,
- *Branchenspezialisten*, die sich auf bestimmte Märkte konzentrieren sowie
- *„Integratoren"*, welche die Marketingberatung als einen integralen Bestandteil der allgemeinen oder branchenspezifischen Managementberatung anbieten.

Die von Beratungsfirmen erstellten Lösungen haben in aller Regel lediglich konzeptionellen Charakter.[22] Es wird eine Antwort auf die Frage nach dem „*Was*" gegeben, das „*Wie*" und die „kreative Ausgestaltung" sowie die „konkrete Umsetzung" bleiben die Aufgabe der Dienstleistungspartner. Viele Unternehmensberatungen kooperieren bereits

---

20 Vgl. o. V. (1999), S. 34.
21 Vgl. Servatius (1989), S. 232.
22 Vgl. Dahlhoff (1993), S. 54.; Seidenabel (1998), S. 116.

mit diversifizierten „Networks", um die unabhängige Beratungskompetenz mit dem Spezial-Know-how der einzelnen Disziplinen zu verbinden. Eine Umfrage bezüglich der Stärken von Unternehmensberatungen macht deutlich, dass sie einen besseren Ruf als die Werbeagenturen genießen:[23] Ihre Mitarbeiter seien besser ausgebildet und daher kompetenter, treten selbstbewusster auf und würden auch besser bezahlt. Die Gefahr der Substitution durch Beratungsfirmen stellt sich vorrangig für strategisch ausgerichtete Agenturen, also im Wesentlichen auch für „Networks". Consultingfirmen werden demnach aufgrund ihrer ausgeprägten strategischen Kompetenz als Bedrohung wahrgenommen. Daraus resultieren vor allem Implikationen für die Produktpolitik von Agenturen im Rahmen ihres Marketing-Mix.

2.5 Verhandlungsmacht der werbungtreibenden Wirtschaft

Die vierte Wettbewerbskraft stellen die sogenannten „Werbungtreibenden" dar. Nach Einschätzung vieler Werbeexperten ist von einem wachsenden Stellenwert der Kommunikationsaktivitäten in den Unternehmen der Auftraggeber auszugehen.[24] Grundsätzlich ist es möglich, Werbeleistungen selbst zu erstellen oder diese auf dem Markt zuzukaufen. Für eine Fremdvergabe der anfallenden Kommunikationsaufgaben an externe Agenturen sprechen insbesondere die Fachkompetenz der Agenturmitarbeiter, die Flexibilität und die Möglichkeit, neue Ideen ohne „Branchenscheuklappen"[25] zu generieren. Ökonomisch gesehen, kommt es damit zu einer Umwandlung der fixen in variable Kosten. Im starken Wettbewerb der Werbeagenturen untereinander können Unternehmen ihre Werbung oftmals günstiger auf dem freien Markt einkaufen, als ihre eigene Abteilung sie liefern könnte.

Die Analyse der Branchensituation rückt die ausgeprägte Verhandlungsmacht der Abnehmer in den Mittelpunkt. Diese ist unter anderem auf die zahlreichen Anbieter von Kommunikationsdienstleistungen und auf die geringen Wechselkosten der Auftraggeber zurückzuführen. Zusätzlich ist die Wechselbereitschaft der Kunden gestiegen, was kürzere Agentur-Kundenbeziehungen zur Folge hat. Der sogenannte „Experten-Panel 2000"[26] zeigt, dass die Werbungtreibenden unzufrieden sind mit der Leistung der Agenturen. Nicht nur im Rahmen der Notengebung (bezüglich Kreativität, Beratungskompetenz, Effizienz, etc.) schnitten sie im Durchschnitt mit der Schulnote drei ab, erhebliche Kritik wurde auch an der angeblichen Ignoranz gegenüber dem gesteigerten Interesse der Kunden an integrierter Kommunikation geäußert. In der Regel fordert der Klient zudem bes-

---

23 Vgl. Wildberger (1998), S. 90.
24 Vgl. Bruhn/Dahlhoff (1993), S. 212.
25 Vilmar (1992), S. 156.
26 Aufgabe des Panels (welcher von W&V und infas durchgeführt wird) ist es, eine Bestandsaufnahme der Kommunikationsbranche vorzunehmen und Zukunftsszenarien zu skizzieren. Hierzu werden vierteljährlich rund 240 Entscheider aus Marketing, Medien und Agenturen befragt. Vgl. Bottler (1999), S. 70.

sere strategische Beratung, so dass auf Agenturseite in die Kompetenz des Personals investiert werden muss, um diese Anforderungen zu erfüllen. Die Agenturen stehen daher stärker unter Druck, die Rentabilität von Werbeinvestitionen nachweisen zu müssen.

2.6 Verhandlungsmacht der Werbungdurchführenden bzw. Werbemittelhersteller

Werbung lebt von physischen Gütern, die als Trägermaterialien die Leistung der Werbeagenturen zum Großteil erst sichtbar machen.[27] Im Sinne der Porterschen Branchenanalyse sind Werbungdurchführende bzw. Werbemittelhersteller als Lieferanten für Agenturen anzusehen. Hierbei führen die zuliefernden Unternehmen im Rahmen des Einsatzes von Werbemitteln und Werbemöglichkeiten jeglicher Art Werbung für andere durch. Die Medien stellen den wichtigsten Werbeträger dar.[28] Es wird zwischen den sogenannten „klassischen" und „nicht-klassischen" Medien unterschieden.[29] 1998 hatten die Werbeträger insgesamt einen Anteil von rund 70 Prozent an den Werbeausgaben (41,1 Milliarden DM).[30] Die Werbeträger verfügen über einen großen preispolitischen Spielraum gegenüber den Agenturen. So muss der werbetreibende Kunde in 1999 rund 4,3 Prozent mehr bezahlen, um mit einer durchschnittlichen Mediamixkampagne die gleiche Leistung zu erreichen wie im Jahre 1998. Die Verteuerung der bezogenen Vorleistungen muss folglich von den Agenturen an ihre Kunden weitergegeben werden. Des Weiteren ist es nach Ansicht der Auftraggeber die Aufgabe der Agenturen, für eine bessere Transparenz bezüglich der Preisgestaltung im Mediageschäft zu sorgen.[31]

Die zuvor dargestellten Entwicklungen lassen die Schlussfolgerung zu, dass die Marktkommunikation der werbetreibenden Unternehmen und damit auch das Marketing der Werbeagenturen einem anhaltenden Wandlungs- und Erweiterungsprozess unterworfen ist, der durch
- eine starke Rivalität der Agenturen, einhergehend mit einem hohen Effektivitäts- und Kostendruck,

---

27 Vgl. Seidenabel (1998), S. 116.
28 Im Mittelpunkt der Untersuchung der Beziehung zwischen Agenturen und ihren Lieferanten stehen die Medien als Werbeträger, wenngleich es noch zahlreiche andere Arten von Zulieferern gibt, wie z. B. die Werbeartikelhersteller oder Lettershops. Gerechtfertigt ist diese Vorgehensweise aufgrund des hohen Anteils der Medien an den Gesamtwerbeausgaben.
29 Zu den klassischen Werbeträgern gehören in erster Linie Fernsehen, Radio, Tageszeitungen oder Publikumszeitschriften. Die nicht-klassischen Medien umfassen beispielsweise sämtliche Online-Medien. Vgl. Focus Magazin Verlag GmbH (1999), S. 6 ff.
30 Das gesamte Werbevolumen teilte sich in 18,2 Mrd. DM für Honorare, Gehälter und Werbemittelproduktion einerseits auf und 41,1 Mrd. DM für die Medien als Gegenleistung des Transports der Werbemittel wie Anzeigen, Spots oder Plakate andererseits. Vgl. ZAW (1999), S. 9.
31 Vgl. Focus Magazin Verlag GmbH (1999), S. 84.

- die Forderung der Auftraggeber nach erfolgsorientierter Honorargestaltung einhergehend mit zunehmenden Serviceanforderungen sowie einem höheren Kreativitätsdruck,
- das Angebot integrierter Leistungsbündel, wie sie von Marketing-Unternehmensberatungen angeboten werden,
- eine starke Verhandlungsposition großer Teile der Medien,
- neue (Kombinationen von) Leistungsangebote(n) durch Markteindringlinge geprägt sein wird.

3. Das Marketing von Networkagenturen

3.1 Der Auswahlprozess der Auftraggeber

Die Überschrift des Abschnitts verdeutlicht bereits, dass bei der Auswahl eines Marktpartners die Agenturen in der Regel zunächst die passive und die Auftraggeber die aktive Seite darstellen, d. h. die Auftraggeber wählen eine Agentur. Wie es für komplexe Dienstleistungen charakteristisch ist, wird zunächst der Anbieter, also die Werbeagentur, ausgewählt und erst anschließend wird die eigentliche Dienstleistung, also die Kampagne, entworfen und durchgeführt. Dem Nachfrager sind die Charakteristika und damit die zu erwartende Qualität der Leistung folglich noch nicht bekannt. Was kann ein Auftraggeber tun, um die Qualitätsunsicherheit über die zu erwartende Kampagne möglichst gering zu halten? Wie und nach welchen Kriterien wird der Auftraggeber eine Werbeagentur aussuchen? Die Frage nach der Art der Auswahl von Agenturen ist für deren Marketing von zentraler Bedeutung, da die institutionelle Ausgestaltung der Auswahl die Basis darstellt, auf der die Agenturen ihr Marketing in eigener Sache aufbauen müssen.

Ein Blick auf die Zahlen zeigt, dass in 57 Prozent aller Fälle Agenturen über Wettbewerbspräsentationen ausgewählt werden, während in den verbleibenden 43 Prozent Empfehlungen, Projekte, bereits bestehende Geschäftsbeziehungen und/oder persönliche Beziehungen eine Rolle bei der Auswahl spielen.[32] Diese Auswahlformen oder -gründe nutzen entweder eigene oder fremde Erfahrungen mit dem Geschäftspartner und tragen dadurch zur Reduktion der Unsicherheit bei. Besonders augenfällig ist dies bei der häufigsten Form der Agenturauswahl, der Wettbewerbspräsentation.[33]

---

[32] GWA (Gesamtverband Werbeagenturen)-Umsatzerhebung 1998 und Frühjahrsmonitore Agenturen und Werbungtreibende 1999, Frankfurt 1999.

[33] Vgl. zur ausführlichen Darstellung und zur ökonomischen Analyse einer Wettbewerbspräsentation auf der Basis eines Principal-Agent-Ansatzes Kinast/Posselt (1999).

Im Rahmen einer Wettbewerbspräsentation lädt der Auftraggeber mehrere Agenturen ein, ein Kampagnenkonzept zu entwickeln und beim Auftraggeber vorzustellen. Die dazu notwendigen Informationen über die geplante Unternehmensstrategie des Auftraggebers erhalten die Agenturen durch ein standardisiertes schriftliches und ein individuelles mündliches Briefing. Die Bereitstellung dieser Information kann als Investition der Auftraggeber in die Geschäftsbeziehung interpretiert werden, wobei das mündliche Briefing den Charakter einer spezifischen Investition aufweist. Für die Agentur stellt die Entwicklung eines Kampagnenentwurfs, der stets auf einen bestimmten Auftraggeber ausgerichtet ist, eine spezifische Investition dar. Im Auswahlprozess werden also von beiden Seiten spezifische Investitionen getätigt, wobei die Auftraggeber allerdings zunächst in der eindeutig günstigeren Position sind, da die spezifischen Investitionen der Agenturen nicht mit Sicherheit, sondern nur mit einer - von der Zahl und der Art der konkurrierenden Agenturen abhängenden - Wahrscheinlichkeit zum Auftragserhalt führen. Lediglich eine Agentur erhält den Auftrag zur Durchführung der vorgeschlagenen (oder einer ähnlichen) Kampagne, während die anderen Agenturen ein fixes Präsentationshonorar erhalten, das in der Regel nicht die vollen Kosten der Entwicklung des Kampagnenentwurfes deckt. Letzteres kann wiederum als Indiz für die vergleichsweise starke Verhandlungsposition der Auftraggeber verstanden werden.

Der besondere Vorteil einer Wettbewerbspräsentation liegt für den Auftraggeber also darin, dass er die Leistungsfähigkeit einer Agentur und den umzusetzenden Kampagnenentwurf kennenlernt und beurteilen kann, bevor er sich für eine Agentur entscheidet. Mit dem Auswahlverfahren gehen allerdings auch Nachteile einher[34], beispielsweise können Agenturen, die als Verlierer aus einer Wettbewerbspräsentation hervorgehen, geneigt sein, die Kenntnisse über die Pläne des Auftraggebers bei dessen Konkurrenten einzubringen und damit die Chancen eines zukünftigen Auftragserhalts zu steigern. Es kann daher nicht verwundern, dass 29 Prozent der Kunden eine Abtretung der Nutzungsrechte der bei Wettbewerbspräsentationen präsentierten Entwürfe wünschen.[35]

Nach Auftragsvergabe ändert sich die Beziehung Agentur-Kunde grundlegend. Die Agentur erwirbt nun mit zunehmender Zeitdauer Insiderwissen über das Unternehmen und den Markt des Auftraggebers und verbessert damit ihre Verhandlungsposition. Demgegenüber steht allerdings der fortwährende Wunsch der Auftraggeber nach neuen Ideen und neuen kreativen Konzepten, die einen Agenturwechsel begünstigen.

Das Marketing der Agenturen steht demnach vor der Auswahlentscheidung vor dem Problem, den Auftraggeber in einer Situation mit außerordentlich starker Konkurrenz und ohne bereits vorliegende Arbeitsergebnisse von der eigenen Leistungsfähigkeit überzeugen zu müssen.[36] Von großer Bedeutung sind daher Marketinginstrumente, die es

---

[34] Vgl. Kinast/Posselt (1999).

[35] GWA (Gesamtverband Werbeagenturen)-Umsatzerhebung 1998 und Frühjahrsmonitore Agenturen und Werbungtreibende 1999, Frankfurt 1999.

[36] Vgl. hierzu auch die Entwicklung allgemeiner Überlegungen zur institutionenökonomischen Sicht des Marketing bei Kaas (1995). Grundlagen zur Institutionenökonomik finden sich bei Williamson (1985)

erlauben, eine Reputation am Markt zu entwickeln und diese darzustellen. Auch in einer bestehenden Geschäftsbeziehung müssen die Marketinganstrengungen der Agenturen groß bleiben, da die Wechselkosten der Auftraggeber im Vergleich zu anderen Branchen eher gering sind. Sie können in diesem Fall allerdings auch gezielt auf den Auftraggeber ausgerichtet werden.

3.2 Das Marketing-Mix

Die Struktur des Marketing-Mix richtet sich nach den Bedingungen in einer Branche, da sich die Unternehmen an die Branchenbedingungen anpassen müssen. Im Folgenden werden ausschließlich die produkt-, kommunikations- und preispolitischen Instrumente der Agenturen betrachtet. Die Untersuchung der Distributionspolitik unterbleibt, da hinsichtlich der Absatzwege bei Werbeagenturen grundsätzlich nur der Direktabsatz in Frage kommt.[37] Die hohe Beratungsintensität und die Berücksichtigung einzelner Kundenwünsche führen zur Dominanz des Direktvertriebs.

3.2.1 Die Produktpolitik

Im Hinblick auf die Gestaltung der Produktpolitik im Rahmen des Agenturmarketing wächst zunehmend das Bewusstsein über die mangelhafte Umsetzung einer integrierten Markenkommunikation. Der Bedrohung durch neue Agenturtypen, welche die Gestaltung ganzheitlicher Kampagnen in den Vordergrund ihres Angebots stellen, wird durch den Ansatz der verbesserten Realisierung einer ganzheitlich integrierten Kommunikationslösung begegnet.

Die zunehmende Konkurrenz durch Beratungsunternehmen veranlasst die Agenturen ebenfalls zu Änderungen ihrer Produktpolitik. In einer Umfrage „Wie wehren sich Werbeagenturen gegen die Konkurrenz der Unternehmensberatungen?"[38] stellte sich heraus, dass die „Top-Ten" der Branche hohe Investitionen in Forschung und Entwicklung vornehmen, insbesondere im Bereich der „Strategischen Planung". Damit soll Kompetenz zu Fragen der strategischen Markenpositionierung erworben werden. Diese Investitionen lassen vermuten, dass Agenturen bestrebt sind, sich in der eigentlichen Kernkompetenz der Berater zu verbessern, um für den Konkurrenzkampf gegen diese vorbereitet zu sein. Eine konsequente Anwendung der Strategischen Planung in Agenturen kann zu einer Verbesserung der Wettbewerbsposition gegenüber Unternehmensberatungen führen.

---

und Coase (1937).
[37] In sehr seltenen Fällen kann der Absatz von Kommunikationsdienstleistungen über einen Außendienst beobachtet werden.
[38] Wildberger, N. (1998), S. 88-89.

Die Nachfrage nach Werbedienstleistungen variiert stark über die Branchen. Es ist deshalb angemessen, Spezialisierungsstrategien im Hinblick auf unterschiedliche Kundengruppen zu entwickeln, um für die jeweilige Branche ein geeignetes Kommunikations-Know-how aufzubauen.

3.2.2 Die Kommunikationspolitik

Die große Zahl an Agenturen und die Immaterialität von Agenturdienstleistungen erschweren die objektive Bewertung der Agenturleistungen durch den Auftraggeber in erheblichem Maße.[39] Zudem ist es schwierig, zwischen den homogenen Leistungsangeboten der Networkagenturen zu unterscheiden („Wir machen alles"). Folglich kommt den vom Auftraggeber subjektiv wahrgenommenen Eigenschaften für die Entscheidung über die Etatvergabe im Vergleich zur objektiven Beschaffenheit der Dienstleistung ein größeres Gewicht zu. Bei der subjektiven Qualitätswahrnehmung spielt das Image[40] einer Agentur eine besondere Rolle. Dabei werden zu den subjektiven Vorstellungen vor allem psychisch-emotionale Eigenschaften, wie z. B. Reputation, Dynamik oder Sympathie gezählt, während technisch-objektive Merkmale eher Größen wie z. B. Agenturumsatz oder gewonnene Preise betreffen. Durch eine gezielte Imagepositionierung soll das quasi-homogene Dienstleistungsangebot in ein heterogenes und somit von den Wettbewerbern deutlich differenzierbares Agenturimage transformiert werden.

Zur Unterstützung dieser Differenzierungsstrategie stehen den Agenturen unter anderem einige kommunikationspolitische Instrumente zur Verfügung. Eine besondere Rolle spielt die Entwicklung einer guten Reputation. Sie stellt die wichtigste Institution zur Überwindung der Folgen von Informationsasymmetrie dar.[41] Die Agentur muss sich durch ihre Dienstleistungsqualität sowie aufgrund ihrer fachlichen Kompetenz und Zuverlässigkeit (Potenziale, die sie sich im Laufe einer langfristigen Marktpräsenz erworben hat) von ihren Konkurrenten unterscheiden. In diesem Zusammenhang dienen insbesondere Instrumente, wie Publicrelations und Werbung dazu, die Agentur aus der Anonymität des Marktes herauszuheben und Vertrauen bei den Nachfragern aufzubauen. So gibt es zahlreiche Indikatoren, die Rückschlüsse auf die Qualität eines Anbieters zulassen und somit die Reputation einer Agentur begründen.[42] Mit ihrer Hilfe kann „Signaling"[43] gegenüber den Auftraggebern betrieben werden, welches der Agentur eine bessere Differenzierung gegenüber ihren Wettbewerbern ermöglicht. Ein Signal für agenturspezifische Professio-

---

[39] Vgl. Vilmar (1992a), S. 29.
[40] Das Image kennzeichnet die mehrdimensionale und ganzheitliche Struktur der Einstellung einer Zielgruppe gegenüber einem Objekt. Vgl. Trommsdorff (1989), S. 132.
[41] Vgl. hierzu Kaas (1995), S. 34.
[42] Vgl. Kinast/Posselt (1998), S. 27.
[43] „Ein Signal ist eine glaubwürdige Information, die dem nicht informierten Beobachter einen Rückschluss auf die signalisierte Eigenschaft erlaubt". Spence (1976).

nalität und Erfahrung ist beispielsweise, neben der Größe und dem Alter, der Bekanntheitsgrad einer Agentur.[44] Dieser wird in erster Linie durch Kampagnen und Preise aus Wettbewerben gesteigert. Vor allem der sogenannte „Effie"[45] als Auszeichnung für effiziente Kampagnen ist als Indikator für erbrachte Leistungen zu bewerten.

Ein anderes Signal für die Leistungsfähigkeit einer Agentur stellen die errungenen Etats dar. Die Erfahrungen, die andere Werbetreibende mit der Agentur gemacht haben (im Idealfall sind dies bekannte bzw. große Kunden, wie z. B. Deutsche Bank oder Nestlé) sind wertvolle Hinweise für Neugeschäftskunden bzw. Werbetreibende, die sich gerade in einem Agenturauswahlprozess befinden. Die Werbung mit der Kundenarbeit ist vergleichbar mit der Produktwerbung der Kunden, denn die Kundenarbeit ist das Produkt der Agentur.

Ein wichtiges klassisches Instrument sind Publicrelations-Maßnahmen in der Branchenpresse. Das Ergebnis sämtlicher empirischer Studien über die Eigenwerbung von Werbeagenturen zeigt, dass Publicrelations-Maßnahmen zu den am häufigsten angewandten kommunikationspolitischen Aktivitäten von Agenturen zählen.[46] In der Regel handelt es sich hierbei um Berichte über die Zusage eines prominenten Etats im Rahmen einer gewonnenen Wettbewerbspräsentation oder um eine gute Position in einem Agenturranking.

3.2.3 Die Preispolitik

In Zukunft wird es immer weniger ausreichen, die Imagepositionierung bzw. die Reputation einer Agentur über kommunikationspolitische Instrumente zu beeinflussen. Denn je weniger sich die Wettbewerber diesbezüglich voneinander unterscheiden, desto häufiger werden austauschbare Images dazu beitragen, dass die Preispolitik einer Agentur in den Vordergrund tritt.[47]

Gegenwärtig wird diskutiert, die Vergütung von Agenturleistungen an den Beitrag der Agenturen zum Erfolg des beworbenen Objektes zu knüpfen. Die traditionellen Verfahren legen die Höhe der Vergütung in der Regel unabhängig vom Werbeerfolg fest.[48] Aufgrund des zunehmenden Drucks durch die werbungtreibenden Firmen ist jedoch zukünftig verstärkt mit einer Kopplung der Höhe des Honorars an die Leistung bzw. den Erfolg der jeweiligen Kommunikationsmaßnahmen zu rechnen. Hierbei sind unterschiedliche Erfolgskriterien denkbar, an denen sich die Höhe der Entlohnung orientieren kann. Erfolgt die Bezahlung auf der Basis „Markterfolg", so werden anfangs gemeinsam

---

[44] Vgl. Dahlhoff (1989), S. 520.
[45] Vgl. hierzu die regelmäßigen Veröffentlichungen des GWA.
[46] Vgl. hierzu Vilmar (1992); Bristot (1995).
[47] Vgl. Vilmar (1992), S. 217.
[48] Vgl. Vilmar (1992), S. 222.

von Werbetreibenden und Agenturen Marktziele (z. B. Umsatz, Marktanteil oder Bekanntheitsgrad) festgelegt. Werden diese Ziele erreicht, so kommt es zu einer zusätzlichen Provisionszahlung.[49] Aufgrund der großen Zahl von Einflussfaktoren auf den Erfolg ist eine direkte Messung der Wirkung von Werbemaßnahmen auf den Markterfolg kaum möglich; folglich muss man sich mit den aufgeführten Ersatzkritierien begnügen.[50]

Aus theoretischer Sicht lassen sich die Forderungen der Agenturkunden gut nachvollziehen und unterstützen. Erfolgsabhängige Entlohnung stellt ein zentrales Element von Anreizsystemen dar. Wie die Werbebranche zeigt, ist die entscheidende Frage die Existenz bzw. die Erarbeitung geeigneter Erfolgsindikatoren.

3.3 Der Internetauftritt als Beispiel für die Eigenwerbung deutscher Networkagenturen

Eine Studie über die Selbstdarstellung von Werbeagenturen aus dem Jahr 1997 ergab, dass rund 50 Prozent der befragten Agenturen bereits den Internetauftritt für ihre Eigendarstellung nutzen.[51] Die großen Networkagenturen kann man ausnahmslos im World Wide Web finden. Eine Untersuchung der Darstellungen von rund 15 bekannten Agenturen bestätigt im Großen und Ganzen die zuvor beschriebenen Ausprägungen ihrer Eigenwerbung.[52] Die betrachteten Webseiten der Networkagenturen weisen einen überwiegend identischen Aufbau mit den folgenden Elementen auf:

- In allen Fällen werden durchgeführte *Werbekampagnen* bzw. die Zusammenarbeit mit bekannten *Kunden* relativ ausführlich dargestellt. Hierbei gibt es auf einigen Seiten sogar die Möglichkeit, sich die TV-Spots anzusehen.
- In 10 von 15 Fällen sind Presseberichte über die jeweiligen Agenturen im Rahmen einer „*News*"-Rubrik abrufbar. Es handelt sich hierbei um Artikel aller Art, vor allem wurden jedoch Awardverleihungen oder besondere Etatgewinne hervorgehoben.
- *Jobangebote* bzw. *Stellenanzeigen* sind ebenfalls ein wichtiger Bestandteil des Auftritts (12 von 15 Agenturen). Aus zahlreichen Studien geht hervor, dass Anzeigen dieser Art (die auch in der Wirtschafts- oder Fachpresse geschaltet werden) einen relativ entscheidenden kommunikationspolitischen Stellenwert haben.[53] Demnach ver-

---

[49] Ein vollständiges Abwälzen des unternehmerischen Risikos vom Werbetreibenden auf die Agentur, also eine ausschließlich am Markterfolg orientierte Entlohnung, findet nur in Ausnahmefällen statt. Kombinierte Vergütungsmodelle mit einem variablen, erfolgsabhängigen und einem fixen Teil werden wesentlich leichter von Agenturen als Kompromiss akzeptiert. Vgl. Vilmar (1992), S. 227.
[50] Vgl. Löbler/Langbein (1999).
[51] Vgl. Weber (1997), S. 104.
[52] Vgl. hierzu die Ausführungen in der unveröffentlichten Diplomarbeit von Bettina Türk (1999) am Lehrstuhl für Marketing an der Universität in Frankfurt am Main.
[53] Vgl. Seidenabel (1998), S. 241.

steht der agentursuchende Kunde interessante Stellenanzeigen in der Regel als Hinweis auf eine expandierende, modern ausgerichtete Agentur, welche kompetentes Personal sucht und diesem eine vielversprechende Tätigkeit in Aussicht stellt. Stellenanzeigen gelten folglich als eine Art Signal für die Kompetenz und Reputation einer Agentur.
- Bei 13 von 15 Agenturen kann sich der Interessent über *Fakten* in Form von Umsatzzahlen oder Agenturrankings informieren. Diese Kennzahlen sollen eine besondere Positionierung der jeweiligen Agenturen gegenüber den anderen Wettbewerbern ermöglichen.
- Auf 4 von 15 Webseiten spielen *„Philosophie"* oder nähere Angaben über das *Personal* eine Rolle (z. B. berufliche Werdegänge bzw. Lebensläufe). Diese beiden Rubriken können jedoch nicht als generelles Element des Internetauftritts bezeichnet werden.

Bekannte Kunden bzw. Werbekampagnen, Berichte in den Branchenmedien sowie Stellenanzeigen zählen zu den am häufigsten angewandten objektiven Gestaltungselementen der Webseiten. Subjektiv wahrgenommene Gestaltungselemente, wie z. B. Unterschiede in der kreativen Gestaltung der Webseiten, bleiben bei dieser Charakterisierung unberücksichtigt.

4. Literatur

Borchardt, H.-J. (1998): Strategisches Kommunikations-Management: integrierte Kommunikation systematisieren und optimieren, Heidelberg.

Bottler, S. (1999): Oft unzufrieden, in: werben & verkaufen, Nr. 7, S. 70-71.

Bristot, R. (1995): Geschäftspartner Werbeagentur, Handbuch für die praktische Zusammenarbeit, Essen.

Bruhn, M./Dahlhoff, H.-D. (1993): Integrierte Kommunikation – Entwicklungstendenzen und Zukunftsperspektiven, in: Bruhn, M. (Hrsg.): Effizientes Kommunikationsmanagement, Konzepte, Beispiele und Erfahrungen aus der integrierten Unternehmenskommunikation, Stuttgart, S. 211-215.

Coase, R. H. (1937): The Nature of the Firm, in: Economia, New Series, Vol. 4, S. 386-405.

Dahlhoff, H.-D. (1989): Entscheidungen über den Einsatz von Werbe- und Kommunikationsagenturen, in: Bruhn, M. (Hrsg.): Handbuch des Marketing: Anforderungen an Marketingkonzeptionen aus Wissenschaft und Praxis, München, S. 509-535.

Dahlhoff, H.-D. (1993): Management und Anwendung integrierter Kommunikation, in: Bruhn, M. (Hrsg.): Effizientes Kommunikationsmanagement, Konzepte, Beispiele und Erfahrungen aus der integrierten Unternehmenskommunikation, Stuttgart, S. 35-64.

Drosten, M. (1999): Marketing-Services: Netzwerk für die Markenführung, in: absatzwirtschaft, Zeitschrift für Marketing, Nr. 4, S. 94-97.

Focus Magazin Verlag GmbH (1999): German Media, München.

Gesamtverband Werbeagenturen (1999): GWA-Umsatzerhebung 1998 und Frühjahrsmonitore Agenturen und Werbungtreibende, Frankfurt.

Kaas, K. P. (1995): Marketing zwischen Markt und Hierarchie, in: Kaas, K. P. (Hrsg.): Kontrakte, Geschäftsbeziehungen, Netzwerke - Marketing und Neue Institutionenökonomik, ZfbF, Sonderheft 35, S. 19-42.

Kinast, K./Posselt, T. (1999): Wettbewerb zwischen Kontraktgutanbietern modelliert am Beispiel von Werbeagenturen, in: Zeitschrift für Betriebswirtschaft, 69. Jg., Nr. 5/6, S. 541-568.

Kinast, K./Posselt, T. (1998): Interessenkonflikte bei Wettbewerbspräsentationen, in: Werbeforschung & Praxis, Nr. 3-4, S. 26-30.

Löbler, H./Langbein, N. (1999): Institute messen effiziente Werbung, in: Leonhard, L. S. für den Gesamtverband Werbeagenturen GWA e. V. (Hrsg.): Effizienz in der Werbung, Frankfurt, S. 21-25.

Nickel, V. (1999): Mehrwert Werbung – Ökonomische und soziale Effekte von Marktkommunikation, Verlag edition ZAW Bonn.

o. V. (1997): Quo vadis Werbung?, in: Marketing Journal, Nr. 6, S. 373-373.

o. V. (1999): Anders als die Networks, in: werben & verkaufen, Nr. 19, S. 34.

o. V. (1999a): Jede Menge Kritik an den Agenturen, in: werben & verkaufen, Nr. 3, S. 28-29.

Porter, M. E. (1980): Competitive Strategy, 1st edition, New York.

Porter, M. E. (1999): Wettbewerbsstrategie, Methoden zur Analyse von Branchen und Konkurrenten, 10. Auflage, Frankfurt.

Schade, C. (1995): Marketing für Unternehmensberatungen: ein institutionenökonomischer Ansatz, Wiesbaden.

Seidenabel, C. (1998): Das Kommunikationsmanagement von Werbeagenturen, Wiesbaden.

Servatius, H.-G. (1989): Entwicklungstendenzen der Marketing-Unternehmensberatungen, in: Bruhn, M. (Hrsg.): Handbuch des Marketing: Anforderungen an Marketingkonzeptionen aus Wissenschaft und Praxis, München, S. 232-250.

Spence, M. A. (1976): Informational Aspects of Market Structure: An introduction, in: Quarterly Journal of Economics, S. 591-597.

Trommsdorff, V. (1989): Konsumentenverhalten, Stuttgart.

Weber, D. (1997): Eigenlob stinkt nicht mehr, in: werben & verkaufen, Nr. 19, S. 104-105.

Wildberger, N. (1998): Gefragt ist kreative Forschung, in: absatzwirtschaft, Zeitschrift für Marketing, Nr. 8, S. 86-90.

Williamson, O. E. (1985): The Economic Institutions of Capitalism, New York.

Vilmar, A. (1992): Agentur 2000, Entwicklungen und Perspektiven für Anbieter von Kommunikationsdienstleistungen, Heidelberg.

Ziegler, F. (1994): Internationale Wettbewerbsfähigkeit von Dienstleistungsbranchen: eine empirische Analyse der Werbebranche, Bern.

Zentralverband der deutschen Werbewirtschaft ZAW e. V. (1999): Werbung in Deutschland, Verlag edition ZAW Bonn.

Christian Schade

Matching: Kernproblem des Marketing für Unternehmensberatung

1. Der Markt für Unternehmensberatung
2. Das Matching-Problem: Folge der koproduktiven Natur der Unternehmensberatung
    2.1 Produktionstheoretische Grundlagen im Überblick
    2.2 Stufe 1 der Analyse: Einfaches Beratungsproblem, bei dem die ideale Problemlösung feststeht
    2.3 Stufe 2 der Analyse: Optimales Beratungsprojekt unter Berücksichtigung unterschiedlicher Zeitkosten von Beratern und Klientmitarbeitern
    2.4 Stufe 3 der Analyse: Das Matching-Problem im Wettbewerb um Beratungsprojekte
    2.5 Weitere Aspekte des Matching-Problems
3. Überwindung von Matching-Problemen im Netzwerk von Geschäftsfreundschaften
4. Empirische Resultate und Ausblick
5. Literatur

1. Der Markt für Unternehmensberatung

Es läßt sich heute in Deutschland wohl kaum noch ein Großunternehmen finden, das nicht schon einmal die Dienste von Unternehmensberatern in Anspruch genommen hat. Auch kleine und mittlere Unternehmen sowie Unternehmensgründer fragen in zunehmendem Maße Unternehmensberatung nach. Nach zeitgleichem Aufkommen der Dienstleistung Unternehmensberatung Anfang dieses Jahrhunderts hierzulande und in den USA entwickelte sich die Branche in den Vereinigten Staaten zwar zunächst deutlich schneller.[1] Durch vor allem in den 90er Jahren sehr hohe Wachstumsraten[2] hat Unternehmensberatung in Deutschland inzwischen jedoch, gemessen am Anteil am Bruttoinlandsprodukt (0,5 %), die gleiche Bedeutung wie in den USA; in Europa entspricht dies einer Spitzenstellung.[3] Der Begriff des Unternehmensberaters geht auf die 1954 erfolgte Gründung des Bundes Deutscher Unternehmensberater (BDU) zurück (seit 1973 Bundes*verband*).

Nach Angaben des BDU (1999) beträgt das Marktvolumen z. Zt. 21,3 Mrd. DM (inkl. IT-Services und Headhunting) bei 64.500 Beratern in 14.300 Beratungsgesellschaften. Bereits seit längerem befindet sich die Kernbranche,[4] d. h. die Einzelberater und unabhängigen Beratungsunternehmen, in zunehmendem Wettbewerb mit ausgegliederten Stabsabteilungen von Industrie- und Finanzdienstleistungsunternehmen sowie (in der EDV-Beratung) mit Hardwareherstellern und sonstigen Informationstechnologie-

---

[1] Die erste freiberufliche Beraterpraxis wurde 1918 von Dr.-Ing. Koch und Dr.-Ing. Kienzle in Berlin gegründet. Die zweite Praxis gründete Eduard Michel, beratender Ingenieur, 1920, ebenfalls in Berlin. Die dritte Beraterpraxis riefen Dr.-Ing. Marcus (ein Neffe des Professors Schlesinger) und Dr.-Ing. Werner von Schütz (ehemaliger Assistent von Professor Schlesinger) 1926 ins Leben. In den USA wurden in dieser Zeit Beratungsgesellschaften gegründet, die heute zu den weltweit größten gehören (vgl. o. V. 1994): Edwin G. Booz Business Engineering Service (1919) (heute Booz, Allen & Hamilton) und James O. McKinsey & Company (1926) (heute McKinsey & Company). Amerikanische Berater waren schon in den zwanziger Jahren hierzulande (in der Weimarer Republik) tätig und befinden sich zur Zeit unter den Umsatzstärksten. (Vgl. Elfgen/Klaile 1987, S. 145, FN 1; Rassam/Oates 1991, S. 3; Henzler 1993, Sp. 4308; Born 1992, Sp. 331.) Die zunächst langsamere Entwicklung wird häufig auf eine ursprünglich weniger positive Einstellung deutscher Unternehmen zur Beratung zurückgeführt. Diese Einstellung scheint sich inzwischen jedoch geändert zu haben.

[2] In den Jahren 1990 und 1991 wuchs die Branche auf Grund der großen Nachfrage in den Neuen Bundesländern sehr stark (jährlich ca. 20 %), 1993 stagnierte der Markt (für echte Management-Beratungen war er sogar rückläufig), 1994 wuchs der Markt wieder mit 19,4 %, 1995 wuchs er mit 13,1 %, 1996 mit 8,9 %, 1997 mit 7,5 %, 1998 mit 14,6 % und 1999 mit 13,3 %. Für das Jahr 2000 wird ein Zuwachs von 12,7 % prognostiziert. Vgl. dazu BDU 1993, 1994, 1996, 1999. (Eine amtliche Statistik existiert für den Beratungsmarkt nicht, alle Zahlen entsprechen Schätzungen des BDU.)

[3] Vgl. BDU 1999.

[4] Diesen Unterschied zwischen Kernbranche und neuen Wettbewerbern macht Niedereichholz (1994, S. 2). Zur Segmentierung des Beratungsmarktes vgl. auch Born 1992, Sp. 329-330.

Anbietern sowie Internetgesellschaften.[5] Bereits als klassisch könnte die Diversifikation von Wirtschaftsprüfungs- und Steuerberatungsgesellschaften in das Dienstleistungsspektrum der Unternehmensberatung bezeichnet werden.[6] Insgesamt kann festgestellt werden, daß die Wettbewerbsintensität (inzwischen) hoch ist. Der Markt besitzt zudem eine ungewöhnliche Struktur. Einer relativ überschaubaren Anzahl größerer Gesellschaften steht eine zahlenmäßig große, inhomogene und intransparente Gruppe mittlerer und kleiner Unternehmen gegenüber.[7]

Im folgenden soll Matching, das Zusammenfinden von Partnern, die dazu in der Lage sind, betriebliche Probleme *gemeinsam* zu lösen, als Kernproblem des Marketing für Unternehmensberatung herausgestellt werden (Abschnitt 2) und Konsequenzen für das Beratermarketing aufgezeigt werden (Abschnitt 3). Abschnitt 4 stellt empirische Ergebnisse dar und beinhaltet einen Ausblick. Für die zahlenmäßig große Gruppe kleiner und mittlerer Beratungsgesellschaften stellt sich das Matching-Problem in besonderem Maße. Dagegen entspricht das Marketing der größeren Beratungsunternehmen tendenziell mehr dem von Anbietern anderer Business-to-Business-Dienstleistungen.[8]

---

[5] Vgl. Niedereichholz 1994, S. 2-5. Vgl. auch Junginger 1987, S. 187-193; Meier 1991, S. 23; Reckinger 1989, S. 6; BDU 1999.

[6] Vgl. Niedereichholz 1994, S. 4. Manche Wirtschaftsprüfer waren sogar schon vor der Gründung der ersten Beratungsunternehmen als Unternehmensberater tätig. Die Deutsche Treuhand-Gesellschaft etwa beriet schon 1893 die in Schwierigkeiten geratene Northern Pacific Railroad Co. in Fragen der Planung und Umsetzung von Reorganisations- und Sanierungsmaßnahmen. (Vgl. Lange 1994, S. 1; Pankow 1990, S. 158) Zur Wahrnehmung der Beratungskompetenz von Wirtschaftsprüfern in unterschiedlichen betrieblichen Funktionsbereichen aus der Sicht von Mandanten/Klienten und Wirtschaftsprüfern vgl. Backhaus 1990 und 1992.

[7] Vgl. BDU 1999.

[8] Eine detaillierte Analyse des Matching-Problems und seiner Auswirkungen findet sich bei Schade 2000; dort wird auch auf weitere, beratungsspezifische Marketingaufgaben sowie auf Unterschiede zwischen großen und kleinen Beratungsunternehmen eingegangen.

2. Das Matching-Problem: Folge der koproduktiven Natur der Unternehmensberatung[9]

2.1 Produktionstheoretische Grundlagen im Überblick

Unternehmensberatung ist eine *integrative Dienstleistung*;[10] Beratungsleistungen werden in *Koproduktion* zwischen Unternehmensberatern und Klienten erstellt.[11] Die in aller Regel *qualitativ unterschiedlichen Arbeitsweisen* (Inputs), die Klientmitarbeiter und Unternehmensberater zur Problemlösung einsetzen (Berater werden typischerweise beschäftigt, weil sie etwas anderes können als ihre Klienten), können vereinfachend als lineare Problemlösungstechnologien bzw. *Aktivitäten* im Sinne von Koopmans (1951) aufgefaßt werden. Faßt man die Arbeitszeit (ebenfalls vereinfachend) als einzigen (variablen) Produktionsfaktor auf, und bildet man den Output im mehrdimensionalen Raum ab (Desaggregation zu Leistungskomponenten), so läßt sich Beratungsproduktion in der formalen Struktur des Modells von K. Lancaster (1966) abbilden: Die Problemlösungstechnologien von Beratern und Klienten bilden Vektoren in einem Raum, der durch die relevanten Outputdimensionen aufgespannt wird.

2.2 Stufe 1 der Analyse: Einfaches Beratungsproblem, bei dem die ideale Problemlösung feststeht

Für eine Problemlösung seien beispielhaft strategische und operative Aspekte relevant. Unternehmensberater und Klientmitarbeiter seien auf Grund unterschiedlicher Fähigkeiten in der Lage, mit einer Zeiteinheit jeweils ein unterschiedliches Verhältnis dieser Outputdimensionen (effizient) zu produzieren. Im folgenden Beispiel produzieren die Klientmitarbeiter Problemlösungen, die mehr operative Bestandteile enthalten, Berater solche, die mehr strategische Bestandteile enthalten. Dies äußert sich in einem *unterschiedlichen Winkel der Vektoren* in Abbildung 1. Zudem seien die Berater insgesamt effizienter, d. h. sie produzieren in der gleichen Zeit (Einheit: ein Manntag) mehr als die Klienten, was in einem *längeren Vektor* zum Ausdruck kommt. In diesem Grundmodell spielen Faktorpreise (Zeitkosten) zunächst keine Rolle, und es gibt keine Nutzenfunktion. Vielmehr wird das gewünschte Beratungsprojekt durch einen Idealpunkt abgebildet.

---

[9] Vgl. zu den folgenden Ausführungen ausführlicher Schade 1996 und 2000 sowie die dort angegebene Literatur.
[10] Vgl. Engelhardt/Kleinaltenkamp/Reckenfelderbäumer 1993.
[11] Vgl. Kehrer/Schade 1995.

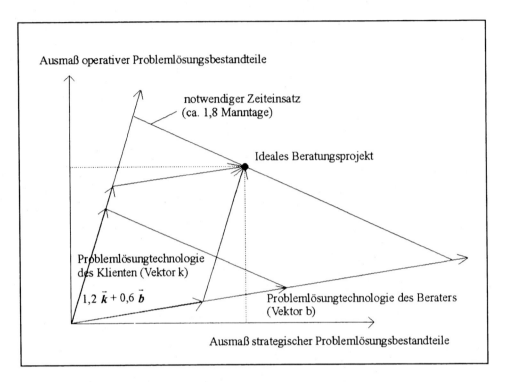

Abbildung 1:   Vektorielle Koproduktion eines idealen Beratungsprojekts

Wie sich aus Abbildung 1 erkennen läßt, sind zur Durchführung des Beratungsprojekts insgesamt ca. 1,8 Manntage erforderlich. Die Klientmitarbeiter arbeiten ca. 1,2 Manntage, der Berater ca. 0,6 Manntage.

2.3 Stufe 2 der Analyse: Optimales Beratungsprojekt unter Berücksichtigung unterschiedlicher Zeitkosten von Beratern und Klientmitarbeitern

Berücksichtigt man, daß der Klient sich in aller Regel nicht auf *ein bestimmtes* Beratungsprojekt festlegt, sondern

(1) über ein Budget verfügt (im folgenden Beispiel 2 Geldeinheiten) und

(2) eine Nutzenfunktion besitzt, die eine periphere Substitution der einen durch die andere Eigenschaft zuläßt, sowie daß

(3) unterschiedliche Zeitkosten (Faktorpreise) für Berater und Klienten vorliegen (die Manntage des Beraters seien doppelt so teuer wie die internen Opportunitätskosten des Klientmitarbeiters),

so ergibt sich die in Abbildung 2 dargestellte Situation.

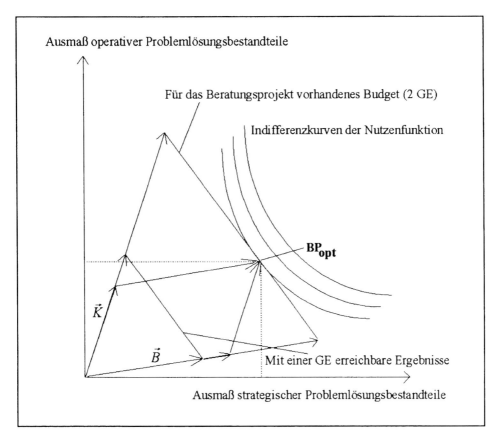

Abbildung 2: Optimales Beratungsprojekt bei gegebenem Budget, substitutionaler Nutzenfunktion und unterschiedlichen Zeitkosten für Berater und Klientmitarbeiter

Wie sich aus Abbildung 2 ersehen läßt, wird für Unternehmensberater nun ein größerer Teil des Budgets aufgewendet, nämlich ca. 1,2 GE, für die Klientmitarbeiter werden dagegen nur 0,8 GE aufgewendet. Umgerechnet werden die Klientmitarbeiter somit 0,8/1 = 0,8 Manntage, die Unternehmensberater dagegen nur 1,2/2 = 0,6 Manntage eingesetzt.

2.4 Stufe 3 der Analyse: Das Matching-Problem im Wettbewerb um Beratungsprojekte

Wie läßt sich die Entstehung von Wettbewerbsvorteilen, von einem „akquisitorischen Potential"[12] im Vektorenmodell erklären? Sieht man vereinfachend von einem Mehr oder Weniger an Reibungsverlusten auf Grund besser oder schlechter zusammenpassender Unternehmenskulturen[13] etc. ab, so läßt sich bereits auf der Basis des Vektorenmodells feststellen, daß sich Wettbewerbsvorteile von Unternehmensberatern nur im Zusammenspiel mit den vorhandenen Problemlösungspotentialen der Klientmitarbeiter erklären lassen. Entscheidend ist also der „Match" oder die *Paßform* zwischen externen und internen Fähigkeiten.

Zur Verdeutlichung sei im folgenden die in Abbildung 3 veranschaulichte, einfache Situation des Wettbewerbs zweier Berater A und B um ein Beratungsprojekt betrachtet. Neben den Problemlösungspotentialen der beiden Berater stehen die der internen Mitarbeiter des Klienten zur Verfügung (Zeitkosten und Budget sind berücksichtigt). Betrachtet man zunächst den alleinigen Einsatz einer der drei Technologien, was einer jeweils alleinigen Problemlösung durch die Klientmitarbeiter, durch Berater A oder durch Berater B entspricht, so wird jeweils das Nutzenniveau U1 erreicht. Auf diese Weise ist also weder begründbar, warum überhaupt ein Berater eingesetzt werden soll, noch ist ein Wettbewerbsvorteil für einen der Berater zu erkennen. Betrachtet man jedoch den gleichzeitigen Einsatz der Klientmitarbeiter und eines Unternehmensberaters, so ist die Beschäftigung eines Beraters vorteilhaft: Es liegt eine *Nutzensynergie* vor. Während durch eine Zusammenarbeit von Berater B mit den Klientmitarbeitern bereits ein Nutzenniveau von U2 > U1 erreicht werden kann, so führt eine Zusammenarbeit mit Berater A zu einem Nutzenniveau von U3 > U2: *Berater A verfügt also über einen Wettbewerbsvorteil bei diesem Klienten und für die Lösung dieses spezifischen Problems in Höhe von U3-U2.*

Der Schlüsselaspekt dieses Ergebnisses ist darin zu sehen, daß gerade Berater B, dessen Eigenschaftsmischung fast genau der im letztlich optimalen Beratungsprojekt entspricht, nicht zum Zuge kommt. Die sich offenbarende Komplexität der Entstehung von Wettbewerbsvorteilen bei integrativen Produkten wie Unternehmensberatungen ist von zentraler Bedeutung für deren Marketing. Es wird deutlich, daß Wettbewerbsvorteile (auch) dadurch erreicht werden können, daß sich die Technologien zwischen Beratern und Klientmitarbeitern ergänzen. Die Betrachtung der Eignung unterschiedlicher Berater im Hinblick auf das zu lösende Problem muß also keineswegs ausreichen, um die Vorteilhaftigkeit einer Kooperation bzw. die Wettbewerbssituation zu verstehen. Das zeigt auch, wie zentral intensive Informationsflüsse zwischen potentiellen Kooperationspartnern vor

---

[12] Vgl. Gutenberg 1979, S. 243-248.
[13] Vgl. zu diesem und weiteren Faktoren Schade 1995.

Vertragsabschluß sein sollten, denn ein zufriedenstellendes *Matching* von Technologien - und ein in Folge damit hohes Nutzenniveau des Auftraggebers im Klientunternehmen - ist nur auf diesem Weg möglich.

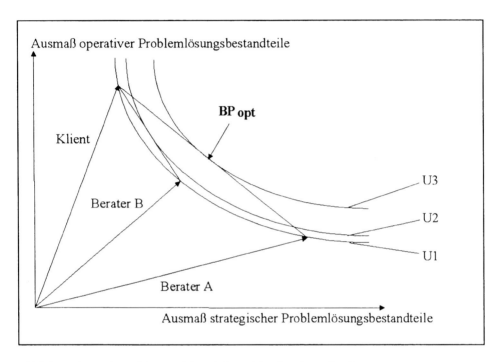

Abbildung 3:   Matching-Problem bei zwei konkurrierenden Beratern

2.5   Weitere Aspekte des Matching-Problems[14]

Die Leistungen von Unternehmensberatern sind Kontraktgüter, d. h. Leistungsversprechen, die spezifisch, komplex und hochwertig sind.[15] Vor dem Vertragsabschluß bestehen daher erhebliche Vertrauensprobleme, die sich auf Leistungsfähigkeit und Leistungswilligkeit beziehen: Das Matching-Problem wird durch potentiell

---

[14]   Vgl. zu den folgenden Ausführungen insbesondere Becker/Schade 1995.
[15]   Vgl. Kaas 1992; Schade/Schott 1993a.

opportunistisches Verhalten[16] – auch der Klienten – vergrößert. Die Situation erinnert in einigen Aspekten daran, was Arrow (1971) als *Informationsparadoxon* bezeichnet hat. Die Unternehmensberater können nicht in beliebigem Umfang Informationen zur Verdeutlichung ihrer Qualifikation übertragen, weil sie ihre Arbeit damit partiell wertlos machen („Dilemma der Leistungsbegründung bei Kontraktgütern"[17]). Vertrauensvolle Interaktionen (im Vorfeld der eigentlichen Beratungsbeziehung) werden daher zu einem Informationssubstitut.

3. Überwindung von Matching-Problemen im Netzwerk von Geschäftsfreundschaften[18]

Auf welche Art und Weise findet der erforderliche multilaterale Informationstransfer in der Realität statt? Wie kann sichergestellt werden, daß es sich hierbei um *vertrauenswürdige* Informationen handelt? In Becker/Schade (1995) wurde die Hypothese aufgestellt, das Netzwerk von Geschäftsfreundschaften sei die *Institution*, die das auf dem Beratungsmarkt zentrale Matching-Problem zu lösen imstande ist. Geschäftsfreundschaften können als „häufige, vertrauensvolle Interaktionen, die durch geschäftliche Interessen motiviert sind"[19] definiert und von Geschäftsbeziehungen, deren Entstehung ein Gütertransfer zugrunde liegt, unterschieden werden. Die Grundidee stammt von Granovetter (1974): Dieser hatte *Arbeitsmärkte* auf Basis der *soziologischen Netzwerktheorie* analysiert. Auch auf Arbeitsmärkten geht es um ein Matching-Problem, und auch hier sind intensive Informationsflüsse offenbar die Voraussetzung für eine erfolgreiche Arbeitsplatzsuche. Die größten Erfolgschancen hatten in Granovetters Studie Personen, die über Freunde, Bekannte und Verwandte von bestimmten Arbeitsplätzen erfuhren.

Grundsätzlich haben soziale Netzwerke Informations-, Sanktions- und Austauschfunktionen.[20] Für das Netzwerk von Geschäftsfreundschaften sind vor allem Informations- und Sanktionsfunktion relevant.[21] Informationen werden dadurch vertrauenswürdig, daß Netzwerkteilnehmer, die als informelle Vermittler zwischen Beratern und Klienten fun-

---

[16] Gemeint ist hier opportunistisches Verhalten im Sinne der Institutionenökonomik, d. h. Verfolgung von Eigennutz unter Aufwendung von List und Tücke (vgl. Williamson 1985, S. 20-22).

[17] Vgl. Schade/Schott 1993b.

[18] Vgl. zu den Ausführungen dieses Abschnitts auch Becker/Schade (1995) sowie Schade (2000, S. 110-133) und die dort angegebene Literatur.

[19] Schade 2000, S. 111.

[20] Vgl. Mitchell 1973; Granovetter 1974; North 1992, S. 43-54.

[21] Vgl. dazu im einzelnen Schade 2000, S. 112-114.

gieren, bei Fehlinformationen sanktioniert (etwa gemieden) werden können. Hinzu kommt der klassische Reputationseffekt: Unternehmensberater, die Mitglieder des Netzwerkes von Geschäftsfreundschaften sind, können sich Fehldarstellungen ihrer eigenen Fähigkeiten (und schlechte Leistungen) nicht erlauben. Die Fähigkeit eines Netzwerkes, gute Matching-Ergebnisse zu erzielen, hängt allgemein von der Struktur des Netzwerkes, von den Anreizen, zu kommunizieren, und von der Position der Akteure ab. Im folgenden soll nur auf die Netzwerkdichte, als Beispiel für ein graphentheoretisches Kriterium für die *Struktur* eines Netzwerkes, sowie auf die Zentralität, als Beispiel für ein graphentheoretisches Kriterium für die *Position* eines Netzwerkmitglieds, eingegangen werden, die beide von besonderer Bedeutung für die Lösung des Matching-Problems sind.

Die Dichte eines Netzwerkes ist definiert als der Anteil von theoretisch möglichen Verbindungen, der wirklich existiert.[22] Diese Definition kann als Funktion der Anzahl von existierenden Beziehungen B (= Kanten) und der Zahl der Netzwerkteilnehmer N (= Ecken) ausgedrückt werden:[23]

(1) $$D = \frac{100 B}{0{,}5 \cdot N \cdot (N-1)} \%$$

Dabei ist D die Dichte in Prozent und $0{,}5 \cdot N \cdot (N-1)$ die Zahl theoretisch möglicher Beziehungen zwischen den Netzwerkteilnehmern. Abbildung 4 zeigt zuerst ein Netzwerk mit niedriger, darunter ein Netzwerk mit höherer Dichte (N = 27). Im ersten Netzwerk beträgt die Dichte ca. 7 %, im zweiten ca. 16 %.

Nur bei einer Netzwerkdichte von 100 % sowie ohne Informationskosten und Anreizprobleme erhielte jeder Netzwerkteilnehmer unmittelbar jede Information.[24] Hier herrschte dann die Informationseffizienz der Neoklassik. In der Realität sind jedoch beide Faktoren in der Regel nicht gegeben, und die Größe eines Netzwerkes wirkt sich hier negativ auf dessen Dichte aus.[25]

Dichte Netzwerke, die also nicht zu groß sein dürfen, führen zu einem tendenziell intensiveren Informationsfluß zwischen den Netzwerkteilnehmern. Das Matching-Problem kann in kleinen, dichten Netzwerken demnach besser gelöst werden als in großen, weiten Netzen.

---

22 Vgl. Barnes 1969, S. 63.
23 Vgl. dazu Niemeijer 1973, S. 46.
24 Vgl. Frenzen/Nakamoto 1993, S. 362.
25 Vgl. zu einer detaillierten Analyse Frenzen/Nakamoto 1993; Schade 2000, S. 116-121.

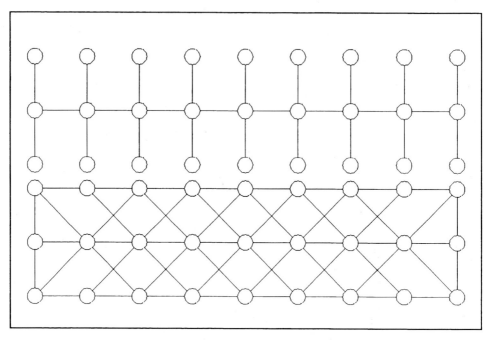

Abbildung 4:   Zwei Netzwerke mit unterschiedlicher Dichte

Die Wahrscheinlichkeit *eines bestimmten Netzwerkteilnehmers*, matching-relevante Informationen zu erhalten, steigt zudem mit der Zentralität seiner Netzwerkposition.

„The centrality of a position in a network refers to its location in relation to other units in the network."[26]

Formal läßt sich diese Definition wie folgt ausdrücken:[27]

(2)
$$Z(b) = \frac{P_b}{(\sum_{n=1}^{N} P_n - P_b) \cdot \frac{1}{N-1}}$$

---

[26] Cook 1977, S. 71.
[27] Vgl. dazu Cook et al. 1983 sowie Freeman 1979.

Dabei ist Z(b) die Zentralität des Unternehmensberaters (b), N die Anzahl aller Netzwerkteilnehmer, einschließlich des Beraters, P_b die Anzahl aller (direkten) Geschäftsfreundschaften des Beraters und P_n jeweils die Anzahl von direkten Geschäftsfreundschaften, die Netzwerkmitglied n (1 bis N) besitzt.

Diese Zentralitätsdefinition besitzt den Nachteil, daß sie nur die *direkten* Verbindungen zwischen den Netzwerkteilnehmern erfaßt, d. h. solche mit einer Kettenlänge von eins (in der Netzwerktheorie steht die Kettenlänge für die Zahl der Zwischenstationen, die zwischen zwei Netzwerkteilnehmern liegen; eine Kettenlänge von zwei würde etwa den Weg über eine Zwischenstation ausdrücken). Für die Wahrscheinlichkeit, mit der ein Unternehmensberater von einer bestimmten Information erfährt, sind jedoch möglicherweise auch Kontakte, die über mehrere Zwischenglieder laufen, bedeutsam. Geht man davon aus, daß Kontakten eine um so geringere Bedeutung zukommt, je größer die Anzahl der zwischengeschalteten Kettenglieder ist und gewichtet diese dementsprechend unterschiedlich, ergibt sich folgende, erweiterte Zentralitätsdefinition:[28]

(3)
$$Z(b) = \frac{\sum_{k=0}^{3} \frac{1}{k+1} \cdot P_{k_b}}{(\sum_{n=1}^{N} \sum_{k=0}^{3} \frac{1}{k+1} \cdot P_{k_n} - \sum_{k=0}^{3} \frac{1}{k+1} \cdot P_{k_b}) \cdot \frac{1}{N-1}}$$

Dabei ist Z(b) die erweiterte Zentralität des Beraters b, P_{k_b} ist die Anzahl von Personen, die der Berater erreicht (oder von denen er erreicht werden kann), ohne eine direkte persönliche Beziehung zu ihnen zu besitzen. Der Berater „kennt" hier alle Personen, zu denen irgendeine Kette besteht. Da *Granovetter* bei Kettenlängen mit 4 Zwischengliedern bereits von Anonymität spricht, werden nur Kettenlängen bis zu einer Länge von 3 berücksichtigt.

Zur Verdeutlichung der Unterschiede zwischen diesen beiden Formen der Zentralität dient das in Abbildung 5 dargestellte Beispiel.

---

28 Vgl. Becker/Schade 1995.

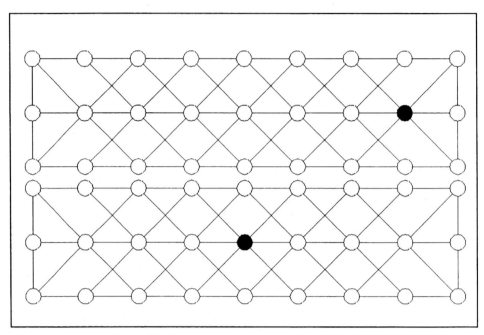

Abbildung 5:   Zwei Netzwerkpositionen mit unterschiedlicher Zentralität

In Abbildung 5 sind zwei Netzwerke abgebildet, die (wie in Abbildung 4) aus jeweils 27 Netzwerkteilnehmern bestehen. Während der Berater (schwarzer Punkt) im ersten Netzwerk eher eine Randposition einnimmt, so befindet er sich im zweiten Fall genau im Zentrum des Netzwerkes. Dies wird bei Anwendung von Formel 2 (Anzahl direkter Beziehungen) jedoch gar nicht deutlich: beide haben hier die gleiche Zentralität. Nur auf der Basis der erweiterten Zentralitätsdefinition (Formel 3) ergibt sich ein deutlicher Unterschied zwischen den beiden Positionen.

Im ersten Netzwerk beträgt die Zentralität der Position nach Formel 3:

$Z(1) = 1,024$

Demgegenüber ergibt sich im zweiten Netzwerk:

$Z(2) = 1,438$

Es ist m. E. unmittelbar evident (läßt sich aber auch formal zeigen[29]), daß Berater, die zentrale Positionen – gemäß Formel 3 – in dichten Netzwerken – gemäß Formel 1 – besitzen, besonders gute Chancen haben, das Matching-Problem zu lösen, und daß ihnen daraus ein Wettbewerbsvorteil entsteht.

Wie aber lassen sich zentrale Positionen in dichten Netzwerken erreichen? Sieht man von Unterschieden in der Ausgangsposition – etwa durch existierende Kontakte aus Studium oder vorheriger Beschäftigung – vereinfachend ab, so ist dafür vor allem der *Einsatz von Zeit* erforderlich. Zeit für das „Networking" – das ist teure Arbeitszeit, die nicht für die Abwicklung der Projekte zur Verfügung steht, die keine unmittelbaren Einnahmen bewirkt, deren Einsatz sich also erst langfristig lohnt (investive Perspektive). Der Tradeoff zwischen Arbeitszeiteinsatz für Problemlösungen in Projekten und für das Networking ist ein Zeitallokationsproblem, das geeignet auf der Basis des Modells von G. Becker (1965)[30] analysiert werden kann. Empfehlungen wie die von Kelley, 10-25 % der Arbeitszeit für das Marketing und 75-90 % für die eigentlichen Beratungsaktivitäten einzusetzen, geben einen ersten Anhaltspunkt, sind aber sicherlich zu pauschal.[31]

4. Empirische Resultate und Ausblick

Inwieweit lassen sich diese theoretischen Überlegungen durch empirische Resultate belegen; sehen auch Praktiker den Aufbau und die Pflege persönlicher Kontakte als zentrales Kommunikationsinstrument für die Unternehmensberatung? Antworten auf die Fragen zur Bedeutung verschiedener Maßnahmenarten für die Gewinnung neuer Klienten (Kurve Berater) bzw. nach deren Einfluß auf die Wahrnehmung der Beraterkompetenz (Kurve Klienten 1) und der Vertrauenswürdigkeit des Beraters (Kurve Klienten 2), die im Rahmen einer umfassenden, Ende 1993 durchgeführten Befragung von 121 Beratern und 74 Klienten[32] gestellt wurde, sollen an dieser Stelle Aufschluß geben. Die Ergebnisse sind in Abbildung 6 wiedergegeben. Die Maßnahme des Aufbaus und der Pflege persönlicher Kontakte wird in direktem Vergleich mit klassischen kommunikationspolitischen Aktivitäten, die etwa im Konsumgütermarketing von einiger Bedeutung sind, von den Beratern (1=sehr wichtig; 5=völlig unwichtig) im Mittel am höchsten eingestuft (1,1). Für die Klienten liegt hier das Kriterium vor, von welchem aus man am besten sowohl auf die Kompetenz (2,1) als auch auf die Vertrauenswürdigkeit (2,1) eines Unternehmensberaters schließen kann (1=sehr gut; 5=überhaupt nicht).

---

29 Vgl. dazu im einzelnen Becker/Schade 1995; Schade 2000.
30 Vgl. zu einer Übertragung auf das dargestellte Problem Becker/Schade 1995.
31 Vgl. Kelley 1981, S. 109.
32 Vgl. Kaas/Schade 1995.

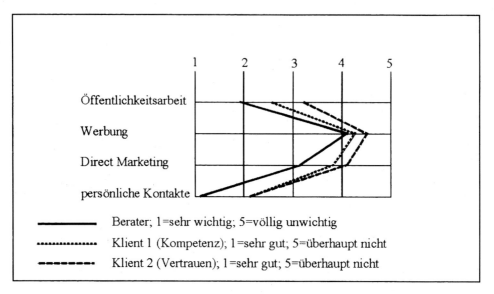

Abbildung 6: Bedeutung kommunikationspolitischer Maßnahmen (Mittelwerte)

Dieses Ergebnis läßt sich m. E. als Hinweis auf die Bedeutung des Netzwerkes von Geschäftsfreundschaften interpretieren. Dagegen scheinen anonyme Kommunikationsmaßnahmen wie Direct Marketing und anonyme Werbung weniger gut geeignet zu sein, die Informationsprobleme des Beratungsmarktes zu lösen. Informationsaktivitäten, die vor allem eine Richtung zulassen (vom Berater zum Klienten), die nicht multilateral sind, führen scheinbar nicht zu einer Lösung des Matching-Problems, und sie sind nicht glaubwürdig genug. Die „halbanonymen" Maßnahmen der Öffentlichkeitsarbeit nehmen eine Mittelposition ein.

Wie hat man sich im übrigen die *realen Netzwerke* vorzustellen, in denen sowohl Berater als auch Klienten agieren, in denen die persönlichen Kontakte also gepflegt und die beratungsrelevanten Informationen übertragen werden? In der Realität stößt man hier auf diverse Clubs, etwa Sportclubs (Golf, Tennis etc.), in den USA auf die sich zur Zeit in Mode befindenden Zigarrenclubs, auf Branchenvereinigungen, Interessengruppen usw. Es gibt aber wohl auch so etwas wie das „Geschäftsleben" einer Wirtschaftsmetropole: Man kennt sich, man trifft sich privat, man tauscht Erfahrungen aus etc.

Wie branchenspezifisch sind eigentlich die vorgetragenen Überlegungen zum „Matching"? Sie sind es insofern, als daß der Absatzerfolg bei Zahncreme sicherlich nichts mit den privaten Kontakten des Käufers zum Vorstand des betreffenden Herstellerunternehmens zu tun hat, daß hier eher anonyme Werbung und andere klassische Marketinginstrumente wie Verkaufsförderung eine Rolle spielen. Im Grunde ist Matching aber wohl kein *im engeren Sinne* branchenspezifisches Problem. Es ist vielmehr ein Problem, das alle integrativen Dienstleistungen, vielleicht sogar alle integrativen Kontraktgüter betrifft, auch wenn es für das Marketing gerade kleiner und mittlerer Beratungsunternehmen sicherlich besonders typisch ist. Teile der Überlegungen lassen sich auf Werbung, Wirtschaftsprüfung und Anlagenbau übertragen, andere vielleicht weniger. Dies bedürfte einer eigenständigen Untersuchung.

5. Literatur

Arrow, K. J. (1971): An Essay in the Theory of Risk-Bearing, Chicago.

Backhaus, K. (1990): Betriebswirtschaftliche Beratung von Unternehmen durch Wirtschaftsprüfer, in: Die Wirtschaftsprüfung, Jg. 43, S. 680-688.

Backhaus, K. (1992): Der Wirtschaftsprüfer als Unternehmensberater - Selbstverständlichkeit oder neue Herausforderung?, in: Rechnungslegung und Prüfung 1992, hrsg. von J. Baetge, Düsseldorf, S. 167-198.

Barnes, J. A. (1969): Graph Theory and Social Networks: A Technical Comment on Connectness and Connectivity, in: Sociology, Vol. 3, S. 215-332.

Becker, G. S. (1965): A Theory of the Allocation of Time, in: Economic Journal, Vol. 75, S. 493-517.

Becker, U./Schade, C. (1995): Betriebsformen der Unternehmensberatung; eine Erklärung auf der Basis der Netzwerktheorie und der Neuen Institutionenlehre, in: Zeitschrift für betriebswirtschaftliche Forschung, Jg. 47, S. 327-354.

Born, A. (1992): Organisation der Beratungsunternehmung, in: Handwörterbuch der Organisation, 3. Auflage, Stuttgart, Sp. 329-340.

Bundesverband Deutscher Unternehmensberater e. V. (BDU) (1993): Pressemitteilung vom 7.10.1993, Bonn.

Bundesverband Deutscher Unternehmensberater e. V. (BDU) (1994): Ein Blick auf 1994, Presseinformation vom Dezember 1994, Bonn.

Bundesverband Deutscher Unternehmensberater e. V. (BDU) (1996): Der Markt für Unternehmensberatung: Facts and Figures 1996; Presseinformation vom Dezember 1996, Bonn.

Bundesverband Deutscher Unternehmensberater e. V. (BDU) (1999): Facts and Figures zum Beratermarkt 1999, Bonn.

Cook, K. (1977): Exchange and Power in Networks of Interorganizational Relations, in: The Sociological Quarterly, Vol. 18, S. 62-82.

Cook, K. et al. (1983): The Distribution of Power in Exchange Networks: Theory and Experimental Results, in: American Journal of Sociology, Vol. 89, S. 275-305.

Elfgen, R./Klaile, B. (1987): Unternehmensberatung. Angebot, Nachfrage, Zusammenarbeit, Stuttgart.

Engelhardt, W. H./Kleinaltenkamp, M./Reckenfelderbäumer, M. (1993): Leistungsbündel als Absatzobjekte, in: Zeitschrift für betriebswirtschaftliche Forschung, Jg. 45, S. 395-426.

Freemann, L. C. (1979): Centrality in Social Networks: Conceptual Clarification, in: Social Networks, Vol. 1, S. 215-239.

Frenzen, J./Nakamoto, K. (1993): Structure, Cooperation, and the Flow of Market Information, in: Journal of Consumer Research, Vol. 20, S. 360-375.

Granovetter, M. (1974): Getting a Job; a Study of Contacts and Careers, Harvard.

Gutenberg, E. (1979): Grundlagen der Betriebswirtschaftslehre, 2. Bd.: Der Absatz, 16. Auflage, Berlin - Heidelberg, New York.

Henzler, H. A. (1993): Unternehmensberatung, in: Handwörterbuch der Betriebswirtschaft, hrsg. von W. Wittmann u. a., Bd. 3, 5., völlig neu gestaltete Auflage, Stuttgart, Sp. 4307-4315.

Junginger, W. (1987): Ausputzer. Der verschärfte Wettkampf der Unternehmensberater, in: Capital, 4, S. 187-193.

Kaas, K. P. (1992): Kontraktgütermarketing als Kooperation zwischen Prinzipalen und Agenten, in: ZfbF, Jg. 44, S. 884-901.

Kaas, K. P./Schade, C. (1995): Unternehmensberater im Wettbewerb; eine empirische Untersuchung aus der Perspektive der Neuen Institutionenlehre, in: Zeitschrift für Betriebswirtschaft, Jg. 65, S. 1067-1089.

Kehrer, R./Schade, C. (1995): Interne Problemlösung oder Konsultation von Unternehmensberatern? Ein Rahmenkonzept zur sukzessiven Entscheidungsfindung auf transaktionskosten- und organisationstheoretischer Basis, in: Die Betriebswirtschaft, Jg. 55, S. 465-479.

Kelley, R. E. (1981): Consulting; the Complete Guide to a Profitable Career, New York.

Koopmans, T. C. (1951): Analysis of Production as an Efficient Combination of Activities, in: Activity Analysis of Production and Allocation, hrsg. von T. C. Koopmans, New York, London, S. 33-97.

Lancaster, K. J. (1966): A New Approach to Consumer Theory, in: Journal of Political Economy, Vol. 74, S. 132-157.

Lange, S. (1994): Die Kompatibilität von Abschlußprüfung und Beratung: eine ökonomische Analyse, Frankfurt am Main u. a.

Meier, F. (1991): Die Industrie steigt mit der Vermarktung von Know-how in das Beratungsgeschäft ein, in: Handelsblatt, Nr. 179, 17.9.1991, S. 23.

Mitchell, C. (1973): Networks, Norms and Institutions, in: Network Analysis and Human Interaction, hrsg. von J. Boissevain und C. Mitchell, The Africa-Studiencentrum, Leiden (South-Africa), S. 15-35.

Niedereichholz, C. (1994): Unternehmensberatung; Beratungsmarketing und Auftragsakquisition, München, Wien.

Niemeijer, R. (1973): Some Applications of the Notion of Density to Network Analysis, in: Network Analysis and Human Interaction, hrsg. von J. Boissevain und C. Mitchell, The Africa-Studiencentrum, Leiden (South-Africa), S. 45-64.

North, D. C. (1992): Institutionen, institutioneller Wandel und Wirtschaftsleistung, Tübingen.

o. V. (1994): How 10 Leading Consulting Firms Stack Up, in: Business Week, 25.7.1994

Pankow, M. (1990): 100 Jahre Dienstleistungen, in: 100 Jahre Dienstleistungen. Zur Geschichte der DTG, hrsg. vom Vorstand der KPMG Deutsche Treuhand-Gesellschaft Aktiengesellschaft Wirtschaftsprüfungsgesellschaft, Berlin, Frankfurt a. M., S. 145-173.

Rassam, C./Oates, D. (1991): Management consultancy; the Inside Story, London.

Reckinger, G. (1989): Immer mehr Banken bieten Unternehmensberatung an, in: Handelsblatt, Nr. 158, 17.8.1989, S. 6.

Schade, C. (1995): Kompatibilitätskriterien, Kompatibilitätsmanagement und Projektselektion in der Unternehmensberatung, in: Dienstleistungsmarketing - Konzeptionen und Anwendungen, hrsg. von M. Kleinaltenkamp, Wiesbaden, S. 63-88.

Schade, C. (1996): Standardisierung von Beratungsleistungen: Eine Analyse integrativer Produktionsprozesse, in: Grundsatzfragen und Herausforderungen des Dienstleistungsmarketing, hrsg. von A. Meyer, Wiesbaden, S. 69-96.

Schade, C. (2000): Marketing für Unternehmensberatung; ein institutionenökonomischer Ansatz, 2. Auflage, Nachdruck, Wiesbaden.

Schade, C./Schott, E. (1993a): Kontraktgüter im Marketing, in: Marketing - Zeitschrift für Forschung und Praxis, Jg. 15, S. 15-25.

Schade, C./Schott, E. (1993b): Instrumente des Kontraktgütermarketing, in: Die Betriebswirtschaft, Jg. 53, S. 491-511.

Williamson, O. E. (1985): The Economic Institutions of Capitalism, New York.

Karlheinz Wöhler

Tourismusmarketing

1. Einleitung: Produktbestimmung
2. Netzwerke
   2.1   Informationen und Kommunikationsnetzwerke
   2.2   Produktsystem
3. Spezifika des Marketing für Tourismusprodukte
   3.1   Institutionenökonomische Zugänge
   3.2   Standardisierung
4. Schlussbemerkung
5. Literatur

1. Einleitung: Produktbestimmung

Der Gegenstand eines Tourismusmarketings ist beim ersten Blick uneinheitlich. Ist es die Pauschalreise, die von Reiseveranstaltern und neuerdings von touristischen (Primär-)Leistungsträgern wie Hotels, Transportunternehmen oder Freizeitunternehmen wie Golfclubs vermarktet wird? Rücken beispielsweise Hotels auf diese Weise in den Blickpunkt, dann sind es die um weitere Leistungen (wie etwa Verpflegung, Flug, Vermittlung) angereicherten Unterbringungs-Dienstleistungen, die den eigentlichen Marketinggegenstand ausmachen. Darüber hinaus betreiben lokale, regionale und überregionale Organisationen für Reiseziele bzw. Räume ein Tourismusmarketing. Hotels oder Golfclubs stellen aus deren Sicht Komponenten ihres räumlichen Leistungsbündels dar, dessen aquisitorisches Potenzial sich damit erhöht. Was wird also im Tourismus verkauft und gekauft sowie konsumiert und gelangt somit in das analytische und praxeologische Aufmerksamkeitsfeld des Marketings? Ähnlich wie bei anderen neuen Wissenschaften der (Post-)Moderne – man denke etwa an Umwelt-, Medien- oder Pflegewissenschaften –, die nicht nur Gegenstand unterschiedlicher (alter) Fachdisziplinen sind, sondern die auch selbst auf die herkömmlichen Fachdisziplinen zum Zwecke ihrer eigenen Analyse zurückgreifen müssen, ist es für ein Tourismusmarketing recht schwierig, den spezifischen (Problem-)Gegenstand zu bestimmen (vgl. Wöhler 1998a).

Zur Bestimmung des Tourismusmarketing-Gegenstandes ist eine kulturwissenschaftliche Analyse des Tourismus notwendig. Hier sei sie vernachlässigt und lediglich festgestellt, dass letztendlich eine Differenz bzw. das Andere zum Alltag nachgefragt und angeboten wird (vgl. Wöhler 2000). Diese Differenz zum Alltag wird in einem anderen, dem Alltag abgewandten Raum bzw. Ort gesehen. Um diesen differenten Raum zu erreichen, ist eine Raumüberwindung, die Inanspruchnahme einer Transportleistung notwendig. Das Angebot des „anderen Raumes" richtet sich an den Präferenzen der Raumnachfrager (= Touristen) aus, indem dieser nachgefragte Raum vielfältig und unterschiedlich zielgruppen- bzw. präferenzgerecht in Wert gesetzt wird (Angebotsgestaltung). In dem Maße, wie diese Raumangebote und Raumüberwindungsleistungen akzeptiert werden, d. h. zur Bedürfnisbefriedigung beitragen, erschließen sich Rentabilitäten. Diese konstitutiven Elemente des Tourismus (siehe Abbildung 1) kristallisieren den genuinen Gegenstand des Tourismusmarketings heraus: die Bereitstellung und Nutzung eines Raumes für eine bestimmte Zeit. Sei es nun ein Platz in einem Airbus, ein Zimmer in einem Hotel oder nur eine Wanderung, stets nutzen Menschen in Wert gesetzte Räume. Diese Inwertsetzung beruht nicht allein auf materiellen und personellen Infrastrukturen, sondern neben diesem ökonomischen Kapital wird auch soziales und symbolisches Kapital eingesetzt, um den aufgesuchten Raum als „anders" auszuloben.

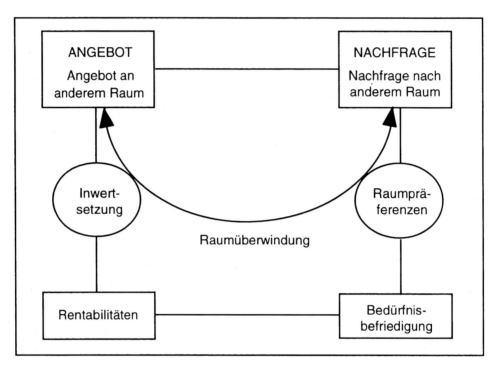

Abbildung 1: (Vereinfachtes) Tourismusmodell

Zwischen Anbietern und Nachfragern wechseln demnach zu keiner Zeit materielle Güter ihren Besitzer. Das Tauschobjekt ist vielmehr ein *zeitlich begrenztes Nutzungsrecht* an einem von Zuhause abgewandten Raum bzw. Ort. Der Reisende bzw. Tourist verfügt demnach nicht über uneingeschränkte Property Rights, sondern über ein beschränktes bzw. unvollständiges Verfügungsrecht, eben über eine beschränkte Nutzung von Raumressourcen (= „usus"; vgl. hierzu allgemein Richter/Furubotn 1996, S. 82 ff.). Die Verfügungs- bzw. Eigentumsrechte sind nicht nur auf Nutzung beschränkt, sondern sie sind überdies noch dergestalt „verdünnt", dass zum einen je spezifisch geltende institutionelle Regelungen des Raumnutzungskontextes (Gesetze, administrative Vorschriften und Ordnungen) und ein allgemeiner Zugang zu bestimmten Räumen andererseits (Strand, Berge, etc., kurz: „Land und Leute") die Exklusivität selbst dieses Nutzungsrechtes einschränken. Diese Einschränkungen bzw. Verdünnungen werden jedoch insofern kompensiert, als dem Touristen dennoch eine unbestimmbare Anzahl von Raumnutzungsrechten wie z. B. „Sonnenlandschaft", Kultur- und Naturlandschaften, Sight- und Life-Seeing, Dominanzgehabe gegenüber Bereisten und Servicepersonal etc. verbleibt (vgl. Urry 1990).

Diese Nutzungsrechte erstrecken sich auf *öffentliche Güter*, die zusammen mit den privaten „Nutzungsrecht-Gütern" das eigentliche touristische Produkt ausmachen: Im Falle des Verkaufs wird ein Bündel von Raumnutzungsrechten von Personen/Organisationen auf andere übertragen (bzw. gehandelt). „Hotel, Sonne und Meer" oder „Studienreise und Kennenlernen alter Kulturen" und auch „Herrliche Wanderwege nahe gepflegten, modernen Unterkünften in einer reizvollen, mittelaiterlichen Stadt" oder „Fliegen ab einem verkehrsgünstig gelegenen Flughafen" und „Buchen und Fliegen: alles in einer Hand" verweisen darauf, dass touristische Produkte durchweg aus komplementären Komponenten zusammengesetzt sind, wobei im Kontext der Raumnutzung stets ein öffentliches Gut eine wesentliche, nicht bzw. kaum monetär entgoltene Komponente darstellt (und somit zu externen Effekten führt; vgl. Wöhler/Saretzki 1999, S. 9 ff.). Erst die Verbindung mehrerer Komponenten stiftet einen Nutzen, und dies bedeutet angebotsseitig, dass das touristische Produkt als „Leistungsbündel" in Gestalt von *Netzwerken* hergestellt und kommuniziert wird (vgl. hierzu allgemein Economides 1996a).

2. Netzwerke

Da die Erträge der (Fremd-)Raumnutzung erst durch die Inanspruchnahme des Touristen (Gast), also durch dessen Präsenz und Co-Produktion, erfahrbar sind, können touristische Produkte nur als *Leistungsversprechen* verkauft und distribuiert werden. Als Leistungsbündel ist das touristische Produkt ein komplexes und auf die Präferenzen der Gäste zugeschnittenes Gut. Herstellung und Distribution touristischer Produkte setzen demzufolge eine bestimmte Kooperation der diesbezüglichen Akteure voraus. Diese Transaktionskonstellation kennzeichnet touristische Produkte als „Kontraktgüter" und weist somit das Tourismusmarketing als „Kontraktgütermarketing" aus (Kaas 1995, S. 24; 31 ff.). Das Vertrackte der touristischen Kontraktgüter liegt in der Eingeschlossenheit der Akteure in das Produkt- und Produktionssystem. Diese Eingeschlossenheit (bzw. „Lock-in") und die damit verbundenen Transaktionskosten und Netzwerkexternalitäten (vgl. hierzu Williamson 1990, S. 61 ff.; Nelson 1997) stellen im Grunde die durch ein Tourismusmarketing zu lösenden Probleme dar. Um dieses darzulegen, ist zunächst einmal die touristische Akteurskonstellation im Produkt- und Produktionssystem zu klären.

Die Abbildung 2 kann zunächst als typische Reise- und Wertschöpfungskette gelesen werden: Hotelunterkunft mit Halbpension (primärer Leistungsträger) und Mietwagen (sekundärer Leistungsträger) sind von einem Reiseveranstalter in Verbindung mit einer ortsansässigen Agentur (Leistungsbündler) über ein Reisebüro (Mittler) an einen individuellen Nachfrager vertrieben worden. Die in der Matrix eingefügten Beispiele demonstrieren, dass jeder dieser Akteure in Transaktionsbeziehungen mit einem anderen Akteur treten und damit touristische Produkte herstellen kann. Um als Reiseveranstalter tätig zu werden, muss man lediglich Nutzungsrechte erwerben und diese für eine bestimmte Zeitdauer gegen Entgelt anderen überlassen. Die Produkterstellung selbst erstreckt sich auf folgende Phasen (vgl. Corsten 1990, S. 103 ff.; Engelhardt/Kleinaltenkamp/Reckenfelderbäumer 1993):

Tourismus-akteure	Primäre Leistungs-anbieter	Sekundäre Leistungs-anbieter*	Leistungs-bündler**	Mittler/Inter-mediäre	Individuelle und organi-sationale Endnach-frager
Primäre Leistungs-anbieter	Fluggesell-schaften bilden Allianzen	Hotelanlage pachtet von öffentlicher Hand See-grundstück	Reiseveran-stalter erstellt Pauschal-reise	Bahnticket-Verkauf	Herr M. bucht direkt Hotel "Mar y Sol"
Sekundäre Leistungs-anbieter			Lokale Frem-denverkehrs-stelle bietet Wanderung mit Picknick an		
Leistungs-bündler	Vertikale Integration eines Reiseveranstalters				
Mittler/Inter-mediäre		Musical-Ticketver-kauf		Reisebüro-kooperation	
Individuelle und organi-sationale Endnach-frager	Vielflieger-rabatt für Geschäfts-kunden			Frau S. bucht eine Reise online	Firmen bilden Einkaufs-kooperation

* Anbieter komplementärer Komponenten/Produkte
** z.B. Reiseveranstalter, Fremdenverkehrsstellen (Tourist-Informationen, Kurverwaltungen etc.), Agenturen; aber auch: Branchenfremde wie TV-Sender und Kreditkartenunternehmen bis hin zu Vereinen und Vereinigungen

 können beide Rollen/Funktionen ausüben

können als Leistungsbündler fungieren

Abbildung 2: Akteure des touristischen Produkt- und Produktionssystems

- In Erwartung des präsumtiven Raumnachfragers (Endverbraucher) werden Faktoren vorkombiniert. Das Ergebnis dieser *Vorkombination* ist die *Leistungsbereitschaft*. Die Leistungsbündler wie z. B. ein Reiseveranstalter nehmen diese Vorkombination auf eigene Rechnung und Verantwortung vor (hier: Pauschalreise). Die primären und sekundären Leistungsanbieter müssen aber auch selbst ihre Leistungsbereitschaft sicherstellen. In diesem Fall ist der Reiseveranstalter sowohl Anbieter (mit seinem Pauschalangebot gegenüber dem Mittler und Endnachfrager) als auch Nachfrager (gegenüber primären Leistungsanbietern). Diese Leistungsträger können selbst als Leistungsbündler auftreten und über Computernetze und Reisebüros ihr Angebot an den Endverbraucher distribuieren. Selbstverständlich müssen auch die Mittler/Intermediäre wie jeglicher touristischer Dienstleistungsanbieter Leistungsbereitschaften vorhalten, und dies bedeutet, intern Produktionsfaktoren so vorzukombinieren, dass sich der Endnachfrager in diese Leistungspotenziale integrieren kann. Endnachfrager können schließlich in unmittelbare Austauschbeziehungen mit den primären und sekundären Leistungsanbietern sowie den Leistungsbündlern treten.

- Durch die Inanspruchnahme dieser unterschiedlichen und vielfältigen Leistungspotenziale seitens des Endnachfragers, d. h. des Einsatzes der Leistungsbereitschaft bei der sukzessiven Integration des Endnachfragers (externer Produktionsfaktor) in das bereitgestellte Leistungspotenzial, kommt es zur *Endkombination* bzw. -produktion oder *finalen Leistungserstellung*. Das Ergebnis dieser integrativen Prozesse realisiert sich im/am Endverbraucher (Ergebnisse: „herrlicher Urlaub", „sich mal so richtig erholt haben", „viele Abenteuer", „guter Service", „Neues kennengelernt haben", „erkenntnisreiche Tagung" etc.).

Wenn man sich die nicht benennbare Vielfalt, oder besser: Kombinationsvielfalt der primären und sekundären Leistungsanbieter vor Augen hält und zudem in Rechnung stellt, dass es auf dem Globus unzählige Orte bzw. Räume gibt, die sich mit diesen Kombinationen als Tourismusprodukte ausloben und in denen sich diese vielfältigen Leistungsträger selbst als Tourismusanbieter ausweisen, dann kommt unter dem Strich nur eines heraus: Angesichts dieser immensen touristischen Produktvielfalt, die in keinem anderen Markt anzutreffen ist und die sich noch dadurch erhöht, dass mit jeder sukzessiven, tourismusalltäglichen Integration in das Leistungspotenzial ein neues, „flüchtiges" Produkt wie z. B. Ausflug, Abendessen, Sonnenbad oder Mountainbiken entsteht, ist eine Reduktion auf allgemeine (theoretische) Strukturen notwendig, um den Kern des Tourismusmarketings herauszuarbeiten. Die Kategoriebildung in Abbildung 2 ist der erste, unabdingbare Schritt für eine entsprechende Erkenntnisgewinnung.

2.1 Informationen und Kommunikationsnetzwerke

Der Tourismus ist zu Recht als ein „Informationsgeschäft" bezeichnet worden (Schertler 1994). Es kann kein Zweifel bestehen, dass sowohl in der Vorkombinations- als auch in der Endkombinationsphase Informationen ausgetauscht werden. Die Tourismusakteure kommunizieren unmittelbar und/oder mittelbar über physische Einrichtungen und errichten auf diese Weise ein Kommunikationsnetzwerk. Um sich zu koordinieren, d. h., Leistungsbereitstellungen und Endprodukte herzustellen, benötigen die Akteure Informationen. Ein intensiver Informationsaustausch, eine hohe Informationsdichte und ein guter Informationszugang sind allein schon deshalb eine conditio sine qua non, liegen doch dem Endnachfrager die „Finalprodukte" weder beim Kauf/Buchung vor, noch ist beim Leistungserstellungsprozess vorab klar, woraufhin Anbieter ihre Leistungspotenziale zeitlich, mengenmäßig, preislich und qualitativ ausrichten sollen. Die Aufgabenerfüllung ist auch aufgrund unvorhersehbarer Nachfrageverschiebungen, veränderter Wettbewerbsbedingungen, plötzlicher kritischer Ereignisse („Skandale" die Umwelt und die Ernährung betreffend, Konflikte in Ländern etc.), Gesetzesveränderungen (Ökoabgaben etwa) nicht eindeutig bestimmbar. Darüber hinaus und vor diesem Hintergrund der Beschreibungsschwierigkeiten der Aufgaben hat der Leistungsbündelcharakter touristischer Produkte zur Folge, dass touristische Leistungen arbeitsteilig zu erbringen sind. Daraus resultieren ebenfalls hohe Informationsbedarfe, um sich effizient zu koordinieren (vgl. hierzu allgemein Picot/Frank 1993).

Diese strukturelle Situation der Austauschbeziehungen im Tourismus definiert nicht die alternative Tauschlogik „Markt" oder „Hierarchie". Macht verflüchtigt sich in dem Augenblick, wo die Machtressourcen aufgrund der oben beschriebenen Aufgabenunsicherheiten obsolet werden. Und Preisinformationen als effizientes Koordinationsmedium bei Märkten reichen nicht aus, da sich weder die Eigenschaften der Tourismusgüter in Preisen eindeutig widerspiegeln, noch lassen sich die Verwendungsmöglichkeiten und die tatsächliche Verwendung dieser Güter im Preis abbilden: Nach dem Tausch (Kauf/Buchung/Vertragsabschluss) kann die endogene und exogene Transaktionswelt ganz anders aussehen und eine vorab gewollte bzw. vorgegebene Leistungsbereitschaft und Leistungsfähigkeit verunmöglichen (vgl. hierzu allgemein Terberger 1994, S. 56 ff.). Unter diesen Verhältnissen, die den idealisierenden Voraussetzungen eines vollkommenen Marktes widersprechen und Macht zumindest relationieren, sind netzwerkförmige Austauschbeziehungen effizient (vgl. Klein 1996, S. 120 ff.; Kappelhoff 1997). In Kommunikationsnetzwerken wird der Leistungsaustausch kooperativ durch intensive Kommunikation integriert, also durch gegenseitigen Austausch von Informationen und somit von Wissen.

Da – um es mit anderen Worten auszudrücken – keine fertigen Tourismusprodukte verkauft werden, diese erst als Leistungsbündel durch Mithilfe bzw. Integration des Touristen hergestellt werden, ist eine informationsgestützte Zusammenarbeit zwischen Anbietern und Nachfragern notwendig. Diese Zusammenarbeit erstreckt sich nicht nur auf Anbieter und Endnachfrager, sondern auch auf den Business-to-Business-Bereich, d. h., touristische Leistungsträger, Leistungsbündler und Mittler interagieren, um beispielsweise Pauschalen, Tagungen mit Ausflugsprogrammen oder Flug mit Mietwagen bereitzustellen (insofern beinhaltet das Kontraktgütermarketing auch ein „Beziehungsmarketing"; im Gegensatz dazu vgl. Kaas 1995, S. 23 ff.). Die Integration von Informationen in die touristischen Leistungsprozesse ist demzufolge unabdingbar. Informationen mutieren bei der touristischen Leistungsfindung und -erstellung quasi zu Produktionsfaktoren (vgl. Schertler 1994).

Informationen abrufen, sich darstellen und Transaktionen abwickeln sind die wesentlichen Bereiche jeder Netzwerkkommunikation. Heute können diese drei Funktionen zusammen aufgrund der Informationstechnologie in unterschiedlichen Netzen erfüllt werden (vgl. Klein 2000; Werthner 1998). Prospekte, Verzeichnisse oder die CRS/GDS (Computerized Reservation Systems/Global Distribution Systems) existieren weiterhin als Kommunikationsnetzwerke, doch sie müssen sich mit den modernen elektronischen Netzwerken und Marktplätzen in Bezug auf Geschwindigkeit, Aktualität, Qualität und Tiefe, Korrektheit und Verfügbarkeit der Informationen sowie Netzwerkgröße messen lassen. Prinzipiell gilt bei all diesen Kommunikationsnetzwerken, dass mit jedem Beitritt zum Netzwerk für alle anderen Netzwerkangehörigen positive Netzwerkexternalitäten verbunden sind (vgl. allgemein Matutes/Regibeau 1996). Sucht beispielsweise ein potenzieller Urlaubsgast in einem Ortsprospekt eine Unterkunft, dann erhöht sich sein Nutzen, wenn gleichzeitig Gaststättenbetriebe verzeichnet sind, die er dann beim Aufenthalt aufsuchen wird. Zugleich hat auch der Kommunikationsnetzwerkangehörige „Gasthaus Sonne" durch seinen Beitritt in dieses „archaische" Netzwerk einen Nutzen, kommt er doch zumindest in das Aufmerksamkeitsfeld des Touristen. Es sind also die komplementären Produkte, die das Kommunikationsnetzwerk bilden. Kommunikationsnetzwerke dienen demzufolge der Koordination wirtschaftlicher Aktivitäten. Vor diesem Hintergrund ist es nachvollziehbar, wenn sich in den modernen Netzen eine Vielzahl unterschiedlicher Anbieter platziert, sei es, dass sie direkt oder indirekt zum touristischen Endkunden vordringen wollen, oder sei es, dass sie sich als Produktionsfaktoren für Leistungserstellungsprozesse anderer anbieten.

2.2 Produktsystem

Dem Tourismus werden mannigfaltige Multiplikatoreneffekte zugeschrieben. Für die Zwecke hier können sie wie folgt übersetzt werden: Nach der Buchung/dem Kauf einer primären Tourismusleistung wie z. B. einer Unterkunft werden später weitere sekundäre Leistungen wie etwa Verpflegung, Unterhaltung, Rundfahrten etc. erworben. Der Endnachfrager verbindet also komplementäre Leistungen bzw. Produkte zu einem Produktsystem oder einem Komponentennetzwerk. Diese Produkte stiften keinen bzw. keinen großen Nutzen, erst in der Summe haben sie einen hohen Wert. Leistungsbündler wie Reiseveranstalter antizipieren auch diesen Zusammenhang, wenn sie komplementäre Produkte bzw. ein Produktsystem mit komplementären Komponenten zusammenstellen (= Pauschalreise). Dass Reiseveranstalter Raumnachfrager (Aufenthalts- und damit Unterkunftsgäste) etwa für Spanien oder die Dominikanische Republik rekrutiert haben, hat einen Einfluss auf die Vielfalt, Menge und Preise der sekundären Leistungsanbieter. Vielfalt und Skaleneffekte zusammenpassender sekundärer Produkte (scope) verbilligen den Pauschalreisepreis und/oder machen das Pauschalangebot qualitativ attraktiver, und dies bedeutet, dass sich mit der Menge des Basisprodukts „Unterkunft" und damit der

Unterkunftsgäste, die komplementäre sekundäre Leistungen nachfragen, über diese sekundären Produkte/Leistungen indirekte Netzwerkexternalitäten ausbilden (vgl. hierzu allgemein Katz/Shapiro 1994).

Eine Schlussfolgerung aus der Bildung dieser indirekten Netzwerkexternalitäten ist, dass die Nachfrage nach den primären bzw. basalen Tourismusleistungen nicht aus deren Qualität erklärbar ist, sondern vielmehr davon abhängt, in welchem Umfang, welcher Vielfalt und zu welchen Preisen sich die Märkte für komplementäre Sekundärleistungen ausbilden. Anbieter touristischer Leistungen – selbstverständlich auch Anbieter anderer Güter – haben diesen Zusammenhang realisiert, indem sie Sekundärleistungen integrieren (Nutzenaufbau, Zusatznutzen, Packages oder Verbundprodukte sind entsprechende Stichwörter). Flug und Mietwagen, Unterkunft mit „Service-Card" für unterschiedliche (ermäßigte) Leistungen, die Pauschalreise oder „All-inclusive-Angebote" mögen ebenso als Beispiele dienen wie die sogenannten „integrierten" Reisekonzerne, die über alle Stufen der Wertschöpfungskette hinweg alle nur denkbaren Leistungen vertikal integriert haben und somit ein *Systemprodukt* anbieten können. Aus makroökonomischer Sicht erhöht sich mit der Anzahl der Nutzer dieses Komponentennetzwerkes bzw. der Nachfrage nach diesem Systemprodukt der Nutzen der Anbieter und Nachfrager (vgl. Economides 1996a).

Die touristische Marktrealität ist indes überwiegend geprägt von einer Vielzahl horizontal differenzierter Anbieter primärer Leistungen und einer Fülle konkurrierender Anbieter von Sekundärleistungen. Der Endnachfrager hat die Präferenz für einen bestimmten Raum und somit für die je spezifische raumaufenthaltermöglichende Primärleistung wie z. B. Unterkunft oder Messestand (bei Messetourismus), und er zieht seinen Nutzen aus der erwarteten Vielfalt der damit zusammenpassenden Sekundärleistungen. Die Attraktivität eines Reiseziels oder einer Messe – „alles hat gepasst" – steigt mit den Buchungen bzw. der Inanspruchnahme der Primärleistungen, wird doch dadurch eine Vielfalt von darauf passenden Sekundärleistungen bewirkt. Eine weitere positive Externalität resultiert aus der Zunahme der Konkurrenz auf dem Markt der Sekundärleistungen und den damit verbundenen Innovationen bzw. Anpassungen an veränderte Bedürfnisse. Realisieren die autonom und dezentral handelnden Anbieter von Primär- und Sekundärleistungen diese symbiotischen Wahlverwandtschaften nicht, dann mag zwar ein großes Angebot von Produkten vorliegen, doch ihre Koexistenz ist ineffizient, weil nicht kompatibel, oder aber es herrscht keine Sekundärproduktvielfalt. Der Marktaustritt nicht nur von Unternehmen, sondern gar von Tourismusorten und -regionen kann die Folge sein (bei Orten z. B. geschehen im Fall des Kurortes Bad Grund/Harz).

Der Tourismusmarkt zeichnet sich nun aber schon seit geraumer Zeit durch Produktsysteme aus, die aus mindestens zwei komplementären Produkten bestehen. Die Ferienwohnung mit Fahrradverleih oder das Strandcafé mit Surfbrettverleih mögen im Verhältnis zum Golfclub auf Mallorca mit Apartmentanlage oder der Wissenschaftler-Tagung in München mit Beiprogramm triviale Beispiele sein, doch sie alle lenken auf einen zentralen Umstand hin: Die komplementären Leistungen bzw. Produkte stehen in Substitutionskonkurrenz. Die Endnachfrager kombinieren nach ihren Präferenzen die komplementären Komponenten dieser Produktsysteme. Um sowohl den Endnachfragern Kombinationsmöglichkeiten zu eröffnen als auch ihre maximalen Zahlungsbereitschaften für die Produktsysteme wenn nicht zu erhöhen, so doch aber mindestens aufrechtzuerhalten, versuchen die Anbieter in dieser Situation branchenweit zum einen bestimmte Standards hinsichtlich der „passenden" Komplementärleistungen durchzusetzen (Zertifizierungen, Prädikatisierungen). Zum anderen modularisieren sich Unternehmen derart, dass jeder Endnachfrager, ohne die Unternehmensgrenzen verlassen zu müssen, alles und unterschiedliches zur freien Auswahl hat. Neuerdings werden gleich ganze Dörfer unter diese „Modulquarantäne" gestellt (z. B. Fleesensee-Resort/Müritz), und Center Parcs, Cluburlaubsdestinationen und voll integrierte Freizeitparks sind ebenso bekannte Beispiele wie Hotels mit „All-inclusive-Angeboten". Diese Modularisierung bedeutet nicht das Ende der Marktsegmentierung, sondern sie ist umgekehrt ein Resultat derselbigen.

Stellt man diese Beispiele und Zusammenhänge auf eine systematische Ebene, dann zeigt sich, dass Anbieter wie Nachfrager in Netzwerken verhaftet und gefangen sind. Der Endnachfrager ist eingeschlossen, weil er nach der Buchung spätestens bei Ankunft im „anderen Raum" nach adäquaten passenden Komplementärleistungen Ausschau hält. Bucht er komplementär abgestimmte Produktsysteme, dann ist er in das System der anbieterseitig vorgegebenen Kompatibilitätsstandards eingeschlossen. So oder so, die Entscheidung für ein bestimmtes Raumnutzungsprodukt erhält den Charakter einer transaktionsspezifischen Investition (Williamson 1990, S. 61 ff.), da er immer in ein Produktnetzwerk eintritt und er, wie dargelegt, nur einen Nutzen aus Netzwerken zieht. Stellt sich für ihn dieses Netzwerk als inkompatibel heraus, dann versinken seine spezifischen Investitionen („sunk costs"; vgl. Hauer 1990). Darüber hinaus besteht im Falle des Eingeschlossenseins in ein (auch vielfältiges) Produktsystem die Gefahr, dass ex post Preise für einzelne komplementäre Leistungen erhöht werden.

Anbieter touristischer Leistungen bzw. Produkte befinden sich in keiner besseren Situation. Investitionen in Primär- und Sekundärprodukte erweisen sich als doppelt prekär. Einerseits sind die Erwartungshaltungen der Endnachfrager in Bezug auf ihre (idealen) Produktkombinationen nicht für längere, amortisationsgerechte Zeiträume verlässlich auszumachen. Andererseits haben sie keinen Einfluss auf die Produktgestaltung anderer Anbieter, so dass das gesamte Raumangebot in sich nicht stimmig sein kann. Die Anbieter befinden sich also ebenfalls in einer Lock-in-Situation. Leistungsbündler, die ja gerade auf der Basis der Informationen der Endnachfrager kompatible Produktsysteme zusammenstellen (wollen), sind natürlich besonders von ex post feststellbaren Produktinkompatibilitäten betroffen. Wiederholerbuchungen bleiben aus, doch zunächst einmal verharren ihre Kunden während des Raumaufenthaltes unzufrieden im „Käfig" des Produktnetzwerkes. Es ist aus diesen Gründen – den transaktionsspezifischen Investitionen und der Gefahr der sunk costs – nur allzu gut nachvollziehbar, dass mit der Größe und der Qualität (wie Aktualität, Vielfalt und Umfang der Informationen) der Kommunikationsnetzwerke die Chancen steigen, diesen Problemen zu entkommen.

3. Spezifika des Marketing für Tourismusprodukte

Da die Komplement- und Kompatibilitätsfähigkeit der Tourismusprodukte erst nach Vertragsabschluss bei der Integration des Endnachfragers in die Leistungsbereitschaft feststellbar ist, ist die Tourismusbranche strukturell ein Spielraum für Adverse Selection, Hold up und Moral Hazard (vgl. Wöhler 1998b, S. 114 ff.). Diese Strukturierung schließt Geschäftsbeziehungen mit ein. Die Informationsasymmetrien beziehen sich selbstverständlich auch auf traditionell diskutierte Qualitäten bzw. Qualitätsunsicherheiten. In dieser Hinsicht besteht keine Besonderheit gegenüber anderen Marketingfeldern. Die spezifischen Unsicherheiten und Risiken liegen jedoch woanders. Tourismusprodukte können für sich genommen hervorragende, „ehrliche" Qualitäten besitzen, doch sie sind so gestaltet, dass sie sich nicht zu einem kompatiblen Qualitätsnetzwerk zusammenfügen lassen – es liegt ein inkompatibles Produktsystem vor, das zu Marktversagen führen kann. Da die Marktpartner durch ihre spezifischen Investitionen bzw. Ressourcen und den damit gekoppelten Wechselkosten in Netzwerke gebunden sind, ist Hold up das Risiko, das es durch das Marketing wenn nicht auszuschalten, so doch aber zu reduzieren gilt. Beim Tourismusmarketing geht es demnach vornehmlich um den Schutz von transaktionsspezifischen Investitionen und so um das damit verbundene Problem des Lock-in in eine bilaterale Beziehung (vgl. Wöhler 1998b, S. 120 ff.; allgemein siehe Williamson 1990, S. 70 ff.).

3.1 Institutionenökonomische Zugänge

Um das Problem des Hold up auf die Quasi-Renten aus transaktionsspezifischen Investitionen auszuschalten, eignen sich bekanntermaßen verschiedene institutionelle Arrangements (vgl. u. a. Aufderheide/Backhaus 1995, S. 51 ff.). Unzweifelhaft spielen relationale Verträge, der Aufbau von Reputation und vertikale Integration einerseits (nachvertraglich) und glaubwürdiges Signaling, Aufbau eines Markennamens und Verbesserung der Meßtechnologie andererseits (vorvertraglich) beim touristischen Kontraktgut eine hervorgehobene Rolle (vgl. hierzu Richter/Furubotn 1996). Ob die präferierten Leistungsbündel als zusammenpassende Produkte bereitgestellt werden, ist jedoch eine Angelegenheit der Anbieterakteure. Reputation/Image und Marke eines Anbieters können allerdings als Anreize für andere wirken, sich ihm anzupassen und auf diese Weise ein (implizites) komplementäres Produktnetzwerk induzieren. Darüber hinaus können Anbieter mittels hinlänglicher, d. h. mit Kosten verbundener Informationsaktivitäten glaubhaft signalisieren, welche Kompatibilitätsmöglichkeiten sie besitzen, so dass ex ante die spezifischen Investitionen vor einem opportunistischen Zugriff geschützt sind. Mit dieser Offenlegung wird nicht nur ein kompetitiver Markt geschaffen, sondern diese nicht-bindenden Kommunikationen, die allerdings von allen Anbietern eines Tourismusraumes getätigt werden müssen, tragen letztlich dazu bei, dass sich Anbieter (gewinnbringend) in einem Produktsystem zusammenschließen (vgl. hierzu allgemein Farrell/Rabin 1996).

Derartige Anpassungen verursachen natürlich Transaktionskosten, womit sich das Problem der Internalisierung stellt. Als ob die Theorie Regie geführt hätte, kennt die Tourismusbranche als netzwerkstrukturierter Wirtschaftszweig eine Vielzahl horizontaler Kooperationen, Koalitionsbildungen und insbesondere branchenweite Vereinigungen und Verbände auf unterschiedlichen räumlichen Ebenen. Diese Organisationsformen haben einen erheblichen Einfluss auf ex ante und ex post anfallende Transaktionskosten. Zum einen reduzieren sie Suchkosten, indem mit ihrer Hilfe kompatible Produkte bzw. Leistungen leichter ausfindig gemacht werden können. Und zum anderen verfestigen sich dort bestimmte gemeinsame Verabredungen, nach denen sich Produkte komplementär und kompatibel ausrichten, d. h. also Erwartungen, an denen sich die Akteure verlässlich ausrichten können. Den (möglichen) Produktnetzwerken sind Anbieternetzwerke zu- oder übergeordnet (zu verschiedenen Netzwerktypen vgl. Klein 1996, S. 125 ff.). Diese Organisationen erweisen sich als effizienzfördernde Koordinationsmechanismen, und sie können als impliziter Vertrag zum Schutz spezifischer Investitionen angesehen werden. Organisationszugehörigkeit und -mitarbeit zählen daher zu einer der wichtigsten Aufgaben im Tourismusmarketing. Dementsprechend hoch ist auch der Organisationsgrad in der Tourismusbranche.

3.2 Standardisierung

Die Gleichsetzung des Tourismus mit „Massentourismus" ist begründet und zugleich delikat, weil es gerade im „anderen Raum" kundenindividuell zugehen soll. Die Erwartungen der Endnachfrager gehen also dahin, dass man sich im alltagsfernen Raum das aneignen kann, was zu einem „wirklich" oder „authentisch" passt. Diese Erwartungshaltung richtet sich – wie dargelegt – auf die sekundären Leistungen/Produkte, die man sich von der Plattform der primären (Basis-)Produkte aus zu erschließen erhofft. Mit der spezifischen Investition in das Primärprodukt ist der Tourist eingeschlossen in das je spezifische räumliche Produktsystem. Hold-up-Probleme versucht er zwar durch intensive Informationstätigkeiten zu verringern, doch letztlich ist er davor nicht gefeit, will er sich nicht auf suboptimale Transaktionskosten einlassen. Andererseits kann es den Anbietern in einem wettbewerbsintensiven Markt wie dem Tourismusmarkt auch nicht auf Dauer gleichgültig sein, ob der Tourist sein individuelles Produktsystem findet. Sie müssen eine Strategie finden, die die Hold up-Unsicherheiten beim Touristen aufhebt.

Eine neuerliche, sich zunehmend verstärkende und ausbreitende Marketingstrategie besteht darin, einerseits den Zugang des Touristen zu Produkten oder Komponenten eines Produktsystems umfassend in zeitlicher, mengenmäßiger, preislicher und qualitativer Hinsicht zu öffnen und andererseits qua Standards sicherzustellen, dass das Leistungsversprechen auch eingelöst wird. Der Wert der Standards steigt mit der Anzahl seiner Nachfrager (positive Externalität). Vor allem bewirkt er einen Selbstbindungsmechanismus, und dies bedeutet, dass der Anbieter seine Kontrollrechte an den Endverbraucher abgibt (TUI gibt ja bereits explizit eine Produktgarantie; zu den hier genannten Aspekten vgl. Kleinaltenkamp/Marra 1995, S. 110 ff.). Der Endnachfrager kann jederzeit in Erfahrung bringen (mittels moderner IT), wo bei den Produktstandards die „Schnittstellen" liegen, an denen er sich auf der Basis seiner Präferenzen mit Komponenten des touristischen Raumangebots vernetzen kann. Standardisierung führt demnach zur Individualisierung des Produktsystems.

Die Neuverteilung der Verfügungsrechte – dem Endnachfrager werden Produktkontroll- und Produktauswahlrechte zugebilligt – bewirkt einen glaubwürdigen Schutz der spezifischen Investitionen. Die kundenindividuelle Integration verunmöglicht (nahezu) ein Hold up. Der Einsatz der diese Effekte bewirkenden Mass Customization-Strategie (vgl. Büttgen 2000) fördert die Attraktivität diesbezüglicher Angebote. Dies hat wiederum Rückwirkungen auf den gesamten Markt, auf dem sich dann ein entsprechend neuer Standard herausbildet (diese Strategie lädt allenthalben die Konkurrenz zur Nachahmung ein; vgl. hierzu allgemein Economides 1996b). Die Offenlegung der Standards und der komplementären Kombinationsmöglichkeiten (vgl. die Rede von „Bausteinen", „Modulen" u. ä.) ist nicht nur ein effizientes institutionelles Arrangement zum Schutz der spezifischen Investitionen seitens der Endnachfrager. Es scheint auch die richtige postmoderne Antwort auf den Wunsch des Touristen zu sein, sich im „anderen Raum" nach Belieben zu verwirklichen. Ökonomisch betrachtet wird die Strategie der Mass Customization den Erfordernissen einer netzwerkstrukturierten Tourismusbranche gerecht. Mass Customization, also die massenhafte kostengünstige, weil standardisierte und dennoch nachfragerindividuelle Tourismusproduktion, ist eine Antwort auf das Hold up-Problem (also auch eine Alternative zur vertikalen Integration).

4. Schlussbemerkung

Aus diesen Betrachtungen lässt sich eine weitere Spezifik ableiten. Wenn das Tourismusmarketing auf Kooperationen und Standardisierung, letztere im Kontext von Individualisierung im Produktsystem, angelegt und ausgerichtet sein muss, dann ist die Tourismusbranche bzw. die Gesamtheit der Tourismusakteure auf sich selbst verwiesen. Gegenseitiges Bereitstellen von komplementären Produkten und die Schaffung eines glaubwürdigen Marktsystems lassen erahnen, dass die „Tourismusmacher" letztlich doch kaum bzw. nur bedingt exogene Bedingungen als Vorgaben für ihr Handeln vorbringen können. Sie sind selbst gefragt, wenn Tourismusleistungen nachgefragt werden. Dies – Selbstthematisierung und Selbstvergewisserung – ist der Preis einer netzwerkstrukturierten Branche und auch eine Lehre aus der Neuen Institutionenökonomik.

5. Literatur

Aufderheide, D./Backhaus, K. (1995): Institutionsökonomische Fundierung des Marketing: Der Geschäftstypenansatz, in: Kaas, K. P. (Hrsg.): Kontrakte, Geschäftsbeziehungen, Netzwerke – Marketing und Neue Institutionenökonomik, Düsseldorf/Frankfurt a. M., S. 43-60.

Büttgen, M. (2000): Einsatz von Mass Customization zur Erlangung hybrider Wettbewerbsvorteile im Tourismusbereich, in: Tourismus Journal, 4, S. 27-49.

Corsten, H. (1990): Betriebswirtschaftslehre der Dienstleistungsunternehmungen, 2. Aufl., München, Wien.

Economides, N. (1996a): The Economics of Networks, in: International Journal of Industrial Organization, 14, S. 673-699.

Economides, N. (1996b): Network Externalities, Complementarities, and Invitation to Enter, in: European Journal of Political Economy, 12, S. 211-233.

Engelhardt, W. H./Kleinaltenkamp, M./Reckenfelderbäumer, M. (1993): Leistungsbündel als Absatzobjekte, in: Zeitschrift für betriebswirtschaftliche Forschung, 45, S. 395-425.

Farrell, J./Rabin, M. (1996): Cheap Talk, in: Journal of Economic Perspectives, 10, S. 103-118.

Hauer, R. (1990): Versunkene Kosten, Freiburg.

Kaas, K. P. (1995): Marketing zwischen Markt und Hierarchie, in: Kaas, K. P. (Hrsg.): Kontrakte, Geschäftsbeziehungen, Netzwerke – Marketing und Neue Institutionenökonomik, Düsseldorf/Frankfurt a. M., S. 19-42.

Kappelhoff, P. (1997): Rational Choice, Macht und die korporative Organisation der Gesellschaft, in: Ortmann, G./Sydow, J./Türk, K. (Hrsg.): Theorie der Organisation, Opladen, S. 218-258.

Katz, M. L./Shapiro, C. (1994): Systems Competition and Network Externalities, in: Journal of Economic Perspectives, 8, S. 93-115.

Klein, S. (1996): Interorganisationssysteme und Unternehmensnetzwerke, Wiesbaden.

Klein, S. (2000): Kanalwettbewerb im Tourismusvertrieb – Ein Vergleich von Geschäftsmodellen für den elektronischen Vertrieb von Flugscheinen, in: Tourismus Journal, 4, S. 5-25.

Kleinaltenkamp, M./Marra, A. (1995): Institutionenökonomische Aspekte der 'Customer Integration', in: Kaas, K. P. (Hrsg.): Kontrakte, Geschäftsbeziehungen, Netzwerke – Marketing und Neue Institutionenökonomik, Düsseldorf, Frankfurt a. M., S. 101-117.

Matutes, P./Regiebeau, P. (1996): A Selective Review of the Economics of Standardization: Entry Deterrence, Technological Progress and International Competition, in: European Journal of Political Economy, 12, S. 183-209.

Nelson, R. R. (1997): Recent Evolutionary Theorizing About Economic Change, in: Ortmann, G./Sydow, J./Türk, K. (Hrsg.): Theorie der Organisation, Opladen, S. 81-123.

Picot, A./Franck, E. (1993): Aufgabenfelder eines Informationsmanagements I, in: WISU, 22, S. 433-437.

Richter, R./Furubotn, E. G. (1996): Neue Institutionenökonomik, Tübingen.

Schertler, W. (Hrsg.) (1994): Tourismus als Informationsgeschäft, Wien.

Terberger, E. (1994): Neo-institutionale Ansätze, Wiesbaden.

Urry, J. (1990): The Tourist Gaze, London, Newbury Park, New Delhi.

Werthner, H. (1998): Informationstechnologie und Tourismus, in: Haart, N./Kern, M./Treinen, M. (Hrsg.): Neue Medien im Tourismus – Visionen oder Illusion, Trier, S. 13-24.

Williamson, O. E. (1990): Die ökonomischen Institutionen des Kapitalismus, Tübingen.

Wöhler, K. (1998a): Sozialwissenschaftliche Tourismusforschung in einem vorparadigmatischen Zustand?, in: Bachleitner, R./Kagelmann, H. J./Keul, A. G. (Hrsg.): Der durchschaute Tourist, München, Wien, S. 29-36.

Wöhler, K. (1998b): Eine ökonomische Analyse des Tourismus, in: Burmeister, H.-P. (Hrsg.): Auf dem Weg zu einer Theorie des Tourismus, Loccum, S. 101-135.

Wöhler, K. (2000): Pflege der Negation. Zur Produktion negativer Räume als Reiseauslöser, in: Kagelmann, K. J./Keul, A. (Hrsg.): Gesund durch Erleben? Beiträge zur Erforschung der Tourismusgesellschaft, München, S. 29-37.

Wöhler, K./Saretzki, A. (1999): Umweltverträglicher Tourismus. Grundlagen – Konzeption – Marketing, Limburgerhof.

Herbert Woratschek und Klaus Beier

Sportmarketing

1. Einleitung
2. Ökonomische Bedeutung des Sports
3. Tendenzen im Sport und ihre Ursachen
4. Begriffsverständnis „Sport", „Sportleistungen" und „Sportmarketing"
   - 4.1 Sport
   - 4.2 Sportleistungen
   - 4.3 Sportmarketing
5. Merkmale der Sportbranche
   - 5.1 Merkmale des Sportangebots
     - 5.1.1 Institutionale Sichtweise
     - 5.1.2 Kooperation im Wettbewerb
     - 5.1.3 Anbieterseitige Verhaltensunsicherheit
   - 5.2 Merkmale der Sportnachfrage
     - 5.2.1 Nutzenerwartungen
     - 5.2.2 Variety Seeking
     - 5.2.3 Nachfrageseitige Verhaltensunsicherheit
   - 5.3 Verhaltensunsicherheiten und Konsequenzen
   - 5.4 Fokussierung auf die Kommunikationspolitik
6. Fazit für das Sportmarketing
   - 6.1 Marketing von Sport
   - 6.2 Marketing mit Sport
7. Literatur

1. Einleitung

Ziel dieses Beitrages ist es, die Besonderheiten des Sportmarketing darzustellen. Hierbei sollte man zwischen dem Marketing *von* Sportleistungen (sportliche Aktivitäten, sportbezogene Produkte, sportbezogene Dienstleistungen) und dem Marketing *mit* Sportleistungen (Sportler, Sportleistungen als Medium in der Kommunikationspolitik) unterscheiden. In knapper Form wird zuerst die ökonomische Bedeutung des Sports beschrieben. Danach werden wichtige Tendenzen im Sport und deren Ursachen erörtert. Nach einer begrifflichen Abgrenzung der Bereiche Sport und Sportmarketing wird auf die angebots-, nachfrage- und produktspezifischen Besonderheiten im Sportbereich eingegangen. Die Besonderheiten lassen sich zum einen aus der psychologischen Perspektive und zum anderen aus der informationsökonomischen Perspektive betrachten. In der Literatur stehen beide Perspektiven normalerweise isoliert nebeneinander. Die psychologischen (verhaltenstheoretischen) Ansätze stellen für das Sportmarketing die emotionale Positionierung einer Sportleistung in den Vordergrund. Die informationsökonomischen Ansätze beleuchten die Auswirkungen unterschiedlicher Informationsstände der einzelnen Marktteilnehmer für das Marketing. Hier wird der Versuch unternommen, beide Perspektiven zu berücksichtigen, um Aussagen für ein erfolgreiches Sportmarketing zu treffen.

2. Ökonomische Bedeutung des Sports

Wie Weber ermittelte, wurden 1990 ca. 1,4 % der Bruttowertschöpfung in Deutschland (alte Bundesländer) im Sportbereich erwirtschaftet; absolut sind dies rund 30 Mrd. DM[1]. Wie aus der Abbildung zu erkennen ist, fließt der stärkste Geldstrom von den privaten Haushalten zu den im Sportbereich tätigen Unternehmen (siehe Abbildung 1).

---

[1] Vgl. Weber et al. 1995.

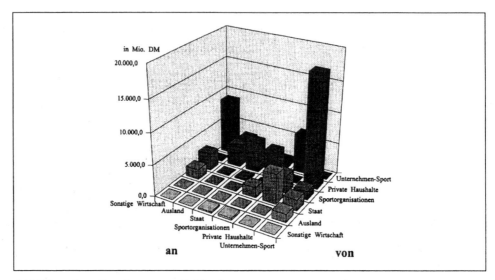

Abbildung 1: Sportbezogene Geldströme
Quelle: Weber et al. 1995, S. 51.

Die Nachfrage der privaten Haushalte betrug ca. 36,5 Mrd. DM, das entspricht 1,8 % ihrer gesamten Nachfrage[2]. Die Verteilung wird aus Abbildung 2 ersichtlich.

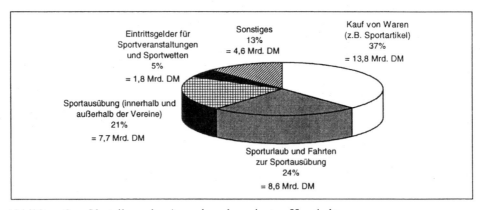

Abbildung 2: Verteilung der Ausgaben der privaten Haushalte.

---

[2] Weber et al. 1995. Einbezogen wurden Personen über 14 Jahre. Der überwiegende Teil der Ausgaben, nämlich rund 32 Mrd. DM, entfällt auf die Haushalte in den alten Bundesländern. Nicht einbezogen sind dabei Ausgaben aus dem medizinischen Bereich z. B. für Kontrolluntersuchungen und die Versorgung von Sportverletzungen.

Der Umsatz der 11.000 erwerbswirtschaftlichen Sportanbieter beläuft sich auf 3,1 Mrd. DM. Davon entfällt die Hälfte auf Fitness-Studios. 5,1 Mrd. DM (davon 4,9, Mrd. DM in den alten Bundesländern) wurden im Bereich von Sporturlaub/Sporttourismus erwirtschaftet; 70 % davon fließen ins Ausland.

Für die Erstellung der Sportinfrastruktur wurden 1990 ca. 3 Mrd. DM ausgegeben (vor allem für Sportstätten), 70 % davon stammen aus öffentlichen Haushalten, insbesondere den Kommunen, 30 % von privaten Sportanbietern.

Die Beschäftigungssituation im „Sportsektor" ist in Abbildung 3 dargestellt. Nicht eingerechnet wurden die ca. 100 000 Beschäftigten bei Zulieferern und ca. 370 000 ehrenamtlich tätige Übungsleiter. Zu beachten ist ferner, dass es sich bei den in Vereinen Beschäftigten nur zu einem geringen Teil um Vollzeitarbeitsverhältnisse handelt. Nicht erfasst sind zudem sekundäre Einkommens- und Beschäftigungseffekte über den Multiplikatoreffekt. Die Zahlen sprechen für sich und dokumentieren die hohe wirtschaftliche Bedeutung der Sportbranche.

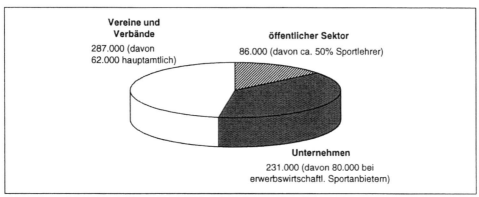

Abbildung 3: Beschäftigungssituation im „Sportsektor".

Beachtlich sind auch die Aktivitäten der letzten Jahre im Marketing mit Sport. Hierzu zählen die vielfältigen Sponsorverträge sowie die Werbung mit Sportlern und Sportveranstaltungen. Beispielhaft sei die Medienpräsenz des Fußballs erwähnt. Alleine der Sender SF DRS (Schweiz) sendete 1994 bereits 305 Stunden Fußball[3]. Für Deutschland ist die Medienpräsenz des Fußballs in Abbildung 4 gezeigt.

---

[3] Vgl. Huber 1996, S. 7.

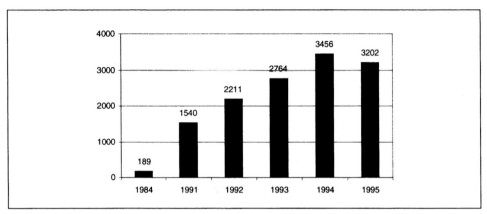

Abbildung 4: Medienpräsenz des Fußballs in Deutschland nach Sendedauer in Stunden,
Quelle: Convents 1996, S. 19.

Unternehmen verbinden sich und ihre Absatzleistungen mit einigen Sportarten in der Hoffnung, dass der damit einhergehende Imagetransfer sich positiv auf den Umsatz auswirkt. 1995 wurden schätzungsweise 2,3 Mrd. DM alleine in Deutschland für das Sportsponsoring aufgewendet[4]. Obwohl einzelne Unternehmen enorme Beträge im Sportsponsoring investieren, kann ein Beleg der quantitativen Wirkung auf den Umsatz nicht erbracht werden. Bei einigen Firmen macht der sportbezogene Anteil am Werbebudget zwischen 10 und 20 % aus (z. B. adidas, Opel, Bayer)[5].

Allgemein muss die theoretische Fundierung der ökonomischen Besonderheiten im Sportbereich beklagt werden[6]. Sportwissenschaftliche Studiengänge sind traditionell auf die Ausbildung von Sportlehrern und Trainern ausgerichtet, für die ökonomische Erkenntnisse nicht erforderlich waren[7]. Zudem liegt eine der Ursachen für die unzureichende theoretische Fundierung an einer mangelnden Anbindung der Sportökonomie an die „Mutterdisziplinen" Betriebs- und Volkswirtschaftslehre[8]. Sicherlich liegt es auch an der Heterogenität des Feldes, das in der ganzen Breite von den derzeit relativ wenigen Forschern im Bereich der Sportökonomie nicht abgedeckt werden kann.

Die meisten Forschungsfragen in der Sportökonomie konzentrieren sich auf einzelne Aspekte[9]. Für verschiedene Fragestellungen ist eine theoretische Fundierung überzeu-

---

4   Vgl. Olsson 1996, S. 23 und Abbildung 1 auf S. 24.
5   Vgl. Brandmaier/Schimany 1998, S. 54-55 und Büch/Frick 1999, S. 110.
6   Vgl. Büch/Frick 1999, S. 109.
7   Vgl. Heinemann 1995, S. 18.
8   Vgl. Horch 1994.
9   Vgl. Büch 2000.

gend gelungen, wie z. B. zu Fragen der Organisation von Sportligen[10] oder der Anreizwirkung der Entlohnung von Spielern[11]. Bislang vermisst man allerdings grundlegende Artikel, welche die ökonomischen Besonderheiten der Probleme insbesondere im Sportmarketing aufzeigen.

3. Tendenzen im Sport und ihre Ursachen

Zum Verständnis der Besonderheiten des Sportbereichs in seiner heutigen Form ist es von Vorteil, sich einige Entwicklungen zu verdeutlichen. Dabei ist zu beachten, dass die beschriebenen Aspekte kulturspezifisch variieren.

An Entwicklungen sind insbesondere die *Professionalisierung*, die *Medialisierung* und die *Kommerzialisierung* zu nennen, zwischen denen auch Wechselwirkungen bestehen. Ein erster Schritt in Richtung Professionalisierung war z. B. die Einführung der Fußball-Bundesliga 1962. Ein weiterer wichtiger Schritt war die 1982 erfolgte Aufhebung des Amateurstatus als Teilnahmevoraussetzung für die Olympischen Spiele. Damit konnten nun auch Berufssportler teilnehmen, die bislang aufgrund überwiegend ideologischer Gründe ausgeschlossen waren. Einen besonderen Schub hinsichtlich Medialisierung und Kommerzialisierung bewirkte die Einführung privater Fernsehsender. Ihr Interesse an einschaltquotenfördernden und damit für das werbliche Engagement von Unternehmen sehr attraktiven Übertragungen von Sportveranstaltungen führte bei einigen Sportarten durch den Zufluss umfangreicher finanzieller Mittel zu einer starken Professionalisierung (vor allem im Fußball, Tennis, Motorsport und Skisport). Die Kommerzialisierung des Sports wurde ferner durch die rückläufigen Fördermittel aus den öffentlichen Haushalten, insbesondere den Kommunen beschleunigt. Sie zwang die Vereine und Verbände nach alternativen Finanzierungsmöglichkeiten Ausschau zu halten.

Gesellschaftliche Tendenzen beeinflussen ebenfalls die Entwicklung des Sports. So ist die Arbeitszeit weiter abnehmend, wenn auch der Rückgang sich verlangsamt hat. Dies resultiert sowohl aus einer Verkürzung der Wochenarbeitszeit, einer Zunahme des Jahresurlaubs als auch aus einer Absenkung des Renteneintrittsalters. Mit zunehmender *Flexibilisierung* der Arbeitszeit sank jedoch oftmals die uneingeschränkte Disponierbarkeit der vorhandenen freien Zeit und damit die Möglichkeit zur Teilnahme an termingebundenen Angeboten. Dadurch wurden die zeitlichen Möglichkeiten - aber auch die Notwendigkeit – geschaffen, Freizeit selbstbestimmt zu gestalten. In Folge der damit einhergehenden abnehmenden Bindungsbereitschaft an Vereine entwickelt sich eine verstärkte Konsumhaltung mit wachsenden Qualitätsansprüchen.

---

[10] Vgl. Franck 1995.

[11] Vgl. Frick 1998.

Eine weitere Voraussetzung vermehrter sportlicher Aktivität sind neben den zeitlichen Möglichkeiten die gewachsenen finanziellen Ressourcen. Mit *steigendem Wohlstand* steigt auch der Anteil des frei verfügbaren Einkommens. Heinemann nennt aktuelle Schätzungen in Höhe von 39 % mit einer Tendenz zu etwa 50 %[12].

Die gestiegenen Ressourcen sowie mehr Wahlmöglichkeiten sowohl im Bereich von Ausbildung und Beruf als auch in der Freizeitgestaltung führen zu einer Individualisierung der Lebensstile.

Veränderungen bei der Sportpartizipation werden auch oft mit einem Wertewandel in der Gesellschaft begründet. Treffender ist es allerdings, von einem *Wertepluralismus* zu sprechen, da traditionelle Werte (wie z. B. Leistungssteigerung) nach wie vor vertreten sind[13]. Statt einer Abkehr vom Leistungsgedanken findet eine Umorientierung beim Leistungsmaßstab statt: Anstelle der sozialen oder absoluten Norm tritt häufig die individuelle Norm, d. h. die Leistungsverbesserung. Immer häufiger und vielfach dominant finden sich gegenwartsbezogene Wertorientierungen, die das Erleben im Tätigkeitsvollzug in den Mittelpunkt rücken. Beispiele dafür sind das Streben nach Wohlbefinden, Körpererfahrung, Naturerleben, Spannung und freudvollem Erleben (Spaß bzw. „Fun"). Die zunehmende Popularität sogenannter Fun-, Abenteuer- und Outdoorsportarten sind Ausdruck dieser Entwicklung.

Im Zusammenwirken der veränderten Ressourcen und der differenzierteren Wertorientierungen ergeben sich verschiedene Nachfragetrends für den Sportbereich. Eine Konsequenz der *Individualisierung und Differenzierung der Lebensstile* ist der Trend zu einer starken *Ausdifferenzierung der Sportarten*. Es erfolgt eine Spezialisierung auf einzelne Motive, d. h. eine sportliche Aktivität befriedigt nicht mehr ein umfangreiches Bündel verschiedener Bedürfnisse. Es werden ganz gezielt einzelne Bedürfnisse angesprochen, wie z. B. Entspannung durch Yoga, Tai Chi u. ä. oder Körperformung durch Krafttraining im Fitness-Studio. Diese Effizienzsteigerung durch Differenzierung[14] zeigt sich z. B. in der Vielzahl neuer Formen im Bereich des Aerobic (Step-Aerobic, Aqua-Aerobic etc.), beim Snowboardfahren (Freestyle, Slalom, Boardercross), Inlineskating (Aggressive, Recreation/Fitness, Hockey) oder Mountainbiking (Cross-Country, Marathon, Freeriding, Downhill). Mit der Spezialisierung auf einzelne Motivsegmente steigt gleichzeitig die Substitutionskonkurrenz, d. h. die betreffende Sportart bzw. -variante tritt in Konkurrenz mit vielen anderen Sportaktivitäten, die ein ähnliches Nutzenprofil bieten, wie z. B. Jogging und Inlineskating oder Snowboardfahren und Carving. Eine spezialisierte Sportart konkurriert zudem auch leichter mit anderen Freizeitaktivitäten.

Im Zuge der Individualisierung der Lebensstile wurde die *sportliche Aktivität als Mittel zur Stilisierung* „entdeckt". Der Sport bzw. die ausgewählte sportliche Aktivität gewinnt dadurch an Wert als Symbol für einen individuellen sportlichen Lebensstil. Zu erwähnen

---

[12] Vgl. Heinemann 1995, S. 112.

[13] Vgl. Opaschowski 1990, S. 131.

[14] Vgl. Heinemann 1995, S. 104.

ist dabei auch die veränderte Einstellung zum Körper. Es kommt zu einer gleichzeitigen Körperaufwertung und Körperverdrängung, die Bedeutung „körperbetonter sozialer Systeme" steigt. Der Körper wird instrumentalisiert, d. h. die eigene Identität wird zunehmend über den Körper erfahren und vermittelt. Der (jugendliche, leistungsfähige) Körper wird zum Idealbild, körperliches Wohlbefinden wird zum Wert an sich [15]. Der Sport dient dabei als Möglichkeit zur Körperwahrnehmung und Körperformung. Dies manifestiert sich in der Fitness-Welle seit Anfang der 80er Jahre.

Ebenfalls Folge der zunehmenden Flexibilisierung und Individualisierung der Lebensverhältnisse und Lebensstile ist der Trend zur *Ent-Institutionalisierung und Ent-Regulierung* des Sporttreibens[16]. Ent-Institutionalisierung bedeutet, dass sportliche Aktivität nicht mehr ausschließlich von Organisationen, vor allem Sportvereinen angeboten wird, sondern zunehmend außerhalb organisierter Angebote ausgeübt wird. Dies trifft insbesondere auf neuere (Trend-) Sportarten wie Surfen, Mountainbiking, Snowboardfahren, Inlineskating oder die mittlerweile zahlreichen Beach-Sportarten zu, aber auch auf traditionelle Sportarten wie Skifahren oder Radfahren. De-Regulierung meint eine Hinwendung zu sportlichen Aktivitäten, die nicht regelgebunden und nicht wettkampforientiert sind. Auch hier finden sich sowohl Beispiele aus dem Bereich der oben genannten Sportarten als auch bei den Gesundheit&Fitness-Aktivitäten.

Eine seit Beginn der 90er Jahre immer stärker in den Vordergrund drängende gesellschaftsübergreifende Tendenz ist die *Erlebnisorientierung*. An die Stelle des Versorgungskonsums tritt der Erlebniskonsum mit einer dominanten Subjektorientierung. Der (Erlebnis-) Urlaub, die (Erlebnis-) Gastronomie, Kino, Kneipe etc. werden genauso wichtig wie Wohnen und Kleidung[17]. Um den Erlebniskonsum zu finanzieren werden bei „normalen" Anschaffungen häufiger die Ausgaben zeitlich hinausgeschoben oder auf billige Marken ausgewichen[18]. Auch hierin zeigt sich die oben dargestellte Tendenz zu tätigkeits- also erlebnisorientierten Sportarten. Das Aufkommen immer neuer Variationen erlaubt das Erleben immer neuer Reize.

Der gestiegene Wohlstand ist ebenfalls eine Voraussetzung für die zunehmende Entwicklung des *Sporttourismus*. Ein Umsatz von 5,1 Mrd. DM in dieser Branche dokumentiert die aufstrebende Bedeutung sportlicher Aktivität im Urlaub. Dabei finden sich sowohl Varianten, bei denen die sportliche Aktivität den Mittelpunkt des Urlaubs bildet (z. B. Ski-Urlaub, Surf-Urlaub, Golf-Urlaub u. ä.), als auch Varianten, bei denen Sport nur ein Aspekt von vielen ist oder die Reise nicht der eigenen sportlichen Aktivität dient, sondern Sportveranstaltungen besucht werden (z. B. Auswärtsspiele, Turniere, Meisterschaften etc.).

---

[15] Vgl. Rittner 1988.
[16] Vgl. Heinemann 1995, S. 104.
[17] Vgl. Schulze 1992, 1998; Opaschowski 1998.
[18] Vgl. Opaschowski 1997, S. 66.

Der Trend zur Bündelung von Freizeitaktivitäten hat auch Konsequenzen für das Marketing. Es steht häufig nicht die Vermarktung einzelner Produkte oder Dienstleistungen im Vordergrund der Betrachtung, sondern die Vermarktung komplexer Leistungsbündel, welche aus Gütern, Dienstleistungen und Rechten bestehen.

4. Begriffsverständnis „Sport", „Sportleistungen" und „Sportmarketing"

4.1 Sport

Vor einer Erörterung der marketingrelevanten Besonderheiten der Sportbranche ist es notwendig, diese abzugrenzen. Sie bestimmt sich vor allem aus dem zugrunde gelegten Sportverständnis. Die wissenschaftliche Diskussion um den Sportbegriff hat aufgrund der Heterogenität von Sportarten und des sich im Zeitablauf verändernden Verständnisses von Sport keine einheitliche Definition hervorgebracht[19]. Der Sportbegriff kann allenfalls anhand konstitutiver Merkmale umrissen werden, wie z. B.:[20]

- Motorische Aktivitäten des Menschen
- Leistungsprinzip (subjektiv empfundene Anstrengungen und Belastungen)
- Spielerisches Handeln
- Handlungskodex (Spielregeln, Handlungsregeln)
- Ethische Werte (z. B. Fairness, Chancengleichheit)

Weist ein Untersuchungsgegenstand eines der konstitutiven Merkmale nicht auf, würde dieser nicht unter den Sportbegriff fallen. Es ist offensichtlich, dass diese Merkmale Sport nicht hinreichend von anderen Begriffen, wie z. B. dem Spiel, abgrenzen können, so dass zwangsläufig semantische Spielräume verbleiben.

Um möglichst viele Bereiche zu erfassen, wird hier eine weite Sportdefinition gewählt. Unter Sport, besser: sportlichen Aktivitäten, sollen in diesem Zusammenhang sowohl im institutionalisierten oder nicht-institutionalisierten Kontext betriebene nicht erwerbswirtschaftliche Freizeittätigkeiten, die mit der Erbringung von Leistung im physikalischen Sinn verbunden sind und „um ihrer selbst willen"[21] ausgeübt werden oder gleichartige

---

[19] Vgl. z. B. Grieswelle 1978, S. 28; Wissenschaftlicher Beirat des DSB 1980, S. 437-439; Heinemann 1979; Röthig 1992, S. 420-422; Grupe/Krüger 1998, S. 478 ff.

[20] Siehe Literaturangaben in Fußnote 2.

[21] Heckhausen (1989) spricht hier auch vom gleichthematischen Ergebnis und Folgen einer Handlung. D. h.

Tätigkeiten zur Erzielung von Einkommen (im erwerbswirtschaftlichen Sinn), verstanden werden. Diese Definition umfasst nicht nur die leistungs- und wettbewerbsorientierten Sportarten, sondern auch in der Freizeit ausgeübte bewegungsorientierte Tätigkeiten wie Wandern, Federballspielen etc. Bei sportlicher Aktivität (= Sport) handelt es sich also um eine von Personen aktiv ausgeübte Tätigkeit.

4.2 Sportleistungen

Zu den hier fokussierten Sportleistungen werden alle Güter und Dienstleistungen gerechnet, die in Zusammenhang mit derartigen Aktivitäten stehen. Diese Abgrenzung schließt neben der sportlichen Aktivität im engeren Sinne (z. B. Trainerstunden) auch die Bereitstellung der notwendigen Infrastruktur (z. B. Tennisplatz) und des Equipments (z. B. Schläger, Schuhe, Kleidung) und assoziierte Produkte (wie z. B. Lehrbücher) und passiven Sportkonsum über die Medien (TV, Printmedien) mit ein. Da es sich bei jedem (Sport-) Produkt in der Regel um eine Kombination mehrerer Teilleistungen handelt, bei denen es sich im einzelnen wiederum um Güter oder/und Dienstleistungen handeln kann, wird in diesem Zusammenhang auch von Leistungsbündeln gesprochen. Dies zeigt sich beispielsweise beim Kauf eines (hochwertigen und/oder komplexen) Sportgerätes, bei dem die kompetente Beratung und ggf. individuelle Einstellung ein wesentliches Element darstellt ebenso wie bei der erwähnten Trainerstunde, zur der sowohl eine entsprechende Ausrüstung als auch ein Nutzungsrecht für die Anlagen (z. B. Platzmiete, Green Fee) notwendig ist.

4.3 Sportmarketing

Wie für den Sport so existieren auch für das Sportmarketing verschiedene Begriffsauffassungen. Zum einen wird damit das Marketingengagement von Unternehmen im Sport bezeichnet; Sportmarketing ist in diesem Fall ein Teil des Marketing-Mix, genauer der Kommunikationspolitik. Zum anderen wird unter Sportmarketing die Anwendung betriebswirtschaftlicher Methoden des Marketings für verschiedene Organisationen des Sports (Verbände, Vereine u. ä.) und sportbezogene Produkte verstanden[22].

Auf diese beiden Aspekte beziehen sich auch Mullin, Hardy, Sutton in ihrer Definition von Sportmarketing: „Sport Marketing consists of all activities designed to meet the needs and wants of sport consumers through exchange processes. Sport marketing has developed two major thrusts: the marketing of sport products and services directly to

---

die angestrebten Folgen liegen in der Tätigkeit selbst, z. B. Radfahren um das Fahren zu genießen und nicht um von A nach B zu gelangen.

22 Vgl. Freyer 1990, S. 27.

consumers of sport, and marketing of other consumer and industrial products or services through the use of sport promotion."[23]

Zusammengefasst heißt dies: Sportmarketing ist Marketing *von* Sport (sportliche Aktivitäten und sportbezogene Produkte) oder Marketing *mit* Sport (Sportwerbung, Sportsponsoring). Dieser Beitrag bezieht beide Bereiche in die Analyse ein.

5. Merkmale der Sportbranche

In den folgenden Abschnitten werden die besonderen Merkmale des Angebots und der Nachfrage sowie von Sportleistungen erläutert.

5.1 Merkmale des Sportangebots

5.1.1 Institutionale Sichtweise

Abbildung 5 gibt einen Überblick über die unterschiedlichen Anbieter von Sportprodukten (= Sportbetriebe). Wie aus der Abbildung 5 hervorgeht, können die Anbieter von Sportprodukten verschiedenen Kategorien zugeordnet werden, die sich nach Merkmalen des von ihnen angebotenen Sportprodukts und nach der Marktbeziehung richten. Auf der ersten Stufe wird danach unterschieden, ob es sich um einen Anbieter von Sportgütern oder Sportdienstleistungen handelt. Auf der zweiten Ebene lassen sich die Sportgüter in Investitionsgüter und Konsumgüter unterscheiden. Insoweit wird hier der traditionellen Gliederung von Betrieben gefolgt. Die Dienstleistungen im Sportbereich lassen sich zunächst danach unterscheiden, ob das Angebot auf die Förderung des aktiven Sportkonsums (Betreiben von Sport) oder auf passiven Sportkonsum (Sport als Unterhaltung und somit als Träger der Kommunikationspolitik branchenfremder Unternehmungen) ausgerichtet ist. Darüber hinaus existieren Dienstleistungsunternehmen, welche für die unterschiedlichen Sportbetriebe Dienstleistungen erbringen, sei es für Sportgüterproduzenten oder für Anbieter von Sportdienstleistungen. Hierzu zählen alle Dienstleister mit Vermittlungs- und Beratungsleistungen in der Sportbranche. Besonderen Stellenwert haben die Agenturen der Sportwerbung und des Sportsponsoring, die nicht nur eine Verbindung zu den in der Übersicht enthaltenen Sportbetrieben aufweisen, sondern auch vor allem eine Verbindung zwischen branchenfremden Unternehmen und den Dienstleistern des passiven Sportkonsums herstellen. Für den Bereich des aktiven Sportkonsums existieren

---

[23] Vgl. Mullin, Hardy, Sutton 1993, S. 6.

sowohl kommerzielle Angebote von privatwirtschaftlichen Betrieben, als auch nichtkommerzielle Angebote von Vereinen und - in geringerem Maße - von Anbietern aus dem öffentlichen Sektor (Krankenkassen, Volkshochschulen, Universitäten u. ä.).

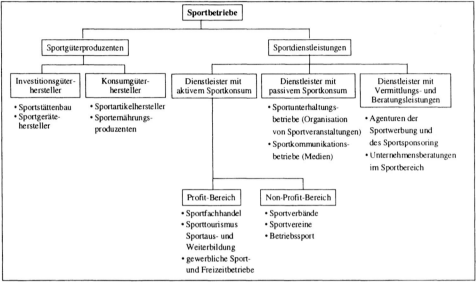

Abbildung 5: Gliederung der Sportbetriebe
Quelle: Woratschek 1998, S. 348.

Bereits aus dieser Darstellung wird deutlich, dass es nicht *ein* übergreifendes Sportmarketing gibt, sondern es sich um ein heterogenes Feld handelt. Abhängig von dem Produkt bzw. der Marktbeziehung finden sich im Sport Aspekte des Industrie- bzw. Investitionsgütermarketings, des Konsumgütermarketings, des Dienstleistungsmarketings, des Tourismusmarketings, des Non-Profit-Marketings, des Eventmarketings, des Medienmarketings und des Handelsmarketings (siehe Abbildung 6).

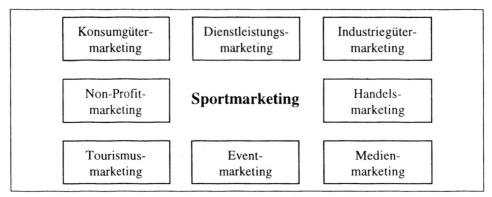

Abbildung 6:   Komponenten des Sportmarketings[24]

Aus den Überschneidungen mit den verschiedenen Marketingdisziplinen ergeben sich Handlungsempfehlungen für das strategische und das operative (Sport-) Marketing als produkt- bzw. marktspezifische Konkretisierungen des allgemeinen Marketings. Es gilt somit zu untersuchen, inwieweit die Voraussetzungen für eine analoge Anwendung der Instrumente erfüllt sind, d. h. handelt es sich bei dem betreffenden Sportprodukt um ein Konsumgut (z. B. ein Paar Tennissocken), ein Investitionsgut (z. B. die Geräteausstattung eines Fitness-Studios oder die Tennishalle), eine Dienstleistung (z. B. das Einzeltraining), eine Veranstaltung mit Eventcharakter (z. B. professionelle Tennisturniere u. ä.) oder eine Darbietung in den Medien (z. B. TV- oder Rundfunkübertragungen). In diesen Fällen kann also auf die entsprechenden Vorgehensweisen zurückgegriffen werden. Bezüglich der entsprechenden Ausprägungen wird an dieser Stelle auf die einschlägige Literatur zu den genannten Bereichen verwiesen, in denen neben den spezifischen Besonderheiten auch die Abgrenzung ausführlicher dargestellt sind[25]. Aus dieser Perspektive betrachtet bedürfte es prinzipiell keines speziellen Sportmarketings; man müsste nur die Sportprodukte den entsprechenden Bereichen zuordnen und könnte dann die Instrumente übertragen.

Es finden sich aber auch Besonderheiten, die typisch für das Sportangebot sind. Zu nennen sind hier die Sportvereine sowie die diversen Sportligen.

---

[24] Die Abbildung enthält nur die wichtigsten Überschneidungsbereiche mit anderen Marketinggebieten. Überschneidungen der Bereiche untereinander wurden aus Gründen der Anschaulichkeit nicht berücksichtigt.

[25] Vgl. Nieschlag, Dichtl, Hörschgen 1991; Kroeber-Riel, Weinberg 1999, Meffert, Bruhn 1997; Nickel 1998 etc.

5.1.2 Kooperation im Wettbewerb

Sportvereine – in ihrer traditionellen Form - stellen deshalb eine Besonderheit dar, weil sie zwar Leistungen produzieren, im Unterschied zu erwerbswirtschaftlichen Betrieben, dabei jedoch andere Ziele verfolgen und andere Voraussetzungen vorliegen. Bei Vereinen als bedarfswirtschaftliche Non-Profit-Organisationen besteht das (Ober-)Ziel in einer möglichst optimalen Befriedigung der Bedürfnisse und Interessen der Mitglieder, nicht in einer Gewinnmaximierung[26]. Typisch für Vereine sind ferner die freiwillige, ehrenamtliche Mitarbeit, demokratische Entscheidungsstrukturen und eine Finanzierung über Beiträge und öffentliche Zuschüsse[27]. Traditionelle Vereine richten ihre Produktion nicht an der Nachfrage eines „externen" Marktes aus, sondern an den Bedürfnissen ihrer Mitglieder. Diese sind zugleich Nachfrager und Anbieter, da sie das Kapital für die Produktion der Leistung zur Verfügung stellen (ehrenamtliche Mitarbeit, Beiträge). Allerdings ist – vor dem Hintergrund zunehmender Probleme mit der Rekrutierung qualifizierter, ehrenamtlicher Mitarbeiter - in jüngerer Zeit bei zahlreichen Vereinen vor allem im Bereich der Gesundheits- und Fitnessangebote eine Entwicklung zu kommerziellen Dienstleistern zu beobachten[28]. Dabei findet eine Verschiebung von der ehrenamtlichen zur hauptamtlichen Tätigkeit und eine Öffnung für Nichtmitglieder bzw. zeitlich befristete Mitgliedschaften statt. Ihre Angebote sind in diesem Fall aus ökonomischer Perspektive auch als marktfähige Leistungen anzusehen.

Insofern ist eine Parallele zu den Dienstleistungen öffentlicher Betriebe und Verwaltungen zu sehen, die ebenfalls häufig durch die Dominanz nichtökonomischer Ziele gekennzeichnet sind, die von unterschiedlichen Anspruchsgruppen an die Institution herangetragen werden. Gerade der Aspekt, dass die Ziele unterschiedlicher Anspruchsgruppen verfolgt werden müssen, macht z. B. die im Marketing häufig geforderte Kundenorientierung in der Umsetzung schwierig. Ist der Kunde des Arztes der Patient oder die Krankenkasse, von der er die direkte Entlohnung für die einzelne Leistung erhält? Sind die Kunden einer Universität die Studenten oder die Betriebe, welche die Arbeitskräfte nachfragen? Sind die Kunden der Bundesligavereine die Mitglieder, die Zuschauer, die Medienunternehmen oder die Sponsoren? Die Sportanbieter stehen häufig vor dem Problem, dass sie teilweise konträre Interessen verschiedener Anspruchsgruppen berücksichtigen müssen. So sind beispielsweise (olympische) Wettkämpfe möglichst so zu gestalten, dass sie den Interessen der Athleten (Anlagen, Wettkampfzeit, u. ä.), der Zuschauer (spannende und hochklassige Wettkämpfe, gute Unterhaltung, gute Stimmung, gute Sicht, Athleten „zum Anfassen" usw.), der Medien (Zeitpunkt, gute Planbarkeit, Gelegenheiten für Werbeeinblendungen etc.) sowie der Geldgeber (positive Ausstrahlung, Dopingfreiheit,

---

[26] Neben der Gewinnmaximierung sind i.d.R. noch weitere ökonomische wie auch nicht-ökonomische Ziele für erwerbswirtschaftliche Unternehmen relevant. Umgekehrt bestehen auch bei Vereinen ökonomische Ziele. Wie bei Non-Profit-Organisationen im allgemeinen, liegt der Unterschied dabei nicht bei der Gewinnerzielung, sondern bei der Gewinnverwendung (Hasitschka, Hruschka 1982, 8).

[27] Vgl. Heinemann 1995, S. 66; Freyer 1990, S. 43-44.

[28] Vgl. Heinemann, Schubert, S. 238-256.

Werbeflächen, Präsentationsmöglichkeiten etc.) gerecht werden. Die Beantwortung dieser Fragen ist für das Marketing zentral. Es gilt die Interessen der unterschiedlichen Anspruchsgruppen abzuwägen. Erst das Ergebnis dieser Abwägung liefert die Orientierung für das Marketing eines Vereins.

Ebenfalls typisch für die Angebotsseite im Sportbereich sind die *Sportligen* und organisierten Turniere, Wettkämpfe und Meisterschaften. Hier kommt es zu der Situation, dass Sportanbieter (Vereinsmannschaften) zugleich konkurrieren und kooperieren. Man könnte natürlich argumentieren, dass die Kooperation im Wettbewerb ein allgemeines Phänomen im heutigen Wirtschaftsleben darstellt. Nicht umsonst war die „Kooperation im Wettbewerb" das Leitthema der Jahrestagung des Verbandes der Hochschullehrer für Betriebswirtschaft 1999 in Bamberg. Allerdings ist die Kooperation im Wettbewerb für Sportligen im Gegensatz zu anderen betriebswirtschaftlichen Unternehmungen ein konstitutives Element. Sportligen existieren nur aufgrund der Kooperation und sind auch ohne diese Kooperation nicht denkbar. Die Attraktivität einer Liga wird maßgeblich von ihrer Ausgeglichenheit und der daraus resultierenden Spannung bestimmt. Die Einkommensmöglichkeiten sind demnach sowohl von der eigenen Stärke als auch von ihrem Verhältnis zu den übrigen teilnehmenden Mannschaften oder Sportlern abhängig[29]. Die Anbieter besitzen somit häufig nur bedingt Kontrolle über die Produktqualität.

5.1.3 Anbieterseitige Verhaltensunsicherheit

Aus ökonomischer Sicht ist die mangelnde Kontrolle über die Produktqualität einer Liga auf die mangelnde Kontrolle über die Produktionsfaktoren (z. B. Trainer der Vereine und Spieler) zurückzuführen. Die Produktionsfaktoren liegen außerhalb der Verfügungsmacht des Anbieters (Liga). Auch bei anderen Sportanbietern, insbesondere im Bereich der Sportdienstleistungen, liegt eine wesentliche Besonderheit darin, dass die Produktqualität nicht autonom gesteuert werden kann. Allerdings ist die Ursache für die mangelnde Verfügungsmacht eine andere. Im Falle der Sportdienstleister ist die Integration sogenannter externer Faktoren notwendig. Hiermit werden in der Dienstleistungsliteratur Faktoren (z. B. Sachen und Informationen) bezeichnet, die vom Kunden in den Erstellungsprozess eingebracht werden[30]. Wesentlich dabei ist, dass der externe Faktor auch darin bestehen kann, dass der Kunde seine eigene Person in den Dienstleistungsprozess einbringt und somit an der Erstellung einer Dienstleistung selbst beteiligt ist, wie dies z. B. bei der aktiven Sporttherapie oder bei Sportreisen der Fall ist. Ohne die Einbeziehung des Kunden in den Erstellungsprozess kommen derartige Dienstleistungen nicht zustande.

Die Diskussion in der Betriebswirtschaftslehre um die Abgrenzung von Sachgütern und Dienstleistungen hat ergeben, dass aus ökonomischer Sicht eine strenge Unterscheidung nicht zweckmäßig ist, sondern es vor allem darauf ankommt, in welchem Ausmaß exter-

---

[29] Vgl. Frick, Wagner 1998, S. 331.
[30] Vgl. z. B. Meyer, A. 1995, S. 185-186.

ne Faktoren in den Erstellungsprozess integriert werden (Grad der Verhaltensunsicherheit)[31]. Ein hohes Maß an Integrativität ist für viele Sportleistungen kennzeichnend, auch im Bereich der Sachgüter. So kann z. B. ein Sportler bereits in der Entwicklungsphase seines Sportgeräts (z. B. Rennauto, Rennrad, Boote etc.) integriert sein und fachlichen Input liefern. Da der Anbieter bei hoher Integrativität die Produktqualität nur bedingt kontrollieren kann, ist das Verhalten der Nachfrager für das Qualitätsniveau entscheidend. Dieses Verhalten ist aus Sicht des Anbieters mit Unsicherheiten behaftet. Die Reduktion der Unsicherheit über das Verhalten der Nachfrage bei Sportleistungen entscheidet somit über den Erfolg der Marketing-Maßnahmen der Anbieter. Im Extremfall kommt sogar kein Kaufvertrag zustande, wenn es dem Anbieter nicht gelingt, die verhaltensbedingten Risiken durch die Mitwirkung der Nachfrager auszuschalten. So hat z. B. ein Anbieter im Sportfachhandel Unsicherheit über die Kaufabsichten der Nachfrager. Der Nachfrager kann sich im Sportfachhandel intensiv beraten lassen, aber die Ware bei einem Discounter erwerben (Lighthouse-Effekt[32]).

Die Verhaltensunsicherheit ist somit aus ökonomischer Sicht ein zentrales Problem im Sportmarketing.

5.2 Merkmale der Sportnachfrage

5.2.1 Nutzenerwartungen

Wie bei anderen Absatzleistungen, so wird auch der Wert von Sportleistungen durch die individuellen Nutzenerwartungen bestimmt, die der (potenzielle) Konsument mit dem Konsum verbindet. Der Konsument erwirbt zwar Produkte, wie Sportschuhe oder Skier oder ökonomische Chancen[33], wie z. B. Eintrittskarten oder eine Vereinsmitgliedschaft, sein angestrebtes Ziel besteht aber nicht nur im Besitz dieser Absatzleistungen[34]. Egal, ob die sportliche Aktivität selbst ausgeübt oder passiv vor Ort oder über die Medien konsumiert wird, in allen Fällen besteht der Zweck des Handelns im nutzenstiftenden Konsum. Dieser umfasst in der Regel verschiedene Aspekte in unterschiedlichen Gewichtungen. Solche sportbezogenen Nutzenerwartungen können sein[35]:

- Gesundheit, Fitness, Körperformung

---

31   Vgl. Engelhardt/Kleinaltenkamp/Reckenfelderbäumer 1993.
32   Vgl. Gümbel 1985, S. 40.
33   Vgl. zum Begriff der ökonomischen Chance Meyer, P.W. 1990, S. 16.
34   Auch in der Konstellation, wo der (demonstrierte) Besitz eines Gutes über den damit verbundenen Prestigewert den Nutzen stiftet, ist nicht der eigentliche Besitz, sondern der damit verbundene Nutzen (Prestige) das mit dem Erwerb verfolgte Ziel.
35   Vgl. Heinemann 1995, S. 100.

- Wohlbefinden, Körpererfahrung und Körpererleben
- Spaß, Freude, Unterhaltung
- Geselligkeit, Kommunikation, soziale Integration
- Selbstdarstellung
- Prestige, Anerkennung, soziale Akzeptanz
- Abwechslung, Zeitvertreib etc.

Aus solchen Nutzenerwartungen und ihren Determinanten leiten sich Präferenzen und aus diesen wiederum eine kaufkräftige Nachfrage ab. Manchmal ist die Verwirklichung der Erwartung(en) zum Zeitpunkt des Kaufs sogar risikobehaftet und schwer kalkulierbar. Zur Erzielung des anvisierten Nutzens sind (in der Regel) weitere Zeit und Anstrengung sowie finanzielle Mittel notwendig, ohne die der Kauf *nutz*los (oder zumindest weniger nützlich) wäre. Davon abweichend sind lediglich Erwartungen, die sich bereits mit dem Besitz eines Gutes erfüllen, wie z. B. soziale Anerkennung durch den hohen Prestigewert eines hochwertigen Ausrüstungsgegenstandes oder die Mitgliedschaft in einen exklusiven Verein/Club.

5.2.2 Variety Seeking

Typisch für sportbezogene Nutzenerwartungen ist in vielen Bereichen das Fehlen einer Sättigungsgrenze bzw. eine nur temporäre Sättigung. Gesundheit und Fitness bedürfen kontinuierlicher Anstrengungen, um der Zielvorstellung nahe zu kommen. Dabei findet einerseits mit zunehmender Erfahrung häufig eine Verschiebung des Anspruchsniveaus statt, anderseits „sind die mühsam an Trimmgeräten erkämpften Gewinne einer attraktiven Formung des Körpers durch genussreiche Ernährung permanent bedroht"[36]. Auch Ziele wie Wohlbefinden und das Erleben von neuen und spannenden Situationen besitzen nur eine zeitlich begrenzte Sättigung. Insbesondere für das Streben nach Abenteuern und Nervenkitzel führt die Gewöhnung an ein Reizniveau zu einer Suche nach neuen und immer stärkeren Reizen. Daraus folgt, dass manche Sportnachfrager die Abwechslung und den „Kick" suchen. Vor allem die Trendsportarten steigen in der Gunst der Nachfrager, die über Geräte, Anlagen und Outfit die Nutzenerwartungen der Nachfrager erfüllen, und leben somit von dem mit der Sportart verbundenen Image[37].

Das Bedürfnis oder sogar die Sucht nach Abwechslung nennt man im Marketing Variety Seeking[38]. Es ist im Sport ein häufig anzutreffendes Phänomen, auch wenn es in dieser

---

[36] Vgl. Heinemann 1995, S. 103.
[37] Vgl. Elsener, R. 1996, S. 12.
[38] Van Trijp (1989, S. 9) definiert Variety Seeking als „a motivational factor or internal drive that influences consumer choice behavior by aiming at realization of variation in stimulation through varied product choice, irrespective of the instrumental or functional value of the alternatives". Borges u. a. (1989, S. 1038) sehen darin einfach „the desire to try something different", Variety Seeking ist somit als Moti-

Branche aus der Perspektive des Marketings bislang nur wenig untersucht wurde[39]. Dabei sind die neuen Trendsportarten manchmal gar nicht so neu. Das Streben nach Abwechslung, Spaß und Neuem wird häufig durch ein geschicktes Marketing und neue Begriffe geweckt. Street-Soccer wurde schon früher gespielt. Allerdings vermittelt das „Game" heute durch das entsprechende „Outfit" das richtige „Fun-Feeling" und ein „cooles Image". Dieses Beispiel belegt, wie wichtig im Sport die emotionalen Komponenten sind und wie sehr die physischen Produkteigenschaften in den Nutzenvorstellungen der Konsumenten in den Hintergrund gedrängt werden.

So werden immer neue Produkte und neue Sportarten bzw. sportliche Aktivitäten angeboten, welche das Bedürfnis nach neuen Reizen und Abwechslung befriedigen. Dies bewirkt auch bei den Gütern und Dienstleistungen, welche die Voraussetzung für die sportliche Aktivität und damit für die Erfüllung der Nutzenerwartungen sind, eine verstärkte Nachfrage, weil die Sportartikel und Sportgeräte zwar technisch nicht verschlissen sind, aber entweder funktionell oder den ästhetischen Ansprüchen nicht mehr genügen. So bedarf es z. B. für neue Manöver beim Windsurfen entsprechender neuer, kürzerer und wendigerer Boards sowie Riggs mit besserem Handling. Die neue Technik des Carvens hat innerhalb kürzester Zeit das komplette Skiangebot verändert. Das Rollschuhfahren erfolgt nicht mehr auf paarweise angeordneten Rollen, sondern auf Rollen, die in einer Linie angeordnet sind. Vom Wechsel auf neue Sportgeräte profitieren auch komplementäre Sportartikel. Zum „coolen" Inline-Skating gehören – je nach Stilrichtung – Schlabbershirts, Bermudas und die verkehrt auf dem Kopf sitzende Baseball-Mütze oder enganliegende Tights und dazu passendes Oberteil.

5.2.3 Nachfrageseitige Verhaltensunsicherheit

Aber auch bei wechselnden Trends und Bedürfnissen der Nachfrager sind letztendlich deren Nutzenerwartungen ausschlaggebend, die sie mit den Sportprodukten und Sportdienstleistungen verbinden. Inwieweit diese Erwartungen erfüllt werden, hängt u. a. von der Qualität der Sportartikel und der Sportgeräte ab, über die der Nachfrager weniger Informationen besitzt als der Anbieter. Besteht die kundenseitig subjektiv wahrgenommene Qualität (Nutzenerwartung) nahezu ausschließlich im „Fun-Feeling", das mit dem Sportartikel verbunden wird, besteht die Unsicherheit über die Erfüllung der Nutzenerwartungen kaum noch. Die physischen Produktqualitäten werden allenfalls zu Hygienefaktoren, d. h. die Erfüllung von Mindestqualitätsstandards wird als „selbstverständlich" vorausgesetzt (und von allen Anbietern erfüllt). Ein erfolgreiches Sportmarketing setzt demzufolge voraus, dass es dem Anbieter gelingt, die nachfragerseitigen Unsicherheiten

---

vation zu verstehen und vom Verhalten, dem Variety Seeking Behavior zu interscheiden.

[39] Im Sport wurde bislang vorwiegend die Wahl sportlicher Aktivitäten unter dem vergleichsweise umfassenderen Konstrukt des Sensation Seeking untersucht (vgl. Zuckerman 1979; zusammenfassend Beier 1998, S. 103-113). Eine empirische Untersuchung aus der Marketingperspektive wurde im Rahmen einer Diplomarbeit für das Variety Seeking bei Sportreisen durchgeführt, vgl. von Wangenheim 1998.

über die Nutzenerwartungen bzw. die Qualität der versprochenen Leistung zu reduzieren. Dies gelingt durch eine emotionale Positionierung der Sportleistung, weil dadurch zum einen die Informationswünsche der Nachfrager auf eine oder wenige Dimensionen der Nutzenerwartung reduziert und zum anderen Bedürfnisse durch die Aktivierung der Nachfrager geweckt werden. Die emotionale Positionierung reduziert somit die subjektiv empfundenen Risiken vor dem Kauf. Insofern unterscheidet sich das Sportmarketing nicht vom Konsumgütermarketing, bei dem die Aufmerksamkeit der Konsumenten auf die psychischen Eigenschaften, die einem Produkt innewohnen (sollen), gelenkt wird. Die physischen Eigenschaften eines Produktes treten dadurch in den Hintergrund.

Im Falle von Sportdienstleistungen sind auch die Leistungsfähigkeiten und der Leistungswillen des Personals des Anbieters für die Qualität verantwortlich. Wie bereits erwähnt, kann zwar der Anbieter von Dienstleistungen nicht autonom über die Produktionsfaktoren verfügen und damit auch nicht alleine die Qualität der Dienstleistung verantworten. Dennoch verbleibt ein großer Teil der Verantwortung für die Qualität beim Anbieter. Daher empfindet der Nachfrager ebenfalls Unsicherheiten über das Verhalten der Anbieter von Sportleistungen. Der Zuschauer eines Fußballspiels empfindet vor dem Kauf der Eintrittskarte (Vertragsabschluss) Unsicherheit über das Verhalten der Mannschaften und damit über die Qualität des Fußballspiels. Er weiß vorher nur wenig über die Leistungsfähigkeiten und den Leistungswillen der Spieler und kann im Nachhinein bitter enttäuscht werden, wie z. B. die deutsche Mannschaft während der Europameisterschaft 2000 deutlich vor Augen geführt hat.

Dies gilt auch für das Marketing *mit* Sport. Der Sponsor eines Sportvereins bzw. einer Mannschaft oder eines Sportlers erwartet einen Nutzen aus seiner finanziellen Aktivität, der häufig darin besteht, einen höheren Bekanntheitsgrad zu erreichen oder sich immer wieder durch sein sportliches Engagement bei den Nachfragern positiv in Erinnerung zu bringen. Er kann sich aber auch vom Erfolg der Mannschaft oder des Sportlers einen Imagetransfer erhoffen[40]. Auch in diesen Fällen empfindet der Sponsor Unsicherheiten über die Leistungen der Sponsornehmer (z. B. Verein, Sportler). Macht der Sponsornehmer negative Schlagzeilen, wird das sportliche Engagement nicht unbedingt positiv aufgenommen. Scheidet ein Team unerwartet vorzeitig aus einem Turnier aus, werden u.U. die Nutzenerwartungen des Sponsors im Hinblick auf den Imagetransfer nicht erfüllt.

Eine wichtige Determinante im Sportmarketing ist daher die Reduktion der Unsicherheiten der Nachfrager über das Leistungsangebot der Sportanbieter. Klassifiziert man die Produkte danach, ob die Ausprägung ihrer qualitätsbestimmenden Merkmale vor dem Kauf, nach dem Kauf oder zu keinem Zeitpunkt bestimmt werden können, lassen sich Such-, Erfahrungs- und Vertrauensgüter unterscheiden[41]. Bei Suchgütern ist die Qualität aus Sicht des Kunden bereits vor dem Kauf bestimmbar (z. B. Sporthemden). Bei Erfahrungsgütern ist die Beurteilung der Qualität erst nach dem Kauf möglich (z. B. Tennis-

---

[40] Vgl. Zieschang 1994, S. 245.
[41] Vgl. zur Unterscheidung Erfahrungs- und Suchgüter bzw. -eigenschaften Nelson 1981, S. 43 und für Vertrauensgüter Darby, Karni 1973, S. 69.

schläger). Bei Vertrauensgütern kann selbst nach dem Kauf die Qualität nicht ausreichend festgestellt oder nur unter unwirtschaftlich hohen Kosten beurteilt werden (z. B. Vermarktungsvertrag zwischen Sportler und Agentur).

5.3 Verhaltensunsicherheiten und Konsequenzen

Die Unsicherheit des Anbieters über die Qualität der externen Faktoren, die in die Dienstleistungsproduktion eingehen und die Unsicherheit des Nachfragers über die zu erwartende Dienstleistungsqualität werden in der informationsökonomischen Literatur unter dem Stichwort „Verhaltensunsicherheit" diskutiert und bilden die Basis einer informationsökonomisch fundierten Typologie von Dienstleistungen[42]. Verhaltensunsicherheiten beruhen immer auf asymmetrischen Informationen der einzelnen Marktteilnehmer. Asymmetrische Informationen liegen vor, wenn ein Marktpartner (z. B. Sponsor, Verein, Zuschauer, Medienanbieter) über unterschiedliche Informationen über den Vertragsgegenstand (z. B. sportliche Leistung) verfügt. Der Grad der Verhaltensunsicherheit hängt davon ab, welcher Risikotyp bzw. welche Art von asymmetrischen Informationen vor dem Kontraktabschluss vorliegt (vgl. Abbildung 7)[43].

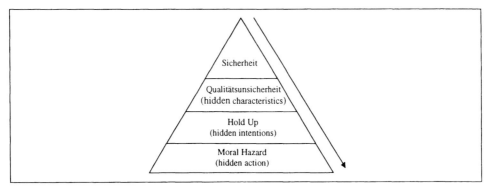

Abbildung 7:   Grade der Verhaltensunsicherheit
Quelle: Woratschek 1998, S. 351

Qualitätsunsicherheit liegt vor, wenn ein Vertragspartner Unsicherheit über die Qualitätseigenschaften des Absatzobjektes oder über die Qualifikationen des Kontraktpartners hat (hidden characteristics). Bringt eine Partei nicht die versprochenen Leistungsmerkmale ein, kann dies bei Qualitätsunsicherheit zwar nicht vor Beginn, aber zumindest nach erfolgter Kooperation festgestellt werden. Darüber hinaus ist nach Vertragsabschluss

---

[42] Vgl. Woratschek 1996, S. 59-71.
[43] Vgl. Woratschek 1996 und 1998.

kein Spielraum für die Vertragspartner, sich eigennützig Vorteile zu Lasten des anderen zu verschaffen. Die Abweichung der zugesicherten von der tatsächlichen Leistung kann während oder nach erfolgter Kooperation festgestellt und ggf. geahndet oder korrigiert werden. Im Sportfachhandel besteht häufig Qualitätsunsicherheit über die angebotenen Produkte. Die Mängel können zwar häufig nicht während der Kaufberatung festgestellt werden, aber nach dem Kauf oder während der Benutzung. Die vertragsgemäß vereinbarten Qualitätseigenschaften können bei Nichterfüllung reklamiert werden, so dass eventuell der Kaufvertrag rückgängig gemacht oder die Ware umgetauscht werden kann. Das Risiko des Abnehmers ist beschränkt.

Mittel, die geeignet sind, Verhaltensunsicherheiten zu reduzieren, nennt man Kooperationsdesigns. Liegt ein Fall von Qualitätsunsicherheit vor, kann dieser durch geeignete Signale überwunden werden. Dies begründet, weshalb für verschiedenste Arten von Sportunterricht die Dokumentation der Trainerkompetenz über Ausbildungszertifikate angestrebt wird. Seit einiger Zeit vergibt der Deutsche Tennisbund in Zusammenarbeit mit dem Verband Deutscher Tennislehrer für Tennisschulen das Prädikat „vom DTB/VDT anerkannte Tennisschule" und bietet gegen Schutzgebühr entsprechendes Material (bedruckte Trainerbekleidung, Aufkleber und Aufnäher, Werbetafeln etc.) zur Dokumentation dieser Auszeichnung. Beim Sportfachhandel wissen die Kunden nicht, ob die Artikel die zugesicherten Qualitätseigenschaften wirklich besitzen. Durch Garantien auf die zugesagte Leistung werden diese Qualitätsunsicherheiten reduziert. Marken können ein Signal für Qualität sein. Signaling ist demzufolge ein geeignetes Kooperationsdesign zur Überwindung von Qualitätsunsicherheiten[44].

Können Mängel in Bezug auf die vor dem Kontrakt zugesicherten Leistungseigenschaften zwar im Nachhinein festgestellt werden, aber ein Partner sich nach Kontraktabschluss zu Lasten des anderen verhalten, spricht man von *Hold Up*. Hold Up liegt vor, wenn z. B. der Kunde eines Sportfachhandels bei Einräumung eines Zahlungsziels seine Zahlungsmoral verschweigt (hidden intention). Nach dem Kauf kann er sich zu Lasten des anderen Kontraktpartners Vorteile verschaffen. Der Anbieter kann das Zahlungsverhalten im Falle des Hold up nach dem Kontrakt zwar kaum beeinflussen, aber er kann ex post die Absichten des Kunden beobachten. Selbstverständlich kann auch ein Hold Up des Anbieters vorliegen. So weiß z. B. der Kunde eines Anbieters von Sportreisen nicht, ob die zugesicherten Bemühungen und Leistungen während der Reise tatsächlich im versprochenen Ausmaß erfolgen. Hidden intentions könnten auch vorliegen, wenn ein Fitness-Studio dem Kunden zugesichert hat, jederzeit auf die individuellen Trainingswünsche einzugehen. Hat der Kunde einen Jahresvertrag abgeschlossen, könnten die Mitarbeiter ihre zugesicherten Bemühungen in einem bestimmten Ausmaß vernachlässigen (Hold Up), ohne gegen vertragliche Vereinbarungen zu verstoßen. Der Jahresvertrag stellt für den Kunden eine irreversible Investition dar. Er kann die Zahlungen nicht aufgrund der schwer nachweisbaren Vernachlässigungen einstellen, obwohl er nicht die erwartete Leistung erhält. Reputation des Anbieters kann den Kunden helfen, sich vor

---

[44] Vgl. Spremann 1990, S. 578-580.

einem solchen Hold Up zu schützen. Der Hersteller von Sportartikeln könnte die versteckten Kaufabsichten des Sportfachhandels bezüglich der Mengenabnahme durch Rahmenverträge reduzieren, die am Ende der Laufzeit mengenabhängige Gutschriften vorsehen. Im Extremfall beseitigt der Hersteller derartige Unsicherheiten durch vertikale Integration.

Wenn die Absichten eines Kontraktpartners selbst nach dem Kontrakt nicht beobachtet werden können, spricht man von *Moral Hazard* (hidden action). Dies ist z. B. der Fall, wenn ein Sportler eine Sportagentur mit der Wahrung seiner Interessen beauftragt, die darin liegen können, dass die Agentur seine Leistungen ökonomisch erfolgreich vermarktet. Der Sportler kann nicht alle Eventualitäten vorher vertraglich regeln, so dass die Sportagentur nach Vertragsabschluss Handlungsspielräume besitzt, die sie in eigenem Interesse nutzen kann. Fehlender Leistungswillen in den Vermittlungsbemühungen können dem Sportler nach Vertragsabschluss schaden. Das besondere Problem besteht darin, dass der Sportler auch nach Vertragsabschluss den Leistungswillen und die Bemühungen zur Vermittlung des Sportlers mit Sicherheit beobachten und beurteilen kann. Wie kann man sich vor diesem moralischen Risiko (Moral Hazard) schützen?

Bei Moral Hazard sind Anreizsysteme oder Selbstwahlschemata geeignete Kooperationsdesigns[45]. Ein Anreizsystem besteht in dem aufgeführten Beispiel darin, dass statt einer fixen Entlohnung der Agentur eine variable Entlohnung vereinbart wird, d. h. heißt die Agentur an den Werbe- bzw. Sponsoringeinnahmen des Sportlers beteiligt wird. Dies stellt sicher, dass die Sportagentur im Interesse des Sportlers handelt.

Generell ist der Aufbau eines guten Images nützlich, die kundenseitige Verhaltensunsicherheiten über die angebotene Sportdienstleistung zu reduzieren. Reputation und Vertrauen sind im informationsökonomischen Sinne Kooperationsdesigns zur Überwindung asymmetrischer Informationen und Reduktion von Verhaltensunsicherheit. Eine hohe Reputation der Unternehmensberatung sowie Empfehlungen anderer Sportanlagenbesitzer helfen diese Bedenken zu zerstreuen, d. h. sie „überwinden" die nachfragerseitigen Verhaltensunsicherheiten über die Leistungsfähigkeiten und den Leistungswillen der Unternehmensberatung.

Die Reduktion der Verhaltensunsicherheit lässt sich somit durch eine entsprechende Gestaltung des Marketing-Mix fördern.

5.4 Fokussierung auf die Kommunikationspolitik

In der Literatur kann leicht der Eindruck entstehen, dass Sportmarketing nahezu nur aus Kommunikationspolitik besteht, da die meisten Beiträge diesem Teilbereich des Marketing gewidmet sind. Dieser Eindruck entsteht z. B. wenn man das Sonderheft „Sportmar-

---

[45] Vgl. Spremann 1990, S. 578-580.

keting" der Thexis (1996, Heft 2) liest[46]. Der Inhalt verträgt sich, obwohl das Heft ohne Zweifel gut gelungen ist und sehr interessante Beiträge enthält, kaum mit dem Titel, wenn man an die Literatur zum Marketing denkt, die eine Abstimmung *aller* Marketing-Mix-Instrumente (Preis-, Leistungs-, Kommunikations- und Distributionspolitik) fordert. Hier finden sich zum Thema Sportmarketing nur kommunikationspolitische Aspekte. Dies mag daran liegen, dass Nutzenerwartungen bezüglich psychischer Merkmale von Absatzleistungen durch die Kommunikationspolitik „in den Köpfen" der Nachfrager erzeugt wird. Allerdings vergisst man dabei, dass die Voraussetzung hierzu eine passende Leistungs-, Distributions- und Preispolitik ist. Was nützt die Vermittlung von „Fun-Feeling", wenn die Rollen des Skaters versagen oder die Sportschuhe drücken? Was bringt eine erlebnisorientierte Werbung, wenn das Produkt nicht zeitnah verfügbar ist? Wie bestimmt man für eine „coole" Sportkleidung die gewinnoptimalen Preise und wie nutzt man die Preispolitik zur besseren Auslastung der Kapazitäten von Sportanlagen?

Daher wird an dieser Stelle betont, dass für die anderen Marketing-Mix-Instrumente ebenfalls Konsequenzen aus der Verhaltensunsicherheit resultieren[47]. Welche Rolle spielen die auf Sportmärkten häufig in hohem Maße anzutreffenden Verhaltensunsicherheiten für das Marketing-Mix? Die für die Erlöse von Sportbetrieben verantwortliche Preispolitik spielt in der Literatur kaum eine Rolle, wie u. a. das erwähnte Heft der Thexis signalisiert. Aus der Verhaltensunsicherheit resultieren aber Konsequenzen für die Preispolitik. So können z. B. Selbsteinordnungsschemata genutzt werden, um die Verhaltensunsicherheit der Anbieter über die Verbrauchsgewohnheiten, Schadensneigungen (bei Sportversicherungen) und Preisbereitschaften der Nachfrager zu reduzieren[48]. Ebenso vermisst man die Besonderheiten der Leistungspolitik. Ökonomisch und für das Marketing relevant ist die Typologisierung von Absatzleistungen nach den Kriterien Integrativität, Individualität und Verhaltensunsicherheit[49]. Je nach Ausprägung dieser Kriterien können unterschiedliche Konsequenzen für das gesamte Sportmarketing resultieren.

Denkt man z. B. an den weiten Bereich der Sportdienstleistungen, so kommen zu den traditionellen vier P's (product, price, promotion, place) drei weitere hinzu (process, personal, physical evidence)[50]. So dient beispielsweise das physische Erscheinungsbild und die Ausstattung einer multifunktionalen Sportanlage als Signal zur Reduktion von Qualitätsunsicherheiten. Eine hochwertige Ausstattung vermittelt den Nachfragern zudem eine Vorstellung über das zu erwartende Preisniveau. Die anbieterseitige Verhaltensunsicherheit über die Preisbereitschaft potenzieller Kunden wird selektiert, da Kunden mit

---

[46] Vgl. z. B. das Sonderheft zum „Sportmarketing" (Thexis 1996, 2). Hier finden sich zum Thema Sportmarketing nur kommunikationspolitische Beiträge. Die für die Erlöse von Sportbetrieben verantwortliche Preispolitik spielt keine Rolle (vgl. hierzu Woratschek 1999). Ebenso vermisst man die Besonderheiten der Leistungspolitik (vgl. hierzu Woratschek 1996).

[47] Vgl. für die Ausführungen der Konsequenzen der Verhaltensunsicherheit für Preispolitik Woratschek 1999.

[48] Vgl. hierzu Woratschek 1999.

[49] Vgl. für eine theoretische Fundierung der Leistungspolitik im Sport Woratschek 1998.

[50] Vgl. zu einzelnen Aspekten: Stauss 1994, 1995; Meffert, Bruhn 1997, Zeithaml, Bitner 1996.

niedrigen Preisbereitschaften die Anlage nicht aufsuchen. Demzufolge ist der Ausstattungspolitik im Dienstleistungsbereich aufgrund der Verhaltensunsicherheiten (und den Informationsasymmetrien) besondere Aufmerksamkeit zu schenken.

Aufgrund der Individualität vieler Sportdienstleistungen[51] ist eine persönliche Abstimmung auf die Bedürfnisse der Kunden angesagt, welche besondere Anforderungen an das Personalmanagement eines Sportdienstleisters stellt. Die Servicequalität einer Sportanlage steht und fällt mit den Leistungsfähigkeiten, dem Leistungswillen und dem zeitgerechten Einsatz des Personals. Gröppel-Klein hat im Handelsmarketing gezeigt, dass zur erfolgreichen Umsetzung einer Strategie die Persönlichkeitsmerkmale des jeweiligen Handelsmanagers passen müssen[52]. Die Strategiealternativen „Preisführerschaft" und „Differenzierung" verlangen unterschiedliche Managertypen. „Der erfolgreiche Preismanager kann als realistisch, unkompliziert und praktisch charakterisiert werden. Er muss in hohem Maße dominant sein und seine Strategie unbeirrt verfolgen. Auch der Differenzierungsmanager darf sich keinen Wankelmut leisten und sich nicht von seinem für richtig erachteten Weg abbringen lassen. Darüber hinaus sollte er jedoch über eine hohe Kreativität verfügen und in der Lage sein, seine Ideen mit der notwendigen Durchsetzungskraft realisieren zu können"[53]. Diese Erkenntnisse können durchaus nicht nur in den Bereich des Sportfachhandels übertragen werden, sondern geben auch Anregungen für Überlegungen im Bereich des Sportsponsoring. Hier stellt sich z. B. die Frage, inwieweit die Persönlichkeitsmerkmale von Sportlern in das Marketing-Konzept einer Unternehmung passen. Hierzu wären empirische Untersuchungen notwendig, die das Scanning geeigneter Sportler für ein Sponsoring-Konzept unterstützen.

Die bereits erwähnte Integrativität externer Faktoren erfordert die Abstimmung der Erstellungsprozesse, da nicht alle Produktionsfaktoren in der Verfügungsmacht des Anbieters stehen (Prozesspolitik). Diese und noch weitere, an dieser Stelle nicht ausgeführte Argumente, bedingen für den Dienstleistungsbereich eine Erweiterung des traditionellen Marketing-Mix um die Ausstattungspolitik (physical evidence), die Personalpolitik (personal) und die Prozesspolitik (process).

Die Kommunikationspolitik ist nur ein, wenn auch ein sehr wichtiges, Element des Sportmarketing. Sie dient der Demonstration der Leistungsbereitschaft und des Aufbaus von Vertrauen und einer eigenständigen Marke. Gerade weil die Kommunikationspolitik die anderen Marketing-Mix-Instrumente ergänzt und mit diesen abgestimmt sein muss, ist die Erstellung eines integrierten Kommunikationskonzeptes im Sportmarketing wichtig, um negative Wechselwirkungen zwischen den verschiedenen Maßnahmen zu vermeiden[54]. Ziel der integrierten Kommunikation ist die Etablierung eines Planungs- und Organisationsprozesses, der die unterschiedlichen Kommunikationsinstrumente einer Organisation auf die Vermittlung eines konsistenten Erscheinungsbildes der Unterneh-

---

51 Vgl. Woratschek 1998.
52 Vgl. Gröppel-Klein 1998, S. 231-279.
53 Vgl. Gröppel-Klein 1998, S. 279.
54 Vgl. Kroeber-Riel, Esch 1999, S. 100-126; Esch 1998.

mung ausrichtet. Die Instrumente werden dabei auf der inhaltlichen, instrumentellen, formalen, zeitlichen und organisatorischen Ebene aufeinander abgestimmt[55]. Die integrierte Kommunikation vereinfacht die Informationsverarbeitung der Kommunikationsbotschaften durch die Nachfrager und reduziert somit die Verhaltensunsicherheit bezüglich der Leistungsversprechen der Anbieter aus der subjektiven Sicht der Nachfrager. Die Kommunikationspolitik ist somit zwar ein zentrales Instrument im Sportmarketing, aber eine Fokussierung auf dieses Instrument ist unzureichend.

6. Fazit für das Sportmarketing

Sportmarketing kann zum einen Marketing *von* Sport und zum anderen Marketing *für* Sport bedeuten.

6.1 Marketing von Sport

Beim Marketing von Sport steht an erster Stelle die Durchführung der Aktivität selbst (z. B. Aerobic-Kurse oder Fußballtraining). Dabei ist zu beachten, dass der potenzielle Konsument nicht nur entscheiden muss, welche Sportprodukte ihm eine bestmögliche Nutzenverwirklichung bieten, sondern bereits im Vorfeld Überlegungen anstellt, ob unter Berücksichtigung der zusätzlich nötigen Aufwendungen eine sportliche Aktivität im Vergleich zu anderen Aktivitäten, wie z. B. Kinobesuch, gemeinsames Essengehen etc. am besten abschneidet[56]. Daraus resultiert für das Marketing von sportlichen Aktivitäten, dass insbesondere eine weite Definition des relevanten Marktes vorgenommen werden muss. Es müssen auch branchenfremde Substitutionsmöglichkeiten und damit ein erweitertes Konkurrenzumfeld beachtet werden. Wird eine bestimmte Sportart vermarktet, muss die Unique Selling Proposition bzw. der besondere Erlebniswert dieser Sportart den potenziellen Sporttreibenden vermittelt werden. Die Existenz der Tennisvereine hängt entscheidend davon ab, wie es in Zukunft gelingt, die Attraktivität der Sportart zu erhalten. Hier sind Aktivitäten nicht nur auf der Vereins-, sondern auch auf der Verbandsebene gefragt. Allerdings sind nicht nur die Verbände und Vereine einzelner Sportarten am Marketing einer sportlichen Aktivität interessiert. Alle Unternehmungen, die ihr Güter- und Dienstleistungsangebot auf einer bestimmten Sportart aufbauen, müssen am Erhalt der Attraktivität dieser Sportart interessiert sein. Schließlich sind die Hersteller von Artikeln des Street Soccer oder des Inline-Skating darauf angewiesen, dass die be-

---

55 Vgl. hierzu Esch 1998.
56 Vgl. Heinemann 1995, S. 102.

treffende Sportart überhaupt ausgeübt wird. Sie werden sich demzufolge am Marketing einer sportlichen Aktivität beteiligen. Dies dürfte vorwiegend im Rahmen der Kommunikationspolitik und insbesondere im Eventmarketing der Fall sein. Verliert eine Trendsportart an Attraktivität, sind auch die darauf aufbauenden Güter und Dienstleistungen davon betroffen.

Die Motivation zur Ausübung von Sport hängt stark davon ab, welche Gefühle, Emotionen und Stimmungen mit der jeweiligen Sportart verbunden sind. Diese Emotionen und Stimmungen sollen im Marketing für eine Sportart erzeugt werden, damit das Interesse der potenziellen Zielgruppe geweckt wird. Im Allgemeinen sind sportliche Aktivitäten in starkem Maße mit vielfältigen, in der Mehrzahl positiven *Emotionen und Stimmungen*, wie Freude, Stolz, Freundschaft, aber auch Erschöpfung, Niedergeschlagenheit, Ärger usw. verbunden. Insbesondere das Erleben von Spannung ist charakteristisch für viele Sportarten[57]. Dies trifft auf den Wettkampfsport ebenso zu wie auf Aktivitäten im Freizeitsport.

Für die Mitgliederwerbung eines Vereins, aber auch für die Kundenwerbung eines erwerbswirtschaftlichen Fitnessstudios, ist die Reduktion der subjektiv wahrgenommenen Risiken der potenziellen Sportler entscheidend, damit es nicht nur beim Interesse für eine Sportart bleibt. Bei der Entscheidung für eine Mitgliedschaft im Verein oder für einen Vertrag mit dem Studio ist die Reduktion der nachfragerseitig empfundenen Verhaltensunsicherheit ausschlaggebend. Hierbei helfen die diskutierten Kooperationsdesigns aus der Institutionenökonomik (Signaling, Reputation, Selbstwahlschemata, Anreizsysteme).

Zur Ausübung von sportlichen Aktivitäten sind unterstützende Güter und Dienstleistungen notwendig. Die nächste Stufe umfasst daher die zur Sportaktivität notwendigen bzw. unterstützenden Investitionsgüter, Konsumgüter und Dienstleistungen. Hierunter fallen z. B. die Ausrüstung, die bei der Aktivität zum Einsatz kommt (z. B. Fahrrad, Tennisschläger, Bekleidung, spezielle Sporternährung und -getränke) und zum anderen die für die Ausübung notwendige Infrastruktur, sofern sie speziell dafür geschaffen wurde (z. B. Sportanlagen, Skipisten mit den zugehörigen Liftanlagen etc.). Einige Sportleistungen können aber auch dazu dienen, Bedürfnisse nach bestimmten Sportaktivitäten zu wecken und damit die Vermarktung weiterer Sportgüter und Sportdienstleistungen anzuregen. Hierzu gehören z. B. Bücher und Filme über sportliche Aktivitäten. Aber auch deren langfristiger Vermarktungserfolg hängt letztendlich von der Akzeptanz der betreffenden Sportart ab.

Sportgüter und -dienstleistungen unterscheiden sich bis auf den Sportbezug kaum von anderen Gütern und Dienstleistungen. Zu beachten ist, dass ein Sportgerätehersteller durchaus mit einem Sportdienstleister konkurriert, da fast jedes Sportgerät beim Hersteller oder Händler gekauft oder bei einem Dienstleister (z. B. Fitnessstudio) gemietet werden kann. Je nachdem kommen die besonderen Aspekte des Investitions-, Konsum-,

---

[57] Vgl. Brehm 1997.

Handels- oder Dienstleistungsmarketing zum Tragen. Der Sportbezug macht es allerdings notwendig, den Absatzleistungen ein Erlebnisprofil zu verleihen, welches neben der gegebenen Sportlichkeit noch weitere emotionale Zusatzerlebnisse ermöglicht. Der Konsum von Sportartikeln ist mit Nutzenerwartungen verbunden, wie z. B. Erfolg, Prestige, Abenteuer, Jugendlichkeit oder Gesundheit. Auch Körperlichkeit und Erotik spielen gerade im Bereich von Fitness-Angeboten eine wichtige Rolle. Neben der positiven Aktivierung durch die „dahinter stehende" sportliche Aktivität selbst, wird das emotionale Zusatzerlebnis, welches der Konsument mit dem Produkt erwirbt, sogar zum vorrangigen Grund für das Konsumieren bzw. die Auswahl der Marke [58]. Beispiele sind das Jugendlichkeit verleihende Image von Sportschuhmarken oder das Prestige eines exklusiven Golf- oder Fitness-Clubs. Die durch die geweckten Emotionen erzielte Aktivierung vermittelt einerseits Zusatzerlebnisse und besitzt andererseits eine leistungssteigernde Wirkung im Sinne der Informationsverarbeitung, was letztendlich zu einer Reduktion der Informationsasymmetrien und damit zur Reduktion der Verhaltensunsicherheit führt. Unter diesem Aspekt kann das Erlebnismarketing als ein Kooperationsdesign für Qualitätsunsicherheit (Signal) aufgefasst werden.

Zentral ist vor allem die Abhängigkeit der Sportgüter und Sportdienstleistungen von der jeweiligen sportlichen Aktivität, so dass die erfolgreiche Vermarktung dieser Güter und Dienstleistungen von der „Vermarktung" der Sportart insgesamt abhängen.

Für die Vermarktung von Dienstleistungen mit passivem Sportkonsum existieren weitere Besonderheiten, die wiederum auf den Besonderheiten der sportlichen Aktivitäten beruhen, z. B. die *Unsicherheit* über den Ausgang eines Turniers. Dies gilt insbesondere für Sportwettkämpfe, wo die Tagesform oft wichtiger ist als die „Papierform". Der „offene Ausgang" ist somit eine Determinante für die Spannung und damit für die Attraktivität von (bestimmten) Sportarten[59]. Zugleich bedeutet dies, dass der Dienstleister nur wenig Kontrolle über das Endprodukt hat und lediglich für möglichst gute Voraussetzungen sorgen kann. Sportligen weisen die Besonderheit auf, dass die Kooperation im Wettbewerb ein *konstitutives* Merkmal ist. Dadurch besitzen sie keine vollständige Verfügungsmacht über die Produktionsfaktoren. Die Informationsasymmetrien zwischen den Marktakteuren lassen sich durch die erwähnten Kooperationsdesigns überwinden.

6.2 Marketing mit Sport

Die mit dem Sportwettkampf verbundenen emotionalen Erlebnisse machen sich all jene Organisationen zu Nutze, die in Form von *Sportwerbung* oder *Sportsponsoring* mit sportlicher Aktivität oder Sportlern werben. In diesem Fall handelt es sich um Marketing *mit* Sport. Sportliche Aktivitäten sind in der Vorstellung der Konsumenten mit Attributen

---

[58] Vgl. Kroeber-Riel, Weinberg 1999, S. 115.
[59] Vgl. Freyer 1990, S. 37; Mullin, Hardy, Sutton 1993, S. 15.

wie Exklusivität (Golf, Segeln), Abenteuer (Mountainbiking) oder einfach Erfolg, Leistungsfähigkeit und Sportlichkeit belegt. Das Spektrum der Sponsoren reicht dabei über nahezu alle Branchen, wie z. B. Lebensmittel, Körperpflege (Duschgel), Fluglinien, Autohersteller, Türenhersteller[60].

Die verstärkte Erlebnisorientierung findet auch in der zunehmenden Bedeutung von *Events* bzw. des *Eventmarketings* im Rahmen der Kommunikationspolitik von Unternehmen ihren Niederschlag (Nickel 1998). Events sind erlebnisaktivierende Markeninszenierungen. Sie können sowohl Konsumbedürfnisse befriedigen, Wahrnehmung und Erinnerung gegenüber Marken erhöhen, Begeisterung für Marken erzeugen und Einstellungen gegenüber Marken verfestigen[61].

Die Erlebnisorientierung wirkt sich aber auch auf die Leistungspolitik von Sportanbietern (z. B. im Sporttourismus, bei kommerziellen Sportanbietern oder auch Vereinen) aus. So finden sich sportartübergreifend Zielgruppen, deren Interesse vor allem im Erleben von Emotionen und Körperzuständen liegt und nicht in der Realisation langfristiger Ziele. Spannung, Abenteuer, Freude, Geselligkeit, körperliches Wohlbefinden sind einige Beispiele dafür. Dies heißt jedoch nicht, dass Ziele wie Gesundheit und Leistungssteigerung generell unwichtig sind. Es liegen jedoch unterschiedliche Anreizprofile vor, die als Grundlage zur Segmentierung dienen können[62].

Probleme beim Marketing mit Sport bestehen in der passenden Auswahl der Sportart, der Sportorganisation und der Sportler für Werbung, Public Relation und Sponsoring im Sinne einer integrierten Kommunikation. Zum Marketing *mit* Sport existieren auch andere Alternativen, die Erlebnisse und Emotionen vermitteln können. So kann z. B. das Kultursponsoring oder Umweltsponsoring aus Sicht der Sportanbieter in Konkurrenz zum Sportsponsoring treten. Aus Sicht der Sponsorgeber können die unterschiedlichen Bereiche sich aber ergänzen und durchaus komplementär zum Einsatz gelangen.

Aus Sicht der Sportanbieter sind die alternativen Träger der Kommunikationsbotschaften Konkurrenten. Somit besteht generell durch branchenfremde Anbieter die Gefahr der Ausschaltung. Die Abgrenzung des relevanten Marktes kann somit nicht nur innerhalb der Branchengrenzen erfolgen.

---

[60] Vgl. Drees 1989, S. 50. Einzelheiten zu den Grundlagen und Zielen des Sportsponsorings siehe z. B. Drees 1992 oder Hermanns 1989, Hermanns, Glogger 1998.
[61] Vgl. Weinberg, Nickel 1998, S. 75.
[62] Vgl. Beier 1998.

7. Literatur

Backhaus, K. (1999): Industriegütermarketing, 6. Aufl., München.

Beier, K. (1998): Was reizt Menschen an sportlicher Aktivität in der Natur? Eine quantitative Studie zu den Anreizstrukturen verschiedener Outdoorsportarten, Bayreuth (Diss., Veröffentlichung in Vorbereitung).

Blümelhuber, C. (1998): Marketing in der Unterhaltungs"industrie", in: Meyer, A.: Handbuch Dienstleistungs-Marketing, Stuttgart, S. 1753-1776.

Borgers, A. W. J./Van der Heijden, R. E. C. M./Timmermans, H. J. P. (1989): A Variety-Seeking Model of Spatial Choice Behaviour, in: Environment and Planning 21, S. 1037-1048.

Brandmaier, S./Schimany, P. (1998): Die Kommerzialisierung des Sports: Vermarktungsprozesse im Fußball-Profisport, Hamburg.

Brehm, W. (1997): Emotionen von Spiel- und Individualsportlern in Training und Wettkampf, in: Psychologie und Sport 4, 2, S. 53-66.

Brehm, W. (1998): Stimmung und Stimmungsmanagement, in: Brehm, W./Bös, K. (Hrsg.): Handbuch Gesundheitssport, Schorndorf.

Büch, M.-P. (Hrsg.) (2000): Märkte und Organisationen im Sport: Institutionenökonomische Ansätze, Schorndorf.

Büch, M.-P./Frick, B. (1999): Sportökonomie: Erkenntnisinteresse, Fragestellungen und praktische Relevanz, in: BFuP 2, S. 109-123.

Convents, W. (1996): Fragen der Erfolgsmessung im Sportsponsoring, in: Thexis 2, S. 15-16.

Darby, M. R./Karni, E. (1973): Free Competition and the Optimal Amount of Fraud, in: Journal of Law and Economics, 16, S. 67-88.

Dietrich, K./Heinemann, K./Schubert, M. (1990): Kommerzielle Sportanbieter, Schorndorf.

Drees, N. (1992): Sportsponsoring, 3. Aufl., Wiesbaden.

Drees, N. (1989): Charakteristika des Sportsponsoring, in: Hermanns, A.: Sport- und Kultursponsoring, München.

Elsener, R. (1996): Die Kicks der Kids, in: Thexis 2, S. 12-14.

Engelhardt, W. H./Kleinaltenkamp, M./Reckenfelderbäumer, M. (1993): Leistungsbündel als Absatzobjekte, in: ZfbF, 45, S. 395-426.

Esch, F.-R. (1998): Wirkungen integrierter Kommunikation, Teil 1: Theoretische Grundlagen, in: Marketing ZFP, 20, 2, S. 73-89.

Franck, E. (1995): Die ökonomischen Institutionen der Teamsportindustrie, Eine Organisationsbetrachtung, Wiesbaden.

Freyer, W. (1990): Handbuch des Sportmarketing, Wiesbaden.

Frick, B. (1998): Management Abilities, Player Salaries and Team-performance, in: European Journal for Sport Management, 5, S. 6-22.

Frick, B./Wagner, G. (1998): Sport als Forschungsgegenstand der Institutionen-Ökonomik, in: Sportwissenschaft 28, 3-4, S. 328-343.

Grieswelle, D. (1978): Sportsoziologie, Stuttgart.

Glogger, A. (1998): Sportsponsoring: eine Partnerschaft zwischen Wirtschaft und Sport, in: Sportwissenschaft 28, 3-4, S. 358-369.

Gröppel-Klein, A. (1998): Wettbewerbsstrategien im Einzelhandel, Chancen und Risiken von Preisführerschaft und Differenzierung, Wiesbaden.

Grupe, O./Krüger, M. (1998): Sport, in: Grupe, O./Mieth, D. (Hrsg.): Lexikon der Ethik im Sport, Schorndorf, S. 478 ff.

Gümbel, R. (1985): Handel, Markt und Ökonomik, Wiesbaden.

Haas, H. (1998): Freizeit- und Tourismusmarketing, in: Meyer, A..: Handbuch Dienstleistungs-Marketing, Stuttgart, S. 1575-1592.

Hasitschka, W./Hruschka, H. (1982): Nonprofit-Marketing, München.

Heckhausen, H. (1989): Motivation und Handeln, Berlin.

Heinemann, K. (1999): Ökonomie des Sports – Eine Standortbestimmung, in: Horch, H.-D./Heydel, J./Sierau, A. (Hrsg.): Professionalisierung im Sportmanagement: Beiträge des 1. Kölner Sportökonomie-Kongresses, Aachen.

Heinemann, K. (1995): Einführung in die Ökonomie des Sports. Ein Handbuch, Schorndorf.

Heinemann, K./Schubert, M. (1994): Der Sportverein. Ergebnisse einer repräsentativen Untersuchung, Schorndorf.

Hermanns, A. (1989): Sport- und Kultursponsoring, München.

Horch, H.-D. (1994): Besonderheiten einer Sport-Ökonomie, Ein neuer bedeutender Zweig der Freizeitökonomie, in: Freizeitpädagogik, S. 243-257.

Huber, R. (1996): Professionelles Sportsponsoring sichert den Kommunikationserfolg, in: Thexis 2, S. 6-11.

Kaas, K.-P. (1992): Kontraktgütermarketing als Kooperation von Prinzipalen und Agenten, in: Zeitschrift für betriebswirtschaftliche Forschung, 44, S. 884-901.

Kroeber-Riel, W./Esch, F.-R. (2000): Strategie und Technik der Werbung. Verhaltenswissenschaftliche Ansätze, 5. Aufl., Stuttgart.

Kroeber-Riel, W./Weinberg, P. (1999): Konsumentenverhalten, 7. Aufl., München.

Mullin, B./Hardy, S./Sutton, W. (1993): Sport Marketing, Champaign.

Meffert, H./Bruhn, M. (1997): Dienstleistungsmarketing, 2. Aufl., Wiesbaden.

Meyer, A. (1995): Dienstleistungen, in: Corsten, H. (Hrsg.): Lexikon der Betriebswirtschaftslehre, München und Wien (3. Aufl.), S. 185-189.

Meyer, P. W. (1990): Der integrative Marketingansatz und seine Konsequenzen für das Marketing, in: Meyer, P. W. (Hrsg.): Integrierte Marketingfunktionen, 2. Aufl., Stuttgart u. a., S. 13-30.

Nelson, P. (1981): Consumer Information and Advertising, in: Galatin, M R./Leiter, R. D. (Hrsg.): Economics and Information, Boston, S. 42-77.

Nickel, O. (1998): Eventmarketing: Grundlagen und Erfolgsbeispiele, München.

Nieschlag, R./Dichtl, E./Hörschgen, H. (1991): Marketing, 16. Aufl., Berlin.

Ollson, P. (1996): Sport-Sponsoring im Zeichen der Professionalität, in: Thexis 2, S. 23-28.

Opaschowski, H. (1990): Pädagogik und Didaktik der Freizeit, 2. Aufl., Opladen.

Opaschowski, H. (1993): Freizeitökonomie: Marketing von Erlebniswelten, Opladen.

Opaschowski, H. (1997): Deutschland 2010. Wie wir morgen leben – Voraussagen der Wissenschaft zur Zukunft unserer Gesellschaft, Hamburg.

Opaschowski, H. (1998): Vom Versorgungskonsum zum Erlebniskonsum: Die Folgen des Wertewandels, in: Nickel, O. (Hrsg.): Eventmarketing. Grundlagen und Erfolgsbeispiele, München.

Rittner, V. (1988): Sport als ökonomisches Interessenobjekt, in: Digel, H.: Sport in Verein und im Verband, Schorndorf.

Röthig, P. u. a. (1992): Sportwissenschaftliches Lexikon, 6. Aufl., Schorndorf.

Schade, C./Schott, E. (1993): Kontraktgüter im Marketing, in: Marketing ZFP, 1, S. 15-25.

Schulze, G. (1992): Die Erlebnisgesellschaft – Kultursoziologie der Gegenwart, Frankfurt a. M.

Schulze, G. (1998): Die Zukunft des Erlebnismarktes: Ausblick und kritische Anmerkungen, in: Nickel, O. (Hrsg.): Eventmarketing. Grundlagen und Erfolgsbeispiele, München.

Spremann, K. (1990): Asymmetrische Information, in: ZfB, 60, S. 561-586.

Stauss, B. (1995): Kundenprozeßorientiertes Management im Dienstleistungsbereich, in: Preßmar, D. B. (Hrsg.): Total Quality Management II, Schriften zur Unternehmensführung, Bd. 55, Wiesbaden.

Strauss, B. (1994): Dienstleister und die vierte Dimension, in: Corsten, H. (Hrsg.): Integratives Dienstleistungsmanagement, Wiesbaden, S. 447-463.

Trommsdorff, V. (1998): Konsumentenverhalten. 3. Aufl., Stuttgart.

Van Trijp, H. C. M. (1989): Variety-Seeking in Consumption Behavoir: A Review, Wagening Economic Papers, 3, November.

Wangenheim, F. von (1998): Determinanten des Variety Seeking am Beispiel von Sportreisen, Diplomarbeit am Lehrstuhl für Dienstleistungsmanagement der Universität Bayreuth.

Weber, W./Schnieder, C./Kortlüke, N./Horak, B. (1995): Die wirtschaftliche Bedeutung des Sports, Schorndorf.

Weinberg, P. (1992): Erlebnismarketing, München.

Weinberg, P./Nickel, O. (1998): Grundlagen für die Erlebniswirkungen von Marketingevents, in: Nickel, O. (Hrsg.): Eventmarketing: Grundlagen und Erfolgsbeispiele, München, S. 61-75.

Woratschek, H. (1996): Die Typologie von Dienstleistungen aus informationsökonomischer Sicht, in: der markt, 35, 1, S. 59-71.

Woratschek, H. (1998): Sportdienstleistungen aus ökonomischer Sicht, in: Sportwissenschaft 28, 3-4, S. 344-357.

Woratschek, H. (1999): Verhaltensunsicherheit und Preispolitik. Konsequenzen für Betriebe im Bereich der Sportökonomie, in: Betriebswirtschaftliche Forschung und Praxis (BFuP) 2, S. 166-182.

Zeithaml, V. A./Bitner, M. J. (1996): Services Marketing, New York.

Zieschang, K. (1994): Sponsoring als Instrument der Kommunikationspolitik aus der Perspektive von Tennisclubs, in: Haimerl, B. (Hrsg.): Sport im Spiegel: Betrachtungen eines Phänomens, Regensburg, S. 235-251.

Zuckerman, M. (1979): Sensation Seeking: Beyond the Optimal Level of Arousal, Hillsale.

Teil III

Marketing in Dienstleistungs-Branchen (Non-Profit)

Ulli Arnold

Marketing für Werkstätten für Behinderte

1. Notwendigkeit von Marketing in WfB
2. Organisationsspezifische Besonderheiten von WfB
    - 2.1 WfB-Organisationsanalyse (Stärken und Schwächen)
    - 2.2 WfB-Umweltanalyse (Chancen und Risiken)
    - 2.3 Fremdeinschätzung von WfB (WfB-Image)
3. Marketing in WfB
    - 3.1 WfB als Marktorganisation
        - 3.1.1 Schlüssige Tauschbeziehung
        - 3.1.2 Kommerzielles Marketing
    - 3.2 WfB als Sozialwirtschaftsorganisation (Anbieter sozialer Dienstleistungen)
        - 3.2.1 Eigenschaften von Rehabilitationsdienstleistungen
        - 3.2.2 Nicht-schlüssige Tauschbeziehung
        - 3.2.3 Sozialmarketing
4. Fundraising
5. Handlungsempfehlungen
6. Literatur

1. Notwendigkeit von Marketing in WfB

Werkstätten für Behinderte (WfB) sind Organisationen, die geschaffen wurden, um Menschen mit Behinderungen soweit möglich für den allgemeinen Arbeitsmarkt zu qualifizieren und soweit dies nicht gelingt, zu beschäftigen. Die Werkstättenverordnung als normative Grundlage legt daher fest: "Die Werkstatt für Behinderte (Werkstatt) hat zur Erfüllung ihrer gesetzlichen Aufgaben die Voraussetzungen dafür zu schaffen, daß sie die Behinderten im Sinne des § 54 Abs. 2 des Schwerbehindertengesetzes aus ihrem Einzugsgebiet aufnehmen kann."[1] Die Zweckbestimmung von WfB ist eindeutig auf die Rehabilitation von Menschen mit Behinderungen gerichtet. WfB haben nicht das Ziel, Kapitaleinkommen zu erzielen, deshalb können sie als Not-for-profit-Organisationen bezeichnet werden. Dies heißt allerdings nicht, daß sie nicht finanzielle Überschüsse erzielen dürften. "Not-for-profit" bedeutet, daß eventuell erzielte Überschüsse für Organisationszwecke selbst verwendet werden müssen (bspw. für Arbeitsentgelte, Investitionen etc.); sie dürfen allerdings nicht an die Kapitaleigner ausgeschüttet werden.

Kernaufgabe der WfB ist die Förderung, berufliche Qualifizierung und Beschäftigung von Menschen mit Behinderungen (=Rehabilitationsaufgabe). Teil der Rehabilitation ist die Beschäftigung dieser Menschen in Produktionsprozessen, deren Ergebnisse im Markt getauscht werden müssen (=Marktproduktion). Beide Aufgaben sind wechselseitig miteinander verbunden bzw. aufeinander bezogen. Die Organisation von Arbeit ist ein wesentlicher Teil der Rehabilitationsaufgabe. Diese Arbeit ist aber nicht nur Beschäftigungstherapie, sondern soll gesellschaftliche Wertschätzung finden. Ausdruck der Wertschätzung ist die Bereitschaft privater Käufer, die erstellten Güter gegen angemessenes Entgelt (Preis) zu erwerben. Dies bedeutet, daß die von WfB erstellten Güter im Wortsinne marktfähig sein müssen, um im Wettbewerb mit anderen Güteranbietern bestehen zu können.

Die Marketingaufgabe von WfB bezieht sich demzufolge auf die Gestaltung völlig unterschiedlicher Austauschbeziehungen:

(a) *Marketing für die Rehabilitationsleistungen*: Hier geht es darum, Akzeptanz für die Kernaufgabe bei den unterschiedlichen Stakeholdern von WfB zu schaffen. Stakeholder sind neben den betroffenen Menschen mit Behinderungen und ihren Angehörigen die Kostenträger, die Sozialadministration, Rehabilitationsexperten, Sozialpolitiker, Sponsoren etc.

(b) *Marketing für die erstellten Güter*: Hier besteht die Aufgabe darin, potentielle Käufer vom Nutzen der erstellten Güter zu überzeugen und nachhaltig nutzbare Kundenbeziehungen aufzubauen. WfB müssen Kundenzufriedenheit schaffen und letztlich Markterlöse erzielen. Die Ähnlichkeit der Aufgabenstellung in erwerbswirtschaftli-

---

[1] § 1 Abs. 1 SchwbGWV (Werkstättenverordnung Schwerbehindertengesetz).

chen Organisationen liegt auf der Hand; Besonderheiten für das Marketing ergeben sich vor allem aus den organisatorischen Kontextfaktoren von WfB. Die ökonomische Bedeutung von WfB, insbesondere ihr Beitrag zur Wertschöpfung und Beschäftigung, ist in nachfolgender Übersicht dargestellt.

Mitgliedswerkstätten der BAG WfB[2]	589 Hauptwerkstätten		720 Zweigwerkstätten	
Gesamtumsatz deutscher WfB[3]	1 604 577 913,- DM/Jahr			
Umsatzverteilung[4]	66 % Lohnauftragsfertigung	18 % Dienstleistungen		16 % Eigenproduktion
Belegte Plätze in Mitgliedswerkstätten der BAG WfB[5]	19 337 Arbeitstrainingsbereich	158 215 Arbeitsbereich		4 107 Förderbereich
durchschnittliche monatliche Entgeltzahlungen[6]	51,2 % bis 100 DM	36,5 % bis 400 DM	9 % bis 600 DM	3,3 % mehr als 600 DM
	Durchschnittsentgelt 234,80 DM			

Tabelle 1: Wirtschaftszahlen der deutschen WfB

Marketing ist grundsätzlich für jede Organisation von Bedeutung, die Leistungen für Dritte erstellt und diesen zugänglich macht. Prinzipiell sind solche Organisationen auf Akzeptanz der Umwelt im weiteren Sinne angewiesen: Akzeptanz durch die Käufer, Vermittler, Nutzer und sonstigen Stakeholder. Dies gilt nicht nur für Unternehmen (erwerbswirtschaftliche Organisationen, "For-profit-Organisationen") sondern auch in sogn. Not-for-profit-Organisationen: "It appears that marketing for nonprofit organizations is an idea whose time has come."[7]

---

[2] April 1998 (Bundesarbeitsgemeinschaft der Werkstätten für Behinderte).
[3] Auskunft der BAG WfB (Bezugsjahr 1997).
[4] Auskunft der BAG WfB (Bezugsjahr 1997).
[5] Auskunft der BAG WfB (Bezugsjahr 1999).
[6] Auskunft der BAG WfB (Bezugsjahr 1996).
[7] Kotler, 1979, S. 38.

2. Organisationsspezifische Besonderheiten von WfB

Ausgangspunkt jeder Konzeptentwicklung bildet eine Analyse der betreffenden Organisation sowie ihrer Umwelt. Mit der Organisationsanalyse wird ein Bild der Stärken und Schwächen einer Einrichtung aufgezeigt. Durch die realistische Beurteilung der eigenen Ressourcen werden mögliche Handlungsspielräume abgesteckt. Mit der Umweltanalyse werden Chancen und Risiken analysiert, mit denen die betreffende Organisation konfrontiert ist oder sein wird. Es geht darum, jene Leistungsfelder bzw. Märkte zu bestimmen, in denen WfB ihre Stärken einsetzen können, ohne dabei aufgrund ihrer spezifischen Schwächen einen entscheidenden Wettbewerbsnachteil zu haben.

2.1 WfB-Organisationsanalyse (Stärken und Schwächen)

Werkstätten weisen folgende marketingrelevante Besonderheiten auf (Stärken und Schwächen):[8]

(1) *Soziale Rehabilitation und industrielle Produktion unter einem Dach*: Wie erwähnt haben WfB zunächst und vor allem eine soziale Zweckaufgabe: Sie dienen der Rehabilitation behinderter Menschen. Menschen mit Behinderungen sollen die Chance bekommen, einer ihren Bedürfnissen angepaßten bezahlten Tätigkeit nachzugehen mit dem Ziel, sich für den allgemeinen Arbeitsmarkt zu qualifizieren.[9] Dazu müssen geeignete Geschäftsbereiche aufgebaut werden, mit deren Produktionsergebnissen sich Umsätze erzielen lassen, die die Produktionskosten übersteigen. WfB stehen hier in voller Konkurrenz mit rein privatwirtschaftlichen Anbieterorganisationen. Die aus den Umsatzerlösen erzielten Überschüsse sind die Quelle, um Arbeitsentgelte an die Mitarbeiter bezahlen zu können.

(2) *Breites Leistungsprogramm mit geringem Spezialisierungsgrad*: Aufgrund ihrer Betriebsgröße (200-800 Mitarbeiter) sind WfB mit mittelständischen Unternehmen vergleichbar. Im Gegensatz zu den Werkstätten haben KMU jedoch regelmäßig einen hohen Spezialisierungsgrad. Dagegen betreiben WfB im Durchschnitt zwischen fünf und sieben unterschiedliche Geschäftsfelder (z. B. Gartenbau, Schreinerei, Keramik), die für sich betrachtet häufig nur kleinere Handwerksbetriebe darstellen. Das ökonomische Dilemma besteht darin, daß WfB gerade wegen der vielfältigen Produktionsaufgaben relativ hohe Fixkostenstrukturen aufweisen – jedenfalls höher als vergleichbare KMU, ohne aber deren Spezialisierungsgrad und die damit verbundene Stückkostendegression. Man kann kaum erwarten, daß WfB bei solcher

---

[8] Vgl. Arnold, 1994, S. 5 f.
[9] Vgl. Arnold/Hilse/Kultschytzky, 1994, S. 1 in Abschnitt H 9.

Heterogenität Marktprofil gewinnen und erfolgreich sein können. Eine WfB unterhält zwangsläufig Geschäftsbeziehungen mit einer Vielfalt völlig unterschiedlicher Kundengruppen; auch im Bereich der Marktbearbeitung und Distribution sind also ökonomisch ungünstige Größenverhältnisse anzutreffen.

(3) *Begrenzte Ressourcenverfügbarkeit*: Das Problem des breiten Leistungsspektrums und des geringen Spezialisierungsgrades könnte durch den verstärkten Einsatz von Fachleuten reduziert werden. Für eine ausreichende Zahl an Spezialisten bspw. im Bereich des Marketing stehen jedoch nicht genügend finanzielle Ressourcen zur Verfügung. Generell sind WfB in der Ausgestaltung der Ressourcen (Personal, Investitionen) von den Entscheidungen der Kostenträger abhängig. Die Einsicht, daß in die Einrichtungen von Marktbezügen investiert werden muß, wird von manchen Stakeholdern nicht geteilt.

(4) *Anpassungsfähigkeit an Datenänderungen*: Der Wettbewerb wird zunehmend von der Dimension Zeit geprägt: "Economies of Speed" verschaffen insbesondere kleineren Anbietern Wettbewerbsvorteile. Die Durchlaufzeiten werden mit Hilfe flexibler Fertigungssysteme erheblich reduziert und dies trotz höherer Variantenzahl. Die Ressource Zeit ist der kritische Parameter bei den Aktivitäten von WfB. Wegen der eingeschränkten Leistungsfähigkeit der Mitarbeiter und dem geringen Automatisierungsgrad in der Fertigung haben WfB in zeitlicher Hinsicht sehr limitierte Handlungsspielräume. Um so wichtiger sind stetige Fertigungsabläufe und Absatzbeziehungen.

(5) *Fehlen marktgerichteter Planung*: WfB weisen beträchtliche Defizite in der Marktbearbeitung auf:[10]

- Gerade ein Drittel der Werkstätten betreibt eine marktgerichtete Planung mit einer Reichweite von 12 Monaten und mehr. Über die Hälfte verzichtet gänzlich darauf oder begnügt sich mit einer sehr kurzfristigen Planung (< 3 Jahre).
- Standards zur Bewertung von Produkten/Produktideen fehlen.
- Lediglich 40 % der WfB versuchen, regelmäßig Informationen über ihre Absatzmärkte zu gewinnen (Marktforschung).
- Nur knapp ein Drittel der WfB haben spezialisierte Mitarbeiter für Einkauf und Verkauf.
- Wichtige Marketinginstrumente wie bspw. die Kommunikationspolitik werden eher "zufällig" denn systematisch und integrativ eingesetzt.
- Intern fehlen Anreize zu marktorientiertem Verhalten (wie bspw. Provisionen für Mitarbeiter).

---

[10] Vgl. Arnold, 1991, S. 16 ff. (Abschnitt A).

2.2 WfB-Umweltanalyse (Chancen und Risiken)

Um neue Marktchancen aufzudecken, müssen WfB im Hinblick auf ihre Geschäftsbereiche (Auftragsfertigung, Dienstleistungen, Eigenprodukte) unterschiedliche Markt- bzw. Umweltanalysen durchführen.

(1) *Analyse von Wertschöpfungsketten*: Gegenwärtig erfolgt ein massiver Spezialisierungsschub in allen Industrieländern, der dazu führt, daß sich die herkömmliche Arbeitsteilung in und zwischen den einzelnen Branchen und Wirtschaftsstufen zur Zeit dramatisch verändert. Immer mehr Industrieunternehmen gehen dazu über, periphere Wertschöpfungen, insbesondere auch in den administrativen und Unterstützungsbereichen, nach außen zu verlagern (sog. Outsourcing mit dem Ziel: "Do the best – outsource the rest"). Es entstehen neue Schnittstellen und damit Bedarfe für Schnittstellenmanagement. Dazu zählen Dienstleistungen, die den eigentlichen Gütertransaktionen vor- bzw. nachgelagert sind. Beispiele sind Lagerhaltung, Kommissionierung, Transport und die Bearbeitung von Retouren, Demontagen, Recyclingaufgaben und Reklamationen. Gewerbliche Kunden erwarten dabei komplette Problemlösungen. In diesem Zusammenhang stellt sich die Frage, wie WfB in Anbetracht ihrer Ortsgebundenheit von dieser Entwicklung profitieren können. In Frage kommen lediglich Unterstützungsprozesse, die am Ort des gewerblichen Kunden selbst benötigt werden und im Sinne einer langfristigen Geschäftsbeziehung nicht ins Ausland verlagert werden können. Beispiele sind Liegenschaftspflege und Verwaltungsdienstleistungen, Textilpflege, Betriebsmittelpflege und -verwaltung sowie logistische Dienstleistungen. Letztlich müssen auch WfB Problemlösungsfähigkeiten entwickeln und vermarkten.

(2) *Erschließung neuer Marktfelder*: Produktinnovationen entstehen als Folge von Bedarfsveränderungen, die ihrerseits häufig von fundamentalen Datenänderungen ausgelöst werden. Geänderte Wertvorstellungen der Individuen, gesellschaftspolitische, technologische und ökologische Veränderungen sind Schrittmacher neuer Problemlösungen im Markt. Sie kennzeichnen zukünftige Wachstumschancen. Deshalb sollten WfB solche Trends systematisch und sorgfältig analysieren, um geeignete Marktchancen herauszufiltern. Ein deutlich erkennbarer Trend ist die zunehmende Bedeutung der Dienstleistungsproduktion.

Ein weiterer wirtschaftlich und politisch bedeutsamer Bereich ist die Produktion "ökologischen Nutzens" bspw. durch Erfassung und Aufarbeitung werthaltiger Stoffe am Ende der Nutzungsphase von Gütern. In diesem Zusammenhang ergeben sich Geschäftsfelder für WfB immer dann, wenn die Recyclingaktivitäten mit einem nur geringen Automatisierungsgrad durchgeführt werden können. Ist das Gegenteil der Fall und sind große Volumina zu bearbeiten, dann werden kapitalstarke Unternehmen, die über spezialisiertes Verfahrens-Know-how verfügen oder dieses sehr schnell entwickeln können, den Markt bestimmen. In diesem Falle werden WfB keine wesentliche Wettbewerbschance haben. Allerdings haben sie spezifische Stärken einzubringen, die ihnen zunächst Wettbewerbsvorteile sichern. Gemeinsam haben

WfB die Fähigkeit, die gesamte Region Deutschland abzudecken; sie können also flächendeckend Recyclingaufgaben wahrnehmen. Jeder andere Anbieter müßte zunächst sehr viel Geld investieren, um Flächendeckung erzielen zu können. Allerdings ist hier die Bereitschaft der Werkstätten zur Kooperation notwendig.

2.3 Fremdeinschätzung von WfB (WfB-Image)

Zur Unterstützung der marktorientierten Aktivitäten der WfB wurde im Auftrag des Bundesministers für Arbeit und Sozialordnung im Jahr 1990 an der Universität Würzburg eine Studie durchgeführt, die Möglichkeiten und Restriktionen von Marketingkonzeptionen von WfB analysierte. In diesem Zusammenhang ergaben sich einige sehr aufschlußreiche Befunde zum Bekanntheitsgrad und Image von WfB und ihren Marktleistungen. Die empirischen Daten wurden im Rahmen repräsentativer Haushaltsstichproben (im Rahmen von Omnibusbefragungen) erhoben. Diese Repräsentativbefragungen basierten auf einer Stichprobengröße von knapp über 2000 männlichen und weiblichen Personen (insgesamt 4024 Befragte). In einer weiteren Repräsentativbefragung wurde das Motiv der sozialen Verantwortung vorgegeben, um herauszufinden, ob und ggf. wie Bundesbürger den Kauf von WfB-Produkten im Zusammenhang mit sozial verantwortlichem Handeln sehen. Die Befragungen fanden in der Zeit vom 26.08 – 10.09.88 statt.

Der Bekanntheitsgrad von WfB als Organisationstyp ist in der Öffentlichkeit tatsächlich sehr gering. Weniger als 20 % der deutschen Bevölkerung wissen mit dem Begriff "WfB" etwas anzufangen.[11]

---

[11] Vgl. Arnold, 1991, S. 133 (Abschnitt B).

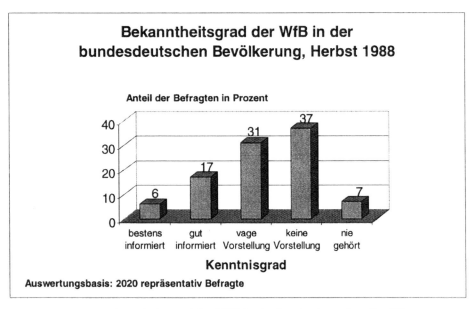

Abbildung 1: Bekanntheitsgrad der WfB in der bundesdeutschen Bevölkerung, Herbst 1988

Weiterhin konnten in der Öffentlichkeit massive Vorurteile in Bezug auf die Leistungsfähigkeit von WfB festgestellt werden. 34 % der Befragten nannten als Produkte der WfB ausschließlich "Bürsten, Besen und Pinsel". Weitere 23 % gaben Holzprodukte an. Weiter wurden Spielzeug und Textilien genannt und 18 % der Befragten hatten überhaupt keine Vorstellung hinsichtlich des Leistungsangebotes von WfB.[12]

---

[12] Vgl. Arnold, 1991, S. 134 (Abschnitt B).

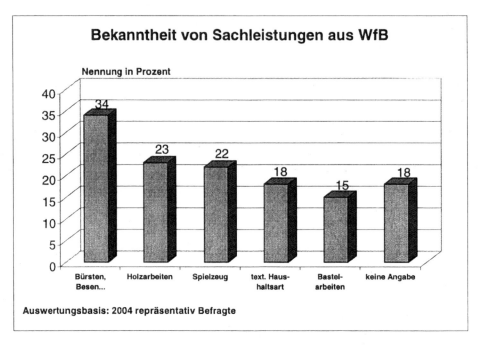

Abbildung 2: Bekanntheit von Sachleistungen aus WfB

Die technische Kompetenz von WfB wird in der Öffentlichkeit eigentlich gar nicht wahrgenommen. Die in der Öffentlichkeit vorhandenen Vorurteile gegenüber Menschen mit Behinderungen spiegeln sich deutlich in der Beurteilung der WfB-Produkte Holzspielzeug und Bohrmaschine wider. Im ersten Fall wurde den Befragten ein Auszug eines Holzspielzeugkatalogs vorgelegt. Aus Käufersicht sind die in Abbildung 3 enthaltenen Produktmerkmale für die Beurteilung von Holzspielzeug bedeutsam.

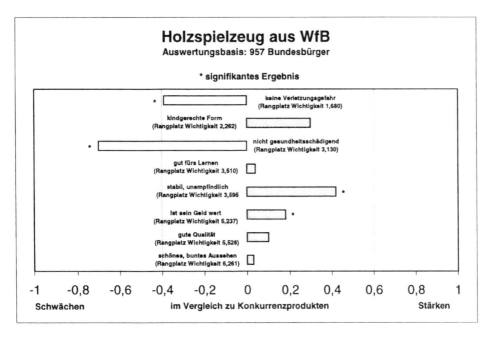

Abbildung 3: Holzspielzeug aus WfB

"Kindgerechte Form", in abgeschwächtem Maße "gut fürs Lernen" und "Stabilität" bilden Stärken von WfB. Statistisch signifikant ist nur das Kriterium der Stabilität. Hieraus kann gefolgert werden, daß WfB bei diesen Dimensionen konkurrenzfähig sind. Gravierende Schwächen sehen die Befragten bei den Merkmalen, die für ihre Kaufentscheidung ganz besonders wichtig sind: "keine Verletzungsgefahr" und "nicht gesundheitsschädigend". Die Beurteilung beider Merkmale ist signifikant negativ, obwohl die Befragten die Produkte selbst überhaupt nicht physisch beurteilen konnten. Dieser Befund muß von WfB deshalb ernst genommen werden, weil bereits aus dem Produktprospekt auf Verletzungsgefahr und Gesundheitsschädigung durch WfB-Spielzeug geschlossen wurde. Die einzige Erklärung dafür ist, daß die Befragten ihre Vorurteile gegenüber behinderten Menschen und/oder gegenüber WfB in diese beiden Dimensionen hineinprojizieren.

Weiter wurde den Befragten die Photographie einer Bohrmaschine als WfB-Produkt vorgestellt ("Reha Jumbo"). Solche Maschinen werden tatsächlich von keiner WfB hergestellt. Die Befragung ergab, daß Bohrmaschinen in erster Linie unter den Gesichtspunkten "hohe Bohrleistung", "geringe Reparaturanfälligkeit" und "Preiswürdigkeit" gesehen werden. Eben diese Eigenschaften wurden dann in Kenntnis der produzierenden Organisation (WfB) negativ beurteilt.

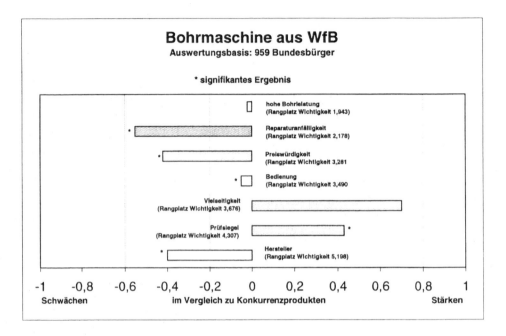

Abbildung 4:   Bohrmaschine aus WfB

Bei diesen für den Käufer wichtigen Dimensionen weisen WfB eindeutige Schwächen auf. Preiswürdigkeit wird dabei von den Befragten signifikant als Schwäche eingestuft. Die Stärkepositionen der WfB, "Vielseitigkeit" und "Prüfsiegel", fallen deshalb kaum ins Gewicht, weil sie für das Kaufentscheidungsverhalten weniger wichtig, weil nachrangig, sind.

Der Untersuchungsbefund ist in höchstem Maße erstaunlich. Die Befragten urteilen über ein Produkt, das so gar nicht existiert und ihnen physisch auch nicht zugänglich war. Die Einzelurteile spiegeln die vorhandenen Vorurteile wider, die die Befragten gegenüber behinderten Menschen/WfB haben. Die eindeutige Schlußfolgerung aus dieser Teiluntersuchung ist: Die breite Öffentlichkeit schreibt WfB nicht die Kompetenz zu, technisch anspruchsvolle und sicherheitsrelevante Produkte herzustellen.

3. Marketing in WfB

Grundlage eines jeden Marketing bildet die Marketingkonzeption, bestehend aus Zielen, Strategien und Maßnahmen. Die Ziele dienen als Richtgrößen, innerhalb derer Strategien einen Handlungsrahmen abstecken und Maßnahmen die konkrete Ausgestaltung des sog. Marketingmix beschreiben, bestehend aus Produktpolitik, Preispolitik, Distributionspolitik, Kommunikationspolitik und speziell im Fall von Nonprofit-Organisationen, dem Instrument Fundraising (vgl. Abschnitt Fundraising).

3.1 WfB als Marktorganisation

3.1.1 Schlüssige Tauschbeziehung

Das marktliche Leistungsprogramm von WfB umfaßt Lohnauftragsfertigung, Eigenprodukte und Dienstleistungen, wobei jeweils dieselbe Austauschlogik ("Markt") zugrunde liegt. Die Werkstatt erbringt eine Leistung und erhält im Gegenzug die vereinbarte Gegenleistung, also den Preis (vgl. Abbildung 5).

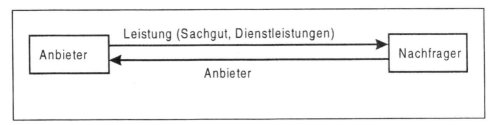

Abbildung 5: Tauschbeziehung zwischen Anbieter und Nachfrager

Sind die Nachfrager mit einer Leistung unzufrieden, werden sie zu einem Konkurrenten abwandern oder ihre Unzufriedenheit der WfB gegenüber zum Ausdruck bringen. Massive Unzufriedenheit mit Werkstattleistungen drückt sich letzten Endes in rückläufigen Umsatzzahlen aus.

3.1.2 Kommerzielles Marketing

Marketingziel einer WfB kann bspw. sein, den Umsatz innerhalb des nächsten Jahres um 10 % zu steigern. Strategien sind ein Hilfsmittel, die Entscheidungen bzw. den Mitteleinsatz in Organisationen zu kanalisieren. In einem nächsten Schritt werden entsprechende Marketingstrategien formuliert. Eine Organisation, die keine Strategien festlegt, läuft Gefahr, nur auf Umwegen oder überhaupt nicht zum Ziel zu gelangen. Im einzelnen sind folgende Strategieentscheidungen zu treffen (sogn. Ansoff-Matrix):

- *Marktfeldstrategien (Produkt-Markt-Kombinationen)*: Mit vorhandenen Produkten können bestehende oder neue Märkte bedient werden (Marktdurchdringung bzw. Marktentwicklung). Weiter lassen sich neue Produkte für existierende oder neue Märkte anbieten (Produktentwicklung bzw. Diversifikation). Die Marktdurchdringung ist die naheliegende Strategie, da sie an bestehenden Produkten auf bereits bearbeiteten Märkten anknüpft und sich damit bereits bestehende Erfahrungen zugute macht. Auch eine weniger strategiebewußte Organisation wird versuchen, aus dem bestehenden Produkt im bestehenden Markt noch mehr zu machen. Dagegen stellt Diversifikation die vergleichsweise risikoreichste Marktfeldstrategie dar. In diesem Falle kann eine Organisation weder auf Produkterfahrungen noch auf Kenntnisse des Marktes zurückgreifen.

- *Marktstimulierungsstrategien (Leistungs- oder Preisvorteil)*: Ziel der sog. Präferenzstrategie ist es, Zusatznutzen zu schaffen und den Leistungen ein bestimmtes Profil zu geben, so daß diese nicht ohne weiteres durch Produkte eines Konkurrenten austauschbar sind. Dagegen zielt die Preis-Mengen-Strategie darauf ab, über einen sehr geringen Preis für einen hohen Absatz der angebotenen Leistungen zu sorgen. Aufgrund der geringen Größe einzelner WfB-Geschäftsfelder liegt die Chance von WfB regelmäßig in Präferenzstrategien.

- *Marktparzellierungsstrategien (Marktabdeckung und Differenzierung)*: Hier stehen Organisationen zunächst vor der Entscheidung, ob ein Massenmarkt bedient werden soll oder nur ausgewählte Segmente desselben. Weiter stellt sich die Frage, ob der gesamte Massenmarkt bzw. ausgewählte Marktsegmente komplett oder nur in Teilbereichen bedient werden sollen. WfB sehen sich aufgrund ihrer vielfältigen Restriktionen regelmäßig nicht in der Lage, Märkte vollständig abzudecken und Massenmarktstrategien erfolgreich umzusetzen.

- *Marktarealstrategien (Absatzraum)*: In der geographischen Ausdehnung ihres Aktionsradius sind WfB eindeutig Grenzen gesetzt. So können die Werkstätten bspw. nicht weltweit agieren und etwa Produktionsverlagerungen realisieren oder internationale Vertriebsorganisationen aufbauen. Folglich stellt sich für die meisten WfB lediglich die Frage, ob Werkstattleistungen für einen lokalen, regionalen oder überregionalen Absatzmarkt angeboten werden.

Um mit ihrem Güterangebot die Bedürfnisse der Nachfrager zufriedenzustellen, sind absatzmarktorientierte Entscheidungen zu treffen. Im Kern geht es um Entscheidungen, die die konkrete Ausprägung der Marketinginstrumente betreffen. Zunächst ist zu ermitteln, welche Instrumente einer WfB überhaupt in welcher Intensität einsetzen kann. Anschließend müssen die Instrumente ausgewählt und deren Art, Umfang und die zeitliche Reihenfolge des Einsatzes festgelegt werden. Hinsichtlich des Marketingmix sind folgende Entscheidungen zu treffen:

- *Produktpolitik*: Die Produktpolitik umfaßt alle Entscheidungstatbestände, die sich auf die Gestaltung der Absatzleistungen richten. Im Rahmen der Produktpolitik wird über die Entwicklung neuer Produkte, die Variation bestehender Produkte und die Aussonderung von Produkten aus dem Leistungsprogramm entschieden. Bei der Entwicklung neuer Produkte muß eine Werkstatt die Fertigkeiten und Fähigkeiten der Mitarbeiter berücksichtigen, die letztendlich bei der Produktion neuer Produkte mitwirken sollen. Werden Produkte aus dem Leistungsprogramm ausgesondert, ist zu bestimmen, welche Beschäftigungen dadurch freigesetzt werden. Geeignete Alternativen sind zu suchen, die dem Profil und den Vorstellungen der Mitarbeiter entsprechen.

- *Preispolitik*: Die Preispolitik umfaßt die Gesamtheit vertraglicher Vereinbarungen über das Leistungsangebot, also die Transaktionsbedingungen. Dazu zählen Rabatte und Boni sowie die Lieferungs- und Zahlungsbedingungen.

- *Distributionspolitik*: Die Distributionspolitik bezieht sich auf alle Entscheidungen, die im Zusammenhang mit dem Weg eines Produktes zum Endkäufer stehen und damit die Wahl der Absatzkanäle und die physische Distribution der Produkte (Marketinglogistik). Bspw. kann eine WfB ihre Produkte auf Marktveranstaltungen, Basaren usw. oder in einem eigenen Werkstattladen anbieten (direkter Vertrieb). Die Alternative indirekter Vertrieb setzt voraus, daß WfB in der Lage sind, Absatzmittler zu interessieren, WfB-Güter in ihr Sortiment aufzunehmen. Dazu könnten potentielle Absatzmittler bspw. zu Werkstattmessen eingeladen werden. Denkbar ist auch, daß die WfB eine gemeinsame Vertretung aufbauen, die den Kontakt zu den Absatzmittlern herstellt. Weiter könnten Franchise-Systeme eingeführt werden.

- *Kommunikationspolitik*: Die Kommunikationspolitik beschäftigt sich mit der bewußten Gestaltung der auf den Absatzmarkt gerichteten Informationen einer Organisation zum Zwecke einer Verhaltenssteuerung aktueller und potentieller Käufer. Die Kommunikationspolitik wird üblicherweise in die vier Instrumente Werbung, Öffentlichkeitsarbeit, Persönlicher Verkauf und Verkaufsförderung eingeteilt. Dabei stehen Formen der persönlichen Kommunikation mit Kunden und der WfB-spezifischen Umwelt im Vordergrund. Diese Methode ist zwar sehr wirkungsvoll, allerdings auch sehr zeitaufwendig. Die Multiplikatorfunktion bleibt gering, wenn nicht Meinungsführer angesprochen werden. Bislang verwenden die meisten WfB ein eigenes Logo. Ein WfB-übergreifendes Marken- oder Erkennungszeichen existiert noch nicht. Die Marketingstudie (vgl. Abschnitt 2.3) ergab, daß ca. 50 % der WfB Werbung in Medien durchführen. Weiter steht WfB die Möglichkeit offen, an Werkstattmessen teilzunehmen. Das Messekonzept ist dabei nach wie vor unklar. WfB-Messen fördern insbesondere das "Holz- und Bastelimage".

3.2 WfB als Sozialwirtschaftsorganisation (Anbieter sozialer Dienstleistungen)

3.2.1 Eigenschaften von Rehabilitationsdienstleistungen

Bei den Rehabilitationsleistungen einer Werkstatt handelt es sich um sog. soziale Dienstleistungen. In ihrer Eigenschaft als personenbezogene Dienstleistungen weisen Rehabilitationsdienstleistungen folgende Besonderheiten auf:[13]

- *Immaterialität*: Die Rehabilitation als zentrale Kernleistung der Werkstatt ist weder sichtbar noch greifbar. Es handelt sich dabei um individuelle Zustände von Personen bzw. Fort- oder Rückschritte im Rahmen der beruflichen und sozialen Rehabilitation. Dagegen lassen sich die in den Rehabilitationsprozeß einfließenden Sachleistungen (Inputfaktoren) begutachten.
- *Integration eines externen Faktors*: Externer Faktor ist bei Rehabilitationsdienstleistungen der Mitarbeiter. Zur Rehabilitation muß er selbst anwesend sein und den Verrichtungsprozeß mitgestalten.
- *Einfluß des Leistungsempfängers auf die Leistungsqualität*: In welchem Grad der Empfänger von einer sozialen Dienstleistung profitiert, hängt nicht zuletzt von seiner persönlichen Motivation und Mitwirkungsbereitschaft ab. Beispielhaft sei auf Schulungsdienstleistungen im Bereich Arbeitstraining einer WfB verwiesen.
- *Nicht-Speicherbarkeit, Standortgebundenheit und Nichttransportfähigkeit*: Rehabilitation ist insofern nicht speicherbar, als Produktion und Konsum bzw. Inanspruchnahme simultan erfolgen. In diesem Zusammenhang spricht man auch vom uno-actu-Prinzip. Eine Dienstleistung kann nur dort erbracht werden, wo sich auch die entsprechende Person oder das Sachgut befindet.
- *Individualität*: Da sich die Rehabilitanden einer WfB in ihrer persönlichen Situation und den Rehabilitationsbedürfnissen voneinander unterscheiden, müssen soziale Dienstleistungen jeweils an den Bedarfen der Individuen ausgerichtet werden.

3.2.2 Nicht-schlüssige Tauschbeziehung

Als Anbieter sozialer Dienstleistungen zählen WfB zu den sog. sozialwirtschaftlichen Organisationen (SWO),[14] die typischerweise im Rahmen nicht-schlüssiger Tauschbeziehungen agieren. Dabei treten neben Anbieter und Leistungsempfänger zusätzliche

---

[13] Vgl. Arnold, 1998, S. 258.
[14] Vgl. Arnold, 1998c, S. 235 ff.

Rollenträger. Die Entscheidung, wer soziale Dienstleistungen in welcher Art, Menge und Beschaffenheit zu welchen Bedingungen erhält, wird nicht zwischen zwei autonomen Wirtschaftssubjekten, also zwischen Anbieter und Käufer, ausgehandelt, sondern in einem kollektiven Entscheidungsprozeß festgelegt.[15] Mit dem Angebot beruflicher und sozialer Rehabilitation wenden sich Werkstätten an Bedarfsträger, die selbst aber nicht für die Kosten der betreffenden sozialen Dienstleistungen aufkommen. Der Zufluß finanzieller Ressourcen ist folglich von der tatsächlichen Erbringung der Rehabilitationsleistungen entkoppelt.[16] Die folgenden Rollen sind typischerweise am Austauschprozeß beteiligt:

- Leistungsempfänger (Mitarbeiter der Werkstatt)
- Leistungserbringer (WfB)
- Kostenträger (durch Gesetz festgelegte Behörde, die die Leistung finanzieren muß und dazu auf Steuern, Abgaben, Gebühren, Umlagen etc. zurückgreift)

Die dadurch entstehende Konstellation verdeutlicht Abbildung 6. Da der erbrachten Rehabilitationsleistung keine direkte Gegenleistung des Empfängers gegenübersteht, wird eine solche Tauschbeziehung als nicht-schlüssig bezeichnet.

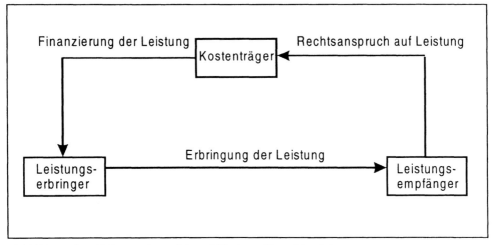

Abbildung 6:   Schema einer nicht-schlüssigen Tauschbeziehung

Neben den Kostenträgern und Leistungsempfängern existieren weitere Institutionen, Gruppen und Personen, die zwar nicht direkt in die Tauschbeziehung eingebunden sind, jedoch ihren Einfluß geltend machen, Anteil am Geschehen in WfB nehmen oder Unter-

---

15   Vgl. Arnold, 1998b, S. 318.
16   Vgl. Shapiro, 1978, p. 17.

stützung leisten. Es sind dies bspw. Einrichtungsträger, Wettbewerber der WfB, Spender, Angehörige von Leistungsempfängern, Öffentlichkeit und Medien.[17]

In der Erwerbswirtschaft hängen Existenz und Wachstum von Unternehmen von der Fähigkeit ab, die Bedürfnisse der Nachfrager besser zu erfüllen als die Wettbewerber. Da bei der Verrichtung von Rehabilitationsdienstleistungen der Leistungsempfang und die Finanzierung auf ganz unterschiedliche Personen bzw. Institutionen aufgeteilt sind, ist das Fortbestehen und die Entwicklung von WfB von der Akzeptanz aller oben genannten Interessengruppen abhängig (sogn. Stakeholder). Würde sich bspw. eine WfB alleine an den Bedürfnissen der Leistungsempfänger ausrichten, könnte dies zu einer Vernachlässigung der Kostenträger führen. Grundsätzlich ist es im Interesse der Rehabilitanden, daß sich eine WfB auch an den Erwartungen Dritter orientiert, um den Zufluß von Ressourcen (finanzielle Mittel, Sachmittel, Arbeitskraft) sicherzustellen. Eine langfristige Vernachlässigung bestimmter Ansprüche birgt teilweise die Gefahr, daß sich übergangene Stakeholder anderen Anbietern zuwenden. So stehen einem Spender bspw. vielfältige Möglichkeiten offen, seine Wohltätigkeit an anderer Stelle auszuüben. Dagegen kann ein Leistungsempfänger aufgrund von Gebietsmonopolen und fehlenden alternativen Beschäftigungsmöglichkeiten in der Regel keinen anderen Anbieter auswählen. Preisgebundene Präferenzsignale entfallen. Sind die Leistungsempfänger aufgrund ihrer persönlichen Situation zudem nicht in der Lage, sich entsprechend zu artikulieren, liegt darin eine weitere Unterbrechung des Feedback-Mechanismus.[18] Die Abgabe von Rehabilitationsleistungen ist gewissermaßen von der Zufriedenheit der Leistungsempfänger abgekoppelt. Damit besteht die Gefahr, daß die angebotenen Rehabilitationsleistungen nicht genau auf die Bedürfnisse der Werkstattmitarbeiter treffen, ohne daß die Einrichtung selbst davon Kenntnis erlangen würde. Im Gegensatz zur schlüssigen Tauschbeziehung (vgl. Abbildung 5) variiert die Einflußstärke und damit das Bedrohungspotential der unterschiedlichen Stakeholder in der nicht-schlüssigen Tauschbeziehung ganz erheblich.

3.2.3 Sozialmarketing

Unter WfB-Sozialmarketing werden hier alle Aktivitäten verstanden, die darauf ausgerichtet sind, die Akzeptanz für die Erbringung der sozialen Dienstleistung "Rehabilitation" aufzubauen und zu sichern.[19] Der Ansatz des Sozialmarketing stellt keine Anwendung grundsätzlich neuer Methoden oder Instrumente für den Austausch sozialer Leistungen dar. Sozialwirtschaftliche Organisationen haben schon immer versucht, ihre Austauschpartner mit unterschiedlichen Methoden und Instrumenten zu beeinflussen, um Akzeptanz für die von ihnen erstellten Leistungen zu gewinnen. Der Ansatz des Sozialmarketing fordert allerdings, daß derartige Instrumente nicht mehr zufällig und unkoor-

---

[17] Vgl. Larisch, 1999, S. 84 ff.
[18] Vgl. Arnold, 1998b, S. 318.
[19] Vgl. Arnold, 1998b, S. 323.

diniert, sondern planmäßig, systematisch, durch fundierte Informationen unterstützt, sowie unter Ausnutzung der gesamten Marketingtechnologie zum Einsatz gelangen. Das oben beschriebene Instrumentarium bildet auch die Grundlage einer Marketingkonzeption im Sozialbereich.

(1) Ziele im WfB-Sozialmarketing

Im Bereich des Sozialmarketing geht es um die Formulierung von Rehabilitationszielen, was einige Schwierigkeiten aufwirft. So erschweren die "Immaterialität" und "Individualität" von Rehabilitationsdienstleistungen die Formulierung allgemeingültiger Ziele ganz erheblich. Aufgrund der Individualität der Leistungen müßten eigentlich für jeden Mitarbeiter separate Ziele formuliert werden und zwar jeweils in Abhängigkeit seiner persönlichen Situation, seiner Fertigkeiten und Fähigkeiten. Entsprechende Erhebungsverfahren erweisen sich angesichts der Personalintensität, die Rehabilitationsdienstleistungen ohnehin schon erfordern, nicht selten als zu aufwendig und zeitintensiv für die angestellten Mitarbeiter. Weiter läßt sich der Erfolg einer WfB im Gegensatz zur Situation in Unternehmen nicht in monetären Größen ausdrücken. Sonstige quantitative Daten von WfB wie die Anzahl der angestellten Mitarbeiter, der Leistungsempfänger und der Zivildienstleistenden, können den tatsächlichen Nutzen der Rehabilitationsleistungen nicht sachlich angemessen abbilden. In Ermangelung eines alternativen Zielsystems für den Rehabilitationsbereich der WfB besteht das Rehabilitationsziel nach wie vor in der Integration von Menschen mit Behinderungen in den allgemeinen Arbeitsmarkt.[20]

(2) Sozialmarketingstrategien

Jede WfB muß sich die Frage stellen, für wen sie was in welcher Art und Weise wo erbringen möchte. Demnach lassen sich folgende Strategieebenen[21] unterscheiden:

- *Segmentierungsstrategie*: Hier geht es um die Definition der Empfängergruppe. Wie bei vielen sozialwirtschaftlichen Organisationen liegt auch für WfB hier eine gesetzliche Regelung vor. Danach steht die WfB "[...]allen Behinderten [...] unabhängig von Art oder Schwere der Behinderung offen, sofern erwartet werden kann, daß sie spätestens nach Teilnahme an Maßnahmen im Arbeitstrainingsbereich wenigstens ein Mindestmaß wirtschaftlich verwertbarer Arbeitsleistungen erbringen werden."[22]
- *Leistungsfeldstrategie*: Die Leistungsfeldstrategie gibt Antwort auf die Frage, welche soziale Dienstleistung tatsächlich erstellt wird. Im Mittelpunkt steht die Festlegung des Leistungsprogramms und seiner konkreten Erscheinungsformen. Rehabili-

---

[20] "Der Übergang von Behinderten auf den allgemeinen Arbeitsmarkt ist durch geeignete Maßnahmen zu fördern, insbesondere auch durch eine zeitweise Beschäftigung auf ausgelagerten Arbeitsplätzen" (§ 5 Abs. 4 Satz 1 SchwbGWV).
[21] Zu den Strategieebenen sozialwirtschaftlicher Organisationen vgl. Arnold, 1998b, S. 351 ff.
[22] § 54 Abs. 2 SchwbG (Schwerbehindertengesetz).

tationsdienstleistungen schließen soziale und berufliche Rehabilitation ein. Die einzelnen Rehabilitationsbereiche sind in der Werkstättenverordnung beschrieben. Danach dienen Arbeitstrainingsbereich und Arbeitsbereich der beruflichen Rehabilitation.[23] Zur "[...]pädagogischen, sozialen und medizinischen Betreuung der Behinderten (müssen WfB) über begleitende Dienste verfügen, die den Bedürfnissen der Behinderten gerecht werden."[24] Welche Geschäftsfelder im Bereich der beruflichen Rehabilitation im einzelnen angeboten werden können, hängt nicht zuletzt von den Fertigkeiten und Fähigkeiten der Mitarbeiter sowie der räumlichen Nähe zu gewerblichen Austauschpartnern ab. So existieren in Europa völlig unterschiedliche Konzeptionen geschützter Beschäftigung. Beschäftigte in den italienischen "Cooperative Integrate o di Produzione e Lavoro" und den "sheltered workshops" Großbritanniens zeichnen sich im europäischen Vergleich durch hohe Leistungsfähigkeit aus. Besondere soziale und medizinische Unterstützungsmaßnahmen werden nur selten benötigt. Dagegen werden in deutschen WfB oder dänischen Beskyttede Vaersktederhe erheblich leistungsschwächere Mitarbeiter beschäftigt.[25]

- *Beeinflussungsstrategie*: Die Beeinflussungsstrategie beantwortet die Frage, in welcher grundsätzlichen Art und Weise eine soziale Dienstleistung kommuniziert und vermittelt werden soll. Im Vordergrund steht hier die Positionierung der Anbieterorganisation in ihrer Umwelt. Grundsätzlich eröffnen sich einer WfB die Möglichkeiten "Anpassung" und "Profilierung". Anpassung läßt sich hier im Sinne einer WfB-Standardwerkstatt interpretieren, die traditionellerweise über sechs bis sieben Geschäftsfelder in werkstattüblichen Bereichen wie Keramik, Gartenarbeit, Schreinerei und Metallwerkstatt verfügt. Dagegen kann sich eine WfB bspw. profilieren, indem sie mit der Durchführung von Qualitätskontrollen für die Automobilindustrie oder Computerkursen für die Mitarbeiter Akzente setzt und möglicherweise die Eingliederungschancen ihrer Mitarbeiter erhöht.

- *Gebietsstrategie*: Die Gebietsstrategie gibt eine Antwort auf die Frage, wo eine soziale Dienstleistung erstellt wird. Rehabilitationsdienstleistungen werden in erster Linie in der WfB selbst erbracht. Teilweise zählen Praktika außerhalb der WfB oder Fortbildungskurse in anderen WfB zum Programm.

(3) Instrumente des Sozialmarketing

In der Sozialwirtschaft kommt den Entscheidungstatbeständen der Produkt- und Kommunikationspolitik herausragende Bedeutung zu. Die Entscheidungsspielräume der Preis-

---

[23] Vgl. 4 und 5 SchwbGWV.

[24] § 10 Abs. 1 SchwbGWV.

[25] Diese Ergebnisse erbrachte eine Untersuchung der Forschungsstelle für das Management von Sozialorganisationen (FORMS) in den Jahren 1995/1996. Die Untersuchung wurde im Rahmen des HELIOS II-Programms der Europäischen Union durchgeführt (vgl. Arnold/Larisch, 1997).

und Distributionspolitik sind demgegenüber nachrangig.[26] Rehabilitationsdienstleistungen werden in Gegenwart des Empfängers erbracht und Preise werden in sog. Pflegesatzverhandlungen festgelegt. Da soziale Dienstleistungen angeboten werden, der Empfänger jedoch nicht für die Kosten aufkommt, soll anstelle von Produktpolitik von Leistungs- und Gegenleistungspolitik gesprochen werden.[27]

- *Leistungs- und Gegenleistungspolitik*: Im Vergleich zu Unternehmen haben sozialwirtschaftliche Organisationen erhebliche Restriktionen bei der Gestaltung der Leistungspolitik zu beachten. Der Bedarfsdeckungs- bzw. Versorgungsauftrag schränkt die Handlungsmöglichkeiten ein. Den Überlegungen, neue Leistungen in das Angebotsprogramm aufzunehmen bzw. bestehende Leistungen zu eliminieren, sind Grenzen gesetzt. Die Variation bereits vorhandener Leistungsangebote wird in der Praxis der häufigste Entscheidungstatbestand sein. Ziel der Variation von Rehabilitationsleistungen in WfB ist es, eine Nutzensteigerung bei den Empfängern zu erreichen und dabei bspw. auch die Interessen der Kostenträger an einer wirtschaftlichen Leistungserstellung nicht zu vernachlässigen.

- *Kommunikationspolitik*: Da WfB ihre Rehabilitationsleistungen nicht in Umsatz-, Gewinn- oder Renditegrößen nachweisen können, sind sie darauf angewiesen, ihre Legitimation mit Hilfe kommunikationspolitischer Maßnahmen sicherzustellen. Dabei kommen insbesondere Werbung und Öffentlichkeitsarbeit in Betracht. Im Rahmen ihrer Öffentlichkeitsarbeit kann eine WfB bspw. Veranstaltungen organisieren, die interessierten Stakeholdern den Arbeitsalltag in einer Werkstatt zeigen (Tag der offenen Tür, Führungen von Firmenvertretern). Eine Möglichkeit, insbesondere die Öffentlichkeit über die Arbeit in WfB zu informieren, besteht in der Zusammenarbeit mit Medien. Dabei bietet sich insbesondere die kommunale und regionale Presse an. Denkbar ist auch eine WfB-Reportage in einem lokalen Fernsehsender. Durch Berichterstattung über die Medien lassen sich Vorbehalte und Vorurteile über Werkstätten ("Bürsten- und Besen-Image") abbauen. Eine WfB erhält die Möglichkeit, über ihre Geschäftsbereiche zu informieren und die Bandbreite ihres Arbeitsangebots vorzustellen. Beispielhaft sei auf eine WfB verwiesen, die als Systemlieferant für die Automobilindustrie arbeitet und in einer Regionalzeitung darüber berichtete.[28]

---

[26] Vgl. Arnold, 1998b, S. 360.
[27] Vgl. Arnold, 1998b, S. 363 ff.
[28] Vgl. Nauke, 1999, S. 20.

4. Fundraising

Fundraising bezeichnet alle Maßnahmen, die WfB ergreifen können, um den Zufluß der für die Funktionsfähigkeit und Existenzerhaltung erforderlichen Ressourcen – insbesondere der Finanzmittel – sicherzustellen.[29] Aktivitäten, die WfB in ihrer Eigenschaft als Produktionsbetrieb ausführen, zählen nicht zum Fundraising. Von zentraler Bedeutung sind dabei Leistungsentgelte, Spenden und Sponsoring.[30]

- *Leistungsentgelte* werden den Werkstätten in Form von Pflegesätzen für die Verrichtung von Rehabilitationsleistungen zur Verfügung gestellt. Die Höhe der Leistungsentgelte wird in Pflegesatzverhandlungen festgelegt. Leistungsentgelte sind finanzielle Ressourcen, die den Werkstätten nach dem Gesetz zustehen. Diese Mittel müssen ihrem Bestimmungszweck entsprechend eingesetzt werden.

- *Spenden* sind freiwillige Leistungen für gemeinnützige, karitative oder kirchliche Zwecke. In der Regel fördern Spender einen als unterstützungswürdig wahrgenommenen Zweck per se und erwarten dabei, einmal abgesehen von der Ausstellung einer Spendenbescheinigung und dem Wohlverhalten des Spendenempfängers, keine direkte Gegenleistung.[31] Während Leistungsentgelte zweckbestimmt sind, lassen sich Spendengelder regelmäßig flexibel einsetzen. Empirische Untersuchungen über das Spendenverhalten haben bspw. zu dem Ergebnis geführt, daß mit dem Bekanntheitsgrad einer spendensammelnden Organisation auch die Wahrscheinlichkeit steigt, Spenden einzuwerben.[32] Aufgrund von Spendenskandalen sind potentielle Spender heute kritischer geworden und fördern lieber konkrete Projekte und Vorhaben als eine Organisation allgemein zu unterstützen.[33] "The emphasis is consistently on providing the donor with a reason for giving [...]."[34] Für die Spendenwerbung ist weiter relevant, daß sich Spender i.a. als organisationstreu charakterisieren lassen, was jedoch nicht bedeutet, daß regelmäßig und weitgehend unabhängig von konkreten Anlässen gespendet wird.[35]

- *Sponsoring* ist prinzipiell eine Geschäftsbeziehung, die auf Leistung und Gegenleistung beruht. Einer WfB werden Ressourcen in Form von Finanzmitteln, Sachmitteln oder Personal (Know-how) zur Verfügung gestellt. Im Gegenzug überträgt sie dem Sponsor das Recht, sein Engagement in seine interne und externe Kommunika-

---

[29] Vgl. Arnold, 1998a, S. 374.
[30] Vgl. Arnold, 1998a, S. 374 ff.
[31] Vgl. Bernhardt, 1997, S. 263, vgl. Notheis, 1994, S. 51.
[32] Vgl. Christa/Halfar, 1992, S. 26 und vgl. Schneider, 1996, S. 126 ff.
[33] Vgl. Christa/Halfar, 1992, S. 29.
[34] Shapiro, 1978, S. 20.
[35] Vgl. Christa/Halfar, 1992, S. 31.

tionspolitik einzubinden, also bspw. Namen und Logo der gesponserten Werkstatt zu nutzen. Im Gegensatz zur Spende wird beim Sponsoring die Gegenleistung vertraglich fixiert.[36] Für die Werkstatt stellt Sponsoring neben der Einwerbung von Spenden eine Möglichkeit dar, ihre Unabhängigkeit gegenüber staatlichen Kostenträgern auszuweiten.[37]

5. Handlungsempfehlungen

Eine WfB hat eine Vielzahl von Kunden bzw. Stakeholdern mit den unterschiedlichsten Interessen und Vorstellungen. Folglich wird eine WfB nur erfolgreich sein, sofern sie ihren Marketingbemühungen ein facettenreiches und vielfältiges Konzept zugrundelegt, das in der Lage ist, Akzeptanz bei den unterschiedlichen Kunden bzw. Stakeholdern zu schaffen und zu stabilisieren.

Als Wirtschaftsbetriebe müssen sich WfB ganz besonders um feste Kundenbindungen bemühen ("high touch"). Reichen die Produktionskapazitäten einer einzelnen Werkstatt nicht aus, ist zu prüfen, ob ein Netzwerk unterschiedlicher Werkstätten gemeinsam Problemlösungen anbieten kann. Ausschlaggebend ist dabei die Bereitschaft, mit anderen WfB zu kooperieren. Da alle WfB strukturbedingte Größennachteile haben, lassen sich durch gemeinsame Produktentwicklungen, Abstimmung von Fertigungsprozessen oder Kooperation bei Aus- und Weiterbildungsmaßnahmen regelmäßig positive Kosteneffekte erzielen. Weiter müssen sich WfB auf flexible Organisationsformen in der Produktion einstellen. Dazu zählt bspw. auch, daß Leistungen nicht nur in der WfB, sondern direkt beim Kunden erstellt werden müssen. WfB-Arbeitsgruppen können in den Räumen eines Kunden arbeiten, wodurch sich logistische Probleme und Zeitnachteile vermeiden lassen.

Als Rehabilitationseinrichtungen wird der Aufgabenschwerpunkt der WfB auch in Zukunft vermehrt darauf liegen, ein geeignetes Rehabilitationsprogramm für die Mitarbeiter anzubieten. Dazu muß zunehmend auch auf moderne Informations- und Kommunikationstechnologien zurückgegriffen werden. Gegenüber externen Stakeholdern haben WfB Transparenzerfordernissen zu genügen. Damit lassen sich zum einen falsche Vorstellungen abbauen, zum anderen kann dem Vorwurf ineffizienter Mittelbewirtschaftung begegnet werden. So wollen Spender bspw. wissen, was mit ihrem Geld gemacht wurde. Um die Seriosität ihrer Aktivitäten herauszustellen, unterwerfen sich manche sozialwirtschaftliche Organisationen öffentlich nachvollziehbaren Richtlinien. So werden bspw. in Geschäftsberichten die Prüfungstestate von unabhängigen Wirtschaftsprüfern mitgeteilt, die Verwendung der Spenden dokumentiert und der eigentliche Verwaltungskostenanteil

---

[36] Vgl. Arnold/Kultschytzky, 1995, S. 15.
[37] Vgl. Arnold, 1998a, S. 383.

ausgewiesen. Als beispielhaft kann die Dokumentation der Pfennigparade in München angesehen werden.

Angesichts vielfältiger und nicht selten konfligierender Stakeholderinteressen und begrenzter Ressourcen steht eine WfB vor der schwierigen Aufgabe, bei allen wesentlichen Stakeholdern Akzeptanz zu generieren. Dabei dürfen auch die Leistungsempfänger als die moralischen Eigentümer einer WfB nicht übergangen werden.[38] Um mit ihrem Rehabilitationsangebot den Bedürfnissen ihrer Mitarbeiter gerecht zu werden, sollten WfB die Chance nutzen, neue Ideen und Impulse bei anderen Einrichtungen zur Beschäftigung von Menschen mit Behinderungen zu holen bzw. Interessenten anderer Institutionen Einblick in den eigenen Arbeitsalltag zu geben. Die deutschen WfB sind nicht allein in Europa.[39] Letztendlich geht es um das Wohl der Mitarbeiter und hier gilt es, vom Besten zu lernen.

Schließlich wären verschiedene Entwicklungsrichtungen wünschenswert, die WfB aufgrund gesetzlicher Vorgaben jedoch nicht aus eigener Kraft in die Wege leiten können:[40]

- Das WfB-Ziel "Integration von WfB-Mitarbeitern in den allgemeinen Arbeitsmarkt" sollte durch eine Richtungsänderung hergestellt werden. Elemente des allgemeinen Arbeitsmarktes könnten Bestandteil des Modells WfB werden. Institutionell ist dies dadurch zu realisieren, daß Netzwerke von assoziierten Unternehmen geschaffen werden, die flexible Übergangsmöglichkeiten in den Arbeitsmarkt und damit zugleich auch abgestufte Formen der selbständigen Entfaltung entsprechend dem individuellen Entwicklungsstand ermöglichen (Entspricht Innovationen in der Leistungspolitik).

- Wenn WfB erfolgreich im Markt agieren sollen, müssen bürokratische Reglementierungen abgebaut und Möglichkeiten zu unternehmerischem Handeln verstärkt werden. Marktangepaßte Strukturen sind unverzichtbar. Dazu zählen u. a. Aufbau und Nutzung von Risikokapital, Eigenverantwortung für betriebliche Investitionen und Anreizsysteme für das WfB-Management und die angestellten Mitarbeiter (bspw. Provisionen für die Auftragsbeschaffung, flexiblerer Einsatz von Gewinnen).

6. Literatur

Andres, L. (1987): Marketing-Konzept einer Werkstatt für Behinderte, in: Blätter der Wohlfahrtspflege, 134. Jg., Nr. 11, S. 274-278.

---

[38] Vgl. Martens, 1998.
[39] Zu unterschiedlichen Konzeptionen geschützter Beschäftigung in Europa vgl. Arnold/Larisch, 1998.
[40] Vgl. Arnold, 1995, S. 29 ff.

Arnold, U. (1998): Besonderheiten der Dienstleistungsproduktion, in: Arnold, U./Maelicke, B. (Hrsg.): Lehrbuch der Sozialwirtschaft, Baden-Baden, S. 257-276.

Arnold, U. (1994): Chancen und Risiken der Werkstätten für Behinderte im Wettbewerb - Strategische Analyse und Handlungsmöglichkeiten, in: Bayerischer Wohlfahrtsdienst, Januar, S. 4-8.

Arnold, U. (1991): Entwicklung einer Marketingkonzeption der Werkstätten für Behinderte, Forschungsbericht im Auftrag des Bundesministeriums für Arbeit und Sozialordnung, Bonn.

Arnold, U. (1998a): Marktorientiertes Fundraising, in: Arnold, U./Maelicke, B. (Hrsg.): Lehrbuch der Sozialwirtschaft, Baden-Baden, S. 373-401.

Arnold, U. (1998b): Sozialmarketing, in: Arnold, U./Maelicke, B. (Hrsg.): Lehrbuch der Sozialwirtschaft, Baden-Baden, S. 316-372.

Arnold, U. (1998c): Typologie sozialwirtschaftlicher Organisationen, in: Arnold, U./Maelicke, B. (Hrsg.): Lehrbuch der Sozialwirtschaft, Baden-Baden, S. 235-246.

Arnold, U. (1995): Werkstätten für Behinderte im Wandel 10 Thesen zum Thema: Sind die WfB noch zu retten?, FORMS Arbeitspapier.

Arnold, U./Hilse, T./Kultschytzky, A., (1994): WfB als Lieferanten der öffentlichen Hand, in: WfB Handbuch 1994, 2. Ergänzungslieferung, Abschnitt H 9.

Arnold, U./Kultschytzky, A. (1995): Exploration der Kommunikationswirkungen von Sozio-Sponsoring, in: Marktforschung & Management, 39. Jg., 1. Quartal, S. 15-20.

Arnold, U./Larisch, M. (1997): Konzeptionen geschützter Beschäftigung in Europa, FORMS Arbeitspapier.

Bernhardt, S. (1997): Finanzierungsmanagement von NPOs, in: Badelt, C. (Hrsg.): Handbuch der Nonprofit-Organisation, Stuttgart, S. 247-274.

Christa, H./Halfar, B. (1997): Wohlfahrtsverbände im Wettbewerb, Empirische Ergebnisse zum Spendenmarketing, in: Schriften des deutschen Vereins für öffentliche und private Fürsorge (Hrsg.): Sozialpolitik und Wissenschaft - Positionen zur Theorie und Praxis der sozialen Hilfen, Frankfurt a. M., S. 19-38.

Haßemer, K. (1994): Produktmanagement in Nonprofit-Organisationen, Stuttgart.

Kotler, P. (1979): Strategies for introducing marketing into nonprofit organizations, in: Journal of Marketing, Vol. 43, January, S. 37-44.

Larisch, M. (1999): Elemente einer Ökonomie sozialwirtschaftlicher Organisationen, Frankfurt a. M. u. a.

Martens, S. (1998): Werkstattphilosophie und Menschenbild – behinderte Menschen im öffentlichen Bewußtsein, in: BAG WfB – Werkstatt: Thema "Werkstattphilosophie und Menschenbild", 14. Jg., S. 28-50.

Nauke, J. (1999): "Premium-Mitarbeiter" für die S-Klasse, in: StZ vom 28.06.99, 55. Jg., Nr. 145, S. 20.

Notheis, D. (1994): Ansatzpunkte für die Akquisition von Unternehmensspenden, Stuttgart.

Schneider, W. (1996): Die Akquisition von Spenden als eine Herausforderung für das Marketing, Berlin.

Shapiro, B. P. (1978): Marketing for nonprofit organizations, in: Montana, P. J. (Hrsg.): Marketing in NPO, New York, S. 16-30.

Friedhelm Bliemel und Georg Fassott

Marketing für Universitäten

1. Einleitung
   1.1 Historische Entwicklung des Universitätsmarketing
   1.2 Herausforderungen für das Universitätsmarketing
2. Marketingkonzept für Universitäten
   2.1 Definition des Universitätsmarketing
   2.2 Gestaltungsbereiche des Universitätsmarketing
      2.2.1 Absatzmarketing
      2.2.2 Beschaffungsmarketing
      2.2.3 Internes Marketing
      2.2.4 Public Marketing
3. Marketing-Planung im Universitätsmarketing
   3.1 Informationsgrundlage
   3.2 Leitbild und Ziele
   3.3 Marktsegmentierung und Positionierung
4. Marketing-Mix
   4.1 Leistungsgestaltung
   4.2 Gegenleistungspolitik
   4.3 Kommunikationspolitik
   4.4 Distributionspolitik
5. Implementierung des Universitätsmarketing
6. Zusammenfassung
7. Literatur

1. Einleitung

In der Theorie, aber auch in der Praxis hat sich Marketing auch für Hochschulen als anwendbar und nützlich erwiesen. In Deutschland jedoch ist trotz bereits geleisteter wissenschaftlicher Untersuchungen zum Universitätsmarketing (u. a. Wangen-Goss 1983; Hermeier 1992; Trogele 1995) ein umfassendes Marketingkonzept an keiner Universität entwickelt worden. Nennenswerte Marketingaktivitäten findet man allenfalls im Instrumentalbereich, insbesondere in der Öffentlichkeitsarbeit (als Anwendungsbeispiel vgl. Bliemel/Schneiker 1999). Dies bietet Chancen für diejenigen Universitäten, die rechtzeitig geeignete Marketingkonzeptionen entwickeln und umsetzen (Hermeier 1992, S. 34). Welche Möglichkeiten dafür zur Verfügung stehen und welche institutionentypischen Besonderheiten zu beachten sind, wird im folgenden dargestellt.

1.1 Historische Entwicklung des Universitätsmarketing

Universitäten betreiben schon seit langem Aktivitäten, insbesondere solche der Öffentlichkeitsarbeit, die nach heutigem Verständnis zum Marketing zählen. Doch erst durch die Broadening-Diskussion Ende der 60er-, Anfang der 70er-Jahre wurde der Anstoß gegeben, auch für Universitäten das Marketing-Fachvokabular zu benutzen und das Universitätsmarketing zu erforschen. Mit seinem „Generic Concept of Marketing" erweiterte Kotler (1972) den Gegenstandsbereich des Marketing auch auf Austauschprozesse mit Nicht-Kunden. Demnach soll sich Marketing damit befassen, wie Austauschprozesse kreiert, gefördert, umgesetzt und mit Wert bemessen werden können (Kotler 1972, S. 49).

In Deutschland wurden Fragen des Universitätsmarketing Mitte der 80er Jahre in Dissertationen aufgegriffen (z. B. Wangen-Goss 1983; Topf 1986), fanden in der Universitätspraxis aber kaum Resonanz. In den 90er Jahren führten dann zwei Entwicklungen zu einer Intensivierung der Marketingaktivitäten: zum einen standen nach der Wiedervereinigung die ostdeutschen Universitäten vor dem Problem, die zur Auslastung erforderlichen westdeutschen Studieninteressenten zu gewinnen. Zum anderen deckte der starke Rückgang der Studentenzahlen im Ingenieur- und Informatikbereich die Anfälligkeit der jungen westdeutschen Universitäten mit ihrem zumeist engen Fächerspektrum auf. Zudem sind ihre Standorte, die nach Gesichtspunkten regionaler Strukturförderung gewählt wurden, für nicht ortsansässige Studieninteressenten wenig attraktiv.

Aktuelle Entwicklungen im Hochschulbereich führen mittlerweile zu einer deutlich höheren Wettbewerbsintensität für Universitäten. So erwächst den deutschen Universitäten z. B. Konkurrenz durch den Ausbau privater Hochschulen, den Eintritt vor allem US-amerikanischer Hochschulen in den europäischen Hochschulmarkt sowie die Gründung „virtueller" Universitäten im Internet. Verstärkt wird dies noch durch die aktuelle Diskussion um die Einführung von Bachelor- und Masterabschlüssen. Schwerwiegende Konsequenzen mangelnder Marketingorientierung werden für die Universitäten insbesondere dann nicht ausbleiben, wenn den Hochschulen öffentliche Mittel stärker als bisher in Abhängigkeit von leicht ermittelbaren Kriterien wie Studentenzahlen und Drittmitteleinnahmen gewährt werden (Tutt 1997, S. 4).

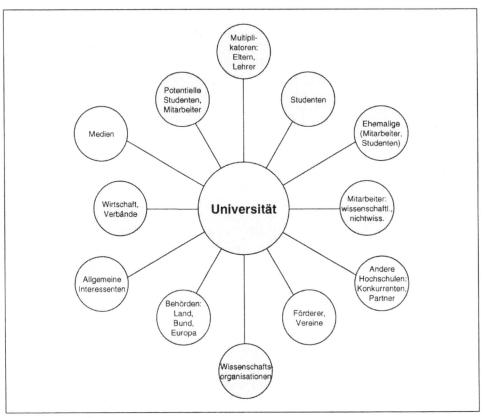

Abbildung 1:   Relevante Zielgruppen der Universität
Quelle: In Anlehnung an Kotler/Fox 1995, S. 20.

1.2 Herausforderungen für das Universitätsmarketing

Universitätsmarketing ist durch eine Reihe von Besonderheiten und daraus resultierenden Problemen gekennzeichnet, die bei der Übertragung von Marketingkonzepten aus dem kommerziellen Bereich berücksichtigt werden müssen (Topf 1986, S. 71):

- Universitäten als öffentliche Organisationen haben aufgrund ihrer gesetzlich definierten Aufgabenstellungen, restriktiver Vorschriften zum Einsatz öffentlicher Mittel sowie mangelnder Freiheit bei der Erhebung von Gebühren nur einen äußerst eingeschränkten Handlungsspielraum.
- Heterogenes Selbstverständnis der einzelnen Einrichtungen sowie die dezentrale Organisationsform erschweren die Konsensbildung (Engelhardt 1993, S. 43).
- Die Universität hat ganz offensichtlich mehr als nur einen einzigen Markt im Sinne einer Interessengruppe, von der sie mehr oder weniger abhängig ist und sie deshalb auf systematische Weise für sich zu gewinnen versucht (s. Abbildung 1).
- Die zentralen Produkte der Universität, die Bereitstellung von Forschungs- und Lehrleistungen, sind komplexe Dienstleistungen (Licata/Frankwick 1996, S. 5).
- Die meisten Austauschformen einer Universität weisen keine eindeutigen Beziehungen zwischen Leistungen und finanziellen Gegenleistungen der beteiligten Parteien auf. Die Hauptaufgaben Forschung und Lehre werden überwiegend durch pauschale staatliche Zuwendungen abgegolten (Hermeier 1992, S. 69).
- Für die Implementierung eines Universitätsmarketing stellen schließlich Unwissen, Mangel an Marketing-Know-how sowie Vorbehalte gegenüber dem Marketing innerhalb der Universität hohe Hürden dar.

2. Marketingkonzept für Universitäten

2.1 Definition des Universitätsmarketing

Zentraler Vorbehalt gegenüber der Übertragung von Marketingkonzepten aus dem kommerziellen Bereich auf Universitäten ist das Argument, daß die vom Marketing geforderte strikte Kundenorientierung nicht mit den gesetzlich bestimmten Aufgaben einer Universität zu vereinbaren sei. Beispielsweise könnte eine weitgehende Orientierung von Lehr- und Forschungsangeboten an den Marktgegebenheiten zu Lasten der Grundlagenforschung und Geisteswissenschaften gehen (Nolte 1998, S. 24).

Ob die Anpassung an bestehende Kundenwünsche im besten Interesse der Kunden und der Gesellschaft liegt, wurde allerdings auch im kommerziellen Bereich diskutiert. Dies führte zu der Forderung, daß Unternehmen ihr Marketing am wohlfahrtsbedachten Marketingkonzept ausrichten sollen. Dieses besagt, „daß die Aufgabe der Organisation darin besteht, die Bedürfnisse, Wünsche und Interessen der Zielmärkte zu ermitteln und die gewünschten Befriedigungswerte wirkungsvoller und wirtschaftlicher anzubieten als die Konkurrenten, und zwar auf eine Weise, die die Lebensqualität der Gesellschaft bewahrt oder verbessert." (Kotler/Bliemel 1999, S. 38)

Während eine Orientierung am wohlfahrtsbedachten Marketingkonzept im kommerziellen Bereich in die unternehmerische Entscheidungsfreiheit fällt, ist es für Universitäten als staatliche Organisationen als verpflichtend anzusehen. Insbesondere finden auf diese Weise die gesetzlichen Aufgabenstellungen der Universitäten Eingang in das Marketingkonzept. Universitätsmarketing bezeichnet demnach den Prozeß der zielorientierten Herbeiführung und Gestaltung von Austauschprozessen der Universität mit ihren vielfältigen Zielgruppen. Als Leitmotiv gilt das wohlfahrtsbedachte Marketingkonzept.

Die Ausgestaltung der Marketingaktivitäten im Sinne des wohlfahrtsbedachten Marketingkonzepts erfordert ein hohes Verantwortungsbewußtsein (Litten 1980, S. 50). Beispielsweise könnten die Reaktionen der Universitäten auf den Nachfrageeinbruch für Ingenieur- und Informatikstudiengänge unterschiedlich aussehen: Verlagerung der Lehrkapazitäten gemäß der Nachfrage (reine Anpassung an Kundenwünsche), Erhöhung des eigenen Marktanteils in diesen Studiengängen auf Kosten der anderen Universitäten (Sicherstellung der eigenen Wirtschaftlichkeit) oder Erhöhung der Gesamtnachfrage nach diesen Studiengängen und damit der eigenen Erstsemesterzahl (Sicherstellung ausreichender personeller Ressourcen für den Standort Deutschland).

2.2 Gestaltungsbereiche des Universitätsmarketing

Vor dem Hintergrund der vielfältigen Zielgruppen einer Universität (s. Abbildung 1) beschränkt sich Universitätsmarketing nicht auf den Absatzbereich, sondern trägt zur Gestaltung der Austauschprozesse einer Universität auf den Absatz- und Beschaffungsmärkten bei (Nolte 1998, S. 41). Um die erwünschten Reaktionen auf den Absatz- und Beschaffungsmärkten zu erzielen, müssen Universitäten zwei weiteren Bereichen besondere Aufmerksamkeit widmen: den inneruniversitären Austauschbeziehungen und dem Verhältnis zur allgemeinen Öffentlichkeit.

In diesem Sinne sind vier Gestaltungsbereiche des Universitätsmarketing zu behandeln: Absatzmarketing, Beschaffungsmarketing, Internes Marketing und Public Marketing (s. Abbildung 2). Diese werden im weiteren Verlauf dieses Abschnitts kurz charakterisiert. Danach wird am Beispiel des Absatzmarketing das Universitätsmarketing vertiefend dargestellt.

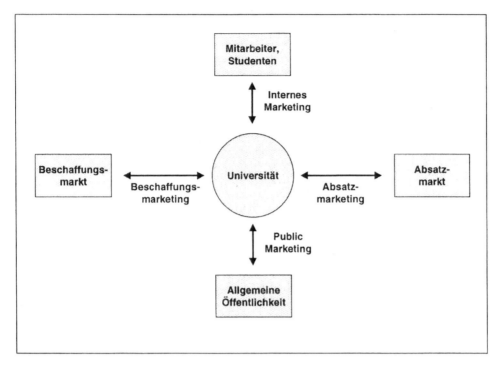

Abbildung 2:   Zielgruppen und Gestaltungsbereiche des Universitätsmarketing

2.2.1 Absatzmarketing

Es existiert eine Vielzahl von Produkten bzw. Leistungen, die eine Universität verschiedenen Zielgruppen anbieten kann. Im Bereich der Lehre wenden sich die Universitäten mit Studien- und Ausbildungsangeboten im Erststudium und Weiterbildung zunächst an einzelne Personen als Nachfrager. Indirekt besteht hier aber auch eine Beziehung zu den Organisationen, die nach entsprechend ausgebildetem Personal suchen. Es sind hier aber auch direkte Beziehungen denkbar, wenn solche Organisationen gezielt ihre Mitarbeiter an Universitäten weiterbilden lassen.

Auch beim Angebot von Forschungsergebnissen sind indirekte und direkte Beziehungen zu berücksichtigen. So kann im Bereich der Auftragsforschung der Transfer wissenschaftlicher Erkenntnisse an einen konkreten Auftraggeber erfolgen. Daneben steht die allgemeine Veröffentlichung von Forschungsergebnissen, die im Wissenschaftsbereich oder von sonstigen Interessenten für ihre Zwecke aufgegriffen werden.

Hinzu kommen Angebote, die in einem indirekten Zusammenhang zu diesen Hauptaufgaben einer Universität stehen. Dies umfaßt z. B. Gutachtertätigkeiten, Dienste im Gesundheitswesen bei Universitätskliniken oder Bereitstellung der Infrastruktur (Räumlichkeiten, Bibliotheken, Rechenzentren) zur außeruniversitären Nutzung.

Der Absatzbereich einer Universität hat einen mehr oder weniger starken Einfluß auf den Beschaffungsbereich. So dient in vielen Fällen ein Vorgang zugleich der Beschaffung und dem Absatz von Leistungen. Beispiele sind die Auftragsforschung zur Beschaffung von Drittmitteln und zum Absatz von Forschungsergebnissen oder die Durchführung öffentlicher Vorlesungen im Studium Generale, die dem Absatz von Lehrleistungen genauso dienen können wie der Beschaffung von Spenden (Westebbe/Winter/Trost 1997, S. 25). Ist eine Universität im Absatz ihrer Lehr- und Forschungsleistungen erfolgreich und erwirbt sich eine entsprechende Reputation, erleichtert das die Beschaffung von Finanzmitteln und wissenschaftlichem Personal (Nolte 1998, S. 59).

2.2.2 Beschaffungsmarketing

Auch im Beschaffungsbereich existiert eine Vielzahl von Mittelgebern zur Befriedigung des Ressourcenbedarfs einer Universität. Für die Grundversorgung ist die jeweilige Landesregierung zuständig. Hier können Universitäten direkt über Verhandlungen, indirekt über eine Beeinflussung der Akzeptanz der Universitäten und ihres Ressourcenbedarfs in Politik und allgemeiner Öffentlichkeit ihre Position stärken. Der zweite wesentliche Komplex ist die Versorgung mit wissenschaftlichem Personal. Hier trägt indirekt die bereits angesprochene Reputation, die sich im Absatzbereich gewinnen läßt, zu hoher Attraktivität bei. Die Wechselwirkung wird aber auch dadurch deutlich, daß eine Universität ihrerseits auf Mitarbeiter mit hoher Reputation angewiesen ist. Der dritte Beschaffungskomplex, der im folgenden näher dargestellt wird, ist das Fundraising, das die Maßnahmen von Nonprofit-Organisationen kennzeichnet, die den Zufluß von Ressourcen, über eine wie im Fall der Universitäten ggf. vorhandene Grundversorgung hinaus, aus fremden Quellen sicherstellen soll (zur Definition des Fundraising vgl. Hermanns/Glogger 1998, S. 15).

Es ist die zentrale Marketingaufgabe im Fundraising, den Geldgebern ein Leistungsbündel zu offerieren, das konsequent an deren Kosten-Nutzen-Erwartungen ausgerichtet ist (Meffert 1993, S. 5). Dieses Anreiz-Beitragsgleichgewicht stellt sich beim universitären Fundraising in Abhängigkeit von den Formen des Fundraising sehr unterschiedlich dar. Bei Spendern steht auf den ersten Blick die Absicht im Vordergrund, etwas Gutes zu tun, d. h. die Universität muß dem Spender deutlich machen können, inwiefern seine Spende einem guten Zweck dient. Aber es ist auch vorstellbar, daß Spender andere Motive verfolgen, z. B. von der Universität zukünftig einen akademischen Grad verliehen zu bekommen.

Grundsätzlich kann die Mittelbeschaffung auf drei Ebenen ansetzen: auf der Ebene der Gesamtuniversität, der Fakultäten bzw. Fachbereiche sowie der Ebene einzelner Institute bzw. Lehrstühle. Die Aufgabe besteht nun darin, zentrale und dezentrale Aktivitäten in ein längerfristiges, professionelles Konzept zu integrieren und auf verschiedenen Ebenen zu koordinieren (Meffert 1993, S. 10 f.)

Aktivitäten im Rahmen des Beschaffungsmarketing können auch kommunikationspolitische Funktion übernehmen. Beispielsweise, wenn ein Sponsorenverhältnis von dem Sponsor oder der Universität bewußt an die relevanten Interessengruppen kommuniziert wird, um damit das Image der Universität bzw. der gesponserten Einheit zu verbessern (Hermanns/Glogger 1998, S. 14; die Universität Frankfurt bezieht z. B. die Darstellung ihrer Stiftungsprofessuren in ihren Internet-Auftritt ein).

2.2.3 Internes Marketing

„Der (Universitäts)Fan (d. Verf.) läßt sich vereinfacht dadurch charakterisieren, daß er weit entfernt wohnt, alt ist und einen niedrigen Bildungsabschluß hat. Der Kritiker ist das genaue Gegenteil: er wohnt in der Nähe von Münster, ist relativ jung, hat einen hohen Bildungsabschluß und ist sogar meist Student oder Bediensteter der Universität." (Engelhardt/König/Nietiedt 1993, S. 79). Verknüpft man diese für die Beurteilung deutscher Universitäten nicht untypischen Ergebnisse einer Studie der Münsteraner Universität mit den vorhandenen Vorbehalten vieler Universitätsmitglieder gegenüber dem Marketing, zeigt sich die Gefahr für eine Universität, wenn solche Universitätsmitglieder als Repräsentanten der Universität an den Austauschprozessen mit den externen Zielgruppen der Universität beteiligt sind. Entsprechend soll das Interne Marketing durch die Gestaltung der universitätsinternen Austauschbeziehungen die personellen und organisatorischen Voraussetzungen für ein effizientes Marketing gegenüber externen Zielgruppen schaffen (Raffée/Fritz/Wiedmann 1994, S. 45).

Im Mittelpunkt des Internen Marketing an Universitäten steht der Abbau von Informationsdefiziten zur Überwindung von Akzeptanzproblemen (Nolte 1998, S. 45). Insbesondere gilt es, die Wettbewerbssituation der Universität, die Notwendigkeit von Kundenorientierung und zielgerichtetem Marketing sowie die Marketingrelevanz der Interaktionen der Mitarbeiter mit den Zielgruppen der Universität zu vermitteln. Führt dies zur Entwicklung eines Marketingkonzepts, so ist in einem weiteren Schritt auf die möglichst konsistente Umsetzung des Konzepts in Marketingmaßnahmen hinzuwirken. Hier sollte z. B. durch Information über das Leitbild der Universität sowie grundlegende Marketingstrategien einschließlich der identifizierten Zielmärkte eine gemeinsame Basis geschaffen werden (Brooker/Noble 1986, S. 194).

Neben dem Einsatz interner Kommunikationsinstrumente, die von persönlichen Gesprächen bis hin zu Massenkommunikationsmitteln wie Rundschreiben, Universitätszeitungen oder Informationsbereitstellung im Internet reichen, darf nicht der mitarbeiterorientierte Einsatz externer Kommunikationsinstrumente vernachlässigt werden. Hier gilt es, die Wirkung externer Kommunikationsinstrumente wie Werbung oder im Rahmen der Öffentlichkeitsarbeit auf die Mitarbeiter zu berücksichtigen. Dabei könnten z. B. das

Wertsystem der Universität vermittelt werden sowie Einstellungen gegenüber der Universität und dem Arbeitsplatz beeinflusst werden (Stauss 1995, Sp. 1050).

Neben diesen informationsorientierten Instrumenten des Internen Marketing ist schließlich noch der absatzmarktorientierte Einsatz personalpolitischer Instrumente denkbar (Stauss 1995, Sp. 1050). So kann z. B. bei der Personalauswahl, insbesondere in Berufungsverfahren für Professoren, darauf geachtet werden, daß die neuen Mitarbeiter auch zu gewünschten Marketingaktivitäten bereit und fähig sind. Es sollte auch ein organisationsinternes Umfeld geschaffen werden, das marketingorientierte Einstellungen und Verhaltensweisen unterstützt. Hier ist an die Bereitstellung von Ressourcen für die Durchführung bzw. den Erfolg von Marketingmaßnahmen zu denken.

2.2.4 Public Marketing

Universitäten müssen ein besonderes Augenmerk auf die Gestaltung der Austauschprozesse mit der Öffentlichkeit legen, weil sie von staatlicher Seite mit Ressourcen ausgestattet und kontrolliert werden, öffentliche Aufgaben erfüllen und sich teilweise heftiger Kritik ausgesetzt sehen (vom Stichwort der „faulen Professoren" bis hin zu Widerstand gegen einzelne Forschungsbereiche wie z. B. Gentechnik).

Raffée/Fritz/Wiedmann (1994 S. 47) plädieren deshalb für die zielorientierte Gestaltung der Beziehungen zur allgemeinen Öffentlichkeit im Rahmen eines Public Marketing, das sie als Weiterentwicklung des Marketinginstruments der Öffentlichkeitsarbeit (Public Relations) verstehen. „Public Marketing bezeichnet die Gesamtheit aller Marketing-Programme, die sich an die allgemeine Öffentlichkeit richten, d. h. an die Bürger, die politischen Institutionen, die Medien, die staatlichen Organe usw." (Raffée/Fritz/Wiedmann 1994, S. 47)

Die Weiterentwicklung herkömmlicher Instrumente der Öffentlichkeitsarbeit wie z. B. Pressemitteilungen oder Durchführung von Veranstaltungen wie Tage der offenen Tür im Sinne eines Public Marketing ist durch den Rückgriff auf weitere Instrumente des Marketing-Mix gekennzeichnet. So könnte eine Universität z. B. ein besonderes Seniorenstudium anbieten und hierfür Teilnahmegebühren erheben. Die Grenzen zur traditionellen Öffentlichkeitsarbeit sind dabei fließend, insbesondere wenn eine Universität das Seniorenstudium vornehmlich zur Erzielung eines positiven Image anbietet und dafür auf Teilnahmegebühren verzichtet. Wichtiger als eine trennscharfe Abgrenzung des Public Marketing ist aber die mit diesem Begriff betonte Relevanz der Gestaltung der Beziehungen zur Öffentlichkeit. Und dies erfordert anstelle einer Ad-hoc-Öffentlichkeitsarbeit eine auf Marktforschung und konsequente Zielgruppenorientierung basierende Öffentlichkeitsarbeit.

Maßnahmen des Public Marketing von Universitäten dienen nicht nur Beschaffungszwecken (z. B. Schaffung von Goodwill in der Öffentlichkeit zur langfristigen Sicherung der Ressourcenausstattung durch den Staat), sondern auch Absatzzwecken (z. B. Wecken von Interesse an den Aktivitäten der Hochschule zur Verbesserung der Absatzchancen für Fortbildungsleistungen) (Westebbe/Winter/Trost 1997, S. 25).

3. Marketing-Planung im Universitätsmarketing

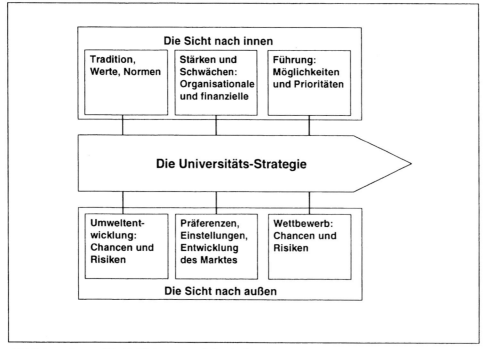

Abbildung 3:   Einflußfaktoren auf die Universitätsstrategie
Quelle: In Anlehnung an Sporn 1992, S. 90.

3.1 Informationsgrundlage

Ausgangspunkt der Marketing-Planung sind Analysen bzgl. der in Abbildung 3 dargestellten internen Organisationsvoraussetzungen und der Umwelt. Die sechs Elemente beeinflussen die Universitätsstrategie sowohl als Rahmenbedingungen als auch als Bereiche, auf deren Beeinflussung und Veränderung die Universitätsstrategie ausgerichtet werden soll.

Ein Teil der hierzu erforderlichen Informationen ist zwar zerstreut bei dem eigenen wissenschaftlichen Personal vorhanden, die Herausforderung besteht aber in der systematischen Erfassung und Auswertung. Dies ist bei Bedarf um spezielle Untersuchungen zu ergänzen (Alewell 1977, S. 272). Aus der Marketingforschung steht Universitäten hierzu eine Vielzahl von Methoden zu Verfügung, die bisher aber nur in Einzelfällen genutzt werden (Fritz 1995, S. 6). Es ist vor allem an Untersuchungen des Typs Chancen/Gefahren- und Stärken/Schwächen-Analyse zu denken (Tavernier 1993, S. 123). Um die daraus erzielbaren Erkenntnisse in Handlungsempfehlungen umzusetzen, wird der Einsatz von Portfoliomodellen vorgeschlagen (vgl. z. B. Kotler/Fox 1995, S. 165; Trogele 1995, S. 107 ff.).

3.2 Leitbild und Ziele

„Die große Mehrheit der deutschen Hochschulen ist derzeit weder in der Lage, ihr Profil zu definieren, noch Ziele für die Zukunft zu formulieren." (König 1997, S. 38). Aber gerade für die dezentral ausgerichteten Universitäten ist es von hoher Bedeutung, einen gemeinsamen Identitätskern zu entwickeln. Denn er kann einen handlungsleitenden Rahmen bilden, der Leistungserstellung und Marketingaktivitäten einzelner Einheiten bzw. Mitarbeiter in eine gemeinsame Richtung lenkt.

Ein notwendiger Schritt zur Schaffung eines solchen Identitätskerns bzw. einer Corporate Identity ist die Entwicklung eines gemeinsamen Leitbildes (Mission Statement) im Sinne einer generellen, langfristigen Zielsetzung für die Gesamtentwicklung der Universität (Fritz 1995, S. 8). So hat z. B. die australische Griffith University folgendes Leitbild formuliert: „In the pursuit of excellence in teaching, research and community service, Griffith University is committed to innovation, bringing disciplines together, internationalisation, equity and social justice, and lifelong learning for the enrichment of Queensland, Australia and the international community". Dieses Leitbild wird ergänzt um handlungsleitende Werte und allgemeine Ziele.

Um die relativ abstrakten Aussagen des Leitbildes in die Tat umzusetzen, müssen sie zunächst in operationale Zieldefinitionen und eine Zielhierarchie überführt werden. Eine Definition operationaler Marketingziele der Universität ist zwar denkbar (vgl. z. B. Wangen-Goss 1983, S. 57), jedoch hat so gut wie keine deutsche Universität operationale Ziele und Zielhierarchien entwickelt. Als Folge davon fehlen dann klare Maßstäbe für die Zielerreichung und Erfolgskontrolle (Fritz 1995, S. 10 f.).

3.3 Marktsegmentierung und Positionierung

Angesichts der Vielzahl von Zielgruppen, mit denen eine Universität in Kontakt steht, ist eine ausgeprägte Zielgruppenorientierung unerläßlich. Zumal selbst einzelne Interessengruppen wie z. B. Studierende oder Privatunternehmen in sich heterogen sind und deshalb innerhalb einer Zielgruppe differenzierte Maßnahmen erforderlich sein können (Fritz 1995, S. 12). Die Zielgruppen müssen nach ihrer Bedeutung im Hinblick auf das Erreichen der Universitätsziele bewertet und dementsprechend unterschiedlich bearbeitet werden (Hermeier 1992, S. 161).

Universitäten sehen sich in ihrer Marktsegmentierung mit dem Problem konfrontiert, daß sich denkbare Segmente stark überlappen, d. h. eine Person kann gleichzeitig mehreren Segmenten angehören. Dadurch wird zum einen die Einschätzung der Reaktion eines Segmentes auf die diesbezüglichen Marketingaktivitäten unmöglich, zum anderen sind komplexe organisatorische Strukturen zur Segmentbearbeitung erforderlich (Licata/Frankwick 1996, S. 8). Topf (1986, S. 136) schlägt aus einer kommunikationspolitischen Perspektive eine Segmentierung der vielfältigen Zielgruppen in Marktfeld, politisch-administratives Umfeld, unterstützendes und regionales Umfeld vor. Auf dem Gebiet der Leistungserstellung ist z. B. in einer ersten Stufe eine Segmentierung in Erstausbildungs- und Weiterbildungsmarkt (Lehre) und Grundlagenforschung versus angewandte Forschung (Forschung) sowie die unterschiedlichen Fächergruppen denkbar. Dies wird ergänzt um geographische Abgrenzungen.

Während mit dem Konzept der Marktsegmentierung der Abschied von der Fiktion der Universität als Gemeinschaft aller Wissenschaften verbunden ist, steht das Konzept der Positionierung gegen die Vorstellung einer Einheitlichkeit und Gleichwertigkeit in der Qualität der Universitäten (Fritz 1995, S. 11). Denn Positionierung zielt gerade darauf ab, das eigene Angebot so zu gestalten, daß es im Bewußtsein der Zielgruppen einen besonderen, geschätzten und von Wettbewerbern abgesetzten Platz einnimmt (Kotler/Bliemel 1999, S. 496). In die Positionierung der Universität fließen u. a. folgende Aspekte ein: Leitbild, fachliches Leistungsspektrum, Zielgruppen, Lehrpersonenprofil, regionaler Wirkungsbereich und besondere Wettbewerbsvorteile (Frackmann 1989, S. 117).

4. Marketing-Mix

Die Aktionsseite des Universitätsmarketing richtet sich auf die Beeinflussung der relevanten Zielgruppen. Dazu werden die einzelnen Instrumente des Marketing-Mix eingesetzt. Im folgenden sollen diese strukturiert nach den vier klassischen Teilbereichen dargestellt werden. Allerdings erscheint es angebracht, teilweise andere Bezeichnungen als im kommerziellen Bereich zu wählen (Wangen-Goss 1983, S. 104).

4.1 Leistungsgestaltung

Die im Universitätsbereich noch immer häufig zu beobachtende Einschränkung auf das Instrument Kommunikationspolitik, insbesondere in Form der Öffentlichkeitsarbeit, ist nicht zweckmäßig. Auch hier muß das Herzstück des Marketing die Gestaltung der Leistungen sein (Raffée/Wiedmann 1995, Sp. 1939). Hierbei ist das Leistungsspektrum einer Universität durch eine Vielfalt von Leistungsarten (Lehre, Forschung, sonstige Dienstleistungen), die in einer mehr oder weniger großen Vielfalt von fachlichen Disziplinen erbracht werden, gekennzeichnet (Alewell 1995, Sp. 2779).

Entsprechend setzt die Leistungsgestaltung, d. h. ob und in welcher Qualitätsausprägung eine Leistung angeboten wird, auf mehreren Ebenen an: vom einzelnen Forscher/Dozenten über Fachbereiche bis hin zur Gesamtuniversität. Dabei sind die einzelnen Leistungsarten über Verbundbeziehungen, z. B. zwischen Forschung und Lehre oder zwischen organisatorischen Einheiten bei interdisziplinären Forschungsaktivitäten oder Lehrangeboten gekennzeichnet (Alewell 1977, S. 270). Hinzu kommt eine Verbundbeziehung aufgrund der angespannten Finanzsituation, d. h. eine Leistungsausweitung in einem Fach(bereich) ist oft nur durch eine Leistungseinschränkung in einem anderem Fach(bereich) erzielbar (Alewell 1977, S. 267). Dadurch besteht die Gefahr, daß benötigte Leistungsmodifikationen einer Universität aufgrund der erforderlichen Konsensbildung nicht oder nicht rechtzeitig erfolgen.

Über die Gestaltung dieser Leistungen hinaus, darf eine Universität die Gestaltung ihrer Nebenleistungen nicht aus dem Auge verlieren. Dies betrifft für die Lehre z. B. Dienstleistungen wie Einschreibung, Studienberatung, finanzielle Unterstützung, Prüfungsabwicklung, Bibliotheken, die direkt mit der Abwicklung der Lehre verknüpft sind. Daneben wird eine Universität Angebote machen, die eher auf den Freizeitbereich ausgerichtet sind wie z. B. Cafeterien, Sportmöglichkeiten oder kulturelle Angebote (Kotler/Fox 1995, S. 300).

Universitäten ist zwar eine klassische Markenpolitik fremd, aber die Idee einer Marke ist unter den Stichworten „guter Ruf" und „Reputation" einer Universität präsent. Aufgrund der heterogenen Struktur einer Universität mit Fachbereichen, die jeweils unterschiedliche Marktsegmente ansprechen mit unterschiedlichen Wettbewerbsumfeldern, könnte das Markierungsobjekt der Fachbereich sein. Das ist aber aufgrund der Wahrnehmung von außen, in der die Grenzen zwischen Fachbereich und Universität als Ganzes verschwimmen, nur eingeschränkt möglich (Hermeier 1992, S. 258). Universitäten können sich jedoch darauf konzentrieren, z. B. einen besonders herausragenden Fachbereich aufzubauen und herauszustellen, um dessen Reputation auf die Gesamtuniversität zu übertragen (Kotler/Fox 1995, S. 283). Möglicherweise noch erfolgsträchtiger könnte ein solcher Imagetransfer sein, wenn ein bestimmter Studiengang und dessen Absolventen die Reputationsbasis bilden. Abgerundet werden diese inhaltlichen Aspekte der Markenpolitik durch Elemente der Außendarstellung wie Namensgebung, Logo usw.

4.2 Gegenleistungspolitik

Für ihre angebotenen Leistungen erhalten Universitäten sowohl monetäre als auch nichtmonetäre Gegenleistungen, wobei vielfach eine spezifische Zuordnung zwischen einer Leistung und der diesbezüglichen Gegenleistung nicht möglich ist. Um dieses weite Spektrum bewußt zu machen, erscheint der Begriff „Gegenleistungspolitik" besser geeignet als der Begriff „Preispolitik". Die Universitäten legen im Rahmen der Gegenleistungspolitik die zu fordernden Gegenleistungen nach Art und Höhe fest (Wangen-Goss 1983, S. 168). Insbesondere wo keine spezifische Zuordnung zwischen Leistung und Gegenleistung möglich ist (z. B. Lehrleistungen für Studenten werden vom Staat durch pauschale finanzielle Dotation entgolten), gehen Maßnahmen der Universitäten, die angestrebten Gegenleistungen zu erhalten, in das oben skizzierte Beschaffungsmarketing über.

Nichtmonetäre Gegenleistungen sind neben Sachgütern z. B. Anerkennung, Unterstützung im politischen Raum, Reputation oder Erprobungsmöglichkeiten (Alewell 1995, Sp. 2778). Der Wettbewerb der Universitäten um hochqualifizierte Studenten verdeutlicht, daß von Studenten durch ihre Mitarbeit in der Forschung und ihre Teilnahme am Diskussionsprozeß auch ohne Studiengebühren Gegenleistungen erhalten werden können. Zudem könnte angestrebt werden, daß Studenten in ihrem späteren Berufsleben der Universität nachträglich Gegenleistungen für die in Anspruch genommenen Lehrleistungen zur Verfügung stellen. Dies reicht von Spenden über die Vergabe von Auftragsforschung bis hin zur Bereitstellung von Praktikanten- oder Arbeitsplätzen für andere Absolventen (Alewell 1977, S. 268)

Weiteren Gestaltungsbedarf entsteht für die Gegenleistungspolitik der Universität, wenn nicht nur bedacht wird, was die Universität als Gegenleistung erhalten kann, sondern auch analysiert wird, welche Kosten den Abnehmern der Universitätsleistungen entstehen. Hier sollten die Aktivitäten der Universität darauf gerichtet sein, die Kosten für die Kunden zu minimieren (Raffée/Wiedmann 1995, Sp. 1940). Beispielsweise entstehen Studenten monetäre, psychische und zeitliche Kosten für ihre Präsenz an der Universität (Kotler/Fox 1995, S. 312). Eine Universität könnte sich hier z. B. durch ein großes Angebot günstiger Studentenwohnungen, Rahmenabkommen für eine Nutzung öffentlicher Verkehrsmittel (Studententicket), Fernstudienmöglichkeiten oder Curricularreformen, die eine Verkürzung der Studienzeiten ermöglichen, profilieren.

4.3 Kommunikationspolitik

Die Kommunikationspolitik der Universitäten, insbesondere in Form der Öffentlichkeitsarbeit, ist oftmals die einzig bewußt wahrgenommene Marketingaktivität von Universitäten. In Ermangelung eines zugrunde liegenden Marketingkonzepts ist sie oft anbieterorientiert, ohne zielgruppenspezifische Schwerpunkte und konzentriert sich auf die Darstellung der Leistungsergebnisse. Es mangelt an Darstellungen, was die Universität eigentlich bedeutet, was ihr Image bestimmt, welche Idee der Universität zugrunde liegt und welchen Auftrag sie erfüllt. Zudem vernachlässigen die Universitäten weitgehend emotionale gegenüber kognitiven Inhalten. (Engelhardt 1993, S. 44 ff.)

Die Kommunikationspolitik von Universitäten besteht im wesentlichen aus den Instrumenten der Werbung, der Öffentlichkeitsarbeit und der persönlichen Kommunikation. Aufgrund finanzieller Restriktionen sind Werbeaktivitäten in Massenmedien für Universitäten kaum durchführbar. Zur Zeit kann dadurch aber eine mehrfache Kommunikationswirkung erzielt werden, da aufgrund der Besonderheit einer solchen Aktivität im Universitätsbereich eine zusätzliche redaktionelle Berichterstattung in anderen Medien erzielt werden kann. So fand eine Radiowerbung der Universität Kaiserslautern im Sommersemester 1997 ihren Niederschlag u. a. in den Nachrichtenjournalen der Fernsehanstalten. Die Plazierung redaktioneller Beiträge in den Medien ist für Universitäten generell einfacher als für kommerzielle Unternehmen (Topf 1986, S. 73). Allerdings schöpfen die Universitäten durch ungeschickte Vorgehensweisen ihr diesbezügliches Potential bei weitem nicht aus (zu Beispielen vgl. Schlicht 1997). Im Bereich der persönlichen Kommunikation spielt neben speziellen Bereichen wie z. B. Studienberatung auch die Kommunikationswirkung der Universitätsangehörigen bzw. Ehemaligen eine wesentliche Rolle.

Bei der Gestaltung ihrer Kommunikationsmaßnahmen sollten die Universitäten nicht davon ausgehen, daß die angesprochenen Zielgruppen alle ein besonderes Interesse und eine hohe Aufmerksamkeit aufweisen oder sich durch eine sprachliche Gestaltung angesprochen fühlen, die einem hohen wissenschaftlichen Niveau entsprechen will. So zeigt z. B. eine Studie an der Universität GH Essen, daß nur etwa 40 % der Erstsemester ihre eigentlich bedeutsame Studienentscheidung auf eine intensive Informationssuche stützen (Hermeier 1992, S. 128). Da die Nachfrage nach Studienplätzen wesentlich mit bestimmt wird durch die Attraktivität des Hochschulortes, muß die Universität vielfach überhaupt erst das Interesse wecken an Informationen über die Qualitäten der Universität selbst. Zusätzlich sollten Universitäten in ihren Kommunikationsmaterialien über das Image und die Vorteile der betreffenden Universitätsstadt informieren (Frackmann 1989, S. 120 ff.). Das Informationsmaterial sollte unter Berücksichtigung der jeweiligen Zielgruppe durch aktivierende Elemente wie emotionalisierendes Bildmaterial und farbige Darstellungen sowie leicht und lebendig formulierte Texte auf sich aufmerksam machen.

Im Rahmen der Öffentlichkeitsarbeit bieten sich neben der Plazierung von Meldungen in den Medien vielfältige Maßnahmen an, um die öffentliche Meinung zur Universität positiv zu beeinflussen (vgl. die Übersichten bei Hermeier 1992, S. 282; Klemke 1994,

S. 270 ff.). Dies umfaßt z. B. Veröffentlichungen wie Universitäts-Zeitschriften oder Jahresberichte, Veranstaltungen wie Tag der offenen Tür, Kunstausstellungen oder öffentliche Vortragsreihen sowie Kontaktpflege zu den Medien, staatlichen Stellen, Wirtschaftsverbänden oder Spitzenverbänden der Wissenschaft und Forschung. Aufgrund der Vielfalt der Maßnahmen und Zielgruppen ist auch hier eine zielgruppenspezifische Schwerpunktsetzung und Ausgestaltung der Maßnahmen erforderlich.

Aufgrund ihres besonderen Ansehens sollten Universitäten ihre Professoren explizit in ihr Informations- und Kommunikationskonzept einbinden (Topf 1986, S. 125). Dazu muß bei den Professoren ggf. das Verständnis geweckt werden, daß sie sowohl in inneruniversitären als auch außeruniversitären Angelegenheiten als Repräsentanten ihrer Universität angesehen werden (können). Durch Kontaktpflege zu ehemaligen Studenten und Mitarbeitern sollte darauf hingewirkt werden, ein positives Bild der Universität zu verbreiten, denn „es lassen sich kaum bessere Fürsprecher für eine Hochschule finden als ihre Absolventen" (Topf 1986, S. 134). Auf der anderen Seite sollte möglicher negativer Kommunikation der Studienabbrecher durch Analyse der Abbruchgründe und ggf. Einleitung von Verbesserungsmaßnahmen entgegengewirkt werden.

Wie bereits dargestellt, spielt die Informationsvermittlung eine tragende Rolle im Internen Marketing. Der Einsatz der verschiedenen Kommunikationsinstrumente ist entsprechend umso erfolgreicher, wenn er sich nicht nur nach außen, sondern auch nach innen richtet. Dies sollte dazu führen, das Wir-Gefühl in der Universität zu verstärken, d. h. von ‚der' Universität zu ‚unserer Universität' führen (Klemke 1994, S. 272).

4.4 Distributionspolitik

Fragen der Standortplanung, d. h. der räumlichen und zeitlichen Zugänglichkeit des Leistungsangebots, sowie der Schaffung einer freundlichen, angenehmen Atmosphäre für Mitarbeiter und Studenten stehen im Mittelpunkt der Distributionspolitik von Universitäten. Für Universitäten wäre zudem das mediale Angebot von Lehrveranstaltungen (Video, CD-Rom, Fernstudienbücher) unter Einschaltung der Distribution über Absatzmittler (Buchhandel) denkbar (Raffée/Fritz/Wiedmann 1994, S. 234). Der Einsatz moderner Informations- und Kommunikationstechnologien bietet völlig neue Möglichkeiten für eine kundenindividuelle Distribution von Lehrleistungen, nicht zuletzt aufgrund der interaktiven Dimension dieser Technologien. Dies erfordert aber, daß der Lehrstoff auch entsprechend aufbereitet werden kann und wird (Fritz 1995, S. 20).

Der Handlungsspielraum vieler Universitäten in der Distributionspolitik ist durch politische Entscheidungen bezüglich des geographischen Standorts eingeschränkt. Auch die prinzipiell mögliche Ausdehnung des Einzugsgebietes einer Universität durch Zweigstellen oder Fernstudienangebote könnte von der Zustimmung der politischen Seite abhängig sein. Eine weitere Form der Standortmultiplikation stellen Kooperationen mit anderen Universitäten dar, beispielsweise beim Angebot von Doppeldiplom-Programmen mit einem ausländischen Partner.

Die Veröffentlichung von Forschungsergebnissen durch ihre Forscher kann eine Universität durch die Bereitstellung von Veröffentlichungsmöglichkeiten fördern. Als Beispiel sei hier auf Harvard Business School Publishing verwiesen, wodurch mit Fachzeitschriften, Fachbüchern und Fallstudien nicht nur Know-how weitergegeben wird, sondern gleichzeitig auch eine Kommunikationswirkung in Bezug auf die Nachfrage von anderen Harvard-Angeboten (z. B. Executive-Seminaren) erzielt wird. Eine andere Form des Wissenstransfers findet durch den Wechsel von Professoren und Absolventen zu anderen Arbeitgebern statt.

5. Implementierung des Universitätsmarketing

Um effektive Arbeit leisten zu können, müßte die Universität etwa ein bis zwei Prozent ihres Gesamthaushaltes allein für die Kommunikation mit der internen und externen Öffentlichkeit einsetzen. In der Praxis liegt dieser Anteil aber nur bei etwa 0,1 Prozent des universitären Haushaltes. Eine Aufstockung dieser Mittel aus der Umverteilung vorhandener Mittel stößt allerdings mit Sicherheit auf heftigen Widerstand innerhalb der Universität und wird bestehende Ressentiments gegenüber dem Marketing, vor allem in den Bereichen, aus denen die Mittel abgezogen werden, weiter verstärken (Tutt 1997, S. 14). Der Einzug von Mittelbemessungsmodellen in der staatlichen Hochschulfinanzierung kann solchem Widerstand entgegenwirken, falls aufgezeigt werden kann, wie durch Marketingmaßnahmen die solchen Modellen zugrunde liegenden Parameterwerte (z. B. Studentenzahlen, Drittmitteleinnahmen) verändert werden können.

Die stark dezentralisierte Aufgaben- und Machtverteilung innerhalb von Universitäten erschwert zwar umfassende Veränderungen, bietet aber auch die Chance, den Marketinggedanken aufgrund der Mitwirkungs- und Kooperationsbefugnisse auf eine breite Basis zu stellen. Zudem läßt sich der Marketinggedanke in kleinen Schritten umsetzen. So können z. B. einzelne organisatorische Einheiten, die zu einer Intensivierung des Marketing bereits motiviert sind, als Vorreiter auftreten. Stellen sich Erfolge ein und werden sie, z. B. infolge der erwähnten Mittelbemessungsmodelle, auch honoriert, werden möglicherweise andere Universitätsbereiche nachziehen.

Universitäten müssen die richtige Mischung zwischen dezentralen und zentralen Marketingaktivitäten finden. Wenn Universitätseinheiten substituierbare Leistungen anbieten, sollten sie eigenständige Marketingaktivitäten entfalten. Wo komplementäre Leistungen angeboten werden, sollten gemeinsame Marketingaktivitäten entwickelt werden (Topf 1986, S. 118). Damit die dezentralen Marketingmaßnahmen zu einem in sich stimmigen Marketing der gesamten Universität beitragen, bedarf es sowohl eines gemeinsamen Informationskerns und Kommunikationshintergrunds (Topf 1986, S. 196) als auch koordinierender Instanzen.

Hier ist zunächst die Universitätsleitung zu nennen, die den Marketinggedanken verinnerlichen muß und mit entsprechender Überzeugungskraft vertritt. Es müßte aber auch möglich sein, eine vorhandene Einheit für Presse- und Öffentlichkeitsarbeit personell zu verstärken und organisatorisch zu einer Marketingabteilung auszubauen. Diese Abteilung hätte dann die Aufgabe, das Marketingverständnis innerhalb der Universität zu fördern, die vielfältigen Marketingaktivitäten der Universität zu koordinieren und eigene Marketingkonzepte zu entwickeln (Fritz 1995, S. 23). Trogele (1995, S. 171) schlägt dazu vor, diese Abteilung zu einer Hauptabteilung Universitätsentwicklung auszubauen. Diese ist untergliedert in die Bereiche Marketing-Informationssysteme, Marketingdienstleistungen, die Presse- und Öffentlichkeitsarbeit, Technologietransferstelle, Studentensekretariat, Auslandsbeziehungen und Absolventenbeziehungen umfaßt, und strategisches Marketing für die Marketing-Planung.

6. Zusammenfassung

Universitäten weisen eine Reihe von Besonderheiten auf wie z. B. das Angebot komplexer Dienstleistungen, Vielzahl von Zielgruppen, dezentrale Strukturen, Entkoppelung von Leistungserstellung und diesbezüglichen Gegenleistungen bei gleichzeitigem Druck auf die staatliche Finanzierung der Universitäten sowie mangelndes Know-how und Vorbehalte in Bezug auf die Anwendung von Marketingmaßnahmen, die eine Herausforderung für das Universitätsmarketing darstellen. Diese Besonderheiten erfordern eine Erweiterung bzw. Unterstützung des Absatzmarketing um das Beschaffungsmarketing, Internes Marketing und Public Marketing.

Eine an der konkreten Situation der einzelnen Hochschule orientierte Erarbeitung und Realisierung eines Marketingkonzepts ist bisher nur in Ansätzen und an wenigen Hochschulen erkennbar. Unter Marketing-Gesichtspunkten bleibt für die Hochschulen noch viel zu tun, auch und gerade vor dem Hintergrund der im internationalen Raum weit(er) fortgeschrittenen Umsetzung von Marketingstrategien im Hochschulbereich. Entsprechend könnte eine Universität, die ihre Marketingaktivitäten im Sinne eines ganzheitlichen Marketingkonzepts deutlich verstärkt, sich zur Zeit leicht von den anderen Universitäten abheben.

7. Literatur

Alewell, K. (1977): Marketing-Management für Universitäten - Umweltbezogene Führung von Universitäten, in: Zeitschrift für Organisation, 5, S. 263-274.

Alewell, K. (1995): Wissenschaftsmarketing, in: Tietz, B./Köhler, R./Zentes, J. (Hrsg.): Handwörterbuch des Marketing, 2. Aufl., Stuttgart, Sp. 2776-2790.

Bliemel, F./Schneiker, K. (1999): Öffentlichkeitsarbeit an Hochschulen für die Zielgruppe potentieller Studienanfänger - Das Beispiel des Wirtschaftsingenieur-Studiengangs an der Universität Kaiserslautern, Kaiserslauterer Schriftenreihe Marketing, 3.

Brooker, G./Noble, M. (1985): The Marketing of Higher Education, in: College & University, Vol. 60, Spring, S. 191-199.

Engelhardt, W. H. (1993): Kommunikationspolitik als Ausgangspunkt des Wissenschaftsmarketing, in: Engelhardt, W. H./König, J./Nietiedt, T. (Hrsg.): Wissenschaftsmarketing - Hochschule und Region im Umbruch, Bochum, S. 41-63.

Engelhardt, W. H./König, J./Nietiedt, T. (Hrsg.) (1993): Wissenschaftsmarketing - Hochschule und Region im Umbruch, Bochum.

Frackmann, E. (1989): Marketing - Überlebensstrategien für Hochschulen, in: Töpfer, A./Braun, G. E. (Hrsg.): Marketing im staatlichen Bereich, Stuttgart.

Fritz, W. (1995): Marketing als Konzeption des Wissenschaftsmanagements, Berichte des Instituts für Wirtschaftswissenschaften der Technischen Universität Braunschweig AP-Nr. 95/17, Braunschweig.

Griffith University (2000): Mission Statement, http://www.griffith.edu.au/home/aus/content2.html, 22.01.2000.

Hermanns, A./Glogger, A. (1998): Management des Hochschulsponsoring - Orientierungshilfen für die Gestaltung und Umsetzung von Sponsoringkonzepten an Hochschulen, Neuwied.

Hermeier, B. (1992): Konzept des marketingorientierten Hochschulmanagement - Theoretische Ansätze und empirische Studien, Diss. UGH Essen.

Klemke, R. E. (1994): Hochschule und Öffentlichkeit - Spezielle Aspekte des Hochschulmarketings, in: Krzeminski, M./Neck, C. (Hrsg.): Praxis des Social Marketing - Erfolgreiche Kommunikation für öffentliche Einrichtungen, Vereine, Kirchen und Unternehmen, Frankfurt am Main, S. 267-286.

König, J. (1997): Öffentlichkeitsarbeit im Hochschulalltag, in: HRK (Hrsg.): Hochschulen und Öffentlichkeit, Beiträge zur Hochschulpolitik 7, Bonn, S. 37-48.

Kotler, P. (1972): A Generic Concept of Marketing, in: Journal of Marketing, Vol. 36, April, S. 46-53.

Kotler, P./Bliemel, F. (1999): Marketing-Management - Analyse, Planung, Umsetzung und Steuerung, 9. Aufl., Stuttgart.

Kotler, P./Fox, K. F. A. (1995): Strategic Marketing for Educational Institutions, 2. Aufl., Englewood Cliffs, N. J.

Licata, J./Frankwick, G. L. (1996): University Marketing - A Professional Service Organization Perspektive, in: Journal of Marketing for Higher Education, Vol. 7, 2, S. 1-16.

Litten, L. H. (1980): Marketing Higher Education - Benefits and Risks for the American Academic System, in: Journal of Higher Education, Vol. 51, 1, S. 40-59.

Meffert, H. (1993): Fundraising für die Wissenschaft - Eine Herausforderung an das Marketing von Universitäten, Institut für Marketing der Universität Münster, Arbeitspapier Nr. 42, Münster.

Nolte, C. (1998): Multimedia im Wissenschaftsmarketing - Informationsangebote der Hochschulen im Internet, Wiesbaden.

Raffée, H./Fritz, W./Wiedmann, K.-P. (1994): Marketing für öffentliche Betriebe, Stuttgart.

Raffée, H./Wiedmann, K.-P. (1995): Nonprofit-Marketing, in: Tietz, B./Köhler, R./Zentes, J. (Hrsg.): Handwörterbuch des Marketing, 2. Aufl., Stuttgart, Sp. 1929-1942.

Schlicht, U. (1997): Hochschulen und ihre Öffentlichkeitsarbeit - Thesen aus journalistischer Sicht, in: HRK (Hrsg.): Hochschulen und Öffentlichkeit, Beiträge zur Hochschulpolitik 7, Bonn, S. 23-35.

Sporn, B. (1992): Universitätskultur - Ausgangspunkt für eine strategische Marketing-Planung an Universitäten, Heidelberg.

Stauss, B. (1995): Internes Marketing, in: Tietz, B./Köhler, R./Zentes, J. (Hrsg.): Handwörterbuch des Marketing, 2. Aufl., Stuttgart, Sp. 1045-1056.

Tavernier, K. (1993): Marketing-Management in Universitäten, in: Engelhardt, W. H./König, J./Nietiedt, T. (Hrsg.): Wissenschaftsmarketing - Hochschule und Region im Umbruch, Bochum, S. 111-124.

Topf, C. (1986): Öffentlichkeitsarbeit im Rahmen des Hochschulmarketing Interne und externe Informations- und Kommunikationsbeziehungen der Hochschulen, Frankfurt am Main.

Trogele, U. (1995): Strategisches Marketing für deutsche Universitäten - Die Anwendung von Marketing-Konzepten amerikanischer Hochschulen in deutschen Universitäten, Frankfurt am Main.

Tutt, L. (1997): Marketing-Kommunikation für Hochschulen, Diskussionsbeiträge des Fachbereichs Wirtschaftswissenschaften der Gerhard-Mercator-Universität-Gesamthochschule Duisburg Nr. 244, Duisburg.

Wangen-Goss, M. (1983): Marketing für Universitäten - Möglichkeiten und Grenzen der Übertragbarkeit des Marketing-Gedankens auf den universitären Bereich, Spardorf.

Westebbe, A./Winter, E./Trost, O. (1997): Hochschul-Sponsoring - Ein Leitfaden für die Sponsoring-Praxis an Hochschulen, Stuttgart.

Peter Eichhorn und Axel Schuhen

Marketing in der Altenhilfe

1. Fragestellung und Vorgehensweise
2. Der Altenhilfemarkt in Deutschland
   2.1 Bedeutung und Entwicklung des Altenhilfemarkts
   2.2 Rechtliche und ökonomische Rahmenbedingungen
   2.3 Träger und Dienstleistungsbereiche in der Altenhilfe
3. Besonderheiten des Marketing in der Altenhilfe
   3.1 Terminologische Einordnung
   3.2 Segmentierung der Zielgruppe
   3.3 Identifikation des Kunden
   3.4 Ausgestaltung des Leistungsangebots
   3.5 Kommunikationspolitische Spezifika
4. Perspektiven für das Marketing
5. Literatur

1. Fragestellung und Vorgehensweise

Publikationen über den Altenhilfemarkt verweisen stets auf die bedeutenden Effekte demographischer Entwicklungen. Bekannt ist, daß der Anteil älterer Menschen in den nächsten Jahrzehnten stark ansteigen wird. Dies lässt eine steigende Nachfrage nach altersadäquaten Dienstleistungen prognostizieren. Der Gesundheits- und Sozialbereich wird vermehrt nicht nur als volkswirtschaftlicher Kostenfaktor, sondern auch als Wachstumsmarkt wahrgenommen.[1]

Unklarheit besteht über den konkreten Bedarf und die Ausgestaltung zukünftiger Altenhilfedienstleistungen. Die Gründe liegen in Friktionen im ökonomischen und rechtlichen Umfeld sowie in den sich ändernden Konsum- und Lebensgewohnheiten älterer Menschen. Der wachsende, demographisch bedingte Hilfebedarf, die Finanznot der öffentlichen Hände samt Parafisci und die Einführung der Pflegeversicherung bilden für die Leistungsanbieter schwierige Rahmenbedingungen. Hinzu kommt, daß pflegebedürftige Menschen sich nicht mehr freiwillig ihrem "Schicksal" ergeben und zwangsläufig mit der Qualität eines Anbieters leben müssen. Vielmehr hat bei pflegebedürftigen Menschen und deren Angehörigen ein gedanklicher Wandel stattgefunden, der Begriffe wie *Wohnen auch unter Pflegebedingungen*, *Service- und Kundenorientierung* mehr und mehr in den Vordergrund rückt.[2] Feststellen kann man auch eine bessere materielle Versorgung eines Teils zukünftiger Senioren, die für eine Ausweitung des "Selbstzahlermarktes" spricht.[3]

Anbieter stehen in diesem Kontext vor der Herausforderung, ihre Marketingaktivitäten an die beschriebenen Veränderungsprozesse anzupassen. Für das erfolgreiche Überleben am Markt scheint eine vorausschauende, kundenorientierte Marketingpolitik notwendig, die die bisher häufig vorherrschende ausschließlich an (pflege-)fachlichen Kriterien orientierte Unternehmensführung ablöst bzw. ergänzt.

Der vorliegende Artikel soll die marketingrelevanten Besonderheiten des Altenhilfemarkts aufzeigen und Hinweise für eine optimale Gestaltung der marketingpolitischen Instrumente geben. Aus dem klassischen Marketing-Mix werden zur Verdeutlichung der Spezifität des Altenhilfemarktes marketingrelevante Besonderheiten punktuell dargestellt. Es folgen zunächst Ausführungen zur Bedeutung und Struktur des Altenhilfemarktes sowie zu den Rahmenbedingungen. Ausgesuchten Problemfeldern des Marketing von Altenhilfedienstleistungen gilt danach die Aufmerksamkeit. Der Beitrag endet mit Perspektiven des Altenhilfemarketing.

---

[1] Vgl. Fretschner, R./Hilbert, J., 1999, S. 5.
[2] Vgl. u. a. Stoffer, F. J., 1995, S. 29, und Hammerschmidt, R., 1997.
[3] Vgl. Christa, H., 1997, S. 127 f.

2. Der Altenhilfemarkt in Deutschland

2.1 Bedeutung und Entwicklung des Altenhilfemarkts

Von einem Markt für soziale Dienstleistungen[4] zu sprechen, ist in jüngster Zeit nicht mehr ungewöhnlich. Dies trifft auch für die Altenhilfe zu, in der die ökonomische Terminologie zunehmend Einzug hält. Definiert man "Markt" als den äquivalenten Tausch von Wirtschaftsgütern zwischen Anbietern und Nachfragern, kann nicht in allen Bereichen der Altenhilfe von Märkten gesprochen werden. Neben echten Märkten auf denen souveräne, kaufkräftige Kunden auf mehrere Anbieter treffen, bestehen "Quasi-Märkte", auf denen Kunden nur durch die Zwischenschaltung von Dritten (sog. Kostenträgern, besser als Finanzierungsträger bezeichnet) Leistungsnachfragen entfalten können. Leistungsbeauftragung und Finanzierung finden dann in einem sozialrechtlichen Dreiecksverhältnis statt.[5]

Die Zielgruppe für Altenhilfedienstleistungen bilden "ältere Menschen". Das Statistische Bundesamt schließt in diese Gruppe Personen ein, die 60 Jahre und älter sind.[6] Diese Personengruppe umfaßt in Deutschland ca. 18 Mio. Bürger oder 22 % der Bevölkerung.[7] Für das Jahr 2010 wird ein Anstieg auf 20,4 Mio. prognostiziert. Dies entspräche einem Anteil von ca. 25 % an der Gesamtbevölkerung. Bis zum Jahr 2030 soll dieser Anteil auf ca. 26,4 Mio. oder 36 % ansteigen.[8]

Der Trend zur Hochaltrigkeit wird sich in Zukunft in einer erhöhten Zahl Pflegebedürftiger und Kranker niederschlagen, denn mit steigendem Alter wächst das Risiko, in irgendeiner Weise physisch oder psychisch zu erkranken. Während das Risiko der Pflegebedürftigkeit vor dem 60. Lebensjahr bei 0,5 % und zwischen 60 und 80 Jahren bei 3,5 % liegt, steigt es auf 28 % für die Bevölkerungsgruppe der über 80-Jährigen an.[9] Die aktuellen Daten der Pflegeversicherung weisen gegenwärtig rund 1,8 Mio. Pflegebedürftige aus.[10] Schätzungen gehen von einer Zunahme auf 2 bis 2,6 Mio. im Jahr 2010 und 2,4 bis 2,9 Mio. im Jahr 2030 aus.[11] Die höchsten Steigerungsraten sind in der Altersgruppe

---

4   Vgl. zum Begriff der "sozialen Dienstleistung" Pantenburg, S., 1996, S. 87-89.
5   Vgl. zur Bedeutung des sozialrechtlichen Dreiecksverhältnisses und der eingeschränkten Nutzungsmöglichkeit des Begriffs "Markt" Oliva, H., 1997, S. 456 f., Bruns, B., 1996, S. 31, Klie, T., 1999, S. 9, und grundlegend Le Grand, J., 1993.
6   Vgl. Statistisches Bundesamt, 1992, S. 12. In vorliegendem Artikel werden die Termini "ältere Menschen" und "Senioren" synonym verwendet.
7   Vgl. Bundesministerium für Familie, Senioren, Frauen und Jugend, 1999.
8   Vgl. Statistisches Bundesamt, 1997.
9   Vgl. Bundesministerium für Gesundheit, 1999a.
10 Vgl. Bundesministerium für Gesundheit, 1999.
11 Vgl. Kuratorium Deutsche Altershilfe, 1998, S. 32 f., und Christa, H., a. a. O., S. 117 f.

der 80- bis 85-Jährigen zu verzeichnen.[12] Insbesondere der stationäre Altenpflegebereich wird eine starke Ausweitung erfahren. Prognosen gehen von 730.000 Pflegebedürftigen in Heimen im Jahr 2030 gegenüber derzeitig 450.000 aus.[13]

Pflege- und hilfebedürftige ältere Menschen werden hierzulande gegenwärtig in über 23.000 ambulanten, teilstationären und vollstationären Pflegeeinrichtungen betreut. Die Einrichtungen und Dienste beschäftigen rund 350.000 Personen, davon allein 216.000 im stationären Bereich.[14] Hinzu kommen jene Anbieter, die keine Pflegeleistungen anbieten, aber dem Bereich der Altenhilfe zugerechnet werden müssen. Dazu zählen beispielsweise Anbieter von Seniorenwohnanlagen oder Begegnungsstätten.

Den institutionellen Anbietern kommt im Gegensatz zur traditionellen Versorgung Älterer durch die Familie zukünftig eine größere Bedeutung zu. Als Konsequenz aus den Individualisierungsprozessen in der Gesellschaft und ihren Folgen (zum Beispiel abnehmende Zahl der Kinder und Enkel, steigende Zahl der Hochaltrigen) wird die Anzahl der Pflegebedürftigen, die von ihrer Familie und Verwandtschaft betreut werden, stark abnehmen. Es zeichnet sich ein Trend zu außerfamiliären, professionellen Hilfen ab.[15] Für den Einzelnen wird dabei die Frage nicht lauten, „*wie alt man wird*, sondern *wie man alt wird*."[16]

Die genannten Daten und Entwicklungen weisen auf die volkswirtschaftliche Bedeutung von Altenhilfedienstleistungen hin. Neben diesen eher quantitativen Entwicklungen sehen sich die Anbieter im Markt sozialer Dienstleistungen zudem vermehrt einer sich verändernden, heterogenen Zielgruppe mit wachsenden Ansprüchen an qualitätsvolle Angebote gegenüber.

2.2 Rechtliche und ökonomische Rahmenbedingungen

Einen bedeutenden rechtlichen und ökonomischen Einschnitt stellt das 1995 eingeführte Pflegeversicherungsgesetz dar.[17] Es schuf mit der Einführung eines elften Sozialgesetzbuchs eine kollektive Versicherungslösung zur Absicherung des Risikos der Pflegebedürftigkeit.

---

[12] Vgl. Kuratorium Deutsche Altershilfe, 1998, S. 32 f.

[13] Vgl. Bundesministerium für Familie, Senioren, Frauen und Jugend, 1997, S. 108.

[14] Einen detaillierten statistischen Überblick über den Altenhilfemark in Deutschland geben Wissenschaftliches Institut der AOK, 1998, und Bundesarbeitsgemeinschaft Freie Wohlfahrtspflege, 1994.

[15] Vgl. zur gewandelten Lebenssituation älterer Menschen Bundesministerium für Familie, Frauen und Jugend, 1993, Bundesministerium für Familie, Senioren, Frauen und Jugend, 1994, und Bandemer, S. u. a., 1999, S. 13.

[16] Wunner, K., 1994, S. 41.

[17] Vgl. zur Pflegversicherung Klie, T., 1999b, und Junkers, G., 1996. Vgl. für einen Überblick über rechtliche Aspekte des Betreuten Wohnens und Wohnen im Heim Deutsches Zentrum für Altersfragen, 1998.

Mit der Einbindung von Wettbewerbselementen, aber auch durch eine klare Definition als Basisversorgung, hat die Pflegeversicherung die Handlungsgrundlagen von sozialen Diensten und Einrichtungen nachhaltig verändert.[18] Die klassische Subsidiaritätsregelung des bedingten Vorrangs der Freien Wohlfahrtspflege wurde aufgehoben.[19] Im ambulanten Bereich wurde das Sachleistungsprinzip durch die Möglichkeit, Pflegegeld in Anspruch zu nehmen, ergänzt.[20]

Dies hatte Folgen für Anbieterzahl und Anbieterstruktur. In einigen bis dahin weitgehend den öffentlichen und freigemeinnützigen Trägern vorbehaltenen Dienstleistungsbereichen, wie der ambulanten Altenhilfe, gelang es kommerziellen Anbietern, sich erfolgreich am Markt zu positionieren.[21] Insgesamt hat der Markt eine starke Ausweitung erfahren. Der in diesem Zusammenhang oftmals geäußerte pauschale Vorwurf des "Rosinenpickens" und einer schlechteren Qualität zugunsten steigenden Profits läßt sich empirisch nicht bestätigen.[22]

Hinzu kommt, daß im Pflegeversicherungsgesetz erstmals konkrete rechtliche Anforderungen an die Qualität der pflegerischen Versorgung festgelegt wurden.[23] Dies hat eine intensive Qualitätsmanagementdiskussion angestoßen.[24]

Auch auf der Seite der Nachfrager zeichnen sich relevante Entwicklungen ab. Das Bild vom älteren, finanziell schwachen Rentner könnte sich in den nächsten Jahren ändern. Zwar wird es weiterhin viele ältere Menschen geben, die auf die Leistungen der Sozialversicherungssysteme angewiesen sind. Zusätzlich erwächst in der Gruppe der vermögenden älteren Menschen ein großes Potential an Abnehmern von altersspezifischen Dienstleistungen, insbesondere im Höchstleistungsmarkt.[25]

2.3 Träger und Dienstleistungsbereiche in der Altenhilfe

Der Altenhilfemarkt in Deutschland ist gekennzeichnet durch eine plurale Anbieterstruktur. Diese Pluralität schließt dabei sowohl eine quantitative als auch qualitative Dimension mit ein: Nicht nur die Zahl der Anbieter ist groß, sondern auch deren Heterogenität. Zu den Akteuren zählen bedarfs- und erwerbswirtschaftliche Organisationen

---

18 o. V., 1996, S. 43.
19 Vgl. § 72 Abs. 3 SGB XI.
20 Zu den Folgen der Pflegeversicherung und den Rahmenbedingungen in der Altenhilfe siehe Pantenburg, S., 1997.
21 Vgl. Eichhorn, P., 1999, S. 55.
22 Vgl. zur Kunden- und Leistungsselektion Christa, H., 1997, S 84 f., und zur Fachkraftquote verschiedener Trägerarten Wissenschaftliches Institut der AOK, 1998, S. 41-45.
23 Vgl Johne, G., 1997, S. 59.
24 Vgl. u. a. Karotsch, D., 1995, und Reinschmidt, H., 1996.
25 Vgl. u. a. Grey, 1998.

gleichermaßen. Dabei treffen vermehrt nichtkommerzielle und kommerzielle Leistungsanbieter auf identischen Märkten aufeinander.[26]

Die nachfolgende Grafik gibt für den Altenpflegebereich Aufschluß über die derzeitige Verteilung der Anbieter. Sie zeigt, daß - dem Subsidiaritätsprinzip folgend - öffentliche Anbieter nur einen geringen Anteil an der Versorgung älterer Menschen haben. Vor allem im ambulanten Bereich wird die Bedeutung privatgewerblicher Anbieter deutlich. Hier teilen sich freigemeinnützige und privatgewerbliche Anbieter fast paritätisch den Markt auf. Ein Grund dafür dürfte die starke Liberalisierung dieses Marktes im Zuge der Einführung des Pflegeversicherungsgesetzes sein, die die Gründung vieler, vornehmlich kleiner Pflegedienste begünstigte.

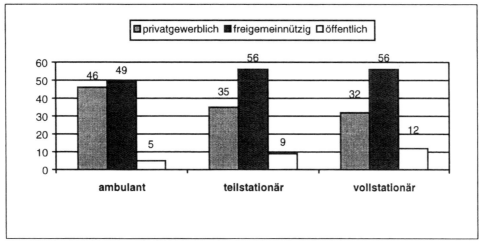

Abbildung 1   Marktanteile nach Trägerschaft
Quelle: eigene Darstellung in Anlehnung an Wissenschaftliches Institut der AOK, 1998, S. 9.

Neben der Pluralität in der Anbieterstruktur ist der Altenhilfemarkt durch eine steigende Diversifizierung der Angebotsstruktur gekennzeichnet. Klassische stationäre und ambulante Angebote werden mittlerweile durch eine Vielzahl intermediärer Dienstleistungen ergänzt. Die nachfolgende (unvollständige) Aufzählung zeigt die Bandbreite von Altenhilfedienstleistungen.[27]

---

[26] Vgl. Eichhorn, P., 1999, S. 55.

[27] Vgl. zum Themenkreis "Wohnformen und Altenhilfe" Bundesministerium für Familie, Senioren, Frauen und Jugend, 1998, und Deutsches Zentrum für Altersfragen, 1998. Die Pluralität der Wohn- und Betreuungsformen macht eine genaue statistische Erfassung aller Teilbereiche schwierig. Nach Angaben des Bundesministeriums für Familie, Senioren, Frauen und Jugend gab es im Juli 1999 8.078 Alteneinrichtungen, 40.593 Altenwohnheimplätze, 99.641 Altenheimplätze, 363.878 Altenpflegeheimplätze und

- Pflegeheim
- Wohnstift
- ambulante Altenhilfe
- Altenbegegnungsstätte
- Hospiz
- Betreutes Wohnen
- geriatrisches/geronto-psychiatrisches Krankenhaus

Der Altenhilfemarkt reicht von niedrigschwelligen Kontaktangeboten (z. B. Begegnungsstätten) über Wohnangebote (z. B. Wohnstifte, Betreutes Wohnen) und kombinierte Wohn-/Pflegeangebote (z. B. Pflegeheime) bis hin zu überwiegend medizinisch orientierten Leistungen (z. B. geriatrische Krankenhäuser). *Pantenburg* differenziert den Markt sozialer Dienstleistungen für Senioren nach der Art der Hilfebedürfnisse. Er unterscheidet "Allgemeine Grundbedürfnisse", "Umfeldbezogene Hilfebedürfnisse", "Pflegebedürfnisse" und "Behandlungsbedürfnisse". Die Dienstleistungen und Versorgungsinstitutionen werden nach ihrer Fähigkeit, die Bedürfnisse zu erfüllen, segmentiert.[28] Insgesamt betrachtet fällt es schwer, von *dem* Altenhilfemarkt zu sprechen. Vielmehr existieren verschiedene Teilmärkte mit jeweils eigenen Charakteristika und damit unterschiedlichen Anforderungen an den Einsatz und die Ausgestaltung des marketingpolitischen Instrumentariums.

3. Besonderheiten des Marketing in der Altenhilfe

3.1 Terminologische Einordnung

Die im zweiten Kapitel beschriebene Pluralität der Anbieter, d. h. die Koexistenz von öffentlichen, privatgewerblichen und nichtgewinnorientierten Unternehmen, hat zur Folge, daß Altenhilfedienstleistungen verschiedenen Teilbereichen des Marketing zugeordnet werden können. Unabhängig von einer möglichen Unterscheidung in Profit- oder Nonprofit-Marketing handelt es sich stets um Marketing für Dienstleistungen. Damit verbunden ist die Notwendigkeit zur Beachtung spezifischer Dienstleistungseigenschaften. Zu diesen Eigenschaften zählen im Altenhilfebereich insbesondere folgende:[29]

152.320 Plätze in mehrgliedrigen Einrichtungen. Insgesamt entspricht dies 656.432 Plätzen (Bundesministerium für Familie, Senioren, Frauen und Jugend, 1999a).

[28] Vgl. Pantenburg, S., 1997, S. 89-92.

[29] Vgl. Klie, T., 1999, S. 12, und Pantenburg, S., 1997, S. 100. Vgl. grundlegend zu den gutstheoretischen

- Hoher Interaktionsgrad, Kunde als Koproduzent der Dienstleistung
  (Motivation und Mitwirkung wirken produktionsentscheidend)
- Existenz weiterer Koproduzenten wie Angehörige und Ärzte
  (fungieren zudem als Referenzgruppen und Meinungsführer)
- Erfahrungs- und Vertrauensgutcharakter der Dienstleistung[30]
  (d. h. schwierig, erst nach Inanspruchnahme beurteilbar)

Ob die Anbieterart (kommerziell/nichtkommerziell) einen Einfluß auf die Gestaltung des Marketing-Mix hat, ist umstritten. Zum einen weisen Autoren darauf hin, daß der Unterschied zwischen Marketing und Social-Marketing[31] oder Nonprofit-Marketing nur in den Zielen, nicht aber in den Mitteln des marketingpolitischen Instrumentariums besteht.[32] Andere Autoren wie bspw. *Bruhn/Tilmes* sehen die Gefahr, daß bei derartigen Definitionsansätzen "... die Eigentümlichkeiten und speziellen Probleme einzelner Organisationen untergehen und in den Hintergrund treten".[33] In dieser Interpretation stellt der Terminus "Nonprofit-Marketing" die Nichtgewinnorientierung der Organisationen als Unterscheidungsmerkmal in den Vordergrund und leitet daraus spezifische Konsequenzen für das Marketing ab.

Insgesamt kann man festhalten, daß der Altenhilfebereich insbesondere durch seinen Dienstleistungscharakter geprägt ist. Die unterschiedlichen Anbieterformen (profit/nonprofit) unterscheiden sich nicht grundsätzlich in marketingpolitischen Aspekten. Es können lediglich unterschiedliche Akzentuierungen verschiedener Instrumente im Marketing-Mix, wie z. B. Fundraising-Aktivitäten im Nonprofit-Bereich, beobachtet werden.

3.2 Segmentierung der Zielgruppe

Bei der Beschreibung und Quantifizierung des Altenhilfemarktes stehen in der Regel biologisch physische Aspekte, d. h. das chronologische Alter im Vordergrund (Defizitmodell genannt). Zunehmend gewinnen nicht-chronologische Abgrenzungen wie verhaltens- und milieuorientierte Aspekte des Alterns an Bedeutung.[34] Unter biologischen Gesichtspunkten ist die Gruppe älterer Menschen relativ homogen. Bestimmte biologi-

---

Besonderheiten der Dienstleistung Scheuch, F., 1982, Meyer, A., 1994, und Meffert, H./Bruhn, M., 1997.

30 Vgl. zum Erfahrungsgutcharakter der Dienstleistung Altenhilfe Johne, G., 1997, S. 56.
31 Der Begriff Social-Marketing wurde 1971 von Kotler/Zaltman geprägt. Vgl. Kotler, P./Zaltman, G., 1971. Vgl. zum Social-Marketing auch Kotler, P., 1978, Kotler, P./Roberto, E., 1991, und Bruhn, M./Tilmes, J., 1994.
32 Vgl. Manoff, R. K., 1985, S. 35. Vgl. zur Diskussion der verschiedenen Abgrenzungen des Marketingbegriffs für soziale Dienstleistungen auch Schuhen, A., Marketing, 1997, S. 18-23.
33 Vgl. Bruhn, M./Tilmes, J., 1994, S. 23.
34 Vgl. zur Problematik der Marktsegmentierung im Seniorenmarkt Meyer-Hentschel, H., 1990, S. 222-226, und Wittmann, H., 1990, S. 55-65.

sche Veränderungen treten mit einer bestimmten Wahrscheinlichkeit auf. Nimmt man eine soziologische bzw. sozialpsychologische Perspektive ein, kommt man zu dem Schluß: "wenn man weiß, daß ein Mann 60 Jahre alt ist, weiß man nichts über ihn, außer, daß er seit 60 Jahren lebt."[35] Es zeichnet sich aus der Perspektive der Marktforschung und des Absatzmarketing ein Trend vom Defizitmodell zur Kundensouveränität ab.[36]

Insbesondere für die Altenhilfedienstleistungen, bei denen der biologisch-physische Aspekt nicht dominierend ist (wie im Falle von Altenwohnungen, Betreutem Wohnen oder Begegnungsstätten), muß die quantitative Alterkomponente um qualitative Aspekte ergänzt werden. Als Beispiel sei auf Marktforschungsaktivitäten für Betreutes Wohnen verwiesen, die das Zielgruppenpotential nicht nur aus dem Anteil älterer Menschen im Einzugsgebiet sondern auch vor dem Hintergrund der inhaltlichen, d. h. werte- und milieuspezifischen Positionierung der Wohnanlage, ableiten.

Zu Beginn der 70er Jahre prägten amerikanische Gerontologen den Begriff der *Young Olds*. Diese *jungen* oder auch *neuen* Alten sind die Folge von gewandelten sozialen und ökonomischen Lebensbedingungen. Die traditionellen Altenklischees der Passivität, des Desinteresses, der Betreuungsbedürftigkeit und Hilflosigkeit treffen auf diese Gruppe nicht mehr zu.[37] Ältere Menschen engagieren sich zunehmend in Initiativen oder sind politisch tätig. Sie sind gefragte, kaufkräftige Konsumenten, reisen viel, sind gesundheitsbewußt und nehmen Angebote wie zum Beispiel Studiengänge für Senioren an.[38] *Hesse* spricht in diesem Zusammenhang von einer *life-style-orientation* der *neuen* über 50jährigen, womit die sogenannte *Baby-Boomers-Generation* gemeint ist, also die Generation der zwischen 1946 und 1964 Geborenen.[39]

Vor diesem Hintergrund prognostiziert man das Heranwachsen einer neuen Generation von Nachfragern in der Altenhilfe: „Der heutige Mensch ist autonom. Er wird sich seinen Anspruch auf Definitions-, Entscheidungs- und Handlungskompetenz in seinen ureigenen Lebensangelegenheiten nicht aus der Hand nehmen lassen, auch nicht im Pflegeheim."[40]

Die beschriebene Heterogenität[41] der Zielgruppe bedingt durch den zunehmende Werte- und Milieupluralismus stellt besonders die Anbieter der Freien Wohlfahrtspflege vor neue Herausforderungen. Die traditionelle Verwurzelung einzelner Kundengruppen kann nicht mehr vorausgesetzt werden. Es ist mittlerweile nicht mehr davon auszugehen, daß beispielsweise der katholische Hilfebedürftige eine Einrichtung der Caritas bevorzugt

---

[35] Hall, E., 1980, S. 72.
[36] Vgl. Christa, H., 1997, S. 38-46. Vgl. zur Entwicklung des Marketingumfelds aus globaler, soziodemographischer Sicht auch Kotler, P./Bliemel, F., 1999, S. 263-305.
[37] Vgl. Veen, H. J., 1994, S. 74.
[38] Vgl. Stadt Freiburg i.Br., 1993, S. 73 f. Vgl. auch Schewe, C. D., 1985, und Christa, H., 1997, S. 38-46.
[39] Vgl. Hesse, W., 1991, S. 1-5.
[40] Karotsch, D., 1996, S. 334.
[41] Vgl. zur Heterogenität der Zielgruppe auch Zapf, W., 1994.

auswählt.[42] Lockerungen im konfessionellen Verhalten deuten sich bereits an "und sind im Langfristtrend unübersehbar."[43]

3.3 Identifikation des Kunden

Definiert man den Kunden als denjenigen, der die Leistung beauftragt und bezahlt, zählen viele ältere Menschen, die Altenhilfedienstleistungen erhalten, nicht zu den eigentlichen Kunden. Zum einen dominiert in weiten Teilen weiterhin das sozialrechtliche Dreiecksverhältnis, zum anderen geht aufgrund physischer und psychischer Restriktionen die Nachfrage oft von Dritten aus.[44]

Auch *Oliva* spricht sich für eine differenzierte Betrachtung des Kundenbegriffs im Sozialbereich aus. Er segmentiert den Kundenbegriff in die Kategorien Nachfrager, Nutzer, freiwilliger Klient und unfreiwilliger Klient. Dabei nimmt die Konsumentensouveränität vom Nachfrager hin zum unfreiwilligen Klient stetig ab.[45]

Die nachfolgende Grafik versucht der Zwiespältigkeit des Kundenbegriffs Rechnung zu tragen, indem für verschiedene Bereiche der Altenhilfe eine unterschiedliche Gewichtung verschiedener Kundengruppen symbolisiert wird. Die horizontale Achse gibt Aufschluß über die Bedeutung der Hauptzielgruppen. Auf der vertikalen Achse sind beispielhaft verschiedene Altenhilfedienstleistungen angeführt. Sie sind in Abhängigkeit der jeweilig zugemessenen Konsumentensouveränität angeordnet.

---

[42] Vgl. Christa, H., 1997, S. 58.
[43] Veen, H. J., 1994, S. 72.
[44] Vgl. u. a. Pantenburg, S., 1996, S. 98.
[45] Vgl. Oliva, H., 1997, S. 459.

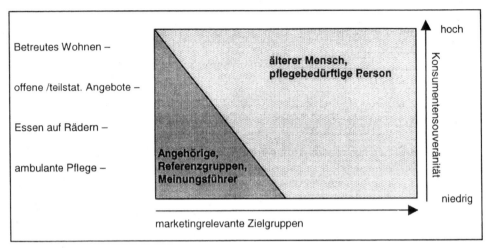

Abbildung 2: Zielgruppenbestimmung alternativer Altenhilfedienstleistungen

Beim Betreuten Wohnen und "offenen" Dienstleistungsangeboten treten ältere Menschen meist als selbstbestimmte, souveräne Nachfrager auf. Mit zunehmender gesundheitlicher Beeinträchtigung und einer damit meist verbundenen verminderten Wahrnehmungs- und Beurteilungsfähigkeit treten Dritte (Angehörige, Ärzte etc.) als Agenten der eigentlichen Kunden auf bzw. werden selbst zu Kunden. Mit abnehmender Konsumentensouveränität nimmt demnach die Bedeutung der Referenzgruppen und Meinungsführer als marketingrelevante Ansprechpartner zu. Der eigentliche Konsument der Dienstleistung wird zum "Dienstleistungsobjekt". In dieser Situation gewinnen Aspekte wie die Kommunikation der Entlastungsfunktion für Angehörige (durch die Übernahme von Pflegeleistungen) und die Versicherung gegenüber den Dritten, daß der Patient "gut aufgehoben ist", an Bedeutung.

Eine zusätzliche Kundengruppe ergibt sich aus dem sozialrechtlichen Dreiecksverhältnis. Für den überwiegenden Teil der Anbieter im Altenhilfesektor stellen die Kostenträger eine wichtige Zielgruppe dar. Diese werden sich zunehmend ihrer Funktion als primärer Nachfrager bewußt und begnügen sich nicht mehr damit, die erbrachte Leistung zu bezahlen, sondern verlangen Transparenz hinsichtlich Qualität und Kosten der Leistungserbringung.[46] Demnach ist grundsätzlich nicht nur die Frage "Was ist gut für den Kunden?", sondern auch die Frage "Wie kann man sich als Einrichtung gegenüber Kostenträgern profilieren?" von Bedeutung.[47] In nichtgewinnorientierten Unternehmen muß der Kundenbegriff weiter ausgedehnt werden. Hier sind als externe Kunden meist noch institutionelle und persönliche Spender oder Stifter zu berücksichtigen.

---

[46] Vgl. Eichhorn, P., 1999, S. 55.
[47] Vgl. Oliva, H., 1997, S. 459.

3.4 Ausgestaltung des Leistungsangebots

Die Heterogenität des Altenhilfemarktes läßt Spielraum für mögliche Positionierungsstrategien.[48] Vor einer Positionierung gilt es im Rahmen primärer und sekundärer Marktforschung zu klären, welcher Bedarf an bestimmten Dienstleistungen besteht. Dies schließt quantitative und qualitative Komponenten mit ein. Im Spektrum der Altenhilfedienstleistungen bevorzugen potentielle Kunden in der Regel ambulante, offene Angebote. Es sollte jedoch berücksichtigt werden, daß die geäußerten Präferenzen mit der später tatsächlich in Anspruch genommenen Dienstleistung aus verschiedenen Gründen nicht deckungsgleich sein müssen. Zum einen kann der Grad der Pflege- und Betreuungsbedürftigkeit über die Möglichkeiten einer gewünschten Wohn- und Betreuungsform hinausgehen; zum anderen benötigen die ambulanten Versorgungsmöglichkeiten einen ergänzenden sozialen Rahmen (meist die Familie), der nicht immer vorausgesetzt werden kann. Die folgende Grafik zeigt beispielhaft eine Präferenzordnung verschiedener Leistungsangebote für die Stadt Freiburg.

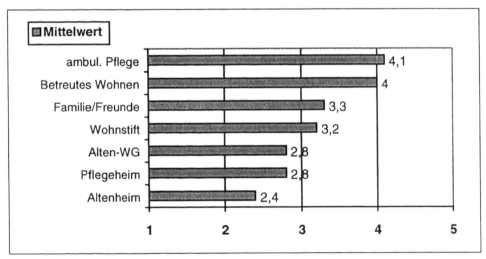

Abbildung 3: Präferenzordnung verschiedener Altenhilfedienstleistungen
(1: "kommt überhaupt nicht in Frage" ... 5: "kommt in jedem Fall in Frage")
Quelle: Schuhen, A., Marketing, 1997, S. 66.

---

[48] Vgl. zu zukünftigen Heimkonzepten Deutsches Zentrum für Altersfragen/Kuratorium Deutsche Altershilfe, 1995.

Anbieter von Altenhilfedienstleistungen müssen entscheiden, ob und mit welcher Gewichtung diese und weitere Dienstleistungen in das Leistungsportefeuille mit aufgenommen werden und wie sie die einzelne Leistung positionieren.

Bereits 1991 prognostizierte *Wilkes* aufgrund der hohen Polarisierung in den verfügbaren Einkommen und der sozialen Absicherung eine Marktsplittung im Altenhilfebereich in einen Mindest- und Höchstleistungsmarkt.[49] Die jetzige Marktsituation bestätigt hauptsächlich im stationären Bereich diese These. Hier sind neben den traditionellen Pflegeheimen, die mit den knappen Mitteln der Sozialkassen sowie Drittmitteln eine Basisversorgung leisten, zunehmend auch luxusorientierte und mit breiten Zusatzangeboten versehene Wohnstifte oder Seniorenresidenzen zu finden.[50] Prognosen, die ein Anstieg der auch als "Best-Ager" bezeichneten, überdurchschnittlich gut situierten Konsumenten ab 45 Jahre voraussagen, dürften diese Entwicklung weiter vorantreiben.[51]

Ein weiteres Differenzierungsmerkmal bietet der Mix aus Dienstleistungen verschiedener Versorgungsstufen, denn Senioreneinrichtungen sind bisher in der Regel abgegrenzte Einheiten ohne Kooperationsnetz mit anderen Anbietern (Insellösungen).[52] Neue Konzepte der Art "alles aus einer Hand" versuchen, dem Kunden unabhängig vom Status und der Veränderung des Bedarfs ein adäquates Angebot zur Verfügung stellen zu können. Ein typisches Beispiel dafür ist die in eine Betreute Wohnanlage integrierte Seniorenbegegnungsstätte, die potentielle Kunden schon im Vorfeld zu binden vermag, sowie der angeschlossene mobile Pflegedienst, der auch bei einer Verschlechterung des Gesundheitszustandes einen Anbieterwechsel nicht notwendig macht. Das traditionelle binäre Angebotsprofil "Eigenständigkeit ohne Sicherheit" oder "Sicherheit ohne Eigenständigkeit" ist für Kunden nicht mehr attraktiv und wird zunehmend durch flexible Dienstleistungsarrangements ersetzt werden.[53]

Eine Untersuchung des Wissenschaftlichen Instituts der AOK zum Pflegemarkt in Deutschland bestätigt diese Entwicklung. Aus der nachfolgenden Tabelle geht hervor, daß ein erheblicher Teil der Träger vollstationärer Angebote weitere Dienstleistungen im Portefeuille hat.

---

49 Vgl. Wilkes, M. W., 1991, S. 299-301.
50 Vgl. zu den Determinanten der Wahl hochwertiger Seniorenwohnanlagen Helmig, B./Michel, M., 2000.
51 Vgl. zur Zielgruppe der Best-Ager u. a. Grey, Master Consumer, 1998, und Jacob, E., 1999.
52 Vgl. Brüggemann, U./Da-Cruz, P./Thiess, M., 1999, S. 14.
53 Vgl. Hammerschmidt, R., 1997, S. 20, und Hillesheim, D., 1999, S. 51.

zusätzl. Dienstleistungen:	am Ort	im räumlichen Verbund
ambulant	34	19
Kurzzeitpflege	61	78
Tages-, Nachtpflege	30	32
Krankenhaus	12	7
sonstige	36	23

Tabelle 1: Weitere Einrichtungen desselben Trägers (vollstationär) in Prozent
Quelle: Wissenschaftliches Institut der AOK, 1998, S. 10.

Daß Kooperationen und Netzwerke zwischen verschiedenen Bereichen und Anbietern künftig immer mehr an Bedeutung gewinnen, veranschaulichen zahlreiche Trägerverbünde oder Franchisesysteme.[54] Kooperationen werden dabei nicht nur zur Ausnutzung von Kostenvorteilen, sondern auch vor dem Hintergrund des Aufbaus von überregionalen Dienstleistungsmarken vollzogen. Aus marketingtheoretischer Sicht scheint hier zusätzlich ein spezifisches "Leistungskettenmarketing" angebracht, das die Vorteile des Angebots verschiedener Dienstleistungen in einem institutionellen Verbund gegenüber internen und externen Kunden kommuniziert. Zu diesen Vorteilen können beispielsweise die pflegerische Versorgung im vertrauten wohnlichen Umfeld oder die unkomplizierte Inanspruchnahme von zusätzlichen Dienstleistungen, wie Essen auf Rädern oder Hausnotrufdienste, gezählt werden.

Möglichkeiten der Gestaltung des Leistungsmix verdeutlicht die nachfolgende Darstellung anhand dreier beispielhafter Positionierungsalternativen für Träger von Altenhilfedienstleistungen. Die Zielgruppen bzw. Zielmärkte sind entsprechend den vorherigen Ausführungen nach ihrer Kaufkraft segmentiert.

---

[54] Vgl. zum Thema Franchising im Gesundheits- und Sozialbereich Schuhen, A., 2000, Schuhen, A., 2000a und Halfar, B., 1998, S. 20. Beispiele für Kooperationen in der Altenhilfe geben u. a. Brüggemann, U./Da-Cruz, P./Thiess, M., 1999, Fäth, M., 1996, und Botthoff, H. J./Weimer, B.,1998.

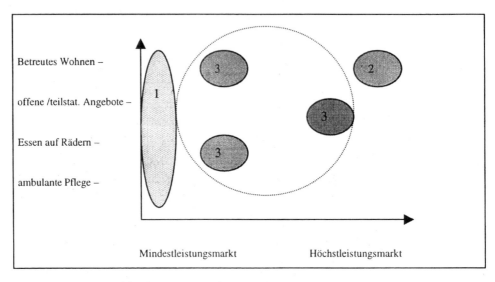

Abbildung 4:   Positionierungsstrategien

Feld "1" symbolisiert eine hohe Leistungstiefe in einem weitgehend homogenen Markt. Diese Struktur liegt häufig bei den Anbietern der Freien Wohlfahrtspflege vor. Feld "2" zeigt eine Spezialisierung auf einen Dienstleistungsbereich und einen Zielmarkt. Ein Beispiel hierfür wäre eine kommerzielle Betreute Wohnanlage mit gehobenem Wohnstandard. Feld "3" gibt eine gemischte Positionierung wieder. Hier werden einzelne Dienstleistungen auf verschiedenen Versorgungsstufen und in verschiedenen Zielmärkten erbracht. Eine ähnliche Einteilung alternativer Positionierungsstrategien vertritt *Pantenburg*. Er nennt als typische Strategiekonzeptionen die "Generalisten", die "Problemspezialisten" sowie die "Zielgruppenspezialisten".[55]

Neben einer möglichen Konzentration auf Dienstleistungsbereiche oder Märkte werden sich verstärkt Spezialisierungen auf enger eingegrenzte, neue Zielgruppen offenbaren. Dazu können beispielsweise speziell auf ausländische Mitbürger zugeschnittene Konzepte zählen.[56] Auch eine Fokussierung auf bestimmte Krankheitsbilder, wie Demenzerkrankungen, wird in diesem Zusammenhang diskutiert.[57]

---

[55] Vgl. Pantenburg, S., 1996, S. 216-258.
[56] Vgl. Bank für Sozialwirtschaft, 1997, S. 113 f. und 239.
[57] Vgl. zur Zielgruppenspezialisierung Brüggemann, U./Da-Cruz, P./Thiess, M., 1999, S. 16, und Deutsches Zentrum für Altersfragen/Kuratorium Deutsche Altershilfe, 1995.

3.5 Kommunikationspolitische Spezifika

Aus den spezifischen Eigenschaften der Dienstleistung gehen Kommunikations- und Visualisierungsprobleme hervor. Bedingt durch die Immaterialität der Dienstleistung ist diese zu Informationszwecken nicht bildlich darstellbar. Im Bereich der Altenhilfedienstleistung kommt hinzu, daß es sich nicht nur um ein differenziertes Eigenschaftsbündel aus Pflege- und Wohndienstleistungen handelt, sondern meist auch weitergehende Serviceleistungen, Freizeitangebote und sinnstiftenden Elemente beinhaltet.

Bei der direkten Ansprache von Senioren sollte nicht nur auf technisch/organisatorische Details der Dienstleistung, sondern vielmehr auch auf für Senioren zentrale Bedürfnisse wie Gesundheit, Aktivität, Sicherheit und soziale Akzeptanz eingegangen werden.[58] Zu berücksichtigen ist ferner, daß die verschiedenen Altenhilfedienstleistungen meistens nur in Anspruch genommen werden, wenn Sie nicht mehr vermeidbar sind. Man kann also in der Regel nicht von einer freiwilligen und positiv besetzten Konsumentscheidung ausgehen.[59] Aus diesem Grund sind Hemmschwellen und Vorurteile abzubauen.

Im Bereich der Pflegedienstleistungen geht – wie gesagt – die Konsumentscheidung, selten vom Pflegebedürftigen selbst aus. Als Konsequenz für die Kommunikationspolitik ergibt sich daraus, daß kommunikationspolitische Aktivitäten explizit auch auf Dritte ausgerichtet sein müssen. Insbesondere die Angehörigen sind relevante Ansprechpartner, denn in der Regel fragen die Ehefrauen, Töchter und Schwiegertöchter die Dienstleistungen stellvertretend nach.[60] Es müssen Dienstleistungseigenschaften kommuniziert werden, die den Ansprüchen und Wünschen der Angehörigen gerecht werden, wie beispielsweise die Entlastungsfunktion eines Heimes oder eines mobilen Pflegedienstes für die pflegende Person. Eine offene Darstellung auch von Problembereichen kann hier zu höheren Sympathiewerten führen.[61] Des weiteren kommt der Vertrauenswerbung bei Referenzgruppen und Meinungsführern (z. B. Ärzten) große Bedeutung zu. Durch die schwierige Einschätzung der erforderlichen Art, Quantität und Qualität der Dienstleistung treten diese als Erfahrungssurrogate in den Vordergrund.[62] Um für Altenhilfeeinrichtungen und Dienste unkontrollierbare Fehlinformationen zu vermeiden, müssen sie ausreichend über Attribute wie Ausstattung, Pflegestandard und Dienstleistungsangebot informiert werden.

Zertifikate sind eine weitere Möglichkeit, Qualität nach außen zu dokumentieren und somit die Unsicherheit potentieller Nachfrager zu reduzieren. Neben den aus dem Industriebereich bekannten DIN ISO 9000ff. Normen existiert mittlerweile eine Reihe weite-

---

[58] Vgl. Kölzer, B., S. 330.
[59] Vgl. zur Einschätzung von Alten- und Pflegeheimen Schuhen, A., 1997, S. 71 f., Stadt Freiburg i. Br., 1990, S. 36, und Dreyhaupt, A., 1993.
[60] Vgl. Stadt Freiburg i. Br., 1993, S. 68.
[61] Vgl. Noelle-Neumann, E., 1996, S. 52 f.
[62] Vgl. Pantenburg, S., 1996, S. 98.

rer Qualitätssiegel (z. B. TÜV-Siegel, RAL-Siegel, Gütesiegel Betreutes Wohnen des baden-württembergischen Sozialministeriums)[63]. Als Folge einer Häufung verschiedener Zertifikate und Zertifikats-Aussteller droht der kommunikationspolitische Wert des einzelnen Zertifikats zu sinken.

Zu der Tatsache, daß Altenhilfe in der Regel Erfahrungsgutcharakter besitzt, kommt im stationären Bereich die hohe Einweisungsquote direkt vom Krankenhaus aus hinzu, die dem potentiellen Kunden eine schnelle Entscheidung abverlangt. Hier erscheinen langfristig orientierte Kommunikationsstrategien wie die Etablierung einer Dienstleistungsmarke notwendig, um bei Kunden in spontanen Entscheidungssituationen einen bestimmten Anbieter positiv in Erinnerung zu rufen. Ziel muß sein, daß die Wahl des Anbieters vor der eigentlichen Inanspruchnahme feststeht: "Wenn ich einmal pflegebedürftig sein werde, dann möchte ich vom Anbieter XY versorgt werden." Wie eine Studie des Allensbacher Instituts belegt, kann man von diesem "als Idealtyp betrachteten, gewissenhaft für das Alter vorsorgenden Mensch in der Realität" nicht ausgehen.[64]

Insbesondere kommunikationspolitische Aktionen, die außenstehende Personen an die Einrichtung oder Organisation binden, erscheinen sinnvoll. Potentielle Zielkunden werden so frühzeitig an die Einrichtung oder den Dienst herangeführt. Der Förderung von ehrenamtlichem Engagement kommt eine Sonderrolle zu. Zum einen trägt es zur Erhöhung der Humanressourcen bei. Zum anderen erweisen sich Ehrenamtliche als hilfreiche Multiplikatoren in Bereichen, die für klassische kommunikationspolitische Mittel nur schwer erreichbar sind (informelle, persönliche Netzwerke). Man spricht in diesem Zusammenhang, in Analogie zur Anwerbung monetärer Mittel im Fund-raising von *Friendraising*.[65] *Klie* betont, daß bei der Errichtung neuer Einrichtungen die Bedeutung der "sozialen Architektur", d. h. der Integration der Dienste und Einrichtungen in die Stadtteile gewährleistet sein muß.[66]

Die schwierige Beurteilbarkeit einerseits und die Annäherung der Dienstleistungsqualität an Standards andererseits haben zur Folge, daß die Qualität als Differenzierungsmerkmal im Wettbewerb um einen "emotionalen Markenwert" ergänzt werden muß.[67] Wurde dieser in der Vergangenheit bei den Anbietern der Freien Wohlfahrtspflege aus der Wertorientierung abgeleitet, ist aufgrund von Säkularisierungstendenzen für die Zukunft fraglich, welchen Stellenwert insbesondere der konfessionellen Ausrichtung in der Kommunikationspolitik noch zukommen wird.[68] Eine Untersuchung des Allensbach Instituts ergab, daß in der Altersgruppe der 45- bis 59-Jährigen 41 % für Pflegeheime ohne religiösen oder weltanschaulichen Anspruch plädieren, während lediglich 28 % eine

---

[63] Vgl. zum Themenkreis DIN-ISO-Zertifizierung und Qualitätssiegel u. a. Bruhn, M., 1997, S. 258 f., Schlenker, G., 1996, Stocker, W., 1995, DPA, 1996 und Grieshaber, U., 1997.
[64] Noelle-Neumann, E., 1996, S. 27.
[65] Vgl. Greenfield, J. M., 1991, S. 79-83.
[66] Vgl. Klie, T., 1999a, S. 21.
[67] Vgl. Halfar, B., 1998, S. 19.
[68] Vgl. Christa, H., 1997, S. 182.

derartige Einrichtung bevorzugen würden. In der Altersgruppe der 30- bis 44-Jährigen sinkt dieser Wert auf 19 %.[69]

Auf der anderen Seite sind die Namen der Spitzenverbände der Freien Wohlfahrtspflege etablierte Marken mit hohem, überregionalen Wiedererkennungswert. Der Name des Spitzenverbands dient quasi als Dachmarke, unter der sich die einzelnen Träger als eigenständige Marken positionieren müssen.[70] Kommerzielle Anbieter dagegen können auf keine "historische", überregionale Marken zurückgreifen, sondern müssen diese in der Regel unter erheblichem finanziellen Einsatz verbreiten.[71]

Abschließend soll eine häufig wenig beachtete kommunikationspolitische Besonderheit der Altenhilfe angesprochen werden: die Art der Kommunikation mit den Pflegebedürftigen, insbesondere die Sprache. Hier werden z. T. gravierende Mängel durch die Benutzung einer "Baby-Sprache" aber auch Drohungen gegenüber Pflegebedürftigen geäußert. Die Tabelle listet zur Illustration einige Begrifflichkeiten auf.

vielfach üblicher Sprachgebrauch	zu empfehlender Sprachgebrauch
Insasse, Fall, Irrer, Abgang	Bewohner, Herr bzw. Frau XY
Verweildauer	Wohn-, bzw. Lebensdauer
füttern	Essen anreichen
Station, Pflegebereich, Pflegeabteilung	Etage, Wohngruppe, Ebene

Tabelle 2: Corporate Communication am Beispiel der Sprache im Pflegeheim
Quelle: eigene Darstellung in Anlehnung an Stoffer, F. J., 1995, S. 126 f.

Neben dem Abbau von Streßsituationen und "burn-out"-Effekten, die sprachliche Entgleisungen begünstigen, scheint die explizite Anwendung einer "Corporate Communication" notwendig. Die Caritasträgergesellschaft Köln beschreibt wie die Tabelle verdeutlicht für Ihre Mitarbeiter explizit erwünschte und unerwünschte Formulierungen, die Teil des Qualitätsmanagements sind und den Mitarbeitern in Schulungen vermittelt werden.[72]

---

69 Vgl. Noelle-Neumann, E., 1996, S. 48-51.
70 Vgl. zur Corporate Identity in der Freien Wohlfahrtspflege Eichhorn, P., 1996. Vgl. zur Markenstrategie Halfar, B., 1998.
71 Beispielhaft für den Aufbau einer Dienstleistungsmarke im Altenhilfebereich sei hier das Pflegeheim-Franchising Konzept "AMARITA" der Marseille Kliniken AG erwähnt (Marseille Kliniken AG, 1999).
72 Vgl. Sachweh, S., 1999, S. 54-57. Vgl. zur Bedeutung der "Corporate Communication" und des "Corporate Behaviour" auch Schmalen, H., 1992, S. 239.

4. Perspektiven für das Marketing

Nach den "Erschütterungen" im ambulanten und stationären Bereich der Altenhilfe durch die direkten und indirekten Wirkungen der Pflegeversicherung dürften die soziodemographischen Effekte Triebfeder zahlreicher weiterer Veränderungsprozesse darstellen. Neben einer allgemein zu erwartenden Ökonomisierung des gesamten Sozialbereichs deuten sich verschiedene Einzeltendenzen an.

Dazu gehören Konzentrationsprozesse bei den Leistungsanbietern. Altenhilfedienstleistungen werden zukünftig in zunehmend größeren, z. T. überregionalen Unternehmen oder Verbünden erbracht. Dies kann sich in neuen Organisations- und Distributionsformen äußern, wie einige Franchise-Konzepte zeigen. Konzentrationsprozesse und Größenwachstum lassen zentralisierte Marketingabteilungen, höhere Werbetats und die Nutzung von Massenmedien erwarten. Dem Internet wird ebenfalls eine größere Rolle im Kommunikationsmix zukommen.[73]

Es werden vermehrt Dienstleistungszentren mit fließenden Übergängen zwischen den verschiedenen Versorgungsstufen zu finden sein. In der Versorgungskette älterer Menschen könnte sich durch Hospize ein zusätzliches Glied etablieren.[74] Die sich verändernden Einkommens- und Vermögensverhältnisse der Zielgruppe lassen auf ein hohes Wachstumspotential im Höchstleistungsmarkt schließen. Der Wettbewerb um das "Wohnstift-Klientel" wird sich auf das Europäische Ausland ausweiten. Ferner ist es denkbar, daß ausländische Investoren bzw. Anbieter sich auf dem deutschen Seniorenmarkt engagieren.[75]

Gleichzeitig ist vor dem Hintergrund der Finanzierungsschwierigkeiten der Parafisci und öffentlichen Hand eine schwierigere Finanzierung der Basisversorgung zu erwarten. Dies wird die Notwendigkeit professioneller Fund-raising Aktivitäten steigern.

Im stationären Bereich ist eine Veränderung der Kundenstruktur hin zu Schwerstpflegebedürftigen bei gleichzeitiger Zunahme gerontopsychiatrischer Fälle zu erwarten. Für das Beschaffungsmarketing bedeutet dies, daß man mit einer schwierigeren Anwerbung und höheren Fluktuation von Pflegekräften rechnen muß.[76]

Meyer-Hentschel prognostiziert aufgrund unterschiedlicher demographischer Entwicklungen in den EU-Mitgliedsstaaten, daß Deutschland das Seniorenland Europas wird.[77]

---

[73] Zu den speziell auf die Informationsbedürfnisse der Zielgruppe der Senioren ausgerichteten Angebote im Internet zählt beispielsweise das "Seniorweb" (www.seniorweb.de).

[74] Vgl. zum Hospiz-Marketing Klie, T./Roloff, S., 1997.

[75] Vgl. zum Einfluß der Europäischen Union Eichhorn, P., 1994.

[76] Jede vierte Altenpflegerin steigt bereits im ersten Jahr wieder aus dem Beruf aus. Vgl. Weyerer, S./Zimber, A., 1997.

[77] Vgl. Meyer-Hentschel, H., 1990, S. 253.

Von den daraus resultierenden positiven Nachfrageeffekten auf den Altenhilfesektor werden nicht alle Leistungsanbieter und Kundengruppen gleichermaßen profitieren. Der Markt wird unternehmensstrategisch anspruchsvoller.

Daß Marketing im Sinne markt- und kundenorientierter Unternehmensführung auch den letztendlichen Nutzern der Angebote zu Gute kommt, formuliert *Noelle-Neumann* wie folgt: Dem alten Menschen eine Chance zur Aktivität zu geben, "gelingt besser mit einer Grundeinstellung zur Altenpflege, die gekennzeichnet ist durch 'Selbständigkeit für den alten Menschen'. Das gelingt unter anderem mit Marktorientierung. Darum können wir zuversichtlich sein beim Blick auf das zukünftige mehr marktorientierte Umgehen mit dem alten Menschen."[78]

5. Literatur

Bandemer, S. v./Born, A./Bußmann, U. u. a. (1999): Qualifizierung von Beschäftigten in der ambulanten Pflege, Projektbericht des Instituts für Arbeit und Technik (1999-01), Gelsenkirchen.

Bank für Sozialwirtschaft (1997): Ideen für das Non-Profit Management, Nr. 2, Köln.

Botthof, H.-J./Weimer, B. (1998): Stark im Verbund, in: Pflegen Ambulant, Nr. 5, S. 40-43.

Brüggemann, U./Da-Cruz, P./Thiess, M. (1999): Erfolgreich im Wettbewerb, in: Altenheim, Nr. 2, S. 14-18.

Bruhn, M. (1997): Qualitätsmanagement für Dienstleistungen: Grundlagen, Konzepte, Methoden, Berlin u. a.

Bruhn, M./Tilmes, J. (1994): Social Marketing: Einsatz des Marketing für nichtkommerzielle Organisationen, Stuttgart u. a.

Bruns, B. (1996): Dienstleistungsmarketing ambulanter Pflegedienste, in: Pflegen Ambulant, Nr. 3, S. 31-38.

Bundesarbeitsgemeinschaft der Freien Wohlfahrtspflege e. V. (1993): Gesamtstatistik der Einrichtungen der Freien Wohlfahrtspflege (Stand 1. Januar 1993), Bonn.

Bundesministerium für Familie, Senioren, Frauen und Jugend (1994): Dokumentation: Die Alten der Zukunft – Die Gesellschaft von Morgen, Bonn.

Bundesministerium für Familie, Senioren, Frauen und Jugend (1996): Erster Altenbericht: Die Lebenssituation älterer Menschen in Deutschland, Bonn.

---

[78] Noelle-Neumann, E., 1996, S. 56.

Bundesministerium für Familie, Senioren, Frauen und Jugend (1996a): Personalsituation in der Altenpflege in der Bundesrepublik Deutschland, Bonn.

Bundesministerium für Familie, Senioren, Frauen und Jugend (1997): Die Alten der Zukunft: Bevölkerungsstatistische Datenanalyse, Bonn.

Bundesministerium für Familie, Senioren, Frauen und Jugend (1998): Zweiter Altenbericht: Wohnen im Alter, Bonn.

Bundesministerium für Familie, Senioren, Frauen und Jugend (1999): Altenhilfe muss sich auf die Herausforderungen der Zukunft einstellen, Pressemitteilung Nr. 136 vom 16. Dezember 1999.

Bundesministerium für Familie, Senioren, Frauen und Jugend (1999a): Heimstatistik (Stand: 26.7.1999), Bonn.

Bundesministerium für Gesundheit (1999): Leistungsempfänger der sozialen Pflegeversicherung im Jahresdurchschnitt nach Leistungen, Auszug aus der Pflegeversicherungs-Statistik (Stand: Oktober 1999), Bonn.

Bundesministerium für Gesundheit (1999a): Zahlen und Fakten zur Pflegeversicherung (Stand August 1999), Bonn.

Christa, H. (1997): Sozio-Marketing für freigemeinnützige Einrichtungen der stationären Altenhilfe: eine Analyse der Handlungspotentiale freier Träger in einem wettbewerbsorientierten Public-Private-Mix sozialer Dienstleistungen für ältere Menschen, Münster.

Deutsche Presse Agentur (1996): Erster TÜV-geprüfter ambulanter Pflegedienst in Offenburg, Pressemitteilung vom 4. September 1996.

Deutsches Zentrum für Altersfragen (Hrsg.) (1998a): Betreutes Wohnen und Wohnen im Heim: Rechtlichen Aspekte, Expertisenband Nr. 5 zum Zweiten Altenbericht der Bundesregierung, Frankfurt a. M. u. a.

Deutsches Zentrum für Altersfragen (Hrsg.) (1998b): Wohnformen älterer Menschen im Wandel, Expertisenband Nr. 3 zum Zweiten Altenbericht der Bundesregierung, Frankfurt a. M. u. a.

Deutsches Zentrum für Altersfragen/Kuratorium Deutsche Altershilfe (Hrsg.) (1995): Heimkonzepte der Zukunft, Köln.

Dreyhaupt, A. (1993): Wege ins Alten- und Pflegeheim: Zwischen individuellem Lebensereignis und professioneller Aufgabe, Stuttgart.

Eichhorn, P. (1994): Auf dem Markt bestehen oder untergehen, Wohlfahrtsunternehmen und Europäische Union, in: Caritas, Nr. 3, S. 100-105.

Eichhorn, P. (1996): Freie Wohlfahrtspflege auf der Suche nach Corporate Identity, in: Puschmann, H. (Hrsg.): Not sehen und handeln, S. 208-215.

Eichhorn, P. (1999): Pluralisierung bei Leistungsanbietern und Zusammenarbeit mit Leistungsträgern, in Soziale Arbeit Spezial, S. 55-57.

Fäth, M. (1996): Knotenpunkte. Care Company – Ein neues System für die Häusliche Pflege und Betreuung, in: Häusliche Pflege, Nr. 9, S. 667-670.

Fretschner, R./Hilbert, J. (1999): Rosige Zeiten, in: Socialmanagement, Nr. 4, S. 5-8.

Greenfield, J. M. (1991): Fund-raising: evaluating and managing the fund development process, New York u. a.

Grey Strategic Planning (1998): Master Consumer: Warum ignoriert das Marketing die reichste Generation aller Zeiten, Düsseldorf.

Grieshaber, U. (1997): Zertifizierte Pflegedienste. Markenzeichen: Kundenbefragung, in: Forum Sozialstation, Nr. 85, S. 18 f.

Halfar, B. (1998): Wettbewerbsstrategien im Sozialbereich: Marketing ohne Marken?, in: Archiv für Wissenschaft und Praxis der sozialen Arbeit, Nr. 1, S. 7-21.

Hall, E. (1980): Acting one`s age: New rules for old, in: Psychology Today, April, S. 66-73.

Hammerschmidt, R. (1997): Strategien für das erfolgreiche Betreiben von altengerechten Einrichtungen unter Berücksichtigung der durch die Pflegeversicherung veränderten Rahmenbedingungen, in BFS Trendinformationen, Nr. 1, S. 18-21.

Helmig, B./Michel, M. (2000): Determinanten der Wahl hochwertiger Seniorenwohnanlagen – Eine empirische Untersuchung, in: Zeitschrift für öffentliche und gemeinwirtschaftliche Unternehmen (ZögU), Band 23, Heft 1, S. 34-46.

Hesse, W. (1991): Changes with the Over 50s Lead to Changes in Society an Economy in the Next Three Decades, in: European Society or Opinion Research, Amsterdam, S. 1-5.

Hillesheim, D. (1998): Selbstbewusste Senioren, in: Frankfurter Allgemeine Zeitung, Nr. 128, 5. Juni 1998, S. 51.

Jacob, E. (1999): Best-Age-Daten lügen nicht: Studien über ältere Menschen belegen die Attraktivität der Zielgruppe für die Werbewirtschaft, in: Horizont, Nr. 5, S. 87.

Johne, G. (1997): Qualitätssicherung und Wettbewerb bei Pflegeleistungen: eine ökonomische Analyse der Anreizstrukturen unter alternativen institutionellen Bedingungen.

Junkers, G. (1996): Pflegeversicherung: Konsequenzen für die Reorganisation, Finanzierung und Qualitätssicherung, Stuttgart u. a.

Karotsch, D. (1995): Pflegequalität heute und morgen, in: Altenpflege, Nr. 7, S. 465-469.

Karotsch, D. (1996): Unverblümte Wahrheiten: Nur mit Nachfrageorientierung hat die stationäre Pflege eine Überlebenschance, in: Altenpflege, Nr. 5, S. 331-335.

Klie, T. (1999): Kundenorientierung älterer Menschen in sozialen Diensten. Paradigmenwechsel: Patient, Klient, Kunde, Bürger, in: Soziale Arbeit, Nr. 1, S. 8-13.

Klie, T. (1999a): Oftmals fehlt es an der sozialen Architektur, in: Badische Zeitung, 3. August 1999, S. 21.

Klie, T. (1999b): Pflegeversicherung: Einführung, Lexikon, Gesetzestext SGB XI mit Begründungen, Empfehlungen und Rundschreiben der Pflegekassen, Nebengesetze, Materialien, Hannover.

Klie, T./Roloff, S. (1997): Hospiz und Marketing: Finanzierungsstrategien für soziale Initiativen am Beispiel der ambulanten Hospizarbeit, Freiburg.

Kölzer, B. (1995): Senioren als Zielgruppe: Kundenorientierung im Handel, Wiesbaden.

Kotler, P. (1978): Marketing für Nonprofit Organisationen, Stuttgart.

Kotler, P./Bliemel, F. (1999): Marketing-Management: Analyse, Planung, Umsetzung und Steuerung, Stuttgart.

Kotler, P./Roberto, E. (1991): Social Marketing, Düsseldorf u. a.

Kotler, P./Zaltman, G. (1971): Social Marketing: An Approach to Planned Social Change, in: Journal of Marketing, July, S. 3-12.

Kreidenweis, H. (1999): Im Netz aktiv: Internet-Marketing für die Häusliche Pflege, in: Häusliche Pflege, Nr. 1, S. 35-38.

Kuratorium Deutsche Altershilfe (1998): Neue KDA Modellrechung zur Entwicklung der Pflegebedürftigkeit: KDA fordert Ausbau von Prävention und Rehabilitation, in: proAlter, Nr. 4, S. 32 f.

Le Grand, J. (1993): Quasi-markets and social policy, Basingstoke 1993.

Manoff, R. K. (1985): Social Marketing, New York.

Marseille Kliniken AG (1999): Erstmals Franchisekonzept für den Markt der Altenpflegeeinrichtungen, Pressemitteilung der Marseille Kliniken AG vom 23. April 1999.

Meffert, H./Bruhn, M. (1997): Dienstleistungsmarketing: Grundlagen, Konzepte, Methoden, Wiesbaden.

Meyer, A. (1994): Dienstleistungsmarketing: Erkenntnisse und praktische Beispiele, Augsburg.

Meyer-Hentschel, H. (1990): Produkt- und Ladengestaltung im Seniorenmarkt: Ein verhaltenswissenschaftlicher Ansatz, Saarbrücken.

Noelle-Neumann, E. (1996): Senioren im Pflegemarkt, in: Paul-Lempp-Stiftung (Hrsg.): Kundenorientierung in sozialen Unternehmen: Perspektiven und Visionen, Stuttgart u. a., S. 23-56.

o. V. (1996): Preisvergleichslisten, in: Altenhilfe, Nr. 11, S. 42.

Oliva, H. (1997): Stellenwert der Kundenorientierung in Unternehmen der Sozialwirtschaft, in: Caritas, Nr. 10, S. 456-462.

Pantenburg, S. (1996): Marketingstrategien freigemeinnütziger Unternehmen im Altenhilfesektor, Baden-Baden.

Paul-Lempp-Stiftung (Hrsg.) (1996): Kundenorientierung in sozialen Unternehmen: Perspektiven und Visionen, Stuttgart u. a.

Reinschmidt, H. (1996): Systemwechsel in der stationären Pflege: Die zweite Stufe der Pflegeversicherung hat weitreichende Folgen für die Heimpflege, in: Blätter der Wohlfahrtspflege, Nr. 10, S. 270-273.

Rüffer, A. (1997): Viele müssen aus eigener Tasche zuzahlen, in: Badische Zeitung, Nr. 259, 24. Mai 1997, S. 12.

Sachweh, S. (1999): "Pipi","Popo" und "Pieks-Pieks": Sprachwissenschaftlerin untersuchte Kommunikation in der Altenpflege, in: pro Alter, 32. Jg., Nr. 4, S. 54-57.

Scheuch, F. (1982): Dienstleistungsmarketing, München.

Schewe, C. D. (1985): The Elderly Market: Selected Readings, Chicago.

Schlenker, G. (1996): Wir haben erreicht, daß wir immer ein wenig unzufrieden bleiben: Einführung, Sinn und Auswirkungen von ISO-Normen im stationären Bereich, in: Heim und Pflege, Nr. 1, S. 14-19.

Schmalen, H. (1992): Kommunikationspolitik: Werbeplanung, Stuttgart u. a.

Schuhen, A. (1997): Marketing in der stationären Altenhilfe: Ein kundenorientiertes Freiburger Konzept, Beiheft Nr. 22 zur Zeitschrift für öffentliche und gemeinwirtschaftliche Unternehmen, Baden-Baden.

Schuhen, A. (2000): Franchising: Organisationsstrategie für den Nonprofit-Sektor? Eine Analyse am Beispiel der Freien Wohlfahrtspflege, unveröffentlichtes Arbeitspapier des Arbeitskreises Nonprofit-Organisationen (AKNPO), Freiburg i. Br.

Schuhen, A. (2000a): Marke Caritas zusammenhalten. Social Franchising als Modell zur Steuerung der Beziehung innerhalb eines Wohlfahrtsverbandes verbindet lokale Autonomie und Verbandsidentität, in: neue caritas, Nr. 12, S. 28-31.

Stadt Freiburg i. Br. (1990): Ältere Menschen in Freiburg: Ergebnisse einer Befragung, Freiburg i. Br.

Stadt Freiburg i. Br. (1993): Altenhilfe und Altenarbeit in Freiburg im Breisgau: Bestand, Bedarf, Planung, Perspektiven, Freiburg i. Br.

Statistisches Bundesamt (1992): Im Blickpunkt: Ältere Menschen, Stuttgart.

Statistisches Bundesamt (1997): Erster Bericht über die Entwicklung der Pflegeversicherung, Bundesrats-Drucksache 1036/97 vom 18. Dezember 1997.

Stocker, W. (1995): Betreutes Wohnen mit Qualitätssiegel, in: Altenheim, Nr. 12, S. 862 f.

Stoffer, F. J. (1995): Sozialmanagement 2000. Zwischen Mensch und Profit – zeitgemäße Unternehmens- und Mitarbeiterführung in Betrieben der Sozialwirtschaft am Beispiel der Altenhilfe, Köln.

Veen, H.-J. (1997): Thesenpapier zum Zukunftskongreß des Bundesministeriums für Familie und Senioren, in: Bundesministerium für Familie, Senioren, Frauen und Jugend, Die Alten der Zukunft: Bevölkerungsstatistische Datenanalyse, Bonn, S. 69-74.

Weyerer, S./Zimber, A. (1997): Viel Streß und wenig Anerkennung, in: Altenheim, Nr. 3, S. 14-20.

Wilkes, M. W. (1991): Heime müssen Profil zeigen, in: Altenheim, Nr. 6, S. 299-301.

Wissenschaftliches Institut der AOK (1998): Der Pflegemarkt in Deutschland, Bonn.

Wittmann, H. (1990): Ältere Menschen als Bankkunden. Eine Analyse des Seniorenmarktes der Banken und Diskussion möglicher Konsequenzen für das Marketing, Frankfurt a. M. u. a.

Wunner, K. (1994): Die Zukunft der Altenpflege: Entwicklungsperspektiven der Leistungsnachfrage im stationären Bereich, Wiesbaden.

Zapf, W. (1997): Thesen zur Alterung der Gesellschaft, in: Bundesministerium für Familie, Senioren, Frauen und Jugend, Die Alten der Zukunft: Bevölkerungsstatistische Datenanalyse, Bonn, S. 75-82.

Hermann Freter

Polit-Marketing

1. Einordnung des Polit-Marketing
2. Strategisches Polit-Marketing
   2.1 Ziele
   2.2 Marktsegmentierung
   2.3 Produkt-Markt-Strategien
   2.4 Produktpositionierung
3. Einsatz der Marketing-Instrumente
   3.1 Politische Marktforschung als Ausgangspunkt
   3.2 Leistungspolitik
   3.3 Gegenleistungspolitik
   3.4 Distributionspolitik
   3.5 Kommunikationspolitik
   3.6 Marketing-Mix
4. Zusammenfassung
5. Literatur

1. Einordnung des Polit-Marketing

Das Polit-Marketing stellt in der deutschsprachigen Marketing-Literatur ein weitgehend *ignoriertes Anwendungsgebiet* dar. Eine Ausnahme bildet die 1983 erschienene Dissertation von Edgar Wangen "Polit-Marketing". Darüber hinaus wird bei Goehrmann unter dem Titel "Polit-Marketing auf Messen" (Goehrmann 1993) ein Teilaspekt des Polit-Marketing näher analysiert. In den USA spielt der Begriff "political marketing" dagegen eine größere Rolle (vgl. dazu z. B. Newman 1999, Kavanagh 1995, Newman 1994, Bowler/Farrell 1992, Mauser 1983). Themarelevante wissenschaftliche Beiträge stammen insbesondere aus den Bereichen der Politikwissenschaft, der Soziologie sowie der empirischen Sozialforschung. (Dieser Beitrag erhebt in keiner Weise den Anspruch, den Diskussionsstand in diesen Nachbardisziplinen auch nur annähernd wiederzugeben!) Entweder hat die deutsche Marketing-Wissenschaft den Bereich des Polit-Marketing einfach übersehen (obwohl er einen wichtigen Anwendungsbereich für Marketing-Technologien darstellt), oder er zählt wegen seiner Besonderheiten nicht zum Objektbereich der Marketing-Wissenschaft.

Die sehr hohen Ausgaben der Parteien für kommunikative Maßnahmen, v.a. in Zeiten von Bundeswahlkämpfen (1998 ca. 120 Mio. DM), sowie die Vielzahl regelmäßig durchgeführter politischer Marktforschungen zeigen die Bedeutung von Instrumenten, die auch bei der kommerziellen Produktvermarktung eingesetzt werden. Fraglich ist allerdings, ob die politischen Parteien wirklich ein- branchenspezifisches - Marketing betreiben. Nach Artikel 2 des Grundgesetzes wirken die Parteien bei der politischen Willensbildung der Bevölkerung mit. Die tatsächliche Bedeutung der Parteien geht aber weit über diese gesetzliche Regelung hinaus. Der Begriff Polit-Marketing umfaßt mehr als die Mitwirkung an der politischen Willensbildung.

Wenn das Marketing "... die bewußt marktorientierte Führung des gesamten Unternehmens ..." (Meffert 1998, S. 7) beinhaltet, müssen für ein Polit-Marketing folgende Aspekte geprüft werden:

1) Politische Parteien stellen kein (kommerzielles) Unternehmen dar. Der Begriff Unternehmung ist deswegen durch *(nicht-kommerzielle) Organisation* zu ersetzen.

2) Marktorientierte Führung setzt einen *Markt* voraus, auf dem ein Leistungsaustausch zwischen Anbietern und Nachfragern stattfindet, der durch Leistung und Gegenleistung gekennzeichnet ist. "Jede Partei [i.S. von Anbieter und Nachfrager, A.d.V.] verfügt über etwas, das für die andere von Wert sein kann" (Kotler 1978, S. 24).

3) Die Parteien müßten als gesamte Unternehmung (bzw. Organisation) einem *Steuerungsprozeß* durch den Markt unterliegen (integriertes Marketing als Unternehmungsphilosophie; vgl. Meffert 1998, S. 3; zum systematischen Planungs- und Steuerungsprozeß vgl. Bruhn/Tilmes 1994, S. 23).

Das Polit-Marketing läßt sich dem Gebiet des *nicht-kommerziellen Marketing* zuordnen, das teilweise auch als Social Marketing bezeichnet wird (vgl. z. B. Bruhn/Tilmes 1994, Krzeminski/Neck 1994, Kotler/Roberto 1991; zum Nonprofit-Marketing vgl. Schulze 1997, Hasitschka/Hruschka 1982, Kotler 1978). Die Leistungen werden ohne monetäre Gegenleistungen abgegeben. Ferner handelt es sich um *Dienstleistungen*, d. h. immaterielle Leistungen, die nicht gelagert und transportiert werden können.

Im folgenden soll die Übertragbarkeit des Marketing-Gedankens auf die Situation politischer Parteien analysiert werden, dabei stehen die Bundesparteien im Vordergrund. Nach der Einordnung des Polit-Marketing werden im zweiten Kapitel ausgewählte Aspekte des strategischen Polit-Marketing erörtert und im dritten Kapitel Möglichkeiten des Einsatzes von Marketing-Instrumenten analysiert.

2. Strategisches Polit-Marketing

Das strategische Polit-Marketing hat in den letzten Jahren durch folgende Entwicklungen an Bedeutung gewonnen:

- Die Entwicklung zu Volksparteien bedingt eine *Ansprache neuer Zielgruppen* jenseits der traditionellen Stammwähler (vgl. dazu z. B. Stöss 1986). Nicht nur die beiden großen Volksparteien CDU und SPD versuchen, eine Vielzahl von Interessen zu integrieren, sondern auch die kleineren Parteien, wie die FDP und Bündnis 90/Die Grünen, weisen Flügel mit divergierenden Interessen auf. Das Polit-Marketing hat diese Heterogenität der Zielgruppen zu berücksichtigen.
- Die Gruppe der *Wechselwähler* hat an Bedeutung gewonnen und kann bei den knappen Mehrheitsverhältnissen im Bundestag wahlentscheidend sein.
- *Wählerunzufriedenheit* und Politikverdrossenheit führen zu Wahlenthaltungen. Geht diese zu Lasten einer Partei (Wahlenthaltung von Stammwählern), ergeben sich eventuell Veränderungen von Mehrheitsverhältnissen.
- Ähnlich wie im kommerziellen Marketing sind darüber hinaus *sonstige Umweltsituationen* entscheidungsrelevant, wie die Dynamik der weltweiten Entwicklungen, sei es die Globalisierung der Märkte oder sei es die europäische Integration, der Strukturwandel, die Auswirkungen der Wiedervereinigung oder die Höhe der Arbeitslosigkeit (vgl. dazu Feist/Liepelt 1990). Es kommt darauf an, neue Problemlösungen für die aktuellen Probleme zu entwickeln.

Deswegen haben auch die Parteien ein größeres Schwergewicht auf das strategische Marketing zu legen (zum strategischen Marketing nicht-kommerzieller Organisationen vgl. Kotler/Andreasen 1991). Das strategische Polit-Marketing umfaßt zwei Interpretationen:

1) Festlegung des langfristigen Verhaltens einer Partei (z. B. Neupositionierung der SPD durch das Godesberger Programm),

2) Festlegung von Wahlkampfstrategien für konkrete Anlässe (vgl. dazu Newman 1994, Bowler/Farrell 1992, Mauser 1983).

Die zweite Interpretation ist kurzfristiger ausgelegt, beinhaltet eine situationsspezifische Konkretisierung langfristiger Strategien und stellt einen fließenden Übergang zu operativen Maßnahmen dar.

Die folgenden Unterpunkte gehen auf einige ausgewählte Aspekte des strategischen Marketing näher ein: Ziele, Marktsegmentierung, Produkt-Markt-Strategien und Produktpositionierung.

2.1 Ziele

Die Parteien verfolgen ideelle *Oberziele*, die in den Parteiprogrammen teilweise abstrakt formuliert sind, z. B. Gemeinwohl, soziale Gerechtigkeit und Freiheit. Die Namen der Parteien beinhalten oftmals eine Betonung solcher Ziele, wie christlich (CDU, CSU), sozial (SPD, CSU), freiheitlich (FDP) oder ökologisch (Die Grünen) und dienen damit zugleich einer strategischen Positionierung. Oberziele betreffen die Sachziele einer Partei.

Um solche Sachziele politisch durchsetzen zu können, haben die Parteien *"Markt"-Ziele* zu verfolgen. Diese betreffen in erster Linie den Wahlerfolg, gemessen am erreichten Wählerstimmenanteil bzw. Prozentsatz gewonnener Sitze. Je größer dieser Wahlerfolg ist, desto mehr Macht - im Sinne der Durchsetzung der Sachziele - kommt einer Partei zu. Es hängt von den Wahlergebnissen ab, ob auch kleinere Parteien, wie die FDP, Bündnis 90/Die Grünen oder die PDS, als Koalitionspartner an Bedeutung gewinnen und mehr Macht als die vergleichsweise wesentlich größere Oppositionspartei ausüben können. Vor dem Hintergrund von Parteiprogrammen, Parteitagsbeschlüssen und Wahlplattformen werden in Koalitionsverhandlungen gemeinsame Ziele festgelegt, die in einer Regierungsperiode erreicht werden sollen (ggf. werden Handlungsprogramme vereinbart, in welche die jeweiligen Ziele implizit einfließen).

Da auch die kleineren Parteien heutzutage mehrere Interessengruppen zu vertreten und einzelne Parteiflügel zu integrieren haben, treten auf der Ebene aktueller Sachziele regelmäßig Interessengegensätze mit entsprechenden *Zielkonflikten* auf. Es stellt - noch größer als im kommerziellen Marketing - ein Kernproblem dar, mit solchen Interessengegensätzen und Zielkonflikten umzugehen (vgl. dazu Herzog/Weßels 1989, Hirsch-Weber 1969). Die interpersonellen Zielkonflikte hängen eng mit Interessengruppen ("Marktsegmenten") zusammen. Das vage "Gemeinwohl" wird dabei um die Interessen einzelner Gruppen erweitert.

2.2 Marktsegmentierung

In einer pluralistischen Gesellschaft kann sich das Polit-Marketing nicht an den Interessen eines fiktiven durchschnittlichen Bürgers (bzw. Wählers') ausrichten (*undifferenzierte* Marktbearbeitungsstrategie). Es kommt vielmehr darauf an, Interessenunterschiede zu erkennen und Gruppen mit homogenen Interessen zu identifizieren. Parteien, die sich auf eine homogene Gruppe konzentrieren (z. B. eine Bauernpartei), haben es wesentlich leichter, entsprechende segmentspezifische Sachziele und Programme zu formulieren (*konzentrierte* Marktbearbeitungsstrategie), als Parteien, die mehrere Zielgruppen erreichen wollen (*differenzierte* Marktbearbeitungsstrategie).

Der Markt der Wähler kann nach mehreren *Kriterien* segmentiert werden, wie (vgl. Wangen 1981, S. 8):

- Alter (z. B. Jugendliche/Senioren),
- Beruf (z. B. Arbeiter/Freiberufler),
- Geschlecht,
- Einkommen/soziale Schicht (z. B. arme Leute/Besserverdienende),
- Religion (katholisch/evangelisch),
- Wohnort (z. B. alte/neue Bundesländer; Stadt-/Landbevölkerung),
- Wahlverhalten (z. B. Erst-/Stamm-/Wechsel-/Nichtwähler),
- Milieus als Kombinationen von sozialer Schicht und Werteorientierung (z. B. modernes Arbeitnehmermilieu/postmodernes Milieu).

Die Entwicklung in der Nachkriegszeit hat dazu geführt, daß nicht nur die großen Volksparteien, sondern auch die kleineren Parteien pluralistisch(er) geworden sind und mehrere Marktsegmente bearbeiten, d. h. eine differenzierte Marktbearbeitung betreiben.

2.3 Produkt-Markt-Strategien

Produkt-Markt-Strategien (vgl. dazu Ansoff 1966, S. 13 ff.) bauen auf der Segmentierung auf und unterscheiden in einer ersten Dimension zwischen einzelnen *Teilmärkten (Wählerschichten)*, wobei vereinfachend zwischen alten und neu anzusprechenden Segmenten unterschieden wird (vgl. dazu Abbildung 1). Die zweite Dimension bezieht sich auf das *Leistungsangebot (Parteiprogramm)*, wobei ebenfalls eine Zweiteilung in alt und neu vorgenommen wird. Die *Strategie der Marktdurchdringung* (Feld 1) versucht, mit dem vorhandenen Programm bei den bisherigen Wählergruppen eine größere Ausschöpfung des Potentials zu erreichen. Einen im Polit-Marketing gegebenen Sonderfall dieser Strategie stellt die Aktivierung der Stammwähler dar.

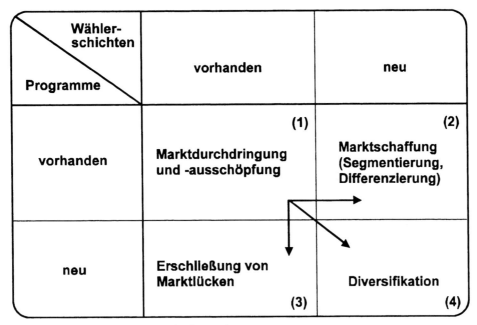

Abbildung 1: Produkt-Markt-Strategien

Mit der *Strategie der Markterweiterung* (Feld 2) sollen bei gegebenem Programm neue Wählergruppen hinzugewonnen werden (z. B. Erstwähler).

Die *Strategie der Programmerweiterung* (Feld 3) will durch die Aufnahme neuer Programmpunkte das Potential bestehender Wählergruppen besser ausschöpfen.

Die *Strategie der Diversifikation* (Feld 4) zielt mit neuen Programmpunkten auf neue Wählerschichten ab. Es erfolgt eine differenzierte Marktbearbeitung. Diese Strategie beinhaltet einige Risiken. Das betrifft einerseits die Glaubwürdigkeit sowohl bei den bisherigen als auch den neu zu gewinnenden Wählerschichten. Andererseits ergeben sich möglicherweise Zielkonflikte, wenn zwischen den Programmen für die einzelnen Zielgruppen Widersprüche auftauchen. Eine Möglichkeit zur glaubhaften Ansprache heterogener Gruppen besteht darin, Vertreter dieser Gruppen bei der Vergabe von Partei-, Parlaments- und Regierungsämtern zu berücksichtigen.

2.4 Produktpositionierung

Im Wettbewerb kommt es darauf an, Unternehmen und Produkten in der Wahrnehmung durch die Kunden ein klares, unterscheidbares Profil zu geben. Das gilt in ähnlicher Form ebenso für politische Angebote, die im Wettbewerb zueinander stehen (Zum Wettbewerb von Parteien vgl. z. B. Herder-Dorneich/Groser 1977). Die zu positionierenden Objekte stellen im Polit-Marketing weniger die Parteiprogramme dar (die kommunikativ kaum zu vermitteln sind), sondern die Parteien und die Spitzenpolitiker. In diesem Sinne können auch Politiker, v.a. bei Bundestags-, Landtags- und Bürgermeisterwahlen, als ein Produkt gekennzeichnet werden (so analysiert z. B. Kotler das "Marketing eines politischen Kandidaten" (Kotler 1978, S. 359 ff.)).

Die Positionierung hat in Eigenschaften zu erfolgen, die von den Wählern wahrgenommen werden können, die wichtig sind und eine Abhebung von den anderen Parteien ermöglichen. Die Parteiprogramme sind auf wesentliche Kernaussagen zu verdichten. Eine auf wenige, eventuell nur auf eine Dimension verkürzte Positionierung findet über Wahlslogans statt (z. B. "Freiheit statt Sozialismus"). Die Positionierung einer Partei über Spitzenpolitiker (z. B. Parteivorsitzender, Kanzlerkandidat) weist Besonderheiten auf, da die Persönlichkeit eines Politikers (zumindest mittelfristig) eine Konstante darstellt. Positionierungsmöglichkeiten ergeben sich bedingt über das äußere Erscheinungsbild, darüber hinaus über die inhaltliche Ebene, wie das Aufgreifen aktueller Themen sowie das Eintreten für gewisse Wählerschichten (zum Politiker als Produkt und zur Positionierung von Kandidaten vgl. Wangen 1983, S. 166 ff., Mauser 1980, Norpoth 1977).

Einen Sonderfall stellt die innerparteiliche (Aus)Wahl von Spitzenpolitikern dar, weil sich hierbei Optionen für die Festlegung von Persönlichkeitsprofilen ergeben. Dabei hat neben dem politischen Standort (z. B. bei der Wahl von Lafontaine oder Schröder zum Kanzlerkandidaten 1997/98) auch die Medienwirksamkeit an Bedeutung gewonnen. Der Spitzenpolitiker muß Programme "transportieren" können sowie glaubwürdig für die Stammwähler und eventuell für neu zu gewinnende Wählerschichten sein. Teilweise werden ganze Wahlkämpfe nicht auf Programme, sondern auf die sie repräsentierenden Kandidaten abgestellt. Hierbei wird ganz deutlich, daß es nicht nur auf die Sachziele in Parteiprogrammen ankommt, sondern auf die Erhöhung der Wahlchancen (Marktziel) durch den Spitzenpolitiker. (Diese Personifizierung besitzt im Zweiparteiensystem der USA eine lange Tradition; zur Personalisierung der Politik vgl. Lass 1995).

3. Einsatz der Marketing-Instrumente

Unter Marketing-Instrumenten sollen diejenigen Maßnahmen eines Anbieters verstanden werden, die in der Lage sind, das Verhalten aktueller und potentieller Kunden zu beeinflussen. In diesem Sinne lassen sich die politischen Parteien als Anbieter und die Wahlberechtigten als Kunden interpretieren. Die Leistungen der Parteien sollen durch entsprechende Gegenleistungen honoriert werden (zur Wählerbeeinflussung vgl. z. B. Wettstein 1980, Hartmann 1969, Berth 1963). Beim Einsatz der Marketing-Instrumente ist zwischen zwei Anwendungsbereichen zu unterscheiden:

- der kontinuierliche Einsatz,
- der Einsatz in Wahlkämpfen, insbesondere in deren heißer Phase.

Wahlkämpfen kommt dabei eine besondere Bedeutung zu, weil hier umfangreiche und zeitlich konzentrierte Maßnahmen stattfinden (zur Wahlkampfführung vgl. Baringhorst 1998, Kavanagh 1995, Newman 1994, Betschneider 1987, Radunski 1980).

Grundlage für den Einsatz von Marketing-Instrumenten stellen relevante Informationen über den Markt dar.

3.1 Politische Marktforschung als Ausgangspunkt

Seit geraumer Zeit setzen die Parteien die empirische Sozialforschung in Form von Wahlforschung und politischer Meinungsforschung ein (politische Demoskopie). Dabei geht es sowohl um die Prognose von Wahlergebnissen als auch um die Analyse des tatsächlichen Wählerverhaltens sowie die Erfassung von Einstellungen zu aktuellen Problemen der Beurteilung von Parteien und ihrer Spitzenpolitiker.

Die Analyse des Wählerverhaltens stellt einen wichtigen Teilaspekt der empirischen Sozialforschung, der Politikwissenschaft sowie der Soziologie und Sozialpsychologie dar (vgl. z. B. Bürklin/Klein 1998, Roth 1998, Klingemann/Kaase 1994, Kaase/Klingemann 1990, Bürklin 1988, Küchler 1980, Wettstein 1980, Oberndörfer 1978, Lehner 1973, Lazarsfeld/Berelson/Gaudet 1969). Das Wahlverhalten wird u. a. vom sog. Meinungsklima beeinflußt (vgl. dazu Noelle-Neumann 1990, Noelle-Neumann 1989). Einige Marktforschungsinstitute (wie Infas-Institut für angewandte Sozialwissenschaft, Bonn, infratest dimap, Berlin, Institut für Demoskopie, Allensbach) führen regelmäßig eine politische Marktforschung durch.

Wichtige Instrumente der politischen Marktforschung sind z. B.:

- Wahlprognosen ("Sonntagsfrage"),

- Wahlergebnisanalysen (incl. Wanderungsbilanzen),
- Imageanalysen (Parteien und Kandidaten),
- semantische Analysen (Bedeutung politischer Schlagworte).

Hinzu kommt die Auswertung sekundärstatistischen Materials (z. B. Datenmaterialien von statistischen Landes- und Bundesämtern, Steuerstatistik, Mediennutzungsverhalten).

In Kombination mit den relativ kurzen Wahlperioden kann die politische Marktforschung zu einer Konzentration auf kurzfristige Problembereiche führen, während langfristige Aspekte (z. B. Renten- und Krankenversicherungssysteme) nicht aufgegriffen werden. Zugleich ergibt sich die Gefahr eines gewissen Populismus (vgl. dazu Oberreuther 1986, Bretschneider 1985).

3.2 Leistungspolitik

Die Leistungspolitik steht im Mittelpunkt des Marketing von Anbietern. Der Anbieter hat einen Nutzen, eine Problemlösung anzubieten, für die der Kunde bereit ist, eine Gegenleistung zu erbringen (Austauschprozeß). Im Gegensatz zu anderen nicht-kommerziellen Anwendungsgebieten des Marketing ergeben sich im Polit-Marketing Besonderheiten, die angebotene Leistung zu definieren und zum Gegenstand von Gestaltungsmaßnahmen zu machen.

Unter Leistungen könnte man im Sinne von Leistungsversprechen die (Ziele und) Maßnahmen verstehen, die in Partei- und Wahlprogrammen aufgeführt sind, oder die von Regierungsparteien tatsächlich durchgesetzten Vorhaben (z. B. eine Steuerentlastung). Aus der Marketing-Perspektive stehen dabei die subjektiv wahrgenommenen Leistungen und deren Eigenschaften im Vordergrund (zum Einfluß von Images auf das Wahlverhalten vgl. Wettstein 1980). Die angebotene Leistung läßt sich als *"Interessenvertretung"* interpretieren (vgl. Wangen 1981, S. 21). Darunter kann man die Fähigkeit verstehen, "... auf Bedürfnisse und Interessen der Bürger einzugehen und auch zu vertreten" (Wangen 1981, S. 21). Diese Interessen können sehr abstrakt sein (z. B. Wohlfahrt, Freiheit, Sicherheit) oder gruppenspezifisch konkret (z. B. steuerliche Entlastung für Selbständige).

Abstrakte Interessen betreffen die Mehrheit (oder sogar die Gesamtheit) der Bevölkerung und lassen sich deswegen im Sinne einer undifferenzierten Marktbearbeitungsstrategie einsetzen. Allerdings unterscheiden sich die Parteien in bezug auf solche vagen Ziele kaum, und Unterschiede ergeben sich erst bei den Strategien und Maßnahmen zur Erreichung dieser Oberziele. Der Wettbewerb der Parteien untereinander zwingt zu einer detaillierteren Analyse der Interessen einzelner Wählerschichten (Interessengruppen).

In bezug auf die Wähler kann davon ausgegangen werden, daß diese ihr Wahlverhalten von der Durchsetzbarkeit ihrer Interessen abhängig machen. Dabei ist zusätzlich zu berücksichtigen, daß die Wünsche einzelner Interessengruppen durch deren Vertretungen

(z. B. Arbeitgeber- und Arbeitnehmerverbände) in die politische Ebene eingebracht werden (zu Interessengruppen in der Demokratie vgl. Aleman 1987, Beyme 1980).

Die Interessenvertretung durch die Parteien läßt sich im Marketing-Sinne als Dienstleistung interpretieren. Bei den ausgelobten Leistungen handelt es sich aber um Absichtserklärungen, die im Gegensatz zu kommerziellen Transaktionen nicht eingeklagt werden können, da keine vertraglichen Regelungen vorliegen. Anders sieht die Beurteilung der tatsächlichen Interessenvertretung durch Parteien aus, die Regierungsverantwortung tragen.

Das Polit-Marketing besitzt in bezug auf die Leistungspolitik erhebliche Unterschiede zum kommerziellen, aber auch zum nicht-kommerziellen Dienstleistungsbereich. Der Versuch, das Leistungsangebot der Parteien als Interessenvertretung zu definieren, weist Grenzen auf.

3.3 Gegenleistungspolitik

Da im nicht-kommerziellen Marketing die Leistung des Anbieters nicht in einem monetären Entgelt besteht (Preispolitik im kommerziellen Bereich), ist es zweckmäßiger, von einer (nicht-monetären) Gegenleistungspolitik zu sprechen. Unter Bezugnahme auf Austauschprozesse stellt sich die Frage, welche Gegenleistung der Wähler für das Angebot der Parteien (Interessenvertretung) erbringt.

Die *Gegenleistung* besteht in erster Linie in der *Wahl der Partei*, von welcher der Wähler glaubt, am besten vertreten zu werden. Dabei wird ein instrumenteller Zusammenhang unterstellt: Mit der Wahl einer Partei hofft der Wähler, daß seine Interessen vertreten werden. Fraglich ist, ob das Wahlverhalten als eine rationale Entscheidung interpretiert werden kann (vgl. dazu Thurner 1998, Fuchs/Kühnel 1994). Das kann beim sog. Stimmensplitting unterstellt werden. Die Erst- und Zweitstimme werden hierbei auf zwei Parteien verteilt ("Leihstimmen"), um eine gewünschte Regierungskoalition zu unterstützen. Die Annahme einer Interessenvertretung weist allerdings Grenzen auf, denn bei der Wahl von Parteien, die später keine Regierungsverantwortung tragen, können die Interessen nur bedingt vertreten werden. Bei der Wahl von Splitterparteien, die voraussichtlich nicht die 5 %-Klausel erfüllen, findet keine Interessenvertretung im Parlament statt. In welchem Umfang eine Interessenvertretung möglich ist, hängt u. a. vom Ausgang der Wahl und notwendigen Regierungskoalitionen ab.

Eine weitere Besonderheit des Polit-Marketing besteht darin, daß die Gegenleistung des Wählers, je nach Wahlperiode, nur in *längerfristigen Abständen* erbracht werden kann, während die Interessenvertretung kontinuierlich erfolgt (oder nicht erfolgt). Der Wähler kann innerhalb einer Wahlperiode keine neue Entscheidung treffen, z. B. einer anderen Partei seine Stimme geben. Wahlen zu den Landesparlamenten oder zum Europäischen Parlament, die eventuell zeitversetzt zwischen den Bundestagswahlen stattfinden, weisen eigene Gesetzmäßigkeiten auf und bieten deswegen nur bedingt die Chance, eine Bundespartei zu "belohnen" oder zu "bestrafen".

Die Gegenleistung in der Form der Stimmabgabe für eine Partei weist aber indirekt doch eine *monetäre Komponente* auf. Die Parteien finanzieren sich zu einem erheblichen Teil über die sog. "Erstattung von Wahlkampfkosten" im Rahmen der öffentlichen Parteienfinanzierung (1998: 245 Mio. DM, vgl. o. V. 2000). Die Erstattung erfolgt dabei gemäß des Stimmenverhältnisses bei der Wahl.

Besondere Aspekte der Gegenleistung betreffen die *Parteienspenden*, auf welche die Parteien ebenfalls angewiesen sind. Gerade bei größeren Spenden (bei Spenden über 20 TDM hat deswegen ein namentlicher Ausweis zu erfolgen) kann leicht der Verdacht entstehen, daß hier eine konkrete (individuelle) Leistung einer Partei eingefordert oder honoriert werden soll (Problem der Bestechlichkeit).

3.4 Distributionspolitik

Bei der Leistung politischer Parteien handelt es sich um ein immaterielles Gut ohne Möglichkeit der Lagerung oder des Transports. Zumindest klassische Logistikfunktionen entfallen somit.

Ein erfolgreiches Polit-Marketing setzt eine mehrstufige *Parteiorganisation* voraus, die sich - auch - als eine *Vertriebsorganisation* interpretieren läßt. Das immaterielle Produkt "Interessenvertretung" muß konkretisiert an die Zielpersonen vor Ort herangetragen werden. Dabei überschneiden sich kommunikatiave und distributive Funktionen.

Zu den relevanten Aspekten zählen Fragen der dezentralen Organisation von Geschäftsstellen ("Filialen") mit fest angestellten und ehrenamtlichen Mitarbeitern (Parteimitglieder), des Angebots von Sprechstunden (z. B. von Abgeordneten), der Durchführung von Veranstaltungen und der lokalen Wahlkampfarbeit. Bei der Verteilung von Kommunikationsmitteln (z. B. Broschüren, Zeitungen, Plakate, Werbeständer) sind logistische Aufgaben zu lösen.

Im Bereich der Distributionspolitik ergeben sich somit Ähnlichkeiten zu anderen kommerziellen und nicht-kommerziellen Anbietern von Dienstleistungen. Zu den Besonderheiten zählt wiederum, daß ein Teil der dezentralen Aktivitäten zyklisch stattfindet, insbesondere in der "heißen Phase" von Wahlkämpfen.

3.5 Kommunikationspolitik

Die Kommunikationspolitik stellt das sichtbare Zeichen des Wettbewerbs politischer Parteien dar (zur Theorie der politischen Kommunikation vgl. Langenbuchner 1974). Aspekte der Gestaltung von Botschaften und Kommunikationsmittel, die Belegung von

Werbeträgern sowie der Einsatz von PR- und Werbeagenturen beweisen die große Ähnlichkeit mit der Kommunikationspolitik kommerzieller Unternehmen. Art und Umfang der kommunikativen Aktivitäten politischer Parteien stellen einen wesentlichen Grund für die Prüfung der Frage dar, ob es sich bei den Aktivitäten von Parteien um ein branchenspezifisches Marketing handelt.

Auch das Polit-Marketing umfaßt das klassische kommunikative Instrumentarium der Werbung, Öffentlichkeitsarbeit, Verkaufsförderung und persönlichen Kommunikation; hinzu kommt mittlerweile auch das Internet. Neben den von den Parteien beeinflußbaren kommunikativen Maßnahmen treten in einem wesentlich stärkeren Umfang als im kommerziellen Bereich die *nicht direkt beeinflußbaren Aktivitäten der Medien*. Diese berichten laufend über die Aktivitäten von Parteien und den von ihnen getragenen Regierungen. Diese Berichterstattung verstärkt sich in Wahlkampfzeiten. Somit treten die Medien in einem starken Maße als Multiplikatoren auf - im positiven wie im negativen Sinne (vgl. dazu Schulz 1997). Die kommunikative Gesamtwirkung einer Partei wird deswegen nur teilweise durch eigene Kommunikationsmaßnahmen erzielt. Den Regierungsparteien kommt zugute, daß sie über eine Vielzahl von PR-Stellen die Möglichkeiten haben, ihre Leistungen "auf Staatskosten" kommunikativ zu vermarkten.

Im Bereich der *Werbung* hat die Polit-Werbung ähnliche Probleme wie die kommerzielle Werbung zu lösen. Im inhaltlichen Bereich hat eine Positionierung zu erfolgen, die sich auf die Partei oder den Kandidaten konzentrieren kann. Bei einer Nutzenpositionierung spielt ebenfalls die Konzentration auf eine wesentliche Aussage (USP) eine wichtige Rolle (zur Bedeutung politischer Schlagworte vgl. Kroeber-Riel 1997). Plakate müssen dabei eine noch stärkere Verdichtung von Aussagen vornehmen als Rundfunk- oder TV-Spots. Im formalen Bereich sollte auch die Polit-Werbung Aspekte eines "Corporate Design" beachten (Wiedererkennungsmerkmale wie Parteiname, Parteifarben, Signets und Slogans, vgl. dazu auch Baringhorst 1995).

Die Polit-Werbung weist fließende Übergänge zur Polit-PR auf. Die Werbung konzentriert sich auf das Leistungsangebot eines Anbieters und spricht (potentielle) Kunden an. Die Öffentlichkeitsarbeit umfaßt mehr als das Leistungsangebot und ist an eine in viele Zielgruppen differenzierte Öffentlichkeit gerichtet (vgl. dazu Ronneberger 1978). Über die allgemeine *Öffentlichkeitsarbeit* wirken die Parteien - ganz im Sinne des Art. 21 GG - an der politischen Bewußtseins- und Willensbildung mit. Sie werden dabei durch die redaktionelle Berichterstattung der Medien gestützt. Der so initiierte pluralistische Willensbildungsprozeß in der Bevölkerung stellt einen ganz wesentlichen Bestandteil der deutschen Demokratie dar. In diesem Sinne kommt der Öffentlichkeitsarbeit der Parteien im Vergleich zur kommerziellen PR ein normativer Charakter zu (vgl. Wangen 1981, S. 58). Die Öffentlichkeitswirkung politischer PR ist auf der Bundesebene häufig wesentlich größer als diejenige kommerzieller PR (z. B. über Interviews und Talkshows, vgl. dazu auch Lucas 1992).

Die Kommunikation mit Parteimitarbeitern und -mitgliedern stellt einen wichtigen Aspekt der PR dar. Das *interne Marketing* (vgl. dazu Bruhn 1995) dient über die Aktivierung von Mitarbeitern und Mitgliedern einer wirksameren Außendarstellung.

Verkaufsförderungsmaßnahmen spielen auch im Polit-Marketing bei der Kontaktaufnahme mit Wählern eine Rolle (z. B. Verteilung von Promotion-Artikeln an Straßenständen, Polit-Rallyes und Polit-Parties).

Auch die *persönliche Kommunikation* wird im Polit-Marketing eingesetzt. Hierbei handelt es sich um Gespräche von Parteimitarbeitern bzw. -mitgliedern mit aktuellen und potentiellen Wählern. Kandidaten stellen sich im Rahmen eines Canvassing in ihrem Wahlkreis vor. Im Gegensatz zu den anderen kommunikativen Maßnahmen besteht die Möglichkeit eines direkten Feedback. Neben der Informations- und Beeinflussungsfunktion stellt die persönliche Kommunikation zugleich ein Instrument der Informationsgewinnung dar (Informationen über die Stimmung an der Basis). Auch wenn sich eine große Breitenwirkung kaum erreichen läßt, hat dieses Instrument bei der Ansprache von Mitgliedern und Wechselwählern und insbesondere von Multiplikatoren eine Bedeutung.

3.6 Marketing-Mix

Das Marketing eines Anbieters erreicht im Wettbewerb durch eine *optimale Kombination* aller eingesetzten Marketing-Instrumente eine größere Wirksamkeit. Dementsprechend sollten auch Parteien ein nach innen und außen geschlossenes Gesamtbild präsentieren (corporate identity).

Im Vergleich zu kommerziellen Unternehmen ergeben sich im Polit-Marketing Grenzen, einen *widerspruchsfreien Marktauftritt* zu realisieren. Eine Integration unterschiedlicher Interessengruppen ist nur bedingt möglich. Die einzelnen Parteiflügel dringen darauf, in Führungsgremien vertreten zu sein, um in der Öffentlichkeit besser wahrgenommen zu werden. Widersprüchliche Aussagen einzelner Parteiflügel bzw. ihrer Vertreter bieten Angriffspunkte für den politischen Gegner. Divergierende Interessen betreffen dabei die Leistungspolitik. Im Vergleich dazu bietet die Kommunikationspolitik eher Ansatzpunkte für eine Koordination von Einzelmaßnahmen (integrierte Kommunikation). In der heißen Phase von Wahlkämpfen gelingt es teilweise, eine temporäre Geschlossenheit zu erreichen.

Ein geschlossener Marktauftritt wird auch dadurch begrenzt, daß die Medien die von den Parteien kontrollierte politische Kommunikation mit einer noch umfangreicheren redaktionellen Berichterstattung und Kommentierung begleiten. Der Eindruck einer Partei bei den Wahlberechtigten wird darüber hinaus von der "vergleichenden Werbung" der anderen Parteien beeinflußt, die - wesentlich stärker als bei kommerziellen Unternehmen - auch diffamierenden Charakter aufweisen kann.

Damit ergeben sich im Polit-Marketing auch beim Marketing-Mix Besonderheiten. In einer Demokratie können (im Gegensatz zu einem Einparteien-Regime) keine optimierten Strategien im Sinne eines integrierten Marketing durchgeführt werden. Das betrifft in der Bundesrepublik aber letztlich alle Parteien.

4. Zusammenfassung

Politische Parteien setzen bei ihrer Arbeit, insbesondere in Wahlkämpfen, Methoden ein, die eine Marketing-Professionalität erfordern, um erfolgreich zu sein. Der Einsatz kommerzieller Marktforschungsinstitute sowie PR- und Werbeagenturen macht dies besonders deutlich. Parteien unterliegen damit in bezug auf die Wirksamkeit dieser Maßnahmen ähnlichen Gesetzmäßigkeiten.

Das Marketing setzt Transaktionsprozesse zwischen Anbietern und Nachfragern voraus, die sich durch Leistungen und Gegenleistungen kennzeichnen lassen. Zwar kann man das Leistungsangebot einer Partei als Interessenvertretung und die Gegenleistung als Wahl der Partei interpretieren. Allerdings bestehen einerseits keine vertraglichen Beziehungen; der Wähler kann die Leistung nicht einklagen. Andererseits kommt auch ein Nichtwähler in den Genuß von Leistungen der regierenden Parteien ("Trittbrettfahrer").

Die pluralistische Gesellschaft spiegelt sich in den Parteien - auch den kleineren - wider. Widerstreitende Interessen müssen auf mehreren Ebenen durch ständige Kompromisse ausgeglichen werden. Über die Vertretung von divergierenden Interessengruppen ergeben sich teilweise konfliktäre Ziele im Zielsystem der Parteien, entsprechend nur bedingt kompatible Leistungsangebote, ein kommunikativ nicht geschlossener Marktauftritt und eine deswegen nicht optimale Kombination der Marketing-Instrumente. Da dies aber alle Parteien betrifft, bleibt die relative Chancengleichheit gewährleistet.

Bei den Leistungen der Parteien handelt es sich um kein ökonomisches Gut (auch wenn viele Maßnahmen durchaus erhebliche ökonomische Relevanz besitzen). Es stehen Austauschprozesse besonderer Art im Mittelpunkt, die auf einer ganz anderen Ebene stattfinden und das Funktionieren der deutschen Nachkriegsdemokratie gewährleisten (zum politischen System der Bundesrepublik vgl. z. B. Beyme 1996).

Diese Besonderheiten können dafür ausschlaggebend sein, daß sich der Begriff Polit-Marketing bislang nicht durchgesetzt hat und in der deutschsprachigen Marketing-Literatur quasi nicht berücksichtigt wird.

5. Literatur

Alemann, U. v. (1987): Organisierte Interessen in der Bundesrepublik, Opladen.

Ansoff, H. I. (1966): Management-Strategie, München.

Baringhorst, S. (1998): Politik als Kampagne. Zur medialen Erzeugung von Solidarität, Opladen, Wiesbaden.

Baringhorst, S. (Hrsg.) (1995): Macht der Zeichen - Zeichen der Macht: neue Strategien politischer Kommunikation, Frankfurt a. M.

Berth, R. (1963): Wähler- und Verbraucherbeeinflussung, Stuttgart.

Beyme, K. v. (1980): Interessengruppen in der Demokratie, München.

Beyme, K. v. (1996): Das politische System der Bundesrepublik Deutschland. Eine Einführung, 8. Aufl., München.

Betschneider, M. (1987): Wahlkampfführung und politische Weltbilder. Eine systematische Analyse des Wahlkampfes der Bundestagsparteien in den Bundestagswahlkämpfen 1976 und 1980, Frankfurt a. M. u. a.

Bowler, S./Farrell, D. M. (Hrsg.) (1992): Electoral Strategies and Political Marketing, New York.

Bretschneider, R. (1985): Demoskopie als Politikersatz? Gebrauch und Mißbrauch der politischen Meinungsforschung, in: Plasser, F./Ulram, P. A./Welan, M. (Hrsg.): Demokratierituale, Wien u. a., S. 271-277.

Bruhn, M. (1995): Internes Marketing. Integration der Kunden- und Mitarbeiterorientierung. Grundlagen, Implementierung, Praxisbeispiele, Wiesbaden.

Bruhn, M./Tilmes, J. (1994): Social Marketing. Einsatz des Marketing für nichtkommerzielle Organisationen, 2. Aufl., Stuttgart u. a.

Bürklin, W. (1988): Wählerverhalten und Wertewandel, Opladen.

Bürklin, W./Klein, M. (1998): Wahlen und Wählerverhalten. Eine Einführung, 2. Aufl., Opladen.

Feist, U./Liepelt, K. (1990): Was die Dynamik des Arbeitsmarktes für das Wählerverhalten bedeutet, in: Kaase, M./Klingemann, H.-D. (Hrsg.): Wahlen und Wähler, Opladen, S. 89-107.

Fuchs, D./Kühnel, S. (1994): Wählen als rationales Handeln. Anmerkungen zum Nutzen des Rational-Choice-Ansatzes in der empirischen Sozialforschung, in: Klingemann, H.-D./Kaase, M. (Hrsg.): Wahlen und Wähler, Opladen, S. 305-364.

Goehrmann, K. E. (Hrsg.) (1993): Polit-Marketing auf Messen, Düsseldorf.

Hartmann, K. D. (Hrsg.) (1969): Politische Beeinflussung. Voraussetzungen, Ablauf und Wirkungen, Frankfurt a. M.

Hasitschka, W./Hruschka, H. (1982): Nonprofit-Marketing, München.

Herder-Dorneich, P./Groser, M. (1977): Ökonomische Theorie des politischen Wettbewerbs, Göttingen.

Herzog, D./Weßels, B. (Hrsg.) (1989): Konfliktpotentiale und Konsensstrategien. Beiträge zur politischen Soziologie der Bundesrepublik, Opladen.

Hirsch-Weber, W. (1969): Politik als Interessenkonflikt, Stuttgart.

Kaase, M./Klingemann, H.-D. (Hrsg.) (1990): Wahlen und Wähler. Analysen aus Anlaß der Bundestagswahl 1987, Opladen.

Kavanagh, D. (1995): Election Campaigning: The New Marketing of Politics, Oxford u. a.

Klingemann, H.-D./Kaase, M. (Hrsg.) (1994): Wahlen und Wähler. Analysen aus Anlaß der Bundestagswahl 1990, Opladen.

Kotler, P. (1978): Marketing für Nonprofit-Organisationen, Stuttgart.

Kotler, P./Andreasen, A. (1991): Strategic Marketing für Nonprofit Organizations, 4. Aufl. Englewood Cliffs.

Kotler, P./Roberto, E. (1991): Social-Marketing, Düsseldorf.

Kroeber-Riel, W. (1997): Die Aktivierung der Wähler durch politische Schlagworte. Ergebnisse einer empirischen Untersuchung, in: Zeitschrift für Markt- und Meinungsforschung, 3-4, S. 3429-3441.

Krzeminski, M./Neck, C. (Hrsg.) (1994): Praxis des Social Marketing. Erfolgreiche Kommunikation für öffentliche Einrichtungen, Vereine, Kirchen und Unternehmen, Frankfurt a. M.

Küchler, M. (1980): Interessenwahrnehmungen und Wahlverhalten. Perspektiven und Ergebnisse der neueren Wahlforschung, in: Zeitschrift für Politik, 3, S. 277-290.

Langenbuchner, W. R. (Hrsg.) (1974): Zur Theorie der politischen Kommunikation, München.

Lass, J. (1995): Vorstellungsbilder über Kanzlerkandidaten. Zur Diskussion um die Personalisierung von Politik, Wiesbaden.

Lazarsfeld, P. F./Berelson, B./Gaudet, H. (1969): The People's Choice, New York.

Lehner, F. (1973): Politisches Verhalten als sozialer Tausch. Eine sozial-psychologische Studie zur utilitaristischen Theorie politischen Verhaltens, Bern, Frankfurt.

Lucas, J. (1992): Strategische Kommunikation am Beispiel politischer Fernsehdiskussionen. Eine sprachwissenschaftliche Untersuchung, Diss. Tübingen.

Mauser, G. A. (1980): Positioning Political Candidates. An Application of Concept Evaluation Concepts, in: Journal of the Market Research Society, 3, S. 181-191.

Mauser, G. A. (1983): Political Marketing: An Approach to Campaign Strategy, New York.

Meffert, H. (1998): Marketing. Grundlagen marktorientierter Unternehmensführung. Konzepte - Instrumente - Praxisbeispiele, 8. Aufl., Wiesbaden.

Newman, B. I. (Hrsg.) (1999): Handbook of Political Marketing, Thousand Oaks u. a..

Newman, B. I. (1994): The Marketing of the President: Political Marketing as Campaign Strategy, Thousand Oaks.

Noelle-Neumann, E. (1989): Öffentliche Meinung: Die Entdeckung der Schweigespirale, Frankfurt a. M., Berlin.

Norpoth, H. (1977): Kanzlerkandidaten: Wie sie vom Wähler bewertet werden und seine Wahlentscheidung beeinflussen, in: Politische Vierteljahresschrift, 2-3, S. 551-572.

Oberndörfer, D. (Hrsg.) (1978): Wählerverhalten in der Bundesrepublik Deutschland, Berlin.

Oberreuther, H. (Hrsg.) (1986): Wahrheit statt Mehrheit? An den Grenzen der parlamentarischen Demokratie, München.

o. V. 2000): Berechnung der endgültigen staatlichen Teilfinanzierung 1999 zum 15. Februar 2000, http://www.bundestag.de/datbk/finanz/endfin.htm, Stand: 04.04.00.

Plasser, F./Ulram, P. A./Welan, M. (Hrsg.) (1985): Demokratierituale. Zur politischen Kultur der Informationsgesellschaft, Wien u. a.

Radunski, P. (1980): Wahlkämpfe. Moderne Wahlkampfführung als politische Kommunikation, München, Wien.

Ronneberger, F. (1978): Public Relations der politischen Parteien, Nürnberger Forschungsberichte Bd. 12, Nürnberg.

Roth, D. (1998): Empirische Wahlforschung. Ursprung, Theorien, Instrumente und Methoden, Opladen.

Schulz, W. (1997): Politische Kommunikation. Theoretische Ansätze und Ergebnisse empirischer Forschung zur Rolle der Massenmedien in der Politik, Opladen.

Schulze, M. (1997): Profit in der Nonprofit-Organisation. Ein betriebswirtschaftlicher Ansatz zur Klärung der Definitionsdiskussion, Wiesbaden.

Stöss, R. (1986): Arbeitnehmer als Stammwähler. Sozialer Wandel und Wahlbeständigkeit in der Bundesrepublik Deutschland, Berlin.

Thurner, P. W. (1998): Wählen als rationale Entscheidung. Die Modellierung von Politikreaktionen im Mehrparteiensystem, München.

Wangen, E. (1983): Polit-Marketing. Das Marketing-Management der politischen Parteien, Opladen.

Wangen, E. (1981): Polit-Marketing. Möglichkeiten und Grenzen der Übertragbarkeit kommerzieller Marketing-Konzepte auf den Bereich politischer Parteien, in: Freter, H. (Hrsg.): Arbeitspapier des Lehrstuhls für Marketing der Universität Bayreuth, Bayreuth.

Wettstein, H. (1980): Der Einfluß politischer Images auf das Wahlverhalten. Ein theoretischer und empirischer Beitrag zur Parteiimageforschung, Bern, Stuttgart.

Bernd Günter

Kulturmarketing

1. Einleitung
2. „Marketing" für Kultur"betriebe"? Barrieren der Akzeptanz und Legitimation des Marketing
3. Charakteristika des Kultursektors: Kulturmarketing = Non-Profit-Marketing?
4. Gegenstand und Übertragbarkeit des Marketing: Kulturinstitutionen als Dienstleistungsbetriebe
5. Bausteine von Marketing-Konzeptionen im Kulturbereich
6. Wettbewerbsvorteile von Kulturdienstleistungen
7. Kundenorientierung und Kundenbindung im Kulturbereich
8. Informationsgewinnung, Markt- und Kundenforschung
9. Ausgewählte strategische Fragen des Kulturmarketing
10. Ausgewählte instrumentelle Fragen des Kulturmarketing
11. Marketing und modernes Management - die ganze BWL für Kulturbetriebe
12. Literatur

1. Einleitung

Die Anwendung betriebswirtschaftlicher Überlegungen und Konzeptionen auf bestimmte Wirtschaftszweige/Sektoren, Branchen, Institutionen folgt letztlich der sog. institutionellen Betrachtungsweise in der Wirtschaftswissenschaft. Diese recht traditionelle Schnittlegung besitzt ihre Stärken im deskriptiven und manchmal auch normativen Gehalt wegen seiner Praxisnähe und Anwendungsorientierung - mehr in Lehre und Transfer als in der Forschung (Engelhardt 2000).

Darüber hinaus kann ein solche Vorgehensweise aber auch dazu beitragen, den Aufschluß bisher nicht bearbeiteter Forschungsfelder zu befördern. Nun gibt es für den kulturellen Sektor - pauschal vereinfacht - eher wenige betriebswirtschaftliche Untersuchungen mit wissenschaftlichem Charakter und Anspruch. Daher scheint es zweckmäßig, für diesen gesellschaftlichen Sektor mit nicht geringer wirtschaftlicher Bedeutung (Ministerium für Wirtschaft und Mittelstand, Technologie und Verkehr des Landes Nordrhein-Westfalen 1998; Heinrichs 1997) einer betriebswirtschaftlichen, hier speziell Marketing-Analyse zu unterziehen.

Dabei entsteht als Einstiegsproblem die Frage nach der Abgrenzung des Kulturbereiches. Es kann hier nicht der Ort sein, einen weiteren der vielen Versuche einer zweckmäßigen Abgrenzung vorzunehmen. Vielmehr soll der Kultursektor pragmatisch auf den Bereich der traditionellen "Hochkultur" beschränkt werden, der durch darstellende und bildende Kunst sowie deren Vermittlung gekennzeichnet ist. Damit stehen die Bereiche der Theater, Museen, Kunstausstellungen und -galerien u. ä. im Zentrum der Betrachtung. Am anderen Ende des sehr umstrittenen Kontinuums des Kultur-Spektrums wären dann Alltags- und Soziokultur anzusiedeln (siehe z. B. Heinrichs 1997, S. 27 ff.).

2. "Marketing" für Kultur"betriebe"? Barrieren der Akzeptanz und Legitimation des Marketing

Zunächst lässt sich auch zu Beginn des Jahres 2000 konstatieren, dass - trotz vieler enorm positiver Beispiele der Anwendung modernen Managements - über 30 Jahre Marketing-Theorie und -Praxis an vielen Kulturbetrieben fast spurlos vorübergegangen zu sein scheinen. Mehr noch: die Resistenz gegen moderne Management-Methoden und Marketing-Konzeptionen durchzieht ganze Scharen von Theatern oder Museen - und das, obwohl Finanznot und Wettbewerb, Publikumsinteresse und Besucherabstinenz das Jonglieren mit Marketing-Strategien und Marketing-Instrumenten durchaus nahelegen. Widerstände gegen die Anwendung systematischen Marketing-Denkens (vgl. z. B. Müller-

Hagedorn/Feld 2000, S. 31 ff.) kommen zum einen aus der geforderten Dominanz künstlerischer Freiheit, zum anderen aus der tagtäglichen „Kunst versus Kommerz"-Diskussion, die in aller Öffentlichkeit einen Gegensatz zwischen den beiden "K" postuliert. Dabei ist die grundsätzliche Vereinbarkeit beider Aspekte durch eine Fülle von Beispielen belegbar, von denen ein besonders illustres dasjenige Rembrandts ist (Alpers 1989).

Kann bzw. sollte es ein eigenständiges Marketing für Kultureinrichtungen, für Kulturbetriebe, für Kulturschaffende geben? Dazu sollte Marketing vorläufig interpretiert werden als Instrumentarium zur Erzielung von Akzeptanz auf Märkten und von Markterfolgen. Pointiert und unter Verwendung eines Wortspiels lässt sich Marketing auch als „Streben nach Zu-Wendung" bezeichnen. Kaas spricht von den Aufgaben des Marketing als von Leistungsfindung und Leistungsbegründung (Kaas 1995, Sp. 974). Beides konstituiert, wenn es zum Kern einer Unternehmenspolitik, einer Managementkultur der Kulturinstitution erhoben wird, die „marktorientierte Unternehmensführung". Es lässt sich leicht erkennen: wenn ein Kulturschaffender eine kulturelle Leistung um ihrer selbst willen oder lediglich zur eigenen Selbstverwirklichung schafft bzw. schaffen würde, wäre dieses für sich genommen kein Feld für Marketing-Überlegungen. Erwartet er aber Akzeptanz, Rezeption, Interesse, Kauf, Präsentation oder ähnliche Reaktionen, die auf Märkten stattfinden (Pommerehne/ Frey 1993), so können Marketing-Denken und Marketing-Konzeptionen Anwendung finden. Dieses Marketing kann markt- bzw. nachfrageinduziert sein und damit einen „demand-pull"-Charakter haben. Etwa bei der Auftragsproduktion von Werken der bildenden Kunst, bei der nachfragegesteuerten Präsentation von Ausstellungen oder bei der Herstellung von Auftragswerken der Musik. Typisch für weite Bereiche des Kultursektors ist jedoch ein „supply-push"-Marketing. Dabei steht am Beginn die künstlerische Idee von einem kulturellen Produkt im weitesten Sinne. Das Marketing-Denken verlangt dann eine systematische Konzeption zur Erfüllung der Marktziele, etwa der Erreichung einer bestimmten Zielgruppe oder Besucherzahl für dieses Produkt. Damit bedeutet Marketing – gerade im Kultursektor - eben **nicht** automatisch „give the market what it wants" (eine Befürchtung vieler Kulturschaffender). Im übrigen ist gerade das Marketing im Kulturbereich eingebunden und restringiert durch gesellschaftspolitische, ästhetische u. a. Ziele sowie vor allem rechtliche Nebenbedingungen (Pommerehne/Frey 1993).

3. Charakteristika des Kultursektors: Kulturmarketing = Non-Profit-Marketing?

Mit vorstehenden Argumenten sind die betriebswirtschaftlich relevanten Eigenarten des Kultursektors angesprochen. Sie lassen sich in folgenden Aspekten stichpunktartig zusammenfassen (siehe auch Müller-Hagedorn/Feld 2000):

- Dominanz des „supply-push"-Denkens im Hinblick auf Marktbeziehungen,
- scharfer Wettbewerb in vielen Teilbereichen, etwa in der Theaterszene der Metropolen, in der Literaturproduktion und -vermarktung u. a.,
- Existenz- oder Subsistenzgefährdung vieler Kulturschaffender und Kulturinstitutionen, gerade wenn Markteigenarten und Möglichkeiten zum wirtschaftlichen Handeln ausser acht gelassen werden,
- begrenzte Bedeutung erwerbswirtschaftlicher Zielsetzungen,
- in vielen Staaten beträchtliche gesellschaftspolitische, z. B. bildungspolitische Bedeutung,
- erhebliche Verzahnung des Kultursektors mit der öffentlichen Verwaltung und mit Bildungsinstitutionen (Beispiel: Trägerschaft von kommunalen Theatern, „Zwangsbesuche" von Schulen in Museen und Theatern usw.),
- häufig: öffentliche Förderung, Finanzierung, Trägerschaft von Kulturinstitutionen,
- traditionell adäquate Anwendung einzelner Marketing-Instrumente, ohne dass stets die heute übliche Marketing-Systematik und Terminologie verwendet würde bzw. worden wäre.

Hieran lässt sich die Frage knüpfen, ob Kulturbetriebe als Non-Profit-Organisationen (NPOs) zu klassifizieren seien. In der allgemeinen Form, in der dieses gelegentlich behauptet wird, ist die These abzulehnen. Vielmehr gibt es viele Kulturinstitutionen, deren Zielbündel Gewinnziele enthalten, oft zumindest Verlustminimierung. Die zunehmende Tendenz, das wirtschaftliche Gebaren von Kulturbetrieben stärker auf Effektivität und Effizienz auszurichten, spricht eher dagegen, von NPOs zu reden. Dies wird noch unterstützt, wenn ähnliche oder dieselben Konzeptionen, Strategien und Instrumente Verwendung finden wie im erwerbswirtschaftlichen Sektor. Zumindest erlaubt die Gewichtung der Ziele innerhalb von Zielbündeln der Kulturbetriebe keine undifferenzierte Non-Profit-Interpretation.

4. Gegenstand und Übertragbarkeit des Marketing: Kulturinstitutionen als Dienstleistungsbetriebe

Gegenstand des Marketing im modernen, weitgefassten Sinne ist der Austausch von Leistungen und Werten jeder Art (Kotler 1999, S.26 ff.; Kotler/Bliemel 1998; Kotler 1972; Bagozzi 1975; Plinke 2000). Damit fällt auch das Angebot kultureller Arbeiten, Leistungen und Werte bzw. die Nachfrage nach solchen Austauschobjekten in den Bereich, der Marketing-Überlegungen zugänglich ist. Marketing-Konzeptionen können also auch für Kulturbetriebe jeder Art entwickelt und realisiert werden, seien sie kommerziell oder nicht-kommerziell (NPO) ausgerichtet. Die mit der Anwendung von Marketing-Gedanken und -Konzeptionen verbundenen Zielsetzungen eines Kulturbetriebes können allerdings sehr unterschiedlich sein. Die Gemeinsamkeiten dieser Anwendungen liegen in der Nutzung des Grundgedankens und der wesentlichen Bausteine des Marketing.

Kulturbetriebe bieten Dienstleistungen wie Theateraufführungen, Sammlungs- und Ausstellungspräsentationen oder andere Leistungen an. Kulturproduzenten können jedoch oft auch als Anbieter von Produkten im Sinne von Sachleistungen (Sachgütern) verstanden werden. Die Produkte sind typischerweise solche mit künstlerischem Anspruch und Gehalt, oft Unikate und individualisiert. Es gibt aber, z. B. bei der künstlerischen Erstellung von Bronzeplastiken oder Lithographien, auch Serienprodukte. Soweit Dienstleistungen erstellt werden, sind diese nach jüngerem Verständnis des Dienstleistungsmanagements charakterisiert durch eine mehr oder weniger hohe Autonomie bei der Erstellung und ihrem Angebot, durch eine mehr oder weniger starke Integration des Kunden (Nutzers, Besuchers) und durch eine mehr oder weniger ausgeprägte Immaterialität. Letztere ist z. B. bei Theateraufführungen als hoch einzustufen. Für die Vermarktung, also die Verfügbarmachung für Nutzer, Publikum, Käufer, ist bei Dienstleistungsangeboten insbesondere die Strukturierung des Umgangs mit Dienstleistungen in Potential, Prozess und Ergebnis von Bedeutung (vgl. z. B. Engelhardt/Kleinaltenkamp/Reckenfelderbäumer 1993). Eine Reihe von Dienstleistungen der Kulturbetriebe erfüllt die Bedingungen eines (systematischen) Marketing: Theater- und Museumspädagogik als spezielle Vermittlungsaufgaben gehorchen in hohem Maße dem Marketing-Gedanken und folgen oft auch den konzeptionellen Elementen eines modernen Marketing.

Die Elemente des Marketing werden nachfolgend als „Bausteine" von Marketing-Konzeptionen kurz vorgestellt. Als Kern des Marketing-Denkens ist das Management von Wettbewerbsvorteilen anzusehen und der dazu erforderliche Ankerpunkt der Marktorientierung, also des Einnehmens der Perspektive eines Nachfragers (Kunden) auf dem jeweiligen Markt. Marktorientierung läßt sich im kulturellen Kontext je nach konkreter Fragestellung auch als Nachfrageorientierung, Kundenorientierung, Adressatenorientierung, Nutzerorientierung oder Besucherorientierung interpretieren (siehe z. B. Utzig 1997; Günter 1998a und 1999a; Bruhn 1999).

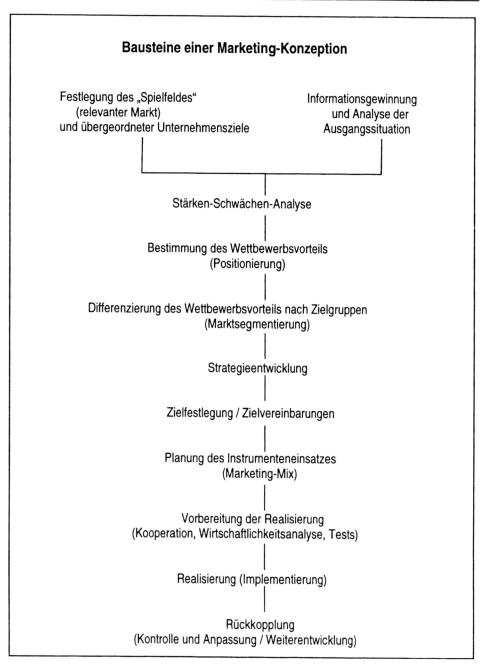

Abbildung 1: Bausteine einer Marketing-Konzeption

5. Bausteine von Marketing-Konzeptionen im Kulturbereich

Die zentralen Elemente, die „Bausteine" einer Marketing-Konzeption zeigt Abbildung 1. Ein solches Strukturierungs-, Denk- und Arbeitsraster darf auch für Kulturbetriebe Gültigkeit bzw. Zweckmäßigkeit beim Herangehen an Märkte für kulturelle Leistungen beanspruchen. Im Kern steht die Entscheidung über die Positionierung eines Angebotes in der „kulturellen Landschaft" und darüber hinaus in der Landschaft der Bildungs-, Freizeit- und Unterhaltungsangebote. Positionierung und Profilierung müssen so erfolgen, dass die Ziele der Kulturinstitution erfüllt werden, also ein hoher Zielerreichungsgrad realisiert wird. Dies hängt davon ab, inwieweit es gelingt, in der Wahrnehmung der Adressaten (Kunden) Unverwechselbarkeit, Einmaligkeit, Differenzierung, insgesamt also: Präferenzen und damit Wettbewerbsvorteile zu erreichen. Dabei wird unterstellt, dass sich Nachfrager nur dann dafür entscheiden, ein Kulturangebot wahrzunehmen, wenn ihnen diese im Vergleich zu anderen in Betracht gezogenen Alternativen („Wettbewerbern", „Wettbewerb") Vorteile im weiteren Sinne bieten („Wettbewerbsvorteile"). Es geht also im Kultur-Marketing darum, bei den „angepeilten" Zielgruppen (Adressaten) Wettbewerbsvorteile zu erreichen, d. h. Wettbewerbsvorteile zu konzipieren, durch planerische Aktivitäten zu schaffen, durch Umsetzungsmaßnahmen zu realisieren, sie zu sichern und gegen Konkurrenzaktivitäten zu verteidigen sowie sie längerfristig auszubauen und weiterzuentwickeln (vgl. dazu insbesondere Backhaus 1999 und Porter 1999).

Wettbewerbsvorteile bei den Adressaten-Zielgruppen erreicht man nur, wenn man deren Verhalten und Motive kennt und Präferenzen in deren Beurteilung erzielt. Die Orientierung an den Bewertungen und am Verhalten der Zielgruppen, die Kundenorientierung, hier etwa in der Form der Besucherorientierung, ist daher das zweite zentrale Konstrukt im Marketing. Besucherorientierung zielt auf Besucherzufriedenheit und Besucherbindung – beides Faktoren zur Erzielung langfristiger Wirkungen (Geschäftsbeziehungen). Damit wird deutlich, dass es zu Management-Konzeptionen einer Kulturinstitutionen gehören muss, in Zielbündeln Sachziele und ökonomische Formalziele zu formulieren und damit Adressaten und angestrebte Wirkungen festzulegen (vgl. z. B. Müller-Hagedorn/Feld 2000, S. 108 ff., 141 ff.).

Zur Erreichung solcher Ziele, insbesondere der auf die Absatzleistung und den Absatzmarkt bezogenen Ziele, dienen Marketing-Strategien und das operative Marketing, also die Marketing-Instrumente. Marketing-Strategien sind Maßnahmenbündel mit klarer Stoßrichtung, oft langfristiger Ausrichtung und einer gewissen Verbindlichkeit für die Ausführenden. Sie sollen zur Erzielung der angestrebten Wettbewerbsvorteilsposition führen. Im Zentrum der Marketing-Strategien steht zunächst die Leistungsfindung, also die Festlegung des Leistungsprogramms aus Kern- und Zusatzleistungen (Randleistungen). Damit ist der Marketing-Mix und dessen möglicher Schwerpunkt angesprochen. Der Marketing-Mix ist die an strategischen Konzeptionen orientierte Kombination der einzelnen Marketing-Instrumente (siehe Abschnitt 9). Die Instrumente müssen dabei aufeinander abgestimmt eingesetzt werden, in sich stimmig, nach aussen auf Effektivität und nach innen auf Effizienz gerichtet. Zur Durchsetzung der strategischen und operativen Elemente des Marketing dient neben der externen Aktivität, die auf Adressaten ausserhalb des Kulturbetriebes gerichtet ist, das sogenannte „interne Marketing" (z. B. Bruhn 1999b). Dabei geht es um die Aufgabe, durch betriebsinterne Maßnahmen sicherzustellen, dass die nach aussen gerichtete Leistungs- und Absatzaufgabe zielgerecht erfüllt werden kann. In Museen und Theatern z. B. bedeutet dies, dass die Mitarbeiter dazu veranlasst werden müssen, „an einem Strang zu ziehen" und sich aufeinander abgestimmt für die Maßnahmen der Marktbearbeitung, des Absatzes der kulturellen Leistung, des Services für die Adressaten (Kunden, Besucher u. ä.) einzusetzen. Hierzu sind etwa Maßnahmen zur Verbesserung der internen Kommunikation zu treffen.

6. Wettbewerbsvorteile von Kulturdienstleistungen

Wettbewerbsvorteile können in viererlei Form auftreten (Günter 1997):

- ein Angebot ist „besser" als die von Adressaten in Betracht gezogenen Alternativen, es bringt ihnen mehr Nutzen, einen unverwechselbaren, originellen Vorteil, eine neue Erfahrung o. ä.,
- ein Angebot ist aus der Sicht der Nachfrager kostengünstiger. Dabei ist der gesamte Aufwand relevant, den ein Nachfrager treiben muss, um in den Besitz/Genuss des Angebotes zu gelangen und es nutzen zu können,
- ein Angebot ist schneller verfügbar und nutzbar als die Alternativen (z. B. eine Uraufführung im Vergleich zu späteren Aufführungen oder einer späteren Fernsehaufzeichnung und -sendung),
- ein Angebot wird als verlässlicher beurteilt im Vergleich zu den Alternativen (z. B. Open-Air-Konzerte in wettersicheren Gebieten im Vergleich zu solchen in wetterunsicheren Gebieten).

Das „Denken in Wettbewerbsvorteilen" hilft, die Legitimation des Kulturbetriebes zu sichern, Nachfrage zu akquirieren und zu binden und auch eine Weiterentwicklung des Angebotes zu stimulieren. Es ist an die Orientierung an Kultur-Nachfragern (z. B. Besuchern) gebunden. Das bedeutet aber lediglich, dass das Angebot aus der Perspektive des Kunden gesehen und beurteilt wird bzw. werden sollte.

7. Kundenorientierung und Kundenbindung im Kulturbereich

Kundenorientierung bedeutet, ein Angebot an den Anforderungen, an den Erwartungen, am Verhalten und an der Beurteilung der Adressaten auszurichten oder zumindest zu messen und überprüfen (um es dann ggfs. einer Modifikation zu unterziehen). Dazu müssen die Leitung und die Mitarbeiter eines Kulturbetriebes neben der üblicherweise vorhandenen „Innensicht" immer wieder auch die „Aussensicht", die Perspektive der Adressaten kennen oder sogar einnehmen. Kundenorientierung bedeutet im Kulturbereich Besucher- bzw. Publikumsorientierung, Nutzerorientierung, Leserorientierung u. a. m. Besucherorientierung liefert Museen oder Theatern einer Fülle von Beiträgen zur Erreichung der eigenen Ziele. Beispielhaft zeigt dies Abbildung 2 für den Bereich des Theaters (Günter 1999a).

Warum mehr Besucherorientierung im Theater?

- damit die Ziele der Theaterproduktion erreicht werden und nicht durch „Besuchermisshandlung" und Unzufriedenheit überlagert werden
- damit Besucher nicht vom „Kern der Sache" abgelenkt werden
- damit Besucher sich „ganzheitlich wohlfühlen" und entsprechend urteilen
- damit positive Mund-zu-Mund-Werbung entstehen kann
- damit Rückkopplung und Verbesserungen und Weiterentwicklung erleichtert werden
- damit nicht Flurschaden durch negative Berichterstattung in Medien angerichtet wird
- damit Theatermitarbeiter sich bestätigt fühlen können und zufrieden mit ihrer Tätigkeit sind
- damit (sofern angestrebt) Besucherzahlen gesteigert werden können
- damit man vom Besucher Gegenleistungen erhält
- damit mehr finanzielle Mittel der „öffentlichen Hand" akquiriert werden können
- damit Besucher sich für das Theater engagieren, z. B. in kulturpolitischen Diskussionen

---

Abbildung 2:   Warum mehr Besucherorientierung im Theater?

Kundenorientierung besteht aus sechs Bausteinen (vgl. Günter 1998a):

- der Denk- und Verhaltensweise „vom Kunden her" (Aussensicht)
- der Kundenanalyse, Markt- und Kundenforschung (den Kunden kennenlernen)
- der Kundensegmentierung – also der differenzierten Behandlung unterschiedlicher Zielgruppen
- einer zieladäquaten Kundenbehandlung
- der Kundenzufriedenheit sowie
- der Kundenbindung.

8. Informationsgewinnung, Markt- und Kundenforschung

Ein im Kultursektor besonders unterentwickeltes, aber enorm wichtiges Element des Marketing ist die Informationsgewinnung und Aufbereitung über Markt und Nachfrage, also die Markt- und Kundenforschung (vgl. z. B. Klein 1990; Helm/Klar 1997). Zwar gibt es für Theater und Museen immer wieder vor allem betriebsbezogene und damit standortbezogene Besucheranalysen. Diese sind zumeist darauf gerichtet, Informationen über Kundenstruktur, -herkunft, Informations- und Besuchsverhalten bereitzustellen. Allerdings fehlt es an übergreifenden Untersuchungen und an Nichtbesucheranalysen. Letztere soll(t)en vor allem Akzeptanzbarrieren aufdecken und damit Hinweise für Verbesserungen des Marketing-Instrumenteneinsatzes liefern.

Eine kritische Betrachtung des praktischen Kulturmarketing und seiner wissenschaftlichen Behandlung lässt erkennen, dass es letztlich an Grundlagenforschung zu Marktbeziehungen im Kulturbereich fehlt. So lässt sich immer noch kaum angeben, warum bestimmte Bevölkerungsgruppen Theater und Museen besuchen bzw. bestimmte Angebote wahrnehmen, andere hingegen nicht. Daneben erscheint die Umsetzung der aus Besucherstudien gewonnenen Erkenntnisse oft unzureichend. Allzu oft verschwinden "Datenfriedhöfe" ungenutzt. Dies mag an mangelnder Kapazität der Kulturinstitutionen liegen, ist aber doch ein Zeichen von Ineffizienz und im Einzelfall Ressourcenverschwendung.

9. Ausgewählte strategische Fragen des Kulturmarketing

Die Praxis des Marketing in Kulturbetrieben kann aus anderen Sektoren durchaus (mehr) Anregungen ziehen und mit eigenen Aktivitäten anreichern. Auf dem Gebiet der Marketing-Strategie erscheinen bisher z. B. Strategien eines umfassenden Service-Angebotes (im Sinne eines „augmented product", eines Bündels von Nutzen, Kotler u. a. 1999, S. 526-530), Segmentierungsansätze, Kooperationsstrategien und Kundenbindungsprogramme unzureichend im Kultursektor implementiert.

Zunächst vertreten Anbieter kultureller Leistungen häufig die Meinung, dass es ihnen und ihren Abnehmern lediglich um die Kernleistung ginge. Dabei wird übersehen, dass Nachfrager i.d.R. das Gesamterlebnis eines Theaterabends oder Museumsbesuches beurteilen und diese ihre Einstellungen prägen wie auch etwa ihr Weiterempfehlungsverhalten. Das bedeutet aber, dass im Rahmen einer strategischen Planung auch Zusatzleistungen, Kommunikation, Rahmen und Umfeld auf Akzeptanz geprüft und ausgerichtet werden müssen. Event-Anbieter verstehen zumeist recht gut, ein Komplettpaket aus kultureller Kernleistung und Zusatzleistungen anzubieten, um Kundenzufriedenheit zu erzielen. Dazu gehören auch Warenangebote, die die Basisleistung ergänzen wie etwa Shop-Angebote (John 2000).

Bei der Markt- und Kundensegmentierung geht es darum, Zielgruppen zu ermitteln, die homogener als der Gesamtmarkt auf Kulturangebote reagieren, und diese dann mit gezielten Maßnahmen anzusprechen. Damit sollen die begrenzten Ressourcen effizienter eingesetzt werden und eine stärkere Präferenzschaffung erreicht werden. Zielgruppenorientierte Arbeit gibt es im Kulturbereich seit langem, etwa in der Museumspädagogik. Allerdings bestehen auch noch massive Handlungsdefizite. So ist gerade angesichts begrenzter (öffentlicher) Finanzmittel die Kommunikation über Multiplikatoren von besonderer Bedeutung für Kulturinstitutionen. Dies gilt im übrigen auch, weil das Weiterempfehlungsverhalten (Mundwerbung) im Kulturbereich zu den dominierenden Kommunikations- bzw. Werbeformen zählt. Kulturinstitute kennen als Multiplikatoren oft jedoch nur Presse/Medien, insbesondere die Kritiker/Rezensenten (Stuke 1997) und Lehrer. Hier kann eine systematische Marktsegmentierung, begleitet durch Marktforschungsaktivitäten Ansatzpunkte für weitere Zielgruppenarbeit liefern: Adressaten wie etwa Vereine und deren Leitung, Gastronomen, Transport- und Taxiunternehmer, Gastgeber und Tagungsveranstalter sind oft als spezielle Zielgruppen und Kooperationspartner geeignet.

Kooperationsstrategien könnten vor allem bei „sperrigen", nicht ausreichende Akzeptanz versprechenden Angeboten mehr Einsatz finden. Es bleibt unklar, warum gerade traditionelle Kulturanbieter so stark spartenorientiert denken und sich im Zeitalter von „strategischen Allianzen"; „Rund-um-Event-Angeboten" und Multimedia nicht zumindest Theater und Museen zusammenfinden, um punktuell Synergien zu finden und gemeinsame Angebote zu erstellen, Zielgruppen gemeinsam zu bearbeiten. Auch Hochschulen, Messeveranstalter und Touristikanbieter könnten als Partner stärkere Einbeziehung in das Kulturmarketing finden.

Kundenbindung ist für manche Kulturanbieter ein besonderes Problem. Traditionelle Marketing-Instrumente haben hier an Bedeutung verloren, z. B. das vertragspolitische Instrument des Abonnements. Stattdessen sind „Art Card", Theater-Card u. ä. neue Wege, Publikum zu mehrfachen Besuchen zu bewegen. Analysen des Konsumentenverhaltens – wie unter 7. angesprochen – fördern massive Veränderungen des kulturbezogenen, des Freizeit-, Bildungs- und Konsumverhaltens generell zutage. So grassiert heute das „variety seeking", der „smart shopper", das mobile, stets wechselnde Interesse an der Wahrnehmung sehr unterschiedlicher Angebote. Damit sind weniger klare und stabile Konsummuster gegeben, die Bereitschaft, sich dauerhaft an Angebote zu binden, lässt nach, insbesondere in der jüngeren Generation. Marketingstrategisch verlangen viele Zielsetzungen, aus Gelegenheits- und Laufkundschaft Stammkundschaft zu machen (Günter 2000b). Programme wie die Ausstellungsserien der Kunst- und Ausstellungshalle der Bundesrepublik Deutschland in Bonn, Museums- oder Art-Card-Lösungen (vergleichbar der Bahn Card) oder Gelegenheiten zu aktiver Partizipation sind geeignet, Mehrfachbesuche zu erzeugen bzw. die Besucherbindung zu verstärken (siehe etwa Günter/John 2000, auch zu weiteren praktischen Beispielen).

10. Ausgewählte instrumentelle Fragen des Kulturmarketing

Die Maßnahmen und Instrumente des Marketing müssen aufeinander abgestimmt im sog. Marketing-Mix eingesetzt werden. Zum Marketing-Mix gehören allerdings nicht nur die traditionellen „4 P" Produkt(politik), Preis(politik), Place (Distribuetrions- oder Vertriebspolitik) und Promotion (Kommunikationspolitik). Vielmehr sollten auch die gerade im Kultursektor wichtigen Maßnahmenbereiche der Vertragspolitik und der Mengenpolitik Berücksichtigung und Integration finden. Gelegentlich kann es auch um Absatzfinanzierungs(politik) gehen, also darum, über finanzielle Konditionenregelungen dem Abnehmer die Finanzierung zu erleichtern (Zahlungsziele, Ratenzahlungen bei Abonnements u. ä.). Der Werkzeugkasten des Marketing-Mix umfasst also insgesamt sieben Instrumentengruppen.

Für den Bereich der Produktpolitik, der Gestaltung des Leistungsprogramms und -umfangs wurde die Bedeutung von (zusätzlichen) Dienstleistungen bereits betont. Zu einem akquisitions- und bindungswirksamen Kulturmarketing gehören u. a. essenziell: ein akzeptiertes Leit- und Findesystem für den Zugang zur Kulturinstitution, aktuelle Information über das Angebot (auch im Internet), modernes Ticketing, Gastronomie und

Shops (John/Günter 2000), unproblematische kundenorientierte Park-, Garderoben- und weitere Servicelösungen sowie vertiefende Informations- und Vermittlungsangebote.

Die Mengenpolitik macht sich im Kultursektor ganz besonders bemerkbar durch Einschränkungen des (mengenmäßigen) Angebotes: begrenzte Ticketzahl, beschränkte Zahl von Aufführungen, von Besucherzulassung usw., Unikate oder Auflagen bei Werken der bildenden Kunst wie etwa Grafik. Entscheidungen über den mengenmäßigen Rahmen der Angebote sind eigentlich nur mit Hilfe von Annahmen oder fundierten Analysen von Akzeptanz und Kaufverhalten zu treffen, können also bei Fehlen solcher Informationen suboptimal sein und der Ressourcenverschwendung Vorschub leisten. Entsprechend muss etwa die Akzeptanz eines umfangreichen Angebotes an Sommerbespielung eines Theaters mit einer Gastspielserie z. B. aus Marketingsicht begründbar sein.

In engem Zusammenhang damit steht die Preisgestaltung. Das Preisverhalten auf manchen Kulturmärkten, z. B. auf Märkten für Werke der bildenden Kunst, lässt sich sowohl im Hinblick auf die Angebots- als auch auf die Nachfrageseite nur schwer erklären. Nach wie vor tun sich Kulturanbieter auch schwer, der Preisakzeptanz und Preisreagibilität der Nachfrage nachzugehen und dabei möglichst aktuelle Methoden wie Conjoint Measurement einzusetzen. Oft ist die Preisgestaltung an gesellschaftspolitischen Vorgaben orientiert, was zu ökonomischen Problemen führen muss, wenn die Träger nicht zu einem Ausgleich der entstehenden Kosten bereit sind. Zur Diskussion über freien Eintritt in Museen etwa muss darauf hingewiesen werden, dass die unentgeltliche Verfügbarkeit von Kulturangeboten abgesehen von betriebswirtschaftlichen Nachteilen möglicherweise auch den Beurteilungs- und Bewertungsmechanismus bei den Nachfragern verzerrt („was nichts kostet, das ist nichts"). Schließlich kann aus betriebswirtschaftlicher Sicht die Frage aufgeworfen werden, warum Vorverkaufsgebühren die Eintrittspreise de facto erhöhen – wo doch anderwärts Frühbucher und -zahler eher auf Rabatte hoffen dürfen.

Die damit eng verbundene Distributionspolitik, also die Entscheidung über Vertriebswege und physische Distribution, schlägt sich im Kulturbereich z. B. beim Ticketing, bei der Auswahl von Händlern, Galeristen, Gastspielstätten usw. nieder. Aktuelle Fälle von Missmanagement zeigen, dass und wie Marketing-Überlegungen hier hilfreich sein können. Auch die Vorstellung eines Key Account Management für Großabnehmer und -distributeure – etwa den Besucherorganisationen im Theaterbereich – liegt vielen Theaterbetrieben durchaus fern, bietet aber erhebliche Marketing-Chancen.

In den Komplex von Produkt- und Distributionspolitik muss auch die Frage des Angebots und Vertriebs von kulturbezogenen Produkten gestellt werden, also vor allem das Merchandising. Dies ist die Frage nach der Marktrelevanz von ergänzenden „Shopangeboten" bzw. der Errichtung und Führung von Museumsshops, Theatershops usw. (John 2000; Günter 2000). Hier stellt sich inzwischen weniger die Frage des Ob als vielmehr die Frage nach dem Was, dem Wie und einem betriebswirtschaftlich effektiven und effizienten Management. Hinzuweisen ist vor allem auf die Notwendigkeit der Abstimmung des Marketing, der Positionierung und Reputation einer Kulturinstitution mit dem Angebot und Image der kommerziellen Angebote. Daraus entsteht vor allem die Notwendigkeit, die vertragspolitischen Möglichkeiten der Vereinbarungen mit Shopbetreibern adäquat zu nutzen.

Die Vertragspolitik befasst sich mit den verschiedenen Vereinbarungen, Bedingungen und Klauseln bei dem Abschluss von Verträgen über die Inanspruchnahme kultureller Angebote. Hier können durch ein „Jonglieren" mit Bindungsbedingungen, Exklusivität, Cross-Selling-Angeboten usw. Reserven ausgeschöpft werden, Nachfrager gebunden und Verbundwirkungen ausgenutzt werden.

Der Bereich der Kommunikationspolitik ist in seinem Instrumentarium besonders vielfältig, aber auch besonders reich an Fallgruben. Die Kommunikationsgestaltung im Kulturbereich ist erstaunlicherweise oft wenig kundenorientiert, dafür oft einseitig statt interaktiv, häufig besonders ungezielt und auf die Wirkung traditioneller Werbemaßnahmen blind vertrauend. Die Erreichbarkeit der Zielgruppen muss bei allen Maßnahmen wie Anzeigen, Plakatierung u. ä. stets neu überprüft werden. Der Zugang zu Zielgruppen der jüngeren Generation ist heute besonders kompliziert, aber durch moderne Medien wie Internet durchaus möglich und effizient gestaltbar.

Ein im Kultursektor besonders diskutiertes Instrument stellt das Sponsoring dar, eine Mischung aus Kommunikation und Produkt-/Leistungsgestaltung sowie dem Fundraising als Finanzierungsinstrument. Die Möglichkeiten des Sponsoring (vgl. für viele Quellen z. B. Braun/Gallus/Scheytt 1996; Bruhn 1991; Haubach 1996) sind durchaus vielfältig und ertragreich, aber begrenzt, z. B. auf die Unterstützung von Projekten/ Events, und stets an eine Gegenleistung gegenüber den Sponsoren gebunden – andernfalls müsste auf „Mäzenatentum" gehofft und von einem solchen gesprochen werden. Kultursponsoring hat also einen begrenzten Verwendungsrahmen und ist für das Marketing alles andere als ein Allheilmittel (Günter 1999b).

Schließlich ist auf einen instrumentübergreifenden operativen Marketing-Aspekt hinzuweisen: die Frage der Kontaktes mit Kunden, der Gestaltung derartiger Kontakte und damit von „Geschäftsbeziehungen". U. a. in Besucheranalysen wird beklagt, dass der Kontakt zwischen Kulturbetrieb und Nachfrager in der Regel einseitig und nicht kundenorientiert gestaltet ist. Marketing-Instrumente zur Verstärkung des Kontaktes, der Kommunikation und damit zur Kundenbindung lassen sich jedoch durchaus gezielt einsetzen. Beispiele dafür sind:

- Werkstattgespräche,
- Präsenz der Leitung nicht nur bei Eröffnungen, Vernissagen und Premieren,
- „Künstler stellen sich vor"- und „Hinter den Kulissen-Aktionen",
- Tage der offenen Tür,
- Kundenforen, Besucherforen,
- Abonnentenmatinees mit Erfahrungsaustausch und Erörterung aktueller Probleme zwischen Kulturbetrieb und Publikum usw.

11. Marketing und modernes Management – die ganze BWL für Kulturbetriebe

Abschließend soll selektiv die notwendige Einbindung des Kulturmarketing und seiner speziellen Markt- und Kundenperspektive in das Management eines Kulturbetriebes betont werden. Dabei erscheinen – neben vielen anderen Aspekten, die im Rahmen der Betriebswirtschaftslehre eine Übertragung und Anwendung auf den Kultursektor erfahren können (z. B. Allmann 1997) – folgende Aspekte von besonderer Bedeutung. Eine enge Verbindung besteht zwischen Marketing und Unternehmensführung, insbesondere der strategischen Planung und Führung, zwischen Marketing und Organisations- bzw. Personalfragen und zwischen Marketing und Rechnungswesen sowie Controlling. In dem Maße, in dem im öffentlichen Sektor die kameralistische Haushaltsführung von modernem Rechnungswesen abgelöst (werden) wird, wird es möglich, Entscheidungen über den Einsatz von Marketing-Strategien und -Instrumenten auch vom Rechnungswesen her zu unterstützen und zu legitimieren. Ein modernes Controlling-System (vgl. z. B. Beutling 1993; Allmann 1997) hilft, marketingbezogene Entscheidungen systematisch, informationsgesteuert vorzubereiten, zu koordinieren, zu steuern und zu kontrollieren.

Die Flankierung durch internes Marketing stößt im öffentlichen Kulturbereich auf besondere Schwierigkeiten, u. a. wegen vieler inflexibler Regelungen im öffentlichen Sektor. Hier ist die Diskussion ebenso voranzutreiben wie der Einsatz „schlanker" Instrumente im Alltag der Kulturinstitutionen verstärkt werden muss (Günter 1998a und 1999a), z. B. durch Verbesserung der internen Kommunikation und durch aktuelle Weiterbildung des Personals in betriebswirtschaftlichen und damit Marketing-Fragen, z. B. zur Verstärkung von Kundenorientierung. Zur auch marketingorientierten Weiterbildung im Kulturmanagement existieren in Deutschland zunehmend aktuelle Angebote, z. B. im Weiterbildenden Studium Museumsmanagement an der FernUniversität Hagen.

Neue Medien, aktuelle Kommunikation- und Informationstechnologien geben dem Kulturmarketing neue Impulse. Natürlich bieten sie Möglichkeiten der Integration in die Angebote selbst, z. B. die Verwendung von Multimedia-Präsentationen in der bildenden Kunst oder in Theaterinszenierungen. Aber auch im Umgang mit Kunden und anderen Adressaten eröffnen sich – etwa durch das Internet - Möglichkeiten für die Information über Angebote, für „Schnupperkurse" zur Interesseweckung und Akzeptanzerreichung, für das Ticketing, für Rückkopplung und Beschwerdemanagement, für Markt- und Kundenforschung, für Kontaktetablierung und Kundenbindung, für Weiterempfehlungen und deren aktive Unterstützung, für Selbstdarstellung und Werbung.

Aus betriebswirtschaftlicher Sicht lässt sich zum Stand und zu den Entwicklungsperspektiven des Kulturmarketing formulieren:

- Sinn und Zweck der Übertragung von modernen Marketing-Konzeptionen auf den Kultursektor lassen sich kaum noch in Frage stellen, eine differenzierte Behandlung mit Schwerpunkt auf „supply-push-Marketing" unter deutlicher Respektierung der künstlerischen Belange, aber klarer Betonung des Wettbewerbsvorteilsgedankens und Auslotung der Kundenorientierung ist aber angezeigt,

- theoretische Arbeiten zum Kulturmarketing liegen in viel zu geringem Umfang vor und dies mit erheblichen Lücken, also freien Forschungsfeldern,
- die Praxis des Kulturmarketing ist vielfach zu wenig systematisch, oft auch zu wenig professionell. Dabei könnten bei entsprechender mentaler Ausrichtung und Akzeptanz betriebswirtschaftlichen Know-hows, bei entsprechender Aus- und Weiterbildung, bei entsprechenden Kooperationen und bei Einsatz ressourcensparender „schlanker Instrumente" (vgl. z. B. Günter 1998a und 1999a, S.114) beträchtliche Schritte zu verstärkter Erreichung der kulturmarktbezogenen Ziele unternommen werden.

12. Literatur

Allmann, U. (1997): Innovatives Theatermanagement, Wiesbaden.

Alpers, S. (1989): Rembrandt als Unternehmer. Sein Atelier und der Markt, Köln.

Backhaus, K. (1999): Industriegütermarketing, 6. Aufl., München.

Bagozzi, R. P. (1975): Marketing as Exchange, in: Journal of Marketing, Vol. 39, Oktober, S. 32-39.

Beutling, L. (1993): Controlling in Kulturbetrieben am Beispiel Theater. Lehrtext für die FernUniversität-Gesamthochschule Hagen, Hagen.

Braun, G. E./Gallus, T./Scheytt, O. (1996): Kultur-Sponsoring für die kommunale Kulturarbeit, Köln.

Bruhn, M. (1991): Sponsoring. Unternehmen als Mäzene und Sponsoren, Frankfurt a. M. etc.

Bruhn, M. (1999a): Kundenorientierung, München.

Bruhn, M. (Hrsg.) (1999b): Internes Marketing, 2. Aufl., Wiesbaden.

Engelhardt, W. H. (2000): Institutionelle Orientierung des Marketing, in: Backhaus, K. (Hrsg.), Deutschsprachige Marketingforschung – Bestandsaufnahme und Perspektiven, Stuttgart, S. 80-90.

Engelhardt, W. H./Kleinaltenkamp, M./Reckenfelderbäumer, M. (1993): Leistungsbündel als Absatzobjekte, in: Zeitschrift für betriebswirtschaftliche Forschung, 45. Jg., S. 395-426.

Franck, G. (1998): Ökonomie der Aufmerksamkeit, München, Wien.

Günter, B. (1997): Wettbewerbsvorteile, mehrstufige Kundenanalyse und Kunden-Feedback im Business-to-Business-Marketing, in: Backhaus, K. et al. (Hrsg.): Marktleistung und Wettbewerb, Wiesbaden, S. 213-232.

Günter, B. (1998a): Besucherorientierung – eine Herausforderung für Museen und Ausstellungen, in: Scher, M. A. (Hrsg.): (Umwelt-)Ausstellungen und ihre Wirkung, Oldenburg, S. 51-55.

Günter, B. (1998b): Soll das Theater sich zu Markte tragen? in: Die Deutsche Bühne, 69. Jg., Heft 5, Mai, S. 14-20.

Günter, B. (1999a): Schlanke Instrumente für mehr Besucherorientierung – eine Herausforderung für Theater, in: Nix, C./Engert, K./Donau, U. (Hrsg.): Das Theater & der Markt, Gießen, S. 110-115.

Günter, B. (1999b) Risiken und Nebenwirkungen, in: Die Deutsche Bühne, 70. Jg., Heft 9, September, S. 22-25.

Günter, B. (2000a): Integration von Museumsshops in das Marketingkonzept von Museen, in: John, H. (Hrsg.): Shops und kommerzielle Warenangebote, Bielefeld, S. 69-78.

Günter, B. (2000b): Was behindert und was eröffnet Wege zu Besucherbindung und Besucherintegration?, in: Günter, B./John, H. (Hrsg.): Besucher zu Stammgästen machen, Bielefeld, S. 67-77.

Günter, B./John, H. (Hrsg.) (2000): Besucher zu Stammgästen machen!, Bielefeld.

Haubach, M. (1996): Fundraising. Spenden, Sponsoring, Stiftungen, Frankfurt, New York.

Heinrichs, W. (1997): Kulturpolitik und Kulturfinanzierung, München.

Helm, S./Klar, S. (1997): Besucherforschung und Museumspraxis, München.

Hilger, H. (1985): Marketing für öffentliche Theaterbetriebe, Frankfurt a. M.

John, H. (Hrsg.) (2000): Shops und kommerzielle Warenangebote, Bielefeld.

International Council of Museums (Hrsg.) (1992): Marketing The Arts, London.

Kaas, K. P. (1995): Informationsökonomik, in: Handwörterbuch des Marketing, Stuttgart, Sp. 971-981.

Klein, H.-J. (1990): Der gläserne Besucher, Berlin.

Kolb, B. M. (2000): Marketing Cultural Organisations, Dublin.

Kotler, P. (1972): A Generic Concept of Marketing, in: Journal of Marketing, Vol. 236, April, S. 46-54.

Kotler, P. u. a. (1999): Grundlagen des Marketing, 2. überarb. Auflage, München u. a.

Kotler, N./Kotler, P. (1998): Museum Strategy and Marketing, San Francisco.

Kotler, P./Bliemel, L. (1998): Marketing-Management, Stuttgart.

McLean, F. (1997): Marketing the Museum, London.

Ministerium für Wirtschaft und Mittelstand, Technologie und Verkehr des Landes Nordrhein-Westfalen (1998): Kulturwirtschaft in Nordrhein-Westfalen: Kultureller Arbeitsmarkt und Verflechtungen, 3. Kulturwirtschaftsbericht des Landes NRW.

Moore, K. (1994) (Hrsg.): Museum Management, London.

Müller-Hagedorn, L./Feld, C. (2000): Kulturmarketing. Lehrtext für die FernUniversität-Gesamthochschule Hagen, Hagen.

Plinke, W. (2000): Grundlagen des Marktprozesses, in: Technischer Vertrieb, Grundlagen des Business-to-Business Marketing, 2. Aufl, Berlin, S. 5-99.

Pommerehne, W. W./Frey, B. S. (1993): Museen und Märkte. Ansätze zu einer Ökonomik der Kunst, München.

Porter, M. (1999): Wettbewerbsvorteile, 5. Aufl., Frankfurt a. M., New York.

Raffee, H./Fritz, W./Wiedmann, P. (1994) : Marketing für öffentliche Betriebe, Stuttgart etc.

Stuke, F. R., (Hrsg.) (1997): Alles Theater, Münster.

Utzig, B. P. (1997): Kundenorientierung strategischer Geschäftseinheiten, Wiesbaden.

Andrea Gröppel-Klein und Dorothea Baun

Stadtimage und Stadtidentifikation
Eine empirische Studie auf der Basis
einstellungstheoretischer Erkenntnisse

1. Zur Notwendigkeit eines Stadtmarketing
2. Erkenntnisse der Image- und Einstellungsforschung und ihre Übertragbarkeit auf Fragestellungen des Stadtmarketing
    2.1 Der Imagebegriff
    2.2 Das Einstellungskonstrukt
3. Ergebnisse der empirischen Untersuchung
    3.1 Aufbau der Untersuchung
    3.2 Operationalisierung der Einstellung
    3.3 Das Eigenimage der Bürger von ihrer Stadt
    3.4 Reliabilität der Ergebnisse
4. Schlußfolgerungen
5. Literatur

1. Zur Notwendigkeit eines Stadtmarketing

Im vergangenen Jahrzehnt haben sehr viele Kommunen festgestellt, daß Investoren bei ihrer Standortentscheidung immer häufiger sogenannte „weiche Standortfaktoren" berücksichtigen. Sie legen Wert auf ein angenehmes Stadtambiente, auf ein vielfältiges kulturelles Programm und einen hohen Freizeitwert, da sie davon ausgehen, daß Menschen, die ihrem Wohnort eine hohe Lebensqualität bescheinigen, zugleich eine höhere Lebenszufriedenheit empfinden, was sich positiv auswirken soll auf die Arbeitsleistungen und den Wunsch, weiterhin bei einem ortsansässigen Unternehmen beschäftigt zu sein.

Darüber hinaus haben nach Lalli und Plöger (1991) folgende Entwicklungen in den westdeutschen Städten die Notwendigkeit eines Stadtmarketing forciert:
- Die unterschiedliche wirtschaftliche und demographische Entwicklung in den Städten hat zu einer sich verschärfenden Polarisierung von prosperierenden Zentren und Städten mit äußerst geringen finanziellen Ressourcen geführt.
- Der sekundäre Sektor ist aufgrund von Verkehrsproblemen oder wegen zu hohen Standortkosten in die Umlandgemeinden gezogen, was einen Rückgang des Steueraufkommens in den Städten bewirkt hat.
- In manchen Städten macht sich eine Überalterung der Gesellschaft bemerkbar, nicht nur aufgrund der allgemeinen demographischen Entwicklung, sondern auch weil die Lebenshaltungskosten für junge Familien in einigen Städten entweder unerschwinglich sind und sie daher lieber preisgünstigere Kommunen im Umland bevorzugen oder weil manche Städte schlicht für jüngere Menschen nicht attraktiv sind.
- Viele Stadterneuerungsprogramme, die im Westen in den 60er und 70er Jahren durchgeführt wurden, haben zu einem Verlust der Unverwechselbarkeit und Individualität geführt, da in dieser Zeit vielfach keine Altstadtsanierung durchgeführt wurde, sondern alte Bausubstanz abgerissen wurde, um „moderne", aber aus der Sicht vieler Bürger austauschbare Städte zu schaffen.
- Letzteres erzeugte einen Identitätsverlust. Die empfundene Austauschbarkeit führte zu einer Verringerung der Identifikationsmöglichkeiten. Forciert wurde diese Entwicklung auch durch eine zunehmende Häufigkeit des Wohnortwechsels und der damit verbundenen Verkürzung der durchschnittlichen Wohndauer.

In ihrer Studie kommen Lalli und Plöger (1991) zu dem Schluß, daß gerade die Stärkung der Identifikation der Bürger mit ihrer Stadt im Vordergrund stehen sollte. Ihrer Ansicht nach können alle Maßnahmen zur Stadtentwicklung und die damit verbundenen Corporate Identity-Strategien nur dann gelingen und zu einem positiven Image führen, wenn diese von den Bürgern akzeptiert werden. Die Identifikation mit einer Stadt ist u.a. deshalb wichtig, weil ein möglicherweise positives Bild, das Touristen oder fremde Investoren bei einem Besuch in einer Stadt gewonnen haben könnten, relativ schnell zerstört würde, wenn die in der Stadt lebenden Bürger unzufrieden sind und ihr Mißfallen laut bekunden.

Die sozialwissenschaftliche Forschung beschäftigt sich seit vielen Jahren mit der Frage, wie eine ortsbezogene Identität entsteht (z.B. Lalli, 1988). Für die Identität einer Stadt sind vor allem diejenigen von den Bürgern wahrgenommenen Faktoren relevant, die als besonders typisch oder charakteristisch angesehen werden. Dazu zählen beispielsweise das Erscheinungsbild einer Stadt, das Stadtleben, besondere Ereignisse, die Geschichte etc.

Was für westdeutsche Städte gilt, ist für ostdeutsche Städte nach der Wende von noch größerer Relevanz. Die Doktrin der DDR-Regierung war es (zumindest in den ersten dreißig Jahren des Bestehens der DDR), mittels Plattenbauten und standardisierten Innenstadtkonzepten eigenständige Erscheinungsbilder systematisch abzubauen. Bürger der DDR sollten bewußt keine Ortsidentität entwickeln, damit der mit einem Arbeitsplatzwechsel verbundene Wohnortwechsel weniger problematisch erlebt wurde. Arbeitskräfte sollten möglichst flexibel im ganzen Land „verschoben" werden können. Ein weiteres Ziel der DDR-Regierung war es (zumindest in den frühen Jahren), charakteristische Merkmale des Vorkriegsdeutschlands systematisch zu zerstören oder verfallen zu lassen und stattdessen „sozialistische" Stadtplanungen zu verwirklichen. Nach der Wende erlebten viele ostdeutsche Städte aufgrund der Transfergelder und Investitionsprogramme einen äußerst rasanten Wandel. Diese finanziellen Zuwendungen waren und sind für die ostdeutschen Städte lebensnotwendig. Historische Gebäude konnten mit hoher Qualität restauriert, Wohnraum in sanierten Altbauwohnungen geschaffen, und dringend notwendige ökologische Verbesserungen durchgeführt werden (z.B. wurden viele Kohleheizungen durch umweltfreundlichere Heizungssysteme ersetzt). Aufgrund des plötzlichen Geldflusses sind jedoch einige Investitionen ad hoc realisiert worden, die einen zweifelhaften Wert haben: Viele ostdeutsche Städte akzeptierten schnell und freudig die Baupläne von Investoren, um kurzfristig Arbeitsplätze zu schaffen (oder um sich in dem Gefühl zu wiegen, es könnten auf diese Weise neue Stellen geschaffen werden), ohne dabei zuvor ein Gesamtkonzept für die Innenstadt entwickelt zu haben. Die Auswüchse dieser ziellosen Baugenehmigungserteilungen sind heute offenkundig. In manchen Regionen Ostdeutschlands, z.B. im Raum Halle und Leipzig, kann von einem „Einzelhandels-Flächenwildwuchs" gesprochen werden. Hier sind auf der „Grünen Wiese" doppelt so viele Quadratmeter Verkaufsfläche entstanden wie durchschnittlich im Westen - und das bei noch geringer ausgebildeter Kaufkraft. Als Folge veröden die in den letzten Jahren mühsam wiederbelebten kleineren Innenstädte, die in der räumlichen Nähe zu solchen Einkaufszentren lokalisiert sind.

Grundsätzlich zeigen die skizzierten Entwicklungen der letzten 50 Jahre die Notwendigkeit von identitätsstiftenden Maßnahmen für Städte an. Dies gilt in besonderem Maße für ostdeutsche Städte.

Im Rahmen dieses Artikels soll anhand einer empirischen Untersuchung, die in einer ostdeutschen Stadt durchgeführt wurde, die Bedeutung der emotionalen und kognitiven Selbsteinschätzung einer Stadt durch ihre Bürger für die Verbundenheit mit dieser Stadt im weitesten Sinne aufgezeigt werden. Theoretische Grundlagen bilden die Erkenntnisse der verhaltenswissenschaftlich fundierten Image- und Einstellungsforschung. Die Autoren schließen sich dabei dem weiten Begriffsverständnis der Konsumentenforschung an. Im weiteren Sinne versteht man darunter das Verhalten der Letztverbraucher von materiellen und immateriellen Gütern in einer Gesellschaft, also auch das Verhalten von Wählern, Museumsbesuchern, Bürgern oder Patienten (Kroeber-Riel, 1995, Sp. 1234).

2. Erkenntnisse der Image- und Einstellungsforschung und ihre Übertragbarkeit auf Fragestellungen des Stadtmarketing

2.1 Der Imagebegriff

Das Image zählt sicherlich zu den schillerndsten Konstrukten im Marketing, und es existiert eine Vielzahl von Definitionsvorschlägen. Nach Schweiger (1995, Sp. 915) kann als kleinster gemeinsamer Nenner aller Begriffsbestimmungen folgende Definition vorgeschlagen werden: Das „Image ist das Gesamtbild, das sich eine Person von einem Meinungsgegenstand macht, wobei es sich eher um eine gefühlsmäßige Auseinandersetzung mit dem Meinungsgegenstand handelt". Kennzeichnend für das Image ist die Stabilisierung und Verfestigung im Zeitablauf. Das im Rahmen dieses Beitrags besonders relevante Regionen- oder Stadtimage beschreibt die Vorstellungswelt der Bürger hinsichtlich des geographisch relevanten Gebietes. Hier kann zwischen einem Selbstbild und einem Fremdbild unterschieden werden. Das Selbstbild beschreibt das Bild, das sich die Einwohner einer Stadt oder einer Region selbst von ihrer Heimat machen, während das Fremdbild die Einstellung von Außenstehenden zu dem Untersuchungsobjekt darstellt. Möchte man Erkenntnisse für erfolgversprechende identitätsstiftende Maßnahmen gewinnen, so empfiehlt sich eine genaue Analyse des Selbstbildes, also der Stärken und Schwächen einer Stadt aus Sicht ihrer Einwohner, bevor in weitergehenden Schritten das Fremdbild betrachtet wird. Ein positives Bild Außenstehender von einer Stadt wird den in der Stadt lebenden Bürgern noch nicht zu einer ausreichenden Identifikation mit dieser Stadt verhelfen, die notwendig ist, um die Entwicklung der Stadt kreativ und eigenständig voran zu treiben.

Uneinigkeit besteht in der Literatur, ob Image und Einstellung eigenständige und voneinander abgrenzbare Konstrukte sind. Kroeber-Riel (1992) schlägt vor, den Image-Begriff durch den Einstellungsbegriff zu ersetzen, bzw. diese beiden Begriffe synonym zu benutzen, da zum einen den beiden Termini die gleichen Merkmale zugesprochen werden (so ist das Image eines Meinungsgegenstandes beispielsweise abhängig von den Emotionen, die mit ihm verbunden werden, von den Motiven, die das Individuum zufriedenstellen möchte und dem Wissen, inwieweit sich dieser Meinungsgegenstand zur Befriedigung der Motive eignet) und da zum anderen bei der Messung des Imagekonstruktes vielfach auf die Verfahren der Einstellungsmessung zurückgegriffen wird (z.B. Semantisches Differential). In diesem Artikel wird der Auffassung gefolgt, Image und Einstellung als synonyme Begriffe zu verwenden. Die Erkenntnisse der Einstellungsforschung für die Selbstbild-Analyse werden im folgenden dargestellt.

2.2 Das Einstellungskonstrukt

Die Einstellung zählt zu denjenigen Konzepten innerhalb der Konsumentenforschung, die in der Vergangenheit und auch heute noch ein besonders hohes Forschungsinteresse auf sich gelenkt haben. Trotz der intensiven Forschungsbemühungen (oder vielleicht gerade deswegen), die dieses Konstrukt ausgelöst hat, gibt es keine allgemein gültige und akzeptierte Definition (Balderjahn, 1995, S. 542). Trommsdorff (1998, S. 143) definiert Einstellungen als „Zustand einer gelernten und relativ dauerhaften Bereitschaft, in einer entsprechenden Situation gegenüber dem betreffenden Objekt regelmäßig mehr oder weniger stark positiv bzw. negativ zu reagieren". Kroeber-Riel und Weinberg (1999, S. 167) erklären, daß Einstellungen trotz des erheblichen Ausmaßes kognitiver Komponenten zu den aktivierenden Prozessen gezählt werden sollten, da sie primär von der emotionalen Haltung gegenüber dem Gegenstand geprägt werden. Sie definieren Einstellung als die subjektiv wahrgenommene Eignung eines Gegenstandes zur Befriedigung einer Motivation. In Anlehnung an Ajzen (1987) verstehen Petty et al. (1991, S. 242) unter attitudes „global and relatively enduring (i.e., stored in the long-term memory) *evaluations* of objects, issues or persons (...). These evaluations can be based on behavioral, cognitive, and affective information and experiences, and they are capable of guiding behavioral, cognitive, and affective responses".

Den Definitionen gemeinsam ist, daß die Einstellung als ein langfristiges Konstrukt angesehen und als intervenierende Variable im SOR-Verhaltensmodell betrachtet wird. Die Fragen, die sich aus den unterschiedlichen Begriffsbestimmungen ergeben, lauten, ob Einstellungen primär durch affektive oder kognitive Prozesse entstehen, ob sie das Verhalten bestimmen und wie sie im Rahmen von Lernprozessen erworben und verändert werden können.

Die mehrdimensionale Konzeption der Drei-Komponenten-Theorie geht davon aus, daß Einstellungen neben den affektiven (emotionalen und motivationalen) und kognitiven Komponenten zusätzlich einen dritten Bestandteil umfassen, nämlich die Verhaltenskomponente (auch konative Komponente genannt). Im Mittelpunkt dieser Theorie steht die sogenannte Einstellungs-Verhaltens-Hypothese (E-V-Hypothese), nach der Einstellungen von heute das Verhalten von morgen bestimmen. Die Drei-Komponenten-Theorie geht davon aus, daß affektive, kognitive und konative Prozesse aufeinander abgestimmt sind und eine Konsistenz von Denken, Fühlen und Handeln angestrebt wird. Eine Änderung des Verhaltens gegenüber einem Gegenstand verursacht damit eine Änderung der gefühlsmäßigen und kognitiven Haltung zu diesem Objekt und umgekehrt. Die Gültigkeit der E-V-Hypothese bzw. der Drei-Komponenten-Theorie ist umstritten. Tendenziell kann zwar festgehalten werden, daß eine positive Einstellung zu einem Meinungsgegenstand mit einem entsprechenden Annäherungsverhalten verbunden ist (z.B. Produktkauf, Verweildauer im Geschäft etc.), allerdings haben empirische Untersuchungen auch gezeigt, daß positive affektive und kognitive Einschätzungen eines Meinungsgegenstandes nicht zwangsläufig zu einem veränderten Verhalten führen müssen. Heute wird die Drei-Komponenten-Theorie dahingehend interpretiert, daß die affektiv und kognitiv bedingte Einstellung *direkt* Verhaltens*intentionen* und *indirekt* das Verhalten beeinflußt (Trommsdorff, 1998; Ajzen, 1996).

Die E-V-Hypothese kann auch auf das „Selbstbild und Fremdbild einer Stadt" übertragen werden: Ein positives Fremdbild könnte dazu führen, daß mehr Touristen oder Investoren sich für die Stadt interessieren. Bürger mit einer positiven Selbsteinschätzung ihres Wohnortes werden versuchen, in dieser Stadt möglichst lange wohnen zu bleiben und sich dort aktiv zu integrieren. Gleichfalls ist denkbar, daß zufriedene Bürger einen größeren Teil ihres zu Konsum- und Freizeitzwecken zur Verfügung stehenden Budgets in ihrem Wohnort ausgeben werden als unzufriedene Bürger, die mit ihrer Kaufkraft eher in andere Städte abwandern. Diese Thesen gilt es, empirisch zu überprüfen. Im Rahmen des vorliegenden Beitrags sollen daher folgende Hypothesen getestet werden.

H_1: Je positiver die Einstellung der Bürger zu ihrer Stadt ist, desto wohler fühlen sie sich und desto höher ist ihr Zugehörigkeitsgefühl zu ihrer Stadt.

H_2: Je positiver die Einstellung der Bürger zu einer Stadt ist, desto höher ist ihre Ausgabebereitschaft in dieser Stadt.

Die aktuelle Einstellungsforschung beschäftigt sich nicht nur mit der Frage, ob Einstellungen von heute einen Einfluß auf das Verhalten von morgen ausüben können, womit eine Analyse zu einem festgelegten Zeitpunkt vorgenommen wird, sondern sie untersucht auch Entstehung, Wandel und Stabilität von Einstellungen im Zeitablauf.

Das unten abgebildete mehrdimensionale ABC-Modell der Einstellung (Solomon et al., 1999, S. 123 f.) zeigt, daß Einstellungen auf unterschiedliche Weise entstehen können. A steht dabei für Affect und damit für die gefühlsmäßigen Eindrücke eines Individuums von einem Meinungsgegenstand, B steht für Behaviour und soll die Verhaltenskomponenten bezeichnen (gemeint sind damit sowohl Intentionen als auch beobachtbares Verhalten), C schließlich ist die Abkürzung für Cognition und umfaßt alle kognitiven Überzeugungen gegenüber einem Meinungsgegenstand. Diese drei Konstrukte können in drei verschiedenen Varianten miteinander verknüpft werden und erklären damit drei unterschiedliche Wege der Einstellungsbildung (hierarchies of effects).

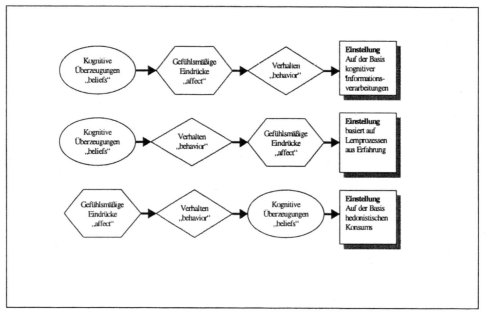

Abbildung 1: ABC-Modell der Einstellung
Quelle: In Anlehnung an Solomon et al., 1999, S. 124.

Dieses ABC-Modell zeigt drei Rangordnungen. Beim ersten Fall („the standard learning hierarchy"), der als Einstellungsbildung auf der Basis kognitiver Informationsverarbeitung bezeichnet wird, informiert sich ein Konsument zunächst sehr sorgfältig über die relevanten Eigenschaften eines Meinungsgegenstandes (kognitive Komponente) und gewichtet sie. Anschließend bewertet er die zur Verfügung stehenden Alternativen anhand dieser Eigenschaften und formt gefühlsmäßige Haltungen (affektive Komponente) zu den einzelnen Marken oder Produkten. Die Präferenz für eine Alternative kann sich dann in einer Verhaltensintention äußern oder zu einem beobachtbaren Verhalten führen. Eine solche Einstellungsbildung ist für den Konsumenten mit einem erheblichen Aufwand verbunden und daher nur möglich, wenn er hoch involviert ist.

Der zweite Fall charakterisiert eine Low-Involvement Einstellungsbildung („the low-involvement hierarchy"). Hier steht zwar auch die kognitive Komponente am Anfang, im Unterschied zum ersten Fall hat der Konsument jedoch keine *festen* Überzeugungen und wählt eine Alternative auf der Basis minimaler Informationen. Die eigentliche Einstellungsbildung findet erst dann statt, wenn das Individuum Erfahrungen mit dem Meinungsgegenstand macht und/oder von seiner Umwelt für sein Annäherungsverhalten an den Meinungsgegenstand belohnt bzw. bestraft wird (Verstärkerprozesse). Bei der Low-Involvement-Einstellungsbildung ist das Individuum also an komplexen Informationen nicht interessiert und läßt sich durch schnell verfügbare Informationen beeinflussen. Der dritte Fall schließlich („the experiential hierarchy") stellt die affektive Komponente der

Einstellung als hauptsächlichen Erklärungsfaktor in den Vordergrund. Dieser Typus ist immer dann bedeutsam, wenn Individuen hinsichtlich der funktionellen Eigenschaften von Meinungsgegenständen (z.B. bei technisch ausgereiften Produkten) keine Unterschiede wahrnehmen, diese als austauschbar empfinden und die Präferenzbildung auf der Basis emotionaler Erlebniswerte erfolgt. Während bei dem klassischen Modell der Einstellungsbildung mittels kognitiver Informationsverarbeitungsprozesse (Fall 1) die affektive Einschätzung nur der letzte Schritt nach einer Reihe intensiver kognitiver Vorgänge ist, wird bei dem dritten Typus die Einstellung zu einem Meinungsgegenstand durch seine subjektiv wahrgenommene Eignung zur Befriedigung einer hedonistischen Motivation geprägt. Hier spielt es also eine Rolle, wieviel Spaß der Konsument an dem Produkt hat und welche positiven Erlebniswelten er damit verbindet.

Das ABC-Modell zeigt, daß Einstellungen auf der Basis unterschiedlicher Verarbeitungstiefen erworben werden. Die Verarbeitungstiefe hat einen Einfluß auf die Frage, ob und wie Einstellungen zu Meinungsgegenständen verändert bzw. verbessert werden können. Daran ist die Marketingpraxis sehr interessiert, weil man sich insbesondere durch kommunikationspolitische Maßnahmen erhofft, die Einstellung von Individuen verändern und damit das Verhalten beeinflussen zu können (Balderjahn, 1995, Sp. 545). Die Wahrscheinlichkeit einer Einstellungsänderung ist von dem sogenannten Commitment abhängig. Darunter versteht man die Stärke, mit der sich ein Individuum an seine einmal gebildete Einstellung gebunden fühlt. Drei verschiedene Commitmentniveaus können voneinander unterschieden werden (Solomon et al., 1999, S. 127):

- *Compliance:* Einverständnis mit einer Marke oder einem Produkt. Hierbei handelt es sich um die niedrigste Stufe des Commitments. Die Einstellung ist eher oberflächlich und wurde in der Regel nach dem Low-Involvement-Einstellungsprinzip gebildet. Entfallen die Belohnungen aus der sozialen Umwelt, dann wächst die Bereitschaft, eine andere Alternative zu wählen.
- *Identifikation:* Ein Identifikationsprozeß kann einsetzen, wenn ein Konsument eine Präferenz für einen bestimmten Gegenstand oder eine Marke entwickelt, um damit den Normen seiner Bezugsgruppe gerecht zu werden.
- *Internalisierung:* Höchste Stufe des Commitments. Diese „tiefsitzenden" Einstellungen sind verinnerlicht und gehören zum Wertesystem eines Individuums. Diese Einstellungen sind nur sehr schwer zu ändern, da die Konsumenten davon kognitiv überzeugt sind und eine tiefe emotionale Verankerung stattgefunden hat.

Nicht nur die Höhe des Commitments ist für die Wahrscheinlichkeit einer erfolgreichen Einstellungsänderung wesentlich, sondern auch die Tatsache, daß eine Einstellung nicht „alleine im luftleeren Raum" steht, sondern ein Teil eines hochkomplexen Einstellungssystems ist. Somit bedingen sich Einstellungen gegenseitig und können vom Individuum selbst, ohne Kommunikation mit anderen, verändert werden. Diese These wird u.a. durch zwei (hier relevante) theoretische Ansätze untermauert:
- *Konsistenztheorie:* Danach strebt jedes Individuum nach kognitiver Konsistenz, d. h. nach einer widerspruchsfreien Verknüpfung von inneren Erfahrungen, Kognitionen und Einstellungen. Das bedeutet, das jedes Individuum ein Bedürfnis hat, auftretende

Widersprüche in seinem Einstellungssystem zu beseitigen oder von vornherein zu vermeiden. Insbesondere in High-Involvement-Situationen möchte das Individuum Inkonsistenzen vermeiden und wünscht sich eine Übereinstimmung von Denken, Fühlen und Handeln. Prallen also zwei sich widersprechende Einstellungen aufeinander, wird das Individuum eine der beiden Einstellungen verdrängen und verändern, um wieder in ein psychisches Gleichgewicht zu kommen. Der Wunsch nach psychischer Konsistenz zeigt sich auch in der Selbstwahrnehumgs-Theorie.

- *Selbstwahrnehmungs-Theorie:* Wenn das Individuum über unklare und noch wenig geformte Einstellungen verfügt, also der Fall einer low-involvement-hierarchy vorliegt, so leitet es seine Einstellungen aus der Beobachtung seines eigenen Verhaltens ab (Kroeber-Riel und Weinberg, 1999, S. 203). Ähnlich wie man versucht, von der Beobachtung des Verhaltens fremder Menschen deren Beweggründe zu attribuieren, schließt hier das Individuum von seinem Verhalten in bestimmten Situationen auf die dahinterstehenden Einstellungen, nach dem Motto: „Ich muß diese Marke mögen, sonst würde ich sie nicht kaufen".

Diese Erkenntnisse lassen sich auch auf die Selbstbildanalyse einer Stadt übertragen. Die Bürger einer Stadt setzen sich aus einer Vielzahl unterschiedlicher Gruppen zusammen. Es gibt Bürger, die seit ihrer Geburt in einer Stadt leben und deren Eltern oder Vorfahren vielleicht auch schon an diesem Ort zu Hause waren. Diese fühlen sich in der Stadt entweder sehr „verwurzelt" oder - um kognitive Dissonanz zu vermeiden – müssen sich mit ihrer Stadt identifizieren. Zugezogene und Wochenendpendler können als weitere Gruppen ausgemacht werden. Es ist wahrscheinlich, daß sich beispielsweise Wochenendpendler (die ja noch eine Option für einen weiteren Wohnsitz haben) und ständig in einer Stadt lebende Bürger durch ihr Einstellungscommitment voneinander unterscheiden. Es ist anzunehmen, daß erstgenannte über ein weniger verfestigtes Images verfügen, während letztere sicherlich ihre Einstellung im Laufe der Zeit internalisiert haben. Betrachtet man nun noch die Erkenntnisse der Konsistenz- und Selbstwahrnehmungstheorie, so ist weiterhin zu folgern, daß immer in einer Stadt lebende Personen ihre Stadt besser einschätzen müßten als Wochenendpendler, um keine kognitive Dissonanz zu erfahren. Zudem müssen sie sich vielleicht auch selbst davon überzeugen, daß sie ihren Wohnort mögen müssen, da sie sonst ja alles in Bewegung setzen würden, um einen Wohnortwechsel herbeizuführen. Die zu untersuchenden Hypothesen lauten also:

H_{3a}: Ständig in einer Stadt lebende Bürger haben eine positivere Einstellung zu ihrer Stadt als Wochenendpendler.

H_{3b}: In der Stadt geborene Bürger haben eine positivere Einstellung als zugezogene Bürger.

3. Ergebnisse der empirischen Untersuchung

3.1 Aufbau der Untersuchung

Die vorliegende Erhebung wurde im Herbst 1999 von zwanzig intensiv geschulten Interviewern in einer ostdeutschen Stadt mit ca. 75.000 Einwohnern durchgeführt. Dabei wurde das gesamte Stadtgebiet in fünf Teilgebiete untergliedert, um Befragungsteilnehmer aus allen Wohngebieten zu akquirieren. In jedem Bezirk kamen fünf Interviewer zum Einsatz, die in dem ihnen zugewiesenen Stadtteil jeweils ca. 20 Interviews durchführten. Insgesamt wurden 404 Befragungen in den Haushalten durchgeführt, jedes Interview dauerte zwischen 30 und 45 Minuten. Für die Stichprobenauswahl erhielt jeder Interviewer eine Quotenvorgabe hinsichtlich Alter und Geschlecht der befragten Personen, die aus der tatsächlichen Bevölkerungszusammensetzung abgeleitet wurde.

Die Stichprobe setzt sich zu ungefähr gleichen Teilen aus männlichen und weiblichen Befragungspersonen zusammen. Mit 46 % Männern und 54 % Frauen entspricht das Verhältnis auch in etwa dem Verhältnis in der Grundgesamtheit. Auch die Alterszusammensetzung ähnelt derjenigen der gesamten Bevölkerung.

Darüber hinaus sind folgende Merkmale festzuhalten:

92 % der Befragten stammen aus Ostdeutschland. Es sind auch 5 % westdeutsche Bürger der Stadt und 2,5 % polnische Mitbürger befragt worden. Der überwiegende Anteil der Befragten lebt mit seiner Familie bzw. mit dem oder der Lebenspartner(in) zusammen. 23 % leben dagegen alleine und immerhin 8 % teilen ihren Lebensraum in einer Wohngemeinschaft. Insgesamt sind 89 % beschäftigt. 11 % der Befragten geben an, momentan nicht in einem festen Beschäftigungsverhältnis zu stehen, sie sind entweder arbeitslos, befinden sich derzeit noch in Ausbildung oder sind bereits im Ruhestand. Von der Anzahl der Nicht-Beschäftigten geben 76 % an, sie würden gerne in einem festen Beschäftigungsverhältnis stehen. Die übrigen 24 % möchten weiterhin keinen festen Arbeitsplatz einnehmen. Verglichen mit den veröffentlichten Arbeitslosenquoten erscheint der Anteil der Arbeitslosen in der Stichprobe damit unterrepräsentiert. Die nachfolgenden Abbildungen geben einen Überblick über die Stichprobenzusammensetzung.

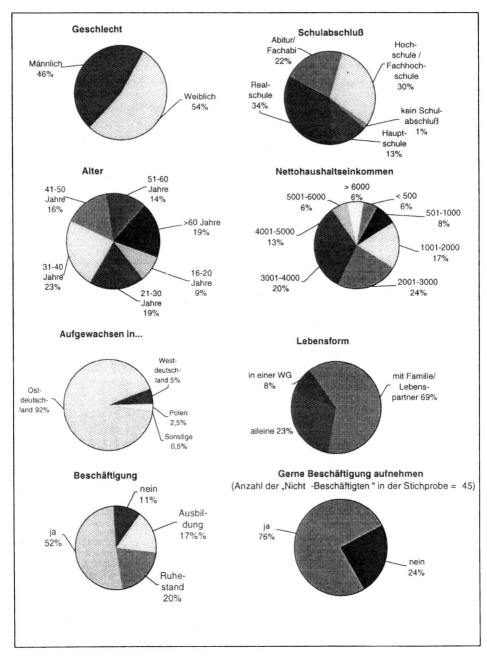

Abbildung 2: Demographie der Stichprobe

Knapp 84 % haben ihren Erstwohnsitz in der Stadt. Von den 16 % mit Zweitwohnsitz ordnen sich ca. 41 % den Wochenendfahrern zu. Unter den Befragten mit Erstwohnsitz befinden sich 11,3 % Wochenendpendler.

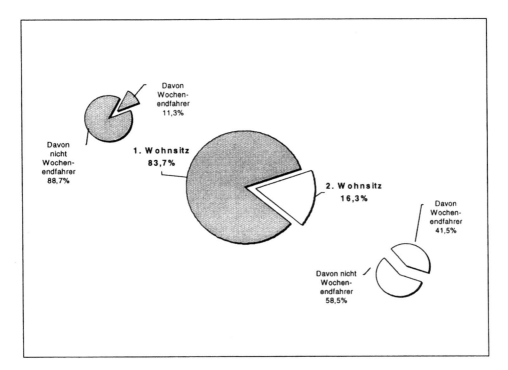

Abbildung 3: Pendler / permanent vor Ort Lebende

Von den insgesamt knapp 38 % in der Stadt Geborenen stammen ca. 22 % von gleichfalls dort geborenen Eltern ab. Von den 62 %, die in einer anderen Stadt geboren wurden, haben auch nur die wenigsten (0,5 %) Eltern, die in der untersuchten Stadt geboren wurden.

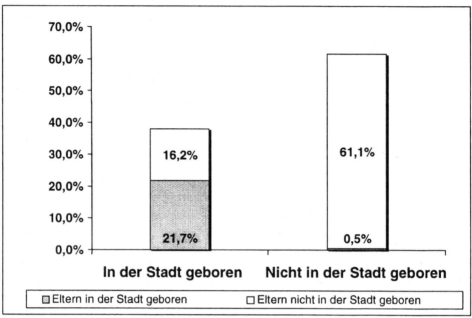

Abbildung 4: Gebürtige / Zugezogene

3.2 Operationalisierung der Einstellung

Das Konstrukt der Einstellung ging in die ersten beiden Hypothesen jeweils als unabhängige, in die dritte Hypothese als abhängige Variable ein.

Für die Imagemessung wurde den Bürgern eine Liste von 20 Statements vorgelegt, denen sie mehr oder weniger zustimmen konnten. Mit diesen Statements wurde versucht, die Aspekte, die die Lebensqualität einer Stadt ausmachen, möglichst umfassend abzudecken. Die Themen umfassen die Landschaft in der Umgebung, Erholungsmöglichkeiten und Natur innerhalb der Stadtgrenzen, überregionale Verkehrsanbindung, Gastronomieangebot, Grenzlage der Stadt, Sicherheit bei Tag und bei Nacht, Sportmöglichkeiten, Einkaufsmöglichkeiten, Kulturangebot, Sauberkeit der Stadt, internationale Atmosphäre in der Stadt, Wahrnehmung der Stadt als „Beamtenstadt" und Bedeutung der Stadt als „Messestadt".

Aus den Einstellungsitems lassen sich mittels einer Faktorenanalyse nach der Hauptkomponentenmethode insgesamt fünf Imagefaktoren ermitteln: Stadtambiente, Umgebung, Sicherheit, Arbeitsmöglichkeiten und Grenzlage. Die nachfolgende Abbildung zeigt das Ergebnis dieser Faktorenanalyse. Die Items „Sportmöglichkeiten", „Universitätsstadt" und „überregionale Verkehrsanbindung" laden auf keinen der fünf Faktoren ausreichend hoch (Faktorladung < ,5).

Hauptkomponentenanalyse	Faktorladung (Varimax-Rotiert)				
Variable	Faktor 1	Faktor 2	Faktor 3	Faktor 4	Faktor 5
Einkaufsstadt	**,764**	,026	,131	-,081	,098
Bummeln und verweilen	**,748**	,284	,150	,001	,032
Messestadt	**,704**	-,089	-,192	,148	,179
Gastronomieangebot	**,647**	,123	-,017	-,123	-,054
internationales Flair	**,608**	-,136	-,021	,203	,302
Kulturangebot	**,594**	,201	-,034	,247	-,235
sehenswerte Stadt	,555	,357	-,055	,183	,071
Sportmöglichkeiten	,478	,269	,354	-,013	-,296
Universitätsstadt	,431	,201	-,088	,123	,310
Verkehrsanbindung	,317	,300	,281	-,190	,166
Umgebung	,043	**,774**	-,044	-,030	,057
Erholungsmöglichkeiten	,112	**,771**	,114	,042	-,046
grüne Stadt	,091	**,672**	-,035	,046	,074
Lage am Fluß ist gut	,198	**,541**	-,020	,186	,303
nachts sehr unsicher	,180	,083	**-,800**	-,142	-,046
tags sehr sicher	,147	,197	**,735**	,021	,021
Arbeitsmöglichkeiten	,190	-,022	,003	**,704**	,138
Beamtenstadt	,028	-,136	,099	**-,606**	,304
saubere Stadt	,008	,054	,254	**,587**	,101
Grenzlage ist gut	,108	,264	,098	-,013	**,774**
Eigenwert	3,768	2,568	1,575	1,501	1,235
Varianzanteil (%)	18,841	12,841	7,876	7,505	6,176

(Faktorwertberechnung nach Regressionsmethode)
KMO = ,825

Bartlet: Chi-Quadrat = 1751,118
Signif. = ,000
n = 383

Erklärter Varianzanteil = 53,237 %

Faktor 1: „Stadtambiente"
Faktor 2: „Umgebung"
Faktor 3: „Sicherheit"
Faktor 4: „Arbeitsmöglichkeiten"
Faktor 5: „Grenzlage"

Abbildung 5:   Imagefaktoren der Stadt

3.3 Das Eigenimage der Bürger von ihrer Stadt

Mit Hypothese 1 wird geprüft, ob das Zugehörigkeitsgefühl sowie das „Wohlgefühl" der Bürger in ihrer Stadt abhängig ist von der Einstellung zur Stadt. Zur Operationalisierung des Zugehörigkeitsgefühls wurde den Probanden folgende Frage gestellt: „Wie stark fühlen Sie sich ihrer Stadt zugehörig?". Als weitere abhängige Variable wurde die Frage gestellt: „Wie wohl fühlen Sie sich in dieser Stadt?". Als Antwortskala wurde jeweils eine fünfstufige Ratingskala von 1 = „überhaupt nicht zugehörig" bis 5 = „äußerst zugehörig" vorgelegt.

Wie aus Abbildung 6 ersichtlich, zeigt eine einfache Regressionsanalyse, daß das Zugehörigkeitsgefühl signifikant positiv von den Einstellungsfaktoren „Stadtambiente", „Umgebung" und „Arbeitsmöglichkeiten" abhängt. Für die beiden Faktoren „Sicherheit" und „Grenzlage" konnte dagegen kein signifikanter Zusammenhang nachgewiesen werden. Abbildung 7 zeigt die Ergebnisse der Regressionsanalyse für die abhängige Variable: „Wie wohl fühlen Sie sich in dieser Stadt". Hier sind es die vier Faktoren „Umgebung", „Stadtambiente", „Sicherheit" und „Arbeitsmöglichkeiten", für die Hypothese 1

H_1: Je positiver die Einstellung der Bürger zu ihrer Stadt ist, desto wohler fühlen sie sich und desto höher ist ihr Zugehörigkeitsgefühl zu ihrer Stadt.

angenommen werden kann.

Das Ergebnis zeigt, daß sich die wichtigsten Imagefaktoren auf das Zugehörigkeitsgefühl und das Wohlgefühl signifikant auswirken.

Abhängige Variable: „Wie stark fühlen Sie sich ihrer Stadt zugehörig?"

Multiple R: 0,456 Durbin-Watson: 2,044
R Square: 0,208
Adjusted R Square: 0,201
Standard Error: 1,00

Analysis of Variance

	DF	Sum of Squares	Mean Square
Regression	3	87,196	29,065
Residual	332	332,697	1,002

F = 29,004 Signif F = 0,000

Unabhängige Variablen	B	Beta	Signifikanz
Stadtambiente	0,368	0,325	0,000
Umgebung	0,340	0,301	0,000
Arbeitsmöglichkeiten	0,116	0,102	0,038

Abbildung 6: Hypothese 1 – Einstellung und Zugehörigkeitsgefühl

Abhängige Variable: „Alles in allem fühle ich mich in meiner Stadt sehr wohl"			
Multiple R: 0,612 Durbin-Watson: 2,004			
R Square: 0,374			
Adjusted R Square: 0,366			
Standard Error: 0,76			
Analysis of Variance			
DF Sum of Squares Mean Square			
Regression 4 107,720 26,930			
Residual 313 180,188 0,576			
F = 46,780 Signif F = 0,000			
Unabhängige Variablen	**B**	**Beta**	**Signifikanz**
Faktor „Umgebung"	0,386	0,402	0,000
Faktor „Stadtambiente"	0,385	0,399	0,000
Faktor „Sicherheit"	0,155	0,160	0,000
Faktor „Arbeitsmöglichkeiten"	0,148	0,153	0,000

Abbildung 7: Hypothese 1 – Einstellung und „Sich Wohlfühlen"

Auch die zweite Hypothese

H_2: Je positiver die Einstellung der Bürger zu einer Stadt ist, desto höher ist ihre Ausgabebereitschaft in dieser Stadt.

kann für drei Einstellungsfaktoren angenommen werden: Je positiver das Stadtambiente, die Umgebung und die Sicherheit in der Stadt empfunden werden, desto höher ist die Ausgabebereitschaft der befragten Bürger in dieser Stadt. Die Ausgabebereitschaft wurde dabei wie folgt operationalisiert: Für diverse Gütergruppen (Güter des täglichen Bedarfs, Bekleidung/Schuhe, Einrichtungsgegenstände, Handwerkerbedarf, Elektrogeräte, Uhren/Schmuck und – aufgrund der Lage im Zollgrenzbezirk extra erfaßt – Zigaretten) sollten die Probanden jeweils angeben, wieviel Prozent ihrer Einkäufe sie in etwa davon an ihrem Wohnort, im nächstgelegenen polnischen Nachbarort, in Berlin und/oder in einer anderen Stadt tätigen. Die Angaben für den Heimatort wurden für die Überprüfung der vorliegenden Hypothese H2 über alle Produktgruppen addiert. Die Summe wurde als separate abhängige Variable „Ausgabebereitschaft in der eigenen Stadt" einer Regressionsanalyse unterzogen, bei der die fünf Imagefaktoren die unabhängigen Variablen bildeten. Das Ergebnis, das in Abbildung 8 dargestellt ist, zeigt, daß auch Hypothese 2 für einzelne Imagefaktoren („Stadtambiente", „Umgebung" und „Sicherheit") angenommen werden kann.

Abhängige Variable: „Ausgabebereitschaft in der eigenen Stadt"

Multiple R:	0,468	Durbin-Watson:	1,842
R Square:	0,219		
Adjusted R Square:	0,212		
Standard Error:	128,85		

Analysis of Variance

	DF	Sum of Squares	Mean Square
Regression	3	1.548.276,2	516.092,0
Residual	332	5.512.035,3	16.602,5

F = 29,004   Signif F = 0,000

Unabhängige Variablen	B	Beta	Signifikanz
Stadtambiente	61,501	,418	0,000
Umgebung	26,757	,183	0,000
Sicherheit	-14,753	-,100	0,040

Abbildung 8: Hypothese 2 – Einstellung und Ausgabebereitschaft

Zu Beginn des Interviews wurde erhoben, ob die Befragten am Wochenende in der Regel in einer anderen Stadt leben, d. h. Wochenendpendler sind, um Hypothese 3a zu prüfen:

H_{3a}: Ständig in einer Stadt lebende Bürger haben eine positivere Einstellung zu ihrer Stadt als Wochendpendler.

Für diese Hypothese ergibt sich lediglich für den Imagefaktor „Stadtambiente" ein signifikanter Unterschied zwischen den beiden Gruppen: Eine einfache Varianzanalyse (ANOVA) ergibt mit einem Mittelwert von -,272 ein signifikant schlechteres Image bei den Wochenendpendlern (n = 57) als bei den Nicht-Pendlern (n = 279) mit einem Mittelwert von ,006 (F = 5,279; Sig. = ,022; Varianzhomogenität gegeben). Für alle anderen Faktoren ergeben sich hier keine signifikanten Gruppenunterschiede.

Für den Faktor „Stadtambiente" läßt sich auch die Hypothese 3b annehmen:

H₃ᵦ: In der Stadt geborene Bürger haben eine positivere Einstellung zu ihrer Stadt als zugezogene Bürger.

Diejenigen, die in der Stadt geboren wurden, beurteilen den Imagefaktor „Stadtambiente" mit einem Mittelwert von ,164 (n = 131) signifikant besser als die Zugezogenen (n = 205) mit -,105 (F = 5,988; Sig. = ,015; Varianzhomogenität gegeben). Damit kann also festgehalten werden, daß dem Imagefaktor „Stadtambiente" eine bedeutende Rolle für die Einstellung zu einer Stadt zukommt.

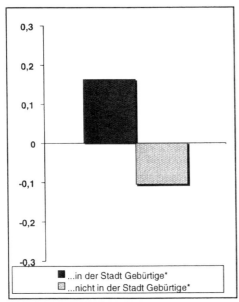
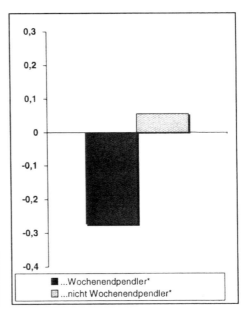

Abbildung 9: Ergebnisse zu Hypothese 3

3.4 Reliabilität der Ergebnisse

Zur Überprüfung der Reliabilität wurde getestet, ob die Antworten der befragten Bürger bei den verschiedenen Interviewern unterschiedlich ausfielen. Multiple Paarvergleiche zeigen, daß bei einem Signifikanzniveau von 0,01 weniger als 2 % der Zwischengruppenvergleiche signifikant ausfallen. Zudem erweisen sich die Unterschiede zwischen den Interviewern als nicht systematisch von bestimmten Interviewern verursacht. Damit kann ein Interviewereinfluß ausgeschlossen werden. Auch für die Befragungstage kann mittels multipler Paarvergleiche kein signifikanter Einfluß auf die Einstellung zur Stadt festgestellt werden.

4. Schlußfolgerungen

Die empirischen Ergebnisse zeigen, daß insbesondere dem Imagefaktor „Stadtambiente" für alle drei Hypothesen eine herausragende Rolle zukommt. Die Wahrnehmung dieses Faktors wirkt sich sowohl auf das Zugehörigkeitsgefühl als auch auf das „Sich Wohlfühlen" und die Ausgabebereitschaft in der Stadt aus. Ein positives Selbstbild hat damit nicht nur Auswirkungen auf psychische Variablen, sondern auch auf ökonomische Größen, was im Rahmen des Wettbewerbs zwischen den Städten von großer Bedeutung ist. Gleichfalls zeigt die Studie auf, daß die in einer Stadt verlebte Zeit einen Einfluß auf die Bewertung der Stadt ausübt. Je länger Menschen an einem Wohnort verbringen, desto positiver schätzen sie diesen im Verlauf der Zeit ein, vielleicht auch, weil sie aufgrund des Wunsches nach Konsistenz negative Aspekte weniger, positive dagegen stärker gewichten. Grundsätzlich sollte es daher das Bestreben einer jeden Stadt sein, die Identifikation der Bürger zu erhöhen. Dazu zählen natürlich nicht nur die im Rahmen dieser Befragung erhobenen Variablen, sondern beispielsweise auch die Beurteilungen der Stadtverwaltung und sonstiger kommunaler Dienstleister und Projekte.

Diese Ergebnisse können für zukünftige Stadtmarketingmaßnahmen genutzt werden. Der Schaffung eines positiven Stadtambientes sollte höchste Priorität gezollt werden. Dazu gehören attraktive Einkaufsmöglichkeiten, kulturelle Angebote und internationales Flair.

5. Literatur

Ajzen, I. (1987): Attitudes, traits and actions: Dispositional prediction of behavior in personality and social psychology, in: Berkowitz, L. (Hrsg.): Advances in Experimental Social Psychology, Vol. 20, S. 1-62.

Ajzen, I. (1996): The directive influence of attitudes on behavior, in: Gollwitzer P. M./ Bargh, J. A. (Hrsg.): The psychology of action. Linking cognition and motivation to behavior, New York, S. 385-403.

Balderjahn, I. (1995): Einstellungen und Einstellungsmessung, in: Tietz, B./Köhler, R./ Zentes, J. (Hrsg.): Handwörterbuch des Marketing, Stuttgart, Sp. 542-554.

Gröppel, A. (1988): Messung der Konsumentenstimmung am PoS mittels Bilderskalen, in: Werbeforschung und Praxis, Heft 6, S. 183-187.

Kroeber-Riel, W. (1992): Konsumentenverhalten, 5. Aufl., München.

Kroeber-Riel, W./Weinberg, P. (1999): Konsumentenverhalten, 7. Aufl., München.

Lalli, M./Plöger, W. (1991): Corporate Identity für Städte, in: Marketing ZFP, Heft 4, S. 237-248.

Lalli, M. (1988): Urban Identity, in: Canter, D. et al. (Hrsg.): Environmental Social Psychology, Dordrecht, S. 303-311.

Leven, W. (1995): Imagery-Forschung, in: Tietz, B./Köhler, R./Zentes, J. (Hrsg.): Handwörterbuch des Marketing, Stuttgart, Sp. 928-938.

Petty, R. E./Unnava, R. H./Strathman, A. J. (1991): Theories of attitude change, in: Robertson, Th. S./Kassarjian, H. H. (Hrsg.): Handbook of Consumer Behavior, Englewood Cliffs, S. 242-280.

Schweiger, G. (1995): Image und Imagetransfer, in: Tietz, B./Köhler, R./Zentes, J. (Hrsg.): Handwörterbuch des Marketing, Stuttgart, Sp. 915-928.

Solomon, M./Bamossy, G./Askegaard, S. (1999): Consumer Behaviour - A European Perspective, New York et al.

Trommsdorff, V. (1998): Konsumentenverhalten, 3. Aufl., Stuttgart et al.

Dieter K. Tscheulin und Martin Dietrich

Kirchenmarketing

1. Einführung und Problemstellung
2. Religion, Kirchen und Markt
3. Marketing für Kirchen
4. Der managementorientierte Ansatz des Marketing im kirchlichen Kontext
    4.1 Besonderheiten der Strategieentwicklung für Kirchen
    4.2 Abgrenzung der Elemente kirchlicher Leistungen
    4.3 Konsequenzen für das Kirchenmarketing
5. Analyse des Aktionsfeldes - die Informationsgewinnung
    5.1 Informationsgewinnung
        5.1.1 Marktanalyse
        5.1.2 Kundenverhalten
    5.2 Relevante Forschungsmethoden
6. Der Politik-Mix im Kirchenmarketing
    6.1 Produkt- und Dienstleistungspolitik
    6.2 Preispolitik
    6.3 Distributionspolitik
    6.4 Kommunikationspolitik
    6.5 Der Politik-Mix
7. Umsetzung des Marketing-Managements für Kirchen
8. Grenzen des Kirchenmarketing
9. Zusammenfassung und Ausblick
10. Literatur

1. Einführung und Problemstellung

Trotz der anhaltenden problematischen Situation der evangelischen und katholischen Kirchen in Deutschland, die angesichts sinkender Mitgliederzahlen mitunter als „erschreckend" bezeichnet[1] oder mit dem Begriff „Krise" beschrieben wird[2], scheint das Bemühen zur Umkehrung dieses Trends in den Kirchen unausgeschöpftes Potenzial aufzuweisen. Zu sehen ist dies nicht nur an der Entwicklung der Zahlen der Mitglieder der evangelischen und katholischen Kirche in Deutschland, deren Trend – abgesehen vom einmaligen Effekt der Wiedervereinigung – ungebrochen nach unten zeigt (vgl. Abbildung 1) und an den noch immer hohen Austrittszahlen (vgl. Abbildung 2), sondern auch daran, dass der Anteil der Kirchenmitglieder, die noch in die Gottesdienste gehen, entweder anhaltend äußerst gering ist – im Fall der evangelischen Kirche von 1980 bis 1996 lediglich zwischen vier und fünf Prozent – oder kontinuierlich abnimmt – im Fall der katholischen Kirche seit 1980 von knapp unter 30 % bis ca. 18 % im Jahr 1996 (vgl. Abbildung 3).[3]

Bezeichnend für die Tiefe der Krise sind nicht nur die abnehmende Zahl der Kirchenmitglieder und die hohe Zahl der Kirchenaustritte, sondern auch die Anfang der 90er Jahre beginnende Abnahme der evangelischen und katholischen Taufen im Verhältnis zu den Lebendgeborenen (Abbildung 4).[4] Dies wiegt deshalb schwer, weil die Basis der Gläubigen abzuschmelzen droht und damit die Verbreitung der christlichen Lehre gefährdet wird – eine Entwicklung, die dem Autrag der Kirchen in ihrem Selbstverständnis diametral entgegensteht.[5]

Vor dem Hintergrund dieser Symptome lässt sich die Frage stellen, ob eine marketingorientierte Sichtweise adäquat sein kann, um die Situation der Kirchen zu analysieren und, wenn ja, wie der Marketinggedanke in angemessener Art und Weise auf die speziellen Problemstellungen der Kirchen in Deutschland angewendet werden kann. Der Gedanke, religiöse Systeme – so auch die Kirchen – in den Kontext des „Marktes" zu stellen, wird auch von den Kirchen selbst zunehmend und auch kritisch diskutiert.[6] Dieser Beitrag versucht, die Fragestellungen der Kirchen in einen marketingorientierten Bezug zu stellen, indem zunächst auf die gegenseitige Kompatibilität des religiösen Systems Kirche und des modernen Marketinggedankens eingegangen wird und in einem nächsten Schritt mögliche Anwendungen des Marketinginstrumentariums diskutiert werden.

---

1 Hillebrecht, S., 1995, S. 221.
2 Raffée, H., 1995, S. 161.
3 Vgl. Zahlen des Statistischen Bundesamtes, veröffentlicht in den Jahrbüchern 1980-1996.
4 Vgl. Zahlen des Statistischen Bundesamtes, veröffentlicht in den Jahrbüchern 1990-1996 sowie Institut der Deutschen Wirtschaft Köln, 1999, Tab. 10.
5 Vgl. Hillebrecht, S. (1995), S. 225.
6 Vgl. z. B. Göll, H.-P. (1990), S. 208, Gräb, W. (1995), S. 44.

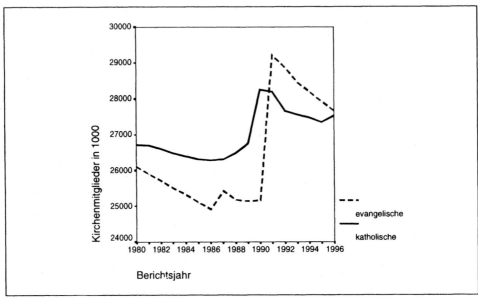

Abbildung 1: Entwicklung der Anzahl der Kirchenmitglieder von 1980 bis 1996
Quelle: Statistisches Bundesamt.

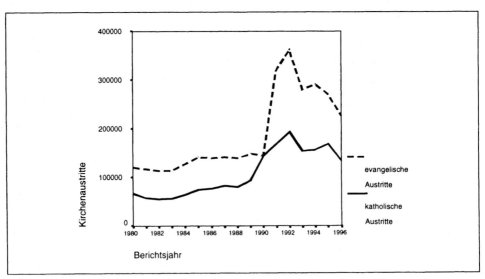

Abbildung 2: Kirchenaustritte
Quelle: Statistisches Bundesamt.

Kirchenmarketing 377

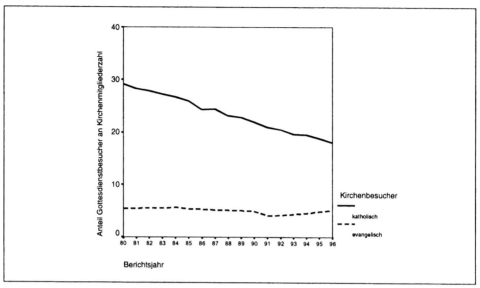

Abbildung 3: Anteil der Kirchenmitglieder, die die Kirche besuchen
Quelle: Statistisches Bundesamt, eigene Berechnungen.

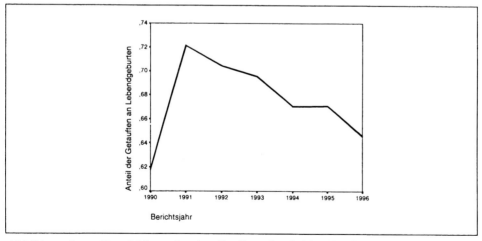

Abbildung 4: Entwicklung des Anteils Getaufter beider Konfessionen an Lebendgeburten von 1990 bis 1996
Quelle: Statistisches Bundesamt, Institut der deutschen Wirtschaft Köln, eigene Berechnungen.

2. Religion, Kirchen und Markt

Auch wenn sich die Kirchen – zumindest in der Bundesrepublik Deutschland – leeren, kann kaum davon gesprochen werden, dass das Thema „Religion" zunehmend an Bedeutung verliert oder gar zugunsten weltlicher Tendenzen aufgegeben wird.[7] Vielmehr zeigt sich Religiosität zunehmend auch außerhalb der Kirchen, in „der Kunst und Literatur, in Meditationskursen und Lebensberatungsseminaren, im Esoterik-Buchladen, in einem blühenden Sektenwesen, in der Praxis von Sterndeutern und Wunderheilern".[8] Offensichtlich scheint Interesse an den vielfältigen Erscheinungsformen außerkirchlicher Religion zu bestehen, die das Bedürfnis der Menschen nach Religiosität zu befriedigen versuchen.[9] Dies ist kennzeichnend für die Konkurrenzsituation, in der sich die evangelische und katholische Kirche heute als „Anbieter von Religion neben anderen" befindet.[10] Unter der Annahme, dass Religiosität ein Grundbedürfnis jedes Menschen ist bzw. das Bedürfnis nach Kontingenzbewältigung („Kontingenz" = Unsicherheit) seinen Ausdruck in Religiösität findet, besteht das Angebot, das die Religionen machen, in unterschiedlichen Deutungen der Kontingenzerfahrung bzw. der Erfahrung des eigenen Selbst. Religion in diesem Sinne bietet ein Bezugssystem der Selbst- und Welterfahrung des Menschen. Der Umgang mit diesen Phänomenen hat zu vielfältigen Ausprägungen von möglichen Bezugssystemen geführt, die jedes für sich ein eigenes Deutungsangebot bieten.

Die unterschiedlichen kirchlichen und außerkirchlichen Religionen können für die Untersuchung der Frage nach der Kompatibilität mit den Gedanken des Marktes und des Marketing aus der systemtheoretischen Sicht betrachtet werden.[11] Ohne auf die Systemtheorie im einzelnen eingehen zu wollen, ist Religion als ein System zu verstehen, das zum einen auf sich selbst Bezug nimmt und sich selbst erhalten möchte, in diesem Sinne autopoietisch ist, und zum anderen als ein System, das auf einen bestimmten Zustand in der Umwelt zielt, also gleichzeitig allopoietische Elemente aufweist.[12] Diese als sehr allgemein zu bezeichnenden Eigenschaften des Systems „Religion" erweisen sich in der Hinsicht dienlich, als dass sie hierin anderen sozialen Systemen gleichen, wie sie zum Beispiel auch erwerblich orientierte Unternehmen darstellen. Die Regelmechanismen, die innerhalb der Systeme sowohl die Autopoiesis als auch die Allopoiesis gewährleisten sollen, sind dabei – und das ist das Bezeichnende für soziale Systeme – bewusst oder unbewusst vorhanden und gestaltbar. Eine besonders wichtige Art dieser Regelorganisa-

---

[7] Vgl. Gräb, W. (1995), S. 43, EKD (1993), S. 7.
[8] Gräb, W. (1995), S. 43.
[9] Vgl. EKD (1993), S. 7-14.
[10] Gräb, W. (1995), S. 43.
[11] Vgl. Eliade, M./Couliano, J. P. (1990), S. 19-30.
[12] Vgl. Krieger, D. J. (1996), S. 36 ff.

tion, wie sie in marktwirtschaftlichen Unternehmen angewendet wird, ist das Marketing, welches die Beziehungen der Unternehmensorganisation zur Außenwelt derart sicherstellen soll, dass das Unternehmen einerseits „überlebt" (Autopoiesis) als auch die organisationalen Ziele der Unternehmenseigner (Shareholder) als auch anderer (Stakeholder) zu erfüllen vermag (Allopoiesis).[13]

Wird Religion in einem solchen Kontext verstanden, so ist die Kirche als eine Alternative unter anderen zu verstehen, deren Deutungsangebot zur Bedürfnisbefriedigung „Seinsbewältigung" herangezogen werden kann oder auch nicht. Die gleichzeitig bestehenden alternativen Deutungsanbieter menschlicher Seinserfahrung fungieren jedoch ebenso als (religiöses) System wie die Kirchen, welchen ebenso der Selbsterhaltungswille und der Verbreitungswille eigen sind. Das Besondere hierbei ist, dass, um diesen beiden Eigenschaften gerecht zu werden, Gläubige notwendig sind bzw. Anwender der Religion die Existenz derselben erst begründen. Da aber Gläubige mehrheitlich nicht mehreren Religionen gleichzeitig angehören, stellen die Gläubigen als Elemente des Systems „Religion" den Knappheitsfaktor dar, um den die religiösen Systeme um ihrer Existenz und Verbreitung willen konkurrieren. Auch dieses ist vergleichbar mit der Ko-Existenz unterschiedlicher Unternehmen auf einem Markt, so dass aus den angeführten Überlegungen geschlossen werden kann, dass die Situationen der Kirchen in diesem Sinne eine mit der Marktsituation vergleichbare darstellt.[14]

Die Verbindung der Situation der Religionen und Kirchen mit den Gedanken des „Marktes" muss somit aus Sicht der Religionssysteme theoretisch zumindest als möglich erachtet werden.

3. Marketing für Kirchen

Schon *Kotler/Levy* wiesen in ihrer grundlegenden Diskussion des *"Broadening the Concept of Marketing"* auf die Ähnlichkeiten der Anforderungen bezüglich des Managements hin, die Non-Profit-Betriebe mit Unternehmungen verbinden,[15] wobei sie auch die Kirchen erwähnen.[16] Daraus folgern sie, dass Methoden der Unternehmensführung, und darunter besonders das Marketing, auch für Non-Profit-Organisationen relevant sind.[17] Die Broadening Diskussion hat darauffolgend zum „Generic Concept of Marketing"

---

[13] „The interesting thing about marketing is that all organizations do it whether they know it or not." Kotler, P. (1979), S. 40.
[14] Vgl. Göll, H.-P. (1990), S. 208 ff.
[15] Vgl. Kotler, P./Levy, S. J. (1969), S. 10.
[16] Vgl. Kotler, P./Levy, S. J. (1969), S. 10, 12, 13, 14.
[17] Für Deutschland im Jahr 1972 vgl. Hohmann, P. (1972), S. 22-25.

geführt, welches Marketing als die Disziplin auffasst, die als Erkenntnisobjekt allgemein die Erzeugung und das Anbieten von Werten mit der Absicht, eine bestimmte, erwünschte Reaktion bei anderen (den „Kunden") hervorzurufen, definiert.[18] Der Kern des Marketing ist demnach, erwünschte Reaktionen in freien Individuen durch das geplante Schaffen und Anbieten von Werten zu erzeugen.[19] Eng verbunden mit und entstanden aus dieser Auffassung des Marketing ist das „Social Marketing",[20] das den Marketinggedanken als angemessene Methode zur Realisierung von organisationalen Zielen in sozialen Bereichen identifiziert. Diese weite Auffassung des Marketinggedankens hat auch Eingang in die seit 1985 gültige Definition des Marketing der American Marketing Association (AMA) und damit auch in die gängige Marketingliteratur gefunden.[21] Die Definition lautet: „Marketing ist ein Prozess im Wirtschafts- und Sozialgefüge, durch den Einzelpersonen und Gruppen ihre Bedürfnisse und Wünsche befriedigen, indem sie Produkte und andere Dinge von Wert erzeugen, anbieten und miteinander austauschen." Marketing in diesem Sinne bezeichnet hierbei eine umfassende Führungsphilosophie für Organisationen und hat somit den Status der reinen Absatzorientierung und Reklamewirtschaft längst hinter sich gelassen.[22] Eine solchermaßen grundsätzliche Auffassung von dem, was mit „Marketing" gemeint ist, legt den Gedanken nahe, diese Sozialtechnik[23] bzw. technologische Beeinflussungskonzeption[24] und die darin entwickelten Methoden und Instrumente auf solche Probleme anzuwenden, wie sie die der beiden deutschen Volkskirchen darstellen.[25]

Eine unmodifizierte Übertragung der Marketingerkenntnisse aus dem Bereich der (gewinnorientierten) Unternehmen oder die isolierte und unreflektierte Anwendung einzelner Elemente aus dem Politik-Mix auf die Fragestellung von religiösen Gemeinschaften wird dieser speziellen Problemstellung jedoch nicht hinreichend gerecht.[26] Welche Besonderheiten das Marketing für Kirchen zu berücksichtigen hat und welche Folgerungen daraus zu ziehen sind, wird im folgenden dargestellt.

---

[18] Vgl. Kotler, P. (1972), S. 46 f.
[19] Vgl. Kotler, P. (1972), S. 50: „[...] producing desired responses in free individuals by the judicious creation and offering of values."
[20] Vgl. Kotler, P. (1971), S. 3 ff.
[21] Vgl. z. B. Meffert, H. (1998), S. 8 oder Kotler, P./Bliemel, F. (1999), S. 17.
[22] Vgl. zum Verhältnis der Werbewirtschaft zu den Kirchen z. B. Paulus, J. (1995), S. 62.
[23] Vgl. Nieschlag, R./Dichtel, E./Hörschgen, H. (1997), S. 25.
[24] Vgl. Raffée, H. (1980), S. 272.
[25] Dieses Idee stellt hierbei keine Innovation dar, findet sich diese Auffassung doch auch im Rahmen des Marketing für Non-Profit-Organisationen, vgl. Kotler, P. (1978), S. 410 u. S. 441.
[26] Ein vielversprechender Ansatz scheint die Kommunikationskampagne „misch Dich ein" des Evangelischen Stadtkirchenverbandes Köln gewesen zu sein, dessen Fortführung allerdings an innerkirchlichen Widerständen scheiterte. Vgl. Lauk, M./Menne, G. A. (1994), S. 39-46 und Paulus, J. (1995), S. 64.

4. Der managementorientierte Ansatz des Marketing im kirchlichen Kontext

Aufgrund des weit gefassten Begriffes des Generic Marketing lassen sich prinzipiell die Ansätze des klassischen Marketingverständnisses auf die Belange des Marketing für Kirchen anwenden. Hierbei werden die Belange der Kirchen auch unter dem Begriff des „Social Marketing", welches aus dem Generic Concept entstanden ist, zusammengefasst.[27]

Ohne auf die Unterschiede verschiedener Theorieansätze im einzelnen einzugehen, wird im weiteren der entscheidungsorientierte Ansatz des Marketing zugrunde gelegt und auf der managementorientierten Vorgehensweise aufgebaut.[28] Dies impliziert im einzelnen, dass das Marketing als ein Problem der Ziel- und Mittelentscheidungen aufgefasst wird, welches eine systematische Analyse der relevanten Umweltzustände und daraus Konsequenzen für die Marketingaktivitäten erzwingt.[29]

Entsprechend der klassischen Gliederung des Managementprozesses in den vereinfacht dargestellten Prozess der Planung, Durchführung und Kontrolle lässt sich auch das Betreiben von Religion darstellen als ein Prozess, der geplant, gesteuert und kontrolliert werden muss.[30] Der Marketingprozess umfasst als Managementprozess alle Maßnahmen von der kundengerechten Leistungsplanung bis zur Realisierung der Leistung am Kunden. Die in der Hirarchieebene zuoberst angesetzten unternehmerischen bzw. organisationalen Ziele werden dabei bis auf die unteren, operationalen Ebenen heruntergebrochen.

4.1 Besonderheiten der Strategieentwicklung für Kirchen

Das Ziel und die Aufgabe der christlichen Kirchen besteht vereinfacht ausgedrückt darin, die religiöse Lehre des Christentums zu bewahren und zu verbreiten, so dass das christliche Deutungsangebot der Seinserfahrung durch die Gläubigen angenommen und umgesetzt bzw. praktiziert wird. Anders ausgedrückt bedeutet dies, dass bekennende Christen

---

[27] Vgl. Kotler, P./Zaltman, G. (1971), S. 5: „Social marketing is the design, implementation, and control of programs calculated to influence the acceptability of social ideas and involving considerations of product planning, pricing, communication, distribution, and marketing research."
[28] Vgl. hierzu Bruhn, M./Tilmes, J. (1994), S. 29 ff.
[29] Ähnlich auch Bruhn, M./Tilmes, J. (1994), S. 31 und Kotler, P./Zaltman, G. (1971), S. 4 f.
[30] Diesem Management-Ansatz entspricht auch die Charakteristik, anhand derer Soziale Ziele („planned social change") entsprechend der anglo-amerikanischen Literatur umgesetzt werden sollen. Vgl. Sheth J. N./Frazier, G. L. (1982), S. 15.

„gehalten", nicht bekennende hingegen „gewonnen" werden müssen. Damit verbunden ist allerdings implizit das Problem, dass die Kenntnis der christlichen Lehre alleine als Bedingung noch nicht ausreicht, um ein Leben nach christlichen Werten zu führen, sondern die Verinnerlichung und Anwendungen der Lehre durch den Einzelnen erfolgen muss. Hierzu sind im Laufe der Geschichte unter anderem „Riten des Lebenswandels"[31] von den Kirchen institutionalisiert worden, die dieser Zielerreichung gerecht werden sollen. Bekannt sind unter anderem der sonntägliche Gottesdienst, Taufen, Erstkommunion und Konfirmationen sowie die kirchlichen Eheschließungen und dergleichen mehr. Gerade die Inanspruchnahme dieser Riten wird jedoch in bestimmten Bevölkerungsgruppen mehr und mehr zum Gegenstand bewußter Entscheidungsfindung und vollzieht sich weniger selbstverständlich.[32] Bekannt ist hier beispielsweise die Alternative an Schulen anstelle des konfessionellen Religionsunterrichts das Fach Ethik zu belegen oder die in der ehemaligen DDR abgehaltenen Jugendweihen, die sich als ähnlich institutionalisiertes Ritual wie die Firmung einer großen Beliebtheit erfreute.

Ein wichtiger und bislang nur wenig ausführlich diskutierter Unterschied zur klassischen Unternehmung bei der Realisierung des Marketingmanagementprozesses für Kirchen liegt darin, dass das klassische Unternehmen in seiner strategischen Planung und Gestaltung des Angebots grundsätzlich frei ist. Die Wahl der angebotenen Leistung wird von Entscheidungsträgern des Unternehmens entsprechend den erwarteten Marktchancen getroffen und realisiert. Da die klassische Unternehmung als System mit seinem Umsystem Markt in interaktivem Kontakt steht und positive wie negative Sanktionsmechanismen des Wettbewerbs auf die Unternehmung wirken, ist es für ein Unternehmen überlebensnotwendig, bei Bedarf sein Leistungsangebot an die Marktdaten anzupassen. Änderungen z. B. des Produktionsprogrammes sind hierbei selbstverständlich.

Obwohl religiöse Organisationen prinzipiell den gleichen wettbewerblichen Sanktionsmechanismen ihres Umsystems ausgesetzt sind, haben gerade die Kirchen diese Freiheiten in der Planung und Gestaltung ihres Leistungsangebotes nicht. Die Kirchen sind mit ihrer Kernleistung an ihre Religionsstifter gebunden; denn gerade dies zeichnet die Besonderheiten der einzelnen Kirchen und die Kirchen als solche aus. So steht die Schaffung einer neuen Religion oder einer Veränderung des religiösen Inhaltes für die Kirchen nicht zur Disposition.[33] Dennoch bestehen für Kirchen neben der Vermittlung ihres religiösen Kerns die Möglichkeiten, weitere Leistungen um die Kernleistung „Religionsvermittlung" herum zu gestalten, die die Realisierung ihrer religiösen Inhalte unterstützen.

Dabei muss aber gleichzeitig geklärt werden, wie mit den veränderbaren Variablen, welche die Leistungen um die religiöse Kernleistung herum darstellen, ein Marketing betrieben werden kann, das sich an den Kundenbedürfnissen der zu bestimmenden Zielgruppen

---

[31] Ebertz, M. N. (1998), S. 65.
[32] Vgl. EKD (1993), S. 4.
[33] Vgl. Hillebrecht, S. (1995), S. 227.

ausrichtet und auf welche Weise diese Leistungen ohne Schaden für die Kernaussage der Religion in das Angebot der Kirchen integriert werden können.

4.2 Abgrenzung der Elemente kirchlicher Leistungen

Die zentrale Frage, die sich somit für das Kirchenmarketing stellt, ist die, inwieweit innerhalb des Marketing-Managementprozesses eine effiziente Abgrenzung zwischen den für ein Kirchenmarketing exogenen, durch den Religionsstifter gegebenen Größen und den für das Marketing variablen Größen geleistet werden kann. Ohne eine Diskussion dieser Abgrenzung können auf der operationalen Ebene des Marketing mit den klassischen Marketinginstrumenten keine zielgerichteten Handlungen vorgenommen werden. Dass hierbei eine fundierte, theologisch abgesicherte Diskussion zu erfolgen hat, steht außer Frage. Erstaunlicherweise wird eben diese Problematik des Kirchenmarketing oftmals nicht vor die Diskussion des Einsatzes von Marketinginstrumenten gestellt, was zu einer verkürzten Problemsicht mit unvollständigen Lösungen führt. Möglicherweise wird in einem solch ungünstigen Fall Marketing für Kirchen mit Werbekampagnen gleichgesetzt, wobei dies zwar der offensichtlichste, bekanntermaßen allerdings nur ein kleiner Teil dessen ist, was Marketing im oben dargestellten Sinn bedeutet.[34]

Zwei Grundtatbestände des Marketing, die aus der Zweiseitigkeit der Tauschbeziehungen resultieren, müssen hierbei berücksichtigt werden. Um mit einem Tauschpartner einen Tausch auszuführen, besteht zum einen die Möglichkeit, die eigene Leistung durch Adaption des gegebenen Bedürfnisstandes des Tauschpartners zu verändern, um somit ein attraktiver Partner zu werden, mit dem ein Tausch zustande kommt. Zum anderen ist es möglich, die eigene Leistung beizubehalten und das Verhalten des Tauschpartners dahingehend zu beeinflussen, dass dieser den Tausch mit der bestehenden Leistung vollzieht, folglich unter Umständen sein Verhalten ändert, falls er noch nicht in einer Tauschbeziehung stand.[35] In diesem Sinne liegt die Besonderheit des Marketing für Kirchen darin, den Balanceakt zu bewältigen, der zwischen der Anpassung an Marktdaten und der daran anschließenden Leistungsgestaltung einerseits und der „Vermarktung" der unveränderlichen Produktelemente andererseits besteht.[36] Ohne eine solche Unterscheidung getroffen zu haben ist es kaum möglich, das Marketinginstrumentarium zielgerichtet einzusetzen und problemorientierte Marktforschung zu betreiben.

---

[34] Lauk, M./Menne, G. A. (1994), S. 39-46.
[35] In diesem Zusammenhang wird auch von „reaktivem" und „kreativem" Marketing gesprochen, vgl. Kotler P. (1999), S. 27 f.
[36] Ähnlich auch Healey, D. F./DeLozier, M. W. (1977), S. 762 und in bezug auf Social Marketing Kotler, P./Zaltman, G. (1971), S. 5.

4.3 Konsequenzen für das Kirchenmarketing

In der Sprache der Ökonomie müssen bestehende und unveränderbare Produktelemente, welche die kennzeichnenden Merkmale der jeweiligen Kirche sind, „verkauft" werden, d. h., der Austausch zwischen dem Religionsstifter und dessen Vermittlern auf der einen Seite und dem Gläubigen bezüglich der Deutung der Selbst- und Umwelterfahrung auf der anderen Seite muß auf irgendeine Art und Weise zu einem erfolgreichen Verlauf gebracht werden. Der Erfolg ist hierin zu sehen, dass die Werte, die der Religionsstifter bietet, akzeptiert werden und die Bewältigung der eigenen Situation mit den durch den Religionsstifter bereitgestellten Deutungsmöglichkeiten auch tatsächlich gelingt.

Allerdings sind nicht nur die Inhalte der Religion ein Entscheidungskriterium, anhand dessen eine solche Transaktion erfolgreich verlaufen kann oder nicht, sondern auch die Art der Vermittlung dieser Inhalte spielt eine bedeutende Rolle. Daher besteht Informationsbedarf bezüglich der Wahrnehmung dieser Leistungen der Kirche durch die Gläubigen.

Die als variabel bestimmten Leistungselemente können grundsätzlich neu gestaltet werden. Hierzu bedarf es einer aussagekräftigen Marktforschung, die sich auf das zu planende Produkt beziehen muß und anhand derer potenzielllen Leistungsangebote ausgerichtet werden. Das Vorgehen in diesem Bereich unterscheidet sich hierbei nicht grundsätzlich von dem der Neuproduktplanung bzw. der Produktpolitik von Anbietern anderer als religiöser Leistungen. Ebenso können hier selbstverständlich die marketingpolitischen Instrumente eingesetzt werden, so dass sich hier keine grundsätzlichen Unterschiede zu anderen Leistungserstellungen ergeben. Zu nennen wären auf diesem Gebiet beispielsweise Sonntagsgottesdienste, Amtshandlungen, sozial-karitative Werke, funktionale Dienste (Gefangenenseelsorge, Militärseelsorge etc.), kirchliche Akademien, Denkmalspflege, Medienauftritte und dergleichen mehr.[37] Hierbei treten die Kirchen mit dieser Art von Angeboten auf einem Markt auf, der auch von Anbietern der Freizeit- und Unterhaltungsindustrie bearbeitet wird und deren Leistungen in unmittelbarer Konkurrenz zu den kirchlichen Angeboten stehen.[38]

Für die Kirchen besteht somit die Möglichkeit, ihre Leistungen mit den Instrumenten des Marketing umzusetzen: für die nicht-variablen Leistungen stehen die Distributionspolitik, Kommunikationspolitik und Preispolitik zur Verfügung, für die zusätzlichen Leistungen darüber hinaus ebenso die Produkt- bzw. Leistungspolitik. Da sich das Marketing dieser kirchlichen Leistungsbereiche prinzipiell somit nicht vom Marketing anderer Leistungen unterscheidet, soll im folgenden auf die instrumentelle Ebene des Kirchenmarketing bei der Realisierung des religiösen Angebotes der Kirchen eingegangen werden.

---

[37] Vgl. Hillebrecht, S. (1995), S. 227.
[38] Vgl. Gräb, W. (1995), S. 47.

5. Analyse des Aktionsfeldes – die Informationsgewinnung

5.1 Informationsgewinnung

Vor dem Einsatz der Marketinginstrumente steht die für das Marketing-Management der Kirchen notwendige Informationsgewinnung, die Gegenstand der Markt- bzw. Marketingforschung ist.[39] Gemäß der notwendigen strategischen Abgrenzung der Leistungselemente der Kirchen als wesentliche Zielsetzung des kirchlichen Marketing, die als gegebene Größen unveränderlich und als variable Größen gestaltbar sind, ist der Informationsbedarf für die entsprechenden Marketingaktivitäten auf der instrumentellen Ebene zu bestimmen. Gerade im kirchlich-religiösen Bereich scheint es sich dabei um einen Bereich zu handeln, der unausgeschöpftes Potenzial aufweist, was sich darin manifestiert, dass sich die offizielle kirchliche Marketingforschung in jüngerer Vergangenheit noch in „Richtung einer reinen Zählstatistik sonntäglicher Gottesdienstbesucher"[40] bewegt, die keine Aussagen über die Gründe der abnehmenden Nachfrage nach kirchlichen Angeboten zulässt.[41]

Die Akteure des marktlichen Umfeldes, die im Kontext dieser Probleme relevant sind und die von der Informationsgewinnung zu berücksichtigen sind, sind hierbei die Mitanbieter auf dem Markt für religiöse Deutungsangebote, der untersuchende Anbieter der religiösen Leistung selbst (Marktanalyse) sowie die Gläubigen bzw. „Religions-Anwender" als „Kunden" und deren Verhalten (Kundenverhalten). Die Ist-Analyse ist hierbei der Ausgangspunkt, von dem aus der Mitteleinsatz, d. h. der Einsatz der Marketing-Instrumente geplant werden muß, um den angestrebten Soll-Zustand zu erreichen, der in der Zielsetzung festgelegt worden ist.

5.1.1 Marktanalyse

Die Marktanalyse bemüht sich in erster Linie um die Erfassung und Darstellung des für die religiösen Systeme wesentlichen Umfelds, innerhalb dessen die Organisation agiert, sowie der eigenen Positionsbestimmung und stellt somit die aktuelle Situationsanalyse

---

[39] Auf die bisweilen diskutierten Unterschiede zwischen Markt- und Marketingforschung soll hier nicht weiter eingegangen werden, sondern beide Begriffe sollen als synonym erachtet werden, vgl. hierzu die unterschiedlichen Sichtweisen z. B. in der Standardliteratur Meffert, H. (1998), S. 90, Kotler, P./Bliemel, F. (1999), S. 188 und Nieschlag, R./Dichtl, E./Hörschgen, H. (1994), S. 671.

[40] Hillebrecht, S. (1995), S. 222.

[41] Eine Ausnahme bildet hierbei die Studie EKD der evangelischen Kirchen in Deutschland, deren zehnjähriger Turnus allerdings nur begrenzt Aussagen für das operative Marketing zulässt.

als Ausgangslage für alle weiteren Schritte dar, die im Rahmen des Marketingmanagement-Prozesses zu erfolgen haben. Im Sinne des Management-Prozesses ist dies die Initialisierung des Marketingprozesskreislaufes, da die Überprüfung des Abweichens der Soll-Werte von den Ist-Werten Handeln seitens der Kirchen gemäß ihrem Auftrag erfordert. Aufgrund ihrer Ergebnisse kann bestimmt werden, inwieweit die religiösen Systeme bzw. die Kirchen ihren Zielen und ihrem Auftrag gerecht werden.

Um die systematische Erfassung der relevanten Umweltdaten zu erleichtern, ist eine strukturierte Darstellung des Umfeldes, in das ein religiöses System gebettet ist, von Nutzen.[42] Dieses Set lässt sich anhand dreier Merkmalsgruppen beschreiben: Das Glaubens- bzw. das Wertesystem innerhalb der Gesellschaft, aufgrund deren sich die Grundlage der menschlichen Religiosität bildet und die der Ausgangspunkt für Religionssysteme ist; die verschiedenen religiösen Institutionen, die die unterschiedlichen Werte- und Glaubensvorstellungen auf einer entsprechend kodifizierten Basis verkörpern (Bibel, Koran etc.); sowie die außenwirksame Darstellungen der religiösen Institutionen in ihren unterschiedlichsten Formen, wie z. B. das Auftreten der Glaubensgemeinschaften, der Geistlichen und weiterer religiöser bzw. kirchlicher Einrichtungen. Innerhalb dieses Umfeldes ist die Position der Kirchen zu bestimmen, um eine Vorstellung der aktuellen Lage zu erhalten.

Für ein kirchliches Marketing von Wichtigkeit ist, an wen sich welche Aktivitäten der Kirchen richten. Prinzipiell richtet sich die christliche Lehre an die Gesamtgesellschaft. Innerhalb dieser Gesellschaft finden sich jedoch Gruppierungen, die in einem besonderen Verhältnis zur Kirche stehen. Dies sind

- die Kirchenmitglieder, und hierin besonders auch die ehren- und nebenamtlichen Mitarbeiter, die sich durch ihre Mitgliedschaft zu den Werten und den Zielen der Kirchen bekennen;
- die ungebundenen Nutzer, die die Leistungen der Kirche in Anspruch nehmen, jedoch keine Gegenleistung zu erbringen bereit sind und auch an den christlichen Werten wenig Interesse zeigen;
- sowie die hauptamtlichen Mitarbeiter, die im Rahmen des internen Marketing bei der Organisation und Implementierung des Marketing in den Kirchen von besonderer Bedeutung sind – dies im Hinblick auch auf die Akquisition neuer hauptamtlicher Mitarbeiter.[43]

Ein Problem der Erhebung der notwendigen Information ist die Tatsache, dass nicht für alle Religionen und Glaubensgemeinschaften entsprechende Datengrundlagen vorliegen, so dass auf Primärerhebungen zurückgegriffen werden muss. Diese Primärforschung kann mit den bekannten und gängigen Marktforschungsmethoden bewältigt werden.

---

[42] Vgl. Healy, D. F./DeLozier, M. W. (1977), S. 763 ff.
[43] Vgl. Hillebrecht, S. (1994), S. 7 f.

In unmittelbarem Zusammenhang mit den religiösen Institutionen stehen die Praktizierenden der verschiedenen Religionen, da sie einerseits den Markt bilden, innerhalb dessen die Kirchen mit anderen religiösen Systemen um Mitglieder konkurrieren und andererseits deren Verhalten durch die Ausübung der die Religion konstituierenden Lebensweise, Handlungen und Rituale die religiöse Gruppierung als solche überhaupt erst definieren.

Ohne grundlegende Untersuchungen durchzuführen, ist das Verhalten der Gläubigen als Kunden nur schwer mit den Inhalten, Aktionen und Erscheinungsformen von religiösen Gruppierungen in Verbindung zu bringen, so z. B. ob die Abkehr von den Kirchen mit der generellen Ablehnung religiöser Inhalte zu tun hat oder ob andere Gründe, wie z. B. die Ablehnung der Art der Vermittlung der religiösen Inhalte durch die Kirchen, auslösende Ursachen waren. Dies trifft nicht nur für die Abwanderung von Gläubigen aus den religiösen Gemeinschaften zu, sondern auch auf die Beurteilung des Zuspruchs, den neue religiöse oder religionsähnliche Gemeinschaften wie beispielsweise Sekten bei den Menschen finden. Eine hinreichend genaue Beschreibung dieses Verhaltens kann hierbei nicht durch eine reine Zählstatistik offiziell gemeldeter Gemeinschaftsmitglieder erbracht werden, welche lediglich die Symptome eines religiösen Bedürfniswandels beschreibt. Forschungsbedarf besteht hier vor allem darin, diesen Bedürfniswandel genau zu beschreiben um dann das eigene religiöse Angebot daraufhin zu überprüfen, ob es diesen sich neu formierenden Bedürfnissen vielleicht gerecht werden kann.[44] Dies nicht mit dem Ziel, die Inhalte der Religion den Strömungen des „Marktes" anzupassen, sondern vielmehr um eventuelle Chancen des eigenen Programms zu evaluieren, mit denen beispielsweise durch eventuell angepasste und neue Methoden der Vermittlung Gläubige gehalten bzw. gewonnen werden können. Es ist geradezu notwendig, in diesem Bereich Marktforschung zu betreiben, weil hiermit Chancen genutzt werden können, die ansonsten ungenutzt blieben. Eine solche Einschätzung des eigenen religiösen Angebotes hat vor dem Hintergrund einer bereits erfolgten Abgrenzung zwischen den exogen gegebenen und den variablen Elementen des kirchlichen Angebotes zu erfolgen, wie sie oben bereits angesprochen worden ist.

5.1.2 Kundenverhalten

Während sich die Marktanalyse mit der Erfassung und Beschreibung der relevanten Umfelddaten des Aktionsfeldes für religiöse Systeme befasst, versucht die Kundenforschung das Verhalten nicht nur zu beschreiben, sondern auch zu erklären. Bezogen auf das Aggregationsniveau der Informationen ist die Marktanalyse daran interessiert, die Tendenzen im Verhalten von vielen zu erfassen und darzustellen, während sich die Untersuchung des Kundenverhaltens auf die intrapersonellen, d. h. die individuellen

---

[44] Die Evangelische Kirche Deutschland beschreitet diesen Weg in Ansätzen mit den Umfragen unter ihren Kirchenmitgliedern, vgl. EKD (1995).

Wirkungsmechanismen konzentriert, aus denen die auf höherem Aggregationsniveau beobachtbaren Strömungen bestehen.

Das Verhalten des Einzelnen sowie die Erklärung der Gründe für das jeweilige Verhalten sind ganz allgemein deshalb von Interesse, weil dadurch die alternativen Marketingmaßnahmen, die zur Zielerreichung getroffen werden können, anhand ihrer voraussichtlichen Wirkung bei den Gläubigen beurteilt werden können. Notwendig hierzu ist eine Vorstellung von den relevanten Einflußvariablen, die das Verhalten der Gläubigen beschreiben.[45] Konkrete Fragen können für die Kirchen hierbei beispielsweise sein, wie die Präsentation der Religion innerhalb eines Gottesdienstes aufgenommen wird, welche Wirkung eine solche Veranstaltung auf des religiöse Verhalten ausübt und wie sich diese Wirkung vollzieht.

Dass hierin prinzipiell Variationsmöglichkeiten bestehen, zeigen allein schon die unterschiedlichen Ausgestaltungen der Gottesdienste (man vergleiche hierzu beispielsweise die Möglichkeiten der Hausgottesdienste für alte Menschen und Kranke oder die Gottesdienste von Gemeinden in den Vereinigten Staaten mit vorwiegend schwarzen Gläubigen) sowie die Art des Zelebrierens der Sakramente (z. B. Gottesdienste und Eheschließungen). Anhand dieser unterschiedlichen Gestaltungsformen der Religionsvermittlung wird in der Sprache des Marketing die Berücksichtigung unterschiedlicher Bedürfnisse verschiedener Glaubensgemeinden gleicher Konfessionen deutlich, die allesamt der Vermittlung der Religion dienen und die Kernaussagen der Religion unangetastet lassen.

Von Interesse muss die Erforschung des Kundenverhaltens insbesondere deshalb sein, weil eine weitere Besonderheit in der Zielverwirklichung der Kirchen in der Eigenschaft des Tausches zwischen den Kirchen und den „Nachfragern" bzw. Gläubigen zu berücksichtigen ist. Wird bei erwerbswirtschaftlich orientierten Unternehmen die erfolgreich verlaufene „Transaktion" auf dem Markt in der Regel durch das Erbringen einer monetären Gegenleistung offenbar, so ist die Realisierung des „Tausches" zwischen Religionsvermittler und Gläubigem ein viel weniger beobachtbares Geschehen. Der Vollzug der Interaktion beruht darauf, dass durch den Religionsstifter ein Deutungsangebot gemacht wird, das bei Anwendung durch den Gläubigen ein Bezugssystem darstellt, das einen konstruktiven und befriedigenden Beitrag zur Seinsbewältigung leisten kann. Als die für eine Markttransaktion typische Gegenleistung auf Seiten des Gläubigen kann der Aufwand für die Auseinandersetzung mit den Inhalten der religiösen Lehre, deren Akzeptanz und die Überwindung möglicher intrapersonaler Widerstände („Kosten"[46]) interpretiert werden, die bei der Ausübung der Anforderungen der religiösen Lehre entstehen können. Dieser „Gegenleistung" eigen ist, dass sie in jedem Einzelnen als zum großen Teil unbeobachteter und nicht explizit deutbarer Prozess vonstatten geht. Als Zielfunktion der Kirchen ist aber genau dieses von unmittelbarer Relevanz. In Ergänzung zum beobachtbaren Verhalten der Gläubigen bei der Wahrnehmung der Ritualsangebote, wie z. B. die Zahl der Kirchgänger, Kirchensteueraufkommen, Taufen, Beerdigungen etc., ist das, was

---

[45] Zur Religiosität als Nachfrageverhalten vgl. Hillebrecht, S. (1995), S. 223 f.
[46] Vgl. Hillebrecht, S. (1995), S. 227.

im Marketing Kundenforschung genannt wird, für Kirchen ein ergänzendes und notwendiges Instrument zur Erfolgskontrolle.[47] Die Glaubens- und Überzeugungsdimension der Gläubigen als zentrale Dimension kirchlicher Arbeit bedarf der Erfassung bestimmter Indikatoren.[48] Die Erforschung des Verhaltens von Gläubigen unterscheidet sich hierin – wie bereits zuvor mehrfach erwähnt – grundsätzlich nicht von der Konsumentenforschung, wie sie als Gegenstand des Marketing gang und gäbe ist.[49]

5.2 Relevante Forschungsmethoden

Im Bereich des Kirchenmarketing sind Daten aus Sekundärquellen wenig hilfreich und aussagekräftig, so dass Primärforschung nicht zu umgehen sein wird, um so mehr, als entscheidungsrelevante Informationen verlässlich sein müssen. Zu diesem Zweck hat die Marketingwissenschaft Forschungsmethoden erprobt und evaluiert, die sich auch auf die Kirchenproblematik problemlos anwenden lassen können.

Als besonders relevant können hierbei auch die quantitativen Marktforschungsmethoden erachtet werden. Zur Bestimmung der Position der Kirchen im subjektiven Wahrnehmungsraum eignet sich z. B. die Multidimensionale Skalierung, anhand derer die Position der Kirche räumlich anhand von relevanten Beurteilungsdimensionen bestimmt wird.[50] Weiterhin lassen sich die Clusteranalyse und die Diskriminanzanalyse zur Bestimmung und Untersuchung von Zielgruppen heranziehen.[51] Bei der Planung neuer Leistungen (Neuproduktgestaltung), z. B. bei der Ausgestaltung der Merkmale des kirchlichen Angebots, bietet sich die Conjoint-Analyse an.[52]

6. Der Politik-Mix im Kirchenmarketing

Ist mit der Zielformulierung der Forschungsbedarf bezüglich des Aktionsfeldes definiert und wurde anhand der Untersuchungsergebnisse ein Soll-Ist-Vergleich durchgeführt, kommt dem Politik-Mix im Rahmen des Marketing-Managements die Rolle der Maßnahmen zu, mit deren Umsetzung die Ziele – die definierten Soll-Werte – erreicht wer-

---

[47] Vgl. Hillebrecht, S. (1994), S. 10.
[48] Vgl. Ebertz, M. N. (1998), S. 34.
[49] Zu einem Modellansatz religiösen Verhaltens vgl. Hillebrecht, S. (1995), S. 223 f.
[50] Vgl. Backhaus et al. (1997), S. 431-495.
[51] Vgl. Backhaus et al. (1997), S. 90-165 und S. 261-321.
[52] Vgl. Tscheulin, D. K. (1990); Backhaus et al. (1997), S. 496-552; als einführendes Beispiel vgl. Kotler, P. (1999), S. 530 ff.

den sollen. Hier stehen auch den Kirchen die bekannten Instrumente des Marketing, Produktpolitik, Preispolitik, Distributionspolitik und Kommunikationspolitik zur Verfügung.

6.1 Produkt- und Dienstleistungspolitik

Die Kernleistung der Kirchen ist die Vermittlung der christlichen Religion, indem sie z. B. das Evangelium als eigentliche Botschaft des Christentums verkündet. Dieser Bestandteil der christlichen Religion ist der unveränderbare und durch den Religionsstifter determinierte Bestandteil des kirchlichen Angebotes und für Manipulationen tabu.[53]

Definieren wir jedoch Produkte ganz allgemein als Bündel von Eigenschaften,[54] so gehören zum Produkt der Kirchen bezogen auf die Religionsvermittlung nicht nur die religiösen Kerninhalte als Grundeigenschaft, sondern z. B. auch die Art der Vermittlung dieser Inhalte oder die Anmutungseigenschaften des Angebotes der Kirchen.[55] Bezüglich der Vermittlung der religiösen Inhalte können zudem die direkte Vermittlung, beispielsweise durch Religionsunterricht, Gottesdienste und dergleichen, und die indirekte Vermittlung unterschieden werden, die sich in tätiger Anwendung christlicher Werte durch z. B. kirchliche oder kirchlich initiierte Einrichtungen zeigen (Krankenhäuser, Altenheime, Klöster, soziale Einrichtungen wie die Caritas etc.).[56] Die Ausgestaltungsformen dieser Nebeneigenschaften unterliegen hierbei der Bedingung, dass sie der Verwirklichung christlicher Werte am Menschen dienen sollen; alle weiteren Optionen, die dieser Bedingung nicht zuwiderlaufen, stehen als Gestaltungsmöglichkeiten offen.

Die Gestaltung dieser Nebeneigenschaften ist das Ergebnis planerischen Handelns; es stellt sich hierbei jedoch die Frage, anhand welcher Gestaltungsprinzipien vorgegangen wird. Das Marketinginstrument der Produktpolitik kann aufgrund der vielen Freiheitsgrade als geeignet erachtet werden, die Planung dieser Elemente so zu unterstützen, dass sie den Bedürfnissen der Angesprochenen auch tatsächlich entsprechen.

Gerade im Bereich der sozialen Dienste und der Riten der Lebenswende scheint sich für Kirchen eine Möglichkeit zu ergeben, mit diesen Leistungen auch jüngere Menschen zu erreichen.[57] So folgt aus einer soziologischen Studie für die Kirchen, dass der Nutzen einer Kirchenmitgliedschaft vor allem darin gesehen wird, dass „man wichtige Ereignisse im Leben kirchlich feiern kann".[58] Das Monopol, das die Kirche auf solche Leistungen zu haben scheint, ist hingegen weniger sicher als vielleicht vermutet werden könnte: der

---

[53] Vgl. Hillebrecht, S. (1995), S. 227.
[54] Vgl. Brockhoff, K. (1999), S. 12 ff.
[55] Vgl. Brockhoff, K. (1999), S. 17.
[56] Vgl. z. B. Hillebrecht, S. (1996), S. 64-69.
[57] Vgl. Drosten, M. (1992), S. 36.
[58] Vgl. Ebertz, M. N. (1998), S. 65.

Anteil derer, die bereit wären, bestimmte Riten und Segenshandlungen auch von nichtkirchlichen Anbietern in Anspruch zu nehmen, nimmt mit abnehmendem Alter der Befragten zu.[59]

6.2 Preispolitik

Für die Annahme des Deutungsangebotes der Kirchen haben die Gläubigen eine gewisse Gegenleistung zu erbringen. Diese besteht darin, dass die Annahme der christlichen Lehre durch die Implementierung derselben in der eigenen Lebenskonzeption erfolgt sowie durch die Akzeptanz der damit verbundenen Aufwendungen.[60] Diese Aufwendungen in Form der zu erbringenden Gegenleistungen sind Formen von Kosten, die sich in psychische Kosten, Energiekosten, Opportunitätskosten und monetäre Kosten aufteilen lassen.[61] Für die Anwendung der Preispolitik – im vorliegenden Kontext wäre auch der Begriff „Gegenleistungspolitik" angebracht – für Belange der Kirchen ist die Auffassung maßgeblich, dass die Mitglieder der Zielgruppe einen Kosten-Nutzen Vergleich betreiben, wenn sie eine Investition in Form von Geld, psychischer Beanspruchung, persönlicher Energie oder entgangenen Opportunitäten tätigen. Bei diesem Vergleich erfolgt die Bereitschaft zur Transaktion nur bei einem positiven Netto-Nutzen, so dass es das Anliegen der Kirchen sein muss, die Kosten-Nutzen-Relation – bzw. deren Wahrnehmung durch die Gläubigen – positiv zu beeinflussen.[62] Einmal kann dies dadurch erreicht werden, dass der zu erwartende Aufwand, also die Gegenleistungen in Form der genannten Kosten, für die Gläubigen verringert wird, zum anderen kann dies dadurch erreicht werden, dass der Nutzen bzw. wahrgenommene Nutzen für die Gläubigen erhöht wird oder durch eine Kombination aus beidem. Zu berücksichtigen ist hierbei, dass es sich bei der durch die Gläubigen zu erbringenden Gegenleistung zum Erwerb der inneren christlichen Haltung um eine Kombination aus Kosten aus den unterschiedlichen Kategorien handelt, man es also mitnichten lediglich mit der Kirchensteuer als (monetäre) Gegenleistung auf seiten der Gläubigen zu tun hat.

Dennoch sei auf die Kirchensteuer eingegangen, da sie mit ihrem monetären Charakter eine wesentliche Determinante des oben genannten Netto-Nutzen-Kalküls darstellt. Die Erfüllung der Aufgaben der Kirchen ist ohne das Verfügen über die nötigen finanziellen Mittel unmöglich.[63] Ist die Aufgabe der Kirchen auch nicht primär das Erwirtschaften von Einkommen, so ist die Generierung eines ausreichenden Flusses an Finanzmitteln dennoch auch für die Kirchen in ihrer heutigen Erscheinungsform eine condition sine qua

---

[59] Vgl. EMNID (1997), S. 57, zitiert in Ebertz, M. N. (1998), S. 96.
[60] Vgl. Rothschild, M. L. (1997), S. 12.
[61] Vgl. Kotler, P./Zaltman, G. (1971), S. 9.
[62] Vgl. Kotler, P. (1999), S. 48 ff.
[63] Zu den Dimensionen der Höhe von Kirchensteuern und Kirchengeld vgl. Statistisches Bundesamt 1998, S. 96 u. 97: Evangelische Kirche 1997 ca. 7,5 Mrd DM, Katholische Kirche 1997 ca. 8,1 Mrd. DM.

non. Da die Offenbarung der Preisbereitschaften von Kirchenmitgliedern auf eine binomiale Variable reduziert ist, nämlich der Kirche anzugehören und die dazugehörenden Steuern zu zahlen oder aus der Kirche auszutreten, um diesen monetären Aufwand zu vermeiden, kann aus dem klassischen preispolitischen Verständnis heraus nicht von einer sinnvollen Preispolitik bezüglich der Kirchensteuergestaltung gesprochen werden.

Durch eine effiziente Differenzierung und Verfahren zur variablen Gestaltung der Steuerbelastung könnte den unterschiedlichen Zahlungsbereitschaften der Kirchenmitglieder Rechnung getragen werden. Zu denken wäre an einfache Zahlungssysteme, die eine bestimmte absolute Höchstgrenze der Belastung des Einkommens mit einer Kirchensteuer vorsehen, deren Grenzen diskutabel sind. Dadurch könnten Austritte von sehr reichen Kirchenmitgliedern vermieden werden, denen der relative Anteil der Kirchensteuern in absoluten Größen zu hoch erscheint. Auch wäre eine Senkung der Kirchensteuer denkbar, die mit einer Erhebung von Gebühren für bestimmte religiöse Dienste, wie Taufen, Hochzeiten usw. einhergehen könnte, oder die Kirchenmitglieder bestimmen selbst die Höhe der Beitragszahlungen. Inwieweit solche Konzepte der Mittelaufbringung in bezug auf die Steuereinnahmen für eine ausreichende Finanzierung geeignet sein könnten, ist Gegenstand entsprechender und erprobter Marktanalysemethoden.[64]

Eine weitere Seite der Preispolitik im Sinne einer „Beitragspolitik"[65] ist das Fundraising, worunter auch das Spendenwesen zusammengefasst werden kann.[66] Als wesentliche weitere Finanzierungsquelle neben den Einnahmen aus Kirchensteuerzahlungen nimmt dieser Bereich aus der Perspektive des Beschaffungsmarketing eine bedeutende Rolle ein.[67] In Verbindung mit der glaubhaften Vermittlung, dass durch die finanziellen Einnahmen fundamentale christliche Werte und Bedürfnisse realisiert werden, können neben der Zahlungsverpflichtung der Kirchensteuer auch die Sinnhaftigkeit von derartigen Beiträgen vermittelt und somit die Finanzierung der kirchlichen Aufgaben erleichtert werden.

6.3 Distributionspolitik

Bei der Distributionspolitik ist die Möglichkeit der bedarfsgerechten Verfügbarmachung der Leistung im Mittelpunkt des Interesses, Elemente die den Transaktionsprozess unterstützen bzw. erst ermöglichen. Verschiedene Systematisierungen sind hierbei denkbar. Das gesamte religiöse System der Christen kann als das Distributionssystem für die Religionsverbreitung des Religionsstifters Jesus Christus in der Gegenwart verstanden wer-

---

[64] Zu denken wäre hier besonders an die Conjoint-Analyse und die Anwendung des Choice-Simulators, durch den valide Schätzergebnisse von Zahlungsbereitschaften ermittelt werden können. Vgl. z. B. Tscheulin, D. K. (1992), S. 63-66 und Albers, S./Brockhoff, K. (1985), S. 201.
[65] Hillebrecht, S. (1995), S. 227.
[66] Zur Definition des Fundraising-Begriffs vgl. Urselmann, M. (1997), S. 95.
[67] Vgl. Dähler, B./Fink, U. (1999), S. 47.

den, so auch die aus dem frühen Christentum entstandenen Kirchen, die Missionarisierung, die Einrichtung des Klerus als Distributionsorgan und dergleichen mehr. Aus der Sicht einer praktikablen Anwendung muss die Distributionspolitik allerdings einer problemrelevanten Systematisierung unterworfen werden, die die Distribution der durch die Kirchen erstellten und bereitgestellten Leistungen zum Gegenstand hat, somit die theoretisch denkbare Diskussion der Rolle der Kirchen selbst als Gegenstand geeigneter Distributionspolitik ausschließt.

Für Dienstleistungen sind im wesentlichen die zwei Dimensionen Ort und Zeit von besonderer Bedeutung, d. h., dass die örtliche sowie zeitliche Verfügbarmachung bei der Planung der Leistungserbringung zu beachten ist. Es wäre denkbar, z. B. durch eine zeitliche Variation die Widerstände gegen einen Gottesdienstbesuch zu verringern, bzw. Gottesdienstzeiten so zu legen, dass sie den Präferenzen möglichst vieler (potenzieller) Gläubigen entsprechen.[68] Ebenso kann auch die Feier der Ritualisierung von Lebenswenden als Gegenstand distributionspolitischer Erwägungen herangezogen werden, indem nach Möglichkeiten gesucht wird, diese Riten an Orten und zu Zeiten anzubieten, die den Wünschen der Beteiligten entsprechen. Von besonderem Vorteil für die Kirchen ist hierbei ihre hohe Ubiquität, da kirchliche Einrichtungen mit kirchlichem Personal beinahe überall vorzufinden sind. Dies ermöglicht es den Kirchen, ihre Leistungen weitgestreut anzubieten, was vor dem Hintergrund der Erbringung von persönlichen Dienstleistungen einen Wettbewerbsvorteil darstellen kann.[69]

6.4 Kommunikationspolitik

Vor allem für die Elemente des kirchlichen Angebotes, die aufgrund ihres konstituierenden Charakters nicht einer Veränderung zugänglich sind, ist eine zielorientierte Kommunikationspolitik von Wichtigkeit. Aufgrund der Kernelemente entscheidet sich die grundsätzliche Ablehnung oder Zustimmung des religiösen Angebotes der Kirchen durch den Einzelnen. Deshalb sollte aufgrund der in der Kundenanalyse gewonnenen Einsicht über die Bedürfnisstrukturen überprüft werden, welche Elemente des religiösen Angebotes dazu geeignet sind, diese Bedürfnisse und darüber hinaus auch eventuell neu hinzugekommene Bedürfnisse zu befriedigen. Für die Wahrnehmung der Elemente, die den Bedürfnissen der Zielgruppe entsprechen, ist deren Kommunikation essentiell. Die Kirchen müssen vermitteln, welche Bedürfnisse der Gläubigen durch die Ausübung der christlichen Religion mit Aussicht auf Erfolg befriedigt werden. In diesem Sinne ist auch die Kommunikationspolitik für ein glaubwürdiges und überzeugendes Angebot der Kirchen verantwortlich. Die Kommunikationspolitik hat hierzu eine ganze Reihe von Instrumenten zu bieten, die von der klassischen Werbung[70], Verkaufsförderung, Direktmarketing

---

[68] Vgl. hierzu z. B. Kotler, P., (1978), S. 410, 441 f.
[69] Vgl. Hillebrecht, S. (1992), S. 39.
[70] Vgl. McDaniel, S. W. (1986), S. 25 ff.

bis hin zur Multimediakommunikation reichen, mit Hilfe derer diese Zielsetzung erreicht werden kann.[71]

6.5 Der Politik-Mix

Der Einsatz der Politik-Instrumente kann nicht isoliert vorgenommen werden. Die Leistungen der Kirchen als Dienstleistung sind von der Überschneidung der jeweiligen Instrumente gekennzeichnet. Das bedeutet, dass mit einer Veränderung der Distribution unter Umständen die Wahrnehmung der Leistung eine andere wird, so dass ein distributionspolitisches Mittel auch produktpolitische Auswirkungen hat. Gleichzeitig kann ein bestimmter Ort der Leistungserbringung Auswirkungen auf die wahrgenommenen Kosten haben und somit auf die Preispolitik wirken. Die Variation der Variablen ist in diesem Sinne von Interdependenzen geprägt, die bei der Anwendung der marketingpolitischen Instrumentarien berücksichtigt werden müssen.

7. Umsetzung des Marketing-Managements für Kirchen

Eine grundsätzliche Frage der Umsetzung von Marketingstrategien ist die, inwieweit verschiedene Marketingelemente für einzelne Projekte der Kirchen angewendet wird oder ob Marketing als Institution innerhalb der Kirchen eingegliedert wird. Zu berücksichtigen ist hierbei, dass der Gedanke des Marketing für Kirchen zumindest in Deutschland relativ neu ist, und dass eine Implementierung des Marketing in den Kirchen in der Form, wie dies in modernen Unternehmen der Fall ist, Widerstände zu überwinden hätte. Dementsprechend sind die Einführung von Marketingaktivitäten und die betroffenen Mitarbeiter mit ensprechender Sorgfalt auf diese Schritte vorzubereiten.[72] Zu überdenken sind hierbei auch organisatorische Strukturen, die einer Realisierung des Marketinggedankens entgegenstehen und einer etwaigen Anpassung bedürfen.

Für beide Arten der Implementierung bedarf es der Akzeptanz der Mitarbeiter für die Ideen, die dem Marketingverständnis moderner Prägung eigen sind. Dies setzt nicht notwendigerweise voraus, dass Marketing unter diesem Begriff innerhalb der Kirche verbreitet werden muss, sondern dass die Inhalte des Marketing verwirklicht werden.[73]

---

[71] Vgl. z. B. Meffert, H./Bruhn, M. (1997), S. 355. Zu den Besonderheiten der Kommunikationspolitik in Nonbusiness-Situationen vgl. Rothschild, M. L. (1979), S. 12 ff.

[72] Vgl. zu den Anforderungen an die Mitarbeiter im Kontext des Social Marketing z. B. Bruhn, M./Tilmes, J. (1994), S. 222 f.

[73] In diesem Sinn ist das „Etikett", unter dem Marketing betrieben wird, von nachrangiger Bedeutung,

Da die Kirchengemeinden relativ kleine autonome Gebilde sind, die aus eigener Kraft kaum dazu in der Lage sein werden, die notwendigen personellen, sachlichen und finanziellen Ressourcen für die Entwicklung des Marketingverständnisses bereitzustellen, könnten sich zentral organisierte Stellen, z. B. in den jeweiligen Diözesen, als „Dienstleister" für die einzelnen Gemeinden eignen. Ebenso könnten diese zentralen Dienstleister innerhalb von z. B. Priesterseminaren das Personal der Kirchen in Marketing schulen.

Ebenso sind weitere Optionen denkbar, um Marketing in die Institution Kirche einzuführen, wie z. B. Bildung von Marketing-Kommittees und Projektgruppen, Beauftragen externer spezialisierter Unternehmen für spezifische Problemstellungen (Werbeagenturen, Forschungsinstitute etc.) sowie die Berufung von externen Marketing-Beratern und Benennung von Marketing-Beauftragten innerhalb der Kirche, deren hierarchische Position genügend Handlungsmöglichkeiten erlaubt.[74]

Die Problematik der Verbreitung des Marketinggedankens innerhalb der Kirche entspricht hierbei den Problemen erwerbswirtschaftlicher Unternehmen, die dies mit den Instrumenten des internen Marketing zu lösen versuchen.[75]

Die Implementierung des Kirchenmarketing als Durchführung von Marketingprogrammen wird zweckmäßigerweise als Prozess verstanden, dessen Durchführung die Schritte

1. Aufstellung funktionaler Ziele,

2. Entwicklung funktionaler Verfahrensweisen und Standardvorschriften,

3. Aufstellung funktionaler Programme und dazugehöriger Haushaltspläne sowie

4. unmittelbare Einleitung geeigneter Maßnahmen zur Durchführung und Aufrechterhaltung des Programms im Einklang mit den funktionalen Zielen

erfordert.[76]

Notwendig für eine Steuerung des Marketing-Prozesses innerhalb einer Organisation und auch des Prozesses der Implementierung ist ein Marketing-Controlling, das anhand von ausgewählten Indikatoren den Verlauf der Implementierung und der Marketingprogramme abzubilden vermag, so dass ein steuerndes und zielgerichtetes Eingreifen sowie die Erfolgskontrolle der Marketingaktivitäten ermöglicht wird.[77] Von besonderer Be-

---

wenn die Umsetzung des Marketinggedankens überhaupt mit einem Etikett belegt werden soll.

74 Vgl. Kotler, P. (1979), S. 41 ff.

75 Vgl. Kotler, P. (1972), S. 46 ff. Zu den spezifischen Problemen, die sich bei der Implementierung des Marketinggedankens im Bereich des Social Marketing ergeben können vgl. Bloom, P. N./Novelli W. D. (1981), S. 79-88.

76 Vgl. Kotler, P. (1991), S. 334 f.

77 Vgl. z. B. Meffert, H. (1998), Kap. 6.

78 Zur Kontrolle von Social-Marketing-Programmen vgl. Kotler, P./Eduardo, R. (1991), S. 347.

deutung sind hierbei wiederum Methoden und Verfahren der Marketingforschung, die diese Indikatoren hervorzubringen vermögen.[78]

8. Grenzen des Kirchenmarketing

Ungeachtet der Möglichkeiten des Marketing für kirchliche Belange bestehen Grenzen für den Einsatz des Marketing. Es wurde bereits erwähnt, dass eine für den Erfolg der Anwendung des Marketing notwendige Voraussetzung die effiziente Abgrenzung der gestaltbaren von den nichtgestaltbaren Elementen des kirchlichen Angebotes ist. In diesem Sinne kann Kirchenmarketing und damit die für die Kirchen abzuleitenden Handlungsempfehlungen nicht vollständig vom Diktat des „Marktes" abhängig sein. Dies ist damit zu begründen, dass die letztendliche Zielbildung der Kichen nicht im Auftrag bestimmter Anteilseigner, sondern entsprechend ihres Selbstverständnisses im Auftrag Gottes zu erfolgen hat; dies unterscheidet die Kirchen ihrem Wesen nach nicht nur von den konventionellen Unternehmungen, sondern auch von anderen Non-Profit-Unternehmen, da der wichtigste „Stakeholder" der Kirchen nicht von dieser Welt ist.[79]

Für die Machbarkeit des Kirchenmarketing gilt somit, dass der Kern der christlichen Lehre nicht der Manipulation unterworfen werden darf. Dieses unveränderbare Element der die christliche Kirche konstituierenden Besonderheiten des christlichen Glaubens ist gerade für die Produktpolitik in diesem spezifischen Bereich tabu.[80] Diese Diskussion ist Gegenstand der theologischen Wissenschaft und der Deutung biblischer Inhalte, die der kirchlichen und theologischen Profession vorbehalten bleiben muss.

Weiterhin hat das Kirchenmarketing zu berücksichtigen, dass der Glaube unverfügbar ist und damit Geschenk-, Gaben- und Gnadencharakter hat, womit sich dieser religiöse Kerninhalt einer ökonomischen Betrachtung aus Marketinggesichtspunkten entzieht. Die Wirkung des Heiligen Geistes ist nicht durch Kirchenmarketing zu ersetzen. „[W]ohl aber kann es an Glauben und Glaubensfragen heranführen, Interesse wecken, anregen, zum Abbau von Frustrationen beitragen, die Voraussetzungen dafür schaffen helfen, daß Glaubenserfahrung und Glaubenserfüllung wachsen."[81]

Die in der Marktforschung für Kirchen zu generierenden Informationen sind für eine zielgerichtete Leistungspolitik unerlässlich. Dennoch ist eine unkritische Übernahme der Marktdaten in die Zielbildung der Kirchen ungeeignet. Vielmehr hat die Kenntnis der Marktdaten und die daraus zu generierende Information auch als Ausgangspunkt zu dienen, neue Wirkungsbereiche für die Kirchen zu definieren, in denen das kirchliche Tä-

---

[79] Vgl. Hillebrecht, S. (1994), S. 6.
[80] Vor diesem speziellen Hintergrund anders als Raffée, H. (1995), S. 165.
[81] S. Raffée, H. (1995), S. 165.

tigwerden strukturverändernde Wirkungen entfalten kann,[82] was zum Bereich des „kreativen Marketing" zu zählen ist.

Die Berücksichtigung der Grenzen des Marketing bei der Anwendung auf kirchliche Fragestellungen bedeuten jedoch nicht, dass das Marketing ob dieser Grenzen weniger wirkungsvoll ist, im Gegenteil, die für die Kirchen erwünschten positiven Wirkungen, die das Marketing auch in diesem Kontext zu entfalten in der Lage sein kann, werden durch die Berücksichtigung dieser Begrenzungen erst ermöglicht.

9. Zusammenfassung und Ausblick

Wird Marketing als ein mögliches Regelinstrument in sozialen Systemen verstanden, wie es auch die Kirchen darstellen, so kann der Marketinggedanke als Analyseansatz für die Probleme der beiden deutschen Volkskirchen als gegeben erachtet werden. Widerstände, die gegen die Verknüpfung der Prinzipien des Marketing mit der Problematik der Kirchen aufgebaut werden, resultieren vornehmlich aus einem verkürzten Verständnis dessen, was Marketing ist. Ein überkommener Marketinggedanke, der auf reine Werbung und Absatzförderung reduziert ist, bildet vor dem Hintergrund der heutigen Auffassung nur die berühmte Spitze des Eisbergs dessen, zu dem sich Marketing bis heute entwickelt hat: Marketing und Marketingmanagement ist zu interpretieren als eine Methode zur Realisierung organisationaler und individueller Ziele im sozialen Austausch.

Die Angemessenheit des Marketing ist eine Frage der Zielsetzungen und der Zwecke, die damit verfolgt werden. Besonders in der Frage nach den Problemen der Kirche scheint eine genaue Vorstellung von dem, was Marketing in seiner generischen Auffassung zu leisten vermag, erst langsam um sich zu greifen. Eine auf die kirchlichen Bedürfnisse zugeschnittene Marketing-Management-Konzeption kann den Problemen der Kirche entgegenwirken, ohne dass die Befürchtung der „Vermarktung" der Kirche Bestand zu haben braucht.

---

[82] Vgl. Raffée, H. (1995), S. 165.

10. Literatur

Albers, S./Brockhoff, K. (1985): Die Gültigkeit der Ergebnisse eines Testmarktsimulators bei unterschiedlichen Daten und Auswertungsmethoden, in: Zeitschrift für betriebswirtschaftliche Forschung, Jg. 37, Heft 3, S. 191-217.

Backhaus, K./Erichson, B./Plinke, W./Weiber, R. (1996): Mutlivariate Analysemethoden: eine anwendungsorientierte Einführung, 8. Aufl., Berlin.

Bloom, P. N./Novelli, W. D. (1981): Problems and Challenges in Social Marketing, in: Journal of Marketing, Vol. 45 (Spring), S. 79-88.

Bruhn, M./Tilmes, J. (1994): Social Marketing: Einsatz des Marketing für nichtkommerzielle Organisationen, 2. Aufl., Stuttgart.

Dähler, B./Fink, U. (1999): New Church Management – Finanzmanagement und Kundenmarketing in der katholischen Kirche in der Schweiz, Bern.

Drosten, M. (1992): Kirche auf neuen Wegen, in: Absatzwirtschaft, Heft 12, S. 32-36.

Ebertz, M. N. (1998): Kirche im Gegenwind. Zum Umbruch der religiösen Landschaft, Freiburg.

EKD Evangelische Kirche in Deutschland (Hrsg.) (1993): Fremde Heimat Kirche – Dritte EKD-Umfrage über Kirchenmitgliedschaft der Studien- und Planungsgruppe der EKD, Hannover.

Göll, H.-P. (1990): Kirchliches Marketing? Plädoyer für ein abnehmerfreundliches Angebot, in: Nachrichten der Evangelisch-Lutherischen Landeskriche Bayerns, S. 208-211.

Gräb, W. (1995): Auf den Spuren der Religion. Notizen zur Lage und Zukunft der Kirche, in: Zeitschrift für evangelische Ethik, 39. Jg., S. 43-56.

Healy, D. F./DeLozier, M. W. (1977): Developing a Religious Program, in: DeLozier, M. W./Woodside, A. G. (Hrsg.): Marketing Management, Columbus OH, S. 753-769.

Hillebrecht, S. W. (1992): Was die Kirche nutzen kann, in: absatzwirtschaft, Heft 12, S. 38-39.

Hillebrecht, S. W. (1994): Ansatzpunkte der Markt- und Meinungsforschung im Dienste des Kirchenmarketings, in: GfK Jahrbuch der Absatz- und Verbrauchsforschung, 1, S. 4-18.

Hillebrecht, S. W. (1995): Grundlagen des Kirchlichen Marketing, in Marketing ZFP, Heft 4, 4. Quartal, S. 221-231.

Hillebrecht, S. W. (1996): Leitbilder für diakonische Unternehmen im Rahmen einer Marketingstrategie, in: Zeitschrift für öffentliche und gemeinwirtschaftliche Unternehmen (ZögU), Band 19, Heft 1, S. 64-69.

Hohmann, P. (1972): Wie man gute Menschen macht, in: Absatzwirtschaft, Heft 2, S. 22-25.

Kotler, P. (1972): A Generic Concept of Marketing, in: Journal of Marketing, Vol. 36 (April), S. 46-54.

Kotler, P. (1978): Marketing für Nonprofit-Organisationen, Stuttgart.

Kotler, P. (1979): Strategies for Introducing Marketing into Nonprofit Organisations, in: Journal of Marketing, Vol. 43 (January), S. 37-44.

Kotler, P./Bliemel, F. (1999): Marketing Management: Analyse, Planung, Umsetzung und Steuerung, 9. Aufl., Stuttgart.

Kotler, P./Levy, S. J. (1969): Broadening the Concept of Marketing, in: Journal of Marketing, Vol. 33 (January), S. 10-15.

Kotler, P./Roberto, E. (1991): Social Marketing, Düsseldorf.

Kotler, P./Zaltman, G. (1971): Social Marketing: An Approach to Planned Social Change, in: Journal of Marketing, Vol. 35 (July), S. 3-12.

Krieger, D. J. (1996): Einführung in die allgemeine Systemtheorie, München.

Lauk, M./Menne, G. A. (1994): „misch Dich ein": Neue Kommunikation für einen traditionsreichen Kunden. Ein Fallbeispiel für modular-integrierte Kommunikation, in: pr-magazin, Heft 5, S. 39-46.

McDaniel, S. W. (1986): Church Advertising: Views of the Clergy and General Public, in: Journal of Advertising, Vol. 15, No. 1, S. 24-29.

Meffert, H. (1998): Marketing: Grundlagen marktorientierter Unternehmensführung: Konzepte - Instrumente - Praxisbeispiele; Mit neuer Fallstudie VW-Golf, 8. Aufl., Wiesbaden.

Meffert, H./Bruhn, M. (1997): Dienstleistungsmarketing: Grundlagen, Konzepte, Methoden; mit Fallbeispielen, 2. Aufl., Wiesbaden.

Nieschlag, R./Dichtl, E./Hörschgen, H. (1994): Marketing, 17. Aufl., Berlin.

Paulus, J. (1995): Wenn Gott Plakate klebt, in: Werben und Verkaufen (W&V), Heft 14, S. 62-64.

Pompey, H. (1999): Caritas zwischen Ökonomisierung/Management und Anspruch der caritativ-diakonischen Praxis Jesu, in: Lüttig, J./Schallenberg, P. (Hrsg.): Caritatives Handeln zwischen Bibel und Bilanz, Münster.

Raffée, H. (1980): Nicht-kommerzielles Marketing: Möglichkeiten, Chancen, Risiken, in: Sarges, W./Haeberlin, F. (Hrsg.) (1980): Marketing für die Erwachsenenbildung, Hannover, S. 272-290.

Raffée, H. (1995): Kirchenmarketing – Irrweg oder Gebot der Vernunft? in: Bauer, H. H./Diller, H. (Hrsg.): Wege des Marketing, Berlin.

Rothschild, M. L. (1979): Marketing Communications in Nonbusiness Situations or why it's so hard to sell Brotherhood like Soap, in: Journal of Marketing, vol. 43 (Spring), S. 11-20.

Sheth, J. N./Frazier, G. L. (1982): A Model of Strategy Mix Choice for Planned Social Change, in: Journal of Marketing, Vol. 46 (Winter), S. 15-26.

Tscheulin, D. K.(1992): Optimale Produktgestaltung: Erfolgsprognose mit Analytic Hierarchy Process und Conjoint-Analyse, Wiesbaden.

Urselmann, M. (1997): Fundraising – Aktives Beschaffungsmarketing auch für Kirchen?, in: Hillebrecht, S. W. (Hrsg.): Kirchliches Marketing, Paderborn.

Dieter K. Tscheulin und Bernd Helmig

Krankenhausmarketing

1. Die Stellung des Krankenhauses im deutschen Gesundheitswesen
    1.1 Begriff und Arten von Krankenhäusern sowie zur Struktur des deutschen Krankenhauswesens
    1.2 Zur volkswirtschaftlichen Bedeutung von Krankenhäusern
2. Das Zielsystem von Krankenhäusern
3. Marktforschung
4. Produkt- und Dienstleistungspolitik
    4.1 Grundlagen
    4.2 Optimale Gestaltung von Wahlleistungsangeboten
    4.3 Optimale Gestaltung der Krankenhaus-Kernleistung - Ansatzpunkte des Total Quality Managements
5. Preispolitik
    5.1 Grundlagen
    5.2 Die empirische Bestimmung von Preisabsatzfunktionen für Wahlleistungen
    5.3 Gewinnmaximierung durch effiziente Preisdifferenzierung
6. Kommunikationspolitik
    6.1 Die Bestandteile des Kommunikations-Mix
    6.2 Rechtliche Grundlagen der Kommunikationspolitik im Krankenhaus
    6.3 Optimale Gestaltung von Krankenhauswerbeanzeigen
    6.4 Werbeerfolgskontrolle
7. Distributionspolitik
8. Literatur

1. Die Stellung des Krankenhauses im deutschen Gesundheitswesen

1.1 Begriff und Arten von Krankenhäusern sowie zur Struktur des deutschen Krankenhauswesens

Die Krankenhäuser sind ein wesentlicher Bestandteil des Gesundheitssystems. In der Bundesrepublik Deutschland wird die Gewährleistung des Gesundheits- und damit auch des Krankenhauswesens als öffentliche Aufgabe betrachtet,[1] wobei das erklärte Ziel des Gesetzgebers dabei eine Vielfalt von Trägern (also: Betreibern[2]) ist.[3]

Bislang hat sich in der einschlägigen wissenschaftlichen Literatur noch keine einheitliche bzw. allgemein übliche Bezeichnung für die Erbringer von stationären Patientenversorgungsleistungen durchsetzen können. Die Begriffe „Krankenhaus"[4], „Krankenanstalt"[5], „Klinik"[6] oder auch „Sanatorium"[7] werden dementsprechend teilweise synonym, teilweise aber auch in unterschiedlichem Kontext und somit dann auch in verschiedenartiger Bedeutung (z. B. Reha-Klinik in Abgrenzung zu einem Akut-Krankenhaus) verwendet. Allerdings dominiert inzwischen eindeutig die Verwendung des Terminus „Krankenhaus",[8] weshalb dieser auch im Rahmen des vorliegenden Beitrags gewählt wird.[9] Dar-

---

[1] Vgl. hierzu die Evolution der Trägerschaften der Krankenhäuser in der historischen Entwicklung bei Brettel (1997), S. 85 ff. sowie die Ausführungen von Tuschen/Quaas (1998), S. 1 ff.

[2] Vgl. Herder-Dorneich/Wasem (1986), S. 28. Abzugrenzen vom Begriff des Krankenhausträgers ist die Rechtsform des Krankenhauses, die nicht an eine bestimmte Trägerschaft gebunden ist und die weiter unten explizit behandelt wird.

[3] So heißt es in § 1 des Krankenhausfinanzierungsgesetzes – KHG:
„(1) Zweck dieses Gesetzes ist die wirtschaftliche Sicherung der Krankenhäuser, um eine bedarfsgerechte Versorgung der Bevölkerung mit leistungsfähigen, eigenverantwortlich wirtschaftenden Krankenhäusern zu gewährleisten und zu sozial tragbaren Pflegesätzen beizutragen.
(2) Bei der Durchführung des Gesetzes ist die Vielfalt der Krankenhausträger zu beachten. Dabei ist nach Maßgabe des Landesrechts insbesondere die wirtschaftliche Sicherung freigemeinnütziger und privater Krankenhäuser zu gewährleisten. Die Gewährung von Fördermitteln nach diesem Gesetz darf nicht mit Auflagen verbunden werden, durch die die Selbständigkeit und Unabhängigkeit von Krankenhäusern über die Erfordernisse der Krankenhausplanung und der wirtschaftlichen Betriebsführung hinaus beeinträchtigt werden."

[4] So z. B. bei Eichhorn, S. (1975).

[5] So z. B. bei Lang (1997).

[6] So z. B. bei bei Eichhorn, P. (1982).

[7] So z. B. bei Ring (1992).

[8] So bedient sich bspw. auch die amtliche Statistik des Terminus „Krankenhaus"; vgl. Gräb (1995).

[9] Aus Gründen der besseren und flüssigeren Lesbarkeit wird im Rahmen dieser Arbeit vereinzelt auch der Begriff „Klinik" verwendet werden, der als Synonym zu „Krankenhaus" zu verstehen ist.

unter wird in Anlehnung an die Terminologie des Krankenhausfinanzierungsrechts (KHG, § 2 Absatz 1) eine Einrichtung verstanden, in der durch ärztliche und pflegerische Hilfeleistung Krankheiten, Leiden oder Körperschäden festgestellt, geheilt oder gelindert werden sollen oder Geburtshilfe geleistet wird und in der die zu versorgenden Personen untergebracht und verpflegt werden können.

Aus dieser Definition wird deutlich, welche *Gemeinsamkeiten* alle Krankenhäuser haben. Die *Unterschiede* zwischen den einzelnen Krankenhaustypen und -arten erschließen sich dann am besten, wenn man sich mit den einzelnen verschiedenen Gliederungskriterien beschäftigt, nach denen die Krankenhäuser eingeteilt werden können. Krankenhäuser lassen sich allerdings auf vielerlei Arten klassifizieren und systematisieren. Wendet man sich zunächst wieder der Sichtweise des Gesetzgebers zu, so findet man, daß dieser im Rahmen des relevanten Sozialgesetzbuches fünf (SGB V) eine Unterscheidung nach der ärztlich-pflegerischen Zielsetzung in „Krankenhäuser" (§ 107 Absatz 1 SGB V) und „Vorsorge- oder Rehabilitationseinrichtungen" (§ 107 Absatz 2 SGB V) vornimmt.[10] Beide Gruppen werden gemeinhin unter dem Begriff „stationärer Sektor" subsumiert.[11] Allerdings weist beispielsweise *Lang* (1997) mit Recht darauf hin, daß diese Unterscheidung keineswegs exakt ist, sondern der Übergang zwischen den beiden Gruppen oftmals fließend ist und einige Überschneidungen und inhaltliche Ungenauigkeiten vorhanden sind.

Aufgrund dieser Unklarheiten und der keineswegs erschöpfenden Abgrenzung kann eine letztendliche Zuordnung zu einer der beiden Gruppen nach der Definition des § 107 SGB V im Prinzip nur durch den Krankenhausträger selbst vorgenommen werden. Der grundlegende Unterschied zwischen Krankenhäusern und Vorsorge- oder Rehabilitationseinrichtungen liegt bei dieser Einteilung dabei in der ärztlich-pflegerischen Zielsetzung, da im Krankenhaus die ärztliche Tätigkeit (sowie explizit die Geburtshilfe) im Vordergrund steht. In den Vorsorge- oder Rehabilitationseinrichtungen hingegen ist die pflegerische Komponente gleichgewichtig zu derjenigen der ärztlichen anzusehen, um die Zielsetzung des Hauses (Prävention und Rehabilitation) erfüllen zu können. Der vorliegende Beitrag klammert explizit die Vorsorge- oder Rehabilitationseinrichtungen aus der Betrachtung aus und beschäftigt sich ausschließlich mit Krankenhäusern im Sinne der Definition des § 107 SGB V.[12]

---

[10] Im übrigen folgt auch das *Statistische Bundesamt* dieser Einteilung; vgl. Statistische Bundesamt (1997), S. 444 ff.

[11] Vgl. bspw. Oswald (1995), S. 33.

[12] Zu den spezifischen Problemen der Vorsorge- oder Rehabilitationseinrichtungen im Zuge der jüngsten, gesetzlich beschlossenen Sparmaßnahmen vgl. bspw. Broll/Broll/Lehr (1997) sowie o. V. (1997).

1.2 Zur volkswirtschaftlichen Bedeutung von Krankenhäusern

Wie eingangs bereits kurz erläutert, ist der Krankenhaussektor ein elementarer Bestandteil des Gesundheitswesens. Die Bundesrepublik steht dabei in den Ausgaben für Gesundheit mit 10,5 Prozent der Wirtschaftleistung an zweiter Stelle in der Welt. Lediglich die USA verwenden einen noch größeren Anteil ihres Bruttoinlandsproduktes (14,0 %) für Gesundheitsleistungen (vgl. Abbildung 1).

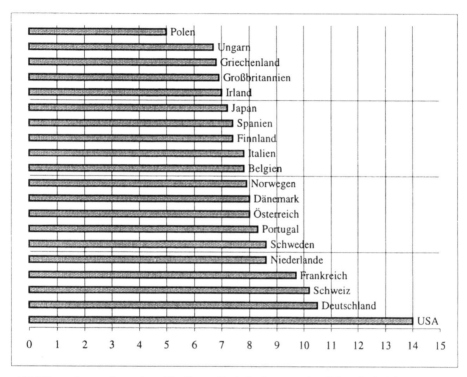

Abbildung 1: Ausgaben für Gesundheit in Prozent der Wirtschaftsleistung (Bruttoinlandsprodukt) in 1996
Quelle: *OECD*, zitiert nach *o. V.* (1999), S. 30

Innerhalb des Gesundheitswesens wiederum wird der Krankenhaussektor als „Kernbereich" bezeichnet.[13] So waren in 1996 über 1,1 Millionen Menschen in den bundesdeutschen Krankenhäusern beschäftigt,[14] der Jahresumsatz aller deutschen Krankenhäuser

---

[13] Vgl. bspw. Ossen (1995), S. 61.
[14] Vgl. Statistisches Bundesamt (1998), S. 432.

lag bei über 100 Milliarden DM.[15] Insofern kann dem Krankenhauswesen in Deutschland eine eminent wichtige Rolle innerhalb der Volkswirtschaft attestiert werden, zumal der „Gesundheitsmarkt" (und damit implizit auch der „Krankenhausmarkt") gemeinhin als „Wachstumsbranche" bezeichnet wird.[16]

Laut *Leo Nefiodow*, dem wohl bekanntesten Vertreter der Theorie der langen Wellen der Konjunktur, wird der sechste Kondratieff-Zyklus wohl ein „Gesundheits-Kondratieff" sein.

2. Das Zielsystem von Krankenhäusern

Eine Besonderheit von Krankenhäusern liegt in deren spezifischem Zielsystem. Während im Bereich der profitorientierten, also von privaten Betreibern unterhaltenen Krankenhäuser, analog zu anderen erwerbswirtschaftlichen Unternehmen die langfristige Gewinnerzielung im Vordergrund steht, kann man bei öffentlichen Krankenhausträgern das *Prinzip der Daseinsfürsorge* für die Errichtung und den Betrieb von Krankenhäusern feststellen. Bei den Krankenhäusern in freigemeinnütziger Trägerschaft spielt hingegen traditionell das caritative oder humanitäre Prinzip eine dominierende Rolle. Insofern ist es das Grundanliegen der Krankenhausträger, das sämtliche Krankenhaus-Betriebsgeschehen unmittelbar auf die Deckung des Bedarfes der Bevölkerung an Krankenhausversorgung auszurichten. Infolgedessen ist die Leistungserstellung in Form von Bedarfsdeckung (Primäreffekt der betrieblichen Betätigung) der unmittelbare und alleinige Zweck aller betrieblichen Handlungen, während bei erwerbswirtschaftlich-privatwirtschaftlichen Unternehmen die Bedarfsdeckung nur einen Sekundärzweck erfüllt. Hauptziel des (öffentlichen) Krankenhauses ist somit die Deckung des Bedarfes der Bevölkerung an Krankenhausleistungen (vom Träger vorgegebener, institutioneller Sinn des Krankenhauses), was auch als *Sachziel* des Krankenhauses bezeichnet wird.[17] Demgegenüber fungiert das *Formalziel* gewissermaßen als Nebenbedingung, daß diese Bedarfsdeckung der Bevölkerung mit Krankenhausleistungen unter dem Gebot der Wirtschaftlichkeit zu erfolgen hat.

Das Sachziel nimmt im Zielsystem des (öffentlichen) Krankenhauses mithin das größte Gewicht ein und ist somit analog zum Gewinnstreben eines profitorientierten Unternehmens zu sehen. Da das Grundanliegen öffentlicher Krankenhausträger somit bedarfswirtschaftlich ausgerichtet ist, bezeichnet man die öffentlichen Krankenhäuser auch als gemeinnützige (gemeinwirtschaftliche) Unternehmen. Öffentliche Krankenhäuser können

---

[15] Vgl. o. V. (1998), S. 11.
[16] Vgl. z. B. Helmig/Tscheulin (1998).
[17] Vgl. Eichhorn, S. (1976), S. 59 sowie Eichhorn, S. (1991), S. 455.

somit auch als bedarfswirtschaftlich-gemeinwirtschaftliche Betriebe oder auch als *Bedarfswirtschaften* bezeichnet werden.

Neben dieses Hauptziel der Bedarfsdeckung treten in aller Regel noch bestimmte Nebenziele. Diese liegen bspw. bei Universitätkliniken in der medizinischen Forschung oder in der Aus- und Weiterbildung von Krankenhauspersonal. Daneben können aber auch Ziele wie die Mitarbeiter- und/oder die Patientenzufriedenheit[18] (oder allgememeiner: Kundenzufriedenheit[19]) treten.

3. Marktforschung

Ausgehend von der Feststellung, daß Krankenhausmanager auch in Deutschland aufgrund des - durch den Gesetzgeber gewollten und von diesem durch die einschlägigen rechtlichen Vorschriften induzierten - verschärften Wettbewerbs zunehmend die Implementierung von Marketing-Konzepten vorantreiben müssen, besteht dringender Bedarf im Hinblick auf die *Schaffung geeigneter informatorischer Grundlagen* zur Planung und Durchführung von zu ergreifenden Marketing-Maßnahmen. Infolgedessen sind die Krankenhäuser gezwungen, in Eigenverantwortung und/oder unter Zuhilfenahme externer Marktforschungs- und Beratungsunternehmen *Marktforschungsstudien* zum Zwecke der Erforschung der *Kundenbedürfnisse* ebenso, wie zur Erlangung von Kenntnissen bezüglich der *Konkurrenzaktivitäten* durchzuführen.

Von besonderer Bedeutung sind zunächst jedoch die *sekundärstatistischen Quellen*, die bereits erhobene Daten beinhalten. Wichtige Informationsgrundlagen bilden in diesem Bereich beispielsweise die nachfolgend genannten *überbetrieblichen Datenquellen*:

- amtliche Statistiken und Erhebungen (z. B. des Statistischen Bundesamtes, Wiesbaden oder der jeweiligen Statistischen Landesämter);

- Informationen der Krankenkassen (z. B. des Wissenschaftlichen Institutes der AOK, WIdO, Bonn);

- Informationen der Deutschen Krankenhausgesellschaft (DKG), Düsseldorf, oder des Deutschen Krankenhausinstitutes (DKI), Düsseldorf;

- Informationen der Kassenärztlichen Vereinigungen;

- zielgruppenspezifische Periodika mit Praxisfocus Krankenhausmanagement (z. B. Apotheke und Krankenhaus, führen und wirtschaften im Krankenhaus, das Krankenhaus, Krankenhaus Technik, krankenhaus umschau);

---

[18] Vgl. z. B. Helmig (1997 & 1998) sowie Tscheulin/Helmig (2001).
[19] Vgl. für einen Überblick z. B. Stauss (1999).

- wissenschaftliche Veröffentlichungen in den entsprechenden deutschsprachigen (z. B. Die Betriebswirtschaft – DBW, Zeitschrift für Betriebswirtschaft – ZfB, Zeitschrift für betriebswirtschaftliche Forschung – ZfbF, Zeitschrift für öffentliche und gemeinwirtschaftliche Unternehmen – ZögU) wie auch englischsprachigen (z. B. New England Journal of Medicine, Medical Care) betriebswirtschaftlichen Fachzeitschriften;
- wissenschaftliche Publikationen in Buchform (z. B. Dissertationen, Habilitationen, Forschungsberichte);
- Publikationen des Sachverständigenrates für die Konzertierte Aktion im Gesundheitswesen oder der Monopolkommission zur Gesundheitsversorgung;
- Veröffentlichungen in der Tagespresse oder sonstigen Magazinen und Journalen.

Die genannten Publikationsorgane beinhalten kostengünstige sowie relativ leicht verfügbare Informationen und sollten infolgedessen bei einem entsprechenden Bedarf in der Regel zuerst – wenn nicht sogar generell – einer Auswertung unterzogen werden.

Daneben sind im Rahmen der sekundärstatistischen Analyse auch die *einzelbetrieblichen Datenquellen* von Bedeutung. Diese schließen sämtliche Informationen ein, die vom Krankenhaus selbst erhoben wurden. Hierzu zählen in erster Linie Informationen aus dem Krankenhaus-Controlling (z. B. Kostenstrukturen, Verweildauern, Bettenauslastungszahlen, Personal- und Materialstatistiken etc.), aber auch Daten aus Patientenzufriedenheitsmessungen sowie dem Beschwerdemanagement.

Wenn die - quasi jeder Klinik zugänglichen - *sekundärstatistischen Quellen* ausgeschöpft sind und sich herausgestellt hat, daß die Planung und Durchführung einer eigenen, *primärstatistisches Material* generierenden und damit auf die speziellen Informationsbedürfnisse eines Krankenhauses ausgerichteten Studie unumgänglich ist, so muß eine eigenständige Datenerhebung durchgeführt werden.

4. Produkt- und Dienstleistungspolitik

4.1 Grundlagen

Die Produkt- und Dienstleistungspolitik repräsentiert das *zentrale Element des Marketing-Mix*. Zahlreiche Studien belegen, daß Mißerfolge im marktwirtschaftlichen Wettbewerb in erster Linie auf Fehler in diesem Bereich zurückzuführen sind.[20] Zur Vermeidung von Mißerfolgen gilt es daher, im Rahmen der optimalen Produkt- und

---

[20] Vgl. Cooper (1979).

Dienstleistungsplanung Kenntnisse über die *Bedeutungsgewichte* zu erlangen, die der einzelne Kunde des Krankenhauses (in erster Linie Patienten und einweisende Ärzte) *einzelnen Merkmalen* der Krankenhausdienstleistung beimißt.[21] Den Ausführungen von *Brockhoff* (1999) folgend, der Produkte und *Dienstleistungen als gebündelte Menge von Eigenschaften* definiert, ist zwingendes Definitionsmerkmal eines Produktes bzw. einer Dienstleistung, daß es/sie dem Kunden als *ganzheitliches Gebilde* erscheint, die Bündelung der Eigenschaften somit durch den Anbieter vorgenommen wird. Von dieser Definition als ganzheitliches Gebilde ausgehend, läßt sich das Leistungsprogramm im Krankenhaus in zwei Bereiche unterteilen:

a) Der durch die (in der Regel) gesetzliche Krankenversicherung des Patienten abgedeckte *Kern-Bereich* umfaßt die medizinisch notwendige Leistung sowie Verpflegung und Unterbringung des Patienten während seines Krankenhausaufenthaltes. Als Vergütung erhält das Krankenhaus einen *Pauschalbetrag* (z. B. Fallpauschale oder tagesgleicher Pflegesatz). Bei durch Fallpauschalen vorgegebenen einheitlichen Preisen kommt der Produkt- und Dienstleistungspolitik *zentrale Bedeutung als Wettbewerbsfaktor* zu. Folgerichtig wird sich ein Krankenhaus nur dann behaupten können, wenn es gelingt, bei identischen Preisen dem Kunden eine überlegene Produkt- bzw. Dienstleistungsqualität offerieren zu können.

b) Über den durch die (in der Regel) gesetzliche Krankenversicherung abgedeckten Bereich hinausgehende *Wahlleistungen* beinhalten Hotelleistungen wie z. B. eine bessere Zimmerausstattung mit Fernseher, Sitzgruppe etc. Bezüglich der Preisgestaltung ist das Krankenhaus hier nicht an die Bundespflegesatzverordnung gebunden, sondern besitzt weitreichende *Handlungsfreiheit*. Der Preis ist somit ebenfalls als eine Produkt- und Dienstleistungseigenschaft zu betrachten, wodurch sich bezüglich der Umsetzung der optimalen Produkt- und Dienstleistungsgestaltung Parallelen zu anderen Anwendungsbereichen ergeben.

Auf der Grundlage der vorgenommenen Einteilung soll im folgenden die optimale Produkt- und Dienstleistungsgestaltung in den beiden Bereichen des Leistungsprogramms eines Krankenhauses präsentiert werden. Aufgrund der genannten Parallelen zu anderen Anwendungsbereichen, z. B. auch aus dem Konsumgüterbereich, soll im folgenden Abschnitt zunächst die optimale Gestaltung von Wahlleistungsprogrammen behandelt werden. Der anschließende Abschnitt erörtert schließlich die optimale Gestaltung der Grundleistung des Krankenhauses, wobei auf die sich aus identischen Preisen ergebenden Konsequenzen speziell eingegangen wird.

---

[21] Vgl. Tscheulin (1992) sowie Tscheulin/Helmig (1995).

4.2 Optimale Gestaltung von Wahlleistungsangeboten

Aufgabe der optimalen Gestaltung von Wahlleistungsangeboten ist die für den (potentiellen) Kunden *nutzenmaximale Zusammenstellung* von Dienstleistungseigenschaften (z. B. Zimmertyp, Mehrpreis für besondere Leistungen usw.) und deren Eigenschaftsausprägungen (z. B. Einbettzimmer, Mehrpreis pro Nacht 100,- DM usw.).[22] Das Krankenhausmanagement muß folglich Kenntnisse darüber erlangen, *welche Dienstleistungseigenschaften* für den Kunden "Patient" *welche Wichtigkeit* besitzen. Direkte Befragungen, z. B. nach der Vorziehenswürdigkeit eines bestimmten Preisniveaus oder eines bestimmten Zimmerstandards, führen meist zu trivialen und wenig brauchbaren Ergebnissen, wonach der Patient immer die beste Leistung und den niedrigsten Preis bevorzugt.

Zur Lösung dieses Problems ist eine Reihe spezieller Verfahren bzw. *Konzepttests* entwickelt worden, mit denen die Bedeutungsgewichte der einzelnen Produkteigenschaftsausprägungen zuverlässig und valide aus subjektiven Präferenz- und Prioritätsurteilen des Probanden/Patienten geschätzt werden können. Zu den am häufigsten angewandten Verfahren zählt die *Conjoint-Analyse*,[23] anhand derer von globalen Präferenzurteilen über komplett beschriebene Wahlleistungspakete auf die Bedeutungsgewichte einzelner Eigenschaftsausprägungen dieser Wahlleistungsprodukte geschlossen werden kann. Die Auswahl der für die Analyse zugrunde gelegten Wahlleistungsmerkmale erfolgt mit Hilfe von Pre-Tests, Brainstormingsitzungen oder aufgrund von Erfahrungswerten. Der Proband erhält dementsprechend einen Stapel mit Karten, auf denen die Ausprägungen der Wahlleistungsmerkmale notiert sind, mit dem Auftrag, sie in eine *Rangfolge* von der am meisten präferierten bis hin zu der am wenigsten präferierten Karte zu ordnen. Das Problem der Erzielung trivialer Ergebnisse entsprechend der direkten Befragung wird folglich dadurch gelöst, daß der (potentielle) Patient der Realität entsprechend alle relevanten Produkteigenschaften *gleichzeitig* zu bewerten hat. Abbildung 2 zeigt entsprechende Stimuli-Karten zur Beschreibung von Wahlleistungspaketen.

---

[22] Vgl. Tscheulin (1992).
[23] Vgl. grundlegend Green/Srinivasan (1978).

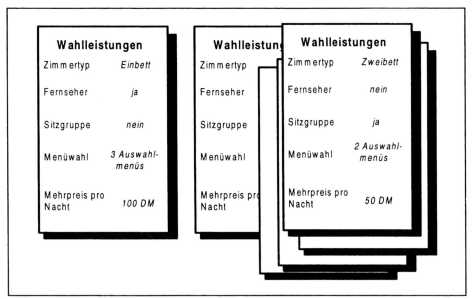

Abbildung 2: Stimulikarten zur Beschreibung von Wahlleistungspaketen

Hat der potentielle Patient die Karten entsprechend seinen Präferenzen in eine Rangfolge gebracht, so gilt es anschließend, die *Bedeutungsgewichte* der Eigenschaftsausprägungen der Wahlleistungsmerkmale so zu *schätzen*, daß die Rangfolge der Karten, die sich aufgrund dieser Bedeutungsgewichte rechnerisch ergibt, möglichst exakt die tatsächliche, vom Probanden erstellte Rangfolge, reproduziert. Abbildung 3 veranschaulicht diesen Sachverhalt.

Die Ermittlung der Bedeutungsgewichte der Ausprägungen der einzelnen Wahlleistungsmerkmale erfolgt mit Hilfe eines *Linearen Programmierungsansatzes* und ist Bestandteil der kommerziell verfügbaren Software PC-LINMAP (Bretton-Clark). Das System antwortet mit den interessierenden Bedeutungsgewichten für die Wahlleistungsausprägungen.

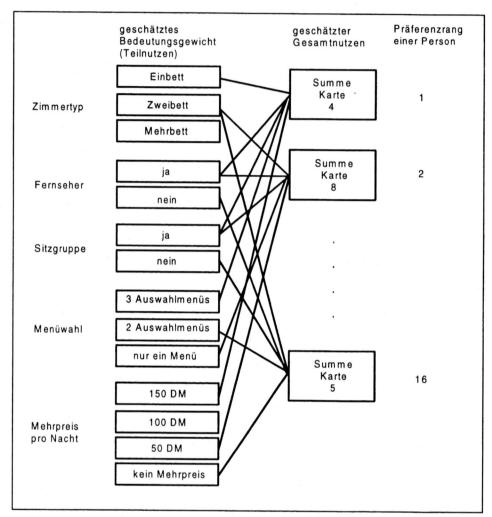

Abbildung 3: Conjoint-Analyse der Präferenzrangreihen pro Person in Abhängigkeit von Wahlleistungsmerkmalen

Zusammenfassend kann festgestellt werden, daß die Conjoint-Analyse eine hervorragende Methode im Hinblick auf das Testen und Erstellen anzubietender Wahlleistungsprogramme darstellt, die herkömmlichen Methoden, wie der direkten Befragung, aufgrund ihrer *Realitätsnähe* weit überlegen ist. Seit ihrer Entwicklung wurde die Conjoint-Analyse für eine Vielzahl von Fragestellungen angewendet. *Wittink/Cattin* schätzten 1989 die Zahl jährlicher Anwendungen allein für die USA auf etwa 400. *Wittink/Vriens/Burhenne* (1994) ermittelten in einer neueren Studie inzwischen die Durchführung von circa 1.000 Conjoint-Studien für den Bereich der Europäischen Gemeinschaft während der Jahre 1986 bis 1991.

4.3 Optimale Gestaltung der Krankenhaus-Kernleistung - Ansatzpunkte des Total Quality Managements

Die optimale Gestaltung der Operationsleistungen des Krankenhauses inklusive der durch die gesetzliche Krankenversicherung ebenfalls abgedeckten (standardmäßigen) Unterbringung und Verpflegung des Patienten unterscheidet sich von der optimalen Gestaltung von Wahlleistungsangeboten grundlegend durch die Tatsache, daß der *Preis keine gestaltbare Komponente* des Leistungsangebots darstellt. Vielmehr werden die Preise in diesem Bereich durch die Regelungen der Bundespflegesatzverordnung (BPflV) 1995 bzw. ab 2003 durch Diagnosis Related Groups (DRGs) bestimmt. Intention des Gesetzgebers war dabei der *Ausschluß eines Preiswettbewerbs* mit der daraus resultierenden Gefahr von Qualitätseinbußen. Vielmehr sollen durch Fallpauschalen festgelegte, einheitliche Entgelte für Operationsleistungen gewährleisten, daß nur diejenigen Krankenhäuser in einem marktwirtschaftlichen Wettbewerb bestehen können, die bei identischen Preisen eine *überlegene Dienstleistungsqualität* offerieren können.

Multivariate Techniken sind in diesem Zusammenhang in der Lage zu ermitteln, welche relative Bedeutung der Kunde (Patient und/oder einweisender Arzt) der medizinischen Leistung im Vergleich zu Unterbringung und Verpflegung beimißt. Eine alternative Technik zur Conjoint-Analyse, die im konkreten Fall validere Ergebnisse erhoffen läßt,[24] repräsentiert die Regressionsanalyse.[25] *Tscheulin/Häberlein* (1997) ermitteln mit Hilfe von Regressionsanalysen auf der Grundlage einer Befragung von 100 einweisenden Ärzten mit dem Gesamtimage des Krankenhauses als abhängiger Variable die nachfolgende Regressionsfunktion.

Bemerkenswert ist dabei insbesondere die Tatsache, daß auch bei der Zielgruppe der einweisenden Ärzte die *Qualität der Unterbringung* bereits nach der medizinisch-technischen Ausstattung den zweitbedeutendsten Einflußfaktor in bezug auf das Gesamtimage eines Krankenhauses darstellt.

Da, wie bereits ausgeführt, die Krankenhäuser sich aufgrund der gegebenen Rechtslage in diesem Bereich keine Wettbewerbsvorteile durch eine aggressive Preispolitik verschaffen können, gilt es für alle als bedeutend identifizierten Bereiche, dem Kunden eine größtmögliche Qualität (unter Berücksichtigung der daraus resultierenden Kosten) anbieten zu können. Unter den Schlagworten "Qualitätsmanagement" bzw. "Total Quality Management" wird eine Reihe vieldiskutierter Maßnahmen zur Dienstleistungsqualität zusammengefaßt, die infolgedessen weitreichende Bedeutung für eine erfolgreiche Betriebsführung aufweisen.[26]

---

24 Vgl. Tscheulin (1991 & 1996); Tscheulin/Blaimont (1993).
25 Vgl. Backhaus et al. (2000), S. 1 ff.
26 Vgl. Homburg (1994).

Variablen mit signifikantem Einfluß	Regressionskoeffizient	Signifikanz
Fachl. Kompetenz des ärztlich-pflegerischen Teams	0.40	0.000
Unterbringung	0.28	0.000
Med.-techn. Ausstattung	0.26	0.002
Daten-Kommunikation zwischen Klinik und niedergelassenem Arzt	0.20	0.005
Bekanntheitsgrad	0.16	0.007
(Konstante)	- 1.28	
Variablen ohne signifikanten Einfluß		
Kooperation zwischen Klinik und niedergelassenem Arzt	0.09	0.305
Psychische Unterstützung der Patienten	-0.03	0.780
Soziale Unterstützung der Patienten	0.00	0.968
Patienteneinschätzung	0.00	0.965
$R^2 =$ 66 %		

Abbildung 4: Regressionskoeffizienten eines linear-additiven Modells zur Messung des Einflusses einzelner Imagefaktoren auf das Gesamtimage einer Herzklinik
Quelle: Tscheulin/Häberlein (1997), S. 483.

5. Preispolitik

5.1 Grundlagen

Gegenstand der Preis- bzw. Entgeltpolitik sind Fragen der *Bestimmung der Gegenleistung*, die für die angebotene Dienstleistung gefordert wird. Ist diese in ihrer Höhe für die operativen Leistungen eines Krankenhauses durch die BPflV 1995 von externer Seite vorgeschrieben (wie in Kapitel 3 erläutert), ist sie für Wahlleistungen durch das Krankenhausmanagement frei festlegbar. In diesem Fall ist Preispolitik eng mit der Produkt- und Dienstleistungspolitik verbunden. So verursacht die Produktion einer bestimmten

Dienstleistungsqualität zum einen in der Regel Kosten in entsprechender Höhe, die in den Preisen ihr Äquivalent finden sollen.[27] Zum anderen repräsentiert der Preis ein Dienstleistungsmerkmal, das es in Abwägung mit den anderen Dienstleistungsmerkmalen in optimaler Weise zu gestalten gilt. Die Gewinnchancen einer optimalen Preisgestaltung für Wahlleistungen werden von den meisten Krankenhäusern bis heute vernachlässigt. So erfolgt die Preissetzung für Wahlleistungen nur in Ausnahmefällen auf der Grundlage qualifizierter empirischer Analysen. Stattdessen dominiert eine an *Kosten* und *Intuition* orientierte Preissetzung. Eine fehlende Quantifizierung der Preisabsatzfunktion bedingt, daß eine Differenzierung von Preisen ebenfalls lediglich auf Intuition beruhen kann und damit auf eine konsequente, das Gewinnpotential abdeckende Abschöpfung von Konsumentenrenten verzichtet wird.

Wahlleistungen repräsentieren zum einen ein ideales Einsatzgebiet für eine temporär orientierte Preisdifferenzierung. Schließt man sich der mehrheitlichen Meinung der Literatur, welche Produktvariationen in ihrer Definition der Preisdifferenzierung berücksichtigt,[28] an, so erlauben Wahlleistungen zum anderen eine, z. B. hinsichtlich Größe der Krankenzimmer, *an Produktkriterien orientierte Preisdifferenzierung*.

Dem logischen Ablauf folgend wird im anschließenden Abschnitt zunächst gezeigt, wie mit Hilfe verschiedener Methoden *Preisabsatzfunktionen* für Wahlleistungsangebote empirisch ermittelt werden können. Im Anschluß wird präsentiert, wie durch eine gezielte Preisdifferenzierung eine bessere Abschöpfung der Konsumentenrente und damit Gewinnsteigerungen erzielt werden können.

5.2 Die empirische Bestimmung von Preisabsatzfunktionen für Wahlleistungen

Aus Angaben zur Preisbereitschaft lassen sich *empirisch* Preisabsatzfunktionen für die Produkte bestimmen. Die Preisabsatzfunktion stellt hierbei eine Beziehung zwischen dem Preis eines Produktes und dessen Absatzmenge als abhängiger Variable her. Angestoßen wurde die Theorie der Preisabsatzfunktion von Beiträgen Gutenbergs aus den frühen fünfziger Jahren. Sie wurde von verschiedenen Autoren aufgegriffen und weiterentwickelt. Heute wird sie als zentrales Element preispolitischer Entscheidungsmodelle betrachtet.[29] Um so verwunderlicher ist vor diesem Hintergrund, daß im Bereich der empirischen Bestimmung der Preisabsatzfunktionen immer wieder ein *Forschungsbedarf* konstatiert wird.[30] Dieser Eindruck verstärkt sich noch für den *Dienstleistungssektor*, in

---

[27] Vgl. Böcker (1996).
[28] Vgl. z. B. Gutenberg (1955); Simon (1992).
[29] Vgl. Schmalen (1995).
[30] Vgl. z. B. Simon/Kucher (1988).

dem sich ein erhebliches Forschungsdefizit offenbart,[31] trotz der Tatsache, daß die empirischen Verfahren zur Bestimmung von Preisabsatzfunktionen im wesentlichen bekannt sind. Um eine empirische Schätzung von Preisabsatzfunktionen durchführen zu können ist es notwendig, eine geeignete *Datenbasis* zu erheben.[32] Zur Erhebung der Daten können unterschiedliche Verfahren angewandt werden, die vom einzelnen Untersuchungsgegenstand bzw. von den örtlichen Gegebenheiten abhängig sind. In der Literatur werden die Methoden, wie in Abbildung 5 dargestellt, gegliedert in *Beobachtung* (also tatsächliche Käufe) und *Befragung* (sogenannte fiktive Käufe).[33]

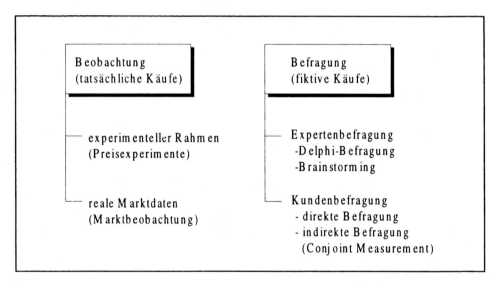

Abbildung 5: Möglichkeiten zur Gewinnung einer Datenbasis
Quelle: Schmalen (1995), S. 32.

Nachfolgendes Beispiel zeigt, wie mit Hilfe von *Preisexperimenten* eine Preisabsatzfunktion für das Angebot einer Polster-Sitzgruppe im Krankenzimmer ermittelt werden kann.

Zunächst gilt es dabei, Marktdaten zu erheben, die darüber Auskunft geben, wie viele Patienten des Krankenhauses zu einem bestimmten Preis eine Zimmerausstattung mit Polster-Sitzgruppe nachgefragt haben. Um solche Nachfrage-Zahlen für verschiedene Preisniveaus zu erhalten, muß der Preis für die betreffende Dienstleistung im Zeitablauf *systematisch durchvariiert* werden. Ergebnis ist eine Preisabsatzfunktion, die auf ihren

---

[31] Vgl. Simon (1994).
[32] Vgl. Schmalen (1995); Simon/Kucher (1988).
[33] Vgl. Simon/Kucher (1988).

Achsen zum einen den Preis, zum anderen die zugehörigen Absatzzahlen (z. B. ausgedrückt als Anteil der im Krankenhaus verfügbaren Krankenzimmer) angibt (vgl. Abbildung 6).

Die beobachtete bzw. empirisch erhobene Preisabsatzfunktion läßt sich mit Hilfe des Verfahrens der *Regressionsanalyse* als Gerade bzw. Kurve schätzen. Im angegebenen Beispiel vermag die lineare Schätzung bei einem Varianzerklärungsanteil von lediglich 69 % die empirisch erhobenen Daten nur sehr bedingt widerzuspiegeln. Eine exponentielle Schätzung vom Typ $x = \beta_0 \cdot p^{-\beta_1}$ ermöglicht hingegen einen Varianzerklärungsanteil von 93 % und besitzt darüber hinaus den Vorteil, daß der Regressionskoeffizient β_1 direkt als konstante *Preiselastizität* der Nachfrage interpretiert werden kann.

Nach Bestimmung der Preisabsatzfunktion erfolgt die Bestimmung des optimalen (Einheits-) Preises mit Hilfe der Differentialrechnung. Hierzu wird die in der Grundfunktion Gewinn = Umsatz - Kosten = p · x - K für die Absatzwege empirisch ermittelte Preisabsatzfunktion eingesetzt und die Funktion dann nach p abgeleitet. Nach Nullsetzung wird nach dem Preis aufgelöst und so der *optimale Einheitspreis* bestimmt.

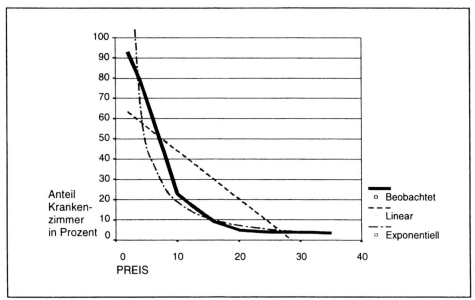

Abbildung 6: Preisabsatzfunktion für die Wahlleistung "Polster-Sitzgruppe" aus der direkten Befragung

5.3 Gewinnmaximierung durch effiziente Preisdifferenzierung

Basierend auf den zuvor dargestellten Ausführungen zur Bestimmung der Preisabsatzfunktion und des daraus resultierenden optimalen Einheitspreises soll im folgenden erörtert werden, wie durch effiziente Differenzierung des Preises für Wahlleistungen der *Gewinn maximiert* werden kann.[34]

Aus Abbildung 7 läßt sich nachvollziehen, daß z. B. bei einem Einheitspreis von 20 DM/Tag 6 % der Krankenhauspatienten eine Sitzgruppe nachfragen würden. Der resultierende Umsatz ergibt sich aus der Fläche im Inneren des zugehörigen Rechtecks. Nach Abzug der Kosten, in Abbildung 7 relativ tief angesetzt, ergibt sich der resultierende Gewinn.

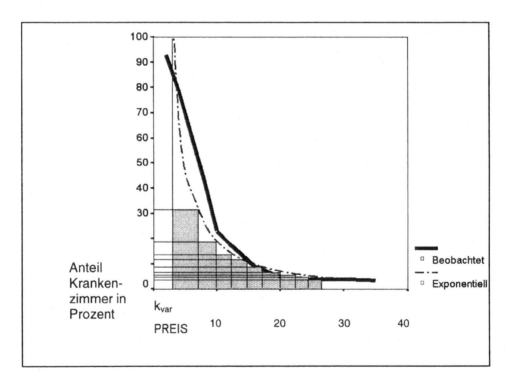

Abbildung 7:   Mögliche Abschöpfung der Konsumentenrente durch Preisdifferenzierung

---

[34] Vgl. auch Tscheulin/Rost (1998).

Die Flächen unterhalb der Preisabsatzfunktion sowie links oberhalb und rechts unterhalb des Rechtecks symbolisieren dann die *nicht abgeschöpfte Konsumentenrente*. Diese resultiert daraus, daß es einerseits Patienten gibt, die für eine Zimmerausstattung mit Polster-Sitzgruppe bereit sind, mehr als 20 DM/Tag zu bezahlen und auf der anderen Seite Patienten, die an einer Polstersitzgruppe im Krankenzimmer nur zu entsprechend niedrigeren Preisen interessiert wären.

Wie Abbildung 7 weiter zeigt, ermöglicht eine Preisdifferenzierung eine deutlich bessere Abschöpfung der Konsumentenrente. Würden, wie im Beispiel dargestellt, neun verschiedene Preise gefordert, ließe sich der Gewinn auf die in Abbildung 7 schraffierte Fläche steigern und läge damit deutlich über jenem, der sich aus der Einheitspreissetzung ergibt.

Zur praktischen Umsetzung müssen abschließend *Kriterien* gefunden werden, auf Grundlage welcher die Preisdifferenzierung letztlich erfolgen kann.

Zeitliche Preisdifferenzierung wäre denkbar, indem an besonders nachfragestarken Terminen (bei Polstersitzgruppen in Krankenzimmern z. B. die Wochenenden) höhere Preise gefordert werden als an nachfrageschwächeren Terminen.

Patientensegmentabhängige Preisdifferenzierung könnte dadurch erfolgen, daß z. B. reduzierte Preise für nicht-erwerbstätige Patienten angeboten werden.

Regionale Preisdifferenzierung wäre z. B. für eine Krankenhaus-Kette relevant, die für die gleichen Wahlleistungen an unterschiedlichen Standorten unterschiedliche Preise fordert.

6. Kommunikationspolitik

6.1 Die Bestandteile des Kommunikations-Mix

Im Rahmen ihrer Marketingpolitik versuchen die Anbieter von Gesundheitsleistungen, den (potentiellen) Nachfragern – also den Patienten – wie auch den anderen Anspruchsgruppen (z. B. Öffentlichkeit, Krankenkassen, niedergelassene Ärzte) gegenüber *Botschaften* zu übermitteln, um sie zu einem bestimmten Verhalten zu stimulieren. Dieses Verhalten der Nachfrager von Gesundheitsleistungen soll dabei in der Weise beeinflußt werden, daß es dem Unternehmensziel – also z. B. Kostendeckung, langfristige Existenzsicherung, Gewinn- oder Rentabilitätserzielung usw. – dienlich ist.[35] So sprechen bei-

---

35 Vgl. Schmalen (1992).

spielsweise *Nieschlag/Dichtl/Hörschgen* (1997) von der "Kommunikationspolitik als Sprachrohr des Marketing".

Die unternehmerische bzw. krankenhausspezifische Kommunikation kann dabei von verschiedenen Ansatzpunkten ausgehen, die im allgemeinen als *Instrumente des Kommunikations-Mix* bezeichnet werden. Zu diesen Instrumenten zählt man gemeinhin:[36]

- Klassische Werbung (in Insertionsmedien und in elektronischen Medien),
- Verkaufsförderung,
  (z. B. Infobroschüren an niedergelassene Ärzte)
- Öffentlichkeitsarbeit (Public Relations - PR),
  (z. B. Tag der offenen Tür im Krankenhaus)
- Sponsoring,
- Event Marketing,
- Messen (bzw. Ausstellungen) und Kongresse sowie
- Multimedia-Kommunikation.

6.2 Rechtliche Grundlagen der Kommunikationspolitik im Krankenhaus

Im Bereich der Kommunikationspolitik im allgemeinen und der Werbung im speziellen sind Krankenhäusern und Ärzten jedoch zum derzeitigen Stand durch

- das Gesetz gegen unlauteren Wettbewerb (UWG),
- das Heilmittelwerbegesetz (HWG) sowie
- die Musterberufsordnung für Ärzte (MBO)

noch enge, unter anderem *standesrechtliche Grenzen* gesetzt, die für die Krankenhauswerbung insofern relevant sind, als im Krankenhaus Ärzte beschäftigt sind.[37]

Auf dem Sektor der Krankenhauswerbung können die Informationen vom Krankenhaus als Institution kommen oder aber von den Chefärzten einer bettenführenden Abteilung. Diese Unterscheidung nach dem *Absender* der Information ist insofern von Bedeutung als Chefärzte unter das ärztliche Berufsrecht fallen, die Kliniken als Institution hingegen darauf nur Rücksicht nehmen müssen (Verbot der Fremdwerbung für Ärzte). Weiterhin begründen die Chefärzte in der Regel die medizinische Reputation eines Krankenhauses, weshalb Informationen von Chefärzten – insbesondere an niedergelassene Ärzte, die

---

36 Vgl. Meffert (1998).
37 Vgl. Tscheulin/Helmig (1996, 1997, 1999a, 1999b & 2000).

durch ihre Überweisungen maßgeblich zur Bettenauslastung einer Klinik beitragen – besondere Relevanz für die Kommunikationspolitik eines Krankenhauses besitzen.

Ein Krankenhaus als Institution unterliegt zunächst einmal nicht dem ärztlichen Berufsrecht (Ausnahme: Verbot der Fremdwerbung), sondern nur den allgemeinen Vorschriften des *Heilmittelwerbegesetzes* und dem *Gesetz gegen unlauteren Wettbewerb*. Dabei soll das HWG einer Verleitung erkrankter Personen zur Selbstbehandlung entgegenwirken. UWG und HWG untersagen irreführende Werbung, das UWG darüber hinaus berufswidrige Werbemaßnahmen, die deshalb auch im Sinne des § 1 UWG als sittenwidrig angesehen werden können.

Will man sich detailliert den erlaubten und verbotenen Formen der Informationsweitergabe widmen, müssen dementsprechend unterschiedliche *Kommunikationsrichtungen* unterschieden werden, da diese zum Teil verschiedenen rechtlichen Restriktionen unterliegen. Dies sind:

a) Krankenhäuser als Institution an (potentielle) Patienten/Öffentlichkeit

b) Krankenhäuser als Institution an niedergelassene Ärzte

c) Chefärzte einer bettenführenden Abteilung an niedergelassene Ärzte

Zu a) Krankenhäuser als Institution an (potentielle) Patienten/Öffentlichkeit

Im Bereich der Krankenhauswerbung finden vor allem die Regelungen des *Heilmittelwerbegesetzes* (HWG) Anwendung. Wesentliches Tatbestandsmerkmal aller Restriktionen im Rahmen des HWG ist der Terminus "*Werbung*". Das HWG geht jedoch vom Begriff der Werbung aus, ohne ihn zu definieren. Nach *Doepner* (1977) wird Werbung im Sinne des HWG definiert als "jede Art der Wirtschaftswerbung", was einer weit verbreiteten Auffassung in der (juristischen) Literatur und der Rechtsprechung entspricht.[38] Neben UWG und HWG muß – wenn eine Klinik als Institution mit seinen ärztlichen Mitarbeitern werben will – auch auf die entsprechenden Vorschriften der MBO Rücksicht genommen werden.

Zu b) Krankenhäuser als Institution an niedergelassene Ärzte

Für die niedergelassenen Ärzte sind zur Beurteilung der bettenführenden Abteilungen einer Klinik vor allem Informationen des Krankenhauses hinsichtlich des *Leistungsangebotes* und der *Leistungsbereitschaft* sowie in bezug auf die *Qualität* der Leistungserstellung der Klinik von Bedeutung. Da die Informationsweitergabe der Chefärzte – im Gegensatz zu derjenigen der Krankenhäuser – der MBO unterliegt (siehe oben), können diesbezügliche Fakten vom Krankenhaus als Institution eher weitergegeben werden. So darf beispielsweise die Klinik den niedergelassenen Arzt über die Aufstellung eines neu-

---

[38] Vgl. Ring (1992).

en Großgerätes und über das Hotelleistungsangebot der Fachabteilungen unterrichten, dem Chefarzt hingegegen ist dies untersagt. Dennoch muß eine Klinik, die mit oder durch seine ärztlichen Mitarbeiter werben will, die Bestimmungen der MBO beachten. So dürfen die niedergelassenen Ärzte beispielsweise über das Ausscheiden oder die Einstellung eines neuen Chefarztes eine knappe *Tatsacheninformation* des Krankenhauses zugesendet bekommen, nicht jedoch Werturteile über den Chefarzt oder ein Foto in Berufskleidung.

Hinsichtlich einer Informationsweitergabe von Krankenhäusern an niedergelassene Ärzte gelten die entsprechenden Artikel des HWG, also dementsprechend alle oben angegebenen Normen, mit Ausnahme derjenigen, die sich explizit mit der Publikumswerbung beschäftigen (§§ 11 und 12).

Zu c) Chefärzte bettenführender Abteilungen an niedergelassene Ärzte

Grundsätzlich gelten für Chefärzte der bettenführenden Abteilungen eines Krankenhauses hinsichtlich der Informationsweitergabe an niedergelassene Ärzte dieselben Bestimmungen, wie für die Informationsweitergabe an (potentielle) Patienten bzw. die Öffentlichkeit. Es gelten also auch oben genannte Bestimmungen, mit Ausnahme derer, die sich explizit mit der Werbung *außerhalb der Fachkreise* befassen (§§ 11 und 12 HWG) sowie denen, die sich insbesondere auf die niedergelassenen Ärzte beziehen (z. B. Vorschriften hinsichtlich Form, Größe und Inhalt der Praxisschilder) und infolgedessen irrelevant für Krankenhausärzte sind.

Zusätzlich von Bedeutung ist § 26 der MBO, der die *Information unter Ärzten* regelt. Demnach darf der Chefarzt niedergelassene Ärzte lediglich über Teile der Leistungsbereitschaft der Abteilung sowie über das Leistungsangebot insgesamt informieren. So dürfen beispielsweise Informationen über die medizinische Qualität der Abteilung (z. B. Sterberaten, Statistiken über Behandlungserfolge usw.) nicht weitergegeben werden.

6.3 Optimale Gestaltung von Krankenhauswerbeanzeigen

Auf der Grundlage der Conjoint-Studie (zur Conjoint-Analyse siehe Abschnitt 4.2 dieses Beitrags) von *Tscheulin/Helmig* (1998) sowie den dort genannten Arbeiten, die den "*State-of-the-art*" zum Thema Arzt- und Krankenhauswerbung repräsentieren, sowie auf der Basis einschlägiger Arbeiten zum Thema "*Werbegestaltung im allgemeinen*", die in dem oben zitierten Beitrag von *Tscheulin/Helmig* Beachtung gefunden haben, lassen sich folgende *konzeptionelle Grundlagen* einer sinnvollen Werbegestaltung ableiten. Dabei werden die Handlungsempfehlungen auf die *Ausgestaltung von Krankenhauswerbeanzeigen* bezogen, da diese Form der Mediawerbung gegenüber anderen Medien (TV, Hörfunk) für Krankenhauswerbung tendenziell eher in Frage kommen dürfte. Zudem besitzt auch im Bereich der Werbung allgemein der Anzeigenmarkt eine nach wie vor hoch relevante Bedeutung. Im übrigen sollten die Gestaltungshinweise auch bei der Konzeption von Stellenanzeigen beachtet werden, da diese ebenfalls einen werblichen Charakter haben und das Bild des Krankenhauses in der Öffentlichkeit mit prägen.

- Die Gestaltung einer Werbeanzeige wird determiniert durch die *beabsichtigte Werbewirkung*.
- Soll der *Bekanntheitsgrad* oder das *Image* eines Krankenhauses gebildet bzw. verbessert werden, so empfiehlt es sich, die Werbeanzeige vor allem *optisch attraktiv* zu gestalten.
- Eine optisch attraktive Werbegestaltung impliziert dabei die *sorfältige Verwendung von Bildern*; bei der Auswahl des Bildmaterials ist auf folgende Gesichtspunkte besonderes Augenmerk zu legen:
  - *große Bilder* (Bildanteil an der gesamten Werbeanzeige mindestens 50 %) sind kleinen Bildern vorzuziehen;
  - die auf den Bildern bzw. Photos abgebildeten Personen sollten *attraktiv aussehen*;
  - *Vielfarbigkeit* ist in jedem Falle weniger Farben oder gar schwarz-weiß vorzuziehen.
- In jedem Fall sollten die Bildmotive durch einen *Fließtext* ergänzt werden.
- Eine konstruierte *Interaktivität* von verwendetem Bild und verwendetem Slogan und/oder von verwendetem Bild und verwendetem Text wird vom Betrachter als signifikant positiver eingeschätzt, als wenn keine Interaktivität vorliegt.

Liegt die beabsichtigte Werbewirkung nicht in einer Erhöhung des *Bekanntheitgrades* oder zielt nicht auf Positionierung/Imageverbesserung ab, sondern soll vielmehr dem (potentiellen) Patienten tatsächlich eine *Entscheidungshilfe* – in Form von *Informationen* über den werbenden Leistungsanbieter – bei seiner Wahlentscheidung gegeben werden, so ergeben sich die folgenden Aspekte einer effektiven Werbegestaltung:

- Um beim Betrachter überhaupt Beachtung zu finden, gelten analog zu obigen Ausführungen auch hier die Richtlinien für die Auswahl eines *attraktiven, großen* und mit dem *Text/Slogan interaktiven Bildes*. Jedoch ist in diesem Falle darauf zu achten, daß das Bild nun nicht mehr "reißerisch" (beispielsweise Sex-orientiert), sondern eher *sachlich* gehalten ist (beispielsweise Darstellung einer OP-Szene).
- Überragende Bedeutung bei der Wahlentscheidung eines Patienten über das "*High-Involvement-Product*" Krankenhausleistung besitzt die *Informationsgewinnung* seitens des Patienten. Infolgedessen wünscht sich dieser ein *Maximum an Fakten* in eine Werbeanzeige implementiert. Daher ist vor allem das Vorhandensein und die Ausgestaltung eines *informativen Fließtextes* von überragender Bedeutung für eine positive Beurteilung der Vorteilhaftigkeit einer Arzt- bzw. Krankenhauswerbeanzeige durch den Betrachter.

6.4 Werbeerfolgskontrolle

Krankenhäuser erwarten von kommunikativen bzw. von Werbemaßnahmen einen *nachhaltigen Beitrag* zur Erreichung ihrer ökonomischen Ziele. Als Maßgrößen kommen in aller Regel Umsatz, Marktanteil und Gewinn in Betracht. *Nieschlag/Dichtl/Hörschgen* (1997) weisen jedoch darauf hin, daß mangels Methoden, die geeignet sind, die zwischen kommunikationspolitischen Aktivitäten und jenen der übrigen absatzpolitischen Instrumente bestehenden *Interdepenzen* zu quantifizieren, eine zuverlässige und gültige Isolierung des Beitrags einzelner Elemente zur Zielerreichung nur bedingt möglich ist. Lediglich in *Versuchsanordnungen*, die Testmarkt-Bedingungen gerecht werden, kann man nachweisen, ob eine Umsatzänderung auf eine Variation des Kommunikationsbudgets zurückzuführen ist oder nicht.

7. Distributionspolitik

Unter der Distributionspolitik versteht man allgemein die Überbrückung raum-zeitlicher Spannungen zwischen Produktion und Konsum einer Leistung.[39] Auch im Krankenhaussektor muß man sich Gedanken darüber machen, wie die angebotenen Leistungen der Zielgruppe verfügbar gemacht bzw. auch kommuniziert werden können. Den Kernbereich der Distributionspolitik im Krankenhaus stellt die Standortentscheidung dar, die sich jedoch für die allermeisten Kliniken, die sich bereits im Betrieb befinden, allenfalls noch im Rahmen von Neubauabsichten stellt. Bei letzterer Fragestellung ist vor allem auf die Erreichbarkeit des Hauses durch die Patienten in räumlicher, zeitlicher und psychologischer Hinsicht abzustellen, während bei bereits bestehenden Standorten die Erreichbarkeit des Krankenhauses durch Verkehrsmittel jeglicher Art und infrastrukturelle Maßnahmen sicherzustellen ist.[40]

Während im Güterbereich der Inhalt der Distributionspolitik z. B. darin besteht, Absatzwege für die physischen Güter zu beschreiben und zu erklären (Absatzwegepolitik) sowie die Gestaltung der Schnittstelle zu den Abnehmern vorzunehmen, stehen im Dienstleistungsunternehmen Krankenhaus vor allem die *Akteure im Rahmen der Distributionspolitik* im Vordergrund.

Zunächst sind die *internen Aufgabenträger* anzusprechen, womit die Mitarbeiter des Krankenhauses gemeint sind. Hier kommt nicht nur dem Personal, das täglich mit den Patienten in Berührung kommt (ärztliches, therapeutisches und pflegerisches Personal),

---

[39] Vgl. Ahlert (1996).
[40] Vgl. Holzmüller/Scharitzer (1996).

eine große Bedeutung zu, sondern auch den Mitarbeitern der Marketing-Abteilung bzw. Patientenverwaltung. Diese sollte auf eine dem persönlichen Verkauf[41] ähnliche Art und Weise dafür sorgen, daß potentielle Einweiser (Absatzmittler, siehe unten) für einen kontinuierlichen Zugang an Patienten sorgen. Auch dem Telefonkontakt zu Einweisern oder auch potentiellen Patienten, der darüber hinaus auch als Instrument der Kundenbetreuung dient, kommt zunehmende Bedeutung zu. Darüber hinaus besteht für die Marketing-Abteilung/Patientenverwaltung noch die Möglichkeit, durch Mailings oder Prospektversand für eine erhöhte Bettenauslastung zu sorgen.

Des weiteren sind die *externen Aufgabenträger* (Absatzmittler) zu nennen, womit potentiell einweisende Stellen (überweisende niedergelassene und Krankenhausärzte anderer Kliniken, Gesundheitszentren, Notaufnahmeeinheiten, Notarzt- und Krankenwagenbesatzungen) gemeint sind. Distributionspolitische Maßnahmen in diesem Bereich müssen vor allem darauf abstellen, diese externen Partner möglichst kundenorientiert zu behandeln und im Sinne des Krankenhauses zu beeinflussen, um einen kontinuierlich hohen Patientenzugang und eine damit verbundene hohe Bettenauslastung zu erreichen. In vielen empirischen Studien hat sich inzwischen gezeigt, daß gerade niedergelassene einweisende Ärzte der Kooperation mit dem Krankenhaus eine eminent wichtige Rolle zubilligen.[42] Hier zeigt sich, daß diese Form der Distributionspolitik mit Bezug zu externen Aufgabenträgern eine relevante Rolle spielt, die sich zum Teil mit der Kommunikationspolitik überschneidet.

Des weiteren ist Distributionspolitik auch bei der Bildung krankenhausbetrieblicher Zusammenschlüsse bzw. der Organisationsentwicklung von regional dominierenden Konzernen von Bedeutung (z. B. bei der Bildung von Einkaufskooperationen). Ebenso spielt die Distributionspolitik eine wichtige Rolle bei der Umsetzung der ordnungspolitischen Vorgabe einer gemeindenahen Versorgung, wie z. B. im Zusammenhang mit der Gründung von Tageskliniken, der Auslagerung von Stationen und der Allokation von mobilen Einheiten.

8. Literatur

Ahlert, D. (1996): Distributionspolitik, 3. Aufl., Stuttgart u. a.

Albers, S. (1989): Entscheidungshilfen für den Persönlichen Verkauf, Berlin.

Backhaus, K./Erichson, B./Plinke, W./Weiber, R. (2000): Multivariate Analysemethoden, 9. Aufl., Berlin u. a.

---

[41] Vgl. Albers (1989).
[42] Vgl. Braun/Schmutte (1995).

Böcker, F. (1996): Marketing, 6. Aufl., Stuttgart.

Braun, G. E./Schmutte, A. M. (1995): Der Stellenwert von Imageanalysen, in: führen & wirtschaften im Krankenhaus, 12. Jg., S. 48-56.

Brettel, M. (1997): Gestaltung der Führung im Krankenhaus, Wiesbaden.

Brockhoff, K. (1999): Produktpolitik, 4. Aufl., Stuttgart.

Broll, G./Broll, H./Lehr, A. (1997): Die Situation spitzt sich zu – Zur aktuellen politischen Diskussion um die Rehabilitation, in: das Krankenhaus, H. 7, S. 401-407.

Cooper, R. G. (1979): The Dimensions of Industrial New Product Failure, in: Journal of Marketing, Vol. 43, S. 93-103.

Doepner, U. (1977): Standesrechtliche Grenzen der Werbung für Ärzte, in: Wettbewerb in Recht und Praxis, S. 318-328.

Eichhorn, P. (1982): Managementprobleme in Universitätskliniken, in: Die Betriebswirtschaft, 42. Jg., H. 2, S. 257-265.

Eichhorn, S. (1975): Krankenhausbetriebslehre, Stuttgart.

Eichhorn, S. (1976): Zielkonflikte zwischen Leistungsfähigkeit und Wirtschaftlichkeit gemeinwirtschaftlicher Krankenhäuser, in: Zeitschrift für Betriebswirtschaft, Sonderheft 5, S. 59-70.

Eichhorn, S. (1991): Krankenhausmanagement - gegenwärtige Situation und Perspektiven, in: Die Betriebswirtschaft, Heft 4, S. 455-465.

Gräb, C. (1995): Krankenhausstatistik 1993, in: Wirtschaft und Statistik, Heft 4, S. 301-307.

Green, P. E./Srinivasan, V. (1978): Conjoint Analysis in Consumer Research: Issues and Outlook, in: Journal of Consumer Research, Vol. 5, S. 103-123.

Gutenberg, E. (1955): Grundlagen der Betriebswirtschaftslehre, Berlin u. a.

Helmig, B. (1997): Patientenzufriedenheit messen und managen, in: führen & wirtschaften im Krankenhaus, 14. Jg., S. 112-120.

Helmig, B. (1998): Patientenzufriedenheit im Krankenhaus - Meßergebnisse sinnvoll auswerten und umsetzen. Hindringer, B./Rothballer, W./Thomann, H. J. (Hrsg.): Qualitätsmanagement im Gesundheitswesen, Loseblattsammlung, 9. Ergänzungslieferung, Köln, Oktober, S. 1-23.

Helmig, B./Tscheulin, D. K. (1998): Krankenhausmanagement in der deutschsprachigen betriebswirtschaftlichen Forschung im internationalen Vergleich, in: Zeitschrift für Betriebswirtschaft, 68. Jg., Heft 1, S. 83-110.

Herder-Dorneich, P./Wasem, J. (1986): Krankenhausökonomik zwischen Humanität und Wirtschaftlichkeit, Baden-Baden.

Holzmüller, H. H./Scharitzer, D. (1996): Marketing für Gesundheitsorganisationen - Problemstellung, Grundbegriffe und Anwendungen, in: Heimerl-Wagner, P./Köck, C.

(Hrsg.): Management in Gesundheitsorganisationen: Strategien, Qualität, Wandel, Wien, S. 339-376.

Homburg, C. (1994): Baldrige Award: Die Botschaften der Sieger, in: Absatzwirtschaft, 37. Jg., S. 102-108.

Lang, H. (1997): Erfolgsfaktoren privater Krankenanstalten, Lohmar, Köln.

Meffert, H. (1998): Marketing, 8. Aufl., Wiesbaden.

Nieschlag, R./Dichtl, E./Hörschgen, H. (1997): Marketing, 18. Aufl., Berlin.

o. V. (1997): Medizinische Reha in ihrer Existenz bedroht, in: führen und wirtschaften im Krankenhaus, 14. Jg., H. 1, S. 2.

o. V. (1999): Numbers – You Can Use, in: Das Wirtschaftsstudium (WISU), H. 1, S. 30.

Oswald, B. (1995): Aufgabenänderung des Krankenhausmanagements im Bereich der Investitionsfinanzierung für die neunziger Jahre, Aachen, Augsburg.

Ossen, P. (1995): Das Krankenhaus als volkswirtschaftlicher Faktor, in: das Krankenhaus, 87. Jg., H. 2, S. 61-65.

Ring, G. (1992): Werberecht der Kliniken und Sanatorien, Baden-Baden.

Schmalen, H. (1992: Kommunikationspolitik, 2. Aufl., Stuttgart u. a.

Schmalen, H. (1995): Preispolitik, Stuttgart u. a.

Simon, H. (1992): Preismanagement, Wiesbaden.

Simon, H. (1994): Preispolitik für industrielle Dienstleistungen, in: Die Betriebswirtschaft, 54. Jg., S. 719-737.

Simon, H./Kucher, E. (1988): Die Bestimmung empirischer Preisabsatzfunktionen, in: Zeitschrift für Betriebswirtschaft, 58. Jg., S. 171-183.

Statistisches Bundesamt (Hrsg.) (1997): Statistisches Jahrbuch für die Bundesrepublik Deutschland, Wiesbaden, Stuttgart.

Statistisches Bundesamt (Hrsg.) (1998): Statistisches Jahrbuch für die Bundesrepublik Deutschland, Wiesbaden, Stuttgart.

Stauss, B. (1999): Kundenzufriedenheit, in: Marketing ZFP, 21. Jg., 1999, H. 1, S. 5-24.

Tscheulin, D. K. (1991): Ein empirischer Vergleich der Eignung von Conjoint-Analyse und „Analytic Hierarchy Process" (AHP) zur Neuproduktplanung, in: Zeitschrift für Betriebswirtschaft, 61. Jg., Heft 11, S. 1267-1280.

Tscheulin, D. K. (1992): Optimale Produktgestaltung, Wiesbaden.

Tscheulin, D. K. (1996): Determinanten der Validität der Conjoint-Analyse, in: Ahsen, A. v./Czenskowsky, T. (Hrsg.): Marketing und Marktforschung. Entwicklungen, Erweiterungen und Schnittstellen im nationalen und internationalen Kontext, Hamburg, S. 585-598.

Tscheulin, D. K./Blaimont, C. (1993): Die Abhängigkeit der Prognosegüte von Conjoint-Studien von demographischen Probanden-Charakteristika, in: Zeitschrift für Betriebswirtschaft, 63. Jg., S. 839-847.

Tscheulin, D. K./Häberlein, U. (1997): Einflußfaktoren des Images von Krankenhäusern, in: Zeitschrift für öffentliche und gemeinnützige Unternehmen, Band 20, S. 477-487.

Tscheulin, D. K./Helmig, B. (1995): Wahlleistungen – Tests für ihre Bedeutung im Krankenhaus, in: führen und wirtschaften im Krankenhaus, 12. Jg., Heft 1, S. 81-84.

Tscheulin, D. K./Helmig, B. (1996): Arzt- und Krankenhauswerbung - Rechtliche Grundlagen, „State-of-the-Art" und Direktiven für eine effiziente Ausgestaltung, in: Zeitschrift für Betriebswirtschaft, 66. Jg., S. 1357-1382.

Tscheulin, D. K./Helmig, B. (1997): Krankenhauswerbung – Wie würden potentielle Patienten reagieren?, in: krankenhaus umschau, 66. Jg., H. 9, S. 714-716.

Tscheulin, D. K./Helmig, B. (1998): The Optimal Design of Hospital Advertising by Means of Conjoint Measurement, in: Journal of Advertising Research, Vol. 38, No. 3, May/June, S. 35-46.

Tscheulin, D. K./Helmig, B. (1999a): Tue Gutes und sprich darüber, in: medical economics, 1. Jg., No. 1, 1999, S. 108-111.

Tscheulin, D. K./Helmig, B. (1999b): Arzt- und Krankenhauswerbung - Pro und Contra sowie konzeptionelle Grundlagen einer optimalen Gestaltung, in: Zeitschrift für öffentliche und gemeinwirtschaftliche Unternehmen (ZögU), Band 22, Heft 2, S. 165-181.

Tscheulin, D. K./Helmig, B. (2000): Krankenhaus-Marketing – Dienstleistungs-Marketing, in: Eichhorn, S./Seelos, H.-J./v. d. Schulenburg, J.-M. (Hrsg.): Krankenhausmanagement, München, 2000, S. 206-235.

Tscheulin, D. K./Helmig, B. (2001): Patientenzufriedenheit in Krankenhäusern, erscheint in: Zeitschrift für Betriebswirtschaft, Ergänzungsheft Krankenhausmanagement (2), hrsg. v. H. Albach und U. Backes-Gellner.

Tscheulin, D. K./Rost, M. (1998): Die empirische Evaluierung von Preis-Absatz-Funktionen im Marktsegment erlebnisorientierter Kurzkreuzfahrten und Implikationen für eine effiziente Preisdifferenzierung, in: Tourismus Journal, Zeitschrift für tourismus-wissenschaftliche Forschung und Praxis, 2. Jg., S. 5-19.

Tuschen, K.-H./Quaas, M. (1998): Bundespflegesatzverordnung: Kommentar mit einer umfassenden Einführung in das Recht der Krankenhausfinanzierung, 4. Aufl., Stuttgart, Berlin, Köln.

Wittink, D. R./Cattin, P. (1989): Commercial Use of Conjoint Analysis: An Update, in: Journal of Marketing, Vol. 53, S. 91-96.

Wittink, D. R./Vriens, M./Burhenne, W. (1994): Commercial Use of Conjoint Analysis in Europe: Results and Critical Reflections, in: International Journal of Research in Marketing, Vol. 10, S. 41-52.

Burkhard von Velsen-Zerweck

Verbandsmarketing Grundlagen, Besonderheiten und Handlungsfelder

1. Grundlagen: Abgrenzung und Einordnung von Verbänden
   1.1 Verbände als Teil des Dritten Sektors
   1.2 Der Dritte Sektor: bedeutender – aber unterschätzter Wirtschaftsfaktor
   1.3 Ehrenamtliches Engagement in Deutschland
   1.4 Drei konstitutive Merkmale von Verbänden
   1.5 Drei konsekutive Merkmale von Verbänden
   1.6 Drei fakultative Merkmale von Verbänden
   1.7 Zwei Organisationstypen von Interessenverbänden
2. Besonderheiten: Marketingrelevante Konsequenzen der Organisationsspezifika von Verbänden
   2.1 Kollektivgüterproblematik
   2.2 Rollenverständnis Kunde – Mitglied
   2.3 Anspruchsgruppen von Verbänden
3. Handlungsfelder (I): Kommunikations-Mix als zentrales Element des Verbandsmarketings
   3.1 Internal Member Relations: Verbandszeitschrift als zentrale Kommunikationsbrücke zwischen Verband und Mitglied
   3.2 External Public Relations: Lobbying
4. Handlungsfelder (II): Marketingaktivitäten in der Verbandspraxis – einige empirische Schlaglichter
   4.1 Allgemeiner Verbesserungsbedarf im Verbandsmanagement
   4.2 Schwerpunkte der Marketingaktivitäten
   4.3 Planung des Leistungsangebots
   4.4 Maßnahmen der politischen Interessenvertretung
   4.5 Verbandszeitschriften als empirisches Analyseobjekt
5. Literatur

Im folgenden werden zunächst Verbände als Teil des Dritten, intermediären Sektors eingeordnet, um anschließend die konstitutiven sowie konsekutiven und fakultativen Merkmale von Verbänden kurz darzustellen. Darauf aufbauend werden die Kollektivgüterproblematik, das Rollenverständnis von Kunde und Mitglied sowie das Stakeholder-Portfolio als die drei wesentlichen marketingrelevanten Konsequenzen der Organisationsspezifika von Verbänden beschrieben. Beispielhaft wird auf das Kommunikationsmix als zentrales Element des Verbandsmarketings mit seinen beiden Aktivitätsfeldern, den Internal Member Relations sowie den External Public Relations, näher eingegangen. Zum Schluss werden einige empirische Schlaglichter zu Marketingaktivitäten von Verbänden dargestellt. Hier werden insbesondere Analyseergebnisse zu den Marketingschwerpunkten, der Planung des Leistungsangebots sowie Maßnahmen zur politischen Interessenvertretung und zur formalen und inhaltlichen Gestaltung von Verbandszeitschriften aufgezeigt.

1. Grundlagen: Abgrenzung und Einordnung von Verbänden

1.1 Verbände als Teil des Dritten Sektors

Der Vielzahl verbandlicher Erscheinungsformen entspricht die Verschiedenheit von Begriffsbildungen und Abgrenzungen in der Verbandsliteratur, die hier nicht alle wiedergegeben werden sollen.[1] Grundsätzlich sind Verbände als *Nonprofit-Organisationen* Bestandteil des *Dritten Sektors*, der jene Organisationen umfasst, die weder dem staatlichen (*Ersten*), noch dem marktlichen (*Zweiten*) Sektor eindeutig zuzurechnen sind, wie in Abbildung 1 dargestellt. Insbesondere drei Rechtsformen kommen im Dritten Sektor vor: Neben eingetragenen und nicht eingetragenen *Vereinen* als größte Gruppe gibt es noch *Stiftungen* und – vor allem als gemeinnützig anerkannte – Gesellschaften mit beschränkter Haftung (*gGmbH*).

---

[1] Eine aktuelle und umfassende tabellarische Übersicht wichtiger Klassifikationsansätze von Verbänden gibt Lakes (1999) S. 10 ff.

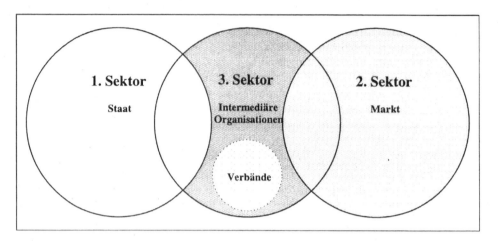

Abbildung 1: Verbände als Teil des Dritten Sektors
Quelle: von Velsen-Zerweck 1998.

1.2 Der Dritte Sektor: bedeutender – aber unterschätzter Wirtschaftsfaktor

In einem zweiten internationalen Forschungsprojekt (1995-1999) unter Federführung der Johns Hopkins Universität in Baltimore/USA wurde der Dritte Sektor in insgesamt 22 Ländern untersucht, darunter neben Amerika, England und Frankreich auch Deutschland. In Deutschland wird das Bild des Dritten Sektors vor allem von *sozialen Dienstleistern*, wie Caritas und Diakonie geprägt; allein die Wohlfahrtsverbände beschäftigen mehr als 1 Million hauptamtliche Vollzeitmitarbeiter: Der größte private Arbeitgeber in Deutschland und Europa ist nicht Daimler-Chrysler oder Volkswagen, sondern der Deutsche Caritasverband mit über 463.000 hauptamtlichen Mitarbeitern und zusätzlich noch über 500.000 Ehrenamtlichen. Nach einer aktuellen Studie des Instituts für Wirtschaft und Gesellschaft erwirtschaften heute insgesamt über drei Millionen haupt- oder ehrenamtlich Beschäftigte in weit über 90.000 Einrichtungen – von Krankenhäusern über die Jugendhilfe und Altenpflege bis hin zu unterschiedlichen Beratungsstellen – Güter und Dienste im Wert von etwa 90 Milliarden DM im Jahr.[2]

---

2 Vgl. Ottnad/Wahl/Miegel (2000).

Der Dritte Sektor in 22 untersuchten Ländern (1995)	
▪ Umsatz:	1,1 Billion US Dollar (total)
▪ Bruttoinlandsprodukt:	4,7 % (durchschnittlich)
▪ Vollzeitbeschäftigte:	18,8 Mio. (total)
▪ Anteil an Gesamtbeschäftigung:	5,0 % (durchschnittlich)
▪ Anteil am Dienstleistungssektor:	9,2 % (durchschnittlich)
▪ Anteil Ehrenamtlicher:	28 % (durchschnittlich)
▪ Einnahmequellen:	47 % Gebühren (durchschnittlich)
	42 % Öffentlicher Sektor (durchschnittlich)
	11 % Philanthropie (private Spenden etc., durchschnittlich)
(Daten: Johns Hopkins Comparative Nonprofit Sector Projekt[3]	

Abbildung 2:   Der Dritte Sektor in 22 Ländern

Anstelle des Begriffs Nonprofit-Organisation (NPO) stellen die Termini *intermediäre Organisation* beziehungsweise *Dritter Sektor* einen sinnvollen *Oberbegriff* dar: Organisationen des Dritten Sektors werden verstanden als emergente Symbiose des staatlichen, demokratischen Ersten und privaten, marktwirtschaftlichen Zweiten Sektors. Sie weisen Merkmale der anderen beiden Sektoren auf (in Abbildung 1 durch Schnittmengen dargestellt) und besitzen darüber hinaus zusätzliche, sektorspezifische Charakteristika. So verstanden greifen Beschreibungen des Dritten Sektors als ‚nicht-marktlich' und ‚nicht-staatlich' zu kurz.[4]

---

[3] Zu den Ergebnissen der 2. Projektphase vgl. ausführlich Priller/Zimmer (2000).
[4] Vgl. hierzu im Einzelnen von Velsen-Zerweck (1998).

1.3 Ehrenamtliches Engagement in Deutschland

Generell ist die Gesamtzahl ehrenamtlich und freiwillig Tätiger sowie die Bereitschaft, ein Amt zu übernehmen, in den letzten Jahrzehnten erheblich gestiegen. Anfang der 60er Jahre rechnete man mit einem Anteil von 5 % Ehrenamtlicher an der Gesamtbevölkerung in Westdeutschland, d. h. 2,5 Millionen. Seither hat sich die Zahl ehrenamtlich Tätiger fast verfünffacht. Nach den Ergebnissen der Zeitbudget-Studie im Auftrag der Bundesregierung übten in Deutschland 1991/92 rund 12 Millionen Personen ab 12 Jahren (d. h. 17 %) ein Ehrenamt (ohne soziale Hilfe) aus. Mit knapp 20 % lag der Beteiligungsgrad im früheren Bundesgebiet (knapp 11 Millionen Personen) mehr als doppelt so hoch wie in den neuen Bundesländern mit 9 % (gut 1 Million Personen). Durch das Ausklammern der sozialen Hilfe (z. B. Pflege und Betreuung von Personen), die weitgehend von Frauen wahrgenommen wird, wurde allerdings der Anteil ehrenamtlich tätiger Frauen mit 15 % gegenüber einem Anteil von 20 % bei den Männern untererfasst.[5]

Gemäß der Zeitbudget-Studie beträgt die durchschnittliche wöchentliche Beanspruchung ehrenamtlich Tätiger (ohne soziale Hilfe, z. B. Pflege und Betreuung von Personen) für die Ausübung ihres Amtes (ohne die dazugehörenden Wegezeiten) 4 Stunden. Männer sind mit durchschnittlich 5 Stunden mehr als eine Stunde in der Woche länger ehrenamtlich tätig als Frauen (gut 3 Stunden). Die Wegezeiten im Zusammenhang mit der ehrenamtlichen Arbeit erhöhen den wöchentlichen Zeitaufwand nochmals um durchschnittlich rund 20 %.[6]

1.4 Drei konstitutive Merkmale von Verbänden

Während es im Jahr 1980 erst 189.00 Vereine gibt, steigt die Zahl zehn Jahre später 1990 um knapp 100.000 auf 286.000 Vereine (früheres Bundesgebiet). Damit kommen auf 100.000 Einwohner 474 Vereine in Deutschland.[7] Nach einer aktuellen Erhebung der Hochschule Magdeburg/Stendal gibt es im Jahr 1998 über 60.000 Verbände, Kammern, Innungen und Gewerkschaften in Deutschland.[8]

---

5 Vgl. o. V. (1996).
6 Vgl. o. V. (1996).
7 Vgl. Anheier (1997).
8 Vgl. von Velsen-Zerweck (1999).

> **Drei konstitutive Merkmale von Verbänden**
>
> 1. **Bedarfswirtschaftlichkeit**: Verbände sind bedarfswirtschaftliche Betriebe, weil bei ihnen das Erstellen einer oder mehrerer bestimmter *Leistungen* im Vordergrund steht mit dem Ziel, festgelegte *Interessen* zu artikulieren beziehungsweise *Bedürfnisse* zu befriedigen; im Gegensatz dazu lautet das Primärziel erwerbswirtschaftlicher Betriebe *Gewinn*. Für ihre Leistungen erhalten Verbände vor allem generelle Finanzentgelte in Form von Mitgliedsbeiträgen, Zuschüssen und Spenden. Damit besteht keine direkte Interdependenz zwischen Leistung und Gegenleistung, wie sie bei erwerbswirtschaftlichen Betrieben mit Preisen regelmäßig vorhanden ist. Die Summe der Entgelte bildet den Verbandsetat, der pauschal zur Verfügung steht.
>
> 2. **Unbestimmte Mitgliedschaft**: Da die Existenz eines Verbands nicht vom Wechsel einzelner Mitglieder abhängt, sind Verbände - eingeschränkt - autonom.[9]
>
> 3. **Formale Organisation**: Verbände als auf Dauer ausgerichtete soziale Systeme besitzen ein Mindestmaß an formalen Strukturen und Zielen. In der häufigsten Rechtsform des Verbands, dem eingetragenen Verein, sind *Satzung* und *ehrenamtliche Führung* wesentliche formale Elemente.

Abbildung 3: Drei konstitutive Merkmale von Verbänden

Verbände als Teil des Dritten Sektors können aufgrund ihrer drei konstitutiven Elemente sowohl von *Stiftungen* und *öffentlichen Haushalten* (z. B. Polizei) abgegrenzt werden, die keine Mitglieder besitzen, als auch von *Genossenschaften*, die ihre Leistungen individuell verkaufen. Außerdem unterscheiden sich Verbände von *Familienhaushalten*, die eine bestimmte Mitgliedschaft aufweisen und Lebensgemeinschaften bilden. Schließlich grenzen sich Verbände von losen, *selbstorganisierten Gruppen*, wie Bürgerinitiativen, Selbsthilfegruppen und Arbeitsgemeinschaften ab, denen formale, dauerhafte Organisationselemente fehlen.

---

[9] Vgl. Witt/Seufert/Emberger (1996).

1.5 Drei konsekutive Merkmale von Verbänden

Über diese drei konstitutiven Merkmale hinaus, die für alle Verbände im weiten Sinn zutreffen, können Verbände im *engen* und im *engsten* Sinne differenziert werden. *Verbände im engen Sinn* weisen *zusätzlich* zu den vier konstitutiven *drei konsekutive Merkmale* auf, die in Abbildung 4 beschrieben werden:

Drei konsekutive Merkmale von Verbänden im engen Sinn:

1. **Freiwillige Mitgliedschaft**: Die Mitglieder können frei entscheiden, ob und wann sie ein- und austreten.

2. **Demokratie**: Mitglieder können durch die *Mitgliederversammlung* als oberstes verbandliches Entscheidungsorgan *direkt* durch Abstimmung oder *indirekt* durch Wahlen auf die Verbandspolitik entscheidenden Einfluss ausüben.

3. **Indirekte politische Willensbildung**: Verbände im engen Sinn sind nicht direkter Bestandteil des politischen Systems, sondern nehmen nur indirekt an der politischen Willensbildung teil.

Abbildung 4: Drei konsekutive Merkmale von Verbänden im engen Sinn

Unter *Verbänden im weiten Sinne* werden alle jene Verbände subsumiert, denen diese drei konsekutiven Merkmale fehlen. Hierzu zählen *Kammern* sowie *Sozialversicherungen*, da für sie eine Zwangsmitgliedschaft gilt. Außerdem sind *Kirchen* zu Verbänden im weiten Sinne zu zählen, da sie – insbesondere die katholische – nur ein eingeschränktes Demokratieprinzip zulassen. Zudem bestehen die Kirchen seit rund zweitausend Jahren und sind deshalb nur bedingt mit betriebswirtschaftlichen Organisationstypologien zu beschreiben. Weiterhin zählen zu Verbänden im weiten Sinn *politische Parteien*, da sie im Gegensatz zu Verbänden im engen Sinn als Bestandteil des politischen Systems direkt an der politischen Willensbildung beteiligt sind und versuchen, Regierungsverantwortung zu übernehmen. Da Verbände im engen Sinne nur indirekt an der politischen Willensbildung beteiligt sind, spielt das *Lobbying* eine wesentliche Rolle im verbandlichen Aufgabenspektrum; Parteien benötigen dagegen kein Lobbying.

1.6 Drei fakultative Merkmale von Verbänden

Schließlich können *Verbände im engsten Sinne* eingegrenzt werden, die sich - zusätzlich zu den sechs vorher genannten Merkmalen von Verbänden im engen Sinn - durch weitere *drei fakultative Merkmale* auszeichnen: duales Management, Föderalismus und Subsidiarität. Diese drei Merkmale werden in Abbildung 5 erklärt.

Drei fakultative Merkmale von Verbänden im engsten Sinn:

Duales Management: In Verbänden im engsten Sinn arbeiten nicht nur *ehrenamtliche*, sondern auch *hauptamtliche* Führungskräfte.

Föderalismus: Verbände im engsten Sinn zeichnen sich durch einen regional gestuften Aufbau aus. Entsprechend zum politischen Föderalismusprinzip gibt es in Verbänden im engsten Sinn neben der *horizontalen* Gewaltenteilung zwischen Ehrenamt und Hauptamt auch eine *vertikale* zwischen Bundes-, Landes- und Regionalverbänden, die bis auf Ortsebene reichen kann.

Subsidiarität: Mit dem Föderalismusprinzip eng verbunden ist das Merkmal der verbandlichen Subsidiarität. Dieses schon auf ARISTOTELES (384-322 v. Chr.) und THOMAS VON AQUIN (1224-1274) zurückgehende Zuständigkeitsprinzip besagt, was eine tiefere Ebene (z. B. Regionalverband) aus eigener Kraft leisten kann, soll ihr eine höhere Ebene (z. B. Landesverband) nicht entziehen. Ziel des Prinzips ist, anstehende Entscheidungen dort zu treffen, wo sie sachgerecht getroffen werden können. Richtig verstandene Subsidiarität bedeutet jedoch nicht, dass jede Verbandsebene beliebig wirken kann.

Abbildung 5: Drei fakultative Merkmale von Verbänden im engsten Sinn

Gerade diese fakultativen Verbandsmerkmale bedingen zahlreiche *Marketing- und Managementprobleme*, die in Verbänden im engen oder weiten Sinn in dieser Form kaum eine Rolle spielen. Die zusätzliche Begriffseinschränkung macht es möglich, zwischen dem vor allem umgangssprachlich und juristisch häufig synonym verwendeten Begriff des *Vereins* und dem des Verbands im engsten Sinne zu differenzieren.

1.7 Zwei Organisationstypen von Interessenverbänden

Grundsätzlich lassen sich, wie in Abbildung 6 dargestellt, zwei Organisationstypen von Interessenverbänden unterscheiden: *Eigeninteressenverbände* und *Fremdinteressenverbände*. Bei dieser Unterscheidung handelt es sich um eine *idealtypische Klassifikation*, da sich bei der Vielzahl verschiedener Verbandsausprägungen in der Praxis gewisse Überschneidungen und Besonderheiten ergeben können. Dennoch scheint die vorgeschlagene Differenzierung aus betriebswirtschaftlicher Sicht zweckmäßig, da mit ihr grundlegende Unterschiede im Management von Verbänden erklärt werden können.

In Abbildung 6 sind Kammern, politische Parteien sowie Sozialversicherungen und Kirchen durch eine gestrichelte Linie von den anderen Verbandstypen getrennt, weil sie lediglich Verbände im weiten Sinn sind; deshalb ist auch eine genaue Zuordnung zu Eigen- beziehungsweise Fremdinteressenverbänden schwierig.

Eigeninteressenverbände, wie beispielsweise Wirtschaftsverbände, zeichnen sich dadurch aus, dass sie von Mitgliedern getragen werden, die ihr *eigenes, persönliches* Anliegen durch Interessenbündelung effektiver durchzusetzen versuchen. Deshalb spielen hier die Mitgliederinteressen eine weitaus wichtigere Rolle als in *Fremdinteressenverbänden*, wie zum Beispiel in karitativen Verbänden, die sich für die Interessen *anderer* einsetzen. Die Finanz- und Sachmittelbeschaffung (*Fundraising*) nimmt in Fremdinteressenverbänden grundsätzlich eine wichtigere und umfassendere Rolle ein als in Eigeninteressenverbänden, die sich vor allem durch Mitgliedsbeiträge sowie durch Preise und Gebühren finanzieren.

Während Eigeninteressenverbände in erster Linie verbands*interne* Interessen zu berücksichtigen haben, müssen Fremdinteressenverbände in hohem Maße auch verbands*externe* Interessen einbeziehen, wie die der Klienten im Rahmen des Leistungsangebots und der Geldgeber im Rahmen des Fundraising. Als notwendige Konsequenz weisen Fremdinteressenverbände grundsätzlich eine *höhere Umweltoffenheit* auf als Eigeninteressenverbände.

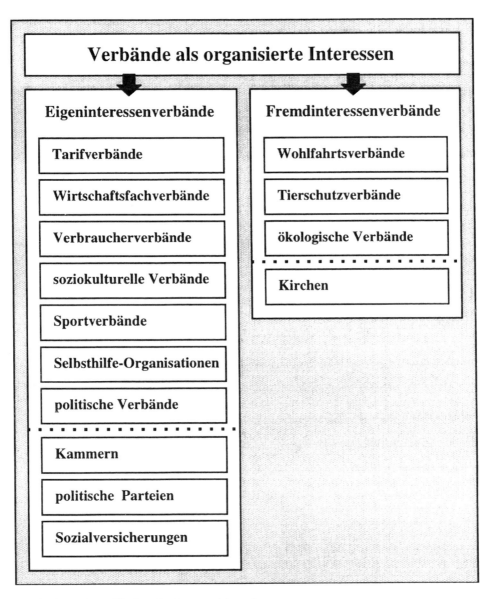

Abbildung 6: Verbände als organisierte Interessen
Quelle: von Velsen-Zerweck 1998.

> **Begriffsdefinition Verband:**
>
> Unter einem Verband im weiten Sinn wird ein bedarfswirtschaftlicher Dienstleister als Teilbereich des Dritten, intermediären Sektors verstanden, der von unbestimmter Mitgliedschaft getragen sowie durch formale Organisation gekennzeichnet ist und eigene bzw. fremde Interessen gegenüber unterschiedlichen Anspruchsgruppen vertritt. Darüber hinaus weist ein Verband im engeren Sinn als zusätzliche Merkmale freiwillige Mitgliedschaft, verbandsinterne Demokratie sowie indirekte politische Willensbildung auf. Ein Verband im engsten Sinn verfügt schließlich zusätzlich über ein duales (ehren- und hauptamtliches) Management und ist föderal und subsidiär aufgebaut.

Abbildung 7:   Begriffsdefinition Verband

2. Besonderheiten: Marketingrelevante Konsequenzen der Organisationsspezifika von Verbänden

Verbandsleistungen sind in der Regel *Dienstleistungen*: Neben ‚typischen' Besonderheiten von Dienstleistungen, wie Immaterialität, Einbezug des Abnehmers in den Erstellungsprozess (Uno-Actu-Prinzip), Schwierigkeit der Standardisierung und der objektiven Qualitätsmessung erlangen insbesondere drei Verbandsmerkmale besondere Bedeutung für das Marketing: Erstens die Kollektivgüterproblematik, zweitens das Rollenverständnis Kunde – Mitglied und drittens die Komplexität der Anspruchsgruppen bei Verbänden.

2.1 Kollektivgüterproblematik

Viele Kerndienstleistungen von Verbänden sind Kollektivgüter, da sie nicht teilbare Dienstleistungen darstellen; dadurch ist ihr Nutzen nicht auf das einzelne Mitglied individualisierbar. Dies bedingt einige verbandsspezifische Implikationen. Eine verbandliche Kollektiv-Dienstleistung, wie zum Beispiel die Imagekampagne des Verbandes der Deutschen Cigarettenindustrie zu den Gesundheitsrisiken des Rauchens, kommt auch denjenigen Tabakfirmen zugute, welche nicht dem Verband angehören. Die Ausschließbarkeit nicht-zahlender ‚Kunden' ist bei Verbänden häufig nicht gegeben (Trittbrettfahrerproblem). Damit verbunden ist auch die Schwierigkeit, den Erfolg von Kollektivleistungen zu quantifizieren und zu individualisieren, zumal der Nutzen (Outcome) aus der Verbandsleistung häufig mit einer zeitlichen Verzögerung eintritt (zum Beispiel bei Aufklärungskampagnen von Gesundheitsverbänden).

Darüber hinaus richten sich Kollektivleistungen typischerweise an den *durchschnittlichen* Erwartungen und Bedürfnissen der Mitglieder aus, so dass eine individuelle, bedarfsspezifische Kundenzufriedenheit im Sinne eines One-to-One-Marketing bei Kollektivleistungen nicht möglich ist. Während bei gewinnorientierten Unternehmen spezielle Entgelte im Sinne einer Preisfinanzierung existieren, indem die Rollen des Nutzers und Bezahlers der Leistung zusammenfallen, herrschen bei Verbänden generelle Entgelte in Form von Beiträgen und Spenden vor, wobei gerade bei Fremdinteressenverbänden wie z. B. Wohlfahrtsverbänden und Umweltorganisationen die Rollen von Leistungszahlern (z. B. Spender) und Leistungsnutzern (z. B. Hilfsbedürftige) in der Regel auseinanderfallen.

2.2 Rollenverständnis Kunde – Mitglied

Wenn Marketing als ‚das Denken vom Markt her' verstanden wird, stehen die Erwartungen und Bedürfnisse des Kunden im Mittelpunkt. Deshalb sind – gerade in letzten Jahren verstärkt – Begriffe wie Kundenorientierung, Kundenzufriedenheit und Kundenbindung zentrale Bereiche des Marketings. Vor diesem Hintergrund ist es wichtig, die Frage systematisch zu beantworten, ob die Rolle und Stellung des Mitglieds im Verband die des Kunden vom Unternehmen entspricht. Die Wortwahl im vorhergehenden Satz weist schon auf die unterschiedliche idealtypische Stellung von Mitglied und Kunde hin: Während das Mitglied nicht nur integraler Bestandteil des Verbandes ist, sondern darüber hinaus aufgrund der demokratischen Organisationsstruktur oberste Entscheidungsbefugnis besitzt, beschränkt sich die Rolle des Kunden eines gewinnorientierten Unternehmens auf die des eher passiven Konsumenten. Neuere Ansätze, durch Kundenbeiräte oder auch Kundenclubs aus dem Konsumenten einen ‚Prosumenten' (Kunstwort aus Produzent und Konsument) zu machen, versuchen, durch Adaption von Verbandsmerkmalen eine Demokratisierung der Kundenrolle zu erreichen.

Dieser Sonderstellung des *Mitglieds* in Verbänden wird allerdings in der Verbandsrealität nicht immer Rechnung getragen. Sie wird nur tatsächlich auch gelebt, wenn nicht nur ein positives Marketingverständnis im Sinne einer umfassenden Dienstleistungsphilosophie, sondern auch zusätzlich ein aktives Marketingverhalten vorhanden sind (vgl. Abbildung 8).

In den letzten Jahren bezeichnen Verbände ihre Mitglieder immer häufiger als Kunden, um ihre Marketingorientierung nach innen und außen zu forcieren und erkenntlich zu machen. Dies stellt jedoch eine für den speziellen Organisationstyp Verband nicht ausreichende Auffassung dar: Verbände, die ihre Mitglieder lediglich als *Kunden* ansehen, sind in der Regel bereits gekennzeichnet durch ausgeprägte Individual- und Serviceleistungen (z. B. ADAC), ausgefeilte Mitglieder-Prämienprogramme (z. B. Marketingaktionen ‚Mitglieder werben Mitglieder', z. B. IG Metall) mit dem vorrangigen Ziel, Verbandsumsatz und Mitgliederzahlen als Erfolgskennzahlen zu steigern. Deshalb werden oft neben Mitgliedern auch ein hoher Anteil externer Kunden durch Schulungen und Beratung bedient. Vor diesem Hintergrund kann das Management dieser Verbände dann aber häufig kaum noch die Befriedigung der originären Wünsche und Bedürfnisse von Mitgliedern und Ehrenamtlichen gewährleisten – das positive, verbandsspezifische Marketingverständnis entfällt.

Die Rolle des ‚*Störenfrieds'* kommt in der Regel bei solchen Verbänden vor, die - im Gegensatz zu den gerade beschriebenen - stark innenzentriert sind und kaum oder keine Individualleistungen anbieten. Mitglieder und Ehrenamtliche stehen dem professionellen Verbandsmanagement fast im Weg: Die Manager meinen, selbst am besten zu wissen, was die Mitglieder vom Verband wünschen.

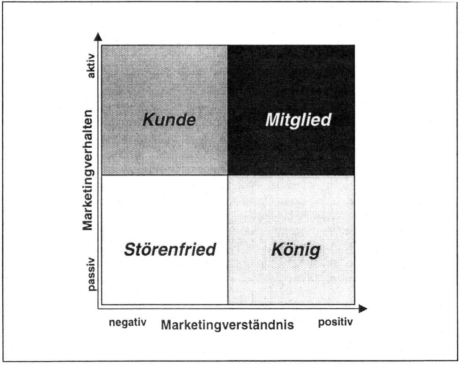

Abbildung 8:   Vier Rollen eines Verbandsmitglieds aus Marketingperspektive

Interessante Konsequenzen ergeben sich aus der in der Verbandspraxis auch häufig verbal formulierten Auffassung vom „Mitglied als *König*": Wenn das Mitglied König ist, dann kann das Verbandsmanagement entweder die Rolle des Kaisers oder die des Dieners einnehmen. Bei der ersten Variante fiele dem Mitglied eine ähnliche Rolle zu wie dem des ‚Störenfrieds'. Die zweite Variante impliziert dagegen die Vorstellung, dass Diener rein ausführende Personen sind und keine Verantwortung für ihr Handeln tragen müssen: Ein dienendes Verbandsmanagement ist zwar für eine Sache *zuständig*, aber nicht dafür *verantwortlich*. Verbände dieser Art sind oft stark ehrenamtlich dominiert und geprägt von einer straffen, strengen Verbandshierarchie (so besitzt der Geschäftsführer keinen Sitz im Vorstand bzw. ist nur mit beratender Stimme tätig, z. B. Deutsche Sportjugend). Hier herrscht weiterhin oft die Auffassung vor, Verbandsleistungen müssten ‚umsonst' sein, da sie Pflichten des Verbandes gegenüber dem König Mitglied darstellen.

2.3 Anspruchsgruppen von Verbänden

Während bei erwerbswirtschaftlichen Unternehmen die zentrale Anspruchsgruppe eindeutig der Kunde ist, steht ein Verband mit einer Vielzahl von Anspruchsgruppen in ständigem Dialog. Gerade bei sogenannten Verbände-Verbänden, wie zum Beispiel Bundes- und Dachverbände, die als direkte Mitglieder nicht Einzelpersonen, sondern wiederum (Landes- bzw. Fach-)Verbände aufweisen, ist ein systematisches Anspruchsgruppenkonzept Basis eines professionelles Stakeholder-Managements und damit eine wichtige Voraussetzung für marketingpolitische Entscheidungen. Am Beispiel eines Bundesverbandes mit 16 Landesverbänden als direkte Mitgliedsorganisationen werden die wichtigsten Anspruchsgruppen – differenziert nach interner und externer Bereichsebene sowie nach primärer und sekundärer Kontaktebene – dargestellt (vgl. Abbildung 9).

Wie aus dem Stakeholder-Portfolio deutlich wird, besitzt der beispielhafte Bundesverband 14 unterschiedliche Anspruchsgruppentypen, für die – basierend auf einem normativen und strategischen Gesamtkonzept – spezifische Marketing-Teilkonzepte abgeleitet werden müssen.

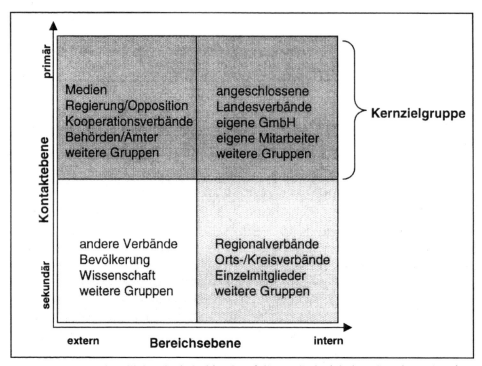

Abbildung 9: Verbandliches Stakeholder-Portfolio am Beispiel eines Bundesverbandes

3. Handlungsfelder (I): Kommunikations-Mix als zentrales Element des Verbandsmarketings

Verbände können als Kommunikations-Dienstleister aufgefasst werden, die versuchen, mit Hilfe von Daten und Fakten sowie Erfahrungen und Meinungen gegenüber ihren unterschiedlichen Anspruchsgruppen Interesse zu wecken und Interessen zu vertreten.[10] Zur Operationalisierung des verbandlichen Stakeholderkonzeptes erscheint es sinnvoll, in *Internal Member Relations* und *External Public Relations* zu differenzieren. Diese Systematik basiert auf dem zentralen Gedanken von Kotler und Andreasen, Marketing insbesondere bei Nonprofit-Organisationen als *Austauschprozess* zu verstehen, in dem vor

---

[10] Vgl. von Velsen-Zerweck (1995).

allem Werte, Interessen und Informationen durch das Medium Kommunikation zwischen einem Verband und seinen Anspruchsgruppen (*Stakeholdern*) ausgetauscht werden.[11]

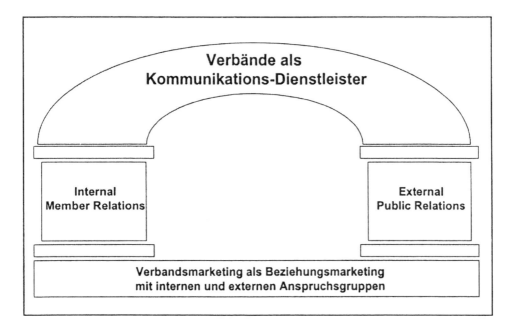

Abbildung 10:   Zwei Kommunikationssäulen von Verbänden

Basierend auf dem Stakeholder-Portfolio und den dort konkretisierten internen und externen Anspruchsgruppen lassen sich typische Kommunikationsinstrumente von Verbänden einordnen. Mitglieder sowie ehren- und hauptamtliche Mitarbeiter als zentrale Kommunikationspartner der Internal Member Relations werden v. a. durch schriftliche Medien, wie Verbandszeitschrift, Rundschreiben sowie durch mündliche Medien, wie Mitgliederversammlungen, Gremien und Ausschüsse angesprochen. Elektronische Medien spielen in Verbänden eine zunehmend wichtige Rolle; bei Internal Member Relations kommen neben dem Internet v. a. Intranets verstärkt zum Einsatz. So gibt es neben dem öffentlich zugänglichen Internetauftritt des Allgemeinen Deutschen Automobilclubs (ADAC) einen Mitgliederbereich, der erst nach Eingabe des Vor- und Nachnamens sowie der Mitgliedsnummer zugänglich ist.[12]

---

[11] Vgl. Kotler/Andreasen (1995).
[12] Vgl. den Internetauftritt des ADAC unter www.adac.de.

3.1 Internal Member Relations: Verbandszeitschrift als zentrale Kommunikationsbrücke zwischen Verband und Mitglied

Nach wie vor ist die Verbandszeitschrift die wichtigste Kommunikationsbrücke zwischen Verband und seinen Mitgliedern. Darüber stellt sie im Rahmen des – immateriellen – Dienstleistungsprogramms eines Verbands die oft einzig fassbare und damit vergleichbare Leistung der Organisation dar. Verbandszeitschriften spielen in der deutschen Zeitschriftenlandschaft eine bedeutende Rolle, auch wenn sie als solche oft nicht wahrgenommen werden. So ist Europas und Deutschlands auflagenstärkste und reichweitengrößte Zeitschrift eine deutsche Verbandszeitschrift: die *ADAC Motorwelt* besitzt eine Reichweite von 27,3 Prozent in der Bevölkerung ab 14 Jahren. Zum Vergleich: Weit abgeschlagen liegt *Bild am Sonntag* mit 15,6 Prozent, *Focus* und *Der Spiegel* erreichen lediglich eine Reichweite von 9,2 bzw. 9,0 Prozent (laut Medienanalyse MA 2000/II; Typologie der Wünsche Intermedia TdWI 2000/01).

Zehn typische Funktionen der Verbandszeitschrift:

1. **Informationsfunktion**: Aktuelle (Fach)-Informationen liefern

2. **Meinungsfunktion**: Meinungen bilden und multiplizieren

3. **Bildungsfunktion**: Als Instrument der Weiterbildung dienen

4. **Imagefunktion**: Verbandsimage positiv beeinflussen

5. **Dialogfunktion**: Dialog zwischen Mitglied, Leser und Verband halten

6. **Kompetenzfunktion**: Kompetenzen des Verbandes darstellen

7. **Kontaktfunktion**: Beziehungen zu Meinungsführern pflegen

8. **Servicefunktion**: Serviceleistungen des Verbandes kommunizieren

9. **Forumfunktion**: Forum für die Mitglieder und Leser darstellen

10. **Finanzfunktion**: Einnahmequelle durch Anzeigenerlöse bilden

---

Abbildung 11:   Zehn typische Funktionen der Verbandszeitschrift

Grundsätzlich verfügt eine Verbandszeitschrift über drei große Zielgruppen: Verbandsinterne und -externe Leser sowie Anzeigenkunden. Entsprechend dem Stakeholderkonzept müssen hier anspruchsgruppengerechte Formulierungen, Layouts und Inhalte gefunden werden.

Wesentliche Zielgruppen der Verbandszeitschrift:

- **verbandsinterne Leser**
    - Mitglieder
    - Ehrenamtliche
    - Hauptamtliche
- **verbandsexterne Leser**
    - Journalisten
    - Politiker
    - Multiplikatoren
- **Anzeigenkunden**

Abbildung 12: Wesentliche Zielgruppen der Verbandszeitschrift

3.2 External Public Relations: Lobbying

Zentrale Elemente der External Public Relations von Verbänden sind neben der klassischen Öffentlichkeits- und Medienarbeit die Bereiche Public Affairs sowie Governmental Relations, die unter dem Oberbegriff Lobbying zusammengefasst werden. Bei der politischen Kommunikation des Lobbying von Verbänden können zwei idealtypische Extremtypen unterschieden werden. In folgender Tabelle sind wesentliche Merkmale, Instrumente und ihre verbandliche Eignung dieser zwei Lobbystrategien aufgelistet. In der Praxis sind indes zahlreiche Mischformen anzutreffen.

Strategie/ Kriterien	Defensiv	Offensiv
Merkmale	<ul><li>Darstellung der (partikulären) Verbandsinteressen als Gemeinwohlinteressen</li><li>Beeinflussung von Politik und Verwaltung auf „leisem" nicht-öffentlichem, indirekten Wege</li><li>Finanzielle und ideologische Unterstützung bestimmter Parteien</li><li>Beeinflussung des politischen Systems im Interesse der Mitglieder</li><li>Beeinflussung des politischen Systems beschränkt sich in aller Regel auf die von der Administration vorgegebenen Einspruchs- und Beteiligungsverfahren</li><li>Zielgruppe der Beeinflussung ist vorwiegend Politik und Verwaltung</li></ul>	<ul><li>Medienwirksame Durchführung von Aktionen</li><li>Häufig auf Gründung von Bürgerinitiativen basierend</li><li>Starke Hinwendung an die Öffentlichkeit und die Medien</li><li>Beeinflussung des politischen Systems oft im Interesse der Allgemeinheit (Umweltschutz, Menschenrechte usw.)</li><li>Beeinflussung des politisch-administrativen Systems geht über vorgegebene Einspruchs- und Beteiligungsverfahren hinaus</li><li>Zielgruppe der Beeinflussung ist auch sehr stark die öffentliche Meinung</li></ul>
Instrumente	<ul><li>Entwicklung von Gesetzesvorlagen</li><li>Personelles Verflechtung von Verband und Politik bzw. Verwaltung</li><li>Hintergrundinformationen (Gutachten, Befragungsergebnisse, persönliche Gespräche)</li><li>Kollektive Selbstbeschränkung zur Konfliktentschärfung (z. B. Freiwillige Selbstkontrolle [FSK] der Filmwirtschaft)</li></ul>	<ul><li>Demonstrationen, Streiks, Boykotte</li><li>Flugblattaktionen</li><li>Infostände</li><li>Unterschriftenaktionen</li><li>Volksbefragung /-entscheide</li><li>Gerichtsklagen</li></ul>

	• Finanzielle und ideologische Unterstützung bestimmter politischer Parteien	
Eignung	• Stabilisierung des Status quo (Verbände sind häufig „für etwas") • Bei hoher Marktmacht der Verbandes, d. h. Konfliktfähigkeit wird primär erreicht durch Androhung von Investitions- oder Wählerstimmenentzug, Streiks, finanzielle Ressourcen etc. • Bei Vertretung primär wirtschaftlicher Interessen	• Veränderung des Status quo (Verbände sind häufig „gegen etwas") • Bei hoher Demonstrationsmacht des Verbandes, d. h. Konfliktfähigkeit durch Demonstrationen, Anzahl von Unterschriften, hohe Mobilisierbarkeit der Mitglieder etc. • Bei Vertretung primär nichtwirtschaftlicher Interessen
Verbandstyp	Arbeitgeberverbände, Berufs-/Standesverbände Wirtschaftsfachverbände, Gewerkschaften	Umweltschutz-, Menschenrechts- und Tierschutzverbände, Minderheitenorganisationen, Verbände der Friedens- und Frauenbewegung

Abbildung 13: Grundstrategien verbandlichen Lobbyings[13]

Verbandliches Lobbying steht derzeit vor einem erheblichen Wandlungsdruck: Während in den 1970er, 80er und auch noch 90er Jahren grundsätzliche gesellschaftliche, soziale und wirtschaftliche Interessenkonflikte auf der politischen Agenda standen, die von ihrer Komplexität und Tragweite prädestiniert sind für verbandliches Lobbying, gewinnt organisationsspezifische Interessenvertretung von einzelnen Unternehmen, wie z. B. Daimler-Chrysler, zunehmend an Bedeutung. Damit steigt der Wettbewerbsdruck erwerbswirtschaftlicher Lobby-Agenturen auf nationaler und vor allem auf europäischer Ebene erheblich an: In Brüssel gibt nach unterschiedlichen Schätzungen rund 10.000 Lobby-Büros, die versuchen, die Interessen ihrer Mandanten bzw. Mitglieder zu vertreten.

Elektronische Medien spielen in Verbänden auch bei den External Public Relations eine zunehmend wichtige Rolle; so werden zum Beispiel Pressemitteilungen vor allem in Form von *Newslettern* zunehmend auch per E-Mail verschickt, für die sich Interessenten, wie zum Beispiel bei der Industrie- und Handelskammer (IHK) Stuttgart, kostenlos anmelden können. Außerdem bieten zahlreiche Verbände, wie zum Beispiel der Zentral-

---

[13] Vgl. auch Emberger (1998).

verband der Elektrotechnik und Elektronikindustrie (ZVEI), umfangreiche Recherchedienste in ihren elektronischen Pressearchiven an.[14]

4. Handlungsfelder (II): Marketingaktivitäten in der Verbandspraxis – einige empirische Schlaglichter

Marketing- und managementspezifische empirische Studien über Verbände sind in der betriebswirtschaftlichen Forschung nur vereinzelt anzutreffen. Im Folgenden werden einige zentrale Ergebnisse aus den Arbeiten der Technischen Universität München sowie der Hochschule Magdeburg-Stendal zusammenfassend vorgestellt.[15]

4.1 Allgemeiner Verbesserungsbedarf im Verbandsmanagement

In einer bundesweiten Erhebung zum Stand des Managements in Verbänden im Jahr 1996/97 wurden 2.345 Verbände angeschrieben; an der Befragung nahmen rund 500 Organisationen teil. Die folgenden Ergebnisse beziehen sich auf diese, im deutschsprachigen Raum umfassendsten Verbändebefragung, an der Verfasser maßgeblich mitgewirkt hat. Herausragend an erster Stelle steht der Verbesserungsbedarf bei der Öffentlichkeitsarbeit (vgl. Abbildung 14). Fast zwei Drittel der Verbände meinen, hier müsse etwas getan werden. Mit etwas Abstand folgt die Einschätzung, der Verband müsse langfristiger und strategischer denken, ungefähr gleichauf wird die Notwendigkeit gewichtet, die Motivation zu ehrenamtlicher Mitarbeit zu verbessern. Auch im Bereich Finanzen und Kapital besteht subjektiver Verbesserungsbedarf; wenn unter diesem Aspekt auch Fundraising als das Beschaffen von insbesondere finanziellen Mitteln und Ressourcen verstanden wird, so werden auch hier marketingrelevante Verbesserungspotentiale angesprochen. An fünfter Stelle steht die Optimierungsnotwendigkeit verbandlicher Dienstleistungen, jeder dritte Verband bekennt sich zu dieser Schwachstelle.

---

[14] Vgl. hierzu die Internetauftritte der IHK Stuttgart unter www.ihk-stuttgart.de sowie des ZVEI unter www.zvei.org.

[15] Vgl. Witt/Lakes/Emberger/von Velsen-Zerweck/Seufert (1998) sowie von Velsen-Zerweck/Gora (1999).

"Wo müsste sich Ihr Verband Ihrer Meinung nach (besonders) verbessern?" (Mehrfachnennungen möglich)		
Rang	Bereich	% der Verbände:
1.	Öffentlichkeitsarbeit	62,9 %
2.	Langfristiges, strategisches Denken	49,7 %
3.	Motivation zur ehrenamtlichen Mitarbeit	48,5 %
4.	Finanzen, Kapital	44,3 %
5.	Dienstleistungsangebot	34,4 %

Abbildung 14: Rangfolge von Verbesserungsbedarfen im Verbandsmanagement
Quelle: Witt/Lakes/Emberger/von Velsen-Zerweck/Seufert 1998.

4.2 Schwerpunkte der Marketingaktivitäten

Bei der detaillierteren Befragung wird erkennbar, dass sich die Hauptaktivitäten aller Verbände vorrangig darauf ausrichten, Mitglieder zu halten oder neue anzuwerben (vgl. Abbildung 15). Einen fast ähnlichen Stellenwert weist im Durchschnitt die Öffentlichkeitsarbeit auf, ein drittes Aktionsfeld ist das Dienstleistungsmarketing. Bei letzterer geht es um Fragen der Dienstleistungsqualität und um das Bestehen im Wettbewerb mit anderen Dienstleistungsanbietern. An vierter Stelle steht die Gewinnung ehrenamtlicher Mitarbeiter, und erst an fünfter Stelle (im Durchschnitt aller Verbände) kommt die Akquisition von Spenden-, Fördermitgliedsbeiträgen und Zuschüssen. Hier unterscheiden sich die Verbandstypen sehr stark. Die karitativ-sozialen Verbände unternehmen im Schnitt weit mehr Anstrengungen im Fundraising von Finanzmitteln als die Wirtschaftsverbände, die sich erfahrungsgemäß vor allem aus Mitgliedsbeiträgen finanzieren.

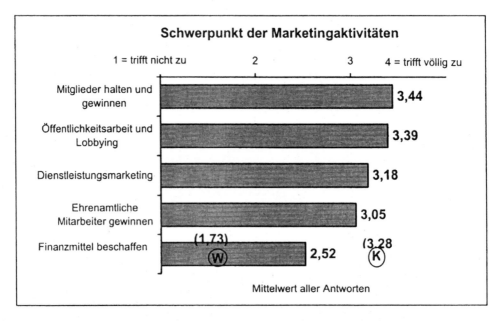

Abbildung 15: Schwerpunkt der Marketingaktivitäten von Verbänden (W = Wirtschaftsverbände; K = karitative und religiöse Verbände
Quelle: Witt/Lakes/Emberger/von Velsen-Zerweck/Seufert 1998.

4.3 Planung des Leistungsangebots

Das Leistungsangebot wird in hohem Maß vom Budget determiniert (siehe folgende Abbildung), was den Schluss zulässt, dass Marketinginstrumente aus dem erwerbswirtschaftlichen Bereich wie die Portfolioanalyse oder Lebenszyklusmodelle im Dritten ektor nur wenig Sinn machen. Um das Leistungsangebot von Verbänden zu optimieren, sind deshalb zum Beispiel Instrumente zu entwickeln, die den bestmöglichen Einsatz des verbandlichen Etats aus der Sicht der Mitglieder bestimmen helfen. Umfragen und ähnliche Techniken wie das Vorschlags- und Beschwerdemanagement sind hier ein möglicher Ansatzpunkt. Ihre Bedeutung ist aber (leider) noch relativ gering.

Dass Verbände mit wenigen Mitgliedern kaum Umfragen durchführen, verwundert weiter nicht, da die Wünsche der Mitglieder aus persönlichem Kontakt bekannt sein dürften. Angesichts der Tatsache, dass die größten Verbände (mit über zehntausend Mitgliedern) zu über der Hälfte nie und zu einem weiteren Viertel selten Umfragen vornehmen, liegt aber die Vermutung nahe, dass in Massenverbänden die Führung "abhebt" bzw. sich isoliert. Ob sich die Leistungswünsche der Nachfrager bei Verbänden dieser Größe noch per demokratischer Abstimmung ermitteln lassen, ist zu bezweifeln. Verbände "mittlerer" Größe (zwischen 100 und 10.000 Mitgliedern) - hier insbesondere die Wirtschaftsverbände - benutzen das Instrument doch zur Hälfte relativ regelmäßig. Tochterunternehmen, in denen bestimmte Dienstleistungen vermarktet werden, haben ebenfalls noch keinen besonderen Stellenwert, außer bei den Wirtschaftsverbänden. In diesen Tochterunternehmen werden oft individuelle Dienstleistungen wie Beratung oder Fortbildung angeboten, die als "selektiver Anreiz" für die Mitgliedschaft dienen sollen. Angesichts der immer knapper werdenden finanziellen Mittel verwundert es, dass kaum ein Verband daran denkt, seine Leistungen einschränken, das heißt, die Diskussion um eine Beschränkung auf Kernkompetenzen, wie sie in gewinnorientierten Unternehmen schon länger existiert, hat für Verbände *noch* keine überragende Bedeutung.

Abbildung 16: Zur Planung des Leistungsangebotes von Verbänden
Quelle: Witt/Lakes/Emberger/von Velsen-Zerweck/Seufert 1998.

4.4 Maßnahmen der politischen Interessenvertretung

Bei der Frage, wie politische Interessenvertretung am effizientesten betrieben werden kann, wird Aktionen wie Demonstrationen, Streiks und Flugblattaktionen relativ wenig zugetraut, insbesondere von den Wirtschaftsverbänden. Diese setzen eher auf ‚leise Einflussnahme im Hintergrund'. Dies verwundert insofern, als gerade in den letzen 15 Jahren kleine Verbände etwa aus dem Bereich Umweltschutz mit einer offensiven, ‚lautstarken' Lobby-Strategie ihren politischen Forderungen erfolgreich Ausdruck verliehen haben. Insgesamt sind es auch die politischen Verbände, die diese Vorgehensweise am positivsten beurteilen. Die mit Abstand erfolgversprechendste Strategie stellt für alle Verbände der persönliche Kontakt zu den politischen Entscheidungsträgern dar.

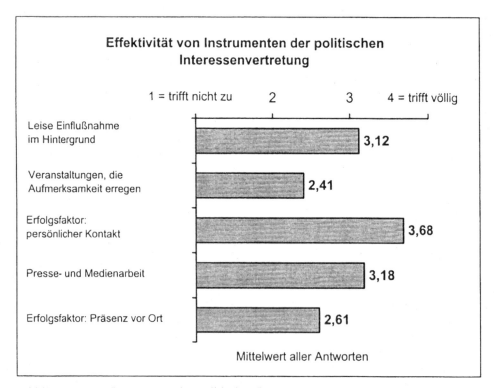

Abbildung 17: Instrumente der politischen Interessenvertretung
Quelle: Witt/Lakes/Emberger/von Velsen-Zerweck/Seufert 1998.

4.5 Verbandszeitschriften als empirisches Analyseobjekt

Verbandszeitschriften sind in vielen Verbänden das zentrale Kommunikationsmedium sowohl verbandsintern zwischen Verband und Mitglied als auch extern in der Kommunikation mit seinen weiteren Zielgruppen. In einer – im deutschsprachigen Raum umfangreichsten – empirischen Spezialanalyse über die Erfolgsfaktoren von Verbandszeitschriften wurde untersucht, in wie weit Verbandszeitschriften ihre zentrale Aufgaben, wie die Informations-, Meinungs- und Bildungsfunktion sowie ihre Dialog- und Servicefunktion, erfüllen. In der Studie wurden über 600 Verbandszeitschriften analysiert und alle relevanten Verbandstypen vor allem auf Bundes- und Landesebene abgedeckt, einschließlich Kammern, Innungen und Gewerkschaften.[16]

Bei über der Hälfte der Verbandszeitschriften erfolgt die Informationsübermittlung in Form einer *kommunikativen Einbahnstraße:* Der Leser bleibt passiv, die Integration von zum Beispiel Leserbriefen oder Mitgliederinterviews fehlt völlig (vgl. Abbildung 19). Bei weiteren acht Prozent ist die Beteiligung des Lesers mangelhaft; lediglich bei knapp jeder zehnten Verbandszeitschrift ist die Leserbeteiligung hoch oder sogar sehr hoch. Vor dem Hintergrund, dass Verbände grundsätzlich demokratisch strukturierte Organisationen sowie Kommunikations-Dienstleister sind, ein alarmierender Befund.

---

[16] Vgl. von Velsen-Zerweck/Gora (1999).

Fakten zur quantitativen Analyse von Verbandszeitschriften:
▪ Verbandszeitschriften sind vor allem Fachzeitschriften
▪ Viele Verbandszeitschriften sind zwischen 26-50 Jahre alt
▪ Fast alle Verbandszeitschriften erscheinen regelmäßig, v. a. monatlich
▪ Die meisten Verbände geben ihre Zeitschrift selbst heraus
▪ Redaktionen arbeiten oft verbandsintern
▪ Preis wird im Impressum oft genannt und ist im Mitgliedsbeitrag enthalten
▪ Eine Ausgabe kostet in der Regel unter DM 10,-
▪ Ein Jahresabonnement kostet oft unter DM 50,-
▪ Die Auflage liegt häufig zwischen 10.000 und 50.000 Exemplaren
▪ Auf dem Titelblatt dominieren vor allem bunte Bilder
▪ Das Layout vieler Titelblätter ist professionell gestaltet
▪ Der Großteil der Verbandszeitschriften schaltet Anzeigen
▪ Das Text-Anzeigen-Verhältnis ist in der Regel ausgewogen
▪ Die Daten der Mediadaten sind oft aktuell

Abb 18: Fakten zur quantitativen Analyse von Verbandszeitschriften

Verbandsmarketing 457

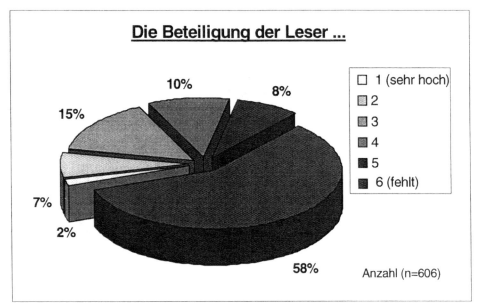

Abbildung 19: Leserbeteiligung in Verbandszeitschriften
Quelle: von Velsen-Zerweck/Gora 1999.

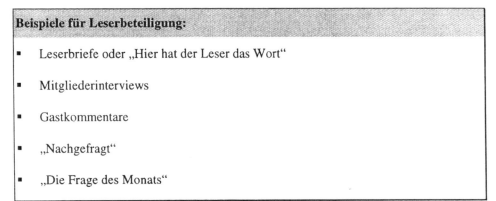

Abbildung 20: Beispiele für Leserbeteiligung in Verbandszeitschriften

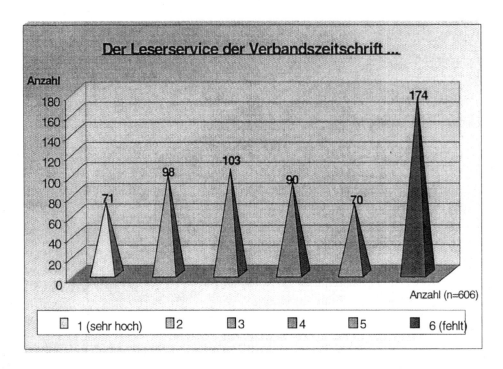

Abbildung 21: Leserservice
Quelle: von Velsen-Zerweck/Gora 1999.

Der Service, den die Verbände ihren Mitgliedern durch die Verbandszeitung liefern, fällt recht unterschiedlich aus. Den größten Anteil bilden jene Verbandszeitschriften, die sich nicht als Dienstleistungsplattform verstehen: Bei rund 30 Prozent der untersuchten Hefte fehlt jeglicher Service für den Kunden, den Leser. Nur jede vierte Verbandszeitschrift bietet hohen oder sogar sehr hohen Leserservice. Einen mittelmäßigen bis ausreichenden Service bietet immerhin knapp jede dritte Zeitschrift an.

Wie lauten die zentralen Erfolgsfaktoren von solchen Verbandszeitschriften, die ihre drei wesentlichen Zielgruppen – Mitglieder, externe Leser und Anzeigenkunden – besonders effektiv und effizient erreichen wollen? Die folgende Übersicht zeigt die zehn wichtigsten Faktoren, die bei der Untersuchung von über 600 Verbandszeitschriften herauskristallisiert wurden.

Beispiele für Leserservice in Verbandszeitschriften:
- Rezensionen
- Themenvorschau und Jahresregister
- Zusätzliche Informationen auf Fax-Abruf
- Bezugsquellenverzeichnisse
- Durchwahlnummern bei Serviceangeboten

Abbildung 22:   Beispiele für Leserservice in Verbandszeitschriften

10 Erfolgsfaktoren von Verbandszeitschriften in der Gesamtschau:
1. Spezifischer Lesernutzen als zentrale Bestimmungsgröße
2. Beschränkter Seitenumfang (max. 48 Seiten)
3. Prägnante, informative und professionelle Titelseite
4. Übersichtliches und informatives Inhaltsverzeichnis
5. Voraussetzungen für schnelles Diagonal-Lesen
6. Abwechslungsreicher Mix der verschiedenen Informationsarten
7. Lebendige Sprache durch Ausschöpfen aller Interpunktionsmöglichkeiten
8. Mehrwert durch interessante Leserservices
9. Kontinuierliche Mitglieder- und Leserbefragungen
10. Umfassende und aktuelle Mediadaten

Abbildung 23:   Erfolgsfaktoren von Verbandszeitschriften in der Gesamtschau

5. Literatur

Anheier, H. (1997): Der Dritte Sektor in Deutschland, Berlin.

Broichhausen, K. (Hrsg.) (1996): Verbands-Kommunikation, Frankfurt/Main.

Bruhn, M./Tilmes, J. (1994): Social Marketing, 2. Aufl., Stuttgart.

Cooper, K. (1994): Nonprofit-Marketing von Entwicklungshilfe-Organisationen, Wiesbaden.

Emberger, H. (1998): Instrumente des Verbandsmarketing.

Fischer, C. (1995): Öffentlichkeitsarbeit einer Nonprofit-Organisation: DLRG, Bochum.

Kotler, P./Andreasen, A. R. (1995): Strategic marketing for nonprofit organisations, 5th ed., New Jersey.

Krzeminski, M./Neck, C. (Hrsg.) (1994): Praxis des Social Marketing, Frankfurt/Main.

Lakes, B. (1999): Strategisches Verbandsmanagement, Wiesbaden.

Luthe, D. (1994): Öffentlichkeitsarbeit für Nonprofit-Organisationen, Augsburg.

Mono, M. (1996): Verbandsmarketing, Wiesbaden.

Ottnad, A./Wahl, S./Miegel, M (2000): Zwischen Markt und Mildtätigkeit. Die Bedeutung der Freien Wohlfahrtspflege für Gesellschaft, Wirtschaft und Beschäftigung, München.

o. V. (1996): Bedeutung ehrenamtlicher Tätigkeit für unsere Gesellschaft, Bundestagsdrucksache 13/5674 v. 01.10.1996.

Priller/Zimmer, A. (2000): Der Dritte Sektor in Deutschland, Berlin.

Velsen-Zerweck, B. von (2000): Vorschlags- und Beschwerdemanagement in Sozialverbänden, in: Hauser, A./Obermair, W./Neubarth, R. (Hrsg.): Management-Praxis. Handbuch soziale Dienstleistungen, 2. Aufl., Neuwied.

Velsen-Zerweck, B. von (1999): Verbände, Kammern und Gewerkschaften in Deutschland. Versuch einer empirischen Bestandsaufnahme, unveröfftl. Manuskript, Stendal. Zu beziehen über die Hochschule Magdeburg-Stendal, E-mail: burkhard.vonvelsen@stendal.hs-magdeburg.de.

Velsen-Zerweck, B. von/Gora, W. (1999): Erfolgsfaktoren von Verbandszeitschriften. Auswertung der empirischen Studie von über 600 Verbandszeitschriften, Köln.

Velsen-Zerweck, B. von (1998): Dynamisches Verbandsmanagement, Wiesbaden.

Velsen-Zerweck, B. von (1997): Analysemöglichkeiten interner und externer Verbandskommunikation, in: Braun, P. (Hrsg.): Der Verbandsberater, Loseblatt-Sammlung, Stadtbergen.

Velsen-Zerweck, B. von (1996): Grundlagen schriftlicher Verbands-PR, in: Braun, P. (Hrsg.): Der Verbandsberater, Loseblatt-Sammlung, Stadtbergen.

Velsen-Zerweck, B. von (1995): Die Kommunikation von Nonprofit-Organisationen, in: Brockes, H.-W. (Hrsg.): Leitfaden Sponsoring und Event-Marketing, Loseblatt-Sammlung, Düsseldorf.

Witt, D./Seufert, G./Emberger, H. (1996): Typologisierung und Eigenarten von Verbänden, in: Zeitschrift für öffentliche und gemeinwirtschaftliche Unternehmen (ZögU), Bd. 19, Heft 4.

Witt, D./Lakes, B./Emberger, H./Velsen-Zerweck, B. von/Seufert, G. (1998): Stand des Managements in Verbänden: Ergebnisse der Verbändeerhebung 1996/97 (Gesamtauswertung). Unveröfftl. Manuskript, München. Zu beziehen über die Hochschule Magdeburg-Stendal, E-Mail: burkhard.von-velsen@stendal.hs-magdeburg.de

Teil IV

Handels-Marketing

Lothar Müller-Hagedorn

Großhandelsmarketing

1. Einleitung
2. Großhandel – Begriffliche Klärungen
    2.1 Zentrale Merkmale von Großhandelsunternehmen
    2.2 Betriebsformen im Großhandel
3. Zur Stellung des Großhandels in der Volkswirtschaft
4. Marketing in großhandelsspezifischer Sichtweise
5. Strategische Positionierung: Die Notwendigkeit eines USP
    5.1 Marketing als Kundenorientierung
    5.2 Marketing entsprechend dem Effizienzkriterium
6. Laufende Marketingentscheidungen
    6.1 Die Planung der absatz- und beschaffungspolitischen Instrumente
        6.1.1 Die absatzpolitischen Instrumente des Großhandelsunternehmens
        6.1.2 Die beschaffungspolitischen Instrumente
    6.2 Segmentierung der Kunden und Differenzierung der Absatzpolitik
    6.3 Formen der Kooperation im Marketing
        6.3.1 Horizontale Kooperationen
        6.3.2 Vertikale Kooperationen
7. Fazit
8. Literatur

1. Einleitung[1]

Großhandel betreiben Unternehmungen dann, wenn sie Güter, die sie nicht selbst be- oder verarbeiten und die sie vom Hersteller oder von anderen Lieferanten beschafft haben, an Wiederverkäufer, Weiterverarbeiter, gewerbliche Verwender (z. B. Behörden, Bildungsstätten) oder an sonstige Institutionen (z. B. Kantinen, Vereine, ausgenommen die privaten Haushalte) veräußern.[2] Man spricht auch von Großhandel im funktionellen Sinn. Großhandel können neben den eigentlichen Großhandelsunternehmungen auch Unternehmungen aus allen anderen Wirtschaftsbereichen betreiben, so dass Großhandel im funktionellen Sinn vorliegt

- bei der Tätigkeit von Großhandelsunternehmungen, aber insbesondere auch,
- wenn Unternehmungen aus dem verarbeitenden Gewerbe (Industrie, Handwerk) im Vertrieb ihr Produktionsprogramm um Handelsware ergänzen und
- wenn Einzelhandelsunternehmungen nicht nur an private Haushalte, sondern auch an gewerbliche Kunden und Behörden liefern.

Im folgenden wird aber nicht von einer funktionell geprägten Sicht von Großhandel, sondern von einer institutionell geprägten Abgrenzung ausgegangen. Zum Großhandel im institutionellen Sinn werden jene Institutionen gezählt, deren wirtschaftliche Tätigkeit ausschließlich oder überwiegend dem Großhandel im funktionellen Sinn zuzurechnen ist. Für diese Unternehmungen wird nachfolgend dargestellt, wie sie ihre Marketingpolitik gestalten sollen. In einem ersten Abschnitt wird genauer als in diesen Vorbemerkungen umschrieben, welches die zentralen Kennzeichen von Großhandelsunternehmungen sind. Dann wird kurz auf die Vielfalt der Erscheinungsformen des Großhandels und auf seine Stellung in der Volkswirtschaft hingewiesen. Im Hauptteil (Abschnitte 4 bis 6) wird auf zentrale Ansatzpunkte zur Ausgestaltung der Marketingpolitik eingegangen.

2. Großhandel – Begriffliche Klärungen

Schon in den einleitenden Anmerkungen war zum Ausdruck gebracht worden, dass es sich bei den Großhandelsunternehmungen im institutionellen Sinn um jene Unterneh-

---

[1] Der Verfasser dankt Herrn Dipl.-Kfm. Sven Spork für die Unterstützung bei der Anfertigung des Manuskriptes.
[2] Diese Sichtweise folgt der Definition in: Ausschuss für Begriffsdefinitionen aus der Handels- und Absatzwirtschaft (Hrsg.): Katalog E. Begriffsdefinitionen aus der Handels- und Absatzwirtschaft, 4. Ausg. Köln 1995, S. 35.

mungen handelt, die überwiegend Großhandel im funktionellen Sinn betreiben. Dies soll in Abschnitt 2.1 noch näher ausgeführt werden, weil sich aus den definitorischen Merkmalen wichtige Ansatzpunkte für die Ausgestaltung der Marketingpolitik ableiten lassen. In Abschnitt 2.2 wird auf Betriebsformen des Großhandels hingewiesen.

2.1 Zentrale Merkmale von Großhandelsunternehmen

Die folgenden Punkte lassen zum einen charakteristische Eigenschaften eines Großhandelsunternehmens erkennen, zeigen zum anderen, welche Probleme sich einer eindeutigen Abgrenzung des Großhandels von anderen Wirtschaftsbereichen in den Weg stellen, und machen schließlich auf Ansatzpunkte für die Gestaltung der Marketingpolitik von Großhandelsunternehmen aufmerksam.

(1) Großhandelsunternehmungen decken institutionellen Bedarf.

Ein zentrales Kennzeichen von Großhandelsunternehmen ist darin zu sehen, dass es sich bei ihren Nachfragern um gewerbliche Organisationen (als Sammelbegriff für Unternehmen aus dem Einzelhandel, der Industrie, dem Handwerk und anderen Wirtschaftsbereichen, dem Staat sowie privaten Institutionen ohne Erwerbscharakter) handelt. Im Gegensatz zum Einzelhandel beliefert der Großhandel – idealtypisch gesehen – nicht den privaten Haushalt. Von dieser idealtypischen Sicht gibt es jedoch zwei Abweichungen, die dann vorliegen, wenn auch private Nachfrager beliefert werden (z. B. im Sanitätsgroßhandel) oder wenn gewerbliche Kunden auch ihren privaten Bedarf decken. Schließt der Großhandel private Nachfrager als Kunden aus, wird von funktionsechtem Großhandel gesprochen.

Unter Marketinggesichtspunkten sind diese Beobachtungen insofern relevant, als sie zu der Frage führen, inwieweit der Verzicht auf eine Bedienung privater Nachfrage angezeigt ist.

(2) Der Großhandel vertreibt Handelsware.

Auch dieses Definitionsmerkmal kennzeichnet eine idealtypische Position. Oft liegt im Vertrieb von Handelsware der Kern der wirtschaftlichen Tätigkeit, aber in vielen Fällen ist auch eine produzierende Tätigkeit zu beobachten, bei der es zu Stoffumwandlungen im physischen Sinn kommt (Veredelungsfunktion des Großhandels), beispielsweise im Stahlhandel, wo die Anarbeitung eine bedeutende Funktion darstellt. Grundsätzlich muss die Leistung eines Großhandelsbetriebes nicht auf den Verkauf von Waren beschränkt sein; neben dem Warengeschäft oder der Anarbeitung können auch selbständige Dienstleistungen zum Leistungsprogramm gehören. Hier ergeben sich Gemeinsamkeiten zwischen Handels- und Dienstleistungsunternehmen. In manchen Fällen entwickeln Großhandelsunternehmen das Selbstverständnis eines Systemkopfes und bieten Leistungen wie Unternehmensberatung, Dienstleistungen aus dem Bereich des Rechnungswesens oder der Werbegestaltung an. Obwohl Unternehmen so nebeneinander Warenhandelsgeschäfte betreiben, produzierende Tätigkeiten ausüben als auch als Dienstleistungsunternehmen tätig sein können, will die amtliche Statistik sie einem einzigen Wirtschaftsbereich zuweisen. So grenzt sie den Industriebetrieb bzw. den Handwerksbetrieb vom Großhandelsunternehmen ab, indem sie auf den wirtschaftlichen Schwerpunkt der Tätigkeit abstellt, wobei sich dieses Kriterium nicht am Umsatz, sondern an der Wertschöpfung orientiert.

Die angesprochenen Eigenschaften sind insofern von betriebspolitischer Relevanz, als im Rahmen einer strategischen Marketingplanung festzulegen ist, zu welchen Teilen die Leistung eines Großhandelsbetriebes aus dem Warengeschäft, der Produktion bzw. dem Angebot von Dienstleistungen bestehen soll.

(3) Der Großhandel handelt mit der Ware.

Dieses Begriffsmerkmal stellt darauf ab, dass ein Großhandelsunternehmen die von ihm abgesetzte Ware verkaufen kann, nachdem es diese Ware zuvor selbst gekauft hat und mithin das Warenrisiko trägt. Es ist aber auch denkbar, dass die Ware nur vermittelt wird, worin die Kernleistung eines Handelsvermittlers zu sehen ist. Bezeichnenderweise fasst die amtliche Statistik die Handelsvermittlung und den Großhandel auch in einer Abteilung zusammen. Es versteht sich von selbst, dass es sich bei dem Kriterium "Erwerb von Ware" bzw. "Vermittlung von Ware" um zentrale Faktoren für das Marketingselbstverständnis eines Großhandelsunternehmens handelt.

(4) Beim Großhandel handelt es sich um rechtlich selbständige Untenehmen.

Mit der rechtlichen Selbständigkeit ist verbunden, dass ein Erfolg ermittelt wird. Davon ist unbenommen, dass das Unternehmen in seiner wirtschaftlichen Autonomie begrenzt wird. So gibt es beispielsweise im Stahlhandel Großhandelsunternehmungen, die auch auf Grund der Kapitalverhältnisse einem Produktionsbetrieb nahe stehen, im Einzelhandel haben sich horizontale Kooperationen gebildet, die zu Aktivitäten auch auf der Großhandelsebene geführt haben.

Betriebspolitisch ist zu klären, ob ein Großhandelsunternehmen die vollkommene Unabhängigkeit von der Lieferanten- und Abnehmerseite anstreben sollte oder ob gerade in einer kapitalmäßigen oder vertraglichen Verbindung ein Vorteil liegen könnte.

2.2 Betriebsformen im Großhandel

Die Vielfalt des Großhandels resultiert vor allem aus zwei Dingen:[3]
- Zum einen sind es die verschiedenen Arten der Abnehmer, zu denen Wiederverkäufer, Weiterverarbeiter, Großverbraucher, gewerbliche Verwender und Behörden sowie sonstige Institutionen (z. B. Vereine) gehören,

---

[3] Siehe hierzu auch Müller-Hagedorn, L.: Der Handel, Stuttgart, Berlin, Köln 1998, S. 32-34.

- und zum anderen ist es die Art und Weise, wie der Großhändler die „Lücke" zwischen seinen Lieferanten und Abnehmern „überwindet", d.h. es sind die Aufgaben, die der Großhändler übernimmt, und die Methoden, mit denen er diese Aufgaben erfüllt.[4]

Aus der Kombination beider Merkmale erwachsen überaus vielfältige Erscheinungsformen des institutionellen Großhandels, deren Heterogenität es erschwert, großhandelsspezifische Probleme in genereller Weise zu identifizieren.[5] Die Vielgestaltigkeit hat zu zahlreichen Typologien geführt, in denen ähnliche Betriebe zu Betriebsformen bzw. -typen zusammengefasst werden. Der Begriff Betriebstyp soll im vorliegenden Beitrag wie folgt verwendet werden: Beim Betriebstyp handelt es sich um eine in der Regel mehrdimensionale Kennzeichnung der Unternehmenspolitik, wobei vor allem auf Merkmale abgestellt wird, die für den Kunden sichtbar werden (z. B. die Breite des Sortiments, Belieferungspolitik, Preispolitik, Marktgebiet etc.). Der Ausschuss für Begriffsdefinitionen unterscheidet die folgenden Varianten:[6]

- Globalhandel
- Sortimentsgroßhandel
- Cash-und-Carry
- Großhandelszentrum
- Streckengroßhandel
- Werkhandelsunternehmung

- Transithandel
- Spezialgroßhandel
- Rack Jobber
- Trade Mart
- Aufkaufhandlung

Häufig wird auf die Unterscheidung Produktionsverbindungshandel und Konsumtionsverbindungshandel Bezug genommen. Engelhardt und Kleinaltenkamp definieren den Produktionsverbindungshandel wie folgt: „,...alle Unternehmen, die schwerpunktmäßig Güter beschaffen, um sie unverändert bzw. nach sog. ‚handelsüblichen Manipulationen' an Organisationen weiterzuveräußern, die damit ihrerseits Güter für die Fremdbedarfsdeckung erstellen oder die sie selbst wiederum unverändert bzw. nach ‚handelsüblichen Manipulationen' an solche Organisationen verkaufen. Dies gilt unabhängig davon, ob die genannten Aufgaben im Rahmen eines direkten oder indirekten Distributionssystems wahrgenommen werden."[7] Mit dieser Definition wird vor allem die Art der Nachfrager zum wesentlichen Kennzeichen erhoben (Organisationen, die ihrerseits Fremdbedarf decken). Bei Unternehmen des Konsumgüterhandels entfällt das Merkmal des „Erstellens

---

4   Vgl. Barth, K.: Betriebswirtschaftslehre des Handels, 4. Auflage, Wiesbaden 1999, S. 95-100.
5   Vgl. Rimpler, G.: Absatzkanal-Management. Die Gestaltung effizienter Vertriebssysteme unter besonderer Berücksichtigung neuer Informationstechnologien, Linz 1995, S. 67.
6   Vgl. Ausschuss für Begriffsdefinitionen aus der Handels- und Absatzwirtschaft (Hrsg.): Katalog E. Begriffsdefinitonen aus der Handels- und Absatzwirtschaft, 4. Ausg. Köln 1995
7   Engelhardt, W./Kleinaltenkamp, M.: Marketing-Strategien des Produktionsverbindungshandels, Arbeitspapier zum Marketing Nr. 23, Bochum 1988, S. 5.

von Gütern", hier wird mit von Produzenten erstellten Gütern gehandelt, die dem Konsum privater Haushalte dienen.

3. Zur Stellung des Großhandels in der Volkswirtschaft

„Unbekannte Großbranche" oder „stiller Riese", so wurde der Großhandel unlängst in der Wirtschaftspresse tituliert. Tatsächlich muss man feststellen, dass der Großhandel sowohl in der Berichterstattung aus der betrieblichen Praxis als auch in der wissenschaftlichen Literatur nicht in dem Ausmaß gewürdigt wird wie etwa die Industrie oder der Einzelhandel. Dies gilt nicht nur für die theoretische Auseinandersetzung mit betriebspolitischen Problemen, auch das empirische Erscheinungsbild des Großhandels wird weitaus weniger beleuchtet als das anderer Wirtschaftsbereiche. Empirische Befunde können hier nur in Ansätzen widergegeben werden, auf zwei Erscheinungsmerkmale des Großhandels soll jedoch ausdrücklich hingewiesen werden:

- Bedeutung und Entwicklung hängen vom Wirtschaftszweig ab,
- auch im europäischen Vergleich sind deutliche Strukturunterschiede innerhalb des Großhandels feststellbar.

Zunächst ist allerdings anzumerken, dass es äußerst schwierig ist, ein verlässliches empirisches Bild vom institutionellen Großhandel in Deutschland zu zeichnen, wie das folgende Beispiel verdeutlicht. Die letzte Handels- und Gaststättenzählung ergab für den 30.4.1993 eine Anzahl von 118.150 Großhandelsunternehmen, die in 143.388 Arbeitsstätten insgesamt knapp 1,5 Mio. Menschen beschäftigten.[8] Das aktuell vorliegende statistische Jahrbuch weist für 1997 nur 74.970 Großhandelsunternehmen mit 1,25 Mio. Beschäftigten aus.[9] Hingegen finden sich in der aktuellen Umsatzsteuerstatistik für das Jahr 1998 wiederum 123.462 Steuerpflichtige im Großhandel[10] (alle Angaben gemäß WZ 93 ohne Großhandel mit Kraftfahrzeugen). Statistische Abgrenzungen, wie z. B. „Steuerpflichtige" vs. „Unternehmen", und unterschiedliche Erhebungsweisen führen zu unterschiedlichen Ergebnissen.[11] Aussagen über die Zahl der Entscheidungszentren im Großhandel sowie über die Funktionsechtheit der in den Statistiken aufgeführten Einheiten

---

[8] Vgl. Statistisches Bundesamt: Handels- und Gaststättenzählung 1993 (Fachserie 6), Großhandel und Handelsvermittlung, Wiesbaden 1995, S. 34.

[9] Vgl. Statistisches Bundesamt: Statistisches Jahrbuch für die Bundesrepublik Deutschland, Wiesbaden 1999, S. 250-251.

[10] Vgl. Statistisches Bundesamt: Fachserie 14, Reihe 8, Umsatzsteuer 1998, Wiesbaden 2000, S. 59.

[11] Vgl. hierzu auch Müller-Hagedorn, L./Schuckel, M.: Der Handel in der amtlichen Statistik., in: von der Lippe, P./Rehm, N./Strecker, H./Wiegert, R.: Wirtschafts- und Sozialstatistik heute, Sternfels 1997, S. 110-140.

sind kaum zu machen. Dessen unbenommen wird deutlich, welche wirtschaftliche Bedeutung der Großhandel hat, immerhin wird allein vom Binnen-Großhandel der Umsatz des Einzelhandels in Deutschland um annähernd 50 % übertroffen.[12] Abbildung 1 weist aus, wie sich die Steuerpflichtigen auf die verschiedenen Großhandelsbereiche verteilen und wie sich deren Umsatzgewichte entwickelt haben.

Nr. der Klassifikation (gem. WZ 93)	Großhandelsbereich (GH = Großhandel)	Steuerpflichtige[13]			Anteil am Großhandelsumsatz insgesamt[14]		
		1998	1996	1994	1999,	1998	1994
51.2	GH mit landwirtschaftlichen Grundstoffen und lebenden Tieren	10.282	10.623	11.005	5,1	5,4	5,7
51.3	GH mit Nahrungsmitteln, Getränken, Tabakwaren	19.176	19.821	21.001	20,6	21,2	22,2
51.4	GH mit Gebrauchs- und Verbrauchsgütern	32.936	34.691	37.956	20,8	20,3	20,9
51.5	GH mit Rohstoffen, Halbwaren, Altmaterial und Reststoffen	31.304	32.685	35.178	34,5	34,3	34,2
51.6	GH mit Maschinen, Ausrüstung und Zubehör	21.935	22.587	24.135	11,6	11,3	10,8
51.7	Sonstiger GH	7.829	8.155	8.634	7,4	7,5	6,1
	GH insgesamt	123.462	128.562	137.909	100,0	100,0	100,0

Abbildung 1: Steuerpflichtige und Umsatzanteile in verschiedenen Großhandelsbereichen

Verschiedentlich ist versucht worden, den Einschaltungsgrad des Großhandels in die gesamtwirtschaftliche Distribution zu berechnen, um so genauere Aussagen über seine Bedeutung machen zu können.[15] Hier kommt jedoch zu der ohnehin schon schwer zu bewertenden Datengrundlage noch die Frage hinzu, wie sich die Einschaltung „richtig"

---

[12] Vgl. Statistisches Bundesamt: Statistisches Jahrbuch für die Bundesrepublik Deutschland, Wiesbaden 1999, S. 250 und S. 253.

[13] Quelle: Statistisches Bundesamt: Fachserie 14, Reihe 8, Umsatzsteuer von 1998, 1996 und 1994, Wiesbaden 2000, 1998 und 1997.

[14] Quelle. Lambertz, J. E.: Entwicklung im Großhandel im Jahr 1999, in: Wirtschaft und Statistik, o. Jg. (2000), Nr. 4, S. 238.

[15] Insbesondere das ifo-Institut hat sich in diesem Bereich hervorgetan, siehe etwa Batzer, E./Lachner, J./Meyerhöfer, W./Täger, U. C.: Die Warendistribution in der Bundesrepublik Deutschland: Struktur und Entwicklungsbild, München 1984, S. 45-52; Batzer, E./Lachner, J./Meyerhöfer, W./ Seyler, H.: Der Handel in der Bundesrepublik Deutschland: Strukturelle Entwicklungstrends und Anpassungen an veränderte Markt- und Umweltbedingungen, München 1991, S. 147-153. Siehe hierzu auch Schmidt, A./Freund, W.: Strukturwandel im mittelständischen Großhandel der Bundesrepublik Deutschland, Stuttgart 1995, S. 61-77.

berechnen lässt, so dass empirische Aussagen diesbezüglich besonders problembehaftet sind.

Nicht nur innerhalb Deutschlands zeigt sich eine unterschiedliche Bedeutung des Großhandels in den jeweiligen Branchen.[16] Im europäischen Vergleich wird deutlich, wie verschieden das Gewicht einzelner Großhandelsbereiche in den Ländern des europäischen Wirtschaftsraumes ist. Fasst man – sehr stark vereinfachend – die in Abbildung 1 ersichtlichen Klassifikationen 51.3, 51.4 und 51.7 zum konsumnahen Großhandel und 51.2, 51.5 und 51.6 zum produktionsnahen Großhandel zusammen, so ergibt sich das in Abbildung 2 dargestellte Bild für die Aufteilung der Großhandelsunternehmen auf die beiden Bereiche.

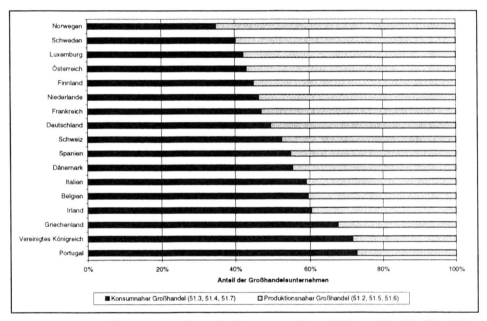

Abbildung 2: Anteile der Unternehmen im konsum- und produktionsnahen Großhandel
Quelle: European Commission, 1998, S. 18 und eigene Berechnungen

---

[16] Vgl. European Commission – Statistical Office for the European Communities: Wholesale Trade in the European Economic Area 1997, Luxemburg 1998, insbes. S. 3-28; Linkert, K.: Der Großhandel im Europäischen Wirtschaftsraum, in: Mitteilungen des Instituts für Handelsforschung an der Universität zu Köln, 50. Jg. (1998), Nr. 8, S. 165-172.

4. Marketing in großhandelsspezifischer Sichtweise

Es kann an dieser Stelle nicht die Aufgabe sein, eine grundsätzliche Diskussion zu verschiedenen Sichtweisen von Marketing bzw. Marketingkonzeptionen zu führen.[17] Auch für Großhandelsunternehmen ist es möglich, den Marketingbegriff in enger oder in weiterer Sichtweise anzuwenden:

a) In einer engen Sichtweise bezieht sich Marketing auf Tätigkeiten, die den Vertrieb bzw. Absatz unterstützen, wobei insbesondere an Marktforschung, Werbung und Verkaufsförderung zu denken ist.

b) In der funktionsorientierten Tradition wird unter Marketing die Gestaltung aller Beziehungen einer Unternehmung zu ihren aktuellen und potentiellen Nachfragern verstanden. Es geht um die Planung aller absatzpolitischen Instrumente, die einem Großhandelsunternehmen zu Verfügung stehen, um das Verhalten der Nachfrager zu beeinflussen.

c) Marketing als Kundenorientierung bedeutet, dass sich die Gestaltung der absatzpolitischen Instrumente auf Kundenanalysen stützen muss. Marketing betont hier die sog. Outside–In-Perspektive.

d) Bei einer wettbewerbsorientierten Sicht wird außerdem die Bezugnahme auf die Politik der Wettbewerber als elementarer Bestandteil einer Marketingpolitik gesehen.

Allen Varianten ist eigen, dass man die Probleme beleuchtet, die an der Schnittstelle des Unternehmens zu seinen Abnehmern auftreten. Die Bedeutung des Marketing ergibt sich aus der Erkenntnis, dass der Vertrieb der Leistungen den entscheidenden Engpass bei der Gestaltung der Geschäftspolitik darstellt, den sog. Flaschenhals, weswegen ihm ein besonderer Stellenwert in der betrieblichen Planung zukommt. Im Großhandel gilt jedoch wie in kaum einem anderen Wirtschaftszweig, dass das Eingehen auf die Bedürfnisse der Abnehmer zwar eine notwendige Voraussetzung für den Unternehmenserfolg darstellt, jedoch noch nicht hinreichend ist; es muss zusätzlich gewährleistet sein, dass die Absatzleistung effizienter erbracht wird als von den eigenen Lieferanten. Hierin ist eine Besonderheit des Großhandelsunternehmens zu sehen: Eine Bank, eine Versicherungsunternehmung, ein Automobilhersteller sind bei Wettbewerb immer der Gefahr ausgesetzt, dass sie von einem konkurrierenden Anbieter übertroffen werden, sie haben dagegen kaum damit zu rechnen, dass ihr Absatzerfolg durch ihre Lieferanten gefährdet wird. Bei einem Großhandelsunternehmen kann das dagegen der Fall sein. Insofern ist es naheliegend, Marketing im Großhandelsunternehmen als

---

[17] Vgl. hierzu ausführlicher Müller-Hagedorn, L.: Einführung in das Marketing, 2. Auflage, Darmstadt 1996, S. 5-25.

e) Analyse, Planung, Realisation und Kontrolle jener Maßnahmen zu definieren, mit denen die Unternehmung die Geschäftsbeziehung zu ihren aktuellen und potentiellen Nachfragern gestaltet, wobei die Bedürfnisbefriedigung effizienter zu erfolgen hat, als dies von anderen Anbietern, einschließlich der Lieferanten bzw. Hersteller, gewährleistet werden kann.

Die Einschaltung eines Großhändlers in die Distributionskette bedeutet letztlich nichts anderes, als dass von den vor- und nachgeschalteten Wirtschaftsstufen Outsourcing betrieben wird.[18] Funktionen, die grundsätzlich auch von den Lieferanten und Abnehmern des Großhändlers übernommen werden könnten, werden an diesen abgetreten, wenn daraus ein Effizienzvorteil erwächst. Mithin übernimmt die Großhandlung Teile des Absatzmarketings des Lieferanten *und* des Beschaffungsmarketings des Abnehmers, was es sinnvoll erscheinen lässt, beide Marktseiten in das Großhandelsmarketing einzubeziehen.[19] Dieser Gedanke wird auch angesprochen, wenn von der Brückenfunktion des Großhandels die Rede ist.[20]

Trotz der wirtschaftlichen Bedeutung des Großhandels ist die theoretische Auseinandersetzung mit Marketingaspekten dieses Wirtschaftsbereiches nicht sehr umfangreich. In Anbetracht der schon erwähnten Vielfalt der Erscheinungsformen im Großhandel verwundert es zudem nicht, wenn Abhandlungen zu großhandelsbezogenen betriebswirtschaftlichen Fragestellungen häufig auf spezielle Branchen[21] und/oder Betriebsformen[22] Bezug nehmen. Unter den wenigen Monografien, die sich der Marketingthematik im Großhandel insgesamt angenommen haben, sind insbesondere die Schriften von Batzer/Greipl[23], Tietz[24] und Kysela[25] zu nennen. Ein Beitrag zur strategischen Planung im Großhandel wurde von Russi[26] vorgelegt.

---

[18] Vgl. Müller-Hagedorn, L./Spork, S.: Handel ohne Großhandel? in: Foscht, T./Jungwirth, G./Schnedlitz, P. (Hrsg.): Zukunftsperspektiven für das Handelsmanagement: Konzepte – Instrumente – Trends, Frankfurt am Main 2000, S. 66.

[19] Schenk spricht von der „Bipolarität" des Handelsmarketings, vgl. Schenk, H.-O.: Handelsmarketing, in: Falk, B./Wolf, J. (Hrsg.) Das große Lexikon für Handel und Absatz, 2. Auflage 1982, S. 327. Siehe zum „integrierten Konzeptes des Absatz- und Beschaffungsmarketings" im Handel auch Hansen, U.: Absatz- und Beschaffungsmarketing des Einzelhandels: eine Aktionsanalyse, 2. Auflage, Göttingen 1990, S. 2.

[20] Vgl. Rudolph, T./Maag, M.: Der Großhandel im Transformationsprozess, in: io management, 68. Jg. (1999), Nr. 12, S. 24; Hill, R. M.: Wholesaling Management. Text and Cases, Homewood 1963, S. 4.

[21] Beispiele sind der *Baustoffhandel* und der *Pharmagroßhandel* bei Dohet-Gremminger, A.: Marktstrategien im Großhandel. Bausteine des Unternehmenserfolgs, Wiesbaden 1997, der *Elektrogroßhandel* bei Gaiser, B.: Determinanten des Geschäftserfolges im Großhandel, Stuttgart 1989, oder der *Süßwaren-Großhandel*, vgl. Koster, K.: Die Zukunftsperspektiven des deutschen Fachgroßhandels, Hamburg 1996. Siehe hierzu auch den Branchenteil bei Batzer, E./Lachner, J./Seyler, H.: Chancen und Entwicklungsmöglichkeiten des deutschen Großhandels im europäischen Binnenmarkt, München 1990, S. 88-240.

[22] Hier kann als Beispiel der *Selbstbedienungsgroßhandel* genannt werden, vgl. etwa Tietz, B./Rothhaar, P.: Kundendynamik und Kundenpolitik im Selbstbedienungsgroßhandel, Stuttgart 1988.

[23] Vgl. Batzer, E./Greipl, E.: Marketingperspektiven des Großhandels, Berlin-München 1975.

[24] Vgl. Tietz, B.: Großhandelsperspektiven für die Bundesrepublik Deutschland bis zum Jahre 2010, Frankfurt am Main 1993, insbesondere S. 279-350.

5. Strategische Positionierung: Die Notwendigkeit eines USP

Im folgenden sollen zunächst Hinweise zur Entwicklung eines Marketingkonzeptes nach Definition c), die die Kundenorientierung (im Sinne von Abnehmerorientierung) betont, abgeleitet werden, anschließend soll der Definition e), welche die Stärkung der Brückenfunktion ins Auge fasst, gefolgt werden.

5.1 Marketing als Kundenorientierung

Während nach traditioneller Sicht mit Hilfe von Handelsfunktionen beschrieben wurde, welche Tätigkeit Handelsunternehmungen ausfüllen, betont die Marketingorientierung, dass zunächst Bedürfnisse von aktuellen und potentiellen Kunden erkannt werden müssen und dass anschließend festzulegen ist, wie diesen Bedürfnissen zu entsprechen ist. Abbildung 3 veranschaulicht diesen Gedanken, indem in Spalte 1 mögliche Bedürfnisdimensionen aufgelistet sind und indem in den Spalten 2 und 3 die Konsequenzen für zu übernehmende Handelsfunktionen bzw. für die Ausgestaltung einzelner Prozesse angesprochen werden.

Da kein genereller Katalog von Bedürfnissen vorliegt, müssen die Bedürfniskategorien branchen-, wenn nicht sogar situationsspezifisch angepasst werden.[27] Bedürfnisse können aus der Faktorstruktur der Kunden oder aus deren Funktionsbereichen abgeleitet werden, also aus den Beschaffungs-, Produktions-, Absatz- und Finanzierungsprozessen. Abbildung 3 lässt deutlich werden, wie die Bedürfnisse der Kunden zum Ausgangspunkt eines eigenen Positionierungskonzeptes werden. Hierfür wird es allerdings auch notwendig sein, den Stellenwert einzelner Bedürfnisse beim Kunden zu erkennen, denn einzelne Bedürfnisse können für ihn von zentraler Bedeutung sein, während anderen nur eine beiläufige Bedeutung zugesprochen wird. Abbildung 4 veranschaulicht am Beispiel von Apotheken, welchen Stellenwert einzelne Erwartungen an einen Pharma-Großhändler haben können.

---

[25] Vgl. Kysela, K. D.: Großhandelsmarketing, Bergisch Gladbach-Köln 1994.

[26] Vgl. Russi, D. P.: Elemente einer strategischen Planung im Großhandel. Eine kritische Untersuchung strategischer Planungsansätze, Bergisch Gladbach, Köln 1993.

[27] Eine umfangreiche Untersuchung von Anforderungen an den Großhandel und deren Wichtigkeiten haben Tietz/Greipl unternommen, vgl. Tietz, B./Greipl, E.: Das Leistungsprofil des Großhandels in Bayern – Eine Struktur- und Funktionsanalyse unter besonderer Berücksichtigung der Dienstleistungsbereiche, Frankfurt am Main 1994, insbes. S. 45-199.

Bedürfnisse	Handelsfunktionen	Prozesse
Interesse an Informationen über neue Produkte	Markterschließungsfunktion	Vertrieb/Beratung
Interesse an Management Know-how	Sicherungsfunktion	Beratung
Interesse an vereinfachter Belieferung – Sortimente	Überbrückungsfunktion	Auslieferungslogistik, Kommissionierung
Interesse an exklusiver Ware	Sortimentsfunktion	Handelsmarken, Exklusivitätsrechte
Interesse an schneller Belieferung	Überbrückungsfunktion	Auslieferungslogistik, Lagerhaltung
Interesse an Abverkaufshilfen	Markterschließungsfunktion	Vertrieb
Reduktion des Warenrisikos	Sicherungsfunktion	
Anpassung der Ware	Sachgüteraufbereitungsfunktion	Produktion
Kapitalbereitstellung		Finanzierung

Abbildung 3: Mögliche Bedürfnisse von Kunden und ihre Konsequenzen für Handelsfunktionen und Prozesse

Bedürfnisse	Wichtigkeit einzelner Bedürfnisse für den Kunden						
	nicht wichtig						sehr wichtig
Interesse an Informationen über neue Produkte		x					
Interesse an Management Know-how				x			
Interesse an vereinfachter Belieferung - Sortimente						x	
Interesse an exklusiver Ware		x					
Interesse an schneller Belieferung							x
Interesse an Abverkaufshilfen		x					
Reduktion des Warenrisikos			x				
Anpassung der Ware	x						
Kapitalbereitstellung			x				

Abbildung 4: Stellenwert einzelner Erwartungen an einen Großhändler (Beispiel)

Die Analyse wird erschwert, wenn die Erwartungen der Kunden streuen. Auf jeden Fall geben Angaben entsprechend Abbildung 4 Hinweise, in welchen Dimensionen sich Ansatzpunkte für eigene Stärken formulieren lassen, wobei zu berücksichtigen ist, ob hierfür die notwendigen Ressourcen bereit gestellt werden können und ob gegenüber konkurrierenden Wettbewerbern ein Wettbewerbsvorteil aufgebaut werden kann.

Die Profilierung eines Großhandelsunternehmens auf der Grundlage der Informationen entsprechend Abbildung 4 wird in bestimmten Betriebsformen sichtbar[28], wobei die folgenden Typen von besonderer Bedeutung zu sein scheinen, der Sortimenter, der logistische Dienstleister, der Systemführer und der Anarbeiter (vgl. Abbildung 5):[29]

- Bei dem Sortimenter steht die Sortimentsbildung im Vordergrund. Dem Kunden werden Waren- und Dienstleistungsbündel angeboten, die eine gemeinsame Beschaffung bei einem Großhändler nahe legen.

  - So kann beobachtet werden, dass einzelne Herstellbetriebe Großhandelsunternehmen die Anlieferung sämtlicher C-Teile übertragen haben, weil diese Waren einen relativ kleinen Wert repräsentieren, ihre eigenständige Beschaffung jedoch mit großen Kosten verbunden wäre.

  - Dem Presse-Grosso obliegt es, alle Presseerzeugnisse in die Verkaufsstellen zu liefern.

  So kann auch eine besonders ausgeprägte Kenntnis der Beschaffungsmärkte einen Wettbewerbsvorteil des Großhandels darstellen, der einen Kunden veranlasst, sich vom Großhandel beliefern zu lassen. Die Exklusivität einer Marke, sei es nun, dass ein exklusives Vertriebsrecht für eine Herstellermarke eingeräumt wird oder sei es eine Handelsmarke des Großhändlers, unterstützt ein solches Konzept.

- Eine Großhandelsunternehmung kann sich auch als logistischer Dienstleister profilieren. Hier stehen die schnelle Verfügbarkeit von Waren und die günstige Zustellung im Vordergrund. Solche Großhändler sind gehalten, über besonders niedrige Lager- und/oder Transportkosten zu verfügen, um so in der Lage zu sein, den Abnehmern logistische Leistungen besonders günstig anzubieten. Beim Presse-Grosso und beim Pharma-Großhändler steht die logistische Leistung im Vordergrund, aber auch im Lebensmitteleinzelhandel ist kaum denkbar, dass die Waren nicht gebündelt angeliefert würden. Die effiziente Gestaltung der Logistikfunktion, sei es nun die Lagerhaltung oder sei es die Auslieferung, hat größere Einheiten erzwungen.

- Der Systemführer ist durch die aktive Vermarktung von Produkten gekennzeichnet. Für seine Kunden übernimmt er eine Vielzahl von Vermarktungsleistungen, die von der Sortimentsgestaltung über die Nachbelieferung bis zur begleitenden Werbung und Verkaufsförderung reichen, unterstützt durch beratende Dienstleistungen.

---

[28] Vgl. zu solchen Positionierungskonzepten im Großhandel auch Mathieu, G.: Wo bin ich? in: Absatzwirtschaft, 32. Jg. (1989), Nr. 3, S. 66-67.

[29] Vgl. Müller-Hagedorn, L.: Ansatzpunkte zur Steigerung der Wettbewerbsfähigkeit des Großhandels, in: Mitteilungen des Instituts für Handelsforschung an der Universität zu Köln, 51. Jg. (1999), Nr. 2, S. 21-35.

- Der Anarbeiter übernimmt verschiedene Funktionen, die ursprünglich von den Nachfragern erbracht wurden. Dies können Manipulationen an der Ware sein (Zuschneiden von Teilen im Stahlhandel), es können aber auch Dienstleistungen sein, wie z. B. die Übernahme der Warenwirtschaft. Grundsätzlich finden solche Maßnahmen dort ihre Berechtigung, wo einzelne Aktivitäten von den Kunden des Großhändlers mit Gewinn ausgegliedert werden. Voraussetzung hierfür ist, dass ein Großhändler die Wertschöpfungskette seiner Kunden daraufhin prüft, ob er eine bestimmte Aktivität günstiger durchführen kann als das dem Kunden selbst oder einem Dritten möglich ist. Economies of scale werden hierbei eine bedeutende Rolle spielen.

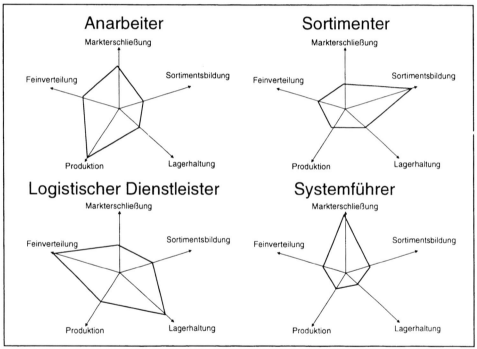

Abbildung 5: Mögliche Profile von Großhandelsunternehmen
Quelle: Müller-Hagedorn, L., 1999, S. 34.

5.2 Marketing entsprechend dem Effizienzkriterium

Wichtige Überlegungen zum Marketing haben sich nicht nur darauf zu beziehen, inwieweit den Erwartungen der Kunden im Vergleich zu anderen Großhandelsunternehmungen in wettbewerbsgerechter Form entsprochen wird, sondern ob eine Position erreicht ist, nach der Lieferanten und Kunden des Großhandels nicht an einer Ausschaltung des Großhandels interessiert sind. Jedes Großhandelsunternehmens hat den Nachweis zu erbringen, dass es die Vertriebsleistung effizienter durchführen kann als seine Lieferanten.[30] Gleichzeitig ist dem Wunsch der Abnehmer entgegenzuwirken, die Ware direkt vom Lieferanten des Großhändlers beziehen zu wollen. Durch die Möglichkeiten, die das Internet bietet, sind Überlegungen zu diesem Sachverhalt noch bedeutender geworden.[31] Es geht um die Frage, unter welchen Bedingungen der Großhandel ein- bzw. ausgeschaltet wird (Exklusionsthese, These von der Disintermediation). Notwendige Voraussetzung für die Einschaltung des Handels ist bei einem als vorgegeben angenommenen Transaktionsvolumen, dass die Kosten bei Einschaltung des Großhandels niedriger sind als bei Ausschaltung. Geht man davon aus, dass bei Hersteller und Abnehmer nur variable Kosten anfallen, die proportional zur Anzahl der Transaktionen sind, während bei Einschaltung eines Großhändlers auch fixe Kosten anfallen, dann lautet die notwendige Bedingung für die Einschaltung des Großhandels:

$$k_{fG} \cdot g + k_{HG} \cdot t_{HG} \cdot m \cdot g + k_{GA} \cdot t_{GA} \cdot n \cdot g \leq k_{HA} \cdot t_{HA} \cdot m \cdot n \qquad (1)$$

mit:

k_{fG} = fixe Kosten eines Großhändlers,

k_{HG} = Kosten je Transaktion zwischen Hersteller und Großhändler,

t_{HG} = durchschnittliche Transaktionsanzahl zwischen einem Hersteller und einem Großhändler,

k_{GA} = Kosten je Transaktion zwischen Großhändler und Abnehmer,

t_{GA} = durchschnittliche Transaktionsanzahl zwischen einem Großhändler und einem Abnehmer,

k_{HA} = Kosten je Transaktion zwischen Hersteller und Abnehmer,

t_{HA} = durchschnittliche Transaktionsanzahl zwischen einem Hersteller und einem Abnehmer,

m = Zahl der Hersteller,

n = Zahl der Abnehmer,

g = Zahl der Großhändler.

---

[30] Vgl. Müller-Hagedorn, L.: Zur Wettbewerbsfähigkeit des Großhandels, in: Mitteilungen des Instituts für Handelsforschung an der Universität zu Köln, 49. Jg. (1997), Nr. 12, S. 257.

[31] Vgl. Hudetz, K.: Electronic Commerce – Chancen und Risiken für den Großhandel, in: Müller-Hagedorn, L. (Hrsg.): Zukunftsperspektiven E-Commerce im Handel, Frankfurt am Main 2000, S. 317-335; Borchert, S.: Der mittelständische Großhandel – ein IT-Muffel?, in: Dynamik im Handel, 43. Jg. (1999), Nr. 4, S. 15-17.

Die Kosten, die für die Abwicklung der jeweilgen Transaktionen anfallen, sind zu unterschiedlichen Teilen von den Herstellern, den Großhändlern und den Abnehmern zu tragen. Damit es zur Einschaltung des Großhandels kommt, muss nicht nur die in (1) umschriebene Ressourcenersparnis vorliegen, sondern gleichzeitig muss auch gewährleistet sein, dass sich durch die Einschaltung des Großhandels sowohl die Hersteller als auch die Abnehmer besser stehen. Es müssen also die in (2) und (3) formulierten Bedingungen gelten:

aus der Sicht des Herstellers: $\alpha \cdot k_{HG} \cdot t_{HG} \cdot g + r \cdot x \cdot n \leq \beta \cdot k_{HA} \cdot t_{HA} \cdot n$ und (2)

aus der Sicht des Abnehmers: $\delta \cdot k_{GA} \cdot t_{GA} \cdot g \leq \gamma \cdot k_{HA} \cdot t_{HA} \cdot m$ (3)

mit:

α = Anteil der Transaktionskosten zwischen Hersteller und Großhändler, der auf den Hersteller entfällt,

β = Anteil der Transaktionskosten zwischen Hersteller und Abnehmer, der auf den Hersteller entfällt,

δ = Anteil der Transaktionskosten zwischen Großhändler und Abnehmer, die auf den Abnehmer entfällt,

γ = Anteil der Transaktionskosten zwischen Hersteller und Abnehmer, die auf den Abnehmer entfällt,

r = absoluter Rabatt, der dem Großhandel auf den Abnehmerpreis eingeräumt wird,

x = durchschnittliche Abnahmemenge eines Abnehmers.

Bedingung (2) fordert, dass ein Hersteller sich durch die Einschaltung des Großhandels nicht schlechter stellen will, als wenn er direkt ausliefert. Bedingung (3) fordert das in entsprechender Weise für den Abnehmer. Außerdem muss gelten, dass der Großhandel aus der Handelsspanne alle ihm entstehenden Kosten decken kann.[32] Es handelt sich um eine modellhafte Betrachtung, die das Grundprinzip verdeutlicht, nach dem der Großhandel im Wettbewerb zum Direktvertrieb steht. Im Vergleich zur Realität vereinfachen die Annahmen die Situation, denn es wird u. a. angenommen,

- dass die Abnehmer bei Direktvertrieb und Vertrieb über den Großhandel den gleichen Preis zu entrichten haben,
- dass jedes Wirtschaftssubjekt zu allen Mitgliedern der benachbarten Wirtschaftsstufe Kontakt aufnimmt,
- dass der Bedarf vorgegeben ist,

---

[32] Vgl. zur Höhe der notwendigen Handelsspanne Müller-Hagedorn, L./ Spork, S.: Handel ohne Großhandel?, in: Foscht, T./Jungwirt, G./Schnedlitz, P. (Hrsg.): Zukunftsperspektiven für das Handelsmanagement, Frankfurt a. M. 2000, S. 55–75.

- dass der Bedarf bei den beiden Vertriebsformen in gleichen Quanten gedeckt wird und
- dass größenunabhängige Kostenkoeffizienten anzusetzen sind.

Dennoch leitet das Modell dazu an zu prüfen, bei welchen Prozessen sich Kostenvorteile für den Großhandel gegenüber einer alternativen Distributionsform ergeben:[33]

- So lässt sich zeigen, dass sich unter bestimmten Bedingungen die Transportkosten senken lassen, wenn entsprechend dem Baligh-Richartz-Effekt statt eines Versands von den Herstellern zu den Abnehmern die Sendungen der Hersteller beim Großhändler gebündelt werden und als solche Bündel zugestellt werden. Daneben kann aber auch von Einfluss sein, dass Hersteller und Großhändler unterschiedlichen Tarifgemeinschaften angehören oder dass in Abhängigkeit vom Distributionssystem für die Transporte unterschiedliche Transportmittel eingesetzt werden können.

- Die Wettbewerbsfähigkeit des Großhandels kann sich auch daraus ergeben, dass es nicht vorteilhaft ist, die Warenbestände zentral bei den Herstellern zu lagern, sondern dass sich ein System regionaler Läger (bei den Großhändlern) empfiehlt. Zwar sinken die bei Unsicherheit vorzusehenden Sicherheitsbestände mit steigender Zentralisierung, jedoch ist zu erwarten, dass ein System mit Zentrallägern die Kosten der Zustellung erhöhen wird. Auch hier ist zu berücksichtigen, dass die Kosten von der Größe der Läger abhängig sein können.

- Wie ausgeführt worden ist, können Großhandelsunternehmen auch Produktionsaufgaben übernehmen. Zunächst könnte es scheinen, dass die Höhe der Produktionskosten unabhängig davon ist, ob die Produktion im Verfügungsbereich einer Industrie- oder einer Handelsunternehmung vorgenommen wird, weil man denken könnte, dass jeweils in gleicher Höhe Material, Maschinen und Personal eingesetzt werden muss. Dennoch sind Fälle denkbar, in denen Kostenunterschiede auftreten können, etwa weil der Handelsunternehmung kostengünstigere Standorte zur Verfügung stehen oder weil sie eine zersplitterte Angebotsstruktur bündeln kann (Economies of scale).

- Unterscheidet man bei den Kontakten zwischen Herstellern und Abnehmern bzw. zwischen Hersteller und Großhandel einerseits und zwischen Großhandel und Abnehmer andererseits zwischen akquisitorischen und logistischen Phasen, dann sind Kostenersparnisse möglich durch die Bündelungsmöglichkeiten, die sich für den Großhandel daraus ergeben, dass er den Abnehmern mehrere Produkte gleichzeitig vorstellen kann. Das Ausmaß hängt davon ab, wie viele Produkte jeweils neu einzuführen sind, inwieweit sich tatsächlich Bündelungsmöglichkeiten ergeben und wie bedeutsam solche Neuproduktvorstellungen sind.

---

33 Vgl. Müller-Hagedorn, L.: Zur Wettbewerbsfähigkeit des Großhandels, in: Mitteilungen des Instituts für Handelsforschung an der Universität zu Köln, 49. Jg. (1997), Nr. 12, S. 253-261.

Die Ausführungen verdeutlichen, dass der Vorteilhaftigkeitsvergleich zwischen Direktvertrieb und Einschaltung des Großhandels von zahlreichen Faktoren abhängig ist und nicht leicht modelltheoretisch zu erfassen ist. Insgesamt kann der Großhandel aber nur eine wirtschaftlich attraktive Position einnehmen, wenn es ihm gelingt, sowohl dem Hersteller als auch dem Abnehmer die durch seine Einschaltung bewirkten Vorteile deutlich vor Augen treten zu lassen. Eine besondere Schwierigkeit liegt darin, dass sowohl für den Hersteller als auch für den Abnehmer ein Anreiz besteht, systemwidrig zu handeln. So kann es in kurzfristiger Perspektive auch für einen Hersteller interessant sein, dem Belieferungsansinnen eines Abnehmers zu entsprechen, denn erstens ist er sicher, dass er diesen Abnehmer nicht an einen Konkurrenten verliert und zweitens kann hinzukommen, dass dieser Abnehmer einen besseren Preis zahlt als ihn der Hersteller beim Absatz an den Großhändler erzielen könnte. Als kurzfristig wird diese Perspektive bezeichnet, weil die Vorteilhaftigkeit solcher Abschlüsse daran gebunden ist, dass die Marktbearbeitung ansonsten von dem Großhändler übernommen wird, und die Vorteilhaftigkeit nicht mehr gegeben wäre, wenn es zum Ausscheiden des Großhandels käme.

6. Laufende Marketingentscheidungen

Neben der Frage, wie die Einschaltung des Großhandels gesichert werden kann, erscheinen insbesondere drei Sachverhalte von besonderer Bedeutung:

- Welche absatz- und beschaffungspolitischen Instrumente sollen eingesetzt werden?
- Inwieweit soll die Politik nach einzelnen Kundengruppen differenziert werden?
- Soll eine Großhandelsunternehmung Kooperationen eingehen?

Auf diese Fragen wird im Folgenden eingegangen.

6.1 Die Planung der absatz- und beschaffungspolitischen Instrumente

Dem Großhandelsunternehmen steht sowohl zur Gestaltung der Beziehungen zu seinen Abnehmern wie auch zu den Lieferanten zahlreiche Instrumente zur Verfügung, die üblicherweise als absatz- bzw. beschaffungspolitisches Instrumentarium bezeichnet werden.

6.1.1 Die absatzpolitischen Instrumente des Großhandelsunternehmens

Als absatzpolitische Instrumente werden jene Größen bezeichnet, die ein Unternehmen im Rahmen seiner Politik gestalten kann (sog. Aktionsparameter) und mit denen das Verhalten der Nachfrager beeinflusst werden kann. Seit dem Erscheinen von Gutenbergs Monographie „Der Absatz" wird in mehr oder minder großer Annäherung an seine Einteilung von der Absatzmethode, der Preispolitik, der Produktpolitik und der Werbung als den absatzpolitischen Instrumenten gesprochen. Kataloge von absatzpolitischen Instrumenten können sehr detailliert gestaltet werden, was aber der Übersichtlichkeit schadet, sie können von sehr allgemeinen Begriffen ausgehen, wodurch aber der Blick auf konkrete Maßnahmen verstellt wird. Die in Abbildung 6 dargestellte Übersicht sucht einen Mittelweg zwischen Übersichtlichkeit und Detailliertheit; sie soll auch ermöglichen, handelsspezifische Besonderheiten zum Ausdruck zu bringen, denn die absatzpolitischen Instrumente des Industriebetriebes ähneln denen des Handelsbetriebes zwar, aber an einigen Stellen sind Unterschiede zu beobachten. So zählt beispielsweise die Öffnungszeit im Handel zu den absatzpolitischen Instrumenten, im Industriebetrieb ist sie jedoch im Regelfall von zu vernachlässigender Bedeutung.

Bezugsgröße	Qualitative Aspekte	Quantitative Aspekte	Zeitliche Aspekte	Räumliche Aspekte
Warenstrom	Sortiment, Handelsmarken, spez. Verpackungsformen, Entsorgungen, Eigentumsübergang	Liefermengen, Vorrätigkeit, Sortimentstiefe	Liefergeschwindigkeit, Zustellzeitpunkt	Standorte von Lägern, Größe des Auslieferungsgebietes
Selbständige Dienstleistungen	Verleih von Werkzeug, Montage, Planung		Schnelligkeit der Ausführung	Größe des Vertriebsgebietes
Zahlungsstrom	Akzeptierte Zahlungsmittel	Preisniveau, Rabattsysteme	Zahlungsziele	
Informationsstrom	Werbemittel, Beratungssystem, Umgang mit Reklamationen, Internet-Auftritt	Kommunikationsbudget, Besuchshäufigkeit durch Außendienst	Timing von Kommunikationsmaßnahmen, Öffnungszeiten	Streugebiet

Abbildung 6: Absatzpolitische Instrumente im Handel

Die Übersicht über Ansatzpunkte zur Gestaltung der Absatzpolitik orientiert sich zunächst an den Strömen, die zwischen der anbietenden Großhandelsunternehmung und den Nachfragern „fließen". Es werden drei elementare Fragen gestellt:

- Welche Leistungen bietet die Unternehmung ihren Kunden an? Dabei kann zwischen Waren und selbständigen Dienstleistungen unterschieden werden. Mit den selbständigen Dienstleistungen sind jene Dienstleistungen gemeint, mit denen die Handelsunternehmung nicht „nur" den Absatz der Waren befördern will, sondern die explizit in Rechnung gestellt werden.

- Welche Gegenleistung erwartet die Unternehmung von ihren Abnehmern? Im Regelfall wird das auf die Bezahlung der vereinbarten Preise (Zahlungsstrom) hinaus laufen.

- Welche Informationen tauscht die Unternehmung mit ihren Nachfragern aus?

In der vertikalen Betrachtung wird erfasst, dass bei jedem der genannten vier Ströme zwischen qualitativen, quantitativen, zeitlichen und räumlichen Aspekten unterschieden werden kann. Wendet sich eine Unternehmung im Rahmen einer Direct Mailing-Aktion an ihre Kunden, dann hat sie sich für ein bestimmtes Werbemittel entschieden (qualitativer Aspekt), sie hat darüber zu befinden, wie umfangreich das Mailing-Paket sein sollte bzw. wie häufig sie ihre Kunden anschreiben will (quantitativer Aspekt), sie hat zu entscheiden, wann die Aktion durchgeführt werden soll (zeitlicher Aspekt) und in welchem Gebiet die Kunden angeschrieben werden sollen (räumlicher Aspekt). Die in die Tabelle eingetragenen Beispiele sollen für die Großhandelsunternehmung wichtige Ansatzpunkte erkennen lassen.

Die aufgeführten absatzpolitischen Instrumente sind z. T. Gegenstand strategischer Überlegungen, wobei insbesondere der Sortimentsrahmen, das Preisniveau und das Zustellsystem festzulegen sein werden. Hier berühren sich die Planung der absatzpolitischen Instrumente mit Überlegungen zur Positionierung. Absatzpolitische Instrumente sind aber auch das Objekt fortlaufender operativer Planung, wenn z. B. über die Auslistung von Artikeln, die Neuaufnahme von Produkten, Preis- und Werbeaktionen zu entscheiden ist. Auf die Planung einzelner absatzpolitischer Instrumente kann im vorliegenden Zusammenhang nicht eingegangen werden. Es soll jedoch erwähnt werden, dass der Messung der Kundenzufriedenheit ein immer größerer Stellenwert eingeräumt worden ist.

6.1.2 Die beschaffungspolitischen Instrumente

Bei den beschaffungspolitischen Instrumenten handelt es sich um jene Maßnahmen einer Großhandelsunternehmung, mit denen sie die Beziehungen zu ihren Lieferanten ausgestaltet. Sie werden in diesen Beitrag über Großhandelsmarketing angesprochen, weil die absatzwirtschaftliche Funktion bei einem Großhandelsbetrieb aufs engste mit den Beziehungen zu den Lieferanten verknüpft ist. Auch sie können an den Größen anknüpfen, die schon bei den absatzpolitischen Instrumenten vorgestellt worden sind, also

- der Gestaltung des Warenflusses,
- den von den Lieferanten bereit gestellten Dienstleistungen,
- der Gestaltung des Zahlungsflusses,
- der Gestaltung des Informationsflusses.

Die hierbei denkbaren qualitativen, quantitativen, zeitlichen und räumlichen Aspekte sollen nicht wie bei den absatzpolitischen Instrumenten in einer Tabelle zusammengestellt werden, sondern es sollen vielmehr einige Instrumente, die für den Großhandelsbetrieb von besonderer Bedeutung erscheinen, aufgelistet werden:

- Hersteller befürchten zunehmend, dass sie in zu geringem Maß und zu spät Informationen über den Absatzmarkt erhalten. Insofern haben Großhandelsunternehmen zu entscheiden, in welcher Form sie Lieferanten über Bestände, Abverkaufsdaten und Kundenwünsche informieren.[34]
- Viele Hersteller wollen erkennen, welchen Stellenwert die eigenen Produkte im Sortiment des Großhändlers haben (z. B. Erstmarke, Ergänzungsmarke, Profilierungsmarke). Von daher hat der Großhändler zu entscheiden, inwieweit er den Lieferanten Einblick in die Prinzipien seiner Sortimentspolitik gewährt.
- Bestell- und Lagerhaltungspolitik berühren die Interessenlage des Herstellers, da über die Lagerhaltung seine Marktpräsenz gewährleistet wird und über die Bestellpolitik seine Produktions- und Lagerplanung determiniert wird.

Die Beispiele machen deutlich, wie stark die Beschaffungspolitik eines Großhändlers die Interessenlage des Lieferanten berührt; die Bemühungen um Direktvertrieb werden umso intensiver verfolgt werden, je mehr gegen elementare Interessen des Herstellers verstoßen wird. Insofern gehört es auch zu den Aufgaben eines Großhändlers, die Wichtigkeit einzelner Aspekte der Zusammenarbeit aus den Augen des Herstellers zu erkennen und zu fragen, wie zufrieden der Hersteller mit einzelnen Leitungskomponenten des Großhändlers ist.

6.2 Segmentierung der Kunden und Differenzierung der Absatzpolitik

Großhandelsunternehmungen stehen im Regelfall mit Kunden unterschiedlichster Art in Geschäftsbeziehungen. Die Kunden sind nicht nur von unterschiedlicher Größe, sie gehören oft unterschiedlichen Branchen an, nehmen das Angebot des Betriebes in unter-

---

[34] Vgl. auch ter Haseborg, F.: Informationen als Wettbewerbsfaktor im technischen Großhandel, in: Trommsdorff, V. (Hrsg.), Handelsforschung 1995/96 – Informationsmanagement im Handel, Wiesbaden 1995, S. 237.

schiedlichem Ausmaß in Anspruch und unterscheiden sich in Wachstum und Bonität oft deutlich. Dies führt zu der Frage, mit welcher Intensität sich eine Großhandelsunternehmung einzelnen Kunden zuwenden sollte. In diesem Sinne ist die Frage zu verstehen „Bedienen wir die richtigen Kunden?".

Zu den traditionellen und weithin bekannten Instrumenten zur Analyse der Struktur der Kunden zählt die ABC-Analyse, bei der die Kunden entweder nach ihrem Umsatz oder nach ihrem Brutto-(Roh-)Ertrag in eine absteigende Rangfolge gebracht werden.[35] Die Gruppe der A-Kunden liefert weit überdurchschnittliche Anteile zu Umsatz oder Bruttoertrag, die C-Kunden, die oft in großer Zahl vorhanden sind, steuern oft nur wenig zum Erfolg bei. In vielen Fällen gilt die 20:80-Regel, was bedeutet, dass 20 % der Kunden 80 % zum Umsatz oder Rohertrag beisteuern. Die ABC-Analyse stellt ohne Zweifel ein wichtiges Analyseinstrument dar, aber was sind nun die Konsequenzen, die man daraus ableiten kann? Im Kern geht es darum, die Wirtschaftlichkeit der C-Kunden zu überprüfen. Ist eine Fortsetzung der Geschäftsbeziehungen zu diesen Kunden sinnvoll?

Es gibt Stimmen, die eine Einschränkung des umsatzbezogenen Denkens empfehlen und nahe legen, C-Kunden auszuschließen. Das Gegenargument, hier handele es sich um ein bequemes Mitnahmegeschäft (mit manchmal besseren Preisen), die Betriebskosten seien sowieso fix und die Zahl der C-Kunden sei beträchtlich, weisen sie zurück, weil sie fürchten, dass die Unternehmung sich mit den C-Kunden zuviel Komplexität auflade, die sie abhalte, die betrieblichen Prozesse kompromisslos auf die höherwertigen Kunden auszurichten. Zur weiteren Begründung wird auf eine Studie von McKinsey & Co. verwiesen, nach der sich erwiesen habe, dass erfolgreiche Komponentenhersteller im Vergleich mit weniger erfolgreichen eine hohe Kundenkonzentration aufweisen.[36] Eine Elimination von C-Kunden nur aufgrund einer ABC-Analyse erscheint voreilig, weil sie nicht berücksichtigt, wie hoch die Aufwendungen für die Gruppe der C-Kunden wirklich sind, und weil wichtige Gesichtspunkte zur Beurteilung der Attraktivität einzelner Kundengruppen vernachlässigt werden. Ohne Frage ist es wichtig zu wissen, wie groß die Gruppe der C-Kunden ist, wie viel sie zu Umsatz und Rohertrag beisteuern und in welchem Ausmaß sie die Ressourcen des Unternehmens (z. B. den Fuhrpark, die Verwaltung, den Verkauf, das Mahnwesen, den Einkauf) in Anspruch nehmen.

Die umsatzbezogenen ABC-Analyse ist mit dem Problem behaftet, dass das längerfristige Erfolgspotential des Kunden unberücksichtigt bleibt, welches neben dem tatsächlich erzielten Umsatz noch weitere Dimensionen umfassen wird, z. B. im Hinblick auf eine Kundenattraktivität (in einem weiten Sinn):

- der relevante Bedarf (Volumen, das beim Kunden prinzipiell erzielbar ist, unabhängig vom tatsächlich erzielten Umsatz),

---

[35] Vgl. zu verschiedenen Verfahren der ABC-Analyse: Plinke, W.: Bedeutende Kunden, in Kleinaltenkamp, M./Plinke, W. (Hrsg.): Geschäftsbeziehungsmanagement, Berlin, Heidelberg 1997, S. 113-159.

[36] Vgl. McKinsey & Company Inc./Rommel G. et al.: Einfach überlegen – Das Unternehmenskonzept, das die Schlanken schlank und die Schnellen schnell macht, Stuttgart 1993, zitiert nach Homburg, C./Daum, D., 1997, S. 63.

- das Wachstum des relevanten Bedarfs,
- das Image des betreffenden Kunden(Eignung als Referenzkunde),
- die Kooperationsbereitschaft des Kunden,
- die jeweilige Anzahl der Konkurrenten,
- die Konjunktur in der Branche des Kunden.

Für die Lieferantenposition, also die Bedeutung des Großhändlers aus der Sicht der Kunden, sind u. a. folgende Größen von Bedeutung:

- der Lieferanteil, den das Unternehmen bei dem Kunden erzielt,
- die Qualität und die Dauer der Geschäftsbeziehung,
- die Einschaltquote,
- besondere Stärken aus der Sicht der Abnehmer bzgl. Preis, Service etc.

Alle Kunden bzw. Kundengruppen sollten bewertet werden, wobei man sich zur Bewertung einer Skala (beispielsweise von 1 bis 7) bedienen kann. Besondere Bedeutung wird dabei dem zukünftigen Nachfragepotential der Kunden zukommen. Es wäre als Alarmzeichen anzusehen, wenn das Nachfragepotential der eigenen A-Kunden schrumpfen würde, während das Nachfragepotential der Kunden, bei denen man bislang nur schwach vertreten ist, ansteigen würde.

Wegen der großen Anschaulichkeit ist es beliebt und auch sinnvoll, ein sog. Kundenportfolio (vgl. Abbildung 7) zu erstellen, das zeigt, wie viel einzelne Kunden oder Kundengruppen sich in den einzelnen Feldern des Portfolios befinden.[37] Die Dimensionen eines solchen Portfolios werden entweder aus einzelnen Kriterien gebildet, mit denen die Kunden bewertet werden, oder mehrere Einzelindikatoren werden zu einer aggregierten Größe zusammengefasst. So lassen sich z. B. die Kunden nach ihrer Attraktivität und nach der Position, die der Anbieter bei diesen Kunden erreicht hat, darstellen. Den sich ergebenden Feldern werden gern Namen zugeordnet, wie z. B. Starkunden, Fragezeichenkunden, Mitnahmekunden und Ertragskunden.

Der Wert eines solchen Portfolios liegt zum einen darin, dass über die derzeitige Situation relativ detailliert informiert wird, darüber hinaus aber vor allem in den Möglichkeiten, für jede Kundengruppe ein eigenes Maßnahmenpaket abzuleiten. „Sinnvolle Allokation der betrieblichen Kräfte" heißt das hinter dieser Vorgehensweise stehende Motto. Damit soll der Gefahr vorgebeugt werden, dass die Ressourcen des Unternehmens undifferenziert und damit wenig ökonomisch eingesetzt werden.

---

[37] Vgl. hierzu Homburg, C./Daum, D.: Marktorientiertes Kostenmanagement. Kosteneffizienz und Kundennähe verbinden, Frankfurt a. M. 1997, S. 64-76.

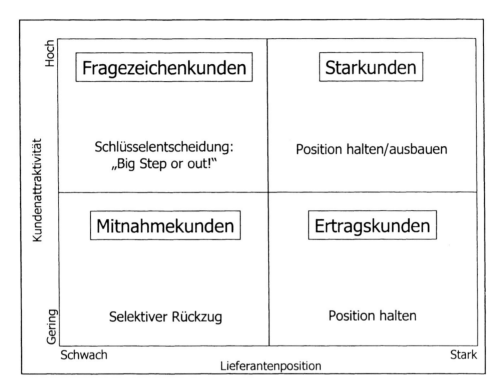

Abbildung 7:   Das Kundenportfolio
Quelle: Homburg, C./Daum, D., 1997. S. 65.

6.3 Formen der Kooperation im Marketing

Traditionell herrscht die Sicht vor, dass jedes Unternehmen innerhalb eines Distributionskanals seine eigenen Interessen zu verfolgen hat und deswegen längerfristige Bindungen nicht in Frage kommen. Seit einiger Zeit mehren sich aber die Hinweise, dass über Kooperationen Kosten gesenkt werden und Marktpotentiale besser erschlossen werden können. Jenen Unternehmen werden im Wettbewerb die besten Chancen zu gesprochen, die in der Lage sind, die Vorteile aus Kooperationen am besten zu nutzen.[38] Dabei ist an horizontale wie an vertikale Kooperationen zu denken.

---

[38] Vgl. hierzu auch Mathieu, G.: Kooperative Marktbearbeitungsstrategien des Großhandels, in: Zentes, J. (Hrsg.): Strategische Partnerschaften im Handel, Stuttgart 1992, S. 133-160.

6.3.1 Horizontale Kooperationen

Horizontalen Kooperationen begegnet die Praxis im Regelfall mit Misstrauen, weil die Schwierigkeiten gesehen werden, sich auf eine einheitliche Vorgehensweise zu einigen und weil die Zurechnung von Kosten und Erlösen schwierig sein kann. Dennoch sollte die Realisierung von Kooperationen ernsthaft geprüft werden, weil so Rationalisierungspotentiale erschlossen werden können. Unter zwei Bedingungen verdient die Kooperation besondere Beachtung,

(1)   wenn der Eindruck vorherrscht, dass größere Unternehmungen bei ähnlichem oder vergleichbarem Leistungsspektrum deutlich günstigere Kostenstrukturen aufweisen oder in der Lage sind, einzelne Prozesse effizienter zu gestalten,

(2)   wenn überregional tätige Kunden eine Belieferung aus einer Hand wünschen.

Ansatzpunkte für Kooperationen ergeben sich in mehreren Bereichen:

- Obwohl keine genauen Daten hierüber vorliegen, ist zu vermuten, dass in vielen Fällen durch die Beschaffung größerer Volumina bessere Konditionen erzielt werden können.

- Rationalisierungsvorteile können aber auch durch eine gemeinsame Lagerhaltung erschlossen werden, nicht nur weil effizientere Lagerhaltungssysteme realisiert werden können, sondern weil die erforderlichen Sicherheitsbestände in Zentrallägern geringer sind als in verteilten Regionallägern.

Kooperationen finden ihre Berechtigung in dem Umstand, dass sie dem mittelständischen Unternehmen erlauben, kostenoptimale Betriebsgrößen zu erreichen. Bei suboptimalen Betriebsgrößen wird man zwar häufig an eine Fusion oder einen Verkauf denken, aber auch die Kooperation stellt eine prüfenswerte Handlungsalternative dar. Im übrigen zeigt auch die Praxis, dass Kooperationen sich zu erfolgreichen Organisationen entwickeln können. Tobaccoland oder Lekkerland sind hierfür eindrucksvolle Beispiele.[39]

6.3.2 Vertikale Kooperationen

Vertikale Kooperationen können sowohl die Lieferanten als auch die Abnehmer einbeziehen. Zu den Vorteilen zählen vor allem Kostensenkungen, Umsatzsteigerungen und die Eindämmung von Risiken. Hierzu einige Beispiele:

---

[39] Vgl. EHI: Tobaccoland – Größter Tabakwaren-Fachgroßhändler Europas, Köln 1996; EHI: Lekkerland – Vom Süßwarengroßhändler zum Systempartner, Köln 1995.

- Zwei Partner können *Kosten senken*, indem sie die Auftragsabwicklung optimieren.
- Zwei Partner können *Umsätze steigern* durch Kooperation auf dem Gebiet des Qualitätsmanagements oder der Produktentwicklung.
- Zwei Partner können Qualitäts*risiken*, Lieferrisiken durch feste, verlässliche Partnerschaften *reduzieren*.
- Zwei Partner können zudem *Zeit sparen*. Dies ist insbesondere dann angezeigt, wenn technische Entwicklungen unter hohem Zeitdruck entwickelt und integriert werden müssen.

Dabei handelt es sich jeweils um Effekte, die ein Einzelner nicht realisieren kann, die also nur durch das Zusammenwirken mehrerer erreicht werden können. Aus der Bindung, die die beteiligten Unternehmen hierfür eingehen müssen, können sich allerdings auch Nachteile ergeben. Jede Form von Kooperation beinhaltet Maßnahmen beider Parteien (unter Umständen in unterschiedlichem Ausmaß), die speziell auf den Kooperationspartner zugeschnitten sind und so zu einer Bindung an den jeweiligen Partner führen. In der Theorie wird von spezifischen Investitionen gesprochen, womit jene Investitionen gemeint sind, die im Hinblick auf die partnerschaftliche Zusammenarbeit getätigt werden, die jedoch bei einem Zerbrechen der Kooperation erheblich an Wert verlieren. Bindungen können die Tuchfühlung zum Markt abschneiden; denn in einer Kooperation, die nicht mehr in Frage gestellt wird, werden die Signale des Marktes vielleicht nicht mehr beachtet werden:

- Die Sicherheit, welche die Bindung gibt, könnte nachlässig machen, z. B. die Innovationsfähigkeit reduzieren.
- Das Konditionengefüge kann sich von den Marktpreisen entfernen (die internen Konditionen sind aufgrund unterschiedlicher Leistungen und der immer zu beachtenden Zukunftserwartungen nicht mit den Konditionen auf den „Spotmärkten" zu vergleichen).
- Es entstehen u. U. hohe Kosten des Partnerwechsels, die dazu führen können, dass er unterbleibt, auch wenn er vorteilhaft wäre.

Grundsätzlich ist zu beobachten, dass jeder Anbieter seine Abnehmer binden möchte, dass sich gleichzeitig jeder Anbieter gegenüber seinen Lieferanten die Freiheit des Handelns vorbehalten möchte. Das ist eine Asymmetrie, die nur aufgelöst werden kann, wenn die Vorteile der Kooperation für beide Partner deutlich werden und die Risiken zu bewältigen sind.

Die vertikale Kooperation wird inzwischen häufig auch unter dem Stichwort ECR (Efficient Consumer/Customer Response) diskutiert. Obwohl ECR ursprünglich für den Lebensmitteleinzelhandel konzipiert worden ist, sind die grundlegenden Ideen doch auch auf andere Branchen übertragbar. ECR zielt ab auf eine Optimierung der zwischenbetrieblichen Prozesse in der gesamten Wertschöpfungskette, und zwar in drei Bereichen: in der Administration, in der Logistik und im Marketing.

- In der *Administration* geht es vor allem um die Optimierung der zwischenbetrieblichen Kommunikation, also um die Optimierung der Bestell- und Zahlungsvorgänge. Typisches Beispiel hierfür ist EDI (Electronic Data Interchange). Dabei sollen Transaktionskosten gesenkt werden.
- In der *Logistik* geht es darum, den Warenfluss durch den Absatzkanal von der Produktion des Herstellers bis zum Regal des Handels zu optimieren. Typisches Beispiel ist Replenishment Management. Ziel ist die Senkung von Lager- und Transportkosten und die Vermeidung von Fehlmengen.
- Im *Marketing* schließlich geht es um dauerhafte Kooperationen im Bereich der Produktpolitik, Sortimentspolitik, der Verkaufsförderung. Typisches Beispiel ist Category Management. Hiervon erhoffen sich die Unternehmen die Steigerung der Erlöse und der Gewinne des Absatzkanals gegenüber dem Endverbraucher.

7. Fazit

Marketingüberlegungen aus der Sicht einer Großhandelsunternehmung müssen natürlich an den Bedürfnissen der Abnehmer ansetzen. Erkennen der Bedürfnisse, Ermittlung der Wichtigkeiten einzelner Bedürfnisse und Ermittlung der Kundenzufriedenheit stellen das Fundament für eine absatzgerichtete Geschäftspolitik dar. Da für keinen Wirtschaftsbereich die Ausschaltungsgefahr so groß ist wie für den Großhandel, muss sofort auch der Lieferant ins Auge gefasst werden. Welche Interessen bringt er in die Zusammenarbeit mit dem Großhandel ein, wie wichtig sind ihm einzelne Aspekte und wie zufrieden ist er mit den Aktivitäten des Großhandels? Erfolgreiches Marketing heißt für eine Großhandelsunternehmung, sowohl die Lieferanten als auch die Abnehmer davon zu überzeugen, dass der indirekte Vertrieb bzw. Bezug für sie vorteilhaft ist. Für die Großhandelsunternehmung bedeutet dies, ein geeignetes Profilierungskonzept zu entwickeln und die absatz- und beschaffungspolitischen Instrumente sinnvoll einzuschätzen. Hierzu liefert der vorliegende Beitrag Anregungen.

8. Literatur

Ausschuss für Begriffsdefinitionen aus der Handels- und Absatzwirtschaft (Hrsg.) (1995): Katalog E. Begriffsdefinitionen aus der Handels- und Absatzwirtschaft, 4. Ausg., Köln.

Barth, K. (1999): Betriebswirtschaftslehre des Handels, 4. Auflage, Wiesbaden.

Batzer, E./Greipl, E. (1975): Marketingperspektiven des Großhandels, Berlin, München.

Batzer, E./Lachner, J./Meyerhöfer, W./Täger, U. C. (1984): Die Warendistribution in der Bundesrepublik Deutschland: Struktur und Entwicklungsbild, München.

Batzer, E./Lachner, J./Meyerhöfer, W./Seyler, H. (1991): Der Handel in der Bundesrepublik Deutschland: Strukturelle Entwicklungstrends und Anpassungen an veränderte Markt- und Umweltbedingungen, München.

Batzer, E./Lachner, J./Seyler, H. (1990): Chancen und Entwicklungsmöglichkeiten des deutschen Großhandels im europäischen Binnenmarkt, München.

Borchert, S. (1999): Der mittelständische Großhandel – ein IT-Muffel?, in: Dynamik im Handel, 43. Jg., Nr. 4, S. 15-17.

Dohet-Gremminger, A. (1997): Marktstrategien im Großhandel. Bausteine des Unternehmenserfolgs, Wiesbaden.

EHI (1995): Lekkerland – Vom Süßwarengroßhändler zum Systempartner, Köln.

EHI (1996): Tobaccoland – Größter Tabakwaren-Fachgroßhändler Europas, Köln.

Engelhardt, W./Kleinaltenkamp, M. (1988): Marketing-Strategien des Produktionsverbindungshandels, Arbeitspapier zum Marketing Nr. 23, Bochum.

European Commission – Statistical Office for the European Communities (1998): Wholesale Trade in the European Economic Area 1997, Luxemburg.

Gaiser, B. (1989): Determinanten des Geschäftserfolges im Großhandel, Stuttgart.

Hansen, U. (1990): Absatz- und Beschaffungsmarketing des Einzelhandels: eine Aktionsanalyse, 2. Auflage, Göttingen.

Hill, R. M. (1963): Wholesaling Management. Text and Cases, Homewood.

Homburg, C./Daum, D. (1997): Marktorientiertes Kostenmanagement. Kosteneffizienz und Kundennähe verbinden, Frankfurt a. M.

Hudetz, K. (2000): Electronic Commerce – Chancen und Risiken für den Großhandel, in: Müller-Hagedorn, L. (Hrsg.): Zukunftsperspektiven E-Commerce im Handel, Frankfurt am Main, S. 317-335.

Koster, K. (1996): Die Zukunftsperspektiven des deutschen Fachgroßhandels, Hamburg.

Kysela, K. D. (1994): Großhandelsmarketing, Bergisch Gladbach, Köln.

Lambertz, J. E (2000): Entwicklung im Großhandel im Jahr 1999, in: Wirtschaft und Statistik, o. Jg., Nr. 4, S. 235-238.

Linkert, K. (1998): Der Großhandel im Europäischen Wirtschaftsraum, in: Mitteilungen des Instituts für Handelsforschung an der Universität zu Köln, 50. Jg., Nr. 8, S. 165-172.

Mathieu, G. (1989): Wo bin ich? in: Absatzwirtschaft, 32. Jg., Nr. 3, S. 66-67.

Mathieu, G. (1992): Kooperative Marktbearbeitungsstrategien des Großhandels, in: Zentes, J. (Hrsg.): Strategische Partnerschaften im Handel, Stuttgart, S. 133-160.

McKinsey & Company Inc./Rommel G. et al. (1993): Einfach überlegen – Das Unternehmenskonzept, das die Schlanken schlank und die Schnellen schnell macht, Stuttgart.

Müller-Hagedorn, L. (1996): Einführung in das Marketing, 2. Auflage, Darmstadt.

Müller-Hagedorn, L. (1997): Zur Wettbewerbsfähigkeit des Großhandels, in: Mitteilungen des Instituts für Handelsforschung an der Universität zu Köln, 49. Jg., Nr. 12, S. 253-261.

Müller-Hagedorn, L. (1998): Der Handel, Stuttgart, Berlin, Köln.

Müller-Hagedorn, L. (1999): Ansatzpunkte zur Steigerung der Wettbewerbsfähigkeit des Großhandels, in: Mitteilungen des Instituts für Handelsforschung an der Universität zu Köln, 51. Jg., Nr. 2, S. 21-35.

Müller-Hagedorn, L./Schuckel, M. (1997): Der Handel in der amtlichen Statistik., in: Lippe, P. von der/Rehm, N./Strecker, H./Wiegert, R.: Wirtschafts- und Sozialstatistik heute, Sternfels, S. 110-140.

Müller-Hagedorn, L./Spork, S. (2000): Handel ohne Großhandel? in: Foscht, T./Jungwirth, G./Schnedlitz, P. (Hrsg.): Zukunftsperspektiven für das Handelsmanagement: Konzepte – Instrumente – Trends, Frankfurt am Main, S. 55-75.

Plinke, W. (1997): Bedeutende Kunden, in: Kleinaltenkamp, M./Plinke, W. (Hrsg.): Geschäftsbeziehungsmanagement, Berlin, Heidelberg, S. 113- 59.

Rimpler, G. (1995): Absatzkanal-Management. Die Gestaltung effizienter Vertriebssysteme unter besonderer Berücksichtigung neuer Informationstechnologien, Linz.

Rudolph, T./Maag, M. (1999): Der Großhandel im Transformationsprozess, in: io management, 68. Jg., Nr. 12, S. 24-28.

Russi, D. P. (1993): Elemente einer strategischen Planung im Großhandel. Eine kritische Untersuchung strategischer Planungsansätze, Bergisch Gladbach, Köln.

Schenk, H.-O. (1982): Handelsmarketing, in: Falk, B./Wolf, J. (Hrsg.): Das große Lexikon für Handel und Absatz, 2. Auflage, Landsberg am Lech, S. 324-328.

Schmidt, A./Freund, W. (1995): Strukturwandel im mittelständischen Großhandel der Bundesrepublik Deutschland, Stuttgart.

Statistisches Bundesamt (versch. Jahrgänge): Fachserie 14, Reihe 8, Umsatzsteuer, Wiesbaden.

Statistisches Bundesamt (1995): Handels- und Gaststättenzählung 1993 (Fachserie 6), Großhandel und Handelsvermittlung, Wiesbaden.

Statistisches Bundesamt (1999): Statistisches Jahrbuch für die Bundesrepublik Deutschland, Wiesbaden.

ter Haseborg, F. (1995): Informationen als Wettbewerbsfaktor im technischen Großhandel, in: Trommsdorff, V. (Hrsg.), Handelsforschung 1995/96 – Informationsmanagement im Handel, Wiesbaden, S. 223-242.

Tietz, B. (1993): Großhandelsperspektiven für die Bundesrepublik Deutschland bis zum Jahre 2010, Frankfurt am Main.

Tietz, B./Greipl, E. (1994): Das Leistungsprofil des Großhandels in Bayern – Eine Struktur- und Funktionsanalyse unter besonderer Berücksichtigung der Dienstleistungsbereiche, Frankfurt am Main.

Tietz, B./Rothhaar, P. (1988): Kundendynamik und Kundenpolitik im Selbstbedienungsgroßhandel, Stuttgart.

Hans Pechtl

Marketing im Lebensmitteleinzelhandel

1. Rahmenbedingungen des Marketings im LEH
2. Verhaltensspezifika der Nachfrager im Lebensmittelbereich
3. Expansionsstrategien
   3.1 Expansion im Binnenmarkt
   3.2 Internationalisierung des LEH
4. Discount-Strategien
5. Auswege aus der Preisfalle?
   5.1 Sortimentsprofilierung
   5.2 Convenience-Fokussierung
6. Zusammenfassung
7. Literatur

1. Rahmenbedingungen des Marketings im LEH

Der Lebensmitteleinzelhandel (LEH) erzielte – ohne Spezialgeschäfte und nicht organisierten Lebensmitteleinzelhandel – in 1998 einen Umsatz von 223,1 Mrd. DM (vgl. EHI 1999, S. 65) und erreichte damit einen Anteil von etwa 63 % der gesamten Lebensmittelverkäufen an Endverbraucher (zum Gesamtumsatz vgl. Hantrop/Ring 1998, S. 94). Trotz dieses großen Umsatzpotentials steckt der LEH in Deutschland in einer Wachstumskrise: Vergleicht man den Umsatz zwischen 1991 und 1998, liegt nur eine nominale Steigerung um 7,8 % vor. In Relation zum Bruttoinlandsprodukt, erreichte die Branche in 1991 einen Wert von 7,3 %, in 1998 nur noch von 5,9 % (vgl. EHI 1999, S. 58).

Diese Sättigungstendenzen auf der Branchenebene haben zu einem Verdrängungswettbewerb zwischen den Betriebstypen geführt. Ein Betriebstyp kennzeichnet hierbei eine spezifische Marketingkonzeption des LEH (vgl. zur Typologie EHI 1999, S. 321-323; Theis 1999, S. 492-499): Discounter (z. B. Aldi, Lidl, Penny [Rewe], Plus [Tengelmann]) verfolgen eine Niedrigpreisstrategie. Ansatzpunkte dieser Kostenführerschaft sind starke Leistungsvereinfachungen im Servicebereich, ein eng begrenztes Sortiment (meist 500 bis 1000 Artikel), das auf einen raschen Warenumschlag ausgerichtet ist, eine effiziente Organisation und Logistik sowie hohe Bestellmengen bei den Herstellern (vgl. Diller 1999, S. 355). Die Geschäftsstätten finden sich zumeist an stark frequentierten Standorten.

Verbrauchermärkte (z. B. Extra [Metro], Eurospar [Spar]; Grosso [Tengelmann]), umfassen ein deutlich größeres Sortiment (bis zu 20000 Artikel), das auf über 1500 qm angeboten wird; über 5000 qm Verkaufsfläche spricht man von SB-Warenhäusern (z. B. Real [Metro], Neukauf [Edeka], Globus [Rewe]). In Verbrauchermärkten bzw. SB-Warenhäusern nehmen Ge- und Verbrauchsgüter (Non-Food) einen großen Platz im Sortiment ein: So beträgt der Anteil an Lebensmitteln (Food) an der gesamten Verkaufsfläche nur noch 50,2 % (vgl. Groner 1999, S. 5 mit EHI 1999, S. 62). Aufgrund ihres Flächenbedarfs sind SB-Warenhäuser und Verbrauchermärkte „auf der grünen Wiese" bzw. an verkehrsgünstigen Standorten mit großen Freiflächen für Parkplätze angesiedelt. In ihrer Preispolitik verfolgen sie – wenngleich nicht derartig konsequent wie Discounter – eine Niedrigpreisstrategie.

Ein Sortiment mit etwa 7000 Artikel bieten Supermärkte (z. B. Minimal [Rewe], EdekaAktiv, Spar). Der Sortimentsschwerpunkt liegt im Lebensmittelbereich (über 75 % der Verkaufsfläche); ihre Standorte finden sich, insbesondere wenn ihre Verkaufsfläche unter 700 qm bleibt, in „Nachbarschaftslagen". Das Preisniveau der Artikel ist höher als bei Discountern und Verbrauchermärkten, dafür versuchen sich Supermärkte durch ein umfangreiches Frischwarenangebot zu profilieren. Während diese angeführten Betriebstypen das Selbstbedienungsprinzip der Kunden verfolgen, kennt die Betriebstypensystematik des LEH noch „Bedienungsläden", die als „Tante-Emma"-Geschäfte heute zumeist in Nischenbereichen mit Spezialsortimenten (z. B. Feinkostgeschäft) agieren.

Betrachtet man die Entwicklung dieser Betriebstypen im Zeitraum zwischen 1991 und 1998, haben sich deutliche Veränderungen ergeben (vgl. Tabelle 1), die allerdings einen seit Jahrzehnten andauernden Trend im LEH fortsetzen:

	Zahl an Geschäften		Verkaufsfläche (Mio. qm)		Umsatz (Mrd. DM)	
Betriebstyp	1991	1998	1991	1998	1991	1998
SB-Warenhäuser/ Verbrauchermärkte	1854	2278	3,90	4,72	47,0	56,7
Discounter	8388	13135	3,34	5,55	48,5	69,7
Supermärkte (über 400 qm)	9735	9134	6.70	6,76	64,5	61,5
Supermärkte (unter 400 qm)	48010	37600	8,10	7,05	44,0	32,8
Bedienungsläden	16030	10350	0,60	0,50	3,0	2,4
Summe	84017	72497	22,64	24,58	207,0	223,1

Tabelle 1: Entwicklung der Betriebstypen im LEH
Quelle: vgl. EHI 1999, S. 60-65.

Tabelle 1 weist eine divergente Entwicklung im LEH aus: Während sich zwischen 1991 und 1998 die Anzahl der Geschäftsstätten um 15,8 % verringert hat, ist die Verkaufsfläche um 8,5 % gestiegen. Dies dokumentiert eine deutliche Substitution kleiner, höherpreisiger Geschäfte durch großflächige und/oder dem Discountprinzip folgende Betriebstypen: So hat sich Anzahl der SB-Warenhäuser bzw. Verbrauchermärkte zwischen 1991 und 1998 um 22,8 %, diejenige der Discounter um 56,6 % erhöht. Ein analoges Wachstum liegt in der Verkaufsfläche und dem Umsatz vor. Demgegenüber ist die Anzahl kleiner Supermärkte (unter 400 qm) und Bedienungsläden zurückgegangen (Rückgang um 27,7 % bzw. 54,8 %). Spitzenreiter im Umsatz sind in 1998 die Discounter mit einem Anteil 31,2 % am Gesamtumsatz der Branche, gefolgt von den „großen" Supermärkten mit über 400 qm Verkaufsfläche (27,5 %). SB-Warenhäuser und Verbrauchermärkte erzielten 25,4 % der Umsätze im LEH.

Der LEH weist - als typisches Kennzeichen von Märkten mit Verdrängungswettbewerb - starke Konzentrationstendenzen unter den Unternehmen auf, da langfristig nur LEH-Unternehmen mit einem Umsatz von mindestens 20 Mrd. DM als überlebensfähig angesehen werden (vgl. Drescher 1999, S. 231). Während 1988 die „Top-10" des LEH etwa 56 % des Gesamtumsatzes der Branche auf sich vereinten, stieg dieser Anteil in 1997 auf annähernd 84 % (vgl. Vogel 1999, S. 11-12). Mit der Übernahme von Allkauf (Umsatz von 2,1 Mrd. DM) durch die Metro und dem – geplanten – Verkauf der Verbrauchermärkte der Tengelmann-Gruppe (Umsatz von 1,9 Mrd. DM) hat die Konzentrationstendenz inzwischen auch die „kleineren" Top-10 im LEH erreicht (vgl. Vogel 1999, S. 10; o. V. 1999a).

Trotz der Konzentrations- und Marktsättigungstendenzen zieht der Lebensmittelbereich aber auch neue Marktakteure an: So hat in 1999 Wal-Mart insgesamt 95 SB-Warenhäuser und Verbrauchermärkte (Wertkauf und Interspar) mit einer Verkaufsfläche von fast 0,8 Mio qm übernommen (vgl. Groner 1999, S. 6), womit das erste nichteuropäische Unternehmen „in großem Stil" in den deutschen LEH eingestiegen ist. Darüber hinaus sieht sich der LEH einer (wachsenden) Konkurrenz von „branchenfremden" Akteuren ausgesetzt: Ein klassischer– auch gerichtlich beanstandeter – Streitpunkt sind Privateinkäufe im SB-Großhandel (C&C-Märkte), der Einzelhändlern und gewerblichen Kunden vorbehalten ist, um Großhandelsprivilegien wie längere Öffnungszeiten zu erhalten (vgl. o. V. 1998a). In zunehmenden Maße übernehmen insbesondere Tankstellen und Bahnhofsshops eine Nahversorgungsfunktion außerhalb der Ladenöffnung des LEH („von Tante Emma zu Onkel Esso", vgl. Zentes/Swoboda 1999, S. 115-117): So umfassen die Minimärkte von Aral etwa 2500 Artikel im Lebensmittelbereich (vgl. Schröder 1999, S. 909). Immerhin tätigen die Kunden im Umfang von etwa 5 % des deutschen LEH-Umsatzes Lebensmittelkäufe an Tankstellen (vor allem Tabakwaren und Getränke, vgl. Zentes 1996, S. 232). Im Bereich der Tiefkühlprodukte hat sich ein leistungsfähiger Heimdienst etabliert, der etwa ein Drittel des gesamten Tiefkühlumsatzes erreicht (vgl. Zentes 1996, S. 232). Schließlich beginnt auch der Versandhandel mit dem Verkauf von Lebensmitteln (z. B. „Otto-Supermarkt Service" des Versandhauses mit bis zu 3000 Artikeln) und dynamische Jungunternehmer mit Know-Kow in der Telekommunikation und Netzwerk-Logistik nehmen den e-commerce mit Lebensmitteln auf (vgl. o. V. 1999b; Hantrop/Ring, 1999, S. 95-96). Das Spektrum von Lebensmittelanbietern wird damit deutlich „bunter", wenngleich sich der traditionelle LEH aufgrund der Konzentrationstendenzen immer mehr einem (engen) Oligopol annähert (zur Marktformendiskussion im LEH vgl. Drescher 1999).

Die anfangs konstatierten Marktsättigungstendenzen im LEH sind in der demographischen Entwicklung begründet: Aufgrund eines nur marginalen Bevölkerungswachstums und dem Erreichen des physischen Maximalkonsums sind keine exogenen Wachstumsimpulse der Nachfrage gegeben (vgl. Bodenbach 1996, S. 57). Darüber hinaus steckt der LEH aber auch in einem „Marketing-Patt": Die Lebensmittelsortimente werden von Nachfragern und sogar von Handelsmanagern als wenig unterscheidbar angesehen (vgl. Liebmann/Zentes 1999, S. 159; Spannagel/Trommsdorff 1999, S. 61). Zudem hat sich der Wettbewerb einseitig auf die Preisschiene verlagert (vgl. Abschnitt 4), wobei das akquisitorische Potential einer Handelskette bzw. Einkaufsstätte in diesem oligopolistischen Preiswettbewerb zurückgegangen ist, wie die gesunkene Geschäftsstättentreue der Nachfrager belegt (vgl. Bodenbach 1996, S. 58).

Als Lösung dieser Wachstums- und Profilierungsschwäche im LEH bieten sich drei Stoßrichtungen an (vgl. bspw. Koppe 1997, S. 126):

- Expansionsstrategien;

- Discount-Strategien;
- Differenzierungsstrategien.

Alle drei Ansätze sollen im folgenden eine nähere Betrachtung erfahren. Zunächst stehen aber Aspekte des Konsumentenverhaltens im Lebensmittelbereich im Vordergrund, um hieraus Anhaltspunkte über die Erfolgsträchtigkeit einzelner Strategien ableiten zu können.

2. Verhaltensspezifika der Nachfrager im Lebensmittelbereich

Das Einkaufsverhalten der Nachfrager läßt sich bei vielen Konsumgütern als „hybrid" charakterisieren (vgl. Schmalen 1994; Schmalen/Lang 1998), was zu einer Abgrenzung von vier Kauftypen führt, die auch im Lebensmittelbereich Gültigkeit besitzen (vgl. Tabelle 2):

Serviceorientierung	Markenorientierung	
	Hoch	Niedrig
Hoch	Teuerkauf	Markenloser Convenience-Kauf
Niedrig	Schnäppchenkauf	Billigkauf

Tabelle 2: Hybrides Kaufverhalten

Stuft ein Nachfrager Produkte im Lebensmittelbereich als wichtig oder risikobehaftet ein (hohes Produktinvolvement), bevorzugt er bekannte (starke) Marken (hohe Markenorientierung), da seinen Anforderungen nur eine hohe Produktleistung (Qualität) und/oder Markenreputation genügen. Bei Frischwaren (z. B. Obst, Fleisch) zeigt sich die Markenpräferenz bspw. in der Bevorzugung von Produkten aus bestimmten Herkunftsländern. Gleichzeitig führt das wahrgenommene Kaufrisiko (Kaufinvolvement) zu einer hohen Serviceorientierung: Der Nachfrager wünscht in einer Geschäftsstätte eine große Auswahl und Beratung und ist bereit, diesen Handelsservice durch einen „Preisaufschlag" auf die Produkte zu honorieren. Zusammen mit der Markenpräferenz liegt ein „Teuerkauf" vor, der in Spezialgeschäften (z. B. Bioladen; Lebensmittelhandwerk) realisiert wird.

Ist dagegen das Produktinvolvement niedrig, was eine niedrige Markenorientierung impliziert (kein Bedarf an Markenqualität), und besteht aufgrund der geringen Risikowahrnehmung bei diesen Produkten auch kein Bedarf an risikoreduzierenden Handelsfunktionen, tritt bei diesen problemlosen Produkten ein Billigkauf auf: Dem Nachfrager genügt eine schwache Marke (z. B. Handelmarke), die er möglichst billig erwerben will. Dies ist der klasssiche Fall des Einkaufs im Discounter. Legt der Nachfrager in einer Warengruppe zwar Wert auf Markenprodukte, da er eine hohe Produktqualität fordert, ist der Kauf für ihn aber risikolos, weil er aufgrund langjähriger Konsumerfahrung genau weiß, was er will (niedrige Serviceorientierung), betätigt er sich als „Schnäppchenjäger". Er sucht nach dem günstigsten Geschäft für dieses Markenprodukt (Preiswertkauf), weshalb ihn diesbezügliche Sonderangebote zum Wechsel der Einkaufsstätte veranlassen. Bemerkenswert ist, daß beide sparorientierten Kauftypen in keiner Korrelation mit dem Einkommen des Nachfragers stehen („mit dem Porsche zu Aldi").

Neben diesem „Smart Shopper" (Billigkauf; Preiswertkauf) hat sich als Verhaltenstrend der „Convenience-Shopper" herausgebildet (vgl. Spannagel/Trommsdorf, 1999, S. 67; Schröder, 1999, S. 917; Zentes 1996, S. 230): Dieser Verhaltenstyp versucht, Mühen beim Einkauf zu vermeiden (effizienter Einkauf) und/oder den Einkauf zum Erlebnis werden zu lassen. Eine Ausprägung dieser Convenience-Orientierung der Nachfrager ist das Streben nach einer bequemen Beschaffung der benötigten Lebensmittel. Dies kann sich im Kauf von Lebensmitteln – außerhalb der Ladenöffnungszeiten – an der Tankstelle oder vor allem im one-stop-shopping manifestieren: Der Nachfrager will in einem einzigen Geschäft alle (einen Großteil der) Produkte des täglichen Bedarfs erwerben, die er in nächster Zeit benötigt. Hinsichtlich der Produkte hat der Nachfrager keine sonderlichen Markenpräferenzen (geringes Produktinvolvement), weshalb dieser Kauftyp als „markenloser Convenience-Kauf" bezeichnet werden soll. Analog zum Teuerkauf ist der Nachfrager bereit, die Handelsfunktion „Convenience" durch einen „Preisaufschlag" zu entlohnen oder einen längeren Anfahrtsweg hierfür in Kauf zu nehmen. Im Gegensatz zum Teuerkauf sind mit der Convenience (effizienter Einkauf; Erlebniseinkauf) aber andere Handelsfunktionen als Beratung und Risikoreduktion gefordert.

Vor allem großflächige, breit sortierte Betriebsformen kommen dem Preiswertkauf durch häufige Sonderangebotsaktionen im Markenbereich entgegen und sprechen zugleich die Convenience-Orientierung der Nachfrager hinsichtlich eines effizienten Einkaufs ihres Produktbedarfs (one-stop-shopping) an. Aus dieser verhaltenstheoretischen Sicht wird die „Erfolgsstory" von Discounter und Verbrauchermarkt (SB-Warenhaus) im LEH verständlich.

3. Expansionsstrategien

Auf nationaler Ebene können Unternehmen des LEH - prinzipiell - in den Angebotsdimensionen Ladenöffnungszeiten, Verkaufsfläche und Sortimentsumfang, bei internationaler Betrachtung durch Erschließung neuer Märkte (Strategie der Marktentwicklung) expandieren. Der Tatbestand, daß Handelsunternehmen lateral diversifizieren und sich beispielsweise im Touristikbereich betätigen (Rewe; vgl. o. V. [1999c], S. 21), soll ausgespart bleiben.

3.1 Expansion im Binnenmarkt

Eine freie Gestaltung der Ladenöffnungszeiten ist dem stationären Einzelhandel in Deutschland verwehrt (vgl. Ahlert/Schröder 1999, S. 272-276): Das Ladenschlußgesetz in der Fassung von 1996 erlaubt an Werktagen (Samstagen) eine Geschäftsöffnung von 6.00 Uhr bis 20.00 Uhr (6.00 Uhr bis 16.00 Uhr). Die wöchentliche Öffnungszeit ist damit auf maximal 80 Stunden begrenzt, in den vier Wochen vor Weihnachten steigt sie auf 82 Stunden, da am Samstag dann bis 18.00 Uhr geöffnet bleiben darf. Wenngleich die Auswirkungen einer Flexibilisierung der Ladenöffnungszeiten auf das Kaufverhalten umstritten sind, dürfte eine Ausweitung sicherlich die Versorgungseinkäufe von Lebensmitteln bei branchenfremden Betriebsformen wie den Tankstellen reduzieren.

Auch einer Ausweitung der Verkaufsflächen sind enge Grenzen gesetzt: Pro 1000 Einwohner steht den Nachfragern in Deutschland im LEH mit 296 qm eine etwa doppelt so große Verkaufsfläche wie bspw. in England zur Verfügung (vgl. o. V. 1999d), weshalb die Flächenproduktivität im internationalen Vergleich mit durchschnittlich 8000 DM/qm relativ gering ist (vgl. Sturm 1999, S. 19).

Bei einer „Umschichtung" von Verkaufsfläche an bessere Standorte wirkt die Baunutzungs-Verordnung (BauNVO) restriktiv (vgl. Ahlert/Schröder 1999, S. 261-264): In Wohngebieten ist die Neuansiedlung von Einzelhandelsgeschäften nur unter 700 qm Verkaufsfläche zugelassen. Diese Fläche ist zwar für Discounter mit ihrem schmalen Sortiment ausreichend, nicht jedoch für attraktive Supermärkte (vgl. o. V. 1999e). Größere Einzelhandelsprojekte dürfen zwar in anderen Gebietstypen (sog. Misch-, Kern-, Gewerbe- und Industrie- sowie ausgewiesenen Sondergebieten) errichtet werden, jedoch erlaubt § 11 Abs. 3 BauNVO den Gemeinden eine Versagung der Genehmigung, wenn durch das Projekt negative Auswirkungen insbesondere gegenüber dem mittelständischen Einzelhandel und hinsichtlich der Verödung der Innenstädte befürchtet werden. Aufgrund des letzten Gesichtspunkts erhalten Einzelhandelsprojekte häufig nur noch Ansiedlungsgenehmigungen in den teuren zentrumsnahen Lagen. Daher wurde in 1997 nur noch jedes siebte Einkaufszentrum auf der „grünen Wiese" errichtet (vgl. Pittroff, 1998, S. 61). Zudem kann der Bebauungsplan detaillierte Sortimentsvorschriften enthalten und in einem Negativkatalog das Angebot von Sortimentsteilen „am Stadtrand" verbieten, die nach Ansicht der Gemeinde ins „Zentrum gehören" (z. B. Lebensmittel, Textilien).

Ein dritter Expansionsansatz besteht im Sortimentsbereich (vgl. allgemein hierzu Schröder 1999), was im LEH zumeist eine Ausdehnung des Produktangebots in den Non-Food-Bereich impliziert, der in der Regel höhere Renditen als der Lebensmittelbereich liefert. Zudem kommt eine solche Expansion dem Bedürfnis der Nachfrager nach einem one-stop-shopping bei Waren des täglichen Bedarfs entgegen. Eine etwas andere Stoßrichtung besitzen kurzfristige „Self-Liquidating-Offers" (Partievermarktung, z. B. PC-Verkauf bei Aldi), die mit ihrer Magnetwirkung vor allem Laufkunden in das Geschäft bringen oder zumindest für einen kommunikationspolitischen „Show-Effekt" sorgen sollen.

Die Sortimentsausweitung in den Non-Food-Bereich ist nicht unproblematisch, selbst wenn freie Verkaufsflächen vorhanden sind, was bei kleinräumigen Betriebstypen selten gegeben sein dürfte. Aus verhaltenspsychologischer Sicht finden viele Nachfrager großflächige Betriebe mit breit diversifizierten Sortimenten zu unübersichtlich (vgl. Esch/Billen, S. 327-328). Ebenso sinkt mit zunehmender „kognitiver Entfernung" der neuen Sortimentsteile vom angestammten Sortiment die von den Nachfragern wahrgenommene Sortimentskompetenz des Anbieters. Daher werden freie Verkaufsflächen in SB-Warenhäusern zunehmend in Shop-in-the-Shop-Zonen umgewandelt (vgl. Gronau 1999, S.4), um Freiflächen bzw. Randsortimente von Spezialisten betreiben zu lassen.

3.2 Internationalisierung des LEH

Das Auslandsengagement des deutschen LEH hat verglichen mit der Industrie eher zögerlich begonnen. Ein Grund hierfür dürfte sein, daß Handelsbetriebe in einem stärkeren Umfang als die exportierende Industrie in das Gemeinwesen und Konsumverhalten des Gastlands integriert werden müssen, um erfolgreich zu agieren (vgl. Conradi 1999, S. 44). Mit der Öffnung der Märkte in Zentral- und Osteuropa hat die Internationalisierung des deutschen LEH allerdings eine neue Dynamik erhalten. Tabelle 3 zeigt die Auslandsaktivitäten einiger deutscher LEH-Unternehmen. Angeführt sind die betreffenden Gastländer mit ihrem Prozentanteil am Gesamtumsatz sowie der Stammlandanteil (St), der das Gewicht des deutschen Markts abbildet.

Unternehmen	St (%)
Metro: F(6), I (4), Rest (24) [A,B, CH, CZ, DK, E, GB, GR, H, L, NL, P, PL, RO]	66
Aldi: A (6); B (5); NL (5), GB (5), Rest (5) [DK, I]	79
Rewe: A (15), CZ (1), H (2), Rest (2) [E, F, PL, SK]	71
Tengelmann: A (4), I (5). NL (4), Rest (4) [CZ, E, H, PL]	83

Tabelle 3: Auslandsengagement im deutschen LEH
Quelle: vgl. EHI 1999, S.165-166.

Der relativ hohe Stammlandanteil deutet an, daß im deutschen LEH eher eine ethnozentrische Ausrichtung der Aktivitäten („Auslandsgeschäft als Zubrot") vorherrscht: Der Stammlandanteil ist relativ hoch bzw. die internationalen Aktivitäten beschränken sich auf den europäischen Raum.

Allgemein lassen sich bei der Erschließung von Auslandsmärkten im LEH zwei Strategieausrichtungen unterscheiden (vgl. Gröppel-Klein 1999, S. 118-199): Bei einer Akquisitionsstrategie übernimmt das expandierende Unternehmen bereits im Gastland existierende Unternehmen bzw. Teile des Geschäftsstättenbestands. Motivation für diese Strategie ist die Gewinnung von Absatz- und damit Bestellvolumina („die magischen 20 Mrd."), um die internationale Einkaufsmacht bei den Herstellern zu erhöhen; ferner bieten ausländische Märkte oft deutlich höhere Renditen als der deutsche Markt. Bei der Filialisierungsstrategie, der zweiten Strategieausrichtung, wird eine im Inland erfolgreiche Distributionsform (Betriebstyp) ins Gastland übertragen. Der Erfolg einer solchen „Multiplikation" eines Betriebstyps hängt entscheidend davon ab, daß diese im Gastland innovativ ist und einen komparativen Konkurrenzvorteil besitzt. Dies gilt vor allem für den Discounter (vgl. Diller 1999, S. 367), wie die Erfolge von Aldi und Lidl in Frankreich belegen (vgl. Gröppel-Klein, 1999, S. 111). Hier deuten sich zweifellos Wachstumschancen an, da der Discounter in Frankreich (Spanien; Großbritannien; Italien) mit einem Marktanteil von 8 % (7 %; 12 %; 6 %) noch deutlich weniger stark als in Deutschland verbreitet ist (vgl. EHI 1999, S. 183), das Verhalten eines Billigkäufers bzw. Schnäppchenjägers aber sicher keine rein deutsche Eigenart darstellt.

4. Discount-Strategien

Das Selbstbedienungsprinzip im LEH hat unmittelbar zur Bevorzugung des Preises als Marketinginstrument geführt. Die Kostenvorteile sollten durch Preissenkungen (günstige Preise) an die Verbraucher weitergegeben werden, um hieraus einen Wettbewerbsvorteil zu erzielen. Immerhin spricht diese Marketingstrategie mit dem Billig- bzw. Schnäppchenkauf zwei typische Kaufverhaltensmuster im Lebensmittelbereich an.

Auch der Newcomer im deutschen LEH, Wal-Mart, hat - entgegen einer ursprünglichen Service-Profilierung - den Wettbewerb im Preis gesucht (vgl. o. V. 1999f) und damit in 1999 eine neue Preissenkungswelle ausgelöst. Im Juli führte Rewe eine Dauerniedrigpreisaktion für 50 Markenartikel durch, kurz darauf reduzierte Spar dauerhaft den Preis für 1000 Artikel in den Eurospar-Supermärkten (vgl. o. V. 1999g). Dieser Preiswettbewerb hat mittelständische Einzelhändler veranlaßt, sich an das Bundeskartellamt zu wenden, um den seit dem 1. 1. 1999 verbotenen Tatbestand des Verkaufs unter Einstandspreisen prüfen zu lassen. Das Bundeskartellamt hat jedoch auf die Eröffnung eines Unterlassungsverfahrens verzichtet. Insbesondere spielte hierbei die Erkenntnis eine Rolle, daß aus kostenrechnerischer Sicht Einstandspreise im Handel bspw. aufgrund von Rabatten oder Werbekostenzuschüssen, die Gemeinerlöscharakter besitzen, eine recht „flexibel" zu berechnende Größe sind (o. V. 1999h).

Aus strategischer Sicht führt der Preiswettbewerb im LEH zu einer weiteren Verringerung der Nettorenditen, sofern nicht durch Rationalisierungen „Luft in der Kalkulation" geschaffen bzw. der Preisdruck an die Hersteller weitergegeben werden kann. Aus Marketingsicht werfen Discount-Strategien vor allem die Frage auf, ob Dauerniedrigpreise oder Sonderangebote ein preisgünstiges (niedrigpreisiges) Geschäftsimage vermitteln: Im ersten Fall bleibt ein niedriges Preisniveau für ausgewählte Produkte über einen längeren Zeitraum hinweg konstant (preislagenbezogenes Teilsortiment vgl. Diller 1999, S. 369), im zweiten Fall treten temporäre Preisreduzierungen (z. B. für eine Woche) für ausgewählte Produkte auf, wobei das Preisniveau in dieser kurzen Spanne dasjenige der Dauerniedrigpreise noch unterschreitet.

Hinsichtlich der Erfolgswirkung beider Strategien muß zwischen zwei Segmenten von Verbrauchern differenziert werden (vgl. Schindler 1999, S. 84): Das erste Nachfragersegment schließt aus der Anzahl an Preisreduzierungen auf das Preisimage eines Geschäfts. Sonderangebote besitzen damit eine Aufmerksamkeitswirkung. So zeigte sich in einer Untersuchung von Schmalen et al. (1996a, S. 83) im LEH, daß bei preisreduzierten Angeboten die Absatzsteigerung des Produkts (sog. Primäreffekt) im Durchschnitt deutlich höher als bei nur kommunikativ herausgestellten, nicht preisreduzierten Angeboten war. Ferner ging ein Sonderangebot nur in geringem Umfang zu Lasten anderer Produkte im Sortiment (substitutiver Sortimentsverbund; vgl. Schmalen et al., 1996a, S. 245-246). Grund hierfür ist, daß vor allem Schnäppchenjäger den Absatzzuwachs des Sonderangebotsprodukts auslösen. Dauerniedrigpreise befriedigen deren Kaufmotiv, gezielt preisreduzierte Angebote zu erwerben, nicht (vgl. Schröder (1999, S. 924). Das zweite Nachfragersegment hält Sonderangebote als nicht repräsentativ für ein Geschäft. Diesem Nachfragersegment, das dem Billigkäufer entsprechen dürfte, kann man folglich nur mit Dauerniedrigpreisen ein glaubwürdiges Preisimage vermitteln (Vertrauenswirkung von Dauerniedrigpreisen; vgl. Schindler 1999, S. 89). Damit dürfte es von der Nachfragerstruktur eines LEH-Geschäfts (überwiegend Billig- oder Schnäppchenkäufer) abhängen, welche der beiden Ausgestaltungen der Discount-Strategie wirkungsvoller das gewünschte Preisimage erreicht.

5. Auswege aus der Preisfalle?

Der Preiswettbewerb im LEH hat in Deutschland zum europaweit niedrigsten Preisniveau bei Lebensmitteln geführt (vgl. o. V. 1999c). Daher stehen Ansätze, diese Preisfalle zu verlassen, „hoch im Kurs". Als zwei mögliche Auswege werden im folgenden die Sortimentsprofilierung und die Convenience-Fokussierung näher betrachtet.

5.1 Sortimentsprofilierung

Ziel der Sortimentsprofilierung ist es, dem Sortiment eine verkaufswirksame Einzigartigkeit zu geben, um einen höheren Preis am Markt durchsetzen zu können. Ein möglicher Weg hierzu besteht im Angebot innovativer Produkte, spezieller regionaltypischer Waren oder eines Sortiments, das bestimmte Vertrauenseigenschaften besitzt (keine gentechnisch veränderten Produkte; z. B. Tengelmann, Tegut, Rewe, vgl. Liebmann/Zentes 1999, S. 163). Einer umfangreichen Aufnahme von Produktinnovationen steht jedoch entgegen, daß dies aufgrund des knappen Regalplatzes häufig die Auslistung eines Substitutionsprodukts impliziert. Ferner sind die Handling-Kosten eines neuen Produkts meist höher als bei einem „eingefahrenen" Produkt. Schließlich gilt es die hohe Flop-Rate von Innovationen im Lebensmittelbereich zu beachten. So wurden 1998 im Lebensmittelbereich allein in nur 14 Warengruppen über 1300 neue Produkte registiert (vgl. EHI 1999, S. 247), von denen sich aber erfahrungsgemäß nur knapp die Hälfte länger als ein Jahr am Markt behauptet (vgl. Liebmann/Zentes, 1999, S. 159). Das Risiko, „innovative Ladenhüter" ins Sortiment zu nehmen, ist damit groß.

Eine Sortimentsprofilierung läßt sich ferner in Qualität und Frische der Produkte (z. B. Fleisch, Backwaren, Käse oder Obst/Gemüse) durchführen. Wenngleich der Handel diese Profilierung als beliebte Gegenstrategie zum Preiswettbewerb ansieht (vgl. o. V.1998b), sind einige ökonomische Überlegungen gegenzuhalten: Eine solche Qualitätsoffensive erfordert höhere Investitionen in Raumkapazitäten (z. B. Kühlaggregate, Ladengestaltung) sowie einen höheren Personaleinsatz und verursacht einen größeren Ausschuß an Ware, um den Qualitätsstandard zu halten. Ferner zeigt das hybride Kaufverhalten, daß Nachfrager nur dann einen solchen Teuerkauf tätigen, wenn sie ein hohes Produkt- und Kaufinvolvement besitzen, was selbst bei den oben angeführten Warengruppen sicherlich nicht durchwegs zutrifft.

Als „Königsweg" der Sortimentsprofilierung gilt im LEH deshalb häufig das Angebot von Handelsmarken, die in ihrem kommunikationspolitischen Auftritt meist einen kognitiven Bezug zum Namen der Handelskette aufweisen (z. B. die „Sparsamen" - Spar) oder aufgrund der Bekanntheit mit der Handelskette assoziiert werden (A&P-Tengelmann). Aus Marketingsicht liegt die Markenführung beim Handel. Da die Handelsketten jeweils über ihre „eigenen" Handelsmarken verfügen, erhalten die Sortimente dadurch eine gewisse Einzigartigkeit (zur Charakteristik von Handelsmarken vgl. Bodenbach 1996, S. 27-31; Bruhn 1999, S. 788-789).

Etwas differenzierter läßt sich eine zweigleisige Handelsmarkenstrategie im LEH erkennen (vgl. Schmalen/Schachtner 1999, S. 133), die jeweils die Treue der Verbraucher gegenüber der Handelskette erhöhen soll: So finden sich Handelsmarken im unteren und mittleren Preissegment, was vor allem die klassischen „No Names" (Gattungsmarken) umfaßt. Damit will der traditionelle LEH eine Preisprofilierung im Sortiment gegenüber den Discountern schaffen, da ähnlich günstige Produkte mit gleicher Qualität vorhanden sind: Der Nachfrager kann folglich - im Rahmen des one-stop-shoppings - seine Billigkäufe ebenfalls in diesem Geschäft tätigen. Inzwischen sind Handelsmarken aber auch in gehobenere Preis-/Qualitätsklassen vorgedrungen. Hier steht eine Sortimentsprofilierung dahingehend im Vordergrund, daß starke (bekannte) Handelsmarken schwache Herstellermarken verdrängen sollen. In diesem Sinn werden profilstarke Handelsmarken auch als „Markenartikel der Handelsorganisation" (vgl. Oehme 1992, S. 153) gesehen.

Der Erfolg von Handelsmarken im traditionellen LEH ist bislang mäßig: Viele Handelsketten verfehlten in 1997 die geplanten Marktanteile bei ihren Handelsmarken, die zumeist unter 10 % liegen; Ausnahmen sind Rewe und Metro mit einem Handelsmarkenanteil von 19,6 % bzw. 15,8 % (vgl. Bruhn 1999, S. 794). Auch innerhalb eines Sortiments besitzen Gattungsmarken nur in wenigen Warengruppen eine profilierte Stellung (vgl. Bodenbach 1996, S. 184; Schmalen et al. [1996b], S. 239). Zudem stößt die Handelsmarkenpolitik nicht immer auf die aktive Unterstützung der Marktleiter „vor Ort", da diese mitunter andere Markenführungsvorstellungen besitzen (vgl. Peters 1999, S. 78). Schließlich implizieren Handelsmarken eine Rückwärtsintegration des Handels. Dadurch eröffnet sich zwar die Chance zu einer größeren Wertschöpfung, es steigen aber zugleich die Organisationskosten für die Handelsmarkenproduktion und die Marketingkosten, die mit der Markenführung verbunden sind (vgl. Bodenbach 1996, S. 200).

Insgesamt scheinen Handelsmarken damit eher eine Domäne der klassischen Discounter zu sein, die im Rahmen ihrer kleinen Sortimente die Organisationskosten gering halten können. Immerhin werden über 70 % der Food-Handelsmarken in Discountern geführt (vgl. Bruhn 1999, S. 790). Zudem ist zu vermuten, daß die Verbraucher den etablierten Discountern eine höhere Kompetenz für niedrigpreisige Produkte mit akzeptabler Qualität als dem traditionellen LEH zuschreiben (vgl. Schmalen/Schachtner 1999, S. 133).

5.2 Convenience-Fokussierung

Der LEH kann sich in mehrfacher Hinsicht auf den Convenience-Bedarf der Nachfrager einstellen. Neben dem Angebot von sog. Convenience-Produkten wie Fertigmahlzeiten (vgl. Zentes, 1996, S. 230) stellt vor allem die Zielsetzung des „streßfreien Einkaufs" einen Ansatzpunkt dar. Fraglich ist allerdings, ob die Nachfrager eine Erlebnisorientierung beim Einkauf von Lebensmitteln fordern, wofür dann ein entsprechendes Erlebnis-Ambiente der Geschäftsstätte (Ladenatmosphäre; Abhalten von Events) dient. Vielmehr dominiert bei der Beschaffung von Lebensmitteln die Zielsetzung der effizienten Beschaffung. Aufgabenstellung für den LEH ist es damit, durch Reduzierung von Wartezeiten an den Kassen und Bedienungsinseln, übersichtliche Warenpräsentation, intelligente Informations- und Leitsysteme durch das Geschäft und nicht zuletzt durch ein freundliches Personal die Einkaufszeit der Kunden zu verkürzen bzw. allgemein die Einkaufsprozesse der Kunden zu rationalisieren (vgl. Zentes 1996, S. 235-236). Innovationen wie das Self- oder Automatic-Scanning, die Möglichkeiten des bargeldlosen Einkaufs, leistungsfähige Space-Management- und Regalplatzoptimierungssysteme oder Medientechnologien im Verkaufsraum (vgl. Müller-Hagedorn/Preißner 1999, S. 156-168; Spannagel/Trommsdorff 1999, S. 76-79) bieten hierzu die technischen Möglichkeiten.

Der Convenience Shopper ist bereit, diese Effizienzgewinne im Einkauf dem Handel zu entgelten (vgl. Schröder 1999, S. 917); dies kann in einer höheren Preisbereitschaft zum Ausdruck kommen oder zumindest die Präferenz für „einkaufseffiziente" Geschäftsstätten erhöhen. Allerdings muß auch im Rahmen dieser Convenience-Fokussierung der „richtige Nerv" der Nachfrager getroffen werden. Servicekonzepte wie der Packer an der Kasse oder der „Einkaufsbegleiter" im Geschäft, die in USA oder Japan beliebt sind, treffen nicht den Convenience-Bedarf der deutschen Verbraucher. Deshalb sind sie nur zögernd bereit, solche zusätzlichen Servicefunktionen in Anspruch zu nehmen und dem Handel zu entgelten (vgl. Spannagel/Trommsdorff 1999, S. 84-85). Im Convenience-Bereich besteht damit die Gefahr des „Overserving" (vgl. Schmalen/Schachtner 1999, S. 138).

Ein weiterer Impuls in der Convenience-Fokussierung des LEH dürfte vom Einkauf von Waren des täglichen Bedarfs in elektronischen (virtuellen) Supermärkten ausgehen (e-commerce). Der Nachfrager bestellt - auch außerhalb der Ladenöffnungszeiten - vom Büro bzw. seiner Wohnung aus über e-mail oder Internet die Produkte. Diese bekommt er dann zu bestimmten Lieferzeitfenstern angeliefert oder kann sie in speziellen Shopping-Boxes abholen (vgl. Müller-Hagedorn/Preißner 1999, S. 173; o. V. 1999i). Die bislang im LEH verfolgten Konzepte (z. B. Kaiser´s; Spar24), setzen einen bestimmten Mindestauftragswert voraus und bieten ein noch eingeschränktes Sortiment (2500 Artikel zuzüglich Frischeprodukte); zudem muß der Nachfrager für den Lieferservice eine Gebühr bezahlen. Allerdings sind auch eine Leergutannahme und einfache Bedienungsleistungen („in Scheiben schneiden") möglich (vgl. o. V. 1998b; Müller-Hagedorn/Preißner 1999, S. 173).

Die Erfolgswirksamkeit des e-commerce bei Lebensmitteln ist offen. Der Tatbestand, daß ein auf Fax- und Telefonbestellungen basierender Lebensmittel-Heimlieferdienst, der Mitte der neunziger Jahre in Düsseldorf und Essen lief, scheiterte (vgl. Jansen 1998, S. 60), sollte nicht überbewertet werden. Schließlich können Innovationen, für die ein Markt noch nicht reif war, zu einem späteren Zeitpunkt mit einem anderen technischen Konzept eine erfolgreiche Diffusion erleben. Allerdings ist der Kreis e-commerce-geeigneter Produkte eingeschränkt: Es handelt sich um low-involvement-Produkte, bei denen die alleinige bequeme Beschaffung im Vordergrund steht (markenloser convenience-Kauf). Zudem stellt ein umfangreicher virtueller Abverkauf von Produkten, der aber dennoch eine physische Zustellung erfordert, ein LEH-Unternehmen vor erhebliche Kosten- und Kompetenzprobleme (vgl. Spannagel/Trommsdorff 1999, S. 81-83), selbst wenn den Logistikbereich Spezialdienstleister übernehmen.

6. Zusammenfassung

Die Umsatzstagnation auf der Gesamtebene könnte den Eindruck erwecken, daß der LEH eine „geruhsame Branche" darstellt. Tatsächlich sieht sich der LEH aber starken Veränderungen ausgesetzt. Dies gilt durch die fortschreitende Konzentration und das Eindringen neuer Wettbewerber in den Markt, aber auch hinsichtlich der Internationalisierung deutscher LEH-Ketten. Hierbei dürften vor allem auf das Discount-Prinzip abgestellte Betriebsformen „Exportschlager" des deutschen LEH im europäischen Ausland sein. Generell bietet die Internationalisierung bessere Wachtumschancen als Expansionsstrategien auf dem Binnenmarkt, denen hinsichtlich der Ansiedelung, Ladenöffnung oder Sortimentserweiterung enge Grenzen gesetzt sind.

Die starke Betonung der Preispolitik, die vor allem Billig- und Schnäppchenkäufer anspricht, hat den LEH in eine Preisfalle geführt. Als erfolgversprechender Ausweg erscheint die Convenience-Fokussierung, die den Nachfragern durch eine Vielzahl technischer Maßnahmen in der Ladengestaltung (In-Store-Marketing) und beim Kassiervorgang eine (zeit-) effiziente Beschaffung ihrer Lebensmittel ermöglichen soll. Allerdings besitzt die Convenience-Fokussierung ebenso wie erfolgreiche Konzepte bei den Ladenöffnungszeiten oder der Sortimentsgestaltung ein Kardinalproblem: Finanzstarke Konkurrenten können erfolgreiche Ansätze relativ schnell nachahmen und damit den Wettbewerbsvorsprung des Pioniers rasch reduzieren. Insbesondere das Konzept, den Verbrauchern ein effizientes Einkaufen zu ermöglichen, erweist sich als durchaus mit dem Discount-Prinzip vereinbar (sog. Hybridhypothese, vgl. Diller 1999, S. 370). Damit könnte der Wettbewerb im LEH, nachdem die Handelsketten eine höheres Level in der Convenience-Fokussierung erreicht haben, wieder in den Preisbereich zurückkehren. Dieses „wheel-of-retailing", nach einem Trading-Up wieder in den Preiswettbewerb zu geraten (vgl. Müller-Hagedorn 1985, S. 21-22), ist aber sicherlich nicht zum Nachteil der Verbraucher.

7. Literatur

Ahlert, D./Schröder, H. (1999): Binnenhandelspolitische Meilensteine der Handelsentwicklung, in: Dichtl, E./Lingenfelder, M. (Hrsg.): Meilensteine im deutschen Handel, Frankfurt a. Main, S. 241-292.

Bodenbach, B. F. (1996): Internationale Handelsmarkenpolitik im europäischen Lebensmitteleinzelhandel, Regensburg.

Bruhn, M. (1999): Handelsmarken als strategische Option im Wettbewerb, in: Beisheim, O. (Hrsg.): Distribution im Aufbruch, München, S. 787-801.

Conradi, E. (1999): Internationalisierung und Globalisierung – was sonst? Erwägungen zu Strategie und Umsetzung in einem Handelsunternehmen, in: Beisheim, O. (Hrsg.): Distribution im Aufbruch, München, S. 39-60.

Diller, H. (1999): Discounting: Erfolgsgeschichte oder Irrweg?, in: Beisheim, O. (Hrsg.): Distribution im Aufbruch, München, S. 351-372.

Drescher, K. (1999): Preisbildung und Konzentration im deutschen Lebensmitteleinzelhandel in: Zeitschrift für Betriebswirtschaft, Marktforschung und Agrarpolitik, Heft 6, S. 230-239.

EHI (Europäisches Handelsinstitut e. V.) (1999): Handel aktuell '99, Köln.

Esch, F.-R./Billen, P. (1996): Förderung der Mental Convenience beim Einkauf durch Cognitive Maps und kundenorientierte Produktgruppierungen, in: Trommsdorff, V. (Hrsg.): Handelsforschung 1996/97, Wiesbaden, S. 317-337.

Gröppel-Klein, A. (1999): Internationalisierung im Einzelhandel, in: Beisheim, O. (Hrsg.): Distribution im Aufbruch, München, S. 109-141.

Groner, B. (1999): Wal-Mart schon auf Platz 3, in: Dynamik im Handel, Heft 4, S. 4-6.

Jansen, H. (1998): Bei Anruf Food, in: Dynamik im Handel, Heft 2, S. 60-61.

Hantrop, C./Ring, S. (1998): Erste Schritte – Lebensmittel bundesweit frei Haus liefern, in: Wirtschaftswoche, Nr. 44, vom 22.10.1998, S. 94-95.

Koppe, P. (1997): Handelsmarken als Positionierungsinstrument im österreichischen Lebensmitteleinzelhandel, in: der markt, S. 126-135.

Liebmann, H.-P./Zentes, J. (1999): Handelsmonitor, Frankfurt a. Main.

Müller-Hagedorn, L. (1985): Die Dynamik der Betriebsformen, in: Marketing Zeitschrift für Forschung und Praxis, Vol. 7, S. 21-26.

Müller-Hagedorn, L./Preißner, M. (1999): Die Entwicklung der Verkaufstechniken des Einzelhandels: Siegeszug der Selbstbedienung und Aufkommen der neuen Medien, in: Dichtl, E./Lingenfelder, M. (Hrsg.): Meilensteine im deutschen Handel, Frankfurt a. Main, S. 147-179.

Oehme, W. (1992): Handels-Marketing, 2. Auflage, München.

o. V. (1998a): Metro muß Privateinkäufe besser unterbinden, in: Süddeutsche Zeitung Nr. 151 (4./5.8.1998), S. 22.

o. V. (1998b): Kaiser's Kaffee im Umbruch, in: Süddeutsche Zeitung, Nr. 290 (16.12.1998), S. 33.

o. V. (1999a): Tengelmann saniert Supermärkte allein, in: Süddeutsche Zeitung, Nr. 292 (17.12.1999), S. 27.

o. V. (1999b): Otto-Versand liefert jetzt auch Lebensmittel, in: Süddeutsche Zeitung, Nr. 227 (1.10.1999), S. 26.

o. V. (1999c): Lebensmittelhandel unter Regulierungsdruck, in: Süddeutsche Zeitung, Nr. 255 (4.11.1999), S. 21.

o. V. (1999d): Nahrungsmittelhersteller in Bedrängnis, in: Süddeutsche Zeitung, Nr. 234 (9.10.1999), S. 26.

o. V. (1999e): Preiskampf kostet Ertrag, in: Süddeutsche Zeitung, Nr. 295 (21.12.1999), S. 27.

o. V. (1999f): Kein Grüßgott-August bei Wertkauf, in: Süddeutsche Zeitung, Nr. 13 (18.1.1999), S. 20.

o. V. (1999g): Dauertiefpreise sollen Kunden locken, in: Süddeutsche Zeitung, Nr. 182 (10.8.1999), S. 19.

o. V. (1999h): Kartellamt stellt das Metro-Verfahren ein, in: Süddeutsche Zeitung, Nr. 224 (18.9.1999), S. 22.

o. V. (1999i): Den Einkauf nebenbei erledigen, in: Süddeutsche Zeitung, Nr. 171 (28.7.1999), S. 21.

Peters, G. (1999): Stiefkind Handelsmarke, in: absatzwirtschaft, Nr. 3, S. 76-82.

Pittroff, R. (1998): Innenstadt-Center im Aufwind, in: Dynamik im Handel, Heft 5, S. 60-64.

Schindler, H. (1999): Sonderangebote oder Dauerniedrigpreise?, in: absatzwirtschaft, Nr. 3, S. 84-92.

Schmalen, H. (1994): Das hybride Kaufverhalten und seine Konsequenzen für den Handel, in: Zeitschrift für Betriebswirtschaft (ZfB), Vol. 64, S. 1221-1240.

Schmalen, H./Lang, H. (1998): Hybrides Kaufverhalten und das Definitionskriterium des Mehrproduktfalls, in: Marketing Zeitschrift für Forschung und Praxis, Vol. 20, S. 5-13.

Schmalen, H./Schachtner, D. (1999): Discount- vs. Fachhandel im Zeichen des hybriden Konsumenten, in: Dichtl, E./Lingenfelder, M. (Hrsg.): Meilensteine im deutschen Handel, Frankfurt a. Main, S. 123-146.

Schmalen, H./Pechtl, H./Schweitzer, W. (1996a): Sonderangebotspolitik im Lebensmitteleinzelhandel, Stuttgart.

Schmalen, H./Lang, H./Pechtl, H. (1996b): Gattungsmarken als Profilierungsinstrument im Lebensmittel-Einzelhandel, in: Trommsdorff, V. (Hrsg.): Handelsforschung 1996/97, Wiesbaden, S. 230-257.

Schröder, H. (1999): Veränderungen von Sortimentsstrukturen und Konsequenzen für das Handelsmarketing, in: Beisheim, O. (Hrsg.): Distribution im Aufbruch, München, S. 909–925.

Spannagel, R./Trommsdorff, V. (1999): Kundenorientierung im Handel, in: Dichtl, E./Lingenfelder, M. (Hrsg.): Meilensteine im deutschen Handel, Frankfurt a. Main, S. 57-88.

Sturm, N. (1999): Preiskampf im Handel - Es geht um die Butter, in: Süddeutsche Zeitung, Nr. 170 (27.7.1999), S. 19.

Theis, H. J. (1999): Handels-Marketing, Frankfurt a. Main.

Vogel, M. (1999): Aus Jägern werden Gejagte, in: BAG Handelsmagazin, Heft 1-2, S. 10-12.

Zentes, J. (1996): Convenience Shopping – Ein neuer Einkaufstrend?, in: Trommsdorff, V. (Hrsg.): Handelsforschung 1996/97, Wiesbaden, S. 227-236.

Zentes, J./Swoboda, B. (1999): Standort und Ladengestaltung, in: Dichtl, E./Lingenfelder, M. (Hrsg.): Meilensteine im deutschen Handel, Frankfurt a. Main, S. 89-121.

Peter Weinberg und Simone Besemer

Marketing von Shopping-Centern

1. Einleitung
2. Die Shopping-Center-Evolution
   2.1 Erscheinungsformen und Typen von Shopping-Centern
   2.2 Der Shopping-Center-Evolutionsprozess
   2.3 Innovative Shopping-Center-Konzepte
3. Planung, Entwicklung und Gestaltung von Shopping-Centern als strategische Aufgaben des Projekt- und Handelsmanagements
   3.1 Positionierung von Shopping-Centern
   3.2 Organisationsstruktur und Entscheidungsträger von Shopping-Centern
   3.3 Aufgaben und Funktionen der Entscheidungsträger
4. Das Betreiben von Shopping-Centern aus verhaltenswissenschaftlicher Sicht
   4.1 Ausgewählte Rahmenbedingungen
   4.2 Wettbewerbsstrategien und Erfolgsfaktoren von Shopping-Centern
   4.3 Gestaltung von Shopping-Centern aus verhaltenswissenschaftlicher Sicht
       4.3.1 Architektur, Gestaltung und Layout
       4.3.2 Centeratmosphäre mittels Visual Merchandising
5. Fazit
6. Literatur

1. Einleitung

Shopping-Center erwartet eine dynamische Zukunft. Die in jüngster Zeit zunehmende *Relevanz von Shopping-Centern* wird zunächst anhand einer Reihe von *Indikatoren* belegt. Während bei den ersten regionalen Shopping-Centern in Deutschland zwar ein kontinuierlicher, aber noch recht verhaltener Anstieg festzustellen war, so ließen sich in den siebziger und achtziger Jahren im Jahresdurchschnitt nicht mehr als zwei bis drei Shopping-Center-Eröffnungen verzeichnen, kam es seit Beginn der neunziger Jahre, nicht zuletzt auch infolge der Wiedervereinigung, zu einem regelrechten *Shopping-Center-Boom* (vgl. EHI, 1997, A2). Wie *Abbildung 1* vor Augen führt, hat sich allein in den Jahren 1990 bis 1995 in Deutschland die Zahl der Shopping-Center von 95 auf 205 Objekte mehr als verdoppelt.

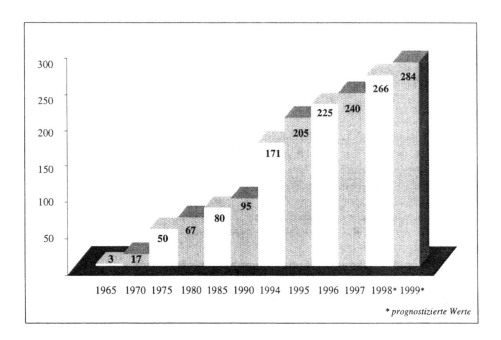

Abbildung 1: Zeitliche Entwicklung und Anzahl regionaler Shopping-Center in Deutschland ab 10.000 qm Mietfläche
Quelle: in Anlehnung an EHI, 1997, A2ff.

In den letzten Jahren war zudem die Tendenz zu beobachten, dass nicht nur großflächige Shopping-Center auf der „grünen Wiese" gebaut wurden, sondern zunehmend die vorhandene Bausubstanz der Citys genutzt wird, um zahlreiche Innenstadtzentren, Passagen, Galerien und Einkaufshöfe entstehen zu lassen (vgl. Lambertz, 1996, S. 40 ff.). Ein weiterer Grund für die steigende Anzahl von Shopping-Centern besteht in der *Flächenkonversion* ehemaliger Militär-, Post- und Industriebrachen sowie in der *Revitalisierung* bestehender Objekte, wie zum Beispiel die Umstrukturierung von ehemals großflächigen SB-Warenhäusern, Fachmarktzentren oder Bahnhöfen in hochmoderne Einkaufcenter. Nicht zuletzt erfahren Shopping-Center auch vor dem Hintergrund der vermehrten Bündelung bzw. *Verschmelzung von Einkaufs- und Freizeitaktivitäten* einen signifikanten Bedeutungszuwachs. Schon heute manifestiert sich dieser Trend in einer Vielzahl von ehrgeizigen Projekten kombinierter Freizeit-Einkaufszentren und Entertainment-Centern (vgl. Franck, 2000, S. 36).

Nach einer aktuellen Schätzung des EuroHandelsInstituts e. V. kann davon ausgegangen werden, dass zur Jahrtausendwende in Deutschland ca. 285 regionale Shopping-Center[1] mit einer Gesamtfläche von 9,2 Millionen Quadratmetern existieren. Infolge des sich stetig vergrößernden Ungleichgewichts zwischen Flächen- und Nachfrageentwicklung lassen sich gleichzeitig aber auch bereits erste *Sättigungstendenzen* sowie Indikatoren eines erheblichen „Shake Out" im Flächennetz großflächiger Handelsanbieter konstatieren. Diese Entwicklung betrifft vor allem Shopping-Center in peripheren Lagen oder ältere Objekte der ersten und zweiten Generation (vgl. Kapitel 2.2), die den veränderten Werte- und Verhaltenstrends sowie dem gestiegenen Anspruchsniveau vieler Konsumenten nicht mehr gerecht werden und somit Gefahr laufen, in Zukunft wirtschaftlich nicht mehr rentabel zu sein.

Vor diesem Hintergrund wird deutlich, dass eine *marktadäquate Positionierung* von Shopping-Centern zwingend notwendig erscheint, um durch den Aufbau komparativer Wettbewerbsvorteile dem Inter- und Intrabetriebsformenwettbewerb langfristig standhalten zu können. Eine besondere *Herausforderung* bei der Positionierung und Profilierung von Shopping-Centern scheint hierbei die Tatsache zu sein, dass es sich generell um eine *Standortagglomeration unterschiedlicher* d. h. *heterogener Betriebstypen* des Einzelhandels handelt, was die strategische Ausrichtung und operative Umsetzung der Profilierungs- und Marketingmaßnahmen wesentlich *komplexer* und *schwieriger* gestalten lässt, als dies bei herkömmlichen Handelsbetriebsformen der Fall ist.

---

[1] *Regionale Shopping-Center* sind aufgrund zentraler Planung errichtete großflächige Versorgungseinrichtungen, die den kurz-, mittel- oder langfristigen Bedarf decken, von überregionaler Bedeutung sind und eine Geschäftsfläche von mindestens 15.000 qm bzw. eine Mindestverkaufsfläche von 10.000 qm aufweisen (vgl. Falk, 1975, S. 73).

2. Die Shopping-Center-Evolution

Bevor mögliche Positionierungs- und Profilierungsoptionen, die ein branchenspezifisches Marketing von Shopping-Centern kennzeichnen, im Folgenden dargelegt werden, erscheint eine *definitorische Klärung* des Terminus "Shopping-Center" erforderlich, da trotz einer Vielzahl praxisorientierter und wissenschaftlicher Untersuchungen sich bis heute weder in der Betriebswirtschaftslehre noch in den entsprechenden Nachbardisziplinen, die sich mit dem Erkenntnisobjekt Shopping-Center auseinandersetzen, eine einheitliche Verwendung des Begriffs durchsetzen konnte (vgl. Bühler, 1991; Eckert, 1978; Falk, 1975; Gasser, 1960; Greipl, 1972; Mayr, 1980; Tietz, 1973).

Zwar wird in der jüngeren wissenschaftlichen Diskussion zunehmend auf eine Differenzierung zwischen den Begriffen "Einkaufszentrum" und "Shopping-Center" (vgl. Gasser, 1960, S. 14 f.) zugunsten einer synonymen Verwendung verzichtet (vgl. Bühler, 1991, S. 11 f.). Die in der Literatur vorgenommenen Versuche, den Begriff definitorisch schärfer zu fassen, haben jedoch weniger zu einer begrifflichen Präzisierung beigetragen, als vielmehr zu einer sehr *heterogenen, unsicheren und partiell widersprüchlichen Terminologie* geführt, die sich angesichts der *Vielzahl neuer Ausprägungs- und Mischformen* (vgl. Kapitel 2.3) in Zukunft noch verschärfen dürfte. Die Begriffsvielfalt lässt sich vor allem darauf zurückführen, dass die einzelnen Autoren unterschiedliche Strukturmerkmale oder Merkmalsausprägungen zur Kennzeichnung und Klassifizierung von Shopping-Centern heranziehen, so dass sich im Sinngehalt und in der Anwendbarkeit des Terminus Shopping-Center wesentliche Differenzen ergeben.

2.1 Erscheinungsformen und Typen von Shopping-Centern

Mögliche *Systematisierungskriterien* von Shopping-Centern sind bspw. die Art der Entstehung (vgl. Eckert, 1978, S. 2), die Größe des Haupteinzugsgebiets (vgl. Falk, 1982, S. 92), der Standort (vgl. Greipl, 1972, S. 22 f.), die Art der Agglomeration (vgl. Bühler, 1990, S. 15), die Dimensionierung, wobei als Maßstab entweder die Gesamt- oder Verkaufs- bzw. Geschäftsfläche des Centers dient (vgl. Falk, 1975, S. 73), die Anzahl der Funktionen, die neben der reinen Einkaufstätigkeit erfüllt werden wie bspw. Freizeitgestaltung, Information und Bildung, Unterhaltung, Wohnen, Arbeit etc. (vgl. Falk, 1982, S. 20) sowie die Waren- und Dienstleistungsstruktur (vgl. Berekoven/Eckert/Wimmer, 1973, S. 266 f.). Weitere Merkmale betreffen schließlich die Art der Organisationsform, die vorhandene Verkehrssituation sowie die bauliche Gestaltung und Architektur des Centers (vgl. Weinberg/Besemer, 1999, S. 237).

Entsprechend amerikanischer Einordnungsversuche, differenziert man Shopping-Center üblicherweise auch hierzulande hinsichtlich der genannten Merkmalskriterien in sogenannte *Neighbourhood Center* (Nachbarschaftszentren), *Community Center* (Gemeinde-

oder Stadtteilzentren) und *Regional-* bzw. *Super-Regional-Center* (regionale Shopping-Center) (vgl. Falk, 1998, S. 16 ff.)[2].

Neben den genannten Strukturmerkmalen muss eine Typologisierung von Einkaufszentren darüber hinaus auch auf das zwischen den einzelnen Anbietern bestehende Beziehungsgefüge Rekurs nehmen. Die Beziehungen der verschiedenen Handels-, Gastronomie- und Freizeitunternehmen eines Centers lassen sich anhand der Verhaltensabstimmung, d. h. durch den vorherrschenden Zentralisations- und Bindungsgrad, bestimmen (vgl. Grossekettler, 1978, S. 326 f.). Der *Zentralisationsgrad* beschreibt das Ausmaß der durch übergeordnete Organe und Institutionen vollzogenen Koordination marktgerichteter Aktivitäten der einzelnen Betriebe. Demgegenüber drückt der *Bindungsgrad* aus, in welchem Umfang sich die im Center ansässigen Mieter in ihrer Unternehmenspolitik, rein rechtlich gesehen (d. h. aufgrund vertraglicher Bindung), den langfristigen Planungen des Center-Managements unterzuordnen haben (vgl. Benkenstein/Bastian, 1997, S. 211 ff.).

Ohne an dieser Stelle auf eine weiterführende, an anderer Stelle bereits erschöpfend geleistete Begriffsdiskussion näher einzugehen, sollen für die folgenden Ausführungen gemäß der Definition des Urban Land Institutes Shopping-Center ganz allgemein als „a group of commercial establishments, planned, developed, owned and managed as a *unit* related in location, size, and type of shops to the trade area that the unit serves ..." (1968, S. 264) definiert, und in Übereinstimmung mit Brandenburg (1985) und Moser (1974) als eine eigenständige Betriebsform des Handels angesehen werden.

2.2 Der Shopping-Center-Evolutionsprozess

Obwohl sich die Anfänge der ersten geplanten Einkaufszentren in Europa bis weit in das vergangene Jahrhundert zurück verfolgen lassen, beispielhaft sei hier die 1867 in Mailand errichtete "Galeria Vittoria Emanuele II" des italienischen Baumeisters *Giuseppe Mengoni* als eine der größten und wohl schönsten glasüberdachten Einkaufspassagen Europas angeführt, ist die eigentliche Geburtsstunde des ersten bundesdeutschen Regionalcenters mit Eröffnung des Main-Taunus-Zentrums bei Frankfurt am Main erst auf Mitte der sechziger Jahre zu datieren (vgl. EHI, 1995, A3). Wie in *Abbildung 2* dargestellt, lässt sich die Genese des deutschen Shopping-Centers seit diesem Zeitpunkt an-

---

[2] Das *Nachbarschaftszentrum* ist in größere Wohnviertel bzw. Stadtbezirke direkt integriert und kennzeichnet sich somit durch seine besondere Nähe zum Verbraucher aus (vgl. Bastian, 1999, S. 22). Aufgrund des relativ eng begrenzten Einzugsgebiets werden vorwiegend Güter des täglichen Bedarfs (convenience goods) sowie ergänzende Dienstleistungen angeboten. Die *Gemeinde- und Stadtteilzentren* bieten dem Konsumenten aufgrund des größeren Einzugsgebietes hierzu im Vergleich schon eine wesentlich breitere und zugleich tiefer gestaltete Angebotsstruktur an. Die größte Branchen- und Angebotsvielfalt vereinnahmt schließlich das *regionale Shopping-Center*, das neben einer Vielzahl von Einzelhandelsfachgeschäften, Dienstleistungs- und Gastronomiebetrieben auch Kundenmagneten wie Waren- und Kaufhäuser, SB-Warenhäuser und Fachmärkte umfasst (vgl. Falk, 1998, S. 16 f.).

hand von vier charakteristischen Entwicklungsphasen aufzeigen (vgl. Falk, 1998, S. 20 ff.). Vereinfacht gesprochen kann man sagen, dass sich das Shopping-Center im Laufe seines (Betriebstypen-)Evolutionsprozesses hinsichtlich der im vorangegangenen Kapitel erörterten Strukturmerkmale an die jeweiligen zeitlichen Rahmenbedingungen angepasst bzw. weiterentwickelt hat und sich entsprechend bis heute vier typische Center-Generationen etablieren konnten.

Zu Beginn, d. h. für die *sechziger Jahre* kennzeichnend, war der Prototyp der reinen „Verkaufsmaschine": Objekte mit anspruchsloser Architektur, zweckmäßig und funktional ausgestattet, an verkehrsgünstigen Standorten auf der grünen Wiese oder an der Stadtperipherie gelegen sowie mit einem großen Angebot an Parkierungsflächen ausgestattet.

Bis *Anfang der achtziger Jahre* erfolgte dann der Einzug des Shopping-Centers in die Innenstädte. Charakteristisch für diese zweite Generation von Centertypen war die geschlossene Bauweise sowie die mehrfunktionale Nutzung, wie z. B. die Eingliederung von Wohnungen, Praxen und Bildungseinrichtungen. Mit der Verringerung der Gesamtgeschäftsfläche des Einkaufszentrums zeichnete sich parallel auch eine Abnahme der Größe der einzelnen, im Center vertretenen Betriebe ab.

Seit Mitte der achtziger Jahre, dem Markierungspunkt der *dritten Center-Generation*, erlangte die Architektur, das Image sowie die Corporate Identity schließlich einen stetigen Bedeutungszuwachs (vgl. Falk, 1998, S. 21 f.). Zudem lassen sich aufgrund des veränderten Konsumentenverhaltens bereits ansatzweise erste Versuche finden, Shopping und Freizeit in einen räumlichen Komplex zu integrieren. Die Notwendigkeit zur Anpassung an veränderte Konsumpräferenzen zeigt sich gleichsam auch in der z. T. schon vorgenommenen Revitalisierung älterer Center durch eine zeitgemäße Innen- und Außenarchitektur sowie der Überdachung offener Center mittels Glasdachkonstruktionen und Kuppeln etc. Eine Entwicklung, die sich seit den neunziger Jahren, dem Startpunkt der *vierten Shopping-Center-Generation*, bis heute konsequent fortgesetzt hat.

Die genaue Ausprägungsform der beschriebenen Center-Generationen kann *Abbildung 2* entnommen werden.

	1. Generation (1964-1973)	2. Generation (1973-1982)	3. Generation (1982-1992)	4. Generation (seit 1992)
Standort	"grüne Wiese" oder stadtperipher, nach Möglichkeit mit Autobahnanschluss	meist innerstädtisch, gelegentlich auch Trabantenstädte	nahezu ausschließlich innerstädtisch	n.B.*: zunächst „grüne Wiese"; seit ca. Mitte der 90er Jahre bundesweit primär innerstädtisch
Größe	relativ große Objekte	abnehmende Betriebsgröße aufgrund innerstädtischer Standorte (geringe Verfügbarkeit passender Standorte)	weiterhin rückläufige Flächengrößen (ca. 15.000–20.000qm)	n.B.*: zunächst großflächig; heute bundesweit parallele Entwicklung groß- und kleindimensionierter Center
Bauweise	offene Bauweise	geschlossene Bauweise (i.d.R. mit Klimatisierung)	Trend zur Stadtgalerie und Passage	ungebrochener Trend zu Galerien und Passagen; zunehmende Ausdifferenzierung neuer Shopping-Center-Konzepte; Trend zur Revitalisierung älterer Center
Layout	eine ebenerdige Verkaufsebene	zwei- bzw. mehrgeschossige Ladenstraßen	ein- und mehrgeschossige Verkaufsebenen	
Magnetbetrieb	Kauf- und Warenhäuser	Kauf- und Warenhäuser; vereinzelt schon SB-Warenhäuser	Dominanz von SB-Warenhäusern; z.T. auch Fachmärkte	Fachmarktcenter und SB-Warenhäuser, Gastronomiebetriebe
Parkierung	große, ebenerdige Parkierungsflächen	reduzierte Flächen für Parkierung; mehrgeschossige Parkhäuser		Überbauung ebenerdiger Parkierungsflächen mit Parkhäusern
Nutzungs- und Funktionenmix	monofunktionale Nutzung („Verkaufsmaschine")	mehrfunktionale Nutzung	vermehrt Versuche, Shopping und Freizeit zu verbinden	stark multifunktional: Schaffung zusätzlicher Einkaufs- und Freizeiterlebnisse (Food-Court, Kino)
Architektur und Gestaltung	einfache, anspruchslose Architektur (Industriebauweise)	dunkle Ladenstraßen ohne Tageslichteinfall; dunkle Materialien mit hell erleuchteten Schaufenstern als Kontrast; Architektur ist im Vergleich zur ersten Generation etwas anspruchsvoller, nach heutigem Maßstab jedoch nicht zeitgemäß und unattraktiv	zunehmende Bedeutung einer anspruchsvollen Architektur; umfassende Tageslichteinfall durch Glasüberdachungen; helle und freundliche Objektpräsentation durch Verwendung hochwertiger Materialien; steigende Wichtigkeit von Image und Corporate Identity	generell attraktive Gestaltung; Revitalisierungsmaßnahmen älterer Objekte erfolgen z.B. durch (Glas-)Überdachung ehemals offener Center, vertikale Vergrösserung, zeitgemäße Innen- und Außenarchitektur etc.

n.B.* = neue Bundesländer

Abbildung 2: Shopping-Center-Generationen
Quelle: in Anlehung an Falk, 1998, S. 21 ff.

2.3 Innovative Shopping-Center-Konzepte

Aufgrund der verschärften Wettbewerbsbedingungen sowie der hieraus resultierenden Notwendigkeit zur strategischen Positionierung von Handelsbetrieben haben sich nach amerikanischem Vorbild neben den traditionellen Formen (vgl. Kapitel 2.2.) auch in Deutschland seit Mitte der neunziger Jahre vermehrt *neue, innovative Typen von Shopping-Centern* etabliert oder sind im Begriff zu entstehen. Um ein differenzierteres Bild der aktuellen Entwicklung aufzuzeigen, werden nachfolgend die neuesten Erscheinungsformen der deutschen Shopping-Center-Landschaft hinsichtlich ihrer wichtigsten Merkmale skizziert (vgl. Falk, 1998, S.18 ff., Franck, 2000, S. 28 ff., Zentes/Liebmann, 1998, S. 49 ff.):

- *Urban Entertainment Center*[3] stellen als innovatives Freizeitimmobilienkonzept eine synergetische Kombination von Unterhaltung, Erlebnis, Handel und Kommunikation dar, die jedoch in ihrer konkreten Ausprägungsform sehr unterschiedlich gestaltet sein können. Durch die Gesamtkonzeption des Urban Entertainment Centers (UEC) entsteht ein überregionaler Anziehungspunkt mit Alleinstellungscharakter im Einzugsgebiet und hoher Marktpenetration. Als adäquate Standorte gelten Citylagen mit touristischer Kapazität und dem erforderlichen lokalen Besucher- bzw. Kaufkraftpotenzial. Der Begriff Urban Entertainment Center erweist sich jedoch für viele der bereits realisierten bzw. sich in Planung befindenden Projekte hinsichtlich seiner Standortaussage als irreführend, da es sich häufig um periphere Standorte ausserhalb von Innenstadtlagen handelt. Der Begriff „Urban" bezeichnet daher nicht zwingend die innerstädtische Lage, sondern zielt eher auf den konzeptionellen Entwurf einer *urbanen Atmosphäre* ab, die auf der Dichte, Lebendigkeit und wechselseitigen Spannung der Angebotskomponenten eines UEC beruht (vgl. Beyard et al., 1998, S. 24). Zu diesen gehören eine Vielzahl unterschiedlicher Unterhaltungs- und Erlebnisangebote, wie bspw. Multiplex-Kinos, Spiel- und Freizeit-Center, Musical-Theater, Discos, Beherbergungsstätten etc., die durch erlebnisbetonte Handelsanbieter (insbesondere Merchandising) sowie thematisierte Gastronomiekonzepte und Food Courts komplettiert werden.

- *Speciality- und Themen-Center* umfassen in einer räumlich-konzentrierten Einheit verschiedene Einzelhandels- und Dienstleistungsbetriebe, die dem Konsumenten entweder eine spezielle Warengattung (z. B. Designermöbel) oder Produkte und Dienstleistungen eines spezifischen Themas (z. B. Sport, modernes Life-Style, Mode etc.) offerieren. Durch die Anordnung von produkt- bzw. artverwandten Shopkonzepten zu Themenwelten verfügen Spezial- und Themen-Center über ein hohes originäres Attraktivitätspotenzial (Magnetwirkung). Da sich die einzelnen Mieter von der Ange-

---

[3] Die Zusammenführung von Entertainment und innerstädtischer Projektentwicklung ist ein Phänomen, dessen Bezeichnungsvielfalt derzeit von Urban Entertainment Center (UEC), Suburban Entertainment Center (SEC) oder Urban Entertainment Destination (UED) bis hin zu Location-Based Entertainment (LBE) variiert (vgl. Braun, 1995, S. 11; Scherick, 1996, S. 19).

botsbündelung hohe Synergieeffekte erhoffen, wird bei der Auswahl des Mietermixes häufig auf die Etablierung eines eigenständigen Magneten verzichtet.

- *Passagen, Galerien, Einkaufshöfe* erleben in Deutschland vor allem seit Mitte der achtziger Jahre in Zusammenhang mit zahlreichen Revitalisierungs- und Erweiterungsmaßnahmen innerstädtischer Geschäftszentren und Fußgängerzonen eine Renaissance. Aktuellen Schätzungen zufolge existieren bundesweit derzeit rund 500 Einkaufszentren in Form von Galerien und Passagen. Als zentrale Erfolgsfaktoren haben sich neben der Standortqualität sowie einer anspruchsvollen architektonischen Gestaltung vor allem ein standortoptimaler Handels-, Dienstleistungs- und Gastronomiemix erwiesen.

- *Bahnhofs- und Airport-Center* sind Ausdruck neuer, kreativer Angebotsformen, die zugleich neuartige Angebotsbündelungen unter einem Dach vereinigen: Es entstehen hypermoderne Verkehrsstationen mit starker Betonung der Erlebnis-, Handels- und Dienstleistungskomponente. Die Tendenz zum Bahnhofs- und Airport-Shopping ist gleichsam Ausdruck einer zunehmenden Erlebnis- und Freizeitorientierung, als auch einer nachhaltig ausgeprägten Convenience-Orientierung.

- *Factory-Outlet-Center* sind ein Vertriebskanal, über den Markenartikelhersteller ihren Kunden Waren definierter Qualität (z. B. „Zweite-Wahl-Waren", mit geringen Mängeln behaftete Produkte), Überschüsse, Auslaufmodelle oder Musterkollektionen preisreduziert anbieten. Kennzeichnen dieses Center-Typus sind ein überdurchschnittlich hoher Anteil an Herstellern der Bekleidungsindustrie am Mieter- und Branchenmix, eine kleinteilige Mieterstruktur sowie ein hoher Bekanntheitsgrad der vertretenen Magnetbetriebe. Eine ähnliche Verkaufsphilosphie vertreten *Off-Price-Center*, jedoch mit dem Unterschied, dass hier von Einzelhandels- und nicht von Herstellerseite aus Produkte zu stark ermäßigten Preisen abverkauft werden.

- *Power-Center* konzentrieren sich auf Magnetbetriebe, wobei die Größe der einzelnen Center sehr stark variieren kann (i. d. R. 23.000-56.000 qm). Wesentliches Charakteristikum dieses Centertyps ist die Flächendominanz der im Center ansässigen Magnetbetriebe. Während die Magnetmieter in „traditionellen" regionalen Einkaufszentren zwischen 45 und 60 % an Fläche auf sich vereinen, können sie in einem Power-Center bis zu 90 % der gesamten Geschäftsfläche vereinnahmen. Als Magnetbetriebe lassen sich vor allem discountorientierte Fachmärkte, „*Off-Price-Stores*" und „*Category Killers*" anführen. Während in Deutschland dieser Center-Typus noch keine Bedeutung erlangen konnte, hat sich in den USA gezeigt, dass Power-Center aufgrund ihrer anspruchslosen architektonischen Gestaltung und der hieraus resultierenden geringen Kostenstruktur sowie der großen Auswahl an preiswerten Waren für zahlreiche regionale Shopping-Center eine ernstzunehmende Gefahr darstellen.

Abbildung 3 gibt einen Überblick über bereits realisierte bzw. für die nächsten Jahre sich in Planung befindenden Objekte innovativer Centertypen in Deutschland.

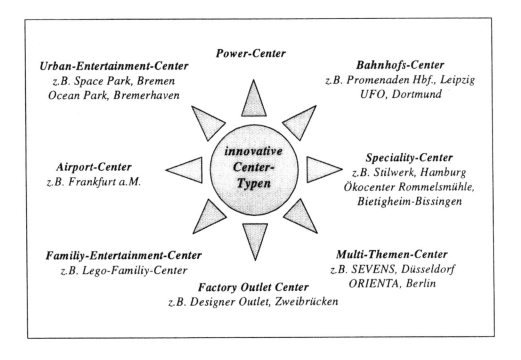

Abbildung 3: Neue Erscheinungsformen von Shopping-Centern mit jeweiligen Referenzobjekten

3. Planung, Entwicklung und Gestaltung von Shopping-Centern als strategische Aufgaben des Projekt- und Handelsmanagements

3.1 Positionierung von Shopping-Centern

Ursprünglich bezeichnet der Begriff *Positionierung* den Platz, den ein Produkt bzw. eine Marke im Substitutions- und Wettbewerbsgefüge des Absatzmarktes einnimmt (vgl. Weinhold-Stünzi, 1996, S. 46). Mit der Zeit hat sich der Begriff gleichwohl weiterentwickelt, so dass unter dem Positionierungsbegriff nicht nur die Produkt- und Markenpositionierung subsumiert werden kann, sondern auch die Betriebstypen- und Einkaufsstättenpositionierung. Schon Tietz (1973, S. 124) erkannte im Betriebstyp des Einzelhandels das Pendant zum Produkt bzw. Markenartikel der Industrie. Dies ist ein Grund, weshalb die bekannten Marktmodelle und theoretischen Ansätze der Markenpositionierung (vgl. Spiegel, 1960; Trommsdorff, 1975) auch auf die Positionierung von Shopping-Centern übertragen werden können.

Das herausragende *Ziel* der *Verkaufsstellenpositionierung* besteht darin, eine unverwechselbare und von Wettbewerbern möglichst *nicht imitierbare Einkaufsstättenidentität* zu schaffen, wobei diese Identität gleichsam „in Form einer Marke symbolhaft für ein einzigartiges Leistungsversprechen stehen und auf diese Weise zu einer Konsumentenprofilierung und Wettbewerbsdistanzierung beitragen" soll (Theis, 1992, S. 32). Die klare Positionierung eines Shopping-Centers bildet somit eine entscheidende Voraussetzung für den Aufbau eines entsprechenden *Firmenwertes* der Einkaufsstätte (vgl. Esch/Levermann, 1993, S. 79 ff.).

Die subjektive Wahrnehmung und Evaluierung des Shopping-Centers erfolgt stets ganzheitlich, wobei kognitive und aktivierende Prozesse der Konsumenten gleichermaßen eine bedeutende Rolle spielen. Die Positionierungsstrategie ermöglicht dem Verkaufsstellenmanagement, diese Prozesse zu steuern und gezielt in eine bestimmte Richtung zu lenken. Da Entscheidungen über Einsatz, Art, Intensität und Zeitpunkt der gewählten Positionierungsstrategie sowie der einzelnen Positionierungsinstrumente und Maßnahmen generell im Rahmen der Unternehmenspolitik eines Betriebstyps gefällt werden, sollen im Folgenden die verschiedenen Organe der Unternehmenspolitik und marketingpolitischen Entscheidungskomplexe von Shopping-Centern thematisiert werden.

3.2 Organisationsstruktur und Entscheidungsträger von Shopping-Centern

Die Besonderheit der Organisationsstruktur eines Shopping-Centers liegt in der Komplexität sowie in der Struktur der Entscheidungsträger. Wie *Abbildung 4* zeigt, lassen sich als *Entscheidungsträger* der Shopping-Center-Politik grundsätzlich vier verschiedene Organe bzw. Interessensgruppen identifizieren, nämlich

- die Besitzer- oder Eigentümergesellschaft,
- die Center-Managementgesellschaft,
- die Mietervereinigung sowie
- die Einzelhandels-, Dienstleistungs-, Gastronomie und Freizeitanbieter als Eigenumsatzbetriebe (Mieter) des Centers.

Marketing von Shopping-Centern

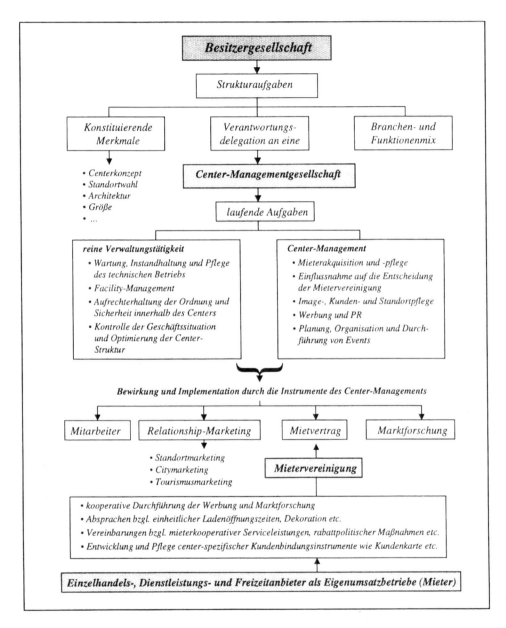

Abbildung 4: Aufgaben und Funktionen der Entscheidungsträger und Institutionen in Shopping-Centern

Zusätzlich kann noch eine *Projektentwicklungsgesellschaft* eingesetzt werden, deren Kernkompetenz in der Fähigkeit zu sehen ist, ein Shopping-Center von der Konzeptionierungsphase bis hin zur Fertigstellung zu entwickeln (je nach vertraglicher Vereinbarung zum Teil inklusive der Übernahme des Vermietungsmanagements), sowie gegenüber aktuellen und potenziellen Wettbewerbern optimal im Markt zu positionieren.

Die *Besitzergesellschaft* ist *rechtlicher Eigentümer* der Immobilie „Shopping-Center". Ihre Aufgabe besteht vor allem in der Wahrnehmung aller Eigentums- und Besitzrechte (Mieteinnahmen, Steuer-, Zins- und Tilgungszahlungen etc.) sowie in der Erfüllung *originärer Strukturaufgaben,* die die Art eines Centers bei seiner Gründung und Errichtung festlegen und somit grundlegend den Absatzerfolg sowie die Rentabilität des Objekts bestimmen (vgl. Bastian, 1999, S. 33). Konstitutive Entscheidungen betreffen bspw. die Festlegung des Standortes, die Größe und architektonische Gestaltung sowie die Festsetzung der Grundstruktur des Centers. Letzteres betrifft vor allem die Auswahl des Funktionen- und Branchenmix und somit das Centerkonzept im engeren Sinne. In der Regel tritt die Besitzgesellschaft zwar auch als Bauherr bei eventuell notwendigen Erweiterungen, Umbauten und Revitalisierungsmaßnahmen im Zeitablauf des Objekt-Lebenszyklus auf, die Gesamtleitung des Centers gibt sie in der Regel jedoch an eine Managementgesellschaft ab, die mit den laufenden, d. h. operativen Aufgaben des Centers betraut wird.

Die *Managementgesellschaft,* auch Verwaltungsgesellschaft genannt, hat die Wahrnehmung aller Arbeiten zur Aufgabe, die mit dem Management des Centers verbunden sind. Sie stellt das *Bindeglied* zwischen Vermieter (Besitzgesellschaft) und Mieter (Mietervereinigung) dar und zeichnet für einen entsprechenden Informationsfluss verantwortlich (vgl. Probst, 1982, S. 264). Daneben dient sie als *Ansprechpartner* für relevante Teilöffentlichkeiten des Centers wie Kunden, Behörden und Medien etc. (vgl. Völkel, 1995, S. 19). Folglich stellt die Managementgesellschaft den eigentlichen *Kern des Center-Managements* dar. In der Literatur wird sie dementsprechend oftmals mit dem Center-Management gleichgesetzt, wodurch jedoch die Möglichkeiten der Besitzgesellschaft und der Mietervereinigung zur Einflussnahme auf centerpolitische Entscheidungen unberücksichtigt bleiben. Dementsprechend sollte das Center-Management in seiner Funktion als Entscheidungsträger nicht isoliert, sondern vielmehr als Teil eines komplexes Geflechts unterschiedlicher Interessenvertreter betrachtet werden, wobei den *Eigentümern* in erster Linie eine *Überwachungs- und Kontrollfunktion* zukommt (vgl. Vielberth, 1982, S. 284).

Die *Mietervereinigung* setzt sich aus dem freiwilligen oder vertraglich vereinbarten Entschluss der kooperativen *Zusammenarbeit zwischen der differenzierten Mieterschaft eines Centers* zusammen, wobei sich der Zusammenschluss auch auf die Bildung einer Werbegemeinschaft beschränken lässt.

3.3 Aufgaben und Funktionen der Entscheidungsträger

Das Center-Management hat in den letzten Jahren einen *enormen Bedeutungszuwachs* innerhalb des strategischen Handels- und Projektmanagements erfahren. War bis vor wenigen Jahren bei vielen Besitzergesellschaften noch die Einschätzung weit verbreitet, dass sich Shopping-Center aufgrund von Selbstregelungsprozessen oder Initiativen seitens der Mieterinteressensgemeinschaft alleine im Wettbewerb behaupten können, so zeigt sich heute, dass vor dem Hintergrund steigender Wettbewerbsintensität und veränderter Kundenanforderungen ein fest *institutionalisiertes* und vor allem *professionalisiertes Center-Management* unentbehrlich geworden ist (vgl. Schliebe, 1998, S. 101). Da die Tätigkeitsfelder sehr breitgefächert angelegt sind, das Aufgabenspektrum reicht bspw. von der Organisation der Gebäudereinigung bis hin zur Imageprofilierung des Centers, muss die Center-Managementgesellschaft mit einem umfangreichen Einzelhandels-Know-how sowie mit Spezialkenntnissen über aktuelle Marktentwicklungen, Branchentrends, Veränderungen des Freizeit- und Konsumverhaltens etc. ausgestattet sein (vgl. Völkel, S. 1995, S. 19). Grundsätzlich betrachtet, kann die Verrichtung operativer Aufgaben seitens der Center-Managementgesellschaft in reine Verwaltungstätigkeiten sowie in Managementaufgaben im engeren Sinne differenziert werden.

Während im Rahmen der ersteren primär die Organisation und Sicherstellung der äußeren Funktionen des Centers wie bspw. die Wartung, Instandhaltung und Pflege des technischen Betriebs, das Facility-Management sowie die Aufrechterhaltung der Ordnung und Sicherheit innerhalb des Centers zu nennen sind, betreffen letztere vor allem die kontinuierliche Mieterakquisition und Mieterbetreuung, die Image-, Kunden- und Standortpflege, die Gestaltung kommunikationspolitischer Maßnahmen sowie die Verhaltensabstimmung und Einflussnahme auf Entscheidungen der Mietervereinigung. Zur Durchsetzung der Interessen und Aufgaben stehen im Rahmen der Centerpolitik verschiedene Instrumente zur Verfügung. Während in der Praxis vornehmlich von den Möglichkeiten „Mietvertrag" und „Mitarbeiter" Gebrauch gemacht wird, spielen die Potenziale eines strategisch ausgerichteten Relationship-Marketings (z. B. City-, Standort- und Tourismusmarketing) sowie eine systematische Marktforschung bislang nur eine untergeordnete Rolle.

Die *Mietervereinigung* eines Centers setzt sich aus den verschiedenen, im Center ansässigen Eigenumsatzbetrieben zusammen. Der Umfang sowie die Intensität möglicher Kooperationsformen differiert von Center zu Center z. T. erheblich, wobei die Zusammenarbeit am häufigsten

- die standortkooperative Durchführung der Kommunikationsmaßnahmen (Werbung, Public Relations, Events, Internet-Auftritt etc.),
- gemeinsame Absprachen bzgl. einheitlicher Ladenöffnungszeiten und rabattpolitischer Maßnahmen,
- die Gestaltung von Dekoration(en) und Beleuchtung sowie

- die Entwicklung und Pflege centerspezifischer Kundenbindungsinstrumente betrifft.

Wie aus den Ausführungen ersichtlich wird, bleibt den einzelnen *Handels-, Dienstleistungs-, Gastronomie- und Freizeitbetrieben* trotz ihrer Zugehörigkeit zum Centerverbund ein gewisser Spielraum operativer Selbständigkeit erhalten. Neben der Teilnahme an Aktivitäten der Mieter- und Werbegemeinschaft ist der einzelne Mieter für das individuelle Marketing seines Unternehmens selbst verantwortlich. Als Kernelemente eigenständiger Entscheidungskompetenz lassen sich insbesondere das Warensortiment, das Warengenre, die Kontrahierungspolitik, die Ladengestaltung, die Warenpräsentation, die Schaufensterdekoration sowie (z. T. jedoch mit Einschränkung) das angestrebte Serviceniveau nennen. Wichtig im Sinne einer übergeordneten Profilierung ist jedoch, dass individuelle Marketingmaßnahmen der einzelnen Gewerbetreibenden stets übergreifend, d. h. im Sinne einer *shopping-center-spezifischen Corporate Identity* (CI) ausgerichtet sein sollten, da ansonsten negative Wirkungen und Irradiationseffekte auf das Image des Gesamtobjektes zu befürchten sind (vgl. Falk, 1995, S. 818).

4. Das Betreiben von Shopping-Centern aus verhaltenswissenschaftlicher Sicht

Die *Makro-Umwelt* eines Shopping-Centers besteht aus einem komplexen System sich wechselseitig beeinflussender sozio-ökonomischer, gesellschaftlich-kultureller, politisch-rechtlicher, demographischer und technologischer Faktoren. Entwicklungs- und Veränderungsprozesse in der Makro-Umwelt wirken auf die Beschaffenheit der Markt-Umwelt, d. h. auf die differenzierten Anspruchsgruppen des Centers (z. B. Kunden, Arbeitnehmer, Kapitalgeber, Mieter, Lieferanten, Wettbewerber, Medienvertreter) und die zwischen ihnen ablaufenden Interaktionen ein (vgl. Mühlbacher/Dreher, 1996, S. 71). Aus diesem Grund beschäftigt sich der folgende Abschnitt mit den aus heutiger Sicht für die zukünftige Konzeptionierung von Einkaufszentren als besonders relevant erachteten gesellschaftlichen Rahmenbedingungen und Umweltdeterminanten.

4.1 Ausgewählte Rahmenbedingungen

Für die Planung und Gestaltung von Shopping-Centern der Zukunft ist zunächst der weitere Rückgang der *(Lebens-)Arbeitszeit* zugunsten eines stetig wachsenden Anteils an Freizeit, die *Singleisierung* der Gesellschaft sowie die gestiegene *Ausgabebereitschaft für Freizeitaktivitäten* der privaten Haushalte von Bedeutung (vgl. Opaschowski, 1995, S. 14 ff.). Die stärkere Freizeitorientierung bewirkt auch eine *Neubewertung von Räumen und Zeiten,* d. h., in Zukunft wird der raumzeitlichen Verknüpfung von Versorgungs-, Freizeit-, Entertainment-, Informations- und Bildungsaktivitäten ein erhöhter Stellenwert zukommen. Der *Erlebnis- bzw. Freizeitwert* eines Shopping-Centers wird vor allem durch das gastronomische Angebot, durch Freizeitgestaltungsmöglichkeiten sowie durch im Center stattfindende Aktionen, Veranstaltungen und Events determiniert (vgl. Besemer/Weinberg, 1999, S. 239).

Während *gastronomische Einrichtungen* neben ihrer primären Funktion prinzipiell sehr gut dazu geeignet sind, als Treffpunkt und Ort der Kommunikation zu dienen und somit Teil der Freizeitgestaltungsmöglichkeiten zu sein (vgl. Baier/Heinz/Zanger, 1998, S. 6), gilt es bei der Selektion von *Entertainment-Angeboten* zu beachten, dass sie auch langfristig ein ausreichendes Attraktivitätspotenzial aufweisen und nicht schnelllebigen Trends und Modeschwankungen unterliegen. Die Sinnhaftigkeit einer Verbindung von Freizeitaktivitäten und Einkauf wurde gerade in der jüngsten Vergangenheit mit Blick auf den ausländischen Markt diskutiert, wobei viele Beispiele in den Vereinigten Staaten, Kanada und Ostasien den Beweis liefern, dass die bedingungslose Integration von Freizeitattraktionen allein noch keine Garantie für den Erfolg eines Shopping-Centers darstellen muss (vgl. Scherrieb, 1998, S. 297). *Potenzielle Probleme* können bspw. entstehen, wenn

- sich die jeweiligen Zielgruppen der Handels- und Freizeitanbieter signifikant voneinander unterscheiden und *Zielgruppenkonflikte* bzw. *Zielgruppenkollisionen* evozieren,

- aufgrund des nachlassenden Interesses an Freizeit- und Unterhaltungsangeboten gravierende *Leerstände* zu verzeichnen sind und

- das *Image* von *Handels-, Gastronomie- und Freizeitanbietern* inkompatibel ist.

Darüber hinaus beeinflussen im Sinne einer „Outside-in"-Perspektive vor allem *aktuelle Werte- und Verhaltenstrends* die strategische Stoßrichtung von Handelsunternehmen (vgl. Zentes/Swoboda, 1998, S. 11). Für die Objektentwicklung und Realisierung von Shopping-Centern sind deshalb vor allem die gravierenden Veränderungsprozesse, die sich in den vergangenen Jahrzehnten im Konsumentenverhalten vollzogen haben, entscheidungsrelevant.

Die seit den frühen achtziger Jahren zu *konstatierende Ausdifferenzierung des gesellschaftlichen Wertesystems,* die sich einerseits in der Herausbildung unterschiedlicher Lebensstile und andererseits in einer zunehmenden intraindividuellen Pluralisierung von Wertemustern niederschlägt (vgl. Hansen, 1990, S. 58 ff.), führte zu einer Verschiebung von einem primär eindimensional rational ausgerichteten Konsumverhalten hin zu einem mehrdimensionalen und divergierenden Konsumentenverhalten (vgl. Weinberg/Besemer, 1999, S. 237). Bei der Wahl seiner Einkaufsstätten und beim Tätigen seiner Einkäufe ist der multioptionale Konsumententypus gekennzeichnet durch eine „*Vereinigung von Vollsortiment-, Qualitäts-, Preis-, Service-, Erlebnis- und Lifestyleorientierung* in einer Person" (Frechen, 1998, S. 30 f.). Infolgedessen erwartet er heute vom Handel die gleichzeitige Erfüllung seiner zum Teil diametralen Erwartungen, wie z. B. eine starke Preisorientierung bei gleichzeitig anhaltend hoher Qualitätserwartung sowie ein *gestei-*

gertes Anspruchsniveau an additive Service- und Dienstleistungen (vgl. Zentes, 1995, S. 231).

Im Rahmen des Wertewandels lässt sich bei vielen Menschen vor allem auch ein gesteigertes Bedürfnis nach *Selbstentfaltung, emotionaler Stimulierung* und *sinnlich erfahrbaren Erlebnissen* beim Einkaufen oder bei der Inanspruchnahme einer Dienstleistung feststellen. Auf gesättigten Märkten mit gering involvierten Konsumenten müssen Einkaufsstätten analog zu Produkten und Marken primär emotional voneinander abgegrenzt werden, um Kunden durch emotionale Einkaufserlebnisse längerfristig zu binden (vgl. Weinberg/Besemer, 1999, S. 239). Dies bedeutet, dass Shopping-Centern die Rolle der *Vermittlung spezifischer Erlebniswerte* zukommt, die in der subjektiven Gefühls- und Erfahrungswelt der Konsumenten verankert sind und somit einen Beitrag zur Verwirklichung individueller *Lebensqualität* leisten (vgl. Weinberg, 1992, S. 3 ff.).

4.2 Wettbewerbsstrategien und Erfolgsfaktoren von Shopping-Centern

Die Entwicklung von Shopping-Centern erfordert von Investoren und Besitzergesellschaften den Einsatz *hoher finanzieller Ressourcen*, so stellen Investitionsvolumina in Höhe von 50 bis 500 Millionen DM keine Seltenheit dar, die sich langfristig nur amortisieren, wenn sich die Center ihrer zentralen Erfolgspotenziale bewusst sind und sich auf diese klar konzentrieren. Die von den entsprechenden Entscheidungsträgern verfolgten Wettbewerbsstrategien sind somit ein wichtiger Wegbereiter für den Erfolg oder Misserfolg der einzelnen Konzepte. Wie bereits erwähnt, ist das Ziel der mit der Objektentwicklung von Shopping-Centern vertrauten Entscheidungsträger darin zu sehen, Wettbewerbsstrategien zu entwickeln, die sich nach den Wünschen und Bedürfnissen der Konsumenten richten, sich gleichzeitig aber auch dauerhaft von konkurrierenden Handelsbetrieben unterscheiden.

Die *strategische Orientierung an Kundenbedürfnissen* als Wettbewerbsvorteil bildete die Basis für Porters Erfolgsstrategien wie Kostenführerschaft, Differenzierung und Fokussierung (1989, S. 45 ff.). Die Weiterführung des Gedankens führte zur Analyse entlang der Wertschöpfungskette mit dem Ziel, Vorteile der Kostenführerschaft und Differenzierung miteinander in Einklang zu bringen. Zur Erreichung einer aus Konsumentenperspektive subjektiv wahrgenommenen Alleinstellung können die in der Diskussion um profilierende Wettbewerbsstrategien hinlänglich bekannten komparativen Konkurrenzvorteile "Qualität" und "Kosten" sowie die damit verbundenen Vorteilsdimensionen wie bspw. die "Innovations-" oder die "Markenorientierung" jedoch nicht unmittelbar auf Shopping-Center angewendet werden, weil dort *zusätzliche Profilierungsdimensionen*, wie bspw. eine emotional ansprechende Einkaufsstättenatmosphäre und Architektur, der Branchen- und Funktionenmix, der Freizeitwert etc. berücksichtigt werden müssen.

Da in der einschlägigen Literatur eine Vielzahl erfolgsrelevanter Profilierungsdimensionen von Einkaufszentren gleichzeitig als strategische Erfolgsfaktoren gehandelt werden (vgl. insb. Baier/Heinz/Zanger, 1998; Bastian, 1999; Bühler, 1991; Falk, 1998), bedarf es einer subjektiv vorgenommenen Auswahl von (mehrheitlich empirisch ermittelten) *centerspezifischen Erfolgsdeterminanten*.

Im Vergleich zur allgemeinen betriebswirtschaftlichen Erfolgsfaktorenforschung hat die empirische Forschung handelsspezifischer Erfolgsfaktoren in jüngerer Vergangenheit einen nachhaltigen Aufschwung erlebt (vgl. z. B. Müller-Hagedorn, 1998, S. 179). Sie beschäftigt sich mit der Identifikation und Analyse der Faktoren, die erfolgreiche Handelsbetriebe signifikant von weniger erfolgreichen unterscheiden, wobei als strategische Erfolgsfaktoren diejenigen Elemente, Determinanten und Bedingungen bezeichnet werden, die den Erfolg oder Misserfolg unternehmerischen Handelns entscheidend determinieren und sowohl in der Umwelt des Unternehmens als auch im Unternehmen selbst wirksam sein können (vgl. Wahle, 1991, S. 27 ff.). Dabei ist vorweg die Frage zu klären, auf *welche Anspruchs- und Zielgruppe(n)* sich die zur Erklärung der Leistungsfähigkeit der Einkaufsstätte generierten Faktoren beziehen sollen. Die folgende Darstellung beschränkt sich auf ausgewählte Erfolgsfaktoren aus Konsumentenperspektive.

- *Branchen-, Sortiments- und Funktionenmix*

  Die Angebotsattraktivität eines Shopping-Centers wird zunächst durch die im Center ansässigen Anbieter determiniert. Neben der *Sortimentsstrategie* (Sortimentsbreite, Sortimentstiefe, Erhältlichkeit von Markenartikeln etc.) und dem *Preis-Leistungsverhältnis* (Preiswürdigkeit bzw. Preisgünstigkeit) der einzelnen Anbieter sind als zentrale Einflussgrößen vor allem

  - die vorhandene Betriebstypen- und Branchenvielfalt des Centers,
  - mögliche Bedarfskoppelungen,
  - die interne Konkurrenzsituation,
  - Art und Anzahl der Magnetbetriebe sowie
  - die räumliche Gruppierung und Anordnung der einzelnen Centerbetriebe hervorzuheben.

  Aufgrund des gesteigerten Stellenwertes der raumzeitlichen Verbindung von Versorgungstätigkeiten mit Unterhaltungs-, Erlebnis- und Freizeitaktivitäten, werden die kontinuierliche Überprüfung und Anpassung des *Nutzungskonzeptes* sowie der *Funktionenstruktur* des Centers an die sich im Zeitablauf verändernden konsumspezifischen Bedürfnisstrukturen und die frühzeitige Identifizierung von Synergiepotenzialen an Bedeutung gewinnen.

- *Additive Service- und Dienstleistungen (Convenience-Orientierung)*

  Die Servicepolitik eines Shopping-Centers beinhaltet verschiedene Entscheidungskomplexe. Dominante Entscheidungsbereiche der servicepolitischen Maßnahmen betreffen in erster Linie

  - die Definition des Serviceniveaus: Servicestrategie, -programm und -ausgestaltung,
  - die Preisgestaltung der Serviceleistungen sowie
  - die Organisation des Serviceangebots.

  Serviceleistungen können sowohl anbieterindividuell, d. h. von einem einzelnen Anbieter (Reparaturdienst, Umtauschkulanz, Auswahl nach Hause etc.) offeriert werden als auch in einer anbieterkooperativen oder centerzentralen Angebotsform (Kinderspielecke, Kundengarderobe, Verpackungs-, Bestell- und Zustellservice etc.) bestehen.

In einer empirischen Untersuchung zur *Identifizierung von Attraktivitätsfaktoren* konnte Bühler (1998) erstmals unter Beweis stellen, dass Shopping-Center vor allem eine soziale Funktion übernehmen. Dieses Ergebnis konnten Bastian (1999) und Besemer (1999) in weiteren Studien untermauern. Dementsprechend kommen den Faktoren „Gastronomie" und „Events" als Ausdruck von Geselligkeit und Kommunikation eine exponierte Bedeutung zu:

- *Gastronomie*

  Aus Sicht der Shopping-Center-Betreiber sind im Hinblick der Ansiedlung gastronomischer Nutzungen in erster Linie wirtschaftliche Aspekte maßgeblich: Je länger die Kunden im Center verweilen, desto mehr werden Essen und Getränke konsumiert; andererseits gewährleistet die Versorgungsfunktion der Gastronomie eine verlängerte Verweildauer (vgl. Beyard et al., 1998, S. 51) und ein gesteigertes Wohlbefinden im Center. Darüber hinaus soll an dieser Stelle noch einmal explizit der Hinweis erfolgen, dass durch entsprechend attraktiv gestaltete Gastronomieangebote der Erlebniswert und somit insgesamt die Anziehungskraft des Centers maßgeblich gesteigert werden kann („Magnetfunktion").

  Aus Konsumentensicht lassen sich folgende Grundfunktionen der Gastronomie in Shopping-Centern unterscheiden (vgl. Bosshart, 1997, S. 201 ff.):

  - „*Community & Relationship*" – Gastronomie als Ort der Begegnung und als gesellschaftlicher Treffpunkt,
  - „*Coolness & Action/Relaxation*" – Gastronomie als Ort der emotionalen Erlebnisse, der Unterhaltung und der Entspannung,

- *„Convenience & Easy-going"* - Gastronomie als Ort des Sofortkonsums, der kognitiven Entlastung und des Zeitgewinns sowie

- *„Quality & Value"* - Gastronomie als Ort, an dem man zu einem vernünftigen Preis-Leistungsverhältnis speisen kann.

In Erfüllung dieser Funktionsbereiche erfreuen sich neben konventionellen Restaurationsbetrieben (Cafés, Fast-Food-Ketten, SB-Restaurants etc.) zunehmend neue Angebotsformen wachsender Beliebtheit, wobei hier in erster Linie „Food Courts" (bspw. Coca-Cola-Oase im CentrO, Oberhausen), *„Themen- und Erlebnisgastronomie"* (bspw. Planet Hollywood, Rainforest Café, Dive!) sowie das stark amerikanisierte Konzept des *„Impulse Dining"* (Vitamin- und Sekt-Bars, Eis- und Popcornstände etc.) zu nennen sind.

- *Event- und Aktionsmanagement*

Die Initiierung derartiger Maßnahmen lässt sich vor allem *aktivierungstheoretisch* begründen: Shopping-center-spezifische Events und Aktionen können als *kollative Stimuli*, d. h. als überraschende und neuartige Reize angesehen werden (vgl. Kroeber-Riel, 1991, S. 122), die für eine verstärkte Aktivierung sorgen und somit vor allem bei Kunden, die dem Shopping-Center einen häufigeren Besuch abstatten, der Langeweile und Austauschbarkeit der Einkaufsstätte wirksam entgegentreten. Zudem lassen sich durch außergewöhnliche Aktionen, die nach Möglichkeit im Rahmen einer center-integrierten Kundenkommunikation besonders hervorgehoben werden, zusätzliche Kundenfrequenzen generieren. Hierfür besonders geeignet sind Aktionen, die den Kunden interaktiv in das Geschehen mit einbeziehen und langfristig verhaltensrelevante Wirkungen auslösen. Derartige *frequenzschaffende Maßnahmen* können von Shopping-Centern auf verschiedene Weise geplant und implementiert werden, nämlich:

- als einmalige *punktuelle* bzw. *anlassbezogene Aktionen*, die nur einen Tag oder wenige Stunden dauern (Lesungen, Autogrammstunden, Modeschauen, Verlosungen etc.),

- als *einmalige Aktionen*, die einen temporären (zeitraumbezogenen) „Ausstellungscharakter" haben, also über mehrere Tage oder Wochen laufen (bspw. Ausstellungen, Sonderdekorationen, Infotainmentaktionen),

- als *saisonale Aktionen*, die jedes Jahr in Variationen wiederkehren (z. B. Weihnachts- und Osterdekorationen, Aktionen zum Winter- bzw. Sommerschlussverkauf) sowie

- als *institutionalisierte*, d. h. fest etablierte *Aktionen*, die nachhaltig Image- und Corporate Identity prägend sind (z. B. wöchentliche Live-Musikveranstaltungen wie Piano-, Jazz- und Klassikkonzerte).

Das *Ziel* des *Aktions- und Eventmanagements* kann darin gesehen werden, beim Kunden einen positiven Beitrag zum Aufbau bzw. zur Unterstützung eines positiven und eigenständigen inneren (Gedächtnis-) Bildes zu leisten, um dergestalt langfristig eine *emotionale Kundenbindung* zu etablieren.

- *Einsatz neuer Technologien (medial und real im Center)*

  Die neuen Technologien bieten als *Erlebnis-, Service- und Informationsinstrumente* vielfältige Anwendungsmöglichkeiten der individuellen Kundenansprache, so lassen sich bspw. interaktive Kommunikations- und Kundeninformationssysteme

  - für virtuelle Rundgänge durch das Shopping-Center,
  - zur Standortsuche und Produktinformation,
  - zur Inszenierung der Objektphilosophie sowie
  - zur Intensivierung des emotionalen Erlebens der Besucher mittels „Illusionsarchitektur" durch statische und animierte 3-D-Projektionen nutzen.

Darüber hinaus lassen sich durch die Gestaltung eines prägnanten Internet-Auftritts auch das Interesse und Bedürfnis nach einer unproblematischen und aktuellen Informationsvermittlung der Kunden befriedigen.

Als weitere zentrale Erfolgsfaktoren werden im Rahmen des Instore-Marketings abschließend die architektonische und atmosphärische Gestaltung sowie Möglichkeiten der Warenpräsentation in Shopping-Centern angesprochen, wobei diese Gestaltungselemente aufgrund ihrer zunehmenden Bedeutsamkeit im Profilierungsmix von Einkaufsstätten gesondert erörtert werden.

Zur Auslösung verhaltensrelevanter, emotionaler Reaktionen von Kunden in Shopping-Centern müssen vor allem *sozialtechnische Regeln* eingesetzt werden. Unter "Sozialtechnik" versteht man die Anwendung verhaltenswissenschaftlicher Gesetzmäßigkeiten zur Beeinflussung des sozialen Lebens (vgl. Kroeber-Riel/Weinberg, 1999, S. 36). Wesentliche Ansatzpunkte zur sozialtechnischen Gestaltung von Shopping-Centern bieten hierbei insbesondere der emotionale und kognitive Ansatz der Umweltpsychologie (vgl. insb. Bost, 1987; Diller/Kusterer, 1986; Gröppel, 1991; Veitch/Arkkelin, 1995; Weinberg/Diehl, 1998) sowie aktivierungstheoretische Grundlagen (vgl. Kroeber-Riel/Weinberg, 1999).

4.3 Gestaltung von Shopping-Centern aus verhaltenswissenschaftlicher Sicht

4.3.1 Architektur, Gestaltung und Layout

Die meisten Shopping-Center lassen sich einem der vier Basistypen „Stripe"-, „Mall"-, „Court"- oder „Cluster"-Center zuordnen (vgl. Bühler, 1991, S. 23), wobei die konkrete architektonische Erscheinungsform sowie das Layout eines Centers im Wesentlichen von der Form, Lage und Größe des jeweiligen Grundstücks abhängen. Für die Anmutungsqualität, Imagewertigkeit und das emotionale Erlebnis eines Centers spielen vor allem die Optimierung der *„architektonischen Wohlfühlfaktoren"* Visibilität, goldener Schnitt, Raumhöhe, räumliche Breiten der Gänge, ideale Sichtbeziehungen etc. eine zentrale Rolle (vgl. Weinberg/Besemer, 1999, S. 242). Zur Shopping-Center-Gestaltung im weiteren Sinne zählen neben der architektonischen Gestaltung des Innenraumes auch die nähere und weitere Außenflächengestaltung, die Parkfläche, Fassade, Ein- und Ausgänge sowie die Firmierung. Darüber hinaus können auch nach außen gerichtete Schaufensterfronten zur Profilierung eines Centers beitragen, da diese Passanten nicht nur auf Produkte und Neuheiten aufmerksam machen bzw. Impulskäufe veranlassen können (vgl. Wölk, 1992, S. 56), sondern vor allem auch einen wesentlichen Beitrag zur Urbanisierung der Innenstädte leisten.

4.3.2 Centeratmosphäre mittels Visual Merchandising

Ein wesentlicher Erfolgsfaktor ist die *atmosphärische* Gestaltung des Centers mit einer Vielzahl an Alternativen der Stimuluspräsentation, so etwa bei der Warenpräsentation, der Schaufenstergestaltung im Inneren des Centers, der Verwendung von Dekorationen und Warenträgern, der Zweit- bzw. Mehrfachplazierung von Ware in Vitrinen oder auf Aktions- und Gemeinschaftsflächen etc., um nur einige Möglichkeiten zu nennen. Dabei verwendete *Farben, Formen, Materialien* und *Licht* ergeben vielfältige Möglichkeiten der Beeinflussung der Centeratmosphäre, wie anhand von Farbe und Licht beispielhaft gezeigt werden soll:

Farbe ist ein optisches Phänomen, das in Verbindung mit Licht eine starke emotionale und kognitive Wirkung erzielt und daher zu den prägnantesten Determinanten der Umwelteindrücke zählt (vgl. Ackermann, 1997, S. 142). Untersuchungen zum Einfluss von Farben auf den menschlichen Organismus zeigen, dass Farben zumindest eine zweidimensionale Wirkung besitzen. Crowley (1993, S. 59) beschreibt diese in Analogie zu den Dimensionen „Lust/Unlust" und „Erregung/Nicht-Erregung" des Mehrabian-Russel-Modells (1974) als „Evaluation" und „Activation Dimension". Im Rahmen der Shopping-Center-Gestaltung besitzen die Aspekte *aktivierende* (vgl. Rossiter/Percy, 1987, S. 619

ff.) und *intermodale Wirkung von Farben* (vgl. Kroeber-Riel/Weinberg, 1999, S. 422)[4] [4] eine zentrale Bedeutung. Hierbei wesentlich ist bspw. die Einflussnahme der Farbgebung auf die Wahrnehmung der Körper- bzw. Raumtemperatur, Größenverhältnisse, Ordnung, Sauberkeit, Verkaufsklima und Akustik (vgl. Ackermann, 1997, S. 143).

Da die Atmosphäre und eine gute Stimmung der Konsumenten wichtige Parameter für positive Einstellungen sind und sowohl *Tageslicht* als auch *künstliches Licht* positiv auf den Konsumenten einwirken können, sind in Shopping-Centern sowohl der Tageslichteinfall durch großzügig konstruierte Kuppeln und Glasdachkonstruktionen als auch ein akzentuierter Lichteinsatz komplementär einsetzbar. Während Tageslicht eher eine beruhigende Einflussnahme zugesprochen wird, eignet sich künstliches Licht insbesondere dazu, dramatische und erregende Akzente zu setzen und somit eine stimulierende Atmosphäre zu schaffen (vgl. Wawrowsky, 1998, S. 190). Insgesamt können die Funktionen des Lichts bei der Raumgestaltung von Shopping-Centern folgendermaßen zusammen gefasst werden (vgl. Kreft, 1993, S. 295 ff.):

- Ordnungsfunktion durch Unterstützung der Raumgliederung aufgrund unterschiedlicher Lichtqualitäten,

- Stimulierungsfunktion durch Unterstützung der Raumatmosphäre und

- Lockfunktion durch in spezielles Licht getauchte Center-Bereiche.

Neben dem Einsatz von Licht und Farbe sind auch die Basiselemente *Form* und *Materialien* aufgrund ihrer Erlebniswirkung hervorragend dazu geeignet, als *erlebnisbetonte Orientierungshilfen* zu fungieren. Hierbei ist jedoch zu beachten, dass der Kunde weder zu einer Zwangsführung durch das Shopping-Center genötigt wird, noch dass mangels hervorstechender Orientierungspunkte ein Gefühl der Orientierungslosigkeit und Unübersichtlichkeit hervorgerufen wird. Vielmehr sollte die Aufmerksamkeit des Kunden neben der bereits diskutierten Farbgebung und Lichtwirkung durch eine entsprechende Formsprache, gezielte Blickfänge u. ä. mehr geweckt werden und ihn so systematisch durch das Innere des Centers führen (vgl. Baumgardt, 1999, S. 45). Hierzu stehen als Hilfsmittel Kundenlaufstudien zur Verfügung, welche die *Laufgewohnheiten* und *Laufpräferenzen* (z. B. Vermeidung von Sackgassen und unübersichtlichen, labyrinthartigen bzw. nicht einsehbaren Gängen), wiedergeben. Oberste Priorität genießt der Grundsatz, dass der Besucherstrom gleichmäßig auf alle Ladenstraßen, Etagen und Bereiche des Centers verteilt wird, um so die Schaffung qualitativ gleichwertiger Standortqualitäten zu erreichen.

Darüber hinaus empfiehlt sich für die Innengestaltung von Shopping-Centern der Einsatz *gegenständlicher Gestaltungsmittel*, welche einen Beitrag zur Aktivierung und Erhöhung der Einkaufslust leisten. Denkbar sind etwa Bilder und Kunstobjekte, Pflanzen, artifizielle Wasseranlagen etc., aber auch Stimuli wie Düfte oder Musik (vgl. Wein-

---

4   Die intermodale Wirkung von Farben bedeutet, dass Farben die Wirkung anderer Stimuli intensivieren oder verändern können.

berg/Besemer, 1999, S. 243). Wichtig im Sinne der Wahrung einer eigenständigen und prägnanten Corporate Identity ist die *Einheitlichkeit* der dargebotenen Reizkonstellation (Informationsrate), die intermodal von den Kunden verarbeitet wird.

Außer von der Einheitlichkeit wird die Informationsrate auch von der *Neuartigkeit* und *Komplexität* der Center-Umwelt bestimmt. Eine Umwelt, die selten, ungewohnt und überraschend ist (Neuartigkeit) sowie sich durch Vielfältigkeit und Variabilität bei Angebot und Gestaltung (Komplexität) auszeichnet, wird als reizstärker empfunden. Von dieser Reizstärke der Informationsrate hängt die vom Center ausgelöste Aktivierung ab (vgl. Kroeber-Riel/Weinberg, 1999, S. 419). Neben der Informationsrate ist als zweite zentrale Gestaltungsgröße die *Orientierungsfreundlichkeit* (vgl. Gröppel, 1991) ein sozialtechnisches Kriterium für die Stimuluspräsentation. Dabei geht es um die psychische Bewältigbarkeit des Reizangebotes insoweit, dass Kunden den Bereich des Centers spontan überblicken, in dem sie sich befinden. Für die einzelnen Shopping-Centertypen muss je nach Größe, Dimensionierung und Geschosszahl eine optimale qualitative und quantitative Raumaufteilung des Objektes vorgenommen werden. Durch eine klare Aufteilung des Centers in verschiedene Zonen (Geschäftsfläche, Verkehrsfläche, Gemeinschafts- und Aktionsfläche, hervorgehobene „fascination points" etc.) kann die "*Lesbarkeit*" des Centers und die Stimulation der Kunden beeinflusst werden (vgl. Esch/Thelen, 1997, S. 114). Da ein Center gestaltungstheoretischen Überlegungen zufolge zunächst als Einheit wahrgenommen wird, sollte die *Makrostruktur* des Centers *einfach* und *prägnant* gestaltet sein, während im Gegensatz hierzu die *Mikrostruktur* möglichst *abwechslungsreich*, *komplex* und *anregend* konzipiert sein sollte. Zusammenfassend lässt sich festhalten, dass es durch den gezielten Einsatz komplexer und stimulierender Gestaltungsmaßnahmen möglich ist, zur Differenzierung einzelner Bereiche im Shopping-Center beizutragen und so die Orientierung der Kunden zu erleichtern (vgl. Baumgardt, 1999, S. 45; Esch/Thelen, S. 1997, S. 114).

Im Rahmen des Instore-Marketings muss also eine gewisse *Widersprüchlichkeit* gelöst werden. Einerseits erfordern Kriterien wie Neuartigkeit und Komplexität eine gewisse Reizstärke der Informationsrate, andererseits aber legt das Kriterium der Orientierungsfreundlichkeit mit Blick auf psychische Ordnungsschemata der Kunden eine gewisse Zurückhaltung nahe. Dabei ist die *Designadäquanz*, also die Stimmigkeit der verschieden Elemente der Shopping-Center-Gestaltung, ein wesentliches Kriterium.

5. Fazit

Aufgrund der Kostenintensität und Langfristigkeit von Shopping-Center-Projekten werden Investoren und Projektentwickler in Zukunft zunehmend veranlasst werden, nicht nur ressourcenorientiert zu planen, sondern wie beispielhaft im Rahmen des Instore-Marketings erörtert, auch nach *sozialtechnischen Aspekten der Nachfragewirkung* derartiger Investitionsobjekte. Praktische Planungen lassen ein verhaltenswirksames Systemdenken jedoch bislang nur ansatzweise erkennen, da eher ressourcenorientiert als kunden- und ergebnisbezogen geplant wird. Neben dem Handelsmarketing stößt hier auch die Handelsforschung noch auf weitgehendes Neuland.

Gemäß dem heutigen Erkenntnisstand stellen sich als *zentrale Herausforderungen* des Handels- und Projektmanagements von Shopping-Centern deshalb für die Zukunft:

- Die (frühzeitige) *Entwicklung* und *Vermarktung* des Produkts „Shopping-Center", nicht einer Immobilieninvestition. Die Geldgeber sollten nicht nur primär rein monetäre Interessen, wie z. B. die Rentabilität des Objekts, sondern auch·stärker inhaltliche Ambitionen verfolgen.
- Eine *Vernetzung* der Ansprüche von Shopping-Center-Investoren (Besitzergesellschaften), Kommunen, Stadtentwicklern, Projektentwicklern, Center-Management, Anbietern und Kunden. Die Marktforschung weist bei konkreten Projekten eklatante Lücken auf!
- Eine *interdisziplinäre Planung* unter Einbeziehung von Erkenntnissen aus Stadt- und Tourismusmarketing, Architekturpsychologie sowie Konsumenten-, Handels- und Trendforschung.
- Die Möglichkeiten der Etablierung von *erlebnisorientierten (Shop-)Inszenierungen* durch „Brand Lands", „Corporate Lands", Markenwelten etc. sowie der strategischen *Planung einer synergetischen Integration von Freizeit- und Unterhaltungsangeboten.*
- Dabei geht es vor allem um eine Abstimmung der Dynamik technischer Möglichkeiten mit den Trend- und Werteentwicklungen in Europa.

6. Literatur

Ackermann, C. (1997): Konzepte der Ladengestaltung. Beitrag zur Profilierung und Rationalisierung im Einzelhandel, Lohmar.

Baier, G./Heinz, K./Zanger, C. (1998): Attraktivitätsfaktoren von Shopping-Centern – Theoretische Analyse und empirische Untersuchung am Beispiel Chemnitz, Wirtschaftswissenschaftliches Disskussionspapier Nr. 16 der TU Chemnitz, Chemnitz.

Baumgardt, M. (1999): Der Laden als Marke, in: Dynamik im Handel, 43. Jg., Heft 6, S. 43-46.

Benkenstein, M./Bastian, A. (1998): Ansätze zur Profilierung von Einkaufszentren – Konzeptionelle Grundlagen und empirische Analysen, in: Trommsdorff, V. (Hrsg.):

Handelsforschung 1997/1998, Jahrbuch der Forschungsstelle für den Handel (FfH) e. V., Wiesbaden, S. 209-231.

Berekoven, L./Eckert, W./Wimmer, F. (1973): Gewachsene Einkaufszentren und Shopping-Center – ein Konkurrenzvergleich, in: Falk, B. R. (Hrsg.): Shopping-Center-Handbuch, München, S. 255-286.

Besemer, S. (1999): „Shopping-Center – das Warenhaus der Zukunft"? – Analyse der Zeilgalerie, Frankurt a. M. im Jahre 1999, nicht veröffentlichter Forschungsbericht, Saarbrücken.

Beyard, M. D./Braun, R./McLaughlin, H./Philips, P. L./Rubin, M. S. (1998): Developing Urban Entertainment Centers, Washington D.C.

Bosshart, D. (1997): Die Zukunft des Konsums: Wie leben wir morgen?, Düsseldorf, München.

Bost, E. (1987): Ladenatmosphäre und Konsumentenverhalten, Heidelberg.

Brandenburg, H. (1985): Standorte von Shopping-Centern und Verbrauchermärkte im Kölner Raum – Entwicklung und Auswirkungen auf das Einzelhandelsgefüge, Kölner Forschungen zur Wirtschafts- und Sozialgeographie, Bd. 32, Köln.

Braun, R. E. (1995): Exploring the Urban Entertainment Center Universe, in: Urban Entertainment Destinations – Urban Land Supplement, No. 8, S. 11-17.

Bühler, T. (1991): City-Center: Erfolgsfaktoren innerstädtischer Einkaufszentren, Wiesbaden.

Crowley, A. E. (1993): The Two-Dimensional Imapct of Color on Shopping, in: Marketing Letters, 4, No. 1, S. 59-69.

Diller, H./Kusterer, M. (1986): Erlebnisbetonte Ladengestaltung im Einzelhandel: Eine empirische Studie, in: Trommsdorff, V. (Hrsg.): Handelsforschung, Jahrbuch der Forschungsstelle für den Handel (FfH) e. V., Heidelberg, S. 105-123.

Eckert, W. (1978): Konsument und Einkaufszentren. Neue Betriebswirtschaftliche Forschung, Bd. 6, Wiesbaden 1987.

EHI EuroHandelsInstitut e. V. (Hrsg.) (1995): Shopping-Center-Report, Köln.

EHI EuroHandelsInstitut e. V. (Hrsg.) (1997): Shopping-Center-Report, Ergänzungsband, Köln.

Esch, F.-R./Levermann, T. (1993): Handelsunternehmen als Marke – Messung, Aufbau und Stärkung des Markenwertes – Ein verhaltenswissenschaftlicher Ansatz, in: Trommsdorff, V. (Hrsg.): Handelsforschung 1993/1994, Jahrbuch der Forschungsstelle für den Handel (FfH) e. V., Wiesbaden, S. 79-102.

Esch, F.-R./Thelen, E. (1997): Zum Suchverhalten von Kunden in Läden – theoretische Grundlagen und empirische Ergebnisse, in: der markt, Nr. 142, S. 112-125.

Falk, B. R. (1975): Methodische Ansätze und empirische Ergebnisse der Kundenforschung in Einkaufszentren unter besonderer Berücksichtigung der Beobachtungsmethode, Berlin.

Falk, B. R. (1982): Entwicklungsstand und Zukunftsaussichten, in: Falk, B. R. (Hrsg.): Einkaufszentren, Planung, Entwicklung, Realisierung und Management, Landsberg a. Lech, S. 59-67.

Falk, B. R. (1998): Shopping-Center – Grundlagen, Stand und Entwicklungsperspektiven, in: Falk, B. R. (Hrsg.): Das große Handbuch Shopping-Center, Landsberg a. Lech, S. 13-48.

Franck, J. (2000): Erlebnis- und Konsumwelten: Entertainment Center und kombinierte Freizeit-Einkaufs-Center, in: Steinecke, A. (Hrsg.): Erlebnis- und Konsumwelten, München, Wien, Oldenburg, S. 28-42.

Frechen, J. (1998): Positionierung von Warenhäusern. Optionen in schrumpfenden und stagnierenden Märkten, Frankfurt a. M.

Gasser, T. P. (1960): Das Shopping-Center in Amerika – Einkaufszentren in Europa, Schriftenreihe der Forschungsstelle für den Handel an der Handelshochschule St. Gallen, Bern.

Greipl, E. (1972): Einkaufszentren in der Bundesrepublik Deutschland. Bedeutung sowie Grundlagen und Methoden ihrer ökologischen Planung, Schriftenreihe des Ifo-Institutes für Wirtschaftsforschung, Nr. 79, Berlin.

Gröppel, A. (1991): Erlebnisstrategien im Einzelhandel, Heidelberg.

Grossekettler, H. (1978): Die volkswirtschaftliche Problematik von Vertriebskooperationen. Zur wettbewerbspolitischen Beurteilung von Vertriebsbindungs-, Alleinvertriebs-, Vertragshändler- und Franchisesystemen, in: Zeitschrift für das gesamte Genossenschaftswesen, 28. Jg., Heft 4, S. 325-374.

Hansen, U. (1990): Absatz- und Beschaffungsmarketing des Einzelhandels, 2. Aufl., Göttingen.

Heineberg, H./Mayr, A. (1986): Neue Einkaufszentren im Ruhrgebiet, Münstersche Geographische Arbeiten, Heft 24, Paderborn.

Kreft, W. (1993): Ladenplanung, Leinfelden-Echterdingen.

Kroeber-Riel, W. (1991): Strategie und Technik der Werbung, 3. Aufl., Stuttgart, Berlin, Köln.

Kroeber-Riel, W./Weinberg, P. (1999): Konsumentenverhalten, 7. Aufl., München.

Lambertz, W. (1996): Renaissance der Einkaufspassagen und Messepaläste, in: Dynamik im Handel, 40. Jg., Heft 6, S. 40-47.

Mayr, A. (1980): Entwicklung, Bedeutung und planungsrechtliche Problematik der Shopping-Center in der Bundesrepublik Deutschland, in: Heineberg, H. (Hrsg.): Einkaufszentren in Deutschland – Entwicklung, Forschungsstand und -probleme mit einer annotierten Auswahlbibliographie, Münstersche Geographische Arbeiten, Heft 5, Paderborn, S. 9-46.

Mehrabian, A./Russel, J. A. (1974): An Approach to Environmental Psychology, Cambridge, Massachusetts.

Moser, D. (1974): Neue Betriebsformen im Einzelhandel. Eine Untersuchung der Entstehungsursachen und Entwicklungsdeterminanten, Bochum, Frankfurt a. M., Zürich.

Mühlbacher, H./Dreher, A. (1996): Systemische Positionierung, in: Tomczak, T./Rudolph, T./Roosdorp, A. (Hrsg.): Positionierung – Kernentscheidung des Marketing, St. Gallen, S. 70-79.

Müller-Hagedorn, L. (1998): Der Handel, Stuttgart u. a.

Opaschowski, H. W. (1995): Freizeitökonomie: Marketing von Erlebniswelten, 2. Aufl., Opladen.

Porter, M. E. (1989): Wettbewerbsvorteile. Spitzenleistungen erreichen und behaupten, Frankfurt a. M.

Probst, F. (1982): Das Center-Management – Voraussetzungen und Funktionen, in: Falk, B. R. (Hrsg.): Einkaufszentren: Planung, Entwicklung, Realisierung und Management, Landsberg a. Lech, S. 259-279.

Rossiter, J. R./Percy, L. (1987): Advertising & Promotion Management, New York, St. Louis u. a.

Scherick, J. (1996): Breaking New Ground: The Sony Retail Entertainment Center, in: Urban Entertainment Destination – Urban Land Supplement, No. 8, S. 19-22.

Scherrieb, R. (1998): Freizeiteinrichtungen in Shopping-Centern, in: Falk, B. R. (Hrsg.): Das große Handbuch Shopping-Center, Landsberg a. Lech, S. 295-315.

Schliebe, K. (1998): Einkaufscenter-Management ist Marketing-Management. Das Einkaufcenter als Markenartikel, in: Falk, B. R. (Hrsg.): Das große Handbuch Shopping-Center. Einkaufspassagen, Factory-Outlet-Malls, Urban Entertainment-Center, Landsberg a. Lech, S. 99-117.

Spiegel, B. (1961): Die Struktur der Meinungsverteilung im sozialen Feld – Das psychologische Marktmodell, Bern, Stuttgart.

Theis, H.-J. (1992): Einkaufsstätten-Positionierung. Grundlage der strategischen Marketingplanung, Wiesbaden.

Tietz, B. (1973): Konsument und Einzelhandel – Strukturwandlungen in der Bundesrepublik Deutschland, in: Mitteilungen des Instituts für Handelsforschung an der Universität Köln, Nr. 6, S. 65-87.

Trommsdorff, V. (1975): Die Messung von Produktimages für das Marketing. Grundlagen und Operationalisierung, Köln, Berlin, Bonn.

Urban Land Institute (Hrsg. 1968): The Community Builders Handbook, Washington D. C.

Veitch, R./Arkkelin, D. (1995): Environmental Psychology – An Interdisciplinary Perspective, Englewood Cliffs, New Jersey.

Vielberth, J. (1982): Funktionen des Managements von Shopping-Centern, in: Falk, B. R. (Hrsg.): Einkaufszentren: Planung, Entwicklung, Realisierung und Management, Landsberg a. Lech, S. 281-289.

Völkel, D. (1995): Mit Chancen und mit Handicaps – Standort Einkaufscenter unter der Lupe, in: Einzelhandelberater, Nr. 8, S. 14-19.

Wahle, P. (1991): Erfolgsdeterminanten im Einzelhandel. Eine theoriegestützte empirische Analyse strategischer Erfolgsdeterminanten unter besonderer Berücksichtigung des Radio- und Fernseheinzelhandels, Frankfurt a. M.

Wawrowsky, H.-G. (1998): Entwicklungen bei der Architektur und Gestaltung von Shopping-Centern – dargestellt an ausgewählten Beispielen, in: Falk, B. R. (Hrsg.): Das große Handbuch Shopping-Center, Landsberg a. Lech, S. 183-196.

Weinberg, P. (1992): Erlebnismarketing, München 1992.

Weinberg, P./Besemer, S. (1999): Shopping-Center in der Zukunft, in: Marketing ZfP, 21. Jg. Heft 3, S. 237-247.

Weinberg, P./Diehl, S. (1998): Standortwahl in Shopping-Centern, in: Absatzwirtschaft, Nr. 5, S. 78-82.

Weinhold-Stünzi, H. (1996): Marktobjekte optimal positionieren, in: Tomczak, T./Rudolph, T./Roosdorp, A. (Hrsg.): Positionierung – Kernentscheidung des Marketing, St. Gallen, S. 44-55.

Wölk, A. (1992): Erfolgsfaktoren kleiner und mittlerer Unternehmen im Einzelhandel – Eine empirische Studie, in: Trommsdorff, V. (Hrsg.): Handelsforschung 1991/1992, Jahrbuch der Forschungsstelle für den Handel (FfH) e. V., Wiesbaden, S. 47-64.

Zentes, J. (1995): Der Handel in der Informationsgesellschaft, in: Becker, U. (Hrsg.): Toptrends im Handel, Düsseldorf, München, S. 221-239.

Zentes, J./Swoboda, B. (1998): Handelsmonitor I/98 – Trends & Visionen: Wo wird im Jahre 2005 Handel „gemacht"?, Frankfurt a. M.

Teil V

Marketing in produzierenden Branchen

Manfred Bruhn und Anja Zimmermann

Marketing in der Bauindustrie

1. Struktur des Baumarktes
    1.1 Entwicklung und Situation des Baumarktes
    1.2 Leistungsbereiche und Marktsegmente in der Bauwirtschaft
    1.3 Treibende Kräfte des Wettbewerbs in der Bauindustrie
2. Marketingrelevante Besonderheiten der Baubranche
    2.1 Das Marketingsystem in der Bauwirtschaft
    2.2 Leistungsbezogene Besonderheiten
    2.3 Besonderheiten im Kaufentscheidungsprozess
3. Implikationen für das Marketingmanagement von Bauunternehmen
    3.1 Strategische Optionen für Bauunternehmen
    3.2 Markt- und kundenorientierte Leistungspolitik
    3.3 Intensivierung der Kommunikationspolitik
    3.4 Kundenorientierung in der Preispolitik
    3.5 Professionelle Vertriebspolitik
4. Erfolgsfaktoren für das Marketing in der Bauindustrie
5. Literatur

Die Verfasser danken der HOCHTIEF AG (Essen) sowie Herrn Erhard Zimmermann, Bauunternehmung Zimmermann (Bornich), für ihre Unterstützung.

1. Struktur des Baumarktes

1.1 Entwicklung und Situation des Baumarktes

Trotz der bereits lang andauernden Baukrise gehört die Bauindustrie mit einem Bauvolumen von rund 524 Mrd. DM in 1998 zu einem der wichtigsten Wirtschaftszweige in Deutschland. Bei einer Gesamtbeschäftigtenzahl von ca. 2,5 Mio. im Jahre 1998 – ca. 1,2 Mio. davon alleine im Bauhauptgewerbe – ist jeder 13. Arbeitnehmer in Deutschland am Bau tätig (Hauptverband der deutschen Bauindustrie 1999). Betrachtet man die Bauinvestitionen auf europäischer Ebene, so führte die deutsche Bauindustrie 1998 das Feld mit 468 Mrd. DM Bauinvestitionen an, gefolgt von Frankreich (264 Mrd. DM) und Großbritanien (180 Mrd. DM). Im europäischen Vergleich kommt der deutschen Bauindustrie eine dominante Stellung zu. Der Baumarkt der Europäischen Union ist mit einem Investitionsvolumen von 1 529 Mrd. DM (1998) der größte Baumarkt der Welt. Dabei hat die grenzüberschreitende Bautätigkeit in Europa in den letzten Jahren deutlich zugenommen, am stärksten expandierten dabei allerdings die Aktivitäten von Bauunternehmen anderer europäischer Länder in Deutschland.

International sind deutsche Bauunternehmen vor allem bei Großprojekten des Verkehrswegebaus engagiert (z. B. Flughafen Athen oder die Öresund-Brücke, die Dänemark und Schweden verbinden soll). Zahlreiche deutsche Bauunternehmen unterhalten Beteiligungen in anderen europäischen Mitgliedsstaaten. Insgesamt liegt die Zahl der gegenseitigen Beteiligungen in der europäischen Bauwirtschaft bei etwa 900. Die deutsche Bauindustrie erhielt dabei 1998 Auslandsaufträge im Wert von 18,9 Mrd. DM (1997: 23,3 Mrd. DM), wovon 16,1 Mrd. DM auf Tochter- und Beteiligungsgesellschaften im Ausland entfielen und nur Auslandsaufträge im Wert von 2,8 Mrd. DM deutschen Unternehmen direkt erteilt wurden (Hauptverband der deutschen Bauindustrie 1999). Die Aussichten im Auslandsbau werden weiterhin als günstig beurteilt. Zu erwarten sind Komplettangebote von der Planung über die Finanzierung bis zum Betrieb von fertiggestellten Projekten. Dies erfordert von der deutschen Bauindustrie, sich als Systemanbieter auf diese neuen Herausforderungen einzustellen.

Die *deutsche Baukonjunktur* selbst stellt sich in den letzten Jahren weniger positiv dar. Der mit der Wiedervereinigung in den neuen Bundesländern ausgelöste „Bauboom" kippte in den Jahren 1994/95 und beschert der Branche seither ein negatives Wachstum. Die Bauinvestitionen im Inland gingen 1997 um 2,2 %, in 1998 um 4,2 Prozentpunkte zurück. Die von vielen für das Jahr 1998 erwartete Trendwende auf dem deutschen Baumarkt ist nicht eingetreten. In Folge gingen auch im Jahr 1998 die Beschäftigtenzahlen um 5,4 % zurück.

Die Bauleistungen werden in Deutschland wie in aller Welt überwiegend von mittelständischen Unternehmen erbracht. Sieht man von regionalen und bauspezifischen Besonderheiten ab, kann die Anbieterstruktur als polypolistisch bezeichnet werden. Die große

Bedeutung des Mittelstandes belegen die in Tabelle 1 wiedergegebenen Strukturdaten des Bauhauptgewerbes:

Unternehmen mit Beschäftigten	Zahl der Unternehmen	Beschäftigte	Umsatz in Mio. DM
1 – 19	62 369	410 000	55 336
20 – 99	11 129	437 000	70 831
100 – 199	1026	140 000	28 352
200 – 499	341	98 000	23 610
500 und mehr	92	135 000	47 914

Tabelle 1: Strukturdaten des Bauhauptgewerbes 1997
Quelle: Hauptverband der deutschen Bauindustrie 1999.

Die fünf größten Bauunternehmen halten dabei zusammen weniger als 6 % Marktanteil. Selbst zwischen den größten deutschen Bauunternehmen lassen sich – im Vergleich zu vielen anderen oligopolistisch strukturierten Branchen – noch beträchtliche Größenunterschiede feststellen, wie Tabelle 2 zeigt.

Konzerne/Gruppen	Bauleistung in Mio. DM	Anzahl Beschäftigte
Hochtief	12 271	37 220
Philipp Holzmann	12 054	33 833
Bilfinger + Berger	9 301	55 171
Walter Bau	4 690	10 521
Züblin	4 000	14 400
Dyckerhoff + Widmann	3 449	8 940
Strabag	2 687	16 572
Wayss + Freytag	2 653	7 113
Heidelberger Zement	7 652	24 311
Dyckerhoff	3 454	9 717

Tabelle 2: Die zehn größten deutschen Bauunternehmen 1998
Quelle: FAZ, 23.11.1999.

Der Vergleich zu anderen Branchen, wie beispielsweise der Automobilindustrie, in der die fünf größten Anbieter ca. 70 % Marktanteil auf sich vereinen, unterstreicht die Rolle des Mittelstandes in diesem Industriezweig. Dieser tritt, trotz geringer Jahresbauleistung, häufig als Wettbewerber größerer Baukonzerne in Erscheinung, wie das Beispiel der Neubaustrecke der Deutschen Bahn von Köln nach Frankfurt zeigt. Hier errichten zwölf mittelständische Bauunternehmen mit einer durchschnittlichen Jahresleistung von 250 Mio. DM gemeinsam im Rahmen einer ARGE (Arbeitsgemeinschaft) den Bauabschnitt A mit einem Projektvolumen von über einer Mrd. DM.

1.2 Leistungsbereiche und Marktsegmente in der Bauwirtschaft

Für die Bauwirtschaft finden sich in der Literatur unterschiedliche begriffliche Definitionen (vgl. dazu die Ausführungen bei Klemmer 1998, S. 9 f.). Folgt man der gängigen Auffassung sowie der Definition des Statistischen Bundesamtes, so zählt das Baugewerbe zum produzierenden Gewerbe und umfasst das Bauhauptgewerbe (Hochbau, Tiefbau, Fassaden- und Gerüstbau etc.) sowie das Ausbaugewerbe (Elektroinstallation, Glasergewerbe, Malergewerbe etc.). Dieses Verständnis der Bauwirtschaft greift für heutige Verhältnisse jedoch zu kurz, da die bauwirtschaftliche Wertschöpfungskette vielfach bereits mit der Projektinitiierung sowie der Projektplanung beginnt und auch das Betreiben von fertiggestellten Bauobjekten heute von Generalunternehmen übernommen wird.

Der Baumarkt im Sinne des Baugewerbes kann weiterhin nach verschiedenen Kriterien segmentiert bzw. in verschiedene *Leistungsbereiche* unterteilt werden. Zunächst ist eine generelle Unterscheidung nach der Art des Bauträgers zweckmäßig. Danach lässt sich der private vom öffentlichen Bau differenzieren. Innerhalb dieser beiden Segmente wird weiterhin zwischen dem Hochbau und dem Tiefbau unterschieden, je nach Bauprojekt und notwendiger Bautechnologie. Zum privaten Hochbau wird der Wohnungsbau (Einfamilien- und Mehrfamilienhäuser) und der Wirtschaftsbau (Gewerbe-, Dienstleistungs- und Industriegebäude) gezählt, während zum weniger bedeutenden privaten Tiefbau z. B. der Garten- und Landschaftsbau sowie private Erschließungen gehören. Im öffentlichen Bau zählen Verwaltungsbauten oder Spitäler zum Hochbau; im Zentrum des öffentlichen Tiefbaus steht der Verkehrswegebau.

Die Segmentierung der Leistungsbereiche des Baumarktes erfolgt dabei bislang primär nach produkt- und leistungsbezogenen Kriterien; die Anforderungen der Bauherren, ihre Nutzenvorstellungen und Bedürfnisse werden im Rahmen der Segmentierung kaum berücksichtigt. Bedürfniscluster, beispielsweise bezüglich Funktion, Qualität oder Ausbaustandard, existieren erst ansatzweise (UBS Outlook 2000).

1.3 Treibende Kräfte des Wettbewerbs in der Bauindustrie

Die Entwicklungen in der Bauindustrie stehen in engem Zusammenhang mit der gesamtwirtschaftlichen Entwicklung eines Landes sowie mit demografischen und gesellschaftlichen Veränderungen. Neben der in Westdeutschland 1993 einsetzenden Rezession, die zunächst den Wirtschaftsbau und Öffentlichen Bau und zwei Jahre später auch den Wohnungsbau erfasste, ist die Bauindustrie in den letzten Jahren einem *tiefgreifenden Strukturwandel* ausgesetzt, der in allen Wertschöpfungsstufen der Bauwirtschaft spürbar ist. Am deutlichsten wird der Strukturwandel in der starken Zunahme der Subunternehmertätigkeit im Laufe der 90er Jahre (Hauptverband der Bauindustrie 1999). Große Bauunternehmen übernehmen in immer geringerem Maße die Bauproduktion selbst, sondern treten am Markt als Generalunternehmer auf und vergeben einen erheblichen Teil der Bauleistung an Nachunternehmen. Die rückläufige Baunachfrage führt zu einem massiven, zum Teil *ruinösen Preis- und Verdrängungswettbewerb*; dieser Kostendruck wird vielfach an die nachgelagerten Sub- und Nachunternehmen weitergegeben. Gleichzeitig wachsen in Deutschland die Marktanteile ausländischer Baufirmen und der Kostendruck nimmt durch ausländische Niedriglohnunternehmen aus Süd- und Osteuropa zu. Auch Wettbewerber aus baunahen und baufremden Branchen drängen aufgrund niedriger Markteintrittsbarrieren vermehrt auf den deutschen Markt (Klemmer 1998). Die durch die Rezession notwendig gewordene Korrektur der Baukapazitäten nach unten bleibt dadurch aus; zunehmender Wettbewerbsdruck ist das Resultat. Eine ungenügende Ertragslage hat viele Bauunternehmen in den letzten Jahren in eine existenzgefährdende finanzielle Situation gebracht und durch risikobewusste Kapitalgeber nimmt der Ertragsdruck – ebenso wie der Kostendruck – weiterhin zu.

Im Wohnungs-, Wirtschafts- und Öffentlichen Bau ergeben sich durch Umfeldveränderungen *neue Anforderungen an die Bauindustrie*. Die angespannte Finanzlage der Öffentlichen Hand dokumentiert sich darin, dass Bund, Länder und Gemeinden trotz bestehendem erheblichen Baubedarf 1998 real 23 % weniger für öffentliche Baumaßnahmen ausgegeben haben als noch fünf Jahre zuvor.

Durch Veränderungen in der Bevölkerungsstruktur, insbesondere der Alters-, Einkommens-, und Familienstruktur wächst der *Bedarf nach neuen Wohnformen*. Langfristig ist davon auszugehen, dass der Geschosswohnungsbau das Fertigstellungsvolumen bestimmt, während im Bereich der Ein- und Zweifamilienhäuser eine relativ konstante Nachfrage herrscht. Umfeldbezogene Faktoren, wie z. B. das schwankende Mietpreisniveau und das wechselnde Niveau staatlicher Förderungen, sorgen im Bereich der Mehrfamilienhäuser für starke Nachfrageschwankungen.

Der Wirtschaftsbau wird durch zwei treibende Kräfte des Wirtschaftsumfeldes beeinflusst. Der *Strukturwandel in der Wirtschaft* mit einer zunehmenden Bedeutung des tertiären Sektors schlägt sich in der Zusammensetzung des Wirtschaftsbaus nieder. Im Vergleich zu einem 50 %igen Anteil in 1960 entfiel 1998 auf das produzierende Gewerbe nur noch ein Viertel der Investitionstätigkeit (Hauptverband der deutschen Bauindustrie 1999). Im Dienstleistungsbereich besteht in der Regel ein geringerer Raumbedarf. Auch im Bereich des Produzierenden Gewerbes führen Investitionen in kleinere, leistungsfähigere Maschinen, Kapazitätsverlagerungen in kostengünstige Länder sowie der Mehrschichtbetrieb mit einer höheren Kapazitätsauslastung insgesamt zu einer geringeren inländischen Nachfrage nach umbautem Raum.

Weiterhin führt der *globale Wettbewerb* im Wirtschaftsbau zu veränderten Anforderungen seitens der Auftraggeber. Höhere Nutzungsvariabilitäten, kürzere Planungs- und Bauzeiten sowie niedrige Raumkosten gehören zu den wichtigsten Bedürfnissen, die die Bauindustrie erfüllen muss.

Die notwendige Strukturanpassung der deutschen Bauwirtschaft geht nur schrittweise voran. Die Gründe dafür sind vielfältig und reichen von politischen Interventionen (wie im Falle von Philipp Holzmann) über eine weitgehend regional ausgerichtete Baustruktur bis hin zu einem auf kurzfristige Kapazitätseffekte statt auf nachhaltige Existenzsicherung ausgerichteten Submissionsverhalten der Bauunternehmen sowie Auftragsvergabeverhalten der Bauherren.

Die Entwicklungen im wirtschaftlichen, gesellschaftlichen wie auch politischen Umfeld lassen eine Entspannung der Situation in der Bauwirtschaft kaum erwarten. Vielmehr ist die Bauwirtschaft, die über Jahre hinweg ohne konsequente Markt- und Kundenorientierung erfolgreich am Markt existierte, dazu aufgefordert, sich den neuen Herausforderungen und dem resultierenden Wettbewerb zu stellen. Etablierte Anbieter am Markt werden zu einer grundlegenden Neustrukturierung und Neuorientierung ihres Geschäftes gezwungen. Die Bauwirtschaft muss sich immer stärker von der Industriegütermentalität hin zu einer *markt- und kundenorientierten Dienstleistungsbranche* mit ganzheitlicher Problemlösungskompetenz verändern, um den neuen Marktkräften begegnen zu können. Traditionen, die Erfolge der Vergangenheit, Vorbehalte gegenüber dem Marketing als Disziplin sowie die durch die Leistungsstruktur bestehende Regionalität und Funktionalität in der Organisation sind zentrale Hindernisse, die es auf dem Weg zur Markt- und Kundenorientierung zu überwinden gilt. Die meisten Bauunternehmen verfügen im Bereich der Marketingkompetenz über einen erheblichen Nachholbedarf und ein hohes, unausgeschöpftes Potenzial (Renner 1996).

2. Marketingrelevante Besonderheiten der Baubranche

2.1 Das Marketingsystem in der Bauwirtschaft

Die Bauwirtschaft zeichnet sich durch ein *komplexes Marketingsystem* aus, indem unterschiedliche Marktteilnehmer an der baulichen Wertschöpfungskette beteiligt sind. Die Komplexität des Marketingsystems bezieht sich dabei sowohl auf die Anbieter- als auch die Nachfragerseite und variiert in Abhängigkeit von der Größe des Bauprojektes. Im folgenden werden die wichtigsten *Gruppen von Marktteilnehmern* kurz beschrieben.

Nachfrager im engeren Sinne ist der sogenannte *Bauherr*, der ein Bauprojekt vorbereitet und ausführt oder vorbereiten und ausführen läßt und somit auch die Verantwortung für wirtschaftliche Risiken des Bauobjektes übernimmt. Bauherren können öffentliche oder private Bauherren sein.

Architekten, Ingenieure oder Planungsbüros übernehmen für den Bauherrn vielfach die Aufgabe der Objektplanung und auch die Vergabe von Bauleistungen. Aufgrund ihrer Beeinflussungsfunktion sowie der Selektionsrolle bei der Vergabe von Bauleistungen ist diese Gruppe von Marktteilnehmern aus Sicht der Bauunternehmen als Kunde bzw. kundennahe Gruppe zu bearbeiten.

Die Bauausführung wird von unterschiedlichen *Bauunternehmen und Handwerksbetrieben* erbracht. Das Spektrum der Anbieter ist dabei breit gefächert und reicht von Bauunternehmen, die mit einem breiten Leistungsspektrum als Generalunternehmen am Markt auftreten bis hin zu kleinen, hoch spezialisierten Baufirmen. Tritt ein Bauunternehmen als Generalunternehmen oder sogar als Systemanbieter am Markt auf, der Planung, Finanzierung, Bau sowie den Betrieb eines Objektes übernimmt, koordiniert dieser die Bauzulieferindustrie (Baustoffe, Fertigteile etc.) sowie die Nach- und Nebenunternehmer. Nachunternehmen sind meist Betriebe des Bauhaupt- oder Ausbaugewerbes; Nebenunternehmer sind branchenfremde Unternehmen, z. B. im Falle eines Hotelprojektes ein Möbelhersteller, der mit seiner Zulieferung die Nutzung des Bauobjektes ermöglicht.

Projektentwickler und -steuerer bilden eine weitere Gruppe, die am bauwirtschaftlichen Wertschöpfungsprozess beteiligt sind. Sie treten als Bauträger auf und erstellen Bauobjekte auf eigene Rechnung, um diese an Dritte zu veräußern (Diederichs 1995, S. 45 f.) Als Projektentwickler können u. a. Bauunternehmen, Immobilienfonds, Projektmanagementgesellschaften oder auch private Investoren auftreten. Das Leistungsspektrum von Projektentwicklern reicht von der reinen Objektentwicklung und Finanzierung über die Projektplanung und Bauplanung bis hin zum Betrieb des Objektes.

Anhand der Beschreibung der unterschiedlichen Marktteilnehmer wird deutlich, dass eine klare Trennung zwischen Anbieter und Nachfrager im Baumarkt häufig nicht möglich ist. Die verschiedenen Marktteilnehmer nehmen zu unterschiedlichen Zeitpunkten und mit unterschiedlichen Interessen am Bauprozess teil. Für eine konsequente Kundenorientierung ist es daher für Bauunternehmen notwendig, die genaue Struktur und die Prozesse des Kundenbeziehungsgeflechts zu durchleuchten und die unterschiedlichen Bedürfnisse der am Bauprozess Beteiligten zu analysieren.

2.2 Leistungsbezogene Besonderheiten

Der Baumarkt zeichnet sich dadurch aus, dass verschiedenen Gruppen von Nachfragern meist individuelle, auf ihre technischen, funktionalen und emotionalen Bedürfnisse ausgerichteten Leistungen angeboten werden. Diese *Individualisierung der Bauleistungen* hat verschiedene Gründe (Bahr 1999, S.21): regional unterschiedliche Landesbauordnungen sowie international abweichende Vorschriften, klimatische und geologische Bedingungen, unterschiedliche Nutzenerwartungen der Bauherren sowie individuell differierende emotionale Bedürfnisse der Kunden. Aufgrund dieser Heterogenität der Bedürfnisse handelt es sich bei Bauleistungen meist um ein individuelles Projektgeschäft mit geringem Standardisierungspotenzial.

Im Zusammenhang mit dieser *Leistungsspezifität* steht die generelle Frage nach dem *Charakter von Bauleistungen*. Betrachtet man das heutige Leistungsspektrum von mittleren und großen Bauunternehmen, so stellen diese einen Verbund von Sach- und Dienstleistungen dar. Die klassische Leistungserbringung bauausführender Unternehmen kann als Investitionsgut bezeichnet werden, wobei hier – abweichend von der klassischen Definition des Investitionsgutes - auch der private Bauherr als Kunde auftreten kann. Bei einer Vielzahl von Leistungen, die heute durch Bauunternehmen angeboten werden, handelt es sich um *investive Dienstleistungen*. Dazu zählen z. B. die Beratung des Bauherrn, Planungs- und Finanzierungsaufgaben, die Projektsteuerung oder das Facility Management. Stellen sich Bauunternehmen dem Marketing, so müssen sie im Sinne eines *Bau-System-Geschäftes* sowohl die Besonderheiten des Industriegüter- wie auch des Dienstleistungsmarketing berücksichtigen.

Die Initiative zur Leistungserstellung geht in der Bauwirtschaft grundsätzlich vom Auftraggeber oder dem Projektentwickler aus. Das Geschäft kann daher als ein *reaktives Geschäft* bezeichnet werden. Für das Kapazitätsmanagement der Bauunternehmen ergeben sich damit dienstleistungsähnliche Besonderheiten, da Baufirmen Kapazitäten vorhalten müssen, die bei Nichtinanspruchnahme entsprechende Leerkosten produzieren. In diesem Zusammenhang wird vom Baugewerbe auch als „Bereitstellungsgewerbe" gesprochen (Klemmer 1998, S. 11), das im Vergleich zum Investitionsgütergewerbe eine deutlich geringere Kapazitätsauslastung aufweist.

Aufgrund der Tatsache, dass sich die Leistungen der Bauindustrie immer auf einzelne Bauobjekte beziehen, kann man weiterhin von einem *regionalen Geschäft* sprechen. Dies führt zu erheblichen Kosten im Bereich der Baulogistik, die sich sowohl auf Material wie auch auf Personal beziehen. Für kleinere und mittlere Bauunternehmen hat dies einen eingeschränkten geografischen Aktionsraum zur Folge. Größere Bauunternehmen begegnen dieser Besonderheit in der Leistungserstellung mit regionalen Niederlassungs- und Geschäftsstellenstrukturen.

Schließlich ist die Leistungserstellung in der Bauindustrie, sofern sie die Bauausführung betrifft, ein saisonales Geschäft, das witterungsbedingten Auslastungsschwankungen unterliegt. Die Witterungsabhängigkeit ist insbesondere für die termingerechte Fertigstellung von Bauvorhaben eine kritische Größe.

Auch rechtlich sind bei der Leistungserstellung im Baugewerbe Besonderheiten zu beobachten. Die zentrale Grundlage für alle Bauprojekte stellt die *Verdingungsordnung für Bauleistungen (VOB)* dar. Sie gibt für sämtliche Bauvorhaben die Mindeststandards vor, z. B. hinsichtlich technischer Anforderungen und Spezifikationen, Abrechnungsmodalitäten oder auch Gewährleistungsansprüchen. Auch die Gerichtsbarkeit bezieht sich immer auf die VOB. Im Rahmen der individuellen Vertragsvereinbarung zwischen Auftraggeber und ausführendem Bauunternehmer können jedoch von der VOB abweichende

Vereinbarungen getroffen werden. Die Berücksichtigung der VOB gibt beiden Seiten – Auftraggeber und Auftragnehmer – Sicherheit, da sie für ein ausgewogenes Vertragsverhältnis der am Bau beteiligten Parteien sorgt.

Neue Herausforderungen werden an die Bauwirtschaft durch ein steigendes *Umweltbewußtsein* gestellt, welches sich heute bereits in entsprechenden Gesetzgebungen niederschlägt. Für Bauunternehmen und auch Bauherren brachte das 1996 erlassene Kreislaufwirtschafts- und Abfallgesetz beiden Seiten eine größere rechtliche wie auch finanzielle Verantwortung für die Entsorgung von Bauabfällen (Bahr 1999, S.13). Selbst in Fällen, in denen noch keine gesetzlichen Vorschriften bestehen, müssen sich Bauunternehmen zukünftig verstärkt der Forderung nach einem nachhaltigen, ökonomisch und ökologisch vertretbaren Bauen stellen.

2.3 Besonderheiten im Kaufentscheidungsprozess

Die Entscheidung eines Bauherrn über die Verwirklichung eines Bauprojektes ist durch eine *Vielzahl von Risiken* gekennzeichnet. Neben dem finanziellen Risiko aufgrund eines hohen Umsatzwertes ergeben sich persönliche Risiken aufgrund eines aus Prestigegründen hohen Projektwertes. Die Langfristigkeit und Komplexität von Bauprojekten ist ursächlich für *Informationsasymmetrien zu Lasten der Nachfrager*. Aufgrund seiner mangelnden fachlichen Kompetenz ist der Nachfrager häufig nicht in der Lage, die Qualität der ihm angebotenen Leistung zu bewerten. Dieses Defizit wird dadurch erhöht, dass Bauherren vielfach nicht auf vorhandene Erfahrung im Umgang und mit der Abwicklung von Bauprojekten zurückgreifen können. Insbesondere bei Erstkunden ist die Bauherrenberatung von großer Bedeutung, um in der Vorvertragsphase Unsicherheiten zu minimieren.

Ein weiteres Risiko für den Bauherrn besteht bei der Baudurchführung in dem Kapitalbindungs- und damit verbundenen Liquiditätsrisiko, das durch ein langjähriges Bauvorhaben entsteht. Da die ausführenden Bauunternehmen Personal- und Materialeinsatz vorfinanzieren, spielt die Bonität eines Anbieters für viele Bauherren eine entscheidende Rolle (Bahr 1999). Weitere Risiken in der Bauausführungsphase stellen klimatische oder auch geologische Einflüsse dar, die eine termingerechte Durchführung des Bauprojektes behindern können. Für den Bauherrn und den Investor ergeben sich zeitliche Risiken hinsichtlich der termingerechten Fertigstellung.

Die unterschiedlichen Risiken, die seitens der Bauherren bei der Realisierung eines Bauprojektes wahrgenommen werden, führen zu langwierigen Entscheidungsprozessen. Betrachtet man einen *idealtypischen Kaufentscheidungsprozess* eines Bauherrn, so wirken sich die Kaufrisiken insbesondere auf die ersten Phasen der Kaufentscheidung aus (vgl. Abbildung 1).

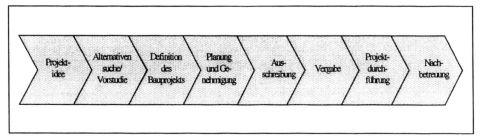

Abbildung 1: Phasen des Kaufentscheidungsprozesses in der Bauindustrie

Bis zur Ausschreibungsphase versuchen Bauherren, durch Beratungsleistung Dritter ihre Kaufrisiken zu minimieren und die Entscheidungsfindung so transparent wie möglich zu gestalten. Um das Informationsdefizit auszugleichen, lassen sie sich traditionell von Architekten und Ingenieuren beraten und bei der Alternativensuche, der Definition des Bauprojektes, der Planung und Genehmigung sowie der Ausschreibung und Vergabe unterstützen. Damit ist es für die bauausführende Unternehmung vielfach unmöglich, in einer frühen Phase mit dem Bauherrn in Kontakt zu treten und ihn in seiner Entscheidungsfindung sowie bei fachlichen Fragen zu unterstützen. Da die Architekten und Bauingenieure vielfach im Auftrag ihrer Kunden die Vergabeentscheidung treffen, haben Bauunternehmen wenige Möglichkeiten, sich beim Bauherrn selbst zu profilieren, sondern sind auf die positive Empfehlung des Architekten angewiesen. Im Rahmen der Planungs- und Genehmigungsphase entsteht dem Auftraggeber insbesondere ein zeitliches Risiko, da die Dauer der Genehmigungsverfahren häufig nicht zu kalkulieren ist und bereits in dieser Phase die Gefahr der zeitlichen Verzögerung des gesamten Projektes auftreten kann.

Die *Ausschreibung eines Bauprojektes* kann – je nach Art des Projektes – in unterschiedlichen Formen erfolgen. Meist nur bei kleineren Bauprojekten privater Bauherren ist eine freihändige Vergabe zu beobachten, d. h., es erfolgt keine öffentliche Ausschreibung, sondern der Auftraggeber fordert direkt ein Bauunternehmen zur Angebotsabgabe und Projektdurchführung auf. Im Rahmen einer beschränkten Ausschreibung nach der Verdingungsordnung für Bauleistungen (VOB) fordert der Auftraggeber bzw. der Bauherr eine beschränkte Anzahl von Bauunternehmen zur Angebotsabgabe (Submission) auf. Ist der Bauträger die Öffentliche Hand sowie auch bei privaten Großbauprojekten ist die öffentliche Ausschreibung die Regel. Hier wird je nach Auftraggeber das Bauvorhaben in der lokalen Presse bzw. dem Bundesausschreibungsblatt veröffentlicht und alle Bauunternehmen können daraufhin die genauen Ausschreibungsunterlagen anfordern und ein Angebot abgeben. Da der Staat im Bereich des Öffentlichen Baus häufig eine Monopolstellung inne hat, werden Bauvergaben öffentlicher Auftraggeber generell durch die VOB geregelt.

Aus Sicht des Bauunternehmens ist die Ausschreibungspraxis aus zwei Gründen problematisch: Erstens wird der Bauunternehmer, um überhaupt zu einem Bauprojekt zu gelangen, zur Abgabe eines Angebotes gezwungen, welches ihn in seiner späteren Vertragsverhandlung bindet, ohne jedoch seitens des Auftraggebers ein Commitment zu erhalten. Zweitens sind die Bearbeitung von Ausschreibungsunterlagen und die Erstellung eines Angebotes sehr zeit- und kostenintensiv (ca. 1 % des Jahresumsatzes wird bei Bauunternehmen dafür verwendet) und werden vom potenziellen Auftraggeber finanziell nicht entschädigt.

Ein zentrales Entscheidungskriterium bei der Vergabe von Bauprojekten ist neben der Zuverlässigkeit und Termintreue der Preis. Die vorherrschenden Ausschreibungsverfahren sowie die anschließende Submission der Angebote führt jedoch in der Regel für den Auftraggeber nicht zu einer eindeutigen Entscheidungsgrundlage, da die einzelnen Angebote vor der Vertragsabschlussphase nur schwer hinsichtlich ihres *Preis-Leistungs-Verhältnisses* zu bewerten sind und die Qualität der zu erwartenden Leistung für den Bauherrn kaum abzuschätzen ist. Detaillierte und umfassende Baubeschreibungen helfen dem Kunden in dieser Phase, seine Unsicherheiten zu reduzieren und mindern sein Nachtragsrisiko.

Nach der Ausschreibungs- und Vergabephase nimmt die Transparenz der Prozesse für den Kunden vielfach wieder ab. In der Baubranche entsteht, wie auch in anderen Systemgeschäften, eine *Kundenbindungslücke*, da die Anforderungen des Kunden während der Projektdurchführungsphase vielfach ansteigen, die Informations- und Leistungsintensität seitens der Bauerstellungsseite aber nicht selten abnimmt. Schwierig für die Interaktion zwischen Bauunternehmen und Bauherr gestaltet sich in dieser Phase auch die durch die VOB geregelte Möglichkeit des Bauherrn, über eine Änderung des Bauentwurfs den geplanten Bauprozess zu verändern.

In der *Nachbetreuungsphase* stellen die Schlussabrechnung sowie die Schlussabnahme inklusive der Verhandlungen über Nachträge kritische Größen des Kaufentscheidungsprozesses dar. Das wachsende Bedürfnis des Kunden nach baunahen Dienstleistungen, wie z. B. Unterstützung bei Betrieb eines Bauobjektes oder der Instandhaltung, bieten Bauunternehmen in dieser Phase Chancen zur langfristigen Kundenbindung.

3. Implikationen für das Marketingmanagement von Bauunternehmen

3.1 Strategische Optionen für Bauunternehmen

Die Baubranche zeigt typische Merkmale eines gesättigten bzw. rückläufigen Marktes mit einem einhergehenden, ruinösen Preiswettbewerb. Viele, insbesondere Klein- und Mittelbetriebe, konnten dem Preiswettbewerb der Vergangenheit nicht standhalten. Aber auch international tätige Baukonzerne, wie Philipp Holzmann, stehen unter erheblichem

Insolvenzdruck, der nicht zuletzt durch strategische Fehlentscheidungen verursacht wurde. In dieser Wettbewerbssituation lassen sich verschiedene strategische Ausrichtungen von Bauunternehmen beobachten, deren Eignung je nach Unternehmensgröße und Kompetenz zu prüfen ist. Die strategischen Optionen beziehen sich auf die Breite und Tiefe des Produkt-/Leistungsspektrums sowie die Auswahl der zu bearbeitenden Märkte und Kunden. In Anlehnung an die Strukturierung von Marktsegmentstrategien von Abell können die folgenden Strategierichtungen unterschieden werden:

Im Rahmen einer *Strategie der Nischenspezialisierung* konzentriert sich ein Bauunternehmen bewusst auf einen Teilmarkt, wie z. B. den Tankstellenbau als eine Form des Spezialtiefbaus und damit auch bewusst auf ein spezifisches Kundensegment, die Mineralölgesellschaften. Von besonderer Bedeutung ist eine solche Strategie für Unternehmen, die aufgrund ihrer Größe den Gesamtmarkt nicht abdecken können, jedoch spezifische Leistungsvorteile aufweisen. Die Nischenspezialisierung bietet sich in der Bauindustrie insbesondere für Klein- und Mittelbetriebe an, insbesondere wenn es sich um Nischen handelt, die von den großen Baukonzernen nicht bearbeitet werden.

Verfolgt ein Bauunternehmen die *Strategie der Produktspezialisierung*, so legt sie den Schwerpunkt ihrer Aktivität auf einen Leistungsbereich und baut dort durch Spezialisierung Wettbewerbsvorteile auf. Das Leistungsspektrum des Unternehmens wird dabei sämtlichen Kundengruppen am Markt angeboten. Beispiele einer solchen Strategie stellen Straßenbauunternehmen oder Fassadenbauer dar.

Auch eine *selektive Spezialisierungsstrategie*, in der sich ein Unternehmen mit unterschiedlichen Leistungsangeboten an ausgewählte Segmente richtet, ist in der Bauwirtschaft bei mittelständischen, regional tätigen Bauunternehen zu beobachten. Die großen Baukonzerne (Philipp Holzmann, STRABAG, Bilfinger+Berger u. a.) verfolgen eine *Strategie der Gesamtmarktabdeckung*, indem sie in annähernd allen bauwirtschaftlichen Segmenten eine breite Leistungspalette anbieten. Das Leistungsspektrum dieser *Universalanbieter* reicht vom Einfamilienhaus über den komplexen Wirtschaftsbau bis hin zum Spezialtiefbau in Form des Tunnelbaus und bezieht alle Kundengruppen sowie eine internationale Ausrichtung mit ein. Die Tätigkeit als Universalanbieter wird durch die Vergabe von Gewerken an Nachunternehmer realisiert.

In der aktuellen Strategiediskussion der Bauwirtschaft steht die *Systemführerschaft*. Ein Systemanbieter zielt darauf ab, einem Marktsegment qualitativ hochwertige Gesamtlösungen „aus einer Hand" aktiv anzubieten. Im Mittelpunkt des Angebotes steht ein kundenorientiertes, technisch und funktional optimiertes Systemkonzept. Zu beobachten ist diese Strategie seit einer Neuorientierung in den 90er Jahren bei dem Baukonzern HOCHTIEF. Als Systemführer baut, plant, finanziert und betreibt HOCHTIEF z. B. international Flughäfen. Dank der frühzeitigen strategischen Positionierung als spezialisierter Systemführer konnte sich HOCHTIEF im Vergleich zu anderen Baukonzernen im internationalen Wettbewerb erfolgreich positionieren (FAZ, 24.11.1999, S. 28).

Die derzeitige Wettbewerbssituation am deutschen Baumarkt fordert zukünftig eine klare strategische Orientierung der betroffenen Unternehmen. Strategische Entscheidungen müssen sich dabei auf die Frage der *Leistungstiefenoptimierung* beziehen, die in der deutschen Baulandschaft nach wie vor unter operativen Aspekten beantwortet wird (Klemmer 1998, S. 6). Weiterhin ist ein umfassendes Risikomanagement bei der Frage der Expansion von Leistungsbereichen notwendig, insbesondere wenn damit neue Kompetenzfelder angesprochen werden. Als strategischer Erfolgsfaktor der Bauindustrie gewinnt das Marketing, welches in Baufirmen über Jahrzehnte hinweg keine Priorität in der Geschäftsführung hatte, an Bedeutung. Auch wenn der Einsatz der Marketinginstrumente je nach Unternehmensgröße sowie strategischer Ausrichtung differenziert zu betrachten ist, sollen im folgenden die zentralen Herausforderungen der Leistungs-, Kommunikations-, Preis-, und Vertriebspolitik von Bauunternehmen dargestellt werden.

3.2 Markt- und kundenorientierte Leistungspolitik

Die im Rahmen des Marketingsystems der Bauwirtschaft aufgeführten Marktteilnehmer und ihre Leistungen bilden gemeinsam eine komplexe Wertschöpfungskette, die in Abbildung 2 dargestellt ist.

Dabei gilt es zu berücksichtigen, dass diese Wertschöpfungskette – inklusive der skizzierten Beteiligten und Aufgaben – je nach Bauprojekt unterschiedlich breit und tief ausgestaltet sein kann (vgl. dazu näher Klemmer 1998).

	Projekt-auftrag	Projekt-planung	Projektge-nehmigung	Ausschrei-bung/Vergabe	Bauaus-führung	Nutzung	Projekt-rückbau
Beteiligte	• Bauherr • Investor • Projekt-entwickler • Kapitalgeber	• Planer • Architekt • Ingenieur • Berater	• Bauherr • Architekt • Bauaufsichts-behörde	• Bauherr • Bauplaner • Projektent-wickler	• Bauhaupt-gewerbe • Ausbau-gewerbe • Bauzulieferer	• Nutzer/Be-treiber • Facility-Management-Firmen	• Bauunterneh-men • Abrissfirmen • Recyclefirmen
Aufgaben	• Objektent-wicklung • Finanzie-rungspläne • etc.	• Entwurfs-planung • Machbar-keitsstudie • Statik • etc.	• Antrag auf Baugenehmi-gung • Prüfung • etc.	• Erstellung ver-gabereifer Projektunter-lagen • Submission • Auswahl	• Aushub • Rohbau • Ausbau • Installation • Haustechnik • etc.	• Bewirtschaf-tung • Unterhaltung • Instand-setzung • etc.	• Abriss • Entsorgung • Wiederver-wertung • etc.

Abbildung 2: Wertschöpfungskette der Bauindustrie
Quelle: in Anlehnung an UBS Outlook 2000.

Der Leistungserstellungsprozess in der Bauwirtschaft ist *multiorganisational* und bedarf daher einer ganzheitlichen Koordination. Insbesondere an den Schnittstellen zwischen Planung und Ausführung kommt es zu Reibungsverlusten, die durch eine partnerschaftliche *Koordination und Zusammenarbeit der Marktteilnehmer* verhindert werden kann. Die Kommunikation und Zusammenarbeit zwischen Ingenieuren, Architekten und dem Bauherr sind im Sinne einer stärkeren Kundenorientierung zu verbessern. Insbesondere die Integration unterschiedlicher Spezialisten in den bauwirtschaftlichen Wertschöpfungsprozess erfordert verbesserte Formen der Zusammenarbeit, die durch die Bildung von multidisziplinären Projektteams und ein *Projektmanagement* realisiert werden können. Die Strategie der Systemführerschaft stellt ebenfalls einen solchen kundenorientierten Ansatz dar, mit dem Ziel, dem Kunden ein komplettes Dienstleistungspaket aus einer Hand anzubieten, und ihm damit Zeit- und Kostenvorteile sowie eine vereinfachte Abwicklung seines Bauvorhabens zu ermöglichen.

Eine kundenorientierte Leistungspolitik in der Bauwirtschaft setzt die *Kenntnis der Kundenbedürfnisse* sowie der *Bestimmungsfaktoren von Kundenzufriedenheit und Kundenbindung* voraus. Die derzeitige Baupraxis zeigt hier jedoch wenig Professionalität. Untersuchungen zur Kundenzufriedenheit sowie ein systematisches Kundenbindungsmanagement sind in der Bauindustrie kaum zu beobachten (Bahr 1999). Für eine kundenorientierte Leistungspolitik ist daher die kontinuierliche und umfassende Ermittlung der Kundenerwartungen sowie deren interne und externe Umsetzung in Leistungen und Kundeninteraktionen dringend erforderlich (Bruhn 1999).

Weiterhin ist im Sinne einer verbesserten Kundenorientierung darauf zu achten, dass die Betreuung des Bauherrn bzw. Auftraggebers nicht mit dem Abschluss der Bauausführung endet, sondern eine *Nachbetreuung des Kunden* erfolgen muss. Insbesondere aufgrund der häufigen Mängel, die zum Zeitpunkt der Übergabe am Objekt bestehen, ist die Nachbetreuung des Kunden für die Kundenzufriedenheit und -bindung von entscheidender Bedeutung. Verlängerte Gewährleistungsfristen sowie das Angebot von Zusatzdienstleistungen für den Betrieb oder die Nutzung von Bauobjekten sind in diesem Zusammenhang denkbare unterstützende Leistungsmerkmale. Auch der Aufbau eines *systematischen Beschwerdemanagements* sowie die gezielte Analyse von verlorenen Aufträgen bieten der Bauwirtschaft Potenziale zur Leistungsverbesserung. Neben der Steigerung von Kundenzufriedenheit durch eine hohe Beschwerdezufriedenheit kann eine kundenorientierte Beschwerdebearbeitung Kundenabwanderungen verhindern sowie zum Aufbau eines positiven Dienstleistungsimages beitragen (Meffert/Bruhn 2000).

3.3 Intensivierung der Kommunikationspolitik

Im Bereich der Kommunikationspolitik bestehen in der Bauindustrie unterschiedliche Ansatzpunkte für Verbesserungen, die sich aus den Besonderheiten des Kaufentscheidungsprozesses ableiten lassen.

Komplexe und langfristige Bauvorhaben stellen aufgrund der Vielzahl von Unsicherheiten und Risiken, denen ein Bauherr in den frühen Kaufentscheidungsphasen gegenübersteht, *Vertrauensgüter* dar, deren Qualität vor Erbringung der Leistung nur schwer abgeschätzt werden kann. Das *Image eines Bauunternehmens* kann hier als Orientierungsgröße eine wichtige Funktion einnehmen. Bauunternehmen sollten daher verstärkt in Imagewerbung und eine wettbewerbsorientierte *kommunikative Positionierung* investieren. Ein positives Image dient dabei nicht nur der Reduktion von Unsicherheiten, sondern kann bei homogenen Preis-Leistungs-Angeboten entscheidend für die Vergabe von Bauprojekten sein. Bislang sind in der Bauindustrie allerdings wenige Aktivitäten im Bereich einer aktiven und offenen Presse- und Öffentlichkeitsarbeit oder der Unternehmenswerbung festzustellen. Die Unternehmenskommunikation ist im Gegenteil eher reaktiv. Die jüngste Printkampagne von HOCHTIEF zur Imagebildung stellt einen positiven Ansatz in diese Richtung dar.

Die *Zielgruppen der Kommunikation* von Bauunternehmen müssen dabei deutlich differenziert werden. Architekten und Ingenieure sind aufgrund ihrer Nähe zum Bauherrn ebenso relevant für die Kommunikation wie auch die Kommune oder die Öffentlichkeit.

Die Informationsasymmetrien zu Lasten der Nachfrager, die dadurch entstehen, dass Bauherren aufgrund einer mangelnden Fachkompetenz häufig die qualitativen und wirtschaftlichen Unterschiede alternativer Leistungsangebote nicht beurteilen können, sollten durch eine *offene und kompetente Bauherrenberatung* minimiert werden. Um diese Beratung kundenorientiert zu gestalten, sollte dem Bauherrn ein fester Ansprechpartner zur Verfügung gestellt werden, der ihm jederzeit für Fragen zur Verfügung steht und dafür Sorge trägt, dass dem Bauherrn Angebote sowie auch Rechnungen in verständlicher Weise kommuniziert werden. In der Praxis nehmen Ingenieure und Architekten vielfach die Rolle des Bauherrenberaters ein. Ihnen obliegt es, für einen reibungslosen Ablauf des Bauprozesses alle beteiligten Marktteilnehmer in die frühzeitige Kommunikation einzubinden. In größeren Bauunternehmen kann die Rolle der Bauherrenberatung durch ein Key-Account-Management übernommen werden.

Parallel zur Leistungspolitik darf auch die Kommunikation mit dem Kunden nicht mit der Erstellung des Bauprojektes enden. Vielmehr ist eine aktive und glaubwürdige Kommunikation mit dem Kunden auch in Zeiten, in denen kein konkretes Bauvorhaben in Aussicht steht, im Sinne eines *Beziehungsmanagements* zu pflegen. Unterstützung bei einer erfolgreichen Kundenkommunikation muss dabei der Aufbau und die Pflege einer Kundendatenbank bieten.

Für das Marketing der Bauindustrie wird es zukünftig erfolgsentscheidend sein, sich dem Thema der Kommunikation aktiv zu stellen und das *Spektrum an möglichen Kommunikationsinstrumenten*, die in anderen Branchen quasi selbstverständlich eingesetzt und genutzt werden, auf die Baubranche zu übertragen. Abbildung 3 gibt beispielhaft Anregungen für den Einsatz von Kommunikationsmaßnahmen.

Art der Kommunikation \ Ebene	Marktkommunikation	Kundenkommunikation	Mitarbeiterkommunikation
	Management - Marktteilnehmer	Mitarbeiter- Bauherren	Management- Mitarbeiter
Persönliche Kommunikation	• Vorträge bei Fachtagungen • Kundenforen • Tage der offenen Tür • Engagement in Verbänden/ politischen und kommunalen Stellen • etc.	• Akquisitionsbesuche • Bauherrenberatung • Beschwerdeannahme • Messen-/Ausstellungen • Kundenforen • etc.	• Mitarbeitergespräche • Arbeitsteamsitzungen • Qualitätszirkel • Betriebsversammlungen • Workshops • etc.
Unpersönliche Kommunikation	• Imagewerbung • Sponsoring • Presse- und Öffentlichkeitsarbeit • Kundenzeitschriften • Beiträge in Fachzeitschriften • etc.	• Direct Mailing • Angebotskommunikation • Prospektmaterial • Fachpublikationen • etc.	• Mitarbeiterzeitschriften • Broschüren zu Leistungs- oder Strategieveränderungen • Email • Corporate TV/Videos • Internes Berichts- und Informationswesen • etc.

Abbildung 3: Instrumente und Mittel der Kommunikation in der Bauindustrie

Aufgrund der starken Individualisierung und dem hohen Interaktionsgrad von Bauleistungen ist die konsequente *Integration der Mitarbeiterkommunikation* für ein Bauunternehmen ebenso von Bedeutung wie eine professionelle marktgerichtete Kommunikation.

3.4 Kundenorientiertierung in der Preispolitik

Der starke Wettbewerbsdruck hat auf dem Baumarkt zu einem starken Preisdruck geführt, der sich insbesondere durch einen *Preisnachlasswettbewerb* in der Angebotsphase dokumentiert. Eine zentrale Anforderung, die Kunden an die Preispolitik formulieren, ist die *Transparenz* sowie die *Nachvollziehbarkeit von Angebotspreisen* (Bahr 1999).

Eine kritische Größe im Zusammenhang mit der Preisgestaltung stellen die in der Bauindustrie typischen *Nachträge* dar, die kundenseitig auf Akzeptanzprobleme stoßen. Nachträge werden vom Kunden häufig dem Grunde und der Höhe nach nicht nachvollzogen und als Mittel zur nachträglichen Preisaufbesserung bei vormals günstigen Angeboten interpretiert. Eine zentrale Aufgabe der Preispolitik besteht daher darin, die Angebotspreise sowie -leistungen offen und verständlich zu kommunizieren, damit der Mehrwert, der durch Zusatzleistungen entsteht und für den Nachträge gestellt werden, nachvollziehbar wird.

Um die im Zusammenhang mit der Preispolitik entstehenden Unzufriedenheiten zu vermeiden, wird in der amerikanischen Baubranche ein besonderes Vertragsmodell eingesetzt, das dem Kunden einen fest definierten Maximalpreis garantiert. Dieses sogenannte

GMP-Modell (Guaranteed Maximum Price-Model) findet auch in deutschen Baukonzernen bei komplexen Großprojekten mit einer Laufzeit von mehren Jahren Anwendung. Bei einem Vertrag auf Basis eines GMP-Modells sichert der Generalunternehmer einen maximalen Preis zu. Liegt der tatsächliche Preis über dem garantierten Maximalpreis, so trägt der Generalunternehmer die Mehrkosten; liegt der tatsächliche Preis unter dem garantierten Maximalpreis, so können sich Bauherr und Generalunternehmen die Kostenersparnis gemäß der individuellen Bonusregel aufteilen. GMP-Modelle schaffen für den Bauherrn mehr Sicherheit in der Einschätzung der Gesamtkosten eines Bauprojektes und führen sowohl auf Bauherrenseite wie auch auf Seite des Generalunternehmens zu Bemühungen, die Kosten im Rahmen des Vertrages zu kontrollieren.

3.5 Professionelle Vertriebspolitik

Die Diskussion der marketingrelevanten Besonderheiten in der Bauindustrie hat zwei vertriebsrelevante Charakteristika von Bauleistungen aufgezeigt: in der Regel handelt es sich um ein regionales und ein reaktives Geschäft. Für die Organisation und die Ausgestaltung der Vertriebspolitik von Bauunternehmen ergeben sich aus diesen Besonderheiten Konsequenzen.

Die Vertriebsleistungen in der Bauwirtschaft konzentrieren sich vielfach auf die lokale Akquisition von Bauprojekten durch *Niederlassungs- und Geschäftsstellenleiter*. Eine zentrale Vertriebsunterstützung ist kaum zu beobachten, so dass es vielfach zur Überlastung der entsprechenden Mitarbeiter kommt. Im Sinne eines professionellen Vertriebsmanagements sollten die regionalen Vertriebsmitarbeiter daher durch eine *zentrale Vertriebsunterstützung* entlastet werden. Die Bildung von Akquisitionsteams, denen neben den Leitern der Niederlassungen oder Geschäftsstellen auch Projektleiter zur Entlastung der regionalen Führungskräfte, Analysten und externe Planer zur Vorselektion und zur Beurteilung der Attraktivität von Bauprojekten angehören können, stellen eine weitere organisatorische Lösung bestehender Vertriebsengpässe dar (Bahr 1999, S. 138 f.).

Die für deutsche Baukonzerne typische regionale Niederlassungs- und Geschäftsstellenstruktur führt im Rahmen des Vertriebs immer dann zu Problemen, wenn der Kunde überregional oder sogar übernational tätig wird. Um diesen Kunden umfassend betreuen zu können, sollte die Verantwortung für die Kundenakquisition und -bearbeitung von den regionalen Niederlassungen bzw. Geschäftsstellen an ein *Key-Account-Management* übergeben werden.

Um die Vertriebsanstrengungen effektiver zu gestalten, können *Projekt- sowie Kundenportfolios* zum Einsatz kommen, die ein zielorientiertes Vorgehen bei der Akquisitionsarbeit unterstützen. Abbildung 4 zeigt den Aufbau eines Projektportfolios sowie die Indikatoren zur Beurteilung der Projektattraktivität und der Erfolgswahrscheinlichkeit.

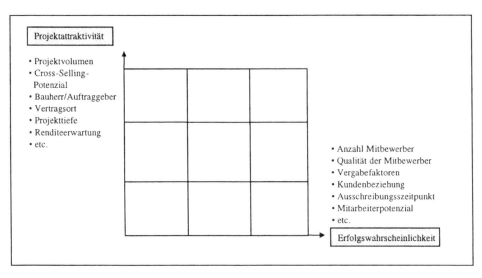

Abbildung 4: Struktur eines Projektportfolios zur Unterstützung der Vertriebspolitik

Mit Hilfe von Punktbewertungsverfahren können die unterschiedlichen Projekte bewertet werden, um daraus eine Priorität in der Bearbeitung abzuleiten. Auch die Akquisition und Betreuung von Kunden kann auf Basis eines *Kundenportfolios* effizienter gestaltet werden. Dabei könnte beispielsweise die Attraktivität des Kunden durch Faktoren wie kumuliertes Auftragsvolumen, Bonität, Zahlungsmoral, Potenzial zum Systemkunden u. a. bewertet werden, während die eigene Kompetenz, das technische Know-how, die Finanzstärke und der Share-of-Customer als Kriterien zur Beurteilung der eigenen Wettbewerbsstärke beim Kunden herangezogen werden können.

Die operative Akquisitionsarbeit ist in der Bauindustrie häufig durch ein zu reaktives Verhalten geprägt, d. h., potenziell ausführende Bauunternehmen erlangen erst dann Kenntnis von Bauprojekten, wenn diese bereits ausgeschrieben sind. Handelt es sich dann um eine beschränkte Ausschreibung oder wird der Auftrag freihändig vergeben, kommen die Akquisitionsbemühungen vielfach zu spät. Primäres Ziel der Vertriebsbemühungen sollte es daher sein, frühzeitig Potenziale für zukünftige Bauvorhaben aufzudecken. Der Aufbau eines *segmentspezifischen Monitoringsystems*, in dem anhand schwacher Signale bereits frühzeitig Kriterien für die Entwicklung des Baubedarfs systematisch beobachtet und erfasst werden, kann eine proaktive Akquisitionsarbeit unterstützen.

4. Erfolgsfaktoren für das Marketing in der Bauindustrie

Die deutsche Bauindustrie hat auf dem Weg zu einer erfolgreichen Dienstleistungsbranche im Bereich des Marketing und der Kundenorientierung ein erhebliches Verbesserungspotenzial. Im vorliegenden Beitrag wurden die branchenspezifischen Besonderheiten aufgezeigt, die das Marketing in der Bauindustrie zu berücksichtigen hat sowie Ansatzpunkte für die Ausgestaltung der verschiedenen Marketingmixinstrumente gegeben. Wesentliche Prinzipien des Marketing, die in anderen Branchen wie selbstverständlich Berücksichtigung finden, können auch auf das Marketing von Bauleistungen übertragen werden.

Für die erfolgreiche Umsetzung einer umfassenden Marketingkonzeption ist es jedoch in erster Linie erforderlich, vorhandene Widerstände und Vorbehalte gegen das Marketing bei den Betroffenen abzubauen und marketingorientierte *Strukturen* und *Systeme* sowie eine markt- und kundenorientierte *Kultur* zu schaffen. Alleine die Einrichtung von Marketingabteilungen wird hier nicht den langfristigen Erfolg am Markt garantieren. Vielmehr wird es für die Bauindustrie eine zentrale Herausforderung der Zukunft sein, die Mitarbeiter von dem Prinzip des *Marketing als eine markt- und kundenorientierte Unternehmensführung* zu überzeugen sowie auch die Nachunternehmer durch ein partnerschaftliches Verhältnis in die eigene Marketingorientierung einzubeziehen.

5. Literatur

Bahr, M. (1999): Kundenzufriedenheit als Strategieelement in der Bauindustrie, Baubetrieb und Baumaschinen, Mitteilungen Heft 12, Technische Universität Berlin, Dissertation.

Bruhn, M. (1999): Kundenorientierung. Bausteine eines exzellenten Unternehmens, München.

Diederichs, C. J. (1995): Grundlagen der Projektentwicklung, Teil 3, in: Die Bauwirtschaft, 48. Jg., Nr. 1, S. 45-49.

Hauptverband der deutschen Bauindustrie (1999): Bauwirtschaft im Zahlenbild 1999, Berlin.

Klemmer, J. (1998): Neustrukturierung bauwirtschaftlicher Wertschöpfungsketten. Leistungstiefenoptimierung als strategisches Problemfeld, Wiesbaden.

Meffert, H./Bruhn, M. (2000): Dienstleistungsmarketing, 3. Auflage, Wiesbaden.

o. V. (1999): Holzmann könnte Bewährungsprobe für das Insolvenzrecht werden, in: Frankfurter Allgemeine Zeitung, Nr. 273, 23. November 1999, S. 20.

o. V. (1999): An den internationalen Baumärkten setzen sich Spezialisten durch, in: Frankfurter Allgemeine Zeitung, Nr. 274, 24. November 1999, S. 28.

Renner, S. G. (1996): Baumarketing, hrsg. vom Rationalisierungs-Kuratorium der Deutschen Wirtschaft, Düsseldorf.

UBS Outlook (2000): Outlook Bauwirtschaft. 15 Thesen zur Stärkung der Wettbewerbsfähigkeit und der Zusammenarbeit in der Bauwirtschaft, Zürich.

Andreas Herrmann, Martin Wricke und Frank Huber

Automobilmarketing

1. Zur Herausforderung an das Automobilmarketing
2. Die Entwicklung der Automobilmärkte und ihre Bedeutung für die Wirtschaft
3. Beispiel „Automobilmarketing"
   - 3.1 Erfassung der Kundenbedürfnisse mittels Conjoint Measurement
   - 3.2 Besonderheiten bei der nachfrageorientierten Konzeption von Leistungen in der Automobilbranche
   - 3.3 Das Untersuchungsdesign der Conjoint Analyse zur nachfrageorientierten Konzeption einer Autotür
   - 3.4 Segmentierung
   - 3.5 Fazit
4. Literatur

1. Zur Herausforderung an das Automobilmarketing

Gegenwärtig sehen sich die PKW-Hersteller weltweit tiefgreifenden Strukturveränderungen in ihren Volumenmärkten gegenüber. Nach langjährigem stetigem Wachstum stagniert in West-Europa und den USA bzw. sinkt in Japan erstmals die Nachfrage (vgl. Heise 1997, S. 2). Weiter lassen sich diese für die Automobilwirtschaft so wichtigen Absatzgebiete dadurch charakterisieren, daß die Marktvolumina von einer steigenden Zahl von Wettbewerbern umkämpft sind (vgl. Simonian 1996, S. 5). Bedingt durch vergleichsweise niedrige Eintrittsbarrieren erscheint vor allem Westeuropa für die Umsetzung der Markterweiterungsstrategien südostasiatischer Automobilhersteller attraktiv. Gleichzeitig nimmt in Kernmärkten der Verdrängungswettbewerb in der Automobilbranche deutlich zu. Experten schätzen, daß bis zum Jahr 2005 weltweit nur noch 10 eigenständige Automobilhersteller existieren. Im Zuge dieser Entwicklung verlieren die traditionellen Ländergrenzen ihre Legitimation und weichen einer globalen Vernetzung der Märkte.

Darüber hinaus gefährdet der durch den Wertewandel induzierte Trend einer abnehmenden Bedeutung materialistischer Werthaltungen zudem den durch das Prestige eines Fahrzeugs erzielbaren Zusatznutzen und erhöht damit vor allem in höherpreisigen Marktsegmenten die Preiselastizität der Konsumenten (vgl. Diez 1995, S. 151). Als eine weitere, für die Hersteller ungünstige Entwicklung, identifizieren Branchenkenner eine zunehmende Fragmentierung der Märkte. Dem Wunsch nach Individualisierung der Bedürfnisse der Nachfrager versuchen die Anbieter dadurch zu begegnen, daß sie neue Nischenmodelle (z. B. Roadster, Minivans) produzieren (vgl. Dahlhoff 1996, S. 75). Obgleich damit Bedarf befriedigt, Umsatz geschaffen und Image gepflegt werden kann, machen sich u. U. die Fertigungskosten für die Produktion in kleinen Serien negativ bei der Gewinnentwicklung bemerkbar.

Beim Handel führen diese Entwicklungen zu Preiskämpfen insbesondere im Intra-Brand-Wettbewerb, der in manchen Ländern durch Reimporte aus dem Ausland weiter verschärft wird (vgl. Bauer/Huber/Betz 1998, S. 980). Berücksichtigt man außerdem die Verkaufs-, Lager- und Vorhaltekosten für immer differenziertere Modellpaletten, so kann es nicht verwundern, wenn gegenwärtig die durchschnittliche Umsatzrendite im deutschen Automobilhandel bei unter einem Prozent liegt.

Zur Bewältigung dieser Herausforderungen scheint ein technik- und produktionsorientiertes Automobilmanagement der herkömmlichen Art jedoch kaum geeignet. Für das Gelingen einer Umorientierung besitzt vielmehr das Maß des marketingpolitischen Gestaltungswillens der verantwortlichen Automobilmanager eine besondere Bedeutung. (vgl. Johnson/Herrmann/Huber/Gustafsson 1997, S. 2 ff.).

Marketing im Sinne einer marktorientierten Führungskonzeption stellt die Probleme und Wünsche tatsächlicher und potentieller Kunden in den Mittelpunkt aller Überlegungen (vgl. Meffert 1991, S. 29 ff.; Nieschlag/Dichtl/Hörschgen 1997, S. 23). Dieser Denkrichtung folgend bildet die Befriedigung der Bedürfnisse der Nachfrager die Grundlage für den Erfolg am Markt (vgl. Herrmann 1995, S. 239). Die Erfordernisse der Abnehmer müssen die absatzwirtschaftlichen Aktivitäten eines Anbieters bestimmen, da die Reaktionen des Marktes letztlich über den Unternehmenserfolg entscheiden. Ziel der Automobilhersteller muß es also sein, die Bedürfnisse der Pkw-Käufer zu erkennen und diese in konkrete Produkte umzusetzen (vgl. Dahlhoff 1995, S. 92).

Die folgenden Ausführungen zielen darauf ab, die Besonderheiten des Automobilmarketing zu beleuchten. Dabei geht es insbesondere um die Beantwortung der Frage, wie Automobilhersteller die „Stimmen ihrer Kunden" erfassen und diese bei der Produktgestaltung berücksichtigen können. Zur Klärung bietet sich folgende Vorgehensweise an: Zunächst gilt es, die Automobilbranche zu charakterisieren. Hieraus ergeben sich die Besonderheiten für das Automobilmarketing. Im Anschluß daran wird anhand eines Beispiels veranschaulicht, wie man die Wünsche und Bedürfnisse von Pkw-Kunden analysiert und in konkrete Produktvorgaben umsetzt (vgl. Dahlhoff 1995, S. 92).

2. Die Entwicklung der Automobilmärkte und ihre Bedeutung für die Wirtschaft

Die deutsche Automobilindustrie beeinflußt maßgeblich die Entwicklung der gesamten deutschen Volkswirtschaft. Neben den Pkw-Herstellern gehören zu ihr auch die Kraftfahrzeugteil- und -zubehörindustrie. Die Innovationskraft und das ökonomische Gewicht dieser Industrie lassen sie zu einer Schlüsselbranche nicht nur in Deutschland werden. Beispielsweise wendeten die Hersteller für Entwicklung und Forschung im vergangenen Jahr 19,5 Mrd. DM auf, dies entspricht etwa 24 Prozent der gesamten Forschungs- und Entwicklungsaufwendungen der deutschen Wirtschaft. Entwicklung, Produktion, Vertrieb und Nutzung des Automobils tragen deshalb entscheidend zur Entstehung von Einkommen und Beschäftigung in Deutschland bei.

So stieg der Umsatz der deutschen Automobilindustrie 1998 auf über 300 Mrd. DM, wobei alleine auf die Pkw-Hersteller ein Umsatz von 218,5 Mrd. DM entfiel. Die deutsche Automobilindustrie wurde ihrer Rolle als Konjunkturmotor gerecht und konnte Neueinstellungen in einem größeren Rahmen tätigen. Mit durchschnittlich 710 000 Beschäftigten gehörte die Automobilbranche letztes Jahr zu den größten Arbeitgebern in Deutschland (vgl. Abbildung 1). Die Zunahme der Beschäftigten beträgt gegenüber dem Vorjahr 5,6 Prozent.

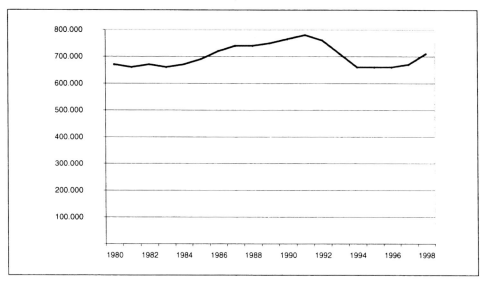

Abbildung 1: Beschäftigungsentwicklung in der Deutschen Automobilindustrie
Quelle: VDA Jahresbericht 1998.

Der arbeitsteilige Produktionsprozeß bei der Pkw-Herstellung ist durch mannigfaltige Verflechtungen gekennzeichnet, in dessen Verlauf die Leistungen fast aller Sektoren einer Volkswirtschaft zielgerichtet zusammengeführt werden. Die Bedeutung der Automobilindustrie als Kern dieses Wirtschaftsgeflechts erwächst somit nicht nur aus der Fahrzeugfertigung selbst, sondern darüber hinaus aus den Ausstrahlungseffekten, die auf die vor- und nachgelagerten Bereichen ausgehen. Mit ihren hohen Anforderungen an Fertigungstechnologie sowie technischen Standard und Qualität der Vorleistungen forciert die im internationalen Wettbewerb stehende Automobilindustrie die Innovationstätigkeit und den technischen Fortschritt auch in zahlreichen anderen Branchen der Volkswirtschaft.

Der seit 1996 andauernde Aufschwung des deutsche Automobilmarkts setzt sich auch dieses Jahr weiter fort (vgl. FAZ 27.8.1999). Die schwere Krise von 1993 scheint überwunden, auch wenn die Prognosen davon ausgehen, daß das große Wachstum Ende der 80er und Anfangs der 90er Jahre nicht wieder erreicht wird (vgl. Stemmler/Gawehn 1995). Die deutschen Automobilhersteller konnten ihre Pkw-Produktion gegenüber 1997 um 14 Prozent auf 5,35 Mio. Einheiten steigern (vgl. Abbildung 2). Weltweit belief sich die Automobilproduktion auf 52 Mio. Fahrzeuge, wobei die Nachfrage auf den klassischen Volumenmärkten Nordamerika, Asien und Westeuropa mit 45,5 Mio. abgesetzten Kraftwagen die Neuzulassungen des letzten Jahres geringfügig unterschritt.

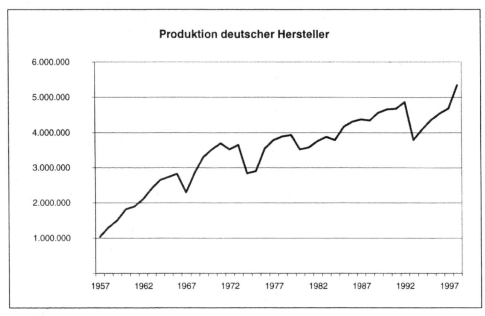

Abbildung 2: Inlandsproduktion deutscher Automobilhersteller (1957-1998)
Quelle: VDA Pressebericht 1999.

Dies spiegelt auch den Konjunkturverlauf im Gesamtmarkt wider. Denn außerhalb Westeuropas befindet sich die Automobilkonjunktur im Rückwärtsgang. Die Finanz- und Wirtschaftskrisen in Asien, Rußland und Brasilien beeinträchtigen die Nachfrage und Produktion in diesen Regionen erheblich (vgl. Tabelle 1). Westeuropa konnte sich von diesem Trend abkoppeln. Allerdings laufen in den meisten europäischen Staaten, wie in Frankreich, Spanien oder Italien, die staatlichen Förderungsmaßnahmen (wie z. B. die Verschrottungsprämie) aus (vgl. Glöckner 1995, S. 48). Prognosen zufolge beläuft sich das durchschnittliche Wachstum in Westeuropa bis zum Jahr 2005 auf nur noch 1,5 Prozent.

Region	Pkw-Absatz in Tausend			
	1996	1997	1998	prozentuale Veränderung 98/97
Westeuropa	16.815	17.991	19.137	6,4
Nordamerika	15.453	16.056	16.032	-0,1
Asien	15.991	16.784	14.775	-12,0
Übrige Welt	2.864	3.223	2.708	-16,0
Insgesamt	51.123	54.054	52.652	-2,6

Tabelle 1: Weltautomobilproduktion in Tausend (Quelle: VDA-Pressedienst)

Dies ist neben der rückläufigen Konjunktur durch die Verschiebung der Nachfrage zu erklären. So stellt der Ersatzbedarf den wichtigsten Antrieb der Nachfrage in der Triade (Europa, USA und Japan) dar. 1997 lag der Ersatzbedarf an Pkws in Deutschland schon bei über 96 Prozent am Neuwagengeschäft (vgl. VDA Jahresbericht 1998, S. 30). Eine Sättigung der klassischen Volumenmärkte zeichnet sich ab, was vor allem auf die hohe Automobildichte zurückzuführen ist. In Deutschland besitzen bereits 557 von 1 000 Einwohnern ein Auto. Neue Märkte, die durch die wirtschaftlichen und politischen Veränderungen in Osteuropa und Lateinamerika im Entstehen begriffen sind, bergen zwar prinzipiell ein neues und hohes Absatzpotential, denn dort ist das Niveau der Automobildichte gering und der Nachholbedarf dementsprechend hoch. Allerdings ist die Kaufkraft in den meisten dieser Länder nicht ausreichend entwickelt, um mittelfristig neue Volumenmärkte aufzubauen (vgl. McClure 1994).

Aus diesem Grund konzentrieren die Automobilhersteller ihre Aktivitäten nach wie vor auf die Triademärkte. Vor allem in Osteuropa werden neue Produktionsstandorte aufgrund niedriger Lohnkosten aufgebaut. Dies führt allerdings zu weiteren Kapazitätsüberschüssen in Westeuropa (vgl. Ludvigsen 1993, S. 34) und bedingt einen zunehmenden Verdrängungswettbewerb (vgl. Diez/Meffert/Brachat 1994, S. 31). Zudem ermöglichen neue Fertigungstechnologien, wie Lean Production und Total Quality Management, Kostensenkungen bei erhöhter Produktqualität, was zu einer Angleichung der Wettbewerbsstrategien führt (vgl. Dudenhöffer 1997, S. 5 ff.). So sind heute fast alle Pkw-Hersteller in der Lage qualitativ hochwertige Modelle zu wettbewerbsfähigen Preisen anzubieten (vgl. Müller 1991a, S. 783).

Darüber, ob jedoch das konzipierte Produkt den gewünschten Erfolg erzielt, entscheidet der Nachfrager. Aus diesem Grund wird im folgenden anhand eines Beispiels verdeutlicht, wie ein Automobilhersteller gezielt die Wünsche seiner Kunden erfassen kann und sich aus den Ergebnissen produktpolitische Implikationen ableiten lassen.

3. Beispiel „Automobilmarketing"

Als Beispiel zur Verdeutlichung mit welchen Mitteln sich ein Produkt nachfrageorientiert gestalten läßt (vgl. dazu auch Müller 1991b, S. 10), dient die Konzeption einer Pkw-Tür. Ziel der in Zusammenarbeit zwischen einem Automobilhersteller und dem Center for Market-Oriented Product and Production Management durchgeführten Studie war es, zu analysieren, welche Türmerkmale eine Autotür ausweisen muß, damit sie den Wünschen und Bedürfnissen der Autofahrer entspricht. Ferner sollte die relative Bedeutung, die die einzelnen Türkomponenten für den Käufer besitzen, identifiziert und die Preisbereitschaft der Nachfrager für die jeweiligen Komponenten bestimmt werden. Zusätzlich galt es festzustellen, ob sich Nachfrager im Hinblick auf ihre Nutzenvorstellungen unterscheiden.

3.1 Erfassung der Kundenbedürfnisse mittels Conjoint Measurement

Der wahrgenommene Kundennutzen einer Leistung läßt sich mittlerweile mit verschiedenen Methoden relativ präzise messen (vgl. Herrmann 1998, S. 165 ff.). Der scheinbar einfachste Weg, Informationen über die Präferenzen eines Nachfragers zu gewinnen, besteht darin, die Individuen zu dem interessierenden Untersuchungsobjekt zu befragen. Interessiert beispielsweise ein Automobilunternehmen, welchen Stellenwert der Nachfrager bei der Kaufentscheidung der Pkw-Tür beimißt, könnte dies durch eine direkte Frage nach der Wichtigkeit der Tür beim Kauf geschehen. Typischerweise führt dieses Untersuchungsdesign dazu, daß alle Objektattribute sehr wichtig sind. Im schlimmsten Fall gibt es gar keine realen Objekte, die den Anforderungen der Befragten genügen. Jeder möchte verständlicherweise ohne etwas zu bezahlen, daß sein Fahrzeug mit einer Türe ausgestattet ist, die ihm maximale Sicherheit bietet, bei der bequeme Bedienelemente die Funktionalität sicherstellen und durch eine zweckdienliche Innenbeleuchtung die Elemente auch in der Dunkelheit leicht zu erkennen sind.

Die Conjoint Analyse überwindet die Nachteile der einfachen Befragungsverfahren (vgl. Simon 1992, S. 116; Diller 1991, S. 131 f.). Alle Conjoint Studien basieren auf der Idee, die interessierenden Nutzenwerte der Ausprägungen von Produkteigenschaften aus empirisch erhobenen globalen Nachfragerurteilen über multiattributive Alternativen zu ermitteln (vgl. Green/Srinivasan 1990, S. 4; Wittink/Cattin 1989, S. 91). Es werden also nicht attributsspezifische Einzelurteile zu einem Gesamturteil zusammengefaßt (kompositioneller Ansatz), sondern der Beitrag der einzelnen Attribute bzw. deren Ausprägungen aus einem Gesamturteil berechnet (dekompositioneller Ansatz). Der Kunde wird demzufolge nicht direkt nach dem von ihm wahrgenommenen Nutzen oder Wert einzelner Leistungsbestandteile gefragt, sondern mit alternativen Produktkonzepten konfrontiert, die er in eine Präferenzrangfolge bringen soll (vgl. Wittink/Vriens/Burhenne 1994, S. 41 ff.). Diese Situation kommt der Realität sehr nahe, denn auch hier muß der Käufer verschiedene Pkw-Angebote gegeneinander abwägen, die sich hinsichtlich Marke, Preis und Ausstattung unterscheiden. In den angebotenen Alternativen werden Preise und Leistungsmerkmale systematisch variiert. Aus der Präferenzrangfolge der Kunden läßt sich dann durch Rückrechnung die Bedeutung der einzelnen Komponenten bestimmen (vgl. für eine ausführliche Darstellung der Conjoint Analyse Hair et al. 1998, S. 387 ff.; Teichert 2000, S. 473 ff.), beziehungsweise die maximale Preisbereitschaft für das jeweilige Merkmal berechnen (vgl. zur Berechnung der Preisabsatzfunktion mittels der Conjoint Analyse Balderjahn 1994, S. 12 ff.; Kucher/Simon 1987, S. 28 ff.; Simon/Kucher 1988, S. 171 ff.).

Abbildung 3 verdeutlicht den Ablauf einer Conjoint Analyse. Nach der Festlegung des Erhebungsdesigns erfolgt die Befragung der Probanden. Aus den Antworten lassen sich anschließend die Präferenzwerte für die Merkmale bzw. Merkmalsausprägungen berechnen. Dies kann sowohl auf individuellem als auch auf aggregiertem Datenniveau geschehen. Abschließend gilt es, die Güte der Analyse anhand geeigneter Beurteilungskriterien zu überprüfen. Es sei an dieser Stelle jedoch angemerkt, daß sich in der Literatur eine Vielzahl von unterschiedlichen Ablaufschemata finden (vgl. Backhaus et al. 2000, S. 501; Green/Srinivasan 1978, S. 105; Teichert 2000, S. 473).

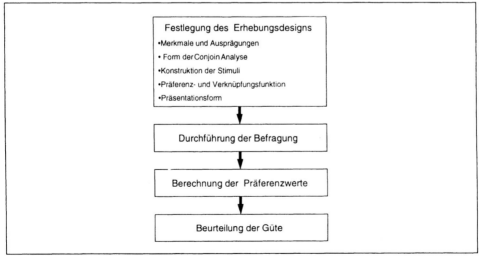

Abbildung 3: Ablauf einer Conjoint Analyse

3.2 Besonderheiten bei der nachfrageorientierten Konzeption von Leistungen in der Automobilbranche

Bei der Durchführung einer Studie im Automobilsektor gilt es zu berücksichtigen, daß das der Untersuchung zugrundeliegende Analyseobjekt sich meist durch eine hohe Komplexität auszeichnet. Zudem sind automobilbezogene Konsumentscheidungen aufgrund der damit verbundenen finanziellen und funktionalen Risiken (vgl. Bauer 1983, S. 22) durch hohes Involvement gekennzeichnet (vgl. Rapp 1996, S. 104). Louviere (1984) vertritt die Auffassung, daß Konsumenten in einer solchen Kaufentscheidung die Bewertungsobjekte nicht nur anhand von abstrakten Dimensionen evaluieren, sondern ihr Urteil in einem zweiten Schritt auch auf den eigentlichen, konkreten Produktmerkmalen gründen. Die Nachfrager wägen demnach abstrakte Merkmale niemals gegen konkrete Merkmale ab (vgl. dazu auch Corfmann 1991). Vielmehr vereinfachen die Kaufentscheider komplexe Bewertungen dadurch, daß sie die Merkmale in eine Vielzahl von Konstrukten zusammenfassen. Die Konstrukte spiegeln dann die in den einzelnen Attributen zum Ausdruck kommenden Informationen wider. Um die aus mehreren verschiedenen Merkmalen stammenden Informationen in ein Konstrukt zu integrieren, verwenden die Nachfrager Heuristiken. Wenn Probanden solche Kategorisierungsregeln entwickeln, könnten sie diese Regeln routiniert auf neue Situationen übertragen. Statt beispielsweise Informationen über viele verschiedene Merkmale zu verarbeiten, die das 'Dienstleistungsangebot' eines Automobilhändlers definieren, könnten sie vereinfachende Regeln entwickeln, um die vielen möglichen Merkmale in beispielsweise zwei Konstrukte (Freundlichkeit des Personals und Einhaltung von Terminen) zu integrieren. Wenn Probanden nach diesem Modell kategorisieren, müssen sie nur Konstrukte anstelle der sie definierenden Merkmale verarbeiten.

Louviere (1984) nannte diesen Prozeß 'hierarchische Informationsintegration' (HII). HII ist eine logische Erweiterung der Theorie der Informationsintegration (vgl. Anderson 1974, 1981, 1982) auf Situationen, in denen die Annahme Sinn macht, daß Probanden eine potentiell umfassende Menge von Attributen zu klar voneinander abgegrenzten Untermengen von 'Entscheidungskonstrukten' integrieren. Diese kognitive Strategie impliziert, daß Konsumenten zunächst Merkmalsinformationen über Alternativen in (übergeordnete) Konstrukte einbringen und nachfolgend eine Bewertung und einen Vergleich von Alternativen an Hand der Konstrukte vornehmen. Basierend auf einer persönlichen Nutzenfunktion käme dann die Aggregation der separaten Konstruktbewertungen zu den Gesamtmeinungen über Alternativen zustande. Eine empirische Bestätigung der geschilderten Vorgänge liefern Louviere/Gaeth (1986) und Louviere/Timmermans (1990).

Um die Determinanten der Konsumentenentscheidung zu verstehen, müssen wir die gesamte Palette der relevanten Kriterien und ihre hierarchische Beziehung zueinander erfassen. Eine Möglichkeit zur Klassifikation von Auswahlkriterien würde darin bestehen, diese Kriterien in 'abstrakte' über das Produkt hinausgehende (Makro-)Kriterien und in 'konkrete' das Produkt selbst spezifizierende (Mikro-)Kriterien zu unterteilen. Unter

Berücksichtigung der gewonnenen Erkenntnisse steht als nächstes die Anwendung der Conjoint Analyse aus der Unternehmenspraxis im Mittelpunkt des Interesses.

3.3 Das Untersuchungsdesign der Conjoint Analyse zur nachfrageorientierten Konzeption einer Autotür

Aus einer Vorstudie gingen 27 verschiedene Türmerkmale mit jeweils zwei oder drei Ausprägungen hervor. Die Merkmale ließen sich in drei Merkmalsgruppen, Gestaltung der Innentür, Ausstattung der Tür und Gestaltung der Außentür, zusammenfassen. Für jede der drei Merkmalsgruppen wurde eine eigene Mikro-Conjoint Analyse und im Anschluß daran eine Makro-Conjoint Analyse durchgeführt. Als Merkmale für die letztgenannte Analyse dienten die drei Merkmalsgruppen. Zusätzlich fand der Preis als Merkmal Berücksichtigung (vgl. Abbildung 4). Mit Hilfe dieses hierarchischen Aufbaus der Conjoint Analyse ließ sich später die Preisbereitschaft der Nachfrager für die einzelnen Merkmalsausprägungen der Mikro-Conjoint Analysen berechnen. Abbildung 3 verdeutlicht den hierarchischen Aufbau graphisch.

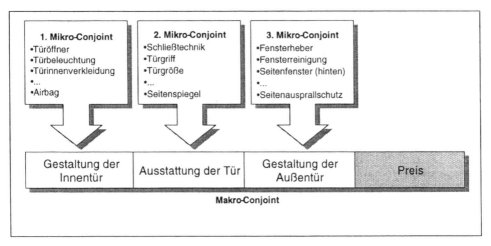

Abbildung 4: Hierarchischer Aufbau der Conjoint Analyse

Im Rahmen dieser Studie wurden mittels einer computergestützten Conjoint Analyse insgesamt 105 Autofahrer befragt. Die Besonderheit dieses Erhebungsverfahrens besteht darin, daß die gegebenen Antworten der einzelnen Probanden den Ausgangspunkt für die weitere Analyse bilden. Für die interviewten Personen bedeutet diese Art der Befragung eine Minimierung des Beurteilungsaufwandes (vgl. Carmone/Schaffer 1995, S. 113 ff.). Die Teilnehmer wurden anhand ihrer Soziodemographika so ausgewählt, daß das Profil der Soziodemographika dem Profil der New Car Buyer Study in Deutschland entspricht.

Bei der New Car Buyer Study handelt es sich um eine Studie über Neuwagenkäufer, die jährlich von der Gesellschaft für Konsumforschung in ganz Europa durchgeführt wird.

Der Datenauswertung zufolge bildet der Preis mit 32 Prozent neben der Gestaltung der Innentür mit 28 Prozent das wichtigstes Merkmal. Auf der Mikro-Conjoint-Ebene weist bei der Gestaltung der Innentür das Merkmal Airbag die mit Abstand größte Relevanz auf (46 Prozent). Dies läßt auf ein ausgeprägtes Sicherheitsbedürfnis der Nachfrager schließen. Bei der Ausstattung der Tür besitzt die Türgröße mit 33 Prozent den größte Stellenwert für den Autofahrer. Die Nachfrager messen bei der Gestaltung der Außentür keinem Merkmal eine überragende Bedeutung zu. Die beiden wichtigsten Türmerkmale sind hier die elektrischen Fensterheber mit 35 Prozent und die durch eine Beschichtung verbesserte Fensterreinigung mit 37 Prozent. Beide Merkmale bieten dem Verbraucher bei Vorhandensein eine gewisse Bequemlichkeit. Die Auswertung der Daten liefert die in Abbildung 5 dargestellten relativen Wichtigkeiten der jeweiligen Merkmale.

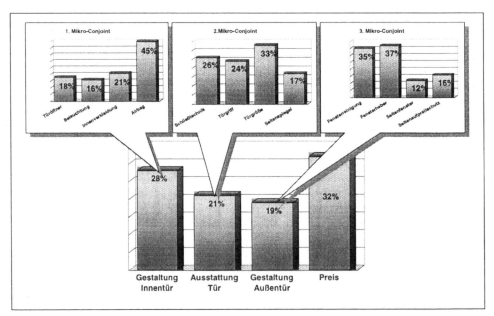

Abbildung 5: Ergebnisse der Conjoint Measurement Analyse

Darüber hinaus ergaben sich aus der Studie wichtige Hinweise für die Gestaltung einer Pkw-Tür. Es ist möglich, für jede Ausprägung eines Merkmals den individuellen Nutzen zu bestimmen, den ein Autofahrer diesem beimißt. Die Nutzen der einzelnen Ausprägungen, die sogenannten Teilnutzen, lassen sich am Beispiel des Merkmals Airbag wie folgt interpretieren. Bietet ein Pkw-Hersteller nur einen Frontairbag an liegt der Kundennutzen bei 0,84 (vgl. Abbildung 6). Der Kundennutzen steigt um 5,69 (= 6,53 – 0,84) Nutzeneinheiten, wenn der Hersteller den Frontairbag mit einem Seitenairbag kombiniert.

Offeriert ein Hersteller darüber hinaus auch einen Knieairbag erhöht sich der Nutzen auf 10,26, was einen Nutzenzuwachs von 4,57 (= 10,26 – 6,53) bedeutet.

Durch den hierarchischen Aufbau der Conjoint Analyse läßt sich nun die Preisbereitschaft der Nachfrager genau ermitteln. Die Größen der Preisfunktion lassen sich unmittelbar dazu verwenden, den Wert einzelner Leistungskomponenten in Preiseinheiten auszudrücken. So beträgt beispielsweise die Differenz zwischen Frontairbag und Front-, Seiten- und Knieairbag 9,42 Nutzeneinheiten. Bei einer Umrechnung in DM würde dies bedeuten, daß ein Autofahrer bereit wäre 942 DM mehr zu bezahlen, wenn der präferierte Pkw zusätzlich zum Frontairbag auch ein Seiten- und Knieairbag besitzen würde.

Aus Kundensicht steigt die Attraktivität eines Angebots, sofern die Summe aus dem Nutzengewinn durch eine Variation der Leistungskomponenten den Nutzenverlust durch einen höheren Preis übersteigt. Verbessert ein Anbieter beispielsweise seine Sicherheitsausstattung durch einen Front-, Seiten- und Knieairbag, so übersteigt die damit verbundene Nutzenerhöhung die Nutzenverringerung für den Fall, daß der Hersteller für dieses Sicherheitsfeature einen Aufpreis von 600 DM verlangt. Dagegen erscheint der Nutzenzuwachs für den Kunden geringer, wenn die Preiserhöhung 942 DM überschreitet.

Vergleicht man nun den Preis mit den Kosten für den Einbau des zusätzlichen Airbags kann der Hersteller entscheiden, ob beziehungsweise mit welchen Merkmalsausprägungen er seine Fahrzeugtür ausstatten will. So läßt sich nicht nur eine nutzenmaximale, sondern auch eine gewinnmaximale Pkw-Tür konzipieren (vgl. Bauer/Herrmann/ Mengen 1994, S. 81 ff.).

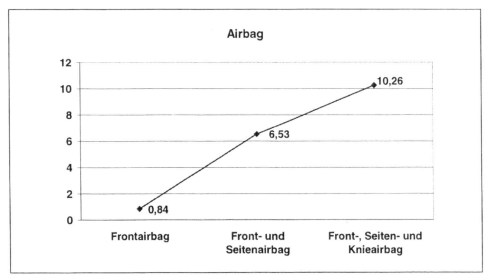

Abbildung 6: Teilnutzenwerte für die Ausprägungen des Merkmals Airbag

Bei Berücksichtigung aller Merkmale lassen sich Handlungsempfehlungen für die Gestaltung einer Pkw-Tür formulieren (vgl. Tabelle 2). Diesbezüglich können sogenannte Nutzentreiber und K.O-Kriterien bei den einzelnen Mikro-Conjoint Analysen identifiziert werden. Bei den Nutzentreibern handelt es sich um Merkmalsausprägungen, die einen im Vergleich zu den übrigen Ausprägungen großen Teilnutzenwert aufweisen. Unter K.O.-Kriterien versteht man hingegen solche Merkmalsausprägungen die keinen bzw. nur einen sehr geringen Teilnutzenwert aufweisen. Ein Pkw dessen Tür beispielsweise eine Sicherheitsbeleuchtung und einen Front- Seiten- und Knieairbag aufweist, besitzt einen Wettbewerbsvorteil gegenüber einem Auto ohne diese Features. Allerdings muß bei der Anpassung des Preises darauf geachtet werden, daß der Nutzenverlust dadurch geringer bleibt als der Nutzengewinn durch dieses Merkmalsausprägungen.

	Nutzentreiber	**K.O.-Kriterien**
Innentür	▪ Sicherheitsbeleuchtung ▪ Front-, Seiten- und Knieairbag ▪ große Ablagefächer	▪ keine Türbeleuchtung ▪ nur Frontairbag ▪ keine Ablage
Türausstattung	▪ große Türöffnung ▪ Infrarotschließtechnik ▪ geringe Fahrgeräusche	▪ Türgriffe zum drücken ▪ störende Fahrgeräusche
Außentür	▪ elek. Fensterheber mit Einklemmschutz ▪ beschichtete Fenster	▪ elek. Fensterheber ohne Einklemmschutz

Tabelle 2: Nutzentreiber und k.o.-Kriterien einer Pkw-Tür

3.4 Segmentierung

Zusätzlich zu den Handlungsempfehlungen interessiert Unternehmen, welche Marktsegmente mit den aus der Conjoint Analyse abgeleiteten produktpolitischen Maßnahmen bedient werden können. Schließlich spielt im Rahmen der Marketingplanung die Wirkung solcher Aktivitäten auf die einzelnen Teilmärkten eine Rolle. Befriedigt eine auf der Basis der Ergebnisse der Conjoint Analyse generierte Autotür den Bedarf einer Nische oder repräsentiert ein auf diese Weise entwickeltes Produkt die Erwartungen einer Vielzahl von Nachfragern? Was offenbar zusätzlich benötigt wird, ist ein Ansatz der es erlaubt, mit Hilfe der ermittelten Präferenzen Marktsegmente zu bilden (vgl. Bauer/Herrmann 1992, S. 1341 ff.; Freter/Barzen 1988, S. 88; Stegmüller 1995, S. 54).

Eine tiefergehende Betrachtung der Daten offenbarte, daß die befragten Autofahrer den einzelnen Türkomponenten unterschiedliche Bedeutung beimessen. Daher wurden die Auskunftspersonen im Hinblick auf ihre verschiedenen Anforderungen in Segmente unterteilt. Mitglieder eines Segmentes besitzen ähnliche Erwartungen an eine Autotür, während Personen unterschiedlicher Segmente sehr verschiedene Ansprüche stellen. In dieser Studie ließen sich drei Segmente identifizieren, die sich im Hinblick auf die Nutzenvorstellungen der Nachfrager unterscheiden. Die einzelnen Segmente sind in Tabelle 3 näher beschrieben. Beispielsweise umfaßt Segment 2 den auf Qualität achtenden Fahrer in gehobener beruflicher Stellung, bei dem die Autotür einen funktionalen Nutzen aufweisen muß. Dafür ist er auch bereit, einen entsprechenden Preis zu bezahlen.

Segment 1 „der etablierte Sicherheitsbewußte"	Segment 2 „der aufstrebende Anspruchsvolle"	Segment 3 „der aufgeschlossene Einsteiger"
Auf Sicherheit bedachter Fahrer (überdurchschnittlich hohe Nutzenwerte bei Airbag), der gegenüber Neuerungen nicht so aufgeschlossen ist. Präferiert den Status quo.	Auf Qualität achtender Fahrer, bei dem die Tür funktionell sein muß. Er ist auch bereit, dafür mehr zu zahlen (nicht sehr preissensibel).	Jung dynamischer Fahrer (durchschnittlich 30 Jahre), der gegenüber Innovationen aufgeschlossen ist und diese auch gerne verwenden möchte. Allerdings ist er nicht bereit, dafür mehr zu bezahlen.

Tabelle 3: Beschreibung der Segmente

3.5 Fazit

Das obige Beispiel zeigt, wie Automobilhersteller die Bedürfnisse ihre Kunden erfassen können. Beispielsweise zeigt sich das stark ausgeprägte Sicherheitsbedürfnis der Autofahrer durch die hohe relative Wichtigkeit des Merkmals Airbag. Ferner lassen sich aus den Ergebnissen Implikationen für die Produktpolitik ableiten. So bewirkt zum Beispiel der Einbau eines Knieairbags einen großen Nutzenanstieg. Für dieses 'mehr an Sicherheit' wären die Kunden bereit, bis zu 942 DM zu zahlen. Zudem verdeutlicht eine tiefergehende Analyse, daß sich die Nachfrager im Hinblick auf ihre Nutzenvorstellungen unterscheiden, so daß es sinnvoll erscheint, eine Segmentierung vorzunehmen. Insgesamt konnten drei Segmente identifiziert werden. Zusammenfassend läßt sich konstatieren, daß die Automobilhersteller auf die veränderten Rahmenbedingungen reagieren und das Marketing eine zentrale Stellung im Unternehmen einnimmt.

4. Literatur

Anderson, N. (1974): Information integration theory: A brief survey, in: Krantz, D./Atkinson, R./Luce, D./Suppes, P. (Hrsg.): Contemporary developments in mathematical psychology, San Francisco, S. 236-305.

Anderson, N. (1981): Foundations of information integration theory, New York 1982.

Anderson, N. (1982): Methods of information integration, New York.

Backhaus, K./Erichson, B./Plinke, W./Weiber, R. (2000): Multivariate Analysemethoden, 9. Auflage, Berlin.

Balderjahn, I. (1994): Der Einsatz der Conjoint-Analyse zur empirischen Bestimmung von Preisresponsefunktionen, in: Marketing ZFP, Jg. 16, S. 12-20.

Bauer, H. (1983): Die Determinanten der Markentreue beim Automobilkauf, in: Dichtl, E./Raffée, H./Potucek, V.: Marktforschung im Automobilsektor, Frankfurt a. M., S. 15-38.

Bauer, H./Herrmann, A. (1992): Eine Methode zur Abgrenzung von Märkten, in: Zeitschrift für Betriebswirtschaft (ZfB), Jg. 62, S. 1341-1360.

Bauer, H./Herrmann, A./Mengen, A. (1994): Eine Methode zur gewinnmaximalen Produktgestaltung auf Basis des Conjoint Measurement, in: Zeitschrift für Betriebswirtschaft (ZfB), Jg. 64, S. 81-94.

Bauer, H./Huber, F./Betz, J. (1998): Erfolgsgrößen im Automobilhandel: Ergebnisse einer kausalanalytischen Studie, Zeitschrift für Betriebswirtschaft, Jg. 68, S. 979-1008.

Carmone, F./Schaffer, C. (1995): Review: Adaptive Conjoint System (ACA) Version 4.0, 1994; Choice Based Conjoint System (CBC), 1994; Conjoint Value Analysis System (CVA) Version 1.0, 1994, in: Journal of Marketing Research, Vol 32, S. 113-121.

Corfmann, K. (1991): Comparability and comparison levels used in choices among consumer products, in: Journal of Marketing Research, Vol. 28, S. 368-374.

Dahlhoff, H. (1995): Markenpolitik im Automobilmarkt, in: Der Markenartikel, S. 90-93.

Dahlhoff, H. (1996): Automobilmarketing als Element des Wandels, in: Fritz, W./ Lang, F./Wäscher, G. (Hrsg.): Technik, Markt, Umwelt, Stuttgart, S. 75-88.

Diez, W. (1995): Das Handbuch für das Automobilmarketing: Strategien, Konzepte, Instrumente, Landsberg/Lech.

Diez, W./Meffert, H./Brachat, H. (1994): Grundlagen der Automobilwirtschaft, Ottobrunn.

Diller, H. (1991): Preispolitik, 2. Auflage, Stuttgart.

Dudenhöffer, F. (1997): Marken-Management bei Produkt-Konvergenz – Neue Ansätze im Automobilmarketing, in: Jahrbuch der Absatz- und Verbrauchsforschung, Jg. 43, S. 4-24.

Freter, H./Barzen, D. (1988): Segmentierung im Automobilmarkt, in: Marktforschung und Management, Jg. 32, S. 87-92.

Green, P./Srinivasan, V. (1978): Conjoint Analysis in Consumer Research: Issues and Outlook, in: Journal of Consumer Research, Vol. 5, S. 103-123.

Green, P./Srinivasan, V. (1990): Conjoint Analysis in Marketing: New Developments With Implications for Research and Practice, in: Journal of Marketing, Vol. 54, S. 3-19.

Glöckner, T. (1995): Automobilindustrie - einen Gang rauf, in: Witschaftswoche, Nr. 8, S. 48-55.

Hair, J./Anderson, R./Tatham, R./Black, W. (1998): Multivariate Data Analysis, 5. Auflage, New Jersey.

Heise, G. (1997): Internationale Marktsegmentierung im Automobilmarketing, Wiesbaden.

Herrmann, A. (1995): Produktqualität, Kundenzufriedenheit und Unternehmensrentabilität - Eine branchenübergreifende Analyse, in: Bauer, H./Diller, H. (Hrsg.): Wege des Marketing, Berlin, S. 237-247.

Herrmann, A. (1998): Produktmanagement, München.

Johnson, M./Herrmann, A./Huber, F./Gustafsson, A. (1997): An Introduction to Quality, Satisfaction, and Retention - Implications for the Automotive Industry, in: Johnson, M./Herrmann, A./Huber, F./Gustafsson, A. (Hrsg.): Customer Retention in the Automotive Industry, Wiesbaden, S. 1-17.

Kucher, E./Simon, H. (1987): Conjoint Measurement - Durchbruch bei der Preisentscheidung, in: Havardmanager, Vol. 9., S. 28-36.

Louviere, J. (1984): Hierarchical information integration: A new method for the design and analysis of complex multiattribute judgment problems, in: Kinnear, T. (Hrsg.): Advances in Consumer Research, Vol. 11, Provo, S. 148-155.

Louviere, J./Gaeth, G. (1986): Decomposing the determinants of retail facility choice using the method of hierarchical information integration: A supermarket illustration, in: Journal of Retailing, Vol. 63, S. 25-48.

Louviere, J./Timmermans, H. (1990): Using hierarchical information integration to model consumer response to possible planning actions: A recreation destination illustration, in: Environment and Planning, Vol. 22, S. 291-308.

Ludwigsen, K. (1993): Wege aus der Krise - Bringt der Käufer die Lösung?, London.

McClure, C. (1994): The Customer and Market Megatrends, in: Proceedings of the Global Automotive Conference, Frankfurt a. M.

Meffert, H. (1991): Grundlagen der Absatzpolitik, 7. Auflage, Wiesbaden.

Müller, W. (1991a): Strategisches Marketing: Ein übersehenes Wettbewerbsinstrument in der Automobilindustrie?, in: DBW, 51. Jg., S. 781-798.

Müller, W. (1991b): Herausforderungen an die strategische Automobilmarktforschung der 90er Jahre, in: Thexis, Jg. 8, S. 8-15.

Nieschlag, R./Dichtl, E./Hörschgen, H. (1997): Marketing, 18. Auflage, Berlin.

o. V. 1998: VDA Jahresbericht, Frankfurt am Main.

Rapp, R. (1996): Kundenzufriedenheit durch Servicequalität, Wiesbaden.

Simon, H. (1992): Preismanagement, 2. Auflage, Wiesbaden.

Simon, H./Kucher, E. (1988): Die Bestimmung empirischer Preisabsatzfunktionen, in: Zeitschrift für Betriebswirtschaft (ZfB), Jg. 58, S. 171-183.

Simonian, H. (1996): Differences by Region, in: Financial Times, S. 5.

Stegmüller, B. (1995): Internationale Marktsegmentierung auf Basis von Nutzenerwartungen, in: Thexis Jg. 12, S. 53-58.

Stemmler, P./Gawehn, J. (1995): Die zukünftige Entwicklung der weltweiten Automobilmärkte, in: Hünerberg, R./Heise, G./Hoffmeister, M. (Hrsg.): Internationales Automobilmarketing, Wiesbaden.

Teichert, T. (2000): Conjoint-Analyse, in: Herrmann, A./Homburg, C. (Hrsg.): Marktforschung, 2. Aufl., Wiesbaden, S. 473-511.

Wittink, D./Cattin, P. (1989): Commercial use of conjoint analysis: An Update, in: Journal of Marketing, Vol. 53, S. 91-96.

Wittink, D./Vriens, M./Burhenne, W. (1994): Commercial use of conjoint analysis in Europe: Results and critical reflections, in: International Journal of Research in Marketing, Vol. 11, S. 41-52.

Christian Homburg und Janna Schneider

Industriegütermarketing

1. Grundlegende Besonderheiten des Industriegütermarketing
2. Ansätze zur Beschreibung und Erklärung des organisationalen Kaufverhaltens
    2.1   Grundlegende kostenorientierte Modelle
    2.2   Umfassendere deskriptive Modelle
    2.3   Die Interaktionsansätze
    2.4   Der Geschäftsbeziehungsansatz
    2.5   Einflußgrößen des Beschaffungsverhaltens
3. Instrumentelle Besonderheiten
4. Industrielle Dienstleistungen
5. Literatur

1. Grundlegende Besonderheiten des Industriegütermarketing

Industriegüter sind Güter oder Dienstleistungen, die von Organisationen (keine privaten Haushalte oder Konsumenten) beschafft werden, um sie im eigenen Leistungserstellungsprozeß zu ge- bzw. zu verbrauchen oder aber um sie unverändert an andere Organisationen (z. B. Händler) weiterzuverkaufen. In der englischsprachigen Literatur wird der Begriff „Industrial Marketing" oder „Business-to-Business-Marketing" verwendet, wobei der zweite Begriff weiter gefaßt ist.

Eine Charakterisierung des Industriegütermarketing kann anhand verschiedener Kriterien vorgenommen werden. Insbesondere lassen sich die Kriterien Nachfrager, Verwendung der Produkte und organisationales Kaufverhalten unterscheiden:

Nachfrager sind im Industriegütermarketing nicht die Endverbraucher, sondern Organisationen. Diese werden nachfolgend als Kunden bezeichnet. Eine mögliche *Kundensystematik* (in Anlehnung an Hutt/Speh 1992) unterscheidet kommerzielle Unternehmen (Verwender, Original Equipment Manufacturer, Händler), staatliche Einrichtungen (z. B. Einrichtungen des Bundes, der Länder und der Gemeinden) und Institutionen (z. B. Krankenhäuser, Kirchen, Universitäten).

Im Industriegüterbereich zielt die *Verwendung der Produkte* auf die Erstellung weiterer Produkte bzw. auf ihre Weiterveräußerung ab. Unter dem Begriff Industriegüter lassen sich verschiedene Produkttypen subsumieren. Als Beispiele können Anlagen, einzelne Maschinen, Rohstoffe, Einsatzstoffe oder Energieträger genannt werden (vgl. Engelhardt/Günter 1981). Das Marketing kann für diese Produkttypen unterschiedlich sein. Zur Systematisierung existieren daher in der Literatur verschiedene Typologien, die die Identifizierung in sich homogener und untereinander heterogener Produktgruppen zum Ziel haben. Der in diesem Zusammenhang wohl bekannteste Ansatz ist der *Geschäftstypenansatz* von Backhaus (1999). Dieser versucht, Unterschiede in der Vermarktung aufzuzeigen. Der Ansatz unterscheidet Produktgeschäft, Systemgeschäft und Anlagengeschäft:

- Im *Produktgeschäft* werden vorgefertigte, meist in Massenfertigung erstellte Leistungen zum isolierten Einsatz nachgefragt. Beispiele hierfür sind Schrauben, Motoren und Lacke.
- Im *Systemgeschäft* werden sukzessiv Leistungen gekauft, die miteinander vernetzt werden können. Ein Informationssystem besteht beispielsweise aus vielen Einzelmodulen für die einzelnen betrieblichen Teilbereiche. Diese ergeben sukzessive ein integriertes Informationssystem.
- Im *Anlagengeschäft* werden komplexe Produkte oder Systeme vermarktet. Kennzeichnend ist, daß die Kaufentscheidung zu einem bestimmten Zeitpunkt gefällt wird und in der Regel mit der Realisierung des Projektes abgeschlossen ist. Erweiterungs-

oder Ergänzungskäufe finden nicht statt. Beispiele sind hier Getränkeabfüllanlagen, Walzwerke oder Kernkraftwerke.

Unterschiede zwischen den einzelnen Typen bestehen zum Beispiel bezüglich der Kaufhäufigkeit, dem Volumen der Leistungsabgabe und der Dienstleistungsintensität. Beispielsweise ist die Kaufhäufigkeit im Produktgeschäft wesentlich höher als im Anlagengeschäft, das Volumen der Leistungsabgabe ist jedoch – in den meisten Fällen – im Anlagengeschäft höher als im Produktgeschäft. Ein weiteres Beispiel: Das Systemgeschäft zeichnet sich durch eine relativ hohe Dienstleistungsintensität aus. So sind bei der Implementierung eines Vertriebsinformationssystems umfangreiche Schulungen erforderlich. Auch das Anlagengeschäft zeichnet sich durch eine sehr hohe Dienstleistungsintensität aus.

Das *organisationale Kaufverhalten* kann schließlich als drittes Charakteristikum genannt werden. Neben Besonderheiten auf der Nachfrager- bzw. Anbieterseite lassen sich auch besondere Charakteristika der Geschäftsbeziehung identifizieren (vgl. Backhaus 1999). Im folgenden soll zunächst die Nachfragerseite, anschließend die Anbieterseite und schließlich die Geschäftsbeziehung betrachtet werden.

Die organisationale *Nachfrage* weist verschiedene Charakteristika auf. Es sind vor allem die folgenden zu nennen:
- Abgeleiteter Charakter der Nachfrage
- Multipersonalität
- Multiorganisationalität
- Hoher Formalisierungsgrad
- Hoher Individualisierungsgrad
- Besondere Bedeutung von Dienstleistungen

Der *abgeleitete Charakter der organisationalen Nachfrage* ergibt sich aus der Abhängigkeit von der Nachfrage der Konsumenten. Ein Beispiel: Wenn der Konsum von Orangensaft steigt, steigt auch der Bedarf an Verpackungsmaterial beim Safthersteller und damit der Absatz beim Hersteller des Verpackungsmaterials.

Bei organisationalen Kaufentscheidungen bilden bestimmte Mitglieder einer Organisation problembezogene Gruppen. Jedes Mitglied hat seinen eigenen Verantwortungsbereich und bewertet die Kaufentscheidung nach verschiedenen Kriterien. Dieses bezeichnet man als *Multipersonalität*. Webster/Wind (1972) haben in diesem Zusammenhang den Begriff des *Buying Center* (BC) geprägt. Ein BC setzt sich aus den am Kaufentscheidungsprozeß beteiligten Individuen und Gruppen zusammen. Diese tragen gemeinsam das Risiko der Kaufentscheidung. Es handelt sich bei einem BC um eine informelle Gruppe, d. h. ein BC ist in der Regel nicht institutionell verankert.

Angehörige des BC nehmen verschiedene Rollen ein. Es können auch mehrere Personen die gleiche Rolle wahrnehmen, oder aber eine Person kann auch mehrere Rollen haben. Der Erfolg eines Angebotes ist ganz entscheidend davon abhängig, ob die Entscheidungsstrukturen sowie die Ansprüche der unterschiedlichen Parteien im BC berücksichtigt werden. Dabei ist zu beachten, daß sich diese im Laufe der Zeit verändern (Ghingold/Wilson 1998). Im allgemeinen lassen sich sechs Rollen im Buying Center unterscheiden:

- *Benutzer* (User): Im Bereich des Benutzers (z. B. seines Unternehmens, seines Arbeitsumfeldes) wird das anzuschaffende Gut verwendet. In vielen Fällen geht vom Benutzer die Initiative zur Anschaffung des Gutes aus.
- *Einkäufer* (Buyer): Der Einkäufer besitzt die formale Autorität für die Vorbereitung von Kaufverträgen nach kaufmännischen und juristischen Gesichtspunkten sowie für die Wahl des Lieferanten.
- *Beeinflusser* (Influencer): Beeinflusser sind meist Fachleute, die als Meinungsführer über besondere Informationen verfügen. Sie definieren häufig Spezifikationen und stellen Informationen zusammen.
- *Informationsselektierer* (Gatekeeper): Die Informationsselektierer nehmen eine Vorstrukturierung sowie eine Alternativenreduktion vor. Assistenten von Entscheidungsträgern nehmen zum Beispiel häufig eine Informationsreduktion vor.
- *Entscheider* (Decider): Die Entscheider besitzen aufgrund ihrer Position die Entscheidungsbefugnis. Sie treffen letztlich die Kaufentscheidung.

Eine weitere Besonderheit des organisationalen Kaufverhaltens ist die *Multiorganisationalität*, d. h. die Beteiligung weiterer Organisationen am Beschaffungsprozeß außer der Anbieter- und der Nachfragerorganisation. Ein Maschinenbauer kann z. B. ein Ingenieurbüro mit der technischen Planung einer neuen Maschine sowie der Erarbeitung von Vorschlägen für die Beschaffung der relevanten Materialien beauftragen.

Ferner sind der *hohe Formalisierungsgrad* und der *hohe Individualisierungsgrad* als Besonderheiten der organisationalen Nachfrage zu nennen. Die Kaufentscheidung läuft in Organisationen häufig nach formalisierten Richtlinien ab. Ausschreibungen erfolgen zum Beispiel in einem formalisierten Prozeß. Darüber hinaus haben industrielle Nachfrager zum Teil einen spezifischen Problemlösungsbedarf, dem nur durch ein individualisiertes Angebot Rechnung getragen werden kann.

Gerade bei komplexen Leistungen bzw. einem hohen Investitionsvolumen erlangen *Dienstleistungen* eine besondere *Bedeutung*. Bei der Verwendung bestimmter Chemikalien muß zum Beispiel sehr häufig auf die Hilfe der Anwendungstechnik des Chemieherstellers zurückgegriffen werden. Ein anderes Beispiel: Der Kauf einer Anlage geht oftmals einher mit Finanzierungsdienstleistungen.

Neben den Besonderheiten auf der organisationalen Nachfragerseite lassen sich auch bestimmte Charakteristika der *organisationalen Anbieterseite* identifizieren. Hierzu zählen insbesondere die Multipersonalität, die Multiorganisationalität und die Internationalität. Auch auf der Anbieterseite stellt die *Multipersonalität* ein zentrales Charakteristikum dar. Analog zum Buying Center auf der Nachfragerseite kann auf der Anbieterseite ein *Selling Center* (das Verkaufsteam des Anbieters) identifiziert werden. Buying Center und Selling Center bilden zusammen das sog. *Transaktionscenter*. Ferner werden Projekte im Industriegüterbereich häufig nicht von einer Organisation allein realisiert.

Vielmehr schließen sich Organisationen zu Anbietergemeinschaften zusammen. Dieses wird als *Multiorganisationalität* bezeichnet. Schließlich dringen durch die zunehmende Globalisierung der Märkte zunehmend ausländische Anbieter mit technisch fast identischen Produkten auf den europäischen Markt. Dieses ist im Industriegütermarketing stärker der Fall als im Konsumgütermarketing, wo bislang eher eine stärkere Präferenz für nationale Güter festzustellen ist. Darüber hinaus existiert im Industriegütermarketing häufig eine eher kleine Anzahl von Anbietern. Diese macht die weltweite Suche für die nachfragenden Unternehmen notwendig. Die *Internationalität* ist daher ein weiteres Charakteristikum der organisationalen Anbieterseite.

Die *Besonderheit der Geschäftsbeziehung* im Industriegütermarketing zeigt sich insbesondere in der *Langfristigkeit der Geschäftsbeziehung*. Ein weiteres Merkmal ist die *Interaktion zwischen Anbieter- und Nachfragerorganisation*. Bei der Vermarktung von Industriegütern entstehen in einem interaktiven Prozeß zwischen Anbieter und Nachfrager persönliche Kontakte, die sich zum Beispiel in der besonderen Bedeutung des Personal Selling im Industriegütermarketing dokumentieren.

Zur Beschreibung bzw. Erklärung des organisationalen Kaufverhaltens sind verschiedene Modelle entwickelt worden. Die wichtigsten wollen wir im folgenden Abschnitt vorstellen.

2. Ansätze zur Beschreibung und Erklärung des organisationalen Kaufverhaltens

Die Verwendung der aus dem Konsumgütermarketing bekannten SR- (Stimulus-Response) bzw. SOR-Ansätze (Stimulus-Organism-Response) erscheint im Industriegütermarketing höchst fraglich. Der Stimulus-Response-Ansatz analysiert lediglich die Reaktion der Nachfrager auf vom Anbieter induzierte Reize wie z. B. Marketingmaßnahmen. Eine aktive Rolle des Kunden ist in diesen Modellen nicht vorgesehen. Dieses widerspricht der Bedeutung, der Intensität und dem Charakter der Geschäftsbeziehung im Industriegüterbereich. Beispielhaft sei hier das im Industriegüterbereich häufig zu beobachtende Phänomen genannt, daß Impulse zur Neuproduktentwicklung vom Kunden ausgehen (vgl. Gruner/Homburg 2000). Aus diesem Grund wurden spezielle Modelle zur Erklärung des organisationalen Kaufverhaltens entwickelt (vgl. auch Homburg/Krohmer 2000). Zu unterscheiden sind die grundlegenden kostenorientierten Modelle, die umfassenderen deskriptiven Modelle, das Interaktionsmodell und der Geschäftsbeziehungsansatz.

2.1 Grundlegende kostenorientierte Modelle

Grundlegende kostenorientierte Modelle ziehen die Kosten der Beschaffung als Betrachtungsbasis heran. Hier sind insbesondere das Minimium-Preis-Modell und das Lowest-Total-Cost-Modell zu nennen. Das *Minimum-Preis-Modell* ist sehr einfach: Der Nachfrager wählt das Angebot mit dem niedrigsten Preis. Die Kritik an diesem Ansatz liegt auf der Hand: Der Preis ist nicht das einzige Entscheidungskriterium. Preisgünstige Angebote stellen sich im nachhinein oft als zeit- und kostenintensive Problemfälle (z. B. durch höhere Logistikkosten, häufige Reparaturen nach Ablauf der Gewährleistung, geringere Serviceleistungen, etc.) heraus. Qualität und Service stellen zum Beispiel zwei weitere Kriterien dar, die ein Nachfrager bei der Beschaffungsentscheidung zu beachten hat. So kann es nicht im Interesse eines Automobilherstellers sein, das billigste Blech zu verwenden, wenn dieses bereits nach wenigen Jahren durchrostet. Trotz dieser Problematik hat das Minimum-Preis-Modell eine gewisse Praxisrelevanz. In Submissionssituationen liegt zum Beispiel eine sehr hohe Standardisierung der Produkte bzw. der Leistung vor, es besteht in dieser Hinsicht kein Differenzierungspotential für die Anbieter der Produkte. Der Preis ist in einem solchen Fall tatsächlich das einzige Entscheidungskriterium für den Nachfrager.

Beim *Lowest-Total-Cost-Modell* werden die Gesamtkosten als Entscheidungskriterium bei der Beschaffung herangezogen. Die Gesamtkosten der Beschaffung setzen sich aus den Costs of Ownership sowie den Kosten des Lieferantenmanagements zusammen. Bei den Costs auf Ownership handelt es sich neben dem Einkaufspreis insbesondere um Handlingkosten wie zum Beispiel um Kosten der Qualitätssicherung, der Logistik, des Transports, der Lagerhaltung oder der Entsorgung. Diese fallen regelmäßig und abhängig von Menge und Beschaffenheit der Produkte an (vgl. Homburg/Daum 1997). Kosten des Lieferantenmanagements sind Kosten der Lieferantenwahl, der Lieferantenförderung und -bewertung (auch Zertifizierung) sowie der Pflege der Geschäftsbeziehung. Hierbei handelt es sich um unregelmäßig anfallende Kosten.

Ein zentraler Kritikpunkt an diesem Ansatz ist die Vernachlässigung wichtiger Kriterien der Beschaffungsentscheidung, wie zum Beispiel des Beschaffungsrisikos. Bunn/Liu (1996) haben zum Beispiel festgestellt, daß das Kaufrisiko abhängig ist von der Bedeutung des zu beschaffenden Produktes und der Unsicherheit. Das Kaufrisiko determiniert den Ablauf des Kaufprozesses, die Entscheidungskriterien und die Informationsnutzung.

In Hinblick auf die Anwendung in der Praxis ist anzumerken, daß eine transparente Kostenrechnung und damit eine Voraussetzung für die Verwendung des Ansatzes in vielen Unternehmen fehlt. Hinzuweisen ist in diesem Zusammenhang insbesondere auf die Notwendigkeit einer Prozeßkostenrechnung (vgl. Homburg/Daum 1997).

Gemeinsamer Kritikpunkt an den kostenorientierten Modellen ist die Vernachlässigung des interaktiven Elementes bei organisationalen Kaufentscheidungen. So werden beispielsweise der Informationsaustausch zwischen den Organisationen oder Kooperationen bei Neuentwicklungen nicht abgebildet.

2.2 Umfassendere deskriptive Modelle

Umfassendere deskriptive Modelle streben eine Abbildung des Verhaltens der Organisationen im Kaufentscheidungsprozeß an. Zu nennen sind vor allem die folgenden:
- das Buygrid-Modell,
- die Strukturmodelle sowie
- die Prozeßmodelle.

Das *Buygrid-Modell* nach Robinson/Faris/Wind (1967) unterscheidet die drei Kaufklassen Neukauf, modifizierter Wiederkauf und identischer Wiederkauf. Beim *Neukauf* bzw. der erstmaligen Beschaffung (New Task) muß die Kaufentscheidung bezüglich des Gutes oder der Dienstleistung zum ersten Mal in einem Unternehmen getroffen werden. Entsprechend hoch ist der Informationsbedarf. In der Regel werden verschiedene Alternativen betrachtet und bewertet. Beim *modifizierten Wiederkauf* (Modified Rebuy) hat ein Unternehmen schon einmal eine ähnliche Kaufentscheidung getroffen und verfügt über bestimmte Erfahrungen. Dementsprechend werden auch neue Alternativen nur begrenzt in Erwägung gezogen. Beim *identischen Wiederkauf* (Straight Rebuy) liegt bereits eine Routinebeschaffung vor. Der Informationsbedarf ist minimal, neue Alternativen werden nicht bzw. kaum mehr betrachtet.

Im Buygrid-Modell werden diese drei Kaufklassen mit möglichen Phasen des Kaufprozesses kombiniert. Die Kaufklassen determinieren dabei sowohl die Länge des Kaufprozesses als auch den Beginn und den Stop des Prozesses (vgl. Abbildung 1).

Das Buygrid-Modell weist eine relativ einfache Struktur auf und wird vielfach als brauchbarster Ansatz zur Analyse des organisationalen Kaufprozesses bezeichnet. Zu kritisieren ist allerdings die Annahme der Allgemeingültigkeit des Modells. Wahrscheinlicher ist, daß das Modell nach Produktklassen (vgl. Choffray/Lilien 1978), monetärer Wertigkeit (vgl. Johnston/Bonoma 1981) sowie persönlichen und organisationalen Einflußfaktoren (vgl. Wilson 1971) zu differenzieren ist. Die empirische Überprüfung des Ansatzes läßt vermuten, daß Kaufklassen alleine organisationales Kaufverhalten nicht erklären können (vgl. Bellizzi/McVey 1983, Anderson/Chu/Weitz 1987).

	Erkennung des Problems	Identifikation geeigneter Produkte	Suche nach Lieferanten	Entgegennahme von Angeboten	Auftragsvergabe	Kauf	Bewertung
Neukauf	Beginn						Ende
Modifizierter Wiederkauf		Beginn					Ende
Identischer Wiederkauf					Beginn	Ende	

Abbildung 1:   Das Buygrid-Modell von Robinson/Faris/Wind

Sowohl die grundlegenden kostenorientierten Modelle als auch das Buygrid-Modell vernachlässigen die Abhängigkeit des organisationalen Kaufverhaltens von einer Vielzahl von Faktoren. An dieser Kritik setzen die sog. *Strukturmodelle* an. Bei einem Strukturmodell werden zahlreiche, im Extremfall alle Einflußfaktoren auf die Kaufentscheidung simultan zusammengestellt. Wir wollen im folgenden zwei Strukturmodelle vorstellen: das Modell von Webster/Wind und das Modell von Sheth.

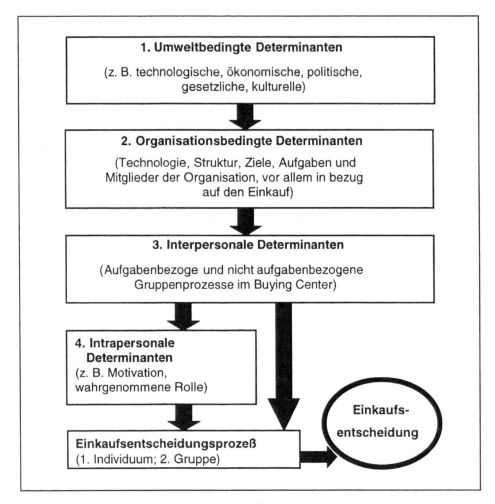

Abbildung 2: Das Modell von Webster/Wind
Quelle: In Anlehnung an Backhaus 1999.

Das *Modell von Webster/Wind* (1972) ist eines der ersten Strukturmodelle zur Erklärung des organisationalen Kaufverhaltens. Unterschieden werden vier Kategorien von Bestimmungsfaktoren der organisationalen Kaufentscheidung (vgl. Abbildung 2):

- *Umweltbedingte* Faktoren wie z. B. gesetzliche Restriktionen, ökonomische Gegebenheiten, Kultur, etc.
- *Organisationsbedingte* Faktoren wie z. B. Organisationsstruktur, Organisationsziele, Organisationsaufgaben, etc.
- *Interpersonale* Faktoren wie z. B. das Zusammenwirken der Mitglieder des Buying Center sowie deren Zielvorstellungen

- *Intrapersonale* Faktoren bzw. Faktoren des Individuums wie z. B. Motivation, Lernverhalten, Rollenverständnis

Der Beitrag dieses Modells ist vor allem in der Systematisierung der Einflußfaktoren zu sehen. Es existieren jedoch einige Kritikpunkte (vgl. Backhaus 1999): Viele Variablen sind nur schwer faßbar. Auch die Beziehung zwischen den Variablen ist nicht eindeutig. Es erfolgt darüber hinaus keine Thematisierung informeller Beziehungen. Schließlich erweckt die Darstellung im Modell den Eindruck kausaler Beziehungen, die so nicht unbedingt existieren.

Das *Sheth-Modell* versucht im Gegensatz zu den bisher vorgestellten partialanalytischen Ansätzen einen umfassenden Ansatz (vgl. Sheth 1975). Das Modell besteht aus vier Kernelementen (vgl. Abbildung 3):
- Psychologische Entscheidungsdeterminanten (1)
- Bedingungen, die zur kollektiven Entscheidungsfindung führen (2)
- Konfliktlösungsmechanismen (3)
- Situative Faktoren (4)

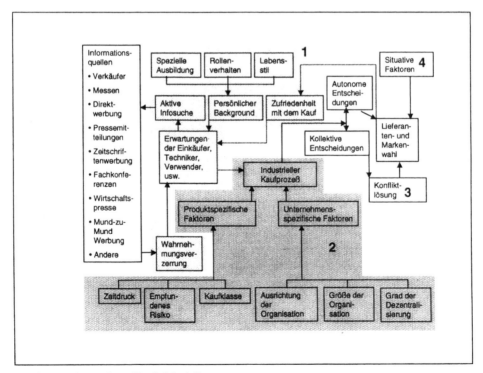

Abbildung 3:   Das Sheth-Modell
Quelle: In Anlehnung an Backhaus 1999.

Das Entscheidungsverhalten der Mitglieder des Buying Center wird geprägt durch die psychologischen Entscheidungsdeterminanten wie zum Beispiel Erfahrung, Zufriedenheit mit bisherigen Käufen oder auch Erziehung und Lebensstil. Die Erwartungen der Mitglieder des Buying Center beeinflussen den industriellen Kaufentscheidungsprozeß. Die Kaufentscheidung fällt entweder autonom durch ein einzelnes Individuum oder kollektiv. Die Entscheidung hierüber wird durch produkt- und unternehmensspezifische Faktoren bestimmt. Die produktspezifischen Faktoren ergeben sich aus dem Zeitdruck, unter dem die Kaufentscheidung getroffen werden muß, dem empfundenen Risiko sowie der Kaufklasse. Zu den unternehmensspezifischen Faktoren gehören die Ausrichtung der Organisation, ihre Größe sowie der Grad der Dezentralisierung. Situationen mit einem geringen Risiko, einem hohen Zeitdruck sowie Routinekäufe führen z. B. eher zu Individualentscheidungen. Im Fall von Kollektiventscheidungen werden im Sheth-Modell Konfliktlösungsmechanismen formuliert wie z. B. Konfliktlösung durch Informationssammlung und -verarbeitung, Überredung, Verhandlung oder „Austricksen". Schließlich berücksichtigt das Modell auch den Einfluß situativer Faktoren.

Auch dieses Modell ist mit einer Reihe von Problemen wie die mangelnde Identifikation der Kaufphasen, die fehlende Gewichtung der Einflußfaktoren sowie die fehlende Operationalisierung des Kaufentscheidungsprozesses behaftet. Auch die Auswahl der Variablen ist nicht zwingend. Beispielsweise werden der Formalisierungs- und Zentralisierungsgrad der Organisation nicht betrachtet.

Zentraler Kritikpunkt an allen bisher vorgestellten Modellen ist die mangelnde Loslösung vom SOR-Ansatz des Konsumgütermarketing. Sie berücksichtigen nicht die im Industriegütermarketing charakteristische Interaktion der am Kaufentscheidungsprozeß beteiligten Parteien. Impulse, die vom Kunden ausgehen, werden vernachlässigt. Einen ersten Ansatz zur Behebung dieser Kritik stellen die Prozeßmodelle dar.

Prozeßmodelle betonen die Ablaufdimension d. h. den Verlauf organisationaler Kaufprozesse. Am bekanntesten ist der Ansatz von Choffray/Lilien (1978). Diese gehen davon aus, daß der Kaufprozeß in drei Phasen verläuft. In der ersten Phase wird eine Alternativenauswahl vorgenommen. In der zweiten Phase erfolgt die Präferenzbildung bei den Mitgliedern des Buying Center. In der dritten Phase kommt es dann zu Präferenzbildung bei der Gesamtorganisation. Dabei bestimmt letztlich die Macht- und Interaktionsstruktur im Buying Center, welche Individuen sich wie stark bei der Gesamtentscheidung durchsetzen. Zur Operationalisierung dieses Prozesses werden verschiedene Entscheidungsmodelle kombiniert.

Der Beitrag des Modells liegt darin, daß zum ersten Mal die Interaktion zwischen Organisationen bei Kaufentscheidungen im Industriegüterbereich modelliert wird. Leider stehen diesem Fortschritt erhebliche Operationalisierungsprobleme gegenüber, d. h. der Prozeß ist nicht einfach abzubilden.

2.3 Die Interaktionsansätze

Erst die Interaktionsansätze nehmen Abstand von einer isolierten Betrachtung des Buying und des Selling Center und konzentrieren sich auf die Interaktion im Transaktionscenter. Damit wird auch zum ersten Mal die SOR-Denkweise des Konsumgütermarketing vollständig aufgegeben. Interaktionsansätze analysieren die Beteiligten in ihrem sozialen Gruppengefüge. Ziel ist es, Aussagen über die optimale Gestaltung des Marketing zu treffen. Nach Art und Zahl der Beteiligten lassen sich vier Typen von Interaktionsansätzen unterscheiden (vgl. Abbildung 4).

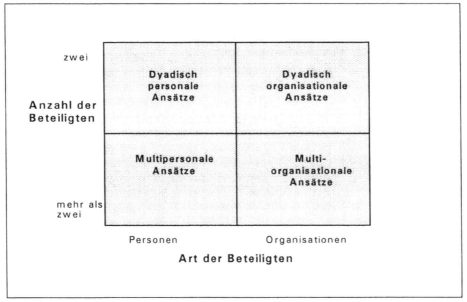

Abbildung 4:   Typen von Interaktionsansätzen
Quelle: In Anlehnung an Backhaus 1999.

Das Kriterium „Art der Beteiligten" nimmt eine Unterscheidung in Personen und Organisationen und damit in *personale* und *organisationale* Ansätze vor. Das zweite Kriterium „Anzahl der Beteiligten" berücksichtigt, ob die Interaktion von zwei oder mehr Personen bzw. Organisationen untersucht wird. Damit wird eine Unterscheidung in *dyadisch-personale* bzw. *dyadisch-organisationale* und *multi-personale* bzw. *multi-organisationale* Ansätze möglich. Während personale Ansätze nur Interaktionen zwischen Individuen thematisieren, berücksichtigen organisationale Ansätze auch organisationale Einflüsse bei mindestens einem der beiden Interaktionspartner. Erst die organisationalen Ansätze kommen der Realität der Kaufentscheidungen im Industriegüterbereich nahe. Wir wollen uns daher im folgenden auf diese konzentrieren.

Die *dyadisch-organisationalen Interaktionsansätze* lösen sich von der einseitigen Betrachtung der Individuen und berücksichtigen die Verflechtungen der am Kaufentscheidungsprozeß beteiligten Personen mit den jeweiligen Organisationen. Als zentrale Arbeit kann in diesem Zusammenhang der Ansatz der IMP Group (Industrial Marketing and Purchasing Group) bezeichnet werden: Das hier entwickelte Interaktionsmodell basiert vor allem auf der Annahme der Langfristigkeit der Geschäftsbeziehung in organisationalen Beschaffungsprozessen (vgl. Hakansson 1982). Das Interaktionsmodell besteht aus den vier Hauptelementen Interaktionsprozeß, Parteien des Interaktionsprozesses, „Atmosphäre" des Interaktionsprozesses und Umwelt des Interaktionsprozesses (vgl. Abbildung 5).

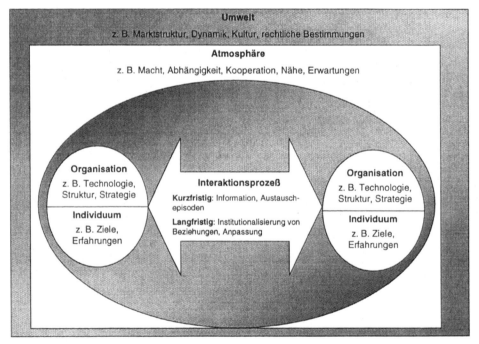

Abbildung 5:   Das Interaktionsmodell der IMP-Group
Quelle: In Anlehnung an Hakansson 1982.

Im Zentrum des Modells steht der *Interaktionsprozeß*. Dieser wird als dynamisch angesehen, d. h. die Intensität der Interaktion kann im Verlauf der Geschäftsbeziehung variieren. Im Interaktionsprozeß lassen sich sog. Episoden abgrenzen, in denen Güter, Informationen, soziale Austauschelemente oder finanzielle Mittel transferiert werden. Insbesondere der soziale Austausch zwischen den beteiligten Parteien hat eine große

Bedeutung, da er dem Aufbau von Vertrauen, der Festigung der Geschäftsbeziehung und der Reduktion von Unsicherheit dient.

Die Episoden können zeitgleich oder nacheinander ablaufen. Die einzelnen Episoden dokumentieren ein Beziehungsgeflecht zwischen den Interaktionspartnern. Dieses Beziehungsgeflecht bezeichnet die IMP Group als *Atmosphäre*. Die Atmosphäre kann als Bindeglied zwischen den einzelnen Elementen des Interaktionsprozesses gesehen werden. Es handelt sich um ein abstraktes Konstrukt, das der Analyse der Spannungsverhältnisse Macht-Abhängigkeit, Konflikt-Kooperation sowie Nähe-Distanz dient.

Schließlich wird die einzelne Geschäftsbeziehung in die *Umwelt* eingebettet. Der Markt kann zum Beispiel einen entscheidenden Einfluß auf die Geschäftsbeziehung haben. Bei mangelnden Alternativen kann sich ein Unternehmen gezwungen sehen, eine sehr enge Geschäftsbeziehung mit einem Zulieferer einzugehen. Auch internationale Märkte, rechtliche und technische Bestimmungen sowie kulturelle Differenzen sind zu berücksichtigen.

Der große Fortschritt dieses Ansatzes liegt in der Bereitstellung eines allgemeinen Bezugsrahmens zur Analyse einzelner Transaktionen, aber auch langfristiger Geschäftsbeziehungen. Die Problematik ist jedoch in der hinreichenden Allgemeinheit des Ansatzes zu sehen.

Multiorganisationale Ansätze gehen davon aus, daß bei komplexen Beschaffungsentscheidungen im Industriegütermarketing in der Regel mehr Organisationen als nur die kaufende und die verkaufende Organisation beteiligt sind. Diese müssen in den Untersuchungen explizit berücksichtigt werden. Zum Beispiel ist es denkbar, daß sich mehrere anbietende Unternehmen zusammenschließen, um die vom Kunden nachgefragte Leistung zu erstellen. Der dyadische Ansatz der IMP-Group wurde deshalb weiterentwickelt. Bei dieser Weiterentwicklung wird die dyadische Beziehung zwischen einem Anbieter- und einem Nachfragerunternehmen eingebettet in ein *Netzwerk*, das aus allen beteiligten Organisationen besteht. Untersucht werden nun sämtliche Interaktionsbeziehungen (vgl. Anderson/Hakansson/Johanson 1994).

2.4 Der Geschäftsbeziehungsansatz

In neuerer Zeit streben viele Unternehmen eine engere Bindung ihrer Zulieferer oder Abnehmer an, um Unsicherheit zu reduzieren sowie eine höhere Profitabilität der Geschäftsbeziehung zu erzielen. In diesem Zusammenhang kann der *Geschäftsbeziehungsansatz* als das neueste Instrument zur Erklärung organisationalen Kaufverhaltens bezeichnet werden. Dieser Ansatz beschäftigt sich z. B. mit der Frage, wann eine enge Geschäftsbeziehung zwischen Hersteller und Abnehmer sinnvoll ist, oder von welchen Faktoren der Erfolg einer solchen Kooperation abhängt.

Die Entwicklung einer langfristigen Geschäftsbeziehung kann als *Prozeß* betrachtet werden (vgl. Dwyer/Schurr/Oh 1987, Cann 1998). Die erste Phase wird als „Awareness-

Phase" bezeichnet. In dieser Phase müssen die betreffenden Unternehmen ihre Ausgangssituation analysieren und ihre (potentiellen) Partner bewerten. Folgende Fragen müssen beantwortet werden:

- Welchen Nutzen hat eine Kooperation für uns, welchen für unseren Partner?
- Wieviel müssen wir in die Beziehung investieren, wieviel unser Partner?
- Was müssen wir in unserem Geschäfts-/Produktionsablauf ändern?
- Was müssen wir lernen, was können wir von unserem Partner lernen?

In der zweiten Phase, der sog. *„Exploration-Phase"*, beginnen die Verhandlungen bzw. Gespräche mit dem potentiellen Partner. Es muß ein „gemeinsamer Nenner" für die Kooperation gefunden werden. Es wird angenommen, daß eine bestimmte Ähnlichkeit der Partner hierbei von Vorteil ist. Gegenstand der Verhandlungen sind z. B. die Projekte oder Teilbereiche, in denen kooperiert werden soll. Ferner geht es um Aspekte wie die Machtverteilung, die Entwicklung gemeinsamer Normen und Werte sowie die Formalisierung von Erwartungen an die Beziehung.

Die dritte Phase, die *„Expansion-Phase"*, ist durch eine kontinuierliche Erhöhung des gegenseitigen Nutzens sowie der gegenseitigen Abhängigkeit gekennzeichnet. Zum Beispiel werden zusätzliche Vergünstigungen verhandelt oder die Lieferantenzahlen reduziert. Die dritte Phase ist vor allem von gegenseitigem Lernen geprägt. Mit der Zeit entwickeln sich gemeinsame Werte und Normen. Beziehungsstrukturen werden aufgebaut und Investitionen in die Geschäftsbeziehung getätigt (z. B. durch regelmäßigen Informationsaustausch).

Nach einer gewissen Zeit hat sich die Kooperation eingespielt, sie ist institutionalisiert. Diese vierte Phase wird als *„Commitment-Phase"* bezeichnet. Beide Partner profitieren nun von der Geschäftsbeziehung.

Bestimmungsgrößen dieses Prozesses sind vor allem Vertrauen und Commitment. Sie sind Voraussetzungen für ein erfolgreiches Gelingen von Kooperationsbestrebungen und den Aufbau einer langfristigen Geschäftsbeziehung (vgl. auch Bejou 1994, 1997, Dwyer/Schurr/Oh 1987, Ford 1981, Williams 1998, Wilson/Mummalaneni 1986).

Geschäftsbeziehungen können als empirische Phänomene auch typologisiert werden. Cannon/Perreault (1999) haben in einer empirischen Studie auf Basis der Nähe der Geschäftspartner in der Gschäftsbeziehung eine Typologie entwickelt und insgesamt 8 Typen identifiziert. Der Typ „Basiskauf und -verkauf" ist zum Beispiel charakterisiert durch einen mittelmäßigen Informationsaustausch und geringe vertragliche Bindungen, während der Typ „Kooperationssytem" sich durch einen hohen Informationsaustausch sowie starke vertragliche Bindungen auszeichnet.

Unbestritten sind heute die möglichen positiven Auswirkungen langfristiger Geschäftsbeziehungen. Kalwani/Narayandas (1995) konnten in einer empirischen Studie zeigen, daß Anbieterunternehmen in langfristigen Geschäftsbeziehungen ihre Lagerhaltungskosten und Kontrollkosten reduzieren können. Diese Kostenreduktion wird an die Kunden in Form von Preissenkungen weitergegeben. Schließlich wurde auch nachgewiesen, daß die Profitabilität langfristig steigt. Cannon/Homburg (2001) kamen in einer empirischen

Studie zum Ergebnis, daß niedrige Kosten in Form von direkten Produktkosten, Akquisitionskosten und Prozeßkosten die Wiederkaufintention der Kunden bei einem Lieferanten erhöhen. Akquisitionskosten und Prozeßkosten können zum Beispiel durch Lieferantenflexibilität oder Produktqualität gesenkt werden.

Die theoretische Darstellung des Konzeptes könnte dazu verleiten, den Aufbau langfristiger Geschäftsbeziehungen als gleichberechtigtes Geben und Nehmen zwischen Käufer und Anbieter zu sehen, geprägt vom gegenseitigen Vertrauen und Commitment. In der Realität kommt es aber in vielen Fällen zu einem hohen Druck auf die Lieferanten. Unternehmen bündeln ihre Beschaffungsaktivitäten stärker bis hin zum Single Sourcing. Die Beschaffung erfährt damit eine strategische Aufwertung. Dieses führt zu der Frage, welches die Einflußgrößen des Beschaffungsverhaltens sind.

2.5 Einflußgrößen des Beschaffungsverhaltens

Mehrere empirische Studien haben sich mit den Einflußgrößen des Beschaffungsverhaltens beschäftigt. Dabei standen vor allem die folgenden Fragen im Vordergrund: Welches sind die zentralen Einflußgrößen und wie wirken sich diese aus? Die Ergebnisse zeigen, daß industrielle Kaufentscheidungen vor allem von vier zentralen Determinanten abhängen:
- Neuartigkeit der Kaufsituation,
- Komplexität des Produktes oder der Kaufsituation,
- Wichtigkeit des Produktes und
- Abhängigkeit vom Produkt.

Die *Neuartigkeit* der Kaufsituation, die bereits im Buygrid-Modell in Abschnitt 2.2 thematisiert wurde, läßt darauf schließen, daß keine Erfahrungen mit diesem Kauf existieren. Bei einer hohen Neuartigkeit einer Kaufsituation liegt daher ein erheblicher Informationsbedarf des nachfragenden Unternehmens vor (vgl. McQuiston 1989). Diese hat Auswirkungen auf die Qualifikationsanforderungen an die Verkäufer. Entsprechendes Wissen und Maßnahmen wie z. B. Schulungen sind erforderlich.

Ähnliches ist auch bei einer *hohen Komplexität* des Produktes oder der Kaufsituation erforderlich. Bei der Beschaffung technisch komplexer Produkte sind im Buying Center auch Ingenieure und Anwender vertreten, die über ein bestimmtes technisches Knowhow verfügen und damit ein bestimmtes Informationsbedürfnis haben (vgl. McQuiston 1989). Homburg/Kuester (2000) haben empirisch nachgewiesen, daß die Anzahl von Anbietern, die ein nachfragendes Unternehmen in seinem Portfolio hat, abhängig ist von der Komplexität der Kaufsituation. Bei einer hohen Komplexität wird auf weniger Lieferanten zurückgegriffen, um die Transaktionskosten zu reduzieren.

Die *Wichtigkeit des Produktes* kann als dritte zentrale Determinante genannt werden. Die Wichtigkeit des Produktes ergibt sich dabei insbesondere durch die empfundenen Auswirkungen auf die Profitabilität und Produktivität des Unternehmens. Mit steigender

Wichtigkeit des Produktes steigt auch der Informationsbedarf des beschaffenden Unternehmens (vgl. McQuiston 1989). Auch die Entscheidungskriterien und der Ablauf des Entscheidungsprozesses ändern sich (vgl. Bunn/Liu 1996). Ferner hat Werner (1997) in einer empirischen Studie nachgewiesen, daß eine große Bedeutung des Produktes das Entstehen enger Geschäftsbeziehungen fördert.

Auch die *Abhängigkeit* des beschaffenden Unternehmens von dem Produkt – die vierte zentrale Determinante – begünstigt das Entstehen enger Geschäftsbeziehungen (vgl. Werner 1997). Werner kommt in diesem Zusammenhang zu dem Ergebnis, daß Lieferanten vor allem durch spezifische Investitionen ein positives Signal senden können.

3. Instrumentelle Besonderheiten

Viele Entscheidungen, die im Konsumgütermarketing getroffen werden müssen, stellen sich analog im Industriegütermarketing. Dennoch lassen sich einige Besonderheiten im Produkt-, Preis-, Distributions- und Kommunikationsmanagement im Industriegüterbereich identifizieren. Diese sollen im folgenden betrachtet werden.

Erste Besonderheiten sind in den produkspezifischen Entscheidungen zu sehen. Im *Produktmanagement* des Industriegütermarketing ist zunächst die Entscheidung über den *Spezialisierungsgrad des Unternehmens* zu treffen. Diese Entscheidung betrifft die Breite des Sortimentes, das ein Unternehmen anbietet. In der Vergangenheit haben viele Industriegüterhersteller ein breites Sortiment geführt. Im Zuge von Restrukturierungs- und Produktivitätssteigerungsmaßnahmen haben sich die Unternehmen jedoch zunehmend spezialisiert. Heute sind insbesondere eine *verwendungsbezogene* (d. h. das Produkt ist nur für eine bestimmte Verwendung vorgesehen) oder *nachfragerbezogene* (d. h. das Produkt ist nur für bestimmte Nachfrager interessant) Spezialisierung festzustellen.

Anschließend muß eine Entscheidung über den *Spezialisierungsgrad der Produkte* getroffen werden. Die Entscheidung über den Spezialisierungsgrad der Produkte beeinflußt viele andere Marketingentscheidungen wie zum Beispiel die über den zu wählenden Absatzweg. Beispielsweise sind Sondermaschinen in der Regel so spezialisiert, daß nur ein direkter Absatz in Frage kommt.

Eine weitere Entscheidung betrifft die *Individualisierung* bzw. *Standardisierung* von Produkten. Zu den Vorteilen der Individualisierung zählen u. a. die Differenzierung von Wettbewerbsprodukten, die Kundenbindung und die Erweiterung des preispolitischen Spielraumes. Als Nachteile sind hier der hohe F & E Aufwand, Probleme bei der Gestaltung des Produktionsprogramms sowie fehlende Rationalisierungsmöglichkeiten zu nennen.

Serviceentscheidungen gewinnen als Bestandteil des Produktmanagements zunehmend an Bedeutung. Neben weiteren Serviceleistungen (vgl. Abschnitt 4) sind vor allem Dienstleistungen im Rahmen der *Wartung, Reparatur* und *Ersatzteilversorgung* als zentrale Bestandteile des Produktmanagements von Industriegüterunternehmen zu nennen. Zum einen schreibt der Gesetzgeber für viele Industriegüter eine bestimmte Wartung vor, zum anderen verlangt auch die Sicherstellung der optimalen Funktionsfähigkeit eine Wartung in bestimmten Abständen. Darüber hinaus kann der Ausfall einer Maschine den gesamten Produktionsprozeß zum Stillstand bringen. Reparaturen sowie Ersatzteilversorgung sind deshalb besonders zeitkritisch.

Problematisch ist beim Produktmanagement im Industriegütermarketing die *Vernachlässigung der Markenpolitik*. Industriegüterunternehmen belegen Produkte häufig mit technischen Bezeichnungen oder Artikelnummern und verzichten damit auf die Vorteile einer Marke.

Problematisch ist im Industriegüterbereich auch die Berücksichtigung von *international unterschiedlichen Normen*. International unterschiedliche Normen bringen zum Teil große Probleme in der Abwicklung von Aufträgen, der Forschung und Entwicklung sowie der Produktion mit sich. Als Beispiel sei ein Hersteller von Industriewaagen genannt, der in zehn Länder exportiert und für jedes Land eine gesonderte Zulassung beantragen muß sowie das Produkt mit länderspezifischen Besonderheiten z. B. in der Skalendarstellung ausstatten muß. Der dafür anfallende Kosten- und Zeitaufwand ist erheblich.

Im *Preismanagement* sind ebenfalls Besonderheiten zu beachten. Die *Preissetzung* für Industriegüter wird insbesondere durch die Produktleistung und das organisationale Kaufverhalten determiniert. Die Produktleistung ist die Basis für Wirtschaftlichkeitsüberlegungen der Kunden. Charakteristisch für das organisationale Kaufverhalten ist die gründliche Informationsrecherche bzgl. Produkte und Preise sowie der Vergleich von Angeboten unterschiedlicher Hersteller z. B. in Hinblick auf Leistung, Qualität und Preis. Dabei ist zu beachten, daß die Mitglieder des Buying Center ein zum Teil sehr unterschiedliches Preisempfinden haben.

Eine weitere Besonderheit ist das *Competitive Bidding*, das in Submissionssituationen angewendet wird. Zu unterscheiden sind die offene und die beschränkte Ausschreibung einer bestimmten, präzisierten Leistung. Bei einer offenen Ausschreibung (Open Bidding) erfolgt die Ausschreibung an alle Unternehmen, die in der Lage sind, die gewünschte Leistung anzubieten. Bei der beschränkten Ausschreibung (Closed Bidding) ergeht die Ausschreibung nur an ausgewählte Unternehmen. Die anbietenden Unternehmen sind nun aufgefordert, ein Preisangebot abzugeben. Zu diesem Zweck berechnet das anbietende Unternehmen die Wahrscheinlichkeit des Zuschlags für verschiedene Preisangebote und wählt schließlich den Preis, der den erwarteten Gewinn maximiert. Die verschiedenen Preisangebote werden dann unter Einhaltung bestimmter Regeln vom nachfragenden Unternehmen geöffnet. Das Angebot mit dem geringsten Preis erhält den Zuschlag. Für die anderen Anbieter besteht keine Möglichkeit der Nachbesserung.

In letzter Zeit hat mit dem *Leasing* eine preispolitische Besonderheit im Industriegüterbereich an Bedeutung gewonnen. Hierbei handelt es sich um die langfristige Vermietung von Anlagegütern. Bei einem besonders langfristigen Leasing kann auch von einem Kauf auf Raten gesprochen werden. Zu unterscheiden sind *Financial Leasing* und *Operating Leasing*. Das Financial Leasing orientiert sich bei der Überlassung des Produktes an der Lebensdauer des Produktes. Beim Operating Leasing kommt es lediglich zu einer kurz- bis mittelfristigen Nutzungsüberlassung des Produktes. Aus Anbietersicht sprechen die Möglichkeiten der Markterweiterung, die Kontinuität der Kundenbetreuung sowie der Verkauf von Verbrauchsmaterial für das Angebot von Leasingleistungen. Der Leasingnachfrager hat insbesondere steuerliche und finanzielle Gründe: Die steuerliche Bemessungsgrundlage mindert sich; der Kreditrahmen des Unternehmens wird beim Leasing weniger in Anspruch genommen; Wartungsleistungen werden in der Regel vom Anbieter übernommen. Des weiteren reduziert der Nachfrager durch Leasing das Innovationsrisiko. Bei technischen Innovationen ist es beim Leasing möglich, das alte Produkt durch das neue Produkt zu ersetzen, ohne auf finanzielle Restriktionen Rücksicht zu nehmen oder auf noch nicht abgeschriebene Anlagen außerordentliche Abschreibungen vorzunehmen.

Neben Leasing haben auch andere *Finanzierungsdienstleistungen* eine große Bedeutung im Industriegüterbereich. Insbesondere bei Anlagen ist das Finanzierungsvolumen sehr hoch. Das anbietende Unternehmen kann sich mit dem Angebot von Finanzierungsdienstleistungen (z. B. Kredite) einen besonderen Wettbewerbsvorteil aufbauen.

Im *Distributionsmanagement* ist zwischen *akquisitorischer* und *physischer* Distribution zu unterscheiden. Im Rahmen der *physischen* Distribution ist vor allem die Notwendigkeit der termingerechten, verläßlichen und beschädigungsfreien Lieferung der Produkte hervorzuheben, um einen Produktionsstillstand beim Nachfrager zu vermeiden. Ein besonderes logistisches Problem ergibt sich beim Anbieter aus der abgeleiteten Nachfrage, die seine Planung erheblich beeinflussen kann. Wird die Produktion der Nachfragerorganisation zum Beispiel von saisonalen Schwankungen beeinflußt (z. B. Hersteller von Landmaschinen oder Gartengeräten), wird auch die Anbieterorganisation von diesen Schwankungen betroffen sein und hat sie u. a. bei der Lagerhaltung zu berücksichtigen.

Im Bereich der *akquisitorischen* Distribution sind die Problematik der Mehrkanalsysteme und die besondere Bedeutung des Direktvertriebs hervorzuheben. Viele Industriegüterhersteller greifen beim Vertrieb ihrer Produkte auf mehrere Vertriebskanäle gleichzeitig zurück (z. B. Vertrieb über eigene Niederlassungen und Großhändler). Dieses macht eine klare Verteilung von Aufgaben, Kompetenzen und Unterstützungsleistungen seitens der Hersteller erforderlich, um Konflikte zwischen den einzelnen Kanälen zu vermeiden.

Die Gründe für die besondere Bedeutung des Direktvertriebs sind vielfältig. Zum einen ist der Kundenkreis häufig klein und überschaubar. Zum anderen erfordern eine hohe Produktkomplexität und -spezifität ein besonderes Know-how, über das Absatzmittler nicht verfügen. Selbstverständlich gilt dieses nicht für alle Industriegüter, einige lassen sich auch über Absatzmittler vertreiben. In vielen Firmen ist jedoch der Direktvertrieb historisch und nicht auf Basis einer Analyse nach Kosten- und Effektivitätsgesichtspunkten gewachsen.

Eine empirische Studie von Homburg/Schneider (2000a) im Maschinenbau hat ergeben, daß Industriegüterhersteller die Geschäftsbeziehung zu ihren Absatzmittlern eher negativ bewerten. Dieses beginnt bereits mit der Aufgabenverteilung: Hersteller übernehmen auch im indirekten Vertrieb noch sehr viele Aufgaben, die eigentlich von den Absatzmittlern übernommen werden sollten. Kooperation und Beteiligung der Absatzmittler an Herstellerentscheidungen fallen in vielen Bereichen eher gering aus. Fähigkeiten und Leistungen der Absatzmittler werden in dieser Studie schlecht von den Herstellern beurteilt. Generell entsteht der Eindruck, daß die Vermutung eines opportunistischen Verhaltens seitens der Absatzmittler die Hersteller an einer engen Zusammenarbeit hindert. Eine hohe Konfliktträchtigkeit in vielen Bereichen der Geschäftsbeziehung sowie die geringe Gesamtzufriedenheit der Hersteller mit den Absatzmittlern runden das schlechte Bild ab. Diese Ergebnisse erscheinen um so problematischer, da die positiven Auswirkungen einer partnerschaftlichen Zusammenarbeit zwischen Herstellern und Absatzmittlern auf den Unternehmenserfolg nachgewiesen werden können. Durch sie läßt sich auch die Konfliktintensität vermindern.

Ferner haben Homburg/Schneider (2000b) nachgewiesen, daß der Erfolg einer Geschäftsbeziehung durch die Ähnlichkeit zwischen Herstellern und Absatzmittlern bereits entscheidend determiniert wird. Erfolgversprechend sind insbesondere solche Geschäftsbeziehungen, in denen die Partner eine ähnliche Positionierung in bezug auf Preise und Qualität, eine ähnliche Marketing- und Vertriebsorientierung sowie eine ähnliche Kultur aufweisen. Dieser Aspekt ist vor allem bei der Planung und der Gestaltung von Kooperationen zu beachten. Die Bedeutung von Kooperationen zwischen Herstellern und Absatzmittlern ist dabei als sehr hoch einzuschätzen. Kooperationen können das Commitment der Absatzmittler erhöhen. Dieses wirkt sich insbesondere positiv auf den Markterfolg von Innovationen und damit schließlich auf den wirtschaftlichen Erfolg der Hersteller aus (vgl. Schneider 2000).

Das *Kommunikationsmanagement* ist in vielen Industriegüterunternehmen das Marketinginstrument mit der geringsten Bedeutung. Insbesondere in den 50er und 60er Jahren war der verkaufsfördernde Faktor die technische Qualität. Heute ist die Selbstdarstellung der Unternehmen und ihrer Produkte zwar besser geworden, dennoch wird das Kommunikationsmanagement immer noch systematisch vernachlässigt.

Eine Besonderheit des Kommunikationsmanagements im Industriegüterbereich resultiert aus den *unterschiedlichen Informationsbedürfnissen* im Buying Center. Beispielsweise benötigt der Anwender Informationen über die Anwendungsmöglichkeiten, während der Einkäufer an Spezifikationen und am Preis interessiert ist. Der Anbieter muß sich auf diese Bedürfnisse einstellen und unterschiedliche Informationspakete bereitstellen. Auch durch die *Länge des Beschaffungsprozesses* kann das Informationsbedürfnis variieren. Während am Anfang nur sehr grobe Informationen benötigt werden, nimmt der Detaillierungsgrad mit zunehmender Dauer des Beschaffungsprozesses zu.

Eine besondere Rolle spielt im Industriegüterbereich die *persönliche Kommunikation*. Diese Funktion wird insbesondere vom Außendienst wahrgenommen. Die Kommunikationsfunktion kann insbesondere auf Messen und Ausstellungen realisiert werden, auch wenn diese aufgrund der mit ihnen verbundenen hohen Kosten sowie der zu häufigen und teilweise zeitgleichen Veranstaltung den Hersteller vor besondere Auswahlprobleme stellen. Dennoch sind Messen besonders gut geeignet, Produkte zu präsentieren, vorzuführen, neue Kundenkontakte zu knüpfen und den Wettbewerb zu beobachten.

Ein weiteres wichtiges Kommunikationsmedium sind Anzeigen. Im Industriegütermarketing ist die *Wirksamkeit von Anzeigen* aufgrund geringerer Streuverluste wesentlich höher als im Konsumgütermarketing. Anzeigen im Industriegüterbereich werden in der Regel in Fachzeitschriften veröffentlicht, die bereits auf eine sehr spezielle Leserschaft zugeschnitten sind. Ferner lassen sich derartige Anzeigen teilweise mit einem redaktionellen Beitrag verbinden, wodurch sich die Wirksamkeit erheblich erhöht.

4. Industrielle Dienstleistungen

Industrielle Dienstleistungen haben in den letzten Jahren stark an Bedeutung gewonnen. Ein Grund hierfür ist der steigende Wettbewerbsdruck im Industriegüterbereich. Das Angebot zusätzlicher Dienstleistungen bietet die Möglichkeit, sich vom Wettbewerb zu differenzieren und eine effektive Geschäftsbeziehung aufzubauen (vgl. Matthyssens/Vandenbempt 1998, Parasuraman 1998).

Unter industriellen Dienstleistungen verstehen wir immaterielle Leistungen, die ein Industriegüterhersteller seinen Kunden zur Absatzförderung seiner Sachgüter anbietet. Im allgemeinen werden Dienstleistungen unterschieden in *konsumtive* (Nachfrager sind die Konumenten) und *investive* Dienstleistungen (Nachfrager sind Organisationen und Unternehmen). Investive Dienstleistungen können wiederum in *industrielle* und *rein investive* Dienstleistungen differenziert werden. Industrielle Dienstleistungen werden von produzierenden Unternehmen angeboten. Anbieter der rein investiven Dienstleistungen sind Dienstleistungsunternehmen (Homburg/Garbe 1996).

Zur Typologisierung industrieller Dienstleistungen existieren in der Literatur zahlreiche Ansätze. Eine Möglichkeit ist die Differenzierung industrieller Dienstleistungen nach vier Ebenen (Homburg/Garbe 1996). Auf der ersten Ebene werden industrielle Dienstleistungen in Sekundär- und Primärdienstleistungen unterteilt. Industrielle Primärdienstleistungen werden unabhängig vom Produkt in Rechnung gestellt. Diese können weiterhin unterschieden werden in produktbezogene und subjektbezogene industrielle Primärdienstleistungen. Produktbezogene Primärdienstleistungen beinhalten sowohl Dienstleistungen an den eigenen als auch an fremden Produkten. Bei eigenen Produkten können diese Dienstleistungen an jede Stufe im Verkaufsprozeß anknüpfen, so kann z. B. vor dem Kauf im Rahmen der Vorleistung Beratung durchgeführt werden oder aber nach dem Kauf können Reparaturen durchgeführt werden. Die subjektbezogenen Primärdienstleistungen richten sich auf das nachfragende Unternehmen und können ebenfalls vor dem Kauf, während des Kaufes oder nach dem Kauf durchgeführt werden.

Im Gegensatz zu den industriellen Primärdienstleistungen ist der Preis für industrielle Sekundärdienstleistungen im Produktpreis enthalten. Industrielle Sekundärdienstleistungen werden auf der zweiten Ebene in obligatorisch und freiwillig unterschieden. Die obligatorischen Dienstleistungen sind zum Beispiel gesetzlich vorgeschriebene Garantieleistungen. Sie werden in Verbindung mit einem Sachgut angeboten. Die freiwilligen Dienstleistungen bieten hingegen die Möglichkeit, Wettbewerbsvorteile zu generieren. Beispiele hierfür sind Schulungen oder Beratungsleistungen. Auch hier ist wieder eine Unterscheidung in produktbezogene und subjektbezogene Dienstleistungen möglich. Diese lassen sich schließlich wieder in Abhängigkeit von der Stufe im Verkaufsprozeß differenzieren (vgl. Abbildung 6).

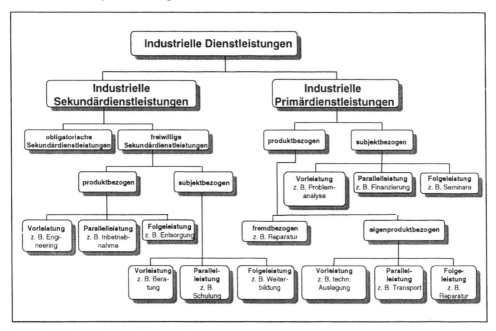

Abbildung 6: Eine Typologisierung von industriellen Dienstleistungen
Quelle: Homburg/Garbe 1996.

Es existieren verschiedene Besonderheiten des Managements industrieller Dienstleistungen: Die Bestimmung *der Art und des Umfangs* industrieller Dienstleistungen geht dem Angebot industrieller Dienstleistungen voraus. Nicht jede Dienstleistung führt zu einem Wettbewerbsvorteil. Das Angebot einer Dienstleistung muß deshalb das Ergebnis einer umfassenden Analyse sein. Art und Umfang industrieller Dienstleistungen sind in der

Praxis jedoch oft nicht definiert. Das Angebot von Dienstleistungen ist häufig über Jahre gewachsen. Eine klare Systematik läßt sich in diesen Fällen nicht erkennen.

Ferner muß bei der Auswahl des Personals, das für den Dienstleistungsbereich zuständig ist, besonders die *Qualifikation und Motivation* beachtet werden. Dieses resultiert aus der Personengebundenheit der Dienstleistungen. Unternehmen müssen daher bereit sein, ihre besten Mitarbeiter mit der Betreuung und Durchführung der Dienstleistungen zu beauftragen. Auf diese Weise kann der zunehmenden Bedeutung der Dienstleistungen Rechnung getragen werden und eine Dienstleistungsmentalität aufgebaut werden.

Auch die *Preisgestaltung* von Dienstleistungen stellt eine Besonderheit für Industriegüterunternehmen dar. Vielfach werden Dienstleistungen unentgeltlich angeboten, da ihre potentielle Profitabilität unterschätzt wird. Als besonders problematisch bei der Preisgestaltung von Dienstleistungen ist der hohe Fixkostenanteil (z. B. Personalkosten) anzusehen.

Die Eingliederung des Dienstleistungsangebotes in die *Organisationsstruktur* eines Unternehmens erweist sich zum Teil als schwierig. Häufig wird ein solcher Bereich als eigenes Profit-Center gestaltet. Dieses kann jedoch suboptimal sein, da ein starker interner Wettbewerb entstehen kann, wenn es um die Frage geht, einem Kunden ein neues Produkt zu verkaufen oder das alte Produkt durch eine Reparatur wieder betriebsfähig zu machen.

Schließlich muß die *Qualität der Dienstleistungen* sichergestellt werden. Diese beeinflußt die Geschäftsbeziehung in hohem Maße. Homburg/Garbe (1999) unterscheiden in Anlehnung an Donabedian (1980) unterscheidet drei Dimensionen:

1. *Potentialqualität* (z. B. Erreichbarkeit des Kundendienstes, Anzahl der Kundendienststandorte, Qualifikation des Personals)
2. *Prozeßqualität* (z. B. Reaktionszeit, Vorgehen bei der Fehlersuche, Beratung bzgl. einer Problemlösung)
3. *Ergebnisqualität* (z. B. Verständlichkeit der Dokumentation, Höhe der Reparaturkosten)

Eine hohe Dienstleistungsqualität stellt einen ganz wesentlichen Wettbewerbsvorteil dar. Homburg/Garbe (1999) haben in einer empirischen Studie den Einfluß der Qualität industrieller Dienstleistungen auf die Geschäftsbeziehung zwischen Industriegüterunternehmen untersucht. Sie haben nachgewiesen, daß alle drei Dimensionen einen positiven Einfluß auf das Vertrauen und die Zufriedenheit des Kunden haben. Im Gegensatz dazu hat auf das Commitment des Kunden nur die Prozeßqualität einen signifikanten Einfluß. Die Sicherstellung der Dienstleistungsqualität bedeutet daher eine Möglichkeit, in Märkten mit steigender Wettbewerbsintensität stabile Kundenbeziehungen aufzubauen und den Preisdruck zu reduzieren. Ferner haben Homburg/Garbe (1999) zwei wesentliche Faktoren für ein erfolgreiches Management industrieller Dienstleistungen identifiziert: die Durchführung von Kundenzufriedenheitsmessungen sowie die Sicherstellung der Qualität der Mitarbeiterführung und -kontrolle.

Zusammenfassend läßt sich sagen, daß durch das Angebot von Dienstleistungen angestrebt wird, die Probleme des Kunden durch ein Leistungsbündel zu lösen. In der Praxis werden industrielle Dienstleistungen jedoch häufig wie ein Stiefkind behandelt. Viele Unternehmen erkennen das hohe Potential industrieller Dienstleistungen nicht und sehen sich traditionsbewußt als Güterhersteller.

5. Literatur

Anderson, E./Chu, W./Weitz, B. (1987): Industrial Purchasing: An Empirical Exploration of the Buyclass Framework, Journal of Marketing, 51 (July), S. 71-86.

Anderson, J. C./Hakansson, H./Johanson, J. (1994): Dyadic Business Relationships within a Network Context, in: Journal of Marketing, 28, 4, S. 1-15.

Backhaus, K. (1999): Industriegütermarketing, 6. Aufl., München.

Bellizzi, J. A./McVey, P. (1983): How Valid is the Buygrid Model?, in: Industrial Marketing Management, 12, S. 57-62.

Bejou, D. (1994): Relationship Selling Trajectories: A Conceptual Model and Empirical Investigation, Dissertation, Memphis.

Bejou, D. (1997): Relationship Marketing: Evolution, Present State, and Future, in: Psychology & Marketing, 14, 8, S. 727-736.

Bunn, M. D./Liu, B. S. (1996): Situational Risk in Organizational Buying: A Basis for Adaptive Selling, in: Industrial Marketing Management, 25, S. 439-452.

Cann, C. W. (1998): Eight Steps to Building a Business-to-Business Relationship, in: Journal of Business & Industrial Marketing, 13, 4/5, S. 393-405.

Cannon, J. P./Homburg, C. (2001): Buyer-Supplier Relationships and Customer Firm Costs, erscheint in: Journal of Marketing.

Cannon, J. P./Perreault, W. D. Jr. (2001): Buyer-Seller Relationships in Business Markets, erscheint in: Journal of Marketing Research.

Choffray, J.-M./Lilien, G. L. (1978): Assessing Response to Industrial Marketing Strategy, in: Journal of Marketing, 42, 2, S. 20-31.

Donabedian, A. (1980): The Definition of Quality and Approaches to its Assessment, Explorations in Quality, Assessment and Monitoring, Volume 1, Ann Arbor, Michigan.

Dwyer, F. R./Schurr, P. H./Oh, J. (1987): Developing Buyer-Seller-Relationships, in: Journal of Marketing, 51, April, S. 11-28.

Engelhardt, W. H./Günter, B. (1981): Investitionsgütermarketing, Stuttgart u. a. O.

Ford, D. (1981): The Development of Buyer-Seller Relationships in Industrial Markets, in: European Journal of Marketing, 14, S. 339-353.

Ghingold, M./Wilson, D. T. (1998): Buying Center Research and Business Marketing Practice: Meeting the Challenge of Dynamic Marketing, in: Journal of Business & Industrial Marketing, 13, 2, S. 96-108.

Gruner, K./Homburg, C. (2000): Does Customer Interaction Enhance New Product Performance?, erscheint in: Journal of Business Research.

Hakansson, H. (1982): International Marketing and Purchasing of Industrial Goods: An Introduction Approach, Chichester u. a. O.

Homburg, C./Daum, D. (1997): Marktorientiertes Kostenmanagement – Kosteneffizienz und Kundennähe verbinden, Frankfurt a. M.

Homburg, C./Garbe, B. (1996): Industrielle Dienstleistungen - Bestandsaufnahme und Entwicklungsrichtungen, in: Zeitschrift für Betriebswirtschaft, 66, 3, S. 253 - 282.

Homburg, C./Garbe, B. (1999): Industrielle Dienstleistungen - Auswirkungen auf die Geschäftsbeziehungen und Faktoren für ein erfolgreiches Management, Zeitschrift für Betriebswirtschaft, 69, 8, S. 847-865.

Homburg, C./Krohmer, H. (2000): Marketing, Wiesbaden.

Homburg, C./Kuester, S. (2000): Towards an Improved Understanding of Industrial Buying Behavior: Determinants of the Number of Suppliers, erscheint in Journal of Business-to-Business Marketing.

Homburg, C./Schneider, J. (2000a): Partnerschaft oder Konfrontation? Die Beziehung zwischen Industriegüterherstellern und Handel, Arbeitspapier der Reihe Management Know-how, Institut für Marktorientierte Unternehmensführung, Universität Mannheim.

Homburg, C./Schneider, J. (2000b): Opposites Attract, but Similarity works: A Study of Interorganizational Similarity in Marketing Channels, Working Paper, Institut für Marktorientierte Unternehmensführung, Universität Mannheim.

Hutt, M./Speh, T. (1992): Business to Business Marketing, Fort Worth.

Johnston, W. J./Bonoma, T. V. (1981): Industrial Buying Behavior: A State of the Art Review, in: Enis, B. H./Roering, K. J. (Hrsg.): Review of Marketing, Chicago, S. 75-81.

Kalwani, M. U./Narayandas, N. (1995): Long-Term Manufacturer-Supplier Relationships: Do They Pay Off for Supplier Firms?, in: Journal of Marketing, 59 (January), S. 1-16.

Matthyssens, P./Vandenbempt, K (1998): Creating Competitive Advantage in Industrial Services, in: Journal of Business & Industrial Marketing, 13, 4/5, S. 339-355.

McQuiston, D. H. (1989): Novelty, Complexity, and Importance as Causal Determinants of Industrial Buyer Behavior, in: Journal of Marketing, 53 (April), S. 66-79.

Parasuraman, A. (1998): Customer Service in Business-to-Business Markets: An Agenda for Research, in: Journal of Business & Industrial Marketing, 13, 4/5, S. 309-321.

Robinson, P. J./Faris, C. W./Wind, Y. (1967): Industrial Buying and Creative Marketing, Boston, Mass.

Schneider, J. (2000): Indirekter Vertrieb im Industriegüterbereich, Wiesbaden.

Sheth, J. N. (1975): A Model of Industrial Buyer Behavior, in: Journal of Marketing, October, 37, S. 50-56.

Webster, F. E. jr./Wind, Y. (1972): Organizational Buying Behavior, Englewood Cliffs, New Jersey.

Werner, H. (1997): Relationales Beschaffungsverhalten: Ausprägungen und Determinanten, Wiesbaden.

Williams, M. R. (1998): The Influence of Salespersons' Customer Orientation on Buyer-Seller Relationship Development, in: Journal of Business and Industrial Marketing, 13, 3, S. 271-287.

Wilson, D. T. (1971): Industrial Buyers' Decision-Making Styles, in: Journal of Marketing Research, 8, S. 433-436.

Wilson, D. T./Mummalaneni, V. (1986): Bonding and Commitment in Buyer-Seller-Relationships: A Preliminary Conceptualization, in: Industrial Marketing and Purchasing, 1, S. 26-43.

Manfred Kirchgeorg

Marketing in der Kreislaufwirtschaft

1. Herausforderungen der Kreislaufwirtschaft für das Marketing
2. Die erweiterte Sicht der Markttransaktionen im Modell der Kreislaufwirtschaft
3. Empirische Analyse kreislaufwirtschaftlicher Zielprioritäten aus Herstellersicht
4. Kreislauforientierte Ausrichtung des Marketing
    4.1   Kreislauforientierte Ansatzpunkte zur Wettbewerbsprofilierung
    4.2   Kreislauforientierte Ausrichtung der Marketinginstrumente
5. Implementierung eines kreislauforientierten Marketing
6. Literatur

1. Herausforderungen der Kreislaufwirtschaft für das Marketing

An der Schwelle zum 21. Jahrhundert stellen sich vermehrt die Fragen, unter welchem zukunftsfähigen Leitbild die Weiterentwicklung der Volkswirtschaften vollzogen werden soll. In diesem Zusammenhang scheint dem Ansatz des *Sustainable Development* seit Ende der 80er Jahre eine besondere branchenübergreifende Leitbildfunktion zuzukommen. Ansatzpunkte zur Umsetzung einer nachhaltigen Entwicklung werden aus umweltpolitischer, volks- sowie aus betriebswirtschaftlicher Perspektive diskutiert und präzisiert [Pearce, D., Turner, R. K., 1990; De Man, R. 1995; Kirchgeorg, M. 1999, S. 1 ff.].

Die Zielsetzung des Konzeptes der nachhaltigen Entwicklung besteht darin, die ökonomische und soziale Entwicklung so zu gestalten, daß die Regenerations-, Träger- und Versorgungsfunktion des ökologischen Systems langfristig erhalten bleibt. Ein wesentlicher Ansatzpunkt zur Erreichung einer nachhaltigen Entwicklung wird darin gesehen, unsere bisher nach dem Durchlaufprinzip organisierte Wirtschaft in eine Kreislaufwirtschaft zu überführen. In einer Kreislaufwirtschaft sollen die im Produktions- und Konsumprozeß entstehenden Abfälle, sofern sie nicht vermieden werden können, wieder zur Verwertung einer erneuten Nutzung zugeführt werden. Dementsprechend kann das Abfallvolumen und der Verbrauch von Primärressourcen vermindert werden. Die konsequente Ausrichtung unserer Wirtschaftsweise an dem Kreislaufprinzip wird in Deutschland wie auch anderen europäischen Ländern von den Unternehmen bereits seit einigen Jahren auf gesetzlichem Wege gefordert. Damit sind erhebliche strategische Anpassungserfordernisse in nahezu allen Unternehmensfunktionen verbunden. Insbesondere für das Marketing bedingt der Weg in die Kreislaufwirtschaft ein erweitertes Verständnis von Markttransaktionen und Anpassungserfordernissen der Marketinginstrumente.

Die Ausrichtung des Marketing an den Erfordernissen der Kreislaufwirtschaft betrifft primär jene sektoralen Bereiche, in denen das Leistungsangebot aus materiellen Sachgütern besteht. Für Dienstleistungsanbieter, die ihren Zielgruppen eine immaterielle Leistung offerieren, treffen die in Deutschland sowie z. T. europaweit erlassenen gesetzlichen Regelungen zur Umsetzung der Kreislaufwirtschaft nicht zu. Mit dem in Deutschland seit Oktober 1997 inkraftgetretenen Kreislaufwirtschaftsgesetz wird allen wirtschaftlichen Akteuren, die Güter herstellen, bearbeiten oder vertreiben eine erweiterte Produktverantwortung auferlegt. Damit zwingt dieses Gesetz die Unternehmen zur Internalisierung der Entsorgungskosten und zur Gestaltung von Stoffkreisläufen für produktions- *und* produktbedingte Abfälle. Das Ziel des Kreislaufwirtschaftsgesetzes erstreckt sich nach § 1 auf die "Förderung einer Kreislaufwirtschaft zur Schonung der natürlichen Ressourcen und die Sicherung der umweltverträglichen Beseitigung von Abfällen". Im Mittelpunkt steht eine im Kreislaufwirtschaftsgesetz erstmals kodifizierte "umfassende Produktverantwortung" für bewegliche Sachgegenstände, die weder zielgerichtet produziert noch zwecksentsprechend eingesetzt werden und derer sich ein Besitzer entledigt, entledigen will oder entledigen muß (§ 3). In die Produktverantwortung werden all jene einbezogen, die Erzeugnisse entwickeln, herstellen, be- und verarbeiten oder vertreiben (§ 22), so daß alle am Wertschöpfungsprozeß beteiligten Wirtschaftsunternehmen ihren Beitrag zur Umsetzung der Kreislaufwirtschaft leisten müssen. Die Produktverantwortung kann zeitlich und sachlich präzisiert werden [Wagner, G. R., Matten, D. 1995, S. 45 ff.].

Güterart	Geschätzter jährlicher Rücklauf an Altprodukten
Automobile	3,5 Mio.
Elektrische Haushaltsgroßgeräte	13,5 Mio.
Elektrische Haushaltskleingeräte	45,0 Mio.
Elektrowerkzeuge	3,5 Mio.
Geräte der Informationsverarbeitung	8,5 Mio.
Batterien (ohne KFZ-Starterbatterien)	920 Mio.

Abbildung 1: Jährliche Altproduktmengen für ausgewählte Gebrauchsgüter in Deutschland
Quelle: Kirchgeorg, M., 1999, S. 13.

Zeitlich erstreckt sie sich auf den gesamten Produktlebenszyklus von der Rohstoffgewinnung über die Produktion und Verwendung bis zum Recycling. Sachlich umfaßt sie die Entscheidungen über die Wahl der Einsatzstoffe bis hin zur Gestaltung der im Rahmen eines Stoffkreislaufes notwendigen Recyclingprozesse. Das Gesetz sieht vor, daß über Rechtsverordnungen, die z. B. bereits für die Produktkategorien Automobile oder Batterien vorliegen, die mit der Produktverantwortung verbundenen Pflichten verbindlich definiert werden, sofern Unternehmungen sich der Produktverantwortung nicht freiwillig annehmen. Mit welchem Mengenvolumen Anbieter von Sachgütern bei der Rücknahme von Altprodukten konfrontiert werden, verdeutlicht die Abbildung 1 für ausgewählte Branchen exemplarisch.

Aufgrund der Einflußnahmemöglichkeiten auf die Produktgestaltung und -herstellung sind Hersteller zur Wahrnehmung der Produktverantwortung in besonderer Weise gefordert, wobei nicht nur die isolierte Gestaltung von Recyclingsystemen, sondern insbesondere die integrierte Ausrichtung der Wertkette auf recyclinggerechte Produktkonzepte als funktions- und unternehmensübergreifende Aufgabe zu begreifen ist. Im folgenden wird den veränderten Anforderungen an das *Marketing und die marktorientierte Unternehmensführung* beim Kreislaufmanagement von Produkten besondere Beachtung geschenkt.

2. Die erweiterte Sicht der Markttransaktionen im Modell der Kreislaufwirtschaft

Der Übergang von der sog. Durchflußwirtschaft zu einer Kreislaufwirtschaft erfordert aus der Sicht der Hersteller die Berücksichtigung zusätzlicher güter- bzw. produktbezogener Transaktions- und Transformationsprozesse, die in Abbildung 2 vereinfacht und schematisch dargestellt sind [Kirchgeorg, M., 1999, S. 66 ff.; Dyckhoff, H., 2000, S. 11 ff.]. Im Modell der Durchflußwirtschaft werden natürliche Ressourcen zur Güterproduktion eingesetzt und die fertigen Produkte über Absatzmärkte einer Verwendungsphase zugeführt. Die Phase zwischen der Produktions- und Verwendungsphase wird auch als Distribution bezeichnet, in der die Güter über den sog. „Point of Sale" an die jeweiligen Verwender verteilt werden. Nach der Verwendungsphase wird die Trägerfunktion der ökologischen Umwelt durch die Abfalldeponierung in Anspruch genommen. Diese nach dem „Einbahnstraßenprinzip" vorgenommene Wirtschaftsweise wird im Modell der Kreislaufwirtschaft grundlegend verändert.

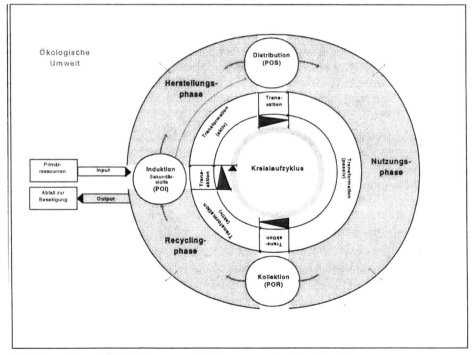

Abbildung 2: Modell eines produktbezogenen Stoffkreislaufes

Aufgrund der erneuten Verwendung der in den Abfällen enthaltenen Ressourcen soll der Verbrauch von Primärrohstoffen und die Menge an zu deponierenden Abfällen eingeschränkt werden. Hierzu ist es notwendig, daß die Altprodukte von den Verwendern wieder in einen Stoffkreislauf zurückgeführt werden, d. h. die Rückgabe von Altprodukten zwischen Hersteller und Produktverwender wird zu einem neuen Organisationsproblem. Vergleichbar zum Verkaufsort, an dem ein Verwender ein Produkt erwirbt, läßt sich eine neue Schnittstelle als *„Point of Return"* *(POR)* definieren (vgl. Abbildung 2), an der die Altprodukte von den Verwendern über ein Kollektionssystem der sog. Recycling- oder Reduktionsphase zugeführt werden. Im Gegensatz zur Distributionsfunktion, mit deren Hilfe die Güterverteilung bis zum Produktverwender vorgenommen wird, bezeichnet man die Rückführung von Altprodukten als *Redistribution oder Kollektion*. Der konkreten Ausgestaltung dieser Funktion kommt zur Schließung eines Stoffkreislaufes insbesondere bei langlebigen Gebrauchsgütern eine besonders große Relevanz zu, weil vielfach der Zeitpunkt und Ort des Altproduktanfalls nicht exakt zu bestimmen ist. Somit stellt sich bei der Organisation der Rückgabetransaktionen eine marketingspezifische Problemstellung, um durch Anreizmechanismen oder auch Sanktionen (z. B. in Verordnungen festgelegte Bußgelder) die Verwender zur Rückgabe der Altprodukte in ein hierfür entwickeltes System zu veranlassen.

In der *Recyclingphase* erfolgen durch stoffliche Umwandlungsprozesse die eigentlichen Recyclingaktivitäten, um in möglichst großem Umfang die aus den Altprodukten gewonnenen Komponenten oder Stoffe einer Verwendung oder Verwertung zuzuführen. Die Schnittstelle zwischen der Recycling- und Erstellungsphase kann als Induktion bzw. *„Point of Entry (POE)"* gekennzeichnet werden. Hier sind in bestehenden oder neuen Märkten Verwendungsmöglichkeiten für Sekundärrohstoffe zu erschließen. Mitunter ist zwischen der Recycling- und Erstellungsphase auch ein weiterer Distributionsprozeß zwischengeschaltet.

Ein Kreislaufzyklus für ein stoffliches Objekt (Stoff, Komponente, Produkt) umfaßt die Zeitdauer von der erstmaligen Einbeziehung eines Stoffs in die Erstellungsphase über den Durchlauf einer Verwendungs- und Recyclingphase bis zum erneuten Einsatz in einem Erstellungsprozeß. Sobald Primärrohstoffe einen Kreislaufzyklus durchlaufen haben und wieder zum Einsatz gelangen, werden sie als Sekundärrohstoffe bzw. Sekundärkomponenten bezeichnet. Stoffe können mehrere Kreislaufzyklen durchlaufen, wobei aufgrund der thermodynamischen Gesetzmäßigkeiten die stoffspezifischen Kreislaufzyklen in ihrer Anzahl grundsätzlich begrenzt sind.

Dieses vereinfachte Modell eines Stoffkreislaufes für Produkte verdeutlicht, daß die im Kreislaufwirtschaftsgesetz geforderte Produktverantwortung aus der Herstellersicht eine produktlebenszyklusübergreifende Betrachtung erfordert, in der neben den klassischen Markttransaktionen am Point of Sale auch dem Point of Return und Point of Entry zur Schließung eines Stoffkreislaufes besondere Bedeutung zukommen. Während einerseits die Durchführung von Kollektions- und Recyclingprozessen zu einer Erweiterung der bestehenden Unternehmensaufgaben führt, erfordern ökonomisch wie auch ökologisch effiziente Lösungen einer Kreislaufwirtschaft andererseits aber auch eine Neuorientierung der traditionellen Unternehmensfunktionen. Die Anpassungserfordernisse reichen hierbei von der Forschung und Entwicklung, dem Einkauf über die Produktion bis hin zum beschaffungs- und absatzmarktorientierten Marketing.

3. Empirische Analyse kreislaufwirtschaftlicher Zielprioritäten aus Herstellersicht

Bevor die kreislaufspezifischen Anpassungserfordernisse für das Marketing erläutert werden, sollen aufgrund einer empirischen Analyse die aus der Herstellersicht bisher relevanten Ziele zur Einrichtung von Stoffkreisläufen für Altprodukte beleuchtet werden. Hierzu wurde 1996 eine persönliche Befragung bei 100 Herstellern aus den Branchen Automobil, Elektrotechnik, Elektronik, Möbel und Bauzubehör durchgeführt [Kirchgeorg, M., 1999, S. 380 ff.]. Ausgewählt wurden Hersteller, die bereits vor dem Inkrafttreten des Kreislaufwirtschaftsgesetzes Rücknahme- und Verwertungssysteme für ihre Altprodukte geplant und umgesetzt hatten. Die Abbildung 3 zeigt die ermittelte Hierarchie kreislaufspezifischer Ziele im Gesamtdurchschnitt aller befragten Unternehmen.

Die Ergebnisse bringen zum Ausdruck, daß bei der Einrichtung von Rücknahme- und Recyclingsystemen die Kostenwirtschaftlichkeit an erster Stelle der ökonomischen Zielsetzungen steht. Die befragten Unternehmen haben bereits im Vorfeld von Produktrücknahmeverordnungen entsprechende Systeme eingeführt, was überwiegend zu einer Kosteninternalisierung gegenüber dem Status quo führte. Interessant ist, daß an zweiter Stelle der Zielhierarchie nach den Kostenzielen die Image- und Profilierungsziele eine bedeutende Rolle spielen. Über die Rücknahme von Altgeräten erhoffen sich die Hersteller in hohem Maße eine Verbesserung des Unternehmens- bzw. Markenimage bei den Verwendern und eine Chance zur Profilierung gegenüber den Wettbewerbern. Im Zusammenhang mit diesen Zielen stellt die frühzeitige Einbindung des Rücknahme- und Recyclingsystems in die Marketingkonzeption von Unternehmen eine wesentliche Erfolgsvoraussetzung zur kunden- und wettbewerbsbezogenen Profilierung dar. Erst mit weitem Abstand werden Ziele wie „Erfahrungen mit Altprodukten sammeln" und „Vorbeugung gegenüber Rücknahmeverordnungen" genannt. Im mittleren Bereich der Zielhierarchie sind langfristige Gewinnziele, Kompetenzziele sowie Umsatzziele plaziert.

Im Vergleich zu den ökonomischen Zielen wird den ökologischen Zielen insgesamt ein geringerer Stellenwert beigemessen. Bezogen auf die hier betrachteten kreislaufspezifischen Ziele werden unter den ökologischen Zielinhalten im mittleren Bereich der Wichtigkeitsskala Weiterverwertungs-, Erfassungs- und Wiederverwertungsziele eingestuft. Verwertungsziele nehmen einen deutlichen Vorrang vor den Verwendungszielen ein. Angesichts der bisher geringen Rücklaufquoten bei vielen untersuchten Systemen stellt die Erzielung höherer Erfassungsquoten eine wichtige Voraussetzung dafür dar, um die aufgebauten Verwertungskapazitäten überhaupt auslasten zu können. Insbesondere in der Automobil- und Elektrobranche wurden die Erfassungsziele an erster Stelle der ökologischen Zielhierarchie genannt. Sofern Wiederverwendungskonzepte überhaupt eine Relevanz besitzen, dann bei Ersatzteilen im Kundendienst.

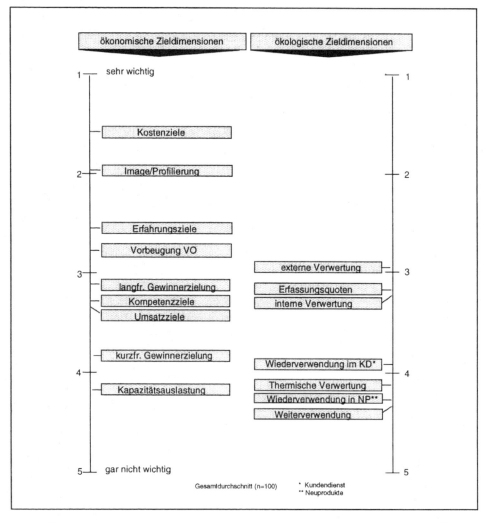

Abbildung 3: Stellenwert kreislaufspezifischer Ziele bei Herstellern langlebiger Gebrauchsgüter

Insgesamt zeigt die Analyse des kreislaufspezifischen Zielsystems im Gesamtdurchschnitt, daß die Einrichtung von Rücknahme- und Recyclingsystemen überwiegend als Kosteninternalisierungsproblem aufgefaßt wird und damit die Kostenwirtschaftlichkeit in allen untersuchten Branchen das wichtigste ökonomische Ziel darstellt. Die Ergebnisse bestätigen auch den hohen Stellenwert von Profilierungs- und Imagezielen, während die ökologischen Ziele aufgrund des insgesamt geringeren Stellenwertes eher den Charakter von Nebenbedingungen einnehmen. Verwertungsziele rangieren dabei deutlich vor Verwendungszielen. Der hohe Stellenwert von kunden- und wettbewerbsbezogenen Profilierungszielen unterstreicht die besondere Bedeutung der Einrichtung von Rücknahme- und Recyclingsystemen aus einer marktorientierten Perspektive. Wenn sich Unternehmen dem gesetzlichen Internalisierungszwang von Entsorgungskosten nicht entziehen können, so scheinen sie in besonderer Weise auszuloten, welche Profilierungsmöglichkeiten mit produktbezogenen Stoffkreisläufen genutzt werden können. Hierbei können nicht nur Möglichkeiten zur Verbesserung des Unternehmensimage erschlossen werden, sondern auch neue Ansatzpunkte zur Wettbewerbsprofilierung für Hersteller und Handel genutzt werden.

4. Kreislauforientierte Ausrichtung des Marketing

4.1 Kreislauforientierte Ansatzpunkte zur Wettbewerbsprofilierung

Während durch eine Vielzahl von Firmenbeispielen und empirischen Untersuchungen in den vergangenen Jahren nachgewiesen werden konnte, daß durch die frühzeitige Einbeziehung umweltorientierter Erfordernisse in die Unternehmensstrategie Markt- und Wettbewerbsvorteile erschlossen werden können [Meffert, H., Kirchgeorg, M., 1998, S. 195 ff.; Winter, G., 1998, S. 85 ff.], stellt sich heute beim Kreislaufmanagement gleichermaßen die unternehmensstrategische Frage, welchen Beitrag die Kreislauforientierung zur Markt- und Wettbewerbsprofilierung leisten kann.

Die Enquete-Kommission des Deutschen Bundestages „Schutz des Menschen und der Umwelt" hat in ihren Arbeiten zum Stoffstrommanagement verdeutlicht, daß bei der kreislauforientierten Steuerung von Stoffströmen alle Akteure entlang der Wertkette in die Betrachtungen einzubeziehen sind. Damit sind alle Wertaktivitäten hinsichtlich ihres Beitrages zur Umsetzung einer Kreislaufwirtschaft zu überprüfen und ggf. zu modifizieren. Im Rahmen der strategischen Planung hat der sog. Wertkettenansatz verdeutlicht [Porter, M., 1986], daß Wertsteigerungs- bzw. Differenzierungs- und Kostensenkungspotentiale in allen wertschöpfenden Funktionen eines Unternehmens liegen können, und nicht nur in jenen Funktionen begründet sind, die einen direkten Marketing- und Marktbezug aufweisen. Überträgt man den klassischen Ansatz der Wertkette auf die Wertaktivitäten in Stoffkreisläufen, so wird im Rahmen des Kreislaufmanagement auch der Begriff "Wertschöpfungskreislauf" immer häufiger verwendet.

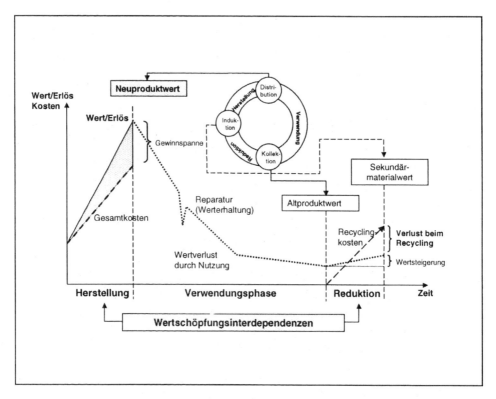

Abbildung 4: Wertdimensionen und Interdependenzen im produktbezogenen Wertschöpfungskreislauf

In diesem Zusammenhang ist zunächst zu klären, wie der "Wert" eines Produktes in einem Stoffkreislauf zu definieren ist. Sobald man von dem traditionellen Konzept der Wertkette zu Wertkreisläufen übergeht, sind *unterschiedliche "Wertdimensionen"* mit in die Betrachtungen einzubeziehen. Neben dem Wert eines Neuproduktes ist bei integrierter Sichtweise eines Wertschöpfungskreislaufes auch der Wert des Altproduktes am Point of Return und der Wert der Komponenten oder Stofffraktionen nach dem Recyclingprozeß am Point of Entry (vgl. Abbildung 4) für einen Hersteller von Relevanz.

Unter dem Aspekt der Realisierung hoher Wertschöpfungspotentiale erlangt die Qualität und damit auch der Wert eines Produktes nach seiner Verwendungsphase eine zentrale Bedeutung. Im klassischen Wertkettenansatz wird dem Altproduktwert und Sekundärrohstoffwert jedoch keine Bedeutung beigemessen. Bei der Gestaltung von Stoffkreisläufen für Produkte, in denen der verantwortliche Endproduzent nach der Produktlebensdauer wieder die Verantwortung für seine Produkte erlangt, bilden die Eigenschaften des Altproduktes eine wichtige Voraussetzung für die Möglichkeiten der Hochrüstung und Wiederverwendung von Komponenten. Eine Hochrüstung eines Altproduktes dient der Wiederherstellung einer bestimmten Nutzungsleistung oder der Verbesserung der Nutzungsleistung durch Verwendung neuer technologischer Bauteile. Auch für die Gestaltung von vertraglichen Regelungen der Hersteller mit Recyclingunternehmen erlangt die Qualität der Altprodukte eine zentrale Bedeutung im Hinblick auf die Fixierung einer adäquaten Kostenbasis, weil je nach Qualität der Altprodukte die Art und die Effizienz der eingesetzten Recyclingprozesse beeinflußt werden. Der Altproduktwert kann auch einen negativen Wert annehmen, d. h. je nach Altproduktqualität und der Angebotssituation auf den Sekundärrohstoffmärkten muß ein Besitzer eines Altgerätes ein Entgelt entrichten, um es der Verwertung zuführen zu können. In diesem Fall ist die Stabilität von Stoffkreisläufen besonders gefährdet, weil ab einer bestimmten Höhe eines Entgeltes Altprodukte nicht mehr über einen definierten Point of Return in den Kreislauf zurückgeführt werden und im Extremfall auf eine "wilde Deponie" zur kostengünstigeren Entsorgung gelangt.

Damit nehmen Nutzungsaktivitäten, die Kunden mit einem erworbenen Neuprodukt während der Verwendungsphase ausüben, auch den Charakter von Wertaktivitäten ein, weil die Produktnutzer je nach Produktkategorie einen mehr oder weniger großen Einfluß auf den Altproduktwert ausüben. Für die Hersteller ergibt sich hieraus die Konsequenz, in Wertschöpfungskreisläufen die Verwendungsphase von Produkten verstärkt zu betrachten und Ansatzpunkte einer möglichst wertschonenden Produktnutzung den Kunden aufzuzeigen. Unter Berücksichtigung des Einflusses der Produktnutzer bzw. Konsumenten auf den Altproduktwert sind sie als sog. *Prosumenten und Wertschöpfungspartner* in die Betrachtung der Wertschöpfungskreisläufe mit einzubeziehen. Erste Entwicklungen im Bereich der langlebigeren Gebrauchsgüter zeigen bereits ein zunehmendes Interesse von Herstellern, eine stärkere Kontrolle während der Verwendungsphase von Produkten vorzunehmen, indem vom Konzept des "Verkaufs" auf andere Vermarktungskonzepte wie z. B. Leasing (Öko-Leasing) und Vermietung übergegangen wird. Die Übertragung des Wertkettenansatzes auf Stoffkreisläufe führt also zu einer erweiterten Sicht von Wertaktivitäten und Wertschöpfungspartnern.

Neben dem Abnehmerwert der Neuprodukte erlangen in Stoffkreisläufen weitere "Wertdimensionen" eine Bedeutung für den Hersteller. Es darf dabei nicht übersehen werden, daß gegenüber der Festlegung des „Neuproduktwertes" die Bestimmung von Altprodukt- und Sekundärrohstoffwerten mit erheblich größeren Unsicherheiten behaftet ist. Die Entwicklung von neuen Recyclingtechnologien kann z. B. die Aufbereitung qualitativ hochwertiger Sekundärrohstoffe ermöglichen, so daß der Altprodukt- und Sekundärrohstoffwert langfristig ansteigt. Ebenso können neue wissenschaftliche Erkenntnisse über die Umweltrelevanz bestimmter Werkstoffe eine gegenteilige Wertentwicklung verursachen.

Die effiziente Gestaltung von Wertschöpfungskreisläufen wird in erheblichem Maße davon beeinflußt, wie die neuen kreislaufspezifischen Funktionen (z. B. Kollektion, Recycling und Induktion) mit den bisherigen Wertaktivitäten (z. B. Beschaffung, Produktion, Absatz, Forschung u. Entwicklung) verknüpft werden. Entscheidend ist hierbei, welche Form des *Schnittstellenmanagement* zur Steuerung der physischen Stoffströme, der Informations- und Geldströme eingeführt wird [vgl. z. B. Strebel, H., 1988, S. 97 ff.; Kleinaltenkamp, M., 1985]. Bei komplexen technischen Gebrauchsgütern ergeben sich erhebliche Wertschöpfungsinterdependenzen zwischen den klassischen Wertaktivitäten und den kreislaufspezifischen Funktionen. Beispielsweise führte in Studien der Haushaltsgeräteindustrie die simultane Optimierung der Demontageprozesse bei gleichzeitiger Anpassung der Montageprozesse zu Kostensenkungspotentialen im Montage- bzw. Produktionsbereich von 25 % und im Recyclingbereich von 70 % [Schemmer, M., 1994, S. 157 f.]. Durch den Wiedereinsatz von aufgearbeiteten Komponenten können darüber hinaus möglicherweise Kostenvorteile gegenüber dem Einsatz von neu produzierten Komponenten erzielt werden. Der Kopiergerätehersteller Rank Xerox spart mit seiner Recyclingstrategie jährlich über 80 Mio. Dollar an Materialkosten ein, weil der Hersteller wiederaufgearbeitete Komponenten in die Neuproduktion von Kopiergeräten einbezieht [Meffert, H., Kirchgeorg, M., 1998, S. 738 ff.].

Sofern zur Erfüllung kreislaufspezifischer Funktionen externe Systempartner wie Entsorgungsunternehmen, Zulieferer oder Logistikdienstleister hinzugezogen werden, entstehen z. T. komplexe Netzwerkstrukturen, die eine unternehmensübergreifende Koordination aller Aktivitäten erfordern, um eine Verknüpfung von Wertketten verschiedener Unternehmen zu einem Wertschöpfungskreislauf zu erzielen.

Im Wertkettenansatz wird weiterhin besonderes Augenmerk auf *Konkurrenzbeziehungen* zwischen Wertaktivitäten von verschiedenen am Wertschöpfungsprozeß beteiligten Unternehmen gelegt. Auch dieser Gesichtspunkt spielt für die Gestaltung von Wertschöpfungskreisläufen eine bedeutende Rolle. Vielfach lassen sich System- bzw. Wertschöpfungspartner (z. B. Recyclingunternehmen) in Stoffkreisläufen nicht in eine horizontale oder vertikale Wettbewerbsbeziehung einordnen. Werden externe Partner mit der Rückführung und dem Recycling der Altprodukte beauftragt, so können sie sich z. B. durch Hochrüstung von Produktkomponenten zu Wettbewerbern im Ersatzteilgeschäft entwickeln, oder sie können über die Vermarktung der Stofffraktionen mit den Rohstofflieferanten konkurrieren. Eine wettbewerbsneutrale Position dieser Systempartner kann sich somit im Zeitablauf zu vertikalen und horizontalen Wettbewerbsbeziehungen entwickeln.

Die Ausführungen machen deutlich, daß die Betrachtung von Stoffströmen als Wertschöpfungskreisläufe die Perspektive besonders auf die ökonomisch und wettbewerbsstrategisch relevanten Implikationen erweitert. Nimmt man eine Präzisierung dieser Betrachtung vor, so kann ein Stoffkreislauf dann als Wertschöpfungskreislauf gekennzeichnet werden, wenn durch:

(1) die Wiederverwendung und Weiterverwendung von im ersten (primären) Erstellungsprozeß produzierten Produktkomponenten im Rahmen einer erneuten Produktion über

den Materialwert hinaus die Wertschöpfungsbestandteile erhalten bleiben, wodurch im zweiten Kreislaufzyklus Kostenvorteile realisiert werden können.

(2) die Wiederverwertung und Weiterverwertung von Sekundärrohstoffen gleiche und höhere Wertschöpfungspotentiale erschlossen werden können als beim Einsatz von Primärrohstoffen.

(3) eine integrierte Optimierung von traditionellen und kreislaufspezifischen Unternehmensfunktionen Wertschöpfungspotentiale erschlossen werden können, d. h. Kostensenkungs- und/oder Ertragssteigerungspotentiale gleichzeitig im Beschaffungs-, Produktions- oder Marketingbereich als auch im Kollektions-, Recycling- und Induktionsprozeß realisiert werden.

Dabei müssen Wertschöpfungskreisläufe aus einer ökologischen Sicht die Bedingung erfüllen, gegenüber einer traditionellen "Einweglösung" auch tatsächlich einen Beitrag zur Ressourcenschonung und Verminderung der Emissionen bzw. Abfälle zu leisten. Generell bleibt allerdings unter Berücksichtigung der Hauptsätze der Thermodynamik zu beachten, daß selbst bei einer durch Recyclingprozesse verringerten Stoffentropie die sog. Systementropie in Stoffkreisläufen mit jedem Umlauf zunimmt und damit auch die Endlichkeit einer Kreislaufwirtschaft bedingt [Wittmann, R.G., 1994; Klaus, P., Fischer, M., 1994]. Umweltindikatoren und Ökobilanzen müssen deshalb über die umweltverträglichen Gestaltungsoptionen von Wertschöpfungskreisläufen in Zukunft eine hinreichende Informationsbasis schaffen.

Die Berücksichtigung einer marketingstrategischen Sichtweise verlangt weiterhin § 5 Abs. 4 KrW-/AbfG, weil eine Änderung der Rangfolge "Vermeidung vor Verwertung vor Entsorgung" nur zugelassen wird, wenn neben technischen Problemen keine Märkte für die Sekundärkomponenten oder -rohstoffe geschaffen werden können. Positiv ausgedrückt heißt dies, daß eine aktive Beteiligung des Marketing bei der Erschließung neuer Marktchancen zum Aufbau einer Kreislaufwirtschaft erfolgen muß. Klassische Fragestellungen der Marktwahl und Abgrenzung von Geschäftsfeldern sind auf den Wiedereinsatz oder Weitereinsatz von Sekundärmaterialien zu übertragen [vgl. die Systematisierung von entsprechenden Marktwahlstrategien bei Kirchgeorg, M., 1999, S. 269 ff.].

4.2 Kreislauforientierte Ausrichtung der Marketinginstrumente

Auch auf der instrumentellen Ebene der marktorientierten Unternehmensführung bedingt die Gestaltung von Stoffkreisläufen eine Vielzahl neuer Problemstellungen.. Im Mittelpunkt der *Produktpolitik* steht die Entwicklung ressourcensparender, recyclinggerechter und emissionsarmer Produkte und Verpackungen. Im Kreislaufwirtschaftsgesetz wird in § 22 Abs. 2 gefordert, daß die Entwicklung und Herstellung von mehrfach verwendbaren, technisch langlebigen und nach Gebrauch umweltverträglich zu verwertenden Produkten anzustreben ist. Auch in den VDI Richtlinien 2243 (recyclinggerechtes Konstruieren) werden bereits Leitlinien für die Produktgestaltung bereitgestellt. Insbesondere

Langzeitprodukte scheinen eine geeignete Alternative darzustellen, den Wertschöpfungskreislauf in der Verwendungsphase zu dehnen und den Ressourcendurchfluß zu verringern sowie durch einen verstärkten Einsatz von serviceorientierten Dienstleistungen die Verlagerung der Wertschöpfung von stofflichen hin zu immateriellen Leistungen anzustreben [Stahel, W., 1991; Bellmann, K., 1990; Fussler, C., 1999].

Den Vorteilen von Langzeitprodukten stehen jedoch zentrale Probleme entgegen. Langzeitprodukte schreiben den Status quo der technischen Entwicklung über längere Zeiträume fest. Aufgrund der notwendigen Technologiedynamik im Bereich der Umweltschutztechnologien unterliegen eine Vielzahl von Produkten einem rapiden technologischen Alterungsprozeß, d. h. ihre ökologische Effizienz nimmt im Vergleich zu innovativen Umweltschutztechnologien schnell ab. Ökologisch orientierte Marketingkonzepte müßten somit unter Betonung der erhöhten ökologischen Effizienz eine breite Diffusion entsprechender Produkte und eine schnelle Ablösung veralteter Technologien bewirken. Somit ist zwischen den Chancen und Risiken einer ökologisch vorteilhaften Obsoleszenz und der Nutzung ökonomisch effizienterer Technologien im Einzelfall abzuwägen. Durch intelligente und innovative Entwicklungen ist zu versuchen, "offene Technologiemodule" zu konzipieren, die ein Hochrüsten auf neue umweltgerechtere Technologien ermöglichen, ohne daß die gesamte Produktkonzeption in Frage gestellt werden muss.

Für die Bewertung bestehender oder neu zu gestaltender Produkte ist eine lebenszyklusbezogene Analyse der Umwelteinwirkungen notwendig. Neben Checklistenverfahren, die für einzelne Produktlebenszyklusphasen wichtige Kategorien von potentiellen Umwelteinwirkungen enthalten, liefern insbesondere Öko-Bilanzen bzw. Life-Cycle-Assessments (LCA) relevante Informationen zur ganzheitlichen Analyse und Bewertung von Produkten. Nach der Definition der Arbeitsgruppe „Öko-Bilanzen" des Umweltbundesamtes handelt es sich hierbei um Informations-, Planungs- und Kontrollinstrumente der Produktpolitik. Sie eignen sich wesentlich zum Vergleich von Produkten, zur internen Optimierung einzelner Produkte bzw. Produktlinien und zur Auswahl der geeigneten produktpolitischen Maßnahmen [Umweltbundesamt, 1992]. Von der Rohstofferschließung, -aufbereitung, Produktion, Logistik über den Ge- und Verbrauch bis hin zum Recycling bzw. zur Entsorgung werden alle Umwelteinwirkungen eines Produktes medienübergreifend (Boden, Wasser, Luft, Ressourcenverbrauch) erfaßt und einer Bewertung unterzogen [Spiller, A., 1998]. Da aus der Kundensicht die ökologischen Eigenschaften von Produkten zunehmend als Qualitätseigenschaften aufgefaßt werden, sind die Forderungen berechtigt, Verfahren zur ökologischen Beurteilung von Produkten auch in die vielfach bereits implementierten Qualitätsmanagementkonzepte zu integrieren.

Zur Optimierung einer recyclinggerechten Produktgestaltung werden zunehmend EDV-gestützte Optimierungsprogramme für Konzepte des Design for Environment (DFE) bzw. Design for Disassembly (DFD) entwickelt und eingesetzt [Spengler, T., 1994]. Voraussetzung des Einsatzes dieser Verfahren ist eine enge Zusammenarbeit zwischen den Unternehmensbereichen Forschung und Entwicklung, Produktion, Beschaffungs- und Absatz-Marketing sowie dem Recycling und die Bereitstellung von ökologischen und ökonomischen Informationsgrundlagen durch das Controlling.

Um Altproduktkomponenten oder Sekundärrohstoffe wieder in die Erstellungsprozesse eines Unternehmens einzusetzen, sind insbesondere bei langlebigen Gebrauchsgütern die Voraussetzungen hierfür durch die Forschungs- und Entwicklungsabteilung gemeinsam mit dem Beschaffungsmarketing bzw. Einkauf zu prüfen. Auch das absatzmarktgerichtete Marketing ist mit in die Planungen einzubeziehen, wenn zu klären ist, inwieweit in späteren Jahren zurückgeführte Sekundärrohstoffe für Neuprodukte in den bestehenden Geschäftsfeldern eingesetzt werden können, oder ob proaktiv neue Geschäftsfelder und neue Produktentwicklungen zur Verarbeitung von Sekundärrohstoffen erschlossen werden sollen. Da bei langlebigen Gebrauchsgütern zwischen Absatzzeitpunkt und Altproduktanfall ein längerer Zeitraum vergeht, sind die Planungen für den Wieder- und Weitereinsatz von Recyclingmaterialien von erheblichen Unsicherheiten geprägt.

Neue Herausforderungen stellen sich auch in der *Markenpolitik*. Traditionell zeichnen sich Marken durch eine hohe und gleichbleibende Qualität aus. Die Konsumenten subsumieren der Markenqualität heute in zunehmendem Maße auch die Erstellungs- bzw. Prozeßqualität sowie die Qualität der Entsorgung. Die Art und Weise der Gestaltung des Kreislaufsystems kann somit die wahrgenommene Markenqualität positiv oder negativ beeinflussen und neue Impulse zur Markendifferenzierung schaffen (z. B. markenindividuelles versus kollektives Kreislaufsystem). Für Unternehmen, die verstärkt Altteile wiederverwenden und Sekundärrohstoffe für bestehende oder neue Produkte einsetzen, stellt sich weiterhin das Problem, ob hierdurch das bestehende Qualitätsimage beeinträchtigt wird. Einerseits können über die Ausweitung des Markendaches auf Sekundärrohstoff- oder Sekundärproduktmärkte positive Transfereffekte entstehen, die die Entwicklung der Märkte erleichtern. Andererseits können sich negative Auswirkungen auf das Markenimage in den traditionellen Geschäftsfeldern ergeben, so daß eine Mehrmarkenstrategie notwendig erscheint. Mit Blick auf das Kreislaufwirtschaftsgesetz sind markierungstechnische Anforderungen in der Art zu erfüllen, daß eine Kennzeichnung von schadstoffhaltigen Erzeugnissen explizit vorgenommen werden muß und Hinweise über Rückgabe-, Weiterverwendungs- und Verwertungsmöglichkeiten auf dem Produkt anzubringen sind (§ 22 Abs. 2 KrW/-AbfG).

Erhebliche Auswirkungen im Markt für langlebige Konsumgüter dürften sich auf die *Kundendienstpolitik* ergeben. Insbesondere im Zusammenhang mit Konzepten des "Öko-Leasing" und des Verkaufs eines Produktnutzens anstelle des physischen Produktes wird die Kontrollmöglichkeit in der Gebrauchsphase in stärkerem Maße durch den Hersteller möglich [Hockerts, K., 1994; Stahel, W., 1991]. Hierdurch gewinnen im Kundendienstbereich z. B. neue Vertragsmodalitäten, zusätzliche Beratungsleistungen, neue Leistungsangebote (Hochrüstung, Produktdemontage), Übernahme von Gewährleistungen für im Stoffkreislauf einbezogene Serviceleister (z. B. Recyclingunternehmen) an Bedeutung. Vielfach wird der Begriff "product stewardship" für diese kreislauforientierten Kundendienstleistungen verwendet. Unter dem Stichwort der „zeitwertgerechten Reparatur" kann die Wiederverwendung von aufbereiteten Altproduktkomponenten aus ökologischer und ökonomischer Sicht im Ersatzteilgeschäft neue Wege aufweisen. Die Kosten für die Neuproduktion von Ersatzteilen mit ihren z. T. kleinen Losgrößen stellen sich bei einer verursachungsgerechten Kostenzurechnung vielfach erheblich höher dar, als für die Aufbereitung von Gebrauchtteilen. Die Bedienung des Ersatzteilmarktes mit aufbereiteten Komponenten kann somit zu Kosten- und Preisvorteilen führen.

Die *Preispolitik* nimmt über die Gestaltung von Geldströmen und vertraglichen Regelungen Einfluß auf die Stoff- und Informationsströme. Grundsätzlich besteht Entscheidungsbedarf darüber, welche preispolitischen Instrumente und vertraglichen Konditionen zur Verfügung stehen, um einen Anreiz für die Rückgabe (Pfandregelungen, Inklusiv-Preise) von Produkten am Point of Return zu gewährleisten. Im Zusammenhang mit der Erhebung z. B. eines Rückgabepfandes hält sich der Gesetzgeber im Kreislaufwirtschaftsgesetz die Vollmacht offen, über Rechtsverordnungen zu bestimmen, wer die Kosten für die Rücknahme, Verwertung und Beseitigung der Altprodukte zu tragen hat (§ 24 Abs. 2 KrW/AbfG).

Die Notwendigkeit einer über den gesamten Produktlebenszyklus orientierten Betrachtung von Wertschöpfungsaktivitäten, die hohe Interdependenzen untereinander aufweisen, erfordert in besonderem Maße potential- bzw. strategieorientierte Kostenrechnungssysteme, z. B. in Form von modifizierten Lebenszyklus- oder Prozeßkostenrechnungen. Bei der Verwendung von Rohstoffen, die im Erstellungsprozeß besondere Kostenvorteile aufweisen, aber beim Recycling zu erheblichen Kostenbelastungen führen, würden erst bei einer lebenszyklusorientierten Kostenrechnung (Life-cycle-costing) die notwendigen Ansatzpunkte für eine kostenoptimale Gestaltung eines Produktes im Stoffkreislauf deutlich werden. An dieser Betrachtungsweise knüpfen auch die oben dargestellten DFE-Methoden an, die jedoch wichtige Lebenszyklusphasen, wie z. B. die Produktverwendung, i.d.R. nicht mit in die Betrachtungen einbeziehen. Grundsätzlich erfordert die Bestimmung von Preisen und Preisuntergrenzen für Produkte in Stoffkreisläufen eine erweiterte produktlebens- und verwertungszyklusübergreifende Sichtweise. Wenn es für einen Hersteller möglich ist, durch den Wiedereinsatz von Produktkomponenten die im ersten Produktionsprozeß eingesetzten Material- und Kombinationsleistungen erneut zu nutzen, so könnten z. B. die kurzfristigen Preisuntergrenzen für ein Produkt unter den im ersten Erstellungsprozeß zugrunde gelegten variablen Kosten liegen. In diesem Fall erlangen die Ausgaben für Materialien einen investiven Charakter, weil sie über einen längeren Zeitraum ge- bzw. verbraucht werden können. Mitunter könnte es auch ökonomisch und ökologisch sinnvoll sein, bewußt bei dem ersten Erstellungsprozeß einer Produktleistung höherwertige Produktkomponenten zu verwenden, die für eine mehrmalige Nutzung geeignet sind. In der Regel führen diese Bauteile zu Mehrkosten im Vergleich zur Verwendung von Materialien für die "Einwegnutzung". Die vollen Mehrkosten in die Kalkulation der Erstverwendung einzubeziehen, würde möglicherweise eine vom Abnehmer akzeptierte Preisvorstellung übersteigen und die Wettbewerbsposition des Anbieters verschlechtern. Erst unter Einbeziehung der weiteren Verwendungszyklen in eine Lebenszykluskostenrechnung würde sich für den Einsatz von Mehrwegkomponenten möglicherweise eine Preisuntergrenzenkalkulation ergeben, die unter der der traditionellen Produkte liegt. Solche Überlegungen setzen allerdings voraus, daß ein Hersteller die Altprodukte auch tatsächlich nach der Verwendungsphase wieder vom Kunden zurückbekommt. Auch aus diesem Grunde erlangen Vermietungs- und Leasinggeschäfte im Vergleich zum reinen Verkauf von Produkten eine besondere Attraktivität.

Im Rahmen der *distributionspolitischen Entscheidungen* sind die Probleme der Gestaltung der Rückführungslogistik über bestehende Distributionssysteme oder neu einzurichtende Rückführungssysteme besonders relevant [Stölzle, W., 1993]. In Abhängigkeit des Anfallortes, der Menge, des Volumens und insbesondere Gewichts der Altprodukte kann die Gestaltung der Rückführungslogistik zu einem zentralen Faktor der ökologischen und ökonomischen Effizienz von Stoffkreisläufen werden. Vielfach nehmen die Logistikkosten bis zu 70 % der Gesamtkosten eines Rückführungs- und Recyclingsystems ein. Nicht zuletzt deshalb stehen die Kompatibilität und Koordination zwischen vorwärts- und rückwärtsgerichteter Distribution im Mittelpunkt der Gestaltung effizienter Stoffkreisläufe. Je nach Güterkategorie und regionaler Verteilung der Produktverwender ist auch die Wahl zwischen Bring- und Holsystemen zu treffen. Während erstere i. d. R. kostengünstiger als Holsysteme sind, stehen den Kosteneinsparungen geringere Erfassungsquoten und -qualitäten gegenüber. Im Kreislaufwirtschaftsgesetz (z. B. § 16 und § 52 KrW-/AbfG) sowie in Entwürfen über Produktrücknahmeverordnungen sind Anforderungen für Rücknahmestellen und Verwertungsbetriebe sowie Festlegungen über die Dichte des Rücknahmenetzes bereits spezifiziert und müssen bei der Gestaltung der Rücknahmekanäle Berücksichtigung finden.

Sofern der Konsument mit der Rückgabe von Altprodukten konfrontiert wird und in höherem Maße Neuprodukte mit Sekundärrohstoffanteilen erwerben kann, ergeben sich Auswirkungen auf die Inhalte der *Kommunikationspolitik*. Konsumenten- und letztverwendergerichtete Informationen sollten über den Ablauf der „Rücknahmeprozeduren" und den Ort der Rücknahmestellen für Altgeräte Aufschluß geben. Die Herausstellung von Rücknahmegarantien sowie die Erbringung von Evidenzbeweisen über vorhandene und funktionsfähige Recyclingsysteme durch Besichtigungen und eine gesonderte Öffentlichkeitsarbeit liefern weitere wichtige kommunikationspolitische Ansatzpunkte, wobei auch hier das Gebot der Glaubwürdigkeit an erster Stelle stehen muß. Bloße Lippenbekenntnisse werden spätestens bei der Inanspruchnahme der Rückgabegarantie oder der Überprüfung der Funktionsfähigkeit von Recyclingkonzepten durch Testinstitutionen dem Unternehmen und der Marke einen Vertrauensschaden zuführen. Weiterhin kommen neue Informationspflichten auf die Unternehmen zu, die nach dem Kreislaufwirtschaftsgesetz eine Abfallbilanz aufstellen müssen, um auch Rechenschaft über die verbliebenen produktbezogenen Abfälle zu geben. Es ist damit zu rechnen, daß sich hieraus für die produktbezogene Werbung und unternehmensbezogene Öffentlichkeitsarbeit neue Argumentationsinhalte bieten werden.

5. Implementierung eines kreislauforientierten Marketing

Die aufgezeigten Herausforderungen machen deutlich, daß das Marketing in der Mitverantwortung steht, einen wichtigen Beitrag zur Erfüllung der erweiterten Produktverantwortung in der Kreislaufwirtschaft zu leisten. Die erweiterte Sicht der Markttransaktionen in einer Kreislaufwirtschaft verdeutlicht, daß Märkte und marktwirtschaftliche Anreize ein wesentliches Element bilden werden, um Kreisläufe überhaupt schließen zu können. Dem Erfordernis der Vernetzung des „Point of Sale", „Point of Return" und „Point of Entry" sowie der sich daraus ergebenden Möglichkeiten zur Wettbewerbsdifferenzierung kann durch eine kreislauforientierte Ausrichtung des Marketing Rechnung getragen werden. Dies setzt jedoch eine gesamtheitliche Veränderung der marktorientierten Unternehmensführung und Wertaktivitäten voraus, um den geplanten Wandel bei allen Mitarbeitern im Unternehmen einzuleiten. Dies erfordert die Einbeziehung kreislaufwirtschaftlicher Anforderungen in den *Philosophie-, Strategie-, Instrumente- und Organisationsaspekt* der Unternehmensführung:

- In der Unternehmensphilosophie und Corporate Identity ist ein Bekenntnis zur nachhaltigen Entwicklung und zum Kreislaufprinzip zu verankern. Das „Denken in Kreisläufen" kann sich nur dann bei allen Mitarbeitern entfalten und zu neuen Problemlösungen führen, wenn es nicht technokratisch und isoliert im Unternehmen begriffen wird, sondern in die Werthaltung eines jeden Mitarbeiters eingeht. Ein erster Schritt zu kreislaufwirtschaftlichem Denken ist dann getan, wenn Abfälle nicht als wertlos und minderwertig sondern als Wertstoffe in die unternehmenspolitischen Diskussionen Eingang finden.

- Kreislaufwirtschaftliche Leitorientierungen sind in die markt- und wettbewerbsstrategische Ausrichtung einzubeziehen. Hierzu ist eine erweiterte Sicht der Markttransaktionen über den traditionellen Point of Sale hinweg zum Point of Return und Point of Entry sowie eine funktions- und unternehmensübergreifende Neuorientierung der Geschäftsaktivitäten notwendig. Dabei erlangt auch die Beeinflussung der kreislaufwirtschaftlichen Rahmenbedingungen (Umweltgesetzgebung, Rücknahmeverordnungen, Anspruchsgruppen) einen zunehmenden Stellenwert.

- Die Gestaltung von Stoffkreisläufen für Produkte erfordert einerseits produktions-technologische Entwicklungen im Bereich der Recyclingprozesse. Darüber hinaus sind auch die beschaffungs- und absatzpolitischen Instrumente des Marketing unter Einbeziehung aller Unternehmensfunktionen in der aufgezeigten Weise zu ergänzen oder zu modifizieren. Der Bereitstellung geeigneter Informationsgrundlagen kommt angesichts der Problematik der ökologischen wie auch ökonomischen Bewertung von Stoffkreisläufen ein zentraler Stellenwert zu, um tatsächlich einen richtigen Schritt in die Richtung einer nachhaltigen Entwicklung zu tun.

- Die in die Organisationsphilosophie der marktorientierten Unternehmensführung immer stärker einfließende Prozeßorientierung muß auf produktbezogene Kreislaufprozesse ausgedehnt werden. Kooperative und netzwerkartige Arrangements zur Gestaltung von Stoffkreisläufen stellen dabei hohe Anforderungen an die interorganisationale Koordination aller Aktivitäten, um zu integrierten Lösungen der Kreislaufwirtschaft zu gelangen.

Die kreislauforientierte Ausrichtung des Marketing wird zukünftig in vielen Branchen eine neue Quelle zur Realisierung von Wettbewerbs- und Umweltvorteilen darstellen. Die europaweiten Entwicklungen zur Verabschiedung von Altproduktrücknahmeverordnungen lassen erkennen, daß die Kreislaufwirtschaft auch im internationalen Marketing eine immer größere Rolle spielen wird. Gerade bei Herstellern von langlebigen Gebrauchsgütern wird das strategische Denken in der Kreislaufwirtschaft in besonderer Weise „durch die Vergangenheit", d. h. den Rücklauf der Altprodukte, geprägt werden.

6. Literatur

Bellmann, K. (1990): Langlebige Gebrauchsgüter - Ökologische Optimierung der Nutzungsdauer, Wiesbaden.

De Man, R. (1995): Akteure, Entscheidungen und Informationen im Stoffstrommanagement, in: Enquete Kommission „Schutz des Menschen und der Umwelt des Deutschen Bundestages" (Hrsg.): Umweltverträgliches Stoffstrommanagement, Bd. 1, Bonn, S. 1-65.

Dyckhoff, H. (2000): Umweltmanagement, Berlin u. a.

Hockerts, K. u. a. (Hrsg.) (1994): Kreislaufwirtschaft statt Abfallwirtschaft, Schriften der Bayreuther Initiative für Wirtschaftsökologie e. V., Bd. 1, Ulm 1994.

Fussler, C. (1999): Die Öko-Innovation, Leipzig.

Kirchgeorg, M. (1999): Marktstrategisches Kreislaufmanagement – Ziele, Strategien und Strukturkonzepte, Wiesbaden.

Klaus, P./Fischer, M. (1994): Unerwartete Einsichten? - Die Recycling-Euphorie aus logistischer Perspektive, in: Klaus, J. (Hrsg.): Neuorientierungen in der Umweltökonomie, Dettelbach, S. 155-186.

Kleinaltenkamp, M. (1985): Recycling-Strategien, Berlin; Kirchgeorg, M.: Marktstrategisches Kreislaufmanagement, Wiesbaden 1998.

Meffert, H./Kirchgeorg, M. (1998): Marktorientiertes Umweltmanagement, 3. Aufl., Stuttgart.

Pearce, D./Turner, R. K. (1990): Economics of Natural Ressources and the Environment, New York u. a.

Porter, M. (1986): Wettbewerbsvorteile, Frankfurt, New York.

Schemmer, M. (1994): Ökologische Produktgestaltung, in: Betriebliches Umweltmanagement - Chancen nutzen, Dokumentation des Symposiums des OTTI Technologie-Kollegs, Regensburg, S. 157-176.

Spengler, T. (1994): Industrielle Demontage- und Recyclingkonzepte, Berlin.

Spiller, A. (1998): Gesamtökologische Bewertung von Kreislaufwirtschaftskonzepten, in: Kaluza, B. (Hrsg.): Kreislaufwirtschaft und Umweltmanagement, Hamburg, S. 135-168.

Stahel, W. (1991): Langlebigkeit und Materialrecycling, Essen.

Stölzle, W. (1993): Umweltschutz und Entsorgungslogistik, Berlin.

Strebel, H. (1988): Rückstand und Rückstandsverwertung in der unternehmerischen Forschung und Entwicklung, in: DBW, 48 Jg., Nr. 1, S. 97-107.

Umweltbundesamt (1992): Ökobilanzen für Produkte, Texte 38/92, Berlin.

Wagner, G. R., Matten, D. (1995): Betriebswirtschaftliche Konsequenzen des Kreislaufwirtschaftsgesetzes, in: Zeitschrift für angewandte Umweltforschung, 8. Jg., Nr. 1, S. 45-57.

Winter, G. (1998): Das umweltbewußte Unternehmen, 6. Aufl., München.

Wittmann, R. G. (1994): Rückstandsmanagement, Stuttgart.

Manfred Krafft

Pharma-Marketing

1. Einleitung
2. Spezifika der Preis-, Produkt- und Distributionspolitik
   2.1   Preispolitik
   2.2   Produktpolitik
   2.3   Distributionspolitik
3. Spezifika der Pharma-Kommunikationspolitik
   3.1   Überblick zur Kommunikationspolitik im Pharmabereich
   3.2   Die Rolle des Persönlichen Verkaufs im Pharma-Marketing
   3.3   Bedeutung Neuer Medien für Pharmaunternehmen
4. Zusammenfassung
5. Literatur

1. Einleitung

Mit einem weltweiten Umsatz in 1999 von 353 Mrd. • weist der Markt verschreibungspflichtiger Arzneimittel, der in diesem Beitrag zum Pharma-Marketing schwerpunktmäßig betrachtet wird, ein bedeutendes Potential auf.[1] Ein Blick auf die Verteilung dieses Umsatzes auf einzelne Länder und Kontinente zeigt, daß Nordamerika mit 40,5 %, Europa mit 24,5 % und Japan mit 15,2 % alleine etwa vier Fünftel des weltweiten Umsatzes auf sich ziehen. Aufgrund unterschiedlicher Wachstumsraten ist dabei zu erwarten, daß der nordamerikanische Markt zukünftig eine noch größere Bedeutung erlangt, während der europäische Markt leicht sinkende Umsatzanteile verheißt und Japans Welt-Umsatzanteil bis 2004 auf 10,5 % schrumpfen wird. Einer aktuellen Studie zufolge wird der Weltmarkt verschreibungspflichtiger Arzneimittel wie im vergangenen Jahr insgesamt auch weiterhin zweistellige Wachstumsraten aufweisen. Damit ist der Pharmamarkt im Gegensatz zu zahlreichen anderen Branchen nicht zu den reifen, üblicherweise schrumpfenden oder stagnierenden Bereichen zu zählen, sondern bietet auch zukünftig nachhaltige Wachstumschancen.

Im einführenden Abschnitt wurde bewußt auf globale Daten abgestellt, da sich der Pharmasektor in der jüngsten Vergangenheit noch mehr als bisher von einem nationalen oder multinationalen zum globalen Geschäft mausert. Nicht zuletzt die großen Fusionen von Glaxo Wellcome und SmithKline Beecham und die Übernahme von Warner-Lambert Co. durch Pfizer haben dazu geführt, daß immer größere Einheiten entstanden sind, die auch aus Marketing- und Vertriebssicht besonders zu bewerten sind. Zur Zeit kristallisiert sich heraus, daß in der nahen Zukunft einige, wenige Großunternehmen den Markt innovativer, verschreibungspflichtiger Arzneimittel dominieren werden. Dies liegt nicht zuletzt an der Tatsache, daß forschende Pharmaunternehmen gezwungen sind, erhebliche Wachstumsraten aufzuweisen, um den Interessen der Shareholder und der Analysten entsprechen zu können. Beispielsweise müssen Anbieter wie Glaxo SmithKline oder Pfizer jährlich um etwa 3 Mrd. $ wachsen, was der Gesamtgröße des deutschen Pharmaunternehmens Schering AG entspricht, um ihre Stakeholder zufriedenzustellen. Nur mit einem derartigen Umsatzzuwachs ist es möglich, die erheblichen Investitionen in Grundlagen- und Anwendungsforschung aufzubringen. Da laut einer Studie von Anderson Consulting zu erwarten ist, daß sich die Anzahl neuer Medikamente bis zum Jahr 2008 vervierfachen wird,[2] können Preisprämien für innovative Arzneien nur von forschenden Unternehmen realisiert werden, die eine dafür erforderliche kritische Masse aufweisen.

---

[1] Die hier und im folgenden berichteten Zahlen entstammen dem IMS Health Report, sofern nicht anderweitiges angegeben ist. Vgl. IMS (1999).
[2] Vgl. Moore (2000).

Zur Zeit ist das amerikanische Unternehmen Merck & Co. noch das größte Pharmaunternehmen der Welt, es ist aber zu erwarten, daß Glaxo SmithKline und Pfizer (nach Übernahme von Warner-Lambert) an Merck vorbeiziehen werden. Die derzeitigen Marktanteile der führenden Unternehmen von fünf Prozent und weniger zeigen, daß der Pharmabereich noch relativ wettbewerbsintensiv und aufgegliedert ist. Es ist aber schon abzusehen, daß eine nachhaltige Konzentration die kommenden Jahre prägen wird.[3]

In diesem Beitrag sollen einige Besonderheiten des Pharma-Marketing aufgedeckt und diskutiert werden. Da eine umfassende Darstellung in diesem Rahmen nicht möglich ist, werden interessierte Leser auf erschöpfendere Werke verwiesen.[4] Im folgenden Kapitel 2 werden Spezifika der Preis-, Produkt- und Distributionspolitik beleuchtet. Aufgrund der substantiellen Bedeutung des Persönlichen Verkaufs und Neuer Medien als Kommunikations- und Distributionskanal ist diesen Themen ein gesonderter Abschnitt (Kapitel 4) gewidmet. Die zentralen Erkenntnisse des Beitrags werden abschließend zusammengefaßt.

2. Spezifika der Preis-, Produkt- und Distributionspolitik

Der Einsatz der Marketing-Mix-Instrumente konzentrierte sich im Pharmabereich in früheren Jahren vornehmlich auf die Kommunikationspolitik, und zwar im besonderen auf den Persönlichen Verkauf. Preispolitische Maßnahmen waren nur begrenzt möglich, da gesetzliche Bestimmungen für verschreibungspflichtige Präparate kaum Freiräume für Preisdifferenzierungen oder ähnliche Konzepte ließen. Das Produktmanagement konzentrierte sich auf mehr oder weniger technologiebezogene Forschungs- und Entwicklungsstrategien, während patienten- bzw. kundenbezogene Überlegungen eher zweitrangig waren. Die Distributionspolitik schließlich beschränkte sich auf die Pflege bestehender, konventioneller Absatzkanäle, wobei das Distributionssystem generell aus Pharma-Großhändlern und Apotheken bestand. Aufgrund nachhaltiger Änderungen der Umwelt- und Marktbedingungen werden diese Marketing-Mix-Elemente zunehmend wichtiger, was im folgenden kurz diskutiert werden soll.

2.1 Preispolitik

Dem Produktpreis kommt eine besondere Bedeutung zu, da Kunden bekanntermaßen alternative Angebote danach beurteilen, ob der Vergleich von Nutzen und Kosten positi-

---

[3] Vgl. PricewaterhouseCoopers (1999), S. 3 ff.
[4] Siehe z. B. die Darstellung in Dichtl/Raffée/Thiess (1989).

ver als bei anderen Produkten ausfällt. Insofern schmälert der Preis als wesentlicher Kostenbestandteil den Nutzenbeitrag offerierter Pharmaprodukte, ist aber zu relativieren in Bezug auf den Nutzen und insbesondere die Lebensnotwendigkeit von Medikamenten. Im Bereich der Selbstmedikation kommt preispolitischen Maßnahmen von jeher eine relativ hohe Bedeutung zu, da hier der Endkunde die gesamten Kosten der "over the counter" (OTC)-Präparate trägt. Für die in diesem Beitrag betrachteten verschreibungspflichtigen Medikamente war der Preis aufgrund der früheren vollen Kostenübernahme durch Krankenversicherer aus Patientensicht dagegen eher irrelevant und den meisten Patienten sogar unbekannt. Durch Gesundheitsstrukturreformen ist aber die Bedeutung der *Preispolitik* stark angestiegen, da differenzierte Selbstbeteiligungen je nach Packungsgröße und Preis des Medikaments vom Patienten zu übernehmen sind. Auch der zunehmende Anteil privat krankenversicherter Patienten führt zu einer höheren Preistransparenz und -sensibilität. Zudem sorgt die Vorgabe von Arzneimittelbudgets bei den verschreibenden Ärzten für eine größere Zurückhaltung, hochpreisige Medikamente zu verordnen. Gegenüber nicht rezeptpflichtigen Präparaten ist aber bei verschreibungspflichtigen Produkten zu beachten, daß es sich bei den letztgenannten Medikamenten eher um forschungsintensive Produkte handelt, die häufig deutlich wirksamer und aus Patientensicht sogar lebensnotwendig sind. Daher ist für rezeptpflichtige Medikamente eine gegenüber der Selbstmedikation deutlich niedrigere Preiselastizität bzw. eine höhere Zahlungsbereitschaft zu erwarten.

Vor diesem Hintergrund stellt sich die Frage, wie Informationen über Preispräferenzen der Patienten gewonnen werden können, wie daraus Preise zu bilden sind und ob Formen der Preisdifferenzierung sinnvoll im Pharmamarkt einzusetzen sind. Als Informationssysteme des Preismanagements kommen dabei grundsätzlich Preispräferenzbefragungen, hedonische Preisfunktionen, Conjoint-Analysen und ökonometrische Preisreaktionsanalysen in Frage.[5] Aufgrund der Spezifika des Pharmageschäfts fallen Preispräferenzbefragungen als Analyseform eher aus, da Patienten gerade bei Neuprodukten kaum in der Lage sein werden, verläßliche Angaben zu machen. Hedonische Preisfunktionen dienen zur Erklärung von im Markt gegebenen Preisunterschieden durch objektiv beobachtbare Produkteigenschaften. Daraus können gewisse Hinweise über preisbildende Produkteigenschaften abgeleitet werden, allerdings sind hedonische Preisfunktionen nur für eingeführte Präparate anwendbar und auch nur dann, wenn es eine genügend große Anzahl vergleichbarer Produkte mit hinreichend unterschiedlichen Preisen gibt. Im Pharmasektor ist dies besonders für sogenannte Generika oder Me-too-Produkte der Fall. Neben dieser Form der Querschnittsanalyse können auch Längsschnittstudien in Form ökonometrischer Preisreaktionsanalysen eingesetzt werden, was allerdings substantielle statistische Kenntnisse voraussetzt. Derartige Zeitreihenanalysen sind aufgrund der im Pharmabereich umfassend vorhandenen Absatzdaten prinzipiell möglich, aber wiederum nur dann wirklich sinnvoll, wenn eine hinreichend große Zahl ähnlicher Medikamente auf dem Markt verfügbar ist, die betrachteten Zeitreihen lang genug sind und die Produktpreise

---

[5] Diese Analyseformen können hier aus Platzgründen nicht näher erläutert werden. Interessierte Leser werden auf die Ausführungen in Diller (2000), S. 197 ff. verwiesen.

substantiell variiert wurden, also nicht konstant sind. Für kleine Marktsegmente oder Produktspezialitäten bzw. für Neuprodukte empfiehlt es sich dagegen, Conjoint-Analysen zur Analyse der Preis- und Zahlungsbereitschaften potentieller Kunden zu erheben. Mit Hilfe dieser Analysemethode kann der Nutzenbeitrag verschiedener Produktattribute bestimmt werden. Durch den zusätzlichen Einsatz eines sogenannten Choice-Simulators ist es sogar möglich, die Auswirkungen von Attributvariationen auf Marktanteilsverschiebungen abzuschätzen. Wenn Preise als Produktattribut in Conjoint-Analysen einbezogen werden, können mit dieser Methode somit Auswirkungen unterschiedlicher Preiskonstellationen auf den Produktabsatz abgeschätzt werden. Ein verstärkter Einsatz der Conjoint-Analyse als Preisinformationssystem für Pharmaunternehmen erscheint vor diesem Hintergrund sehr sinnvoll.

Die teilweise extrem hohen Forschungs- und Entwicklungsaufwendungen des Pharmasektors bringen es mit sich, daß marktfähige Präparate hohe Deckungsbeiträge erwirtschaften müssen, um diesen substantiellen Fixkostenblock zu decken. Für das Preismanagement bedeutet dies, daß häufig Skimming-Strategien gefahren werden, um schon in Frühphasen hohe Margen realisieren zu können. Als eine Besonderheit des Pharma-Marketing ist auch die internationale Preisdifferenzierung zu nennen: So sind selbst innerhalb Europas Preisunterschiede im zweistelligen Prozentbereich zu beobachten, die voraussichtlich mit der Euro-Einführung zunehmend egalisiert werden.

Daher besteht die Notwendigkeit, über alternative Formen der Preisdifferenzierung nachzudenken. Im modernen Preismanagement werden in diesem Zusammenhang oft Auktionen, Preisbündelung und nicht-lineare Tarife (insbesondere als Blocktarife, zweiteilige Tarife oder Bonussysteme) diskutiert.[6] Eine nachfrageseitige Preisbildung mittels Auktionen verbietet sich bei verschreibungspflichtigen Medikamenten nicht nur aufgrund rechtlicher Beschränkungen, sondern auch aus ethischen Gesichtspunkten. Nicht-lineare Tarife wie im Telekommunikationsbereich in Form einer Grundgebühr und einer nutzungsabhängigen Gebühr bieten sich dagegen bei Präparaten an, die aus einem Kernprodukt (beispielsweise einer Insulinpumpe) und einem Verbrauchsstoff (z. B. Insulin) bestehen. Im Sinne einer Lifetime-Betrachtung könnte zum einen der Grundpreis niedrig und der Nutzungspreis hoch gestaltet werden, um Neukunden zu akquirieren. Dies führt aber bei branchenweiter Umsetzung zu einer geringen Kundenbindung, da die Hemmschwelle zum Wechsel des Kernprodukts niedrig sind. Zum anderen könnte der Grundpreis hoch und der Nutzungspreis niedrig festgelegt werden. Dieses Vorgehen, da beispielsweise von Telekommunikationsunternehmen immer häufiger eingesetzt wird, schöpft in frühen Phasen der Kundenbeziehung eine hohe Zahlungsbereitschaft ab und bietet nicht nur dem Pharmahersteller Vorteile. So können Krankenkassen bei Preisen, die einer "flat fee" nahekommen, verläßlicher kalkulieren als bei hohen nutzungsabhängigen Preisen. Auf diesem Gebiet sind nach Ansicht des Autors noch Spielräume für innovative Preiskonzepte.

---

[6] Vgl. Diller (2000), S. 297 ff.

Ein damit inhaltlich verwandtes Thema, das einige Überschneidungen mit dem Produktmanagement aufweist, ist die Preis(ent-)bündelung:[7] Aus Sicht des Patienten stellen die ärztliche Beratung, einzelne Medikamente und Therapien im Prinzip ein "Produkt" dar, nämlich die Lösung eines Gesundheitsproblems. Nun können die Komponenten dieser Lösung – wie bisher – separat angeboten werden oder als Komplettlösung vermarktet werden. Wie in Abschnitt 3.3 noch gezeigt wird, bieten insbesondere Neue Medien einige Möglichkeiten, um digitalisierbare Leistungen (beispielsweise Beratung und Diagnose) aus dem Leistungsbündel herauszunehmen und virtuell bereitzustellen. Gerade im "After-Sales"-Geschäft, also nach Diagnose, Verschreibung und Medikamentierung, können Neue Medien als Informations- und Kommunikationsmedium Leistungen bereitstellen, die ansonsten vom Arzt erbracht und teuer abgerechnet werden.

2.2 Produktpolitik

Das *Produktmanagement* nimmt im modernen Pharma-Marketing einen höheren Stellenwert ein als bisher üblich. Während bis in die 90er Jahre technische Verbesserungen als Ziele der Produktpolitik angesehen wurden,[8] entfernen sich insbesondere forschende Pharmahersteller zunehmend von der Position, nur besonders innovative Produkte entwickeln zu müssen, die dann vom Vertrieb und Marketing zu verkaufen sind. Vielmehr wird in Frühphasen von Forschungsarbeiten auch die Marktforschung eingesetzt, um die Marktfähigkeit vielversprechender Präparate zu überprüfen, bevor nachhaltige "sunk costs" entstehen, die bei späterem Mißerfolg nie mehr durch Erlöse abgedeckt werden.[9] Aufgrund strenger gesetzlicher Bestimmungen und bereits umrissener Besonderheiten des Pharmamarkts stellen nämlich selbst kleine Produktvariationen eine Entscheidung großer Tragweite dar, weil Vorstudien, Zulassungsanträge beim Bundesgesundheitsamt, Schulungsmaßnahmen der Referenten u. ä. erforderlich werden und zudem extrem lange Zeiten von der Entwicklung bis zur Markteinführung vergehen.[10] Insofern ist schon in frühen Entwicklungs- bzw. Produktlebenszyklus-Phasen eine Abschätzung des langfristigen Erfolgspotentials von Innovationen und Produktverbesserungen erforderlich. Durch eine zunehmende systematische Integration von Schlüsselpersonen (wie innovative Ärzte, Krankenversicherer oder staatliche Stellen) versuchen Pharmahersteller zudem, die wesentlichen Branchentriebkräfte zusammenzufassen und an Produkten und Lösungen zu arbeiten, die vom vielschichtigen Pharmamarkt auch honoriert werden.

---

[7] Vgl. dazu ausführlich Simon (1992).
[8] So nennen Friesewinkel/Schneider (1982), S. 187 ff. als zentrale Zwecke der Produktpolitik eine verbesserte Verträglichkeit, vereinfachte Einnahme, verlängerte Haltbarkeit bzw. eine verbesserte Therapie bzw. Applikation der Medikamente.
[9] Vgl. Kopka (1996), S. 103 ff.
[10] Vgl. Gehrig (1987), S. 41.

Neben klassischen produktpolitischen Entscheidungen wie der Frage der Produktprogrammbreite bzw. -tiefe[11] spielen Problemstellungen des Markenmanagements eine zunehmend wichtigere Rolle. Markenstrategien wie Einzel- oder Mehrmarkenkonzepte, Dachmarken- oder No-name-Strategien spiegeln sich immer häufiger in der Marketingpolitik von Pharmaunternehmen wider.[12] Erste Filialbildungen im Apothekensektor lassen zudem erwarten, daß in einigen Jahren Medikamente als Handelsmarken geführt werden, also daß Apothekenketten eigene Marken für gängige Präparate aufgebaut haben werden.

2.3 Distributionspolitik

Als letztes Marketing-Mix-Instrument sollen in diesem Kapitel jüngste Veränderungen der *Distributionspolitik* beleuchtet werden. Nachdem bisher eine einzige Distributionsschiene über den Pharma-Großhandel und viele voneinander unabhängige Apotheken gegeben war, bilden sich in jüngster Zeit zunehmend Apothekenketten, die eine größere Macht gegenüber den Herstellern ausüben können und die mit vermehrter Aufmerksamkeit zu bedenken sind. Dieser Entwicklung haben bereits einige Hersteller Rechnung getragen, indem sie selbständige Apotheken-Außendienste installieren und Key-Account-Manager für die Betreuung von Apothekenketten einsetzen. Zudem wird immer mehr erkannt, daß ein professionelles Distributionsmanagement im Sinne der Auswahl, Motivierung und Leistungsbewertung der Absatzpartner ein zentraler Erfolgsfaktor sein kann.

Als weitere Besonderheit ist das Auftreten neuerer Distributionssysteme zu nennen. So können vertikale Marketingsysteme gebildet werden, die aus einem Verbund von Herstellern, Großhändlern und Apotheken im Sinne eines Netzwerks bestehen. Da gesetzliche Beschränkungen derartige Systeme als eigentumsgebundene oder machtgebundene Netzwerke eher ausschließen, kommen für das Pharma-Marketing eigentlich nur vertragsgebundene vertikale Marketingsysteme in Form von großhandelsgeführten Apothekengruppen oder Apothekenverbünde in Frage, die teilweise den Großhandel als Einkaufsgenossenschaft substituieren. Franchise-Systeme als dritte vertragsgebundene Form werden für den Pharmamarkt voraussichtlich nicht aktuell sein.[13] Neben vertikalen werden sich auch zunehmend horizontale Distributionssysteme bilden. Hierbei werden Ressourcen mehrerer Wettbewerber gebündelt, um Marktchancen zu nutzen, die sich einzelnen Anbietern verschließen würden. Dabei ist weniger an eine Bündelung von F&E-Aufwendungen für forschungsintensive Basisinnovationen zu denken, sondern vielmehr an Vertriebskooperationen, also die Zusammenfassung mehrerer Vertriebsorganisatio-

---

[11] Vgl. Walther (1988), S. 105 f.
[12] Ein durchgängiges Branding ist z. B. bei Generika-Anbietern wie Ratiopharm zu beobachten. Gerade für derartige Billigmarken scheint der systematische Ausbau der Bekanntheit der "ratio..."-Marken ein wesentlicher Erfolgsfaktor zu sein. Vgl. http://www.ratiopharm.de/produkte.
[13] Vertikale Marketingsysteme werden ausführlich in Johnston/Lawrence (1988), S. 94 ff. beschrieben.

nen, um mehr "share of voice" für Präparate zu gewinnen. Gerade bei Produktprogrammen, die sich kaum überschneiden, stellen Vertriebskooperationen eine sinnvolle Marketingpolitik dar.

Im Sinne einer Multikanal-Distributionspolitik überlegen Pharmahersteller des weiteren, ob neben dem konventionellen Distributionssystem zusätzliche Absatzkanäle genutzt bzw. zumindest konzeptionell vorbereitet werden sollten. Gerade die umfassenden Möglichkeiten durch Neue Medien wie das Internet, WAP per Mobilfunk im UMTS-Standard oder digitales Fernsehen könnten genutzt werden, um Transaktionen für rezeptpflichtige Präparate direkt zwischen Hersteller und Patient zu ermöglichen bzw. um Hersteller, Arzt und Patient virtuell zusammenzubringen. Mit der zu erwartenden zunehmenden Nutzung Neuer Medien ist auch zu befürchten, daß die Apotheke als Intermediär unter Druck gerät und Gefahr läuft, überflüssig zu werden. Schließlich können Rezepte elektronisch an neue Intermediäre weitergeleitet werden, die von Regionallagern direkt an Patienten ausliefern könnten. Dieses neue Distributions- und Logistikkonzept ist vergleichbar mit Heimservices wie Eismann oder bofrost, die im Konsumgüterbereich bereits sehr erfolgreich arbeiten. Ob dazu aufgrund restriktiver gesetzlicher Bestimmungen eigene Pharma-Logistikunternehmen nötig sein werden oder aber etablierte Logistik-Profis (wie FedEx oder UPS) eingesetzt werden, ist noch nicht abzusehen. Die derzeitige Entwicklung in den USA[14] läßt vermuten, daß letzteres einige Vorteile bietet. Eine ausführlichere Diskussion der Auswirkungen Neuer Medien erfolgt in Abschnitt 3.3.

3. Spezifika der Pharma-Kommunikationspolitik

3.1 Überblick zur Kommunikationspolitik im Pharmabereich

Wie die nachfolgende Grafik verdeutlicht, stehen Pharmaunternehmen im Rahmen der Kommunikationspolitik grundsätzlich drei Arten von Instrumenten zur Verfügung.

---

[14] Vgl. beispielsweise die Auslieferungskonditionen von drugstore.com unter http://www.drugstore.com/help/questions.asp?label=ship (Stand 11.08.2000).

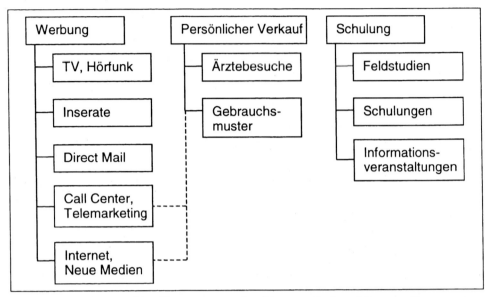

Abbildung 1: Ausgewählte Komponenten des Kommunikations-Mix von Pharmaunternehmen

Zum einen kann das klassische Instrument der *Werbung* eingesetzt werden. Durch die Zunahme der sogenannten Selbstmedikation und gewisse Lockerungen der bisher eher restriktiven Regeln zur Publikumswerbung für Arzneimittel[15] ist hierbei in jüngster Vergangenheit eine deutliche Aufstockung der Budgets für *TV- und Hörfunkwerbung* seitens der Pharmabranche zu beobachten. Für die mit größeren gesundheitlichen Risiken und Nebenwirkungen verbundenen rezeptpflichtigen Arzneien darf dagegen nur in Fachkreisen geworben werden, also insbesondere in *Fachzeitschriften* für Ärzte, Kliniken, Apotheken oder Pharma-Großhändler. Aus einzelnen Projekten mit Pharmaunternehmen ist bekannt, daß gerade diese Fachinserate eine (oft übersehene) hohe Werbewirksamkeit aufweisen, wenn sie zielgruppenadäquat eingesetzt werden.

Neben der klassischen Print, TV- und Hörfunkwerbung werden zunehmend maßgeschneiderte *Mailings* eingesetzt, um kostengünstig und arztspezifisch für Präparate des Pharmaherstellers zu werben. Dabei kann auf die immer umfassenderen Datenbanken der Adressverlage und auf eigene Kundeninformationssysteme zurückgegriffen werden. Gerade für potentielle Kunden und B- oder C-Ärzte stellt diese Spielart des Direktmarketing eine effiziente Alternative zum kostenintensiven Persönlichen Verkauf dar.

Die Kommunikation mit den Kunden kann aber auch durch ein professionelles Telemarketing unterstützt werden. Nahezu jedes große deutsche Pharmaunternehmen verfügt

---

[15] Siehe hierzu die Regelungen des Heilmittelwerbegesetzes und des Arzneimittelgesetzes. Vgl. auch Walther (1988), S. 112.

mittlerweile über ein eigenes *Call Center*, in dem nicht nur Anrufe angenommen, direkt beantwortet oder an kompetente Mitarbeiter weitergeleitet werden (reaktive Call Center/"inbound"). Vielmehr werden Call Center auch aktiv als Kommunikationsinstrument eingesetzt, etwa zur Terminvereinbarung von Arztbesuchen oder zur Bewerbung neuer Präparate bei Ärzten, die in unbearbeiteten Verkaufsgebieten niedergelassen sind oder die zur Gruppe der B- bzw. C-Kunden gehören. Neben dem Telemarketing gewinnen *Neue Medien*, insbesondere das *Internet*, zunehmend an Bedeutung. Diesem Instrument werden wir uns am Ende dieses Abschnitts gesondert zuwenden. Zu beachten ist auch, daß das Telemarketing und Neue Medien nicht nur als klassische Kommunikationskanäle anzusehen sind, sondern zunehmend für die Anbahnung und Abwicklung von Transaktionen dienen werden. Daher wurde in der obigen Abbildung eine gestrichelte Linie dieser Instrumente zum Persönlichen Verkauf gezogen.

Der *Persönliche Verkauf* über Referenten stellt für wohl alle Arztsegmente bzw. Präparate das nach wie vor bedeutendste Kommunikationsinstrument dar. Inhaltlich sind als vertriebliche Maßnahmen *Arztbesuche* und das Überlassen sogenannter Gebrauchsmuster (als Warenproben) zu unterscheiden, nicht zuletzt weil *Gebrauchsmuster* nur in begrenztem Umfang ausgegeben werden dürfen und daher kein zwangsläufiges Zusammenfallen der beiden Instrumente gegeben ist. Der Wirkung des Persönlichen Verkaufs sind wesentliche Teile dieses Kapitels gewidmet.

Im Rahmen der auch als "wissenschaftliche Kommunikation" bezeichneten *Schulungsmaßnahmen* können Pharmaunternehmen *Feldstudien* durchführen und deren Ergebnisse gezielt über Wissenschaftliche Informationsdienste, Ärzteprospekte, Fachreferate, *Fortbildungsveranstaltungen*, Arzt- und Pharmaziekongresse o. ä. streuen. Besonders wertvolle Ärzte versucht man dabei für Feldstudien als sogenannte "Prüfärzte" zu gewinnen. Für deren Mitwirkung werden dabei nennenswerte Honorare gewährt, die durchaus mit Werbekostenzuschüssen im Handelsmarketing vergleichbar sind.

3.2 Die Rolle des Persönlichen Verkaufs im Pharma-Marketing

Der Absatz verschreibungspflichtiger Arzneimittel wird in Deutschland und zahlreichen anderen westlichen Ländern durch die Besonderheiten der Marktkonstellation wesentlich beeinflußt. In der folgenden Abbildung wird gezeigt, daß der Absatzprozeß mehrstufig und indirekt erfolgt, d. h. breit gestreute Maßnahmen der Kommunikationspolitik in Massenmedien dürfen aufgrund gesetzlicher Beschränkungen zur Zeit nur für nicht verschreibungspflichtige Medikamente ergriffen werden, und Instrumente des Direktmarketing oder des Persönlichen Verkaufs sind auf zentrale Beteiligte wie Apotheken, Kliniken oder Ärzte beschränkt. Der Endkunde rezeptpflichtiger Medikamente, also der Patient, kann dagegen kaum direkt angesprochen werden.

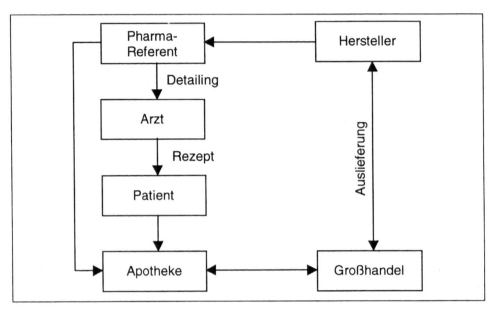

Abbildung 2: Mehrstufiger Absatzprozeß in der Pharmazeutischen Branche

Aufgrund dieser besonderen Konstellation wird die Tätigkeit der Pharma-Referenten als "missionary selling" bezeichnet, da eine direkte Messung des Erfolgs der Vertriebstätigkeit nicht möglich ist, denn der im Pharmabereich als Referent bezeichnete Vertriebsmitarbeiter tätigt keine direkten Verkaufsabschlüsse. Vielmehr ist es seine Aufgabe, Ärzte von der Leistung der vertretenen Produkte zu überzeugen. Dabei stehen den Referenten rund 287.000 Ärzte gegenüber, von denen laut Ärztestatistik der Bundesärztekammer etwa 125.000 als niedergelassen gelten.[16]

Eine regelmäßige Ansprache aller niedergelassenen Ärzte würde erhebliche Ressourcen an Pharma-Referenten und damit einen hohen finanziellen Einsatz erfordern. Da diese Ressourcen üblicherweise begrenzt sind, muß nach einer adäquaten Vertriebspolitik gesucht werden. Häufig stellen Hersteller von Pharmazeutika deshalb auf Fachgebiete ab. Wie aus der obigen Tabelle deutlich wird, stellen Allgemeinmediziner (sogenannte praktizierende oder Hausärzte) und Fachärzte für Innere Medizin die zahlenmäßig größten Gruppen dar. Wie aber Analysen der Rentabilität einzelner Kundengruppen zeigen, sind Fachärzte gegenüber Allgemeinmedizinern zumeist als deutlich profitabler einzuschätzen und werden daher mit mehr Aufmerksamkeit bedacht als Hausärzte.

---

[16] Die Mehrzahl der Ärzte arbeitet somit nicht in eigenen Praxen, sondern in Kliniken (ca. 136.000). 50 % der niedergelassenen Ärzte haben ihre Praxen in den Ländern Bayern, Baden-Württemberg und Nordrhein-Westfalen. Nur etwa ein Drittel der niedergelassenen Ärzte sind Frauen. Vgl. o. V. (1999), S. 12.

Fachgebiete (alphabetisch)	absolut	Anteil
Allgemeinmedizin	44 826	15,6 %
Anästhesiologie und Intensivtherapie	13 779	4,8 %
Arbeitsmedizin	2 614	0,9 %
Augenheilkunde	6 305	2,2 %
Chirurgie	15 428	5,4 %
Frauenheilkunde und Geburtshilfe	14 327	5,0 %
Hals-Nasen-Ohrenheilkunde	5 097	1,8 %
Innere Medizin	34 014	11,9 %
Kinderheilkunde	11 044	3,8 %
Nervenheilkunde	5 753	2,0 %
Orthopädie	7 055	2,5 %
Psychiatrie	2 881	1,0 %
Radiologie und verwandte Gebiete	2 996	1,0 %
Urologie	4 186	1,5 %
Haut- und Geschlechtskrankheiten	4 429	1,5 %
als Arzt im Praktikum	15 916	5,5 %
sonstige Gebiete	14	0,0 %
Summe	287 032	100,0 %

Tabelle 1: Absolute Größe von Arztsegmenten nach Fachgebieten
Quelle: Statistik der Bundesärztekammer zum 31.12.1998, vgl. o. V. (1999), S. 13.

Vor diesem Hintergrund stellen sich dem Vertriebsmanagement im Pharmabereich insbesondere folgende Fragen:[17]

1. Ist die Größe des Außendienstes richtig gewählt, oder ist die Vertriebsmannschaft zu verkleinern oder auszuweiten?
2. Wie können vorhandene Kapazitäten optimal auf Marktsegmente, Indikationen, Produkte, Marketing- und Vertriebsmaßnahmen etc. aufgeteilt werden?

---

[17] Vgl. Krafft/Albers (1994), S. 214.

3. Sind die Verkaufsgebiete und Referentenstandorte sinnvoll gewählt?
4. Wie sind die Außendienste zu organisieren bzw. Entlohnungs- und Steuerungssysteme zu gestalten?

Zur Beantwortung der ersten Frage orientieren sich Praktiker häufig an der branchenüblichen Vorgehensweise. Allerdings gibt es kaum verläßliche Quellen über die genaue *Größe von Vertriebsorganisationen* in Deutschland. Krafft und Albers (1994) berichten eine mittlere Außendienstgröße von 88 Reisenden im sogenannten ethischen Bereich,[18] der in etwa der anfangs gewählten Definition der verschreibungspflichtigen Pharmaprodukte entspricht. Die größten Vertriebsmannschaften von Astra und GlaxoWellcome umfassen dagegen ca. 900 Referenten. Die Gesamtzahl der Pharma-Referenten in Deutschland, die niedergelassene und Klinikärzte besuchen, müßte nach Einschätzung des Autors etwa 30 000 bis 40 000 betragen.

Die Größe von Außendiensten wird oft anhand der Prozent-vom-Umsatz-Methode, des Breakdown-Ansatzes oder der Arbeitslast-Methode bestimmt.[19] Diesen pragmatischen Konzepten ist gemein, daß sie die Vertriebskapazität als eine Folge des Umsatzes ansehen, tatsächlich aber der umgekehrte Zusammenhang besteht, also das Vertriebsbudget und die daraus folgende Außendienstgröße als Treiber des Vertriebserfolgs anzusehen sind. Zudem führt die Anwendung der genannten Methoden zur Verstärkung von Entwicklungen, wenn z. B. bei Umsatzrückgängen eine Verkleinerung der Referentenmannschaft nahegelegt wird, die zu weiteren Umsatzeinbrüchen führt etc. Besser geeignet sind daher Ansätze, die der produktiven Wirkung des Einsatzes von Verkäufern Rechnung tragen. Dabei wird zuerst die Produktivität zusätzlicher Personalressourcen auf der Basis von Reaktionsfunktionen bestimmt, was mit Hilfe statistischer Analysen von Längs- oder Querschnittsdaten der Vertriebsressourcen und der damit erzielten Erfolge in einzelnen Verkaufsgebieten erfolgen kann. Alternativ können kleine Tests durchgeführt werden, indem beispielsweise einige neue Referenten eingesetzt und deren Erfolgswirkung beobachtet wird. Letztlich können auch Einschätzungen von Vertriebsleitern und erfahrenen Referenten dazu dienen, die Wirkung vertrieblicher Maßnahmen zu bestimmen.[20] Die auf dieser Basis abgeleitete Produktivitätskennziffer (oder Elastizität) ist dann mit dem derzeitigen oder geplanten Deckungsbeitrag I zu multiplizieren, um einen Hinweis für das optimale Vertriebsbudget zu erhalten.[21] Der Deckungsbeitrag I macht in Unternehmen der Pharmabranche üblicherweise etwa 60 – 90 % des Umsatzes aus. Die Elastizität,

---

[18] Vgl. Krafft/Albers (1994), S. 214.

[19] Vgl. Albers (1989), S. 506 ff., Churchill/Ford/Walker (1997), S. 188 ff.

[20] Dies wurde beispielsweise sehr erfolgreich von Prof. Lodish im Rahmen der Beratung von Syntex gezeigt. Auf der Basis subjektiver Managementeinschätzungen wurde bestimmt, wie zusätzliche Vertriebskapazitäten für Marktsegmente (Arztgruppen) und Produkte den Erfolg beeinflussen werden. Auf dieser Basis wurde die optimale Außendienstgröße und Allokation der Referenten auf Ärzte und Produkte ermittelt. Vergleiche mit internen Planungen und der Entwicklung von Wettbewerbern zeigten, daß Syntex durch die optimale Bestimmung der Vertriebsgröße und die Aufteilung auf Absatzsegmente den Unternehmenserfolg überproportional steigern konnte. Siehe Lodish/Curtis/Ness/Simpson (1988), S. 5 ff.

[21] Vgl. Krafft/Albers (1994), S. 215.

die inhaltlich der prozentualen Änderung des Umsatzes bei einer Veränderung des Vertriebsbudgets um 1 % entspricht, beträgt laut einer Studie im Pharmamarkt etwa 0,3.[22] Daraus folgt, daß dem Persönlichen Verkauf eine bedeutende Rolle zukommt, denn etwa 18 % (0,6 * 0,3) bis 27 % (0,9 * 0,3) des Umsatzes sind demnach für das Vertriebsbudget anzusetzen.

Allerdings zeigen Anwendungen dieser Optimalitätsregel, daß nicht die absolute Höhe des Vertriebsbudgets die größten Produktivitätszuwächse verspricht, sondern vielmehr die sinnvolle *Allokation dieses Budgets auf Absatzsegmente* wie Produkte oder Arztgruppen bzw. auf Maßnahmen wie Samples, Fachkongresse, Direct Mailings oder Arztbesuche. Es kann nämlich gezeigt werden, daß grundsätzlich das "Prinzip des flachen Maximums" gilt, das besagt, daß in einem weiten Bereich von ±30 % des optimalen Budgets Unternehmen nur geringe Ergebnisverluste von 2 % bis 3 % durch zu hohe oder zu niedrige Budgets hinnehmen müssen, wobei sich allerdings zahlreiche Unternehmen im riskanten Bereich von deutlich zu geringen Budgets bewegen.[23] Wie aber sollten die geeignet bestimmten finanziellen und zeitlichen Ressourcen auf Absatzsegmente (Produkte, Arztsegmente) oder Marketing- und Vertriebsmaßnahmen (Werbung, Vertrieb, Schulungen) verteilt werden? Hier läßt sich zeigen, daß eine Heuristik von Albers, die von Krafft und Albers erweitert wurde, bei wiederholter Anwendung sehr schnell annähernd zum optimalen Ergebnis führt. Diese Heuristik ist wie folgt definiert:[24]

$$x_{i,k} = \frac{d_k \cdot U_{k,t-1} \cdot \varepsilon_{i,k,t-1}}{\sum_{j \in I} \sum_{m \in K} d_m \cdot U_{m,t-1} \cdot \varepsilon_{j,m,t-1}} \cdot R \qquad (i \in I)\,(k \in K).$$

Dabei stellen $x_{i,k}$ das zu bestimmende Marketing-Budget je Kunde (beziehungsweise Segment) k und Instrument i, $U_{k,t-1}$ den bisher erzielten Umsatz je Kunde, d_k den Deckungsbeitragssatz und $\varepsilon_{i,k,t-1}$ die dabei geltende Elastizität dar. Vom gesamten Marketing- und Vertriebsbudget R ist also ein Anteil für das Segment k (z. B. eine Fachgebiet-Arztgruppe) und das Instrument i (z. B. Werbung) aufzuwenden, wobei sich dieser Anteil als Gewichtungskennziffer aus dem absoluten Deckungsbeitrag des Kunden k und der Wirkung des Instruments i (Elastizität) errechnet, und zwar in Relation zu den über alle Kunden und Instrumente summierten Gewichtungskennziffern.

Nun mag die beschriebene Optimalitätsregel auf den ersten Blick komplex erscheinen. Wie aber eigene Erfahrungen aus der statistischen Analyse des im Pharmabereich sehr

---

22 Vgl. Krafft/Albers (1994), S. 215.
23 Vgl. Krafft/Albers (1994), S. 216.
24 Vgl. Albers (1998), S. 215 ff. und Krafft/Albers (2000).

umfassenden Datenmaterials zeigen,[25] können die für die optimale Allokation des Gesamtbudgets erforderlichen Informationen zur Produktivität von Budgets nach Absatzsegmenten bzw. Maßnahmen ohne größere Schwierigkeiten bestimmt werden. Die genannte Heuristik ist also vergleichsweise einfach und direkt umsetzbar.

Als dritte zentrale Frage ist zu untersuchen, ob die *Verkaufsgebietseinteilung* und die *Wahl der Referenten-Standorte* geeignet ist oder sinnvoll neu gestaltet werden kann. Gerade die Verschmelzung großer Außendienste aufgrund von Mergers & Acquisitions wirft das Problem auf, wie gemeinsame Außendienste regional und inhaltlich organisiert werden sollten. Aus eigenen Erfahrungen ist bekannt, daß zahlreiche regionale Einteilungen nicht Ergebnis aktueller Überlegungen sind, sondern vielmehr historisch gewachsen sind, also vom Vorgänger im Vertriebsmanagement "geerbt" wurden. Bei der Gestaltung von Verkaufsgebieten müßten die Gebiete eigentlich so gestaltet werden, daß dadurch das Gesamtziel des Unternehmens maximiert wird. Wenn wir unterstellen, daß zumeist die Gewinnmaximierung das zentrale Unternehmensziel darstellt, müßten Verkaufsgebiete also nach Maßgabe der damit zu erzielenden Deckungsbeiträge gestaltet werden. In der Unternehmenspraxis werden dagegen Heuristiken wie *gleiches Potential der Verkaufsgebiete* verfolgt, mit der gleiche Einkommenschancen für die Referenten und eine einfache Leistungskontrolle durch vermeintlich vergleichbare Gebiete ermöglicht werden, oder *gleiche Arbeitsbelastung der Außendienstmitarbeiter bezogen auf die Besuchszeit* bzw. eine *Minimierung der Reisezeiten* angestrebt. Diese in der Praxis üblichen Ansätze weisen die Schwäche auf, daß eine exakte Gleichartigkeit nicht möglich ist, die tatsächlichen Arbeitsbelastungen im Sinne der Summe aus Besuchs- und Reisezeit nachhaltig variieren und zudem das Unternehmensziel mit diesen Gebietseinteilungen nur zufällig erreicht werden kann. Als einzig sinnvoll erweist sich daher eine Verkaufsgebietseinteilung mit dem Ziel der Deckungsbeitragsmaximierung, wie sie im Entscheidungs-Unterstützungs-System COSTA implementiert und auch im Pharmabereich erfolgreich umgesetzt wurde.[26]

Bei der Beantwortung der vierten Frage, welche Formen der *Organisation* bzw. der Entlohnung und Steuerung von Verkaufsaußendiensten im Pharmabereich geeignet sind, können wir erneut auf eine empirische Studie von Krafft und Albers zurückgreifen.[27] Im Rahmen der Analyse organisatorischer Strukturen konzentriere ich mich dabei auf die Bestimmung der Leitungsspanne, der Anzahl der Hierarchiestufen, des Ausmaßes des Key-Account-Management sowie der Kontakt- und Berichtsintensität. Die *Leitungsspan-*

---

[25] So liegen mit den mikrogeographischen IMS-Daten zum Regionalen Pharmamarkt umfassende Informationen vor, die in Kombination mit internen Daten zum Einsatz des Marketing- und Vertriebs-Mix zur Bestimmung der Elastizitäten verwendet werden können. Die zusätzlich benötigten Angaben zum Umsatz und Deckungsbeitragssatz je Absatzsegment sollten ohnehin bekannt sein.

[26] Vgl. Skiera/Albers (1998). Eine hier nicht weiter beleuchtete Frage ist die Überlegung, ob auf einen Gebietsschutz verzichtet werden sollte und mehrere Vertriebsorganisationen parallel eingesetzt werden, um die Chance deutlich zu erhöhen, daß man beim Arzt vorstellig werden und Präparate besprechen kann.

[27] Vgl. hierzu und im folgenden Krafft/Albers (1995), S. 8 ff.

ne, also die Anzahl der von Vertriebsmanagern der untersten Managementebene betreuten Referenten, beträgt im Bereich der verschreibungspflichtigen Medikamente etwa 9 Mitarbeiter. Für diese Subbranche zeigt sich, daß eine intensive Führung im Sinne unterdurchschnittlicher Leitungsspannen mit höheren Pro-Kopf-Umsätzen und niedrigeren Kündigungsraten einhergeht. Bei den *Hierarchiestufen* ist festzustellen, daß durchgängig drei bis vier Managementebenen im Vertrieb vorliegen, wobei keine Aussagen zur Optimalität gemacht werden können. Es ist allerdings zu beobachten, daß kleinere und spezialisierte Außendienstorganisationen höhere durchschnittliche Umsätze erzielen und mit einer größeren Mitarbeiterbindung einhergehen. Zu Beginn des Unterabschnitts 3.2 wurde bereits erwähnt, daß die einzelnen Arztgruppen nachhaltige Unterschiede hinsichtlich ihrer Rentabilität aufweisen. Daher kann es angezeigt sein, einige Referenten mit der Betreuung wertvoller Schlüsselkunden (oder Key Accounts) zu beauftragen. In der Praxis ist festzustellen, daß etwa 8 % aller Referenten überwiegend mit der Pflege von Key-Account-Geschäftsbeziehungen betraut sind. Es zeigt sich zudem, daß ein intensiveres *Key-Account-Management* tendenziell mit einer höheren Effektivität im Vertrieb verbunden ist. Neben der Kontaktintensität, also der Häufigkeit von Gesprächen zwischen Vertriebsleitern und Referenten, gehört das *Berichtswesen* zu den zentralen Instrumenten der Mitarbeiterführung im Persönlichen Verkauf. Empirische Analysen deuten darauf hin, daß erfolgreiche Vertriebsorganisationen ein effizientes Berichtswesen aufweisen. Zur Organisation von Pharmaaußendiensten ist also zusammenfassend festzuhalten, daß effektive Vertriebsorganisationen klein, aber nicht "schlank" im Sinne des Lean Selling sind. Zudem sollten Referenten intensiv geführt und gecoacht, aber wenig überwacht werden.

Bezüglich der *Entlohnung* im Bereich der verschreibungspflichtigen Arzneimittel ist festzustellen, daß das *Gesamteinkommen* je Referent etwa 80 000 DM beträgt, wobei rund 15 % dieses Einkommens variabel sind. Hinsichtlich der Gestaltung des gesamten Einkommens und des leistungsabhängigen variablen Anteils sind keine Unterschiede zwischen erfolgreichen bzw. erfolglosen Außendiensten zu beobachten.[28]

Es zeigt sich dagegen im Rahmen der *Steuerung*, daß die inhaltliche Differenzierung des variablen Entlohnungsanteils Auswirkungen auf den Erfolg hat. So gehen Provisionen auf den Deckungsbeitrag und auf Zielvorgaben sowie Prämien für die Akquisition neuer Kunden mit höheren Pro-Kopf-Umsätzen einher. Zudem wirken derartige Anreize funktional in dem Sinne, daß in Außendiensten mit diesen Steuerungsformen gute Referenten bleiben, während schlechte Mitarbeiter aus eigenen Stücken gehen. Im Pharmabereich wird das Steuerungsinstrument der Verkaufswettbewerbe[29] mit einem bis zwei Wettbewerben pro Jahr im Vergleich zu anderen Branchen nur sehr spärlich eingesetzt. Dabei zeigt sich, daß eine größere Anzahl von Verkaufswettbewerben zwar mit höheren Umsätzen pro Kopf korreliert, zugleich aber auch höhere Kündigungsraten zu beobachten sind,

---

[28] Vgl. Krafft/Albers (1995), S. 9. Neuere Einkommensdaten liegen nicht vor. Selbst die sonst so umfassende Vergütungsstudie 2000 der Kienbaum Vergütungsberatung bietet keine Daten für den Pharmabereich.

[29] Vgl. Krafft (2000).

also ambivalent wirken. Tatsächlich gelingt es nur den Spitzenorganisationen, dieses Instrument effektiv zu gestalten.[30]

Als Zwischenfazit zur Gestaltung des Persönlichen Verkaufs im Pharmabereich bleibt festzuhalten, daß die Bestimmung der absoluten Größe der Außendienstorganisation aufgrund des Prinzips des flachen Maximums nicht die Rolle spielt, die ihr gelegentlich beigemessen wird. Eine größere Wirkung auf die Produktivität der Referenten geht dagegen von der Frage der optimalen Verkaufsgebietseinteilung sowie der Standortwahl für die Pharmareferenten aus. Die nachhaltigsten Auswirkungen auf die Effektivität sind aber von der inhaltlichen Verwendung der finanziellen und personellen Ressourcen sowie von der optimalen Organisation, Steuerung und Entlohnung der Vertriebsmitarbeiter zu erwarten.

3.3 Bedeutung Neuer Medien für Pharmaunternehmen

Bis vor kurzem galt der Persönliche Verkauf als "das" Kommunikationsinstrument im Pharmabereich. In jüngster Vergangenheit ist aber zu beobachten, daß professionelle Pharmahersteller sich zunehmend der sogenannten Neuen Medien bedienen, um Produktinformationen bereitzustellen. Da sich insbesondere in den USA bereits Unternehmen wie drugstore.com etablieren,[31] die über das Internet nicht nur Produktinformationen bereitstellen, sondern auch diagnostische Hinweise geben und sogar die Bestellung von Präparaten ermöglichen, ist damit zu rechnen, daß die derzeit noch als illegal angesehene Distribution von verschreibungspflichtigen Medikamenten mit Hilfe Neuer Medien in Kürze Realität wird.[32] Als zentrales Problem aus Sicht der Patienten ist dabei das (fehlende) Vertrauen in derartige virtuelle Apotheken anzusehen. Wahrscheinlich kann die Akzeptanz seitens der Patienten aber durch sogenannte "seals of approval" durch Apotheken- oder Verbraucherschutzverbände erhöht werden.[33]

Für Pharmaunternehmen stellt sich aus Sicht der Kommunikationspolitik für verschreibungspflichtige Medikamente aber vielmehr die Frage, inwieweit Ärzte und Patienten Neue Medien derzeit und zukünftig nutzen und ob die triadische Beziehung Patient-Arzt-Hersteller durch die neuen multimedialen Technologien nachhaltig verändert wird. In diesem Unterabschnitt sollen hierzu einige empirische Befunde berichtet und wichtige Entwicklungen der jüngsten Vergangenheit aufgezeigt werden. Aufgrund der Vielfalt und ständigen Veränderung der Möglichkeiten Neuer Medien ist diese Darstellung allerdings unvollständig und wird sich zudem schnell als obsolet erweisen.

---

[30] Vgl. Krafft/Albers (1995), S. 9 f.
[31] Siehe http//www.drugstore.com.
[32] Vgl. Lueck (2000).
[33] Ähnliche Vertrauenssiegel gibt es bereits im herkömmlichen Endkundengeschäft im Internet. Vgl. beispielsweise http://www.trustedshops.com oder http://www.verisign.com.

In einer vor kurzem durchgeführten repräsentativen Umfrage unter Ärzten[34] kommt der Deutsche Ärzte-Verlag zu der Schlußfolgerung, daß moderne Kommunikationstechnologien wie das Internet bereits zu nachhaltigen strukturellen Veränderungen des ärztlichen Selbstverständnisses und des beruflichen Umfelds geführt haben. Zwar haben Neue Medien nach Meinung der Befragten noch nicht zu Effizienzverbesserungen im Sinne von Zeit- oder Kosteneinsparungen geführt. Dennoch sehen Ärzte bereits heute Vorteile für den Patienten in der Nutzung Neuer Medien durch die Ärzteschaft. So werden gezieltere diagnostische und therapeutische Maßnahmen ermöglicht, da das Internet nicht nur vernetzte Informationen bereitstellt, sondern auch Fachliteratur und statistische Daten jederzeit verfügbar macht. Aus Sicht der Pharmahersteller ist der Befund zu beachten, daß Neue Medien bei der gezielten Hersteller- bzw. Produktsuche nur eine untergeordnete Rolle spielen und (noch) nicht für Diskussionsforen bzw. den Aufbau von Virtual Communities eingesetzt werden. Dabei verdeutlicht die Studie auch, daß Klinikärzte schneller als ihre niedergelassenen Kollegen von den Möglichkeiten Neuer Medien profitieren. Aus Sicht der befragten Ärzte ergänzen Neue Medien die bereits genutzten Dienste. Mit anderen Worten findet aus Sicht der Ärzteschaft keine mediale Substitution statt,[35] es wird aber ein zunehmender Wettbewerb alter und neuer Medien erwartet.

Die Umfrage des Deutschen Ärzte-Verlags ergibt des weiteren, daß 70 % bzw. 48 % der Klinikärzte bzw. der niedergelassenen Ärzte bereits über einen Internetzugang verfügen, wobei nur 2 % der Befragten das Internet mehr als 20 Stunden im Monat nutzen.[36] Für die im weiteren noch zu diskutierende Auswirkung Neuer Medien auf den Vertrieb ist zudem der Befund beachtenswert, daß 85 % der niedergelassenen Ärzte der Aussage zustimmen bzw. voll und ganz zustimmen, daß das Internet als Vertriebskanal für Produkte und Dienstleistungen an Bedeutung gewinnen wird. 60 % dieser Ärztegruppe erwarten zudem, daß Internet-Apotheken entstehen werden, die den Direktvertrieb von Arzneimitteln ermöglichen werden. Wenn Deutschland der Entwicklung in den USA folgt, wird die Internet-Nutzung nachhaltig zunehmen: So ist der Anteil der Ärzte, die das Internet nutzen, von 15 % im Jahr 1996 auf 88 % in 1999 angestiegen. Die amerikanischen Ärzte nutzen das Internet pro Tag 25 Minuten lang, wobei davon 12 Minuten für Fachzeitschriften, 8 Minuten für Krankheitsstudien und 3 Minuten für Produktinformationen aufgewendet werden.[37]

Eine Analyse deutscher Internetangebote zeigt, daß Portale für den Pharmabereich noch Mangelware sind. Virtuelle Apotheken sind in Deutschland in den Neuen Medien ebenfalls kaum zu finden. Es gibt zwar Online-Shops für Schönheit und Gesundheit (vgl. www.VitaGO.de), diese bieten aber weder eine Beratung noch Medikamente. Die Gründe dafür liegen nach Ansicht des Autors in der unklaren Rechtssituation und der zögerlichen Annahme neuer Kommunikations- und Informationstechnologien durch die Patien-

---

[34] Vgl. hierzu und im folgenden o. V. (1999), S. 4 ff.
[35] Dieser Befund zeigt sich auch in der branchenübergreifenden Studie von Krafft/Litfin (2000).
[36] Vgl. hierzu und im folgenden o. V. (1999), S. 7 ff.
[37] Die Daten entstammen einer Studie von Booz · Allen & Hamilton. Vgl. http://www.bah.com/viewpoints

ten und die Ärzteschaft. In den USA ist der pharmazeutische Markt dagegen deutlich progressiver – hier gibt es neben virtuellen "drugstores" bereits Internetauftritte von Pharmaherstellern, die sich analog zu anderen Plattformen von der reinen Informationsbereitstellung über die Kontaktanbahnung zum umfassenden Portal entwickelt haben, über das Transaktionen abgewickelt werden können. Besonders weit ist iPhysicianNet.com, das als Portal für Ärzte nicht nur den Zugang zu Fachinformationen ermöglicht, sondern jedem Mitglied auch kostenlos einen videofähigen PC mit Internetzugang und eMail bereitstellt.[38] Diese Investition von iPhysicianNet.com kann sich mehr als auszahlen, wenn das Portal zum exklusiven Medium des Arztes wird, um Fachinformationen zu sammeln, Referenzen für erfolgreiche Therapien auszutauschen oder um mit Kollegen zu kommunizieren. Wie die folgende Abbildung verdeutlicht, kann der für Videokonferenzen ausgerüstete kostenlose PC der iPhysicianNet-Ärzte auch für virtuelle Arztbesuche genutzt werden.

Neue Medien wirken sich aber auch auf die Patienten aus. Virtuelle Communities und Chatgroups zu Wellness- und Gesundheitsthemen erfreuen sich zunehmender Beliebtheit und können sowohl für Ärzte, Apotheker als auch für Pharmahersteller ein interessantes Portal zum Kunden darstellen. So zeigt eine repräsentative US-Umfrage[39] unter 19 863 Amerikanern, daß ein Viertel das Internet häufig oder gelegentlich nutzt, um Gesundheitsinformationen zu sammeln. Dies entspricht 50 Millionen Erwachsenen. Interessanterweise handelt es sich bei den Internet-Nutzern überwiegend um Frauen – 57 % (vs. 43 %) bzw. 52 % (vs. 48 %) der häufigen bzw. gelegentlichen Nutzer sind weiblich. Von den häufigen bzw. gelegentlichen Nutzern gehören 40 % der Altersgruppe von 31 bis 44 an, 25 % sind 18 bis 30 Jahre alt und 20 % gehören zu den 45- bis 54jährigen. Die Internet-Nutzer von Gesundheitsinformationen sind zudem den hohen Einkommensschichten zuzuordnen – 60 % der Nutzer weisen ein Jahreseinkommen von mehr als 50 000 US-$ auf. Als Krankheitsbilder weisen die Internet-Nutzer in erster Linie Heuschnupfen, Arthritis, hohe Cholesterinwerte, Bluthochdruck und Migräne auf. Einige progressive Ärzte, Apotheker und Pharmahersteller haben sich diese Trends bereits zunutze gemacht und bieten indikations- oder Wellness-bezogene Websites an, auf denen sich Kunden informieren und gegenseitig Tips geben können. Links auf Angebote der betreibenden Organisationen sorgen dafür, daß die Kundenbedürfnisse mit den Produkten und Leistungen befriedigt werden, die vom Website-Betreiber stammen.

---

[38] Die Leistungen dieses Portals umfassen als kostenlose Leistungen u. a. "... Internet access, private E-Mail, continuing medical education programs, electronic versions of medical references, news and articles, educational videos, and a variety of other healthcare references, features, and services ... from a physician-focused video computer and high-speed telecommunications line". Vgl. http://www.ipni.com/physicians vom 11.08.2000.

[39] Es handelt sich dabei um den Consumer Health Sciences 1999 National Health and Wellness Survey.

Pharma-Marketing 655

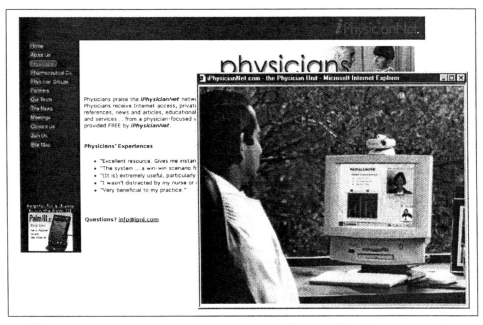

Abbildung 3: Virtuelle Arztbesuche via Internet im iPhysicianNet (http://www.ipni.com)

Diese zukünftige Form des virtuellen Persönlichen Verkaufs bietet dabei für Pharmahersteller und Ärzte Vorteile im Sinne von Zeit- und Kosteneinsparungen. So entfallen für die Referenten Warte- und Reisezeiten,[40] und die Ärzte können sich über Themen informieren, die für sie akut sind, und zwar dann, wenn sie selbst zeitlichen Freiraum haben. Es ist zu erwarten, daß führende Pharmahersteller vergleichbare Portale allein oder in Allianz mit anderen Herstellern entwickeln und als Ergänzung des konventionellen Persönlichen Verkaufs anbieten werden.

Eine noch weitergehende Zusammenführung der Triebkräfte des Pharmamarktes ist die virtuelle Integration mehrerer Portale, wie es von Healtheon bzw. WebMD im Internet bereits umgesetzt ist.[41] Dabei wird dem Arzt zum einen die Möglichkeit gegeben, im Internet Patientendateien zu verwalten, Rezepte auszustellen bzw. zu erneuern und die bisherige Patienten-Medikation zu überblicken. Links zu Datenbanken von Pharmaherstellern werden es ermöglichen, Gegenanzeigen mit anderen verschriebenen Medikamenten des Patienten automatisch zu überprüfen. Die virtuelle Integration umfaßt weitere

---

[40] Wie Krafft (1995), S. 228 ff. zeigt, beträgt der Anteil für Reise- und Wartezeiten an der gesamten Arbeitszeit von Referenten nahezu 50 %, während die effektive Zeit des Detailing nur knapp 30 % ausmacht. Oft bleiben dem Referenten nur ein paar Minuten, um mit dem Arzt einige Präparate zu besprechen, d. h. es besteht ein extremes Mißverhältnis von Besuchszeit zu Non-Selling-Zeit.

[41] Vgl. http://www.webmd.com.

Beteiligte wie Labors, Krankenhäuser, Krankenversicherer, Regierungsstellen oder Verbände. Die Struktur von WebMD ist in der folgenden Abbildung dargestellt.

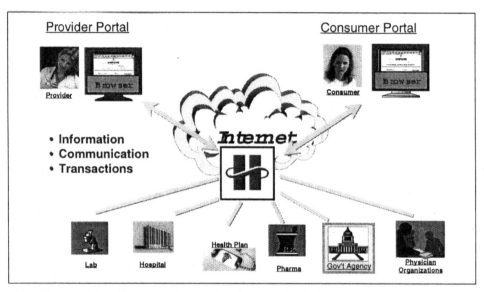

Abbildung 4: Virtuelle Integration der Marktkräfte durch Portale
Quelle: PricewaterhouseCoopers 1999 Thought Leadership Forum, Charles Saunders, Healtheon, 1999.

4. Zusammenfassung

In diesem Buchkapitel wurde anfänglich gezeigt, daß der Pharmamarkt für rezeptpflichtige Präparate zu den wenigen wachsenden Märkten zu zählen ist. Dabei sind in der jüngsten Vergangenheit zwar aufsehenerregende Fusionen zu verzeichnen gewesen, die den Eindruck erweckten, als gäbe es marktbeherrschende Unternehmen. Tatsächlich ist der Pharma-Weltmarkt aber als relativ fragmentiert anzusehen.

Die Besonderheiten des Pharma-Marketing wurden anhand der Marketing-Mix-Instrumente in den Kapiteln 2 und 3 diskutiert. Im zweiten Abschnitt wurde gezeigt, daß preispolitische Maßnahmen für verschreibungspflichtige Medikamente bisher eine sehr nachgeordnete Rolle spielten, was insbesondere auf gesetzliche Beschränkungen zurückzuführen ist. Mit nicht-linearen Tarifen wurden Möglichkeiten der Preisdifferenzierung vorgestellt, die in nicht allzu ferner Zukunft für die Pharmabranche relevant werden könnten. Es konnte auch gezeigt werden, daß gerade die Conjoint-Analyse eine Methode darstellt, mit der für Produktneuheiten Preispräferenzen erhoben und geeignete Preise bestimmt werden können. Auch dem systematischen Produktmanagement scheint zukünftig eine größere Bedeutung zuzukommen. So wird es unumgänglich sein, schon in frühen Phasen die Erfolgswahrscheinlichkeit neuer Präparate abzuschätzen und ggf. im Sinne eines Target Costing in frühen Stufen daran zu arbeiten, Produkte zu konkurrenzfähigen Preisen zu entwickeln und systematisch zur Marktreife zu führen. Es ist auch zu überlegen, ob Pharmaunternehmen analog zur Produktpolitik von Konsumgüterherstellern in größerem Umfang Markenmanagement betreiben und den Markenwert optimieren sollten. Die wachsende Bedeutung des Patienten als Mitentscheider bei der Verschreibung von Medikamenten und die Vielfalt relativ austauschbarer Präparate lassen Markenstrategien zunehmend attraktiv erscheinen. Hinsichtlich der Distributionspolitik wurde gezeigt, daß der klassische zweistufige Absatz über Pharmagroßhändler und Apotheken noch eindeutig dominiert. Allerdings sind Tendenzen zu erkennen, daß Pharmahersteller eine Differenzierung über ein professionelles Distributionsmanagement anstreben, ihre Distributionspartner mit Anreizen und in vertikalen Marketingsystemen über vertragliche Bindungen motivieren und steuern. Neue Medien und alternative Logistikkonzepte werden voraussichtlich völlig neue Absatzwege eröffnen.

Aufgrund der Bedeutung der Komunikationspolitik wurde im dritten Abschnitt ausführlich über die zentralen Instrumente des Persönlichen Verkaufs und die immer bedeutenderen Neuen Medien berichtet. Die Tätigkeit der Pharma-Referenten wurde inhaltlich als "missionary selling" gekennzeichnet und die Bedeutung einzelner Arztsegmente anhand der Anzahl von Ärzten nach Fachgebieten diskutiert. Dabei wurde deutlich, daß nicht alle Ärzte gleich häufig besucht werden können, sondern vielmehr eine differenzierte Besuchspolitik anzustreben ist. Aufgrund der hervorragenden Datensituation im Pharmabereich kann dafür eine Heuristik zur optimalen Allokation von Budgets über Arztsegmente und Marketing-Mix-Instrumente kalibriert werden, die näher erläutert wurde. Auch für die Bestimmung der optimalen Anzahl von Pharma-Referenten wurde in Abschnitt 3.2 eine einfache Optimalitätsregel vorgestellt. Anhand empirischer Daten wurde zudem gezeigt, wie Referenten mit Hilfe der Gestaltung von Anreizsystemen, der Außendienstorganisation und differenzierten Managementmaßnahmen geführt und gesteuert werden. Neben dem Persönlichen Verkauf rechnen Experten den sogenannten Neuen Medien eine wachsende Bedeutung zu. Daher wurde in Abschnitt 3.3 insbesondere das Internet als potentieller Kommunikations- und Absatzkanal der Zukunft vorgestellt. Es zeichnet sich bereits heute ab, daß Neue Medien nicht nur zur Informationsbereitstellung und Kommunikation eingesetzt werden, sondern auch Komponenten des Leistungsbündels aus der Geschäftsbeziehung Hersteller-Arzt-Patient-Apotheke über Neue Medien bereitgestellt werden. Befunde einer aktuellen Ärzteumfrage zeigen zwar noch eine geringe Verbreitung und Nutzung des Internet durch die Ärzteschaft, es ist aber bereits abzusehen, daß virtuelle Apotheken, Portale und Patientenforen zu neuen Marktkonstellationen im Pharmasektor führen werden. So gibt es mit iPhysicianNet bereits heute eine Alternative zum konventionellen Vertrieb über Pharma-Referenten, die für Hersteller und Ärzte substantielle Vorteile bieten. Auch seitens der Patienten revolutionieren Wellness-

und gesundheitsthemenbezogene Foren und Virtuelle Communities das Kundenverhalten. Pharmahersteller, Ärzte und Distributoren können diese Veränderungen nutzen, um über Neue Medien Zugang zu potentiellen Kunden zu bekommen, die immer seltener bereit sind, Zeit für Arztbesuche oder die Abholung von Medikamenten zu investieren. Den zur Zeit weitreichendsten Ansatz stellt das Portal von WebMD (früher Healtheon) dar, das nicht nur Patienten und Ärzte zusammenführt und beiden Gruppen Mehrwert bietet, sondern das als umfassende virtuelle Integration auch Pharmahersteller, staatliche Stellen, Krankenversicherer, Krankenhäuser und Labore in einem Portal sammelt.

Der Pharmamarkt wirkt aus Sicht des Marketing-Managements noch nachhaltig entwicklungsfähig und bietet in allen Bereichen der Marketing- und Vertriebspolitik Ansatzpunkte zur Effizienz- und Effektivitätssteigerung. Hersteller, die dieses Potential erkennen und nutzen, werden sich langfristig nachhaltige Wettbewerbsvorteile sichern können.

5. Literatur

Albers, S. (1989): Entscheidungshilfen für den Persönlichen Verkauf, Berlin.

Albers, S. (1998): Regeln für die Allokation eines Marketing-Budgets auf Produkte oder Marktsegmente, in: Zeitschrift für betriebswirtschaftliche Forschung, 50. Jg., S. 211-235.

Churchill, Jr., G. A./Ford, N. M./Walker, Jr., O. C. (1997): Sales Force Management, 5th edition, Homewood, IL.

Dichtl, E./Raffée, H./Thiess, M. (Hrsg.) (1989): Innovatives Pharma-Marketing: Marktorientierung als Erfolgsstrategie der 90er Jahre, Wiesbaden.

Diller, H. (2000): Preispolitik, Stuttgart.

Gehrig, W. (1987): Pharma-Marketing – Instrumente, Organisation und Methoden, Zürich.

Johnston, R./Lawrence, P. R. (1988): Beyond Vertical Integration – The Rise of the Value-Adding Partnership, in: Harvard Business Review, Vol. 66, July/August, S. 94-101.

Kopka, U. (1996): Dynamischer Wettbewerb zwischen Pharma- und Körperpflegemittelindustrie, Frankfurt am Main et al.

Krafft, M. (1995): Außendienstentlohnung im Licht der Neuen Institutionenlehre, Wiesbaden.

Krafft, M. (2000): Verkaufswettbewerbe: Wie sie sinnvoll gestaltet und erfolgreich eingesetzt werden können, in: Albers, S./Hassmann, V./Somm, F./Tomczak, T. (Hrsg.):

Verkauf: Kundenmanagement, Vertriebssteuerung, e-Commerce, Kap. 03.09., Wiesbaden.

Krafft, M./Albers, S. (1994): Effektives Management von Pharma-Außendiensten. Teil I: Optimale Größe und Gebiets-Einteilung, in: Pharma-Marketing Journal, 19. Jg., S. 214-218.

Krafft, M./Albers, S. (1995): Effektives Management von Pharma-Außendiensten. Teil II: Effektive Organisations- und Entlohnungs-Formen, in: Pharma-Marketing Journal, 20. Jg., S. 8-12.

Krafft, M./Albers, S. (2000): Ansätze zur Segmentierung von Kunden – Wie geeignet sind herkömmliche Konzepte?, in: Zeitschrift für betriebswirtschaftliche Forschung, 52. Jg., September.

Krafft, M./Litfin, T. (2000): Chancen und Risiken des eCommerce – Monster oder Maus für den Persönlichen Verkauf? in: Absatzwirtschaft, 43. Jg., Oktober.

Lodish, L./Curtis, E./Ness, M./Simpson, K. (1988): Sales Force Sizing and Deployment Using a Decision Calculus Model at Syntex Laboratories, in: Interfaces, Vol. 18, S. 5-20.

Lueck, S. (2000): Officials Seek more Regulation over Web Sites Selling Drugs, in: The Wall Street Journal, March 22.

Moore, S. D. (2000): Wave of Pharmaceutical Mergers to Alter Ranking of Sector Giants, in: The Wall Street Journal, March 20.

o. V. (1999): Ärzteumfrage zur Akzeptanz, Nutzung und Auswirkungen der "Neuen Medien" in der Kommunikation Arzt/Patient/Industrie, Köln, Dezember.

PricewaterhouseCoopers (1999): Pharmaceutical Sector Insights. Analysis and Opinions on Merger and Acquisition Activity.

Simon, H. (1992): Preisbündelung, in: Zeitschrift für Betriebswirtschaft, 62. Jg., S. 1213-1235.

Skiera, B./Albers, S. (1998): COSTA: Contribution Optimizing Sales Territory Alignment, in: Marketing Science, Vol. 17, S. 196-213.

Walther, H.-P. (1988): Erfolgreiches Strategisches Pharma-Marketing, Frankfurt am Main et al.

Henrik Sattler

Marketing für Frequently Purchased Consumer Goods

1. Charakteristika und Bedeutung von Frequently Purchased Consumer Goods
2. Besonderheiten des Marketinginstrumentariums für Frequently Purchased Consumer Goods
    2.1   Markenpolitik
    2.2   Kommunikationspolitik
    2.3   Produktpolitik
    2.4   Distributionspolitik
    2.5   Preispolitik
3. Zusammenfassung
4. Literatur

1. Charakteristika und Bedeutung von Frequently Purchased Consumer Goods

Güter lassen sich in Konsum-, Investitions-, Produktionsgüter und Dienstleistungen unterscheiden. Konsumgüter gibt es in zwei Varianten: Verbrauchsgüter sind zur einmaligen und Gebrauchsgüter zur mehrmaligen bzw. andauernden Verwendung bestimmt (vgl. z. B. Dichtl 1995, S. 1246 f.). Primäres Charakteristikum von Frequently Purchased Goods ist ein häufiger und damit mehrmaliger Kauf des gleichen Gutes. Typischerweise werden hierbei Verbrauchsgüter betrachtet. Auch wenn Nicht-Verbrauchsgüter mitunter mehrfach bzw. häufig gekauft werden (z. B. die Ersatzbeschaffung eines spezifischen Gebrauchsguts oder der Kauf einer bestimmten Bankdienstleistung) und damit Frequently Purchased Goods darstellen, sollen im folgenden ausschließlich Verbrauchsgüter betrachtet werden.

Frequently Purchased Consumer Goods sind u. a. - neben dem Merkmal der Kaufwiederholung - tendenziell (nicht jedoch generell) durch folgende Charakteristika gekennzeichnet:

- hohe Produkterfahrung,
- geringer Einkaufsaufwand,
- geringes Involvement,
- geringer Komplexitätsgrad,
- hohe Markenbedeutung,
- unpersönliche Massenkommunikation,
- geringer Produktinnovationsgrad,
- geringes Servicebedürfnis,
- mehrstufige Distributionskanäle,
- hoher Distributionsgrad,
- geringer Preis und
- hohe Preissensitivität.

Die aufgeführten Charakteristika verdeutlichen, daß es sich bei Frequently Purchased Consumer Goods typischerweise um Low Interest Products, d. h. um Güter des täglichen Bedarfs (Convenience Goods) oder Präferenzgüter (Preference Goods) handelt (vgl. Brockhoff 1999, S. 39). Überwiegend sind die Kaufentscheidungen als habitualisierte Käufe oder Impulskäufe zu kennzeichnen (vgl. Weinberg 1981).

Einen Schwerpunkt der folgenden Betrachtungen bilden Produkte des Lebensmitteleinzelhandels aus dem Food- und dem Non-Food-Bereich. Ein Überblick zu den 25 umsatzstärksten Produkten des deutschen Lebensmitteleinzelhandels findet sich in Tabelle 1.

Die in Tabelle 1 aufgeführten Umsatzzahlen verdeutlichen bereits die erhebliche Relevanz von Frequently Purchased Consumer Goods. 1999 wurden allein in den Bereichen Nahrungsmittel, Getränke und Tabakwaren 332 Milliarden DM Konsumausgaben von privaten Haushalten in Deutschland getätigt (vgl. Statistische Bundesamt Deutschland 2000). Für 1998 entspricht dies einem durchschnittlichen monatlichen Ausgabenanteil pro Haushalt von 553 DM oder 10,8 % der monatlichen Gesamtausgaben in Höhe von 5118 DM (vgl. Statistische Bundesamt Deutschland 2000).

Rang	Marke	Umsatz in Mio. DM 1997	Hersteller/Lieferant
1	Marlboro	2595	Philip Morris
2	Coca-Cola	1839	Coca Cola
3	Jacobs Cafe	1552	Kraft-Jacobs-Suchard
4	Maggi	1391	Nestlé
5	Dr. Oetker	1319	Dr. Oetker
6	Iglo	1169	Langnese-Iglo (Unilever)
7	Nivea	1086	Beiersdorf
8	Knorr	919	CPC-Knorr
9	West	866	Reemtsma
10	Bahlsen	824	Bahlsen
11	Kraft	822	Kraft-Jacobs-Suchard
12	Milka	783	Kraft-Jacobs-Suchard
13	Langnese	777	Langnese-Iglo (Unilever)
14	Tchibo	700	Tchibo
15	HB	695	BAT
16	Alois Müller Mopro	690	Molkerei A. Müller
17	Danone	655	Danone
18	Persil	630	Henkel
19	F 6	628	Philip Morris
20	Warsteiner	567	Warsteiner
21	Pampers	528	Procter & Gamble
22	Landliebe Mopro	509	Campina
23	Melitta Röstkaffee	502	Melitta
24	Ehrmann Mopro	488	Ehrmann
25	Fanta	478	Coca Cola

Tabelle 1: Die 25 umsatzstärksten Produkte im deutschen Lebensmitteleinzelhandel
Quelle: Lebensmittelzeitung, 3.7.98, Heft 27, S. 61 unter Bezug auf A.C. Nielsen.

2. Besonderheiten des Marketinginstrumentariums für Frequently Purchased Consumer Goods

Eine Diskussion von Spezifika des Marketing für Frequently Purchased Consumer Goods ist insofern ein außergewöhnliches Unterfangen, als daß der Ursprung des Marketinggedankens im kurzlebigen Konsumgüterbereich angesiedelt ist (vgl. Bruhn 1999, S. 34). Von daher könnte man die Ansicht vertreten, daß ein Marketing für Frequently Purchased Consumer Goods in wesentlichen Teilen das klassische Marketing darstellt und sich Besonderheiten dann ergeben, wenn man den klassischen Anwendungsbereich verläßt. Man kann jedoch auch einen anderen Weg gehen und die Besonderheiten im Vergleich zu den übrigen Gütern herausarbeiten. Letzteres soll im folgenden getan werden. Aufgrund von Platzbeschränkungen kann an dieser Stelle lediglich auf einige spezifische Sachverhalte eingegangen werden. Ein auch nur näherungsweise kompletter Überblick ist an dieser Stelle nicht möglich und auch nicht beabsichtigt. Im Mittelpunkt steht im folgenden eine Diskussion ausgewählter Besonderheiten des Marketing für Frequently Purchased Consumer Goods im Hinblick auf die 5 Marketinginstrumente Marken-, Kommunikations-, Produkt-, Distributions- und Preispolitik.

2.1 Markenpolitik

Die besondere Rolle der Markenpolitik für kurzlebige Konsumgüter (und damit für Frequently Purchased Consumer Goods) wird aus den Ergebnissen einer Umfrage von Sattler/PriceWaterhouseCoopers 1999 unter den 100 größten Deutschen Unternehmen sowie den Mitgliedern des Deutschen Markenverbands deutlich (vgl. Abbildung 1).

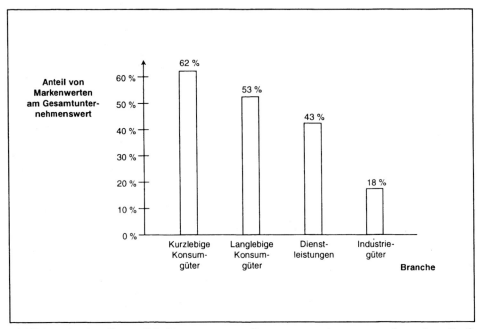

Abbildung 1: Anteil von Markenwerten am Gesamtunternehmenswert deutscher Großunternehmen
Quelle: Sattler/PriceWaterhouseCoopers 1999.

Die hohe Markenbedeutung ist auf verschiedene Ursachen zurückzuführen. Eine wichtige Rolle spielt in diesem Zusammenhang die Tatsache, daß für einen langfristigen Erfolg von Frequently Purchased Consumer Goods hohe Wiederkaufraten unerläßlich sind. Zur Realisierung hoher Wiederkaufraten ist es von zentraler Bedeutung, daß eigene oder fremde Erfahrungen aus vorangegangenen Käufen sowie in der Vergangenheit gesammelte Produktinformationen über den Markennamen gespeichert werden können. Die in der Vergangenheit gesammelten Wissensstrukturen einer Marke in Form von Bekanntheitsgrad und Image sind von herausragender Relevanz zur Erzielung hoher Wiederkaufraten (vgl. Sattler 2000). Sämtliche Kundenbindungsmaßnahmen setzen eine Verankerung über die Marke voraus.

Weitere Ursachen für die überproportional hohe Markenbedeutung bestehen in den oben angegebenen Charakteristika von Frequently Purchased Consumer Goods in Form eines geringen Preises und Produktkomplexitätsgrades verbunden mit einem geringen Involvement. Vorangegangene Studien haben gezeigt, daß gerade bei allgemein geringem Involvement oder bei lediglich emotional, nicht jedoch kognitiv hohem Involvement Marken von besonderer Bedeutung bei Kaufentscheidungen sind (vgl. hierzu sowie zu weiteren diesbezüglichen Aspekten Esch/Levermann 1995 sowie Sattler 2000).

Hinsichtlich der eingesetzten Markenstrategie dominiert bei Frequently Purchased Consumer Goods eindeutig die Markentransferstrategie, d. h. die Einführung neuer Produkte unter einem etablierten Markennamen. Insbesondere in den letzten zwei Jahrzehnten kann eine zunehmende Tendenz der Markentransferstrategie im Vergleich zur Neumarkenstrategie (d. h. der Neuprodukteinführung unter einem neuen Markennamen) beobachtet werden. In den USA betrug z. B. der prozentuale Anteil an Markentransfers bei Neuprodukteinführungen im kurzlebigen Konsumgüterbereich zwischen 1977 und 1984 etwa 40 % (vgl. Aaker/Keller 1990, S. 27). Im Vergleich dazu wurden 1991 bereits bei 90 % der Neuprodukteinführungen eine Markentransferstrategie und nur noch bei 10 % eine Neumarkenstrategie verwendet (vgl. Rangaswamy/Burke/Oliva 1993, S. 61). Wesentliche Chancen von Markentransfers (gegenüber Neumarkenstrategien) bestehen in Zeit- und Kostenvorteilen. Die Ursachen hierfür sind insbesondere darin zu sehen, daß im Zuge des Markentransfers die Wissensstrukturen der im Markt etablierten Marke (Muttermarke) zu einem gewissen Grade auf das Neuprodukt übertragen werden können, und von daher Markenbekanntheit und -image des Neuprodukts bereits zu wesentlichen Teilen vorhanden sind. Beispielsweise konnten in der Vergangenheit die zentralen Imagedimensionen Pflege (Nivea Lippenstift) oder Geschmack (Diet-Coke) mit Erfolg auf neue Produkte übertragen werden. Auch das gegenüber einer Marke aufgebaute Vertrauen oder allgemeine Qualitätsassoziationen stellen bedeutende transferierbare Imagekomponenten dar. Insbesondere für Low-Involvement-Produkte (s. o.) reicht mitunter bereits ein hoher Bekanntheitsgrad für den Neuproduktkauf aus (vgl. Keller 1993, S. 3). Vor dem Hintergrund steigender Kommunikationskosten zum Aufbau von Markenbekanntheit und -image gewinnen die genannten Vorteile zunehmend an Bedeutung (vgl. Sattler 2000).

Der Erfolg von Markentransfers ist von der bisherigen Forschung intensiv untersucht worden. Auf Grundlage einer von Sattler (1997, S. 136 ff.) durchgeführten Meta-Analyse von 35 empirischen Studien mit insgesamt 121 überprüften Hypothesen lassen sich insbesondere die in Abbildung 2 aufgeführten Erfolgsfaktoren ableiten. Eine simultane Analyse sämtlicher in Abbildung 2 verzeichneten Erfolgsfaktoren im Hinblick auf ihr Bedeutungsgewicht für den Markentransfererfolg bei 48 Muttermarken und 95 Transferprodukten aus dem Bereich der Frequently Purchased Consumer Goods zeigt, daß weitgehend unabhängig vom Transferprodukt und der Muttermarke der Fit und die Qualitätseinschätzung der Muttermarke die dominierenden Faktoren für den Erfolg von Markentransfers sind (vgl. Zatloukal 2000; Sattler/Zatloukal 1998). Demgegenüber sind die übrigen in Abbildung 2 aufgeführten Faktoren - zumindest bei Frequently Purchased Consumer Goods - von deutlich untergeordneter Bedeutung. Dieser Befund bedeutet, daß bei einem starken Fit (d. h. hoher Ähnlichkeit) zwischen Muttermarke und Transferprodukt und gleichzeitig hoher Qualitätseinschätzung der Muttermarke durch potentielle Nachfrager die Risiken von Markentransfers entscheidend vermindert werden können. Neben den aufgeführten Erfolgsfaktoren zur Nachfrageakzeptanz spielen jedoch auch die (nicht untersuchten Faktoren) Wettbewerbssituation und Handelsakzeptanz eine wichtige Rolle für den Markentransfererfolg.

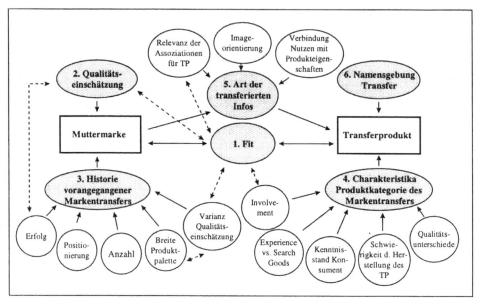

Legende: TP = Transferprodukt; ⟶ Haupteffekte ----▶ Wechselwirkungen

Abbildung 2: Erfolgsfaktoren von Markentransfer

2.2 Kommunikationspolitik

Die herausragende Bedeutung von Marken für Frequently Purchased Consumer Goods spiegelt sich auch in der Kommunikationspolitik wider. Kommunikative Maßnahmen sind zum Aufbau und zur Erhaltung von Markenbekanntheit und -image für die Markenpolitik von entscheidender Bedeutung. In den letzten Jahren ist eine Inflation solcher kommunikativer Maßnahmen zu verzeichnen (vgl. Esch/Wicke 1999, S. 14 ff. unter bezug auf Nielsen Werbeforschung S + P, 1999, S. 14 ff.). Dies zeigt sich z. B. in der Anzahl von Werbekampagnen, die sich in Deutschland von 1980 bis 1995 fast verdoppelt hat. 1995 wurden ca. 60 000 Werbekampagnen in klassischen Medien geschaltet. 1990 waren es noch 48 470 und 1992 bereits 54 437. Auch die Zahl der TV-Spots hat sich von 1991 mit 404 924 Werbespots auf 1 952 501 im Jahre 1998 erhöht.

Die starke Zunahme an kommunikativen Maßnahmen geht einher mit einem Rückgang der Werbeeffizienz. Tausenderkontaktpreise haben sich im Zeitablauf deutlich erhöht, in den USA für Fernsehwerbung z. B. innerhalb von ca. 20 Jahren um 500 % (vgl. Keller 1998, S. 32). Wesentliche Ursache für den Rückgang der Werbeeffizienz ist eine zunehmende Informationsüberlastung von Konsumenten. Die ständig wachsende Kommunikationsflut sowie Marken- und Produktvielfalt stößt auf zunehmend weniger involvierte

Nachfrager. Bereits Ende der achtziger Jahre betrug die Informationsüberflutung 98 %, d. h. 98 % der über Werbung dargebotenen Informationen bleiben ungenutzt (vgl. Esch/Wicke 1999, S. 17 unter Bezug auf Brünne/Esch/Ruge 1987).

Von der rückläufigen Werbeeffizienz scheint der Bereich der Frequently Purchased Consumer Goods besonders stark betroffen zu sein. So nahmen in den 90er Jahren innerhalb der deutschen Top 16 Werbebranchen bei Frequently Purchased Consumer Goods die durchschnittlichen Werbeausgaben deutlicher stärker zu als die Umsätze (vgl. Abbildung 3). Das Verhältnis von Werbe- zu Umsatzwachstum ist hingegen für andere Branchen, insbesondere Dienstleistungen, günstiger ausgeprägt und zudem durch eine stärkere Dynamik geprägt.

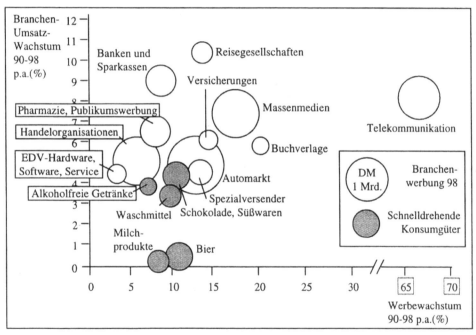

Abbildung 3: Werbe- und Umsatzwachstum der deutschen Top 16 Werbebranchen im Zeitraum 1990 bis 1998
Quelle: Mei-Pochtler 1999, S. 24 unter Bezug auf BCG, Nielsen und Statistisches Bundesamt.

Die skizzierten erschwerten Bedingungen, mittels klassischer Werbung Marken aufzubauen und zu erhalten haben insbesondere in den USA dazu geführt, daß Kommunikationsbudgets von klassischer Werbung zugunsten von Verkaufsförderung verlagert worden sind. In den USA ist das Budget für Handels- und Verbraucher-Promotions zusammen etwa doppelt so hoch wie dasjenige für klassische Werbung. In Deutschland ist dieses

Verhältnis in etwa umgekehrt. Hier hat die Verkaufsförderung einen Anteil am Gesamtbudget zwischen 20 und 33 Prozent (vgl. Gedenk 2000). Abbildung 4 verdeutlicht, daß bei typischen Frequently Purchased Consumer Goods ein ganz erheblicher Anteil des Absatzes unter Einsatz von Verkaufsförderung (Preis- oder Nicht-Preis-Promotions) erzielt wird.

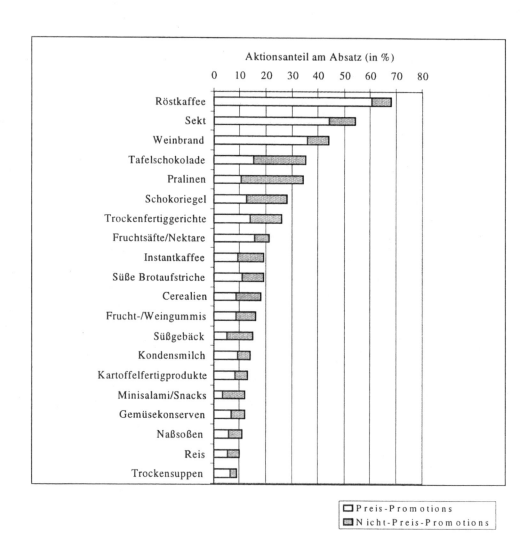

Abbildung 4: Aktionsanteil am Absatz von Food-Warengruppen in Deutschland (1998)
Quelle: Gedenk 2000 unter Bezug auf IRI/GfK Retail Services GmbH.

Die strategische Zielsetzung von Verkaufsförderung für Frequently Purchased Consumer Goods ist andersartig ausgeprägt als die für Werbung. Während Werbung zu wesentlichen Teilen auf eine Markenbindung durch den Aufbau starker Marken zielt, ist Verkaufsförderung in erster Linie auf Markenwechsel ausgerichtet. So deuten bisherige empirische Befunde darauf hin, daß (Absatz-)Wirkungen von Verkaufsförderungsmaßnahmen zu wesentlichen Teilen auf Markenwechsel zurückzuführen sind (vgl. zusammenfassend Gedenk 2000). Durch Verkaufsförderung besteht also die Möglichkeit, auch bei starker Markenbindung einen zumindest vorübergehenden Wechsel von Konkurrenzmarken zur eigenen Marke zu erzielen.

Hinsichtlich der langfristigen Gewinnwirkungen der beiden Hauptinstrumente der Kommunikationspolitik für Frequently Purchased Consumer Goods - Werbung und Verkaufsförderung - besteht weiterhin hohe Unsicherheit. Einen guten Überblick zum bisherigen allgemeinen Kenntnisstand findet sich bei Gedenk (2000) und Lodish et al. (1995).

2.3 Produktpolitik

Die Produktpolitik bei Frequently Purchased Consumer Goods ist wesentlich durch eine ständig zunehmende Zahl von Produktinnovationen charakterisiert. In Tabelle 2 sind die Ergebnisse einer umfassenden internationalen Studie zur Einführung neuer Frequently Purchased Consumer Goods von Ernst&Young/Nielsen (1999) wiedergegeben. Betrachtet wurden Frequently Purchased Consumer Goods, die 1997 einen neuen EAN-Code erhalten haben. Allein in den betrachteten 6 Ländern wurden 327 500 so definierte Neuprodukte eingeführt, davon in Deutschland 36 000 (vgl. die 1 Spalte, Zeile 5 in Tabelle 2). Bei den meisten dieser Produkte handelt es sich jedoch nicht um echte Innovationen, sondern um Me-Too-Produkte. So entfielen von 24 543 analysierten Produkten allein 76,7 % auf Me-Too-Produkte. Klassische Innovationen machen hingegen lediglich 1,4 % aus. Der Neuprodukterfolg - gemessen über den Anteil von neuen Produkten, die 1 Jahr nach der Einführung noch über einen bestimmten Distributionsgrad verfügen - ist bei Produkten mit einem hohen Neuigkeitsgrad stärker ausgeprägt als bei weniger innovativen Produkten (vgl. die letzten drei Zeilen aus Tabelle 2). Die Unterschiede sind allerdings vergleichsweise gering. Anders stellt sich hingegen die Situation bei Me-Too-Produkten dar: In dieser Kategorie hatten z. B. in Frankreich 75 % der Produkte 1 Jahr nach Produkteinführung nur noch ein Distributionsgrad von weniger als 5 % (aus Tabelle 2 nicht ersichtlich, vgl. Ernst&Young/Nielsen 1999, S. 50).

Neuprodukttyp	Klassische Innovation	Equity/ Franchise Extension	Line Extension	Me-Too- Produkte	Saison- produkte	Substi- tutionen
Neuigkeitsgrad	Hoch	Hoch bis mittel	Mittel bis niedrig	Niedrig	Kein echtes Neuprodukt	
Charakteristika	Neue Technolo- gie oder neue An- wendung	Starke Marke mit Neuprod. in neuer Produkt- kategorie	Marke mit Neupro- dukt in bisheriger Produkt- kategorie	Sehr hohe Ähnlichkeit mit existie- renden Produkten	Temporä- re Ver- marktung	Aus- tausch existie- render Produkte
Beispiel	Pampers Windeln	Mars Eis- creme	Danone Kokosnuß Joghurt	River Cola von Aldi	Lindt Ostereier	Dash 4,5 kg statt von 4 kg
Prozentualer Anteil/ Gesamtzahl:*) - Finnland: 18 500 - Frankreich: 85 000 - Deutschl.: 36 000 - Italien: 44 000 - Spanien: 54 000 - Großbrit.: 90 000	0,8 % 2,7 % 2,7 % 0,7 % 0,4 % 0,9 %	1,4 % 1,6 % 1,0 % 1,2 % 0,0 % 0,7 %	4,7 % 10,0 % 10,1 % 11,3 % 1,8 % 3,9 %	77,4 % 52,6 % 80,2 % 67,0 % 96,0 % 81,8 %	9,8 % 33,1 % 6,0 % 7,6 % 1,4 % 10,5 %	5,9 % 0,0 % 0,0 % 12,2 % 0,5 % 2,1 %
Gesamt: 327 500	1,4 %	0,8 %	6,1 %	76,7 %	12,9 %	2,1 %
Anteil Produkte mit Gew. Distribution < 5 % nach 1 Jahr: - Gesamt - Deutschland	43 % 37 %		50 % 43 %	— —	— —	— —
Anteil Produkte mit Gew. Distribution 5-49 % nach 1 Jahr: - Gesamt - Deutschland	37 % 52 %		31 % 46 %	— —	— —	— —
Anteil Produkte mit Gew. Distribution > 50 % nach 1 Jahr: - Gesamt - Deutschland	20 % 11 %		19 % 11 %	— —	— —	— —

*) Die angegebenen Gesamtzahlen umfassen Produkte mit einem neuen EAN-Code für 1997; Von den insgesamt 327 500 Produkten mit neuen EAN-Code flossen 24 543 in die Untersuchung im Hinblick auf die prozentualen Anteile der Neuprodukttypen ein

Tabelle 2: Studie zur Einführung neuer Frequently Purchased Consumer Goods
Quelle: In Anlehnung an Ernst&Young/Nielsen 1999.

Die wachsende Zahl von Produktinnovationen ist teilweise darauf zurückzuführen, daß sich Produktlebenszyklen zunehmend verkürzen. In den meisten Branchen sind in den letzten 50 Jahren Verkürzungen um ca. 80 % und mehr zu verzeichnen (vgl. Gemünden 1993, S. 70), wobei sich die stärksten Effekte für die letzten Jahre zeigen und sich insbesondere auf den Bereich der Frequently Purchased Consumer Goods konzentrieren (vgl. Pohl 1996, S. 32).

Eine weitere Ursache für die Vielzahl von Neuprodukten ist in der wachsenden internationalen Verflechtungen des Wettbewerbs zu sehen. Insbesondere in der EU, aber auch weltweit erleichtert der Abbau technischer und fiskalischer Handelshemmnisse, die Beseitigung von Grenzkontrollen und administrativen Hürden sowie die Vereinheitlichung von Rechtsvorschriften ein Vordringen in neue Märkte. Als Folge hiervon ergibt sich eine Zunahme von Neuprodukteinführungen und gleichzeitig eine Verschärfung des Wettbewerbs zwischen Produkten auf nationalen Märkten durch die geographische Expansion internationaler Konzerne. Für rein national fixierte Anbieter birgt diese Entwicklung erhebliche Gefahren, da international tätige Unternehmen durch ihr vergleichsweise höheres Absatzvolumen in weitaus stärkerem Maße von Erfahrungs- und Größeneffekten profitieren können (vgl. Schiele 1997, 40 f.).

Ein zusätzlicher Effekt der Internationalisierung und eine damit einhergehende schnelle Verbreitung von technologischem Know-how sowie einer Konzentration auf Erfahrungs- und Größeneffekten besteht in einer zunehmenden Homogenisierung physikalisch funktionaler Leistungsmerkmale von Produkten (vgl. Meffert/Perrey 1999, S. 621). Insbesondere Frequently Purchased Consumer Goods sind vielfach nach objektiv technisch-physikalischen Gesichtspunkten näherungsweise gleich. Eine Differenzierung der Produkte erfolgt hier fast ausschließlich über Markennamen und den damit verbundenen Komponenten Markenbekanntheit und -image (s. o.).

Eine weitere Entwicklung betrifft eine zunehmende Marktsegmentierung. Durch die Anpassung von Produkten an die heterogenen Bedürfnisse von Nachfragern nimmt die Anzahl von Produkten insbesondere bei Frequently Purchased Consumer Goods zu. Dies zeigt sich z. B. an der Entwicklung des Angebots von Zahncremes in England seit 1950 (vgl. Andresen/Nickel 1999, S. 587). So wurden in diesem Markt 1950 lediglich 14 Produkte bzw. Produktvarianten angeboten, während es 1989 bereits 93 und 1995 sogar 177 waren.

2.4 Distributionspolitik

Die Distribution von Frequently Purchased Consumer Goods erfolgt typischerweise über den Handel. Der Handel hat u. a. Einfluß auf die prinzipielle Erhältlichkeit von Herstellerprodukten (Listung, Distributionsgrad), die Positionierung dieser Produkte in einem strategieadäquaten Betriebstyp (Image), die physische und kommunikative Präsentation der Produkte (Plazierung, Umfeld der Plazierung, Beratung, Preis) sowie auf Art und Umfang von Kundendienstleistungen vor und nach dem Kauf für die Herstellerprodukte

(Service; vgl. allgemein Müller-Hagedorn 1998). Im Lebensmitteleinzelhandel sind diese Einflußmöglichkeiten aufgrund der ausgesprochen großen Machtposition des Handels sehr stark ausgeprägt. Hier besitzen die größten drei Handelsorganisationen in fast allen europäischen Ländern über 50 % Marktanteil, in Skandinavien meistens sogar über 80 % (vgl. Ernst&Young/Nielsen 1999, S. 12). In Deutschland haben die größten 10 Unternehmen des Lebensmittelhandels einen Anteil von 82 % am Umsatzvolumen von 352 Milliarden DM (vgl. Esch/Wicke 1999, S. 34 unter Bezug auf M+M Eurodata). Seit 1980 ist der Marktanteil der SB-Warenhäuser und Verbrauchermärkte von 25,2 % auf 55,4 % gestiegen, während der Anteil der kleinen unabhängigen Lebensmittelgeschäfte von 26,4 % auf 6,3 % gesunken ist. Die Konzentrationsprozesse werden durch Internationalisierungstendenzen mit einer steigenden Zahl von Akquisitionen und Fusionen, europaweiten Einkaufskooperationen und internationalen Filialnetzen noch weiter verstärkt (vgl. Schiele 1997, S. 42 f.). Als Folge hiervon wird die Listung insbesondere für kleinere Hersteller immer schwerer.

Im Zuge der Handelsmachtkonzentration haben sich verschiedene Konzepte für ein Beziehungsmanagement zwischen Hersteller und Handel herausgebildet (vgl. Abbildung 5).

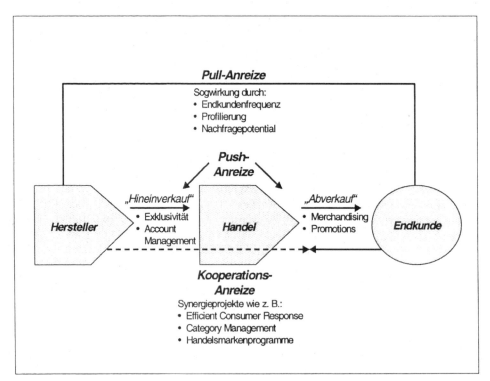

Abbildung 5: Ansätze für ein Beziehungsmanagement zwischen Herstellern und Handel
Quelle: Tomczak/Schögel/Feige 1999, S. 856.

In jüngster Zeit werden insbesondere Kooperationsansätze in Form von ECR- und Category-Management-Konzepten diskutiert. Durch die Verwendung geschlossener Warenwirtschaftssysteme können produktspezifische Daten zur Regalplatzoptimierung verwendet werden und ermöglichen es, Marketingmaßnahmen schnell auf ihren Erfolg hin zu untersuchen (vgl. Shocker/Srivastava/Ruekert 1994, S. 153).

Weitere Kooperationsformen bei der Distribution von Frequently Purchased Consumer Goods bestehen in der Produktion von Handelsmarken durch Hersteller. Ein wesentlicher Grund für die Belieferung des Handels mit Handelsmarken besteht aus Sicht der Hersteller darin, die generellen Beziehungen zum Handel zu verbessern (vgl. Dölle 1997). Der Handel setzt gerade in jüngster Zeit verstärkt auf Handelsmarken (vgl. Abbildung 6).

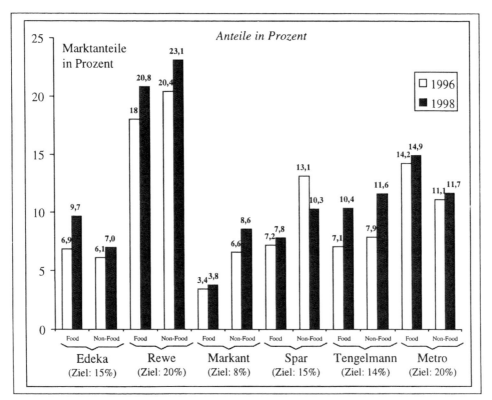

Abbildung 6: Marktanteile von Handelsmarken deutscher Handelsunternehmen
Quelle: Lebensmittelzeitung, Heft 6, 2000, S. 52 unter Bezug auf A.C. Nielsen.

Alternativ zu Kooperationsanreizen bei der Distribution von Frequently Purchased Consumer Goods kann auf Pull- oder Push-Anreize gesetzt werden (vgl. Abbildung 5). Während die Pullstrategie primär auf den Aufbau starker Markenpositionen und den Einsatz von Hersteller-Promotions (z. B. Gewinnspiele oder Warenproben) setzt (s.o.), spielen bei der Pushstrategie Handels-Promotions (z. B. Werbekostenzuschüsse vom Hersteller an den Handel oder die Bereitstellung von Sonderkonditionen und Displays, vgl. Gedenk 2000) sowie Key-Account-Managementsysteme eine zentrale Rolle. Bei letzteren erfolgt ein Einsatz von Key Accout Managern, die sich auf die Zusammenarbeit mit den wesentlichen Handelskonzernen (Key Accounts) konzentrieren (vgl. Böhlke 1995, S. 2490).

Hinweise auf den Erfolg der genannten Konzepte liefert eine (jedoch nur eingeschränkt repräsentative) empirische Studie von Feige (1996) zum Erfolg von 36 Marken aus Sicht von Entscheidern im deutschen Lebensmitteleinzelhandel (vgl. Tabelle 3).

Strategie	Besondere Leistungen der Marken	Erfolg
KOOPERATIVE PULL-STRATEGIE	hohe Pull-Anreize in Verbindung mit hoher Kooperations-Kompetenz	hoch – sehr hoch
REINE PULL-STRATEGIE	hohe Pull-Anreize	hoch – sehr hoch
PROFESSIONELLE CHECK-LISTEN-STRATEGIE	alle Kriterien auf überdurchschnittlichem Niveau	mittel – hoch
MITTELSTANDS-STRATEGIE	Pull- und Push-Anreize kombiniert	mittel – hoch
KONDITIONEN-STRATEGIE	ausschließlich Push-Anreize	eher gering
NULL-LEISTUNGS-STRATEGIE	keinerlei überdurchschnittliche Anreize	sehr gering

Tabelle 3: Erfolg alternativer Beziehungsstrategien zwischen Hersteller und Handel bei der Distribution von Frequently Purchased Consumer Goods
Quelle: Tomczak/Schögel/Feige 1999, S. 864.

2.5 Preispolitik

Ähnlich wie die Distributionspolitik wird auch die Preispolitik entscheidend durch den Handel determiniert. Im Gegensatz zu vielen Dienstleistungen und Industriegütern liegt die Preissetzungkompetenz bei Frequently Purchased Consumer Goods beim Handel.

Der Handel wiederum setzt die Preispolitik als dominantes Marketinginstrument ein (vgl. Diller 1991, S. 271 f.).

Strategische Maßnahmen des Handels in der Preispolitik umfassen u. a. die Etablierung preisgünstiger Betriebstypen oder eines günstigen Preisimages (z. B. Discounter; vgl. Simon 1992, S. 534 ff.), die preisliche Differenzierung von Wettbewerbern (z. B. durch Angebot preisgünstiger Handelsmarken, vgl. auch Abbildung 6) den Einsatz von Preis-Promotions (insbesondere Sonderangebote, vgl. Gedenk 2000) oder die Etablierung einer bestimmten Preisoptik (z. B. 9er-Preise, vgl. Gedenk/Sattler 1999). Unter diesen Maßnahmen nehmen Preis-Promotions einen besonderen Stellenwert ein (vgl. Abbildung 4). Wie bereits beschrieben zielen Preis-Promotions insbesondere auf einen Markenwechsel ab. Dieses Ziel wird allerdings in erster Linie bei Herstellern verfolgt, wohingegen der Handel primär an einem Geschäftswechsel interessiert ist. Weitere Zielsetzungen umfassen u. a. eine Verbrauchsintensivierung oder die Realisierung von Verbundeffekten (insbesondere im Rahmen einer Mischkalkulation). Bisherige empirische Untersuchungen deuten darauf hin, daß sich Geschäftswechsel und Verbundeffekte nur sehr eingeschränkt realisieren lassen (vgl. zusammenfassend Gedenk 2000).

Die Fokussierung auf Preis-Promotions ist teilweise darauf zurückzuführen, daß Frequently Purchased Consumer Goods eine vergleichsweise hohe Preissensitivität (d. h. absolut hohe Preiselastizität) aufweisen. So ermittelte Tellis (1988) in einer Metaanalyse eine signifikant höhere (absolute) Preiselastizität für Reinigungsmittel (-2,77) im Vergleich zu Pharmazeutika (-1,12). Dabei ist allerdings zwischen regulären Preiselastizitäten und Sonderangebotselastizitäten zu unterscheiden. So stellten z. B. Blattberg/Wisniewski (1987) für Mehl, Thunfisch, Toilettenpapier und Margarine in den USA Sonderangebotselastizitäten von -5,9 (Margarine) bis -8,9 (Mehl) fest; reguläre Preiselastizitäten betrugen hingegen lediglich -2,1 (Mehl) bis -3,0 (Toilettenpapier). Besonders hoch sind die Absatzeffekte von Preis-Promotions, wenn Sie mit anderen Marketinginstrumenten gekoppelt werden (vgl. Gedenk 2000).

Die Höhe von Preiselastizitäten wird weiterhin entscheidend dadurch determiniert, ob und in welchem Ausmaß Informationspreiseffekte (d. h. preisabhängige Qualitätsbeurteilungen) eine Rolle spielen. So können Preise aus Sicht potentieller Konsumenten sowohl als Qualitätssignal (Informationspreiseffekt) als auch als monetäre Restriktion beim Produktkauf (Allokationspreiseffekt) interpretiert werden. Der Allokationspreiseffekt impliziert eine negative und der Informationspreiseffekt eine positive Preiselastizität (vgl. Sattler/Rao 1997, S. 1286). Eine diesbezügliche empirische Untersuchung deutet darauf hin, daß Informationspreiseffekte bei Frequently Purchased Consumer Goods (Konfitüre) weniger stark ausgeprägt sind als bei langlebigen Konsumgütern (Wecker, vgl. Sattler/Rao 1997, S. 1299).

Gerade bei Frequently Purchased Consumer Goods ist verstärkt ein hybrides Kaufverhalten zu beobachten (vgl. Schmalen 1994). Hierbei spielen die Konstrukte empfundenes Kaufrisiko, wahrgenommene Wichtigkeit des Produktkaufs, Sparorientierung und die Höhe der Markenpräferenz eine wichtige Rolle (vgl. Abbildung 7). Das gleichzeitige Auftreten von Teuer-, Preiswert- und Billigkäufen seitens der Nachfrager hat zu einer korrespondierenden Preispositionierung von Produkten im Lebensmitteleinzelhandel geführt (vgl. Abbildung 7). Im Bereich der mittleren Preispositionierung geraten Handelsmarken unter erheblichen Druck, da sparorientierte Markenkäufer einerseits aktionierte Herstellermarken gegenüber Handelsmarken in den meisten Fällen vorziehen dürften und andererseits Gattungsmarken der zweiten Generation (d. h. Gattungsmarken mit einer qualitativen Aufwertung des Produktkonzepts) gegenüber Handelsmarken auf Grund des noch attraktiveren Preises im Allgemeinen präferiert werden (vgl. Schmalen/Lang/Pechtl 1999, S. 899).

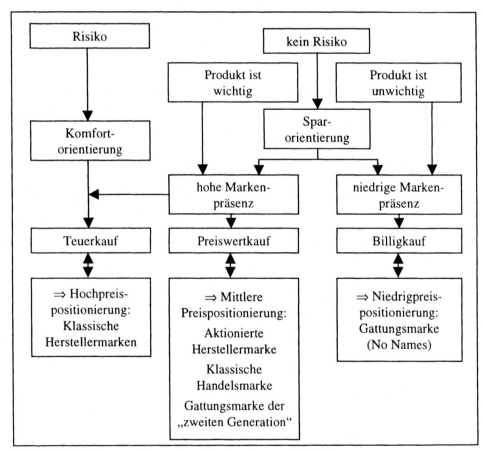

Abbildung 7: Hybrides Kaufverhalten und Preispositionierung
Quelle: In Anlehnung an Schmalen/Lang/Pechtl 1999, S. 898.

3. Zusammenfassung

Ohne Anspruch auf Vollständigkeit wurden im vorliegenden Beitrag ausgewählte Besonderheiten des Marketing für Frequently Purchased Consumer Goods erörtert. Es wurde deutlich, daß diese Güter eine erhebliche volkswirtschaftliche Bedeutung haben. Produkte wie z. B. Marlboro, Coca-Cola, Jacobs Cafe, Maggi, Dr. Oetker, Iglo oder Nivea tragen mit einem jährlichen Umsatz von jeweils mehr als 1 Milliarde DM hierzu deutlich bei. Frequently Purchased Consumer Goods sind neben dem Merkmal der Kaufwiederholung insbesondere durch einen vereinfachten, habitualisierten Kaufentscheidungsprozeß, eine hohe Markenbedeutung, eine Dominanz von Markentransferstrategien, unpersönliche Massenkommunikation mit einem Schwerpunkt in der klassischen Werbung und der Verkaufsförderung, eine Fülle von Neuprodukteinführungen mit geringem Innovationsgrad und erheblichen Flopraten, eine Homogenisierung physikalisch funktionaler Leistungsmerkmale von Produkten, eine Dominanz des Handels in der Distributions- und Preispolitik sowie eine hohe Preissensitivität der Konsumenten gekennzeichnet.

Strategische Zielsetzungen können insbesondere auf eine *Markenbindung* - durch den Aufbau starker Marken (insbesondere durch Werbung), die Einführung innovativer Produkte oder durch die Schaffung distributionspolitischer Anreizsysteme - und/oder auf einen *Markenwechsel* - insbesondere durch Verkaufsförderung bzw. eine aktive Preispolitik - ausgerichtet werden.

4. Literatur

Aaker, D. A./Keller, K. L. (1990): Consumer Evaluations of Brand Extensions, in: Journal of Marketing, 54 (January), S. 27-41.

Andresen, T./Nickel, O. (1999): Führung von Dachmarken, in: Esch, F.-R. (Hrsg.): Moderne Markenführung: Grundlagen - innovative Ansätze - praktische Umsetzungen, Wiesbaden, S. 575-604.

Blattberg, R. C./Wisniewski, K. J. (1987): How Retail Price Promotions Work: Empirical Results, in: Marketing Working Paper No. 42, Graduate School of Business, University of Chicago, zitiert nach: Blattberg, R. C./Neslin, S. A. (1990): Sales Promotion: Concepts, Methods, and Strategies, Englewood Cliffs, S. 367 ff.

Böhlke, E. (1995): Trade Marketing, in: Tietz, B./Köhler, R./Zentes, J. (Hrsg.): Handwörterbuch des Marketing, Stuttgart, S. 2483-2494.

Brockhoff, K. (1999): Produktpolitik, 4. Aufl., Stuttgart, New York.

Bruhn, M. (1999): Marketing: Grundlagen für Studium und Praxis, 4. Aufl., Wiesbaden.

Dichtl, E. (1995): Konsumgütermarketing, in: Tietz, B./Köhler, R./Zentes, J. (Hrsg.): Handwörterbuch des Marketing, Stuttgart, S. 1246-1263.

Diller, H. (1991): Preispolitik, 2. Aufl., Stuttgart et al.

Dölle, V. (1997): Konzepte und Positionierung der Handelsmarken - dargestellt an ausgewählten Beispielen, in: Bruhn, M. (Hrsg.): Handelsmarken. Entwicklungstendenzen und Zukunftsperspektiven der Handelsmarkenpolitik, Stuttgart, S. 183-197.

Ernst&Young/Nielsen (1999): New Product Introduction: Successful Innovation/Failure: A Fragile Boundary, o. O.

Esch, F.-R./Levermann, T. (1995): Positionierung als Grundlage des strategischen Kundenmanagements auf Konsumgütermärkten, in: Thexis, 12 (4), S. 8-16.

Esch, F.-R./Wicke, A. (1999): Herausforderungen und Aufgaben des Markenmanagements, in: Esch, F.-R. (Hrsg.): Moderne Markenführung: Grundlagen - innovative Ansätze - praktische Umsetzungen, Wiesbaden, S. 3-55.

Feige, S. (1996): Handelsorientierte Markenführung, Frankfurt a. M.

Gedenk, K. (2000): Erfolgsanalyse und Planung von Verkaufsförderung für Konsumgüter, Habilitationsschrift, Universität Kiel, Kiel.

Gedenk, K./Sattler, H. (1999): The Impact of Price Thresholds on Profit Contribution - Are 9-Ending Prices Based on Tradition or Economic Rationale?, in: Journal of Retailing, 75 (1), S. 33-57.

Gemünden, H. G. (1993): Zeit - Strategischer Erfolgsfaktor in Innovationsprozessen, in: Domsch, M./Sabisch, H./Siemers, S. H. (Hrsg.): F&E-Management, Stuttgart, S. 67-118.

Keller, K. L. (1993): Conceptualizing, Measuring, and Managing Customer-Based Brand Equity, in: Journal of Marketing, 57 (January), S. 1-22.

Keller, K.L. (1998): Strategic Brand Management. Building, Measuring, and Managing Brand Equity, Upper Saddle River.

Lodish, L./Abraham, M./Kalmenson, S./Livelsberger, J./Lubetkin, B./Richardson, B./Ellen Stevens, M. (1995): How T.V. Advertising Works: A Meta-Analysis of 389 Real World Split Cable T.V. Advertising Experiments, in: Journal of Marketing Research, 32 (May), S. 125-139.

Meffert, H./Perrey, J. (1999): Mehrmarkenstrategien - Ansatzpunkte für das Management von Markenportfolios, in: Esch, F.-R. (Hrsg.): Moderne Markenführung: Grundlagen - innovative Ansätze - praktische Umsetzungen, Wiesbaden, S. 619-646.

Mei-Pochtler, A. (1999): Mit Marken Wert Schaffen, in: Markenartikel, 3/99, S. 22-26.

Müller-Hagedorn, L. (1998): Der Handel, Stuttgart et al.

Pohl, A. (1996): Leapfrogging bei technologischen Innovationen, Wiesbaden.

Rangaswamy, A./Burke, R. R./Oliva, T. A. (1993): Brand Equity and the Extendibility of Brand Names, in: International Journal of Research in Marketing, 10 (1), S. 61-75.

Sattler, H. (1997): Monetäre Bewertung von Markenstrategien für neue Produkte, Stuttgart.

Sattler, H. (2000): Markenpolitik, Stuttgart et al.

Sattler, H./PriceWaterhouseCoopers (1999): Praxis von Markenbewertung und Markenmanagement in Deutschen Unternehmen, in: PriceWaterhouseCoopers (Hrsg.): Industriestudie, Frankfurt.

Sattler, H./Rao, V. R. (1997): Die Validität eines Ansatzes zur Separierung der Allokations- und Informationsfunktion des Preises, in: Zeitschrift für Betriebswirtschaftslehre, 67 (12), S. 1285-1307.

Sattler, H./Zatloukal, G. (1998): Success of Brand Extensions", in: Proceedings of the 27nd Annual Conference of the European Marketing Academy, Stockholm, S. 97-108.

Schiele, P. (1997): Markenstrategien wachstumsorientierter Unternehmen, Dissertation Universität Mannheim.

Schmalen, H. (1994): Das hybride Kaufverhalten von Konsumenten, in: Zeitschrift für Betriebswirtschaft, 64, S. 1221-1240.

Schmalen, H./Lang, H./Pechtl, H. (1999): Gattungsmarken als Profilierungsinstrument im Handel, in: Esch, F.-R. (Hrsg.): Moderne Markenführung: Grundlagen - innovative Ansätze - praktische Umsetzungen, Wiesbaden, S. 895-913.

Shocker, A. D./Srivastava, R. K./Ruekert, R. W. (1994): Challenges and Opportunities Facing Brand Management: An Introduction to the Special Issue, in: Journal of Marketing Research, 31 (May), S. 149-158.

Simon, H. (1992): Preismanagement: Analyse, Strategie, Umsetzung, 2. Aufl., Wiesbaden.

Tellis, G. J. (1988): The Price Elasticity of Selective Demand: A Meta-Analysis of Econometric Models of Sales, in: Journal of Marketing Research, 25 (November), S. 331-341.

Tomczak, T./Schögel, M./Feige, S. (1999): Erfolgreiche Markenführung gegenüber dem Handel, in: Esch, F.-R. (Hrsg.): Moderne Markenführung: Grundlagen - innovative Ansätze - praktische Umsetzungen, Wiesbaden, S. 847-871.

Weinberg, P. (1981): Das Entscheidungsverhalten der Konsumenten, Paderborn et al.

Zatloukal, G. (2000): Erfolgsfaktoren von Markentransfers, Dissertation an der Wirtschaftswissenschaftlichen Fakultät der Friedrich-Schiller-Universität Jena.

Günter Silberer

Marketing für Nahrungs- und Genußmittel

1. Einleitung
2. Die Sensorik als Informationsgrundlage des NGM-Marketing
    2.1   Die Sensorik als Grundlagenwissen
    2.2   Die Sensorik als Methodenarsenal
3. Die Sensorik als Gestaltungsaufgabe im NGM-Marketing
    3.1   Die Produktpositionierung im Werteraum
    3.2   Die Definition des Produktnutzenbündels
    3.3   Die Bestimmung der einzelnen Produktmerkmale
    3.4   Die Entwicklung der Testprodukte (Prototypen)
    3.5   Das Marketingmix beim Aufbau einer sensorischen Marke
    3.6   Die Produktentwicklung als iterativer Interaktionsprozeß
4. Zusammenfassung und Ausblick
5. Literatur

1. Einleitung

Die Vielfalt des Marketing resultiert aus der Komplexität der Märkte und diese aus der Varietät von Gütern, Anbietern, Nachfragern, Produktions- und Distributionssystemen, Marktregulierungen und Drittinstitutionen wie z. B. Ausbildungs-, Aufklärungs- und Verbraucherschutzeinrichtungen. Die Hoffnung, daß diese Komplexität abnimmt, wenn ein ganz bestimmter Sektor wie die Nahrungs- und Genußmittelbranche herausgegriffen wird, schwindet bei näherer Betrachtung schnell dahin. Auch die Vielfalt der heutigen Nahrungs- und Genußmittel ist enorm und zudem kontinuierlich ansteigend. Ebenso komplex gestalten sich dann auch die einschlägigen Produktions-, Distributions- und Konsumptionsverhältnisse. Sie reichen von Selbstversorgern auf dem Lande bis hin zur Lebensmittelindustrie, die ihre Produkte an z. T. höchst anspruchsvolle Privat- und Kollektivhaushalte über hochtechnisierte Distributionssysteme absetzt. Eine Vielzahl an Problemen, so z. B. die gesundheitsschädigenden Auswirkungen der heutige Ernährung und die öffentliche Regulierung des NGM-Verkaufs kommt hinzu. Eine umfassende Darstellung aller Möglichkeiten und Herausforderungen des modernen Nahrungs- und Genußmittelmarketing würde daher ganze Bibliotheken füllen.

Ein Beitrag zum Nahrungs- und Genußmittelmarketing auf begrenztem Raum muß sich daher auf wenige Fragen beschränken. Da Nahrungs- und Genußmittel als Verbrauchsgüter nicht nur dem Stillen von Durst und Hunger, sondern auch und oft zuallererst dem Genuß dienen, sei hier vor allem auf diesen sensorischen Aspekt des Konsums und des NGM-Marketing eingegangen. Zentrale Fragen lauten deshalb: Was ist unter sensorischen Präferenzen und Erfahrungen zu verstehen und wie können diese erfaßt werden? Wovon hängen sensorische Erwartungen und Erfahrungen bei Nahrungs- und Genußmitteln ab? Und wie kann das NGM-Marketing auf der Basis einer wissenschaftlich fundierten Sensorik den derzeitigen und künftigen Herausforderungen gerecht werden?

2. Die Sensorik als Informationsgrundlage des NGM-Marketing

Die Sensorik liefert nicht nur wichtige Erkenntnisse zum Konsumerleben bei Nahrungs- und Genußmitteln, zur Bildung und Dynamik von Präferenzen, sondern auch einschlägige Meßinstrumente und Anleitungen zu deren Einsatz. Das Methodeninstrumentarium der Sensorik erlaubt es dem NGM-Marketing, diejenigen Informationsgrundlagen selbst zu erarbeiten, die im konkreten Fall vonnöten und nicht schon zum sensorischen Grundwissen zu zählen sind.

2.1 Die Sensorik als Grundlagenwissen

Nahrungs- und Genußmittel sprechen stets mehrere Sinne, z. T. sogar alle an. Zubereitete Speisen werden geschmeckt und gerochen. Darüber hinaus wird registriert, wie sich z. B. ein Gericht beim Zerlegen auf dem Teller und beim Kauen (im Mund) „anfühlt", wie sich die Beißgeräusche anhören und – last but not least – wie das Ganze aussieht. "Das Auge ißt mit!" Bei Getränken ist es nicht viel anders. Eine Cola beeindruckt durch ihre Farbe, die Form der Flasche oder Dose wird gesehen und gefühlt, die Temperatur ebenso wahrgenommen wie das Prickeln auf der Zunge, und das Registrieren des „Aromas" kommt hinzu, zumindest das „retronasale" Riechen, wenn ein Schluck genommen wurde und dieser auf den Geruchssinn nachwirkt. Daraus folgt jedenfalls, daß die Sensorik im NGM-Marketing gut beraten ist, im Zweifel alle menschlichen Sinne zu beachten.

(1) Zur Sinnesphysiologie

Das Auge: Das meiste, was wir von unserer Umwelt wahrnehmen, erreicht uns über den Gesichtssinn, ein weitaus kleinerer Teil über das Gehör und noch weniger über die übrigen Sinne (Gut 1990, S. 70). Beim visuellen Wahrnehmen treffen die Lichtwellen auf unsere Netzhaut und werden dort in neuronale Signale umgewandelt. Der Sehnerv leitet diese Signale an eine Vermittlungsstation, und von dort werden sie dann an spezialisierte Nervenzellen in der primären Sehrinde weitergeleitet (Shatz 1994, S. 2).

Das Gehör: Beim Hören nimmt das äußere Ohr die akustischen Reize – Vibrationen von Luftmolekülen – als sog. Schallwellen auf. Das Trommelfell, das den Gehörgang abschließt, bewegt mit seinen Schwingungen winzige Innenohrknochen, welche diese Schwingungen auf die Schnecke im Innenohr übertragen und die Haarzellen als spezielle Sinneszellen reizen (Klivingston 1992, S. 122). Die Haarzellen übersetzen diese Reize in Signale, die der Hörnerv dann dem Rautenhirn zuleitet. Das Rautenhirn projiziert diese Information dann auf die Wucherungen des Temporallappens (Rohen 1994, S. 214).

Das Tasten und Spüren: Die haptisch-somatische Wahrnehmung erfolgt über den Haltungs- bzw. Gleichgewichtssinn und über den Hautsinn. Nur letzterer soll uns hier weiter interessieren. Tast-, Temperatur- und Schmerzrezeptoren sind freie Nervenzellen, die – über den ganzen Körper verteilt – über den „vierten Hirnnerv" zum Brückenkern (Pons) führen und von dort zum sensorischen Hauptkern und zur Hirnrinde weiterreichen (Burdach 1988, S. 84). Besonders sensibel für Druck und Berührung sind die Fingerspitzen, die Zungenspitze und die Lippen. Schmerzrezeptoren antworten auf starken Druck, auf extreme Temperaturen und auf ätzende Stoffe, welche die Haut schädigen können.

Das Riechen: Der Geruchssinn unterscheidet sich – wie der Geschmackssinn übrigens auch – von den anderen Sinnen dadurch, daß er nicht auf mechanische oder elektromagnetische Reize, sondern auf chemische Substanzen reagiert. Die Chemorezeption erfolgte in der Evolution des Menschen und seiner Vorgänger weitaus früher als die anderen Wahrnehmungsfunktionen. Der Grund dafür: Das Riechen hatte mit der

Identifizierung von Nahrung und von Gefahren (auch verdorbener Nahrung), aber auch dem Erkennen von Revieren und potentiellen Partnern von Anfang an ganz zentrale, überlebenswichtige Aufgaben zu erfüllen.

Die Aufnahme von Duftmolekülen erfolgt in der oberen Nasenhöhle über die Riechschleimhaut. Diese Schleimhaut steht über den „Ersten Hirnnerv" mit dem Riechlappen des Endhirns in Verbindung. Von dort werden die Reize an das Riechhirn weitergeleitet, das über direkte Verbindungen zum Thalamus und zum limbischen System verfügt, das beim emotionalen Erleben eine große Rolle spielt (Klivingston 1992, S. 121). Der Geruch hat somit einen „privilegierten" Zugang zu den Gefühlen. Mehrere Millionen Rezeptorzellen sichern eine leistungsfähige Geruchswahrnehmung. Da im Gehirn jedoch ca. 1000 Riechzellen an einer einzigen Mitralzelle enden, kommt es dort zu einer Verdichtung der Duftinformation. Es gibt auch keine eindeutige Zuordnung von Rezeptoren zu einzelnen, reinen Gerüchen, was die analytische bzw. zerlegende Identifizierung von Bestandteilen einer Geruchsmischung erschwert (Sekuler & Blake 1994, S. 410, Burdach 1989, S. 22). Die wahrnehmbare Geruchsintensität schwankt im Zeitablauf und ist von Mensch zu Mensch verschieden (Hatt 1990, S. 115). Immerhin ist der Mensch in der Lage, mehrere Tausend verschiedene Geruchsempfindungen zu unterscheiden.

Das Schmecken: Die gustatorische Wahrnehmung erfolgt über die Geschmacksknospen auf der Zungenoberfläche sowie in bestimmten Bereichen des Gaumens, der hinteren Rachenwand und des Kehlkopfes. Eine Geschmacksknospe besteht aus 20 bis 30 Sinneszellen, die vor allen durch gelöste Stoffe erregt werden. Über den Geschmacksnerv werden die Signale an das Zwischenhirn und von dort zur Großhirnrinde weitergeleitet (Rohen 1994, S. 162, Burdach 1988, S. 46). Dabei hat das gustatorische System – wie der Geruch – einen direkten Anschluß zum limbischen System, so daß auch der Geschmack unmittelbar emotionale Reaktionen auslösen kann (Rohen 1994, S. 166). Wichtig ist der Umstand, daß mit dem Geschmackssinn allein nur vier Geschmacksrichtungen identifiziert werden können: süß, salzig, sauer und bitter. (Pfeffer reizt die Hitzerezeptoren!)

Eine Besonderheit der Verarbeitung gustatorischer Reize besteht darin, daß sie zusammen mit der Verarbeitung olfaktorischer, thermischer und haptisch-somatischer Reize erfolgt (Burdach 1988, S. 51 f.). Diese integrierte Reizverarbeitung führt dazu, daß dem Menschen beim Verzehr von Nahrungs- und Genußmitteln eine „analytische" Sinneswahrnehmung recht schwer fällt. Ein weiterer Grund dafür ist darin zu sehen, daß beim Verzehr von Nahrungs- und Genußmitteln immer auch eine retronasale Duftverarbeitung stattfindet. Dabei handelt es sich um die Verarbeitung von Gerüchen, die in der Mundhöhle durch Kau-, Schluck- und Atemvorgänge freigesetzt werden.

(2) Zur Integration der einzelnen Sinneseindrücke

Der Gesamteindruck von einem Gegenstand, einer Situation oder einem Vorgang ergibt sich immer erst aus dem Zusammenwirken der einzelnen Sinneswahrnehmungen. Die Integration der einzelnen Sinneseindrücke zu einem Wahrnehmungsmuster oder einem

„inneren Bild" vollzieht sich überwiegend unbewußt. Der Mensch hat keinen unmittelbaren Zugang zu diesem Geschehen (Scharf 1999, S. 52).

Auch wenn die Forschung bislang keineswegs alle Aspekte der Verarbeitung von Sinneseindrücken klären konnte, so gilt doch folgendes als recht gesichert:

Erstens: Die menschliche Wahrnehmung arbeitet nach einem ganzheitlichen Grundmuster, verarbeitet die einzelnen Eindrücke und ergänzt, schließt ggf. vorhandene Lücken automatisch im Sinne des Gesamtzusammenhangs. Zweitens: Experimente mit Primaten zeigen, daß der Mandelkern, ein Teil der Großhirnrinde, für die Integration sensorischer Eindrücke verantwortlich ist. Nervenfasern, die den letzten Abschnitten der Sinnessysteme in der Großhirnrinde entspringen, erreichen diesen Mandelkern. Sinneseindrücke aktivieren auf diese Weise einen Schaltkreis, der von den Verbindungen zwischen dem Mandelkern zu den Sinnesnerven(bahnen) verlaufen. Dies erklärt den Umstand, daß ein einzelner sensorischer Reiz unterschiedliche Erinnerungen in anderen Sinnesmodalitäten auslösen kann, so z. B. der Geruch einer Bratwurst die bildhafte Vorstellung eines Grillvorganges.

Die Ausstrahlung eines Sinneseindruckes auf andere Wahrnehmungsmodi im Sinne einer Schlußfolgerung oder eines Erfahrungstransfers bezeichnet man als *„Irradiation"* (Kroeber-Riel & Weinberg 1996, S. 304). Wenn ein Reiz nicht nur das einschlägige Sinnessystem, sondern zugleich ein anderes aktiviert, wird auch von *„Synästhesie"* gesprochen. Synästhesie liegt z. B. vor, wenn jemand beim Musikhören nicht nur Klänge wahrnimmt, sondern vor seinem „geistigen Auge" zugleich auch Farben (mit-)sieht.

Sensorische Präferenzen ändern sich zunächst entlang der bekannten Abfolge von *Appetit, Hunger, Sättigung* und *Völlegefühl* bzw. Überdruß, wobei der Hunger und das Völlegefühl sogar mit Schmerzen wie z. B. mit einem Magendruck verbunden sein können (Scharf & Sander 1999, S. 2 f.). Dabei ist in erster Linie das physiologische Mangel- und Sättigungsempfinden angesprochen, weniger die psychologische Dynamik sensorischer Präferenzen wie z. B. die Lust auf Abwechslung oder das Gefühl, genug (gekostet) zu haben, obwohl keine „körperliche Sättigung" erreicht ist (ebda S. 11 f.).

Eine *psychologische Sättigung* muß sich nicht auf den Verzehr von Nahrungs- und Genußmitteln beschränken. Der *Wunsch nach Abwechslung (variety seeking)* kann auch mit dem Produktäußeren und der Verpackung zu tun haben. Eine Produktaversion muß keineswegs immer nur vom Gaumen und vom Magen ausgehen; sie kann auch eine „Kopfgeburt" darstellen.

Im Vergleich zum Sättigungseffekt wirkt der *Zuwachs an Vertrautheit* in die entgegengesetzte Richtung, wenn unter der Vertrautheit ein Gefühl der Nähe und damit ein positives Empfinden verstanden wird. Dabei macht es keinen prinzipiellen Unterschied, ob sich die Vertrautheit auf sensorische Eigenschaften oder auf äußere Merkmale eines Nahrungs- und Genußmittels bezieht (ebda S. 4 f.). Vertrautheit kann allein schon durch bloße Kontakte zustande kommen (vgl. dazu die *mere exposure-Hypothese* von Zajonc (1968) und die entsprechenden Studien in diesem Forschungsbereich). Dennoch muß damit gerechnet werden, daß wiederholte Produktkontakte, die zu einer Verbesserung der optischen Produktbeurteilung führen, keineswegs immer auch bessere gustatorische Urteile nach sich ziehen (vgl. hierzu die Studie von Birch 1987, S. 175).

Wird nicht nur der einzelne Konsumakt, sondern auch der wiederholte Verbrauch eines NGM und damit eine wiederholte, andauernde Sinnesreizung betrachtet, dann muß auch mit Adaptationsphänomenen gerechnet werden. Bei einer *Adaptation* handelt es sich um physiologische Anpassungen der menschlichen Sinne, bei denen sich z. B. das Auge an eine plötzliche Helligkeit, das Gehör an das Flüstern in der Stille oder der Temperatursinn an eine plötzliche Kälte oder Hitze anpassen muß (Scharf & Sander 1999, S. 3 f.). Es gibt auch *gustatorische Adaptationen*, so z. B. dann, wenn der Geschmackssinn wiederholt mit stark gewürzten Speisen konfrontiert und dabei die Reizschwelle für die entsprechenden Substanzen automatisch heraufgesetzt wird. Dasselbe trifft beim Riechen zu: So kann es sein, daß ein anhaltender Knoblauchgeruch in einer Küche beim Betreten sehr deutlich, nach wenigen Minuten kaum noch und nach einer Stunde gar nicht mehr auffällt. Entzieht sich eine Person diesem Reiz, z. B. durch das Verlassen dieser Küche, gewinnt der Geruchssinn seine ursprüngliche Sensibilität rasch zurück; ein Prozeß der *Deaptation* setzt ein (ebda).

Abschließend sei festgehalten, daß die Existenz derartiger Prozesse weniger Fragen aufwirft als die Bestimmung der jeweiligen Ursachen. Jedenfalls spricht vieles dafür, daß in der Regel sowohl physiologische als auch psychologische Mechanismen beteiligt sind. Die Separierung dieser Mechanismen wird auch in Zukunft schwer zu realisieren sein.

(3) Zur Diskrepanz zwischen sensorischen Erwartungen und entsprechenden Erfahrungen

Sensorische Erfahrungen und Urteile hängen von vielen Faktoren ab, sicherlich auch von entsprechenden *Erwartungen* (vgl. Scharf 1999, S. 347 f., Scharf & Volkmer 1997). Und diese Erwartungen selbst ergeben sich u. a. aus sensorischen Kontakten mit eingeführten Produkten, aus der Mund-zu-Mund-Werbung, aus Presseberichten, aus der Werbung und der Verpackung sowie aus dem Produktäußeren. Ohnehin wird nicht selten von ganz wenigen Merkmalen wie z. B. der Farbe auf deren Reifegrad einer Frucht und auf deren Geschmack geschlossen. Eine solche *Irradiation* kann übrigens auch von Hinweisen auf den Hersteller (Öko-Bauer vs. Massen-Fabrikant) und vom Produktpreis ausgehen.

Der *Assimilations-Kontrast-Theorie* von Hovland et al. (1957) zufolge hängt die wahrgenommene Diskrepanz zwischen Erwartungen und Erfahrungen nicht nur von Produktmerkmalen ab, sondern auch von kognitiven Prozessen, die sich unmittelbar und weitgehend unbewußt an eine erwartungsdiskrepante Wahrnehmung anschließen. Kleine Erwartungsdiskrepanzen werden der Assimilations-Kontrast-Theorie zufolge assimiliert bzw. „heruntergespielt", d. h. kleiner als vorab de facto vorhanden eingestuft. Größere Diskrepanzen werden dagegen kontrastiert, d. h. „vergrößert" wahrgenommen, d. h. größer als vorab de facto zu erwarten gewesen wäre (vgl. Scharf 1999, S. 353-355). Die Umwertung derartiger Diskrepanzen können im Falle einer Assimilation mit dem sog. Dissonanzeffekt erklärt werden und im Falle eines „Kontrasteffektes" mit dem Enttäuschungs- und Bumerangeffekt. Für die Theorie und für die Praxis ist die Frage gleichermaßen entscheidend, ab welchem Schwellenwert der Akzeptanzbereich mit den Assimilationseffekten endet und der Bereich der positiven oder negativen Überraschung beginnt. Daß die Schwelle vom Assimilationsbereich in den Kontrastbereich hinein von Person zu Person variiert und entscheidend vom Produktinvolvement der jeweiligen Person abhängen soll, ist ebenso plausibel wie die Schwierigkeit, derartige Schwellen zuverlässig vorherzusagen.

2.2 Die Sensorik als Methodenarsenal

So wertvoll die Erkenntnisse der Sensorik auch sind, ein NGM-Marketing bedarf gezielter Informationen über die Konsum- und Kaufgewohnheiten der Zielgruppen, deren Präferenzen, deren Wahlhandlungen, deren Produkturteile und auch der Privatkommunikation. *Sensorische Primärforschung* ist zumeist unverzichtbar.

Ein wichtiges Aufgabenfeld der sensorischen Primärforschung besteht zunächst in der Analyse der sensorischen *Produktbeurteilung,* der Erhebung von *Präferenz- und Akzeptanzurteilen* der Zielpersonen und Zielgruppen (Scharf 1999, S. 308-360). Die sensorischen *Präferenztests* erbitten von den Testpersonen ganzheitliche Wahlentscheidungen zwischen zwei oder mehreren sensorisch unterschiedlichen Produkten, so z. B. Paarvergleiche. Solche Aufgaben lassen sich gut bewältigen, einzelne Merkmale sind nicht zu beurteilen. Allerdings werden auch keine Hinweise auf das präferierte sensorische Produktprofil zutage gefördert.

Bei den sensorischen *Akzeptanztests* werden ebenfalls Produktbeurteilungen (meist als affektive Urteile) erbeten, aber nicht als Vergleichsurteile, sondern als metrisch skalierte Angaben. In diesem Bereich hat sich die Neun-Punkte-Hedonik-Skala von Peryam & Giradot (1952) bewährt. Diese Hedonik-Skala ist bipolar, verbal verankert („like extremely"– „dislike extremely") und erlaubt eine neutrale Antwort („neither like nor dislike"). Entsprechende Urteile lassen sich auf ein Produkt insgesamt und bei leicht erfragbaren Eigenschaften wie z. B. bei Duft einer Seife auch auf einzelne Produktmerkmale beziehen. Es können neben der Hedonik-Skala aber auch andere Ratingskalen sowie Magnitudenskalen eingesetzt werden (Scharf 1999, S. 326). Bei Kindern bieten sich vor allem Gesichtsskalen an; kommen dennoch Verbalskalen zum Einsatz, dann müssen diese der altersspezifischen Alltagssprache Rechnung tragen.

Das zweite, nicht minder wichtige Aufgabenfeld, die *Analyse der sensorischen Produktwahrnehmung,* ist im NGM-Bereich ebenfalls mit Herausforderungen verbunden. Wenn weder die Wahrnehmung noch die Beurteilung einzelner Produktmerkmale, sondern lediglich die Wahrnehmung von *Produktunterschieden* interessiert, die de facto zwischen verschiedenen neu entwickelten Produktneuheiten oder mehreren Konkurrenzprodukten vorliegen können, so kommen die sog. *Diskriminationstests* in Frage (Scharf 1999, S. 156-233). In der Produktentwicklung läßt sich auf diesem Wege ermitteln, ab welcher

Intensität eine Dosierung von chemisch-physikalischen Produkteigenschaften von welchen Testpersonen wahrgenommen werden.

Soll jedoch ermittelt werden, welche sensorischen Eigenschaften ein Produkt aufweist und wie stark die Eigenschaften ausgeprägt sind, dann muß auf die Methoden der *Deskriptiven Analyse* zurückgegriffen werden (ebda S. 234-307). Die deskriptive Analyse von NGM zielt darauf ab, sensorische Produkteigenschaften zu ermitteln und sensorische Produktprofile zu bestimmen. Damit sind nicht die chemisch-physikalischen Eigenschaften gemeint, die z. B. ein Lebensmitteltechniker erstellen kann, sondern sensorische Eigenschaften in der Wahrnehmung über den sensorischen Apparat des Menschen, die möglichst objektiv – im Sinne einer recht guten Reproduzierbarkeit verstanden – sein soll. Diese Objektivität im Sinne einer Reproduzierbarkeit wird dadurch erreicht, daß sensorisch geschulte Konsumenten als *Experten* die Produktbeurteilung anhand geeigneter Vorgaben vornehmen.

Bei der deskriptiven Analyse sind die Experten Konsumenten und Meßinstrumente zugleich. Mit der Produktart vertraut, können sie die sensorischen Eigenschaften aufspüren sowie exakt und standardisiert beschreiben. Sie benutzen dabei geeignete Referenzreize als Urteilsanker, was nicht zuletzt durch Probemessungen in der Trainings- oder Vorbereitungsphase überprüft und durch gezielte Schulungsaktivitäten sichergestellt wird. Die Entwicklung einer geeigneten Terminologie und die letztendliche Bestimmung der geeigneten Deskription für das sog. Profiling zählen zu den wichtigen Erfordernissen deskriptiver Analysen. Zu den Methoden der deskriptiven Analyse, die hier nicht näher behandelt werden sollen, zählen die Flavor-Profil-Methode, die Textur-Profil-Methode, das Free-Choice-Profiling und die Quantitative Deskriptive Analyse (QDA) (ebda). In diesem Zusammenhang sei außerdem auf den vergleichenden Warentest verwiesen, der sich zunehmend mit sensorischen Beschreibung und Beurteilung von NGM-Marken aus der Sicht des (Durchschnitts-)Konsumenten befaßt.

Das NGM-Marketing muß sich darum bemühen, daß relevante und valide Informationen über die sensorischen Merkmale der Produkte, über die Wahrnehmung der Produktunterschiede und über die Produktpräferenzen vorliegen. Es ist allerdings auch darauf zu achten, daß die Ergebnisse der deskriptiven Erhebungen mit „Produktexperten" und die Resultate der Diskriminations-, Präferenz- und Akzeptanzstudien von Vertretern der Zielgruppen und damit von „Normalverbrauchern" stammen. Die optimale Informationsversorgung ist allerdings erst dann erreicht, wenn die jeweiligen Resultate nicht nur geliefert, sondern auch zusammengeführt werden, wenn die „*Deskriptionen"* der Experten und die „*Präferenzen"* der Zielgruppen miteinander verknüpft werden (Scharf 1999, S. 360-379). Dabei kommt neben dem „Preference Mapping" von Carroll (1972) vor allen Dingen auch die Multivariate Kalibrierung mittels der „Partial Least Squares-Regression" (s. Scharf & Biedekarken 1996) in Frage. Wenn es dabei gelingt, die komplexen Beziehungen zwischen deskriptiven Daten und Präferenzdaten transparent zu machen und das Endergebnis in einer bildhaften Form anschaulich darzustellen, so sind die besten Voraussetzungen für empirisch fundierte Produktentscheidungen im NGM-Sektor geschaffen.

3. Die Sensorik als Gestaltungsaufgabe im NGM-Marketing

So wichtig die Informationsbasis für die Gestaltung von NGM auch ist, es kommt immer auch auf die Nutzung der verfügbaren Informationen im Produkt- oder Markenentwicklungsprozeß an, auf die Qualität von Entscheidungen und damit auch auf die Entscheidungsträger und die Entscheidungsprozesse. Bei der Produktinnovation im NGM-Sektor ist auf vieles zu achten: Neben den sensorischen Grundlagen müssen u. a. Normen des Lebensmittelrechts und der sonstigen Verbraucherschutzregelungen, die Vorgaben von Gesundheitsbehörden, technische Systeme in der Logistikkette, Anforderungen des Handels (z. B. an Preise, Handelsspannen und Regaldienste) und Folgewirkungen im Ökosystem beachtet werden. Im Folgenden sollen allgemeine und sensorische Aspekte der NGM-Entwicklung im Vordergrund stehen und dabei insbesondere die Frage, auf welche Weise den Erwartungen und Präferenzen der anvisierten Konsumentenschicht am besten Rechnung getragen werden kann.

3.1 Die Produktpositionierung im Werteraum

Wer in der Vielfalt des heutigen Angebotes an NGM einen Platz finden, Aufmerksamkeit und Interesse erzeugen sowie Nachfrage generieren und sichern will, muß sein Produkt oder seine Marke strategisch positionieren. Dabei sind entscheidende Grundfragen zu beantworten, vor allen Dingen (1) die Frage nach der Zielgruppe oder den Zielgruppen, (2) die Frage nach dem dominierenden Verwendungszweck und Konsumanlaß und (3) die Frage nach dem dominierenden Produktnutzen oder Produktvorteil. Als Zielsegmente können z. B. Kinder, Jugendliche, Erwachsene, Frauen, Berufstätige, Sportler, Autofahrer oder Diabetiker im Betracht kommen (vgl. test 1999). Beim Verwendungszweck wäre u. a. an Grundnahrungsmittel, an Fun Food, an Functional Food oder an Event Food (Silberer & Hehn 1999) zu denken. Beim Konsumanlaß und beim Verwendungskontext läßt sich z. B. auf Fertiggerichte für das schnelle Zubereiten zu Hause hinweisen, auf Pausensnacks für die Schul-, Sitzungs- oder Arbeitspause und auf Fahrerdrinks, die im PKW von der Person am Steuer problemlos fixiert und getrunken werden können. Und was den dominierenden Produktnutzen angeht, so läßt sich wiederum das Fun, Functional und Event Food anführen, darüber hinaus aber auch das Convenience Food und der sensorische Werbeartikel wie z. B. das markenspezifische Bonbon, das im Dienste einer anderen Marke, z. B. einer TV-Serie zu stehen hat.

Bei der strategischen Positionierung von NGM sollte zunächst eine Rückbindung an „*elementare Kategorien des Wünschenswerten*" (Silberer 1991, S. 17 f.) erfolgen, und damit an die sog. *Werthaltungen* oder *Wertorientierungen*, an die Grundwerte des „Kleinen Mannes" und der „Kleinen Frau". Nicht alle denkbaren und lebenswichtigen Grundwerte sind dabei von Bedeutung, sondern vor allem die konsumbezogenen, produktrelevanten Werte, zu denen z. B. der Genuß, die Gesundheit, die Fitneß, das Ansehen, die soziale Anerkennung, die Bequemlichkeit und ökologische Belange zählen können (ebda S. 184-188). Die Positionierung eines neuen NGM im relevanten, auf wenige wichtige Dimensionen reduzierten „*Werteraum*" setzt nicht nur die Auswahl und Gewichtung der entscheidenden Wertedimensionen voraus, sondern auch die Bestimmung jenes Beitrages, den ein Produkt oder dessen Verwendung zur Realisierung einer Wertdimension zu erbringen vermag" (zum Zielwerte-Instrumentalwerte-Konzept oder means-end-model der Produktentwicklung s. Silberer 1991, Herrmann 1998).

Da nicht alle Werthaltungen in allen Zielgruppen gleichermaßen relevant und auch nicht in identischer Gewichtung (Wertehierarchie) vertreten sind, muß selbst die grundlegende Positionierung neuer Produkte in der Regel im segmentspezifischen Werteraum erfolgen. Diät- und Lightprodukte dienen den Übergewichtigen eher der Gesundheit, den „Outfit-Orientierten" dagegen eher der Schlankheit und dem Aussehen.

Als Beispiel für die *multidimensionale Positionierung* sei ein Speiseeis angeführt, das nicht nur dem Genuß (Wertedimension I) und der Gesundheit (Wertedimension II), sondern auch der Bequemlichkeit bei „tiefgekühltem Heimtransport", bei Einstellen in das kleine Gefrierfach zuhause und beim Auspacken, beim Verzehr und bei der Verpakkungsentsorgung dienlich sein soll.

Der vielzitierte und immer wieder attestierte *Wertewandel* muß nicht nur im Auge behalten, sondern auch im Rahmen einer wiederholten Überprüfung und ggf. einer notwendigen Revision der Produktpositionierung im Werteraum berücksichtigt werden. Hierbei könnte das Streben nach Aktualität auch den Versuch beinhalten, Wertetrends und Wertewandelsauswirkungen möglichst früh zu erkennen und richtig zu antizipieren. Dies kann durchaus gelingen, zumal die Werteforschung aufzuzeigen vermag, welche Faktoren den Wertewandel verursachen, beschleunigen und verlangsamen (zum Stand der Werteentwicklungs- und Wertewandelsforschung s. Silberer 1991, S. 119-168)

3.2 Die Definition des Produktnutzenbündels

Aus dem *Wertebündel* ist in einem Zwischenschritt das konkrete *Nutzenbündel* zu entwickeln. Dabei geht es um eine Konkretisierung der Nutzenelemente, um das präferierte Produkterleben, um hedonische Inhalte. Die Definition des Produktnutzenbündels ist unverzichtbar, weil jedes Produkt einen Nutzen stiften muß, weil entsprechende Erwartungen generiert werden müssen, damit es zur Kaufneigung kommt, und weil diese Nutzenerwartungen auch erfüllt werden müssen, wenn eine Enttäuschung und Unzufriedenheit des Käufers bzw. des Konsumenten vermieden werden sollen.

Wie können nun die *Nutzenprofile* bei NGM als *hedonische Produktkonzepte* ganz konkret aussehen? Nehmen wir das Beispiel Vanilleeis und beschränken wir uns (in Anlehnung an Scharf & Biedekarken 1996, S. 224) dabei auf die folgenden sensorischen Aspekte:

(1) angenehmer, passender *Geruch*,

(2) gutes, appetitliches *Aussehen*,

(3) guter *Geschmack* (vor dem Schlucken),

(4) angenehmes *Mundgefühl* und

(5) guter *Nachgeschmack* (nach dem Schlucken).

Bei Schokoladenbonbons könnte es nicht nur auf das Aussehen, den Geschmack, das Mundgefühl und den Nachgeschmack, sondern auch darauf ankommen, daß die Bonbons nicht in der Hand, sondern erst auf der Zunge schmelzen (so ein Werbeslogan für ein entsprechendes Schokoladenprodukt). Die Convenience kommt z. B. bei Fertiggerichten und bei halbfertigen Menükomponenten hinzu, so z. B. die Erleichterung beim Lesen der Zubereitungstips und der Zeitgewinn beim Zubereiten der Speise.

Eine exakte Definition des hedonischen Produktkonzepts impliziert die Gewichtung der einzelnen Nutzenkategorien und die Skalierung der einzelnen Nutzenkomponenten. Man denke hier z. B. an dichotome Skalierungen wie „gut – schlecht" beim Geschmack, „hart – weich" oder „fest – cremig" beim Mundgefühl, „typisch – atypisch" oder „künstlich – natürlich" beim Geruch und „leicht – schwierig zu handhaben" in Sachen Convenience. Ergebnisse der klassischen Präferenzforschung, der dekompositorischen Präferenzanalyse per „Conjoint Measurement" und der Komponentengewichtung anhand von Regressionskoeffizienten können dabei wertvolle Anknüpfungspunkte liefern.

Wichtig ist auch die Rückbindung des Nutzenprofils an die Produktpositionierung im Werteraum bzw. an das in Wertekategorien formulierte Basiskonzept. Da Werthaltungen recht allgemein formulierte Interessenkategorien sind, bietet dieses Basiskonzept enorme Spielräume für die Ausformulierung eines konkreten Nutzenbündels. Dennoch darf die strategische Positionierung im Werteraum nicht in Vergessenheit geraten: ein *„Value-Benefit-Deployment"* soll die Herleitung von Nutzenprofilen aus Wertebündeln nicht nur einfordern, sondern immer auch konkret und nachvollziehbar durchführen. Diese Forderung, daß sich ein Werteprofil und ein Nutzenprofil entsprechen müssen und keine Diskrepanzen bzw. Inkonsistenzen aufweisen dürfen, ergibt sich ganz einfach aus dem Umstand, daß beide Profile nichts anderes als *Indikatoren ein und desselben Verbraucherinteresses* darstellen, als Ausdruck der Präferenzen ein und derselben Zielgruppe anzusehen sind.

3.3 Die Bestimmung der einzelnen Produktmerkmale

Ist die Festlegung des Nutzenprofils erfolgt, so kann die Bestimmung der konkreten Produktmerkmale in Angriff genommen werden. Es handelt sich dabei um Soll-

Merkmale, um eine Produktbeschreibung, die sich auf der Konzeptebene bewegt. Deswegen sollte hierbei immer nur von einem *Produktkonzept* gesprochen werden. Bei NGM handelt es sich um eine *Beschreibung konkreter Merkmale* eines neuen, noch nicht existenten Produktes. Unter sensorischen Aspekten lassen sich diese festzulegenden Merkmale in drei Kategorien unterteilen:

(1) in „*intrinsische*" sensorische Merkmale des Produktes, die vom Verbraucher beim Verzehr mehr oder weniger deutlich *wahrgenommen* werden können,

(2) in „*intrinsische*" Merkmale, die *nicht wahrnehmbar* sind und somit keine unmittelbaren sensorischen Effekte erzeugen können, z. B. Kalorien- und Vitamin-Beigaben beim Fortified oder Functional Food. Werden derartige Produktattribute dem Verbraucher mitgeteilt, so können auch sie auf das Produkterleben indirekt einwirken, und

(3) in „*extrinsische*" Merkmale des Produktes, die sein *Äußeres* betreffen und das Produkterleben nur dadurch beeinflussen können, daß sie Produkterwartungen und/oder Synästhesieeffekte erzeugen und das Produkterleben ebenfalls indirekt steuern.

Wie die Sensorikforschung festgestellt hat, können genauere Beschreibungen von existenten NGM in der Regel nur von *Produktexperten* eingefordert und formuliert werden (vgl. Scharf 1999, S. 234-307). Als Beschreibungen neuer NGM, die als *Vorgaben bei der Entwicklung* neuer Produkte erforderlich sind, müssen sie natürlich auch von sensorisch ungeschulten *Produktentwicklern* zu verstehen und anhand der „genormten Bezeichnungen" z. B. bei Änderungswünschen von diesen auch zu (re)formulieren sein. Dabei ist vor allem darauf zu achten, daß sich keine Mißverständnisse zwischen den beteiligten Abteilungen einschleichen.

Wenn „*Konzepttests*" mit ausgewählten *Zielgruppenmitgliedern* (Normalverbrauchern) anstehen, müssen die deskriptiven Produktangaben auch von Normalverbrauchern verstanden und richtig interpretiert werden können. Andernfalls wären die Urteile jener Testpersonen, denen das neue (deskriptive) Produktkonzept zur Beurteilung (Erfassung der Konzept-Akzeptanz) vorgestellt wurde, nur von geringer Aussagekraft!

Wie könnten „deskriptive" Angaben zu neuen, noch nicht existenten NGM konkret aussehen? Greifen wir wieder auf das Vanilleeisbeispiel zurück und konzentrieren wir uns dabei (wiederum in Anlehnung an Scharf & Biedekarken 1996, S. 224) auf vier intrinsische, sensorische Produktmerkmale und auf das extrinsische Attribut „Aussehen":

(1) *Geruch*:
- künstliche Vanille
- natürliche Vanille
- Trüffel
- Karamel
- Eiskarton (Tiefkühltruhe)
- Fruchtig (Erdbeere, Pfirsich)

(2) *Aussehen*:
- gelb (zitronengelb – apricot)
- gelb gescheckt (versch. Gelb)
- Vanille sichtbar (schwarze Punkte)
- Oberflächenstruktur (feinporig – zerklüftet)

(3) *Geschmack*:
- künstliche Vanille
- natürliche Vanille
- süß
- bitter
- Butter
- Milch
- saure Sahne
- fruchtig
- alkoholisch
- nussig
- Karton(pappig)
- Zimt
- Karamel
- Mokka (Kaffee)

(4) *Mundgefühl*:
- weich (schaumig, sahnig)
- zergeht auf der Zunge
- klebrig (zäh)
- fettig (Film bildend)
- kristallin (Eiskristalle)

(5) *Nachgeschmack*:
- süß
- salzig
- bitter
- malzig

Die Zuordnung konkreter Produktmerkmale *(attributes)* zu den Nutzenmerkmalen *(benefits)*, die auch als angestrebte „affektive Produkturteile" bezeichnet werden können, bezeichnen wir als „*Benefit-Attribute-Deployment*" (BAD). Werden die angestrebten Produktmerkmale auch als (Soll-)Qualität verstanden und die angestrebten Nutzenkomponenten als (Produkt-)Funktionen, so kann bereits hier von einem sog. QFD, von einem „*Quality-Function-Deployment*" gesprochen werden (s. Silberer, Scharf & Nagel 1999, S. 3 f.). Hierbei kommt es wiederum darauf an, daß die Herleitung von deskriptiven Merkmalsvorgaben aus dem zuvor entwickelten Nutzenprofil keine Brüche, keine Widersprüche und keine Lücken aufweist (vgl. Scharf & Fricke 1998, Scharf 1999, S. 360-379).

3.4 Die Entwicklung der Testprodukte (Prototypen)

Quality-Function-Deployment liegt in einem etwas anderen Sinn vor, wenn die vom Abnehmer oder Verwender gewünschten Produktfunktionen (Nutzenwerte) in *konkrete Produkt- bzw. Qualitätsmerkmale* zu überführen sind. Einer etwas präziseren Terminologie folgend, könnte hierbei auch von einem *„Description-Performance-Deployment"* (DPD) gesprochen werden. Wenn neue NGM als Testprodukte oder Prototypen den deskriptiven Vorgaben entsprechend gelingen sollen, müssen die Vorgaben, die eher einer für Verbraucher- und Sensorikforscher typischen Sprache entstammen, in die *Sprache der NGM-Techniker und der NGM-Produzenten* übersetzt werden. Zudem sind die Vorgaben an die Produktion in qualitativer und quantitativer Hinsicht präziser zu formulieren. Man denke hier z. B. an den Zucker- und Koffeingehalt eines Colagetränks in Milligramm, an die Kalorienanzahl in Mengeneinheiten, an die Farbe in einer genauen Farbtypspezifizierung (Farbennummer) und bei der Kohlensäure an die Bläschengröße in Mikrometer.

Ob ein Description-Performance-Deployment gelungen ist, kann anhand von Produkt- bzw. Akzeptanztests mit den *Testprodukten* im Rahmen einer *Verkostung* und aufgrund eines Vergleichs der dabei erhaltenen Testresultate mit den *Vorgaben* aufgrund deskriptiver Produktspezifikationen durch die sensorischen Experten unmittelbar überprüft werden (vgl. Silberer, Scharf & Nagel 1999, S. 7). Interessieren bei einem solchen Test bzw. bei einer Verkostung nur die intrinsischen Merkmale, so ist an einen *Blindtest* zu denken. Interessieren darüber hinaus auch Aussehen, Markierung und Preis, so erlauben es experimentelle Untersuchungsdesigns, die unmittelbaren und mittelbaren Wirkungen solcher Faktoren auf die Wahrnehmung der Testprodukte zu untersuchen.

Werden Verkostungen mit zahlreichen Personen durchgeführt und können diese mit standardisierten Kategorien (Beschreibungen) deskriptiver und hedonischer Merkmale, produktspezifischer und nutzenstiftender Attribute gut umgehen, dann lassen sich *Quality-Function-Relationen* ganz gezielt, z. B. anhand einer *Faktorenanalyse*, daraufhin untersuchen, ob die Vorgaben der Produktentwicklung mit den Wahrnehmungen und Urteilen der Verbraucher auch tatsächlich übereinstimmen.

3.5 Das Marketingmix beim Aufbau einer sensorischen Marke

Das Erleben eines Nahrungs- und Genußmittels hängt nicht nur vom sensorischen Produktkern und dem Produktäußeren ab, sondern auch davon, welche Vorstellungen durch die Werbung, die Produktpräsentation im Laden, dem Preis, die Mund-zu-Mund-Werbung und von situativen Konsumbedingungen erzeugt werden. Die *ganzheitliche Wahrnehmung und Beurteilung* resultiert somit immer auch aus dem Gesamtbild, dem inneren *Markenbild* der Verbraucher, das mit dem gesamten Marketingmix gestaltet werden muß. Marketing ist Markenpflege, und wenn wir die Marke mit dem dominierenden Markenbild in der Öffentlichkeit oder in den Zielgruppen gleichsetzen, dann ist Marketing auch gleichbedeutend mit *„Imagery- oder Impression-Management"*.

Die Bedeutung der Marke und der Markenpflege für den Produkterfolg ergibt sich auch im NGM-Sektor daraus, daß die inneren Bilder sowohl die Konsumerwartungen und das Konsumerleben als auch die Produktzufriedenheit, die (Wieder-)Kaufbereitschaft und – last but not least – auch die Mund-zu-Mund-Werbung beeinflussen. Und wenn kein Konsumenteninteresse besteht, dann verpufft letztlich auch jede Anstrengung, im Rahmen der sog. Push-Strategie den Handel mit materiellen und finanziellen Anreizen zur Listung der Ware zu bewegen. Andererseits kann eine erfolgreiche Markenpflege auf die *Mitarbeit des Handels* keinesfalls verzichten, zumal dieser über die Produktpräsentation und -kommunikation am POS (mit-)entscheidet und selbst auch Werbung mit ausgewählten Angeboten betreibt.

Bei NGM-Marken liegt es nahe, nicht nur an visuelle innere Markenbilder zu denken, sondern auch an das *multisensuale Imagery*, auch wenn dies weder in der Literatur, noch in der Praxis sehr geläufig ist (zum Duft als Markenbestandteil s. Knoblich & Schubert 1989; Busch 1994). Das innere Bild sollte eine *Strukturgleichheit* zum erwünschten und realisierbaren Konsumerleben aufweisen, auch was die Beteiligung der einzelnen Sinne angeht, also auch des Geschmacks, des Geruchs, der taktilen Eigenschaften und des Gehörs. Greifen wir eine Schokoladenmarke wie die Lufflée von Milka als Beispiel heraus, eine dem Schweizer Käse und einer Schokoladenmousse nachempfundene Schokolade mit vielen kleinen Löchern - leicht, luftig, einfach zu brechen, auf der Zunge gut und schnell zergehend, in einer lila Verpackung, auf der eine helle Farbfläche, die der „Milchstraße" nachempfunden sein könnte, den Vollmilchcharakter unterstreicht. Wenn das innere Bild von dieser Marke: „leicht, luftig, lila, gut schmeckend und einfach zu handhaben" noch „angereichert" wird durch werbe- und sponsoringinduzierte Vorstellungen wie „lila Kuh auf Schweizer Bergwiese", „lila Pause und Entspannen" und „Abheben und Erfolgreichsein" bzw. „durch die Lüfte fliegen" wie das junge, sympathische Skiflug-As (mit lila Helm) Martin Schmidt, dann muß sich Kraft/Jakobs/Suchard über den Markenerfolg in jugendlichen und weiblichen Zielgruppen keine allzu großen Sorgen machen!

Eine gelungene Markenkonzeption darf nicht nur mit Pulleffekten im Handel, der Regalflächen zur Verfügung stellt bzw. verkauft, rechnen, sondern auch mit „regem Verkehr" auf seiner Website im Internet und damit in einem zukunftsträchtigen Medium und einem Marketinginstrument mit Zukunft (Näheres dazu findet sich bei Silberer 1997).

Entscheidend für den Erfolg und für die Auswahl der einzelnen Marketinginstrumente ist die Gestaltung des *Markenkerns*, des *„Schlüsselbildes"* als Kern der Summe aller individuellen Markenbilder. Kroeber-Kiel (1989, S. 256) warnt in diesem Zusammenhang völlig zurecht davor, diese Aufgabe ausschließlich als *Herausforderung an die Kreativität* zu betrachten und einfach nur an Kreative zu übertragen. Ein Schlüsselbild muß zur Markenphilosophie und damit zum vorgegebenen Werteprofil passen und die psychologischen Grundlagen des *Imagery* berücksichtigen, insbesondere die Erkenntnisse der sog. *Schematheorie* (vgl. Feldmann 1989, S. 80). Zu fordern sind nicht nur Verankerungen in elementaren, stammesgeschichtlich erworbenen und somit vielen Menschen gemeinsamen „Archetypen", sondern auch klare, lebendige und emotionalisierende Operationalisierungen (ebda S. 252-259).

Bei der Schlüsselbildbestimmung kommt es entscheidend darauf an, daß die professionelle „*Sozialtechnik*" den Rahmen für die „Kreativen" absteckt und daß bei der Suche nach konkreten Motiven bereits zu Beginn der Arbeit möglichst viele Alternativen generiert werden, um sich so am ehesten von eingefahrenen *Klischees* lösen zu können (ebda S. 254 f.). Bei der Neupositionierung der Biermarke „Becks" in den 80er Jahren sollen auf der Suche nach einem neuen „Markenbild" über 100 Konzepte von konsumbezogenen Erlebnissen wie Genuß und Leichtigkeit und sozialpsychologischen Erlebnissen wie Erotik, Freundschaft, Anerkennung und Überlegenheit gesammelt worden sein.

3.6 Die Produktentwicklung als iterativer Interaktionsprozeß

Die Entwicklung neuer NGM ist zunächst ein *iterativer Prozeß*, weil die einzelnen Aufgaben zwar in einer sachlogischen Reihenfolge stehen, aber keinesfalls als starres Ablaufschema zu verstehen sind (s. dazu Abbildung 1). Viele Gründe können dafür sprechen, von einer Aufgabe in die vorgelagerte Ebene zurück zu springen. Hier die wichtigsten:

Erstens: Die jeweilige Problemlösung *gelingt nicht* oder wird aus betrieblichen Gründen verworfen. Ergeben sich z. B. enorme technische Probleme bei der Prototypenentwicklung, muß das Produktkonzept ggf. geändert werden.

Zweitens. Das Ergebnis *kann nicht überzeugen*, das Unternehmen selbst oder die externen Experten und Testpersonen sind nicht zufrieden, was ebenfalls Konzeptrevisionen nahelegt.

Die Beschäftigung mit einer Teilaufgabe führt zu *neuen Erkenntnissen*, inspiriert zu neuen Produkt- oder Markenideen, so daß eine Reprise des Verfahrens mit neuen Konzepten geboten bzw. lohnend erscheint.

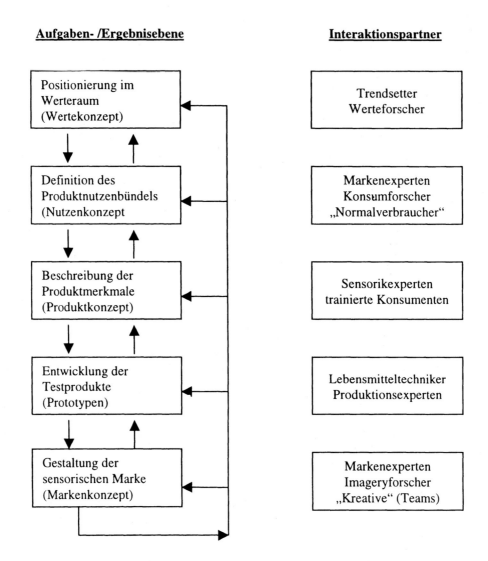

Abbildung 1: Die Entwicklung sensorischer Produkte/Marken als iterativer Interaktionsprozeß

Die Entwicklung neuer NGM ist dann auch ein *Interaktionsprozeß*, weil mit Experten, Verbrauchern und auch unternehmensinternen Gruppen auf allen Ebenen Informationen, Ideen und Vorschläge auszutauschen sind (vgl. hierzu das Dialogkonzept von Scharf & Schubert 1996, S. 248-252). Diese Abstimmung ist bekanntermaßen mit Schnittstellenproblemen verbunden (Knoblich 1996, S. 11-14), weil in den einzelnen beteiligten Bereichen oft ganz unterschiedliche Sprachregelungen, Sichtweisen, Motive und Gewohnheiten vorherrschen, die ein Schnittstellen-Management kennen und abbauen muß.

Die Dynamik von Anbieterstrukturen (z. B. Fusionen), Produktangeboten (Markenvielfalt), Verbraucherwünschen sowie Kauf- und Konsumgewohnheiten macht es erforderlich, daß die *iterative Interaktion* mit dem Abschluß einer Neuproduktentwicklung oder der erfolgreichen Markeneinführung nicht als abgeschlossen betrachtet wird. Allein schon die Gefahr der Degeneration des Produkterlebens nach mehrfachem Konsum im Zeitablauf, die psychische Obsoleszenz und der Wunsch nach Abwechslung und Neuem oder das anderweitig verursachte Auswaschen ehemals prägnanter und lebendiger Markenbilder spricht für *permanente Interaktionen* mit Verbrauchern, Sensorik- und Markenexperten, was nicht zuletzt sicherstellt, daß die Notwendigkeit eines neuen Markenbildes oder einer Produktidentifikation rechtzeitig erkannt wird.

4. Zusammenfassung und Ausblick

Eine kurze Betrachtung der Fragestellungen und Herausforderungen des NGM-Marketing im Lichte der Sensorik als Forschungszweig und Methodenlieferant hat bereits deutlich werden lassen, wie bedeutsam die Sensorik für die Entwicklung neuer Produkte und die Markenpolitik sein kann. Wer sich also über höhere Flopraten (vgl. Knoblich 1996, S. 11, Ernst & Young 1999) und die permanente Wettbewerbsverschärfung im NGM-Bereich beklagt, dem kann die Nutzung der Sensorik und die Reflexion der eigenen Produktentwicklung nur empfohlen werden. Das „Process Engeneering", das Innovationsstreben und das Schnittstellen-Management können bei der Entwicklung neuer NGM – wie anderswo auch – als bedeutsame Erfolgsfaktoren und als Herausforderungen in der marktorientierten Unternehmensführung immer wieder nur unterstrichen werden.

Ein Abbau von Barrieren, ein Zuschütten von „Gräben" zwischen der klassischen Marktforschung und der Sensorik in der F&E-Abteilung oder in anderen „Institutionen" eröffnet nicht nur der NGM-Praxis viele Chancen, sondern auch der Marketingwissenschaft, die vor einigen Jahren erst begonnen hat, sich der Sensorik zu öffnen und deren Fragestellungen als Bestandteile des eigenen Arbeitsgebietes zu erkennen. (Zur geringen Verbreitung der QFD-Technik in der deutschen NGM-Branche s. Silberer, Scharf & Nagel 1999, S. 9-14.) Die Göttinger Forschungsgruppe „Sensorik im Marketing" wird sich auch in Zukunft mit der Frage beschäftigen, was *eine weiterentwickelte Sensorik im Dienste des Marketing* zur Optimierung der Produkt- und Markenentwicklung beitragen kann.

5. Literatur

Birch, L. L. (1987): What Kind of Exposure Reduces Children's Food Neophobia? in: Appetite, Vol. 9, No. 2, S. 171-178.

Burdach, K. J. (1988): Geschmack und Geruch, Bern, Stuttgart, Toronto.

Busch, B. (1994): Duft als Markenbestandteil, in: Planung & Analyse, 21. Jg., Heft 4, S. 33-35.

Carroll, J. D. (1972): Individual Differences and Multidimensional Scaling, in: Shepard, R. N./Romney, A. K./ Nerlove, S. B. (Eds.): Multidimensional Scaling: Theory and Application in the Behavioral Sciences, Vol. 1, New York, S. 105-155.

Ernst & Young (1999): New Product Introduction, Paris, Frankfurt a. M.

Feldman, J. A. (1989): A Connectionist Model of Visual Memory, in: Hinton, G. E./Anderson, J. A. (Hrsg.): Parallel Models of Associative Memory, Hillsdale, New York, Hove, London, S. 65-97.

Gut, A. P. (1990): Geschmack – Aroma - Flavour. Betriebswirtschaftliche und psychologische Relevanz, München.

Hatt, H. (1990): Physiologie des Riechens und Schmeckens, in: Mealicke, A. (Hrsg.): Vom Reiz der Sinne, Weinheim, S. 93-126.

Herrmann, A. (1998): Produktmanagement, München.

Hovland, C. I./Harvey, O./Sherif, M. (1957): Assimilation and Contrast Effects in Reactions to Communication and Attitude Change, in: Journal of Abnormal and Social Psychology, Vol. 55, S. 244-252.

Klivington, K. A. (1992): Gehirn und Geist, Heidelberg, Berlin, New York.

Knoblich, H. (1996): Schnittstellenprobleme bei Produktinnovationsprozessen im Nahrungs- und Genußmittelbereich, in: Knoblich, H./Scharf, A./Schubert, B. (Hrsg.): Geschmacksforschung. Marketing und Sensorik für Nahrungs- und Genußmittel, München, Wien, S. 10-35.

Knoblich, H./Schubert, B. (1989): Marketing mit Duftstoffen, München, Wien.

Kroeber-Riel, W. (1989): Das Suchen nach Erlebniskonzepten für das Marketing, in: Specht, G./Silberer, G./Engelhardt, H. W. (Hrsg.): Marketing-Schnittstellen, Stuttgart, S. 247-263.

Kroeber-Riel, W./Weinberg, P. (1999): Konsumentenverhalten, 7. Aufl., München.

Peryam, D. R./Giradot, N. F. (1952): Advanced Taste Method, in: Food Engineering, Vol. 24, S. 58-61, 194.

Rohen, J. W. (1994): Funktionelle Anatomie des Nervensystems, 5. Aufl., Stuttgart-New York.

Scharf, A. (1999): Sensorische Produktforschung im Innovationsprozeß, Habilitationsschrift, Universität Göttingen: Fakultät für Wirtschaftswissenschaften (erscheint im Schäffer-Poeschel-Verlag, Stuttgart 2000).

Scharf, A./Biedekarken, O. (1996): Optimierung des Produktkerns von Nahrungs- und Genußmitteln durch integrierte Markt- und Sensorikforschung - ein Fallbeispiel, in: Knoblich, H./Scharf, A./Schubert, B. (Hrsg.): Geschmacksforschung. Marketing und Sensorik für Nahrungs- und Genußmittel, München, Wien, S. 211-243.

Scharf, A./Schubert, B. (1996): Ermittlung und Vergleich hedonischer Produkterwartungen und Produkterlebnisse bei Nahrungs- und Genußmitteln, in: Knoblich, H./Scharf, A./Schubert, B. (Hrsg.): Geschmacksforschung. Marketing und Sensorik für Nahrungs- und Genußmittel, München, Wien, S. 245-275.

Scharf, A./Volkmer, H.-P. (1997): Geschmackswahrnehmungen und Geschmackspräferenzen bei Nahrungs- und Genußmitteln unter besonderer Berücksichtigung von Produkterwartungen, in: Marketing. ZFP, 19. Jg., Heft 2, S. 93-106.

Scharf, A./Fricke, J. (1998): Verknüpfung deskriptiver und affektiver Sensorikdaten mittels multivariater Kalibrierung, in: Marktforschung und Management, 42. Jg., Heft 1, S. 20-27.

Scharf, A./Sander, T. (1999): Dynamik affektiver Urteile von Konsumenten bei Nahrungs- und Genußmitteln, in: Silberer, G./Scharf, A. (Hrsg.): Beitrag zur Sensorik im Marketing Nr. 5, Universität Göttingen, Institut für Marketing und Handel.

Sekuler, R./Blake, R. (1994): Perception, 3rd Edition, New York, St. Louis, San Francisco etc.

Shatz, C. (1994): Das sich entwickelnde Gehirn, in: Singer, W. (Hrsg.): Gehirn und Bewußtsein, Heidelberg, Berlin, Oxford, S. 2-11.

Silberer, G. (1991): Werteforschung und Werteorientierung im Unternehmen, Stuttgart.

Silberer, G./Hehn, P. (1999): Event Food als neues Marketinginstrument, in: Silberer, G./Scharf, A. (Hrsg.): Beitrag zur Sensorik im Marketing Nr. 3, Universität Göttingen, Institut für Marketing und Handel.

Silberer, G./Scharf, A./Nagel, M. (1999): Quality Function Deployment in der deutschen Nahrungs- und Genußmittelindustrie, in: Silberer, G./Scharf, A. (Hrsg.): Beitrag zur Sensorik im Marketing Nr. 2, Universität Göttingen, Institut für Marketing und Handel.

test (1999): Ernährung. Gesund einkaufen. Berlin, Stiftung Warentest.

Zajonc, R. B. (1968): Attitudinal Effects of Mere Exposure, in: Journal of Abnormal and Social Psychology, Monograph Supplement, Vol. 9, No. 2, Part 2, S. 1-27.

Ursula Weisenfeld

Marketing für Innovationen

1. Innovation: Wesen und Bedeutung
2. Innovationsbegriff
3. Besonderheiten für das Marketing
4. Beispiel
5. Literatur

1. Innovation: Wesen und Bedeutung

Unter Marketing für Innovationen sollen sowohl *strategische* als auch *operative Marketingaktivitäten* im Rahmen eines Innovationsprozesses verstanden werden. Der Innovationsprozess umfasst dabei die Schritte der Generierung einer Invention bis hin zu deren Verwertung[1]. Die hohe Bedeutung des Marketing für den Erfolg von Innovationen haben verschiedene Studien herausgestellt[2]. Innovationen wiederum wird eine hohe Bedeutung für die Wettbewerbsfähigkeit sowohl ganzer Volkswirtschaften[3] als auch einzelner Unternehmen[4] zugesprochen. Immer wieder wird in der Literatur und der Wirtschaftspresse der 'Schumpetersche Unternehmer' angeführt, der mit der Durchsetzung neuer Kombinationen Gleichgewichte stört und Wandel kreiert[5]. Besonderes Augenmerk ist dabei auf die *Durchsetzung* zu richten: Ideen und Investitionen reichen nicht aus, um ein innovatives Unternehmen zu sein. So hat Procter & Gamble im Oktober 1999 angekündigt „that it is prepared to give away or license any of its 25,000 patents, including those used in established brands. Chuck Hong, the firm's director of R&D for corporate innovations, thinks this will 'force us to continually invent'..." (The Economist, October 30th 1999), und in der Wirtschaftswoche vom 21.10.1999 heißt es: „Trotz steigender Anforderungen fehlt vielen Managern der Mut zu Innovationen. Technischer Fortschritt und Globalisierung lösen immer öfter Versagensängste aus". Der Durchsetzung neuer Kombinationen im Markt stehen unternehmensinterne und externe *Barrieren* entgegen, deren Überwindung eine wesentliche Aufgabe des Managements ist[6]. Werden die von der Innovation Betroffenen und die auf die Innovation Einfluss nehmenden Personen und Gruppen identifiziert und deren Ansprüche und Einflussmöglichkeiten festgestellt, kann dies als eine Grundlage für die Abschätzung von Wirkungen dienen: das *Stakeholder-Konzept*[7] trägt also dem Gedanken Rechnung, dass zwischen Individuen/Gruppen und einem Unternehmen verschiedene Markttransaktionen und interessenpolitische Prozesse stattfinden (Schaltegger 1999).

---

[1] Invention und Exploitation: vgl. Roberts 1988.

[2] Im Rahmen der Erfolgsfaktorenforschung wurde dem Marketing eine wesentliche Rolle für den Innovationserfolg zugesprochen. Vgl. z. B. Rothwell et al 1974, Cooper 1979.

[3] Vgl. z. B. Baily und Chakrabarti 1988, S. 105: „for productivity to keep growing, there have to be new ideas and the economy has to take advantage of them".

[4] Vgl. z. B. Albach 1989.

[5] Zum Beispiel Bierfelder 1989, S. 9, Brockhoff 1999, S. 3, Hauschildt 1993, S. 8.

[6] Vgl. z. B. von Rosenstiel 1998, der auch die „zum Klassiker gewordene empirische Studie 'Overcoming Resistance to Change'" (S. 39) von Coch und French (1948) anführt, sowie Hauschildt/Gemünden (1998) zu dem Thema 'Promotoren'.

[7] „A stakeholder in an organization is (by definition) any group or individual who can effect or is affected by the achievement of the organization's objectives" (Freeman 1984, S. 46).

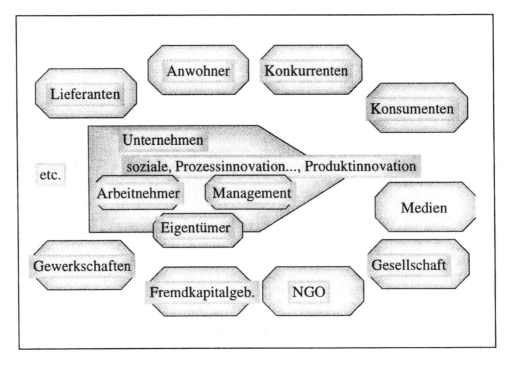

Abbildung 1: Interne und externe Anspruchsgruppen

Insbesondere bei externen Anspruchsgruppen können Richtung und Stärke des Interesses mit dem Innovationsgegenstand variieren: so werden Gewerkschaften eher bei sozialen Innovationen, Konsumenten eher bei Produktinnovationen Ansprüche anmelden. In Bereichen kontrovers diskutierter Technologien sind die sogenannten 'Non Governmental Organizations' (NGO) sowie die Medien sowohl bei Prozess- als auch bei Produkttechnologien aktiv[8].

Innovationen haben aber auch ein positives Image und werden in Wirtschaft, Politik und in der Presse diskutiert:

- Unternehmen nehmen gerne für sich die Pionierrolle in Anspruch. So bezeichnen sich Procter & Gamble als Pioniere im Bereich der Wegwerfwindeln, auch wenn schon 1935 ein solches Produkt von der Firma Chux angeboten wurde (Tellis/Golder 1996, S. 67).

---

[8] Beispiele hierfür bietet die moderne Biotechnologie: sowohl die Gentechnik selbst als auch etwa gentechnisch veränderte Nahrungsmittel rufen heftige Proteste seitens NGO wie Greenpeace oder Friends of the Earth hervor und werden in den Medien kontrovers diskutiert.

- Regionen starten Innovationsoffensiven, und die Europäische Union hat ein Programm zur Förderung von ausgewählten Regionen in Europa aufgelegt (RITTS).
- Innovationsschwäche und Innovationsstandort werden für Volkswirtschaften diskutiert: „Wer an Innovationen denkt, denkt nicht an Deutschland. Doch seine Forscher und Erfinder sind besser als ihr Ruf" (DIE ZEIT 26.08.1999).

Innovationen bedeuten *Veränderungen* im Unternehmen, die von einigen Betroffenen als Chance begriffen werden, die für andere aber Bedrohungen des Status Quo darstellen. Mit Innovationen sind Risiken verbunden, die sich etwa auf die technische Machbarkeit und die Akzeptanz im Markt beziehen. Hohe Erwartungen einerseits, Widerstände und die Gefahr von Misserfolgen andererseits kennzeichnen die Diskussion. Der Erfolg von Innovationen wird maßgeblich durch das entsprechende Management und Marketing beeinflusst.

Im folgenden soll zunächst der hier verwendete Begriff der Innovation geklärt werden, um dann die Besonderheiten für das Marketing zu diskutieren. Im Anschluss daran sollen einige Beispiele ausgewählte Probleme des Marketing für Innovationen und deren Handhabung veranschaulichen.

2. Innovationsbegriff

Die Diskussion um den Innovationsbegriff hat Tradition und ist immer wieder aktuell[9]. Innovationen umfassen sowohl neue Produkte und Dienstleistungen als auch neue Verfahren in der Herstellung (Verfahrensinnovation) oder Veränderungen in der Organisation (Marr 1993, Sp. 1796)[10]. Hauschildt versteht unter Innovation eine neuartige Verknüpfung von Zwecken und Mitteln (1993, S. 1). Brockhoff unterscheidet zwischen einem engen (Markteinführung) und einem weiten (von der Invention über Markteinführung und Diffusion bis zur Imitation) Innovationsbegriff (Brockhoff 1999, S. 38). Da es im folgenden um das *Marketing* von Innovationen geht, wird die folgende Definition als zweckmäßig erachtet: Eine (technologische) Innovation ist die Einführung und Durchsetzung einer Invention in einem Innovationsumfeld. Dabei liegt hier ein besonderer Schwerpunkt auf dem *Markt* als Innovationsumfeld. Die Neuartigkeit kann sich auf das Unternehmen, auf den Markt oder auf die Welt beziehen: Die betriebswirtschaftliche

---

[9] So hat die Frage nach der Definition von Innovation im 'Innovation Management Network', März 1999 (http://www.mcmaster.ca/, mint@FACBUS.BUSINESS.MCMASTER.CA) zahlreiche Kommentare produziert.

[10] Marr (1993, Sp. 1796) weist darauf hin, dass der Innovationsbegriff meist eng ausgelegt und auf Produkte und Dienstleistungen bezogen wird, dass aber die Umsetzung technischer Neuerungen häufig die Anpassung von Leistungsprozessen und Organisationsstrukturen erfordert und eine 'Innovation im Denken' erreicht werden soll.

Sicht (*'neu für das Unternehmen'*) ist relevant, wenn es um die internen Barrieren im Innovationsprozess und deren Überwindung durch z. B. Fach- und Machtpromotoren geht (Witte 1973). Aus industrieökonomischer Sicht (*'neu für die Branche/den Markt'*) haben Innovationen Auswirkungen auf die Triebkräfte des Wettbewerbs (Porter 1980) oder sind gar Ursache einer 'schöpferischen Zerstörung' (Schumpeter 1912). Bei einer *Weltneuheit* fehlen direkte Vergleichsmöglichkeiten bezüglich des Innovationsmanagements seitens Unternehmen und der Akzeptanz im Markt.

In dem Innovationsprozess von der Ideengenerierung bis hin zur Einführung und Verwertung sind nicht nur Akteure aus verschiedenen Unternehmens- oder Geschäftsbereichen involviert[11], sondern es handelt sich um einen *interorganisationalen Prozess*[12], der etwa Kunden[13] und Lieferanten nicht nur betrifft sondern gegebenenfalls auch einbezieht.

Innovationen lassen sich anhand von Charakteristika beschreiben und kategorisieren, die von verschiedenen Personen unterschiedlich wahrgenommen und beurteilt werden können, etwa:

- Schrittlänge (marginale oder radikale Veränderung[14]): bei einer geringfügigen Veränderung eines etablierten Produktes kann auf entsprechende Marktdaten zurückgegriffen werden, und im Fall der Erhebung von Primärdaten können Kunden wegen der Nähe zu Bekanntem Präferenzen äußern. Bei einer 'revolutionären' Erfindung hingegen sind Markt und Zielgruppe weitgehend unbekannt, und potentielle Kunden werden eher Schwierigkeiten haben, Vorstellungen und Präferenzen zu dieser Innovation zu entwickeln.

- Unsicherheit bezüglich Markt und Technologie[15]: Bei der Einführung eines neuen Produktes herrscht keine vollkommene Information[16] bezüglich der Konsequenzen dieser Handlung sowie alternativer Aktionen (etwa: Nichteinführung, Verschiebung des Markteintrittszeitpunktes). Die Unsicherheit bezüglich der Technologie liegt z. B. darin, dass das Produkt technisch noch nicht ausgereift genug ist und damit die Ge-

---

[11] „Innovation kann selbst als eine - sämtliche Unternehmensfunktionen berührende - Querfunktion verstanden werden" (Trommsdorff 1991, S. 178). Daraus ergeben sich Anforderungen an das Schnittstellenmanagement (vgl. Brockhoff et al 1996). Eine besondere Beachtung finden die Abstimmungsprobleme zwischen Marketing und Forschung & Entwicklung.

[12] Zum Innovationsmanagement als Management von Interaktionsbeziehungen zwischen Hersteller und Verwender vgl. Gemünden 1981.

[13] Vgl. zur Rolle von Nutzern (Lead User) im Innovationsprozess von Hippel 1978.

[14] Abernathy und Utterback (1978) beschreiben eine allgemeine Entwicklung von radikalen zu inkrementellen Innovationen in einer Industrie in drei Phasen.

[15] Vgl. Pearson (1990).

[16] Unsicherheit liegt vor, wenn subjektive oder objektive Wahrscheinlichkeiten von Umweltzuständen (und entsprechenden Konsequenzen) vorliegen (Bamberg und Coenenberg 1992). Davon sind die Extrema der vollkommenen Information ('Sicherheit') und der Vorlage keinerlei Information ('Ungewissheit') abzugrenzen.

fahr von 'Kinderkrankheiten' besteht. Eine Marktunsicherheit liegt z. B. in der Gefahr, dass (noch) keine Bedürfnisse für das Produkt existieren.

- Komplexität verstanden als Unklarheit der Problemstruktur und Unüberschaubarkeit der Problemkomponenten[17]: bei einer hochkomplexen Innovation sind die gesetzten Ziele nicht starr sondern entwickeln bzw. ändern sich im Laufe des Problemlösungsprozesses (Hauschildt 1993, S. 212). So sind gegebenenfalls die Vorstellungen über die technische Machbarkeit im Zeitablauf zu revidieren. Auf Nachfragerseite ist bei komplexen Innovationen die Erklärungsbedürftigkeit höher.

- Quelle der Innovation (Market Pull und Technology Push): Ältere Studien haben den Zusammenhang zwischen der Quelle von Innovationen und den Erfolgsaussichten untersucht (vgl. Gerstenfeld (1976), Cooper (1979), Brockhoff und Chakrabarti (1988)). Allerdings greift eine einseitige Zuordnung von Innovationen zu 'demand pull' oder 'technology push' zu kurz, vielmehr ist (auch bei Identifikation einer hauptsächlichen Quelle) von Interaktionen zwischen Markt und Technologie auszugehen.

Je radikaler und komplexer die Innovation und je eher sie technologiebestimmt (und weniger marktgetrieben) ist, desto höher wird die Unsicherheit der Akzeptanz im Markt sein: es wird dann hinsichtlich der Wahrnehmung des Kundennutzens neues Terrain beschritten.

3. Besonderheiten für das Marketing

Schwerpunkte der folgenden Betrachtung sind die Anspruchsgruppen eines Innovationsprozesses, die mit Innovationen verbundene Unsicherheit bezüglich der Akzeptanz im Markt, das Timing sowie das Schnittstellenmanagement.

- Anspruchsgruppen: Aus Sicht des die Innovation durchführenden Unternehmens geht es bei der Effektivität um die Frage, ob die Innovation aus strategischer Sicht richtig ist[18], ob erwünschte Wirkungen erreicht werden, also z. B. ob ein Wettbewerbsvorteil erzielt wird oder Absatzpläne erfüllt werden (Specht/Schmelzer 1992, S. 533). Effizienz hingegen bezieht sich auf das Input-Output-Verhältnis[19] und damit auf die Wirtschaftlichkeit des Prozesses. Die strategische Entscheidung für oder gegen eine bestimmte Innovation ist komplex und mit Unsicherheit behaftet: der

---

[17] Hauschildt (1993, S. 210) führt darüber hinaus noch die Unsicherheit der Erwartungen und Konfliktgehalt des Problems als Merkmale der Komplexität an.
[18] 'Doing the right things', vgl. Drucker 1967.
[19] 'Doing the things right', vgl. Drucker 1967.

Innovationsprozess hat Auswirkungen auf verschiedene Individuen und Gruppen, und der Prozess wiederum wird von verschiedenen Individuen und Gruppen beeinflusst. Nicht nur Art und Ausmaß der Einflüsse, sondern auch Art und Zahl der Akteure sind unsicher. Insbesondere Innovationen, die auf kontrovers diskutierten Technologien wie z. B. die (grüne) Gentechnik basieren, können Akteure auf den Plan rufen, mit denen das Unternehmen nicht gerechnet hat, es sich aber auseinandersetzen muss, um die Effektivität des Innovationsprozesses zu wahren bzw. zu steigern. Ein Ansatz zur Systematisierung von Einflüssen ist das Stakeholder-Konzept: wesentlicher Gedanke ist, dass eine reziproke Abhängigkeit zwischen Unternehmen und verschiedenen Anspruchsgruppen ('Stakeholder') besteht, dass Stakeholder materielle und immaterielle Ressourcen zur Verfügung stellen, dass eine Berücksichtigung relevanter Stakeholder den Handlungsspielraum des Managements beeinflusst und damit letztendlich auch eine Steigerung des Shareholder Value erreicht werden kann (Figge/Schaltegger 1999). Eine Identifizierung der relevanten Anspruchsgruppen, die Erfassung der tatsächlichen und potentiellen Leistungen dieser Anspruchsgruppen sowie der tatsächlichen und potentiellen Gegenleistungen des Unternehmens[20] kann Chancen und Defizite im Umgang mit Stakeholdern aufzeigen. Problematisch ist, dass insbesondere bei 'radikalen' Innovationen, die nicht 'nur' neu für das Unternehmen sondern für den Markt oder für die Welt sind, das Auftreten und die Handlungen von Stakeholdern nur schwer prognostiziert werden können. Während die Orientierung an Kundenwünschen schon seit Jahrzehnten propagiert wird[21] und damit ein wesentlicher Stakeholder im Blickfeld des Managements steht, zeigen zum Beispiel die Erfolge von verschiedenen gegen Unternehmen gerichtete Kampagnen die Bedeutung der Auseinandersetzung mit verschiedenen Stakeholdern: Neal und Davies (1998) diskutieren in ihrem Buch 'The Corporation under Siege' Beispiele für solche Kampagnen und deren Folgen, insbesondere „those unjustified attacks which involve devices such as the dubious manipulation of words, images and statistics" (S. 9). Schwartz und Gibb (1999) stellen die Bedeutung sozialer Verantwortung für die Erreichung langfristiger Ziele heraus und diskutieren ebenfalls zahlreiche Beispiele.

- Unsicherheit bezüglich der Akzeptanz im Markt: zwischen Anbieter und Nachfrager herrscht asymmetrische Information. So weiß der Anbieter um die physische Beschaffenheit seiner Innovation, der Nachfrager hingegen beurteilt das Produkt im Rahmen seines individuellen Wertesystems und ist entsprechend besser informiert (Weisenfeld-Schenk 1997). Steht der Nachfrager vor dem Problem, eine geeignete Problemlösung - möglicherweise aus einem umfangreichen Angebot - zu selektieren ('screening'), so steht der Anbieter vor dem Problem, sein Produkt als geeignete Problemlösung zu präsentieren ('signalling', vgl. Kaas 1990).

---

[20] Vgl. zu einer solchen Auflistung Nissen 1998, S. 172 f.

[21] Vgl. aber Levitt (1983), der auf die hohe Bedeutung von Standardisierung und niedrigen Preisen in Bezug auf Globalisierung hinweist: „If the price is low enough, (people) will take highly standardized world products, even if these aren't exactly...what market-research fabulists asserted was preferred".

Betrachten wir zunächst den Informationsmangel aus *Anbietersicht*: Daten zur Beurteilung von Produkten seitens der Nachfrager können etwa mit Hilfe der Conjoint-Analyse[22] erhoben werden. Dabei werden globale Präferenzurteile über Eigenschaftsbündel in Teilnutzen für die einzelnen Eigenschaftsausprägungen dekomponiert. Nicht nur real existierende sondern auch hypothetische Produkte können untersucht werden. Während vor einigen Jahren noch solche hypothetischen Produkte auf Karten beschrieben oder - gegebenenfalls unter hohem Aufwand - in Form von Prototypen präsentiert wurden, wird es mit der Simulation realer Entwicklungs- und Produktionsabläufe im Cyberspace ('virtual reality') zunehmend möglich, Produkte sinnlich zu erleben, bevor sie real existieren. Es bleibt abzuwarten, inwieweit die in virtuellen Welten gewonnenen Erkenntnisse über Wahrnehmungen und Präferenzen auf reale Marktsituationen übertragbar sind.

Aus *Nachfragersicht* differieren die Möglichkeiten der Reduktion des Informationsmangels für verschiedene Produktionsprozesse und Produkte. So gibt es Informationen, die man durch Wahrnehmung (Sucheigenschaften) oder durch Erfahrung (Erfahrungseigenschaften: vgl. Nelson 1970) aufnehmen kann, und es gibt Informationen, die man glauben kann (Vertrauenseigenschaften: vgl. Darby/Karny 1973). In der Informationsökonomie wurden für die Fälle der Such-, Erfahrungs- und Vertrauenseigenschaften sogenannte Kooperationsdesigns (Spremann 1988, Kleinaltenkamp 1992) entwickelt (vgl. Tabelle 1):

Information...	Typ von Eigenschaft	Maßnahmen
die man durch Wahrnehmung aufnimmt	Sucheigenschaft	Eigenschaften 'ausstellen'
die man durch Erfahrung bekommt	Erfahrungseigenschaft	Garantie, Probe
die man glauben kann	Vertrauenseigenschaft	Reputation, Zertifikat

Tabelle 1: Eigenschaftstyp und Maßnahmen zum Abbau asymmetrischer Information

Eine derartige Klassifikation der Innovationseigenschaften kann hilfreich bei der Ausgestaltung des Marketing sein: Überwiegen bei einer Innovation Sucheigenschaften, so gilt es, über diese Eigenschaften zu informieren und, insbesondere bei starkem Wettbewerb, sich von Konkurrenzprodukten abzuheben. Die zum Teil hohen Marketingaufwendungen und die Entwicklung 'neuer Einführungsstrategien' (z. B. die Gestaltung eines 'Events') sind Anzeichen dafür, dass es bei Informations-

---

[22] Die Vorgehensweise der Conjoint-Analyse wurde in einem grundlegenden Aufsatz von Green und Srinivasan (1978) beschrieben; in den folgenden Jahren wurden zahlreiche methodische Tests und Weiterentwicklungen betrieben, und einen Überblick über praktische Anwendungen geben Cattin und Wittink (1982 und 1992).

überfluss schwierig ist, Aufmerksamkeit zu erregen und Präferenzen zu schaffen. Bei Erfahrungs- und Vertrauenseigenschaften besteht die Gefahr, dass sich Nachfrager wegen mangelnder Überprüfbarkeit von Produkteigenschaften vor dem Kauf gegen den Erwerb der Innovation entscheiden[23]. Hier können Proben (z. B. Verköstigungen eines neuen Nahrungsmittels) oder Garantien (etwa Funktionstüchtigkeit eines technischen Gerätes) helfen, Kaufbarrieren zu senken. Bei Vertrauenseigenschaften spielt die Reputation des anbietenden Unternehmens eine herausragende Rolle.

- Timing[24]: Der geplante Markteintritt als bewusste Wahl zwischen der Rolle des Marktpioniers und des Folgers ist den Risiken eines 'zu früh' und eines 'zu spät' ausgesetzt (Specht/Perrillieux 1987, Perrilieux 1995):

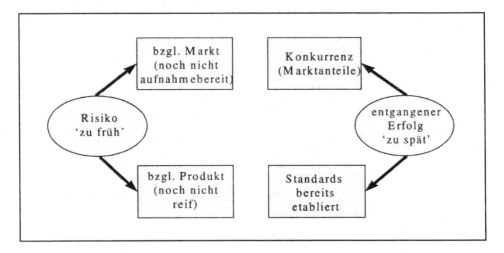

Abbildung 2:   Risiken des Timing

Wird das Produkt zu einem sehr frühen Zeitpunkt eingeführt, besteht die Gefahr, dass die Zielgruppe noch nicht an dem Produkt interessiert ist. Der Markt ist also 'vorzubereiten', etwa durch Vorankündigung des Produkts. Ein weiteres Problem besteht darin, dass das Produkt möglicherweise noch nicht ausgereift ist, also noch

---

[23] Akerlof (1970) zeigt für den Gebrauchtwagenmarkt, wie mangelnde Überprüfbarkeit der Qualität zu einer adversen Selektion führen kann: Anbieter höherer Qualität können keinen entsprechend höheren Preis erzielen und ziehen sich aus dem Markt zurück.

[24] Der Faktor 'Zeit' spielt neben der hier diskutierten Wahl des Markteintrittszeitpunktes auch eine Rolle bei der Geschwindigkeit des Innovationsprozesses (etwa Beschleunigung von Forschung & Entwicklung - bei möglichen Einbußen der Qualität und Erhöhung der Kosten) und Dauer des Marktauftrittes (etwa regelmäßiges Einführen von Nachfolgeprodukten, wie etwa in der Automobilindustrie oder in der Computerindustrie).

'Kinderkrankheiten' aufweist. Umfangreiche Rückrufaktionen sind dann nicht nur aufwendig sondern schädigen gegebenenfalls das Image des Unternehmens nachhaltig. Ein später Markteintritt birgt die Gefahr, dass sich Standards etabliert haben, denen man sich dann unterwerfen muss, insbesondere wenn komplementäre Produkte technisch abgestimmt werden müssen[25].

Perillieux (1995) führt aus, dass der 'richtige' Markteintrittszeitpunkt von den situativen Bedingungen 'Synergiepotentiale', 'Innovationscharakteristika' (etwa Komplexität) und ' Marktentwicklung und Wettbewerbsverhältnisse' abhängt. Auch Tellis und Golder (1996) relativieren die Vorteile einer Pionierstrategie und benennen als Erfolgsfaktoren die Vision vom Massenmarkt auch für Innovationen, Beharrlichkeit, Bereitschaft, finanzielle Durststrecken durchzustehen und kontinuierliche Innovation (auch bei Gefahr der Kannibalisierung). Neben dem Timing des Markteintritts stellt auch das Timing der Produktankündigung ein Entscheidungsproblem dar[26]. Der Nutzen einer Vorankündigung wird in der Beschleunigung und Vertiefung der Diffusion, positiven Imageeffekten ('innovatives Unternehmen') und Erhalten von feed back potentieller Nutzer gesehen. Nachteilig wirken sich z. B. Kannibalisierung und negative Goodwill-Effekte aus.

- Schnittstellenmanagement: Komplexe interdisziplinäre Aufgaben bedürfen einer funktionalen Differenzierung. Zur optimalen Erfüllung dieser Aufgaben sind Strukturen zu entwickeln, die eine sinnvolle Spezialisierung und Koordination von Teilaufgaben erlauben. Damit entstehen Schnittstellen: es müssen zwei oder mehr Einheiten in Kontakt treten, um ein bestimmtes Ergebnis zu erzielen. Aufgabe des Schnittstellenmanagements ist es sicherzustellen, daß der Transfer von Material, Information o. ä. möglichst ohne Verlust bewerkstelligt wird. In Bezug auf die Gestaltung *interner Prozesse* werden hier Managementkonzepte empfohlen, die sich durch Prozessorientierung und Teambildung auszeichnen[27]. Je nachdem, auf welcher Ebene Schnittstellen entstehen und welche Art von Konflikt zu lösen ist, werden verschiedene Instrumente empfohlen (vgl. Brockhoff et al 1996). Die *unternehmensübergreifende Aufgabenteilung und -integration* kann sinnvoll oder gar erforderlich sein, wenn enge zeitliche Grenzen, begrenzte Ressourcen, fehlende Kompetenzen oder hohe Risiken mit der Aufgabenerfüllung einer gehen. Diese Faktoren sind kennzeichnend für *Innovationsprojekte*: Inventions- und Innovationstiming sind wichtige Erfolgsfaktoren, Unsicherheit bzgl. der technischen Machbarkeit und der Aufnahmebereitschaft des Marktes legen es nahe, Risiken zu teilen, und hohe Komplexität bei gleichzeitiger Konzentration auf Kernkompetenzen erfordern die externe Akquisition von Kompetenzen. Die Fähigkeit, Kooperationen einzugehen und erfolgreich zu managen, wird als Schlüsselkompetenz zunehmend wichtig (vgl. Kanter 1994). Eine Kooperation

---

[25] Ein bekanntes Beispiel ist die Einführung und Diffusion von Videorekordern und Videokassetten.
[26] Vgl. z. B. Preukschat 1993.
[27] Betzl (1996, S. 29 ff.) vergleicht die Managementkonzepte Total Quality Management, Lean Production, Business Reengineering, Fraktales Unternehmen, Virtuelles Unternehmen und bezeichnet als zentrale Charakteristika dieser Konzepte die Prozeßorientierung und die Teambildung.

zwischen Unternehmen kann als 'virtuelles Unternehmen' bezeichnet werden, sofern es sich um eine temporäre (projektbezogene) standortunabhängige Zusammenarbeit handelt[28], die aber innerhalb eines permanenten Netzwerks von unabhängigen Organisationen stattfindet. Mit der Auflösung von Grenzen (boundaries) der Unternehmen eröffnen sich Chancen (Überwindung von Raum und Zeit), es entstehen aber auch Probleme. Als Vorteile sind die hohe Flexibilität, die Möglichkeit der Bewältigung komplexer Projekte, ein Teilen von Risiken und Kosten sowie die Möglichkeit eines besseren Timings zu nennen. Eine mögliche Arbeitsweise ist, dass Aufträge durch einen Broker akquiriert und Teilaufgaben im auf Dauer angelegten Netzwerk ausgeschrieben werden; die Teilaufgaben werden dann gebündelt und in der Regel durch einen 'Schlüssel-' Partner koordiniert[29]. Die Vorteile des Virtuellen Unternehmens kommen insbesondere zur Geltung, wenn das Umfeld dynamisch ist (weil das Virtuelle Unternehmen besonders flexibel reagieren kann) und wenn die Aufgaben nach speziellen Kompetenzen verlangen (ansonsten könnten die Aufträge über den Markt abgewickelt werden). Probleme bestehen speziell in Bezug auf das Informationsmanagement (wie soll die Weitergabe bzw. der Austausch notwendiger Information geregelt werden, insbesondere wenn Geschäftsgeheimnisse gewahrt werden müssen) und der Sicherstellung eines hinreichenden Commitments für das Projekt (da ja die Teilnehmer neben dem jeweiligen Projekt auch eigene Ziele und Prioritäten haben)[30]. Eine besondere Herausforderung besteht in dem Aufbau von Vertrauen und dem Erzielen von Engagement.

4. Beispiel

Im folgenden werden die oben genannten Problembereiche exemplarisch für den Bereich der Nahrungsmittelindustrie und speziell in Bezug auf die Einführung gentechnisch veränderter Nahrungsmittel diskutiert.

Verschiedene Vorfälle in der Nahrungsmittelindustrie zeigen die Bedeutung, aber auch die Schwierigkeit der Einbindung zentraler *Anspruchsgruppen* auf. In den Medien wird seit einigen Jahren immer wieder über gentechnisch veränderte Nahrungsmittel berichtet, etwa über die Zerstörung von Versuchsfeldern durch verschiedene NGOs[31], die Frage

---

28 Vgl. Bullinger/Brettmann-Teichmann/Fröschle 1995: Aus Kundensicht präsentiert sich das virtuelle Unternehmen als Einheit, intern handelt es sich um eine flexible projektbezogene Kooperation.

29 Vgl. Die virtuelle Fabrik 'Euregio Bodensee', die potentielle Partner im Rahmen eines Aufnahmeprozesses prüft und gegebenenfalls aufnimmt: Schuh et al 1997.

30 Vgl. zu diesen Problemen Weisenfeld-Schenk et al 1998.

31 Vgl. Die Zeit, 26. 09.1997 ('Chaos auf dem Acker').

der Kennzeichnung von 'Gen-Nahrung'[32] oder die Ergebnisse von Experimenten und die diesbezügliche kontroverse Diskussion[33]. So heißt es in einem Artikel aus DIE ZEIT[34]: „So spektakulär der Kampf gegen Gen-Tech-Pflanzen auf den deutschen Äckern ist, so sehr besteht er längst aus Rückzugsgefechten. Weltweit werden jedes Jahr immer mehr Genpflanzen zugelassen, angebaut und verzehrt". Gut zwei Jahre später wird ein schwindendes Interesse der Life-Science-Konzerne am 'Agrobusiness' konstatiert[35].

Das Unternehmen 'Nestlé' hat 1999 seinen Erdnussriegel 'Butterfinger', der im September 1998 als erstes Lebensmittel mit 'Gentech-Kennzeichnung' in Deutschland eingeführt wurde, wieder aus dem Markt genommen (Riewenherm 1999, S. 31). Handelsunternehmen wie z. B. Tengelmann in Deutschland oder Tesco's in Großbritannien erklären, dass ihre Eigenmarken frei von gentechnischen Veränderungen seien.

Diese Beispiele zeigen aber auch, wie schwierig es ist, im Falle von Erfahrungs- und Vertrauenseigenschaften *Unsicherheit* abzubauen. Hier gilt es nicht nur, Reputation aufzubauen, sondern Überzeugungsarbeit bei Verbrauchern[36] zu leisten und mit politischen Rahmenbedingungen umzugehen. So heißt es in DIE ZEIT[37]: „Politik missbraucht die Wissenschaft. Sie spielt die Gesundheitsrisiken von hormonbehandeltem Fleisch und Genprodukten hoch. Sie schürt die Hysterie der Verbraucher, um den europäischen Markt gegen Importware zu schützen".

Hinsichtlich des *Timings* wird deutlich, dass der Markt nicht aufnahmebereit ist: Der Vorstandschef von Nestlé Deutschland, Hans Güldenberg, sagt dazu „Die Deutschen sind leider noch nicht so weit...Wir müssen gentechnisch veränderte Lebensmittel langsamer einführen, als wir dachten" (Süddeutsche Zeitung, 23.10.1999, Seite V2/64). Es werden auch Zweifel geäußert, ob sich gentechnisch veränderte Nahrungsmittel mittelfristig überhaupt durchsetzen können: „In Europe, a consumer backlash against genetically modified foods has made matters worse, Although Novartis has yet to see a dip in sales of genetically modified seed, it worries that American farmers may be next to stop buying" (The Economist, 11.09.1999, S. 81).

Hinsichtlich des *Schnittstellenmanagements* treten bei den Life-Science-Konzernen Probleme hinsichtlich der Zusammenarbeit verschiedener Abteilungen auf: „Linking food with pharmaceuticals once seemed a brilliant idea. But the science and the selling are hard...low farm prices and consumerunease may force apart the agricultural and drug-

---

32 Vgl. Süddeutsche Zeitung, 23.10.1999 ('Mehr Klarheit bei Gen-Nahrung').

33 Vgl. DIE ZEIT, 25.02.1999 ('Zankapfel Genkartoffel') und The Economist, 16.10.1999 (GM foods. Half-baked').

34 DIE ZEIT, 26.09.1997 ('Chaos auf dem Acker').

35 DIE ZEIT, 07.10.1999 ('Raus aus den Kartoffeln. Grüne Gentechnik: die Life-Science-Konzerne verlieren das Interesse am Agrobusiness').

36 „Die Deutschen wollen kein Essen aus dem Genlabor kaufen. Überspitzt gesagt: Sie stellen sich vor, dass Gen-Tomaten und -Kartoffeln unheimliche, unberechenbare und gesundheitsgefährdende Geschöpfe aus Frankensteins Küche sind." Süddeutsche Zeitung, 23.10.1999, Seite V2/64.

37 DIE ZEIT, 15.07.1999, S. 1 ('Viel Lärm, wenig Gift').

making divisions of recently formed „life-sciences" firms" (The Economist, 11.09.1999, S. 80).

Diese Ausführungen machen deutlich, dass die Einführung und Durchsetzung neuer Produkte und Prozesse verschiedene Interessen berühren, und dass insbesondere in Bereichen kritisch diskutierter Technologien hohe Unsicherheit bezüglich der Durchsetzbarkeit besteht.

5. Literatur

Abernathy, W./Utterback, J. (1978): Patterns of Industrial Innovation, in: Technology Review, S. 41-47.

Akerlof, G. A. (1970): The Market for 'Lemons': Quality Uncertainty and the Market Mechanism, in: Quarterly Journal of Economics 84, S. 488-500.

Albach, H. (1989): Innovationsstrategien zur Verbesserung der Wettbewerbsfähigkeit, Zeitschrift für Betriebswirtschaft, 59(12), S. 1338-1351.

Baily, M./Chakrabarti, A. K. (1988): Innovation and the Productivity Crisis, Washington.

Bamberg, G./Coenenberg, A. (1992): Betriebswirtschaftliche Entscheidungslehre, 7. Auflage, München.

Betzl, K. (1996): Entwicklungsansätze in der Arbeitsorganisation und aktuelle Unternehmenskonzepte - Visionen und Leitbilder, in: Bullinger, H.-J./Warnecke, H.-J. (Hrsg.): Neue Organisationsformen im Unternehmen. Ein Handbuch für das moderne Management, Berlin et al.

Bierfelder, W. H. (1989): Innovationsmanagement, 2. Auflage, München, Wien.

Brockhoff, K. (1999): Forschung und Entwicklung. Planung und Kontrolle, 5. Auflage, München, Wien.

Brockhoff, K./Chakrabarti, A. K. (1988): R&D/Marketing Linkage and Innovation Strategy: Some West German Experience, in: IEEE Transactions on Engineering Management, 35 (3), S. 167-174.

Brockhoff, K./Chakrabarti, A. K./Hauschildt, J./Pearson, A. W. (1996): Managing Interfaces, in: Gaynor, G. H. (Hrsg.): Handbook of Technology Management, Chapter 27, New York.

Bullinger, H.-J./Brettreich-Teichmann, W./Fröschle, H.-P. (1995): Das virtuelle Unternehmen. Koordination zwischen Markt und Hierarchie, Office Management 12, S. 18-22.

Cattin, P./Wittink, D. R. (1982): Commercial Use of Conjoint Analysis: A Survey, Journal Of Marketing, Vol. 46, S. 44-53.

Coch, L./French, J. R. (1948): Overcoming Resistance to Change, in: Human Relations, Vol.1, S. 512-532.

Cooper, R. (1979): Identifying Industrial New Product Success: Project NewProd, in: Industrial Marketing Management, 8, S. 124-135.

Darby, M. R./Karni, E. (1973): Free Competition and the Optimal Amount of Fraud, in: Journal of Law and Economics 16, S. 67-88.

Drucker, P. (1967): Die ideale Führungskraft, Düsseldorf, Wien.

Figge, F./Schaltegger, S. (1999): Was ist „Stakeholder Value"? Vom Schlagwort zur Messung. Arbeitsbericht Nr. 219, Universität Lüneburg, Fachbereich Wirtschafts- und Sozialwissenschaften.

Freeman, R. (1984): Strategic Management: A Stakeholder Approach, Boston et al.

Gemünden, H. G. (1981): Innovationsmarketing - Interaktionsbeziehungen zwischen Hersteller und Verwender innovativer Investitionsgüter, Tübingen.

Gerstenfeld, A. (1976): A Study of Successful Projects, Unsuccessful Projects, and Projects in Process in West Germany, in: IEEE Transactions on Engineering Management, 23 (3), S. 116-123.

Green, P. E./Srinivasan, V. (1978): Conjoint Analysis in Consumer Research: Issues and Outlook, in: Journal of Consumer Research 5, S. 103-123.

Hauschildt, J. (1993): Innovationsmanagement, München.

Hauschildt, J./Gemünden, H. G. (1998): (Hrsg.): Promotoren. Champions der Innovation, Wiesbaden.

Hippel, E. v. (1978): Successful Industrial Products from Customer Ideas. Presentation of a New Customer-Active Paradigm with Evidence and Implications, in: Journal of Marketing 42 (1), S. 39-49.

Kaas, K. P. (1990): Marketing als Bewältigung von Informations- und Unsicherheitsproblemen im Markt, in: Die Betriebswirtschaft 50, 4, S. 539-548.

Kanter, R. M.(1994): Collaborative Advantage, Harvard Business Review, S. 96-108.

Kleinaltenkamp, M. (1992): Investitionsgüter-Marketing aus informationsökonomischer Sicht, in: Zeitschrift für betriebswirtschaftliche Forschung 44, 9, S. 809-829.

Levitt, T. (1983): The Globalization of Markets, in: Harvard Business Review 61, S. 92-102.

Marr, R. (1993): Innovationsmanagement, in: Handwörterbuch der Betriebswirtschaft, 5. Auflage, Teilband 2, Sp. 1796-1812, Stuttgart.

Neal, M./Davies, C. (1998): The Corporation Under Siege. Exposing the Devices Used by Activists and Regulators in the Non-Risk Society, The Social Affairs Unit, London.

Nelson, P. (1970): Information and Consumer Behavior, in: Journal of Political Economy 78, S. 311-329.

Nissen, D. (1998): Effektivität des Marketing von Verbänden, Wiesbaden.

Pearson, A. (1990): Innovation Strategy, in: Technovation 10, 3, S. 185-192.

Perillieux, R. (1995): Technologietiming, in: Zahn (Hrsg.): Handbuch Technologiemanagement, Stuttgart, S. 267-284.

Porter, M. E. (1980): Competitive Strategy, New York.

Preukschat, U. D. (1993): Vorankündigung von Neuprodukten, Wiesbaden.

Roberts, E. B. (1988): Managing Invention and Innovation, Research Technology Management, S. 11-29.

Rosenstiel, L. von (1998): Der Widerstand gegen Veränderung. Ein vielbeschriebenes Phänomen in psychologischer Perspektive, in: Franke, N., Braun, C.-F. v. (Hrsg.): Innovationsforschung und Technologiemanagement, Berlin, Heidelberg, S. 33-45.

Rothwell, R./Freeman, C./Horsley, A./Jervis, V./Robertson, A./Townsend, J. (1974): SAPPHO Updated - Project SAPPHO Phase II, Research Policy 3, S. 258-291.

Schaltegger, S. (1999): Bildung und Durchsetzung von Interessen in und im Umfeld von Unternehmen. Eine politisch-ökonomische Perspektive, in: Die Unternehmung, 1, S. 3-20.

Schuh, G./Katzy, B. R./Eisen, S. (1997): Wie virtuelle Unternehmen funktionieren: Der Praxistest ist bestanden, in: Gablers Magazin 3, S. 8-11.

Schumpeter, J. (1912): Theorie der wirtschaftlichen Entwicklung, Leipzig.

Schwartz, P./Gibb, B. (1999): When Good Companies Do Bad Things. Responsibility and Risk in an Age of Globalization, New York et al.

Specht, G./Perillieux, R. (1987): Erfolgsfaktoren technischer Führer- und Folgerpositionen auf Investitionsgütermärkten, in: Zeitschrift für betriebswirtschaftliche Forschung 40, 3, S. 204-226.

Specht, G./Schmelzer, H. (1992): Instrumente des Qualitätsmanagements in der Produktentwicklung, in: Zeitschrift für betriebswirtschaftliche Forschung 44, 6, S. 531-547.

Spremann, K. (1988): Reputation, Garantie, Information, in: Zeitschrift für Betriebswirtschaft 58, 5/6, S. 613-629.

Tellis, G./Golder, P. (1996): First to Market, First to Fail? Real Causes of Enduring Market Leadership, in: Sloan Management Review, Vol. 37, 2, S. 65-75.

Trommsdorff, V. (1991): Innovationsmarketing. Querfunktion der Unternehmensführung, Marketing ZFP, Heft 3, S. 178-185.

Weisenfeld-Schenk, U. (1997): Die Nutzung von Zertifikaten als Signal für Produktqualität, in: Zeitschrift für Betriebswirtschaft 67, 1, S. 21-39.

Weisenfeld-Schenk, U./Fisscher, O./Pearson, A./Brockhoff, K. (1998): Managing Technology as a Virtual 'Enterprise', Proceedings The R&D Management Conference: Technology Strategy and Strategic Alliances, Avila.

Witte, E. (1973): Innovationsfähige Innovation, in: Zeitschrift für Organisation 42, 1, S. 17-24.

Teil VI

Medienspezifische Besonderheiten des Marketing

Sönke Albers und Michel Clement

Marketing für Interaktive Medien

1. Interaktivität - Der Umbruch für alle Branchen?
2. Marketing zur Durchsetzung Interaktiver Systemgüter
3. Marketing-Instrumente in Interaktiven Medien
   3.1 Maßnahmen für die Produktpolitik
   3.2 Maßnahmen für die Preispolitik
       3.2.1 Wettbewerbsorientierte Preisstrategien
       3.2.2 Produktlinienorientierte Preisstrategien
   3.3 Maßnahmen für die Kommunikation
   3.4 Maßnahmen für die Distribution
4. Literatur

1. Interaktivität – Der Umbruch für alle Branchen?

„In der Internet-Ökonomie scheinen die Gesetze der Schwerkraft außer Kraft gesetzt."

(Thomas Middelhoff)

Der Vorstandsvorsitzende der Bertelsmann AG hat in einem Punkt bei seinem Statement unrecht: Die Schwerkraft ist nicht aufgehoben, denn einige Unternehmen liegen bereits am Boden, welche die neuen Regeln des Marketing für interaktive Medien nicht beherrschen.

Der Umbruch durch die Nutzung Interaktiver Medien wie das Internet oder das Interaktive Fernsehen entsteht durch einen simplen Rückkanal, der neben einer einseitigen Kommunikation eine zwei oder n-seitige Kommunikation über ein und dasselbe Medium ermöglicht (siehe dazu im folgenden Albers 1999a).

Solche Umbrüche sind nicht neu, denn schon seit dem Aufkommen der Drucktechnik haben Kaufleute versucht, ihre Waren und Dienstleistungen in Zeitungen und später Zeitschriften massenhaft anzupreisen und zu vermarkten und damit neue Marktstrukturen geformt. In diesem Jahrhundert sind der Hörfunk und das Fernsehen als weitere klassische Massenmedien hinzugekommen. Aber abgesehen von der Tatsache, daß damit Informationen als Schrift, Töne oder Bilder vermittelt werden können, ermöglichen diese Medien nur eine einseitige Kommunikation. Bei einer einseitigen Kommunikation versuchen die Anbieter, die Nutzer eines Mediums von den Vorteilen des eigenen Angebots zu überzeugen, aber ohne die Möglichkeit zu haben, genau auf die Präferenzen einzelner Personen aus der Zielgruppe und ihre möglichen Einwände oder Fragen einzugehen.

Auf Fragen von (potentiellen) Kunden zu antworten oder direkt Geschäfte zu tätigen, ist nur möglich, wenn das Medium eine zweiseitige Kommunikation erlaubt. Dafür brauchen die traditionellen Medien sogenannte Rückkanäle. Schon früh hat es Versuche gegeben, die eigentlich nicht vorhandenen Rückkanäle zu improvisieren. Am ältesten ist die Schaltung einer Werbeanzeige in Printmedien mit Angabe einer (WWW-)Adresse oder Telefonnummer (meist eines Call-Centers), unter der man weitere Informationen einholen oder gar Bestellungen abgeben kann. Neuerdings wird auch über das Fernsehen ein Rückkanal etabliert – „0190-666-XXX ruf an – jetzt!" heißt es dann in den Fernsehspots nach 23.00 Uhr. Damit sind allerdings die Arten des Rückkanalmediums auf Worte beschränkt und es wird ein Medienbruch verlangt. Dies gilt in ähnlicher Weise für Fernseh-Shopping oder Digitales Fernsehen. So muß der Kunde bei Premiere das Call-Center anrufen, um sich für das Pay-per-view freischalten zu lassen. Erst wenn der Rückkanal über das gleiche Medium wie der eigentliche Kommunikationskanal läuft, ist wahre Interaktivität gegeben.

Ist damit das Marketing für Interaktive Medien nur auf Branchen beschränkt, die mit Informationen – in welcher Form auch immer – handeln? Müssen nur Verlagshäuser wie der Axel Springer Verlag, Musikproduzenten wie Sony, Filmhändler wie die KirchGruppe oder Medienkonzerne wie Bertelsmann neue Strategien entwickeln? Können sich andere Unternehmen wie z. B. der Parfümhändler Douglas entspannt zurücklehnen, weil sie nicht von den Umbrüchen betroffen sind?

Möchte man eine Antwort auf diese Fragen liefern, so muß man sich zunächst verdeutlichen, daß Interaktive Medien wie das Internet und dort speziell das WWW letztendlich nichts anderes als Informationen bereitstellen. Das WWW ist ein neuer Kommunikations- und Distributionskanal, über den Produkte dargestellt und manchmal auch verkauft werden. Wenn ein Anbieter das Netz nur als neues Kommunikationsinstrument nutzt, dann stellt das WWW nichts anderes dar als einen neuen Werbeträger. Nutzt ein Anbieter die Interaktivität des Mediums, so kann er jedoch neben der Kommunikation auch das Medium direkt zum Vertrieb von Waren und Dienstleistungen einsetzen. Alle Produkte – seien es Informationen (www.handelsblatt.de), Musik (www.netradio.net), Bücher (www.bol.de), Lottoscheine (www.jaxx.de) oder scharfe Saucen (www.hothothot.com) – lassen sich über das Internet vertreiben (Albers 1999b). Allerdings können nur die Produkte oder Dienstleistungen online distribuiert werden, für die ein Vertriebsnetz und ein mit entsprechender Software versehenes Endgerät vorliegt.

Eine Online-Distribution ist immer dann möglich, wenn das Produkt digitalisierbar ist und der Nachfrager über ein entsprechendes Ausgabemedium verfügt. So ist beispielsweise Musik zunächst einmal ein analoges Produkt, das jedoch bereits heutzutage digital auf CDs gespeichert und distribuiert wird (z. B. www.deshima.de). Digitalisierte Musik kann auch online über das Internet distribuiert werden, sofern der Nachfrager über ein geeignetes Ausgabemedium, z. B. einen CD-Brenner mit entsprechender Software, verfügt. So reicht z. B. das Herunterladen von MP3-kodierten Musikstücken (www.mp3.com) nicht, um die aus dem Netz heruntergeladenen Lieder auf einer CD im herkömmlichen Hifi-CD-Player abzuspielen. Vielmehr können MP3-Songs nur bei geeigneter Software (z. B. Soniques, www.mp3.de) auf einem PC abgespielt werden, der allerdings eine Sound-Karte haben muß. Schon länger sind an Walkman erinnernde Endgeräte (z. B. MPaxx von Grundig) auf dem Markt erhältlich, die MP3-Formate lesen und abspielen können. Auch wird deutlich, daß das Vorhandensein eines Abspielgerätes erst den Nutzen schafft.

In ähnlicher Weise könnte beim Vorhandensein von NC-Maschinen und dem dazu benötigten Material auch Spielzeug über das Internet distribuiert werden. Im Gegensatz zur gegenwärtigen Distributionsform würde in diesem Fall eine Art „Bauplan" über das Internet an die NC-Maschine geliefert werden. Die Produktion erfolgt dann beim Kunden auf der NC-Maschine.

Es wird also deutlich, daß dem erforderlichen Ausgabemedium die entscheidende Bedeutung zukommt. Bisher wird von digitalisierbaren Produkten gesprochen, wenn das Produkt über Datenleitungen an den heimischen PC gesendet werden kann und dort entweder am Bildschirm dargestellt, auf dem Drucker ausgegeben oder auf einem Speichermedium wie z. B. einer CD gespeichert werden kann. In Zukunft werden aber weitere erschwingliche Ausgabemedien hinzukommen. So stehen schon länger Ausgabegeräte zur Verfügung, die das Abspielen und Bearbeiten von Videos zulassen. Kürzlich stellte das MIT ein Ausgabegerät für Düfte vor. Dort werden in mehreren Behältern Essenzen gelagert, die chipgesteuert zusammengemischt und dann an die Umgebung abgegeben werden. Insofern hängt die Eigenschaft der „Digitalisierbarkeit" weniger vom Produkt selber, sondern vielmehr von der Verfügbarkeit eines entsprechenden Ausgabemediums ab.

Aus diesem Grund betrifft das Marketing für Interaktive Medien alle Branchen – auch die, die eigentlich keine reinen Informationsgüter vertreiben. Erfolgreiches Marketing für Interaktive Medien bedarf somit zum einen einer hervorragende Strategie zur Durchsetzung der zum Empfang notwendigen Hard- und Software (Abschnitt 2). Zum andern müssen aber auch die Marketing-Instrumente auf die digitalen Produkte ausgerichtet werden (Abschnitt 3).

2. Marketing zur Durchsetzung Interaktiver Systemgüter

Mit Interaktiven Medien Geld zu verdienen, ist ausgesprochen schwierig. Interaktive Medien sind Systemgüter, die nur zur Verfügung gestellt werden können, wenn alle Anbieter von Systemkomponenten zusammenwirken (Taschner 1999). Dies ist insbesondere dann sehr schwierig, wenn es sich – wie beim Interaktiven Fernsehen – um eine Innovation handelt.

Das Hin und Her bei der Markteinführung des Digitalen Fernsehens zeigt, daß die Koordination der einzelnen Systemplayer nicht immer einfach ist (Clement und Becker 1999). Digitales Fernsehen ist aber noch kein Interaktives Fernsehen, da der Rückkanal fehlt. So gelang es bisher nur in Pilotprojekten, wirklich Interaktives Fernsehen mit Diensten wie Video-on-demand, Home-Shopping, Information-on-demand oder Games-on-demand anzubieten (Witte 1997; Clement 1998 oder Beckert und Kubicek 1999). Die Betrachtung der Wertschöpfungskette des Interaktiven Fernsehens verdeutlicht, daß eine Vielzahl von unterschiedlichen Unternehmen bei der Bereitstellung des Systems involviert ist (Abbildung 1). Damit tritt das Problem der Abstimmung aller Beteiligten auf, welches ausgesprochen schwierig ist, da ihr Ergebnis unterschiedliche Gewinnverteilungen hervorruft.

Basistechnologie des Systems			Killerapplikation		Nutzerumwelt		
Netzinfrastruktur	Netzleistung	Server	Inhalte	Serviceproviding	Endgeräte	Software	Systemlösungen
Bereitstellung der Netzarchitekturen, z.B. Glasfasernetze, Vermittlungs-, Übertragungstechnik. Installation des Netzes und der Subnetze; Netzwerkoptimierung und -management; Wartung der Hard- und Software des Netzes.	Alle Dienste beanspruchen die Netzleistung zur Übertragung von Informationen. Angebot einer Netzleistung wie z.B. Datentransfer	Die multimedialen Informationen, die zum Abruf bereit stehen, müssen auf Servern abgelegt werden. Herstellung, Vertrieb und Wartung von Hard- und Software	Produktion von Inhalten für Multimediadienste, z.B. Filme, Videospiele, Datenbankinhalte	Entwicklung und Angebot von "value added" Multimedia-Inhalten und Dienstleistungen, wie z.B. Userverwaltung, Informationsaufbereitung, Agents, Videokonferenzen	Herstellung von Endgeräten, wie z.B. PCs, Fernsehgeräten, Set-Top-Boxen und Kameras, für die Nutzung von Multimediadiensten	Erstellung von Software für die Herstellung, Navigation und Nutzung von Multimediaanwendungen, z.B. Browser	Beratung und Angebot von professionellen Services für Privatnutzer und Organisationen, wie z.B. Installation, Training, Sicherheit
• Siemens • Alcatel SEL	• Deutsche Telekom • O.tel.o • Arcor	• n-Cube • Oracle • IBM • Data General • SUN	• Otto • Bertelsmann • KirchGr. • Paramount • Reuters	• Deutsche Telekom • AOL • Premiere	• IBM • Philips • Nokia • Sony • SEGA	• Microsoft • IBM • Netscape	• Deutsche Telekom • O.tel.o

Abbildung 1: Wertschöpfungskette des Interaktiven Fernsehens
Quelle: Booz Allen & Hamilton 1997, S. 47 und 74.

Erschwert wird das Marketing für Interaktive Medien zudem noch durch Netzeffekte, worunter Sachverhalte zu verstehen sind, bei denen ein Dienst für individuelle Nutzer um so attraktiver wird, je mehr andere Nutzer davon Gebrauch machen (Graumann 1993, Shapiro und Varian 1999). Dies ist beim Interaktiven Fernsehen insbesondere bei Email- oder Chat-Diensten (z. B. ICQ, www.mirabillis.com), also Formen der n-seitigen Kommunikation der Fall. So ist es für einen Liebhaber der Star-Wars-Filme, die vielleicht in Zukunft vor der Kinopremiere im Video-on-demand angeboten werden (Albers, Bachem, Clement und Peters 1999), interessant, wenn er sich auf der Interaktiven Plattform mit Gleichgesinnten in einer Community darüber austauschen kann (Hagel III und Armstrong 1997; Paul und Runte 1999). Je mehr Gleichgesinnte er dort antrifft, desto höher ist auch sein Nutzen. Die Relevanz der direkten Netzeffekte wird evident, wenn es eines Tages möglich wird, Videomails zu versenden. Je mehr Nutzer eine Kamera besitzen und eine Mail-Adresse aufweisen, desto größer ist die Auswahlmöglichkeit eines jeden Einzelnen zur Kommunikation mit anderen. Aber auch bei zweiseitigen Kommunikationsmedien entstehen Netzeffekte. So entscheidet die Anzahl der Nutzer darüber, inwieweit es für Content-Provider interessant ist, in Inhalte zu investieren (indirekte Netzeffekte). Beispielsweise haben sehr viele Pilotprojektbetreiber das Problem, daß nur sehr wenige Anbieter bereit sind, die Filme digital aufzubereiten, um sie im Video-on-demand anzubieten. Dies liegt an den geringen Nutzerzahlen. Die Anbieter des Mediums investieren nur dann, wenn sie sicher gehen können, daß genügend interessierte Content-Provider existieren (Weiber 1992). Wenn nun die Plattform des Interaktiven Mediums bereits durch das nötige Endgerät oder hohe Nutzungsgebühren sehr teuer ist, wie es z. B. bei BTX (Albers und Peters 1999) oder dem Digitalen Fernsehen der Fall war bzw. ist, dann kann die Situation eintreten, daß keine Kritische Masse an Nutzern zusammen kommt, um einen sich selbst tragenden Verbreitungsprozeß in Gang zu setzen.

Es kommt also darauf an, daß sich alle Beteiligten effektiv abstimmen oder ein Monopolanbieter eine abgestimmte Politik verfolgt, so daß ein sich beschleunigender Effekt steigender Nutzerzahlen zustande kommt. Bedenkt man zusätzlich, daß aufgrund der Digitalität der neuen Interaktiven Medien das Angebot von Diensten im wesentlichen nur Fixkosten und praktisch keine variablen Kosten verursacht, werden die Gewinne um so höher ausfallen, je stärker die Nutzeranzahl ansteigt. Dies nennt man das „law of increasing return" (Arthur 1996). Unter diesen Bedingungen ist Marketing besonders schwierig, weil man als Nischenanbieter nicht langfristig überleben kann, sondern immer anstreben muß, zum dominierenden Anbieter zu werden. Vermutlich basiert die Strategie der KirchGruppe auf diesem Ansatz.

Der Strategie, möglichst schnell viele Nutzer zu gewinnen, steht allerdings entgegen, daß Dienste in Interaktiven Medien Innovationen darstellen, die nicht ohne weiteres adoptiert werden. So sind beim Interaktiven Fernsehen sehr viele Barrieren zu überwinden, bis Nutzer in der Lage sind, das System adäquat zu bedienen. Die Vernetzung der Dienste, wie sie im Beispiel erläutert werden, erhöht zwar den Nutzen, aber steigert zugleich auch die Komplexität.

Beispiel: Pretty Woman

Der Adopter Clement hat am Samstag um 19:22 Uhr Interesse, den Film „Pretty Woman" zu sehen. Mit seiner Fernbedienung ordert er aus der Datenbank des Video-on-demand den Film zum Preis von 3,50 Euro. Als Julia Roberts das Kleid überstreift, denkt sich Clement, daß dieses Kleid eigentlich das optimale Geschenk für seine Freundin ist und zeigt mit dem in der Fernbedienung integrierten Laserpointer auf das Kleid. Der Film stoppt und ein Fenster des Home-Shopping-Anbieters öffnet sich. Clement stellt fest, daß das Kleid leider zu teuer ist, entscheidet sich aber für das Sonderangebot von MTV, den Soundtrack als MP3-File zu ordern. Zuvor hat er jedoch schnell sein Guthaben im Home-Banking überprüft. Nach einem kurzen Besuch des Chatforums entscheidet er sich, dem Nutzer Albers eine Videomail zu senden, da es ein neues Videospiel zu Pretty Woman gibt, das im Games-on-demand zur Zeit kostenlos zur Probe angeboten wird.

Neben dem Vorhandensein eines relativen Vorteils des neuen Dienstes gegenüber bisherigen – insbesondere dem bisherigen TV-Angebot – ist deshalb darauf zu achten, daß die Innovation mit den Vorstellungen und Normen des potentiellen Nutzers kompatibel ist. Wie das Beispiel verdeutlicht, müssen zur breiten Akzeptanz der Dienste diese über eine geringe Komplexität aufweisen. Des weiteren sollten Erprobungsmöglichkeiten der Hard- und Software angeboten werden (Heiman und Muller 1996). Die Vermarktung des innovativen Systems wird stark vereinfacht, wenn man die Vorzüge des Systems gut kommunizieren kann (Rogers 1995):

In der Regel setzen sich Innovationen anfangs zumeist nur langsam, später dafür aber um so schneller durch, bis mit zunehmender Marktausschöpfung der weitere Zuwachs wieder abnimmt. Bei diesem s-förmigen Verlauf der Diffusionskurve ist eine Prognose der zukünftigen Absatzentwicklung sehr schwierig. Arbeitet man nämlich nur mit linearen Trend-Extrapolationen, so besteht die Gefahr, die Absatzentwicklung anfangs zu unterschätzen und in der Phase überproportionaler Zuwächse zu überschätzen. Es wird deshalb gezeigt, wie man den Diffusionsprozeß durch Trennung in Innovatoren und von der Marktausbreitung beeinflußte Imitatoren in Abhängigkeit von den Kommunikations- und Distributionsanstrengungen modellieren kann. Entscheidend für die gesamte Prognosegüte ist aber die Einschätzung des erreichbaren Marktpotentials, die man von der Preisentwicklung und Produktqualität abhängig machen sollte (Albers und Peters 1999; Bähr-Seppelfricke 1999; van den Bulte und Lilien 1997).

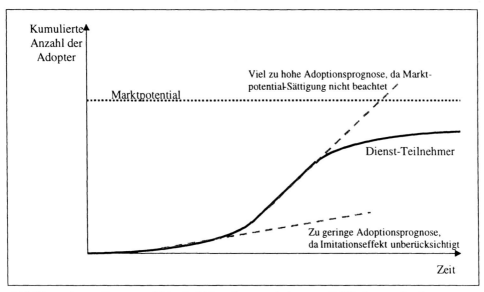

Abbildung 2:   Prognosefehler bei Trendextrapolation von Diffusionsverläufen
Quelle: Albers und Peters 1999.

Wie einleitend dargestellt wurde, ist eine hohe Diffusion eines Endgerätes anzustreben, wenn digitale Güter online distribuiert werden. Liegt wie bei PCs oder TV-Geräten bereits eine hohe Installierte Basis vor, so kann die Distribution bereits erfolgen. Muß allerdings erst eine Installierte Basis geschaffen werden, dann wird es heikel – zumal fast immer mehrere Systeme miteinander konkurrieren. Führt man sich das Beispiel des Interaktiven Fernsehens vor Augen, so stehen mittlerweile drei Systeme im Wettbewerb zueinander:

- Die KirchGruppe mit dem Ausbau des Digitalen TV-Senders zur Interaktiven Plattform Premiere mit einer Set-top-box als Zwischenlösung, bis alle TV-Geräte digitaltauglich sind.
- Das von Microsoft gesteuerte „Web-TV" benötigt ebenfalls eine Set-top-box, um die Inhalte des WWW auf dem Fernsehbildschirm zu plazieren.
- Die Breitbandgruppe von Bertelsmann arbeitet an einer Distribution der Inhalte über das Internet an die PC. So ist diese Alternative aus Marketing-Gesichtspunkten die richtige Wahl, da die Endgeräte in sehr vielen Haushalten bereits vorhanden sind. Allerdings sind noch sehr viele technische Aspekte zu berücksichtigen, die hier jedoch nicht im Fokus stehen.

Der Markterfolg eines Interaktiven Systems hängt jedoch nicht nur von der Diffusion der Endgeräte ab. Interaktive Medien stellen Plattformen dar, bei denen vor allem die spätere kontinuierliche Nutzung über den Markterfolg entscheidet. Erst durch die Nachfrage nach Inhalten erschließen die Anbieter Gewinnpotentiale, die ihre hohen Anfangsinvestitionen in die Infrastruktur rechtfertigen. Wenn nun nur ein Teil der Abonnenten das System tatsächlich nutzt, entsteht eine „teure" Nutzungslücke (Kollmann 1998).

3. Marketing-Instrumente in Interaktiven Medien

3.1 Maßnahmen für die Produktpolitik

Der relative Vorteil ist bei Kritische-Masse-Systemen im wesentlichen von der *Höhe der Installierten Basis* abhängig. Die Interaktivität des Fernsehens bedingt einen Zusammenhang der Akzeptanzprozesse der Mitglieder des sozialen Systems, da der Nutzen des Systems mit der Zahl der Adopter und Nutzer zunimmt. Nach Erreichen der Kritischen Masse nimmt die Wachstumsrate der Nutzung des Systems dramatisch zu. Somit muß es das wichtigste Ziel sein, die Kritische Masse so schnell wie möglich zu erreichen.

Das Management von innovativen Kritische-Masse-Systemen ist grundsätzlich voll auf die Realisierung von Netzeffekten auszurichten. Kritische-Masse-Systeme haben stets eine Vielzahl von Startproblemen zu lösen, die durch den anfangs geringen Nutzenbeitrag aufgrund einer kleinen installierten Basis hervorgerufen werden. Die indirekten Netzeffekte richten den Blickwinkel der Abonnenten auf die Tarifierung und Qualität der Dienste. Hier ist der erste Ansatzpunkt für die Überwindung der Start-up-Probleme zu finden. Kann die Produktion und Tarifierung dieser Komplementärgüter gefördert werden, dann steigt der Nutzen des Gesamtsystems. Hierzu bieten sich strategische Allianzen über alle Teile der Wertschöpfungskette an.

Eine sehr hohe Bedeutung kommt dem Timing des Markteintritts zu. Güter mit Netzeffekten sind ein bislang vernachlässigter Bereich der Pionierforschung, in der die Vor- und Nachteile der Markteintrittsreihenfolge betrachtet werden (Clement, Litfin und Vanini 1998). Bei Kritische-Masse-Systemen ist es ungleich schwerer, einem Pionier seinen Markteintrittsvorteil streitig zu machen, da er bereits über eine Installierte Basis verfügen kann, die den Nutzen seines Systems erhöht (Shapiro und Varian 1999, S. 15). Zudem kann aufgrund der Kostenstruktur bei Informationsgütern wie z. B. Filmen ein Kostenvorteil errungen werden, da ein Pionier bereits aufgrund der verkauften Menge Economies of Scale realisieren konnte. Diese kann er einsetzen, um limit pricing zu betreiben. Dabei setzt er die Preise so niedrig an, daß es sich für Folger nicht lohnt, die hohen Investitionen für die Produktion des Gutes vorzunehmen. Damit bestehen höhere Markteintrittsbarrieren für Folger. Dem Timing des Folgers kommt eine hohe Bedeutung zu, da zum einen Anreize bestehen, früh in den Markt einzusteigen, um neu hinzukommende Kunden zu gewinnen, die sich andernfalls für das Pioniersystem entschieden hätten. Zum anderen kommt es zu dem Weakened-Rival-Effect: Je früher der Markteintritt vorgenommen wird, desto stärker wird das Wachstum der Installierten Basis des Pioniers behindert. Dadurch wird verhindert, daß der Nutzen des Pionierproduktes noch stärker zunimmt. Dies ermöglicht dem Folger später, höhere Preise am Markt durchzusetzen (Katz und Shapiro 1992; Shapiro und Varian 1999, S. 30).

Bei Kritische-Masse-Systemen bestehen immer nur kurze Zeiträume, in denen ein Markteintritt möglich ist. Beispielsweise kann eine Umrüstung des Systems eine Chance für Wettbewerber sein. Diese Zeiträume werden auch strategische Fenster genannt. Den gleichen Effekt können Inkompatibilitäten zwischen Produkten eines Herstellers bewirken. So mußte IBM diese Erfahrungen machen, als sie sich entschieden, ihre Produktlinie um zueinander inkompatible Computersysteme zu erweitern. Selbst eine hohe Installierte Basis der älteren Computergeneration half IBM nicht viel bei der Vermarktung der neuen inkompatiblen Produkte: Eine Vielzahl von US-Behörden wechselte von IBM auf andere Systeme (Greenstein 1993, S. 20). Die zeitlich begrenzte Marktaufnahmebereitschaft hängt neben dem Einführungszeitpunkt von den relativen Kosten der beiden Technologien und der Größe der Installierten Basis ab, wobei Aspekte der strategischen Preissetzung und Markteinführungsstrategie zu berücksichtigen sind (Farrell und Saloner 1985; Katz und Shapiro 1992).

3.2 Maßnahmen für die Preispolitik

Die Markteinführung des Interaktiven Fernsehens bedingt die Zusammenarbeit mehrerer Unternehmen aus den einzelnen Gliedern der Wertschöpfungskette, um ein funktionierendes Gesamtsystem anzubieten. Da die Komplexität anfangs sehr hoch ist, wäre eine gemeinsame Preispolitik sinnvoll, um die Komplexität und das wahrgenommene Risiko zu minimieren. Dabei ist es denkbar, daß der Service-Provider die anderen Anbieter über den Handel subventioniert. So ist es bereits im Mobilfunkmarkt normal, daß der Nutzer bei Abschluß eines Vertrages (z. B. bei D1) ein subventioniertes Handy bekommt. Dabei liegen die Gerätepreise teilweise bei 1,00 DM. Ebenso können die Anschlußgebühren bei dem Netzbetreiber subventioniert werden, wie es beispielsweise der Service-Provider Unicom (www.unicom.de) anbietet. Eine ähnliches Modell ist für das Interaktive Fernsehen ebenfalls denkbar.

3.2.1 Wettbewerbsorientierte Preisstrategien

Für das Preis-Management bedeutet eine Pionierstrategie für das Interaktive Fernsehen, daß sehr schnell Netzeffekte zu realisieren sind, um somit die Markteintrittsbarrieren für Folger zu erhöhen. Eine mögliche Strategie lehnt sich an dem Erfolg des Minitel in Frankreich an:

Die kostenlose Abgabe von Set-top-boxen oder die begrenzte kostenlose Nutzung von Diensten kann sinnvoll sein, weil das erstmalige Anwenden von den im Interaktiven

Fernsehen angebotenen Diensten von den Nutzern häufig eine hohe Einarbeitungszeit bedarf, was hohe Kosten verursacht. Die kostenlose Abgabe reduziert letztlich diese Einarbeitungskosten und führt zu einer Senkung der Einstiegskosten. Darüber hinaus werden hohe Kosten für das zukünftige Wechseln zu anderen Anbietern aufgebaut, da diese Einarbeitungskosten bei einem erneuten Wechsel zum Folger wieder anfallen, so daß Lock-in-Phänomene auftreten.

Die Realisierung von Netzeffekten baut erhebliche Eintrittsbarrieren für zukünftige Anbieter auf (Katz und Shapiro 1992). Wenn der Pionier auf dem Markt ein Monopol hält, dann kann er durch strategisches Verhalten, insbesondere in der Preispolitik mittels penetration pricing, erreichen, daß ein Wettbewerber aus dem Markt gedrängt wird oder aber die Markteintrittsbarrieren schier unüberwindlich werden (Katz und Shapiro 1986). Dies impliziert, daß der Initialkauf sehr einfach gemacht werden sollte, da frühe Adoptoren spätere subventionieren und der Nutzen zu Beginn aufgrund der derivativen Komponente als relativ gering einzustufen ist (Brynjolfsson und Kemerer 1996, S. 1644).

3.2.2 Produktlinienorientierte Preisstrategien

Die empirischen Ergebnisse von Clement, Litfin und Vanini (1998) zeigen Nachfragersegmente auf, die zum Teil extreme und zum Teil ausgewogene Zahlungsbereitschaften für Dienste im Interaktiven Fernsehen haben. In diesem Falle ist die gemischte Preisbündelung tendenziell am vorteilhaftesten. Dabei werden sowohl die Produkte im Bündel als auch einzeln angeboten (Simon 1992, S. 1223 ff.; Wübker 1998).

Die Simulation von Olderog und Skiera (2000) weist nach, daß Bündelstrategien dann sinnvoll sind, wenn die Zahlungsbereitschaften die variablen Kosten deutlich übersteigen. Die variablen Kosten sind bei Filmen relativ gering. Somit könnte die Preisbündelung für Video-on-demand-Inhalte eine interessante Preisstrategie darstellen. Ebenfalls können Bündelungen innerhalb der Dienste-Abonnements vorgenommen werden. Beispielsweise kann ein Nachrichtenkanal mit einem Information-on-demand-Dienst gekoppelt werden.

Auch können innerhalb eines Dienstes (z. B. Video-on-demand) Bündel angeboten werden. So kann das Zusammenfassen von einzelnen Filmen (z. B. als eine Schwarzenegger-Reihe oder alle Spiele der Fußball-Bundesliga) zu einem Produktbündel eine sinnvolle Möglichkeit darstellen, um die Konsumentenrente besser abzuschöpfen. Da die Zahlungsbereitschaften in unterschiedlichen Nachfragersegmenten stark variieren (einige Konsumenten haben zum Beispiel für alle Filme einer Gruppe in etwa gleich hohe Zahlungsbereitschaften, während andere nur für einen bestimmten Film dieser Gruppe eine hohe Zahlungsbereitschaft haben), kann eine gemischte Preisbündelung empfehlenswert sein (Whinston, Stahl und Choi 1997, S. 363). Im Interaktiven Fernsehen besteht die Möglichkeit, individuell auf Kundenwünsche einzugehen. Hier könnte z. B. die Aufteilung der Fußball-Bundesliga-Spiele in mehrere Preisgruppen je nach Attraktivität erfolgen. Das Bündel kann dann dergestalt angeboten werden, daß aus jeder dieser Gruppen eine bestimmte Anzahl von Spielen gewählt werden kann und ein Preis gezahlt wird, der unterhalb der Summe der Einzelpreise dieser Spiele liegt. Gleichzeitig sollten die Spiele, wie bereits erläutert, auch immer einzeln angeboten werden (Guiltinan 1987).

Ebenso könnte eine Bündelstrategie für Set-top-boxen in Kombination mit Abonnementpreisen für bestimmte Dienste sinnvoll sein. Eventuell können Netzbetreiber ebenfalls hierzu gewonnen werden: So ist vorstellbar, daß die Deutsche Telekom als Kabelanbieter, Nokia als Decoderhersteller und Premiere als Service-Provider ein Paketpreis anbieten – sofern sie sich darauf einigen und es wettbewerbsrechtlich zulässig ist.

3.3 Maßnahmen für die Kommunikation

Die Werbekampagne von DF1 stand 1997 im Zentrum der Kritik, da sie es nicht vermochte, der Zielgruppe den Nutzen des Systems deutlich zu machen. Sie gilt als einer der Gründe für die schleppende Diffusion des Digitalen Fernsehens und verdeutlicht das Gewicht der Kommunikationsstrategie für den gesamten Erfolg des Interaktiven Fernsehens (Clement und Litfin 1999).

Zunächst einmal ist bei der Erörterung der Kommunikationsstrategie sowohl für die Dienste als auch für das Endgerät die Zielgruppe festzulegen. Die Kenntnis über die Zielgruppe eröffnet Anbietern einen effizienten Einsatz der Marketing-Instrumente zur Beschleunigung der Diffusion des Systems (Dickson 1992, S. 71).

Typischerweise wird angeregt, die Segmente nach den Adopterkategorien zu bilden (Jansen 1970, S. 144). Neuere Erkenntnisse aus der Adoptionstheorie zeigen hingegen, daß es nicht unbedingt vorteilhaft sein muß, wenn zu Beginn des Adoptionsprozesses die Innovatoren als Zielgruppe der Kommunikationsmaßnahmen definiert werden (Mahajan und Muller 1998). Zwar wird immer wieder angeführt, daß Innovatoren die Mitglieder der folgenden Adoptergruppen im Laufe des Diffusionsprozesses positiv beeinflussen können, jedoch sind bei der Ausarbeitung einer Kommunikationsstrategie komplexere Sachverhalte bezüglich der Zielgruppendefinition zu berücksichtigen. Eine Kommunikationsstrategie, die für die Innovatoren maßgeschneidert ist, kann für die „Early" oder „Late Majority" unbrauchbar sein. Eine Repositionierung des mit Kommunikationsmitteln aufgebauten Images ist jedoch sehr kostenintensiv. Bei der Planung des Kommunikationsmixes ist demnach zu überlegen, ob auf die spezifische Ansprache von Innovatoren zugunsten der globalen Ansprache einer größeren Zielgruppe (z. B. Innovators und Early Adopters) verzichtet wird. Mahajan und Muller (1998) zeigen analytisch mögliche Entscheidungskriterien auf, bei denen eine Ansprache der Majorität sinnvoller sein kann als die reine Fokussierung auf die Innovatoren. Wenn der Einfluß der Innovatoren auf die Mehrheit (Word-of-mouth) schnell abnimmt und das Verhältnis von Innovatoren zur Majorität sehr klein ist, dann kann eine gezielte Ansprache der Majorität hilfreich sein. Dies gilt ebenso, wenn die Akzeptanz des Produktes am Markt nur langsam geschieht. Die Autoren liefern jedoch wenig Hinweise für Kommunikationsstrategien bei Netzeffekten. So kann ihr Hinweis auf die unterschiedlichen Deckungsbeitragsverhältnisse aufgrund der angeblich höheren Zahlungsbereitschaft bei Innovatoren nicht übernommen werden, da der derivative Nutzen anfangs zu gering ist, um hohe Preise zu verlangen. Dennoch scheint die Überlegung von Mahajan und Muller (1998) auch für Interaktives Fernsehen zu gelten, denn eine extrem enge Definition der Zielgruppe kann für das Erreichen der Kritischen Masse hinderlich sein. So ist zu prüfen, ob die Zielgruppen des „frühen Marktes", d. h. die Innovators, Early Adopters und eventuell die Early Majority mit einer globalen Kampagne erreicht werden können. Eine gemeinsame Ansprache kann kostensparend wirken.

Ein anderer Ansatz zur Bestimmung der Zielgruppen ist die Segmentierung der potentiellen Adopter nach den Präferenzen für Inhalte bzw. Dienste. Die empirische Analyse von Clement (2000) zeigt Segmente auf, auf die in der Kommunikationsbotschaft einzugehen ist. Deutlich wird, daß die Maßnahmen auf die drei Segmente Video-on-demand, Bank- und Kommunikationsdienste sowie Information-on-demand auszurichten sind. So ist davon auszugehen, daß Segmente, die Video-on-demand als sehr wichtig empfinden, anders in der Kommunikation angesprochen werden müssen als die Informationssucher oder Home-Banker. Wichtig ist vor allem, daß der relative Vorteil des Interaktiven Fernsehens hinsichtlich dieser drei Dienste – die jeweils segmentspezifische Killer-Applikationen darstellen – klar kommuniziert wird, damit die Unsicherheit über den Nutzen des Systems reduziert wird.

Zusätzlich zu der segmentspezifischen Kommunikation bezüglich des Nutzens der Dienste ist die Diffusion der Set-top-box kommunikativ zu unterstützen. Die Nutzer unterscheiden dabei in der Regel nicht zwischen der Hardware und der zum Betrieb notwendigen Software, sondern sehen diese eher als eine einheitliche Architektur an.

In den Analysen von Clement (2000) werden zwei Segmente identifiziert, die positiv gegenüber dem System eingestellt bzw. technisch versiert sind. Diese Segmente eignen sich gut zur Positionierung des Systems als Statussymbol. Sofern das System als ein solches wahrgenommen wird, nimmt der soziale Druck auf die Imitatoren zu. Aus Marketing-Gesichtspunkten erscheint es deshalb sinnvoll, die folgenden Schritte zur Schaffung eines Statussymbols durchzuführen:

- Positionierung des Systems als Konsumsymbol zur Unterstützung der Identität einer Gruppe. Die Gruppe übt dann Druck auf die Nicht-Nutzer aus. Eine Unterstützung dieses Aspektes mit einer Werbebotschaft, wie sie z. B. von der Deutschen Telekom für ISDN verwendet wird: „Verpassen Sie nicht den Anschluß!", kann die Diffusion beschleunigen.

- Minimierung des sozialen Risikos, das durch Mißbilligung der Nutzer des Systems durch das soziale System entstehen kann.

- Schaffen eines Multimedia-Erlebnisses unter Zuhilfenahme markenpolitischer Instrumente.

Sowohl aus der theoretischen als auch aus der empirischen Analyse wird deutlich, daß die Adoption des Endgeräts durch technologische Unsicherheiten behindert wird. Die

Individuen scheuen sich vor einem hohen Lock-in-Effekt und demzufolge einem Stranding (Choi 1994). Die Angst der potentiellen Kunden vor dem Lock-in kann durch die Kommunikation der technologischen Kompetenz verringert werden. Wichtig ist auch, daß die Kompatibilität und Aufrüstbarkeit des Endgeräts immer wieder hervorgehoben wird. Die Zielgruppen müssen von der Zukunftssicherheit des Systems überzeugt sein. Hierbei ist auch auf eine hervorragende PR-Arbeit zu achten, um so zu vermeiden, daß sich ein Dekoderstreit wie beim Digitalen Fernsehen wiederholt. Eine derartige Kommunikationspolitik kann durch das Schaffen von Anreizen für eine frühe Adoption des Endgerätes unterstützt werden. Diese Anreize sind dann entsprechend in der Werbung hervorzuheben. So hat z. B. die Deutsche Telekom sehr großen Erfolg mit der Bereitstellung derartiger Anreize für ISDN verzeichnen können.

Personen adoptieren ein Kritische-Masse-System, weil sie erwarten, daß es sich im Markt durchsetzt (Köster 1999, S. 14). Für die Kommunikationspolitik ergibt sich daraus, daß die Wahrnehmung der Innovation positiv darzustellen ist, so daß der Eindruck entsteht, die Kritische Masse wäre schon erreicht oder wird bald erreicht sein.

Eine strategische Option zur Verringerung der Markteintrittsbarrieren des Interaktiven Fernsehens stellt das Instrument der Vorankündigung dar (Graumann 1993, S. 1347). Vorankündigungen sind ein Mittel des Erwartungs-Management und sind geeignet, um über Erfolg und Mißerfolg einer Innovation zu entscheiden (Shapiro und Varian 1999, S. 14 ff.). Es lassen sich zwei Wirkungen von Vorankündigungen unterscheiden: Zum einen die Wirkung auf bislang ungebundene Personen, die zunächst einmal abwarten, bis die neue Technologie auf den Markt kommt und vorerst vom Abonnement der alternativen Systeme (z. B. Premiere) absehen. Nehmen die potentiellen Kunden einen relativen Vorteil des Systems gegenüber dem alten System wahr, dann adoptieren sie Interaktives Fernsehen. Durch Vorankündigungen können somit schnell Netzeffekte realisiert werden. Sie können damit das Erreichen der Kritischen Masse wahrscheinlicher machen. Zugleich wird verhindert, daß die Installierte Basis und somit der Gesamtnutzen des Wettbewerbssystems zunimmt. Zum anderen stellen Abonnenten von bisherigen Pay-TV-Anbietern potentielle Wechsler dar. Sie werden bei Vorankündigungen eventuell weitere Investitionen in das bisherige System zurückstellen, um somit nicht weiter in die Systembindung zu geraten. Die Systemwechselkosten werden also nicht erhöht. Vorankündigungen sind jedoch ein zweischneidiges Schwert. So kann eine Vorankündigung auch den Absatz des eigenen (alten) Systems kannibalisieren.

Neben Vorankündigungen können gezielte Kommunikationsstrategien bei kleinen sozialen Netzwerken erfolgversprechend sein, sofern sie eine diffusionsfördernde Funktion aufweisen: So weisen beispielsweise Topmanager oder Personen mit einem großen sozialen Netzwerk eine Vorbildfunktion auf, die andere zur Nutzung des Interaktiven Fernsehens motivieren kann (Rogers 1995, S. 214 f.). Des weiteren ist eine Implementation des Systems in eine intakte Gruppe, die das System adoptiert und alle Gruppenmitglieder zur Nutzung verpflichtet, eine denkbare Strategie.

Sobald Netzeffekte vorliegen, sind sie in der Kommunikation offensiv aufzugreifen. So zeigt z. B. der Software-Agent LINXX (www.linxx.de) stets die Teilnehmerstatistik an.

Es wird so die Größe der Installierten Basis als Werbebotschaft benutzt (Clement, Litfin und Peters 1998, S. 89 f.).

Abbildung 3: Teilnehmerstatistiken bei LINXX

Der wichtigste Aspekt bei der Kommunikationspolitik ist ein abgestimmtes Vorgehen der einzelnen Anbieter untereinander, um eine gemeinsame Botschaft zu verbreiten. Dort muß zunächst der Nutzen des Systems aufgezeigt werden, der in den angebotenen Inhalten und Diensten verankert ist. Eventuell sind gemeinsam finanzierte Kampagnen sinnvoller als ein unkoordiniertes Vorgehen des Einzelnen. Der wahrgenommene Nutzen ist durch geschicktes Kommunizieren der (eventuell noch nicht vorhandenen) Netzeffekte zu manipulieren. Dies gilt insbesondere für die Kommunikationsdienste, da sie direkten Netzeffekten unterliegen. Mögliche Akzeptanzbarrieren der Hardware sind mittels PR- und Werbemaßnahmen auszuräumen.

3.4 Maßnahmen für die Distribution

Zur Ableitung von Management-Maßnahmen ist die Fokussierung auf die Teile des Systems sinnvoll, die der Nutzer adoptieren wird. So ist vor allem die Distribution des zum Empfang des Interaktiven Fernsehens notwendigen Endgeräts zu diskutieren. Der Nutzungsprozeß des Interaktiven Fernsehens beginnt mit der Adoption der Hardware und setzt sich in der Nutzung der Dienste fort. Insofern ist die Distribution der Dienste ebenfalls von Relevanz. Alle anderen Teile des Systems sind nicht unmittelbar für die Distribution von Interesse. In Abbildung 4 sind die im weiteren Verlauf betrachteten Teile des Systems in der Wertschöpfungskette dunkelgrau markiert.

Da der Nutzungsprozeß die Adoption der zur Nutzung notwendigen Hardware voraussetzt, wird auch zunächst auf das Distributions-Management des Endgeräts (Set-top-box) eingegangen. In Anlehnung an Gerpott und Winzer (1998, S. 485 ff.) ist für die Auswahl des Vertriebskanals ein konzeptioneller Bezugsrahmen aufzuspannen, der auf der Transaktionskostentheorie basiert. Aufgrund dessen werden die folgenden (kursiv hervorgehobenen) Kriterien herangezogen, die für die Entscheidung, ob ein eigenes oder ein fremdes Vertriebsnetz genutzt werden soll, zu prüfen sind:

Zunächst einmal ist der *Markterschließungsdruck* des ITV-Pioniers zu betrachten. Dieser Druck ist für Kritische-Masse-Systeme sehr groß, da zum einen mit zunehmender Nutzeranzahl der Nutzen des Systems aufgrund der Netzeffekte steigt und zum anderen Wechselbarrieren durch Lock-in-Effekte aufgebaut werden. Für das Management bedeutet dies, daß quasi von Beginn an der gesamte Markt schnell beliefert werden muß und eine allgegenwärtige Präsenz anzustreben ist. Daher sind sämtliche bisher genutzten Vertriebskanäle – d. h. sowohl Fremd- als auch Eigenvertriebskanäle – zu nutzen. Da nicht davon auszugehen ist, daß ein ITV-Anbieter über ein eigenes umfassendes Vertriebsnetz verfügt, ist zusätzlich auf fremde Vertriebsorgane wie Service-Provider zurückzugreifen.

Als zweites Kriterium ist der *Kundenbindungsdruck* heranzuziehen, der beim Interaktiven Fernsehen hoch ist. Damit der Kunde gebunden werden kann, ist auf das One-to-One-Marketing zurückzugreifen, das allerdings erst dann greift, wenn der Kunde das System stark genutzt hat (Clement und Runte 2000). Insofern ist es zur Kundenbindung entscheidend, daß Kunden- bzw. Nutzungsdaten vorliegen, da nur dann seine individuellen Präferenzen optimal befriedigt werden können. Um den Wettbewerbsvorteil auszubauen, ist über den Vertriebsweg der Hardware sicherzustellen, daß der Kunde nicht nur das Endgerät kauft, sondern auch die Dienste häufig nutzt. Insofern kommt dem Vertriebskanal eine nutzungsinitiierende Funktion zu, die später zu einer Kundenbindung führt. Dies spricht für ein eigenes Vertriebsnetz, welches diese Funktion optimal umsetzen kann. Nutzt man hingegen fremde Vertriebskanäle für die Set-top-box, so sind die Ergebnisse von Untersuchungen der Prinzipal-Agenten-Theorie heranzuziehen (z. B. Albers und Krafft 1996), um geeignete Motivations- bzw. Kontrollmechanismen zu definieren.

Als dritter Faktor ist die *Transaktionsspezifität* zu betrachten, die in der Transaktionskostentheorie eine zentrale Variable darstellt. Je komplexer ein System ist, desto höher ist auch die Spezifität der Investition durch den Nutzer (Gerpott und Winzer 1998, S. 488). Die empirischen Ergebnisse lassen die Annahme zu, daß die Kunden dem Interaktiven Fernsehen eine relativ hohe Komplexität zuweisen. Daraus läßt sich transaktionskostentheoretisch für die Wahl eines eigenen Vertriebsnetzes argumentieren.

Weiterhin ist die *Transaktionsunsicherheit* eine wichtige Bestimmungsgröße für die Wahl der Vertriebsform. Insbesondere bei Systemen, die sich wie das Interaktive Fernsehen noch in der Pilotphase befinden, ist die Unsicherheit der Kunden sehr groß (Gerpott und Winzer 1998, S. 488 f.). Dies liegt zum einen an dem Unwissen über den Nutzen des Systems und zum anderen an der Furcht vor der Wahl der falschen, d. h. nicht zukunftsträchtigen, Technologie (stranding). Da sich das Interaktive Fernsehen durch eine hohe Unsicherheit auszeichnet, empfehlen Gerpott und Winzer (1998, S. 489) die Wahl eines eigenen Vertriebskanals.

Schließlich sind *situationsspezifische Aspekte* bei der Wahl des Vertriebskanals zu berücksichtigen. Auf sie kann nur sehr global eingegangen werden, da sie für jeden einzelnen Player im Markt unterschiedlich ausgeprägt sind. So sind z. B. die Kosten für den Aufbau eines eigenen Vertriebsnetzes für die Deutsche Telekom geringer (T-Punkte sind relativ weit verbreitet) als für die KirchGruppe, die über kein eigenes Netz verfügt. Weitere globale Entscheidungskriterien liefern Gerpott und Winzer (1998, S. 489).

Nach Abwägung der einzelnen Entscheidungsvariablen hat sich das Management für oder wider eine Vertriebskanalalternative zu entscheiden. Dabei stehen im wesentlichen zwei Formen zur Auswahl: Zum einen kann ein eigener Vertrieb aufgebaut werden. Dieser kann direkt (z. B. über Internet oder Telefon) oder über eigene Vertriebsniederlassungen geschehen. Zum zweiten kann ein Fremdvertrieb angestrebt werden. Dieser Vertrieb kann über den „normalen" Handel oder aber durch Service-Provider vorgenommen werden.

Nachdem die Hardware von einem Kunden adoptiert wurde, müssen die Dienste über das Netz an ihn distribuiert werden. Generell wird in dieser Arbeit nach vier Dienstegruppen (On-Demand-Dienste, Home-Shopping, Home-Services und Kommunikationsdienste) unterschieden. Im folgenden wird die Distribution von digitalisierten Produkten (Informationen) dargelegt. Auf die Distribution von Gütern, die über das Interaktive Fernsehen bestellt werden, wird nicht eingegangen und statt dessen auf die einschlägige Literatur des Electronic Commerce verwiesen (z. B. Alba, et al. 1997, Albers und Peters 1997, Albers, Clement und Skiera 1999, Hruschka 1998).

Die Distribution von Informationen, die im folgenden am Beispiel des Video-on-demand dargestellt wird, unterliegt einem Lebenszyklus (siehe Abbildung 4). Dieser Lebenszyklus ist schon in der Tourismusbranche mit dem Aufkommen des SABRE und des eCommerce beobachtet worden (Clement, Peters und Preiß 1998, Krafft 1998). Ein ähnlicher Verlauf tritt auch im Telekommunikationssektor zu Tage (Gerpott 1996, S. 120 f.).

Vermutlich werden auch für Video-on-demand oder auch für Kommunikationsdienste ähnliche Phänomene zu beobachten sein: In der Regel sind mehrere Player bei der Markteinführung eines innovativen Systemgutes involviert. Beim Interaktiven Fernsehen wird demnach der Nutzer entweder direkt von Inhalteanbietern (z. B. Disney) oder aber von einem Service-Provider (z. B. DF1) die Inhalte abrufen. Inwiefern schon Service-Provider beim Markteinstieg vorhanden sind, hängt von den strategischen Allianzen ab. Für das Distributions-Management ist jedoch zentral, daß weitere Intermediäre nach und nach in den Markt eintreten werden. So wird es nicht bei nur einem Service-Provider bleiben. Zunehmend werden Wettbewerber in den Markt eintreten und ihrerseits Dienstleistungen anbieten. So ist DF1 längst nicht mehr der einzige Service-Provider für Digitales Fernsehen. Durch den zunehmenden Wettbewerb und die enorme Marketing-Bedeutung von Kundendaten zur Individualisierung des Angebots werden die Provider Kundenbindungsmaßnahmen einführen. Eines der zentralen Mittel hierfür stellen Vielnutzer-Programme dar, die sich gut mit den bekannten Frequent-Flyer-Programmen vergleichen lassen. Schließen sich mehrere Service-Provider zu einer Allianz zusammen (wie z. B. die Star-Alliance von Lufthansa und anderen Fluglinien), dann entkoppelt sich das Programm vom eigentlichen Distributionsweg und wird zunehmend zu einer zentralen Anlaufstelle für die Kunden. Dies geschieht insbesondere deswegen, weil die Programme mehr Informationen über den Kunden besitzen als die einzelnen dahinterstehenden Gesellschaften und dementsprechend besser auf die individuellen Nutzer eingehen können.

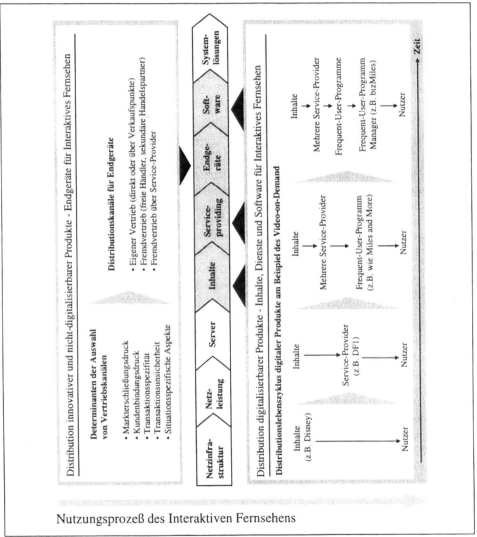

Abbildung 4: Distribution der Komponenten des Interaktiven Fernsehens

Konterkariert werden diese Programme dann in einer späteren Phase des Lebenszyklusses durch neue Anbieter, die übergreifend die einzelnen Vielnutzer-Programme managen. Solche sogenannten Frequent-User-Programm-Manager bieten eine programmübergreifende Dienstleistung für die Nutzer an (Krafft 1998). Ein Beispiel für einen solchen Intermediär stellt Bizmiles dar (www.bizmiles.com). Sie bieten eine Filterfunktion, da sie über die gesamten Nutzungsdaten *aller* Programme verfügen und deswegen die Präferenzen der Nutzer am besten kennen. Somit können sie – sofern sie die Kritische Masse der Nutzer erreichen – zunehmend Marktmacht generieren und die Margen der vorgelagerten Stufen reduzieren.

Eine derartige Entwicklung ist für Filme, Kommunikationsdienste usw. grundsätzlich in Betracht zu ziehen. Das Distributions-Management muß sich demnach immer darüber Gedanken machen, wie sie es verhindern kann, daß Intermediäre über eine Kritische Masse verfügen, indem sie den Endkunden Mehrwertdienste anbieten. Denn je mehr Zwischenstufen vom Inhalteanbieter zum Endkunden bestehen, desto weiter rückt der Kunde aus dem Fokus. Das Geschäft machen dann Intermediäre mit besseren Möglichkeiten der Kundenbindung.

Eine Distributionsstrategie für das gesamte System erfordert eine strategische Allianz der Anbieter untereinander. Ein gemeinsamer Vertrieb des Systems erfordert eine Bündelung der Handelsfunktionen (Albers und Peters 1997) auf einen oder einige wenige Anbieter. So ist z. B. ein Vertrieb über die Deutsche Telekom denkbar. Diese vertreibt heute schon über ihre Techniker den eigenen Online-Dienst T-Online. Insofern ist es naheliegend, daß in gleicher Weise Endgeräte und Dienste-Abonnements verkauft werden können. Ein solcher Vertrieb erfordert allerdings hervorragend geschulte Techniker der Deutschen Telekom, die nicht nur die Technik beherrschen, sondern ebenfalls vertriebsorientiert vorgehen.

Das Hauptproblem besteht aber in der strategischen Kooperation zwischen den Anbietern. So wird der direkte Vertrieb des Online-Dienstes T-Online durch die Telekom-Techniker von Wettbewerbern wie z. B. AOL mit rechtlichen Schritten behindert. Ähnliche Konstellationen sind bei der Markteinführung des Interaktiven Fernsehens ebenfalls vorstellbar. Kommt es zu einer öffentlichen Auseinandersetzung in den Medien, so wird dies nicht die Unsicherheit der potentiellen Adopter reduzieren, sondern vielmehr die Diffusion des Systems behindern.

4. Literatur

Alba, J./Lynch, J./Weitz, B./Janiszewski, C./Lutz, R./Sawyer, A./Wood, S. (1997): Interactive Home Shopping: Consumer, Retailer, and Manufacturer Incentives to Participate in Electronic Marketplaces, in: Journal of Marketing, 61, S. 38-53.

Albers, S./Bachem, C./Clement, M./Peters, K. (1999): Produkte und Inhalte, in: Albers, S./Clement, M./Peters, K. (Hrsg.): Marketing mit Interaktiven Medien – Strategien zum Markterfolg, 2. Auflage, Frankfurt am Main, S. 267-282.

Albers, S. (1999a): Produkte und Inhalte, in: Albers, S./Clement, M./Peters, K. (Hrsg.): Marketing mit Interaktiven Medien – Strategien zum Markterfolg, 2. Auflage, Frankfurt am Main, S. 7-18.

Albers, S. (1999b): Was verkauft sich im Internet? - Produkte und Leistungen, in: Albers, S./Clement, M./Peters, K./Skiera, B. (Hrsg.): eCommerce - Einstieg, Strategie und Umsetzung im Unternehmen, Frankfurt am Main, S. 17-36.

Albers, S./Clement, M./Skiera, B. (1999): Wie sollen die Produkte vertrieben werden? - Distributionspolitik, in: Albers, S./Clement, M./Peters, K./Skiera, B. (Hrsg.): eCommerce - Einstieg, Strategie und Umsetzung im Unternehmen, Frankfurt am Main, S. 87-105.

Albers, S./Krafft, M. (1996): Zur relativen Aussagekraft und Eignung von Ansätzen der Neuen Institutionenökonomik für die Absatzformwahl sowie die Entlohung von Verkaufsaußendienstmitarbeitern, in: Zeitschrift für Betriebswirtschaft, 66, S. 1383-1407.

Albers, S./Peters, K. (1997): Die Wertschöpfungskette des Handels im Zeitalter des Electronic Commerce, in: Marketing · ZFP, 19, S. 69-80.

Albers, S./Peters, K. (1999): Diffusion Interaktiver Medien, in: Albers, S./Clement, M./Peters, K. (Hrsg.): Marketing mit Interaktiven Medien – Strategien zum Markterfolg, 2. Auflage, Frankfurt am Main, S. 109-122.

Arthur, W. B. (1996): Increasing Returns and the New World of Business, in: Harvard Business Review, 4, S. 101-109.

Bähr-Seppelfricke, U. (1999): Der Einfluß von Produkteigenschaften auf die Diffusion neuer Produkte, Wiesbaden.

Beckert, B./Kubicek, H. (1999): Multimedia möglich machen: Vom Pilotprojekt zur Markteinführung, in: Media Perspektiven, 3, S. 128-143.

Booz Allen & Hamilton (1997): Zukunft Multimedia: Grundlagen, Märkte und Perspektiven in Deutschland, 5. Auflage, Frankfurt am Main.

Brynjolfsson, E./Kemerer, C. F. (1996): Network Externalties in Microcomputer Software: An Econometric Analysis of the Spreadsheet Market, in: Management Science, 42, S. 1627-1647.

Choi, J. P. (1994): Irreversible Choice of Uncertain Technologies with Network Externalties, in: Rand Journal of Economics, 25, S. 382-401.

Clement, M. (1998): Pilotprojekte zur Nutzungsforschung, in: Albers, S./Clement, M./Peters, K. (Hrsg.): Marketing mit Interaktiven Medien - Strategien zum Markterfolg, Frankfurt am Main, S. 179-192.

Clement, M. (2000): Analyse und Prognose der Nutzung des Interaktiven Fernsehens, Wiesbaden.

Clement, M./Becker, J. U. (1999): Digitales Fernsehen – Strategische Umbrüche bei steigendem Interaktivitätsgrad, in: Zeitschrift für betriebswirtschaftliche Forschung, 51, S. 1169-1190.

Clement, M./Litfin, T. (1999): Adoption Interaktiver Medien, in: Albers, S./Clement, M./Peters, K. (Hrsg.): Marketing mit Interaktiven Medien, 2. Auflage, Frankfurt am Main, S. 95-108.

Clement, M./Litfin, T./Peters, K. (1998): Netzeffekte und Kritische Masse, in: Albers, S./Clement, M./Peters, K. (Hrsg.): Marketing mit Interaktiven Medien, Frankfurt am Main, S. 81-94.

Clement, M./Litfin, T./Vanini, S. (1998): Ist die Pionierrolle ein Erfolgsfaktor? Eine kritische Analyse der empirischen Forschungsergebnisse, in: Zeitschrift für Betriebswirtschaft, 68, S. 205-226.

Clement, M./Peters, K./Preiß, F. J. (1998): Electronic Commerce, in: Albers, S./Clement, M./Peters, K. (Hrsg.): Marketing mit Interaktiven Medien – Strategien zum Markterfolg, Frankfurt am Main, S. 49-64.

Clement, M./Runte, M. (2000): Intelligente Software-Agenten - Implikationen für das Marketing im Electronic Commerce, in: Der Markt, 39, Nr. 152, S. 18-35.

Dickson, P. R. (1992): Toward a General Theory of Competitive Rationality, in: Journal of Marketing, 56, S. 69-83.

Farrell, J./Saloner, G. (1985): Standardization, Compatibility, and Innovation, in: Rand Journal of Economics, 16, S. 70-83.

Gerpott, T. (1996): Wettbewerbsstrategien im Telekommunikationsmarkt, Stuttgart.

Gerpott, T./Winzer, P. (1998): Distributionsstrategien für Telekommunikationsdienste, in: Die Betriebswirtschaft, 58, S. 481-500.

Graumann, M. (1993): Die Ökonomie von Netzprodukten, in: Zeitschrift für Betriebswirtschaft, 63, S. 1331-1355.

Greenstein, S. M. (1993): Did Installed Base give an Incumbent any (measurable) Advantages in Federal Computer Procurement?, in: Rand Journal of Economics, 24, S. 19-39.

Guiltinan, J. P. (1987): The Price Bundling of Services: A Normative Framework, in: Journal of Marketing, S. 51, 74-85.

Hagel III, J./Armstrong, A. G. (1997): Net Gain – Expanding Markets through Virtual Communities, Boston.

Heiman, A./Muller, E. (1996): Using Demonstration to Increase New Product Acceptance: Controlling Demonstration Time, in: Journal of Marketing Research, 33, S. 422-430.

Hruschka, H. (1998): Die Auswirkungen interaktiver Informationstechnologien auf das Herstellermarketing, in: Marketing · ZFP, 20, S. 195-204.

Jansen, O. (1970): Soziologische Determinanten der Wirksamkeit von Werbemaßnahmen für innovative Produktivgüter, Bonn.

Katz, M. L./Shapiro, C. (1986): Technology Adoption in the Presence of Network Externalties, in: Journal of Political Economy, 94, S. 822-841.

Katz, M. L./Shapiro, C. (1992): Product Introduction with Network Externalties, in: Journal of Industrial Economics, 40, S. 55-83.

Kollmann, T. (1998): Akzeptanz innovativer Nutzungsgüter und -systeme, Wiesbaden.

Krafft, M. (1998): Kundenwert und Kundenbindung, in: Albers, S./Clement, M./Peters, K. (Hrsg.): Marketing mit Interaktiven Medien – Strategien zum Markterfolg, Frankfurt am Main, S. 165-178.

Mahajan, V./Muller, E. (1998): When is it Worthwhile Targeting the Majority Instead of the Innovators in a New Product Launch, in: Journal of Marketing Research, 35, S. 488-495.

Olderog, T./Skiera, B. (2000): The Benefits of Bundling Strategies, in: Schmalenbach Business Review, 52, April, S. 137-159.

Paul, C./Runte, M. (1999): Wie ziehe ich den Kunden an? Virtuelle Communities, in: Albers, S./Clement, M./Peters, K./Skiera, B. (Hrsg.): eCommerce – Einstieg, Strategie und Umsetzung im Unternehmen, Frankfurt am Main, S. 121-134.

Rogers, E. M. (1995a): Diffusion of Innovations, New York et al.

Shapiro, C./Varian, H. R. (1999): Information Rules, Boston.

Simon, H. (1992): Preisbündelung, in: Zeitschrift für Betriebswirtschaft, 62, S. 1213-1235.

Taschner, A. (1999): Interaktive Medien als Systemgut, in: Albers, S./Clement, M./Peters, K. (Hrsg.): Marketing mit Interaktiven Medien – Strategien zum Markterfolg, 2. Auflage, Frankfurt am Main, S. 65-80.

van den Bulte, C./Lilien, G. L. (1997): Bias and Systematic Change in the Parameter Estimates of Macro-Level Diffusion Models, in: Marketing Science, 16, S. 338-353.

Weiber, R. (1992): Diffusion von Telekommunikation: Problem der kritischen Masse, Wiesbaden.

Whinston, A. B./Stahl, D. O./Choi, S.-Y. (1997): The Economics of Electronic Commerce, Indianapolis.

Witte, E. (1997): Feldexperimente als Innovationstest – Die Pilotprojekte zu neuen Medien, in: Zeitschrift für betriebswirtschaftliche Forschung, 49, S. 419-436.

Wübker, G. (1998): Preisbündelung: Formen, Theorie, Messung und Umsetzung, Wiesbaden.

Erich Bauer

Die Erforschung der Absatzmärkte von TV-Sendern

1. Absatzmärkte von TV-Sendern
2. Charakteristik der Absatzmarktforschung von TV-Sendern
   - 2.1 Informationsaufgaben und Informationsinteressenten
   - 2.2 Kennziffern, Erhebungsmethoden und alternative Forschungsträger der TV-Werbe(markt)forschung
   - 2.3 Ausprägungsformen und Erhebungsmethoden der TV-Rezipientenmarktforschung (Programmforschung)
3. Internationale TV-Werbe(markt)forschung
4. Literatur

1. Absatzmärkte von TV-Sendern

TV-Sender können prinzipiell auf zwei unterschiedlichen Absatzmärkten tätig sein, nämlich auf dem *TV-Rezipientenmarkt* auf der einen und dem *TV-Werbemarkt* auf der anderen Seite.[1] Das Leistungsangebot besteht dementsprechend entweder aus Informations- und Unterhaltungsprogrammen oder (vordergründig) aus Werbezeiten und Programmsponsoring-, Programmbartering-[2] und Product-Placementgelegenheiten sowie verschiedenen Sonderwerbeformen[3] und richtet sich an jegliche Art von Informations- oder Unterhaltungsinteressenten bzw. werbungtreibende Organisationen oder in deren Auftrag tätige Werbeagenturen. Das Angebot von Werbezeiten, Programmsponsoringgelegenheiten etc. ist insofern nur als ein vordergründiges zu bezeichnen, weil damit eigentlich eine bestimmte Menge und Qualität von Zuschauern offeriert wird.[4] So unterstreicht denn auch *Gitlin*, daß "broadcasters are in the business of producing audiences. These audiences, or means of access to them, are sold to advertisers"[5].

Auf welchem dieser beiden Märkte ein TV-Sender agiert, ist maßgeblich von dessen Finanzierungsart und Programmausrichtung abhängig. Ausschließlich auf den TV-Werbemarkt ausgerichtet sind beispielsweise die Angebote der sogen. "Verkaufskanäle" (*QVC, H.O.T*), während die weitgehend durch Entgeltzahlungen von Abonnenten finanzierten Pay-TV-Sender (*Premiere Analog, Premiere World*)[6] ebenso wie die nur durch Zuschauergebühren finanzierten dritten Programme und "Spartenkanäle" (*3sat, Arte, Kinderkanal, Phoenix, BR Alpha*) der öffentlich-rechtlichen Fernsehsender ihr Angebot auf den TV-Rezipientenmarkt beschränken. In beiden Märkten tätig sind die überwiegend durch Werbung finanzierten kommerziellen Free-TV-Sender (*RTL, Sat.1, Vox* etc.) sowie die öffentlich-rechtlichen Sender der *ARD* und des *ZDF* mit ihren übrigen durch Gebühren und Werbung finanzierten Hauptprogrammen.

Für letztere TV-Sender sind die zwischen den beiden Absatzmärkten bestehenden Interdependenzen von großer unternehmenspolitischer Bedeutung. Denn die Inhalte und die

---

[1] Vgl. hierzu auch Wirtz, B. W. (1994), S. 18 ff.
[2] Unter Programmbartering wird der Tausch fertiggestellter Fernsehprogramme gegen Werbezeiten verstanden. Siehe hierzu auch Beyer, U./Neumeyer, C. (1991), S. 169 ff.
[3] Siehe hierzu Campillo-Lundbeck, S. (1999a), S. 80.
[4] Vgl. auch Holtmann, K. (1999), S. 13 ff.
[5] Gitlin, T. (1994), S. 56.
[6] Nach der Übernahme von 95 % der *Premiere*-Gesellschafteranteile durch die *Kirch-Gruppe* wurde das Programmangebot von *DF1* und *Premiere Digital* (die Sendungen von *Premiere Analog* blieben davon unberührt) ab dem 01.10.1999 zu einem Angebot zusammengefaßt. Unter dem Namen *"Premiere World"* werden seitdem den Abonnenten nunmehr drei sogen. "Welten" präsentiert, nämlich *"Movie World"* mit 7 Spielfilm- und 2 Pay-Per-View-Kanälen, *"Family World"* mit 8 Kanälen verschiedenster Art und *"Sports World"* mit 5 Sportkanälen; zusätzlich sind weitere Pay-Per-View-Offerten nutz- und 4 Extra-Kanäle abonnierbar.

Attraktivität des ausgestrahlten Programmes sind nicht nur maßgeblich bestimmend für den Nachfrageerfolg auf dem TV-Rezipientenmarkt, sondern wirken sich über diesen auch auf die mengen- und wertmäßige Nachfrage nach Werbezeiten, Programmsponsoringgelegenheiten, Werbesonderformen etc. aus. Dies heißt, je höher die sich in entsprechenden Reichweiten- und Marktanteilswerten widerspiegelnde Programmakzeptanz bei definierten Rezipientengruppen ist, um so mehr Werbungtreibende werden bereit sein, Werbezeiten etc. nachzufragen und dabei höhere Preise in Kauf zu nehmen.

In Deutschland hat sich seit Mitte der achtziger Jahre auf beiden TV-Absatzmärkten die Zahl der TV-Anbieter und -Angebote infolge der fortschreitenden Deregulierung des deutschen Rundfunkmarktes (Stichwort: *"Duales Rundfunksystem"*)[7] sowie der Entwicklung und Nutzung neuer Übertragungstechniken (Kabel-, Satelliten-, digitales Fernsehen)[8] drastisch erhöht. Wie die Abbildung 1 verdeutlicht, hat sich in den vierzehn Jahren zwischen 1984, dem Zeitpunkt der Einführung des Dualen Rundfunksystems, und 1998 die Zahl der nationalen deutschen TV-Sender von 2 auf 25 und die Zahl der von ihnen (insbesondere von der *ARD* und *Premiere World*) ausgestrahlten Programme sogar noch deutlicher erhöht.[9] Zählt man die regionalen Kanäle, Fensterprogramme und sogen. Huckepack-Programme (*piggy-back-programmes*) sowie die terrestrisch, per Kabel und insbesondere per Satellit zu empfangenden ausländischen Programme hinzu, summiert sich die Zahl der in Deutschland (aber nicht von *allen* deutschen Haushalten!) empfangbaren Fernsehprogramme auf mehrere Hundert.[10] Ähnliche Entwicklungen sind auch in anderen westeuropäischen und den nordamerikanischen Ländern zu verzeichnen.

Mit dieser Vervielfachung des Angebotes im deutschen TV-Rezipientenmarkt ging jedoch keineswegs eine prozentual gleich hohe Ausweitung der Nachfrage einher. So stieg die durchschnittliche tägliche Sehdauer eines über 14-jährigen Erwachsenen im gleichen Zeitraum (1985 - 1998) von 147 auf 201 Minuten, d. h. nur um ca. 37 % an (siehe Abbildung 2), wobei darüber hinaus zu beachten ist, daß diese Zuwächse weitgehend aus den Randzeiten der Fernsehnutzung (frühmorgens, nachmittags und spätabends) kamen, d. h. aus Zeiten, die erst seit Ende der 80er/Anfang der 90er Jahre durch (zunehmend verbesserte und aufgefächerte) Programmangebote abgedeckt werden[11].

---

[7] Siehe hierzu z. B. Wirtz, B. W. (1994), S.3 ff.; IP Deutschland (Hrsg.) (1999), S. 56 ff.

[8] Vgl. Stelzer, M. (1994), S.73 ff.; Turecek, O./Kopitzke, O. (1998), S. 491 ff.

[9] In der Folgezeit haben zwei weitere TV-Sender ihren Betrieb aufgenommen, nämlich der (deutschsprachige) Wirtschaftsinformationssender *Bloomberg TV* (1998) und der Nachrichtensender *N 24* (2000).

[10] Laut GfK Fernsehforschung (s. Nicklas, R., 1966, S. 77) belief sich die konkrete Zahl im Jahre 1995 bereits auf 307.

[11] Vgl. Baldauf, M./Müller, S. (1998), S. 858 f.

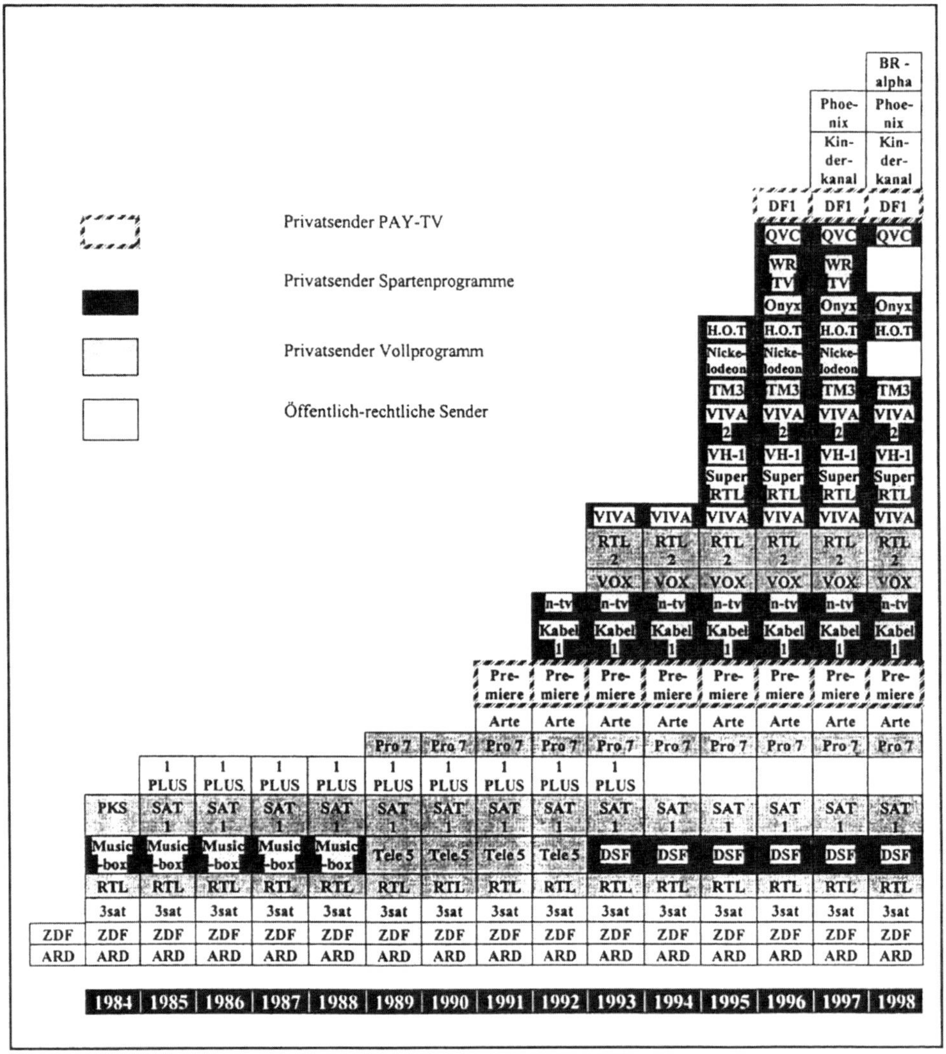

Abbildung 1: Sendestart nationaler deutscher TV-Sender
Quelle: IP Deutschland (1999), S. 7.

Diese Marktstrukturen führten dazu, daß der deutsche TV-Rezipientenmarkt zu einem der weltweit wettbewerbsintensivsten Fernsehmärkte geworden ist, in dem selbst der marktführende TV-Sender nur einen vergleichsweise bescheidenen Marktanteil erringen kann.[12] Da die Angebotsausweitung bei einer zunehmenden Nutzung der digitalen Über-

---

[12] Der seit 1994 marktführende TV-Sender *RTL* steht mit einem Rezipientenmarktanteil von 15,1 % (1998)

tragungstechnik weiter fortschreiten wird, die Nachfrageentwicklung aber eher zu stagnieren scheint, wird jedes weitere TV-Programmangebot, das sich im Markt behaupten kann, die Marktanteile der anderen in einem noch stärkeren Ausmaße als früher schmälern und damit zu einer zunehmenden Fragmentierung des TV-Rezipientenmarktes führen.

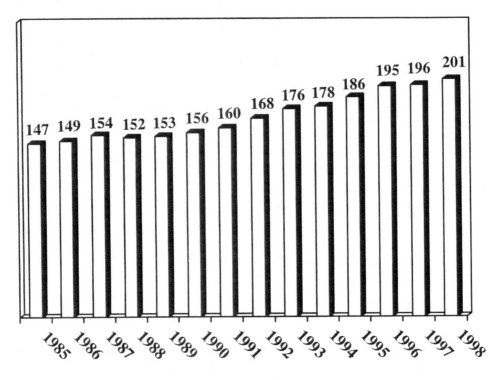

Abbildung 2: Durchschnittliche tägliche Sehdauer der über 14-jährigen Erwachsenen in Deutschland
Quelle: IP Deutschland (1999), S. 8.

Der deutsche TV-Werbemarkt ist dadurch gekennzeichnet, daß die Anbieter im intermediären Wettbewerb der klassischen Medien (Zeitungen, Zeitschriften, Hörfunk, Fernsehen) ihre Marktstellung ständig verbessern und somit in einem höheren Maße als die anderen vom Anstieg der für klassische Medien getätigten Werbeaufwendungen profitieren konnten (siehe Abbildung 3). Obwohl deren Anzahl beträchtlich geringer ist und in

---

im europaweiten Vergleich am unteren Ende der diesbezüglichen Rangreihe, während Marktführer in weniger wettbewerbsintensiven Rezipientenmärkten Marktanteile von über 30 % aufweisen. Vgl. hierzu IP Deutschland (1999), S. 7.

Zukunft auch bleiben wird als die der Anbieter im TV-Rezipientenmarkt, gewinnt auch hier der über die Aktionsparameter *Preis* (Werbespotpreis, Rabatte, TKP[13]), *Qualität* (zielgruppenbezogene Spotplazierung, Reichweitenmaximierung), *Werbeformendifferenzierung* (Werbespots als Unterbrecherwerbung oder in einer Blockwerbung, Programmsponsoring, Programmbartering, Teleshopping, Werbegewinnsendungen, Product-Placement etc.) und *Buchungsflexibilität* ausgetragene intramediäre Wettbewerb[14] nach dem weitgehenden Abbau eines lange Jahre bestehenden Nachfrageüberhanges zunehmend an Stärke. Verlierer in diesem Wettbewerb waren aufgrund der für die öffentlich-rechtlichen und privaten TV-Sender bestehenden asymmetrischen Regulierungsauflagen[15], die den privaten Sendern eine größere Freiheit bei der Festlegung von Werbezeiten und der Gestaltung der Werbeformendifferenzierung einräumen, eindeutig die öffentlich-rechtlichen TV-Sender.[16]

In Mio. DM/ ohne Produktionskosten	1985	1986	1987	1988	1989	1990	1991	1992	1993	1994	1995	1996	1997	1998
Tageszeitungen	6.508	6.504	7.023	7.148	7.757	8.063	9.297	10.025	9.973	10.366	10.722	10.679	10.870	11.477
Publikumszeitschriften	2.640	2.587	2.748	2.818	2.956	3.061	3.246	3.378	3.215	3.307	3.505	3.417	3.509	3.655
Fachzeitschriften	1.426	1.499	1.568	1.642	1.772	1.861	1.998	2.110	2.031	2.051	2.211	2.300	2.162	2.205
Radio	527	580	626	793	845	909	948	981	1.005	1.101	1.128	1.153	1.176	1.183
Fernsehen	1.461	1.496	1.618	1.834	2.257	2.858	3.705	4.328	4.827	5.630	6.342	6.897	7.438	7.905
Gesamt	12.562	12.666	13.583	14.235	15.587	16.752	19.194	20.822	21.051	22.455	23.908	24.446	25.155	26.425

Abbildung 3: Entwicklung der Netto-Werbeeinnahmen der klassischen Medien in Deutschland
Quelle: IP Deutschland (1999), S. 6; ZAW (1999), S. 16.

---

[13] TKP = Tausend-Kontakt-Preis. Diese Kennziffer zeigt auf, wie hoch die Kosten einer Werbeschaltung sind, um 1.000 Zuschauer bzw. Zielpersonen zu erreichen, und wird wie folgt errechnet: Gesamtkosten mal Tausend dividiert durch die Brutto-Reichweite.

[14] Siehe hierzu auch Wirtz, B. W. (1994), S. 138 ff.

[15] Siehe hierzu ebenda.

[16] Von den im Jahre 1998 von allen TV-Sendern erzielten Netto-Werbeumsätzen in Höhe von 7,9 Mrd. DM entfielen alleine 7,4 Mrd. DM auf die Privatsender und davon wiederum 2.34 Mrd. DM auf den Marktführer *RTL* (29,6 %), 1,78 Mrd. DM auf *Sat.1* (22,5 %) und 1,62 Mrd. DM auf *Pro Sieben* (20,5 %). Vgl. ZAW (1999), S. 261.

2. Charakteristik der Absatzmarktforschung von TV-Sendern

2.1 Informationsaufgaben und Informationsinteressenten

Der in beiden Fernsehmärkten bestehende hohe Konkurrenzdruck macht es für alle TV-Sender notwendig, auf Daten einer planvoll und systematisch betriebenen Absatzmarktforschung zurückgreifen zu können, um dadurch frühzeitig Zuschauerreaktionen und Konkurrenzaktionen abschätzen bzw. erkennen und die darin liegenden Chancen oder Risiken für den eigenen Erfolg im TV-Rezipienten- und TV-Werbemarkt nutzen bzw. verringern zu können. Darüber hinaus benötigen aber auch die im TV-Werbemarkt als Nachfrager auftretenden Werbungtreibenden geeignetes Datenmaterial, um die Preiswürdigkeit und Erfolgsträchtigkeit der einzelnen Angebote besser beurteilen zu können.

Mit der Durchführung einer Fernsehmarktforschung lassen sich somit zunächst einmal zwei unterschiedliche Zielsetzungen verfolgen. Die erste und von vielen als vorrangig angesehene Zielsetzung besteht darin, den TV-Sendern und ihren Vermarktungsgesellschaften[17] auf der einen sowie den werbungtreibenden Unternehmungen bzw. den für sie agierenden Werbe- und Mediaagenturen auf der anderen Seite solche Kennziffern der Fernsehnutzung und Fernsehnutzermerkmale zur Verfügung zu stellen, die diese in die Lage versetzen, den Ver- bzw. Ankauf von Werbezeiten etc. zielführender gestalten zu können. Eine derartige, auf den TV-Werbemarkt ausgerichtete Marktforschung kann folglich auch als *Werbe(markt)forschung* bezeichnet werden.

Infolge des seit 1997 gültigen Rundfunkstaatsvertrages, in dem die von der TV-Werbe(markt)forschung neben anderen Kennziffern auch monatlich ausgewiesenen Rezipientenmarktanteile der TV-Sender zu Konzentrationskontrollkriterien erklärt wurden, hat dieser Zweig der Fernsehzuschauerforschung mit der für diese Kontrolle zuständigen *"Kommission zur Ermittlung der Konzentration im Medienbereich"* (*KEK*) einen neuen,

---

[17] *IP Deutschland* vermarktet beispielsweise die werblichen, Teletext- und Online-Angebote von *RTL, RTL 2* und *Super RTL*, während *MGM* diese Aufgabe für die Sender *Pro Sieben, Kabel 1, N 24, Bloomberg TV, NBC* und *H.O.T.*, *Media 1* für den Sender *SAT.1* und die Regional- bzw. Ballungsraumsender *B.TV Baden, B.TV Württemberg, FF, HH 1, M eins, RNF plus, SAAR TV, SF, TV Bayern, TV.B* und *tv.m* (hinzukommen könnten 2001 *TV NRW* und der geplante Ballungsraumsender im Rhein-Main-Gebiet), *ARD-Werbung Sales & Services (AS&S)* für die Sender der *ARD (Das Erste), Deutsche-Welle-TV* und *Eurosport* und *ZDF Werbefernsehen* für das *ZDF* erbringt. Befürchtet werden muß ein Vermarktungsduopol, wenn auch *MGM* und *Media 1* miteinander verschmolzen werden, nachdem 1999 die Mehrheitsanteile an *Pro Sieben* von der *Kirch-Gruppe (SAT.1, Kabel 1, N 24, DSF, Premiere World)* erworben wurden und Mitte 2000 die Gesellschafter von *Pro Sieben* und *SAT.1* beschlossen haben, sich bis zum Ende dieses Jahres zum größten deutschen Fernsehunternehmen, der *Pro Sieben SAT.1 Media AG* mit Sitz in Unterföhring bei München, zusammenzuschließen.

staatlichen Interessenten an seinen Ergebnissen bekommen.[18] Um eine Meinungsvielfalt in diesem Medium zu gewährleisten, wurde in dem Staatsvertrag im übrigen für jeden TV-Sender bzw. jede TV-Sendergruppe eine Marktanteilsobergrenze von 30 % gesetzt.

Die zweite Zielsetzung dokumentiert sich in der auf den TV-Rezipientenmarkt ausgerichteten *Programmforschung*, bei der z. T. unter Anwendung der gleichen Methoden im alleinigen Informationsinteresse der TV-Sender Daten zur Analyse von Programmvorlieben, -inhalten, -bestandteilen, -abläufen, -schemata, -sendeterminen etc. gewonnen werden. Werbeträger- und Programmforschung (auf die manchmal hierzu synonym verwendeten Begriffe *"quantitative"* und *"qualitative Fernsehzuschauerforschung"* soll der bestehenden Begriffsverwirrung[19] wegen hier nicht eingegangen werden) unterscheiden sich folglich weniger hinsichtlich der bei ihnen eingesetzten Methoden, sondern vorrangig hinsichtlich der von ihnen verfolgten Zielsetzungen.

Insbesondere die großen TV-Sender bzw. deren Vermarktungsgesellschaften betreiben darüber hinaus auch noch eine auf beide Absatzmärkte ausgerichtete *Grundlagenforschung*[20], um beispielsweise die Wirkungsmechanismen der Fernsehwerbung und deren Veränderung im Zeitablauf zu analysieren[21] oder um einem öffentlichen Diskurs zum Thema "Fernsehen" Materialien zur Verfügung zu stellen[22]. Auf diese Grundlagenforschung soll im weiteren nicht mehr eingegangen werden.

2.2 Kennziffern, Erhebungsmethoden und alternative Forschungsträger der TV-Werbe(markt)forschung

In Erfüllung ihrer oben skizzierten Informationsaufgabe hat die TV-Werbe(markt)forschung zunächst dafür zu sorgen, daß sich die Anbieter und Nachfrager von TV-Werbegelegenheiten darauf einigen, welche *Kennziffern* der Fernsehnutzung ausgewiesen werden sollen, da diese in den zwischen beiden ablaufenden Verhandlungsprozessen dann gleichsam die Funktion einer allerseits akzeptierten "Währung" zu erfüllen haben. Wesentliche Kennziffern der Fernsehnutzung sind heutzutage beispielsweise die folgenden[23]:

---

[18] Siehe Lilienthal, V. (1998), S. 979 ff.

[19] Zu unterschiedlichen Begriffsdefinitionen und -abgrenzungen siehe z. B. Unholzer, G (1995), S.51; Kent, R. (1994), S. 16; Beville, H. M. (1988), S. 131 ff.

[20] Vgl. Hofsümmer, K.-H. (1998), S.906 ff.; Klingler, W. (1998), S. 925 f.

[21] Dies geschieht z. B. mit der von *AS&S* und dem *ZDF-Werbefernsehen* gemeinsam durchgeführten Untersuchung *"Qualitäten der Fernsehwerbung"* (*QTV*) oder der vom Schweizer TV-Vermarkter *Publisuisse* in Auftrag gegebenen Studie *"Television Impact"* (*TVI*).

[22] Als Beispiel hierzu seien die Studien *"Mediennutzung in der Zukunft im privaten Sektor"* oder zur Bedeutung des Fernsehens in der Lebenswelt von Vorschulkindern genannt.

[23] Vgl. Buß, M. (1998), S.789; IP Deutschland (1999), S. 66 f.

- Bruttoreichweite: Summe aller Kontakte von Personen mit einem Werbeträger (*Gross Rating Points, GRP*)

- Durchschnittskontakt: Gibt an, wie oft eine Person bei Mehrfachbelegung eines oder mehrerer Werbeträger durchschnittlich erreicht wurde (*Opportunity To See, OTS*)

- Nettoreichweite: Zuschauer eines Programmes (die dieses ≥ 60 Sekunden konsekutiv gesehen haben) pro Tag in Prozent oder Millionen

- Sehbeteiligung: Absolute oder relative Anzahl der Zuschauer eines Programmes oder Werbeblocks (tatsächliche Sehdauer aller Personen x 100 / mögliche Sehdauer aller Personen)

- Sehdauer: Durchschnittliche Zusehdauer aller Personen innerhalb eines bestimmten Zeitraumes in Sekunden (Gesamtzahl gesehener Sekunden / Gesamtzahl aller Personen in TV-Haushalten)

- Verweildauer: Sehdauer der tatsächlichen Zuschauer

- Marktanteil: Prozentanteil der Zuschauer eines Kanals an der Gesamtzahl aller Zuschauer eines Zeitabschnittes

Die Kennziffer "*Einschaltquote*", mit der erfaßt wird, wieviel Prozent der Fernseh*haushalte* einen bestimmten Kanal eingeschaltet hatten, wird in Deutschland seit 1975, dem Jahr der Einführung des erstmalig *personen*bezogene Messungen ermöglichenden Peoplemeters[24] "*Teleskomat*", nicht mehr ausgewiesen. Denn personenbezogene Daten der Fernsehnutzung sind sowohl für die TV-Sender als auch für die Werbungtreibenden von höherer Aussagekraft als die in der Kennziffer Einschaltquote letztlich zum Ausdruck gebrachte relative TV-Gerätenutzung.[25] Allerdings geben diese personenbezogenen Kennziffern nur darüber Aufschluß, wie viele Personen wann wie lange welches Programm (bzw. welchen Werbeblock etc.) gesehen haben, nicht aber darüber, ob die richtigen Personen (nämlich die Zielpersonen der Werbeaktivitäten) zum richtigen Zeitpunkt im richtigen Werbeträger erreicht wurden.

Damit die Werbungtreibenden eine zielgruppenorientierte Selektion und Erfolgskontrolle von Werbeträgern und Werbezeiten vornehmen können, ist es daher notwendig, anhand von marketingrelevanten Merkmalen die Struktur der Seher eines Kanals, Programmes etc. zu beschreiben. Erfaßt wurden lange Zeit vor allem sozio-demographische Merkmale (wie z. B. Alter, Geschlecht, Einkommen, Bildung oder Stellung im Beruf) und Besitzmerkmale (wie z. B. Besitz von PKW, PC, Kreditkarten oder Immobilien) der Seher. Es zeigte sich jedoch bald, daß diese Merkmale für eine Definition und Analyse von Ziel-

---

[24] Siehe hierzu weiter unten.
[25] Vgl. hierzu auch Buß, M. (1998), S. 788.

gruppen zunehmend an Relevanz verlieren, so daß die Werbungtreibenden immer nachdrücklicher darauf drangen, weitere Zuschauermerkmale zu erheben und auszuweisen. Dabei wurde vor allem Wert auf Konsummerkmale und psychographische Merkmale gelegt.

Konsummerkmale der Fernsehzuschauer werden in Deutschland zwar schon seit einigen Jahren erfaßt, aber nicht permanent, d. h. parallel zu den Daten der Fernsehnutzung (*Single-Source-Ansatz*)[26], sondern nur einmal jährlich im Zuge der Strukturerhebung bei dem in der Fernsehzuschauerforschung eingesetzten AGF-Fernsehpanel[27]. Seit 1998 wird daneben eine methodisch andere, engere Verknüpfung von Fernsehnutzungs- und Konsumdaten in dem von den privaten TV-Vermarktern *IP Deutschland*, *MGM (Media-Gruppe München)* und *Media 1* initiierten TV-Planungstool "Move" vorgenommen, bei dem zweimal pro Jahr die Daten aus dem AGF-Fernsehpanel mit Konsumdaten aus dem GfK-Verbraucherpanel fusioniert werden.[28] Nach einer fünfjährigen, kontrovers geführten Debatte werden im Jahre 2000 auch erstmalig psychographische Merkmale der Fernsehzuschauer erhoben und mit deren Daten der Fernsehnutzung verknüpft. Dies geschieht unter Bezugnahme auf und Ausweis von sogen. "*Sinus-Milieus*", einer vom deutschen Marktforschungsinstitut *Sinus* entwickelten Typologisierung von Verbrauchern (hier: Zuschauern) nach Werteeinstellungen und Lebensanschauungen.

Alternative *Erhebungsmethoden* der TV-Werbe(markt)forschung sind die Durchführung von *Day-After-Recalls*, die Verwendung von *Tagebüchern* und der *Einsatz von elektronischen Meßgeräten.*[29] Bei Day-After-Recalls (DAR) werden durch eine ad-hoc-Stichprobe ermittelte Personen in einem (meist telefonischen) Interview danach gefragt, wann sie am gestrigen Tag welche Fernsehsendung gesehen haben. Hierbei muß der Fernsehkonsum auf die Viertelstunde genau erfaßt werden, da die Erhebungsdaten mehrerer Tage aggregiert werden, um dann zu errechnen, wie viele Zuschauer die einzelnen TV-Sender pro Viertelstunde im Durchschnitt auf sich vereinigen konnten. DAR-Erhebungen sind zwar schnell, einfach und kostengünstig durchzuführen, weisen andererseits aber die folgenden zwei gravierenden Schwächen auf: erstens ermöglichen sie keine personenbezogenen Längsschnittanalysen und zweitens erfassen sie lediglich erinnerte Fernsehnutzungen, sind also nur bei einem zahlenmäßig beschränkten Programmangebot sinnvoll.

Bei der Verwendung von Tagebüchern (*diaries*) haben die durch eine ad-hoc-Stichprobe ermittelten oder einem Fernsehzuschauerpanel angehörenden Haushalte die Aufgabe, einmalig bzw. (bei Panelhaushalten) mehrmalig (aber nicht notwendigerweise auch konsekutiv) ihren wöchentlichen Fernsehkonsum in ein Tagebuch einzutragen. In einem solchen Tagebuch ist für jeden Wochentag eine Seite oder Doppelseite reserviert, auf der spaltenweise die einzelnen TV-Sender und zeilenweise in viertel- oder halbstündigen

---

[26] Zur Begründung siehe Darkow, M. (1996), S. 473 ff.
[27] Siehe hierzu weiter unten.
[28] Vgl. IP Deutschland (1999), S. 23.
[29] Vgl. hierzu und zum folgenden auch Perry, J. (1995), S. 44 ff.

Intervallen die Tageszeit abgetragen ist. In den sich daraus ergebenden Zellen haben die Respondenten dann per Namenseintrag oder Ankreuzen ihren täglichen Fernsehkonsum zu dokumentieren. Panelgestützte Tagebuch-Erhebungen weisen nun zwar den großen Vorteil auf, daß sie personenbezogene Längsschnittuntersuchungen ermöglichen, leiden jedoch (wie auch nicht-panelgestützte Erhebungen) maßgeblich darunter, daß nur eine beschränkte Anzahl von TV-Sendern erfaßt werden kann und die Tagebucheintragungen häufig unvollständig, verfälscht sowie überdies in aller Regel aus der Erinnerung heraus gemacht werden.

Vor etwa vierzig Jahren kamen erstmalig elektronische Meßgeräte in Form von sogen. "*set meters*" bei der TV-Werbe(markt)forschung zum Einsatz.[30] Dies waren am Fernsehgerät angeschlossene Zusatzgeräte, mit deren Hilfe bei einem für die Grundgesamtheit der über ein Fernsehgerät verfügenden Haushalte eines Landes (bzw. einer Landesregion) repräsentativen Fernsehhaushaltspanel automatisch erfaßt wurde, wann, wie lange und bei welchem Sender das Fernsehgerät eingeschaltet worden war. Diese Daten wurden von dem Meter gespeichert und Nacht für Nacht via Modem und Telefonleitung an das jeweilige Forschungsinstitut überspielt.[31] Der Einsatz von "set meters" ermöglichte somit eine automatische, zeitgleiche und sendergenaue Erfassung des Fernsehkonsums; dies allerdings nicht einzelpersonen-, sondern haushaltsbezogen (daher nur der Ausweis der o. a. "Einschaltquote") und zu vergleichsweise hohen Kosten. Trotzdem konnte die Meter-Erhebung die beiden oben skizzierten Erhebungsmethoden weitgehend verdrängen. DAR- und Tagebuch-Erhebungen werden zwar auch heute noch in einigen Ländern durchgeführt[32], doch ist deren Einsatz weitgehend auf regionale Fernsehzuschauerforschungen beschränkt.

Eine Weiterentwicklung der "set meters" stellen die 1975 in Deutschland erstmalig eingesetzten und heute weltweit verbreiteten "*people meters*" dar, mit deren Hilfe (auch in Haushalten, die mehr als ein Fernsehgerät besitzen) zusätzlich erfaßt werden kann, welche Mitglieder und Gäste des Panelhaushaltes ferngesehen oder anderweitig das Fernsehgerät (z. B. zum Abspielen von Videokassetten) genutzt haben.[33] Dies erst machte es möglich, personenbezogene Kennziffern der Fernsehnutzung auszuweisen. Ein Schwachpunkt der im Laufe der Zeit zur Verbesserung der Handhabung und Sendererkennung ständig weiterentwickelten Metergeräte ist die zur personengenauen Datenerhebung notwendige Mithilfe der Haushaltsmitglieder und -gäste. Denn die betreffenden Personen sind aufgefordert, sich durch Drücken eines für sie auf der Fernbedienung oder dem

---

[30] In Deutschland begann die Meter-Forschung im Jahre 1963 mit dem von dem Institut *Infratam* eingesetzten sogen. "*Tammeter*".

[31] In einigen nationalen Systemen der Fernsehforschung erfolgte die Speicherung auf einem Band oder einer Diskette, das (die) dann wochenweise an das Institut eingeschickt oder von einem Institutsmitarbeiter abgeholt wurde.

[32] Zu erwähnen ist z. B. die VR China, Indien, Rußland, Taiwan und die USA.

[33] Auf eine nähere Beschreibung des deutschen Systems der TV-Werbe(markt)forschung muß aus Platzgründen verzichtet werden. Hieran interessierte Leser seien z. B. auf Buß, M (1998), S. 787 ff., verwiesen.

Metergerät reservierten Knopfes an- und abzumelden, wenn sie den Fernsehkonsum beginnen, vorübergehend (wegen Verlassen des "Fernsehzimmers") unterbrechen und endgültig beenden. Eine solche aktive Mitwirkung kann jedoch nicht "erzwungen" oder in jedem Einzelfall überprüft werden, womit die Güte der erhobenen Daten sehr stark von der Kooperationsbereitschaft der Panelhaushaltsmitglieder abhängig ist.

Infolgedessen hat man schon seit einigen Jahren versucht, den dadurch bedingten Verzerrungen der Erhebungsergebnisse durch die Entwicklung von sogen. "*passive people meters*" zu begegnen, mit deren Hilfe auch die einzelnen Personen, die fernsehen, automatisch erfaßt werden können. Über ein Versuchsstadium sind diese Bemühungen bislang aber noch nicht hinausgekommen.[34]

Die zunehmende Nutzung der digitalen Übertragungstechnik wird der TV-Werbe(markt)forschung, aber auch der TV-Rezipientenmarktforschung in zweierlei Hinsicht Probleme bereiten, die es möglichst bald zu lösen gilt. Das erste Problem ist ein erfassungstechnisches und besteht darin, daß manche Peoplemetertypen nicht identifizieren können, welches der auf ein und derselben Frequenz ausgestrahlten vielfältigen Programme eines TV-Senders eingeschaltet worden ist. Das zweite rührt aus der infolge der Digitalisierung weiter fortschreitenden Fragmentierung des Fernsehmarktes her, die bewirkt, daß bei den gegenwärtig gebräuchlichen Panelgrößen die ausgewiesenen Kennziffern der Fernsehnutzung sowohl an Reliabilität (Stabilität) als auch an Validität verlieren.[35] Entgegengewirkt werden könnte dem durch eine (kostspielige) Vergrößerung der Panels oder durch den Einsatz eines Mixes von Erhebungsmethoden.[36]

Die *Trägerschaft* einer TV-Werbe(markt)forschung kann prinzipiell

- von einem oder mehreren TV-Sendern (*Media Owner Contract, MOC*),
- von einem auch die Daten erhebenden und analysierenden Marktforschungsinstitut (*Own Service, OS*) oder
- gemeinsam von den Datenanbietern und -nutzern (*Joint Industry Committee, JIC*)

übernommen werden.[37]

Alle drei Grundformen der Trägerschaft sind in verschiedenen Variationsformen weltweit anzutreffen[38], obwohl die Vorzugswürdigkeit der dritten Grundform evident ist und auch immer wieder betont wird.[39] Denn der *MOC*-Trägerschaft, bei der ein oder mehrere Datenanbieter die (fremdvergebene) Erhebung finanzieren und deren Ausgestaltung (möglicherweise nach Konsultation der Datennachfrager, wenn diese in einem Techni-

---

[34] Vgl. Raimondi, D. (1998), S. 818 f.
[35] Vgl. Kirkham, M. (1996), S. 219 ff.
[36] Vgl. ebenda.
[37] Vgl. EBU (1993), S. 9 f.
[38] Vgl. ebenda, S. iif. (Anhang).
[39] Vgl. z. B. ebenda, S. 11.

schen Komitee repräsentiert sind) determinieren, ist die Gefahr einer bewußten oder unbewußten Ergebnisverzerrung zugunsten der eigenen Programme inhärent.

Bei der *OS*-Trägerschaft führt ein Marktforschungsinstitut auf eigene Kosten die Erhebungen durch und verkauft deren Ergebnisse dann an Abonnenten und Einzelbezieher. Die Verantwortung für die Methoden und die Durchführung der Erhebungen trägt damit letztlich nur das Institut, auch wenn es sich beim Vorhandensein alternativer Datenbezugsmöglichkeiten sicherlich nicht leisten kann, den entsprechenden Wünschen der Abonnenten kein Gehör zu schenken. Verfügt das Institut aber über eine entsprechende Monopolstellung, sind (wie das Beispiel *Nielsen Media Research* in den USA zeigt) ständige Reibereien mit den Nachfragern keine Seltenheit.

Die *JIC*- oder Drei-Säulen-Trägerschaft, die in der deutschen "*Arbeitsgemeinschaft Fernsehforschung*" (*AGF*) oder dem britischen "*Broadcasters Audience Research Board*" (*BARB*) realisiert ist, kennzeichnet sich dadurch, daß mehrere Datenanbieter (TV-Stationen) und Datennachfrager (Werbeagenturen und Werbungtreibende) bzw. deren Repräsentanten gemeinsam die Trägerschaft der nach einer Ausschreibung an ein Marktforschungsinstitut (in Deutschland ist dies seit 1985 die *GfK*) vergebenen Datenerhebung übernehmen. Dies hat den Vorteil, daß Kosten und Risiken der Fernsehzuschauererforschung auf mehrere Schultern verteilt, im Zusammenwirken von Datenanbietern und -nachfragern allerseits akzeptierte "Währungsstandards" vereinbart und generell die Entscheidungsprozesse für alle Beteiligten transparenter gemacht werden können. Durch den Zwang zur einvernehmlichen Einigung ist andererseits jedoch auch die Gefahr groß, daß häufig "faule" Kompromisse getroffen werden oder das *JIC* inflexibel, träge und innovationsresistent wird.

Der TV-Werbe(markt)forschung zuzurechnen sind ferner noch die von einigen TV-Vermarktern[40] durchgeführten kontinuierlichen Tracking-Studien zur Werbewirkung (Werbemonitore).

2.3 Ausprägungsformen und Erhebungsmethoden der TV-Rezipientenmarktforschung (Programmforschung)

Die Informationsaufgabe der Programmforschung besteht darin, den TV-Sendern geeignete Daten zur Programmplanung und -kontrolle bereitzustellen. Geht man vom Beispiel eines kommerziellen Free-TV-Senders aus, der keinem Programmauftrag unterworfen ist, so vollzieht sich dessen Programmplanung in fünf Phasen (vgl. Abb. 4), deren realtypische Abfolge durch Parallelisierungen und Rückkopplungsschleifen gekennzeichnet ist.[41]

---

[40] Zu verweisen ist z. B. auf die Studien "*Werbewirkungskompass*" von *IP Deutschland* und "*AdTrend*" von *Media 1*.

[41] Vgl. hierzu und zum folgenden Holtmann, K. (1999), S. 27 ff.

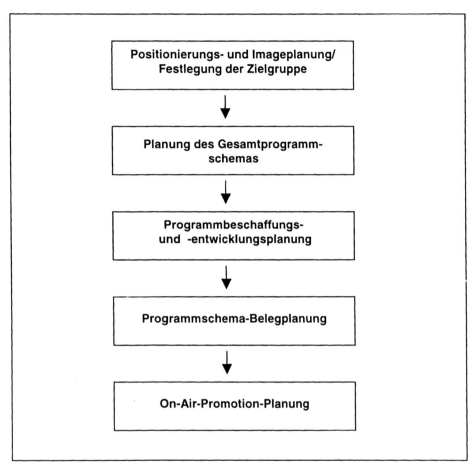

Abbildung 4: Idealtypische Abfolge der Programmplanungsphasen
Quelle: In Anlehnung an Holtmann, K. (1999), S. 27.

Innerhalb der *ersten Planungsphase*, die zur *Programmplanung im weiteren Sinne* zu zählen ist, wird mit der Festlegung der anzuvisierenden Zielgruppe sowie der angestrebten Positionierung und dem erwünschten Image des Gesamtprogrammes das spezifische Programmprofil des Senders festgelegt und damit für die weiteren Planungsphasen, die in einem *engeren Sinne* die Programmplanung ausmachen, ein strategischer Entscheidungsrahmen gesetzt. Daneben gilt es, ein zum Programmprofil passendes, unverwechselbares Network-Design (Senderlogo, Studiodesign, audio-visuelle Gestaltung von Sendungsein- und -überleitungen etc.) zu entwickeln. Zur informationellen Fundierung dieser Entscheidungen sowie zur Kontrolle der Implementierungsresultate kann zum einen auf entsprechende Erhebungs- und Analysemethoden der Marktforschung (Image-, Marktsegmentierungs- und Positionierungsstudien, Testverfahren etc.)[42] zum anderen aber auch auf Daten der Werbemarktforschung (Zuschauergröße und -struktur des eigenen Senders und der Konkurrenzsender) zurückgegriffen werden. Der US-amerikanische Kinderkanal *Nickelodeon* führt beispielsweise periodische Tracking-Studien zur Ermittlung des eigenen Images und des der Konkurrenten bei Kindern und ihren Eltern durch, "... in order to guide positioning, programming and marketing strategies for the channel"[43].

Die in der *zweiten Planungsphase* zu erfolgende Planung des Gesamtprogrammschemas beinhaltet die Entwicklung eines zumindest mittelfristig konstanten Zeitrasters, in dem für jeden Wochentag Sende- oder Programmplätze (*Time Slots*) festgelegt werden, an denen immer wieder die gleichen oder ähnliche Programminhalte bzw. -genres (z. B. Nachrichten, Magazine, Spielfilme, Kindersendungen) ausgestrahlt und damit die gleichen oder ähnliche Zusehergruppen angesprochen werden. Diese Sendeplatzfestlegung wird vor allem von zwei Faktoren beeinflußt, über die dann auch Informationen zur Planung und Kontrolle zu beschaffen sind, nämlich einmal von den tageszeitbezogenen und wochentags- wie jahreszeitspezifischen Fernseh- und Programmwünschen der Rezipientenzielgruppe(n) und zum anderen von den Gesamtprogrammschemata der Konkurrenzsender.

Planungs- und Kontrollinformationen, die sich auf diese beiden Faktoren beziehen, liefert die in folgenden Ausprägungsformen vorzufindende Programmbasisforschung:

- Zielgruppenbezogene Tagesablauf- bzw. Freizeitnutzungsstudien in Form von Ad-hoc- oder Tracking-Studien, wie z. B.
    - die von *Nickelodeon* 1997/98 durchgeführte und auf Kinder bezogene "*Use of media and leisure time study*" oder
    - der *Nickelodeon/Yankelovich Youth Monitor*, die seit 11 Jahren und damit am längsten laufende US-amerikanische Tracking-Studie zur Erfassung des Mediaverhaltens und des Lebensstils von Kindern.[44]

- Analyse der Auswirkungen von veränderten rechtlichen Rahmenbedingungen (z. B. Neuregelung der Ladenschlußzeiten) oder längere Zeit andauernden (inter-)nationalen Großveranstaltungen (z. B. Olympische Spiele, Fußballweltmeisterschaft, Tour de France) auf das Freizeit- und Mediennutzungsverhalten.

- Nach Wochentagen, Tageszeiten und Zielgruppen (sowie, bei konkurrenzorientierten Studien, TV-Sendern) aufgebrochene Analysen der genrespezifischen Vorlieben

---

[42] Siehe hierzu z. B. Berekoven, L./Eckert, W./Ellenrieder, P. (1999).
[43] o. V. (1999a), S. 9.
[44] Vgl. ebenda, S. 8 f.

der Zuschauer - wozu sich insbesondere die 1992 eingeführten AGF-Codierungen[45] aller deutschen Fernsehsendungen nach Sendungsarten und Genres eignen.

- Analyse der Auswirkungen von Veränderungen des Gesamtprogrammschemas bei einem Konkurrenzsender auf die Zuschauergröße und -struktur (Erhebungsdaten der Werbeforschung) des eigenen Programmangebotes.
- Analyse des *Audience Flow* in bestimmten Zeitschienen mit Hilfe der von der Werbeforschung erhobenen Daten, d. h. Ermittlung, wie viele Zuschauer nach Abschluß einer Sendung auch die nächste Sendung auf demselben Sender sehen, wohin umschalten oder den Fernseher ganz ausschalten.[46]
- Ad-hoc-Studien (in Form von Gruppendiskussionen, teilstrukturierten Studio-Interviews oder mündlichen Feldbefragungen) zur Aufdeckung der genrespezifischen Vorlieben der Zuschauer bestimmter Sendungen.

Im Rahmen der *dritten Phase* der Programmplanung, der Programmbeschaffungs- und -entwicklungsplanung, geht es um die Ermittlung, Bewertung und Auswahl von fremderstellten Programmangeboten (Filmen und Serien) und Programmlizenzangeboten (insbesondere für Unterhaltungsprogramme) sowie um die Durchführung der mit der Entwicklung eigenerstellter Programme verbundenen Planungsaufgaben (Generierung und Bewertung neuer Programmideen, Entwicklung und Bewertung alternativer Programmkonzepte etc.). Für die Lösung all dieser Planungsprobleme vermag die in Form einer exante-Bewertungsforschung angelegte Programmforschung Entscheidungshilfen zu geben – beispielsweise durch

- die Überprüfung der Erfolgschancen eines ausländischen Programm-(lizenz)angebotes auf dem heimischen Zuschauermarkt mit Hilfe des Einsatzes von Programm-Analysatoren, Gruppendiskussionen oder Befragungen bei/nach "*auditorium settings*",
- die Überprüfung der Erfolgschancen markt- oder senderneuer Programmideen, Programmkonzepte oder bereits fertiggestellter Programme durch Ideen-, Konzept- oder Pilottests unter Einsatz von Intensivinterviews oder der vorstehend aufgeführten Erhebungsmethoden[47],
- die Überprüfung der Eignung einzelner Programmelemente (z. B. Sendungstitel, Moderator) unter Einsatz der gleichen Erhebungsmethoden.

In der *vierten Planungsphase* erfolgt schließlich unter Beachtung des festgelegten Programmschemas (Sendeplatzprofils) und nach Auswertung von zielgruppenbezogenen Ergebnissen der Audience-Flow- und Akzeptanzanalysen, die in der zweiten bzw. dritten Planungsphase durchgeführt worden waren, die konkrete Belegung der einzelnen Sende-

---

[45] Vgl. Buscher, M. (1998), S.839 ff.; Hofsümmer, K.-H. (1998), S. 908 ff.
[46] Vgl. hierzu und zum folgenden auch Zehetner, H. (1998), S. 885 f.
[47] Vgl. Stipp, H./Schiavone, N. (1990), S. 5.

plätze mit den zur Verfügung stehenden fremd- oder eigenerstellten Programmen unter Vorgabe von zu erzielenden "Mindestquoten" (genauer: Marktanteile). Nach einem Bericht des *Spiegels*[48] gehen offensichtlich nun auch die öffentlich-rechtlichen Sender der *ARD* dazu über, für bestimmte Sendeplätze (z. B. für die sonntägliche und dienstägliche Prime Time) "Quotenvorgaben" zu setzen. Dementsprechend wird nach Programmausstrahlung ausschließlich oder vorrangig die tatsächlich erzielte "Quote" zur Beurteilung des Programmerfolges herangezogen.

Explizite, von Zuschauern durchgeführte ex-post-Programmbewertungen, die (wie verschiedene empirische Studien gezeigt haben)[49] nicht mit der "Quotenhöhe" korrelieren, sind daher eher selten Inhalt der Programmforschung. Zu erwähnen sind insbesondere folgende Ausprägungsformen einer solchen Programmbewertungsforschung:

- In England (*BARB*) werden in einem separaten Bewertungspanel und in Österreich (*ORF*) im Peoplemeter-Panel kontinuierlich Programmbeurteilungen in Form von Insgesamt-Benotungen zum Zwecke einer Programmstruktur- und Programmerfolgsanalyse erhoben.[50] Ein ähnliches Vorgehen ist auch in der Schweiz (*SF DRS*) zu verzeichnen.[51]

- Zur Optimierung, Weiterentwicklung oder Neuausrichtung von Serienprogrammen (insbesondere der *Daily Soaps*) werden häufig kontinuierlich oder ad hoc (im Falle eines "Quotenschwundes") Programmbegleitforschungen durchgeführt, bei denen in Gruppendiskussionen, durch Intensivinterviews, teilstrukturierte Studiointerviews oder Repräsentativbefragungen von ausgewählten Zuschauern Beurteilungen der Programminhalte, Sendungsform oder einzelner Programmelemente (z. B. der Moderatoren) erhoben werden. Zu erwähnen sind hier beispielsweise der von *Sat.1* seit 1993 einmal pro Jahr durchgeführte *Moderatoren-Monitor*[52] und die Begleitforschung zum "*ARD Buffet*", der werktäglichen Mittagssendung im Ersten Programm der *ARD*[53].

In der *fünften und letzten Programmplanungsphase*, der On-Air-Promotion-Planung, sind schließlich On-Air-Promotion-Maßnahmen (Trailer, Combo Spots, Shells, Teaser, Cross-Plugs)[54] zu planen und im Sendeprogramm zielgruppengerecht zu plazieren. Die Programmforschung kann sowohl durch den Einsatz von aus der Werbewirkungsforschung bekannten Pre-Test-Verfahren[55] als auch durch die Auswertung relevanter Er-

---

[48] o. V. (1999b), S. 133.
[49] Vgl. Vgl. Goodhardt, G. J./Ehrenberg, A. S. C./Collins, M. A. (1987), S.89 ff.; Diem, P. (1993), S. 426 f.; Windle, R./Landy, L. (1996), S. 313 ff. und die dort zitierte Literatur.
[50] Vgl. BARB (o. J.); Gunter, B./Wober, M. (1992); Diem, P. (1993), S. 418; IPSOS-RSL (1995).
[51] Vgl. Schlote, A./Latzel, P. (1998), S. 817 ff.
[52] Vgl. Zehetner, H. (1998), S. 890.
[53] Vgl. Klingler, W. (1998), S. 924.
[54] Siehe hierzu Holtmann, K. (1999), S. 288 ff.
[55] Siehe hierzu z. B. Schweiger, G./Schrattenecker, G. (1995), S. 256 ff., und die dort angegebene Literatur.

gebnisse der Programmbasisforschung helfen, die werbewirksamsten On-Air-Promotion-Maßnahmen zu identifizieren und die Plazierungsfrage zu lösen. Kontrollinformationen über die tatsächlich erreichte zielgruppenbezogene Wirksamkeit kann sie schließlich durch den Einsatz bewährter Werbemittel-Post-Tests[56] gewinnen.

3. Internationale TV-Werbe(markt)forschung

Zwei Entwicklungen haben in den letzten Jahren zu einer erhöhten Notwendigkeit und Bedeutung internationaler, d. h. insbesondere europaweiter Werbemarktforschungen geführt. Zum einen sind pan-europäische TV-Sender (PETV-Sender) dank ihrer wachsenden Zahl und Zuschauerakzeptanz zu einem zunehmend interessanter werdenden Werbeträger geworden, über den sich sowohl standardisierte als auch (unter Nutzung der an Verbreitung gewinnenden nationalen Sendefenster) differenzierte gesamteuropäische Werbekampagnen durchführen lassen. Dies dokumentiert sich darin, daß die ca. 25 PETV-Sender (*EUROSPORT, CNN International, MTV Europe, EuroNews* etc.) 1998 267,4 Mio. US $ und damit 17 % mehr als im Vorjahr an Werbeeinnahmen verbuchen konnten, während die deutschen TV-Sender im gleichen Zeitraum ihr Einnahmenwachstum nur mit Mühe halten konnten.[57] Anbieter und Nachfrager von PETV-Werbezeiten benötigen folglich europaweit vergleichbare Datenmaterialien über PETV-Nutzungsverhalten und PETV-Nutzermerkmale, um den Ver- und Ankauf von Werbezeiten etc. zielführend gestalten zu können.

Zum anderen ist auf der Nachfragerseite des TV-Werbemarktes ein zunehmender Trend zu einer zentralen Vergabe europäischer Werbe-Budgets zu konstatieren[58], der die Notwendigkeit zu einer vergleichenden Analyse der nationalen TV-Werbemärkte in Europa und damit ebenfalls des Vorhandenseins europaweit vergleichbarer TV-Nutzungs- und -Nutzerdaten begründet. Man könnte nun meinen, diesen Datenbedarf in beiden Fällen einfach durch einen Rückgriff auf die durch die nationalen Fernsehzuschauerforschungen ausgewiesenen TV-Werbemarktdaten decken zu können, doch dieses Vorgehen erweist sich bei einer näheren Betrachtung als nicht möglich oder sinnvoll.

Nicht möglich ist es, aus den Daten der nationalen Fernsehzuschauerforschungen Informationen über das PETV-Nutzungsverhalten und die PETV-Nutzermerkmale zu gewinnen, weil diese Systeme in den seltensten Fällen die PETV-Nutzung (hinreichend genau) erfassen. Nationale oder internationale Media-Analysen (wie z. B. die *"Allensbacher Werbeträger-Analyse"* oder der *"European Media and Marketing Survey", EMS*) bilden

---

[56] Siehe hierzu z. B. ebenda.
[57] Vgl. Campillo-Lundbeck, S. (1999b), S. 70.
[58] Vgl. ders. (1999c), S. 84.

zwar die PETV-Nutzung ab, stellen aber ihrer mangelnden Aktualität oder eingeschränkten (nationalen) Repräsentanz wegen bestenfalls eine Notlösung dar. Aus diesem Grund sind einige PETV-Sender bereits vor Jahren dazu übergegangen, alleine oder gemeinsam mit anderen PETV-Sendern, Werbungtreibenden und Werbeagenturen paneuropäische TV-Zuschauerforschungsanalysen in Auftrag zu geben. Zu erwähnen sind hierbei z. B. die *PETAR*[59]-Studien, mit denen zwischen 1987 und 1994 jährlich vier Wochen lang die täglichen Fernsehgewohnheiten in den Kabel- und Satellitenhaushalten verschiedener europäischer Länder erfaßt wurden. Infolge der permanent geäußerten, heftigen Kritiken an der Methodik dieser Studien[60] wurden diese Studien mit *PETAR 8* im Jahre 1995 eingestellt.

Aktuelle Daten liefert der *"European Business TV Measurement Survey" (EBTVS)*, mit dem das britische Marktforschungsinstitut *Ipsos-RSL* im Auftrag des Wirtschaftsnachrichtensenders *CNBC* erstmals im Jahre 1999 in 13 europäischen Ländern per telefonischer Befragung die TV-Gewohnheiten von 3.500 Managern, die insgesamt 16 Mio. Führungskräfte repräsentieren, erfaßt hat. *EBTVS* soll *den "European Business Readership Survey" (EBRS)* ergänzen, mit dem seit 1973 in einem zweijährigen Rhythmus das Leseverhalten von 9.180 Managern in 17 europäischen Ländern ermittelt wird.[61] Weitere Daten wird *"Euro-STAMP"* (*Satellite Television Audience Measurement Partnership*) erbringen, eine jährlich von dem französischen Institut *Secodip* im Auftrag der *"Pan-European Research Group"* (*EUROSPORT, CNN International, EuroNews, CNBC, BBC World*) durchgeführte Panelerhebung, mit der ab dem Jahr 2000 per vierzehntägigen Tagebucheintragungen in 10 europäischen Ländern die PETV-Nutzung auf die viertel Stunde genau erfaßt werden soll.[62]

Den auf alle anderen TV-Sender bezogenen Datenbedarf kann man zwar prinzipiell durch einen Rückgriff auf die durch die nationalen Fernsehzuschauerforschungen ausgewiesenen TV-Werbemarktdaten decken, doch ist ein solches Vorgehen trotz des Tatbestandes, daß die "people meter"-Forschung seit Beginn der neunziger Jahre zum Standard der nationalen Fernsehzuschauerforschungen in Europa geworden ist, (noch) nicht sinnvoll.[63] Denn die Vereinheitlichung der Erhebungsmethode hat zwar die ehemals z. T. sehr großen Divergenzen, die zwischen den einzelnen nationalen Fernsehzuschauerforschungen bestanden, verringert, aber nicht gänzlich beseitigt. Verantwortlich hierfür sind weniger die unterschiedlichen Gerätetypen[64], die zum Einsatz gelangen, als vielmehr

- unterschiedlich abgegrenzte Grundgesamtheiten,

---

[59] Akronym für *"Pan European Television Audience Research"*.
[60] Vgl. z. B. Koschnik, W. J. (1992), S. 25 ff.
[61] Vgl. o. V. (1999c), S. 48.
[62] Vgl. IP Groupe (1998), S.21; Campillo-Lundbeck, S. (1999c), S. 70.
[63] Vgl. zum folgenden Green, A. (1990), S. 33 f.; Gane, R. (1993), S.27 ff.; Bauer, E. (1996), S. 129 ff.
[64] Europaweit sind nicht weniger als sieben unterschiedliche Gerätetypen im Einsatz, nämlich: Eurometer, AGB 4905, TARiS Picture Matching, TARiS 4900, Telecontrol VI, Telecontrol XL und TVM2.

- unterschiedliche Definitionen von "fernsehen",

- unterschiedliche Behandlungen von urlaubsbedingten Abwesenheiten der Panel-Mitglieder,

- unterschiedliche Meßtakte, Auswertungsmodi etc.

Eine 1995 publizierte Untersuchung der *ESOMAR* (*European Society for Opinion and Marketing Research*) zeigte beispielsweise auf, daß in den 20 in Westeuropa und der Türkei erfaßten nationalen Fernsehzuschauerforschungssystemen folgende 10 verschiedene Werberating-Maße gebräuchlich waren[65]:

- durchschnittliches Werbeblock-Rating (Deutschland, Österreich),

- durchschnittliches 15-Sekunden-Rating (Belgien),

- durchschnittliches Sekunden-Rating (Frankreich),

- durchschnittliches Minuten-Rating (Griechenland, Ungarn, Norwegen),

- Werbeblock-Nettoreichweite (Schweiz),

- Gewichtetes durchschnittliches Rating der Minuten, in denen der Werbespot erscheint (Italien, Portugal 1),

- Rating der Minute, in welcher der Werbespot erscheint/beginnt (Großbritannien, Spanien, Schweden, Dänemark, Finnland),

- Rating der Minute, in welcher der Großteil des Werbespots erscheint (Niederlande),

- Rating der Gesamtzeit, in welcher der Werbespot erscheint (Portugal 2),

- Durchschnittliches Minuten-Rating während dreier Minuten (Irland).

Daraus folgt, daß die verschiedenen Erhebungs- und Auswertungsergebnisse der nationalen Fernsehzuschauerforschungen europaweit nicht miteinander vergleichbar sind. Ein alleiniger Rückgriff auf und eigenständige Auswertung von nationalen Rohdaten (eine Vorgehensweise, die häufig propagiert und z. T. auch praktiziert wird) kann das Vergleichbarkeitsproblem zwar minimieren, keinesfalls aber (wie bisweilen behauptet) eliminieren.

Verschiedene Verbände werbezeitenanbietender und -nachfragender Unternehmen sind daher seit Beginn der neunziger Jahre (zunächst auf einer europäischen, dann später auf einer breiteren internationalen Ebene) darum bemüht, im Rahmen der von ihnen gegründeten "*Audience Research Methods (ARM) Group*"[66] Vorschläge zu einer Harmonisie-

---

[65] Vgl. ESOMAR (1995), S. 25.

[66] Zu den Mitgliedern dieser Gruppe zählen zur Zeit folgende Verbände: *ARF* (*Advertising Research Foundation*), *CARF* (*Canadian Advertising Research Foundation*), *EAAA* (*European Association of Advertising Agencies*), *EBU* (*European Broadcasting Union*), *EGTA* (*European Group of Television Advertising*), *EMRO* (*European Organisations for Media Research*), *ESOMAR* (*European Society for Opinion and Marketing Research*), *GEAR* (*Group of European Audience Researchers*), *PETV* (*Pan-European*

rung der nationalen Fernsehzuschauerforschungen zu entwickeln, die insbesondere beim Abschluß neuer Kontrakte oder der Schaffung neuer Systeme nationaler Fernsehzuschauerforschungen zur Anwendung gelangen sollten.[67] Dokumentiert wurden diese Vorschläge u. a. in der im Jahre 1993 von der *EBU* publizierten Broschüre "*Towards Harmonization of Television Audience Measurement Systems*".[68]

Angesichts der mit diesen und vorherigen Empfehlungen gewonnenen Erfahrungen muß allerdings davon ausgegangen werden, daß mit einer baldigen weitgehenden Harmonisierung der nationalen Fernsehzuschauerforschungen nicht gerechnet werden darf. Bis dahin muß daher jeden Zahlenangaben der Veranstalter über die internationale oder gar globale Zuschauerzahl von Großereignissen (Rennen der Formel 1, Olympiade, Rock-Konzerte, Fußballweltmeisterschaft etc.) mit Mißtrauen begegnet werden, denn (wie *Matthew Engel* einen diesbezüglichen Artikel in der englischen Zeitung "*Guardian*" provozierend überschrieb) "there are lies, damned lies and global television statistics"[69].

4. Literatur

ARF (1996): Draft Technical Specifications, ARF Harmonization Committee, Meter Sample Section, Draft 1.6, New York.

Baldauf, M./Müller, S. (1998): Fernsehforschung aus Sicht einer Media-Agentur, in: Klingler, W./Roters, G./Zöllner, O. (Hrsg.) (1998b): Fernsehforschung in Deutschland, Band 1 (Teilband 2), Baden-Baden, S. 853-882.

BARB (o. J.): Guide to the Broadcasters' Audience Research Board Ltd., London.

Bauer, E. (1996): Fernsehzuschauerforschung in Europa, in: Ahsen, A. v./Czenskowsky, T. (Hrsg.): Marketing und Marktforschung, Hamburg, S. 129-144.

Berekoven, L./Eckert, W./Ellenrieder, P. (1999): Marktforschung, 8. Aufl., Wiesbaden.

Beville, H. M. (1988): Audience Ratings: Radio, Television, and Cable, Revised Student Edition, Hillsdale, N. J.

Beyer, U./Neumeyer, C. (1991): Kommunikations-Bartering, in: Werbeforschung & Praxis, Nr. 5, S. 169-175.

Buscher, M. (1998): Die Entwicklung der AGF-Sendungscodierung aus dokumentarischer Sicht, in: Klingler, W./Roters, G./Zöllner, O. (Hrsg.): Fernsehforschung in

---

Television Research Group), WFA (World Federation of Advertisers).

[67] Vgl. Thomas, J. (1992), S. 56; ARF (1996); Menneer, P./Samuels, G. (1998), S. 843 ff.

[68] Vgl. EBU (1993).

[69] Zitiert nach Mytton, G. (1999), S. 18.

Deutschland, Band 1 (Teilband 2), Baden-Baden, S. 839-852.

Buß, M. (1998): Das System der GfK-Fernsehforschung: Entwicklung und Nutzen der Forschungsmethode, in: Klingler, W./Roters, G./Zöllner, O. (Hrsg.) (1998b): Fernsehforschung in Deutschland, Band 1 (Teilband 2), Baden-Baden, S. 787-813.

Campillo-Lundbeck, S. (1999a): Cross Promotion setzt sich durch, in: HORIZONT, Nr. 32, S. 80.

Campillo-Lundbeck, S. (1999b): Euro-Panel schafft Dateneinheit, in: HORIZONT, Nr. 32, S. 70.

Campillo-Lundbeck, S. (1999c): Vermarkter stellen sich Europa, in: HORIZONT, Nr. 32, S. 84.

Darkow, M. (1996): Compatible or not? Results of a Single Source Field Experiment within a TV Audience Research Panel, in: ARF/ESOMAR (Hrsg.): Worldwide Electronic and Broadcast Audience Research Symposium (San Francisco), Amsterdam, New York, S. 473-492.

Diem, P. (1993): Die Praxis der ORF-Medienforschung, in: Media Perspektiven, No. 9, S. 417-431.

EBU (1993): Towards Harmonization of Television Audience Measurement Systems, 2. Aufl., Genf.

ESOMAR (1995): 1995 Report on Radio and Television Audience Measurement in Europe, Amsterdam.

Gane, R. (1993): A world of peoplemeters. Global TV audience measurement systems in the 1990s, in: Admap, Febr., S. 25-30.

Gitlin, T. (1994): Inside Prime Time, New York u. a.

Goodhardt, G. J./Ehrenberg, A. S. C./Collins, M. A. (1987): The Television Audience: Patterns of Viewing, 2. Aufl., Aldershot, Hants.

Green, A. (1990): Agency-fronted and funded research: the wave of the future, in: Admap, Jul./Aug., S. 32-35.

Gunter, B./Wober, M. (1992): The Reactive Viewer. A Review of Research on Audience Reaction Measurement, London.

Hofsümmer, K.-H. (1998): Fernsehforschung aus der Sicht der ARD-Werbung: Ein universeller Service für die Werbung, in: Klingler,W./Roters, G./Zöllner, O. (Hrsg.) (1998b): Fernsehforschung in Deutschland, Band 1 (Teilband 2), Baden-Baden, S. 893-913.

Holtmann, K. (1999): Programmplanung im werbefinanzierten Fernsehen, Lohmar.

IP Deutschland (Hrsg.) (1999): Das entfesselte Medium. Fernsehen und Forschung in Deutschland 1928 bis 1998, Kronberg/Ts.

IP Groupe (1998): Television 98. European Key Facts, Brüssel.

IPSOS-RSL (1995): Television Opinion Panel Reference Manual and Users' Guide, Issue No. 1, Harrow, UK.

Kent, R. (1994): Measuring Media Audiences. An Overview, in: Kent, R.. (Hrsg): Measuring Media Audiences, London/New York, S. 1-21.

Kirkham, M. (1996): Measuring the Fragmenting Television Audience, in: Journal of the Market Research Society, Vol. 38, No. 3, S. 219-226.

Klingler, W. (1998): Fernsehforschung in einer öffentlich-rechtlichen Rundfunkanstalt, in: Klingler, W./Roters, G./Zöllner, O. (Hrsg.) (1998b): Fernsehforschung in Deutschland, Band 1 (Teilband 2), Baden-Baden, S. 915-927.

Koschnik, W. J. (1992): Wiegenlied für eine (Forschungs-)Leiche, in: Planung & Analyse, Nr. 4, S. 25-29.

Lilienthal, V. (1998): Leitwährung unter Druck. Politische Funktionen und Probleme der Fersehforschung, in: Klingler, W./Roters, G./Zöllner, O. (Hrsg.) (1998b): Fernsehforschung in Deutschland, Band 1 (Teilband 2), Baden-Baden, S. 967-985.

Menneer, P./Samuels, G. (1998): Harmonization of global television and radio audience measurements, in: McDonald, C./Vangelder, P. (Hrsg.): ESOMAR Handbook of Market and Opinion Research, 4. Aufl., Amsterdam, S. 843-851.

Mytton, G. (1999): Global TV Audiences: How many are actually reached? Let's be honest. Nobody yet knows! in: ESOMAR NewsBrief, Vol. 7, No.7, S. 18-19.

Nicklas, R. (1996): The German Example: Technical Innovations in TV Audience Research, in: ARF/ESOMAR (Hrsg.): Worldwide Electronic Broadcast Audience Research Symposium (San Francisco), Amsterdam/New York, S. 67-86.

o. V. (1999a): Action Insights at MTV, in: ESOMAR NewsBrief, Vol. 7, No. 8, S. 8-9.

o. V. (1999b): ARD macht Quotendruck, in: Der Spiegel, Nr. 44, S. 133.

o. V. (1999c): Fernsehnutzung der Manager, in: HORIZONT, Nr. 34, S. 70.

Perry, J. (1995): Television - How to Measure Audiences, in: McDonald, C./Monkman, M. (Hrsg.): The MRG Guide to Media Research, ohne Ortsangabe, S. 43-56.

Raimondi, D. (1998): Media Research, in: McDonald, C./Vangelder, P. (Hrsg): ESOMAR Handbook of Market and Opinion Research, 4. Aufl., Amsterdam, S. 803-841.

Schweiger, G./Schratenecker, G. (1995): Werbung, 4. Aufl., Stuttgart, Jena.

Stelzer, M. (1994): Internationale Werbung in supranationalen Fernsehprogrammen, Wiesbaden.

Stipp, H./Schiavone, N. (1990): Research at a Comercial Television Network: NBC 1990, in: Marketing Research, Vol. 2, No. 3, S. 3-10.

Thomas, J. (1992): Is Europe accountable? - potholes on the road to common media standards, in: Admap, Jan., S. 55-56.

Turecek, O./Kopitzke, O. (1998): Digitales Fernsehen in Deutschland. Begriffe, Akzeptanzfaktoren, Beispiele, in: Klingler, W./Roters, G./Zöllner, O. (Hrsg.) (1998a): Fernsehforschung in Deutschland, Band 1 (Teilband 1), Baden-Baden, S. 491-512.

Unholzer, G. (1995): Ratings sind nicht alles, in: Burda Medien (Hrsg): Neue Erkenntnisse der Print- und TV-Forschung, Offenburg, S. 47-52.

Windle, R./Landy, L. (1996): Measuring Audience Reaction in the UK, in: ARF/ESOMAR (Hrsg.): Worldwide Electronic and Broadcast Audience Research Symposium (San Francisco), Amsterdam/New York, S. 313-327.

Wirtz, B. W. (1994): Neue Medien, Unternehmensstrategien und Wettbewerb im Medienmarkt, Frankfurt a. M. u. a.

ZAW (Hrsg.) (1999): Werbung in Deutschland 1999, Bonn.

Zehetner, H. (1998): Medienforschung im privatrechtlichen Fernsehen, in: Klingler, W./Roters, G./Zöllner, O. (Hrsg.): Fernsehforschung in Deutschland, Band 1 (Teilband 2), Baden-Baden, S. 883-891.

Stephan A. Butscher

Marketing mit Kundenkarten und Kundenclubs

1. Marketing durch Kundenkarten und -clubs
2. Entwicklung eines Kundenbindungskonzeptes
3. Business-to-Business versus Endverbraucher-Programme
4. Die Zukunft von nutzenorientierten Kundenbindungsinstrumenten als Marketinginstrument
5. Literatur

1. Marketing durch Kundenkarten und -clubs

Konsumenten und Business-to-Business-Kunden werden zunehmend selbstbewußter und anspruchsvoller. Ihre Bindung an ein Produkt, eine Marke oder ein Unternehmen ist minimal geworden. Dies ist nicht nur die Folge eines umfangreichen Produktangebotes und austauschbarer Produktqualitäten, sondern auch auf den zunehmenden Informationsgrad des (potentiellen) Kunden zurückzuführen. Das Internet hat diesen Trend noch verstärkt, indem es Zugang zu Produkten und Informationen unabhängig von geographischer Lage ermöglicht und damit selbst bisher rein lokaler Wettbewerb regionalisiert oder gar internationalisiert werden kann. Massenmärkte zerfallen in immer kleinere Marktsegmente. Der Verbraucher möchte nicht mehr als Teil einer grauen Masse, sondern als Individuum gesehen werden.

Auf Seite der Unternehmen ist ferner ein zunehmender Kostendruck zu verzeichnen. Marketingbudgets müssen effizienter genutzt werden. So ist es nicht verwunderlich, daß schon seit Anfang der neunziger Jahre der Trend weg von der Streuwerbung und hin zur direkten Ansprache des Kunden geht. Es muß eine Beziehung zum Kunden aufgebaut werden, ein Dialog mit ihm geführt werden. Um diesen intensiven und persönlichen Dialog mit den Kunden zu führen, sind die traditionellen Marketinginstrumente jedoch nur beschränkt geeignet. Neue Instrumente wie Kundenclubs und Kundenkarten, maßgeschneiderte Produkte trotz Massenfertigung, gebührenfreie Kunden-Servicenummern, Geld-zurück-Garantien etc. übernehmen eine immer größere Rolle im Marketing-Mix.

In Deutschland sind vor allem Kundenkarten und –clubs und andere Formen von nutzenorientierten Kundenbindungsinstrumenten sehr populär und auch erfolgreich (der Einfachkeit halber, werden wir in diesem Kapitel den Terminus ‚Kundenclubs' als Synonym für die verschiedenen Formen von nutzenorientierten Kundenbindungsprogrammen verwenden). Primär bedingt durch die restriktive Rabattgesetzgebung in Deutschland, bieten sie den Mitgliedern überwiegend nicht-monetäre Vorteile. Bis heute haben hunderte dieser Karten und Clubs bewiesen, daß es emotionale, weiche Faktoren und nicht Preisvorteile sind, die den Weg zur Kundenloyalität ebnen (z. B. Grohe Professional Club, SWR3 Club, IKEA Family oder Knauber Card). Über 70 % der Unternehmen mit einem Kundenclub berichten, daß ihr Club ein Erfolg sei und zu Umsatzsteigerungen geführt habe (Kirstges, 1995, S. 32 und FAZ, 1999). So erfolgversprechend diese Instrumente sind, so stellt sich Erfolg jedoch nicht automatisch ein.

2. Entwicklung eines Kundenbindungskonzeptes

Die Entwicklung eines Kundenbindungsprogrammes ähnelt in vielen Aspekten der Entwicklung eines Produktes: sie bedarf gründlicher Planung, konzentrierter Arbeit und muß vor allem sehr ernst genommen werden. Von Beginn an sollte dieser Ernsthaftigkeitscharakter sowohl bei den direkt mit der Programmentwicklung beteiligten Mitarbeitern als auch bei den indirekt das Programm unterstützenden Parteien, z. B. bei dem oberen Management, geschaffen werden.

Obwohl das Beziehungsmarketing nun bereits seit Jahren zu den Hauptmarketingtrends zählt, scheinen erst wenige Unternehmen das grundlegende Prinzip dahinter erkannt und verstanden zu haben. Das Ziel des Beziehungsmarketings ist es, eine Beziehung zwischen Unternehmen und Kunden aufzubauen, welche nicht nur auf solchen Faktoren wie günstigen Preisen beruht, sondern vor allem auf Emotionen. Eine positive, emotional gefärbte Beziehung zu einem Unternehmen manifestiert sich z. B. in Situationen, in denen der Kunde das Gefühl hat, als etwas Besonderes behandelt zu werden, ein besonders günstiges Angebot zu erhalten oder aber durch (gemeinsam) durchgeführte, erfolgreiche Projekte, durch die ein Band des Vertrauens entsteht. Das Prinzip ist nichts Neues. Erfolgreiche Key-Account-Manager arbeiten schon lange danach.

Was aber ist das Geheimnis eines erfolgreichen Programms? Die Antwort liegt in einer sorgfältigen Planung unter Berücksichtigung der Kundenwünsche und –bedürfnisse, ausgereiften Testphasen und in der Ernsthaftigkeit, mit der das Konzept entworfen und umgesetzt wird. Ernsthaftigkeit meint in diesem Zusammenhang, sich über das Ausmaß der notwendigen Investition in Zeit, Mühe und finanzieller Hinsicht im Klaren zu sein. Vor allem gilt es, zu verstehen, daß man mit dem Aufbau eines Kundenbindungsprogramms ein langfristiges Commitment eingeht. Resultate zeigen sich hier nicht innerhalb der ersten Wochen oder Monate. In Abhängigkeit von der Branche kann es Jahre dauern, bis sich herausstellt, wie erfolgreich ein Programm ist. So wird ein neues Auto nur alle paar Jahre gekauft, ein neues Buch aber im Monatsrythmus.

Entwicklungsstufen eines Kundenbindungskonzeptes

Zunächst muß sich ein Unternehmen aufrichtig und gewissenhaft die folgende Frage beantworten:
- Ist mein Produkt sowohl absolut als auch im Wettbewerbsvergleich gut genug? Ist es die Investition wert?

Wenn das Produkt sich aufgrund wesentlicher Qualitäts-, Distributions-, Design- oder Preisprobleme nicht verkauft, wird ein Kundenclub o. ä. auch nicht in der Lage sein, das Produkt zu retten. Nur wenn das Produkt selbst wettbewerbsfähig ist, macht ein Kundenclub Sinn. Ist das Ziel eines Kundenclubs die Unterstützung einer ganzen Produktlinie oder sogar des gesamten Unternehmens, muß diese Frage nicht nur auf Produktebene, sondern auch auf Unternehmensebene beantwortet werden. Eine gründlichere Analyse der momentanen Unternehmenssituation und/oder des Produktes wird dann notwendig. Der Produktnutzen aus der Sicht des Kunden muß bekannt sein ebenso wie die Produktmerkmale, die für den Verkauf des Produktes ausschlaggebend sind. Auch müssen die wesentlichen Probleme identifiziert werden, mit denen sich das Unternehmen im Markt konfrontiert sieht. Die Analyse der gegenwärtigen Situation und die Klarheit über das „Warum" der heutigen Situation sind notwendige Voraussetzungen, bevor zu den nächsten Schritten in der Entwicklung eines Kundenclubs übergegangen werden kann (Butscher, 1996a, S. 23).

Projektteam und Clubanalyse

Um eine reibunglose Entwicklung des Clubkonzepts sicherzustellen, sollte das Management des clubinitiierenden Unternehmens ein Projektteam zusammenstellen, welches aus Mitarbeitern aus verschiedenen Abteilungen (Marketing, Öffentlichkeitsarbeit, Marktforschung, Finanzabteilung) und verschiedenen Hierarchieebenen (vom Top-Management bis zu Mitarbeitern im Kundendienst) besteht. Durch die Beteiligung der verschiedenen Abteilungen kann ein einseitiger Ansatz vermieden werden und die Akzeptanz des Programms unternehmensweit sichergestellt werden. Nur so können die Vorstellungen und Meinungen aus den verschiedenen Abteilungen in den Entwurf mit einfließen. Die Beteiligung von Mitarbeitern verschiedener Hierarchiestufen stellt darüber hinaus sicher, daß das Top-Management das Programm absegnet, daß die Clubmanager mit dem Entwurf, den sie umsetzen müssen, zufrieden sind und daß die Mitarbeiter im direkten Kundenkontakt, die den Club fördern und bewerben, das Konzept unterstützen. Nicht zuletzt erleichtert die Teamdiversifizierung die Integration des Clubs in die Unternehmensorganisation und in den bestehenden Marketingplan.

Um ein gut ausgewogenes Kundenclubkonzept mit hohem Erfolgspotential zu entwickeln, empfehlen wir zusätzlich folgenden Fragen zum Kundenbindungsprogramm-Benchmarking nachzugehen sowie allgemeine Programm-Forschung zu betreiben:

- Gibt es Kundenclubs oder ähnliche Kundenbindungsprogramme bei Wettbewerbern; wie sind diese strukturiert und organisiert?
- Wie sehen Clubs oder Kundenbindungsprogramme in anderen Branchen und anderen Ländern aus?
- Was können wir von anderen erfolgreich betriebenen Kundenbindungsprogrammen lernen (Benchmarking)?
- Was können wir von Programmen lernen, die versagt haben?
- Gibt es praxisnahe Spezialliteratur (Fallstudien) zu diesem Thema?
- Gibt es externe Spezialisten, die wir befragen können?

Der zeitliche Rahmen für die Entwicklung – von dem Zeitpunkt der Idee bis zur vollständigen Implementierung – muß mit ungefähr 6 bis 12 Monaten angesetzt werden. Die Inanspruchnahme externer Hilfe mag das Vorhaben zwar geringfügig beschleunigen, aber nicht so sehr, daß dies einen Unterschied von einem halben Jahr ausmachen würde. Die Gesamtinvestition in ein solches Programm und seine Bedeutung für die Unternehmensentwicklung ist enorm und sollte nicht unterschätzt werden. Ein Kundenbindungsprogramm sollte lieber ein Vierteljahr später, dafür aber mit exzellenter Qualität und Performance sowie eingehender juristischer Prüfung auf den Markt gebracht werden, als unter Zeitdruck ein nicht ausgereiftes Konzept einzuführen

In Abbildung 1 sind die wesentlichen Bestandteile der Konzeption eines Kundenclubs aufgeführt, die im folgenden näher erläutert werden.

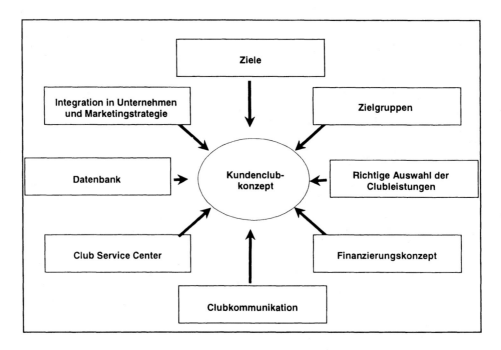

Abbildung 1: Teile eines Kundenclubkonzeptes
Quelle: Butscher, 1998, S. 105.

Ziele eines Kundenbindungsprogrammes

Primär werden mit einem Kundenclub vier Ziele verfolgt:

1. Bindung von Kunden

2. Neugewinnung von Kunden

3. Aufbau und Optimierung einer Kundendatenbank

4. Erhöhung des Umsatzes bzw. des Marktanteils und des Gewinns

Neben diesen Primärzielen gibt es eine ganze Reihe von sekundären Zielen. Diese Ziele variieren je nach Art des Programmes. Hier einige Beispiele:

- Verbesserung des Firmen- bzw. Produktimages durch die Exklusivität eines Kundenclubs.
- Gezielte Ansprache der Interessierten und Informationsaustausch mit Kunden.
- Belohnung der Kundentreue durch beispielsweise ein integriertes Bonusprogramm.
- Erhöhung der Besucherfrequenz in den eigenen Geschäften bzw. beim Handel.
- Unterstützung der Öffentlichkeitsarbeit durch die Berichterstattung über Aktivitäten des Clubs.
- Nutzen der erhöhten Bereitschaft der Clubmitglieder an Befragungen teilzunehmen, bzw. Informationen herauszugeben (Marktforschungspotential).

Zielgruppen

Die wichtigste Zielgruppe für einen Kundenclub sollten diejenigen Kunden sein, mit denen das Unternehmen den Hauptteil seiner Umsätze tätigt, da die Beziehungspflege zu dieser Kundengruppe lebensnotwendig für den zukünftigen Erfolg des Unternehmens ist. Kleinere Kunden und potentielle Neukunden sollten von dem Club nicht ausgeschlossen werden, doch das Hauptaugenmerk sollte auf der Entwicklung eines Clubs liegen, welcher den Bedürfnissen der A-Kunden gerecht wird. Zwar werden auch andere Kunden von den Vorteilen des Clubs profitieren können, idealerweise sollten für sie jedoch andere Instrumente und Programme entwickelt werden, die den speziellen Wünschen und Bedürfnissen dieser Gruppen gerecht werden.

Die Entscheidung für eine eher weite oder enge Abgrenzung der Zielgruppe hängt weitgehend von den Clubzielen ab. Wenn das Ziel beispielsweise der Aufbau einer kompletten Datenbank ist, ist es notwendig, eine eher weite Definition der Zielgruppe anzusetzen. Wenn allerdings das Ziel in der Beziehungspflege der Groß- und Schlüsselkundschaft besteht, ist eine engere Abgrenzung empfehlenswert. Eine weitergehende Segmentierung (z. B. durch Konzentration auf Schlüsselkunden in bestimmten Branchen) macht nur Sinn, wenn die Zielgruppen nicht homogen genug sind, um mit einem gemeinsamen Programm angesprochen zu werden.

Clubleistungen

Der wichtigste Teil eines Kundenclubs sind seine Clubleistungen (Butscher, 1998, S. 145). Nur wenn die richtigen Leistungen gewählt und angeboten werden, kann der Club ein Erfolg werden. Die Leistungen sind also der Leib und die Seele eines Kundenclubs. In erster Linie müssen sie dem Mitglied einen hohen und wahrgenommenen Nutzen bieten. Um die optimale Kombination zwischen monetären (harten) und nicht monetären (weichen) Leistungen zu finden, ist ein nutzen-orientierter Ansatz notwendig, der drei Schritte erfordert und in Abbildung 2 festgehalten ist.

Im ersten Schritt werden mit einem Brainstorming sowie externen Recherchen alle denkbaren Leistungen mit Rücksichtnahme auf die Bedürfnisse der Primärzielgruppe gesammelt. Ziel ist es eine möglichst umfassende Liste von potentiellen Leistungen zusammenzustellen, die für die Zielgruppen interessant sein könnten. Grenze für die Zusammenstellung interessanter Vorteile und Leistungen ist einzig und allein die Vorstellungskraft und Kreativität der Projektteammitglieder. Faktoren wie Kosten oder Machbarkeit, sollten an dieser Stelle noch nicht berücksichtigt werden.

In einem zweiten Schritt ist eine klein angelegte Vorstudie durchzuführen, mit der die am meisten und am wenigsten interessanten Leistungen von der im ersten Schritt erstellten Liste herausgefiltert werden sollen. Dies wird erreicht, indem z. B. einige Fokus-Gruppen mit Kunden aus den Zielgruppen aufgefordert werden, alternative Clubleistungen nach Attraktivität zu beurteilen und eine Negativ-Selektin durchzuführen. Die befragten Kunden werden zudem gebeten, eigene, neue Ideen in dieser Phase einfließen zu lassen. So wird sichergestellt, daß keine interessanten Aspekte ausgelassen werden und die Stimme des Kunden gehört wird.

Von den als interessant beurteilten und neu vorgeschlagenen Ideen werden nun einige in Stufe drei, einer großangelegten Umfrage, weiterverwendet. Hier wird eine Stichprobe im Umfang von mindestens 250 Personen interviewt. Dabei werden Methoden wie Rangskalen, Konstant-Summenskalen oder anspruchsvollere Methoden wie das zu sehr exakten Ergebnissen führende Conjoint Measurement angewendet, um den Nutzen der interessantesten Leistungen zu messen.

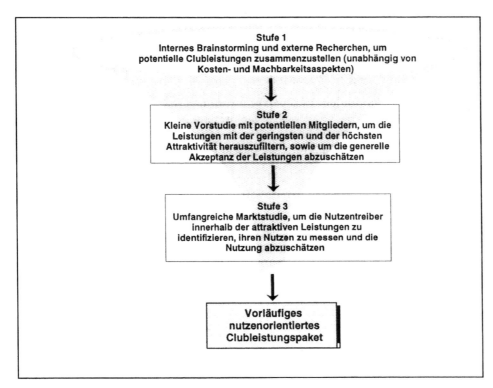

Abbildung 2: Identifizierung der Clubleistungen mit dem höchsten Nutzen

Mit diesem dreistufigen Ansatz (Butscher, 1996b, S. 156) läßt sich die ursprünglich große Anzahl an Leistungsideen nicht nur reduzieren, sondern auch in drei Gruppen gliedern: eine relativ kleine Gruppe von Leistungen, die für den Kunden den größten Nutzen haben, Leistungen mit etwas niedrigerem Nutzenwert und Leistungen mit keinerlei Nutzen aus der Sicht des Kunden. Die endgültigen Clubleistungen sollten aus den ersten zwei Gruppen unter Berücksichtung von Faktoren wie Kosten, Durchführbarkeit und Kompetenz des Clubs bzw. des clubbetreibenden Unternehmens gewählt werden. Es ist wichtig, diese Aspekte erst zu diesem späten Zeitpunkt heranzuziehen, da primäres Entscheidungskriterium der Nutzenwert für den Kunden (value-to-customer) sein soll. Ist also der Nutzenwert einer bestimmten Leistung extrem hoch, so sollten z. B. Kosten nicht ein frühes Ausschlußkriterium sein. Weiterhin können Kompetenzprobleme durch die Kooperation mit einem externen Partner überwunden werden, dessen Wahl allerdings mit höchster Sorgfalt erfolgen muß, da der Partner zum Club und clubbetreibenden Unternehmen hinsichtlich Image und Qualität passen muß. Ein Kundenclub sollte in erster Linie produktbezogene Leistungen anbieten, d. h. Leistungen, die in Zusammenhang mit dem Kernprodukt und den Kerndienstleistungen des clubbetreibenden Unternehmens stehen. Die Kooperation mit externen Partnern stellt eine gute Möglichkeit dar, um das Leistungsspektrum durch die Integration weiterer nicht-produktbezogener Leistungen zu erweitern und damit die Clubattraktivität zu erhöhen. Entscheidet sich ein Club für die Zusammenarbeit mit einem externen Partner, sollte jedoch strengstens darauf geachtet werden, daß die Kommunikation immer über den Club und nie direkt zwischen dem Kooperationspartner und dem Clubmitglied erfolgt.

Auch ein Kundenclub hat einen Lebenszyklus und muß ständig aktualisiert und weiterentwickelt werden. Aus diesem Grund sollten nicht alle Leistungen mit hohem Nutzen sofort zu Beginn des Clubs angeboten werden, sondern einige dieser Leistungen für zukünftige 'face lifting'- Maßnahmen zurückgehalten werden. Solche 'face-lifts' sind notwendig, um die Dynamik und Attraktivität des Clubs über einen längeren Zeitraum sicherzustellen.

Finanzplan

Der zweitwichtigste Schritt bei der Konzeption eines Kundenclubs neben der Wahl von geeigneten Clubleistungen, ist das Erstellen eines soliden Finanzplans. Die Qualität eines Kundenclubs hat ihren Preis und abhängig von Art, Größe und Clubkonzept können die Kosten zwischen DM 10 und DM 70 für Verbraucherclubs und zwischen DM 100 und im Extremfall DM 400 bei Business-to-Business Clubs pro Jahr und Mitglied liegen. Zu diesen laufenden Kosten kommen die anfänglichen Programmentwicklungskosten inklusive der notwendigen Investitionen in Technologie, Personal etc. hinzu, welche sich schnell auf einen sechs- oder siebenstelligen DM-Betrag belaufen können. Die Kostenhöhe für die Anfangsinvestition hängt wiederum größtenteils von der Qualität und Größe des Clubs ab. Niedrige Qualität, mangelhafte Technologie oder ungenügend trainiertes Clubpersonal zahlt sich nicht aus, da dadurch die Chancen auf einen Cluberfolg deutlich eingeschränkt sind.

Durch die Nutzung aller dem Club zur Verfügung stehenden Einnahmequellen kann dieser einen Großteil, wenn nicht sogar alle seine Kosten decken. Zu den clubeigenen Einnahmequellen gehören die Eintrittsgebühr und/oder der Jahresmitgliedsbeitrag, der Verkauf von Clubwaren und speziellen Produkten, Kommissionsgelder von externen Partnern und/oder der Kreditkarte, Einnahmen aus dem Verkauf von Werbeflächen in Clubkommunikationsmedien, Eintrittsgelder für Clubveranstaltungen oder Gebühren und Preise für Clubleistungen. In Abbildung 3 sind relevante Umsatz- und Kostenelemente eines Finanzierungskonzeptes von Kundenclubs dargestellt.

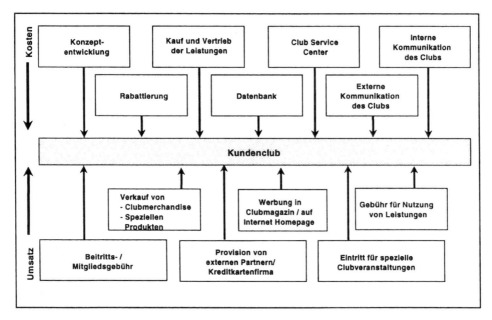

Abbildung 3: Finanzierungskonzept eines Kundenclubs

Eine Möglichkeit für eine bessere Kostenkontrolle ist die Begrenzung der Mitglieder auf eine bestimmte Mitgliederzahl. Zu berücksichtigen ist ebenfalls der Einfluß, den der Club langfristig gesehen auf den Gewinn des clubbetreibenden Unternehmens ausübt. So wirken sich die durch ihn ausgelösten Kundenbindungseffekte positiv auf den Unternehmensumsatz aus.

Um unerwünschte Überraschungen zu vermeiden, ist es empfehlenswert, verschiedene Szenarien bezüglich der Größenentwicklung des Clubs durchzuspielen. Diese Szenarien erleichtern das Schätzen der notwendigen Investitionen für den Fall außergewöhnlicher Entwicklungen, z. B. wenn nur die Hälfte oder die doppelte Anzahl der erwarteten Mitglieder dem Club beitreten.

Im Allgemeinen sollten die Kosten eines nutzenorientierten Kundenbindungsprogrammes nicht als „Kosten" per se, sondern eher als Investition in ein Marketinginstrument angesehen werden, welches in dem heutigen Wettbewerbsumfeld eine strategische Notwendigkeit darstellt.

Clubkommunikation

Die Kommunikation eines Kundenclubs erfolgt hauptsächlich in drei Bereichen: intern mit den Clubmitgliedern sowie intern mit den Mitarbeitern des clubbetreibenden Unternehmens und extern mit der Clubumwelt, zu der beispielsweise die Medien gehören. Für die interne Kommunikation mit den Clubmitgliedern stehen dem Club eine ganze Reihe von Kommunikationsmitteln zur Verfügung: das Club Magazin, regelmäßige Newsletter und Mailings, eine Club Hot-Line, eine Web Page im Internet, Clubtreffen und -veranstaltungen oder Clubverkaufsstellen. Gerade eine on-line-Präsenz wird immer wichtiger und kann die Kommunikations- und Vertriebskosten des Clubs auch stark senken.

Die interne Kommunikation mit Mitarbeitern und dem Management des clubbetreibenden Unternehmens ist ebenfalls äußerst wichtig und schließt alle Beteiligten vom Top-Management bis zu den Mitarbeitern mit direktem Kundenkontakt ein. Mitarbeiter und Management müssen über den Club und seine Ziele informiert werden, um die Club-Idee voll und ganz unterstützen zu können. Nur wenn der Club durch alle Hierarchieebenen hinweg unterstützt wird, kann er auch ein Erfolg werden. Wird beispielsweise ein Kunde wiederholt nicht zu seiner Zufriedenheit von einem Mitglied des Servicepersonals behandelt, dann wird auch ein ansonsten noch so gut betriebener Club diesen Kunden nicht zu einem treuen Kunden machen. Aus diesem Grund ist es wichtig, daß alle Mitarbeiter die Bedeutung des Kundenclubs, den erwünschten Kundenbindungseffekt durch den Club und ihre eigene Rolle in diesem Prozeß verstehen.

Nicht zuletzt hat der Club mit seiner Umwelt zu kommunizieren, um Pressewirkung zu erzielen, Werbung für den Club zu betreiben und Aufmerksamkeit und Bewußtsein gegenüber dem Club zu erhöhen. Positive Presse zieht nicht nur neue Mitglieder an, sondern verstärkt auch das positive Image des Clubbetreibers als ein Unternehmen, das sich um sein Kunden kümmert.

Club Service Center / Cluborganisation

Ein Kundenclub stellt eine komplexe Organisation dar, da diverse Parteien an ihm beteiligt sind. Darunter befinden sich das initiierende Unternehmen, das Club-Management, externe Partner, Finanzpartner und die Clubmitglieder. Auch schließt er eine große Anzahl an Vorgängen, Aufgaben und Prozessen wie beispielsweise die Logistik der Clubleistungen, das Telefonzentrum, die Clubkommunikation und diverse finanzielle Projekte ein. Um den Club ordnungsgemäß zu führen und einen reibunglosen Betrieb zu gewährleisten, sollte ein Club Service Center als Anlaufstelle für alle Clubkontakte und -aktivitäten eingerichtet werden. Wegen seiner Komplexität und dem allgemeinen Ziel der Kundenbindungssteigerung hat das Club Service Center einen hohen Qualitätsanspruch zu erfüllen. Seine Mitarbeiter, die notwendige Technologie und weitere Infrastruktur müssen deshalb sorgfältigst ausgewählt werden. Die Frage, ob all diese Aufgaben firmenintern durchgeführt oder vielmehr an eine externe Agentur vergeben werden sollen, ist schwer zu beantworten, da beide Wege ihre Vorteile haben. Allgemein läßt sich sagen, daß es sinnvoll ist, die Hauptaufgaben des Clubs, bei denen direkter Kontakt mit den Mitgliedern entsteht, eher innerhalb des Unternehmens durchzuführen. Verwaltungstechnische Vorgänge lassen sich outsourcen. Doch die endgültige Entscheidung hängt von der finanziellen Situation und dem gewünschten Unabhängigkeitsgrad des clubbetreibenden Unternehmens ab.

Clubdatenbank/Interne Support-Funktion

Eine Datenbank, die detaillierte und genaue Informationen über die Kunden eines Unternehmens enthält, stellt ein wirksames Wettbewerbsinstrument dar und hat einen nicht zu unterschätzenden Einfluß auf den langfristigen Unternehmenserfolg. Ohne das detaillierte Wissen über seine Kundschaft wird ein Unternehmen im heutigen Wettbewerb nur schwer bestehen können. Datenbanken sollten daher als strategische und weniger als taktische Instrumente verstanden werden.

Mit einem Kundenclub lassen sich auf ideale Weise Daten über die wichtigsten Kunden in der richtigen Qualität und Quantität erheben. Die erhöhte Bereitschaft der Clubmitglieder, Informationen zu teilen und persönliche Daten in großem Umfang und Detail zur Verfügung zu stellen, läßt sich wiederum durch die erhöhte Bindung zu Club und clubbetreibendem Unternehmen erklären. Die erhobenen Daten lassen sich dann nicht nur clubintern verwenden, sondern sollten auch anderen Unternehmensbereichen zugänglich gemacht werden. Denn auch für diese ist die Clubdatenbank eine wertvolle Informationsquelle für ihre Tätigkeit. Eine gut geführte Datenbank eröffnet dem Unternehmen die Möglichkeit, einem One-to-One Marketing einen Schritt näher zu kommen.

Um das Potential der Datenbank auszuschöpfen und ihre ganze Effektivität zu erreichen, ist eine sorgfältige Planung und Ausführung notwendig. Dazu gehört die Beantwortung der Fragen, welche Daten die Datenbank enthalten soll, wie diese erhoben werden sollen, welche technischen und personellen Ressourcen notwendig sind, wie die Daten analysiert werden und für welchen Verwendungszweck sie aufbereitet und zur Verfügung gestellt werden sollen.

Mit Hilfe dieser Datenbank, kann der Kundenclub auch als internes Support-Center dienen und andere Unternehmensbereiche wie Marktforschung, Produktmanagement oder F&E mit Daten, Zugang zu Informationen etc. unterstützen. Zudem ergeben sich auch viele Synergieeffekte/Kostensenkungspotentiale in diesen Abteilungen, z. B. wenn neue Werbefilme u. a. mit Clubmitgliedern getestet werden, anstatt ausschließlich mit teuer zu bezahlenden Screenings der Werbeagentur. So können solche Programme aber auf zweierlei Art und Weise Umsatz bzw. Gewinn steigern, wie in Abbildung 4 gezeigt. Diese Unterstützungsfunktion eines Kundenbindungsprogrammes wird von den meisten Firmen noch fast komplett ignoriert.

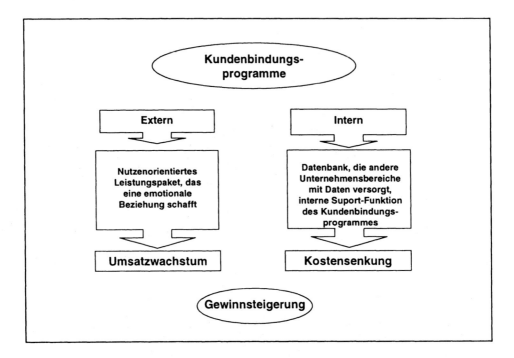

Abbildung 4:   Doppelte Gewinnwirkung von Kundenbindungsprogrammen

3. Business-to-Business versus Endverbraucher-Programme

Sowohl in ihren Kernmechanismen als auch dem notwendigen Ansatz für die Konzeption eines guten Programmes stimmen Endverbraucherclubs und Business-to-Business Programme überein. Die verschiedenen Entwicklungsschritte eines Kundenclubkonzeptes sind bei beiden Clubformen anwendbar. Ziele, Zielgruppen, Kommunikationsmittel, Cluborganisation und der Finanzplan müssen auf die gleiche sorgfältige Art geplant und überwacht werden. Wichtig ist auch, daß das Konzept eines Business-to-Business Clubs aus der gleichen nutzen- und kundenorientierten Perspektive angegangen wird wie es in den vorangegangenen Kapiteln, bei denen vorwiegend Endverbraucherclubs als Beispiele angeführt wurden, betont wurde. Neben den genannten Übereinstimmungen in Entwicklung und Funktionsweise der beiden Clubformen gibt es einige Unterschiede, die zu beachten sind:

- Business-to-Business Clubs haben typischerweise kleinere und klarer definierte Zielgruppen. Um die Personen in diesen Gruppen zu erreichen, muß das Leistungspaket genau auf die Bedürfnisse der Zielgruppe zugeschnitten sein.

- In vielen Fällen werden die Beziehungen zu den Mitgliedern dieser Zielgruppen von persönlichen Kontakten zwischen Verkaufsrepräsentanten und Käufern oder zwischen Kundendienstvertretern und professionellen Nutzern getragen. Diese persönlichen Beziehungen sollten durch den Club nicht ersetzt werden, sondern die bestehenden Kontakte sollten vielmehr in das Clubkonzept integriert und von dem Club unterstützt werden. Einer der stärksten Faktoren, die die Kaufentscheidung beeinflussen und die Wahrscheinlichkeit der Abwerbung durch Wettbewerber reduzieren helfen, sind die persönlichen Beziehungen und das Vertrauen zwischen den Mitgliedern des Buying und Selling Center. Diese Beziehungen, kombiniert mit dem Leistungsangebot des Clubs, resultieren in einem sehr wirksamen Beziehungsmarketinginstrument.

- Business-to-Business Clubs sind partnerschaftsorientierter. Beide Parteien, der Clubbetreiber und das Mitglied, wissen, daß eine gewisse Abhängigkeit zwischen ihnen herrscht und deswegen beide auf irgendeine Weise ihren Beitrag zu leisten haben. Aus diesem Grund bietet der Club seine Leistungen nicht unbedingt gebührenfrei an. Das Clubmitglied hat dafür meist eine Form der Vorleistung zu erbringen (z. B. einen Mitarbeiter zu speziellen Produkttrainingsveranstaltungen schicken), um von dem Clubleistungspaket profitieren zu können.

- Mitgliederbeiträge sind im Business-to-Business Bereich sehr viel höher als bei Endverbraucherprogrammen. Der Grund hierfür liegt darin, daß die Business-to-Business Clubs auf einer mehr partnerschaftlichen Basis basieren und die Mitglieder aus beruflichen Gründen beitreten. Sie wissen, daß ihre Firmen von der Mitgliedschaft profitieren können. Die Mitgliedschaft mag sie in die Lage versetzen, bestimmte Marketingaktivitäten durchzuführen und ihren Kunden Produkte und Dienstleistungen in einer Art und Weise anzubieten, zu der sie zuvor nicht in der Lage gewesen wären. Sie sehen die Mitgliedschaft als eine Investition in die Verbesserung ihres Geschäts durch die Partnerschaft mit einem starken Produzenten.

- Mitglieder eines Business-to-Business Clubs sind eher rational als emotional in ihrer Bewertung der Clubleistungen, denn sie versprechen sich von ihnen meist berufliche und keine persönlichen Vorteile.

- Obwohl die Mitglieder in erster Linie auf berufliche Vorteile aus sind, sollten ihnen auch bestimmte Leistungen angeboten werden, die eher einen persönlichen Nutzen stiften. Bei solchen Leistungen könnte es sich um Eintrittskarten zu Sportveranstaltungen, Reisesonderveranstaltungen oder besondere Produktangebote handeln.

- In einem Business-to-Business Umfeld ist es wichtig, die Mitglieder an dem alltäglichen Clubleben und vielleicht sogar am Clubmanagement teilhaben zu lassen. Viele Clubs (z. B. der Grohe Professional Club) haben deshalb einen speziellen Ausschuß gegründet, der aus dem Clubmanagement und gewählten oder ausgesuchten Clubmitgliedern besteht. Dies sorgt für eine stärkere Identifikation mit dem Club und eine dynamische Entwicklung (da der Ausschuß entscheiden kann, welche Leistungen hinzugefügt oder eliminiert werden sollen).
- Aufgrund seines professionellen Charakters sollten die meisten Clubleistungen einen Bezug zum Kernprodukt des Clubbetreibers haben.
- Ein Business-to-Business Club sollte klassische Marketingaktivitäten wie Produktwerbung, Verkaufsförderung oder Point-of-Sale Displays immer unterstützen und nicht ersetzen. Sie können in den Club integriert und durch ihn gebündelt werden, was ihnen einen stärkeren, strategischen Rahmen gibt und sie auf die Hauptzielgruppen fokussiert.

4. Die Zukunft von nutzenorientierten Kundenbindungsinstrumenten als Marketinginstrument

In einem Markt, der durch steigenden Wettbewerb, schwer einzuschätzende und immer besser informierte Kunden sowie stagnierendem Wachstum gekennzeichnet ist, gewinnen Bemühungen um Kundenbindung an Bedeutung und mögen vielleicht eines der wichtigsten strategischen Erfolgsfaktoren unserer Zeit sein. Im Zuge der allmählichen Entwicklung des Marketings hin zu einem One-to-One Marketing darf die Bedeutung von Kundenbindungsprogrammen, die dem Aufbau starker Beziehungen mit einzelnen Kunden dienlich sind, nicht unterschätzt werden. Die zunehmende Nutzung des Internet für das Marketing wird diesen Trend noch verstärken.

Es ist nicht einfach, Kundenclubs zu entwickeln und zu führen, doch die Anstrengungen zahlen sich in einer Effektivität aus, die nur selten mit anderen Programmen erreicht werden kann. Ein richtig konzipierter und implementierter Kundenclub kann eine wichtige Rolle für den zukünftigen Markterfolg eines Unternehmens spielen. Wichtigste Faktoren bei der Gründung eines Kundenclubs ist das Angebot von Leistungen, die dem Mitglied echten und wahrgenommenen Nutzen bieten, die Entwicklung eines soliden Finanzkonzepts, die Sicherstellung der internen Unterstützung von Mitarbeitern aus allen Hierarchieebenen bis hin zum Top Management und die volle Ausschöpfung des Clubpotentials in Bezug auf die unterstützende Wirkung für andere Unternehmensbereiche durch die Bereitstellung geeigneter Daten und Informationen.

In Deutschland alleine gibt es heute mehr als 300 Clubkonzepte. Die Clubidee greift langsam auf andere Länder über. Nutzenorientierte Kundenbindungsprogramme sind bereits in einigen europäischen Ländern, der USA und Australien entwickelt worden. Prinzipiell können Clubs in jeder beliebigen Branche greifen, was die bunte Clubszene in Deutschland beweist. Vor allem das Internet bietet unglaubliche Möglichkeiten auf individueller Basis mit den Kunden zu kommunizieren und Nutzen zu schaffen. Spezielle Internet-Bonusprogramme wie Netcentives oder E-centives erscheinen auf der Bildfläche.

In Zukunft werden Kundenbindungsprogramme mehr in direktem Wettbewerb miteinander stehen. Es wird vor allem innerhalb einer Branche zu Wettbewerbssituationen kommen. Dabei werden die gleichen Mechanismen gelten, wie für Produkte, die sich im Wettbewerb zueinander befinden.

5. Literatur

Butscher, S. (1996a): Step-by-Step, Wie Sie eine kundenorientierte Kartenleistung generieren, in: Direkt Marketing, Februar, S. 23-25.

Butscher, S. (1996b): Die Marketing-Tools müssen greifen – vor allem unter Nutzen- und Kostengesichtspunkten, in: Lübcke, D./Petersen, R. (Hrsg.): Business-to-Business-Marketing, Stuttgart, S. 151-162.

Butscher, S. (1998): Kundenbindungsprogramme und Kundenclubs, Ettlingen.

Frankfurter Allgemeine Zeitung (1999): Nicht jede Maßnahme zur Kundenbindung ist erfolgreich, FAZ, 1.3.1999.

Kirstges, T. (1995): Erste bundesweite Marktuntersuchung Kundenclubs, Ettlingen.

Claudia Fantapié Altobelli

Internet-Marketing

1. Entwicklung des Internet
2. Rahmenbedingungen des Internet-Marketing
    2.1 Rechtliche Rahmenbedingungen
    2.2 Technische Rahmenbedingungen
    2.3 Zielgruppenspezifische Rahmenbedingungen
3. Formen und Konzepte des Internet-Marketing
    3.1 Information-Site
    3.2 Internet-Werbung
    3.3 Electronic Commerce
    3.4 Electronic Publishing
    3.5 Weitere Anwendungen des Internet im Marketing
4. Planung, Realisierung und Kontrolle des Internet-Marketing
    4.1 Planung des Internet-Auftritts
    4.2 Realisierung des Internet-Auftritts
    4.3 Integration des Internet-Marketing
    4.4 Bekanntmachung der Internet-Präsenz
    4.5 Kontrolle des Internet-Marketing
        4.5.1 Reichweitenkontrolle
        4.5.2 Psychologische Erfolgskontrolle
        4.5.3 Ökonomische Erfolgskontrolle
5. Organisatorische Implikationen
6. Literatur

1. Entwicklung des Internet

Das Medium Internet gehört kommunikationstechnisch zur Gruppe der Online-Medien. Online-Medien sind netzgebundene Abrufdienste, welche zum einen durch einen kommerziellen Betreiber zentral organisierte Dienste umfassen (proprietäre Online-Dienste wie T-Online und AOL), zum anderen offene Systeme mit dezentraler Struktur wie das World Wide Web des Internet (vgl. Fantapié Altobelli 2000). Mittlerweile ermöglichen jedoch sämtliche kommerziellen Online-Dienste einen Zugang zum Internet, so daß sie zunehmend Provider-Funktionen ausüben.

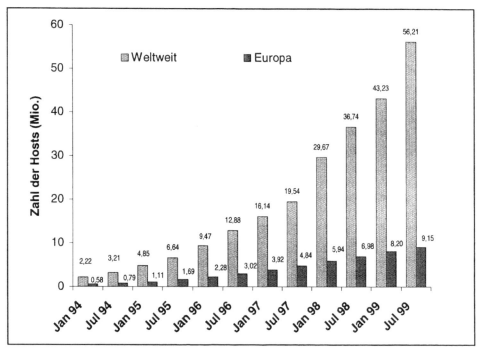

Abbildung 1: Entwicklung der Internet-Hosts 1994-1999
Quellen: Internet Software Consortium 1999, Ripe Network Coordination Centre 1999.

Ursprünglich für militärische Zwecke entwickelt, hat sich Internet mittlerweile auch im kommerziellen Bereich etabliert. Derzeit sind weltweit ca. 60 Mio. Host-Rechner zu verzeichnen, davon befinden sich rd. 9 Mio. in Europa (vgl. Abbildung 1). Dabei wird von 201 Mio. Nutzern weltweit und 47 Mio. in Europa ausgegangen (vgl. NUA Internet

Surveys 1999). In Deutschland sind ca. 1,6 Mio. Host-Rechner an das Internet angeschlossen, einer Schätzung der GfK zufolge beträgt die Zahl der Nutzer bereits knapp 11 Mio. (vgl. GfK 1999). Wachstumsraten von nahezu 100 % per anno lassen erwarten, daß das Medium Internet innerhalb der Mediaszene seinen festen Platz finden wird.

Wesentlicher Grund für die rasche Ausbreitung des Internet innerhalb der letzten Jahre sind die *Vorteile*, die das Internet im Vergleich zu anderen Medien bietet (vgl. Fantapié Altobelli 1997, S. 5 f., Hoffmann 1998, S. 18 ff., Bauer/Grether/Leach 1999, S. 121 f.):

- *Multimodalität*
  Multimodalität beinhaltet das Ansprechen mehrerer Sinne der menschlichen Wahrnehmung. So können die Darstellungsformen des (geschriebenen) Textes, Ton (Sprache, Geräusche, Musik), Bild (Fotos, Grafiken, Zeichnungen) sowie Bewegtbild (Film, Video, Zeichentrick) eingebunden und zielgerichtet kombiniert werden. Die multimodalen Fähigkeiten des World Wide Web eröffnen vielfältige Gestaltungs- und Simulationsmöglichkeiten für Online-Angebote.
- *Interaktivität und Dialogfähigkeit*
  Interaktive Technologien erlauben es dem Nutzer, Inhalte gezielt zu selektieren und damit aktiv in den Kommunikationsprozeß einzugreifen, im Internet ist sogar eine echte Dialogfähigkeit i. S. einer Two-Way-Kommunikation gegeben. Durch die Einbindung von Datenbankanwendungen oder Feedbackmöglichkeiten (wie E-Mail, Online-Fragebogen, Chatrooms, Gästebücher) in World Wide Web-Angebote kann ein automatisierter oder direkter Dialog mit (potentiellen) Kunden bzw. Nutzern des Online-Auftritts aufgebaut werden. Aufgrund des höheren Involvements des Nutzers kann eine deutlich höhere Kontaktqualität im Vergleich zur herkömmlichen Massenkommunikation erzielt werden.
- *Globale und ständige Verfügbarkeit*
  Durch die permanente, weltweite Verfügbarkeit des Internet kann auf die World Wide Web-Angebote von Unternehmen jederzeit und von überall aus zugegriffen werden. Da die Informationen in elektronischer Form vorliegen, können sie innerhalb von Sekunden in jedes beliebige Land der Welt übermittelt werden.
- *Tägliche Kontrollmöglichkeit*
  Mit Hilfe von Logfile-Analysen lassen sich die Zugriffe von Nutzern auf Online-Angebote permanent kontrollieren und marketing- bzw. vertriebsorientiert auswerten (vgl. Abschn. 4.5.1).
- *Ständige Aktualisierungsmöglichkeit*
  Aufgrund der relativ einfachen Struktur der HTML-Dokumente, aus denen World Wide Web-Angebote bestehen, lassen sich Inhalte schnell und unkompliziert austauschen und aktualisieren. Auch die Ergebnisse der Logfile-Analysen liefern wichtige Hintergrundinformationen für die Optimierung von World Wide Web-Auftritten.
- *Integration von Kommunikation und Transaktion*
  Das Internet bietet die Möglichkeit, Produkte und Dienstleistungen direkt online zu bestellen, bei digitalen (z. B. Software) oder digitalisierbaren Produkten (z. B. Verlagserzeugnisse, Musik) kann über das Internet sogar die physische Distribution erfolgen.

2. Rahmenbedingungen des Internet-Marketing

2.1 Rechtliche Rahmenbedingungen

Während kommerziell betriebene Online-Dienste einen kontrollierten Zugang ermöglichen und Transaktionen nach festen Regeln abgewickelt werden, herrschen im „freien" World Wide Web des Internet noch erhebliche rechtliche Unsicherheiten. In Deutschland wird das Internet u. a. durch das Bundesdatenschutzgesetz, den Mediendienste-Staatsvertrag, das Informations- und Telekommunikationsdienstegesetz, das Teledienstdatenschutzgesetz und das Telekommunikationsgesetz geregelt (vgl. zu den einzelnen Regelungen Loewenheim/Koch 1998), ein geschlossenes Regelwerk fehlt jedoch bislang. Verbindliche länderübergreifende Regelungen sind ebenfalls eher rudimentär, auf internationaler Ebene sind daher der Schutz von Eigentumsrechten, Haftungsfragen, rechtliche Sicherung des Online-Zahlungsverkehrs, Datenschutz und Folgen von Rechtsverstößen noch nicht abschließend geregelt, die Möglichkeiten der Rechtsverfolgung und Rechtsdurchsetzung sind unklar.

2.2 Technische Rahmenbedingungen

Zu den technischen Rahmenbedingungen gehört die noch niedrige Übertragungsgeschwindigkeit, welche insb. beim Herunterladen von Bildinformationen lange Wartezeiten nach sich zieht. Das größere Problem besteht jedoch in der unzureichenden Datensicherheit, diese umfaßt Risiken bei der Übertragung von Kreditkarteninformationen, Probleme bei der zweifelsfreien Bestimmung der Identität von Käufer und Verkäufer sowie die Gefahr der Verfälschung, Zerstörung und unzulässigen Weitergabe der übermittelten Informationen (vgl. Fantapié Altobelli/Fittkau 1997, S. 398 f.). Aus diesem Grunde arbeitet eine Vielzahl von Unternehmen an der Entwicklung von Sicherheitssoftware: Dazu gehört Firewall-Software, welche den Zugang zu Teilnetzen (z. B. Intranet) regelt, Zugriffssteuerungssoftware (Access Control), welche ähnlich wie Firewall-Anwendungen in unternehmensweite Sicherheitssysteme und Netzwerke integriert wird, sowie Verschlüsselungsprogramme (Encryption-based Software) und Software zur Informationssicherung (Content Security Software), welche die im Internet übermittelten Informationen vor fremden Zugriff und Verfälschung schützen. Einer Studie von Frost&Sullivan zufolge wird der Markt für Sicherheitssoftware in Europa von 1,13 Mrd. $ 1998 auf rd. 25 Mrd. $ 2005 anwachsen (vgl. o. V. 1999b, S. 26). Für den Zahlungsverkehr im Internet sind darüber hinaus verschiedene Systeme für elektronisches bzw. virtuelles Geld (Cyber Cash, DigiCash) in der Entwicklungs- bzw. Erprobungsphase.

2.3 Zielgruppenspezifische Rahmenbedingungen

Zielgruppen-Strukturen und -Verhalten stellen weitere wichtige Rahmenbedingungen des Internet-Marketing dar. Zu berücksichtigen ist zum einen die besondere soziodemographische Struktur der Online-Nutzer (Übergewicht männlicher, jüngerer Nutzer mit höherer Schulbildung), es zeichnet sich jedoch bereits ab, daß die Struktur der Internet-Nutzer immer heterogener wird (vgl. Abbildung 2).

Merkmale	Ausprägungen	Merkmalsverteilung	
		11/1995	7/1999
Alter	19 Jahre und jünger	4,1 %	8,7 %
	20-29 Jahre	62,6 %	35,1 %
	30-39 Jahre	23,5 %	30,5 %
	40-49 Jahre	7,3 %	15,2 %
	50 Jahre und älter	2,5 %	10,4 %
Geschlecht	weiblich	6,2 %	23,2 %
	männlich	93,8 %	76,8 %
Berufstätigkeit (vorwiegend)	Angestellte	32,6 %	45,7 %
	Studenten	48,2 %	15,0 %
	Selbständige	8,7 %	14,2 %
	Schüler, Auszubildende	3,5 %	10,8 %
	Beamte	3,3 %	4,5 %
	Doktoranden	n.e.	1,7 %
	Sonstige	3,7 %	8,1 %
Abgeschlossene Schulbildung	(noch) kein Schulabschluß	0,1 %	4,2 %
	Hauptschulabschluß	0,9 %	9,6 %
	Mittlere Reife	4,5 %	26,7 %
	Abitur o. ä.	94,5 %	59,6 %

Abbildung 2: Demographie deutschsprachiger World Wide Web-Benutzer 1995 und 1999
Quelle: W3B Fittkau&Maaß 1999.

Für eine zielgerichtete Gestaltung des Internet-Marketing ist die Soziodemographie der Internet-Nutzer viel zu allgemein, aus diesem Grunde werden zunehmend Nutzer-Typologien auf der Basis psychologischer und Verhaltensmerkmale wie Innovationsverhalten, Technikeinstellung, Informationsverhalten, Nutzungsmotivation u.v.a.m. erstellt, einen Überblick über Ansätze zur Typologisierung der Internet-Nutzer liefert Grabner-Kräuter 1999.

3. Formen und Konzepte des Internet-Marketing

Aus den vielfältigen Einsatzmöglichkeiten des Internet lassen sich im wesentlichen vier Basis-Marketingformen herauskristallisieren: Information-Site, Internet-Werbung, Electronic Commerce und Electronic Publishing.

3.1 Information-Site

Die gebräuchlichste Marketing-Form in World Wide Web besteht in dem Einrichten und Betreiben einer sog. Information-Site. Eine Information-Site im World Wide Web beinhaltet den Auftritt eines Unternehmens mit einer eigenen Homepage und einer eigenen Internet-Adresse, z. B. www.oetker.de, www.langnese.de.

Typische *Komponenten* einer Information-Site sind (vgl. Hoffmann 1998, S. 24 ff.):
- *Unternehmensinformationen.* Diese dienen der Präsentation des Unternehmens als Ganzes und umfassen beispielsweise Geschäftsberichte, Standorte, Adressen, Unternehmensphilosophie und Unternehmensgeschichte.
- Informationen über die angebotenen *Produkte bzw. Dienstleistungen* wie z. B. Produktneuheiten, Anwendungstips, Hintergrundinformationen zu den Produkten.
- *Online-Services.* Sie werden unterstützend angeboten und umfassen Online-Beratung und -Information (Online-Hotlines, Frequently Asked Questions (FAQ)-Lists, Trouble Shooting Guides u. ä.), Online-Schulung und -Weiterbildung sowie Electronic Customer Care, z. B. in Form von Online-Diskussionsforen, Newsgroups, Online-Kundenclubs, Online-Beschwerdemanagement (vgl. Hünerberg/Mann 1999, S. 282 ff.).
- *Electronic Publishing.* Diese ergänzende Komponente findet auch für produzierende Unternehmen oder Dienstleister Anwendung und beinhaltet die Veröffentlichung von Firmenbroschüren, Firmenzeitungen u. ä. im Internet.
- *Online-Direktmarketing,* d. h. die Ansprache der Internet-Nutzer über E-Mail, Direct Response-Marketing über elektronische Bestellformulare oder Coupons zur Bestellung von Katalogen, Broschüren, aber auch ggf. von Produktproben. Über den Rücklauf lassen sich darüber hinaus Adreßdaten generieren, die z. B. für Direct Mailings eingesetzt werden können.
- Weitere, *ergänzende Marketing-Komponenten* sind schließlich solche ohne direkten Produktbezug, welche primär Unterhaltungs- oder Benefitting-Charakter haben. Dazu gehören z. B. Gewinnspiele, Chat-Rooms, Literaturtips, Archive.

Als *inhaltliche Gestaltungsansätze* von Information Sites werden üblicherweise Infotisement, Advertisement und Benefitting unterschieden (vgl. Fantapié Altobelli/Hoffmann 1996, S. 45 f., Silberer 1997, S. 11 f.). *Infotisement* stellt die Verknüpfung von „Information" und „Advertisement" dar. Es werden detaillierte Informationen über Produkte und Dienstleistungen angeboten, welche vom Nutzer individuell selektierbar sind. *Ad-*

vertainment beinhaltet die Verknüpfung von „Advertisement" und „Entertainment". Neben der „eigentlichen" Produktdarstellung werden unterhaltende Elemente wie Gewinn- und Werbespiele angeboten. Im Rahmen des *Benefitting* wird ein produktspezifischer bzw. produktnaher Zusatznutzen angeboten („added value"), wie etwa Kochrezepte, elektronische Archive, Schminktips u. ä.

Die Eignung dieser typischen Inhalte hängt mit dem spezifischen Informationsbedürfnis bei den einzelnen Güterkategorien zusammen. Generell gilt: Je komplexer das Produkt bzw. die Dienstleistung ist, desto größer ist auch die Bereitschaft, sich mit detaillierten Informationen auseinanderzusetzen. Internet-Auftritte für langlebige Gebrauchsgüter, Finanzdienstleistungen u. ä. sollten daher überwiegend Infotisement-Charakter aufweisen, da sie sich an eine hochinvolvierte Zielgruppe richten, die spezifische Informationsbedürfnisse hat und sich teilweise bereits im Kaufentscheidungsprozeß befindet. Dagegen sollten bei vergleichsweise einfachen Gütern Advertisement und Benefitting dominieren, um die Zielgruppe zur Beschäftigung mit den kommunikativen Inhalten zu motivieren (zur branchenspezifischen Eignung von Inhaltskomponenten von Internet-Auftritten vgl. ausführlich die empirischen Ergebnisse in Fantapié Altobelli/Hoffmann 1997).

3.2 Internet-Werbung

Internet-Werbung stellt eine weitere wichtige Basis-Marketingform im Internet dar und beinhaltet die Plazierung von Internet-Anzeigen (sog. Banners oder Buttons) in stark frequentierten Internet-Seiten gegen Entgelt. Sie ist mit klassischer Anzeigenwerbung vergleichbar und dient i.d.R. der Bekanntmachung von Information-Sites. Hinsichtlich der Größe von Internet-Anzeigen haben sich in Deutschland die Maße 468x60 Pixel (Full-Size-Banner) und 234x60 Pixel (Half-Size-Banner) als Standard herausgebildet, kleinere Formate werden i.a. als Buttons bezeichnet (vgl. Groth 1999, S. 33).

Die Aufwendungen der Wirtschaft für Internet-Werbung sind derzeit noch bescheiden, aber mit überproportionalen Wachstumsraten: Betrugen 1997 die Online-Werbeaufwendungen in Deutschland noch 24 Mio. DM, so verdoppelten sie sich 1998 auf rd. 50 Mio. DM, für 1999 werden Werbeaufwendungen in Höhe von rd. 120 Mio. DM erwartet (vgl. ZAW 1999, S. 274, Groth 1999, S. 35).

Online-Werbeträger sind zum einen Web-Sites von Navigationshilfen (z. B. Yahoo oder Lycos), auf welche derzeit rd. 65 % der Online-Werbeeinschaltungen entfallen (vgl. ZAW 1999, S. 276), zum anderen Auftritte von Medienunternehmen (z. B. Spiegel online, Focus online). Abbildung 3 zeigt die Reichweiten und Tausenderkontaktpreise ausgewählter Online-Werbeträger. Der Online-TKP ist dabei der Preis, der für 1000 Page-Impressions bzw. AdImpressions zu entrichten ist und wird analog zum Anzeigen-TKP errechnet (zu den Reichweiten-Kennziffern PageImpressions und AdImpressions vgl. die Ausführungen in Abschn. 5.1.2).

Website	PageImpressions pro Woche	TKP in DM (468 x 60 Pixel) pro Woche
BILD online	87.500	90,-
Die Welt online	67.500	90,-
Hamburger Abendblatt online	15.400	90,-
Website	**AdImpressions pro Monat**	**TKP in DM (468 x 60 Pixel) pro Monat**
Stern online	450.000	130,-
Capital	200.000	130,-
Brigitte online	300.000	110,-

Abbildung 3: Tausenderkontaktpreise ausgewählter Online-Werbeträger (Stand: 11/99)
Quellen: Gruner & Jahr 1999, Axel Springer Verlag 1999.

Im einzelnen lassen sich folgende *Werbeformen* im Internet unterscheiden (vgl. Groth 1999, S. 33 ff., Kleindl/Theobald 1999, S. 251 ff., ZAW 1999, S. 276 ff.):

- *Passive Banner.* Hierbei handelt es sich um einfache Grafiken, die weder animiert noch mit einem Link versehen sind und häufig nur das Unternehmenslogo zeigen. Diese Form der Bannerwerbung ist mittlerweile kaum mehr anzutreffen.
- *Interaktive Banner.* Diese heutzutage gebräuchlichste Online-Werbeform erlaubt es dem Nutzer, durch Klicken auf den Banner auf das Internet-Angebot des werbeschaltenden Unternehmens zu gelangen.
- *Animierte Banner.* Hier werden mehrere Bilder in vorbestimmten Abständen nacheinander auf der gleichen Stelle gezeigt, so daß der Eindruck eines kleinen Films entsteht.
- *Unterbrecherwerbung.* Diese Form ist vergleichbar mit Werbeblöcken im Fernsehen: Die Navigation im Internet-Angebot wird durch ausführliche Werbe-Breaks unterbrochen. Diese Variante wird beispielsweise vom Online-Dienst Germany.net praktiziert; der Zugang zum Dienst ist kostenfrei, dafür müssen Abonnenten Werbeunterbrechungen akzeptieren.
- *Rich Media Banner.* Per Mausklick gelangt der Internet-Nutzer auf ein verkleinertes WWW-Angebot des werbetreibenden Unternehmens, oder er erhält Eingabezeilen für Suchanfragen bzw. Auswahllisten für spezifische Informationen. Im Vergleich zu konventionellen interaktiven Banners besitzen Rich Media Banners den Vorteil, daß der Nutzer das ursprünglich von ihm aufgesuchte Internet-Angebot nicht verlassen muß.
- *Sponsoring.* Diese Form beinhaltet zum einen das Sponsern bestimmter WWW-Inhalte unter Plazierung des eigenen Logos auf der gesponserten Web-Seite gegen Entgelt (Content Sponsoring). Zum anderen besteht die Möglichkeit, Newsgroups und Virtual Communities einzurichten und zu sponsern.

- *Banner Rotation.* Hier wechselt die Anzeige der einzelnen Banner regelmäßig, während der Nutzer eine bestimmte Web-Seite betrachtet.

Bannerwerbung im Internet erlaubt im Vergleich zur klassischen Massenwerbung eine genauere *Zielgruppenansprache*: So kann die Bannerschaltung z. B. auf bestimmte Uhrzeiten oder bestimmte Länder beschränkt werden. Besonders interessant ist auch das sog. *Keyword-Advertising* in Navigationshilfen: Bei Eingeben eines bestimmten Suchbegriffs (z. B. PKW) erscheint dem betreffenden Nutzer ein Banner einer Automobilfirma (vgl. Kleindl/Theobald 1999, S. 251 f.). Auf diese Weise können Streuverluste nahezu ausgeschlossen werden, da Banners nur von solchen Nutzern empfangen werden, welche sich für die entsprechende Thematik interessieren.

3.3 Electronic Commerce

Electronic Commerce liegt in Deutschland im Vergleich zum europäischen Ausland weit zurück. Während in Europa im Durchschnitt nur 37 % der Anbieter Internet-Umsätze unter 1 % des Gesamtumsatzes erwirtschaften, sind es in Deutschland 67 %. Der Grund liegt insbesondere darin, daß in Deutschland viel zu sehr auf das (schleppende) Business-to-Consumer-Geschäft fokussiert wird, wohingegen andere europäische Länder die deutlich größeren Potentiale im Business-to-Business-Bereich nutzen (vgl. o. V. 1999a, S. 14). Es sind jedoch immer mehr Unternehmen, die den Einkauf ihrer Waren und Dienstleistungen über das World Wide Web ermöglichen. Betrug der Umsatz bei Online-Bestellungen in Deutschland 1997 noch 900 Mio. DM, so konnten 1998 Umsätze in Höhe von rd. 2,7 Mrd. DM erwirtschaftet werden (vgl. Markert 1998, S. 12).

Grundsätzlich bestehen im Rahmen des E-Commerce im Internet folgende *Optionen* (vgl. Fantapié Altobelli/Fittkau 1997, S. 405 ff.):
- Angebot über eigenes Online-Angebot des Herstellers,
- Angebot über Online-Einzelhandel und
- Angebot über Online-Versandhandel.

Ein *eigenes Online-Angebot* des Herstellers ist von allen Möglichkeiten die kostenintensivste, sie ermöglicht jedoch eine vollständige Steuerung und Kontrolle der Online-Aktivitäten. Untersuchungen zeigen, daß der direkte Bezug beim Hersteller aus Sicht der Nutzer die am meisten präferierte Variante darstellt (vgl. z. B. Fantapié Altobelli/Grosskopf 1998, S. 158). Neben herstellereigenen Shopping-Angeboten hat sich auch der *Online-Einzelhandel* als Betriebstyp im Internet etabliert. Das Spektrum reicht vom spezialisierten Facheinzelhandel (z. B. Amazon) bis hin zu virtuellen Malls und Einkaufszentren mit tiefem und/oder breitem Sortiment, z. B. MyWorld von Karstadt. Die Hersteller profitieren von der bestehenden Infrastruktur und den moderaten Kosten, haben jedoch nur wenig Einfluß auf die Marketing-Aktivitäten des Betreibers der Mall. Ähnliches gilt auch beim Angebot über *Online-Versandhandel*, wie z. B. Quelle online, Otto online.

Vorteilhaft am E-Commerce ist insbesondere die Reduktion der Transaktionskosten, da alle Phasen des Kaufentscheidungsprozesses – von der Informationssuche bis hin zur Bestellabwicklung – im Internet schneller und bequemer durchlaufen werden können (vgl. Abbildung 4). Die wichtigste Barriere für die Durchsetzung von E-Commerce ist andererseits die (wahrgenommene) Erhöhung des Transaktionsrisikos: Neben rechtlichen Unsicherheiten wird insbesondere die unzureichende Datensicherheit bemängelt (vgl. Kap. 2). Mit der Einführung einheitlicher Standards für den Zahlungsverkehr sowie Datenverschlüsselung im Internet wird E-Commerce jedoch stark an Bedeutung gewinnen.

	Anbieter	Nachfrager
Transaktionskosten	– Kostensenkung für laufende Transaktionen durch Nutzung digitaler Kommunikation – Verbesserte Koordination durch Anbindung des E-Commerce an das Warenwirtschaftssystem – Vereinfachung der Bestellvorgänge und Verkürzung der Bestellwege – Schnelle Reaktion auf veränderte Markt- und Kundenanforderungen	– geringere Suchkosten durch erhöhte Markttransparenz – Einsparung von Anfahrt, Wartezeit etc. – Bequeme Online-Bestellmöglichkeit – Ersparnis von Zeit und Mühe in der Nachkaufphase durch Bestellstatus-Report und Online-Support
Transaktionsrisiken	– Problem der zweifelsfreien Bestimmung des Geschäftspartners/ "Dirty orders" – Erhöhtes Zahlungsrisiko – Unsicherheiten bzgl. Rechtsverfolgung und Rechtsdurchsetzung	– Risiken bei Übertragung von Kreditkarteninformationen – Gefahr der Verfälschung, Zerstörung und unzulässiger Weitergabe der eingegebenen Daten – Rechtsunsicherheiten insb. bei grenzüberschreitenden Käufen

Abbildung 4: Auswirkungen des E-Commerce auf Transaktionskosten und Transaktionsrisiken

3.4 Electronic Publishing

Electronic Publishing bezeichnet das Plazieren redaktioneller Angebote im Internet, eine von Medienunternehmen sowohl aus dem Print- als auch aus dem Rundfunkbereich häufig praktizierte Form des Electronic Marketing (vgl. Fantapié Altobelli 1997, S. 9). In der Regel werden bei Printunternehmen Ausschnitte aus der Printausgabe sowie Zusatzangebote wie Online-Recherchen und Entertainment-Angebote zur Verstärkung der Nutzerbindung präsentiert, wohingegen Rundfunkunternehmen Zusammenfassungen bzw. Hintergrundinformationen zu einzelnen Fernsehsendungen anbieten (vgl. Hoffmann

1998, S. 33). Elektronische Publikationen im World Wide Web werden so zu immer eigenständigeren Produkten. In einigen Fällen entstehen sogar völlig neue Titel (z. B. CineMotion), die ausschließlich online verfügbar sind. Die Wertschöpfung erfolgt entweder durch die Vermarktung von Werbeflächen (Online-Banner), durch Nutzungsgebühren für spezielle Zusatzangebote oder durch Abonnement-Gebühren.

In der Anfangsphase diente Online-Publishing vorwiegend der Werbung für den Print-Titel, die Möglichkeit des Abrufens von Kerninhalten vor Erscheinen des Print-Exemplars sollte Interesse wecken und die Kaufabsicht für die aktuelle Ausgabe erhöhen. Mittlerweile bieten Verlage in der Online-Ausgabe jedoch auch verstärkt Zusatz- und Hintergrundinformationen zu einzelnen Berichten, so daß Print- und Online-Ausgabe zunehmend Teile eines integrierten Gesamtkonzepts zur Befriedigung unterschiedlicher Informationsbedürfnisse der Nutzer werden.

3.5 Weitere Anwendungen des Internet im Marketing

Neben den genannten vier Basisformen des Internet-Marketing existiert eine Vielzahl weiterer Einsatzmöglichkeiten. Dazu gehören z. B. *Virtuelle Messen* (vgl. Reineke 1996): Vor dem Besuch der realen Messe können sich die Besucher von Stand zu Stand auf einem virtuellen Messeplatz bewegen und eine Vorauswahl treffen (z. B. Netfair). Zusätzlich können dem Nutzer noch messebegleitende Services wie Hallenbelegungspläne, Veranstaltungen und Gesprächsterminierungen angeboten werden. Auch sonstige Interessenten, denen die Möglichkeit des Besuchs der realen Messe fehlt, können sich im Internet virtuell über die dort präsentierten Innovationen informieren.

Auch die Möglichkeiten, *Marktforschung* via Internet zu betreiben, sind vielfältig (vgl. Hoffmann 1998, S. 44 ff.). Erkenntnisse über die *Nutzer* (soziodemographische Struktur, Informationsbedürfnisse, Produktinteressen) können z. B. über Online-Umfragen innerhalb der Site gewonnen werden. Eine weitere Möglichkeit zur Gewinnung von Nutzerdaten besteht darin, den Nutzer beim erstmaligen Besuch dazu aufzufordern, sich registrieren zu lassen und sich bei jedem erneuten Besuch durch Angabe seiner User-Identifikation anzumelden. Dies hat den Vorteil, daß das tatsächliche Such- und Bestellverhalten einzelner Personen registriert werden kann, was den Aufbau detaillierter Kundenprofile als Grundlage für Direktmarketing-Maßnahmen ermöglicht (vgl. Fantapié Altobelli/Hoffmann 1996, S. 32 f.). Fast alle Online-Plattformen ermöglichen es dem Nutzer zudem, mit dem Unternehmen in Kontakt zu treten, sei es direkt per E-Mail oder über Gästebücher, Gewinnspiele, Online-Reklamationen oder ähnliches. Auch hieraus lassen sich Daten über Nutzerprofile ableiten. Das Einrichten eines „elektronischen Fragebogens" ermöglicht darüber hinaus die schnelle und kostengünstige Durchführung von (Online)-Befragungen. Einschränkend ist anzumerken, daß Online-Nutzer eine spezielle Teilgesamtheit darstellen, welche nicht repräsentativ für den Gesamtmarkt ist.

Weiterhin können im Rahmen *virtueller Produkttests* Produktinnovationen virtuell in verschiedenen Varianten vor der eigentlichen Produktentwicklung getestet werden, so daß die Akzeptanz neuer Produkte bereits in einem frühen Stadium des Produktentwicklungsprozesses untersucht werden und u. U. auch die zeit- und kostenaufwendige Konstruktion von Prototypen entfallen kann.

4. Planung, Realisierung und Kontrolle des Internet-Marketing

Entscheidender Erfolgsfaktor für den World Wide Web-Auftritt eines Unternehmens ist eine zweckmäßige, nutzerorientierte und ansprechende Gestaltung des Angebots. Die derzeit in vielen Fällen noch vorhandenen Defizite in der Gestaltung haben zur Folge, daß die Kommunikation oft nach dem Betrachten der Homepage abgebrochen wird. So zeigen die Auswertungen von Nutzungsprotokollen, daß die Nutzung der Homepages meist zufriedenstellend ist. Anders sieht es bei der Nutzung tieferliegender Seiten aus. Die Konzeption des Online-Auftritts eines Unternehmens sollte daher fundiert geplant werden, wobei die definierten Zielvorgaben eine spätere Erfolgskontrolle ermöglichen müssen (zur Planung eines Internet-Auftritts vgl. ausführlich Fantapié Altobelli/Hoffmann 1996, S. 91-147).

4.1 Planung des Internet-Auftritts

Im Rahmen der Planung und Konzeptionierung des Internet-Auftritts ist zunächst festzulegen, welche *Objekte* in das Internet-Angebot einbezogen werden sollen. Unternehmen können sich auf der Konzern-, Unternehmens-, Produkt-, Marken- bzw. Dienstleistungsebene im World Wide Web präsentieren. Hierbei handelt es sich um keine ausschließende Entscheidung, da im Internet auch mehrere Objekte nebeneinander beworben werden können. Die Hypertext-Technologie ermöglicht es, die einzelnen Objekte miteinander zu vernetzen, User können so z. B. von der Produkt-Site auf die Unternehmens-Site gelangen und umgekehrt.

Für das definierte Objekt des Online-Marketing werden strategische *Ziele* formuliert, aus denen anschließend taktisch-operative Zielvorgaben für das Online-Marketing abgeleitet werden. Solche Ziele können streutechnischer, psychologischer und ökonomischer Natur sein und dienen als Grundlage für die Erfolgskontrolle (vgl. Abschn. 4.5).

Weiterhin ist die *Zielgruppe*, die mit dem World Wide Web-Auftritt angesprochen werden soll, zu definieren. Nicht alle Online-Nutzer kommen im gleichen Ausmaß als potentielle Besucher einer Online-Site in Frage. Die Maßnahmen des Online-Marketing müssen daher auf relevante Gruppen von Online-Usern konzentriert werden (vgl. Abschn. 2.3). Eine wiederholte Nutzung der Web-Site als Grundlage für eine Nutzerbindung an das eigene Web-Angebot hängt wesentlich davon ab, in welchem Maße die Erwartungen der Nutzer an die Inhalte erfüllt werden.

Anschließend werden aus den operativen Zielen *Inhalte* für den Web-Auftritt abgeleitet. Grundsätzlich ist hierbei zwischen Inhalten zu unterscheiden, die im Sinne der Zielsetzung Marketingrelevanz besitzen, und sogenannten Zusatzkomponenten, die den Nutzen eines Auftrittes steigern und die Nutzer an das Angebot binden. Zur Festlegung der Inhalte ist eine Primäranalyse hilfreich, anhand der bestimmt werden kann, welche Inhalte von bestimmten Online-Zielgruppen gefordert werden.

Darauf aufbauend wird die hierarchische *Struktur* der Inhalte entworfen. Wichtige Aspekte sind hierbei (vgl. Fantapié Altobelli 1997, S. 10):
- die Möglichkeit des Dialogs zwischen Nutzer und Unternehmen,
- ein übersichtlicher hierarchischer Aufbau des Angebots mit ausreichenden Links zu verwandten Sachverhalten,
- eine graphisch ansprechende Homepage und
- gute Navigationsmöglichkeiten durch den Auftritt.

Die oberste hierarchische Ebene (Homepage) sollte einen Überblick über die Inhalte des gesamten Auftritts vermitteln. Auf der zweiten Stufe befinden sich detaillierte Übersichten thematisch zusammengefaßter Inhalte, die auf hierarchisch tiefer liegenden Ebenen genauer spezifiziert werden. An dieser Stelle ist auch die Frage der Navigation innerhalb des Auftrittes zu klären. Einzelne Teile des Angebots können durch Hyperlinks miteinander verknüpft werden.

4.2 Realisierung des Internet-Auftritts

Die Realisierung des Internet-Auftritts umfaßt die Phasen Produktion, Integration, Pretest und Einführung (vgl. Fantapié Altobelli 2000 und Resch 1996, S. 181 ff.) Die *Produktion* beinhaltet die Auswahl der zu verwendenden Materialien wie auch die Produktion neuer Contents (z. B. Audio-, Bild- und Filmmaterialien). In der sich anschließenden *Integrationsphase* werden insb. kontinuierliche Medienmaterialien gemischt und geschnitten und alle medialen Elemente in ein Gesamtsystem integriert. Zur Qualitätssicherung sollte der Online-Auftritt nach der Fertigstellung *getestet* werden (vgl. Hoffmann 1998, S. 83). Noch in der Laborumgebung können Links innerhalb des Auftrittes und die Integration von Graphikelementen getestet werden. Durch die Verwendung von verschiedenen Browsertypen können unterschiedliche Darstellungsweisen der Web-Site aufgedeckt werden. In einem User-Pre-Test können autorisierte Nutzer durch das Angebot surfen und den Auftritt kritisch beurteilen. Hierdurch können das Risiko von Fehlern sowie Unklarheiten in der Navigation und bei den Inhalten des Web-Angebots minimiert werden. In der *Einführungsphase* erfolgt schließlich die Installation, d. h. die Plazierung der Dateien im Internet.

4.3 Integration des Internet-Marketing

Entscheidend für einen widerspruchsfreien kommunikativen Gesamtauftritt i.S. der Corporate Identity eines Unternehmens ist die Integration des Internet-Marketing in den gesamten Kommunikationsmix des Unternehmens, d. h. Internet-Marketing darf niemals als separates Konzept betrachtet, sondern muß in jedem Fall im Gesamtkontext des allgemeinen Kommunikationskonzepts und der Corporate Identity des Unternehmens gesehen werden (vgl. Heise 1996, S. 217). Integrierte Kommunikation beinhaltet die Abstimmung aller kommunikationspolitischen Maßnahmen. Dies gilt sowohl für die klassische als auch die Online-Marketingkommunikation. Ziel ist die Realisierung von Synergieeffekten zwischen den einzelnen Elementen der Marketing-Kommunikation sowie von Rationalisierungseffekten beim Mitteleinsatz. Integration bedeutet dabei keinesfalls, daß die kommunikativen Elemente in identischer Weise einzusetzen sind, sondern lediglich, daß sie untereinander vernetzt und abgestimmt werden, um ein konsistentes kommunikatives Konzept zu bilden (vgl. Hermanns/Püttmann 1993, S. 22). Somit sind Internet-Marktingmaßnahmen nach inhaltlichen, formalen und zeitlichen Aspekten sowohl untereinander als auch mit den übrigen Maßnahmen der Marketing-Kommunikation zu integrieren (vgl. ausführlich Fantapié Altobelli 1996, S. 338 ff., Bruhn 1997, S. 93 ff.).

Inhaltliche Integration beinhaltet die instrumentelle Integration i.S. des abgestimmten Einsatzes von z. B. Web-Site sowie Bannerwerbung und dem übrigen kommunikationspolitischen Instrumentarium (u. a. durch Integration der inhaltlichen Gestaltungsansätze), die Partnerintegration (Rezipienten, Mitarbeiter, Lieferanten und Handel) durch Interaktivität und Dialog, die Integration von Werbeobjekten (Produkte, Dienstleistungen und das Unternehmen als Ganzes) im Rahmen einer zweckmäßig strukturierten Web-Site wie auch die Integration internationaler Maßnahmen, z. B. über eine Sprachwahloption auf der Homepage oder das Veröffentlichen länderspezifischer Informationen. *Formale Integration* beinhaltet den abgestimmten Einsatz von Firmen- bzw. Markenlogos, Slogans, Schrifttyp und Farbgebung sowohl im Internet als auch im übrigen kommunikationspolitischen Instrumentarium, um Verwirrungen beim Rezipienten zu vermeiden. Schließlich ist im Hinblick auf eine *zeitliche Integration* darauf zu achten, daß die ständige Aktualisierbarkeit von Inhalten im Internet nicht dazu verleitet, im Internet Botschaften zu vermitteln, welche (noch) nicht in den übrigen kommunikationspolitischen Maßnahmen enthalten sind, um Kontinuität und Konsistenz des kommunikativen Gesamtauftritts nicht zu gefährden. Die im Internet zweifellos sinnvolle Innovativität und Kreativität soll von den Rezipienten als Ergänzung des übrigen Kommunikationsmix empfunden werden und nicht als Bruch, seitens der Kreativbranche ist daher ein hohes Maß an Fingerspitzengefühl erforderlich.

4.4 Bekanntmachung der Internet-Präsenz

Entscheidend für die Nutzung der entwickelten Online-Angebote ist deren Bekanntmachung. Prinzipiell wird hierbei zwischen der Online-Bekanntmachung und der Bekanntmachung über klassische Medien unterschieden. Bei der Online-Bekanntmachung stehen folgende Maßnahmen zur Verfügung (vgl. Roll 1996, S. 141 ff., Werner/Stephan 1997, S. 113 ff.):
- Eintragung in Navigationshilfen wie Webkataloge und Suchmaschinen,
- Online-Werbung (Banners und Buttons),
- gegenseitige Vernetzung der Angebote (Cross-Links) und
- Versenden von E-Mails an potentielle Nutzer.

Die Eintragung in *Navigationshilfen* gewährleistet, daß bei Anfragen eines Nutzers zu einer bestimmten Thematik die Web-Präsenz des eigenen Unternehmens aufgelistet wird. Über Navigationshilfen gelangen zwar nur solche Nutzer zur eigenen Web-Site, die aktiv nach Informationen suchen, andererseits handelt es sich um hoch involvierte Nutzer, so daß eine hohe Kontaktqualität erreicht wird. Mittels *Online-Werbung* (vgl. Abschn. 3.2) können hingegen auch solche Nutzer an die eigene Site herangeführt werden, welche nur zufällig mit einem Werbebanner Kontakt haben. Bei *Cross-Links* verweist der Betreiber auf die Site eines anderen Anbieters und erhält im Gegenzug dort einen Link auf das eigene Angebot. Hat ein Anbieter *E-Mail*-Adressen gesammelt, z. B. mittels elektronischer Gästebücher, kann er die betreffenden Nutzer über Aktualisierungen oder Relaunches seiner Web-Site informieren.

Im Rahmen der Bekanntmachung des World Wide Web-Auftritts über klassische Medien kann z. B. in Kino-, Fernseh-, Hörfunkspots und Printanzeigen auf den Internet-Auftritt hingewiesen werden. Zusammen mit der Online-Werbung besitzt diese Vermarktungsform im Publikumsbereich den größten Einfluß auf die Nutzung.

4.5 Kontrolle des Internet-Marketing

Die Kontrolle des Internet-Marketing knüpft an den Zielsetzungen, die ein Unternehmen im Rahmen seiner Online-Aktivitäten verfolgt, an, dementsprechend lassen sich Reichweiten, psychologische Größen wie Aufmerksamkeit und Erinnerung wie auch ökonomische Variablen wie Umsätze als Kontrollgrößen heranziehen.

4.5.1 Reichweitenkontrolle

Erste Anhaltspunkte zur Messung des Erfolgs eines Online-Auftritts liefert die Auswertung der Nutzungsprotokolle im Rahmen eines sog. Webtracking (vgl. Hoffmann 1998,

S. 87 ff.): Jeder World Wide Web-Server protokolliert in einem sogenannten Logfile alle Nutzungsvorgänge. Jeder Eintrag des Logfiles enthält die IP-Adresse des anfragenden Rechners, das Datum und die Uhrzeit des Zugriffs, den Namen und das Dateiformat der abgerufenen Objekte sowie die übertragene Datenmenge. Die Zahl der Zugriffe ist allerdings zur Leistungsbeurteilung nur bedingt geeignet, da sich eine Bildschirmseite im Web-Format neben einem Textkörper auch aus Multimedia-Elementen (z. B. Graphiken) zusammensetzen kann, die beim Abruf der Seite ebenso als je ein Zugriff registriert werden. Aus den Einträgen des Logfiles kann somit nicht exakt ermittelt werden, wie oft der Internet-Auftritt eines Unternehmens letztendlich abgerufen wurde.

Aufgrund der bedingten Eignung von Logfiles zur Reichweitenmessung haben sich die großen deutschen Verbände, VDZ (Verband deutscher Zeitungsverleger), BDZV (Bundesverband Deutscher Zeitungsverleger), VPRT (Verband Privater Rundfunk und Telekommunikation) und DMMV (Deutscher Multimediaverband) mittlerweile auf einheitliche Reichweiten-Kennziffern geeinigt, die die Leistung einzelner World Wide Web-Angebote vergleichbar machen sollen (vgl. Kleindl/Theobald 1999, S. 256):

- Als *PageImpressions* oder *PageViews* wird die Zahl der technisch einwandfreien und vollständigen Zugriffe auf eine (potentiell werbeführenden) World Wide Web-Seite verstanden. Diese Kennziffer repräsentiert die Bruttoreichweite einer Internet-Seite.
- Unter einem *Visit* werden aufeinanderfolgende Seitenabrufe eines Nutzers bzw. Hosts verstanden. Ein Visit gilt als beendet, wenn zehn Minuten lang keine weitere Datei nachgeladen wird. Die Gesamtzahl der Visits für einen bestimmten Betrachtungszeitraum kann als Bruttoreichweite des Online-Angebots als Ganzes – i.S. einer Werbeträgerreichweite – interpretiert werden.
- *Clickstreams* beinhaltet die Aufzeichnung der Abfolge der Seitenabrufe durch den Nutzer, auf dieser Weise kann der „Weg" eines Nutzers im Internet verfolgt werden.
- *AdImpressions* bezeichnet die Zahl der Kontakte mit einem Werbebanner und ist als Werbemittelreichweite zu interpretieren. Diese erst im Oktober 1998 eingeführte Abrechnungsgröße wurde durch den immer stärkeren Einsatz rotierender Banners notwendig, die durch die Einheit PageImpressions nur unzureichend erfaßt werden konnten (vgl. ZAW 1999, S. 279). Voraussetzung für die Messung ist entweder das Vorhandensein eines Zählmechanismus (z. B. im selben Frame eines Angebots), oder die Plazierung des Banners an einer nicht übersehbaren Stelle einer Internet-Seite.
- *Adviewtime* bezeichnet die Zeitspanne, in der ein Nutzer in der bannerführenden Seite verweilt.
- Unter *AdClicks* wird die Zahl der Mausclicks auf ein Banner verstanden, AdClicks stellen eine Maßzahl für den Response-Erfolg eines Banners dar.
- Die *AdClick-Rate* bezeichnet schließlich das Verhältnis aus AdClicks und Page- bzw. AdImpressions und gilt als Maßstab für die Qualität eines Banners. Typische AdClick-Raten liegen zwischen 0,5 % und 4 %.

4.5.2 Psychologische Erfolgskontrolle

Während die Reichweitenmessung im World Wide Web vergleichsweise unproblematisch ist, ist die Ermittlung psychologischer Zielwirkungen des Internet-Marketing i.d.R. nur auf der Grundlage empirischer Erhebungen möglich. Verschiedene Studien befassen sich mit der Werbewirkung im Internet (u. a. HotWired Network 1996, Internet Advertising Bureau 1997, Stern/Gruner & Jahr 1998, Gruner & Jahr EMS 1998, Hermanns/Wißmeier/Sauter 1998); bedingt durch unterschiedliche Untersuchungsdesigns und Zielsetzungen der Studien sind die Ergebnisse jedoch teilweise widersprüchlich, zudem ist die Repräsentativität der meisten Studien in Frage zu stellen.

Als Kriterium für die *Aktivierung* der Nutzer können AdClicks herangezogen werden, die AdClick-Rate kann hingegen als Indikator für das *Interesse* eines Web-Angebots aufgefaßt werden (vgl. Abschn. 4.5.1). Aus der Studie von Stern/Gruner & Jahr (1998) geht hervor, daß animierte Banner bis zu 25 % höhere AdClick-Raten aufweisen als statische.

Im Hinblick auf die *Erinnerung* an Werbebanner wurde in mehreren Studien gezeigt, daß die Mehrheit der Testpersonen Werbebanner grundsätzlich erinnert (vgl. Gruner & Jahr EMS 1998, Hermanns/Wißmeier/Sauter 1998), dies gilt allerdings nicht für Details der Gestaltung (vgl. Hermanns/Wißmeier/Sauter 1998, S. 195). Mit zunehmender Anzeigengröße steigen dabei Beachtung und Erinnerung (vgl. Stern/Gruner & Jahr 1998, S. 75).

Durch Bannerwerbung kann das *Image* des Unternehmens verbessert werden, dies gilt insbesondere für die Imagedimensionen „kundenfreundlich", „innovativ", „kreativ" und „sympathisch". Die von Hermanns/Wißmeier/Sauter (1998) festgestellte Imageverbesserung fiel jedoch deutlich schwächer aus als bei Stern/Gruner & Jahr (1998).

Die Studien von HotWired Network (1996) und und Internet Advertising Bureau (1997) weisen eine positive Veränderung der *Handlungsbereitschaft* bereits nach einmaligem Bannerkontakt nach, dies konnte in der Studie von Hermanns/Wißmeier/Sauter 1998 allerdings nicht bestätigt werden.

4.5.3 Ökonomische Erfolgskontrolle

Eine unmittelbare ökonomische Erfolgskontrolle läßt sich bei E-Commerce-Angeboten anhand der Zahl der Bestellungen durchführen. Die Wirkungen von Information Sites und Internet-Werbung auf Absatz oder Umsatz des werbenden Unternehmens lassen sich hingegen aufgrund der mangelnden Zurechenbarkeit nur bedingt feststellen (vgl. Krick/Wehrli 1998, S. 205 f.). Ansatzpunkte zur ökonomischen Wirkungsmessung können anhand empirischer Erhebungen gewonnen werden. Beispielsweise konnte festgestellt werden, daß die große Mehrheit der Internet-Nutzer Web-Angebote der Hersteller als Informationsquelle für den Kauf technischer Produkte heranzieht (vgl. Fantapié Altobelli/Grosskopf 1998, S. 89 ff.), insofern lassen sich die anschließend getätigten Käufe – unabhängig von der tatsächlichen Einkaufsstätte – auf Internet-Marketing zurückführen. Spezifische Untersuchungen zur ökonomischen Wirkung von Marketing-Maßnahmen im Internet fehlen jedoch bislang.

5. Organisatorische Implikationen

Für die Planung und Realisierung des Internet-Marketing spielen organisatorische und personelle Aspekte eine zentrale Rolle, entscheidende Faktoren sind betriebliche Zuständigkeit, fachliche Kompetenz und verfügbare Zeit für Online-Aktivitäten (vgl. Heise 1996, S. 218). Betroffen sind dabei zahlreiche Bereiche des Unternehmens, insb. Marktforschung, Vertrieb, Marketing, Werbung, PR, Datenverarbeitung und Rechtsabteilung, für die Internet-Aktivitäten des Unternehmens sollte daher ein Internet-Projektteam als zentrale und koordinierende Stelle eingerichtet werden, welche nicht nur die Erstellung und Pflege des Internet-Auftritts zur Aufgabe hat, sondern auch dessen Integration in das globale Kommunikationskonzept überwacht und steuert. Von entscheidender Bedeutung ist hierbei eine interdisziplinäre Zusammensetzung des Internet-Projektteams mit Mitarbeitern aus möglichst allen betroffenen Unternehmensbereichen.

In der Aufbauphase hat das Internet-Projektteam die Aufgabe, das Rahmenkonzept für den Internet-Auftritt zu entwerfen und an eine Online-Agentur zur konkreten Umsetzung weiterzuleiten. Entscheidend ist dabei, daß das Online-Marketingkonzept und das klassische Marketing aufeinander abgestimmt werden, zu diesem Zweck hat das Team die Aktivitäten der Online-Agentur und der Kommunikationsagentur, welche mit dem übrigen Kommunikationsmix betraut ist, zu koordinieren. Nach dem abgeschlossenen Aufbau hat das Internet-Projektteam für die Pflege des Auftritts zu sorgen, d. h. die erforderliche Überarbeitung, Aktualisierung und Erfolgskontrolle zu gewährleisten. Hierzu sind die Informationsangebote aller betroffenen Unternehmensbereiche zu sammeln, aufzubereiten und zu koordinieren (vgl. Fantapié Altobelli 1996, S. 341). Zwar ist Internet-Marketing volumenmäßig noch eher unbedeutend, ein professionell gestalteter und laufend gepflegter Auftritt kann jedoch durchaus Präferenzen schaffen und zur Kundenbindung beitragen.

6. Literatur

Axel Springer Verlag (1999): Mediapilot, http://www.mediapilot.de/navigation/mediapilot.html, 29.11.1999.

Bauer, H. H./Grether, M./Leach, M. (1998): Kundenbeziehungen über Internet, in: der markt, 37. Jg., Nr. 3/4, S. 119-128.

Bruhn, M. (1997): Multimedia-Kommunikation: systematische Planung und Umsetzung eines interaktiven Marketinginstruments, München.

Fantapié Altobelli, C. (1996): Internet und integrierte Marktkommunikation, in: Zeitschrift Führung + Organisation, 65. Jg., Nr. 6, S. 338–342.

Fantapié Altobelli, C. (1997): Online Marketing im deutschsprachigen Raum, in: Thexis, 14. Jg., Nr. 1, S. 5–11.

Fantapié Altobelli, C. (2000): Sachgebiet „Multimedia", in: Bruhn, M./Homburg, C. (Hrsg.): Gablers Marketinglexikon, Wiesbaden (im Druck).

Fantapié Altobelli, C./Fittkau, S. (1997): Formen und Erfolgsfaktoren der Online-Distribution, in: Trommsdorff, V. (Hrsg.): Handelsforschung 1997/98, S. 397–416.

Fantapié Altobelli, C./Grosskopf, A.-K. (1998): Online-Distribution im Consumer- und Business-to-Business-Bereich, in: der markt, 37. Jg., Nr. 3/4, S. 146-160.

Fantapié Altobelli, C./Hoffmann, S. (1996): Werbung im Internet. Studie im Auftrag der MGM MediaGruppe München, Unterföhring.

Fantapié Altobelli, C./Hoffmann, S. (1997): Die optimale Online-Werbung für jede Branche. Studie im Auftrag der MGM MediaGruppe München und des Spiegel Verlag, Unterföhring/Hamburg.

Fritz, W. (Hrsg.) (1999): Internet-Marketing, Stuttgart.

Gesellschaft für Konsumforschung (GfK) (1999): Online-Monitor, 4. Untersuchungswelle, Stand: Frühjahr 1999, Nürnberg.

Grabner-Kräuter, S. (1998): Der Konsument im Internet, in: der markt, 37. Jg., Nr. 3/4, S. 171-186.

Groth, A. (1999): Online-Advertising. Werbeformen im Internet, in: transfer – Werbeforschung & Praxis, Nr. 1, S. 32-35.

Gruner & Jahr EMS (1998): Media-Transfer-Banner-Studie, Hamburg.

Gruner & Jahr (1999): http://co.guj.de/online, 29.11.1999.

Heise, G. (1996): Integration von Online-Diensten in das Marketing, in: Hünerberg, R./Heise, G./Mann, A. (Hrsg.): Handbuch Online-Marketing, Landsberg a. L.

Hermanns, A./Püttmann, M. (1993): Integrierte Marketing-Kommunikation, in: Hermanns, A. (Hrsg.): Handbuch Marketing-Kommunikation, Wiesbaden, S. 19-42.

Hermanns, A./Wißmeier, U. K./Sauter, M. (1998): Wirkung von Werbung im Internet – Grundlagen, Forschungsübersicht und ausgewählte Ergebnisse einer empirischen Untersuchung, in: der markt, 37. Jg., Nr. 3/4, S. 187-197.

Hoffmann, S. (1998): Optimales Online-Marketing, Wiesbaden.

HotWired Network (Hrsg.) (1996): The HotWired Advertising Effectiveness Study: Findings, Implications and Conclusions, San Francisco.

Hünerberg, R./Mann, A. (1999): Online-Service, in: Bliemel, F./Fassott, G./Theobald, A. (Hrsg.): Electronic Commerce, Wiesbaden, S. 279-297.

Internet Advertising Bureau/IAB (Hrsg.) (1997): IAB Online Advertising Effectiveness Study: a Joint Research Effort of Internet Advertising Bureau and Milward Brown Interactive, San Francisco.

Internet Software Consortium (1999): Number of Internet Hosts, http://www.isc.org/dsview.cgi?domainsurvey/host-count-history, 18.10.1999.

Kleindl, M./Theobald, A. (1999): Werbung im Internet, in: Bliemel, F./Fassott, G./Theobald, A. (Hrsg.): Electronic Commerce, Wiesbaden, S. 247-275.

Krick, M./Wehrli, H. P. (1998): Werbung und Werbeforschung im World Wide Web, in: der markt, 37. Jg., Nr. 3/4, S. 200-214.

Loewenheim, U./Koch, F. A. (1998): Praxis des Online-Rechts, Weinheim.

Markert, A. (1998): Online-Shops für jedes Budget, in: Direkt Marketing, 34. Jg., Nr. 7, S. 12-18.

NUA Internet Surveys (1999): How many online, http://www.nua.ie/surveys/how_many_online/index.html, 18.10.1999.

o. V. (1999a): Deutschland Schlußlicht beim elektronischen Handel, in: Client Server Computing, Nr. 12, S. 12-15.

o. V. (1999b): Sicherheit im Internet-Zeitalter stark gefragt, in: Client Server Computing, Nr. 12, S. 26-30.

Reineke, B. (1996): Virtuelle Messen, Roland Berger & Partner, München.

Resch, J. (1996): Marktplatz Internet: Das Internet als strategisches Instrument für Marketing und Werbung, Unterschleißheim.

Ripe Network Coordination Centre (1999): RIPE Region Hostcount, ftp://ftp.ripe.net/ripe/hostcount/History/OVERVIEW, 18.10.1999.

Roll, O. (1996): Marketing im Internet, München.

Silberer, G. (1997): Interaktive Werbung auf dem Weg ins digitale Zeitalter, in: Silberer, G. (Hrsg.): Interaktive Werbung: Marketingkommunikation auf dem Weg ins digitale Zeitalter, Stuttgart, S. 3-20.

Stern/Gruner & Jahr (1998): Die Stern Bibliothek: Wie wirkt Werbung im Web?, Blickverhalten, Gedächtnisleistung und Imageveränderung beim Kontakt mit Internet-Anzeigen, Hamburg.

W3B Fittkau&Maaß (1999): 1. W3B-Umfrage, http://www.w3b.de/ergebnisse/w3b1/demographie.html, http://www.w3b.de/ergebnisse/w3b1/demographie2.html, 8. W3B-Umfrage, http://www.w3b.de/ergebnisse/w3b8/demographie.html, http://www.w3b.de/ergebnisse/w3b8/demographie2.html, 29.11.1999.

Werner, A./Stephan, R. (1997): Marketing Instrument Internet, Heidelberg.

Zentralausschuß der Werbewirtschaft (ZAW) (1999): Werbung in Deutschland 1999, Bonn.

Günter Silberer

Marketing mit interaktiven Medien

1. Einleitung
2. Die interaktiven Medien im Überblick
3. Die konkreten Einsatzfelder im Marketing
    3.1 Neue Medien in der Marktforschung
    3.2 Neue Medien in der Produktentwicklung
    3.3 Neue Medien in der Produktgestaltung
    3.4 Neue Medien in der Produktpräsentation
    3.5 Werbung in den neuen Medien
    3.6 Neue Medien als Verkaufskanäle
    3.7 Produktauslieferung und Lieferservice mit neuen Medien
    3.8 Neue Medien im Nachkaufservice
    3.9 Multimediale Marketingdokumentation
4. Zur Integration alter und neuer Medien
5. Literatur

1. Einleitung

Im Informationszeitalter spielt die Digitalisierung von Informations- und Kommunikationssystemen eine zentrale Rolle. Diese Digitalisierung steht nicht nur für die Nutzung der digitalen Sprache, sondern für die den EDV-Einsatz allenthalben und damit für die Verbreitung der Computer im beruflichen Bereich ebenso wie im privaten. Die Computerisierung unserer Welt hat vor der Medienlandschaft nicht Halt gemacht. Die rechnervermittelte Kommunikation ist heute in aller Munde, was vor allem die häufig verwendeten Stichworte „Internet" und „World Wide Web" belegen. Die neuen Medien bieten auch in diesem Bereich enorme Vorteile, weil sich mit ihnen vieles besser, schneller und kostengünstiger realisieren läßt. Sie bergen aber auch Risiken für all jene, die diese Möglichkeiten verkennen und zu spät oder falsch reagieren.

Wofür stehen nun die neuen, digitalen Medien? Es handelt sich um Medien, die eine rechnervermittelte Mensch-Datenbank-Interaktion und ein rechnervermittelte Mensch-zu-Mensch-Kommunikation gestatten. War die Mensch-zu-Mensch-Kommunikation schon immer interaktiv, d. h. eine Kette wahlfreier und aufeinander bezogener Reaktionen beider Seiten, so gilt dies in gewisser Hinsicht heute auch für den Informationabruf mit Hilfe der neuen Medien. Auch hier wird wahlfrei zugegriffen und auf beiden Seiten auf das reagiert, was der andere tut bzw. unterläßt.

Kompressions- und Dekompressionsalgorithmen, Leistungsexplosionen und Preissenkungen in der Informationsverarbeitung und -speicherung, die zunehmende Bandbreite in den Datenleitungen und Software-Entwicklungen zugunsten einer plattformübergreifenden Rechnerkopplung (Internet) fördern nicht nur den allseitigen Einsatz der interaktiven Medien, sondern ermöglichen zugleich die Multimediafähigkeit der stationär oder im Netz eingesetzten Rechner. Damit ist die Audiovisionsfähigkeit der Rechner angesprochen, die es erlaubt, den klassischen Rechner als Plattform für das Fernsehen einzusetzen und das klassische Fernsehgerät als Multimediarechner auszulegen.

Wenn es nun darum geht, den Einsatz der neuen, interaktiven Medien im Marketing aufzuzeigen, so bedarf es dabei nicht nur einer differenzierten Betrachtung dieser neuen Kommunikations- und Informationskanäle, sondern auch einer näheren Betrachtung dessen, was unter Marketing zu verstehen und dort zu bewerkstelligen ist (Silberer 1995, 1997). Dem modernen Marketingverständnis folgend steht das Marketing nicht für Werbung und Promotion alleine, obwohl diese enge Verständnis in der Praxis nach wie vor dominiert, sondern auch für die marktorientierte Sortiments-, Produkt- und Distributionspolitik, für die gesamte Kommunikation auf Märkten und in der Öffentlichkeit, schließlich auch für die marktorientierte Preis- und Konditionenpolitik. Genau betrachtet bedeutet Marketing die konsequente Kunden- und Konkurrenzorientierung im marktbezogenen Handeln zielorientierter Unternehmen. Und bei dieser anspruchsvollen Arbeit spielen die neuen, interaktiven Medien eine zunehmend wichtige Rolle (s. hierzu die

Studie zur Akzeptanz der Neuen Medien im Marketing von Unternehmen von Rengelshausen 2000 und im Marketing von Universitäten von Nolte 1998).

2. Die interaktiven Medien im Überblick

Die neuen, interaktiven Medien lassen sich in mehrere Untergruppen unterteilen. Hinsichtlich der Nutzerplattform unterscheiden wir zwischen Desktoprechner, Sideboardgerät, portablen Rechnern und stationären Kioskterminals. All diese Systeme sind nach wie vor in einer rasanten Entwicklung begriffen. Dabei entwickeln sich die einzelnen Teilbereiche recht unterschiedlich. Kennzeichnend ist derzeit nicht nur der Trend zur Vernetzung der einzelnen Nutzerplattformen, sondern auch die zunehmnde Realisierung der Multimedialität, worunter im Grunde das Ansprechen mehrerer Sinne und dabei vor allem die Audiovisualität verstanden wird (Silberer 1995).

(1) Desktop-Systeme – die modernen Rechner auf den Schreibtischen

Der Desktop-PC als Schreibtischgerät im Dienste der Information und der Kommunikation steht im Vordergrund der derzeitigen Diskussionen und Publikationen. Der multimediafähige Tischrechner eignet sich zur Offline-Nutzung von Kompaktscheiben, z. B. von CD-ROM's und DVD-Anwendungen, und im Falle eines Netzanschlusses auch zur Online-Nutzung. Zu den Online-Applikationen zählen vor allem der Anschluß an das Internet, an ein Intranet oder an ein Extranet. Bei der Nutzung der vernetzen EDV ist aber auch an die rechnerbasierte Bildtelefonie und an das Desktop-Videoconferencing zu denken.

(2) Sideboard-Systeme – das multimediale Massenmedium der Zukunft

Das interaktive Massenmedium der Zukunft und die "braune Ware" im Bereich der elektronischen Medien ist der digitale, interaktive Fernseher. Dabei handelt es sich um ein Gerät mit der Funktionalität eines vernetzten Multimediarechners, das auch künftig "Fernseher" genannt werden wird und bevorzugt im Wohnzimmer aufgestellt sein dürfte. Mit dem Ausdruck "Sideboard-System" wird dem Umstand Rechnung getragen, daß der neue Fernseher auf einen anderen Untersatz stehen wird als der klassische Tischrechner und daß er per Fernbedienung - quasi von der Couch aus - steuerbar sein muß, nicht nur ganz individuell von einzelnen Personen, sondern auch von mehreren Nutzern gleichzeitig. Dieser typischen Nutzungssituation haben die Bedienungssysteme und die Inhalte Rechnung zu tragen, beim Bezahl-Fernsehen (Pay-TV) auch die Inkasso-Systeme (Heinemann 1998).

Auch wenn beim interaktiven Fernsehen der Zukunft vor allem an den Online-Betrieb gedacht ist, sollte nicht vergessen werden, daß sich die Spielfilme auch offline, z. B. von der DVD „ablesen" lassen. Auf dem Weg über das Wohnzimmer werden die neuen Medien in der noch etwas fernen Zukunft auch im privaten Sektor einen recht hohen Verbreitungsgrad erreichen. Ob die individuelle Nutzung der zum Teil sicherlich individualisierten Inhalte im interaktiven Fernsehen der Zukunft dann immer noch die Bezeichnung "Massenmedium" erlaubt, sei hier einmal dahingestellt.

(3) Portable Systeme – Multimedia im Koffer oder in der Westentasche

Die Miniaturisierung der Rechner hat inzwischen dazu geführt, daß Multimedia selbst in Laptops und Handhelds Einzug gehalten hat. Mini-Bildschirme mit den Ausmaßen einer Kreditkarte und Prozessoren, die sich in einem Siegelring oder in einer Armbanduhr unterbringen lassen, sind keine Zukunftsmusik mehr, sondern Wirklichkeit. Portable Systeme, wie sie z. B. im Außendienst zum Einsatz kommen, lassen sich in der Peripherie zum Multimediakoffer mit Portable, Handy und Drukker ausbauen (Silberer & Kretschmar 1999). Privaten und beruflichen Zwecken werden künftig auch audiovisionsfähige Handies dienen, nicht nur dem Abruf von Börsenkursen und Kontoständen, dem „Mobile Banking", sondern auch der portablen Bildtelefonie sowie dem Just-inTime-Zugriff auf z. T. audiovisuell ausgelegte Ratgeber, Lexika und Reiseführer, die im Internet bereit gehalten werden.

Wenn der Mobilfunk und das Internet bislang noch recht getrennte Welten waren, so wird sich dies künftig gründlich ändern. Mobilfunktelefone mit größeren Displays sind bereits auf dem Markt, und nahezu alle Handyhersteller haben sich inzwischen auf das Wireless Application Protocoll (WAP) geeinigt, auf einen Web-Browser für Mobilfunkgeräte und auf eine Programmiersprache, die mit der Internetsoftware HTML eng verwandt ist.

(4) Kioskterminals – der stationäre Multimediaeinsatz

Eine Sonderform des Einsatzes neuer, elektronischer Medien ist das stationäre Kioskterminal, wie es als Dauerinstallation z. B. im Handel (Silberer & Hannecke 1999), in der Bürgerinformation und beim Ticketverkauf auf Flughäfen und als zeitlich begrenzte Anwendung auf Ausstellungen und Messen zum Einsatz kommt. Der stationäre, z. T. öffentliche Einsatz dieses Mediums gebietet und erlaubt es, Passanten und damit auch Menschen anzusprechen, die mit einem PC nicht sonderlich vertraut sind. Deshalb kommen bei den Terminalanwendungen die Touchscreens ebenso häufig zum Einsatz wie die einfache, großflächige Darstellung von Inhalten und das Offerieren von simplen oberflächenspezifischen Steuerungsmöglichkeiten.

Künftige Kioskterminals werden nicht nur stärker an öffentliche und proprietäre Netze angeschlossen sein, sondern auch neue Formen der Nutzerführung wie z. B. die automatisierte Gestenerkennung und neue Formen der Inhaltepräsentation wie z. B. Soundduschen und Duftpumpen aufweisen. Mit derartigen Neuerungen können sie dann verstärkt auf sich aufmerksam machen. Kommen die Kioskterminals auf öffentlichen Plätzen zum Einsatz, wird es auch künftig notwendig sein, das Gehäuse und die Ein- sowie Ausgabemedien vandalismussicher zu gestalten. Dazu werden in Zukunft auch funkbasierte Eingabe- und Ausgabetechniken zählen, die nicht nur die

Eingabe persönlicher Daten und das Herunterladen von Informationen, sondern auch den Transfer elektronischer Zahlungsmittel in beiden Richtungen erlauben. Das Kioskterminal als moderner Informations- und Kommunikationsknoten und damit als Nachfolger der klassischen Telefonzelle, des klassischen Geldautomaten und des heutigen Kontostand-Ausdruckers ist daher schon in Sicht.

3. Die konkreten Einsatzfelder im Marketing

3.1 Neue Medien in der Marktforschung

Die Rechnerintelligenz der neuen Medien kommt zunächst der Marktforschung und damit dem Erkennen von Marktchancen zugute (Silberer 1995 S. 10-12, Zou 1999). Dabei ist vor allem an die Auswertung der Logfiles, der automatischen Maschinenkontrolle, zu denken. Mit den Logfils liegen leicht erhobene Daten zum Verhalten der Medienutzer vor, auch wenn diese nur unter ganz bestimmten Bedingungen als Individuen identifiziert werden können. Diese aus den Logfiles herausgelesenen Daten liefern Aufschluß über die erfragten bzw. abgerufenen Inhalte, die Betrachtungsdauer und die Abrufsequenzen und somit auch Hinweise auf Interessen der Nutzer. Allerdings muß zu dieser digitalen Marktforschung die klassische, ggf. rechnerintegrierte Befragung hinzukommen, wenn die konkrete Nutzermotivation valide erfaßt werden soll.

Rechnerintelligenz im Dienste der klassischen Befragung nutzen bedeutet, das Medium zum lernenden Interviewer zu machen, der sich die Antworten merken und die Auswahl der folgenden Fragen entsprechend ausrichten kann. Dabei lassen sich nicht nur Filterfragen und Verzweigungen im Fragenablauf vorprogrammieren, sondern auch der Wortlaut von Fragen, der Einschub von Kontroll- und Motivationsfragen oder das Darbieten von materiellen und immateriellen Anreizen. Letztlich kann es dem Medium bzw. dem Rechner überlassen werden, wann wem welche Anreize dargeboten sollen und wann die Befragung abgebrochen werden kann. Auch die Beendigung einer Umfrageaktion kann dem Rechner überlassen bleiben, in dem er – z. B. aus inferenzstatistischen Überlegungen heraus - selbst bestimmt, wann die erforderliche Anzahl von Antwortpersonen erreicht ist.

Die Multimedialität eröffnet der interaktiven Marktforschung weitere Möglichkeiten. Man denke hier vor allem an Präferenz- und Einstellungsmessungen, bei denen die interessierenden Sachverhalte sachgerecht, d. h. in allen wichtigen Dimensionen dargestellt werden sollen: per Bild, per Ton, per Duft, per Video oder per Animation – und dies alles auf einem einzigen Medium! Wo immer auch virtuelle Welten, z. B. Entwürfe und mögliche Gegenstände, dynamische und komplexe Sachverhalten darzustellen sind, liegt der Einsatz der neuen Medien ohnehin auf der Hand (s. Zou 1999 S. 95-120).

Selbst Reaktionsmessungen lassen sich multimedial auslegen, z. B. durch das Aufzeichnen und Auswerten von Gesten, mimischen Reaktionen, gesprochenen Worten und physischen Reaktionsmerkmalen, z. B. dem Tastendruck. Und sind auf einem neuen elektronischen Medium auch Electronic-Commerce-Anwendungen installiert, ergeben sich besonders wertvolle Möglichkeiten der Erfolgsmessung, weil der Zusammenhang zwischen dem Informationsabruf und dem Kauf- bzw. Bestellvorgang in einem Logfile festgehalten ist und somit als Prozeß unmitttelbar bestimmt und analysiert werden kann.

3.2 Neue Medien in der Produktentwicklung

Multimedial ausgelegte Informations- und Kommunikationssysteme erlauben eine recht plastische Darstellung von Produktideen und Produktentwürfen. Davon kann die Produktentwicklung beim Austausch von Ideen und Bewertungen zwischen den Produktentwicklern, den Produktverantwortlichen (Produktmanagern) und den potentiellen Produktverwendern (Abnehmern) nur profitieren. Die Entwicklung und Darstellung von neuen Produkten im dreidimensionalen Raum, von noch nicht existenten, aber doch medial präsenten Objekten, läßt sich mit dem Begriff des "Virtual Prototyping" recht gut beschreiben (Silberer 1995 S. 12 f.).

Je früher es gelingt, den potentiellen Verwender in "lebensnahe" Konzepttests einzubeziehen, desto deutlicher kann das Floprisiko reduziert werden. Man denke z. B. an die Entwicklung von Pkw-Innenräumen, die im Labor neu entwickelt, im praktischen Einsatz auf Fahrsimulatoren und mit 3-D-Präsentationen vermittelt und so schon recht früh auf Wirkungen hin überprüft werden können. Die digitalen Medien in der F & E tragen somit dazu bei, daß Produktneuheiten in einem entscheidenden Stadium, d. h. von Anfang an, einem Optimum zugeführt bzw. angenähert werden können.

Wann immer eine Optimierung von Produktkonzepten angestrebt wird, lassen sich die Gewichte einzelner Produktmerkmale per Conjoint Measurement mit neuen Medien besser bestimmen als bei der klassischen Paper-and-Pencil-Erfassung von Produktpräferenzen. Die Validität einer Conjoint Analyse steigt mit der realitätsnahen Darstellung von neuen Produkten, vor allem dann, wenn die alten Präsentationstechniken bei der Darstellung komplexer und dynamischer Objekte mehr oder weniger versagen.

Wo immer Produktentwickler, potentielle Lieferanten und potentielle Abnehmer in Entwicklungspartnerschaften zusammenarbeiten, lassen sich die neuen Medien beim multimedialen Austausch von Unterlagen, Kommentaren und Vorschlägen einsetzen (Silberer 1995 S. 13). Die Produktentwicklung läßt sich auf diesem Weg, d. h. als verteilte Entwicklung, nicht nur effektiver, sondern auch effizienter bewerkstelligen. Es sei hierbei daran erinnert, daß sich elektronische Dokumente als digitale Datenpakete ohne Kopierverluste vervielfältigen und übertragen lassen. Dies gilt auch für multimediale Dokumente, so z. B. für Untersuchungsberichte, die wichtige Testresultate nicht nur in Zahlen, sondern auch in Bildern, Geräuschen und in Abläufen zum Ausdruck bringen können.

3.3 Neue Medien in der Produktgestaltung

Aufgrund der Miniaturisierung von Rechnern und ihrer Peripherie, der Eingabetechniken und Ausgabemedien (z. B. der Bildschirme), kommen diese als integrale Produktbestandteile immer mehr in Betracht (Silberer 1995 S. 14). So werden klassische Produkte zu intelligenten Instrumenten, auch „Smart Products" genannt. Man denke hier nicht nur an den elektronischen Beifahrer im PKW, das eingebaute Informations- und Navigationssystem für Fahrer oder Beifahrer, sondern auch an Kontroll- und Steuerungssysteme in Maschinen und auch Anlagen – Fabriken, Büros und Eigenheime gleichermaßen. Während die elektronischen Beifahrer das Netz der Verkehrsinformation „anzapfen" und insofern online sind, kann auch das Fernablesen, das Fernüberwachen und das Fernsteuern von Gebäuden und Anlagen als Online-Betrieb angesehen werden.

Das neue Medium im oder am Produkt kann aber auch als Offline-Anwendung funktionieren. So wird die Straßenkarte des elektronischen Beifahrers heute noch vielfach auf einer CD-ROM in einem stets zugriffsbereiten CD-Player im Kofferraum vorgehalten. Ähnliches ist dort denkbar, wo elektronische Benutzer-, Wartungs- und Reparaturhandbücher als Ratgeber auf einer CD-ROM oder einer Festplatte abgespeichert und vom Anbieter als Zugabe mitgeliefert werden oder von vornherein in das Produkt, z. B. in eine Werkzeugmaschine, eingebaut worden sind.

3.4 Neue Medien in der Produktpräsentation

Eine zentrale Aufgabe neuer Medien im Marketing besteht häufig darin, Produkte bzw. Sortimente oder Leistungsprogramme zu präsentieren bzw. dem interessierten Publikum zu offerieren. Dabei kommen alle interaktiven Medien in Betracht – Desktop-Rechner, interaktive Fernseher, portable Rechner und Kioskterminals (Silberer 1995 S. 14-19). Während portable Systeme in der Hand des Außendienstes in der Regel moderierte Systeme darstellen und somit nicht für den Selbstbedienungsmodus ausgelegt sind, müssen die anderen Applikationen eine Selbstbedienung nicht nur erleichtern, sondern auch alles dafür tun, daß die Zielgruppe die vorgehaltene Information tatsächlich wahrnimmt bzw. abruft. Ebenso grundlegend ist der Umstand, daß der Touchscreen-Betrieb beim Kioskterminal und die Fernsteuerung beim interaktiven Fernsehen einfachere Formen der Benutzerführung praktizieren muß als jene gängigen Desktop- und portablen Medien, die über die klassische Tastatur bedient werden. Minigeräte wie z. B. Taschenrechner und Handies erfordern ebenfalls eigene Eingabetechniken, so z. B. die Eingabe per Stift oder per Spracherkennung. Künftig wird die Spracheingabe bei allen interaktiven Medien eine größere Rolle als heute spielen.

Das entscheidend Neue und Vorteilhafte an der Produktpräsentation mit neuen Medien besteht vor allem in der verfügbaren Rechnerintelligenz und in der möglichen Multimedialität. Dies bedeutet im einzelnen vor allem folgendes:

- der Nutzer kann aus den ggf. riesigen Angeboten das ihn Interessierende relativ schnell heraussuchen,

- der Nutzer kann den Umfang, die Tiefe und auch die Art der Präsentation selbst bestimmen, auch deren Dauer, ggf. auch Informationen herunterladen und anderweitig einspeisen bzw. ablegen,

- der Anbieter kann seine Leistungen multimedial präsentieren und erläutern und so die Anschaulichkeit und Verständlichkeit sichern, ggf. auch unterhaltende Elemente einbauen und somit eine Art Infotainment praktizieren,

- der Anbieter kann Konfigurations- und Kalkulationshilfen anbieten und somit dem Wunsch nach maßgeschneiderten Produkten ebenso entgegenkommen wie dem Streben nach Preistransparenz,

- der Anbieter kann Wünsche direkt erfragen oder Präferenzen aus früheren Medienkontakten „herausrechnen" (z. B. aus den Logfiles) und somit maßgeschneiderte Sortimente, individualisierte Leistungen und auch individuelle Preise offerieren; dies gilt auch für den Service als Zusatzleistung,

- und schließlich kann jede Registrierung der Mediennutzung zugleich als 2schlanke Markt- und Marketingforschung" angesehen und gestaltet werden, auch als gezielte Analyse jener Wirkungen, die von dem New Media Marketing, z. B. von der multimedialen Präsentation und den individualisierten Preisen, ausgehen.

Daß die Angebote, die Preise und die Konditionen bei Online-Medien jederzeit recht leicht aktualisiert werden können, sei abschließend als ein wichtiger Pluspunkt im elektronischen Vertrieb hervorgehoben.

3.5 Werbung in den neuen Medien

Das Instrument der Werbung hat sich von Anfang an der neuen Medien bedient und sich immer besser an deren Besonderheiten angepaßt (einen Überblick zur Werbung in interaktiven Medien findet sich bei Silberer 1997). Als neue Werbeformen sind vor allem die hochinformative Werbung (Informercials), die unterhaltende Werbung (Advertainment), der auch Werbespiele als PC- und Teamspiele zuzurechnen sind, sowie Placements herauszustellen, zu denen im erweiterten Sinne nicht nur Banner und Buttons, sondern auch Interstitials als unaufgeforderte Seiteneinblendungen gezählt werden können (Silberer 1997, 1999, 1999a, 1999b). Wenig verbreitet ist noch der interaktive Werbespot, dem vor allem im interaktiven TV eine Zukunft vorausgesagt wird. Allein die Aufzählung diverser Formen der elektronischen Werbung macht deutlich, daß sich klassische und interaktive Werbeelemente vermischen werden. Dies gilt auch insofern, als sich die Werbetreibenden mit der Passivinformation selten zufrieden geben können, sondern immer auch auf die Aktivinformationen setzen müssen, die auch den passiven Nutzer erreichen, z. B. auf Banner-Placements, Interstitials und Sponsoringhinweise (zu den Erfolgsfaktoren in der Bannerwerbung vgl. die Befunde einer breit angelegten Studie von Henn 1999; zu geschlechtsspezifischen Aspekten der Internetnutzung und der Internetwerbung s. Yom 1997).

Eine Besonderheit bei der Plazierung von Bannerwerbung stellt die *Ad-Server-Technologie* dar. Ad-Server – eine Idee findiger Werbe- bzw. Multimedia-Agenturen – verteilen die Werbebanner auf diverse Websites und versuchen dabei, per Rotation und Registrierung der Nutzerreaktionen die Wirkungen der einzelnen Banner zu steigern bzw. zu verlängern (Optimierung). Der Ad-Server übernimmt nicht nur Plazierungs-, Targeting- und Timingaufgaben, sondern liefert auch wichtige Daten für die Erfolgskontrolle, nämlich Nutzungskennziffern wie z. B. die Ad Impressions, das ist die Anzahl der erfolgreich ausgelieferten Banner, und die sog. Click-Through-Rates.

Was das einzelne elektronische Medium an neuen Werbeformen ermöglicht, gestaltet sich recht unterschiedlich. Beim Internet, das sowohl als Verteil- und Abrufmedium als auch als Telekommunikationsplattform fungiert, ist vor allem an folgende Werbeformen zu denken:

- die Website als Publicity, z. B. als Informationsservice für Kunden, Lieferanten, Mitarbeiter und Aktionäre gleichermaßen,
- die Plazierung von Banner, Buttons, Sponsoringhinweisen und Interstitials mit unterschiedlicher multimedialer Auslegung und unterschiedlicher Interaktivität, nicht nur Plazierungen auf der Website, sondern auch solche in der webbasierten Telekommunikation, so z. B. Placements in den elektronischen Briefkästen und in den weitverbreiteten Newslettern,
- und elektronische Mailings selbst, soweit diesen modernen Werbebriefen keine rechtlichen Normen und auch eine Abwehrreaktionen der Netznutzer entgegenstehen.

Beim *interaktiven Fernsehen* und bei *Kioskterminals*, die großflächige Angebote für die ferngesteuerte Contentauswahl oder andere einfache Navigationsofferten, z. B. simple Vorwärts- und Rückwärtsbuttons anbieten müssen, werden vor allem Werbeflächen und Interstitials zum Einsatz kommen. Denkbare Werbeformen sind aber auch das Programmsponsoring, das gegen ein Entgelt angebotene redaktionelle oder andere Inhalte verbilligt, der interaktive Werbespot, dessen Ablauf vom Zuschauer mitbestimmt wird, und die sog. transaktive Werbung, die aus Zeitgründen nur angeklickt und somit in ein Register aufgenommen wird, um sich später, zu einer etwas günstigeren Zeit, wieder melden zu können und dann erst in Ruhe betrachtet zu werden (Heinemann 1998 S. 133-151, Silberer 1999, 1999a).

Bei *miniaturisierten Endgeräten* wie z. B. bei Taschenrechnern, Handies und multimedialen Walkmen ist die Zeit reiner Text- und Zahlenkommunikation nun vorbei. Dies bedeutet, daß das multimediale Telekommunikationsgerät in der Hand- bzw. Westentasche oder am Gürtel künftig auch audiovisuelle Werbung ermöglicht, so z. B. das Zuspielen von Animationen, TV- und Funkspots sowie den Zugriff auf elektronische Kataloge und interaktive Werbespiele (zu den Online-Werbespielen s. Wilhelm 1996).

3.6 Neue Medien als Verkaufskanäle

Über die neuen Medien läßt sich nicht nur kommunizieren, sondern auch verkaufen. Zentrale Verkaufsfunktionen sind die Vertragsanbahnung und der Vertragsabschluß. Aufgrund von Verschlüsselungstechniken und rechtlichen Regelungen der digitalen Signatur können Verträge online abgeschlossen und besiegelt werden. Auch ohne Unterschriften kommen Verträge zustande, so z. B. über das Bestellverhalten und die Lieferungszusage des Anbieters. Verschlüsselungssysteme sorgen schließlich dafür, daß künftig auch mit digitalem Geld bezahlt werden kann und nicht nur per Kreditkarte und über andere klassische Inkassovarianten. Insofern sind heute alle zentralen Voraussetzungen für den Electronic Commerce erfüllt. Welche Erfahrungen im einzelnen dabei zu machen sein werden und wo sich Vertrauen oder Mißtrauen einstellen wird, muß die künftige Entwicklung elektronischer Geschäfte erst noch zeigen.

Auch wenn heute in Sachen Electronic Commerce vor allem an das World Wide Web gedacht wird und hier vor allem das Business-to-Business-Geschäft (Silberer 1997a), so muß im Privatbereich von einer Ausdehnung des Electronic Commerce insbesondere dann ausgegangen werden, wenn das interaktive Fernsehen an Boden gewinnt und damit alltägliche Kontakte mit Webshops an Bedeutung gewinnen (man denke hier nur einmal an die elektronischen Gebrauchtwagenbörsen, s. dazu Silberer & Meissner 1998). Daß sich dann nicht nur einzelne Hersteller und Händler mit ihren Websites um Käufer bemühen werden, sondern auch Anbieterzusammenschlüsse, sog. Web-Malls, und Vermittler, z. B. die sog. Information Broker, läßt sich heute bereits deutlich erkennen.

Als Plattformen des Electronic Commerce kommen auch Kioskterminals und portable Geräte in Frage, die sog. Smart Shops. Die besseren Zukunftschancen hat der „Mobile Commerce", vor allem das Online-Banking und alles, was mit Informationsdienstleistungen zu tun hat. Dennoch werden auch die Kioskterminals ihre Nische finden, insbesondere dann, wenn Bedarfslagen vor Ort erkannt, induziert und befriedigt werden können. Zu denken ist hierbei an das Multimediaterminal als Nachfolger der guten alten Telefonzelle, das sich vielleicht gerade deswegen rechnet, weil nicht nur Telekommunikationsumsätze getätigt werden, sondern auch Einnahmen im Electronic Commerce, mit Informationsdiensten und bei der Akquisition von Werbeaufträgen erzielt werden können.

3.7 Produktauslieferung und Lieferservice mit neuen Medien

Bei allen digitalisierten Produkten kommen die neuen Medien im Online-Modus immer auch als Auslieferungswege in Frage. Dies gilt z. B. für Softwareprodukte, für Informationsdienste und für elektronische Publikationen, zu denen auch Musik und Filme gezählt werden können. Wenn manche Branchen noch zögern, ihre Leistungen auf diesem Wege auszuliefern, so hängt dies u. a. mit der Gefahr zusammen, daß verlustfreie Kopien weitergegeben werden und so den eigenen Umsatz schmälern (Kannibalismuseffekte). Wer nun aber digitale Produkte liefert, muß sich um eine einwandfreie und ungestörte Auslieferung bemühen, insbesondere dann, wenn die Übertragungskosten zumindest teilweise vom Abnehmer zu tragen sind. Wenn ein Anbieter keine völlig ungestörte Auslieferung garantieren kann, so liegt dies daran, daß auch beim Access-Provider des Nutzers technischen Probleme auftreten können, die der Anbieter weder kontrollieren, noch beheben kann.

Werden im Electronic Commerce solche Produkte verkauft, deren Auslieferung über klassische Kanäle – z. B. per Postversand – erfolgen muß, können die elektronischen Medien immerhin einen Lieferservice übernehmen: das Tracking! Damit ist die Möglichkeit des Kunden angesprochen, sich jederzeit über den Status des Auslieferungsgeschehens (online) zu informieren. Wenn der Anbieter diesen Status ohnehin laufend dokumentiert, so bedeutet das Tracking nicht mehr und nicht weniger, als den Kunden mit entsprechend spezifizierten Rechten auf sein eigenes, betriebliches Informationssystem zugreifen zu lassen.

3.8 Neue Medien im Nachkaufservice

Mit der Produktauslieferung ist das sog. Nachkaufmarketing noch nicht zu Ende. Wer Kunden zufriedenstellen und an sich binden will, muß sich auch in der Betreuung des Kunden während der Produktverwendung bewähren (Silberer 1995 S. 22-24). Neue Medien können dabei wertvolle Dienste leisten. Drei Einsatzmöglichkeiten seien herausgegriffen:

- die elektronische Fehler- und Verschleißdiagnose: Online-Medien können helfen, auch über Distanzen hinweg Daten-, Bild- und Tonmaterial aufzunehmen und auszuwerten (Ferndiagnose).

- die elektronische Unterstützung von Reparaturarbeiten: Online-Medien lassen sich als Helfer bei der Durchführung von Reparaturarbeiten vor Ort einsetzen, nicht nur in der Ursachenbestimmung bei Störungen, sondern auch in der Lieferung von Ratschlägen und ganz konkreten Hinweisen, wie die Reparatur vorgenommen werden sollte.

- die elektronische Schadensregulierung: Sind z. B. Schadensprotokolle, Reparaturkalkulationen, Versicherungsdokumente und Gutachten zusammenzuführen und zu bearbeiten, liegt es nahe, derartige Unterlagen zu einem einzigen elektronischen Dokument zu vereinen und online allen Berechtigten zugänglich zu machen.

Auch wenn der Nachkaufservice mit neuen Medien vielfach Hilfe zur Selbsthilfe bedeutet, kann er schon allein deswegen dem Kunden dienen, weil sich Störungen auf diesem

Wege schneller erkennen sowie beheben lassen und weil Schäden im Rückgriff auf die elektronischen Medien schneller und besser reguliert werden können.

3.9 Multimediale Marketingdokumentation

Elektronische Medien erleichtern nicht nur das Marketing, sondern auch dessen Dokumentation. Pläne, Maßnahmen und Erfolge lassen sich in einem multimedial ausgelegten, elektronischen Archiv zusammenführen und vorhalten. Das papierlose Archiv kommt mit weniger Platz aus, erlaubt völlig verlustfreie Kopien, den geregelten Zugriff von überall her sowie die Möglichkeit, sämtliche Zugriffe ohne großen Aufwand zu protokollieren.

Wem dienen nun alte Marktforschungsberichte, ehemalige Marketingkonzepte, die Werbekampagnen von damals, veraltete Produktkataloge und Preislisten sowie eine Dokumentation der jeweils erzielten Markterfolge? Folgende Verwendungsmöglichkeiten und Nutzenpotentiale sind zu bedenken (vgl. Rehme 1997 S. 33-37):

- eine Marketingdokumentation liefert Informationsgrundlagen für künftige Marketingentscheidungen und dient somit der Managementinformation,
- eine Marketingdokumentation hält (Lehr-)Materialien für die eigene Aus- und Weiterbildung bereit und
- eine Marketingdokumentation sichert Materialien, die ggf. einer Wiederverwendung, z. B. einer Montage von alten Werbespots in neue Websites, zugeführt werden können.

Auch wenn vieles aus juristischen Gründen für einige Jahre aufbewahrt werden muß, so ist es doch von Vorteil, wenn ein gepflegtes elektronisches Marketingarchiv darüber hinaus als "Multimediales Informations- und Qualifikationssystem" (MIQS) seine guten Dienste leisten kann (Silberer 1995 S. 25).

4. Zur Integration alter und neuer Medien

Die Vielfalt eines möglichen Einsatzes neuer Medien, wie soeben zumindest grob skizziert wurde, darf über die Bedeutung der klassischen Medien im Marketing nicht hinwegtäuschen. Viele Menschen sind über die neuen Medien schlichtweg nicht erreichbar. Zeitungen, Zeitschriften, Hörfunk und Fernsehen sind noch immer die Medien der Wahl. Außerdem erreichen die neuen, interaktiven Medien ihre Zielgruppen keineswegs immer in der gewünschten Situation oder Verfassung, so z. B. nicht im Kino, d. h. in der Vorfreude eines Kinobesuchers kurz vor dem Hauptfilm, und auch nicht im Fußballstadion, wo die Bandenwerbung und die Lautsprecherdurchsagen auf ein recht waches Publikum treffen.

Für einen gleichzeitigen Einsatz alter und neuer Medien sprechen aber nicht nur Reichweiten- und Involvementargumente, sondern auch die notwendige Arbeitsteilung im Medienbereich. Alte Medien müssen die neuen unterstützen und umgekehrt: neue Medien können auch den alten helfen, die gesteckten Ziele zu erreichen. So müssen z. B. Print- und Rundfunkmedien eingesetzt werden, um Websites bekannt zu machen und zu deren Nutzung zu motivieren (Site-Promotion). Der Nutzer muß die eher passive Information aktiv aufrufen, so daß ein aktivierendes Medienmarketing vonnöten ist. Andererseits können die neuen Medien die klassischen Kommunikationskanäle unterstützen, indem sie Meta-Informationen wie z. B. Inhaltsverzeichnisse und Schlagwortregister bereithalten, vertiefte Informationen als Ergänzung anbieten für all jene, die sich weitere Informationen wünschen. Die Text-Bild-Anzeige mit ihrem knappen Informationsgehalt, die auf die riesigen Datenbanken im Internet hinweist, soll hier als ein gängiges Beispiel genügen. Alte Medien gehen zudem oft ungefragt auf Zielpersonen zu, setzen somit kein hohes Involvement voraus und übernehmen nicht selten eine wichtige Aktivierungsfunktion, die dann auch den neuen, interaktiven "Passivmedien" voll zugute kommen kann. Diese und andere Argumente gestatten nun eine recht plausible Prognose: Auch das Marketing der Zukunft wird auf ein durchdachtes Mix der alten und der neuen Medien setzen müssen.

5. Literatur

Heinemann, C. (1998): Werbung im interaktiven Fernsehen, Wiesbaden.

Henn, B. (1999): Werbung für Finanzdienstleistungen im Internet, Wiesbaden.

Nolte, C. (1998): Multimedia im Wissenschaftsmarketing. Informationsangebote der Hochschulen im Internet, Wiesbaden.

Rehme, M. (1997): Multimediale Marketing-Dokumentation. Einsatzmöglichkeiten digitaler Dokumentationssysteme im Marketing, Wiesbaden.

Rengelshausen, O. (2000): Online-Marketing in deutschen Unternehmen. Einsatz - Akzeptanz – Wirkungen, Wiesbaden.

Silberer, G. (Hrsg.) (1995): Marketing mit Multimedia. Grundlagen, Anwendungen und Management einer neuen Technologie im Marketing, Stuttgart.

Silberer, G. (Hrsg.) (1997): Interaktive Werbung - Marketingkommunikation auf dem Weg ins digitale Zeitalter, Stuttgart.

Silberer, G. (1997a): Multimedia im Investitionsgüter-Marketing, in: Backhaus, K./ Günter, B./Kleinaltenkamp, M./Plinke, W./Raffée, H. (Hrsg.): Marktleistung und Wettbewerb, S. 385-400.

Silberer, G. (1999): Möglichkeiten und Trends in der Online-Werbung. Beitrag zur Werbewirtschaft Nr. 2, hrsg. von G. Silberer, Institut für Marketing und Handel der Universität Göttingen.

Silberer, G. (1999a): Telekommunikation als Plattform für interaktive Werbung. Beitrag zur Werbewirtschaft Nr. 3, hrsg. von G. Silberer, Institut für Marketing und Handel der Universität Göttingen.

Silberer, G. (1999b): Kioskwerbung: Potentiale und Herausforderungen eines neuen Werbeträgers. Beitrag zur Werbewirtschaft Nr. 4, hrsg. von G. Silberer, Institut für Marketing und Handel der Universität Göttingen.

Silberer, G./Hannecke, N. (1999): Akzeptanz und Wirkung multimedialer Kiosksysteme im Handel. Beitrag zur Marketingwissenschaft Nr. 23, hrsg. von G. Silberer, Institut für Marketing und Handel der Universität Göttingen.

Silberer, G./Kretschmar, C. (1999): Multimedia im Verkaufsgespräch. Mit zehn Fallbeispielen für den erfolgreichen Einsatz, Wiesbaden.

Silberer, G./Meissner, M. (1998): Gebrauchtwagenbörsen im Internet. Eine Marketingchance für den Automobilhandel. Beitrag zur Marketingwissenschaft Nr. 16, hrsg. von G. Silberer, Institut für Marketing und Handel der Universität Göttingen.

Wilhelm, T. H. (1996): Gewinnspiele auf Online-Netzen. Kommunikationswissenschaftliche und psychologische Ansätze zur Wirkungsanalyse von Gewinnspielen auf Online-Netzen, Baden-Baden.

Yom, M. (1997): Frauen und Online-Medien. Psychologische und kommunikationspolitische Ansätze zur zielgruppenspezifischen Gestaltung von Online-Angeboten, Baden-Baden.

Zou, Bo (1999): Multimedia in der Marktforschung, Wiesbaden.

Cornelia Zanger

Eventmarketing

1. Eventmarketing als innovatives Instrument der Unternehmenskommunikation
   1.1 Ziele und Inhalt des Eventmarketing
   1.2 Typen und Merkmale des Eventmarketing
2. Der Eventmarkt in Deutschland und der Einsatz des Kommunikationsinstrumentes Eventmarketing - Ergebnisse einer empirischen Studie
   2.1 Ziele und Design der empirischen Studie
   2.2 Die Akteure am Eventmarkt
   2.3 Gegenwärtiger Stand des Einsatzes von Eventmarketing
3. Implementierung des Eventmarketing als Kommunikationsinstrument
4. Perspektiven des Eventmarketing
5. Literatur

1. Eventmarketing als innovatives Instrument der Unternehmenskommunikation

1.1 Ziele und Inhalt des Eventmarketing

Ein zentrales Kennzeichen der sich gegenwärtig vollziehenden tiefgreifenden gesellschaftlichen Modernisierungsprozesse ist eine zunehmende Erlebnisorientierung (*Schulze, 1995*). Etwas Besonderes erleben, „live" dabei sein und von einer passiven Beobachterrolle zur aktiven Teilnehmerrolle wechseln (*Opaschowski, 1997*), das spricht Kunden stärker an als Produktpräsentationen und TV-Werbung. Vor diesem Hintergrund wurden erlebnisorientierte Veranstaltungen in den letzten Jahren durch das Marketing von Unternehmen erfolgreich als Instrument zur Realisierung ihrer kommunikationspolitischen Ziele genutzt. Für diese Bemühungen hat sich der Begriff Eventmarketing etabliert (*Inden, 1993, Kinnebrock 1993, Zanger/Sistenich 1996, Bruhn, 1997, Nickel 1998*).

Eventmarketing beinhaltet die zielorientierte, systematische Planung, konzeptionelle und organisatorische Vorbereitung, Realisierung sowie Nachbereitung von erlebnisorientierten Veranstaltungen (s. g. Events) im Rahmen der Kommunikationspolitik von Unternehmen. Events bilden den inhaltlichen Kern des Eventmarketing und können als inszenierte Ereignisse in Form von Veranstaltungen und Aktionen verstanden werden, die dem Adressaten (Kunden, Händler, Meinungsführer, Mitarbeiter) firmen- oder produktbezogene Kommunikationsinhalte erlebnisorientiert vermitteln und auf diese Weise der Umsetzung der Marketingziele des Unternehmens dienen. Events, die dieser Zielstellung dienen, werden zur inhaltlichen Abgrenzung von sonstigen erlebnisorientierten Veranstaltungen (z. B. Open-Air-Konzerte oder Opernfestspiele) auch als Marketing-Events bezeichnet.

Waren es bis vor wenigen Jahren vor allem die Anbieter bekannter Konsumgüter- und Automobilmarken sowie die Medien, die für erfolgreiches Eventmarketing bekannt wurden, so findet Eventmarketing als Kommunikationsinstrument zunehmend auch in sonst eher für rationale Ansprachestrategien bekannten Branchen wie Banken, Investitionsgüter und technische Dienstleistungen sowie in kleinen und mittelständischen Firmen Eingang. Die sprunghaft gestiegene Nachfrage von Unternehmen nach Events hat einen Markt begründet. Marketing-Eventagenturen haben sich neben Werbe-, PR- und klassischen Veranstaltungsagenturen als eigenständige Agenturbranche mit schnell wachsendem Betätigungsfeld etabliert. Zwischen 250 und 300 Marketing-Eventagenturen bemühen sich gegenwärtig in Deutschland um ein geschätztes Auftragsvolumen von 2,5 Milliarden Mark. Zuwachsraten des Umsatzes von 20 bis 30 Prozent in 1999 verdeutlichen Dynamik und Attraktivität des Eventmarktes (*Brockmann, 1999, S. 84*).

Das wachsende Interesse am Einsatz des Marketinginstruments Event belegen zwei empirische Studien, die vom Lehrstuhl für Marketing der TU Chemnitz im vergangenen Jahr in Deutschland in Zusammenarbeit mit dem deutschen Verband der Marketing-

Eventagenturen FME (*Zanger/Drengner* 1999a)[1] und in Österreich im Auftrag des Austrian Event Board (*Zanger/Drengner* 1999b)[2] durchgeführt wurden. Eine zunehmende Bedeutung von Events im Rahmen der Marketingkommunikation sehen in den kommenden Jahren 96 Prozent der befragten Agenturen in Deutschland und 90 Prozent in Österreich. Die auftraggebenden Unternehmen als Kunden sind sich in dieser Frage ebenfalls einig mit 85 Prozent in Deutschland und 82 Prozent in Österreich.

Die Gründe dafür sehen die Kunden nicht nur im Effizienzverlust der klassischen Werbung, sondern auch in der besonderen Kommunikationsqualität des Eventmarketing. Events ermöglichen besser als andere Kommunikationsinstrumente, Marketingziele erlebnisorientiert umzusetzen. Neben der Schaffung von Erlebnissen um die eigene Marke läßt sich nach Meinung der Befragten eine stärkere Zielgruppenaktivierung realisieren, die emotionale Kundenbindung verbessern und eine nachhaltigere Erinnerungswirkung erreichen als bei klassischen Kommunikationsinstrumenten (vgl. Abbildung 1).

Die wachsende Bedeutung von Eventmarketing impliziert allerdings nicht, daß Events als Kommunikationsinstrument für sich allein stehen könnten. Events müssen vom Kunden als Bestandteil einer integrierten Marketingkommunikation wahrgenommen werden und in ihren Botschaftsinhalten synergisch mit den anderen Kommunikationsinstrumenten, wie klassischer Werbung, PR, oder Sponsoring verzahnt sein. Dies ist allerdings nur erreichbar, wenn Events in ihrer strategischen Dimension verstanden werden, die deutlich über das häufig in der Unternehmenspraxis verfolgte operative Ziel der Kundenunterhaltung hinausgeht.

In diesem Sinn orientiert Eventmarketing auf *zwei Zielebenen* (*Zanger*, 1998, S. 78):

- Operative Ziele richten sich vorrangig auf kurzfristige Wirkungen. Es handelt sich um Kontaktziele wie z. B. die Anzahl der Eventteilnehmer, die Relation tatsächliche Teilnehmer zu eingeladenen Teilnehmern, die Direktkontakte zwischen Eventteilnehmern und Unternehmen, um kurzfristige Kommunikationsziele wie z. B. der Grad emotionaler Aktivierung, die Intensität der Interaktion und die Dialogbereitschaft der Teilnehmer. Kurzfristige ökonomische Ziele entsprechen nicht dem konstitutiven Anliegen des Eventmarketing und stellen daher eher eine Ausnahme dar oder sind nebenrangig.

---

[1] Schriftliche Befragung von 250 Eventagenturen (Totalerhebung) und 1000 Unternehmen (Zufallsstichprobe). Weitere Angaben unter Punkt 2.

[2] Telefonische Befragung von 79 Eventagenturen (Totalerhebung) und 107 eventveranstaltenden Unternehmen (gezielte Auswahl).

Gründe für die wachsende Bedeutung des Eventmarketing aus Sicht der Befragten

	Agenturen (33 Statements)	Kunden (54 Statements)
Bedeutungsverlust klassischer Kommunikationsinstrumente	33%	24%
Event ermöglicht stärkere Kundenbindung, persönliche Kontakte, direkte Kommunikation mit der Zielgruppe	27%	35%
Notwendigkeit der Emotionalisierung von Marken, Schaffung von Erlebnissen	24%	22%
nachhaltige Wirkung, starke Erinnerungswirkung des Events	12%	2%
wenig Streuverluste durch Event	3%	2%
Notwendigkeit der Differenzierung von der Konkurrenz	0%	7%
steigende Austauschbarkeit der Produkte	0%	7%

Abbildung 1: Gründe für die wachsende Bedeutung des Kommunikationsinstrumentes Eventmarketing aus Sicht der Eventagenturen und befragten Kunden in Deutschland
Quelle: Zanger/Drengner, 1999a, S. 22

- Strategische Ziele richten sich auf die mittel- und langfristig positive Beeinflussung der Bekanntheit und der Einstellung zum Unternehmen, die Verfestigung emotionaler Markenbilder, emotionale Kundenbindung und letztlich Kaufinteresse und Kaufbereitschaft, d. h. längerfristige Gedächtniswirkung und Verhaltensbeeinflussung werden anvisiert.

1.2 Typen und Merkmale des Eventmarketing

Das wachsende Streben vieler Unternehmen nach dem Einsatz von Eventmarketing als Kommunikationsinstrument einerseits und die andererseits noch in den Anfängen befindliche theoretische Fundierung des Eventmarketing (*Zanger/Sistenich* 1996, *Nickel* 1998, *Sistenich* 1999) haben zu einem oft diffusen Eventverständnis geführt und bergen die Gefahr einer „Verwässerung" in sich. Unter Events werden nicht selten alle denkbaren Veranstaltungen des Unternehmens bis hin zu Promotionaktionen verstanden. Soll Eventmarketing jedoch den eingangs gestellten Anspruch nach erlebnisorientierter Vermittlung von Kommunikationsinhalten einlösen, so müssen die Events eine Reihe von Anforderungen erfüllen bzw. den folgenden *Merkmalen* entsprechen:

- Events sind vom Unternehmen initiierte Veranstaltungen ohne vordergründigen Verkaufscharakter, d.h. nicht Verkaufsförderung oder kurzfristige Verkaufserfolg sind Ziele des Eventmarketing sondern die emotionale Bindung des Teilnehmers an die mit dem Unternehmen bzw. der Marke verbundene Erlebniswelt. Nur dann ist der Event für den Konsumenten glaubwürdig.

- Events setzen Botschaften der Marketingkommunikation in tatsächlich erlebbare Ereignisse um. Die symbolische Welt einer Marke wird für den Eventteilnehmer zur emotional erlebten Markenwelt. Durch tatsächliches Erleben und eigene Erfahrung kann eine deutlich intensivere Einstellungs- und Verhaltensbeeinflussung erreicht werden als durch massenmediale Kommunikation.

- Events sind interaktionsorientiert, d.h. die Teilnehmer werden aktiv über die Verhaltensebene in die dargebotene Erlebniswelt einbezogen.

- Events unterscheiden sich bewußt von der Alltagswirklichkeit der Zielgruppe und bieten auf diese Weise Abwechslungspotential für den Teilnehmer, das zur Aktivierung führt. Die Intensität der Aktivierung liegt in der Größe der Differenz zum Alltagserleben und im Gelingen einer zielgruppenfokussierten emotionalen Umsetzung der Kommunikationsinhalte begründet.

- Events werden zielgruppenfokussiert ausgerichtet. Dadurch wird mit dem Event ein hoher Grad an Individualität und infolgedessen auch eine hohe Kontaktintensität erreicht. Dialogische Kommunikation mit den Mitgliedern der Zielgruppe wird möglich. Streuverluste, wie für massenmediale, monologisch orientierte Kommunikation typisch, werden deutlich eingeschränkt.

- Events sind Bestandteil des Konzepts integrierter Unternehmenskommunikation. Sie sind inhaltlich an die Kommunikationsstrategie des Unternehmens gebunden. Die konzeptionelle Vorbereitung sowie die Planung und Organisation der Durchführung von Events sind allerdings ein selbständiges Aufgabenfeld der Kommunikationspolitik, das einer professionellen Bearbeitung bedarf.

Die Veranstaltungsformen, die durch das Eventmarketing entwickelt wurden, sind vielgestaltig. Eine Systematisierung kann in drei Dimensionen erfolgen: dem Erlebnisrahmen bzw. Erlebnisbereich, aus dem den Eventteilnehmern emotionale und physischen Reize dargeboten werden, der Art der Interaktion als Feld der aktiven Einbeziehung des Teilnehmers in die Eventinszenierung sowie der Zugehörigkeit der Teilnehmer zur Eventzielgruppe.

In der Marketingpraxis wird vorrangig nach dem *Zielgruppenbezug* unterschieden in

- auf einen breiten öffentlichen Teilnehmerkreis gerichtet Events (s. g. Public Events), in deren Mittelpunkt Endkonsumenten oder Meinungsführer und Medienvertreter als Multiplikatoren stehen,

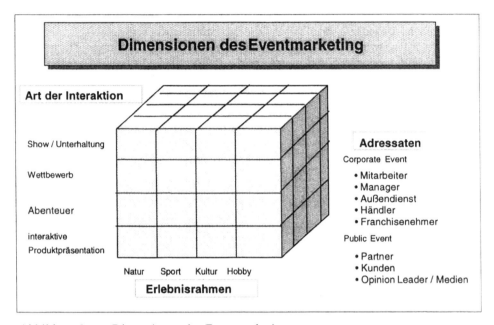

Abbildung 2:   Dimensionen des Eventmarketing
Quelle: Zanger/Sistenich 1996, S. 135

- auf einen genau bestimmten, eingeschränkten Teilnehmerkreis gerichtete Events (s. g. Corporate Events), zu denen vorrangig Händler und Franchisenehmer, der Außendienst sowie Manager und Mitarbeiter des eventveranstaltenden Unternehmens eingeladen werden.

Nach der o. g. Marktanalyse der deutschen Eventmarktes (*Zanger/Drengner* 1999a)[3] sind die am häufigsten durchgeführten Typen von Marketingevents im Bereich *Public Events* auf eine Präsentation der emotionalen Erlebniswelt einer Marke (z. B. Abenteuertouren, Sportwettbewerbe, Road Shows) oder die interaktive Markteinführung neuer Produkte gerichtete Veranstaltungen, bei denen die Aktivierung der Eventteilnehmer unter Verwendung von Elementen aus den Bereichen Kultur, Sport und Abenteuer erreicht wird. Als Zielgruppe spielen für Public Events im Bereich von Markenartikeln vor allem Jugendliche eine wichtige Rolle (*Zanger/Griese* 2000). Im Bereich *Corporate Events* werden Präsentations-, Informations- und Motivationsveranstaltungen erlebnisorientiert durchgeführt (z. B. Neuproduktvorstellungen, Kick-off-Meetings zum Start von Projekten, Händler- und Außendienstwettbewerbe, Firmenkonferenzen und –galas, Incentiv-Reisen für Manager und Mitarbeiter). Zur Eventinszenierung werden Elemente aus den Bereichen Entertainment, Natur und Sport eingesetzt. Eine aktive Einbeziehung

---

[3] Vgl. empirische Ergebnisse im Abschnitt 2.3.

der Eventteilnehmer wird häufig über Wettbewerbe erreicht. Als Sonderform gewinnen *Messeevents* an Bedeutung, die sowohl für einen öffentlichen Teilnehmerkreis als auch für Fachbesucher veranstaltet werden können. Eine hohe Aktivierung junger Zielgruppen erreichen z. Z. *Internetevents* und Events, die das Internet in die Inszenierung einbinden.

2. Der Eventmarkt in Deutschland und der Einsatz des Kommunikationsinstrumentes Eventmarketing – Ergebnisse einer empirischen Studie

2.1 Ziele und Design der empirischen Studie

Wie sehen Eventagenturen und auftraggebende Unternehmen die Chancen für die weitere Etablierung des noch immer als „Newcomer" im Mix der Kommunikationsinstrumente geltenden Eventmarketing, war eine der zentralen Fragestellungen der *empirischen Studie zum Eventmarkt*, die der Lehrstuhl für Marketing und Handelsbetriebslehre der TU Chemnitz gemeinsam mit dem Branchenverband Forum Marketing-Eventagenturen (FME) durchführte. In zwei Wellen (Herbst 1998, Frühjahr 1999) wurden 250 Eventagenturen, d. h. alle Agenturen, die als Eventorganisatoren in Deutschland bekannt waren, und 1000 Unternehmen einer Zufallsstichprobe schriftlich befragt. Der Rücklaufquote betrug bei den Eventagenturen rund 18 Prozent (n=45). Von den Unternehmen beantworteten knapp über 10 Prozent den Fragebogen (n=102), was damit begründet werden muß, daß (noch) nicht alle angeschriebenen Unternehmen Eventmarketing als Kommunikationsinstrument einsetzen. Allerdings signalisierten zahlreiche Unternehmen ein Interesse für die Zukunft. Obwohl die Studie damit insbesondere in Bezug auf die Kunden, d. h. die eventveranstaltenden Unternehmen keinen Anspruch auf Repräsentativität erheben kann, leistet sie einen Beitrag zur Transparenz am sich neu entwickelnden Eventmarkt und eröffnet durch die parallele Betrachtung der Kunden- und Agenturenperspektive interessante Einblicke (*Zanger* 1999, S. 136).

Im Mittelpunkt der Befragung standen der derzeitige Stand und die künftigen Einsatzperspektiven des Eventmarketing. Der 8seitige Fragebogen enthielt u. a. Fragen zum Eventverständnis, zu Zielen und Zielgruppen des Eventmarketing, Eventintensität und typischen Veranstaltungformen, strategischen Erfolgsfaktoren von Events, zur Wirkung und Kontrolle sowie zu Höhe von Eventbudgets.

2.2 Die Akteure am Eventmarkt

Eventmarketing ist ein interdisziplinäres Aufgabenfeld, das ein effizientes Zusammenwirken verschiedener Partner erfordert (vgl. Abbildung 3). Eventveranstaltende Unternehmen kooperieren mit Marketing-Eventagenturen, die neben der Eventkonzeption für die Eventidee und deren Inszenierung verantwortlich zeichnen. In der Regel übernehmen die Eventagenturen auch die Organisation des Events und die Koordination der Spezialisten, wie z. B. Location-Anbieter, Licht-, Ton- und Bühnentechniker, Künstler oder Catering.

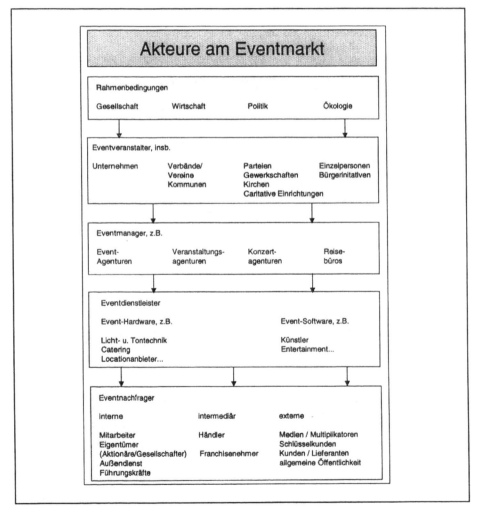

Abbildung 3: Akteure am Eventmarkt

Die *Kunden am deutschen Eventmarkt*, d. h. die Eventauftraggeber kommen vordergründig aus der Wirtschaft. Nur etwa 7 Prozent der von ihnen durchgeführten Events ordnen die Agenturen dem Non-Profi-Bereich zu. Besonders „eventbegeisterte" Branchen in der Wirtschaft sind die Markenartikelhersteller im Konsumgüterbereich, die Automobilindustrie, der Telekommunikationsbereich sowie die Banken und Versicherungen (vgl. Abbildung 4).

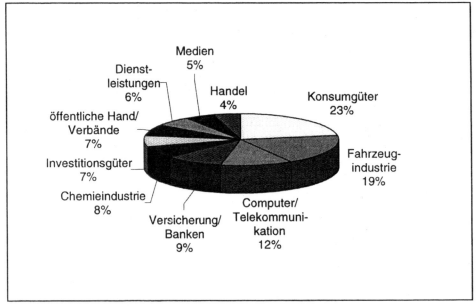

Abbildung 4:   Struktur der Auftraggeber am deutschen Eventmarkt

Eventmarketing ist bisher vor allem ein Kommunikationsinstrument, das von großen Unternehmen konsequent eingesetzt wird. Von den befragten Kunden, die Marketing-Events durchführen, hatten 65 Prozent der Unternehmen über 500 Mitarbeiter. Nur 2 Prozent der Unternehmen waren kleine Unternehmen mit bis zu 100 Beschäftigten. Zahlreiche der befragten Unternehmen, die gegenwärtig noch keine Marketing-Events durchführen, äußerten jedoch ihr Interesse an diesem Kommunikationsinstrument. Ebenso wollen die befragten Unternehmen ihre Aktivitäten im Bereich Eventmarketing intensivieren, so daß ein weiteres Wachstum der Eventbranche erwartet werden kann. Insbesondere im Bereich der kleinen und mittelständischen Firmen liegen deutliche Entwicklungspotentiale.

Die Kunden setzten Eventmarketing nicht inflationär ein (Abbildung 5). 57 Prozent der befragten Unternehmen führen (nur) ein bis fünf Events im Jahr durch. Über zehn Events pro Jahr veranstalten im wesentlichen nur große Unternehmen vor allem aus dem Konsumgüter- und Fahrzeugbereich.

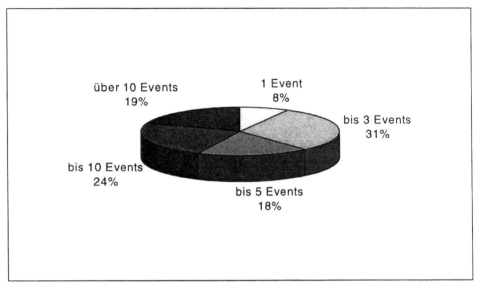

Abbildung 5: Anzahl der jährlich durchgeführten Events

Die *Marketing-Eventagenturen in Deutschland* sind häufig „junge" Agenturen, d. h. sie wurden oft fokussiert auf das Geschäftsfeld Eventmarketing gegründet. Ein Drittel der Agenturen ist bis 5 Jahre, ein weiteres Drittel 6 bis 10 Jahre am Markt. Das restliche Drittel der Agenturen hat z. T. langjährige Erfahrungen am Kommunikationsmarkt. Dabei handelt es sich oft um Dienstleister, die aus angrenzenden Kommunikationsfeldern kommend ihre Geschäftstätigkeit um den Eventbereich erweitert haben. Interessant ist sicher auch, daß auf Eventmarketing spezialisierte Agenturen in Deutschland i. d. R. kleine Agenturen mit maximal 5 festen Mitarbeitern sind. Nur 31 Prozent der befragten Agenturen haben mehr als 20 Mitarbeiter (vgl. Abbildung 6).

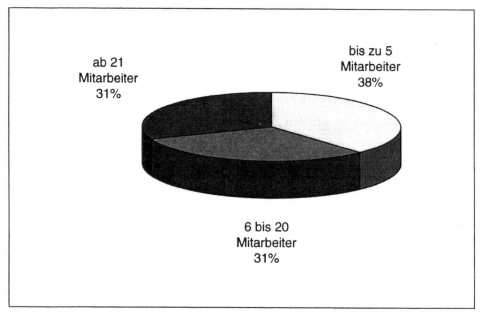

Abbildung 6: Mitarbeiteranzahl der befragten Eventagenturen

2.3 Gegenwärtiger Stand des Einsatzes von Eventmarketing

Eventmarketing wird in Übereinstimmung zwischen befragten Agenturen und ihren Kunden als Kommunikationsinstrument mit *mittel- und langfristigem Wirkungshorizont* gesehen. Imageaufbau und -verbesserung, Kontaktpflege mit Kunden und Meinungsführern, langfristige Kundenbindung und Motivation sind wesentliche Ziele, die mittels Eventmarketing wirkungsvoll erreicht werden können. Unter diesen Zielstellungen steht natürlich auch der Einsatz anderer Kommunikationsinstrumente. Dem Eventmarketing wird jedoch ganz entschieden ein *eigenständiges Wirkungsfeld* seitens der Befragten zugeordnet. Im Vergleich zu klassischen Kommunikationsinstrumenten werden Erlebnisorientierung, emotionale Ansprache, Exklusivität und Intensität des Kundenkontaktes sowie Aktivierung der Kunden mittels Eventmarketing als deutlich besser durchsetzbar eingeschätzt (vgl. Abbildung 7).

Eventmarketing 843

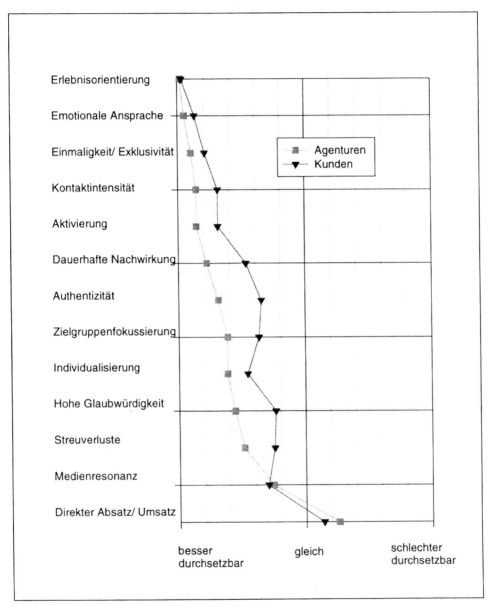

Abbildung 7: Die Eignung von Eventmarketing zur Erreichung verschiedener Kommunikationsziele im Vergleich zu anderen Kommunikationsinstrumenten

Das Spektrum möglicher Eventinszenierungen ist breit und reicht von interaktiven Produktpräsentationen über Motivationsveranstaltungen für Händler und Mitarbeiter, Raod Shows und Firmengalas bis zu erlebnisorientierten Messeauftritten, wie die Studie zeigt. Die zehn *häufigsten Typen von Marketing-Events* aus Sicht der Befragten sind aus Abbildung 8 ersichtlich. In der Beurteilung der zukünftigen Bedeutung sind sich Eventagenturen und auftraggebende Unternehmen weitestgehend einig: Erlebnisorientierte Produkt- und Firmenpräsentationen und Motivationsveranstaltungen für Außendienst und Handelspartner werden auch nach 2000 als wichtigste Einsatzfelder des Eventmarketing gesehen.

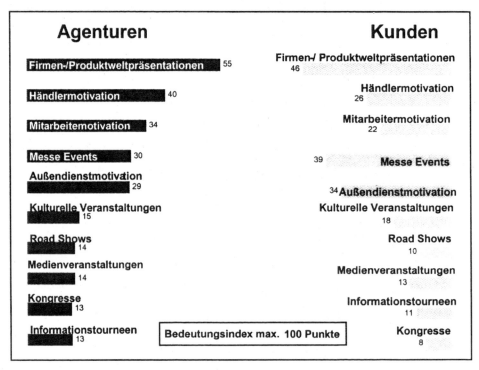

Abbildung 8: Die häufigsten Events aus Sicht der Befragten[4]

Um Schwerpunkte des Eventangebotes lokalisieren zu können, wurde die Systematisierung nach den Dimensionen Zielgruppenorientierung, Erlebnisrahmen und angebotene Interaktionsmöglichkeit (vgl. nochmals Abbildung 2) zurückgegriffen.

---

[4] Im Bedeutungsindex wurden verschiedene Antworttechniken bei geschlossenen Fragen verknüpft. Dabei kann der Index eines Items maximal 100 betragen, was beispielsweise bedeutet, daß alle Befragten dieses Item bei einer geforderten Rangreihung auf den ersten Platz setzen.

Eventmarketing 845

Zielgruppenbezogen liegt der Schwerpunkt übereinstimmend heute und in Zukunft auf den Public Events, d. h. Events mit der Orientierung auf einen breiten Teilnehmerkreis in Form potentieller Endkunden, Medien und Meinungsführer oder einer allgemeinen Öffentlichkeit. Aber auch Corporate Events, die sich an einen eingeschränkten Teilnehmerkreis richten, spielen eine wichtige Rolle. In diesem Bereich sind vor allem die Zielgruppen Händler und Franchisenehmer, Außendienst und Mitarbeiter/Manager wichtig. Kooperationspartner und Shareholder besitzen bisher noch eine untergeordnete Bedeutung als Zielgruppe im Eventmarketing. Lieferantenevents sind selten (Abbildung 9).

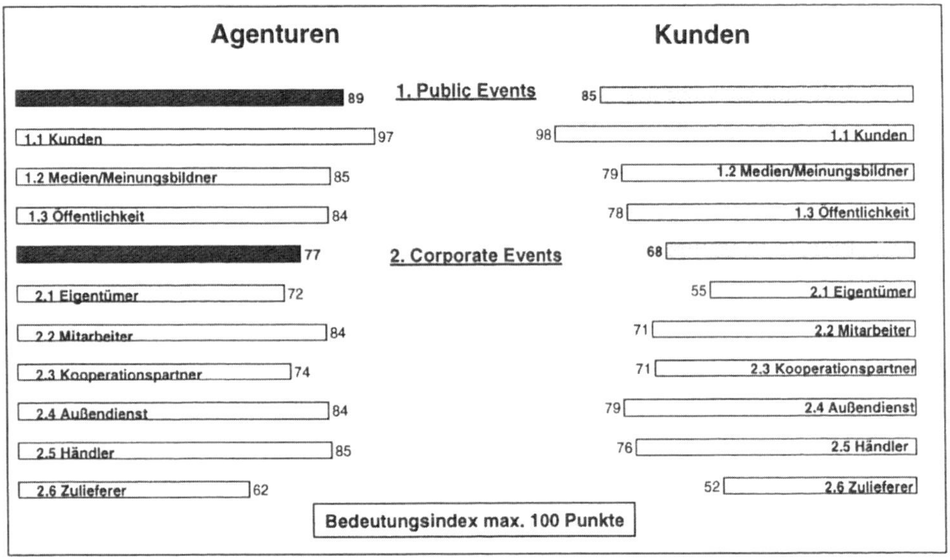

Agenturen		Kunden
89	1. Public Events	85
1.1 Kunden 97		98 1.1 Kunden
1.2 Medien/Meinungsbildner 85		79 1.2 Medien/Meinungsbildner
1.3 Öffentlichkeit 84		78 1.3 Öffentlichkeit
77	2. Corporate Events	68
2.1 Eigentümer 72		55 2.1 Eigentümer
2.2 Mitarbeiter 84		71 2.2 Mitarbeiter
2.3 Kooperationspartner 74		71 2.3 Kooperationspartner
2.4 Außendienst 84		79 2.4 Außendienst
2.5 Händler 85		76 2.5 Händler
2.6 Zulieferer 62		52 2.6 Zulieferer
	Bedeutungsindex max. 100 Punkte	

Abbildung 9: Die Bedeutung verschiedener Zielgruppen für Marketingevents

Die Bedeutung der angebotenen *Erlebnisrahmen* wird von den befragten Agenturen und den auftraggebenden Unternehmen ähnlich beurteilt. Unterhaltungskultur, Sport und Abenteuer sind gegenwärtig besonders wichtig und werden auch künftig die wichtigsten Erlebnisbereiche sein; für Abenteuer mit leicht steigender, für Sport und Unterhaltung mit leicht fallender Tendenz. Als weitere Erlebnisrahmen spielen Fantasy-Kultur, klassische Kultur, Hobby und Naturerlebnisse im Eventmarketing eine wichtige Rolle. Ein besonderer Bedeutungszuwachs wird von den Befragten für die Erlebnisbereiche Fantasy-Kultur und Natur prognostiziert (Abbildung 10).

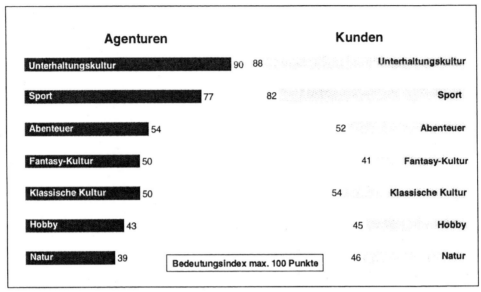

Abbildung 10: Die Bedeutung verschiedener Erlebnisrahmen für das Eventmarketing

Bei den angebotenen *Interaktionsarten* für die Eventteilnehmer setzen Agenturen und Unternehmen hauptsächlich auf Show/Entertainment, Infotainment, interaktive Produktpräsentation und Wettbewerbe. Ein künftiger Bedeutungszuwachs wird vor allem bei interaktiven Produktpräsentationen und Infotainment erwartet. Agenturen sehen einen anwachsenden Einsatz von Showelementen in Marketing-Events kritisch, was sich durch die gegenwärtig intensive Nutzung dieser Interaktionsart und die damit verbundene Gefahr einer „Abnutzung" begründen läßt (Abbildung 11).

Neben der professionellen operativen Planung und Steuerung des Ablaufs stufen sowohl die befragten Agenturen als auch die Unternehmen die *strategische Vorbereitung* des Marketingevents als erfolgsrelevant ein. Als wichtige Bezugspunkte werden von den Agenturen und Unternehmen die Gebundenheit an die Kommunikationsstrategie des Unternehmens in Form des Botschaftsbezuges und des „Objekt"(Produkt oder Dienstleistung)bezuges sowie die Zielgruppenorientierung gesehen (vgl. Abbildung 12). Interessant ist, daß beide befragte Gruppen der Auswahl der Agentur, mit deren Unterstützung die Veranstaltung durchgeführt wird, eine vergleichsweise geringe Bedeutung zuordnen. Im Mittelpunkt der Eventstrategie stehen die Kommunikationsziele des auftraggebenden Unternehmens. Von der Eventagentur wird eine professionelle Umsetzung als Basisanforderung erwartet, ohne daß beim Auftraggeber damit bereits Zufriedenheit entsteht.

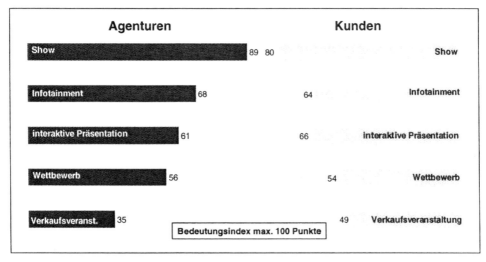

Abbildung 11: Die Bedeutung verschiedener Interaktionsarten für das Eventmarketing

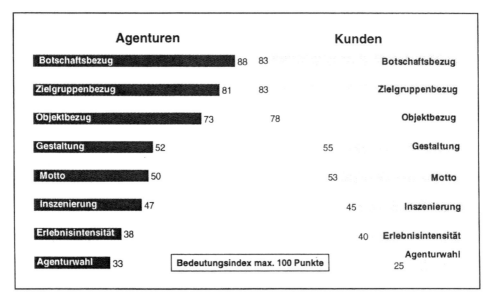

Abbildung 12: Die Wichtigkeit einzelner Komponenten von Eventmarketingstrategien

Eventagenturen betrachten ebenso wie ihre Kunden die *Kontrolle des Erfolgs* von Events als wichtigen Schritt zum Nachweis der Wirksamkeit des Kommunikationsinstrumentes Event. Zwar führen bereits über 60 Prozent der befragten Unternehmen Erfolgskontrollen durch, doch handelt es sich dabei in 90 Prozent der Fälle um Selbstkontrollen, die vor allem den kurzfristigen Erfolg des Events bewerten. Insofern kann im Event-Bereich noch nicht von etablierten Kontrollinstrumenten und –methoden ausgegangen werden.[5]

Eine immer wieder gestellte Frage ist die nach dem *finanziellen Aufwand* für Eventmarketing. In der Studie zeichneten sich deutlich ab, daß viele Unternehmen (44 Prozent) Events im „low Budget"-Bereich mit bis zu 50 000 DM durchführen. Diese Gruppe verdeutlicht, daß nicht der hohe Mitteleinsatz, sondern die Kreativität der Inszenierung und das strategische Fit mit den Kommunikationszielen des Unternehmens über den Erfolg von Marketingevents entscheiden. Höhere Budgets mit 250 000 DM und hohe Budgets mit über 1 Million DM pro einzelnem Event planen vor allem größere Unternehmen mit mehr als 200 Beschäftigten ein. Diese finden sich sowohl im Konsumgüterbereich aber vor allem auch in der Investitionsgüterindustrie. Es zeigt sich, daß Eventagenturen als Dienstleister vor allem bei größeren Events regelmäßig in Anspruch genommen werden. Aber auch Events mit geringerem Budget bieten ein Betätigungsfeld für Eventagenturen.

Eingesetzt werden die Budgets erwartungsgemäß vor allem für die Durchführung des Events. Es zeigt sich jedoch deutlich eine Gruppe von Agenturen, die großen Wert auf die Vorbereitung der Events legt und dafür bis zu 20 Prozent des Budgets einsetzt.

Als problematisch zeigt sich gemäß der Studie vor allem die strategische Verbindung des Eventmarketing mit den weiteren Kommunikationsaktivitäten des Unternehmens im Sinne einer integrierten Kommunikation und die systematische Implementierung des Eventmarketing in Unternehmen.

3. Implementierung des Eventmarketing als Kommunikationsinstrument

Ein Implementierungsansatz für Eventmarketing muß zwei Forderungen Rechnung tragen. Zum einen sollte er auf dem bisherigen erlebnisorientierten Kommunikationskonzept des Unternehmens aufbauen, indem massenmedial kommunizierten Botschaftsinhalte aufgegriffen werden. Zum anderen sollte ein innovatives Konzept ermöglichen, daß neue Wege zur Zielgruppe eröffnet und beschritten werden können. Das kann durch aktive Einbeziehung der Eventteilnehmer in die Erlebniswelt der Marke bzw. des Unter-

---

[5] Detaillierte Darstellung der empirischen Ergebnisse zur Erfolgsmessung und die Entwicklung eines Meßansatzes in *Zanger/Drengner* 1999c.

nehmens erreicht werden. Eine dialogische Kommunikation mit den Teilnehmern, die Interaktionen einschließt, muß stattfinden. Doch das reicht nicht aus, Marketing-Events bieten neben dem unmittelbaren Erreichen der exklusiven Teilzielgruppe der Eventteilnehmer Potentiale zur Ansprache der Zielgruppe in ihrer ganzen Breite über das Angebot von eventbezogenen Produkten und die massenmediale Publikation des Marketing-Events an.

Diese Anforderungen setzt der in Abbildung 13 dokumentierte Ansatz zur strategiegeleiteten Implementierung von Marketing-Events um, der insbesondere für Public Events, die sich an breite Zielgruppen von Endkonsumenten richten, entwickelt wurde (*Zanger/Sistenich*, 1996, S. 237).

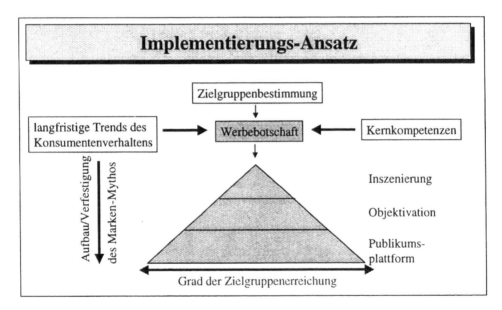

Abbildung 13:   Ansatz zur Implementierung des Eventmarketing im Unternehmen

Zur praktischen Umsetzung des dargestellten Ansatzes erscheinen die folgenden sechs Schritte sinnvoll:

1. Schritt: Situationsanalyse und massenmediale Kommunikation

Den Ausgangspunkt der Implementierung von Eventstrategien bildet die Zielgruppenbestimmung, deren exakte Beschreibung angesichts der zunehmenden Fragmentarisierung der Märkte erfolgsentscheidend ist. Weitere interne und externe Analysen beziehen sich auf langfristige Trends im Konsumentenverhalten, die Eventaktivitäten der Wettbewerber, die eigenen Kernkompetenzen und die der Marke innewohnenden emotionalen Kommunikationsinhalte (emotionaler Markenwert), die die Marke von den Wettbewerbern differenzieren. Im weiteren sind Botschaftsinhalte herauszufinden, die zielgruppenbezogen emotional aktivierend wirken und geeignet sind markenbezogene Erlebniswelten zu schaffen. In den meisten Fällen muß diese Erlebniswelt nicht neu konzipiert werden, sondern es kann auf bereits beim Konsumenten konditionierte innere Erlebnisbilder von Marken (z. B. Marlboro-Cowboy) zurückgegriffen werden.

2. Schritt: Strategische Planung des Marketing-Event (Inszenierung)

Im zweiten Schritt inszeniert das Unternehmen mit dem Event die symbolische Welt der Marke ausgehend von bisher kommunizierten Markenbotschaften. Der Konsument bleibt nicht mehr nur Empfänger einer Botschaft, sondern er erhält die Möglichkeit seine Alltagswelt zu verlassen und temporär an der konstruierten Erlebniswelt aktiv teilzuhaben. Die symbolische Markenwelt wird für den Eventteilnehmer zur emotional erlebten Markenwelt. Das führt zu einer (stärkeren) emotionalen Bindung des Konsumenten an die Marke. Der Marketing-Event wird ein um so größeres Aufmerksamkeits-, Aktivierungs- und Erinnerungspotential bei der Zielgruppe besitzen, je deutlicher sich die Inszenierung vom bisher Erlebten abhebt. Voraussetzung dafür ist eine innovative Eventidee. Dabei geht es um Exklusivität und Originalität sowie die Differenzierung gegenüber dem Wettbewerb. Im weiteren muß die Eventidee in ein kreatives Konzept unter Beachtung der Stimmigkeit mit der Kommunikationsstrategie des Unternehmens umgesetzt werden. Besondere Beachtung ist der Vielfältigkeit der im einzelnen zu konzipierenden Aktivitäten und der Interdiziplinarität der beteiligten Partner zu schenken. Für Public Events ist es besonders typisch, daß die tatsächliche physische Aktion nur für einen Bruchteil der Zielgruppe realisierbar ist. Deshalb sollte z. B. über breitgestreute Bewerbungsaktionen für mögliche Teilnehmer die potentielle Möglichkeit des aktiven Mitwirkens am Event grundsätzlich für große Teile der Zielgruppe eröffnet werden.

3. Schritt: Operative Vorbereitung und Durchführung des Marketing-Event

Neben der strategischen Planung des Marketing-Events ist vor allem ein professionelles Management bei der operativen Vorbereitung und Durchführung erforderlich. Das beginnt bei der Auswahl von Locations und geeigneten Dienstleistern und der massenmedialen Vorbereitung sowie der Zielgruppenansprache und schließt die operative Steuerung des Gesamtablaufs und solcher Einzelbereiche wie Licht- und Tontechnik, Special-Effects, Entertainment, Catering usw. ein.

4. Schritt: Objektivation der Erlebniswelt

Als Aufgabe des Eventmarketings wurde die Präsenz der Erlebniswelt der Marke in der Alltagswelt des Konsumenten formuliert. Das kann unterstützt werden durch die Materialisierung der Erlebniswelt in Form von eventbezogenen Produkten (z. B. T-Shirts, Poster). Die Ebene der reinen Kommunikation wird verlassen. Produkte machen als Objekte die Erlebniswelt der Marke begreiflich (Prozeß der Objektivation). Damit wird Kommunikationspolitik unmittelbar in Produktpolitik umgesetzt (z. B. Camel-Trophy und Camel-Boots). Durch diese Objektivation wird die Erlebniswelt aktualisiert und breiten Kreisen der Zielgruppe real zugänglich.

5. Schritt: Herstellen der massenmedialen Publikumsplattform

Durch die Schaffung einer massenmedialen Plattform für die Publikation von erlebnissynchronen Konsumentenreaktionen und die Nachbereitung von Events in Form von Erlebnisberichten, persönlichen Erfahrungen mit der Marke, Fragen an den Hersteller usw. wird es möglich, die Zielgruppe im großen Maßstab kommunikativ einzubinden. Dadurch wird eine hohe Aktualität der Marke erreicht. Die Erlebniswelt der Marke ist in der Alltagswelt präsent. Eventmarketing kann somit einen wichtigen Beitrag zur Umsetzung erlebnisorientierter Marketing-Strategien leisten.

6. Schritt: Erfolgskontrolle

Der Erfolg von Marketing-Events kann am Grad der Erreichung der geplanten Ziele gemessen werden. Dabei geht es sowohl um den Nachweis der operativen Wirksamkeit von Eventstrategien in Bezug auf Kontaktziele und Aktivierung als auch um die strategische Wirksamkeit für Bekanntheit, Image und emotionale Bindung. Methodisch können sowohl quantitative als auch qualitative Methoden der Erfolgsbewertung zum Einsatz kommen.

Ausgehend von den empirischen Studien zum Eventmarketing in Deutschland und Österreich konnten sechs grundlegende Erfolgsfaktoren ermittelt werden:

- Events müssen strategisch geplant werden, d. h. die inhaltliche Konzeption des Events muß analytisch fundiert, zielgruppenfokussiert, mit dem notwendigen zeitlichen Vorlauf entstehen sowie mit Firmenimage und Kommunikationsstrategie übereinstimmen.

- Events müssen von einer innovativen, kreativen Idee getragen werden, die die erlebnisorientierte Kommunikationsstrategie des Eventveranstalters emotional vermittelt und durch Originalität eine deutliche Differenzierung gegenüber dem Wettbewerb erlaubt.

- Die Eventidee wird in eine erlebniswelt- und zielgruppenadäquate Inszenierung unter Beachtung des zur Verfügung stehenden Budgets umgesetzt.

- Die Eventteilnehmer sollten aktiv in das Eventgeschehen einbezogen werden. Durch direkte Ansprache der teilnehmenden Zielgruppenmitglieder und soziale Interaktion werden Kundendialog und emotionale Kundenbindung gefördert.

- Die Vorbereitung und Durchführung eines Events muß als interdisziplinäre Aufgabe der i. d. R. zahlreich beteiligten Event-Dienstleister durch die Event-Agentur professionell gemanagt werden.

- Events sollten gezielt nachbereitet werden. Dazu gehört neben der Kontrolle der inhaltlichen Zielerreichung auch das Erreichen einer Breitenwirkung in der Zielgruppe, um das Kommunikationspotential des Events zu erschließen.

4. Perspektiven des Eventmarketing

Die Auswertung der empirischen Daten aus der Befragung der Eventagenturen und ihrer Kunden nach den zukünftigen Entwicklungen am Eventmarkt läßt die Ableitung von *Trends für die Entwicklung des Eventmarktes* zu.

Zunächst kann davon ausgegangen werden, daß sich Events weiter als organisatorisch selbständiges, aber inhaltlich gebundenes Instrument einer integrierten Unternehmenskommunikation etablieren werden. Der Eventmarkt wird zunächst noch quantitativ weiter wachsen. Gleichzeitig wird sich der Qualitätsanspruch entwickeln und in absehbarer Zeit deutlich schneller steigen. Das dokumentieren beispielsweise auch die Bemühungen des Branchenverbandes der deutschen Eventagenturen FME, die o. g. empirischen ermittelten Erfolgsfaktoren der seit 1997 jährlich stattfindenden Verleihung des „Event Award" an die erfolgreichsten deutschen Events zu Grunde zu legen.

Die Studien zeigen, daß auch „junge" und kleine Eventagenturen gute Chancen am Markt besitzen, allerdings nur bei stimmigen Konzepten. Originelle kreative Ideen entscheiden über den Erfolg nicht nur die Höhe des Budgets. Demgemäß werden Events zunehmend auch im „low-Budget"-Bereich als Kommunikationsinstrument eingesetzt.

Allerdings müssen Events immer Besonderes bieten, neugierig machen, sich deutlich vom Alltag der Zielgruppe abheben, um zu aktivieren. In diesem Kontext sind Infotainment und interaktive Produktpräsentationen Eventangebote mit sich entwickelnden Einsatzfeldern. Bei jungen Zielgruppen liegen Abenteuer und Fantasy im Trend. Wettbewerbe versprechen bei allen Altersgruppen auch in Zukunft eine aktivierende Wirkung. Zur Breitenwirkung von Public Events wird neben den klassischen Massenmedien künftig in wachsendem Umfang das Internet eingesetzt.

Eventmarketing wird zukünftig noch neue Wirkungsfelder insbesondere im Investitionsgüter- und Non-Profit-Bereich erschließen. Großes Wachstumspotential besitzt der Einsatz von Events zur emotionalen Aktivierung von Messebesuchern sowohl im Bereich der Publikumsmessen als auch der Fachmessen. Eventmarketing wird künftig auch neue Zielgruppen wie z. B. die Shareholder stärker erschließen.

Die Professionalität der operativen Planung und Steuerung von Events durch die Eventagenturen wird von den auftraggebenden Unternehmen zunehmend voraus gesetzt. Besonderer Wert wird auf die strategische Planung des Eventmarketing und die Integration von Events in die Unternehmenskommunikation gelegt. Mit wachsenden Budgets für Eventmarketing gewinnen künftig Wirtschaftlichkeitsüberlegungen und Erfolgskontrollen Bedeutung.

Zusammenfassend kann aus der empirischen Untersuchung des Eventmarktes die Schlußfolgerung gezogen werden, daß die Beurteilung von Eventagenturen und auftraggebenden Unternehmen in Schlüsselfragen zum Eventmarketing im wesentlichen übereinstimmt. Eventmarketing ist keine „Mode", sondern ein innovatives Kommunikationsinstrument mit Wachstumschancen für die Zukunft, das eine sinnvolle Ergänzung der bekannten Instrumente des Kommunikations-Mix darstellt.

5. Literatur

Brockmann, M. et al. (1999): Wie Events den Erfolg sichern, in: impulse, Juli, S. 80-84.

Bruhn, M. (1997): Kommunikationspolitik, München.

Inden, T. (1993): Alles Event? – Erfolg durch Erlebnismarketing, Landsberg/Lech.

Kinnebrock, W. (1993): Integriertes Eventmarketing – Vom Marketing-Erleben zum Erlebnismarketing, Wiesbaden.

Nickel, O. (Hrsg.) (1998): Eventmarketing – Grundlagen und Erfolgsbeispiele, München.

Opaschowski, H. W. (1997): Deutschland 2010 – Wie wir morgen leben, Voraussagen der Wissenschaft zur Zukunft unserer Gesellschaft, Hamburg.

Schulze, G. (1995): Die Erlebnisgesellschaft – Kultursoziologie der Gegenwart, Frankfurt am Main.

Sistenich, F. (1999): Eventmarketing – Theoretische Grundlagen zur Metakommunikation mittels eines innovativen Instruments der Kommunikationspolitik, Wiesbaden.

Zanger, C. (1999): Über der Eventszene lichtet sich der Nebel, in: werben&verkaufen, Heft 22, S. 136-137.

Zanger, C. (1998): Eventmarketing – Ist der Erfolg kontrollierbar?, in: absatzwirtschaft Heft 8, S. 73-79.

Zanger, C./Griese, K.-M. (2000): Besonderheiten des Beziehungsmarketing für junge Zielgruppen, in: Zanger, C./Griese, K.-M. (Hrsg.): Beziehungsmarketing mit jungen Zielgruppen – Grundlagen, Strategien, Praxisbeispiele, München, S. 23-39.

Zanger, C./Drengner, J. (1999a): Evaluation des deutschen Eventmarktes – Ergebnisse einer Befragung von Eventagenturen und deren Kunden, Chemnitz.

Zanger, C./Drengner, J. (1999b): Evaluation des österreichischen Eventmarktes – Ergebnisse einer Befragung von Eventagenturen und deren Kunden, Chemnitz.

Zanger, C./Drengner, J. (1999c): Erfolgskontrolle im Eventmarketing, in: planung&analyse, Heft 6, S. 32-37.

Zanger, C./Sistenich, F. (1996): Eventmarketing - Bestandsaufnahme, Standortbestimmung und ausgewählte theoretische Ansätze zur Erklärung eines innovativen Kommunikationsinstruments, in: Marketing Zeitschrift für Forschung und Praxis, Heft 4, S. 233-242.

MEFFERT Marketing Edition

Heribert Meffert
Marketing
Grundlagen marktorientierter Unternehmensführung.
Konzepte - Instrumente - Praxisbeispiele.
Mit neuer Fallstudie VW Golf
9., überarb. u. erw. Aufl. 2000.
XXIV, 1472 S. Geb. DM 79,80
ISBN 3-409-69017-4

Heribert Meffert
Marketing-Management
Analyse - Strategie - Implementierung
1994. XXII, 486 S. Br. DM 69,80
ISBN 3-409-23613-9

Heribert Meffert, Manfred Bruhn
Dienstleistungsmarketing
Grundlagen - Konzepte - Methoden. Mit Fallstudien
3., vollst. überarb. u. erw. Aufl. 2000.
XXVIII, 619 S. Geb. DM 86,00
ISBN 3-409-33688-5

Heribert Meffert
Marketingforschung und Käuferverhalten
2., vollst. überarb. u. erw. Auflage 1992.
XVIII, 474 S. Br. DM 89,00
ISBN 3-409-23606-6

Heribert Meffert
Marketing Arbeitsbuch
Aufgaben - Fallstudien - Lösungen
7., akt. u. erw. Aufl. 1999.
VIII, 517 S. Br. DM 58,00
ISBN 3-409-79086-1

Heribert Meffert, Manfred Bruhn
Marketing Fallstudien
Fallbeispiele - Aufgaben - Lösungen
2., vollst. überarb. u. erw. Aufl. 1993.
IX, 363 S. Br. DM 69,80
ISBN 3-409-23610-4

Änderungen vorbehalten Stand: Oktober 2000
Gabler Verlag · Abraham-Lincoln-Str. 46 · 65189 Wiesbaden · www.gabler.de

Gabler Marketing-Lehrbuch-Highlights

Ludwig Berekoven/ Werner Eckert/
Peter Ellenrieder
Marktforschung
Methodische Grundlagen
und praktische Anwendung
8., überarb. Aufl. 1999.
449 S. mit 141 Abb.
Br. DM 89,00
ISBN 3-409-36989-9

Manfred Bruhn
Marketing
Grundlagen für Studium und Praxis
5., überarb. Aufl. 2001.
ca. 340 S., Br. ca. DM 49,80
ISBN 3-409-53646-9

Manfred Bruhn
Marketing interaktiv
Grundlagen für Studium und Praxis
1999. CD-ROM DM 68,00*
ISBN 3-409-19841-5

Manfred Bruhn
Marketingübungen
Basiswissen, Aufgaben, Lösungen.
Selbständiges Lerntraining für Studium
und Beruf
2001. ca. 300 S., Br. ca. DM 48,00
ISBN 3-409-11640-0

Franz-Rudolf Esch (Hrsg.)
Moderne Markenführung
Grundlagen - Innovative Ansätze -
Praktische Umsetzungen
2., akt. Aufl. 2000.
XX, 1164 S., Geb. DM 98,00
ISBN 3-409-23642-2

Wolfgang Fritz
**Internet-Marketing und
Electronic Commerce**
Grundlagen - Rahmenbedingungen -
Instrumente. Mit Erfolgsbeispielen
2000. 210 S., Br. DM 58,00
ISBN 3-409-11663-X

Andreas Herrmann,
Christian Homburg (Hrsg.)
Marktforschung
Methoden - Anwendungen -
Praxisbeispiele
2., akt. Aufl. 2000. 1152 S. Geb. DM 98,00
ISBN 3-409-22391-6

Alfred Kuß, Torsten Tomczak
Marketingplanung
Einführung in die marktorientierte
Unternehmens- und Geschäftsfeldplanung
2., überarb. u. erw. Aufl. 2000. ca. 250 S.
Br. ca. DM 58,00
ISBN 3-409-23683-X

Roland Mattmüller
Integrativ-Prozessuales Marketing
Eine Einführung. Mit durchgehender
Henkel-Schwarzkopf-Fallstudie
2000. 402 S. Br. DM 68,00
ISBN 3-409-11427-0

Hermann Sabel, Christoph Weiser
Dynamik im Marketing
Umfeld - Strategie - Struktur - Kultur
3., überarb. u. erw. Aufl. 2000.
XVI, 513 S., Br. DM 78,00
ISBN 3-409-33667-2

*unverb. Preisempfehlung
Änderungen vorbehalten Stand: Oktober 2000

Gabler Verlag · Abraham-Lincoln-Str. 46 · 65189 Wiesbaden · www.gabler.de

Fachinformation auf Mausklick

Das Internet-Angebot der Verlage **Gabler, Vieweg, Westdeutscher Verlag, B. G. Teubner** sowie des **Deutschen Universitätsverlages** bietet frei zugängliche Informationen über Bücher, Zeitschriften, Neue Medien und die Seminare der Verlage. Die Produkte sind über einen Online-Shop recherchier- und bestellbar.

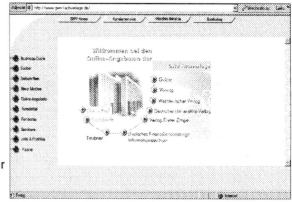

Für ausgewählte Produkte werden Demoversionen zum Download, Leseproben, weitere Informationsquellen im Internet und Rezensionen bereitgestellt. So ist zum Beispiel eine Online-Variante des Gabler Wirtschafts-Lexikon mit über 500 Stichworten voll recherchierbar auf der Homepage integriert.

Über die Homepage finden Sie auch den Einstieg in die Online-Angebote der Verlagsgruppe, so etwa zum Business-Guide, der die Informationsangebote der Gabler-Wirtschaftspresse unter einem Dach vereint, oder zu den Börsen- und Wirtschaftsinfos des Platow Briefes und der Fuchsbriefe.

Selbstverständlich bietet die Homepage dem Nutzer auch die Möglichkeit mit den Mitarbeitern in den Verlagen via E-Mail zu kommunizieren. In unterschiedlichen Foren ist darüber hinaus die Möglichkeit gegeben, sich mit einer „community of interest" online auszutauschen.

... wir freuen uns auf Ihren Besuch!

www.gabler.de
www.vieweg.de
www.westdeutschervlg.de
www.teubner.de
www.duv.de

Abraham-Lincoln-Str. 46
65189 Wiesbaden
Fax: 06 11.78 78-400

Printed by Books on Demand, Germany